AF476006

TRAITÉ
THÉORIQUE ET PRATIQUE
DES

PATENTES

PAR

J. TARDIEU

MAÎTRE DES REQUÊTES AU CONSEIL D'ÉTAT

PARIS
LIBRAIRIE DE LA SOCIÉTÉ DU RECUEIL GÉNÉRAL DES LOIS & DES ARRÊTS
FONDÉ PAR J.-B. SIREY, ET DU JOURNAL DU PALAIS
Ancienne Maison L. LAROSE & FORCEL
22, *rue Soufflot*, 5ᵉ
L. LAROSE, Directeur de la Librairie
1903

TRAITÉ

THÉORIQUE ET PRATIQUE

DES

PATENTES

IMPRIMERIE
CONTANT-LAGUERRE
BAR-LE-DUC

TRAITÉ
THÉORIQUE ET PRATIQUE
DES
PATENTES

PAR

J. TARDIEU

MAÎTRE DES REQUÊTES AU CONSEIL D'ÉTAT

Extrait du *Répertoire général alphabétique du droit français*

PARIS
LIBRAIRIE DE LA SOCIÉTÉ DU RECUEIL GÉNÉRAL DES LOIS & DES ARRÊTS
FONDÉ PAR J.-B. SIREY, ET DU JOURNAL DU PALAIS
Ancienne Maison L. LAROSE & FORCEL
22, *rue Soufflot*, 5e
L. LAROSE, Directeur de la Librairie
1902

TRAITÉ THÉORIQUE ET PRATIQUE

DES

PATENTES

LÉGISLATION.

L. 2-17 mars 1791 (*portant suppression des droits d'aides, de maîtrises et de jurandes et établissement des droits de patentes*); — L. 2 oct. 1791 (*relative à la perception des contributions foncière et immobilière et des droits de patentes*); — L. 20 juill. 1837 (*portant fixation du budget des recettes de l'exercice 1838*), art. 4; — L. 15 juill. 1880 (*sur les patentes*); — L. 29 juin 1881 (*qui ouvre et annule des crédits sur les exercices 1879, 1880 et 1881*, art. 10); — L. 30 juill. 1885 (*concernant les contributions directes et taxes y assimilées de l'exercice 1886*), art. 2; — L. 19 juill. 1886 (*concernant les contributions directes et taxes y assimilées de l'exercice 1887*), art. 2; — L. 17 juill. 1889 (*portant fixation du budget général des dépenses et des recettes de l'exercice 1890*), art. 2; — L. 8 août 1890 (*relative aux contributions directes et aux taxes y assimilées de l'exercice 1891*), art. 28, 29, 30, 32; — L. 18 juill. 1892 (*relative aux contributions directes et aux taxes y assimilées de l'exercice 1893*), art. 28; — L. 28 avr. 1893 (*portant fixation du budget général des dépenses et des recettes de l'exercice 1893*), art. 5 et s.; — L. 5 nov. 1894 (*relative à la création de sociétés de crédit agricole*), art. 4; — L. 30 nov. 1894 (*relative aux habitations à bon marché*), art. 13; — L. 24 déc. 1896 (*sur l'inscription maritime*), art. 48; — L. 9 avr. 1898 (*concernant les responsabilités des accidents dont les ouvriers sont victimes dans leur travail*), art. 24 et 25; — L. 11 juill. 1899 (*relative aux contributions directes et aux taxes y assimilées de l'exercice 1900*), art. 7; — L. 21 mars 1901 (*autorisant la ville de Paris à établir une taxe directe sur la valeur locative des locaux commerciaux et industriels*).

BIBLIOGRAPHIE.

Béquet, Dupré et Laferrière, *Répertoire du droit administratif* (en cours de publication), v° *Impôt direct*. — Caillaux, Touchard et Privat-Deschanel, *Les impôts en France*, 1896, 1 vol. in-8° paru, p. 116 et s. — Lemercier de Jauvelle, *Répertoire général des contributions directes*, Paris, 4° éd., 1885, in-8°. — Say, Foyot et Lanjalley, *Dictionnaire des finances*, 1894, 2 vol. in-8°, v° *Patentes (contribution des)*.

Autran, *Le projet de réforme de la loi des patentes sur les professions libérales*, Rapp. 1893. — Bergeret, *L'impôt des patentes. Texte et commentaire de la loi du 15 juill. 1880*, 1880, in-8°. — Blanchot, *De la valeur locative des maisons, magasins, ateliers, usines*, etc., 1885, in-8°. — Brussaux (P.) et Guittier (P.), *Dictionnaire des patentes*, 1891, in-8°. — Dalle (V.), *L'impôt en France. La révision de la loi sur les patentes*, 1891, in-8°. — Delcour, *De l'exemption du droit de patente en faveur des établissements publics destinés à fournir du travail aux pauvres*, 1859. — Fournier et Daveluy, *Tr. des contrib. directes*. — Saint-Martin (A.), *Les grands magasins*, 1900. — *Contribution des patentes; tarif et législation* (publication du ministère des Finances), 1 vol. in-8°, Impr. nat., 1890. — *Instructions générales sur les patentes*, 1844, 1858, 1881, in-8°. — *Lois et tarifs*, 1890, in-8°. — *Nouveau Code des patentes, contenant le projet de loi, le texte de la loi du 15 juill. 1880, l'instruction pour sa mise à exécution et le tarif des droits de patente, dressé par les soins de l'administration des contributions directes*, Paris, 1880, in-8°. — *Observation sur la patente des médecins*, 1824. — *Propositions de réformes à la loi du 15 juill. 1880, sur les patentes*, 1889. — Macarel et Boulatignier, *Traité de la fortune publique*.

Bulletin des contributions directes et du cadastre, depuis 1832. — *Circulaires de l'administration des contributions directes*, depuis 1843. — *La patente et les établissements charitables*, Gaz. des Trib., 21 juill. 1882. — *Le fait matériel de l'exercice d'une des professions dites libérales, qui ont été soumises à la patente par la loi du 18 mai 1850, suffit-il pour que cette contribution soit due, alors même que ce fait constituerait une infraction aux lois ou règlements qui subordonnent à certaines conditions l'accès de ces professions* (Reverchon) : J. Le Droit, 15 juill. 1853. — *L'impôt des patentes* (C. Lavallée) : Rev. gén. d'adm., septembre-décembre, 1878, p. 517.

V. aussi *suprà*, v° *Contributions directes*.

DIVISION.

CHAPITRE I.

HISTORIQUE ET CARACTÈRES GÉNÉRAUX DE LA CONTRIBUTION DES PATENTES.

1. — La contribution des patentes est un impôt spécial sur les revenus produits par le travail. Etablie plus particulièrement sur le commerce et l'industrie, elle a été étendue plus tard à certaines professions, dites libérales, et il paraît exister dans les sphères parlementaires une tendance à généraliser de plus en plus cet impôt par la suppression des exemptions et à en faire un des éléments d'un véritable impôt sur le revenu.

2. — Avant d'exposer les prescriptions de la législation actuelle, nous devons passer rapidement en revue les lois qui ont créé cet impôt et l'ont amené par degrés, et grâce à de perpétuelles retouches, à l'état qui nous régit. Nous marquerons brièvement le progrès réalisé par chacune de ces lois, et nous résumerons en terminant leur caractère général et l'esprit qui les a inspirées.

Section I.

Historique.

3. — I. *Ancien régime.* — L'origine de la contribution des patentes remonte à la loi des 2-17 mars 1791, qui transforma le régime du commerce et de l'industrie en France. Sous l'ancienne monarchie, les commerçants et industriels supportaient trois espèces d'impôts : 1° la partie de la taille personnelle, que les marchands et artisans payaient ainsi que les autres citoyens; 2° les vingtièmes d'industrie, qui furent supprimés à partir du 1er janv. 1778; 3° les droits de maîtrise et jurande. Les premiers avaient le caractère d'impôts généraux, les deux autres constituaient des impôts spéciaux et puisaient leur raison d'être dans la constitution même du régime industriel et commercial.

4. — Dans sa lutte contre la féodalité, la royauté, cherchant à s'appuyer sur le peuple, favorisa l'affranchissement des communes. En outre, au sein même des villes, elle chercha à constituer les artisans en corporations ou confréries. Ces communautés ouvertes à tous moyennant une admission des nouveaux membres par les anciens, après accomplissement de certaines épreuves, restaient soumises à l'inspection des officiers royaux : le grand chambrier de France et les visiteurs des poids et balances. Avec le temps, la pénurie du Trésor amena les rois à concéder, moyennant finance, aux diverses corporations le privilège exclusif d'exercer le genre de commerce ou d'industrie rentrant dans leur spécialité. C'est sous Henri III, en décembre 1581, que ces monopoles sont accordés comme compensation du droit royal, qui pèse sur tous les commerçants et industriels. — V. *Rép.*, v° *Ouvrier*, n. 6 et s.

5. — Un siècle plus tard, un édit de mars 1673 érige dans tous les bourgs et villes du royaume des corps de jurande pourvus de statuts approuvés par lettres patentes. A partir de ce moment, les offices commerciaux se multiplient à l'infini. Les rois mettent leur ingéniosité à diviser, à fractionner les professions, de manière à multiplier les monopoles et à provoquer le paiement de nouvelles finances. Les communautés obtenaient souvent l'autorisation de réunir plusieurs offices, pour mettre fin aux procès qu'elles étaient obligées de soutenir contre les communautés voisines dont les droits heurtaient les leurs.

6. — Les corps et communautés, personnes morales, étaient autorisés à percevoir sur leurs membres ou sur ceux qui aspiraient à entrer dans la corporation divers droits qui servaient à pourvoir aux dépenses communes. Ces droits comprenaient les frais d'apprentissage. Pour devenir apprenti, on devait passer un brevet par acte notarié, faire enregistrer ce brevet, payer les droit de cire, de chapelle, de confrérie, de bienvenue, les honoraires des gardes ou jurés, du clerc de la communauté. En outre, l'apprenti et le compagnon payaient des cotisations annuelles pour les dépenses de la communauté. Les fils de maîtres étaient parfois exempts de ces droits et entraient alors d'emblée dans la corporation avec la qualité de compagnon. — V. *Rép.*, v° *Ouvrier*, n. 39.

7. — Le nombre des maîtres dans chaque corporation était le plus souvent limité. La maîtrise conférait le droit exclusif de travailler et de vendre à son compte et de faire travailler pour soi. Pour passer maître, le compagnon avait encore de nombreux droits à payer. Ces droits variaient suivant la qualité de l'aspirant. Les fils de maîtres étaient plus ou moins avantagés suivant l'importance de leur père dans la corporation. Après les fils venaient l'apprenti qui épousait la fille ou la veuve d'un maître, enfin ceux qui avaient fait le chef-d'œuvre. Les droits de maîtrise comprenaient la délivrance de la lettre, son enregistrement au greffe, le droit royal, le droit de réception à la police, le droit pour l'ouverture de boutiques, les honoraires du doyen, des jurés, des maîtres appelés à la réception, de l'huissier, du clerc de la communauté. Il fallait y ajouter les frais du banquet. Les maîtres, une fois installés, supportaient des cotisations annuelles. — V. *Rép.*, v° *Ouvrier*, n. 42.

8. — Enfin il existait des grades dans la corporation. Les maîtres se divisaient en modernes, anciens, jurés. Les grades de syndics, gardes et jurés s'achetaient fort cher. Ceux qui exerçaient ces fonctions avaient sur les autres maîtres une sorte de droit d'inspection, qui donnait lieu à la perception de redevances. On appelait ces derniers droits droits de jurande.

9. — Turgot signala son passage au contrôle des finances par l'Edit de févr. 1776, qui supprima tous les corps et communautés de marchands et d'artisans, les maîtrises et jurandes (V. *Rép.*, v° *Ouvrier*, n. 46). Un lit de justice, tenu le 12 mars, fut nécessaire pour contraindre le Parlement à enregistrer cet Edit. Désormais le commerce et l'industrie étaient affranchis de toute entrave. Celui qui voulait exercer telle ou telle profession, tel ou tel métier, n'avait qu'une déclaration à faire à l'autorité, qui l'inscrivait sur un registre. Des agents royaux, sous le nom de syndics et d'adjoints, devaient exercer sur les commerçants et artisans de leur arrondissement, une surveillance toute de police. Ils ne pouvaient exiger aucune redevance à titre d'honoraires.

10. — On sait que cette réforme ne survécut pas à son auteur. Un Edit d'août 1776 rapporta l'Edit du mois de février et rétablit l'ancien état de choses, du moins en partie. Le Gouvernement profita en effet de l'occasion pour maintenir libres un grand nombre de professions affranchies par Turgot et ne rétablit le monopole que pour quelques-unes. Les droits de réception dans les corps furent sensiblement réduits. De plus l'Edit régla l'affectation de ces droits : un quart était perçu par les gardes, syndics et adjoints, qui prélevaient un cinquième pour leurs honoraires et devaient employer le surplus aux dépenses communes du corps. Lorsque ce prélèvement ne suffisait pas à équilibrer les dépenses, on répartissait l'excédent entre les membres de la corporation au marc la livre de l'industrie. Le rôle était rendu exécutoire par le lieutenant général de police.

11. — Les trois autres quarts étaient perçus au profit du roi et étaient affectés à l'amortissement des dettes contractées par les communautés envers le roi ou envers les particuliers, au paiement des indemnités dues, en cas de suppression de corps et communautés, aux titulaires des offices supprimés, et à l'acquittement des secours et pensions que les communautés servaient à leurs maîtres tombés dans la gêne et à leurs veuves. Le nouvel Edit interdit formellement aux gardes, syndics et adjoints de rien percevoir en dehors du tarif sur les récipiendiaires, à peine de concussion. Outre les lettres de maîtrise et le droit de l'hôpital, les récipiendiaires devaient, à l'occasion de l'élection des adjoints des communautés et de la réception à la maîtrise, payer certains droits au procureur du Châtelet et des droits de scel et de signature. Le produit de ces divers droits était évalué par *L'encyclopédie méthodique*, v° *Jurande*, à 12 millions.

12. — II. *Loi des 2-17 mars 1791.* — Tel était l'état de choses au moment où éclata la Révolution. Le nouveau régime devait faire disparaître toutes les entraves apportées au libre exercice des professions. Cette réforme fut réalisée par la loi des 2-17 mars 1791. — Cette loi commence par faire table rase de toute l'organisation existante. Elle abolit tous les impôts de consommation qui frappaient les boissons, la viande, les papiers, les cartes à jouer, sous le nom de droits d'aides ou droits d'entrée, ainsi que les droits de marque et plomb que les fabricants étaient tenus de faire apposer aux étoffes (art. 1).

13. — « Ensuite elle supprime les offices de perruquiers-barbiers, baigneurs-étuvistes, d'agents de change et tous autres offices pour l'inspection et les travaux des arts et du commerce, les brevets et lettres de maîtrise, les droits perçus pour la réception des maîtrises et jurandes, ceux du collège des pharmacies et tous privilèges de professions, sous quelque dénomination que ce soit ». Elle décide que les titulaires de ces offices, les maîtres et jurés seront indemnisés de la perte de leur charge par le remboursement de leurs finances. Elle réunit au domaine de la nation les biens des corps et communautés en compensation de leur passif dont elle met la liquidation à la charge du Trésor (art. 2-6).

14. — L'art. 7 pose le principe nouveau de la liberté du commerce et de l'industrie. « A compter du 1er avril prochain, il sera libre à toute personne de faire tel négoce, ou d'exercer telle profession, art ou métier qu'elle trouvera bon; mais elle sera tenue de se pourvoir auparavant d'une *patente* ou d'en acquitter le prix suivant les taux ci-après déterminés, et de se conformer aux règlements de police qui sont ou pourront être faits. »

15. — La patente constituait une sorte de licence délivrée par les municipalités sur le vu d'un certificat constatant qu'un patentable avait déclaré sa profession, de la quittance d'une partie de l'impôt et du récépissé de la soumission souscrite par lui de payer le surplus à des échéances déterminées (art. 9). Avant de faire usage de sa patente, on devait la faire viser à la municipalité (art. 18).

16. — Ces prescriptions étaient sanctionnées par des dispositions pénales. « Tout particulier qui fera le négoce, exercera une profession, art ou métier quelconque, sans avoir rempli les formalités prescrites et s'être pourvu d'une patente, sera condamné à une amende du quadruple du prix fixé pour la patente dont il aurait dû se pourvoir » (art. 19). En outre, l'art. 20 édictait la confiscation des marchandises fabriquées ou mises en vente par des personnes non pourvues de patentes. Les procureurs du département, du district et de la commune, pouvaient citer les contrevenants devant le tribunal (art. 21). Tous patentables pouvaient requérir la saisie et poursuivre la confiscation des marchandises fabriquées ou mises en vente par des individus non inscrits sur les registres des patentables (art. 25). Le produit des amendes était partagé entre le Trésor et les dénonciateurs (art. 27).

17. — En outre, la loi édictait quelques sanctions civiles. « Aucun particulier assujetti à prendre une patente ne pourra former de demande en justice pour raison de son négoce, ni faire valoir aucun acte qui s'y rapporte, ou passer aucun acte, traite ou transaction en forme authentique qui y soit relatif, sans produire sa patente. Cette production était encore exigée pour l'enregistrement des actes civils ou judiciaires, des exploits ou des actes sous seing privé relatifs à l'exercice d'une profession soumise à patente. Nul commerçant ne pouvait sans cette production obtenir du président et du tribunal la cote et le paraphe de ses registres, ni son inscription sur la liste des éligibles aux tribunaux de commerce (art. 22). Enfin on ne pouvait obtenir déduction sur sa taxe mobilière du montant de l'impôt assis sur les ateliers, chantiers, boutiques et magasins que sur présentation de la patente (art 24).

18. — L'obligation de prendre patente était en principe imposée à toutes professions commerciales, industrielles ou même libérales. Le législateur de 1791 n'en avait dispensé que « les fonctionnaires publics, les cultivateurs occupés aux exploitations rurales; les propriétaires et cultivateurs pour la vente de leurs bestiaux, denrées et productions autres que les boissons vendues aux détail; les personnes non inscrites au rôle mobilier pour la taxe de trois journées de travail; les apprentis compagnons et ouvriers à gages travaillant dans les ateliers de patentables (art. 7); enfin certains petits commerçants, vendeurs de fleurs, fruits, légumes, poissons, beurre et œufs dans les rues, halles et marchés et non pourvus de boutiques ou d'échoppes » (art. 8).

19. — La loi de 1791 faisait du droit de patente une simple taxe proportionnelle. Il était assis uniquement sur la valeur locative tant de la maison d'habitation du patentable que de ses ateliers, boutiques et magasins. Le tarif, avec une tendance légèrement progressive, était le suivant : 2 sous pour livre du prix du loyer jusqu'à 400 livres; 2 sous 6 deniers pour livre du prix du loyer depuis 400 jusqu'à 800 livres; 3 sous pour livre du prix du loyer au-dessus de 800 livres (art. 12). Par exception, les boulangers qui n'avaient pas d'autre commerce ou profession ne devaient payer que la moitié du prix de ces patentes (art. 13).

20. — Inversement les particuliers faisant le commerce des boissons, soit seul, soit uni à une autre profession, marchands de vins, de bière, de cidre, brasseurs, limonadiers, distillateurs, vinaigriers, aubergistes, hôteliers donnant à boire et à manger, traiteurs-restaurateurs, ainsi que les fabricants et débitants de cartes à jouer et de tabac, étaient soumis à un tarif plus élevé : 30 livres pour un loyer de 200 livres et au-dessous; 3 sous 6 deniers pour livre pour un loyer de 200 à 400 livres; 4 sous pour livre pour un loyer de 400 à 600 livres; 4 sous 6 deniers pour livre pour un loyer de 600 à 800 livres; 5 sous pour livre pour un loyer de plus de 800 livres. Des patentes temporaires pouvaient être délivrées aux propriétaires et cultivateurs qui voulaient vendre en détail des boissons provenant de leurs récoltes (art. 15). Enfin des patentes particulières et spéciales étaient réservées aux colporteurs et marchands forains. Elles étaient établies conformément aux règles générales, mais avec un minimum de 10 livres pour les colporteurs avec balle, de 50 livres pour les colporteurs avec cheval et de 80 livres pour ceux qui se servaient d'une voiture (art. 16).

21. — Une loi complémentaire des 17-20 sept.-9 oct. 1791 conféra à ces patentes les noms de demi-patentes, patentes simples et patentes supérieures.

22. — III. *Lois de la période révolutionnaire.* — Telle était la première loi sur les patentes. Outre qu'elle délivrait les commerçants et industriels de l'ancienne réglementation en leur laissant le libre choix de leur profession et de leur résidence, en leur permettant de changer l'une et l'autre à volonté et de cumuler plusieurs industries, cette loi allégeait considérablement les charges fiscales qui pesaient précédemment sur le commerce. Le rendement de la patente était évalué à 20 ou 24 millions, alors que l'ensemble des droits qu'elle remplaçait (jurandes, maîtrises, vingtièmes d'industries, portion de la taille personnelle et des droits d'entrée) s'élevait à 45 millions.

23. — Malgré cette diminution de charges, de vives réclamations s'élevèrent contre la nouvelle taxe, dont l'assiette fut bientôt reconnue défectueuse. On avait pensé, en 1791, que les bénéfices des patentables devaient se révéler par l'importance des bâtiments occupés par eux, et on avait écarté les objections formulées par quelques représentants, qui avaient fait remarquer que des industries très-lucratives pouvaient être exercées dans des locaux très-exigus. De plus, cette contribution, ayant la même base que la contribution mobilière, paraissait faire double emploi avec elle. On lui reprochait encore d'être un impôt de consommation déguisé, que le commerçant avançait au Trésor et qu'il mettait ensuite sur ses factures. Le nombre des déclarations étant très-inférieur aux prévisions, il fallut établir par la loi des 17-20 sept.-9 oct. 1791 une catégorie de fonctionnaires, les visiteurs des rôles, chargés de compulser dans chaque commune le nombre des déclarations, et de dresser procès-verbal s'ils les reconnaissaient fausses ou insuffisantes (art. 11 et 19).

24. — Ces divers motifs amenèrent la Convention à supprimer l'impôt des patentes (Décr. 21-22 mars 1793, art. 5). « Les droits de patente demeureront supprimés à partir du 1er janvier de la présente année; les revenus d'industrie et autres soumis auxdites patentes seront pris en considération dans la contribution mobilière. »

25. — Cette suppression fut de courte durée. La patente fut rétablie par le décret du 4 therm. an III, mais sur de nouvelles bases. Le droit de patente cessait d'être proportionnel à la valeur locative des locaux professionnels et d'habitation. Il consistait désormais en un droit fixe variant suivant la nature de la profession et le chiffre de la population du lieu où elle était exercée. Les patentes étaient de deux sortes : les patentes générales et les patentes spéciales. Les premières, qui étaient soumises à un droit uniforme de 4,000 livres pour toute la France, permettaient d'exercer toute espèce de commerce ou de négoce : les secondes étaient accordées à ceux qui voulaient faire des négoces spécialement désignés. On pouvait en prendre autant qu'on voulait exercer de commerces différents (art. 2). Le tarif comprenait six classes de professions et quatre catégories de communes d'après le chiffre de la population.

26. — La loi nouvelle n'était applicable qu'au commerce de gros et de détail et non aux arts, métiers et professions (art. 6). Elle contenait encore quelques dispositions sur les colporteurs, marchands, vendeurs de menues denrées dans les rues et marchés et prenait des précautions multiples contre l'accaparement des marchandises et particulièrement des grains (art. 10, 14 et s.). Elle reproduisait les sanctions pénales et civiles édictées par la loi de 1791, obligeait les patentables à mettre leur qualité sur une enseigne (art. 11) et confiait la délivrance des patentes et le recouvrement des droits aux receveurs de l'enregistrement (art. 3).

27. — De l'an III à l'an VII, chaque année, le législateur, en autorisant la perception du droit de patente, en précise et en perfectionne l'assiette et en facilite le recouvrement. La loi du 6 fruct. an IV combine le droit fixe et le droit proportionnel pour arriver à une plus exacte détermination de l'importance respective des affaires des contribuables. Ces lois et celles des 9 frim. et 25 pluv. an V, et du 7 brum. an VI, sont remplacées par la loi du 1er brum. an VII, qui les modifie sur certains points et codifie leurs dispositions. Cette loi de l'an VII, ayant régi la contribution de patente jusqu'en 1844, mérite qu'on s'y arrête.

28. — A la différence de la loi de l'an III, qui n'assujettissait au droit de patente que le négoce et le commerce, la patente frappe désormais tous les commerces, toutes les industries, les arts, métiers et professions quelconques, autres que ceux formellement exemptés. Pour saisir la portée véritable et la généralité de la loi, il faut rapprocher de l'art. 3, qui semble n'imposer que les professions comprises dans le tarif, l'art. 35, qui permet d'assujettir à la taxe les professions non dénommées d'après l'analogie des opérations ou des objets de commerce. La liste des exemptions est légèrement allongée. On y ajoute les peintres-graveurs et sculpteurs considérés comme artistes, les officiers de santé attachés aux armées, aux hôpitaux ou au service des pauvres, les sages-femmes, les maîtres de la poste aux chevaux, les pêcheurs, les cardeurs, fileurs de laine et coton, les blanchisseuses, les savetiers, les tripiers (art. 29).

29. — Les manufacturiers et fabricants sont tenus de prendre une patente immédiatement supérieure à celle des marchands qui vendent la même nature de produits (art. 32).

30. — La loi pose le principe de la personnalité de la patente, en ce sens que celle-ci ne peut servir qu'à la personne qui l'obtient. En conséquence tous les associés d'une maison de commerce qui participent activement à l'exercice de la profession doivent une patente individuelle. Il n'est fait exception que pour les commanditaires qui sont de simples bailleurs de fonds. De même les époux, même s'ils exercent des états différents, n'ont en principe qu'une patente, la plus élevée, à moins qu'ils ne soient séparés de biens (art. 25).

31. — Le droit de patente reste divisé en deux parties : 1° un droit fixe, qui est réglé d'après un tarif dans lequel les professions sont classées soit d'après leur importance relative combinée avec le chiffre de la population de la commune où elles sont exercées, soit d'après leur nature seule. A cet égard, le tarif de l'an VII est beaucoup plus complet que les précédents : il divise les professions en sept classes (l'ancienne 8e classe étant exemptée), et les communes en sept catégories; 2° un droit proportionnel fixé uniformément au dixième de la valeur locative des locaux servant à l'habitation du patentable et à l'exercice de sa profession (art. 2, 3, 5). La combinaison des deux systèmes adoptés en 1791 et en l'an III, réalisée par la loi du 6 fruct. an IV, est maintenue en l'an VII. D'ailleurs, la patente complète n'est due que par les contribuables des cinq premières classes et par ceux qui, étant hors classes, paient un droit fixe de 40 fr. (art. 6). Il n'est pas dû en principe par tous les associés secondaires quand ils occupent en commun une même maison d'habitation, les mêmes boutiques ou magasins (art. 25). La loi de l'an VII maintient le principe de l'unité de droit fixe, même au cas où le patentable cumule l'exercice de plusieurs professions. Le droit fixe représente, aux yeux du législateur, le droit professionnel : c'est le prix exigé par le fisc pour permettre au contribuable de travailler. Or la faculté de travailler est indivisible. Le patentable ne devra donc que le plus élevé des droits fixes afférents aux professions qu'il exerce; mais il devra le droit proportionnel partout où il a des locaux professionnels (art. 24).

32. — Le caractère d'annualité de la patente est plus nettement affirmé que précédemment. Il n'est plus délivré de patentes temporaires comme en 1791. La patente est prise en principe pour l'année entière. Toutefois, si la profession n'est entreprise qu'en cours d'année, la patente court du premier jour du trimestre dans lequel on a commencé à l'exercer (art. 8). Des rôles ou tableaux supplémentaires dressés chaque trimestre permettent d'exiger les suppléments de droits résultant soit des changements de domicile, soit des changements apportés à l'exercice de la profession (art. 17, 26 et 28).

33. — La loi de l'an VII supprime les sanctions pénales qui accompagnaient précédemment l'obligation imposée aux intéressés de déclarer leurs commerces, arts ou métiers. Le quadruplement du droit est aboli, et remplacé par la faculté donnée à l'administration de porter d'office sur les tableaux les individus qui exerceraient un commerce sans avoir fait la déclaration prescrite. Tandis que les patentables de bonne volonté continuent à payer dans le premier trimestre leurs droits de patente aux receveurs de l'enregistrement et vont ensuite échanger leur quittance contre la patente que leur délivrent les administrateurs de canton et les agents municipaux (art. 4, 7, 16 et 19), de leur côté les agents municipaux dressent en même temps un tableau de tous les individus exerçant dans la commune une profession imposable. Ces tableaux sont transmis successivement à l'administration municipale du canton, qui y applique le tarif, et à l'administration centrale du département, qui les arrête. Ils sont remis ensuite pour recouvrement aux receveurs de l'enregistrement, qui, après avoir émargé les noms de ceux qui ont déjà payé, entament les poursuites contre les autres après l'expiration du premier trimestre (art. 7, 9, 10, 13, 15, 16, 19). Au cas où le patentable exerce sa profession dans plusieurs communes, il doit payer le droit proportionnel dans chacune des communes où il a des établissements, et sa patente ne lui est délivrée, au lieu de son domicile principal, que sur justification du paiement de tous ses droits (art. 27).

34. — Le contentieux des droits de patente est assimilé à celui des contributions foncière et mobilière : il est porté en premier ressort devant les administrations municipales et en appel devant les administrations centrales du département (LL. 7 brum. an VI, art. 16; 1er brum. an VII, art. 23). Tous ceux qui contestent la qualification qui leur a été donnée peuvent, à l'appui de leurs réclamations, représenter leurs journaux et registres, ou les actes de société (LL. 7 brum. an VI, art. 7; 1er brum. an VII, art. 31).

35. — L'exactitude dans l'assiette, confiée aux agents municipaux, est assurée par l'abandon fait aux communes du dixième du produit de l'impôt (art. 40). Le recouvrement est facilité par la responsabilité imposée aux propriétaires, constitués gardiens du gage du Trésor (art. 36). Enfin une amende de 500 livres, applicable tant au patentable qu'aux officiers publics, sanctionne l'obligation de mentionner la patente dans tous les actes judiciaires ou extrajudiciaires relatifs au commerce (art. 37). Celui qui vend les marchandises en quelque lieu que ce soit est tenu d'exhiber sa patente à toute réquisition. S'il vend à son domicile et n'est pas pourvu de patente, il est simplement dressé procès-verbal et le droit de patente est poursuivi contre lui par les moyens de droit. S'il vend hors de son domicile, les marchandises sont saisies et séquestrées jusqu'à ce que la patente soit représentée (art. 38). Les administrateurs chargés de délivrer les patentes sont autorisés à faire descendre dans la classe immédiatement inférieure ou la suivante, les citoyens qui justifieraient l'impossibilité où ils sont d'acquitter les droits de leur classe. L'arrêté pris par les municipalités est motivé et transmis à l'administration centrale, qui l'approuve, s'il y a lieu (art. 40).

36. — IV. *Période comprise entre le Directoire et la monarchie de Juillet.* — Pendant la période qui va de l'an VII à 1844, les textes visant la contribution des patentes sont nombreux mais peu importants. La plupart sont relatifs à des exemptions qui sont accordées successivement aux maîtres de poste (L. 19 frim. an VII), aux professeurs et instituteurs (Décr. 22 vent. an VII), aux propriétaires et fermiers de marais salants (Avis du Cons. d'Etat, 24 flor. an VIII), aux porteurs de contraintes (Arr. 16 therm. an VIII), aux boulangers de Paris (Arr. 19 vendém. an X), aux notaires (L. 25 vent. an XI), aux médecins, chirurgiens et pharmaciens employés près les hôpitaux civils et militaires ou au service des pauvres (Décr. 25 therm. an XIII), aux commandants des navires ou barques faisant le petit cabotage ou la pêche (Décr. 25 oct. 1806), aux exploitants de mine (L. 21 avr. 1810). En outre, la loi du 13 flor. an X accordait une décharge partielle aux héritiers des patentables décédés en cours d'année.

37. — Les seules lois importantes à signaler sont les lois du 25 mars 1817, 15 mai 1818 et 17 juill. 1819. Elles ont, en effet, introduit dans la législation des patentes un principe nouveau. Jusqu'alors, le droit fixe était établi, soit d'après un tarif général ne comprenant que des taxes invariables graduées suivant la population et s'appliquant à des professions d'importance très-différente, soit, pour quelques patentables, d'après un tarif exceptionnel réglé sans égard à la population. Notamment, les industriels et les fabricants étaient traités comme de petits marchands. Tout au plus étaient-ils tenus de prendre une patente immédiatement supérieure à celle des marchands vendant au détail les objets de même valeur que ceux qu'ils fabriquaient. Les lois de 1817, 1818 et 1819 cherchent à établir un rapport plus direct entre les taxes et l'importance réelle des industries en créant des taxes variables calculées sur le nombre d'éléments de production possédés par les industriels. Toutefois ces taxes variables ne peuvent dépasser un maximum déterminé.

38. — Les lois de 1817 avaient adopté trois manières différentes de déterminer les taxes variables selon la nature des établissements. 1° Les fabriques à métiers étaient taxées d'après le nombre et la dimension des métiers; 2° les filatures, d'après le nombre des broches; 3° les forges, verreries, imprimerie d'étoffes et tous autres établissements industriels, d'après l'appréciation des autorités locales, qui pouvaient les ranger dans 6 classes différentes, allant de 300 à 25 fr. Une déclaration était imposée aux fabricants, déclaration que vérifiaient des commissaires nommés spécialement à cet effet.

39. — En dehors de ces lois, nous n'avons à noter que l'arrêté du 15 fruct. an VIII, qui confie la recherche de la matière imposable aux contrôleurs des contributions directes, et celui du 26 brum. an X, qui transporte le recouvrement de cette contribution des receveurs de l'enregistrement aux percepteurs des contributions directes et rend les droits de patente payables par douzièmes comme les contributions. Désormais l'assimilation est complète.

40. — La loi du 16 juin 1824 réduit les amendes encourues pour défaut de mention des patentes dans les actes publics. — V. *suprà*, n. 35.

41. — V. *Loi du 25 avr. 1844*. — En dépit de ces améliorations successives, la contribution des patentes était toujours l'objet de vives et amères critiques. On alléguait que certains payaient trop, d'autres pas assez. Dès 1834, le Gouvernement se préoccupa de donner satisfaction à ces réclamations en déposant un projet qui codifiait toute la législation des patentes et améliorait la classification des professions. Ce projet, négligé par plusieurs législatures, repris et remanié à plusieurs reprises, est devenu la loi du 25 avr. 1844, qui devait régir la patente jusqu'en 1880.

42. — Le législateur de 1844 eut la sagesse de résister aux propositions qui tendaient à faire table rase de la législation existante et à substituer à un impôt qui avait, bien qu'imparfaitement assis, fait ses preuves, un impôt entièrement nouveau. Les uns demandaient en effet que la patente devînt un impôt de répartition, les autres voulaient au contraire renoncer au mode d'imposition à l'aide des signes extérieurs, et donner aux agents de l'administration le droit de faire des investigations dans les livres de commerce des assujettis. Ces divers systèmes furent écartés et la loi nouvelle se borna à améliorer, par d'heureuses innovations de détail, le régime existant.

43. — Tout d'abord, elle remplace les cinq catégories de professions des lois de l'an VII, 1817 et 1818, par trois tableaux qui comprennent une énumération aussi complète que possible de toutes les professions imposables. Celles-ci sont distribuées entre les trois tableaux A, B, C, d'après les bases suivantes : le tableau A comprend toutes les professions dont le principal élément de prospérité consiste dans l'affluence des acheteurs et dont, par suite, l'importance se mesure à la population. Tous les commerçants de gros, de demi-gros et de détail sont ainsi passibles d'un droit fixe général, qui varie selon l'importance relative du commerce et suivant le chiffre de la population. La loi ajoute au tarif de l'an VII une 8e classe de profession et une 8e catégorie de population.

44. — Dans le tableau B continuent à figurer les professions hors classe, qui, tout en étant taxées eu égard à la population, ne peuvent cependant, à raison de leur importance et de la nature de leurs opérations, être soumises au tarif général, doivent faire l'objet d'un tarif exceptionnel et en quelque sorte individuel.

45. — Enfin le tableau C contient l'ensemble des professions industrielles, qui doivent être taxées sans égard à la population. Dans ce tableau, qui constitue l'innovation la plus importante de la loi, les industriels, qui jusqu'alors étaient traités comme des marchands de demi-gros et de détail, seront imposés au droit fixe d'après le nombre de leurs éléments matériels de production. Ce mode de taxation est la généralisation du système que les lois de 1817 et 1818 avaient appliqué à quelques professions, telles que les fabriques à métiers et les filatures. Toutefois ces taxes variables sont limitées par un maximum.

46. — Toutes les modifications introduites dans la législation paraissent inspirées par le désir d'arriver à une proportionnalité plus exacte entre les bénéfices et le montant de la patente. A cette idée se rattache l'art. 6, aux termes duquel, « dans les communes dont la population totale est de 5,000 âmes et au-dessus, les patentables exerçant, dans la banlieue, des professions imposées eu égard à la population paieront le droit fixe d'après le tarif applicable à la population non agglomérée, tandis que ceux qui exercent une profession dans la partie agglomérée paieront le droit fixe d'après le tarif applicable à la population totale. »

47. — En ce qui concerne le droit proportionnel, la loi nouvelle introduisit un principe nouveau, celui de sa gradation. Sous l'empire des lois antérieures, le taux de ce droit était uniformément fixé au 10e du loyer. Mais dans la pratique les commissions locales chargées de l'évaluation de la matière imposable établissaient des gradations en atténuant la valeur locative dans des proportions qui variaient de commune à commune et de profession à profession. Cet état de choses présentait de sérieux inconvénients, auxquels la nouvelle loi a voulu remédier en établissant des règles générales. Pour faire accepter les réformes par les intéressés, elle procéda à la péréquation par voie de dégrèvement en abaissant le taux du droit proportionnel au 15e, au 20e, au 30e et même au 40e de la valeur locative. Pour l'application du taux à une profession déterminée, il est tenu grand compte des conditions dans lesquelles cette profession s'exerce. Si elle exige des locaux immenses, le taux sera nécessairement réduit. Dans certains cas même, les locaux professionnels ne seront pas imposés : seule la maison d'habitation supportera le droit.

48. — On avait soutenu, sous l'empire de la loi de l'an VII, que l'assujettissement au droit proportionnel des maisons d'habitation et des locaux professionnels était alternatif. L'administration, disait-on, devait choisir entre les unes ou les autres, mais ne pouvait imposer les deux. — Déjà la loi du 26 mars 1831 avait tranché cette controverse conformément aux prétentions du Trésor. La loi nouvelle confirme et précise à nouveau cette doctrine. Au cas où plusieurs professions comportant des droits proportionnels différents sont exercées dans le même établissement mais dans des locaux distincts, il y a lieu d'appliquer à chacun d'eux le taux afférent à la profession qui y est exercée.

49. — La loi de 1844 consacre de nouveau toutes les exemptions qui existaient précédemment. Elle étend même aux médecins celle dont bénéficiaient les professions libérales. Elle étend l'exemption accordée aux cultivateurs en leur permettant de manipuler leurs récoltes. Elle améliore légèrement la situation des ouvriers travaillant chez eux sans compagnon ni apprenti, enseigne ni boutique, en spécifiant qu'il ne faut pas considérer comme apprenti : la femme qui travaille avec son mari, les enfants non mariés travaillant avec leur père ni le simple manœuvre dont le concours est indispensable à l'exercice de la profession.

50. — La loi consacre et développe les avantages accordés par les lois antérieures aux sociétés en nom collectif en dispensant les associés secondaires de la moitié du droit fixe et du droit proportionnel sur leur maison d'habitation, à moins que celle-ci ne serve en fait à l'exercice de la profession. Ces avantages sont maintenus pour contrebalancer ceux qui résultent pour les sociétés anonymes de leur assujettissement à un droit fixe unique.

51. — Les derniers articles de la loi sont relatifs à l'assiette, au recouvrement et au contentieux de la taxe. La seule innovation importante est la dérogation apportée par l'art. 23 au principe de l'annualité. D'une part, les personnes qui entreprennent en cours d'année une profession sujette à patente sont imposables par voie de rôle supplémentaire à partir du premier jour du mois où l'exercice de la profession a commencé. D'autre part, certains événements survenant après le 1er janvier, tels que le décès ou la faillite du patentable, permettent à ses héritiers ou à lui-même d'obtenir décharge des douzièmes non échus. En cas de cession d'établissement, il peut aussi demander le transfert de sa patente au nom de son cessionnaire.

52. — Enfin la suppression des déclarations et des amendes fiscales motivées par le défaut ou l'inexactitude de cette déclaration devient définitive. Cette modification est présentée comme une conséquence de l'assimilation du recouvrement de la pa-

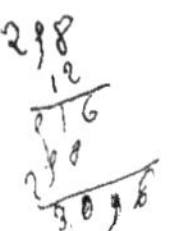

tente à celui des contributions directes. La déclaration et l'amende font partie de la procédure des droits d'enregistrement, auxquels la patente était assimilée. Désormais le patentable n'a plus à se munir d'une patente ; c'est aux agents de l'administration à la rechercher et à la taxer. S'il a été oublié, aucune punition ne lui est infligée, mais il est repris par un rôle supplémentaire.

53. — VI. *Période comprise entre 1844 et 1880.* — La loi de 1844 prévoyait que tous les cinq ans il serait procédé par le législateur à une révision des arrêtés d'assimilation pris par les préfets depuis trois ans au moins. Cet examen périodique devait permettre au pouvoir législatif de perfectionner son œuvre à l'aide de retouches successives. La caractéristique de ces lois successives, c'est la tendance continue qu'elles attestent vers une assiette plus exacte des droits de patente. Elles visent toutes à imposer plus lourdement les gros patentables et à dégrever les petits.

54. — Ainsi la première de ces lois, celle du 18 mai 1850, met fin à l'exemption dont jouissaient jusque-là les professions dites libérales, ou du moins la plupart d'entre elles. La loi restreint aussi l'exemption accordée aux agriculteurs pour la manipulation de leurs fruits et récoltes à ceux qui ne recourent pas à des agents mécaniques ou chimiques. Elle déroge au principe de l'unité du droit fixe de patente en assujettissant les établissements secondaires à un demi-droit fixe, mais elle fixe un maximum à ce cumul de droits.

55. — Inversement, cette loi étend la réduction accordée aux ouvriers travaillant sans compagnon ni apprenti à tous artisans des quatre dernières classes du tableau A. Les associés généralement employés comme ouvriers voient réduire le montant de leur droit fixe au vingtième du droit de l'associé principal.

56. — Enfin la loi de 1850 supprime l'obligation de faire mention de la patente dans les actes de procédure et autres (V. *suprà*, n. 35). La législation de la patente tend de plus en plus à devenir exclusivement fiscale.

57. — Une loi du 10 juin 1853 exempte les fabricants à métiers à façon ayant moins de dix métiers.

58. — La loi du 4 juin 1858 réalise un nouveau progrès. Par son art. 11, elle exempte les ouvriers travaillant seuls en chambre, alors même qu'ils travaillent pour leur compte ou sur commande, ce qui exonère de la patente 140,000 ouvriers. En outre, cette loi décide que, dans les établissements industriels où le droit est calculé d'après le nombre des ouvriers, les vieillards et les adolescents ne seront comptés que pour moitié. Cette mesure était destinée à laisser les portes des usines ouvertes à la vieillesse et à l'enfance.

59. — Inversement, cette loi supprime le maximum qui limitait la patente des commerçants ou industriels exploitant plusieurs établissements. Elle stipule que les demi-droits fixes sont dus au lieu où ils sont établis. Elle supprime le timbre des formules et le remplace par des centimes additionnels. Enfin elle permet de reprendre par des rôles supplémentaires les individus omis sur le rôle primitif.

60. — Les lois suivantes contiennent quelques adoucissements : celle du 26 juill. 1860 réduit le droit fixe des associés secondaires, qui jusqu'alors était toujours d'un demi-droit, à une fraction dépendant du nombre des associés, et calculée de manière que la charge de ces associés secondaires puisse atteindre un droit fixe entier. La loi du 2 juill. 1862 étend l'exemption accordée aux ouvriers travaillant seuls à ceux qui ont une enseigne ou une boutique. La révision des tarifs effectuée par la loi du 13 mai 1863 ne renferme que des régularisations dans l'application de la loi et quelques additions résultant de la consécration d'arrêtés d'assimilation. La loi du 18 juill. 1866 réorganise l'impôt de tous les intermédiaires de commerce à la suite de la suppression du monopole des courtiers de marchandises.

61. — La révision opérée par la loi du 2 août 1868 apporte au tarif les modifications suivantes : d'une part, elle introduit définitivement, dans la nomenclature des patentes, des professions taxées dans la dernière période par des arrêtés d'assimilation ; elle améliore le classement de professions qui figuraient déjà dans le tarif et dont la situation contributive a éprouvé des modifications et elle inscrit au tarif des professions omises ou qui sont nées depuis peu. On étend l'exemption accordée aux ouvriers travaillant en chambre à ceux qui auront un apprenti de moins de seize ans. On exempte du droit fixe le magasin de vente le plus rapproché de la fabrique où un industriel vend exclusivement en gros les seuls produits de sa fabrication. Il était précédemment passible d'un demi-droit comme établissement distinct. Ce magasin, exempté du droit fixe, sera passible du droit proportionnel au vingtième.

62. — La loi du 8 mai 1869 modifie l'imposition des sociétés par actions pour opérations de banque, d'escompte, de crédit ou de dépôt en cherchant à la graduer d'après l'importance des bénéfices. La loi du 27 juill. 1870 restitue aux cultivateurs l'exemption intégrale pour la vente et la manipulation de leurs récoltes, telle que la leur avait accordée la loi de 1844.

63. — La guerre eut un contre-coup terrible pour les patentables. A une époque où les pouvoirs publics cherchaient de tous côtés des ressources nouvelles, les bénéfices commerciaux et industriels ne pouvaient échapper à une augmentation de charges. La loi du 29 mars 1872 réalise d'abord quatre modifications à la législation antérieure : 1° les établissements distincts, frappés d'un demi-droit fixe par les lois de 1850 et de 1858, sont assujettis à un droit fixe entier ; 2° elle supprime le maximum qui limitait pour les industriels l'application du droit fixe gradué d'après le nombre des ouvriers ou les éléments de production maximum ; ce qui était contraire à la stricte proportionnalité en constituant une faveur au profit de la grande industrie disparaît ; 3° elle relève le taux de ces taxes variables d'un cinquième pour les professions du tableau C, sauf pour les marchands forains ; 4° à l'égard des patentables des tableaux A et B, elle élève le taux du droit proportionnel. Enfin cette loi donne aux agents le droit de se faire communiquer les livres des compagnies de chemin de fer.

64. — Les lois des 16 juill. 1872, 23 juill. 1872 et 24 juill. 1873, viennent aggraver les charges des patentables par l'établissement de centimes additionnels au principal, dont le nombre fut réduit par les lois des 3 août 1875 et 30 juill. 1879.

65. — La loi du 16 juill. 1872 (art. 3) avait prescrit une révision de la loi des patentes. Ce travail, longtemps retardé par les événements politiques, ne fut réalisé qu'en 1880. La loi du 15 juill. 1880, qui codifie à nouveau les règles relatives à la patente et abroge toutes les lois antérieures sur ce sujet, reproduit sur la plupart des points la loi du 25 avr. 1844, avec les modifications que lui avaient fait subir les lois de 1850, 1858, 1860, 1868, 1872, etc. Elle modifie très-peu le texte des lois précédentes. La partie la plus importante de l'œuvre du législateur de 1880 a consisté dans un remaniement profond des tarifs, qui ont été entièrement refondus. Désireux d'alléger les charges du commerce et de l'industrie, il a recherché les causes de l'accroissement considérable des droits de patente, et il a constaté qu'elles résidaient principalement dans l'augmentation des loyers. Il a, en conséquence, réduit le taux du droit proportionnel pour un grand nombre de classes.

66. — VII. *Période postérieure à la loi du 15 juill. 1880.* — Depuis 1880, la législation des patentes a continué à suivre les fluctuations et les transformations de l'industrie, et à proportionner les charges aux bénéfices. La loi du 30 juill. 1885, qui contient la première révision du tarif, est faite uniquement en exécution de la disposition qui fait examiner périodiquement par le législateur les arrêtés d'assimilation. Mais avec les lois des 17 juill. 1889, 8 août 1890 et 28 avr. 1893, on voit s'affirmer très-nettement le double courant qui consiste à dégrever le plus possible les petits patentables et à grever lourdement les gros commerçants. Alors que la loi du 17 juill. 1889 exempte de toute patente les fabricants travaillant exclusivement à métiers à façon, qu'elle réduit le droit fixe d'un quart pour les professions de la sixième classe du tableau A et de moitié pour celles des septième et huitième classes, dans les communes de 2,000 habitants et au-dessous, nous voyons la même loi et après elle celles des 8 août 1890 et 28 avr. 1893 augmenter considérablement la patente des grands magasins et des sociétés de crédit.

67. — Impressionné par les plaintes des petits commerçants contre la concurrence que leur font les grands magasins, et cependant répugnant à intervenir directement dans la lutte au moyen de taxes qui auraient frappé progressivement les revenus des grands magasins, le parlement s'est borné à modifier les droits de patente de ces contribuables exceptionnels en leur appliquant des règles spéciales. Alors que les patentables qui exercent dans le même établissement des professions différentes ne paient que le droit fixe le plus élevé, les grands magasins doivent acquitter un droit fixe pour chacune des spécialités qu'ils exploitent. D'autre part, au lieu d'appliquer le tarif strictement proportionnel au nombre des employés, la loi, partant de cette idée que la valeur de productivité individuelle des employés augmente en raison de leur nombre, à mesure que le magasin se développe, substitue au tarif proportionnel un tarif progressif, destiné à établir une proportionnalité plus rigoureuse entre l'impôt et les revenus. Cette loi augmente aussi le taux du droit proportionnel pour certains des patentables exerçant des professions libérales. Enfin elle assimile les marchands déballeurs aux marchands forains.

68. — Depuis 1893, la législation des patentes aurait dû faire l'objet des révisions périodiques prévues par les lois de 1844 et de 1880, mais, le parlement étant saisi de nombreuses propositions qui tendaient à remanier de fond en comble l'assiette de cet impôt, le législateur a cru devoir ajourner les modifications de détail. Un projet de loi sur les patentes est actuellement soumis aux délibérations du parlement. Il a fait l'objet d'un rapport au Sénat déposé le 4 avr. 1900 (*J. off.*, Doc. parl., sept. 1900, p. 468), a été adopté en première délibération par le Sénat en mars 1901 (*J. off.* des 20, 22, 23, 27, 29 mars, Déb. parl., p. 535, 542, 547 et s., 573, 588 et 608), puis en seconde délibération en janv. et févr. 1902. Ce projet n'a pas encore à l'heure présente, été examiné par la Chambre des députés.

Section II.

Caractères généraux de la patente.

69. — 1° La contribution des patentes est aujourd'hui un impôt général sur les produits du travail. Ce caractère de généralité résulte de la combinaison des art. 1 et 4, L. 15 juill. 1880, ainsi conçu : Art. 1er. Tout individu, Français ou étranger, qui exerce en France un commerce, une industrie, une profession non compris dans les exceptions déterminées par la présente loi, est assujetti à la contribution des patentes. — Art. 4. Les commerces, industries et professions non dénommés dans les tableaux n'en sont pas moins assujettis à la patente. Les droits auxquels ils doivent être soumis sont réglés d'après l'analyse des opérations ou des objets de commerce, par un arrêté spécial du préfet, rendu sur la proposition des directeurs des contributions directes et après avoir pris l'avis du maire. Tous les cinq ans, des tableaux additionnels contenant la nomenclature des commerces, industries et professions classés par voie d'assimilation, depuis trois années au moins, seront soumis à la sanction législative.

70. — Le principe posé par la loi est aussi large que possible. La loi a employé à dessein les termes les plus compréhensifs. « Tout individu ». C'est dire qu'elle ne fait aucune distinction entre les hommes et les femmes, entre les mineurs et les majeurs. — Cons. d'Ét., 4 nov. 1898, Dlle Legallais, [Leb. chr., p. 674] — Tout au plus pourrait-on se demander si elle a entendu faire peser la patente sur des êtres fictifs, sur des personnes morales. Mais la personnalité civile n'est pas incompatible avec l'obligation de payer patente. La loi y assujettit expressément les sociétés anonymes et nous verrons que la jurisprudence l'applique parfois à des établissements publics ou d'utilité publique.

71. — Enfin la loi ne distingue pas entre les Français et les étrangers. Les lois d'impôts sont des lois de police qui obligent tous ceux qui résident sur le territoire. D'autre part, notre législation admettant les étrangers à faire librement le commerce en France, il est conforme à l'équité qu'ils acquittent les mêmes impôts que les Français.

72. — L'unique condition exigée pour qu'on soit passible de la patente, c'est qu'on exerce en France un commerce, une industrie ou une profession non exemptée. Qu'est-ce donc qu'exercer un commerce ou une profession? C'est consacrer habituellement tout ou partie de son temps à accomplir les actes, à effectuer les opérations que ce commerce ou cette profession comporte. Le fait habituel est le seul que la loi retienne : l'individu qui accidentellement aura fait tel ou tel acte analogue à ceux que font les commerçants ou les industriels ne sera pas pour cela assujetti aux droits de patente.

73. — Mais quand l'exercice de la profession est habituel, cette condition est suffisante et les droits sont dus, quelle que soit la qualité de celui qui exerce, quelles que soient les intentions qu'il nourrit ou le but qu'il poursuit. C'est ainsi que le but philanthropique visé par certaines institutions religieuses ou laïques ne fait pas obstacle à l'établissement des droits de patente lorsqu'en fait elles se livrent aux mêmes opérations que les commerçants ou industriels.

74. — Pour être assujetti aux droits, il faut exercer une profession pour son propre compte. La loi en effet exempte expressément ceux qui travaillent pour le compte d'autrui moyennant une rémunération. Ceux-là sont des fonctionnaires, des employés ou des commis : tous sont des salariés. Aucun n'est patentable.

75. — 2° La patente est personnelle. L'art. 20, L. 15 juill. 1880, formule expressément ce principe. « Les patentes sont personnelles et ne peuvent servir qu'à ceux à qui elles sont délivrées. C'est dire que tout individu qui se livre aux actes constitutifs de l'exercice d'une profession doit se munir d'une patente. Nous aurons à examiner, quand nous nous occuperons des sociétés, les atténuations apportées par le législateur lui-même à la rigueur de ce principe.

76. — 3° La patente est un impôt de quotité. C'est dire que le principe d'égalité proportionnelle n'est pas de rigueur en cette matière. Le fait que certains individus, qui devraient être assujettis aux droits, ont été omis sur les rôles, n'est pas par lui seul un motif suffisant pour accorder décharge ou réduction.

77. — 4° La patente est, en principe, proportionnelle aux bénéfices, et l'effort constant du législateur depuis un siècle a toujours tendu vers ce but. De là, les remaniements continuels de la tarification, les augmentations successives des droits pour le haut commerce et les industries importantes, et les atténuations pour les petits patentables, les artisans, les débitants.

78. — Pourquoi ces remaniements, dira-t-on ? C'est que, dès l'origine, le législateur s'est trouvé en présence de deux systèmes entre lesquels il lui a fallu faire un choix : ou bien assurer la proportionnalité mathématique des charges aux bénéfices nets de chaque contribuable, ce qui entraînait nécessairement l'obligation pour le contribuable de déclarer le chiffre de ses affaires et de ses bénéfices, d'étaler sous les yeux du fisc le secret de ses opérations, les difficultés de son existence, le peu de solidité de son crédit, le caractère aléatoire de sa prospérité apparente, et le droit pour le fisc de vérifier la sincérité des déclarations; ou bien se contenter de déterminer le revenu d'après ses signes apparents, extérieurs, et graduer les charges d'après ces signes quelquefois trompeurs, mais exacts dans la majeure partie des cas, en sacrifiant la proportionnalité rigoureuse à la tranquillité des citoyens.

79. — Si la crainte de l'inquisition fiscale avait fait repousser par le législateur de 1791 l'établissement de l'impôt général sur le revenu, à plus forte raison devait-elle faire écarter le système mathématique en ce qui touche l'impôt sur les revenus commerciaux, plus mobiles, plus susceptibles d'être influencés par les circonstances extérieures, que les revenus fonciers ou mobiliers.

80. — On a donc eu recours aux signes extérieurs pour taxer les revenus professionnels. Ceux qui ont été retenus sont : 1° la nature et les conditions d'exercice des professions; 2° le chiffre de la population du lieu où elles s'exercent; 3° le nombre des employés, ouvriers, machines et autres éléments de production possédés par le patentable; 4° la valeur locative de son habitation et de tous les locaux qui servent à l'exercice de sa profession. Envisagé isolément, chacun de ces signes donnerait des résultats manifestement inexacts et iniques. Réunis ils se neutralisent les uns par les autres, se compensent, et produisent une taxation moyenne, qui correspond assez exactement à la réalité des faits.

81. — 5° En dernier lieu, la patente est annuelle comme tous les impôts. Ce principe produit les mêmes effets en ce qui touche les droits de patente qu'en ce qui concerne les contributions foncière ou mobilière. Toutefois le législateur a cru devoir y apporter un certain nombre d'exceptions, qui ont pour but de suivre de plus près la matière imposable et de calquer plus exactement les droits sur les faits.

82. — Cet aperçu d'ensemble sur les caractères généraux de la contribution des patentes nous servira de guide. A propos de la généralité de la patente, nous examinerons quelles sont les personnes susceptibles d'être assujetties aux droits, comment on procède à l'égard des professions non dénommées. Nous étudierons ensuite les exemptions. A propos de la personnalité, nous examinerons les règles qui concernent les sociétés. La proportionnalité nous conduira également à étudier la tarification dans tous ses détails, l'assiette des droits fixe et proportionnel. A propos de l'annualité, nous indiquerons les exceptions que la loi a apportées au principe et les conséquences qui en découlent. Enfin nous terminerons par quelques observations sur les particularités que présentent la confection des matrices et des rôles, le recouvrement, le contentieux de la patente et la délivrance des formules de patentes.

CHAPITRE II.

GÉNÉRALITÉ DE LA PATENTE.

Section I.

Individus exerçant une profession dénommée dans les tableaux.

§ 1. *Caractère habituel des opérations.*

83. — Pour que la patente soit due, avons-nous dit plus haut il faut qu'il y ait exercice d'une profession, c'est-à dire accomplissement habituel des actes qu'elle comporte. Cette première condition permet d'écarter tous les faits accidentels, qui sont inopérants soit pour rendre patentable un individu qui n'exerce aucune profession, soit pour modifier les droits dont un patentable est passible. Voici quelques applications faites de ce principe par la jurisprudence.

84. — Un ancien conducteur des ponts et chaussées ne peut être considéré comme exerçant habituellement la profession d'architecte pour avoir été chargé par une ville d'exécuter le projet d'une fontaine et avoir été plusieurs fois désigné comme expert-architecte par un tribunal. — Cons. d'Et., 20 mars 1875, Robineau, [D. 76.3.8]; — 19 nov. 1875, Oulenière, [Leb. chr., p. 905]; — 22 déc. 1876, Rouget, [Leb. chr., p. 926]

85. — De même un agent voyer qui a dressé accidentellement des plans et devis pour la réparation d'édifices communaux n'est pas un architecte. — Cons. d'Et., 27 juill. 1888, Carré, [Leb. chr., p. 672]; — 11 févr. 1898, [Leb. chr., p. 95]

86. — Le fait de s'être entremis, moyennant rémunération, dans une opération de vente de terrains pour le compte d'une Compagnie de chemin de fer, ne constitue pas l'exercice de la profession d'arpenteur. — Cons. d'Et., 28 juin 1878, Magnier, [Leb. chr., p. 608]

86 *bis*. — De même, le fait par un ouvrier, qui travaille habituellement sans compagnon ni apprenti, de se faire aider de temps en temps, par son père, ne le rend pas imposable. — Cons. d'Et., 26 janv. 1900, Vantenat, [Leb. chr., p. 60] — Ainsi jugé, pour un vétérinaire qui, après avoir cédé sa clientèle à son fils, le suppléerait accidentellement. — Cons. d'Et., 16 févr. 1900, Marlhe, [Leb. chr., p. 138]

87. — La patente d'exploitant de carrières ne peut être réclamée d'un propriétaire qui se borne à retirer les pierres de son terrain pour améliorer celui-ci et utiliser ces pierres à clore ses domaines, mais qui a vendu à une commune quelques menues pierres pour la réparation de ses chemins. — Cons. d'Et., 30 mai 1879, Louis, [Leb. chr., p. 428]

87 *bis*. — Les cultivateurs exemptés de patente à raison de la vente des produits de leur exploitation ne perdent pas le bénéfice de cette exemption par le seul fait qu'ils auraient accidentellement vendu quelques produits achetés par eux. — Cons. d'Et., 13 janv. 1888, Souffran, [Leb. chr., p. 26]; — 14 nov. 1891, Dervin, [Leb. chr., p. 677]; — 23 janv. 1892, Escaro, [Leb. chr., p. 60] — ou recueillis par eux dans une succession. — Cons. d'Et., 6 avr. 1869, Chevray, [Leb. chr., p. 314] — Le fait pour un cultivateur de revendre l'excédent non consommé dans son exploitation des fourrages qu'il a achetés l'année précédente ne le rend pas imposable, quand il n'est pas établi qu'il ait acheté des quantités supérieures aux besoins de son exploitation dans un but de spéculation. — Cons. d'Et., 9 nov. 1900, Bex, [Leb. chr., p. 606]

88. — De même n'est pas logeur ni loueur d'appartements meublés celui qui accidentellement a loué meublé un logement ou l'appartement qui sert à son habitation personnelle. Ainsi jugé à l'égard d'un propriétaire qui avait fourni dans ces conditions un logement à l'instituteur. — Cons. d'Et., 2 juill. 1880, Demougeat, [Leb. chr., p. 625]

89. — ... D'un propriétaire qui avait loué meublée sa propre habitation. — Cons. d'Et., 5 déc. 1891, Cantagrel, [Leb. chr., p. 744]

90. — ... D'une veuve qui, après la mort de son mari, avait loué son appartement pour la fin du bail. — Cons. d'Et., 4 juin 1886, Huyot, [D. 87.5.329]

91. — On a même considéré que le fait de louer sa maison meublée par bail de trois, six ou neuf ans ne constitue pas le caractère habituel nécessaire pour justifier l'imposition de la patente, tout au moins tant que la première période n'est pas expirée. — Cons. d'Et., 5 déc. 1891, Sauvalle, [D. 93.5.417]; — 25 nov. 1893, de Gramont, [S. et P. 95.3.99]

92. — Après la première période, si la location continue, elle perd son caractère accidentel et la patente est due. — Cons. d'Et., 21 mars 1896, Ve Sauvalle, [Leb. chr., p. 285]

93. — On n'a pas non plus considéré comme accidentelle la location d'une habitation meublée faite par bail 3-6-9, même accessoirement au droit de chasse. — Cons. d'Et., 26 déc. 1891, Laage de Meux, [D. 93.5.417]

94. — Mais on a reconnu le caractère accidentel à la location faite deux étés de suite par un propriétaire de la maison qui lui sert d'habitation personnelle. — Cons. d'Et., 30 nov. 1889, Ve Sallard, [S. et P. 92.3.27, D. 91.5.384] — La loi nouvelle met fin aux hésitations de la jurisprudence en disposant (art. 8) que la périodicité de la location lui enlèvera son caractère accidentel.

94 *bis*. — Un curé qui, accidentellement, cède à des paroissiens pour une cérémonie funèbre des cierges provenant des offrandes faites à la fabrique ou au clergé n'est pas imposable comme marchand de cire. — Cons. d'Et., 8 nov. 1872, Graziani, [Leb. chr., p. 570]

95. — A l'égard de ceux qui sont déjà patentables, les opérations accidentelles qu'ils peuvent faire en dehors de leur profession normale ne peuvent faire changer leur qualification. C'est ainsi qu'il a été jugé que quelques dépôts de fonds et achats de valeurs, d'ailleurs de peu d'importance, ne sont que des faits accessoires de la profession d'escompteur et ne transforment pas celui-ci en banquier. — Cons. d'Et., 30 mai 1879, Besson, [Leb. chr., p. 429]

96. — De même le directeur d'un bureau de placement ne devient pas agent d'affaires par le seul fait qu'il aurait placé ou recouvré certaines sommes d'argent. — Cons. d'Et., 29 avr. 1887, Moissonnier, [Leb. chr., p. 342]

97. — Le fait qu'un sabotier vend accidentellement des galoches et des chaussons ne saurait le faire considérer comme galochier. — Cons. d'Et., 28 mars 1888, Chevalier, [Leb. chr., p. 329]

98. — N'est pas imposable comme chimiste-expert un teinturier qui se borne ordinairement à faire dans son laboratoire des expériences chimiques relatives à son industrie, quoiqu'il se mette accidentellement à la disposition des tribunaux et des particuliers. — Cons. d'Et., 28 mai 1880, Descroix, [Leb. chr., p. 495]

98 *bis*. — N'est pas imposable comme marchand de bois à brûler celui qui a fait pendant une année des opérations isolées d'achat et de revente en bloc de bois d'affouage. — Cons. d'Et., 1er déc. 1899, [Leb. chr., p. 687]

99. — De même n'est pas imposable comme marchand de fourrages le fermier qui, à la résiliation de son bail, a vendu, pour en tirer parti, des fourrages qu'il avait achetés pour les faire consommer par les bestiaux de sa métairie. — Cons. d'Et., 12 nov. 1892, Papin, [D. 94.5.442]

100. — On a parfois considéré comme accidentelles les ventes dernières faites par un patentable pour achever la liquidation de son fonds. — Cons. d'Et., 18 juin 1880, Saliné, [Leb. chr., p. 571]; — 1er juin 1883, Noël, [Leb. chr., p. 505]

§ 2. *Caractère professionnel des opérations.*

101. — Pour que la patente soit due, il faut que les faits relevés à la charge du contribuable soient caractéristiques de l'exercice d'une profession. N'est pas imposable celui qui se borne à faire acte de propriétaire ou de capitaliste. Il a été jugé, notamment, que le fait par un cercle catholique de mettre quelques chambres garnies à la disposition de ses membres et non du public ne pouvait motiver son assujettissement à une patente de loueur d'appartements meublés. — Cons. d'Et., 23 févr. 1877, Cercle catholique de Lyon, [S. 79.2.91, P. adm. chr., D. 77.3.75]

102. — On ne peut non plus imposer un individu qui a figuré dans des adjudications de coupes de bois, mais seulement comme caution. — Cons. d'Et., 15 déc. 1876, Maguin, [Leb. chr., p. 889]

102 *bis.* — On ne peut imposer comme adjudicataire du droit de pêche celui qui a obtenu de cet adjudicataire l'autorisation de pêcher dans son cantonnement. — Cons. d'Et., 22 juin 1900, Billard, [Leb. chr., p. 420]

103. — Le fait de ne percevoir aucune rémunération pour les actes que l'on fait enlève à ces actes le caractère professionnel et entraîne la décharge des droits de patente. Ainsi il a été jugé qu'un individu qui s'occupait de la gestion des propriétés d'un parent sans recevoir aucune rémunération avait été imposé à tort comme agent d'affaires. — Cons. d'Et., 9 avr. 1892, Vivien, [Leb. chr., p. 394] — Jugé de même pour un individu qui a vendu sans rémunération du vin pour le compte de tiers. — Cons. d'Et., 6 déc. 1890, Jeunet, [Leb. chr., p. 934]; — 24 mars 1900, Médail, [Leb. chr., p. 245]

103 *bis.* — Le Conseil d'Etat n'a pas considéré comme exerçant la profession de marchand de cire un sacristain qui, dans une église, vendait à son profit les cierges et la cire, alors que ces bénéfices lui avaient été abandonnés par la fabrique à titre de remplacement de traitement. — Cons. d'Et., 4 janv. 1866, Moniot.

104. — Le Conseil d'Etat a même refusé de voir l'exercice d'une profession imposable dans le fait d'un concierge de lycée qui se bornait à vendre aux élèves, dans l'intérieur du lycée et sous le contrôle de l'administration, du papier, des plumes et autres menus objets de papeterie. — Cons. d'Et., 15 nov. 1890, Labadens, [D. 92.5.464] — Mais c'est là une décision d'espèce qui n'infirme pas la règle.

105. — C'est par application de ce principe que s'est formée la jurisprudence relative aux sociétés coopératives. On sait que les coopérations sont des associations de personnes participant à une œuvre commune en vue d'obtenir dans de meilleures conditions les choses nécessaires à la vie, de réaliser une épargne ou de tirer un meilleur parti de leurs ressources ou de leur travail (Projet de loi, *Journ. off.*, session, 1892, Sénat, p. 203). Elles ont principalement en vue de supprimer les intermédiaires. Les sociétés coopératives de consommation visent à la suppression du détaillant, les sociétés coopératives de production à celle du patron, les sociétés coopératives de crédit à celle du banquier. Le mécanisme d'une société de consommation consiste à acheter en gros des marchandises et à les revendre en détail aux membres de l'association au prix de revient ou au moins à ce prix majoré seulement de la somme nécessaire pour couvrir les frais généraux. Par ce procédé les associés économisent la rémunération du travail du détaillant.

106. — Quelle est la nature juridique de ces achats suivis de reventes? Si l'on considère le but de l'opération, on voit qu'il s'agit de réaliser non un bénéfice, mais une économie. Il n'y a pas chez les associés une intention de spéculation ou de lucre : il n'y a qu'une pensée de prévoyance et un acte de bonne gestion de leur capital. Malgré l'analogie de leurs opérations avec celles des commerçants, les sociétés coopératives ne peuvent être considérées comme exerçant une profession. A cet égard, la jurisprudence des tribunaux judiciaires est d'accord avec celle du Conseil d'Etat. Pour l'autorité judiciaire les sociétés coopératives de consommation sont civiles quand elles ne vendent qu'à leurs membres, et commerciales quand elles vendent aussi au public. — Bourges, 19 janv. 1869, Masson, [S. 69.2.323, P. 69.1271, D. 69.2.133] — Paris, 17 nov. 1887, [*Revue des sociétés*, 88.284]; — 20 mars 1888, Soc. coop. Revendication, [D. 89.2.280] — Trib. comm. Nevers, 7 sept. 1868, Bordet, [D. 69.3.54]

107. — Cette distinction est absolument rationnelle. En effet, lorsque la société coopérative vend au public, à un prix supérieur au prix de revient, elle réalise sur lui un bénéfice commercial : elle joue à son égard le rôle d'intermédiaire, de commerçant. Il n'y a plus aucune raison pour ne pas l'assujettir aux mêmes obligations que les autres détaillants auxquels elle fait concurrence.

108. — Au point de vue de l'assujettissement à la patente, le Conseil d'Etat a toujours déclaré non imposables les sociétés qui se bornaient à revendre à leurs membres exclusivement les marchandises approvisionnées dans les magasins et à répartir entre eux le montant des économies réalisées sur les acquisitions au prorata des actions de chacun. — Cons. d'Et., 6 août 1863, Roche (Société alimentaire de Rochefort), [D. 64.3.87]; — 17 nov. 1876 Joannon (Boulangerie des familles), [D. 77.3.12]; — 23 févr. 1877, Dollfus, [Leb. chr., p. 187]; — 8 juin 1877, Soc. coop. des mineurs d'Anzin, [S. 79.2.154, P. adm. chr., D. 77.3.100]; — 2 nov. 1877, Même partie, [Leb. chr., p. 843]; — 7 juin 1878, Soc. coop. philanthropique de Saint-Rémy, [D. 78.3.103]

109. — Il en est ainsi alors même qu'accidentellement quelques infractions au pacte social auraient été commises et que les agents auraient relevé quelques ventes à des tiers. — Cons. d'Et., 8 févr. 1896, Soc. la Laborieuse, [S. et P. 98.3.42]

110. — Mais l'exemption de patente constitue un avantage considérable bien fait pour tenter les spéculateurs. Il faut donc apporter une très-grande vigilance pour déjouer les combinaisons plus ou moins ingénieuses à l'aide desquelles on voudrait déguiser de véritables sociétés commerciales sous l'apparence de sociétés coopératives. Parmi ces procédés l'un des plus fréquents est celui qui consiste à admettre sous le nom d'adhérents et moyennant une cotisation annuelle très-minime et par conséquent accessible à tous, des tiers aux avantages de la coopération. Ces adhérents sont en réalité de véritables clients. Ces sociétés-là doivent donc payer patente. — Cons. d'Et., 14 févr. 1873, Boucherie coopérative de Cherbourg, [Leb. chr., p. 162]; — 3 janv. 1881, Soc. coop. de Modane, [S. 82.3.34, P. adm. chr.]; — 14 mars 1891, L'Economie, [S. et P. 93.3.35, D. 92.3.96]

111. — On n'a pas voulu reconnaître le caractère de société coopérative de consommation à une société qui s'était fondée pour exploiter une brasserie. Le Conseil d'Etat s'est fondé sur ce que cette société comptait parmi ses membres un certain nombre de débitants faisant commerce d'acheter pour la revendre au public la bière fabriquée par la société et sur ce que dès lors elle n'avait pas le caractère d'une véritable société coopérative de consommation fournissant à ses membres exclusivement un produit pour leur consommation personnelle. — Cons. d'Et., 16 mars 1895, Brasserie coopérative de Valenciennes-Anzin, [S. et P. 97.3.67, D. 96.3.31]

112. — La jurisprudence n'étend pas l'exemption de patente aux sociétés coopératives d'approvisionnement constituées entre commerçants en vue de faire des opérations d'achat collectives et de réaliser des bénéfices commerciaux sur la revente de ces marchandises. Ainsi doit être imposée à la patente une société coopérative d'approvisionnement général de charcutiers qui achète des viandes salées ou fumées pour les revendre à des charcutiers, alors que les ventes ne sont pas faites au prix coûtant, que la différence entre les deux prix n'est pas reversée en totalité entre les mains des acheteurs au prorata de leurs achats, mais est affectée en partie aux conseils d'administration et de surveillance, au service des actions et à la constitution d'un fonds de réserve, que ladite société revend exclusivement à des marchands opérant en vue d'un bénéfice commercial, et qu'en outre, elle vend à des tiers à la criée. — Cons. d'Et., 27 mai 1898, Soc. coop. d'approvisionnement général des charcutiers de Paris, [S. et P. 1900.3.63, D. 99.3.88] — De même, le Conseil a refusé d'exempter une société qui avait pour but de vendre de la viande aux ouvriers et associés, où la qualité d'associé s'acquérait par la souscription d'une action de cinq francs et le versement d'un droit d'entrée d'un franc, qui cédait les déchets à des tiers et où les administrateurs étaient rémunérés. — Cons. d'Et., 23 févr. 1900, Soc. l'Humanité, [Leb. chr., p. 159]

113. — En ce qui touche les sociétés coopératives de production, leur caractère dépend de la nature de leurs opérations : commerciales quand elles se rattachent à l'industrie commerciale ou manufacturière, quand elles ont pour objet des actes de commerce, elles sont civiles quand elles ont pour but une exploitation minière ou agricole. C'est ainsi, par exemple, que les sociétés fromagères, qui ont pour objet la vente de denrées provenant du cru des propriétaires associés n'ont pas le caractère de sociétés commerciales. — Besançon, 19 févr. 1884, Fromagerie de Lauto. — Lyon-Caen et Renault, n. 1037. — V. *suprà*, v° *Association agricole*, n. 100. — Le Conseil d'Etat a déclaré imposable à la patente une société de production et de consommation qui offrait ses produits à tous les consommateurs sous la seule condition d'un versement d'un franc qui conférait la qualité d'associé. — Cons. d'Et., 30 mars 1900, Soc. coop. de Villeneuve-sur-Lot, [Leb. chr., p. 265]

114. — Les sociétés coopératives de crédit mutuel ont pour but de se procurer des fonds à l'aide desquels elles feront des prêts à leurs membres moyennant un escompte inférieur à celui qu'exigeraient d'eux les banquiers. D'après MM. Lyon-Caen et

Renault (n. 1037), les opérations que font ces sociétés ont au premier chef le caractère d'actes de commerce, puisque ce sont des opérations d'escompte et de banque. D'après M. Vavasseur (t. 2, n. 1004), au contraire, le crédit mutuel constitue une opération civile, non assimilable à une opération de banque, à moins que l'association ne soit formée entre commerçants pour les besoins de leur négoce. Pour notre part, nous admettrions volontiers l'exemption en faveur des sociétés qui se bornent exclusivement à procurer à leurs membres le crédit qui leur est nécessaire.

115. — Si, par exemple, une société, après avoir réuni des capitaux, les employait exclusivement à faire des prêts à ses membres et consacrait les produits de ses opérations : 1° à servir un intérêt aux bailleurs de fonds ; 2° à répartir le surplus entre ses membres au prorata de leurs opérations, à titre de réduction sur le taux de l'intérêt, nous pensons que la patente ne serait pas due. Mais il est rare que les choses se présentent dans des conditions aussi simples. Le Conseil d'Etat a refusé l'exemption à une société qui invoquait le caractère coopératif, parce qu'elle ne se bornait pas à demander à des bailleurs de fonds étrangers les capitaux strictement nécessaires à la réalisation des emprunts contractés par ses membres, mais qu'elle recevait aussi des dépôts à terme ou à vue et qu'elle se livrait à des opérations d'escompte. D'autre part, les bénéfices procurés à la société par la différence entre l'intérêt qu'elle servait aux prêteurs et celui qu'elle percevait de ses membres, au lieu d'être répartis entre les membres, étaient employés à subventionner une école privée. — Cons. d'Et., 24 déc. 1897, Caisse rurale de Sermérieu, [S. et P. 99.3.17]

116. — Déjà le Conseil avait rejeté la demande d'une société qui se livrait à des opérations de banque et d'escompte exclusivement pour le compte de ses sociétaires et répartissait entre eux une partie des bénéfices sous forme de réduction d'escompte annuel, mais qui, d'autre part, réservait 30 p. 0/0 de bénéfices aux actionnaires qui ne voulaient pas profiter des avantages de l'escompte et qui, par conséquent, n'entraient dans la société qu'en vue de réaliser un bénéfice sur le produit de ses opérations. — Cons. d'Et., 28 nov. 1891, La Banque provençale, [S. et P. 93.3.113, D. 93.3.15]

117. — Le Conseil a également rétabli sur le rôle en qualité d'agent d'affaire la *Banque populaire du Ve arrondissement de Paris* par le motif, d'une part, qu'elle recevait des dépôts et contractait des emprunts, faits rentrant dans l'exercice de la profession d'agent d'affaires, et que, d'autre part, si ces opérations n'étaient faites que pour le compte des actionnaires, les bénéfices nets pouvaient être, après déduction de certains prélèvements, distribués aux actionnaires proportionnellement au nombre de leurs actions. Dès lors, la banque ne constituait pas une société exclusivement mutuelle. — Cons. d'Et., 28 janv. 1899, Banque populaire du Ve arrond., [S. et P. 99.3.73, D. 1900.3.51]

118. — La loi du 5 nov. 1894 (art. 4) exempte formellement de patente les sociétés de crédit agricole constituées conformément à ses dispositions.

118 *bis*. — La loi nouvelle tranche par une disposition formelle les difficultés d'interprétation auxquelles donnait lieu la situation des sociétés coopératives. Elle dispose (art. 9) « que les sociétés coopératives de consommation et les économats, lorsqu'ils possèdent des établissements, boutiques ou magasins pour la vente ou la livraison des denrées, produits ou marchandises, sont passibles des droits de patente au même titre que les sociétés ou particuliers exerçant des professions similaires. » La Chambre des députés avait proposé d'exempter de la patente les sociétés coopératives qui seraient constituées régulièrement, administrées gratuitement, vendraient exclusivement à leurs associés, n'admettraient que des associés dont la cote personnelle-mobilière en principal n'excéderait pas vingt francs et répartiraient les bonis entre leurs associés. Le Sénat n'a pas accepté ce système. Se plaçant à un point de vue fiscal, il a jugé que l'acte en vertu duquel la patente est due était constitué par le fait que les sociétés coopératives et économats possédaient des boutiques et magasins où sont habituellement reçues, emmagasinées, manipulées et vendues toutes sortes de marchandises. L'achat au comptant ou à terme de grandes quantités de marchandises, leur revente à un prix supérieur au prix d'achat constituent l'acte commercial. Le Sénat a ainsi donné satisfaction aux réclamations du petit commerce contre les sociétés coopératives.

§ 3. *Exercice effectif de la profession.*

119. — Non seulement il est nécessaire que les faits relevés à la charge du patentable soient constitutifs de l'exercice d'une profession, mais encore il faut que cette profession ait été exercée en fait. Ainsi on ne peut imposer un individu en qualité de loueur d'appartements meublés, alors que l'instruction établit que les meubles sont la propriété des locataires. Dans ces conditions la location change de caractère et cesse de tomber sous le coup de la loi des patentes. — Cons. d'Et., 28 mars 1884, Bourrel, [Leb. chr., p. 251]

120. — Ne peut pas davantage être imposé comme loueur d'appartements meublés celui qui, pendant l'année en cause, n'a pas mis sa maison en location. — Cons. d'Et., 5 mars 1892, Jacob, [D. 93.5.418]

121. — N'est pas imposable comme entrepreneur de maçonnerie celui qui n'a pas exécuté de travaux à l'entreprise pendant l'année de l'imposition. — Cons. d'Et., 2 juil. 1886, Bacouel, [Leb. chr., p. 545]

122. — On ne peut imposer comme adjudicataire d'une coupe de bois, celui qui l'a rétrocédée sans l'avoir exploitée. — Cons. d'Et., 20 avr. 1888, Martin, [Leb. chr., p. 362]

123. — Il en est de même d'une société qui, constituée en vue d'opérations commerciales, s'est abstenue d'en entreprendre aucune. — Cons. d'Et., 23 avr. 1898, Monnereau et Perronat, [D. 99.3.77]

124. — Il n'y a pas lieu d'assujettir à la patente celui qui, pendant l'année, n'a fait aucun achat ni aucune vente, alors même qu'il aurait des marchandises en magasin ou des approvisionnements provenant de la fabrication antérieure. — Cons. d'Et., 22 mars 1878, Rollandy, [Leb. chr., p. 325]; — 19 mars 1880, Tourel, [D. 81.3.6]; — 16 nov. 1883, Mesnard, [Leb. chr., p. 812]

125. — Toutefois, il y a lieu de distinguer entre l'abstention volontaire du commerçant qui cesse momentanément d'exercer sa profession et le défaut d'exercice involontaire, provenant du défaut de clientèle et n'impliquant nullement de la part du contribuable l'intention de renoncer à son commerce ou à sa profession (V. *infrà*, n. 152 et s.). C'est par ce motif que le Conseil d'Etat a maintenu l'imposition d'un maître de glacières à raison de locaux qui, en fait, n'avaient pas reçu de glace pendant l'année par suite du manque de gelée. — Cons. d'Et., 2 juill. 1886, Soc. des glacières de Paris, [Leb. chr., p. 546]

126. — ... Celle d'un avocat inscrit au tableau, mais n'exerçant pas en fait. Tant qu'il reste inscrit au tableau, l'avocat est présumé vouloir exercer sa profession : il reste à la disposition des clients. — Cons. d'Et., 8 avr. 1892, Gineste, [S. et P. 94.3.29]

127. — De même le propriétaire qui met en location une villa meublée reste imposable comme loueur d'appartements meublés, alors même qu'en fait il n'aurait pas trouvé de locataires pendant plusieurs années. — Cons. d'Et., 26 févr. 1892, Crain et Vérité, [D. 93.3.53]; — 27 févr. 1892, Duché, [D. 93.3.53]; — 25 mai 1894, Bayle, [Leb. chr., p. 356]

128. — Celui qui, exerçant la profession de marchand de bois, a, pendant une année, en vue de continuer son commerce, acheté des coupes de bois sans faire aucune vente, n'en demeure pas moins imposable. — Cons. d'Et., 21 déc. 1877, Barthélemy, [D. P. 78.3.42]

129. — Le Conseil d'Etat a de même maintenu à la patente un individu qui, pourvu d'une licence de marchand d'eaux-de-vie, avait acheté des marchandises et était resté deux ans sans les revendre, et cela même pendant l'année où il n'avait fait aucune opération. — Cons. d'Et., 1er juin 1850, Collonnier, [Leb. chr., p. 521]; — 1er juin 1859, Lartet, [Leb. chr., p. 546]; — 9 avr. 1892, Fabvre, [D. 93.3.53]

130. — Si l'exercice habituel de la profession est une condition nécessaire de l'imposition à la patente, il est aussi une condition suffisante. On ne doit s'attacher qu'au fait et non aux conditions dans lesquelles la profession s'exerce. Il n'est pas nécessaire que cet exercice soit absolument libre et volontaire. Ainsi l'on n'a pas admis qu'un concessionnaire de mines pût demander décharge de la patente de concessionnaire de chemins de fer avec péage qui lui était assignée, en alléguant que le service public de transport des voyageurs et des marchandises lui aurait été imposé par le décret de concession. — Cons. d'Et., 9 avr. 1867, Mines de Carvin, [S. 68.2.64, P. adm. chr.]

131. — On n'a pas à tenir compte non plus des conditions de précarité dont sont grevées certaines professions dont l'exercice est subordonné à des autorisations administratives qui peuvent être retirées discrétionnairement. — Cons. d'Et., 23 mai 1873, Cohendet, [Leb. chr., p. 450] — Tant que l'établissement fonctionne, la patente est due. L'article final de la loi du 15 juill. 1880, en abrogeant les anciennes lois sur la patente, réserve l'application des lois et règlements de police qui sont ou pourront être faits. Cela veut dire que les professions, même énumérées dans les tarifs, ne peuvent s'exercer que dans les conditions prévues par les lois et règlements de police. En conséquence, la patente atteint les professions exercées au 1er janvier, quels que soient les règlements qui, en cours d'année, pourraient restreindre ou interdire l'exercice de la profession.

132. — Que faut-il décider si l'exercice de la profession est illicite? La question s'est posée devant le Conseil d'Etat à propos des bookmakers, dont les opérations sur les champs de courses (paris à la poule, paris mutuels et paris à la cote) sont condamnées comme constituant des jeux de hasard par les tribunaux judiciaires (V. *suprà*, v° *Jeu et Pari*, n. 638 et s.). Se fondant sur le même motif, le Conseil d'Etat a décidé qu'à raison de leur caractère illicite, ces opérations ne pouvaient constituer l'exercice d'une profession imposable. — Cons. d'Et., 13 mai 1887, Wright, [S. 89.3.17, P. adm. chr., D. 88.3.85]

133. — Une question de même nature se posa devant le Conseil quelques années plus tard. Il s'agissait de réclamations formées par les tenanciers de plusieurs maisons de tolérance de Paris, qui demandaient décharge de la patente de logeur en garni qui leur avait été assignée. Ils soutenaient que l'établissement qu'ils exploitaient n'était pas un hôtel garni et qu'en réalité leur profession ne figurait pas au tarif. Le Conseil a décidé que les requérants n'étaient pas recevables à se prévaloir en justice du fait inavouable qu'ils invoquaient. En conséquence, il les rétablit au rôle comme logeurs en garni. — Cons. d'Et., 28 juin 1889, Beloin, [S. 91.3.83, P. adm. chr., D. 91.3.15]; — 7 mars 1890, Migne, [Leb. chr., p. 250] — 14 févr. 1891, Martin, [Leb. chr., p. 128]

134. — Mais hors le cas de profession illicite, toute profession est passible de patente, alors même qu'elle ne s'exercerait pas dans des conditions absolument conformes aux lois et règlements qui la régissent. A cet égard, la jurisprudence est constante. Il a été jugé souvent que les marchands de vins en gros et les débitants sont imposables, alors même qu'ils ne seraient pas pourvus d'une licence. — Cons. d'Et., 30 août 1843, Bousquet et Clavel, [Leb. chr., p. 494]; — 12 avr. 1844, Brajeon, [Leb. chr., p. 209]; — 19 avr. 1844, Cabanon, [Leb. chr., p. 234]; — 23 mai 1844, Bonicel, [Leb. chr., p. 285]; — 14 déc. 1844, Bertrand, [Leb. chr., p. 638]; — 7 août 1885, Cureau, [Leb. chr., p. 762.

135. — Il en serait de même pour des industriels exploitant des établissements dangereux, incommodes ou insalubres qui n'auraient pas été autorisés.

136. — Certaines professions ne peuvent être exercées que par des personnes munies de diplômes, de brevets (médecins, pharmaciens, chefs d'institution ou maîtres de pension). Quelle est, au point de vue de la patente, la situation des personnes qui exercent ces professions sans titre? Les décisions de la jurisprudence ne sont pas très-concordantes à cet égard. Il a été jugé que si un individu commençait à exercer la profession de pharmacien (de 2e classe) avant d'avoir été reçu par le jury médical de son département, cette contravention aux lois et règlements sur la pharmacie ne pouvait l'affranchir de la patente à laquelle le soumettait l'exercice d'une profession patentable, et que, dès lors, il était imposable non du jour de sa réception, mais à partir du moment où il avait commencé à exercer. — Cons. d'Et., 30 juill. 1839, Morlet, [Leb. chr., p. 421]

137. — Il a été jugé, dans le même ordre d'idées, qu'un individu non pourvu du diplôme de pharmacien et associé d'un pharmacien diplômé pouvait être imposé comme pharmacien associé. — Cons. d'Et., 7 déc. 1859, Rigaud, [D. 60.5.267]; — 3 août 1888, Darne, [Leb. chr., p. 711]

138. — Jugé de même pour un dentiste qui, sans diplôme, exerçait sa profession en vertu d'une autorisation accordée par le préfet sur le rapport du jury médical. — Cons. d'Et., 15 avr. 1852, Adam, [P. adm. chr., D. 52.3.27]

139. — A l'époque où la profession d'imprimeur n'était pas libre et ne pouvait être exercée que par les personnes munies d'un brevet (V. *suprà*, v° *Imprimeur*, n. 90 et s.), on a maintenu à la patente un individu qui exerçait sans brevet. — Cons. d'Et., 24 mai 1851, Andrard-Bonne, [D. 52.5.405]

140. — Il a été jugé qu'un agent de change et courtier de commerce qui, après avoir vendu sa charge, a pris une patente de commissionnaire de marchandises en gros, n'est pas fondé à demander décharge de cette patente par le motif que les opérations de négociations d'effets et de courtage de marchandises auxquelles il aurait continué à se livrer en sa nouvelle qualité, auraient été jugées illicites et lui auraient valu une condamnation correctionnelle. — Cons. d'Et., 14 févr. 1838, Deriencourt-Plé [Leb. chr., p. 91]

141. — A l'inverse, en ce qui touche l'exercice de la médecine, le Conseil d'Etat a jugé qu'il était contraire à la loi d'imposer comme officier de santé un individu condamné pour exercice illégal de la médecine. — Cons. d'Et., 6 janv. 1853, Jessé, [S. 53.2.527, P. adm. chr.] — Mais cette décision isolée ne nous paraît pas avoir fait jurisprudence. Elle nous semble contraire au principe général, d'après lequel la loi fiscale ne s'attache qu'aux faits, sans qu'on puisse tirer de l'inscription au rôle des patentes aucune reconnaissance légale d'une violation du droit.

142. — Lorsqu'il s'agit non d'un exercice illicite, mais simplement du fonctionnement irrégulier d'une profession, la jurisprudence ne tient aucun compte de l'observation des prescriptions réglementaires et ne s'attache qu'au fait. Ainsi le Conseil d'Etat a jugé que, quand un décret avait autorisé la création d'un parquet d'agents de change dans une ville, c'était à partir du moment où ce parquet avait fonctionné en fait que les agents devaient être cotisés, aux droits afférents aux agents des villes dotées d'un parquet, alors même que certaines formalités nécessaires au fonctionnement régulier de l'institution n'auraient pas été remplies. — Cons. d'Et., 25 juill. 1884, Pécoud, [D. 85.5.339]

143. — Dans le même sens il a été jugé que dans une maison d'instruction secondaire, la patente de chef d'institution pouvait être réclamée à la supérieure de l'établissement, bien que ce fût une autre religieuse qui fût pourvue des diplômes mettant l'institutrice en règle avec les prescriptions légales, et eût au regard des autorités universitaires le titre et la responsabilité de chef d'institution. — Cons. d'Et., 16 déc. 1887, Ragut, [S. 89. 3.56, P. adm. chr., D. 89.3.33]; — 11 mai 1888, Ecole de Notre-Dame de Maugré, [S. 90.3.33, P. adm. chr., D. 89.3.33]

144. — Il en serait de même à l'égard des règlements qui établissent certaines incompatibilités entre diverses professions. Si en fait ces prohibitions sont violées, le fisc pourra percevoir les droits sur la profession irrégulièrement exercée. Ceci a été jugé à l'égard d'un greffier de justice de paix, qui, contrairement aux règlements, se livrait à l'exercice de la profession d'expert pour l'estimation des propriétés. — Cons. d'Et., 7 mai 1892, Tastet, [Leb. chr., p. 427]

§ 4. *Exercice en France.*

145. — Il faut enfin que le patentable exerce en France; c'est en France que doivent être effectués les actes essentiels, constitutifs de l'exercice de la profession. Nous retrouverons cette question quand nous examinerons dans quelles conditions les étrangers peuvent être assujettis à la patente (V. *infrà*, n. 198 et s.). Pour le moment bornons-nous à signaler quelques décisions qui éclairent le sens de la loi.

146. — On a accordé décharge de la patente à un marchand forain avec balle, qui se bornait à s'approvisionner en France, sans y avoir ni magasin ni dépôt et qui allait revendre ses marchandises en Espagne, sans faire en France aucun acte de la profession de colporteur. — Cons. d'Et., 6 nov. 1880, Dénat, [D. 82.3.15]

147. — De même on a déchargé de la patente d'exploitant de machine à battre un individu qui, quoique demeurant en France et y remisant sa machine, ne l'utilisait qu'à l'étranger. — Cons. d'Et., 3 févr. 1883, Charmot, [Leb. chr., p. 133]

148. — On a également refusé d'assujettir aux droits celui qui vendait à l'étranger des marchandises achetées également à l'étranger, bien que ses écritures et sa comptabilité fussent tenues en France. Ce sont les achats et les ventes qui sont les actes essentiels constituant l'exercice de la profession de marchand. — Cons. d'Et., 20 avr. 1894, Bonnet, [D. 95.3.53]

149. — Mais pour être réputé exercer sa profession en France, il n'est pas nécessaire que la totalité des opérations y soient effectuées. On s'était demandé si le fait d'acheter des marchandises en France pour les expédier de là à un magasin situé à l'étranger suffisait pour rendre l'expéditeur imposable en France. Cette question a été résolue affirmativement, par le motif que la loi fiscale devait atteindre tout fait pouvant être une source de profits. On a ainsi maintenu au rôle les commerçants qui achètent des marchandises en France en vue d'approvisionner les maisons de commerce qu'ils possèdent à l'étranger ou de satisfaire aux commandes de leurs clients. — Cons. d'Et., 26 juin 1885, Yerlès, [Leb. chr., p. 619]; — 10 juill. 1885, Laulhé, [Leb. chr., p. 657]; — 5 mars 1886, Heulé, [S. 87.3.59, P. adm. chr., D. 87.3.71]; — 30 juill. 1886, Même partie, D. 87.5.331]; — 21 janv. 1887, Monnier, [Leb. chr., p. 59]

150. — Les patentables qui achètent en France pour expédier à l'étranger doivent être cotisés en France d'après la nature des opérations qu'ils y font et non d'après la nature des opérations qu'ils font à l'étranger. — Cons. d'Et., 26 juin 1885, précité; — 10 juill. 1885, précité.

150 *bis*. — Le fait que les expéditions seraient effectuées directement des caves des producteurs aux consommateurs à l'étranger sans passer par un dépôt ou un magasin de l'expéditeur n'empêche pas d'assujettir celui-ci à la patente. — Cons. d'Et., 27 févr. 1893, Grasset, [Leb. chr., p. 183]

151. — Il n'est pas nécessaire, pour être imposable à la patente, d'avoir en France son établissement principal. Il suffit d'y posséder un local où l'on exerce sa profession. — Cons. d'Et., 24 févr. 1900, Ducoulombier, [Leb. chr., p. 167]

151 *bis*. — Est imposable en France un individu exploitant une scierie mécanique, qui a sa scierie et le magasin où il dépose les planches à l'étranger, mais qui habite le territoire français et fait le commerce des planches avec des Français. — Cons. d'Et., 13 sept. 1855, Berlié, [Leb. chr., p. 651]

§ 5. *Productivité ou improductivité des opérations.*

152. — A un autre point de vue encore il est important de ne s'attacher qu'aux faits matériels de l'exercice de la profession : c'est lorsque des patentables demandent décharge ou réduction en alléguant soit l'absence, soit la modicité de leurs bénéfices. La patente en effet constitue une sorte d'abonnement. Tout commerce, toute industrie, toute profession exercée dans des conditions déterminées fait présumer l'existence d'un revenu déterminé, sur lequel le fisc opère un prélèvement proportionnel. Les bénéfices peuvent être supérieurs ou inférieurs à ce revenu présumé, peu importe : il n'est pas permis aux contribuables de faire la preuve de leurs allégations. Si réellement ils ne font pas d'affaires, ils cesseront leurs opérations. Le Trésor ne pouvant rechercher le chiffre véritable des affaires et le montant réel des bénéfices, les patentables de leur côté ne peuvent pas faire la preuve contraire aux présomptions légales. — V. *suprà*, n. 125 et s.

153. — L'absence ou la modicité des bénéfices ne pourront donc jamais être invoquées à l'appui d'une demande en décharge ou en réduction. — Cons. d'Et., 9 avr. 1886, Prudhomme, [Leb. chr., p. 325]; — 27 janv. 1888, Rougiéras, [Leb. chr., p. 93]; — 12 avr. 1889, Canon, [Leb. chr., p. 508]; — 4 juill. 1891, Resche, [Leb. chr., p. 528]; — 19 févr. 1892, Bleuet, [Leb. chr., p. 169]; — 10 mars 1893, Leboucher, [Leb. chr., p. 233]; — 20 janv. 1894, Lignon, [Leb. chr., p. 62]; — 8 mars 1895, Comm. de Saint-Maxime, [Leb. chr., p. 226]; — 28 mai 1897, Gras, [Leb. chr., p. 419]

154. — Il en est ainsi alors même que la diminution des bénéfices alléguée pourrait être attribuée par le réclamant à l'exécution de travaux publics faits pour le compte de l'Etat dans le voisinage de son établissement. — Cons. d'Et., 12 nov. 1897, Le Bozec, [Leb. chr., p. 684]

§ 6. *Institutions charitables.*

155. — Les intentions charitables et philanthropiques de la personne qui exerce une profession ne peuvent la dispenser de payer patente. Si, comme nous venons de le dire, le commerçant qui ne réalise pas de bénéfices est passible de la patente, celui qui, sans esprit de lucre, tire des bénéfices de l'exploitation d'un commerce ou d'une industrie est également imposable, alors même qu'il poursuivrait un but désintéressé et consacrerait tous ses revenus à des œuvres de charité. La situation des établissements de bienfaisance au regard de la patente est extrêmement délicate, car il est souvent très-difficile de déterminer à quel moment un établissement cesse d'être exclusivement charitable et partant non imposable. La charité privée peut, en effet, revêtir des formes multiples, d'une diversité presque infinie. Comment distinguer un orphelinat d'une pension, un hospice d'une maison de retraite, un ouvroir d'une maison de couture ou de lingerie à façon, un hôpital d'une maison de santé. Les questions de fait auront une importance capitale, et des solutions diverses et en apparence contradictoires pourront être justifiées par des nuances presque insaisissables.

156. — Le ministre des Finances avait soutenu, dans une affaire jugée le 13 janv. 1882 (Asile de la Providence), qu'il ne pouvait y avoir d'exemption qu'en faveur des établissements publics d'assistance, qui ne poursuivent qu'un but d'intérêt général et s'acquittent d'un véritable service public, mais que tous les établissements privés étaient passibles de la patente lorsqu'ils n'étaient pas absolument gratuits. Le Conseil d'Etat ne s'est pas rallié à la thèse absolue soutenue par le ministre. Il s'est réservé la faculté d'examiner, dans chaque espèce, l'importance respective du service gratuit et du service rémunéré. C'est ainsi que, dans cette affaire où il s'agissait d'un asile reconnu comme établissement d'utilité publique, destiné à servir de retraite aux pauvres vieillards et aux indigents infirmes des deux sexes de Paris, le fait que l'établissement exigeait de ses pensionnaires une légère prestation annuelle pour suppléer à l'insuffisance de sa dotation, ne pouvait suffire à lui faire perdre la qualité d'établissement de bienfaisance pour le transformer en maison particulière de retraite. — Cons. d'Et., 13 janv. 1882, Asile de la Providence, [S. 84.3.1, P. adm. chr., D. 83.3.44]

157. — On a également accordé décharge à un établissement reconnu comme établissement d'utilité publique, subventionné par le ministre de l'Intérieur et par la ville de Paris, et qui avait pour but de débiter des aliments de toute nature à la classe pauvre, à bas prix et pour être consommés sur place, faits qui motivaient, d'après le ministre, l'établissement de la patente de gargotier. Le Conseil d'Etat a maintenu la décharge accordée par le conseil de préfecture en constatant que les aliments débités étaient vendus à un prix inférieur à leur valeur réelle et ne pouvaient procurer aucun bénéfice, et qu'en fait, la société, en déficit chaque année, devait faire appel à des souscriptions pour équilibrer son budget. — Cons. d'Et., 19 mai 1882, Soc. philanthropique, [S. 84.3.40, P. adm. chr., D. 83.3.45] — V. aussi Cons. d'Et., 19 mai 1882, Ruel, [S. 84.3.40, P. adm. chr., D. 83.3.45]

158. — On n'a pas imposé non plus la patente de maître de pension à un établissement créé dans un but d'assistance, dans lequel les enfants et les jeunes gens étaient admis pour la plupart gratuitement, quelques-uns moyennant une légère rétribution et alimenté par un prélèvement effectué sur le produit du travail des apprentis, alors que, ces ressources étant insuffisantes pour couvrir les dépenses, l'établissement devait faire appel aux subventions des administrations publiques et des particuliers. — Cons. d'Et., 9 juin 1882, Hallain, [S. 84.3.42, P. adm. chr., D. 83.3.118]

158 *bis*. — Le Conseil d'Etat a déchargé comme institution purement charitable, la Société des arts de la femme, constituée pour vendre les objets confectionnés par des personnes d'une éducation supérieure, obligées par des revers de fortune de travailler pour vivre. Cette société était alimentée en partie par un prélèvement sur le prix de vente des objets à elle confiés et surtout par des cotisations de personnes charitables. — Cons. d'Et., 16 févr. 1900, Jackson, [Leb. chr., p. 139]

159. — Il faut citer encore une décision qui a refusé d'imposer comme couturière à façon une congrégation religieuse qui avait fondé un orphelinat reconnu comme établissement d'utilité publique, ayant pour but de recueillir de jeunes orphelines pauvres, de les entretenir gratuitement, de leur donner l'enseignement primaire et des leçons de couture, lequel ne pouvait se soutenir qu'au moyen de subventions municipales et de la charité privée. — Cons. d'Et., 7 août 1883, Orphelinat de Notre-Dame d'Aix, [D. 85.3.12]; — 19 juin 1885, Même partie, [Leb. chr., p. 594]

160. — De même on ne peut imposer comme tenant un bureau de placement, une communauté religieuse qui dirige, avec l'approbation de l'évêque, une œuvre destinée à fournir aux jeunes filles pauvres des places et une retraite provisoire, quand il n'est pas justifié que cet établissement ait cessé d'être exclusivement charitable. — Cons. d'Et., 31 déc. 1862, Congrégat. de Notre-Dame de la Compassion, [D. 63.3.85]

161. — N'exerce pas davantage la profession de loueur de livres la société de Saint-Vincent-de-Paul, qui prête gratuitement des livres à ses membres, alors même qu'elle reçoit des cotisations volontaires. Celles-ci ne constituent pas un abonnement annuel correspondant à la location des volumes. — Cons. d'Et., 21 janv. 1887, Soc. de Ruffec, [D. 88.3.59]

162. — Le Conseil d'Etat est allé plus loin en accordant décharge de la patente à un fabricant qui, exclusivement en vue de s'associer à une œuvre charitable, avait passé avec l'Assistance publique un traité par lequel il s'obligeait à fournir aux enfants assistés de la Seine recueillis dans l'école de Montevrain des outils, des matières premières et une somme déterminée par élève et à payer le traitement des contremaîtres, et recevait en échange les meubles fabriqués qu'il vendait. Se fondant sur ce que cette convention n'avait pas eu pour but de procurer des bénéfices au requérant, mais lui avait occasionné une perte sérieuse pendant plusieurs années, le Conseil d'Etat a déchargé ce requérant de la patente de fabricant travaillant pour le commerce. — Cons. d'Et., 13 avr. 1889, Damon, [S. 91.3.57, P. adm. chr., D. 90.3.77] — Cette décision ne nous paraît pas en conformité avec le reste de la jurisprudence du Conseil. En fait, le requérant faisait fabriquer dans l'école de Montevrain des meubles qu'il revendait. Il est vrai qu'il les revendait à perte, et que s'il continuait à exercer dans ces conditions défavorables, c'est qu'il poursuivait un but philanthropique. Mais cela n'est pas considéré d'ordinaire comme un motif d'exemption. Ce qui, dans l'espèce, a dû motiver l'exemption du requérant, c'est sa qualité de collaborateur de l'Assistance publique.

163. — Ce qu'il faut rechercher quand on est en présence d'établissements qui invoquent leur caractère charitable, c'est leur caractère dominant. Ainsi il a été jugé que le directeur d'une maison de santé privée, où les épileptiques sont traités moyennant un prix de pension, ne peut se prévaloir de ce que quelques indigents seraient reçus gratuitement dans son établissement pour réclamer l'exemption. — Cons. d'Et., 18 avr. 1860, Hospice de Saint-Omer, [Leb. chr., p. 316]; — 12 déc. 1866, Asile de la Tuppe, [Leb. chr., p. 1129] — Dans le même sens : Cons. d'Et., 16 mars 1877, Chaix, [S. 79.2.95, P. adm. chr., D. 77.3.75]; — 20 avr. 1877, Espenett, [D. 77.3.75]; — 27 avr. 1877, Hospices de Jouarre, [D. 77.3.75]

164. — ... Qu'est imposable comme maison de retraite l'établissement religieux dans lequel sont hébergées, moyennant un prix de pension versé sous la forme d'une indemnité, des personnes venues pour faire une retraite dans un lieu de pèlerinage. — Cons. d'Et., 21 janv. 1881, Dame de Beaupré, supérieure des religieuses de Paray-le-Monial, [S. 82.3.39, P. adm. chr., D. 82.3.55]; — 29 juill. 1881, Lagrange, [D. 82.5.308]

165. — ... Qu'est imposable une école libre protestante, qui reçoit gratuitement les élèves protestants et, moyennant rétribution, des élèves catholiques. — Cons. d'Et., 24 mars 1882, Clavel, [Leb. chr., p. 283]

166. — De même la patente de tenant pension bourgeoise a été maintenue au nom d'un frère de la Doctrine chrétienne qui, dans des locaux que lui louait un cercle catholique, recevait en pension, logeait et nourrissait des jeunes gens, moyennant une rétribution mensuelle. — Cons. d'Et., 21 juill. 1882, Munier, [D. 83.3.118] — Le caractère d'œuvre de bienfaisance n'a pas paru prédominant dans cet établissement.

167. — On a refusé le caractère d'établissement charitable à un orphelinat où de nombreux orphelins étaient reçus gratuitement, mais où d'ordinaire un prix de pension était exigé des familles et où l'on tirait parti des produits fabriqués par les maîtres de l'enseignement professionnel et par les élèves. Quoique l'établissement eût été fondé dans un but de bienfaisance, il n'a pas paru revêtir un but exclusivement charitable. — Cons. d'Et., 15 mars 1872, Lorrain, [S. 73.2.312, P. adm. chr., D. 72.3.67]

168. — Ce caractère a également été refusé à certaines entreprises qui, sous le couvert de la charité, ont paru constituer de véritables exploitations industrielles. Certaines sociétés religieuses ou laïques ont fondé des maisons dans lesquelles des jeunes filles pauvres sont recueillies, nourries, logées, instruites gratuitement, mais, moyennant cela, sont employées à des travaux de confection ou de lingerie dont le produit est intégralement vendu au profit de l'établissement, lequel réalise ainsi de notables économies sur la main-d'œuvre. — Cons. d'Et., 3 févr. 1888, Sœurs de Notre-Dame du Bon Pasteur, [S. 90.3.6, P. adm. chr., D. 89.3.50]; — 22 juin 1889, Même partie, [D. 91.3.13]

169. — Pour la même raison on a maintenu à la patente d'exploitant une coupe de bois un individu qui alléguait ne s'être chargé de cette adjudication qu'en vue de procurer du travail aux habitants pauvres de sa commune. — Cons. d'Et., 5 nov. 1875, François, [Leb. chr., p. 868]

170. — On a même imposé comme cabaretier ayant billard un desservant qui, pour permettre à ses paroissiens de se distraire honnêtement, leur fournissait des jeux et leur distribuait des consommations, bien que ce fût au prix de revient. — Cons. d'Et., 22 mai 1885, Vigneron, [Leb. chr., p. 529]

171. — De même une société, établie en vue de favoriser le goût du tir a été déclarée imposable comme maître de tir, bien qu'il fût reconnu que toute idée de gain était étrangère à sa constitution, étant établi que son établissement était ouvert au public qui pouvait tirer moyennant le paiement d'une rétribution tarifée. — Cons. d'Et., 18 mars 1880, Tir de Versailles, [Leb. chr., p. 289]; — 1er déc. 1882, Tir de Versailles, [Leb. chr., p. 968]

172. — En ce qui touche les établissements publics d'assistance, ils sont en principe exemptés de patente quand ils ne sortent pas de la sphère d'attributions où les enferme leur spécialité. Cette exemption va de soi quand ces établissements sont entièrement gratuits, mais elle subsiste alors même qu'ils recevraient certaines personnes moyennant un prix de pension. La plupart des asiles d'aliénés départementaux, des hospices et des hôpitaux, outre les indigents qui sont leurs clients ordinaires, reçoivent, moyennant un prix de pension assez élevé, des malades non-indigents. Le bénéfice que procurent ces malades payants vient augmenter les ressources de l'établissement et allège les charges de l'Etat, du département ou de la commune. Aussi a-t-on le plus souvent décidé que cette exploitation annexe ne faisait pas perdre à l'établissement public son caractère charitable. — Cons. d'Et., 13 févr. 1869, Hospice de Pontorson, [Leb. chr., p. 184]; — 23 mars 1880, Asile d'aliénés du Loir-et-Cher, [D. 80.3.117]

173. — Il a été jugé, de même, qu'on ne devait pas imposer comme maître d'hôtel garni l'hospice civil d'une ville d'eaux ou de bains de mer qui, pendant la saison des bains, reçoit, moyennant paiement d'un prix de journée fixé chaque année par la commission administrative, des étrangers qui y sont admis sur le vu d'un certificat de médecin. Dans cette affaire il était constaté que les bénéfices étaient entièrement employés au profit des malades indigents reçus dans l'hospice. — Cons. d'Et., 21 janv. 1857, Hosp. des Sables-d'Olonne, [D. 61.3.45]

174. — On a encore accordé l'exemption à un bureau de bienfaisance entretenant un orphelinat de jeunes filles, parce que le produit de la vente du travail de ces jeunes filles ne suffisait pas à faire vivre l'établissement, dont le déficit annuel devait être comblé par la charité publique. — Cons. d'Et., 15 juin 1883, Bureau de bienfaisance de Verdun, [S. 85.3.32, P. adm. chr., D. 85.3.12]

175. — Mais on a au contraire maintenu ce bureau à la patente comme tenant une maison de retraite, où des dames étaient admises moyennant une rétribution annuelle, alors que le produit de celle-ci était assez élevé pour procurer des bénéfices à l'établissement. — Même arrêt.

176. — Des hospices civils auxquels étaient annexés des maisons ou pavillons exclusivement réservés au logement des malades pensionnaires ont été imposés comme tenant une maison de santé. — Cons. d'Et., 18 avr. 1860, Hospice de Saint-Omer, [Leb. chr., p. 316]; — 27 avr. 1877, Hospice de Jouarre, [D. 77.3.75]

177. — Nous croyons que l'on peut résumer ainsi la jurisprudence touchant la situation des établissements de bienfaisance au regard de la patente : « Exemption de ceux qui sont exclusivement charitables et gratuits. » Pour ceux qui tirent des revenus de leurs clients soit en leur faisant payer un prix de pension, soit en tirant parti des produits de leur travail, il y a lieu de distinguer l'importance respective de la clientèle gratuite et de la clientèle payante. Les établissements publics d'assistance sont présumés conserver ce caractère malgré certaines perceptions. En effet, comme ils sont placés sous le contrôle de l'administration, on peut être sûr que le caractère charitable ne servira pas à déguiser une exploitation industrielle ou commerciale. A l'égard des établissements privés, la jurisprudence se montre plus rigoureuse : ils doivent prouver qu'ils sont bien réellement des établissements charitables ; que leurs charges sont supérieures aux bénéfices qu'ils tirent des pensions ou du travail des assistés et qu'ils se trouvent dans la nécessité, pour combler le déficit de leur budget, de faire appel à la charité publique.

§ 7. *Administrations publiques.*

178. — Les administrations publiques (Etat, département, commune, établissements publics) peuvent-elles être assujetties à la patente à raison des exploitations industrielles dont elles assument la gestion? Au fur et à mesure que les sociétés se développent, les services publics se compliquent, les citoyens réclament de leurs gouvernements plus de bien-être. De là, la création dans les villes d'abattoirs, d'usines à gaz ou de fabriques d'électricité, d'entreprises de distribution d'eau ou de transports. D'autre part, les besoins sans cesse croissants des gouvernements les amènent à exploiter des monopoles.

179. — En France, l'Etat a pris la direction de certaines grandes fabrications. D'une part, pour la confection de notre matériel militaire et naval, il a des ateliers de construction, des chantiers dans les arsenaux, des fonderies, des manufactures d'armes, des poudreries qui sont de véritables usines. Dans un intérêt fiscal, il a monopolisé la fabrication des tabacs, des allumettes, la vente des substances dénaturantes de l'alcool. Ces opérations se font dans les manufactures de l'Etat. Pour assurer le secret de certaines publications officielles, l'Etat entretient l'Imprimerie nationale. Il imprime aussi en régie, le *Journal officiel*. Aucun de ces services, aucun de ces établissements industriels n'est assujetti à la patente. Il serait peu rationnel que l'Etat se payât à lui-même un impôt.

180. — Cependant une exception a été faite à ce principe par la loi du 22 déc. 1878 (art. 9), qui dispose que les chemins de fer exploités par l'Etat sont soumis, en ce qui concerne les droits, taxes et contributions de toute nature, au même régime que les chemins de fer concédés. L'Etat est donc imposé comme exploitant de chemin de fer.

181. — Les départements n'ont guère d'autres exploitations que celle des établissements d'assistance, qui, nous l'avons vu (*suprà*, n. 172) sont le plus souvent exemptés, et les chemins de fer d'intérêt local et tramways, qui sont pour la plupart concédés. Si ce fait explique que peu de départements soient imposés, il n'en est pas moins certain qu'un département qui exploiterait lui-même une ligne de chemin de fer serait passible de la patente. Il a même été jugé qu'un département concessionnaire de plusieurs lignes d'intérêt local ne pourrait se prévaloir de la cession d'exploitation qu'il aurait faite à une compagnie, lorsqu'en vertu même de son traité l'exploitation est faite pour son compte et à ses risques et périls. — Cons. d'Et., 8 juin 1883, Départ. des Ardennes, [D. 85.3.26]

182. — Comme nous l'avons dit plus haut, les communes sont obligées de pourvoir à un certain nombre de services municipaux. Le plus souvent elles ne les gèrent pas elles-mêmes, mais les afferment ou les concèdent à des particuliers ou à des sociétés qui perçoivent les revenus et sont alors passibles des droits de patente. C'est le cas des adjudicataires des droits de place dans les halles, des droits de pesage, jaugeage et mesurage, des droits d'octroi, des droits d'emmagasinage dans les entrepôts, des concessionnaires ou fermiers des abattoirs, de la distribution de l'eau, de l'éclairage par le gaz ou par l'électricité. Si la commune exploite ces services en régie, est-elle imposable? La jurisprudence fait une distinction assez difficile, selon nous, à justifier. Elle exempte de patente les villes qui font elles-mêmes la distribution des eaux, non seulement au moyen de bornes-fontaines, mais encore au moyen de conduites particulières, et alors même qu'elles perçoivent des redevances annuelles ou passent des abonnements avec les habitants. Ces villes sont considérées comme accomplissant un service municipal et non comme faisant une opération commerciale. — Cons. d'Et., 27 avr. 1877, Ville de Poitiers, [S. 77.2.273, P. adm. chr., D. 77.3.25]; — 28 déc. 1877, Ville de Carpentras, [Leb. chr., p. 1058]; — 6 août 1878, Ville de Lille, [Leb. chr., p. 817]

183. — La même solution devrait être appliquée, à notre avis, à la ville qui exploiterait en régie l'abattoir.

184. — Au contraire on a maintenu à la patente une ville qui, dans une usine exploitée en régie, fabriquait du gaz d'éclairage, non seulement pour les besoins du service municipal, mais encore pour la consommation des particuliers. — Cons. d'Et., 19 mai 1882, Comm. d'Oyonnax, [D. 83.3.117]; — 8 mars 1895, Comm. de Saint-Maxime, [Leb. chr., p. 225]; — ... ou de l'électricité. — Cons. d'Et., 7 déc. 1895, Ville de Saint-Tropez, [Leb. chr., p. 810]; — 6 avr. 1900, Comm. de Saint-Léonard, [Leb. chr., p. 280]

185. — Ont encore été imposées : une commune exploitant une tourbière qui lui appartenait. — Cons. d'Et., 21 mars 1860, Ville d'Hesdin, [D. 60.3.77]

186. — ... Une ville exploitant un magasin général pour son compte en y percevant des droits analogues à ceux perçus par les établissement privés. — Cons. d'Et., 7 mars 1891, Ville de Douai, [D. 92.5.469]

187. — ... Une ville exploitant un bureau de condition pour les soies. — Cons. d'Et., 3 janv. 1881, Ville d'Aubenas, [S. 82.3.34, P. adm. chr., D. 82.3.55]

188. — ... Une ville exploitant un établissement de bains et lavoirs publics moyennant rétribution. — Cons. d'Et., 8 avr. 1869, Ville de Nantes, [D. 70.3.91]; — 11 févr. 1870, Ville de Nantes, [S. 71.2.288, P. adm. chr.]

189. — Dans ces derniers cas il ne s'agissait plus à proprement parler de services communaux, mais d'établissements créés facultativement pour les communes et destinés, en échange d'un service rendu aux habitants, à procurer une recette à la commune. Ces établissements, qui font concurrence aux établissements analogues des particuliers, ne peuvent prétendre à aucune exemption.

190. — Les fabriques sont-elles imposables comme entrepreneurs de pompes funèbres? On sait que les fabriques et consistoires ont reçu le monopole des pompes funèbres du décret du 23 prair. an XII (art. 22). Le plus souvent elles l'afferment à un entrepreneur qui, moyennant un loyer stipulé, perçoit les droits à son profit et qui naturellement paie patente. Quelquefois les fabriques ou les syndicats des fabriques et consistoires exploitent elles-mêmes en régie ce monopole. La jurisprudence a admis qu'elles ne faisaient ainsi qu'assurer le service public dont elles sont chargées par les lois et règlements, et que leurs opérations ne constituaient pas l'exercice d'une profession soumise à la patente. — Cons. d'Et., 29 janv. 1892, Fabrique de Cette, [S. et P. 93.3.153, D. 93.3.48]

191. — Par extension une décision administrative du 19 juill. 1876 a admis également qu'une fabrique n'était pas imposable à raison de la vente des cierges, attendu que cette fourniture était comprise dans son monopole et qu'elle agissait ainsi en qualité d'établissement public. — V. *infrà*, n. 1928, 1964.

192. — Parmi les établissements publics, ceux qui sont le plus fréquemment appelés à organiser des services commerciaux ou industriels sont les chambres de commerce. Elles ont pour rôle principal de favoriser le développement, de créer et de gérer au besoin toutes les institutions qui peuvent être utiles au commerce de leur région. A cet effet, elles sont autorisées par la loi du 9 avr. 1898 à gérer des magasins généraux, des salles de ventes publiques, des entrepôts, hangars, docks, des bureaux de conditionnement pour les soies, des bancs d'épreuve pour les armes à feu. Les chambres établies dans les ports maritimes sont également autorisées à établir sur les dépendances du domaine public les divers outillages nécessaires à la réparation ou aux opérations de chargement ou de déchargement des navires ou à organiser des magasins de sauvetage ou de service de remorquage. Quelquefois encore, elles se chargent, à titre de concessionnaires, de l'exécution de certains travaux d'outillage (construction de grils de carénage, de cales de radoub, etc.).

193. — Les chambres de commerce sont autorisées à percevoir sur le public certaines redevances. Celles-ci se divisent en péages et en droits d'usage. Les péages sont de véritables impôts destinés à amortir le capital de premier établissement consacré à l'exécution de l'ouvrage. Ils pèsent non seulement sur ceux qui se servent de cet ouvrage, mais même sur ceux qui, sans y recourir, en profitent indirectement. Les droits d'usage, au contraire, sont la simple rémunération du service rendu par l'outillage mis à la disposition des particuliers qui s'en servent. Les péages sont établis par décrets rendus en la forme des règlements d'administration publique, sur le rapport du ministre du Commerce après enquête et avis des ministres des Travaux publics et des Finances. Ils sont essentiellement temporaires. Tous les décrets d'autorisation stipulent, en effet, que la perception des péages cessera immédiatement après que leur produit aura atteint, en capital et intérêts, la somme nécessaire au complet remboursement des emprunts. Les taxes d'usage sont perçues en vertu de tarifs distincts. Les actes d'autorisation (décret ou arrêté ministériel) fixent un tarif maximum, mais des tarifs d'application peuvent être dressés par la chambre de commerce et homologués par le préfet.

194. — Ce qui caractérise ces redevances, que les chambres de commerce sont autorisées à percevoir, c'est qu'elles ne doivent pas leur procurer de bénéfices. De même que les péages doivent cesser d'être perçus quand le capital de premier établissement est amorti, de même les tarifs des droits d'usage doivent être révisés quand ils sont trop avantageux pour la chambre. Cette révision peut être proposée par la chambre : elle est en ce cas approuvée par le ministre des Travaux publics après avis du ministre du Commerce. Elle peut aussi être imposée d'office à la chambre : le tarif doit alors être approuvé par décret en Conseil d'Etat.

195. — Etant donné que les chambres de commerce ne doivent réaliser aucun bénéfice sur les services qu'elles gèrent, la question s'est posée de savoir si elles étaient passibles de la contribution des patentes. On peut dire que la question n'est pas encore tranchée par la jurisprudence, car les décisions que nous avons pu relever sont contradictoires. Il a été jugé qu'une chambre de commerce était passible de patente à raison d'un bureau de conditionnement des soies qu'elle gérait dans des conditions analogues à celle des bureaux privés. — Cons. d'Et., 7 août 1875, Chambre de commerce de Lyon, [S. 77.2.192, P. adm. chr.]

196. — Au contraire, on a décidé qu'une chambre de commerce n'était pas imposable à raison d'un service de remorquage qu'elle avait organisé et qu'elle exploitait. L'arrêt relève cette circonstance que le montant des droits que la chambre est autorisée à percevoir sur les navires remorqués est exclusivement affecté aux dépenses d'entretien et du service du bateau remorqueur. — Cons. d'Et., 3 nov. 1882, Chambre de commerce de Bayonne, [D. 84.3.18] — Nous croyons que cet arrêt est plus conforme au droit et aux principes généraux de la jurisprudence.

§ 8. *Etrangers.*

197. — La loi assujettit à la patente les étrangers comme les Français, du moment qu'ils exercent une profession assujettie à la patente. Cette égalité dans les charges est une conséquence de l'égalité dans les droits. Aucune condition n'étant apportée au droit des étrangers d'exercer en France tels commerces, industries ou professions que bon leur semble, il eût été impossible, sans créer en leur faveur un privilège injustifiable, de ne pas les assujettir aux mêmes impôts que nos nationaux.

198. — La seule condition exigée pour que l'étranger soit assujetti à la patente, c'est qu'il exerce en France (V. *suprà*, n. 145). Quand y a-t-il exercice de la profession en France? La question peut être parfois assez délicate à résoudre en fait. Si l'ensemble des opérations a lieu en France, il n'y a pas de doute : la patente est due. Ainsi une compagnie de chemins de fer étrangère qui, en vertu de conventions passées avec une compagnie française, exploite pour son propre compte un tronçon de ligne française avec un personnel et un matériel lui appartenant et en se conformant aux règlements sur la police des chemins de fer, est imposable. — Cons. d'Et., 14 avr. 1859, Chemin de fer prussien de Saarbrück, [D. 59.3.86]; — 27 févr. 1880, Comp. de la Suisse occidentale, [D. 81.5.279]

199. — Il en est de même des Compagnies d'assurances mutuelles étrangères, qui fondent en France des succursales où elles se livrent à toutes les opérations de leur profession. — Cons. d'Et., 22 févr. 1870, Maire, [S. 71.2.288, P. adm. chr.]; — 28 févr. 1891, Synd. des Comp. d'assurances néerlandaises, [Leb. chr., p. 172]

200. — Est imposable comme marchand forain le boucher établi à l'étranger qui vient vendre sa viande en France, de commune en commune. — Cons. d'Et., 22 févr. 1890, Sacrez, [Leb. chr., p. 218]

201. — L'imposition peut être indifféremment inscrite au nom du commerçant lui-même ou au nom de son représentant en France. Jugé ainsi à l'égard du représentant d'une maison étrangère, domicilié à Paris et y achetant des bijoux faux qu'il revendait en France ou à l'étranger. — Cons. d'Et., 8 févr. 1860, Renaldy, [Leb. chr., p. 103]

202. — On a considéré comme exerçant leur profession en France : une société établie à l'étranger, où elle exerçait la profession de commissionnaire de transports, qui possédait en France une maison où elle délivrait des billets pour les voyageurs allant de Paris à New-York et recevait des ordres pour l'expédition des marchandises. — Cons. d'Et., 20 avr. 1883, Comp. Inmann, [Leb. chr., p. 377]

203. — ... Une société étrangère de commission qui recevait en consignation les produits de filatures de soie du Japon pour la vente desquels elle servait d'intermédiaire. — Cons. d'Et., 26 juin 1897, Dostim, [Leb. chr., p. 501]

204. — ... Une société établie à l'étranger possédant en France un dépôt dirigé par un préposé spécial résidant en France, chargé d'exécuter les ordres reçus de la maison située à l'étranger et même de recevoir les ordres des clients. — Cons. d'Et., 21 juill. 1882, Gusgen, [D. 84.5.368]

205. — On a même jugé qu'une société étrangère, qui a en France une succursale faisant pour son compte des opérations de banque ou d'escompte, doit être imposée comme banquier sur l'intégralité de son capital social et non sur le capital limité affecté au service de cette succursale. — Cons. d'Et., 14 janv. 1876, Succursale de la société de la banque centrale de la Sambre, [Leb. chr., p. 40]; — 11 févr. 1876, Noël, [Leb. chr., p. 146]; — 28 avr. 1876, Soc. générale algérienne, [Leb. chr., p. 396] — En effet, l'affectation d'une portion du capital aux opérations de la succursale n'a pas pour effet de soustraire le reste du capital à la garantie des obligations de cette succursale et de transformer celle-ci en un établissement indépendant.

206. — Toutefois, lorsqu'il est possible de faire la ventilation entre les opérations effectuées à l'étranger et celles qui se font en France, l'imposition n'est calculée que sur ces dernières. C'est ainsi qu'il a été jugé, à propos de l'entreprise de la construction du pont de Kehl, qui appartenait pour moitié à la France et pour moitié au grand-duché de Bade, que la patente de l'entrepreneur de travaux publics, due en France à raison de l'établissement que le constructeur y possédait, ne devait être calculée que sur la moitié du montant de l'entreprise. — Cons. d'Et., 7 févr. 1865, Benchiser, [D. 65.3.72]

207. — La patente est encore due lorsque le commerçant étranger fait en France une partie des opérations qui constituent son commerce. C'est ainsi qu'en vertu d'une jurisprudence constante, sont assujettis à la patente les individus ou sociétés établis à l'étranger, qui ont en France une maison où ils ne font aucune vente, mais où les marchandises achetées en France sont déposées et exposées, pour être de là expédiées à la maison de vente située à l'étranger. — Cons. d'Et., 16 févr. 1853, Briollet, [Leb. chr., p. 199]; — 19 févr. 1863, Jortis, [Leb. chr., p. 165]; — 11 janv. 1865, Chambonnal, [Leb. chr., p. 32]; — 12 août 1879, Demelle, [Leb. chr., p. 636]; — 31 juill. 1880, Michel, [Leb. chr., p. 699]; — 4 févr. 1881, Lacroix, [D. 82.5.307]; — 5 janv. 1883, Jouve, [Leb. chr., p. 10]; — 26 juin 1885, Yerlès, [Leb. chr., p. 619]

208. — Le fait que la clientèle se trouve exclusivement à l'étranger n'a pas pour effet d'entraîner l'exemption de la patente en France pour le commerçant étranger qui a fait ses achats en France. — Cons. d'Et., 19 juill. 1867, Ramaroni, [S. 68.2.159, P. adm. chr., D. 68.5.311]

209. — Il y a lieu, en pareil cas, de rechercher dans quelles conditions se fait l'approvisionnement des marchandises en France et d'assujettir le commerçant aux droits d'après la nature des opérations qu'il fait en France. — Cons. d'Et., 19 févr. 1863, Jortis, [Leb. chr., p. 165]

210. — Souvent l'établissement étranger apparaît en France sous un aspect différent de celui qu'il a à l'étranger, comme exerçant une profession différente de celle qu'il exerce au dehors. Beaucoup de sociétés commerciales ou industrielles étrangères (maisons de banques, compagnies minières, compagnies de chemins de fer) possèdent à Paris des agences, où des préposés sont exclusivement chargés de recevoir les versements des actionnaires ou de payer les dividendes et intérêts, faits constitutifs de la profession de tenant caisse de recettes et de paiements. C'est seulement en cette qualité que ces sociétés peuvent être imposées. — Cons. d'Et., 9 mai 1860, Guilhan, [D. 60.3.38]; — 26 mai 1876, Canal de Suez, [D. 77.5.325]; — 15 janv. 1886, Comp. des chem. de fer orientaux, [D. 87.5.330]; — 17 mai 1889, Soc. des mines de Belmez, [D. 90.5.372]

211. — De même une société minière étrangère, qui passe à Paris tous les marchés relatifs à la vente du plomb et de l'argent qui font l'objet de son industrie, est imposable en France comme marchand de métaux en gros. — Cons. d'Et., 17 mai 1889, Soc. de Peñarroya, [D. 90.5.372]; — 26 févr. 1892, Soc. de la Cortada de San-Antonio, [D. 93.5.419]

212. — Le négociant qui fabrique en Amérique des conserves alimentaires est imposable en France comme marchand de conserves quand il y est représenté par un préposé chargé d'effectuer les ventes, de recevoir les paiements et de passer des marchés. — Cons. d'Ét., 28 juin 1889, Brémond, [D. 91.3.13]

213. — La question est plus délicate quand l'étranger ne possède en France aucun établissement, aucun magasin, aucun dépôt. Cependant on a maintenu néanmoins la patente quand les actes essentiels de la profession s'accomplissaient en France. C'est ainsi qu'on a rejeté la demande en décharge formée par un individu habitant une ville étrangère et se rendant tous les jours à une gare frontière française pour y recevoir des marchandises expédiées de l'étranger, qu'il réexpédiait ensuite à leurs destinataires français après avoir accompli les formalités douanières. Une telle profession ne pouvait en effet avoir d'autre siège que la gare elle-même. — Cons. d'Et., 9 nov. 1889, Léonard, [S. et P. 92.3.6, D. 91.3.34]

214. — On a également maintenu à la patente l'étranger qui achetait des fromages en France et les expédiait directement des caves des producteurs aux consommateurs étrangers sans avoir aucun dépôt. — Cons. d'Et., 27 févr. 1893, Grosset, [Leb. chr., p. 183]

215. — Mais, en dehors de ces cas exceptionnels, il faut considérer comme non imposable l'étranger qui n'a en France ni établissement propre, ni un local à sa disposition exclusive. En conséquence, on a accordé décharge à un étranger qui achetait à Paris des marchandises pour les expédier hors de France par petites quantités et qui n'avait en France ni établissement, ni bureau, ni magasins, ni commis. — Cons. d'Et., 4 mai 1859, Bougiclès, [D. 60.3.5]

216. — ... A un individu qui, ayant exploité en France une coupe de bois, transportait directement le produit de la coupe à l'étranger, où il le vendait et n'avait en France aucun établissement, magasin ou entrepôt. — Cons. d'Et., 26 juin 1866, Girod, [D. 67.3.40]

217. — Jugé également qu'une société faisant le commerce d'armateur pour le cabotage, ayant son port d'armement à l'étranger et ne possédant en France aucun établissement en propre, n'était pas imposable dans une ville où elle avait un représentant consignataire de plusieurs autres compagnies maritimes qui n'affectait spécialement à la société requérante aucun des locaux qu'il occupait. — Cons. d'Et., 21 juill. 1882, Soc. Segovia, [D. 84.5.368]

218. — On n'a pas non plus considéré comme ayant en France un établissement susceptible de le rendre passible de patente un épicier établi à l'étranger, qui envoyait ses marchandises à ses clients français par l'intermédiaire d'un camionneur résidant en France, alors même qu'accidentellement celui-ci recevait des marchandises non vendues qu'il gardait jusqu'à la vente dans un local à lui appartenant. — Cons. d'Et., 5 mars 1892, Duvillard, [D. 93.5.419]

219. — De même le commerçant qui vend à l'étranger des marchandises achetées également à l'étranger n'est pas imposable en France, alors même que les écritures et la comptabilité relatives à ce commerce y seraient tenues. — Cons. d'Et., 20 avr. 1894, Bonnet, [D. 95.3.53]

220. — ... Ou que la société dont le siège est à l'étranger aurait en France un local pour les réunions de ses administrateurs et la conservation de ses archives. — Cons. d'Et., 5 mai 1894, Soc. des sels gemmes, [S. et P. 96.3.76, D. 95.3.53] — Un autre arrêt a jugé qu'une société financière ayant un établissement à l'étranger, dont les dépenses étaient payées par les soins d'un service financier fonctionnant en France au moyen de ressources diverses provenant notamment d'emprunts, était imposable en France tant que son établissement subsistait, et qu'elle cessait d'être imposable à partir du jour où, la société ne possédant plus d'établissement, ses opérations financières n'avaient d'autre objet que la liquidation de l'actif et ne constituaient pas des actes de spéculation. — Cons. d'Et., 19 janv. 1900, Cie du canal de Panama, [Leb. chr., p. 42]

221. — L'art. 24, L. 15 juill. 1880, édicte, en ce qui touche les commis voyageurs étrangers, une disposition qui constitue une dérogation au droit commun. En général, est imposable tout individu qui exerce en France une profession, un commerce ou une industrie. D'autre part, nous avons dit que, d'après la jurisprudence, les étrangers ne sont imposables qu'autant qu'ils ont en France un établissement. Or la profession de voyageur de commerce, essentiellement ambulante, ne comporte aucun établissement fixe. Par une disposition tout à fait exceptionnelle, le législateur a disposé que « les commis voyageurs des nations étrangères seront traités, relativement à la patente, sur le même pied que les commis voyageurs français chez ces mêmes nations ». C'est le principe de réciprocité qui se trouve édicté à l'égard de cette profession. Cette mesure a été adoptée afin d'atteindre les voyageurs de commerce appartenant à une nation voisine, qui frappait les voyageurs français de droits très-élevés.

222. — Par commis voyageurs des nations étrangères, il faut entendre les individus qui voyagent pour le compte de maisons étrangères, alors même qu'ils seraient Français d'origine. C'est à la nationalité des affaires et non à celle des voyageurs qu'il faut s'attacher, a déclaré le ministre des Finances à la Chambre des Pairs (séance du 13 avr. 1844).

223. — Les seuls pays qui assujettissent nos voyageurs de commerce à un droit de patente ou à un droit équivalent sont les suivants : Belgique (20 fr. par an et par voyageur) ; Danemark (Ord. roy. 8 juin 1839) : 224 fr. par an et par voyageur représentant un seul commerçant ou fabricant, plus 112 fr. pour chaque maison représentée en sus de la première ; Hollande (Traité de commerce et de navigation du 7 juill. 1865, art. 22) : 32 fr. 50 par an ; Russie (Statut relatif aux impôts sur le commerce et les industries, Traité du corps des lois, art. 20, et Ch. VII, art. 54, 55, 56) : 96 fr. par an ; Suède (L. 5 oct. 1889, art. 6) : 138 fr. 90 par mois. La patente sera établie à raison de 138 fr. 90 par mois ou fraction de mois que durera le séjour du commis voyageur en France. Elle sera calculée d'après la durée de séjour déclaré par le commis voyageur, sauf supplément ultérieur d'imposition s'il y a lieu. — Circ., 27 févr. 1891 (B. C. D. 1891, p. 120).

224. — A cette liste il faut ajouter la Suisse, qui, par une loi fédérale du 24 juin 1892, avait frappé d'une taxe de 300 fr. par an et de 200 par semestre, les voyageurs français en relations d'affaires exclusivement avec des maisons opérant la revente de leurs articles ou faisant usage de ces articles pour leurs besoins professionnels ; d'une taxe de 500 fr. par an et de 300 fr. par semestre, ceux qui, opérant dans d'autres conditions, prenaient des commandes chez les commerçants ou les particuliers (Circ., 27 janv. 1893). Mais depuis cette époque une entente s'est établie entre les deux Gouvernements pour exempter de toute patente la première catégorie de voyageurs, et pour réduire la taxe des seconds à 150 fr. par an et 100 fr. par semestre. Cet arrangement rend aussi possible le transport de la patente d'un commis voyageur à un autre (Circ. 29 juin 1893, B. C. D.) p. 340, 893). Une circulaire du 25 sept. 1893 (*Ibid.*, p. 364, prescrit aux voyageurs suisses de se munir d'une carte de légitimation qui établit leur identité et la nature des opérations auxquelles ils se livrent.

225. — Les commis voyageurs de toutes les autres nations sont exempts de patente quand ils circulent avec ou sans échantillons dans l'intérêt de la maison qu'ils représentent et à l'effet de faire des achats ou de recevoir des commissions. Cette exemption est parfois stipulée expressément dans les arrangements commerciaux (Espagne, Portugal, Serbie); tantôt elle résulte simplement de l'application de l'art. 24 de la loi de 1880. La jouissance de cette situation privilégiée cesse si les commis voyageurs transportent avec eux des marchandises, car dans ce cas ils deviennent des colporteurs et sont imposables au même titre que les Français. — Circ. min. Int., 26 déc. 1890 (B. C. D., 1891, p. 122).

226. — Le service des douanes prête son concours à l'administration des contributions directes pour l'assiette et la perception des patentes à délivrer aux commis voyageurs qui représentent en France des maisons de commerce appartenant à des nations qui imposent nos voyageurs. Ces patentes sont délivrées dans des formes spéciales. Les agents des douanes des bureaux frontières doivent établir les patentes et encaisser les droits. Ils tiennent à cet effet un registre coté et paraphé à chaque feuillet par les directeurs des contributions directes. Tous les trimestres, le contrôleur des contributions directes vient dresser un état des patentes délivrées et le transmet au directeur. — Circ. 27 janv. 1890 (B. C. D., p. 10).

227. — Les droits dus par les commis voyageurs étrangers sont imposés pour leur chiffre intégral dans toute l'étendue de la France, quels que soient la population et le nombre de centimes additionnels de la commune où la patente est délivrée. Cette somme fixe est répartie entre l'Etat, le département et la commune et le fonds de non-valeurs en sommes proportionnelles à celle que représentent dans la commune où la patente a été délivrée le principal et les différentes natures de centimes additionnels (Instr. 6 avr. 1881, art. 85). La patente est due pour l'année entière et payable en une seule fois au moment où elle est délivrée. — Circ., 9 nov. 1846 (B. C. D., 1846, p. 261).

Section II.

Individus exerçant des professions non dénommées dans les tarifs. Arrêtés d'assimilation.

228. — Le principe de la généralité de la patente (V. *suprà*, n. 69) exige qu'on assujettisse non seulement ceux qui exercent une des professions prévues dans les tarifs, mais encore tous ceux qui se livrent à des commerces ou industries non dénommés. C'est la loi du 1er brum. an VII (art. 35) qui, pour la première fois, disposa que, pour les professions non dénommées au tarif, la patente serait délivrée sous la désignation de la classe dans laquelle lesdits commerces, industries ou professions seraient placés d'après l'analogie des opérations ou des objets du commerce. C'étaient alors les administrations municipales de communes ou de cantons qui étaient chargées de la délivrance des patentes. Sur la proposition des contrôleurs, qui établissaient l'état des patentables, et après avis du maire et du sous-préfet, le directeur dressait les rôles que le préfet rendait exécutoires (Arrêté 15 fruct. an VIII).

229-234. — La loi du 25 avr. 1844 transféra aux préfets le pouvoir d'imposer les professions non dénommées par voie d'arrêtés d'assimilation. La loi du 15 juill. 1880 leur a maintenu cette attribution dans son art. 4, ainsi conçu : « Les commerces, industries et professions non dénommés dans les tableaux annexés à la loi n'en sont pas moins assujettis à la patente. Les droits auxquels ils doivent être soumis sont réglés, d'après l'analogie des opérations ou des objets de commerce, par un arrêté spécial du préfet, rendu sur la proposition du directeur des contributions directes, et après avoir pris l'avis du maire. Tous les cinq ans, des tableaux additionnels contenant la nomenclature des commerces, industries et professions classés par voie d'assimilation, depuis trois années au moins, seront soumis à la sanction législative ».

235. — Aux termes des art. 114 et s. de l'Instruction du 6 avr. 1881, lorsque le contrôleur rencontre une profession nouvelle ou qui ne lui paraît pas rentrer dans les dénominations de la nomenclature légale, il explique dans un rapport spécial en quoi consiste cette profession ; il indique quelle est son importance et de quelle manière elle est exercée; il désigne la profession dénommée dans les tableaux législatifs à laquelle il y a lieu de l'assimiler d'après l'analogie des opérations ou des objets de commerce. Il communique ce rapport au maire en l'invitant à donner son avis sur l'assimilation proposée et le transmet avec l'avis du maire au directeur, après avoir inscrit la profession nouvelle sur la matrice des patentes, avec mention de sa proposition. A Paris, c'est la commission des contributions directes et non le maire de l'arrondissement, qui donne son avis sur les propositions du contrôleur. — Cons. d'Ét., 15 déc. 1876, Bobet, [Leb. chr., p. 890]

236. — Le directeur communique l'ensemble du dossier avec son avis à l'administration centrale. La direction générale lui fait savoir si la profession a déjà été classée dans d'autres départements, et, s'il y a lieu, d'après quelles bases elle l'a été, ou elle lui adresse les observations qu'elle aurait à faire sur l'assimilation proposée. Après avoir reçu cette réponse, le directeur fait son rapport et le remet, avec toutes les pièces à l'appui, au préfet, qui règle, par un arrêté spécial, les droits auxquels le commerce, l'industrie ou la profession devra être assujetti.

237. — Le préfet doit ensuite transmettre une expédition de son arrêté à la direction générale, qui a mission d'assurer autant que possible, l'unité de jurisprudence et de préparer les tableaux additionnels que la loi a prescrit de soumettre tous les cinq ans à la sanction législative. Le directeur, après chaque assimilation, rend compte de la suite donnée à ses propositions en transmettant à la direction générale le résumé de toute l'affaire (Instr. 6 avr. 1881, art. 115).

238. — Mais ce sont là des mesures d'ordre intérieur et qui n'influent pas sur la validité de l'arrêté d'assimilation. Il a été jugé qu'un arrêté est valable, alors même qu'il n'a été ni notifié aux fonctionnaires du département, ni publié, ni inséré au *Recueil des actes de la préfecture*. — Cons. d'Ét., 15 déc. 1876, précité.

239. — ... Ni communiqué aux intéressés. — Cons. d'Ét., 17 avr. 1889, Comp. de Belmez, [D. 90.5.373]; — 17 avr. 1889, Soc. de Peñarroya, [*Ibid.*]

240. — Les arrêtés d'assimilation ne valent que pour les départements où ils ont été pris (Instr. 6 avr. 1881, art. 117).

241. — Le préfet ne peut créer de toutes pièces de nouveaux droits et les appliquer à la profession non dénommée. Il doit se borner à décider quelle est, dans les professions dénommées aux tableaux, celle qui se rapproche le plus de la nouvelle profession, et celle-ci sera passible des mêmes droits fixe et proportionnel auxquels est assujettie la profession prise pour terme de comparaison.

242. — Le droit du préfet ne peut s'exercer qu'en vue de réparer une omission du tarif ou d'assujettir à la patente une profession nouvellement créée. Mais il ne pourrait valablement recourir à un arrêté d'assimilation pour corriger les imperfections du tarif et adapter ses dispositions aux conditions dans lesquelles s'exerce la profession visée. Si donc le commerce, l'industrie ou la profession exercée rentre dans une de celles qui sont dénommées aux tableaux, il importe peu que le tarif n'ait pas gradué les droits suivant les modalités que peut comporter l'exercice de cette profession. Il peut se faire ainsi qu'une profession ne figure qu'à une seule classe du tableau, sans qu'il soit fait aucune distinction entre le marchand en gros, le marchand en demi-gros et le marchand en détail. Il suffit que la profession soit prévue pour qu'il soit interdit de recourir à la taxation par analogie.

243. — Il a été jugé, par application de ce principe, que l'individu qui se borne à confectionner des dentelles pour le compte des fabricants, alors même qu'il fournit la soie nécessaire à cette confection, doit être considéré comme exerçant la profession de facteur de dentelles prévue au tarif, et qu'il n'y a pas lieu dès lors de l'imposer à un droit supérieur par un arrêté d'assimilation. — Cons. d'Ét., 1er déc. 1849, Gillette, [Leb. chr., p. 650] — V. *infrà*, n. 243.

244. — ... Que quand la loi n'admet pas pour un commerce la distinction du demi-gros, cette classe ne peut être créée par voie d'assimilation. — Cons. d'Ét., 30 nov. 1850, Petit, [Leb. chr., p. 881]

245. — ... Que la profession de cordonnier étant comprise au tarif dans deux catégories distinctes, on ne peut créer par voie d'assimilation une classe intermédiaire. — Cons. d'Ét., 23 avr. 1849, Bour-Lallemand, [Leb. chr., p. 250]; — 28 juill. 1849, Thérond, [Leb. chr., p. 429]; — 5 janv. 1850, Denux, [Leb. chr., p. 8]

246. — ... Ou supérieure. — Cons. d'Ét., 8 août 1855, Paillard, [S. 56.2.186, P. adm. chr., D. 56.3.23]; — 18 juin 1859, Carliez, [Leb. chr., p. 429]

247. — ... Que la profession d'armurier étant prévue au tarif, on ne peut créer par arrêté d'assimilation la profession de marchand d'armes en gros. — Cass., 9 nov. 1889, Decaute, [D. 91.3.31]; — 24 mai 1890, Piot-Lepage, [Leb. chr., p. 550]

248. — ... Que la profession consistant à vendre sans magasin ni boutique, à des marchands et à des commissionnaires, les vêtements confectionnés que les contribuables fabriquent sur commande ou à l'avance avec des étoffes approvisionnées, rentre dans celle de fabricant de vêtements confectionnés sans boutiques ni magasins prévue au tarif et ne peut donner lieu à assimilation. — Cons. d'Ét., 18 avr. 1890, Ralin, [Leb. chr., p. 405]

249. — Si l'administration ne peut par cette voie combler les lacunes de la tarification, le patentable ne peut pas non plus, quand une industrie est dénommée aux tableaux, se prévaloir des conditions désavantageuses dans lesquelles il exercerait son industrie pour soutenir qu'elle n'est pas prévue et demander qu'elle soit imposée par voie d'assimilation. — Cons. d'Ét., 5 oct. 1857, Vigreux, [Leb. chr., p. 736]

250. — On voit que dans le fonctionnement normal de l'imposition par analogie, l'arrêté d'assimilation devrait intervenir avant la confection des matrices et des rôles. Il n'en est pas ainsi le plus souvent. Il arrive très-fréquemment que les contrôleurs comprennent sur les états les individus qui exercent une profession non classée en leur donnant une qualification inexacte, mais se rapprochant autant que possible de leur profession véritable. Si le patentable forme une réclamation contre cette qualification erronée, cette erreur ne lui donne pas droit à obtenir décharge intégrale de la patente. Le conseil de préfecture doit surseoir à statuer sur la réclamation et renvoyer le requérant devant le préfet pour qu'il soit taxé par un arrêté d'assimilation. — Cons. d'Ét., 5 juill. 1851, Grouchy, [Leb. chr., p. 484]; — 19 juill. 1854, Languety, [Leb. chr., p. 657]; — 5 oct. 1857, Raffouon, [Leb. chr., p. 732]; — 15 déc. 1876, Babet, [Leb. chr., p. 890]

251. — Alors même que dans les usages industriels locaux, le patentable recevrait la qualification qui lui a été donnée au rôle, si cette qualification n'est pas exacte, le conseil de préfecture doit renvoyer le patentable devant le préfet. Si un patentable a été imposé au droit proportionnel pour une profession non classée, il faut renvoyer le réclamant, afin que le taux soit fixé après l'arrêté de classement, d'après celui de la profession qui aura été prise comme terme de comparaison. — Cons. d'Et., 8 nov. 1890, Kahn, [Leb. chr., p. 847]

252. — De même, si le Conseil d'État constate que la profession exercée est imposable, mais ne rentre dans aucune des catégories dénommées aux tarifs, il renvoie le requérant devant le conseil de préfecture pour qu'il soit statué à nouveau sur sa réclamation après un arrêté du préfet. — Cons. d'Et., 12 févr. 1886, Falguairolle, [Leb. chr., p. 131]; — 10 juin 1887, Soulé, [Leb. chr., p. 465]; — 29 juin 1888, Bied, [Leb. chr., p. 578]; — 6 mars 1897, Guès, [Leb. chr., p. 207]; — 3 févr. 1899, Papon, [Leb. chr., p. 87]; — 10 nov. 1899, Ratinier, [Leb. chr., p. 624]; — 18 nov. 1899, Coste-Folcher, [Leb. chr., p. 662]; — 30 mars 1900, Gabet, [Leb. chr., p. 255]

253. — Ni le conseil de préfecture ni le Conseil d'Etat ne peuvent se substituer au préfet et faire eux-mêmes l'assimilation. — Cons. d'Et., 29 août 1871, Piver, [S. 73.2.96, P. adm. chr., D. 72.3.50]

254. — Il suit de là que l'arrêté d'assimilation peut être utilement pris postérieurement à la publication du rôle primitif, et cela pendant tout le cours de l'instruction de la réclamation. On ne peut arguer cet arrêté d'illégalité sous le prétexte qu'il aurait un effet rétroactif. — Cons. d'Et., 12 févr. 1867, Cubain, [S. 67.2.368, P. adm. chr.]; — 27 nov. 1867, Massart, [Leb. chr., p. 869]; — 19 mars 1880, Chéry et Leveaux, [Leb. chr., p. 323]; — 8 avr. 1892, Bonnal, [Leb. chr., p. 372]

255. — Si, postérieurement à la publication du rôle général, une profession non dénommée aux tableaux vient à être classée par un arrêté d'assimilation, celui qui l'exerce peut être assujetti à la patente par un rôle supplémentaire, alors même qu'il exerçait déjà au 1er janvier. — Cons. d'Et., 21 janv. 1858, Ruel, [Leb. chr., p. 83]

256. — Quant aux intéressés, ils peuvent, pendant l'instruction qui précède l'arrêté d'assimilation, présenter telles observations qu'ils jugent utiles à leur cause. En outre, l'arrêté une fois rendu, ils peuvent le déférer au conseil de préfecture et contester devant la juridiction administrative soit le principe de leur imposition à la patente, soit l'exactitude de l'assimilation. En 1844, on avait proposé de refuser aux parties le droit de contester l'arrêté d'assimilation. Mais le parlement ne voulut pas consentir à priver les contribuables de cette garantie.

257. — Par application de ces principes, le Conseil d'Etat a déclaré non passible de la patente le propriétaire d'une source qui en vendait les eaux à une commune, mais sans se charger de la distribuer, et que le préfet avait assujetti à la patente par assimilation avec la profession de fabricant de gaz pour l'éclairage d'une ville. — Cons. d'Et., 28 déc. 1850, Cordier, [Leb. chr., p. 979]

258. — A plus forte raison, l'arrêté d'assimilation ne fait pas obstacle à ce que le juge décide, en fait, que le patentable n'a pas accompli les actes constitutifs de l'exercice d'une profession. — Cons. d'Et., 9 août 1865, Rolland, [S. 66.2.208, P. adm. chr.]

259. — Le tribunal administratif peut apprécier l'exactitude de l'assimilation. Le plus souvent il la ratifie en la reconnaissant bien fondée. — Cons. d'Et., 1er juin 1849, Boullay-Vallory, [Leb. chr., p. 264]; — 14 nov. 1891, Conor, [Leb. chr., p. 676]; — 23 janv. 1892, Béroujon, [Leb. chr., p. 53]; — 18 mars 1892, Dorou, [Leb. chr., p. 289]

260. — Mais il peut aussi juger l'assimilation mauvaise, et le conseil de préfecture qui se croirait lié par l'arrêté d'assimilation méconnaîtrait l'étendue de ses pouvoirs. — Cons. d'Et., 22 mars 1855, Lahaye, [S. 55.2.654, P. adm. chr.]; — 9 nov. 1895, Pelletier, [Leb. chr., p. 698] — Par exemple, la profession de masseur n'étant pas dénommée aux tarifs, il a été jugé qu'elle avait été avec raison assimilée à celle de chirurgien. — Cons. d'Et., 1er juin 1900, Crignon, [Leb. chr., p. 392]

261. — C'est ainsi que par de nombreuses décisions le Conseil d'Etat a, sous l'empire de la loi du 25 avr. 1844, accordé décharge de la patente aux syndics de faillite désignés par les tribunaux de commerce qu'un arrêté préfectoral avait assimilés aux agents d'affaires. — Cons. d'Et., 1er juin 1849, Thiébaut, [D. 50.3.5]; — 25 août 1849, Midy, [*Ibid.*]; — 6 juill. 1850, Bézet, [S. 50.2.679]

262. — Même décision à l'égard des agréés. — Cons. d'Et., 26 mars 1850, Rezewuski, [D. 52.5.398]; — 17 mai 1850, Colonjon, [D. 52.5.398]

263. — Il a été jugé par le Conseil d'Etat qu'un individu dont la profession consistait à faire fabriquer, pour son compte, avec des dessins à lui appartenant, des dentelles destinées à approvisionner des marchands en gros et en détail, avait été à tort assimilé aux marchands de dentelles en gros, et que la profession qui présentait le plus d'analogie avec celle qu'il exerçait était celle d'entrepreneur de fabrication de dentelles. En conséquence il a accordé réduction à ce contribuable. — Cons. d'Et., 22 mars 1855, précité. — Lorsque, postérieurement à un arrêté du conseil de préfecture rejetant une réclamation concernant la patente d'un contribuable dont la profession n'était pas classée, le préfet a pris un arrêté d'assimilation, le Conseil d'Etat, saisi du pourvoi du contribuable contre l'arrêté du conseil de préfecture, doit le renvoyer devant ce conseil pour qu'il soit statué sur le mérite du classement. — Cons. d'Et., 17 févr. 1899, Cayla-Caprais, [Leb. chr., p. 132] — V. *suprà*, n. 243.

264. — Quand le Conseil d'Etat a renvoyé un patentable devant le préfet pour qu'il soit imposé à la patente et a ainsi admis le principe d'une imposition, le conseil de préfecture violerait l'autorité de la chose jugée en accordant à ce patentable, qui critique l'assimilation prononcée par le préfet, décharge intégrale de la patente. — Cons. d'Et., 6 août 1880, Fournier, [D. 83.5.309]

265. — L'art. 4, L. 15 juill. 1880, prescrit une révision quinquennale des arrêtés d'assimilation. Cette révision est soumise au parlement qui modifie en conséquence les tableaux. L'administration ne porte, en principe, dans ce travail que les professions classées depuis trois ans. Un arrêté d'assimilation perd sa force exécutoire, si, alors qu'il a été soumis à la ratification législative, le parlement a refusé de le sanctionner. — Cons. d'Et., 9 janv. 1861, Ducros, [Leb. chr., p. 9] — Cela d'ailleurs ne fera pas obstacle à ce qu'un nouvel arrêté d'assimilation intervienne.

266. — Mais l'arrêté ne perd pas sa force exécutoire par le seul fait qu'il n'aurait pas reçu la sanction législative dans le délai de cinq ans alors que le parlement est saisi. Il conserve ses effets jusqu'à ce qu'il ait été statué par la loi. — Cons. d'Et., 15 déc. 1876, Bobet, [Leb. chr., p. 890]

Section III.

Individus exerçant des professions exemptées.

267. — Le législateur a pris soin d'énumérer — et cette énumération est limitative, — les professions exemptées de la patente. Les exemptions sont totales ou partielles. Nous allons les passer en revue.

§ 1. *Exemptions totales.*

1° *Fonctionnaires publics.*

268. — Les exemptions totales sont énumérées dans l'art. 17, L. 15 juill. 1880. Sont exempts : les fonctionnaires et employés salariés soit par l'Etat, soit par les administrations départementales et communales, en ce qui concerne seulement l'exercice de leurs fonctions. Cette exemption remonte à l'origine même de la contribution des patentes et elle été maintenue par toutes les lois qui ont modifié cet impôt (LL. 2-17 mars 1791, art. 7; 6 fruct. an IV, art. 19; 1er brum. an VII, art. 29; 25 avr. 1844, art. 13).

269. — Qu'est-ce qu'un fonctionnaire public? Les auteurs ont longtemps discuté sur les termes d'une définition qui ne fût ni trop étroite ni trop compréhensive. Ce n'est pas ici le lieu d'entrer dans le détail de ces discussions, ni de chercher à donner une définition personnelle du mot fonctionnaire (V. *suprà*, v° *Fonctionnaire public*, n. 1 et s.), attendu que la loi du 15 juill. 1880 enlève tout intérêt à cette discussion en mettant sur le même pied les fonctionnaires et les employés. Doit donc être exempt de patente tout individu préposé à la gestion des intérêts de l'Etat, du département ou de la commune et salarié par eux. La raison de cette exemption est que le salaire des fonctionnaires est la rémunération souvent insuffisante des soins qu'ils donnent à la chose publique et qu'un prélèvement sur cette rémunération, opéré sous la forme de patente, constituerait un impôt sur les traitements, que les administrations publiques devraient tôt ou tard compenser par une élévation des salaires.

270. — Une condition est exigée par la loi pour que les fonctionnaires échappent à la patente : c'est qu'ils se consacrent exclusivement à la gestion des intérêts publics. La plupart des règlements administratifs interdisent aux fonctionnaires publics de se livrer à des occupations industrielles ou commerciales qui pourraient les distraire de leurs devoirs. Ils doivent tout leur temps, tous leurs soins à la chose publique : il y a cependant des exceptions à cette règle. Certaines catégories de fonctionnaires peuvent, tout en servant l'Etat, le département ou la commune, rendre aux particuliers certains services rémunérés, et mettre leur expérience à la disposition du public en leur prêtant leur ministère. Ils rentrent alors dans le droit commun et doivent la patente à raison des opérations auxquelles ils se livrent tout comme s'ils n'étaient pas fonctionnaires.

271. — L'instruction générale sur la contribution des patentes cite à titre d'exemples : le débitant de tabac qui vend des articles de mercerie, quincaillerie ou épicerie; l'employé d'une administration publique qui est en même temps libraire, papetier, arpenteur. Ils doivent être assujettis à l'impôt.

272. — La jurisprudence a eu souvent à faire application de ces principes : ainsi le débitant de tabac, exempt de patente comme préposé à la vente d'un produit monopolisé par l'Etat, souvent exempté aussi par décision administrative pour la vente des pipes en terre, des allumettes chimiques et autres objets de peu de valeur qui constituent l'accessoire indispensable du débit de tabac, est imposable s'il joint à ses opérations un autre commerce tel que la vente du plomb de chasse. — Cons. d'Et., 25 mai 1861, Lelarge, [Leb. chr., p. 423]

273. — ... Des pipes ou de la quincaillerie. — Cons. d'Et., 23 mai 1834, Tréfard, [Leb. chr., p. 511]; — 24 juill. 1847, Morel, [D. 47.4.358]; — 31 juill. 1874, Lesort, [Leb. chr., p. 748]

274. — Les essayeurs, qui sont attachés aux bureaux de la garantie des matières d'or et d'argent, nommés et révoqués par les préfets (V. *suprà*, v° *Matières d'or et d'argent*, n. 100), sont exempts de patente comme fonctionnaires, à moins qu'ils ne se livrent en même temps à des opérations d'essai pour le commerce. — Cons. d'Et., 22 avr. 1857, Morel, [D. 58.3.19]; — 22 déc. 1863, Morel, [Leb. chr., p. 859]

275. — De même, un géomètre commissionné du cadastre est imposable, s'il se livre habituellement pour le compte des particuliers à des opérations d'arpentage ou d'abornement des propriétés. — Cass., 20 sept. 1859, Molle, [Leb. chr., p. 620]

276. — Un commis principal au ministère des Finances ne peut se prévaloir de cette qualité pour échapper à la patente de traducteur-juré, s'il a un bureau loué par lui, muni d'une enseigne à son nom indiquant sa profession, ouvert au public toute la journée et tenu par un employé, qui reçoit les clients en son absence. — Cons. d'Et., 16 mars 1895, de Germon, [Leb. chr., p. 260]

277. — Un garde-port, exempt à ce titre, devient imposable, s'il a prêté son entremise à des marchands pour des achats et ventes de marchandises. — Cons. d'Et., 24 nov. 1869, Bline, [Leb. chr., p. 920]

278. — Les ingénieurs et conducteurs des ponts et chaussées sont des fonctionnaires préposés principalement à la construction et à l'entretien des diverses voies de communication de l'Etat. Mais les règlements qui organisent ces corps prévoient et permettent que ces agents prêtent leur ministère soit aux départements et communes soit même à de simples particuliers. La jurisprudence s'est fixée en ce sens, que ces fonctionnaires doivent être exemptés tant qu'ils se consacrent aux divers services publics. Ainsi un conducteur des ponts et chaussées, agent de l'Etat, qui vient à être nommé architecte d'une ville rétribué par un traitement fixe, continue à être exempt tant qu'il ne fait pas de travaux d'architecture pour le public. — Cons. d'Et., 9 janv. 1880, Tarrieux, [D. 81.5. 277]

279. — Décidé de même pour un ingénieur ou un agent voyer autorisé à surveiller quelques travaux communaux. Il n'est imposable ni comme architecte, ni comme ingénieur civil. — Cons. d'Et., 27 nov. 1844, de Montricher, [Leb. chr., p. 589]; — 19 nov. 1869, Dupont, [Leb. chr., p. 907]; — 16 juill. 1870, Mialaret, [S. 72.2.216, P. adm. chr., D. 71.3.107]

280. — Au contraire l'ingénieur, le conducteur ou l'agent voyer, qui, moyennant rétribution, dresse des plans, dirige des travaux pour le compte des particuliers, ne peut se prévaloir de sa qualité de fonctionnaire pour échapper à la patente. — Cons. d'Et., 28 janv. 1841, Imbard, [Leb. chr., p. 12]; — 8 déc. 1864, Montalme, [Leb. chr., p. 959]; — 20 mars 1875, Robineau, [Leb. chr., p. 283]

281. — La situation des architectes départementaux ou communaux n'est pas tout à fait la même. Nous verrons que les architectes, après avoir été tour à tour dispensés ou tenus de la patente, y ont finalement été assujettis par la loi du 18 mai 1850, qui soumet les professions libérales à un régime spécial. Depuis cette loi, qui n'établit aucune distinction entre les architectes suivant qu'ils prêtent leur ministère aux particuliers ou aux administrations publiques, les architectes ont toujours été déclarés imposables, alors même qu'ils ne feraient aucun travail pour le compte des particuliers. — Cons. d'Et., 5 mars 1852, Kullmann, [Leb. chr., p. 21]; — 29 juill. 1852, Granié, [S. 53.2.93, P. adm. chr.]: — 22 déc. 1852, Colin, [D. 53.3.23]; — 20 juin 1855, Lévêque, [D. 56.3.7]

282. — ... Et qu'ils se borneraient exclusivement à diriger les travaux de construction et d'entretien des ouvrages publics. — Cons. d'Et., 20 nov. 1856, Henriot, [Leb. chr., p. 645]

283. — ... Qu'ils soient rétribués par un traitement fixe ou par des remises proportionnelles. — Cons. d'Et., 16 déc. 1868, Epellet, [S. 69.2.312, P. adm. chr., D. 70.3.36]; — 11 déc. 1874, Chevallier, [Leb. chr., p. 969]

284. — ... Et par cela seul que les travaux pour le compte des particuliers ne leur sont pas interdits. — Cons. d'Et., 6 juin 1891, Mongeaud, [S. et P. 93.3.63, D. 92.3.120]; — 26 avr. 1895, Neau, [S. et P. 97.3.84, D. 96.5.416] — V. toutefois en sens contraire une décision du 13 févr. 1862, Gilbert, [S. 63.2.48, P. adm. chr.], qui exempte un architecte exclusivement attaché au service de la ville de Paris et rémunéré par un traitement fixe.

285. — Les médecins ont eu, au point de vue de l'impôt, un sort assez semblable à celui des architectes. Les premières lois les assujettissaient à la patente sans distinction. Puis l'art. 12, L. 7 brum. an VI en dispensa « seulement les officiers de santé attachés aux armées, aux hôpitaux et au service des pauvres, par nomination du Gouvernement ou délibération des autorités constituées ».

286. — Encore la jurisprudence restreignait-elle autant que possible cette conception en exigeant la réunion des diverses conditions posées par la loi : 1° Nomination par l'administration; l'autorisation de prêter ses soins dans un hopital ne suffisait pas. — Cons. d'Et., 28 déc. 1836, Delcau, [Leb. chr., p. 476]

287. — 2° L'affectation actuelle à l'un des services énumérés; ainsi l'exemption avait été refusée au médecin d'une prison. — Cons. d'Et., 1er nov. 1838, Daniel, [Leb. chr., p. 208]

288. — 3° L'absence de toute clientèle en dehors de celle des pauvres. — Cons. d'Et., 14 oct. 1836, Lédemé, [Leb. chr., p. 433]; — 28 déc. 1853, Lorin, [Leb. chr., p. 1112]

289. — La loi du 25 avr. 1844 comprit les docteurs en médecine et en chirurgie au nombre des professions libérales qu'elle exemptait totalement; mais cette exonération fut de courte durée. Elle disparut avec la loi du 18 mai 1850. Depuis ce moment, comme pour les architectes, la jurisprudence repousse toute distinction, et avec raison, croyons-nous, car la loi de 1850 n'a pas reproduit la disposition qui exemptait, avant la loi du 25 avr. 1844, certaines catégories de médecins.

290. — Il faut donc considérer comme des décisions d'espèces des arrêts tels que ceux des 25 avr. 1852, Meriez, [Leb. chr., p. 167], et 13 avr. 1853, Fromentin-Dupeux, [Leb. chr., p. 442], qui exemptent des médecins directeurs d'asiles départementaux d'aliénés.

291. — ... Ou celui du 24 juill. 1852, Bonnet, [Leb. chr., p. 313], qui exempte un médecin professeur d'agriculture qui donnait accidentellement des soins gratuits aux enfants des salles d'asile.

292. — A ces rares décisions on peut en opposer une quantités d'autres, qui assujettissent à la patente des médecins attachés au service des pauvres ou des établissements de bienfaisance. — Cons. d'Et., 27 févr. 1852, Geoffroy, [D. 52.3.21]; — 5 mars 1852, Arcelin, [Leb. chr., p. 22]; — 15 avr. 1852, Bonnefons, [Leb. chr., p. 99]; — 24 juill. 1852, Delourmel, [Leb. chr., p. 314]; — 29 juill. 1852, Colin, [Leb. chr., p. 343]; — 7 août 1852, Lefebvre, [S. 53.2.94, P. adm. chr.]; — 26 nov. 1852, Ricard, [Leb. chr., p. 522]

293. — ... Le médecin d'un asile municipal d'aliénés. — Cons. d'Et., 1er juill. 1887, Biante, [S. 89.3.37, P. adm. chr., D. 88.3.109]

294. — ... Le médecin en chef d'une institution nationale de sourds-muets, nommé par le ministre de l'Intérieur, avec traitement fixe et ne faisant pas de médecine au dehors. — Cons. d'Et., 27 mai 1892, Cogne, [D. 93.5.416]

295. — ... Un médecin chargé du service médical d'une section des chemins de fer de l' tat et ne possédant aucune clientèle en dehors de son service officiel. — Cons. d'Et., 14 mars 1890, Guertin, [S. et P. 92.3.85, D. 91.5.386]

296. — ... Des médecins fonctionnaires qui avaient une clientèle civile, médecins militaires en non-activité. — Cons. d'Et., 8 févr. 1890, Raynaud, [Leb. chr., p. 153]

297. — ... Un médecin embarqué du service sanitaire. — Cons. d'Et., 31 juill. 1856, Rampal, [Leb. chr., p. 513]

298. — Par la même raison un vétérinaire, qui exerce son art pour le compte des particuliers, ne peut être exempté par cela seul qu'il serait attaché à un dépôt national d'étalons. — Cons. d'Et., 9 janv. 1856, Rougieux, [Leb. chr., p. 9]

299. — Quoique fonctionnaires publics, les greffiers sont assujettis à la patente depuis la loi du 18 mai 1850, qui a fait cesser l'exemption dont les avait fait bénéficier la loi du 25 avr. 1844, et a fait prédominer chez eux leur caractère d'officier ministériel (V. *infrà*, n. 315). La loi ne distinguant pas entre les greffiers, il a été jugé que ceux qui exercent auprès des tribunaux de simple police sont imposables comme les autres. — Cons. d'Et., 9 août 1869, Saffray, [S. 70.2.280, P. adm. chr., D. 70.3.105]; — 20 nov. 1885, Prévôt, [Leb. chr., p. 849]

300. — Il en est autrement des greffiers près les conseils de guerre, qui ne sont pas des officiers ministériels mais des militaires. — Cons. d'Et., 11 janv. 1853, Michel, [S. 53.2.526, P. adm. chr., Leb. chr., p. 33]

301. — Les commis-greffiers sont de simples fonctionnaires et ne sont pas imposables. — Cons. d'Et., 19 déc. 1855, Vallier, [Leb. chr., p. 746]

302. — Dans l'instruction publique, il est certains fonctionnaires qui sont autorisés par les règlements universitaires à se rémunérer, au moins en partie, au moyen de perceptions sur le public. Nous voulons parler des principaux de collèges communaux qui acceptent parfois de gérer, pour leur propre compte et à leurs risques et périls, le pensionnat annexé au collège. Il a été jugé que ces sortes de conventions ne leur faisaient pas perdre la qualité de fonctionnaires. — Cons. d'Et., 16 févr. 1853, Lacombe, [D. 53.3.3]; — 22 mars 1854, Naveau, [D. 55.5.318, Leb. chr., p. 216]

303. — Cette jurisprudence a été étendue aux directeurs d'écoles primaires supérieures quand un pensionnat y est annexé avec l'autorisation du conseil départemental. Ce pensionnat est une dépendance d'un établissement public d'enseignement, dont la gestion rentre dans l'exercice des fonctions de directeur. — Cons. d'Et., 23 févr. 1900, min. des Fin., [Leb. chr., p. 437]; — 24 mars 1900, Andrieux, [Leb. chr., p. 245]

304. — De même les directeurs ou supérieurs de petits séminaires doivent être considérés comme des fonctionnaires publics, pourvu que l'établissement qu'ils dirigent se renferme étroitement dans sa spécialité. — Cons. d'Et., 6 juin 1856, Gilbert, [S. 57.2.464, P. adm. chr., D. 57.3.11]; — 20 juill. 1877, Lacroix, [D. 77.3.90]

305. — S'ils y joignent un établissement d'instruction d'une autre nature, ils deviennent imposables comme maîtres de pension. — Cons. d'Et., 31 juill. 1856, Arnal, [S. 57.2.464, P. adm. chr., D. 57.5.146] — V. *infrà*, n. 333.

306. — Il existe dans beaucoup de communes certains services institués dans l'intérêt du public pour assurer la bonne foi des transactions commerciales. De ce nombre sont les bureaux de poids public, établis le plus souvent dans l'enceinte des halles et marchés. Ils sont destinés à certifier aux parties le poids, la mesure ou la jauge exacts des objets vendus. Le peseur public est investi, dans l'enceinte du marché, d'un véritable monopole. Si une contestation s'élève entre le vendeur et l'acheteur sur le poids de l'objet vendu, on ne peut s'adresser qu'à lui (L. 29 flor. an X). Le bureau de poids public peut être exploité par la commune en régie, et en ce cas, la commune n'est pas imposée; mais le plus souvent elle afferme ce service, et alors le fermier des droits de pesage, mesurage et jaugeage est passible des droits de patente. — V. *infrà*, n. 309.

307. — A plus forte raison en doit-il être de même de peseurs ou mesureurs jurés, placés sous la surveillance de l'autorité municipale, qui les institue, en détermine le nombre et fixe le taux de leurs rétributions par des tarifs approuvés par le préfet, exerçant leur profession non seulement dans les endroits publics, mais dans des magasins particuliers. L'investiture officielle qu'ils reçoivent, en les accréditant auprès des particuliers, n'en fait pas des fonctionnaires publics. Ils sont donc passibles de patente. — Cons. d'Et., 20 juin 1855, Vidal, [D. 56.3.7]; — 13 juin 1860, Bouet, [Leb. chr., p. 451]; — 10 déc. 1886, Jaugeurs de Marseille, [Leb. chr., p. 875]; — 9 avr. 1892, Chambrouillat, [D. 93.3.77]

308. — N'est pas davantage fonctionnaire, celui qui s'est chargé de vendre à la criée les denrées dans une halle, moyennant un droit de commission sur le prix des ventes, alors même qu'il serait nommé et révoqué par le maire et ne pourrait faire d'autres opérations que ces ventes publiques; alors même qu'il devrait verser une partie de sa rétribution dans la caisse municipale. — Cons. d'Et., 9 janv. 1874, Jahan, [S. 75.2.339, P. adm. chr., D. 75.3]; — 10 mars 1876, Chanay, [D. 76.3.82]

309. — Il faut encore moins confondre avec des fonctionnaires publics ou employés communaux les individus qui se sont rendus adjudicataires d'un service municipal. Ainsi jugé à l'égard d'un individu qui s'était fait adjuger l'entreprise de l'enlèvement des boues, moyennant l'abandon de ces boues et une subvention annuelle. — Cons. d'Et., 11 sept. 1858, Clairici, [Leb. chr., p. 647]

310. — ... L'entreprise de la fourniture, de l'entretien et de la vidange des urinoirs publics, malgré une clause lui interdisant de tirer profit des matières recueillies par lui. — Cons. d'Et., 10 sept. 1856, Parlange, [D. 57.3.25]

311. — ... L'entreprise de l'éclairage à l'huile. — Cons. d'Et., 22 mai 1885, Tour, [Leb. chr., p. 529]

312. — ... La concession d'un établissement de bains et lavoirs publics, moyennant rétribution payée par les baigneurs, à l'exception des indigents. — Cons. d'Et., 14 juin 1866, Birard, [Leb. chr., p. 648]

313. — ... A l'égard de celui qui exploite un cabinet d'aisances public à lui loué par la ville. — Cons. d'Et., 6 mars 1861, Léautaud, [D. 62.3.43]

314. — Décidé de même à l'égard d'un individu qui s'était rendu adjudicataire du blanchissage des linges de la marine, du cardage et du battage des laines des matelas. — Cons. d'Et., 21 févr. 1879, Marin, [Leb. chr., p. 158]

2° Artistes, sages-femmes, professeurs, journalistes.

315. — Jusqu'à la loi du 18 mai 1850, la loi exemptait de la patente les officiers ministériels, sauf quelques exceptions, et toutes les professions dites libérales. La loi du 18 mai 1850 a supprimé complètement l'exemption dont jouissaient les officiers ministériels. Quant aux professions libérales, elle a restreint l'exemption complète à un petit nombre d'entre elles, soumettant toutes les autres à une patente spéciale. Celles qui échappent encore complètement à l'impôt sont les suivantes : peintres, sculpteurs, graveurs et dessinateurs considérés comme artistes et ne vendant que le produit de leur art; les professeurs de belles-lettres, sciences et arts d'agrément, les instituteurs primaires; les sages-femmes; les artistes dramatiques.

316. — La ligne de démarcation est assez difficile à tracer entre l'art et l'industrie; certaines professions industrielles côtoient l'art de près. Telles sont celles d'exploitant d'un établissement de peinture sur verre, de sculpteur sur bois, d'ornemaniste, de dessinateur de fabrique. Il a été jugé qu'un artiste, dont la profession habituelle consiste à exécuter des tableaux d'histoire, ne perd pas le bénéfice de l'exemption par cela seul que, par un traité spécial avec le ministre des Cultes, il s'est chargé, outre la confection des peintures murales d'une église, de surveiller la confection des peintures décoratives et la pose des vitraux. Le caractère exceptionnel d'une telle opération ne peut faire de cet artiste un industriel. — Cons. d'Et., 31 mars 1868, Steinheil, [Leb. chr., p. 358]

317. — Quant aux peintres-verriers, pour savoir s'ils doivent être exemptés ou imposés, la jurisprudence avait admis pendant longtemps qu'il fallait considérer comme artiste le peintre qui se bornait à faire exécuter sous sa direction la peinture des vitraux dont il avait composé les cartons. — Cons. d'Et., 10 sept. 1856, Maréchal, [D. 57.3.25]; — 10 févr. 1869, Lobin, [D. 69.3.27]

318. — Et comme industriel passible de la patente, le propriétaire d'un établissement dans lequel on exécutait des vitraux d'après des cartons d'artistes étrangers à la maison. — Cons. d'Et., 21 janv. 1857, Lussan, [Leb. chr., p. 45]

319. — Mais une décision plus récente paraît avoir abandonné ce critérium en déclarant passible de la patente un peintre-verrier dans l'atelier duquel des élèves et ouvriers exécutaient les verrières d'après des dessins composés par lui. Sans doute le Conseil a pensé que la participation des élèves et ouvriers dans les verrières était trop grande pour que l'artiste pût dire qu'il ne vendait que les produits de son art. — Cons. d'Et., 23 janv. 1885, Duhamel, [Leb. chr., p. 72]

320. — A plus forte raison doit être imposé un peintre qui a joint à son art la profession de photographe, encore bien qu'il prétendrait que la photographie n'est que l'auxiliaire de son art. — Cons. d'Et., 19 mai 1868, Belle, [Leb. chr., p. 556]

321. — On doit exempter le sculpteur qui se borne à copier en marbre ou en bois des statues qu'il revend aux particuliers. — Cons. d'Et., 17 déc. 1847, Olive, [Leb. chr., p. 686]

322. — L'exemption a même été étendue à un sculpteur qui, pour l'exécution des travaux de sculpture et de décoration qu'il s'est chargé d'exécuter dans un monument public, emploie des ouvriers qu'il paie pour reproduire les modèles et dessins dont il est l'auteur. — Cons. d'Et., 24 mars 1859, Grootaers-Donon, [D. 59.3.62]

323. — Lorsqu'au contraire les travaux dont il dirige l'exécution sont la reproduction de dessins fournis par les architectes ou de modèles dont il n'est pas l'auteur, il est passible de la patente comme exerçant la profession commerciale de sculpteur en bois. — Cons. d'Et., 12 août 1862, Boismen, [Leb. chr., p. 646]; — 16 févr. 1866, Chauvet, [D. 66.3.100]

324. — Est également imposable celui qui joint à la vente de produits de son art des bustes ou figurines provenant d'achats faits par lui à des tiers. — Cons. d'Et., 13 déc. 1854, Barthołany, [Leb. chr., p. 968]

325. — A droit à l'exemption le graveur qui ne vend que les produits de son art. — Cons. d'Et., 30 nov. 1862, Guignet, [Leb. chr., p. 732]

326. — Au contraire est imposable comme graveur sur bois celui qui, avec le concours d'ouvriers graveurs payés au mois, fait exécuter des gravures d'après des dessins dont il n'est pas l'auteur et les vend à des prix variant suivant le nombre de centimètres carrés que contient chaque planche. — Cons. d'Et., 20 juill. 1865, Lévy, [Leb. chr., p. 718]

327. — Les artistes musiciens sont exempts de patente, soit quand ils se font entendre dans les concerts, soit quand ils se consacrent à l'enseignement. Mais quand ils se réunissent en association pour donner des concerts périodiques où le public est admis en payant, ils ne peuvent prétendre faire bénéficier de l'exemption dont ils jouissent individuellement la société, qui, elle, exerce la profession d'entrepreneur de concerts publics. — Cons. d'Et., 7 nov. 1891, Assoc. artistique des concerts du Châtelet, [*Rev. d'admin.*, 1890, t. 2, p. 53; Leb. chr., p. 647]

328. — Les artistes dramatiques sont exempts, sauf celui qui se ferait directeur de spectacles, alors même qu'il continuerait à prendre part aux représentations.

329. — De toutes les professions touchant à la médecine, celle de sage-femme est la seule qui ait continué à être exemptée. Il est vrai qu'il en était ainsi dès la loi du 1er brum. an VII (art. 29). Toutefois les sages-femmes deviennent passibles de la patente quand elles tiennent une maison d'accouchement, où elles reçoivent comme pensionnaires des femmes en couches. — Cons. d'Et., 21 févr. 1855, Signol, [Leb. chr., p. 141]

330. — Mais pour que la patente soit due, il faut que la maison d'accouchement constitue un établissement aménagé et meublé spécialement en vue de sa destination. On n'imposerait pas, par exemple, une sage-femme qui se bornerait à recevoir des femmes en couches dans sa propre chambre. — Cons. d'Et., 11 févr. 1857, Carbon, [S. 57.2.782, P. adm. chr.]

331. — La loi exempte ensuite les professeurs de belles-lettres, de sciences et d'arts d'agrément, qu'ils donnent leurs leçons à leur domicile ou à celui de leurs élèves. Il en serait autrement s'ils possédaient un véritable établissement ouvert au public, auquel cas ils deviendraient imposables comme maîtres de pension, chefs d'institution, maîtres de gymnase. Ainsi doit la patente de maître de gymnase celui qui ne se borne pas à enseigner la gymnastique dans les lycées et écoles de la ville, mais exploite aussi un gymnase ouvert au public où il donne des leçons moyennant rétribution. — Cons. d'Et., 30 avr. 1875, Bourru, [Leb. chr., p. 383]

332. — Au contraire, n'est pas imposable une personne qui se borne à donner des leçons dans un pensionnat dirigé par sa fille. — Cons. d'Et., 13 mars 1860, Lix, [D. 60.3.85]

333. — Les établissements privés d'instruction secondaire sont assujettis à la patente sans qu'il y ait lieu de distinguer entre les internats et les externats. — Cons. d'Et., 10 déc. 1856, Bordet, [D. 57.3.45]; — 2 janv. 1857, Guilbert, [D. 57.3.58]; — 23 avr. 1862, Boulgon, [D. 64.5.273]; — 4 juill. 1872, Bouniol, [S. 74.2.218, P. adm. chr., D. 73.3.12]

334. — ... Entre les établissements libres et ceux subventionnés par l'Etat, le département ou la ville. — Cons. d'Et., 1er juill. 1887, Ottavi, [S. 89.3.37, P. adm. chr., D. 88.3.109]

335. — ... Alors même qu'on y recevrait gratuitement un certain nombre d'élèves. — Cons. d'Et., 13 déc. 1858, Klein, [Leb. chr., p. 719]; — 29 févr. 1860, Boucharel, [D. 60.5.266]

336. — Pour les établissements d'enseignement primaire, il faut au contraire distinguer entre les pensionnats et les externats. En effet, la loi exempte d'une manière absolue les instituteurs primaires, exemption qui n'a pas d'intérêt pour les instituteurs publics, déjà exonérés de la patente par leur qualité de fonctionnaires, mais qui s'applique, à certaines conditions, aux écoles privées.

337. — Le directeur d'un établissement d'instruction primaire fréquenté exclusivement par des externes n'est pas imposable. — Cons. d'Et., 23 juill. 1863, Jagouet, [D. 63.3.84]; — 4 nov. 1887, Mury, [D. 88.5.345]

338. — Il ne suffirait même pas, pour rendre le directeur passible de la patente, qu'il conserve chez lui quelques élèves pendant la mauvaise saison. — Cons. d'Et., 9 janv. 1856, Laurentin, [Leb. chr., p. 8]; — 26 déc. 1860, Gillies, [D. 61.3.45]

339. — ... Ou d'une façon accidentelle et gratuitement. — Cons. d'Et., 24 déc. 1875, Roux, [Leb. chr., p. 1049]

340. — N'est pas imposable non plus l'instituteur libre qui a usé de l'autorisation à lui donnée par le préfet de recevoir provisoirement chez lui quelques élèves internes. — Cons. d'Et., 27 nov. 1867, Vaulier, [Leb. chr., p. 868]

341. — Au contraire la patente de chef d'institution ou de maître de pension peut être réclamée au directeur d'une école primaire libre à laquelle est annexé un pensionnat recevant des élèves internes moyennant une rétribution même minime. — Cons. d'Et., 6 mai 1863, Rassase, [D. 63.3.41]; — 1er sept. 1865, Magnan, [S. 66.2.296, P. adm. chr., D. 66.3.44]; — 9 mars 1873, Dubourdian, [Leb. chr., p. 62]

342. — La même jurisprudence est appliquée aux instituteurs publics qui gèrent pour leur compte un pensionnat qu'ils ont été autorisés à annexer à leur école, alors même que les locaux leur sont fournis par la commune. — Cons. d'Et., 5 oct. 1857, Brunois, [Leb. chr., p. 731]; — 1er juin 1877, Lazennec, [D. 77.3.77]; — 27 déc. 1895, Labro, [Leb. chr., p. 860]; — 24 déc. 1898, Lambert, [S. et P. 1901.3.61] — On a vu (*suprà*, n. 303), que cette jurisprudence s'est modifiée.

343. — Jugé que l'individu dirigeant une école préparatoire aux examens du baccalauréat ne peut réclamer l'exemption accordée aux instituteurs primaires. — Cons. d'Et., 9 avr. 1886, Dangla, [S. 88.3.5, P. adm. chr., D. 87.3.95]

343 *bis*. — On ne peut considérer comme des instituteurs ou institutrices primaires des personnes qui tiennent des cours où sont enseignées plusieurs matières rentrant dans l'enseignement secondaire, par des professeurs appartenant à l'Université et où les élèves ont pour partie dépassé l'âge de treize ans. — Cons. d'Et., 28 janv. 1899, Veyret-Latour, [Leb. chr., p. 74]; — 17 mars 1899, Lachnitt-Bertier, [Leb. chr., p. 219]; — 24 févr. 1900, Peharet, [Leb. chr., p. 167]

344. — Au nombre des faveurs accordées à la presse figurait l'exemption de la patente pour les éditeurs de feuilles périodiques. Mais pour bénéficier de cette exemption, il fallait ne pas exercer une autre profession. C'est ainsi que l'on a refusé d'exempter un imprimeur-typographe, qui n'imprimait pas autre chose que le journal dont il était éditeur. — Cons. d'Et., 29 juill. 1857 Challier, [Leb. chr., p. 598]; — 6 juill. 1888, Martin, [D. 89.5.348]; — 6 août 1892, Cardi, [S. et P. 94.3.74, D. 93.5.416]

345. — D'autre part, ce que la loi a entendu exempter, ce sont les journalistes proprement dits et non ceux qui, sous couleur d'éditer un journal, exerçent une profession prévue au tarif, telle que celle d'entrepreneur d'insertion d'annonces (actes de société, faillites, séparations, interdictions). — Cons. d'Ét., 1er juin 1853, Giroud, [Leb. chr., p. 574]; — 15 mars 1878, Pitay, [Leb. chr., p. 293]; — 1er juill. 1881, Rousset, [D. 82.5.306]

346. — C'est ainsi qu'on a refusé l'exemption à l'éditeur des *Nouvelles affiches*, feuille consacrée spécialement aux annonces, bien qu'une partie, d'ailleurs secondaire, du journal fût affectée à des articles littéraires ou scientifiques. — Cons. d'Ét., 23 nov. 1895, Givord, [D. 96.3.95]; — 6 avr. 1900, Richard, [Leb. chr., p. 281]

346 *bis*. — L'art. 8 du projet soumis au Parlement (V. *suprà*, n. 68), modifie l'énumération contenue dans l'art. 17 de la loi de 1880 en supprimant l'immunité dont jouissaient les éditeurs de revues et feuilles périodiques, devenus, grâce au développement de la publicité, de véritables entrepreneurs d'insertions, d'annonces, de réclames et d'avis, qui concurrençaient avec avantage les éditeurs de journaux spéciaux déjà imposés.

3° *Cultivateurs.*

347. — Toutes les lois qui ont tour à tour régi la contribution des patentes ont disposé expressément qu'elle ne devait pas atteindre les produits du travail agricole. La loi des 2-17 mars 1791 (art. 7) exemptait : « ... 2° les cultivateurs occupés aux exploitations rurales; ... 5° les propriétaires et cultivateurs pour la vente de leurs bestiaux, denrées et productions, excepté le cas où ils vendraient les boissons de leur cru, à pinte et à pot. » Cette restriction disparut implicitement avec la loi du 6 fruct. an IV, dont l'art. 19 est ainsi conçu : « Sont exemptés les laboureurs et cultivateurs pour la vente des récoltes et fruits provenant des terrains qui leur appartiennent ou par eux exploités et pour le bétail qu'ils y élèvent ». La loi du 9 frim. an V alla plus loin. Son art. 4 dispose : « Les citoyens, qui vendront en gros ou en détail le vin ou autres liqueurs provenant de leur récolte, ne sont pas soumis à la patente. » Toujours sous l'inspiration de la même idée, la loi du 7 brum. an VI (art. 10) portait : « Sont réputés fabricants ou manufacturiers tous ceux qui convertissent des matières premières en des objets d'une autre forme ou qualité, soit simple, soit composée, à l'exception néanmoins de ceux qui manipulent les fruits de leur récolte : ces derniers continueront de jouir de l'exemption de patente portée par l'art. 4 de la loi du 9 frim. an V. » La loi du 1er brum. an VII, en codifiant les lois précédentes, se borna à reproduire (art. 29 et 32) les dispositions de la loi du 6 fruct. an V et du 7 brum. an VI. Toutefois, elle précisa et limita l'exemption en intercalant le mot « seulement » après les mots « laboureurs et cultivateurs ».

348. — La loi du 25 avr. 1844 (art. 13) développa l'exemption accordée aux cultivateurs, que la jurisprudence du Conseil d'État avait eu une tendance à restreindre. « Ne sont pas assujettis à la patente : les laboureurs et cultivateurs seulement pour la vente *et la manipulation* des récoltes et fruits provenant des terrains qui leur appartiennent ou par eux exploités et pour le bétail qu'ils y élèvent, *qu'ils y entretiennent ou qu'ils y engraissent.* » La loi du 18 mai 1850 (art. 18) retira le bénéfice de l'exemption aux fabriques agricoles (fabriques de sucre, distilleries, etc.) en disposant que : « Ne sont pas considérées comme donnant lieu à exemption les transformations de récoltes et fruits pratiquées au moyen d'agents chimiques, de machines ou ustensiles autres que ceux servant aux travaux habituels de l'agriculture. » Mais cette restriction fut abrogée par la loi du 27 juill. 1870 (art. 3), qui revint au texte de la loi du 25 avr. 1844, lequel a été reproduit sans modification par la loi du 15 juill. 1880 (art. 17).

349. — Ainsi donc, les laboureurs et cultivateurs sont affranchis de la patente pour la manipulation ou la transformation des récoltes et fruits provenant des terrains qui leur appartiennent ou qu'ils exploitent, quel que soit le moyen ou l'agent à l'aide duquel cette transformation ou cette manipulation a eu lieu (Instr. 1881, art. 67). Par suite, l'exemption sera accordée, non seulement aux cultivateurs qui vendent exclusivement les produits de leur exploitation, lors même que la vente est effectuée loin de leur domicile ou des terrains exploités; qu'il s'agisse de grains... — Cons. d'Ét., 22 avr. 1857, Saintard, [Leb. chr., p. 313]; — 28 avr. 1882, Lorrain, [Leb. chr., p. 403]; — 10 juill. 1885, Escaffre, [Leb. chr., p. 656]; — 27 mai 1892, Mounialappacavoundin, [Leb. chr., p. 482]

350. — ... De pommes de terre. — Cons. d'Ét., 19 mai 1876, Journier, [Leb. chr., p. 461]

351. — ... D'olives. — Cons. d'Ét., 18 mai 1893, Hubac, [Leb. chr., p. 397]

352. — ... Mais encore au propriétaire qui ne vend que le bois de ses domaines, même converti en charbon ou débité en planches. — Cons. d'Ét., 25 juin 1857, Pafournaux, [D. 58.3.28]; — 24 déc. 1875, Daffis, [Leb. chr., p. 1048]; — 16 mars 1888, Gérard, [Leb. chr., p. 268]; — 21 nov. 1891, Deschamps, [Leb. chr., p. 692] — ... Ou l'écorce de ses arbres. — Cons. d'Ét., 21 nov. 1879, Chemardin-Desvignes, [D. 81.5.277] — V. *infrà*, n. 378.

353. — ... Et aussi au locataire qui vend le bois qui lui est donné en vertu de son bail par le propriétaire. — Cons. d'Ét., 6 août 1857, Abonneau, [Leb. chr., p. 642]

354. — ... Au pépiniériste qui ne vend que les arbres et arbustes provenant de ses pépinières. — Cons. d'Ét., 27 juill. 1883, Pardon, [D. 85.5.345]; — 30 juill. 1886, Cousin, [Leb. chr., p. 672]

355. — ... Au champignonniste qui ne vend que les champignons cultivés par lui dans des grottes souterraines qu'il loue à cet effet. — Cons. d'Ét., 11 juill. 1891, Sauvageot, [S. et P. 93.3.89, D. 92.3.125]

356. — Elle s'applique aussi à ceux qui ne vendent que le vin fait avec les raisins récoltés sur leurs terres. — Cons. d'Ét., 22 mars 1855, Vérand, [D. 55.5.316]; — 30 juin 1858, Labbé, [Leb. chr., p. 478] — V. *infrà*, n. 380.

357. — Ainsi un marchand de vin cesse d'être imposable quand il se borne à vendre le vin de ses récoltes. — Cons. d'Ét., 17 janv. 1873, Bernard, [Leb. chr., p. 65]

358. — On a même étendu l'exemption à un propriétaire qui ne vendait que le vin de ses récoltes, mais après l'avoir amélioré en y ajoutant du raisin acheté. — Cons. d'Ét., 8 nov. 1872, Bodin-Brançon, [D. 74.5.367]; — 13 déc. 1872, Granier, [Leb. chr., p. 704] — Mais sur ce point la jurisprudence a changé. Aujourd'hui, celui qui mélange aux raisins de sa récolte des quantités importantes de raisins achetés est imposable comme marchand de vin. — Cons. d'Ét., 14 janv. 1899, Brabic, [Leb. chr., p. 27]

359. — Depuis 1870, il faut encore exempter ceux qui convertissent leurs vins, cidres, marcs ou grains en alcool, si d'ailleurs ils ne transforment que les vins, cidres ou marcs provenant des terrains qui leur appartiennent ou par eux exploités. — Cons. d'Ét., 13 avr. 1867, Harlin, [Leb. chr., p. 1037]; — 12 mars 1868, Leloup, [S. 69.2.96, P. adm. chr.] — ... alors même qu'avant de procéder à la distillation, ils auraient sucré leurs vins. — Cons. d'Ét., 23 déc. 1892, Ménudier, [Leb. chr., p. 788]

360. — ... Ceux qui convertissent en sucre ou en alcool les betteraves qu'ils ont récoltées dans leurs champs ou qui convertissent en fécule les pommes de terre provenant de leurs cultures.

361. — ... Ceux qui se bornent à torréfier la chicorée récoltée sur leur terres. — Cons. d'Ét., 30 avr. 1862, Bleuet, [Leb. chr., p. 363]

362. — A droit à l'exemption celui qui ne vend que la cire et le miel de ses ruches, alors même que celles-ci ne seraient pas toutes placées sur des terrains lui appartenant. — Cons. d'Ét., 12 août 1859, Gendre, [D. 62.3.26]

363. — ... Celui qui ne file que les cocons provenant de ses récoltes (Instr. 1881, art. 67). — V. *infrà*, n. 394.

364. — Quant aux éleveurs, doivent être exemptés les propriétaires ou fermiers qui ne vendent que le bétail élevé, entretenu ou engraissé sur les terrains par eux exploitées (Instr. 1881, art. 67). Il n'est donc pas nécessaire que le bétail vendu par un cultivateur soit né sur ses propriétés. Il peut aller acheter du bétail dans les foires et marchés, le faire séjourner dans ses étables ou sur ses prés et le revendre après l'avoir engraissé sans perdre le bénéfice de l'exemption, pourvu qu'il puisse le nourrir exclusivement avec le produit de ses terres. — Cons. d'Ét., 26 déc. 1860, Pillon, [Leb. chr., p. 815]; — 23 juill. 1862, Farge, [Leb. chr., p. 594]; — 19 déc. 1863, Le Brun, [Leb. chr., p. 839]; — 15 janv. 1864, Lambert, [Leb. chr., p. 36]; — 29 mai 1866, Boinot, [Leb. chr., p. 537]; — 12 mars 1868, Amiard, [Leb. chr., p. 288]; — 15 déc. 1868, Guinot, [Leb. chr., p. 1039]; — 14 avr. 1870, Lespinasse, [Leb. chr., p. 468]; — 4 févr. 1876, Damiani, [Leb. chr., p. 112]; — 27 déc. 1878, Lapic, [Leb. chr., p. 1089]; — 9 mai 1879, Rousseau, [Leb. chr., p. 367]; — 5 déc. 1879, Boyer, [Leb. chr., p. 781]; — 19 déc. 1879, Henriet, [Leb. chr., p. 818]; — 1er août 1884, Villain, [D. 85.5.345]; — 11 mars 1887, Gibert, [Leb. chr., p. 219]; — 2 avr. 1892, Lorillard, [Leb. chr.,

p. 350]; — 7 mai 1892, Feuillet, [D. 93.3.92]; — 13 janv. 1899, Coquart-Boudet, [S. et P. 1901.3.64, D. 1900.5.502] — ... alors même qu'accidentellement il aurait revendu sur place quelques bestiaux. — Cons. d'Et., 15 déc. 1899, Martin, [Leb. chr., p. 737] — V. *infrà*, n. 389.

365. — L'exemption est due aussi au cultivateur qui se borne à vendre le lait des bêtes élevées et entretenues avec le produit des terrains qu'il exploite ou dont il est propriétaire. — Cons. d'Et., 3 août 1877, Rémy, [Leb. chr., p. 785]

366. — A plus forte raison, ne pourrait-on réclamer la patente au domestique de ce propriétaire qui cultive le domaine et vend le lait pour le compte de son maître. — Cons. d'Et., 5 janv. 1877, Capitain, [Leb. chr., p. 22]

367. — Si le législateur a cru devoir exempter de la patente les ventes de leurs produits par les cultivateurs, à plus forte raison des achats non suivis de revente ne peuvent-ils donner lieu à l'établissement de la patente. Ainsi décidé à l'égard de propriétaires qui avaient acheté des graines de vers à soie, mais non pour les revendre. — Cons. d'Et., 30 avr. 1875, de Goubert, [Leb. chr., p. 388]; — 11 nov. 1893, Desfougères, [Leb. chr., p. 742]

368. — ... De cultivateurs qui s'étaient rendus adjudicataires de la récolte sur pied de plusieurs prairies. — Cons. d'Et., 15 juill. 1868, Villain, [Leb. chr., p. 784]

369. — ... Ou qui avaient soumissionné l'entreprise de l'enlèvement des boues dans une commune pour pouvoir employer exclusivement ces boues comme engrais à l'amendement de leurs terres. — Cons. d'Et., 13 mai 1869, Salamon, [S. 70.2.168, P. adm. chr.]; — 7 août 1869, Guérin, [Leb. chr., p. 758]; — 27 avr. 1888, Peyras, [D. 89.5.347]

370. — Enfin il existe certaines professions qui s'exercent pour ainsi dire en marge de l'agriculture, telles que celles d'exploitant de machines à battre, de pressoirs, etc. Ceux qui détiennent ces instruments les mettent, moyennant rétribution, à la disposition des propriétaires et sont à ce titre passibles de patente. Mais le propriétaire qui se sert exclusivement de son pressoir pour écraser ses pommes, ses raisins ou ses olives n'est pas imposable. — Cons. d'Et., 3 mars 1876, Andrée, [Leb. chr., p. 210]; — 25 juin 1880, Orsini, [Leb. chr., p. 599]; — 2 févr. 1883, Franceschi, [Leb. chr., p. 106]; — 27 juin 1884, Susini, [Leb. chr., p. 523]; — 27 juin 1891, Gon, [Leb. chr., p. 503]

371. — Il ne l'est pas davantage s'il a prêté ses machines à ses voisins, mais gratuitement. — Cons. d'Et., 2 déc. 1887, Espinau, [Leb. chr., p. 767]

372. — Il faut au contraire dénier la qualité de cultivateur et refuser par suite l'exemption à tous ceux qui ne se renferment pas dans les opérations que nous venons de décrire, alors même qu'ils poursuivraient un but agricole. Ainsi il a été jugé que l'exemption n'était pas due à celui qui achète sur pied des récoltes et revend les grains qui en proviennent, alors même qu'il garde la paille dont il a besoin pour son exploitation. — Cons. d'Et., 15 mai 1857, Erraux, [Leb. chr., p. 403]

373. — Il faut encore refuser l'exemption à tous ceux qui, outre les produits de leurs récoltes, vendent des marchandises semblables achetées par eux. — Cons. d'Et., 15 déc. 1852, Gaillard-Albert, [Leb. chr., p. 601]; — 22 déc. 1852, Pardon, [Leb. chr., p. 643]

374. — ... Au marchand expéditeur de légumes, qui envoie par chemin de fer des quantités considérables de légumes dont une portion notable ne provient pas des terres cultivées par lui. — Cons. d'Et., 9 mai 1879, Lemaire, [Leb. chr., p. 367]

375. — ... Au marchand d'engrais, qui ne se borne pas à vendre les engrais provenant de ses étables, mais y ajoute des engrais achetés chez d'autres cultivateurs. — Cons. d'Et., 1er juin 1877, Guinard, [Leb. chr., p. 513]

376. — ... Au marchand fleuriste, qui entretient uniquement en terre ou sous châssis des fleurs ou plantes rares ou exotiques. — Cons. d'Et., 28 mars 1884, Labrousse, [S. 86.3.5, P. adm. chr., D. 85.3.117]

377. — ... A celui qui envoie à des marchands des fleurs qui pour la plupart ne viennent pas de ses jardins. — Cons. d'Et., 23 nov. 1889, Delphin, [Leb. chr., p. 1072]

377 *bis*. — ... Au propriétaire qui vend à des marchands non seulement la cire des abeilles qu'il élève, mais encore celle provenant des ruches d'autres apiculteurs, après l'avoir achetée en rayons et transformée en pains. — Cons. d'Et., 16 févr. 1900, Lignière, [Leb. chr., p. 138]

378. — Est marchand de bois et non cultivateur celui qui ne tire de ses forêts qu'une faible partie des bois dont il fait commerce. — Cons. d'Et., 9 mai 1879, Cottet, [Leb. chr., p. 367]

379. — Le Conseil d'Etat a refusé l'exemption à un individu qui avait loué en Algérie diverses forêts pour y récolter le liège et en ménager la reproduction. — Cons. d'Et., 9 avr. 1897, Ségade, [S. et P. 99.3.50, D. 98.5.460]

380. — Il en est de même des produits de la terre qui donnent lieu à certaines manipulations. Ainsi est imposable celui qui vend d'autres vins que ceux récoltés par lui dans ses propriétés. — Cons. d'Et., 4 juin 1875, Buisson, [Leb. chr., p. 536]; — 22 févr. 1878, Baretti, [Leb. chr., p. 198]; — 7 nov. 1884, Barral, [D. 85.5.345]; — 10 mars 1893, Roncin, [Leb. chr., p. 233]

381. — ... Celui qui achète des pommes pour les joindre à celles de son verger et en faire du cidre. — Cons. d'Et., 13 mai 1862, Bodin, [Leb. chr., p. 383]; — 13 nov. 1897, Debains, [D. 99.5.500]; — 7 nov. 1900, Gautier, [Leb. chr., p. 599]

382. — ... Celui qui vend de l'eau-de-vie fabriquée chez lui mais dont une grande partie ne provient pas de ses récoltes. — Cons. d'Et., 2 nov. 1853, Charpantier, [Leb. chr., p. 921]; — 6 mars 1861, Goumard, [Leb. chr., p. 257]

383. — ... Celui qui fait de l'huile avec d'autres olives que celles récoltées sur ses propriétés. — Cons. d'Et., 3 août 1877, Chauvin, [Leb. chr., p. 779]; — 22 janv. 1892, Noël, [Leb. chr., p. 32]

384. — ... Celui qui distille d'autres betteraves que celles provenant de sa ferme. — Cons. d'Et., 29 janv. 1886, Lerat de Magnitot, [D. 87.3.91]; — 15 mai 1897, Martin, [Leb. chr., p. 382]

385. — Le Conseil d'Etat a refusé de faire bénéficier de l'exemption accordée aux cultivateurs un fabricant de sucre, qui alimentait son usine, en partie avec des betteraves récoltées sur ses terres, en partie avec des betteraves provenant de terrains que, moyennant un prix convenu, des propriétaires ou fermiers s'engageaient à affecter à cette nature de culture à ses risques et périls aux conditions suivantes : l'usinier fournissant les semences, les engrais chimiques, et faisant exécuter certains travaux par ses agents, les cultivateurs ne conservant à leur charge que la fumure des terres, les façons à leur donner et le transport des betteraves à l'usine. Le Conseil d'Etat a jugé que, quelles que fussent les modalités de cette convention, elles constituaient toujours un achat de betteraves. — Cons. d'Et., 21 févr. 1891, Tétard, [S. et P. 93.3.27]

386. — Il a de même déclaré imposable une société anonyme qui achetait des betteraves à ses actionnaires, chacun d'eux étant engagé à livrer annuellement une certaine quantité de betteraves par action. — Cons. d'Et., 21 déc. 1894, Distillerie de Montastruc, [D. 96.3.4]; — 19 mai 1900, Soc. de la sucrerie agricole de Wavignies, [Leb. chr., p. 355]

387. — L'exemption accordée par la loi au propriétaire qui vend le bétail élevé par lui, entretenu ou engraissé sur ses terres, ne doit pas profiter au marchand qui a acheté des bestiaux dans les halles et marchés pour les revendre quelque temps après. La solution dépend de la durée du séjour fait par le bétail chez le réclamant et de la provenance des fourrages avec lesquels il l'a nourri. On ne doit pas considérer comme un éleveur, mais comme un commerçant, celui qui, fréquentant les foires et marchés, y achète des bestiaux qu'il revend souvent d'un marché à l'autre sans qu'ils aient fait aucun séjour sur ses terres. — Cons. d'Et., 11 févr. 1857, Vauléon, [Leb. chr., p. 126]; — 21 avr. 1858, Marly, [Leb. chr., p. 320]; — 21 sept. 1859, Guérin, [Leb. chr., p. 643]; — 23 juin 1865, Martin, [Leb. chr., p. 655]; — 6 août 1892, Lambert, [S. et P. 94.3.72]; — 23 avr. 1898, Verfollet, [Leb. chr., p. 318]; — 21 avr. 1899, Lanthenas, [Leb. chr., p. 299]

388. — ... Ou après les y avoir gardés peu de temps. — Cons. d'Et., 29 mai 1861, Sourisseau, [Leb. chr., p. 441]; — 26 juill. 1900, Segault, [Leb. chr., p. 509]

389. — ... Celui qui est obligé, pour nourrir les animaux qu'il achète, de se procurer d'autres fourrages que ceux provenant de terres qui lui appartiennent ou qu'il exploite. — Cons. d'Et., 5 août 1854, Tournemine, [Leb. chr., p. 757]; — 25 mars 1858, Porée, [Leb. chr., p. 264]; — 11 déc. 1861, Coudry, [Leb. chr., p. 875]; — 23 juin 1865, Martin, [Leb. chr., p. 655]; — 11 juin 1880, Sirrot, [Leb. chr., p. 542]; — 1er déc. 1882, Marly, [D. 84.5.368]; — 16 mai 1884, Baudry, [D. 85.5.345]; — 5 nov. 1886, Boussion, [Leb. chr., p. 760]; — 16 déc. 1887, Oziol, [Leb. chr., p. 815]; — 24 févr. 1888, Jubléma, [Leb. chr., p. 191]; — 7 mars 1890, Anonge, [Leb. chr., p. 253]; — 22 févr. 1895, Guilloux,

[Leb. chr., p. 167]; — 23 nov. 1895, Feuillerade, [Leb. chr., p. 752]; — 4 févr. 1898, Jaffre, [Leb. chr., p. 75]; — 4 août 1899, Fabre, [Leb. chr., p. 570]; — 8 déc. 1899, Porte, [Leb. chr., p. 713]; — 4 mai 1900, Pignon, [Leb. chr., p. 308]; — 12 nov. 1900, Bausse-Dubois, [Leb. chr., p. 611]

390. — Celui qui, ne pouvant engraisser sur ses terres la majeure partie des bêtes qu'il achète, les place, dans l'intervalle de l'achat à la revente, chez des cultivateurs qui se chargent de les nourrir pour son compte. — Cons. d'Et., 27 janv. 1859, Fillod, [D. 60.3.3]

391. — ... Ou les conduit à la vaine pâture. — Cons. d'Et., 16 févr. 1866, Guidet, [Leb. chr., p. 119]

392. — N'est pas cultivateur celui qui vend des fromages fabriqués avec le lait des brebis de son troupeau, quand il est obligé, pour nourrir ce troupeau, d'acheter des fourrages ou de mener paître ses animaux sur des terres exploitées par autrui. — Cons. d'Et., 31 mai 1855, Vinson, [Leb. chr., p. 369]

393. — Il en est de même d'une société qui fabrique des fromages de Roquefort, non seulement avec les fromages que lui apportent les sociétaires, mais encore avec ceux que lui apportent les autres producteurs de la contrée, et qui compte parmi ses membres des individus qui ne lui apportent que des capitaux. — Cons. d'Et., 14 mai 1886, Soc. de Roquefort, [D. 87.3.91]

394. — Des marchands de graines de vers à soie ne peuvent prétendre à l'exemption accordée aux cultivateurs par le seul motif qu'ils céderaient gratuitement des cocons aux éleveurs de vers à soie, à condition que ceux-ci leur revendraient la graine produite par ces cocons. — Cons. d'Et., 28 nov. 1884, Baron, [D. 86.3.60]

395. — De tout ce qui précède il résulte que l'exemption de patente n'est accordée que pour la vente des fruits de la terre, des récoltes qui se renouvellent chaque année. Elle ne s'étend pas à la vente des richesses minérales que contient la terre. La loi assujettit à la patente les exploitants de carrières, de fours à chaux etc., et la jurisprudence ne fait aucune distinction entre celui qui a loué un terrain pour en extraire les matériaux qu'il renferme et le propriétaire qui exploite lui-même. Le Conseil d'Etat a toujours refusé d'assimiler les propriétaires exploitant leurs carrières à des cultivateurs. — Cons. d'Et., 22 mars 1855, Mulet, [Leb. chr., p. 220]; — 21 mars 1860, Comm. d'Hesdin, [D. 60.3.77]; — 7 déc. 1860, Guérin, [Leb. chr., p. 752]; — 18 juin 1872, de Borelli, [Leb. chr., p. 386]; — 9 janv. 1885, Meneret, [Leb. chr., p. 5]; — 20 nov. 1885, Desprès, [Leb. chr., p. 850]; — 13 mai 1887, Albert, [Leb. chr., p. 383]; — 27 juin 1891, Hillion, [S. et P. 93.3.79]

396. — Il en est ainsi d'un propriétaire qui fabrique de la chaux, alors même que ce propriétaire emploierait une grande partie de cette chaux aux besoins de son exploitation agricole. — Cons. d'Et., 27 juin 1855, Anquetil, [Leb. chr., p. 466]; — 23 janv. 1880, Chaumette, [Leb. chr., p. 98]; — 15 juin 1883, Dubois, [S. 85.3.32, P. adm. chr.]

397. — Vainement les exploitants de carrières objecteraient que leurs opérations n'ont aucun caractère commercial et sont purement civiles; ils n'en seraient pas moins passibles de la patente. — Cons. d'Et., 31 juill. 1874, Ardoisières des Grands-Carreaux, [Leb. chr., p. 751]

398. — Mais il va sans dire que le propriétaire, qui cède à un tiers le droit d'exploiter les carrières qui existent dans ses propriétés, n'est pas imposable. — Cons. d'Et., 10 févr. 1888, Bür, [Leb. chr., p. 136]

399. — On s'est demandé s'il fallait imposer le propriétaire qui vend comme engrais à des cultivateurs la tangue (mélange de sable et de coquillages) apportée par la mer sur ses propriétés. Après avoir d'abord refusé de l'assimiler à un cultivateur (Cons. d'Et., 13 mars 1860, Navarre, D. 60.3.17), le Conseil d'Etat a décidé que ces opérations ne constituaient pas l'exercice d'une profession imposable. — Cons. d'Et., 6 oct. 1871, Aubert, [D. 72.3.84]

400. — Au contraire, il a jugé que le propriétaire qui, chaque année, vend la glace recueillie pendant l'hiver sur ses étangs n'est pas un cultivateur, mais un maître de glacière et doit être imposé à ce titre. — Cons. d'Et., 30 déc. 1887, de Maleyssie, [S. 89.3.61, P. adm. chr.]

401. — L'exemption accordée par la loi aux cultivateurs est inhérente à certaines opérations et non à certains individus. Ainsi un cultivateur est imposable comme voiturier, s'il emploie habituellement ses attelages à transporter des matériaux destinés à l'entretien des routes. — Cons. d'Et., 14 janv. 1858, Pelga[illegible], [Leb. chr., p. 71]

402. — ... Ou à transporter du minerai d'une mine aux magasins. — Cons. d'Et., 30 juin 1858, Augé, [Leb. chr., p. 476]; — 7 déc. 1859, Schang, [Leb. chr., p. 701]

403. — Il est imposable comme exploitant de machine à battre ou de pressoir, si, possédant une machine de cette nature, il ne se borne pas à l'utiliser pour battre ses récoltes ou pour fabriquer l'huile nécessaire à sa consommation personnelle, mais la loue à tous ceux qui veulent s'en servir, moyennant rémunération. — Cons. d'Et., 27 avr. 1872, Taupin, [Leb. chr., p. 257]; — 1er juin 1883, Noize, [Leb. chr., p. 503]

404. — L'exemption que la loi accorde aux laboureurs et cultivateurs pour la vente de leurs récoltes ne suit pas les deniers provenant de ces ventes dans tous les emplois qui leur seraient donnés par leurs propriétaires. Ainsi le fait qu'une société se livrant à des opérations de capitalisation et de constitution de rentes, lesquelles constituent l'exercice de la profession de tenant comptoir de bons et coupons d'épargne et de capitalisation, serait alimentée par les revenus d'exploitations agricoles, ne saurait la faire bénéficier de l'exemption édictée par l'art. 17 de la loi de 1880. — Cons. d'Et., 29 déc. 1894, Lang, [Leb. chr., p. 743]

4° Exploitants de mines.

405. — Aux termes de l'art. 32 L. 21 avr. 1810, l'exploitation des mines n'était pas considérée comme un commerce et n'était pas sujette à patente. Cette exemption était motivée, moins par le caractère purement civil des opérations effectuées par les exploitants de mines que par le régime spécial fait par la loi aux mines au point de vue fiscal. Les redevances fixe et proportionnelle, que les exploitants de mine devaient payer au Trésor (V. *suprà*, v° *Mines, minières et carrières*, n. 1293 et s.), devaient tenir lieu tout à la fois de l'impôt foncier et de l'impôt des patentes. La loi du 25 avr. 1844 avait maintenu cette exemption, mais seulement pour le fait de l'extraction et pour la vente des matières extraites.

406. — Malgré les termes restrictifs dans lesquels était conçu l'art. 13 de la loi de 1844, la jurisprudence du Conseil d'Etat s'était montré favorable aux exploitants de mines en décidant que cette exemption leur serait maintenue alors même qu'ils se livreraient à diverses opérations ou manipulations pouvant à la rigueur être considérées comme des annexes des travaux d'exploitation, mais ne s'y rattachant pas toujours très-étroitement, telles que la conversion en agglomérés des menus charbons extraits d'une mine. — Cons. d'Et., 30 avr. 1863, Mines de Blanzy, [D. 63.3.41]

407. — Le législateur de 1880 a jugé qu'il y avait là un abus. Aussi, tout en conservant le principe de l'exemption pour l'exploitation même des mines, il a voulu en limiter rigoureusement l'application au seul fait de l'extraction et de la vente des matières provenant des mines. Dans ce but il a ajouté au texte de la loi de 1844 que l'exemption ne pourrait en aucun cas être étendue à la transformation des matières extraites (art. 17, L. 15 juill. 1880).

408. — Le droit à l'exemption cessera, dès lors, toutes les fois que le concessionnaire soumettra les matières extraites à des manipulations de nature à leur faire perdre le caractère de produits miniers pour leur attribuer celui de produits industriels. Est assujetti, par conséquent, à la patente le concessionnaire de mines de houille, qui, bien que n'employant que le charbon de terre par lui extrait, fabrique du coke ou des agglomérés, ou exerce toute autre industrie dérivée de la houille. La patente sera, en pareil cas, celle que comportera l'industrie exercée; mais on ne fera entrer dans les bases de cotisation que les éléments de production, le matériel, les bâtiments, etc., particulièrement affectés au service de cette industrie spéciale (Instr. 1881, art. 67). — Cons. d'Et., 7 mai 1880, Mines de la Grand'Combe, [Leb. chr., p. 442]

409. — Il a été jugé, par application de ces principes, qu'un fourneau destiné au traitement métallurgique du minerai destiné à le mettre en état d'être livré au commerce constitue une exploitation distincte de la mine. — Cons. d'Et., 11 févr. 1870, de Clapier, [Leb. chr., p. 72]

410. — ... Que les exploitants de sources ou de puits d'eau salée, assimilés à des concessionnaires de mines par la loi du 17 juin 1840, ne peuvent être exemptés que pour l'usine où le sel est extrait et mis en vente, mais non pour un immeuble situé à côté de l'usine et aménagé en établissement de bains. — Cons. d'Et., 8 nov. 1872, Guily-Lombard, [Leb. chr., p. 579]

411. — Par contre, l'exemption est maintenue lorsque les concessionnaires, sans transformer leurs produits, se bornent à les nettoyer ou à les débarrasser des matières étrangères qui s'y trouveraient jointes. C'est ainsi qu'on agira, par exemple, à l'égard des concessionnaires de puits ou sources salées qui raffinent le sel en provenant, mais qui ne convertissent pas en produits industriels soit le sel lui-même soit les matières qu'ils en séparent (Instr. 1881, art. 67).

412. — On continue donc à exempter le concessionnaire de mines à raison des bocards et lavoirs qu'il emploie pour le lavage des minerais extraits de la mine, des pilons, meules et cylindres qui servent à le préparer et des fourneaux d'essai. Toutes ces opérations, qui pourraient cependant faire l'objet d'industries spéciales, doivent être considérées comme les accessoires de l'exploitation minière. — Cons. d'Et., 19 janv. 1859, Suquet, [Leb. chr., p. 43]; — 3 août 1866, Pastré, [Leb. chr., p. 956]; — 11 févr. 1870, précité.

413. — Il importe peu que les matières extraites de la mine soient vendues sur le carreau de la mine ou dans des entrepôts situés à distance; l'exemption s'étend à tous les établissements où se font les ventes. — Cons. d'Et., 9 mars 1853, Noël, [D. 53.3.34]; — 6 mai 1857, Bretonnier, [Leb. chr., p. 350]; — 25 août 1858, Mines de Saint-Chamend, [D. 58.3.22]; — 31 mai 1859, Mines de Bessèges, [Leb. chr., p. 395]

414. — L'exemption peut être réclamée non seulement par le concessionnaire de la mine, mais encore par son fermier. — Cons. d'Et., 6 mai 1857, Bretonnière, [Leb. chr., p. 350]; — 22 juin 1858, Nant, [Leb. chr., p. 440]; — 25 août 1858, précité; — 14 nov. 1879, Cahen, [S. 81.3.13, P. adm. chr., D. 80.3.31]

415. — L'exemption ne peut être accordée qu'aux concessionnaires de mines situées et exploitées en France. Le législateur n'a évidemment aucun intérêt à favoriser de la même manière des exploitants de mines étrangères qui ne paient au Trésor aucune redevance et qui ont en France un établissement dans lequel ils vendent leurs produits. Ils sont imposables en France, soit comme marchands de charbons ou de minerais, s'ils ont en France des dépôts... — Cons. d'Et., 24 juill. 1872, Mines du Bois-du-Luc, [D. 73.3.95]

416. — ... Soit comme tenant caisse de recettes et de paiements, s'ils ne possèdent en France qu'un établissement pour leurs opérations financières. — Cons. d'Et., 17 mai 1889, Comp. de Belmez, [D. 90.5.372]; — 26 févr. 1894, Soc. de La Cortada, [D. 93.5.419]

417. — La première condition pour que l'on puisse réclamer l'exemption prévue par l'art. 17 de la loi de 1880, c'est que la substance que l'on exploite soit rangée parmi les matières concessibles, car s'il en est autrement, on est exploitant de carrière et par suite imposable (V. *suprà*, n. 395 et s.). Cela a été jugé pour l'exploitant d'un gisement d'amiante. — Cons. d'Et., 1er avr. 1892, Luciani, [Leb. chr., p. 336]

5° *Pêcheurs et fermiers des marais salants.*

418. — Sont encore exemptés les pêcheurs, même lorsque la barque qu'ils montent leur appartient (art. 17, L. 15 juill. 1880). Cette exemption remonte à la loi du 1er brum. an VII. On a voulu favoriser la profession de pêcheur, parce qu'elle prépare des matelots à notre marine militaire. Mais on ne doit en faire bénéficier que ceux qui pêchent personnellement et non ceux qui arment les bateaux pour la pêche. — Cons. d'Et., 3 mars 1864, Sellier, [Leb. chr., p. 215]

419. — Toutefois on ne doit pas considérer comme un armateur, mais comme un pêcheur, celui qui ne possède qu'une seule barque, employée à l'exercice de sa profession personnelle. — Cons. d'Et., 7 mai 1875, Vasseur, [Leb. chr., p. 438]; — 18 févr. 1876, Noiret, [Leb. chr., p. 178]; — 17 mars 1876, Asselin, [Leb. chr., p. 268]; — 24 mars 1891, Aubert, [Leb. chr., p. 272]

420. — ... Alors même que la barque aurait accidentellement été montée par un tiers. — Cons. d'Et., 12 févr. 1892, Auvergne, [Leb. chr., p. 139]

421. — La jurisprudence a étendu le bénéfice de cette exemption aux ostréiculteurs qui n'achètent pas d'huîtres pour les revendre, mais se bornent à vendre des huîtres qu'ils ont recueillies sur les collecteurs établis par eux dans le bassin d'Arcachon et qu'ils ont ensuite engraissées dans des parcs à l'embouchure de la Seudre. — Cons. d'Et., 12 juill. 1878, Bassis, [Leb. chr., p. 668]; — 23 janv. 1880, Marchand, [Leb. chr., p. 97]

422. — D'autres arrêts avaient refusé de considérer les ostréiculteurs comme des éleveurs vendant le bétail engraissé sur leurs domaines. — Cons. d'Et., 12 juill. 1878, précité; — 7 nov. 1884, Sode, [Leb. chr., p. 756]

423. — Le marchand d'huîtres doit encore être exempt s'il vend exclusivement celles qu'il est allé pêcher. — Cons. d'Et., 27 juin 1855, Pigeon, [Leb. chr., p. 467]

424. — Il ne faut pas confondre avec les pêcheurs les adjudicataires du droit de pêcher dans les cours d'eau navigables. Ceux-là, quand ils ont pour but de vendre le poisson qu'ils pêchent dans leur lot, sont imposables à la patente en qualité de fermiers de pêche. — Cons. d'Et., 13 févr. 1880, Soret, [Leb. chr., p. 175]; — 30 nov. 1889, Decamps, [Leb. chr., p. 1115]

425. — Si au contraire l'adjudicataire de la pêche ne pêche que pour son agrément et ne sous-loue son lot qu'à des amateurs, il ne doit pas être assujetti à la patente. — Cons. d'Et., 21 janv. 1887, Houdet, [Leb. chr., p. 56]

426. — Un individu qu'un fermier de pêche a autorisé à pêcher dans son cantonnement ne devient pas patentable par le seul fait qu'il devrait fournir du poisson au fermier ou même qu'il vendrait le reste de sa pêche. — Cons. d'Et., 10 févr. 1882, Marty, [Leb. chr., p. 147]; — 10 juill. 1885, Dalibon, [Leb. chr., p. 656]; — 16 mars 1888, Colson, [Leb. chr., p. 268]

427. — Le Conseil a exempté comme pêcheur un individu qui avait affermé un marais pour y pêcher des sangsues et qui ne vendait que celles provenant de son marais. — Cons. d'Et., 24 juill. 1852, Massol, [Leb. chr., p. 317]

428. — La loi exempte les propriétaires et fermiers de marais salants.

6° *Propriétaires louant accidentellement leur habitation personnelle.*

429. — La loi du 15 juill. 1880 (art. 17), comme celle du 25 avr. 1844 (art. 13), exempte les propriétaires ou locataires louant accidentellement une partie de leur habitation personnelle. Le rapporteur du projet de loi qui est devenu la loi de 1844 motivait ainsi cette exemption : « Nous proposons d'exempter de la patente les logeurs aux eaux et, par analogie, tous les propriétaires qui ne louent en garni qu'accidentellement, et pour une seule saison de l'année, tout ou partie de leur maison d'habitation ; ce fait ne nous a pas semblé constituer, à proprement parler, une industrie. » Comme on le voit, cette exemption n'est due qu'à ceux qui se restreignent dans leur habitation personnelle pour en louer une partie pendant un temps de courte durée, soit durant la saison des eaux, soit à l'époque des foires. Ceux qui, dans les lieux où il existe des établissements de bains ou d'eaux thermales, garnissent de meubles soit des maisons entières, soit des appartements indépendants de leur habitation et non susceptibles d'entrer dans les bases de leur contribution mobilière, pour les louer pendant la saison des bains ou des eaux, ceux qui, ailleurs louent habituellement à une même personne, ou tantôt à une personne et tantôt à une autre, des appartements meublés en vue de la location; enfin, ceux qui, dans les villes de garnison, louent habituellement des chambres aux officiers, doivent être considérés comme loueurs de chambres ou d'appartements meublés et imposés comme tels (Instr. 1881, art. 67).

430. — Tout d'abord il faut remarquer que les propriétaires qui louent leurs maisons non meublées ne sont pas imposables à la contribution des patentes. Ceux qui les louent meublées sont censés poursuivre un but de spéculation et chercher dans la location des meubles un prix plus élevé de leurs immeubles. Seule la location d'appartements meublés rend les propriétaires passibles des droits de patente.

431. — Mais il n'en est ainsi qu'autant que l'on peut saisir chez le propriétaire l'intention de lucre, le caractère habituel des opérations. Toutes les fois que l'on se trouve en présence d'une location motivée par un fait particulier qui n'est pas susceptible de se renouveler, cette location, fût-elle d'une durée supérieure à une année, n'entraîne pas assujettissement à la patente (V. *suprà*, n. 88 et s.). Ainsi l'on doit exempter : le propriétaire qui a loué sa maison meublée pendant une absence de six mois qu'il a faite. — Cons. d'Et., 13 janv. 1858, Corez, [Leb. chr., p. 55]

432. — ... L'héritier qui, après l'ouverture d'une succession, loue meublée une maison qui fait partie de l'héritage pour en tirer parti pendant la période d'indivision. — Cons. d'Et., 9 févr. 1861, Peyrusat, [D. 61.5.346]

433. — ... La veuve d'un fonctionnaire, qui loue les bureaux de son mari et une partie de son habitation à son successeur. — Cons. d'Et., 23 juill. 1863, Bigrel, [Leb. chr., p. 562]

434. — ... L'officier qui, forcé par son service de quitter son port ou sa garnison, loue meublé son appartement pour le temps de son absence. — Cons. d'Et., 10 mars 1862, Dugé, [Leb. chr., p. 178]

435. — ... Le juge de paix qui, appelé à une autre résidence, a sous-loué son appartement avec les meubles qu'il contenait. — Cons. d'Et., 17 déc. 1875, Dufour, [Leb. chr., p. 1026]

436-437. — ... La veuve qui a loué son appartement meublé pour la fin du bail (V. *suprà*, n. 90), alors même que cette location serait faite pour une période de deux ou trois ans. — Cons. d'Et., 17 mars 1876, Laporte, [Leb. chr., p. 265]; — 19 mai 1882, du Bouchet, [Leb. chr., p. 506]

438-439. — Ce qui caractérise la profession de logeur, c'est le caractère habituel et notamment la périodicité des opérations. — V. *suprà*, n. 88 et s., 101.

440. — Ce qui détermine le plus souvent l'exemption, c'est le fait que le propriétaire n'a pas aménagé, meublé sa maison en vue de la location, mais qu'il a cédé momentanément à des étrangers tout ou partie de son habitation personnelle telle qu'elle se comportait. — Cons. d'Et., 11 sept. 1858, Bouchard, [Leb. chr., p. 643]; — 28 déc. 1858, Bouchié, [S. 68.2.64, *ad notam*, P. adm. chr.]; — 17 févr. 1863, Guichard, [Leb. chr., p. 135]; — 12 août 1867, Bonnet et Loysel, [D. 69.3.33]; — 29 juin 1869, Biclet, [Leb. chr., p. 646]; — 6 sept. 1869, Géraldy, [Leb. chr., p. 838]; — 14 mai 1870, Chauvin, [Leb. chr., p. 587]; — 14 févr. 1873, Daban, [Leb. chr., p. 162]; — 4 avr. 1873, Fournier, [Leb. chr., p. 304]; — 1er mai 1874, Kervern, [Leb. chr., p. 400]; — 19 mai 1876, Daban, [Leb. chr., p. 461]; — 23 févr. 1877, Brau, [Leb. chr., p. 186]; — 25 avr. 1879, Jacob, [Leb. chr., p. 323]; — 7 nov. 1879, Andrieu, [Leb. chr., p. 672]; — 20 mai 1881, Tulong, [Leb. chr., p. 531]

441. — La patente n'est pas due non plus si la maison louée n'est pas entièrement meublée par le propriétaire, c'est-à-dire garnie de tous les meubles qui rendent une maison habitable.

442. — En conséquence, n'est pas imposable le propriétaire qui, en donnant à bail sa maison, y a laissé quelques gros meubles, si la plus grande partie des meubles garnissant la maison y a été apportée par le locataire. — Cons. d'Et., 3 mai 1861, Lardeilhan, [D. 62.5.56]; — 9 avr. 1867, Artiguenave, [Leb. chr., p. 363]; — 16 avr. 1870, Bert, [Leb. chr., p. 479]; — 21 avr. 1882, Jabonneau, [Leb. chr., p. 317]

443. — ... Le propriétaire qui, louant un étage composé de cinq pièces, n'a fourni de meubles que pour une pièce. — Cons. d'Et., 16 août 1865, Thévenot, [Leb. chr., p. 835]

444. — ... Celui qui, tout en stipulant que les meubles seraient fournis par le locataire, a laissé ses meubles dans l'appartement, sans exiger d'ailleurs aucun supplément de loyer. — Cons. d'Et., 16 févr. 1866, Clément, [Leb. chr., p. 114]

445. — Le Conseil a encore exempté un particulier qui avait loué à l'Etat une maison non meublée pour servir d'hôtel à la division militaire, et qui, ensuite, s'était chargé de fournir le mobilier aux généraux qui venaient occuper cet hôtel. — Cons. d'Et., 16 déc. 1874, Ader, [Leb. chr., p. 975]

446. — L'exemption s'applique à la location totale comme à la location partielle de l'habitation personnelle. — Cons. d'Et., 16 juill. 1863, Montauzé, [Leb. chr., p. 552]

447. — Lorsqu'au contraire l'intention de tirer un revenu spécial de sa maison apparaît chez le propriétaire, qui la loue garnie de meubles, l'imposition est due, quelles que soient les modalités du bail. Cette intention est évidente quand le propriétaire garnit de meubles une maison indépendante de son habitation personnelle, et la loue ainsi régulièrement, soit pour l'année entière, soit pendant la saison des bains ou des eaux. — Cons. d'Et., 29 juill. 1857, Coutant, [Leb. chr., p. 595]; — 4 mai 1859, Colette, [Leb. chr., p. 327]; — 20 juin 1879, de Villechotte, [Leb. chr., p. 523]; — 5 mars 1892, Petit, [D. 93.5.418]; — 1er avr. 1892, Lemancel, [Leb. chr., p. 334]; — 29 mai 1897, Artigan, [Leb. chr., p. 435]

448. — L'impôt est dû alors même que le propriétaire n'aurait garni la maison que des gros meubles, et qu'il ne fournirait à ses locataires ni le linge de lit ou de table, ni le service de domesticité. — Cons. d'Et., 20 juin 1854, Harbemont, [D. 55.3.4]; — 20 déc. 1855, Chauveau, [Leb. chr., p. 765]; — 16 avr. 1856, Bernard, [Leb. chr., p. 280]; — 13 janv. 1858, Dupont, [Leb. chr., p. 55]; — 28 déc. 1858, Bouchié, [Leb. chr., p. 750]; — 23 févr. 1860, Colas, [Leb. chr., p. 138]; — 8 août 1890, Bernard, [Leb. chr., p. 779]

449. — ... Ou que les meubles seraient fournis par un tapissier que le propriétaire rémunérerait par un prélèvement sur le terme. — Cons. d'Et., 5 déc. 1884, Flach, [Leb. chr., p. 871]

450. — Il en est de même si le propriétaire a converti en maison de location, en y laissant des meubles, la maison qu'il occupait précédemment et qu'il a cessé d'occuper. — Cons. d'Et., 7 août 1869, Charles, [Leb. chr., p. 756]; — 13 juill. 1877, Lauvergne, [Leb. chr., p. 687]; — 28 mai 1880, Debussy, [Leb. chr., p. 496]; — 9 juin 1882, Martin, [D. 83.5.341]; — 24 mars 1891, Béziat, [Leb. chr., p. 271]

451. — Cela s'applique non seulement à celui qui chaque année met à la disposition de ses locataires une maison spéciale, mais aussi à celui qui réserve pour la location des appartements distincts dans la maison qu'il habite, appartements qui, loués aux étrangers et aux baigneurs pendant la belle saison, demeurent fermés et inoccupés pendant l'hiver. — Cons. d'Et., 7 juin 1855, Lejeune, [D. 55.3.84]; — 13 janv. 1858, Latil, [Leb. chr., p. 55]; — 12 août 1859, Lemire, [Leb. chr., p. 591]; — 9 mai 1860, de Pourquet, [Leb. chr., p. 377]; — 9 févr. 1861, Bellig, [Leb. chr., p. 89]; — 25 avr. 1861, Loreille, [Leb. chr., p. 293]; — 29 mai 1861, Nogué, [Leb. chr., p. 436]; — 13 févr. 1862, Jeanmaire, [Leb. chr., p. 104]; — 23 avr. 1862, de la Borde, [Leb. chr., p. 315]; — 26 mars 1863, Mignot, [Leb. chr., p. 437]; — 15 déc. 1864, Saucerotte, [Leb. chr., p. 998]; — 9 févr. 1869, Rosain, [S. 70.2.96, P. adm. chr.]; — 13 mai 1869, Valla, [Leb. chr., p. 465]; — 7 août 1869, Pierron, [Leb. chr., p. 757]; — 20 sept. 1871, Duponey, [Leb. chr., p. 171]; — 15 mars 1872, Rosain, [Leb. chr., p. 174]; — 17 janv. 1873, Roucard, [Leb. chr., p. 60]; — 19 juin 1874, Janvier, [Leb. chr., p. 579]; — 7 août 1874, Noël, [Leb. chr., p. 802]; — 8 janv. 1875, Bourdon, [Leb. chr., p. 17]; — 9 avr. 1875, Sanguin, [Leb. chr., p. 308]; — 16 avr. 1875, Acézat, Leb. chr., p. 328]; — 18 mai 1877, Thuillier, [Leb. chr., p. 468]; — 3 mai 1878, Blenet, [Leb. chr., p. 426]; — 21 nov. 1879, Servant, [Leb. chr., p. 734]; — 6 nov. 1880, Boulet, [Leb. chr., p. 852]; — 24 nov. 1882, Rouget de Lisle, [Leb. chr., p. 918]; — 25 janv. 1884, Leroux, [S. 85.3.75, P. adm. chr.]; — 11 nov. 1892, Stabia, [S. et P. 94.3.84]; — 29 déc. 1894, Artigon, [Leb. chr., p. 742]

452. — Il importe peu, en pareil cas, que la location soit faite au mois ou à l'année, ou pour des périodes plus longues. — Cons. d'Et., 29 mai 1861, Nogué, [Leb. chr., p. 436]; — 20 juin 1879, de Villechalle, [Leb. chr., p. 523]

453. — Ainsi l'on impose les propriétaires qui louent meublées des maisons de campagne par bail de trois, six ou neuf années. — Cons. d'Et., 27 juin 1891, Artaud, [Leb. chr., p. 498] — V. *suprà*, n. 93.

454. — Quand un propriétaire a une maison qu'il a meublée en vue de la location et qu'il loue habituellement, le fait qu'au début ou à la fin de la saison, ou quand il ne trouve pas de locataires, il s'en servirait pour son usage personnel et viendrait l'habiter avec sa famille ne suffirait pas à le faire exempter de la patente. — Cons. d'Et., 11 janv. 1845, de Grangeneuve, [Leb. chr., p. 31]; — 11 juin 1870, Quoy, [Leb. chr., p. 755]; — 17 janv. 1879, Trouble, [Leb. chr., p. 24]; — 17 déc. 1880, Delcroix, [Leb. chr., p. 1023]; — 9 avr. 1886, Faure, [Leb. chr., p. 325]; — 3 déc. 1886, Terral, [Leb. chr., p. 853]; — 17 déc. 1886, Dousimoni, [Leb. chr., p. 898]; — 10 juill. 1890, Jacob, [Leb. chr., p. 649] — V. *suprà*, n. 127.

455. — Est également imposable le propriétaire résidant habituellement dans une localité balnéaire ou dans une station thermale qui, au moment où arrivent les baigneurs, se retire à la campagne et met en location son habitation personnelle, si ce fait se renouvelle plusieurs années de suite. — Cons. d'Et., 20 déc. 1855, Pantard de Lencourt, [Leb. chr., p. 765]; — 21 avr. 1868, Lefeuvre, [D. 69.3.33]; — 26 févr. 1892, Mary, [Leb. chr., p. 291]

456. — ... Celui qui met chaque année en location quelques chambres distinctes de son habitation personnelle, meublées et disposées par lui en vue de la location. — Cons. d'Et., 15 mai 1857, Vacher, [Leb. chr., p. 400]; — 13 janv. 1858, Graves, [Leb. chr., p. 54]; — 1er sept. 1862, Rey, [Leb. chr., p. 717]; — 15 févr. 1864, Jeanneau, [Leb. chr., p. 139]; — 19 janv. 1866,

Héraud, [Leb. chr., p. 32]; — 9 avr. 1867, Gascomis, [S. 68.2. 64, P. adm. chr.]; — 12 août 1867, Elies, [Leb. chr., p. 745]; — 7 mars 1868, Lemaire, [D. 69.3.33]; — 21 avr. 1868, précité.

457. — Pour que le loueur d'appartements meublés soit imposable il n'est pas nécessaire, que dès le 1er janvier, sa maison soit louée. Il suffirait qu'elle le fût en cours d'année, la profession dont il s'agit n'étant pas susceptible d'être exercée toute l'année. — Cons. d'Et., 20 févr. 1861, Séré, [Leb. chr., p. 127]; — 30 mai 1866, Graffet, [Leb. chr., p. 544]

458. — L'impôt d'ailleurs est dû indépendamment de toute location, pourvu que l'intention de louer ait persisté chez le propriétaire. Il suffit donc que le local ait été mis en location au cours d'une année pour que la patente soit exigible. — Cons. d'Et., 7 août 1874, Noël, [Leb. chr., p. 802]; — 28 janv. 1880, Castran, [Leb. chr., p. 610]; — 6 nov. 1880, Billard, [D. 82. 3.19]; — 17 déc. 1880, Delcroix, [Leb. chr., p. 1023]; — 9 juin 1882, Martin, [D. 83.5.341]; — 26 févr. 1892, Craen et Vérité, [Leb. chr., p. 191]; — 27 févr. 1892, Duché, [D. 93.3.53]; — 25 mai 1894, Bayle, [Leb. chr., p. 356] — V. *suprà*, n. 127.

459. — En matière de location de maison ou d'appartements meublés, la personne du locataire n'est pas à considérer. Autrefois le Conseil d'Etat attachait quelque importance au fait que le locataire était ou non imposé à la contribution mobilière, avait ou non une résidence fixe dans la commune. Le propriétaire qui louait sa maison entière à un locataire en résidence fixe dans la commune et inscrit au rôle de la contribution mobilière ne pouvait être imposé à la patente comme louant en garni, par cela seul que cette maison avait été louée garnie de meubles. — Cons. d'Et., 12 sept. 1853, Cousin, [Leb. chr., p. 893]

460. — Mais depuis il a été jugé, que la circonstance que les locataires paient l'impôt mobilier n'entraîne pas exemption de la patente pour les propriétaires. — Cons. d'Et., 23 mars 1854, Martinet, [Leb. chr., p. 226]; — 29 mai 1861, Nogué, [Leb. chr., p. 436]

460 *bis*. — Lors donc qu'un propriétaire a, pendant plusieurs années, mis en location, durant l'été, une partie de son habitation personnelle, ce fait qu'il a trouvé preneur pour la totalité ne le prive pas du bénéfice de l'exemption. — Cons. d'Et., 9 mars 1900, Brotti, [Leb. chr., p. 905]

461. — De même on avait, au début, estimé que lorsque le locataire de la maison meublée exerçait lui-même la profession de maître d'hôtel ou de logeur, le propriétaire ne pouvait pas être imposé en la même qualité. — Cons. d'Et., 29 janv. 1862, David, [Leb. chr., p. 76] — Mais le Conseil d'Etat est revenu sur cette jurisprudence. — Cons. d'Et., 7 avr. 1876, Bœuf, [Leb. chr., p. 356]; — 4 nov. 1887, Rambault, [Leb. chr., p. 691]

462. — Tout ce qui peut contribuer à donner à une location avec meubles un caractère d'habitude doit être retenu (V. *suprà*, n. 88 et s.) : par exemple la location faite à des locataires successifs. — Cons. d'Et., 13 févr. 1862, Jeanneau, [Leb. chr., p. 104]; — 15 déc. 1864, Saucerotte, [Leb. chr., p. 998]

463. — ... Le renouvellement d'un bail avec le même locataire. — Cons. d'Et., 3 nov. 1882, du Bouchet, [D. 83.5.342]

464-465. — Est imposable le propriétaire qui a loué pour six ou neuf ans un appartement meublé destiné à loger le président de la cour d'assises, quoique, dans l'intervalle des sessions, il en conserve la libre disposition. Une telle location n'a pas le caractère d'un fait accidentel. — Cons. d'Et., 27 juill. 1888, de Tarade, [D. 89.5.350]

466. — Le fait par le propriétaire d'avoir un agent chargé de la location des maisons meublées qu'il possède et qui traite en son nom avec les locataires est un critérium que l'on peut retenir en faveur de l'imposition à la patente. — Cons. d'Et., 19 juill. 1878, Lerolle, [Leb. chr., p. 713]

466 *bis*. — Le projet de loi dont nous parlons, *suprà*, n. 68, précise la partie de l'exemption accordée par la loi en disposant qu'elle ne sera accordée que « lorsque la location ne présente aucun caractère périodique ».

7° *Assurances mutuelles; établissements de prévoyance.*

467. — La loi du 15 juill. 1880 (art. 17), comme celle du 25 avr. 1844 (art. 13), exempte les assurances mutuelles régulièrement autorisées. Il y a deux grands types de sociétés d'assurances : les sociétés d'assurances à primes fixes et les sociétés d'assurances mutuelles. Les premières promettent à leurs clients de les garantir contre certains risques (incendie, grêle, accidents, naufrage), moyennant le versement annuel d'une somme variable, appelée prime (V. *suprà*, v° *Assurances en général*). Les actionnaires de ces sociétés sont des capitalistes poursuivant un bénéfice qui devra résulter de la différence entre les bénéfices procurés à la société par le placement des capitaux qu'elle gère et les indemnités qu'elle a à payer à ses clients quand le risque s'est réalisé. Les sociétés à primes fixes, réalisant un bénéfice sur les opérations auxquelles elles se livrent, sont par suite passibles de la contribution des patentes.

468. — Les sociétés d'assurances mutuelles sont des sociétés se formant entre individus qui mettent des capitaux en commun, non pour réaliser un bénéfice, mais pour se garantir réciproquement, pendant un temps déterminé, contre un risque qui menace leurs personnes ou leurs propriétés. Suivant les clauses des statuts, les cotisations annuelles à verser par les sociétaires, à la fois assureurs et assurés, sont fixes ou variables. Dans le premier cas, le montant des cotisations est réparti en fin d'année entre les victimes des sinistres au prorata des pertes qu'ils ont subies. Dans le second le total des pertes devant être couvert par les cotisations, celles-ci varieront à raison du nombre et de l'importance des sinistres. Comme on le voit, l'idée de bénéfices à réaliser est absolument étrangère à la société d'assurances mutuelles. C'est pour cela que le législateur a exempté de la patente les sociétés d'assurances mutuelles. Cette exemption s'applique de plein droit aux caisses d'assurances mutuelles agricoles créées dans les conditions prévues par la loi du 4 juillet 1900. — V. *suprà*, v° *Assurance mutuelle*.

469. — A raison de ce principe, le Conseil d'Etat a refusé d'exempter une société qui avait pour objet de gérer et d'administrer des associations mutuelles fondées sur les chances de la vie des associés. Une telle société présentait, en effet, moins le caractère d'une assurance mutuelle que d'une tontine, laquelle prévoit toujours un bénéfice subordonné à une condition de survie. — Cons. d'Et., 22 déc. 1852, Foucaud, directeur de l'*Economie*, [Leb. chr., p. 637]

470. — Il a été jugé, de même, qu'une compagnie d'assurances, qui faisait d'autres opérations que des opérations de mutualité simple, et notamment qui percevait sur les assurés des primes fixes avec ou sans participation aux bénéfices, n'était pas une véritable société d'assurances mutuelles et ne pouvait, par conséquent, réclamer le privilège de l'exemption. — Cons. d'Et., 10 déc. 1875, *La Continentale de New-York*, [S. 78.2.26, P. adm. chr., D. 76.3.47]; — 27 févr. 1885, Comp. *La New-York*, [Leb. chr., p. 236]

471. — Il en est encore ainsi d'une société qui, sous le nom d'Assurance financière, se livrait à des opérations de capitalisation pour le compte de ses membres et leur offrait comme bénéfice, outre un intérêt annuel, la chance d'un remboursement anticipé et faisait en outre à des tiers des avances sur titres. — Cons. d'Et., 23 févr. 1889, *Assurance financière*, [Leb. chr., p. 268]; — 7 mai 1897, *Le Capital*, [S. et P. 99.3.54]

472. — Une société qui contracte des emprunts et reçoit des dépôts de fonds pour le compte de ses adhérents, qui, après certains prélèvements, distribue des dividendes aux actionnaires, et qui n'est pas administrée gratuitement, les administrateurs recevant, s'il y a des bénéfices, une indemnité calculée par jetons de présence, n'est pas une société exclusivement mutuelle ayant droit à l'exemption de patente, et elle est imposable en qualité d'agent d'affaires. — Cons. d'Et., 28 janv. 1899, Min. des Finances, [S. et P. 1901.3.83]

473. — Mais une société d'assurances mutuelles contre l'incendie ne perd pas ce caractère par le seul fait que ses statuts l'autorisent à céder, en réassurance ou en participation, tout ou partie des sommes qu'elle assure et à accepter au même titre d'autres sommes pour sa garantie, alors qu'en fait elle ne pratique pas ces opérations. — Cons. d'Et., 14 nov. 1879, Comp. d'assurances de Tarn, [Leb. chr., p. 689]

474. — Les lois de 1844 et de 1880 ont exempté de patentes les caisses d'épargne et de prévoyance administrées gratuitement. La raison de cette exemption est que ces institutions constituent des établissements d'utilité publique qui poursuivent un but absolument désintéressé. La loi subordonne cette exemption à la gratuité du mandat des administrateurs. Toutefois il a été jugé que l'attribution aux membres fondateurs d'un jeton égal à 1 p. 0/0 du droit d'admission ne pouvait suffire à faire considérer la caisse comme n'étant pas administrée gratuitement, quand ce prélèvement n'a d'autre but que de couvrir les administrateurs de leurs apports, de les indemniser de leurs soins et de compenser les risques qu'ils peuvent courir. — Cons. d'Et., 19 nov. 1898, Caisse d'épargne des retraites, [S. et P. 1901.3.31]

475. — Mais si les administrateurs d'une société de capitalisation reçoivent des jetons de présence et un tant pour cent sur les bénéfices, la patente est due. — Cons. d'Et., 7 mai 1897, Soc. *Le Capital*, [S. et P. 99.3.54]

476. — Sur la situation des sociétés coopératives à l'égard de la patente; V. *suprà*, n. 105 et s.

476 *bis*. — Certaines institutions de prévoyance ont été expressément exemptées de la contribution des patentes par des lois spéciales. La loi du 5 nov. 1894 (art. 4) exempte les sociétés de crédit agricole. Cette exemption doit s'étendre, suivant-nous, aux caisses régionales de crédit agricole mutuel organisées conformément à la loi du 31 mars 1899. Le Conseil d'Etat a refusé de voir une société de cette nature dans une caisse qui, d'après ses statuts, ne se bornait pas à demander à des bailleurs de fonds étrangers les capitaux nécessaires à la réalisation des emprunts contractés par ses membres, mais qui recevait des dépôts à terme et à vue et qui, au cas où le fonds de réserve atteindrait un chiffre excédant les besoins sociaux, devait disposer de l'excédent en faveur d'une œuvre étrangère à la société. — Cons. d'Et., 24 déc. 1897, Caisse rurale de Lerniérins, [Leb. chr., p. 834]; — 29 déc. 1900, Caisse rurale de Dolomieu, [Leb. chr., p. 870] — L'art. 13, L. 30 nov. 1894, exempte les sociétés qui se constituent en vue de construire des habitations à bon marché. — Les sociétés de secours mutuels constituées conformément aux règles de la loi du 1er avr. 1898 bénéficient, sans aucun doute, de l'exemption de patente pour tous les établissements qu'elles fondent.

8° *Commanditaires, cantiniers, écrivains publics.*

477. — La loi exempte encore les associés en commandite (L. 15 juill. 1880, art. 17-4°). C'est la loi du 1er brum. an VII qui les a exonérés pour la première fois de la contribution des patentes. La raison en est que les commanditaires ne sont pour ainsi dire pas des personnes, mais de simples capitaux. Ils ne participent pas à la gestion de l'affaire. — Cons. d'Et., 1er déc. 1894, Vergez et Loujarret, [S. et P. 96.3.153]

478. — Si au contraire il résulte soit des statuts de la société, soit de l'instruction, que l'associé, qui prétend n'être qu'un simple commanditaire, prend part à la gestion des affaires et a reçu une procuration de l'associé principal pour recevoir le public, il devient par là même passible de patente. — Cons. d'Et., 7 déc. 1859, de Frontin, [Leb. chr., p. 701]; — 4 mai 1877, Jeanne, [Leb. chr., p. 423]

479. — D'anciens gérants d'une société en commandite devenus de simples commanditaires ont droit à obtenir décharge. — Cons. d'Et., 6 janv. 1858, Bourguerit, [Leb. chr., p. 16]; — 14 janv. 1858, Laudel, [Leb. chr., p. 72]

480. — Sont exempts, les cantiniers attachés à l'armée (LL. 25 avr. 1844, art. 13; 15 juill. 1880, art. 17). La loi a spécifié que l'exemption ne s'appliquait qu'aux cantiniers attachés à l'armée, c'est-à-dire faisant partie d'un corps de troupe déterminé. A ce titre on a pu exempter le cantinier des sapeurs-pompiers de Paris. — Cons. d'Et., 10 févr. 1882, Rommingaud [D. 84.5.369] — L'exemption a même été étendue à la cantinière d'un régiment, même quand elle ne l'accompagne pas dans ses changements de garnison. — Cons. d'Et., 6 avr. 1900, Laurin, [Leb. chr., p. 276]

481. — Au contraire on a maintenu à la patente le concierge d'un quartier de cavalerie, attaché non à la troupe, mais à la caserne où il était en résidence fixe et qui y avait ouvert une cantine. On l'a jugé imposable au même titre que les cantiniers des prisons, des hospices, etc. — Cons. d'Et., 21 janv. 1857, Decker, [Leb. chr., p. 46]

482. — De même en est-il du cantinier d'une prison militaire. — Cons. d'Et., 29 juill. 1847, Escats, [D. 48.3.5]; — 16 sept. 1848, Gratien, [Leb. chr., p. 610]

483. — Dans l'énumération des exemptions nous rencontrons ensuite les écrivains publics (L. 15 juill. 1880, art. 17-5°).

9° *Capitaines de navires. Commis.*

484. — Sont exempts les capitaines de navires ne naviguant pas pour leur compte (L. 15 juill. 1880, art. 17-5°). L'origine de cette exemption se trouve dans un décret du 25 oct. 1806, qui, se fondant sur ce que les marins, auxquels est confié le commandement des bâtiments faisant la pêche ou le petit cabotage, ne doivent être regardés que comme des agents qui reçoivent des salaires parce qu'ils ne sont employés que temporairement, les exonère de la patente. Les capitaines ne sont pas imposables par le seul fait qu'ils seraient propriétaires pour une part du navire. Ce qui les ferait tomber sous le coup de l'impôt, ce serait de faire des chargements pour leur compte ou de se livrer à la recherche du fret et à d'autres opérations rentrant dans la profession d'armateur (*Bull. des Contr. dir.* 45.217).

485. — La dernière catégorie des exemptions intégrales concerne toutes les personnes, commis, employés, ouvriers, qui travaillent pour le compte d'autrui. Il est deux espèces bien distinctes de commis : ceux qui restent à poste fixe dans les bureaux ou le magasin de leur patron et exécutent pour lui les travaux que comporte leur emploi, ventes, livraisons, encaissements, écritures. A l'égard de ceux-là il est rare que des difficultés soient soulevées : leur situation est trop claire pour que le fisc songe à les atteindre. Toute autre est la situation des commis voyageurs, que leur patron envoie de ville en ville proposer aux marchands ou aux consommateurs les articles dont la maison fait commerce, soumettent des échantillons, reçoivent et transmettent les commandes. Ces opérations sont celles de tous les intermédiaires de commerce, commissionnaires, courtiers, facteurs de marchandises, représentants de commerce. Imposables quand ils opèrent pour leur compte, ils sont exempts quand ils opèrent exclusivement pour le compte de la maison dont ils ne sont que les commis. La limite est souvent difficile à tracer.

486. — Le signe auquel la jurisprudence semble attacher le plus d'importance, c'est la manière dont l'intermédiaire est rémunéré. L'agent reçoit-il de celui qui l'emploie un traitement fixe, on est certainement en présence d'un commis. — Cons. d'Et., 20 mars 1861, Peyrecar, [D. 61.5.340]; — 14 juin 1861, Chausson, [Leb. chr., p. 504]; — 22 déc. 1863, Ralette, [Leb. chr., p. 860]; — 10 avr. 1869, Durand, [Leb. chr., p. 358]; — 12 mars 1870, Cazaletz, [Leb. chr., p. 288]; — 30 avr. 1870, Pachant, [Leb. chr., p. 524]; — 12 août 1871, Urillard, [Leb. chr., p. 117]; — 14 nov. 1873, Goubert, [Leb. chr., p. 814]; — 9 janv. 1874, Boulanger, [Leb. chr., p. 600]; — 7 avr. 1876, Teste, [Leb. chr., p. 357]; — 8 juin 1877, Thiéry, [Leb. chr., p. 560]; — 3 déc. 1898, Cherubin-Marin, [Leb. chr., p. 771]; — 16 nov. 1900, Raymondière, [Leb. chr., p. 620]

487. — Il en serait de même si aux appointements fixes étaient joints des frais de voyage. — Cons. d'Et., 7 mai 1880, Fromont, [Leb. chr., p. 437]; — 25 janv. 1890, De la Vallée, [Leb. chr., p. 84]; — 15 janv. 1892, Lebeau, [Leb. chr., p. 10]

488. — ... Ou une participation dans les bénéfices. — Cons. d'Et., 5 mars 1852, Moinot, [D. 52.5.400]; — 21 janv. 1857, Bourdon, [Leb. chr., p. 46]; — 5 mai 1864, Moringer, [Leb. chr., p. 411]

489. — ... Et même quelques remises proportionnelles aux opérations effectuées par son entremise. — Cons. d'Et., 9 mars 1877, Joly, [Leb. chr., p. 256] — V. cep. *infrà*, n. 505.

490. — Les intermédiaires de commerce opérant pour leur compte sont au contraire toujours rémunérés au moyen de remises proportionnelles aux opérations qu'ils effectuent. Ainsi l'agent général de plusieurs compagnies d'assurances non mutuelles, rémunéré au moyen de remises proportionnelles, qui paie ses employés et qui est locataire en son propre nom des locaux qu'il occupe, ne doit pas être considéré comme commis desdites compagnies et à ce titre exempté de la patente. Il exerce personnellement une industrie distincte et doit payer la patente d'agent d'affaires. — Cons. d'Et., 26 nov. 1886, Manoury, [Leb. chr., p. 830]; — 1er juill. 1887, Hummel, [Leb. chr., p. 527]; — 4 mai 1888, Tiébaut, [Leb. chr., p. 405]; — 27 juill. 1888, Figuier, [Leb. chr., p. 671]; — 2 nov. 1888, Audibert, [Leb. chr., p. 784]; — 16 nov. 1888, Audibert, [Leb. chr., p. 839]; — 16 nov. 1888, Drilhole, [Leb. chr., p. 839]; — 22 nov. 1889, Guillemin, [Leb. chr., p. 1051]; — 31 janv. 1891, Badet, [D. 92.5.464]; — 9 déc. 1893, Fabre, [S. et P. 95.3.104]; — 10 nov. 1894, Manescau, [Leb. chr., p. 586]; — 12 mars 1898, Meunié, [Leb. chr., p. 226]; — 12 mars 1898, Jourdan, [Leb. chr., p. 226]; — 29 avr. 1898, Briant, [Leb. chr., p. 328]; — 28 janv. 1899, Meunié, [S. et P. 1901.3.83]; — 10 mars 1900, Mennesson, [Leb. chr., p. 202]; — 23 mars 1900, Peyrot, [Leb. chr., p. 233]; — 1er juin 1900, Le Dieu de la Ville, [Leb. chr., p. 391]; — 3 août 1900, Radideau,

[Leb. chr., p. 526]; — 26 nov. 1900, Dubreuil, [Leb. chr., p. 675]; — Et il en est de même de l'agent de plusieurs compagnies d'assurances mutuelles ou à primes fixes, rémunéré au moyen de remises proportionnelles, qui a un local à son nom et se charge des frais d'administration, encore bien que les compagnies dont il est l'agent soient exemptes de la patente. — Cons. d'Et., 16 nov. 1888, Drilhole, précité; — 9 nov. 1889, Drilhole, [S. et P. 92.3.6]; — 27 févr. 1892, Fouché, [Leb. chr., p. 227]

491. — Il ne faudrait pas croire cependant que les remises proportionnelles soient un critérium infaillible, car ce mode de rémunération est parfaitement compatible avec la situation subordonnée d'un commis (V. *suprà*, n. 486). Il n'y a dans ce fait qu'une présomption qui peut être détruite par d'autres circonstances de fait.

492. — Ainsi on a accordé décharge de la patente, bien qu'ils fussent rémunérés au moyen de remises proportionnelles : à un individu voyageant pour le compte d'une pharmacie, qui ne se chargeait ni de l'expédition des produits, ni des recouvrements, et se bornait à recevoir et à transmettre les commandes. — Cons. d'Et., 29 juill. 1868, Fortineau, [Leb. chr., p. 825]

493. — ... A un individu ne faisant d'opérations que pour une seule maison, obligé de se conformer à des instructions strictes reçues d'avance, et n'ayant aucun établissement pour présenter les échantillons au public. — Cons. d'Et., 24 juin 1868, Demurger, [Leb. chr., p. 717]; — 15 juill. 1868, Durevel, [Leb. chr., p. 785]; — 27 avr. 1872, Canard, [Leb. chr., p. 256]

494. — ... Au directeur d'une compagnie d'assurances, agent révocable de cette société, pour le compte exclusif de laquelle il opérait, alors même que, moyennant une remise proportionnelle à la valeur des assurances contractées, il se chargeait à forfait des frais d'administration. — Cons. d'Et., 1er févr. 1871, Regnault, [S. 73.2.31, P. adm. chr.]; — 17 mars 1876, Delarbre, [S. 78.2.156, P. adm. chr.]; — 31 mars 1876, Esnault, [Leb. chr., p. 325]; — 23 mars 1880, Leduc, [Leb. chr., p. 344]; — 24 déc. 1880, Dupuis, [Leb. chr., p. 1061]; — 3 mars 1882, Cazals, [Leb. chr., p. 213]

495. — La nature des attributions confiées à un agent peut quelquefois servir à distinguer un commis exempt d'un intermédiaire patentable. Le premier a évidemment moins d'indépendance et est plus étroitement subordonné au patron dont il doit suivre strictement les instructions. Le second a les coudées plus franches; il traite directement avec les clients au nom du patron qu'il représente et qu'il engage. Toutefois ce n'est pas non plus un critérium certain. Le Conseil a en effet exempté, en qualité de commis, certains individus, bien qu'ils s'entremissent entre leurs patrons et les acheteurs. — Cons. d'Et., 13 févr. 1885, Maistre, [Leb. chr., p. 175]; — 24 déc. 1892, Maistre, [Leb. chr., p. 982]

496. — Ainsi doit être exempté comme commis l'agent d'une compagnie minière chargé du placement de ses produits et se bornant à transmettre les demandes de ses clients habituels, à recueillir les renseignements dont elle a besoin. — Cons. d'Et., 4 mai 1877, Herman, [Leb. chr., p. 424]

497. — On a également considéré comme un simple commis l'employé agréé par une chambre syndicale et révocable par elle, qui concourait à la liquidation des opérations en présentant aux intéressés les filières constatant les ventes et reventes, en se chargeant des écritures, versements et encaissements auxquels le règlement des filières donne lieu, et qui recevait son salaire des intéressés. — Cons. d'Et., 21 févr. 1896, Lacaussade, [Leb. chr., p. 172]; — 15 mai 1896, Garcia, [S. et P. 98.3.72]; — 19 mars 1898, Parize, [Leb. chr., p. 252]

498. — Un autre signe auquel on distingue souvent les commis des autres intermédiaires, c'est qu'ils ne font d'ordinaire des opérations que pour le compte d'une seule maison à laquelle ils donnent tout leur temps et tous leurs soins. — Cons. d'Et., 7 juin 1851, Cabanès-Rossier, [Leb. chr., p. 421]; — 17 mars 1865, Rosenfeld, [Leb. chr., p. 282]; — 19 nov. 1875, Salles, [Leb. chr., p. 906]; — 7 avr. 1876, Terte, [Leb. chr., p. 357]; — 8 juin 1877, Thiéry, [Leb. chr., p. 560]; — 21 avr. 1882, Gramont, [Leb. chr., p. 358]; — 16 mars 1883, Barthélemy, [Leb. chr., p. 277]; — 29 avr. 1887, Ginbert, [Leb. chr., p. 340] — V. *infrà*, n. 503.

499. — C'est exceptionnellement que le Conseil a admis qu'un individu pouvait être le commis de plusieurs maisons. — Cons. d'Et., 6 août 1866, Dumon, [Leb. chr., p. 957]

500. — Quand l'individu qui vend pour le compte d'un patentable est un membre de sa famille, sa femme, son fils, son frère, on admet plus facilement qu'il l'aide à titre de commis et n'opère pas dans son intérêt personnel. — Cons. d'Et., 28 juin 1878, Selman, [Leb. chr., p. 613]; — 20 juin 1879, Hayère, [Leb. chr., p. 523]

501. — Il en est de même du domestique à gages, qui gère momentanément l'établissement de son maître. — Cons. d'Et., 25 nov. 1881, Hérault-Thourel, [Leb. chr., p. 924]; — 29 juin 1883, Pochon, [Leb. chr., p. 608]

501 *bis*. — ... Du régisseur qui, salarié à l'année, ne s'occupe que des affaires d'un seul patron. — Cons. d'Et., 24 mars 1900, Chauvel, [Leb. chr., p. 245]

502. — Le fait pour l'agent d'une société commerciale, telle qu'une maison de banque, d'être actionnaire forcé de cette société ne saurait lui faire perdre la qualité de commis. — Cons. d'Et., 12 août 1859, Gendre, [D. 62.5.233]

503. — A l'inverse de ce qui précède il faut maintenir au rôle des patentables, d'abord tout individu qui est convaincu d'avoir opéré pour son propre compte. — Cons. d'Et., 27 avr. 1872, Dermigny, [Leb. chr., p. 255]; — 8 août 1873, Chanut, [Leb. chr., p. 748]; — 4 déc. 1874, Hermann, [Leb. chr., p. 954]; — 25 févr. 1875, Delavaux, [Leb. chr., p. 198]; — 4 juin 1875, Rical, [Leb. chr., p. 536]

504. — ... Celui qui s'est rendu adjudicataire de la perception des droits de location des chaises dans une église. — Cons. d'Et., 24 avr. 1874, Durand, [Leb. chr., p. 363]

504 *bis*. — ... Ou qui, plaçant les produits de plusieurs maisons de commerce, a soumissionné personnellement la fourniture à l'Etat de ces produits. — Cons. d'Et., 16 nov. 1900, Raymondière, [Leb. chr., p. 620]

505. — ... Celui qui vend à un fabricant de fleurs artificielles les plantes susceptibles d'être utilisées pour la confection des parures faites par ce fabricant moyennant un prix convenu sur le vu d'échantillons. — Cons. d'Et., 7 déc. 1877, Trou, [Leb. chr., p. 967]

506. — Quant à ceux qui prétendent opérer pour le compte d'autrui, il y a lieu de retenir comme motifs de l'assujettissement à la patente, les signes inverses de ceux indiqués précédemment : 1° le fait de servir d'intermédiaire et de représentant à plusieurs maisons de commerce. — Cons. d'Et., 3 mars 1864, Hovine-Desgardins, [Leb. chr., p. 223]; — 22 mars 1872, Dhotel, [Leb. chr., p. 181]; — 24 juill. 1872, Tenneguin, [Leb. chr., p. 461]; — 7 nov. 1873, Durelle, [Leb. chr., p. 792]; — 16 nov. 1900, Raymondière, [Leb. chr., p. 620]

507. — 2° Le fait d'être rémunéré au moyen de remises proportionnelles. — Cons. d'Et., 19 nov. 1875, Salles, [Leb. chr., p. 906]; — 16 juin 1876, Roch, [Leb. chr., p. 559]; — 27 avr. 1877, Laporte, [Leb. chr., p. 387]; — 18 mai 1877, Marchand, [Leb. chr., p. 468]; — 8 juin 1877, Sanville, [Leb. chr., p. 559]; — 29 juin 1877, Latger, [Leb. chr., p. 634]; — 21 déc. 1877, Carette-Duvillier, [Leb. chr., p. 1033]; — 4 janv. 1878, Préaux, [Leb. chr., p. 15]; — 26 déc. 1879, Bontemps, [Leb. chr., p. 853]; — 16 avr. 1880, Robin, [Leb. chr., p. 371]; — 24 nov. 1882, Sicre, [Leb. chr., p. 925]; — 29 mai 1897, Chaumont, [Leb. chr., p. 435]

508. — ... Même si l'assujetti est l'agent d'un seul contribuable. — Cons. d'Et., 15 mai 1874, Saule-Raymond, [Leb. chr., p. 443]; — 4 déc. 1897, Jabée, [Leb. chr., p. 762] — V. cep. *suprà*, n. 486.

509. — ... Même s'il s'y joint un minimum de traitement assuré. — Cons. d'Et., 24 déc. 1875, Blangon, [Leb. chr., p. 1047]

510. — 3° Le fait d'exercer la profession d'intermédiaire ou de placier dans un local loué à son propre nom. — Cons. d'Et., 27 mai 1857, Tachon, [Leb. chr., p. 418]; — 28 mai 1857, Beaupoil, [Leb. chr., p. 434]; — 8 août 1873, Chastagner, [Leb. chr., p. 747]; — 2 avr. 1897, Richez, [Leb. chr., p. 277]

511. — ... Ou dans une maison qui lui appartient et pour laquelle ses employeurs ne lui paient aucun loyer. — Cons. d'Et., 27 févr. 1892, Fouché, [S. et P. 94.3.16]

512. — 4° Le fait de payer les ouvriers employés à l'exécution des ordres reçus. — Cons. d'Et., 28 mai 1857, précité; — 2 nov. 1888, Campion, [Leb. chr., p. 784]; — 2 avr. 1897, Richez-Baron, [Leb. chr., p. 277]

513. — ... Alors même qu'une partie du matériel serait fourni par l'employeur. — Cons. d'Et., 28 mai 1857, précité.

514. — 5° Le fait d'être propriétaire du matériel affecté à l'exécution des commandes. — Cons. d'Et., 1er déc. 1858, Barutand, [Leb. chr., p. 675]

515. — 6° Le fait d'avoir son nom sur l'enseigne et les factures. — Cons. d'Et., 27 mai 1858, Tachon, [Leb. chr., p. 418]

10° *Ouvriers.*

516. — Nous arrivons enfin à la dernière des exemptions totales, celle qui est accordée aux ouvriers et aux petits artisans qui leur sont assimilés. Il est intéressant, avant d'exposer et de commenter la législation actuelle, de retracer rapidement l'évolution historique du développement de cette exemption. On verra par là combien la législation des patentes s'est montrée de jour en jour plus clémente envers les petits travailleurs qui ne vivent que du produit du travail de leurs bras.

517. — La loi des 2-17 mars 1791 (art. 7) contenait déjà une exemption « pour les compagnons et ouvriers à gages, mais seulement quand ils travaillaient dans les ateliers de fabricants pourvus de patentes ». Comme on le voit, le travail en chambre, quelque minime qu'il fût, était atteint par la patente. La loi du 6 fruct. an IV (art. 19) était conçue en termes plus larges. Elle exemptait de patente « les ouvriers journaliers et toutes personnes à gages travaillant pour autrui ». L'année suivante, la portée de la loi fut précisée par deux textes nouveaux. L'art. 1, L. 9 frim. an V dispensa de la patente « les citoyens qui, travaillant chez eux pour le compte d'autrui, soit à la journée, soit à la pièce, n'emploient point d'ouvriers et n'exposent point en vente les fruits de leur industrie ». Par ce texte se trouvaient exemptés les ouvriers travaillant en chambre, à condition qu'ils fussent seuls et qu'ils ne fissent aucun acte de marchand.

518. — La loi du 9 pluv. an V (art. 2 et 3) compléta cette disposition en décidant que « les citoyens qui travaillent chez eux pour le compte d'autrui seraient tenus, pour jouir de l'exemption accordée par la loi précédente, de produire et de déposer un certificat signé de celui pour le compte duquel ils travaillent ». L'art. 3 étendait l'exemption aux ateliers de famille en décidant qu'on ne comprendrait pas dans la dénomination d'ouvriers les enfants travaillant chez leur père et exerçant la même profession que lui.

519. — Des fraudes s'étant produites, la loi du 7 brum. an VI restreignit le bénéfice de l'exemption accordée par la loi de l'an IV : 1° en subordonnant cette exemption à la production de certificats des fabricants ou marchands employeurs, faits, sur la déclaration de ces marchands ou fabricants en personne, devant l'un des membres de l'administration municipale de la commune de leur domicile, par le secrétaire-greffier, et signés du requérant, du déclarant, de l'administrateur et du secrétaire-greffier (art. 13); 2° en précisant quels étaient les ouvriers exempts et les non-exempts : « Les ouvriers exemptés de la patente comme travaillant pour le compte d'autrui sont ceux qui travaillent dans les ateliers et boutiques de ceux qui les mettent en œuvre (art. 14). « Ne sont point réputés ouvriers travaillant pour le compte d'autrui ceux qui travaillent chez eux pour leur compte, pour les marchands et fabricants en gros et en détail et pour les particuliers, même sans compagnons, enseignes et boutiques »; ils paieront la patente de la 6e classe ou de celle dans laquelle ils seront nominativement employés (art. 15).

520. — Cette disposition fut reproduite dans la loi du 1er brum. an VII (art. 29). Mais la loi du 25 avr. 1844 (art. 13) revint nettement et largement au système libéral qui avait prévalu en l'an IV. Aux termes de l'art. 13 de cette loi, ne sont pas assujettis à la patente « ... toutes les personnes travaillant à gages, à la façon et à la journée dans les maisons, boutiques et ateliers des personnes de leur profession, ainsi que les ouvriers travaillant chez eux ou chez les particuliers, sans compagnons, apprentis, enseigne ni boutique. Ne sont pas considérés comme compagnons ni apprentis : la femme travaillant avec son mari, ni les enfants non mariés travaillant avec leur père et mère, ni le simple manœuvre dont le concours est indispensable à l'exercice de la profession ». Par cette disposition 200,000 ouvriers (tisserands, cordonniers, tailleurs, maçons, charpentiers, charrons, menuisiers, etc.), qui jusqu'alors payaient patente, s'en trouvèrent exonérés.

521. — A partir de ce moment, la situation des ouvriers ne cesse de s'améliorer. L'exemption s'étend peu à peu : 1° Aux ouvriers travaillant chez eux ou chez les particuliers sans compagnon, apprenti, enseigne ni boutique, pour leur propre compte et avec des matières à eux appartenant comme à ceux qui travaillent à la journée ou à façon (L. 4 juin 1858, art. 11).

522. — 2° Aux ouvriers ayant une enseigne ou une boutique comme à ceux qui n'en ont point, si d'ailleurs ils réunissent les autres conditions d'exemption énoncées au § 6 de l'art. 13, L. 25 avr. 1844, et à l'art. 11, L. 4 juin 1858 (L. 2 juill. 1862, art. 3), cette exemption était motivée par cette raison que l'ouvrier débutant, qui n'est pas encore connu, a besoin de faire appel à la clientèle, et que, par suite, il était rigoureux de lui faire payer patente par cela seul qu'il manifestait son existence au public par une enseigne ou une boutique. Cette disposition profita à 120,000 patentables.

523. — 3° L'art. 3 L. 2 août 1868 exempte l'ouvrier travaillant *en chambre* avec un apprenti âgé de moins de seize ans.

524. — Enfin l'art. 17, L. 15 juill. 1880, a poussé plus loin encore l'exemption accordée aux ouvriers en l'appliquant à la veuve, qui continue avec l'aide d'un seul ouvrier ou d'un seul apprenti la profession précédemment exercée par son mari. Cette loi contenait d'ailleurs toutes les dispositions antérieures de 1844, 1858, 1862, 1868.

525. — L'instruction de 1881, après avoir rappelé les prescriptions de la loi concernant l'exemption, ajoute : « Mais quand les opérations auxquelles ils se livrent, au lieu de présenter le caractère habituel des travaux de confection ou de main-d'œuvre, offrent celui d'une spéculation industrielle ou commerciale, ils deviennent passibles de l'impôt. Vu les termes généraux dans lesquels est conçue la disposition législative accordant l'exemption, cette exemption doit profiter à tous les ouvriers réunissant les conditions dont il s'agit, quel que soit le tableau auquel appartient leur profession. Mais il faut que la profession exercée consiste dans un travail essentiellement manuel. »

526. — Il nous reste à citer les décisions de jurisprudence qui ont appliqué les dispositions précitées concernant les ouvriers. L'exemption accordée à ceux qui travaillent seuls, sans compagnons ni apprentis, a été réclamée avec succès par des individus exerçant des métiers très-divers : Barbier. — Cons. d'Et., 8 févr. 1860, Escande, [Leb. chr., p. 101]; — Barriques (fabr. de). — Cons. d'Et., 26 mai 1876, Achu, [Leb. chr., p. 487]; — Bouchons (fabr. de). — Cons. d'Et., 23 févr. 1877, Pujade, [Leb. chr., p. 188]; — Boulanger. — Cons. d'Et., 11 févr. 1876, Sabatier, [Leb. chr., p. 143]; — 17 janv. 1879, Godet [D. 79.3.52] — V. cep. *infrà*, n. 1930. — Bourrelier. — Cons. d'Et., 28 nov. 1855, Louis, [Leb. chr., p. 686]; — 4 mai 1877, Auget, [Leb. chr., p. 424]; — 23 déc. 1898, Piélat, [Leb. chr., p. 833]; — Brûleur d'eau-de-vie. — Cons. d'Et., 24 janv. 1866, Servat, [Leb. chr., p. 1185]; — Carrier sur commande. — Cons. d'Et., 14 mai 1870, Fétinau, [Leb. chr., p. 588]; — 9 avr. 1886, Jacquet, [Leb. chr., p. 325]; — 24 mai 1890, Verdery, [Leb. chr., p. 543]; — Chapelier. — Cons. d'Et., 14 févr. 1873, Saby, [Leb. chr., p. 163]; — Charpentier. — Cons. d'Et., 22 mars 1878, Burel, [Leb. chr., p. 327]; — 4 juill. 1884, Cassagnabère, [Leb. chr., p. 558]; — Cierges (fabr. de). — Cons. d'Et., 7 sept. 1864, Sénéchault, [Leb. chr., p. 835]; — Coiffes de femmes (faiseuse de). — Cons. 17 janv. 1879, Lobios, [Leb. chr., p. 24]; — Cordonnier sur commande. — Cons. d'Et., 24 déc. 1875, Baude, [Leb. chr., p. 1048]; — Corroyeur. — Cons. d'Et., 31 juill. 1867, Gangloff, [Leb. chr., p. 723]; — Coutelier. — Cons. d'Et., 11 juin 1875, Durand, [Leb. chr., p. 570]; — Couturière à façon. — Cons. d'Et., 24 avr. 1874, Millot, [Leb. chr., p. 363]; — 8 mars 1878, Tierce, [Leb. chr., p. 270]; — 4 juill. 1884, Brochard, [Leb. chr., p. 558]; — Fabricant à métiers. — Cons. d'Et., 4 juill. 1884, Barthe, [Leb. chr., p. 558]; — Filateur de laine. — Cons. d'Et., 6 déc. 1862, Huzet, [Leb. chr., p. 754]; — 7 mai 1875, Nicard, [Leb. chr., p. 438]; — 23 juill. 1875, Bernard, [Leb. chr., p. 715]; — Galettes (fabr. de) sur commande. — Cons. d'Et., 1er déc. 1882, Marty, [D. 84.3.53]; — 5 févr. 1892, Armand, [Leb. chr., p. 116]; — Galochier. — Cons. d'Et., 25 févr. 1898, Lunel, [Leb. chr., p. 151]; — Horloger rhabilleur. — Cons. d'Et., 16 déc. 1881, Bizot, [Leb. chr., p. 985] (Individu chargé d'entretenir les horloges des gares d'une partie de réseau de chemins de fer). — 2 déc. 1899, Bonnet, [Leb. chr., p. 704]; — Laveur de cendres. — Cons. d'Et., 26 juill. 1866, Schüller, [Leb. chr., p. 867] — Liseur de dessins. — Cons. d'Et., 19 déc. 1855, Delacourt, [Leb. chr., p. 747]; — Maçon. — Cons. d'Et., 29 avr. 1871, Poujain-Villemain, [Leb. chr., p. 139]; — 15 avr. 1872, Gigou, [Leb. chr., p. 240]; — 22 mars 1878, Bercholleau-Bouyer, [Leb. chr., p. 327]; — 9 mai 1879, Costidont, [Leb. chr., p. 367]; — Maréchal-ferrant. — Cons. d'Et., 21 févr. 1890, Faucheux, [Leb. chr., p. 190]; — Menuisier. — Cons. d'Et., 24 juill. 1872,

Migis, [Leb. chr., p. 462]; — 14 mars 1884, Darions, [Leb. chr., p. 201]; — Modiste. — Cons. d'Et., 27 juill. 1883, Rodière, [Leb. chr., p. 691]; — 4 juin 1886, Prunier, [Leb. chr., p. 490]; — Pains à cacheter et à chanter (fabr. de). — Cons. d'Et., 3 déc. 1886, Roger, [Leb. chr., p. 855]; — Pâtes (fabricant de). — 25 mars 1899, Sciorati, [Leb. chr., p. 289]; — Peintre en bâtiments. — Cons. d'Et., 8 juin 1883, Pouzet, [Leb. chr., p. 531]; — Peintre sur éventails. — Cons. d'Et., 23 juin 1894, Petit, [Leb. chr., p. 438]; — Perruquier. — Cons. d'Et., 15 févr. 1864, Félix, [D. 64.3.98]; — 18 août 1864, Delcombel, [Leb. chr., p. 803] — — ... Alors même qu'il a une vitrine où sont exposés des brosses, de l'eau de Cologne, des savons, tous objets qui sont l'accessoire obligé de la profession de perruquier. — Cons. d'Et., 8 nov. 1872, Panaget, [Leb. chr., p. 581]; — Photographe. — Cons. d'Et., 17 déc. 1875, Prompt, [Leb. chr., p. 1026]; — Repasseuse. — Cons. d'Et., 26 janv. 1895, Braud, [Leb. chr., p. 99]; — Soies de porcs (march. de). — Cons. d'Et., 5 avr. 1895, Fouquier, [Leb. chr., p. 319] — (Ouvrier d'abattoirs recevant des charcutiers en dehors d'une rémunération pécuniaire les soies de porcs égorgés par lui, qu'il revend après les avoir recueillies et séchées); — Taillandier. — Cons. d'Et., 6 févr. 1874, Ader, [Leb. chr., p. 132]; — Tailleur à façon. — Cons. d'Et., 6 août 1880, Andrieu, [Leb. chr., p. 730]; — Tanneur. — Cons. d'Et., 18 juin 1872, Delevaud, [Leb. chr., p. 387]; — Tapissier à façon. — Cons. d'Et., 11 sept. 1858, Maliver, [Leb. chr., p. 648]; — Teinturier. — Cons. d'Et., 8 sept. 1864, Collin, [Leb. chr., p. 852]; — 24 juill. 1872, Pillault, [Leb. chr., p. 462]; — 3 févr. 1883, Lerat, [Leb. chr., p. 137]; — Tonnelier. — Cons. d'Et., 22 mars 1855, Assier, [Leb. chr., p. 228]; — Tourneur d'objets en bois. — Cons. d'Et., 20 avr. 1883, Janod, [D. 84.3.53] (alors même qu'il se sert d'un tour mû par force motrice).

527. — Il n'est pas nécessaire, pour que l'exemption soit accordée, que le produit vendu soit entièrement fabriqué de la main de l'ouvrier. Ainsi le Conseil a admis que l'exemption devait être accordée à celui qui achète de vieux fourneaux pour les revendre après les avoir réparés. — Cons. d'Et., 20 févr. 1869, Vinson, [Leb. chr., p. 182]

528. — De même, la circonstance que quelques pièces nécessaires à la construction d'un appareil sont fabriquées par des menuisiers et fondeurs ne peut priver du bénéfice de l'exemption l'ouvrier qui en est l'inventeur et qui travaille seul. — Cons. d'Et., 11 févr. 1870, Divay, [Leb. chr., p. 71]

529. — Toutefois on l'a refusé à un individu fabriquant seul dans un atelier les pièces en fer d'instruments agricoles et recourant pour le bois de ces instruments à un ouvrier spécial travaillant sur commande dans un autre atelier et payé à la journée ou à la pièce. — Cons. d'Et., 9 déc. 1871, Bazin-Fromont, [Leb. chr., p. 266]

529 *bis*. — ... A un individu qui, façonnant des bois de charrettes et des instruments agricoles qui lui sont commandés, a recours, pour l'exécution des travaux en fer, à un forgeron qui travaille dans un atelier contigu au sien, alors même que ce dernier ne travaillerait pas exclusivement pour le compte du requérant et ne recevrait pas de lui un salaire fixe et journalier. — Cons. d'Et., 27 janv. 1900, Nadal, [Leb. chr., p. 76]

530. — Peu importe, quand l'ouvrier a travaillé dans les conditions énoncées par la loi pour motiver l'exemption, de quelle manière il vend les produits qu'il a confectionnés. Le fait qu'il est obligé, pour les vendre, de les colporter à dos dans les communes voisines ne peut lui enlever le bénéfice de l'exemption. — Cons. d'Et., 17 juin 1868, Collot, [Leb. chr., p. 680]

531. — ... Non plus que le fait de les porter dans les foires et marchés. — Cons. d'Et., 6 déc. 1862, Huzet, [Leb. chr., p. 754]; — 14 févr. 1873, Saby, [Leb. chr., p. 163] — V. cep. *infrà*, n. 539.

532. — De même le fait de vendre tous les produits de sa fabrication à un seul client à un prix fixé d'avance ne transforme pas le vendeur en ouvrier de l'acheteur. — Cons. d'Et., 8 janv. 1867, Bat, [Leb. chr., p. 13]

533. — Pendant quelque temps la jurisprudence du Conseil d'Etat avait refusé le bénéfice de l'exemption accordée par la loi aux ouvriers travaillant seuls, sans compagnon ni apprenti, à ceux qui exerçaient une de ces professions pour lesquelles le droit fixe varie suivant le nombre des ouvriers, par exemple aux exploitants de carrières. — Cons. d'Et., 2 févr. 1859, Sorel, [S. 59.2.575, P. adm. chr.]; — 23 févr. 1860, Drou, [Leb. chr., p. 141]; — 15 févr. 1864, Drugeault, [D. 64.3.99]

534. — Mais bientôt le Conseil revint sur cette jurisprudence par le motif que l'exemption accordée est générale et ne distingue pas entre les ouvriers suivant la profession qu'ils exercent. — Cons. d'Et., 21 avr. 1864, Blondé, [Leb. chr., p. 366]; — 31 août 1865, Charpentier, [S. 66.2.248, P. adm. chr.]; — 26 déc. 1865, Jallet, [Leb. chr., p. 1017]; — 31 janv. 1866, Faure, [Leb. chr., p. 67]; — 27 févr. 1866, Clément, [Leb. chr., p. 160]

535. — Il existe cependant certaines catégories d'individus qui, à raison de la nature de la profession qu'ils exercent, ne peuvent se prévaloir de ce qu'ils n'ont ni compagnon ni apprenti : ce sont ceux dont le métier exige une participation personnelle due à leur talent ou à leur expérience spéciale. — Ainsi jugé pour un pédicure : Cons. d'Et., 7 juin 1855, Gauidel, [D. 55.3.84]; — un dessinateur de fabrique : Cons. d'Et., 17 déc. 1862, Perrin, [Leb. chr., p. 792]; — un pharmacien : Cons. d'Et., 17 juin 1868, Bru, [Leb. chr., p. 679]; — un hongreur : Cons. d'Et., 12 févr. 1875, Toulouse, [Leb. chr., p. 138]

536. — D'autre part, l'exemption doit encore être refusée à ceux qui, par les conditions dans lesquelles ils exercent leur profession, par le but de spéculation qu'ils y apportent, en font un véritable commerce. Ainsi jugé pour des boulangers fabriquant avec des farines achetées par eux du pain qu'ils exposent en vente dans des magasins. — Cons. d'Et., 19 mars 1864, Michellon, [Leb. chr., p. 287]; — 27 mars 1865, Maillard, [Leb. chr., p. 354]; — 27 févr. 1867, Salafa, [Leb. chr., p. 224]; — 11 févr. 1876, Sabatier, [Leb. chr., p. 143]; — 17 janv. 1879, Godet, [D. 79.3.52]; — 16 mars 1895, Blancou, [S. et P. 97.3.64]; — 24 févr. 1899, Guillot, [Leb. chr., p. 158]

536 *bis*. — ... Pour un individu récoltant des truffes sur les terrains d'autrui sans leur faire subir aucune préparation, alors même qu'il ne paie aucune redevance aux propriétaires. — Cons. d'Et., 23 mars 1900, Catalan, [Leb. chr., p. 234]

537. — ... Pour un individu vendant des meubles fabriqués par lui. — Cons. d'Et., 31 mars 1876, Gaubil, [Leb. chr., p. 323]

538. — ... Pour un présurier mettant en vente chez les épiciers de la région, dans des bouteilles étiquetées, la présure fabriquée par lui. — Cons. d'Et., 27 oct. 1893, Costeroste, [D. 94.5.441]

539. — ... Pour un taillandier ne se bornant pas à vendre les produits de sa fabrication dans sa commune, mais allant les débiter dans le marché d'une ville voisine, où il a une place fixe. — Cons. d'Et., 6 juin 1866, Gourdault, [Leb. chr., p. 606]

540. — On ne peut considérer comme des ouvriers ceux qui joignent, à la vente des objets fabriqués par eux, le commerce d'autres objets ou d'objets de même nature achetés par eux en vue de la revente. — Cons. d'Et., 5 juill. 1878, Serrières, [Leb. chr., p. 635]; — 6 nov. 1880, Loudet, [Leb. chr., p. 853]

541. — Cette jurisprudence a été appliquée à un sabotier, qui, outre les sabots fabriqués par lui, vendait des chaussons ou autres objets qu'il avait achetés. — Cons. d'Et., 4 juill. 1868, Biaque, [S. 69.2.279, P. adm. chr.]; — 24 mai 1890, Crochard, [Leb. chr., p. 542]

542. — ... A un individu qui joignait à la vente des pompes qu'il fabriquait le commerce des tuyaux. — Cons. d'Et., 7 déc. 1877, Vernier, [D. 79.5.308]

543. — Il en est de même pour les ouvriers qui, en acceptant d'exécuter un travail pour les particuliers, s'engagent à fournir les matières premières. C'est ce qui a été décidé à propos d'un tailleur à façon qui ne se bornait pas à travailler avec des étoffes fournies par ses clients mais fournissait aussi ces étoffes sur échantillons. — Cons. d'Et., 23 janv. 1872, Calandre, [Leb. chr., p. 9]

544. — ... D'un plâtrier fournissant le plâtre. — Cons. d'Et., 16 nov. 1888, Castel, [Leb. chr., p. 839]

545. — ... D'un maçon qui avait exécuté divers travaux pour le compte des particuliers soit à forfait, soit à la tâche, soit à l'entreprise, et pour lesquels il avait fourni les matériaux. — Cons. d'Et., 6 mai 1857, Rollin, [Leb. chr., p. 351]; — 28 mai 1857, Boisseau, [Leb. chr., p. 435]; — 28 déc. 1858, Marty, [Leb. chr., p. 752]; — 19 mars 1870, Bousquet, [Leb. chr., p. 315]; — 3 mars 1876, Varry, [Leb. chr., p. 215]

546. — ... D'un serrurier qui travaillait tantôt comme ouvrier, tantôt aussi pour son compte et sur commande en fournissant la matière. — Cons. d'Et., 20 nov. 1856, Hardy, [Leb. chr., p. 647]

547. — Le caractère industriel et commercial domine encore chez celui qui, achetant des matières premières, les travaille et les transforme en un produit différent qui a acquis une valeur supérieure par cette préparation. Ainsi jugé pour un individu dont l'industrie consistait à revendre, après les avoir munis de portes et d'ornements, des poêles en fonte achetés par lui. — Cons. d'Et., 21 avr. 1864, Larigaldi, [Leb. chr., p. 367]

548. — ... Pour un autre, achetant aux fabricants des couleurs qu'il revendait en détail après les avoir mélangées et assorties. — Cons. d'Et., 6 avr. 1869, Grégoire, [Leb. chr., p. 314]

549. — ... Pour un tripier achetant des abatis d'animaux pour les revendre après les avoir préparés. — Cons. d'Et., 5 août 1893, Douris-Chelle, [D. 94.5.441]

550. — ... Pour un mégissier achetant des peaux à ses risques et périls, qu'il revendait après les avoir préparées. — Cons. d'Et., 6 août 1880, Ithurriague, [Leb. chr., p. 730]

551. — ... Pour un brûleur d'eau-de-vie se transportant avec son alambic et ses ustensiles aux domiciles des propriétaires pour y distiller leurs raisins, marcs ou fruits en eau-de-vie et payé par eux soit à la journée, soit au prorata de la quantité d'eau-de-vie fabriquée. — Cons. d'Et., 4 juill. 1868, Quérard, [Leb. chr., p. 775]; — 11 févr. 1898, Mercier-Chabridier, [Leb. chr., p. 91]

552. — ... *A fortiori* pour un bouilleur qui a son alambic dans un local loué par lui, où il distille tous les fruits qu'on lui apporte. — Cons. d'Et., 8 nov. 1895, Cler, [D. 96.5.416]

553. — ... Pour un brossier à façon qui entreprend à ses risques le montage des brosses pour le compte d'un industriel, effectue lui-même le percement des montures en os qui lui sont remises et les fait ensuite garnir de soies par des ouvrières choisies et payées par lui. — Cons. d'Et., 4 juin 1870, Langlet, [Leb. chr., p. 708]

554. — ... Pour un naturaliste préparateur mettant en vente des animaux achetés et préparés par lui. — Cons. d'Et., 25 mars 1898, Née, [D. 99.5.500]

555. — ... Pour un teinturier-dégraisseur travaillant pour les particuliers et se chargeant de l'impression des étoffes qui lui sont confiées. — Cons. d'Et., 20 avr. 1877, Graillot, [Leb. chr., p. 369]; — 28 déc. 1877, Trémoulet, [Leb. chr., p. 1059]

555 *bis*. — ... Pour un tapissier à façon qui ne se bornait pas à faire des travaux de main-d'œuvre, mais servait d'intermédiaire, moyennant une commission, entre ses clients et les marchands pour la fourniture des étoffes ou des sièges. — Cons. d'Et., 8 déc. 1899, Moinet, [Leb. chr., p. 707]

556. — Quelquefois aussi le Conseil a refusé l'exemption à un ouvrier travaillant seul uniquement à cause de l'importance de son établissement. — Cons. d'Et., 5 mars 1892, Philip, [D. 93.5.416]; — 23 mai 1896, Philip, [Leb. chr., p. 442]; — 6 nov. 1896, Philip, [Leb. chr., p. 672]; — 26 nov. 1898, Philip, [S. et P. 1901.3.36]

557. — Décidé même qu'un fabricant de cierges, à raison des conditions dans lesquelles il exerce sa profession, peut être considéré comme n'étant pas un simple ouvrier, ayant droit, à ce titre, à l'exemption de la patente édictée par l'art. 17 L. 15 juill. 1880, en faveur des ouvriers travaillant seuls. — Cons. d'Et., 4 mars 1898, Bost, [S. et P. 1900.3.13]

558. — L'exemption doit évidemment être refusée à ceux qui, contrairement à leurs allégations, emploient habituellement un ou plusieurs ouvriers ou apprentis à l'exécution des travaux faisant l'objet de leur profession; ils ne remplissent pas les conditions imposées par le législateur. Il a été fait de nombreuses applications de ce principe aux individus exerçant les professions de : Blanchisseur. — Cons. d'Et., 17 juill. 1885, Lantrot-Millot, [Leb. chr., p. 691]; — Carrier. — Cons. d'Et., 8 avr. 1892, Lachantre, [Leb. chr., p. 372]; — Chaises de paille (fabr. de). — Cons. d'Et., 16 août 1867, Barralis [Leb. chr., p. 793]; — Charpentier. — Cons. d'Et., 12 mars 1886, Magne, [Leb. chr., p. 227]; — 26 déc. 1891, Lescure, [Leb. chr., p. 818]; — Cheveux (march. de). — Cons. d'Et., 24 janv. 1879, Quiquandon, [Leb. chr., p. 62]; — Cordonnier. — Cons. d'Et., 24 juill. 1885, Chastel, [Leb. chr., p. 710]; — 24 janv. 1891, Pécout, [Leb. chr., p. 50]; — Couturière à façon. — Cons. d'Et., 8 déc. 1857, Dubant, [Leb. chr., p. 779]; — 16 mars 1859, Signoret, [Leb. chr., p. 206]; — 30 janv. 1861, Courret, [Leb. chr., p. 66]; — 25 janv. 1896, Joffre, [Leb. chr., p. 80]; — Gantier à façon. — Cons. d'Et., 13 févr. 1874, Satre, [Leb. chr., p. 156]; — Horloger-rhabilleur. — Cons. d'Et., 23 mai 1873, Berger, [Leb. chr., p. 454]; — Imprimeur-lithographe. — Cons. d'Et., 4 juin 1886, Guy, [Leb. chr., p. 489]; — Jardinier. — Cons. d'Et., 30 oct. 1897, Bachelet, [D. 99.5.500]; — Maréchal-ferrant. — Cons. d'Et., 15 nov. 1872, Girard, [Leb. chr., p. 613]; — 13 déc. 1872, Menul, [Leb. chr., p. 707]; — 19 nov. 1897, Martin, [Leb. chr., p. 702]; — Menuisier. — Cons. d'Et., 2 mars 1877, Sorin, [Leb. chr., p. 216]; — Peintre en bâtiment. — Cons. d'Et., 7 août 1874, Le Néa, [Leb. chr., p. 800]; — Photographe. — Cons. d'Et., 19 mai 1868, Belle, [Leb. chr., p. 556]; — Plâtrier à façon. — Cons. d'Et., 17 janv. 1873, Joie, [Leb. chr., p. 65]; — Retordeur de fil. — Cons. d'Et., 13 févr. 1874, Vignon, [Leb. chr., p. 155]

558 *bis*. — Si l'emploi d'un apprenti ou d'un parent présente un caractère accidentel, il ne suffit pas à faire perdre le bénéfice de l'exemption. — Cons. d'Et., 26 mars 1863, Ségard, [Leb. chr., p. 294]; — 19 déc. 1879, Rollot, [Leb. chr., p. 817]; — 26 janv. 1900, Vartenat, [Leb. chr., p. 60]

559. — Il importe peu que les ouvriers employés travaillent chez eux ou au domicile de leur patron. Du moment que cet emploi est habituel, l'employeur ne peut plus prétendre au bénéfice de l'exemption. — Cons. d'Et., 18 juill. 1884, Majotin, [Leb. chr., p. 615]; — 14 mai 1898, Nombray, [Leb. chr., p. 391]

560. — Ainsi ne peut l'invoquer un bottier travaillant sur commande, occupant plusieurs ouvriers en chambre auxquels il livre, pour les coudre et les finir, les chaussures qu'il a précédemment coupées et établies sur formes. — Cons. d'Et., 6 août 1878, Arrival, [Leb. chr., p. 816]

561. — Il importe peu que ces ouvriers soient employés d'une manière continue ou intermittente, qu'ils soient au service successif de divers patrons ou qu'ils travaillent exclusivement pour le compte d'un seul. Ainsi un blanchisseur qui occupe d'une manière intermittente plusieurs ouvrières au lavage du linge, ne peut invoquer l'exemption accordée aux ouvriers travaillant seuls, même en alléguant que ces laveuses constituent des manœuvres dont le concours est indispensable à l'exercice de la profession (V. *infrà*, n. 572 et s.). — Cons. d'Et., 10 avr. 1869, Bedouin-Machefer, [Leb. chr., p. 359]

562. — Est également imposable un fabricant de coutellerie qui occupe une série d'ouvriers, laquelle équivaut à un ouvrier travaillant exclusivement pour son compte. — Cons. d'Et., 24 avr. 1874, Douroux, [Leb. chr., p. 363]

563. — Celui qui travaille avec le concours habituel d'un ouvrier est imposable, alors même que ce concours lui serait rendu nécessaire par son état de santé ou ses infirmités. — Cons. d'Et., 9 févr. 1869, Tarroux, [Leb. chr., p. 131]

564. — Toutefois le Conseil a, depuis, accordé décharge à un maréchal-ferrant, trop vieux et trop infirme pour pouvoir exercer sa profession sans l'aide de son fils non marié, lequel, aux termes de la loi, ne devrait pas compter comme un ouvrier, et de son petit-fils que l'on a regardé comme le manœuvre dont le concours est indispensable à l'exercice de la profession. — Cons. d'Et., 4 juin 1870, Sailhan, [Leb. chr., p. 709]

565. — La loi du 15 juill. 1880 a maintenu les dispositions des lois antérieures concernant les ateliers de famille. « Ne sont point considérés comme compagnons ou apprentis la femme travaillant avec son mari, ni les enfants non mariés travaillant avec leurs père et mère, ni le simple manœuvre dont le concours est indispensable à l'exercice de la profession. »

566. — Application de cette disposition a été faite à un fabricant de tuiles travaillant uniquement avec sa femme. — Cons. d'Et., 28 mars 1860, Dezarnaud, [Leb. chr., p. 265]

567. — ... A des ouvriers travaillant avec leurs fils non mariés, alors même qu'ils partageaient avec eux le bénéfice. — Cons. d'Et., 17 déc. 1875, Prompt, [Leb. chr., p. 1026]; — 4 févr. 1876, Baudouin, [S. 78.2.64, P. adm. chr., D. 76.3.69]; — 26 juill. 1878, Briot, [Leb. chr., p. 748]; — 28 mars 1888, Bedetto, [Leb. chr., p. 332]; — 5 févr. 1892, Armand, [Leb. chr., p. 116]; — 27 mai 1892, Aubron-Wiart, [Leb. chr., p. 503]

568. — ... A un exploitant de carrières travaillant avec ses fils mineurs et non mariés et ne passant aucun marché de nature à donner à son travail un caractère industriel. — Cons. d'Et., 22 déc. 1882, Piélan, [Leb. chr., p. 1059] — Mais, au contraire, le propriétaire d'une carrière qui emploie à son exploitation un ouvrier, ne peut prétendre à l'exemption accordée à l'ouvrier travaillant chez lui avec un simple manœuvre indispensable à l'exercice de sa profession. — Cons. d'Et., 30 mars 1900, Bizouard, [Leb. chr., p. 254]

569. — On voit que la loi a refusé de considérer comme n'étant pas des ouvriers les fils mariés employés, par leurs père et mère, et les gendres employés par leurs beaux-parents. Devenus chefs de ménage et de famille, les enfants, quand ils restent à travailler dans l'atelier de leurs parents, doivent, suivant les circonstances, être considérés comme des ouvriers ou comme des associés. Le mariage, en créant de nouveaux liens, de nouvelles obligations, a brisé la communauté d'intérêts qui existait auparavant entre les fils et leurs parents. — Cons. d'Ét., 6 févr. 1874, Combes, [Leb. chr., p. 129]; — 5 nov. 1875, Viallé, [Leb. chr., p. 871]; — 1er juin 1877, Carré, [Leb. chr., p. 527]; — 27 févr. 1880, Lestang, [Leb. chr., p. 226]; — 16 nov. 1888, Castel, [Leb. chr., p. 840]; — 15 nov. 1889, Legendre, [D. 91.5.383]; — 14 mai 1891, Labatut, [Leb. chr., p. 380]; — 8 avr. 1892, Laclautri, [Leb. chr., p. 367]

570. — De même, ceux qui emploient habituellement dans leurs ateliers leur frère ou leur père ne peuvent réclamer le bénéfice de l'exemption. — Cons. d'Ét., 18 déc. 1867, Durand, [S. 68.2.296, P. adm. chr.]; — 21 avr. 1882, Suzzarelli, [Leb. chr., p. 359]; — 1er juill. 1899, Gagnère, [Leb. chr., p. 491]

571. — ... A plus forte raison si les frères sont associés pour l'exploitation et le partage des bénéfices. — Cons. d'Ét., 19 déc. 1879, Ravain, [Leb. chr., p. 817]; — 4 nov. 1887, Alberny, [Leb. chr., p. 689]; — 26 févr. 1892, Grosgajat, [Leb. chr., p. 199]

572. — Enfin, lorsqu'il s'agit de professions pour lesquelles le concours d'un manœuvre est nécessaire, l'ouvrier qui a recours à cette aide ne doit pas être imposé. — Cons. d'Ét., 24 mai 1878, Berthasson (fabr. de baguettes de fusil), [Leb. chr., p. 508]; — 5 mars 1880, Hauriot (maréchal-ferrant), [Leb. chr., p. 255]; — 12 mai 1882, Durefour (constructeur de barques), [Leb. chr., p. 459]

573. — Mais la nature des travaux auxquels se livre un charpentier à façon ne permet pas de considérer comme un simple manœuvre un ouvrier employé par lui. — Cons. d'Ét., 29 juill. 1868, Basille, [Leb. chr., p. 825]; — 2 nov. 1871, Jolly, [Leb. chr., p. 218]

574. — En dehors du cas de l'ouvrier aidé par sa femme, par ses fils non mariés ou par un manœuvre, la loi exempte encore de la patente l'ouvrier travaillant avec un apprenti, pourvu que cet ouvrier travaille en chambre et que son ouvrier ait moins de seize ans. Au-dessus de cet âge un apprenti devient un compagnon ou un ouvrier, et dès lors le patron ne peut plus être considéré comme travaillant seul.

575. — Peut être exempté un tailleur d'habits à façon travaillant en chambre ou au domicile de ses clients avec un apprenti de moins de seize ans. — Cons. d'Ét., 8 juin 1877, Blancard, [Leb. chr., p. 561]

576. — Mais par travail en chambre on a entendu exclure le travail en boutique ou à l'atelier. — Cons. d'Ét., 4 févr. 1898, Jeanneau, [Leb. chr., p. 75] — Ainsi l'exemption a été refusée, comme travaillant en boutique avec un apprenti de moins de seize ans : à un bourrelier. — Cons. d'Ét., 20 nov. 1874, Boyer, [Leb. chr., p. 897] — à un cordonnier. — Cons. d'Ét., 23 févr. 1877, Leclerc, [Leb. chr., p. 188] — à un peintre en voitures exécutant avec un apprenti de quatorze ans, des travaux de peinture et de vernissage pour les charrons et les carrossiers. — Cons. d'Ét., 22 déc. 1899, Garanger, [Leb. chr., p. 762]

577. — Certaines professions, qui ne peuvent évidemment pas s'exercer en chambre, sont implicitement exclues du bénéfice de cette exemption. Telles sont, par exemple, celle de forgeron, même si la forge est attenante à l'habitation, — Cons. d'Ét., 14 mai 1870, Bigat, [Leb. chr., p. 590] — de serrurier, — Cons. d'Ét., 19 févr. 1897, Jullien, [Leb. chr., p. 134] — de maréchal-ferrant, — Cons. d'Ét., 11 juill. 1891, Bridoux, [S. et P. 93.3.89]; — 4 mars 1898, Hénon, [S. et P. 1900.3.13]

578. — Pour d'autres, au contraire, il est important d'examiner la disposition des lieux pour distinguer la chambre de la boutique ou de l'atelier. Par exemple, on a jugé qu'un cordonnier qui exerçait sa profession dans une pièce au rez-de-chaussée ayant accès et jour sur la rue, séparée du reste de l'habitation et consacrée exclusivement à son travail devait être considéré comme ayant boutique. — Cons. d'Ét., 18 juill. 1860, Escouffier, [Leb. chr., p. 554]

579. — ... Qu'il en était de même pour un menuisier exerçant dans un atelier dont l'entrée était sur le palier de l'escalier en dedans de la porte de la maison, dont la destination était exclusivement réservée à son travail et dont la fenêtre donnant sur la rue permettait de voir exposés aux regards des passants les outils et ustensiles nécessaires à la profession. — Cons. d'Ét., 12 juin 1860, Hugon, [Leb. chr., p 440]

580. — Quoique rendues sous l'empire d'une législation qui n'exemptait l'ouvrier que quand il travaillait seul sans enseigne, ni boutique, ces décisions peuvent encore servir aujourd'hui à déterminer ce que le Conseil d'État entend par boutique.

581. — Ce qui caractérise la boutique ou l'atelier, c'est leur affectation exclusive à l'exercice de la profession. Ainsi jugé pour une repasseuse de linge ayant un atelier au rez-de-chaussée garni d'objets de lingerie exposés pour attirer les clients. — Cons. d'Ét., 18 juin 1880, Ragot, [Leb. chr., p. 574]

582. — ... Pour un menuisier, alors même qu'il habiterait dans des pièces contiguës mais séparées. — Cons. d'Ét., 4 janv. 1878, Have Collart, [Leb. chr., p. 15]; — 23 mars 1880, Aubry, [D. 81.5.278]

583. — La loi de 1880 a enfin exonéré de la patente la veuve qui continue, avec l'aide d'un seul ouvrier ou d'un seul apprenti, la profession précédemment exercée par son mari, le manœuvre indispensable n'étant toujours pas compté pour un ouvrier. Il résulte des travaux préparatoires que cette exemption n'est édictée qu'en faveur des veuves d'ouvriers exerçant une profession manuelle. Dès lors, des veuves de commerçants ne pourraient se prévaloir de cette disposition pour réclamer décharge (Instr. 1881, p. 80).

11° Marchands en ambulance des objets énumérés en l'art. 17.

584. — Dès l'origine, le législateur avait favorisé le tout petit commerce qui se consacre à l'approvisionnement des habitants des villes en venant vendre dans les rues, halles et marchés les denrées qu'ils ont achetées ailleurs, pourvu que ces marchands n'eussent ni boutiques ni échoppe et ne fissent aucun autre négoce. C'est ainsi que les lois successives sur la patente exonérèrent ceux qui vendaient dans ces conditions des fleurs, fruits, légumes, des poissons, du beurre, des œufs (L. 17 mars 1791, art. 8), des arbustes, des volailles (L. 4 therm. an III, art. 5). La loi du 1er brum. an VII (art. 29) appliqua l'exemption à tous ceux qui vendaient *en ambulance* dans les rues, lieux de passage et marchés des communes des fruits, légumes, du beurre, des œufs, du fromage et autres menus comestibles. La loi du 25 avr. 1844 (art. 13) ajouta à l'énumération « les fleurs, l'amadou, les balais, les statues et figures en plâtre ».

585. — La loi du 15 juill. 1880 exempte également de la patente les marchands qui vendent en ambulance dans les rues, dans les lieux de passage et dans les marchés, des fleurs, de l'amadou, des balais, des statues et figures en plâtre, des fruits, légumes, poissons, du beurre, des œufs, du fromage et autres menus comestibles.

586. — Il ne faut pas confondre les marchands vendant en ambulance avec les marchands forains. Les premiers sont ceux qui vendent dans les rues de la commune qu'ils habitent (Instr. 1881, art. 73). Leur boutique se trouve tout entière dans leur voiture ou leur panier. C'est ainsi, par exemple, que le droit à obtenir l'exemption a été reconnu à une femme qui se bornait à vendre du lait et divers objets de consommation uniquement aux habitants de la maison qu'elle occupait et s'installait à cet effet quelques heures dans le passage dudit immeuble. — Cons. d'Ét., 21 juill. 1894, Decourt, [S. et P. 96.3.115, D. 95.3.64]

587. — Jugé, cependant, que l'individu qui vend chaque jour du lait sous une porte est un marchand en étalage et non un marchand en ambulance. — Cons. d'Ét., 7 août 1865, Cros, [Leb. chr., p. 743]

588. — L'exemption a été accordée à un individu se bornant à vendre de porte en porte du poisson frais aux consommateurs et très-exceptionnellement aux détaillants d'une ville voisine. — Cons. d'Ét., 13 févr. 1892, Yousinou, [Leb. chr., p. 162]

589. — Mais l'exemption a été refusée à un individu qui achetait de l'huile qu'il transportait au moyen d'une bête de somme dans les communes voisines où il la vendait en détail aux consommateurs. — Cons. d'Ét., 24 mars 1859, Sabes [Leb. chr., p. 233]

590. — La loi mettant sur le même pied ceux qui vendent dans les rues et ceux qui vendent dans les marchés, il faut avoir soin, en ce dernier cas, de faire une distinction entre ceux qui vendent à une place fixe louée par eux et les autres. Pour avoir droit à l'exemption intégrale, il faut ne pas occuper de place fixe au marché. Tout au plus peuvent-ils les installer sur des tréteaux mobiles. — Cons. d'Ét., 3 juin 1865, Paradeau, [Leb. chr., p. 611]; — 22 janv. 1868, Delaborc, [Leb. chr., p. 69]

591. — Nous ne pouvons donc approuver une décision du 21 janv. 1898, Decais, [S. et P. 99.3.104], qui a accordé décharge de toute patente à un boucher qui venait vendre en étalage les jours de marché dans une commune voisine de la sienne. Cet arrêt se fonde sur ce qu'il ne louait ni à l'année ni même pour un temps déterminé une place pour son étal permanent sur la place du marché. Ces motifs, qui eussent été excellents pour réduire de moitié les droits de patente par application de l'art. 18 de la loi de 1880, nous paraissent erronés pour justifier une demande en décharge. — V. *infrà*, n. 598.

592. — L'exemption intégrale doit être refusée aux individus qui se rendent chaque semaine dans un marché pour y vendre à une place déterminée. Le fait que cette place ne serait pas marquée à leur nom et que le prix de location serait acquitté, non au mois, mais chaque fois que la place est occupée ne saurait les transformer en marchands vendant en ambulance. — Cons. d'Et., 24 juin 1893, Ferré, [Leb. chr., p. 526]; — 10 juill. 1893, Plessis, [Leb. chr., p. 595]; — 4 juin 1897, Cherrier, [S. et P. 99.3.67, Leb. chr., p. 460]; — 18 nov. 1899, Collard, [Leb. chr., p. 662]

593. — De même ceux qui apportent leurs marchandises au marché pour les vendre sur le carreau exclusivement à des revendeurs ne peuvent se prévaloir de l'exemption accordée aux marchands vendant en ambulance. — Cons. d'Et., 3 déc. 1892, Raidelet, [Leb. chr., p. 867]; — 9 déc. 1895, Canot, [Leb. chr., p. 813]

594. — Ce qui caractérise le marchand en ambulance, c'est l'absence d'un établissement fixe et permanent où il exerce son commerce. C'est pour cela que l'on a refusé de faire bénéficier de l'exemption un marchand d'oranges et de citrons, bien qu'il les vendît sur la place publique chaque semaine, le jour du marché, parce qu'il avait en ville un local qui lui servait à recevoir et à emmagasiner les caisses de fruits qu'il se faisait adresser de Paris et où une enseigne indiquait la nature des marchandises à la clientèle principalement composée de détaillants. — Cons. d'Et., 11 févr. 1859, Gaillet, [Leb. chr., p. 131]

594 *bis*. — ... A un marchand qui occupe dans une maison une portion de boutique louée à l'année. — Cons. d'Et., 17 mars 1899, Level, [Leb. chr., p. 219]

595. — On a également refusé ce caractère au nourrisseur qui faisait commerce du lait des bêtes qu'il engraissait, alors même qu'il allait le vendre de porte en porte. — Cons. d'Et., 4 juill. 1891, Orner, [D. 92.5.469]; — 14 nov. 1891, Méder, [Leb. chr., p. 672]; — 23 déc. 1898, Vauraès, [Leb. chr., p. 833]

12° *Exemptions diverses.*

596. — La loi de 1880 dispense encore de la patente certaines professions infimes que la modicité des bénéfices qu'elles procurent ne permettait pas d'imposer. Il en est ainsi des savetiers, chiffonniers au crochet, porteurs d'eau à la bretelle ou avec voiture à bras, rémouleurs ambulants, gardes-malades (art. 17).

597. — Enfin nous trouvons dans le tableau C quelques exemptions afférentes à certaines exploitations industrielles quand elles sont peu importantes. Telle est l'exemption accordée à l'entrepreneur de l'abatage et du façonnage des bois sur pied quand le prix des entreprises n'excède pas 500 fr. (Loi 15 juill. 1880, tabl. C) ou celle qui résulte de l'art. 2 de la loi du 17 juill. 1889 : « Sera exempt de patente le fabricant travaillant exclusivement à métiers à façon, dont le droit fixe, calculé conformément au tarif légal, n'excédera pas 21 fr. au principal.

597 *bis*. — Le projet de loi dont il est parlé *suprà*, n. 68, complète cette disposition en substituant au chiffre de 21 fr. celui de 150 fr. Et il ajoute : « Toutefois, pour les fabricants travaillant exclusivement à métiers à façon, et pour les mouliniers en soie travaillant exclusivement à façon, dont le droit fixe dépassera 150 fr. au principal sans dépasser 450 fr., le droit proportionnel ne sera perçu que pour moitié; lorsque le droit fixe dépassera 450 fr., le droit proportionnel sera perçu pour la totalité (art. 12).

§ 2. *Exemptions partielles.*

1° *Marchands vendant en ambulance, sous échoppe ou en étalage.*

598. — Alors que la loi dispense de toute patente les marchands qui vendent en ambulance les menus objets et les quelques denrées énumérées dans l'art. 17, l'art. 18 de la loi du 15 juill. 1880, reproduisant les dispositions analogues de la loi du 1er brum. an VII (art. 29) et du 25 avr. 1844 (art. 14), dispose que « tous ceux qui vendent en ambulance des objets non compris dans les exceptions déterminées par l'art. 17, et tous marchands sous échoppe ou en étalage, sont passibles de la moitié des droits que paient les marchands qui vendent les mêmes objets en boutique. Toutefois cette disposition n'est pas applicable aux bouchers, épiciers ou autres marchands ayant un étalage permanent ou occupant des places fixes dans les halles et marchés ».

599. — Nous ne reviendrons pas sur la définition donnée ci-dessus des marchands vendant en ambulance (V. *suprà*, n. 586). Quant à ceux qui vendent en étalage, ce sont ceux qui installent leurs marchandises soit sur les tables mises à leur disposition par la municipalité dans les halles et marchés couverts, soit sur des tréteaux construits par eux à chaque marché à une place déterminée. Comme on le voit, la loi fait une distinction entre les marchands en étalage, suivant qu'ils ont ou non un étal permanent. Seuls les seconds ont droit à la réduction de moitié des droits de patente. Application de cette disposition a été faite à un cordonnier. — Cons. d'Et., 16 avr. 1856, Hardebolle, [Leb. chr., p. 279] — bien que, dans l'espèce, il vendît aussi en boutique, parce que ces dernières ventes étaient peu importantes. — Cons. d'Et., 7 nov. 1879, Paris, [D. 80.3.42]; — à des bouchers. — Cons. d'Et., 18 mai 1877, Madeleine, [Leb. chr., p. 467]; — 7 nov. 1884, Beaugé, [Leb. chr., p. 752]; — 12 janv. 1900, Brunet, [Leb. chr., p. 23]; — à des charcutiers. — Cons. d'Et., 23 nov. 1877, Coupil, [Leb. chr., p. 906]; — à des marchands de volaille. — Cons. d'Et., 9 mars 1877, Vola, [Leb. chr., p. 255]

600. — Pour ceux, au contraire, qui ont un étalage permanent, ils sont passibles des mêmes droits que s'ils vendaient en boutique. Cet étal constitue un établissement. D'après l'instruction du 6 avr. 1881, il ne faut considérer comme une place fixe ou un étal permanent que ceux qui sont loués soit à l'année, soit au moins par termes assez longs pour leur donner le caractère de permanence ou de fixité. — Cons. d'Et., 19 juill. 1867, Leclerc, [Leb. chr., p. 673]; — 30 mai 1868, Doray, [Leb. chr., p. 624]; — 20 févr. 1880, Lefebvre, [D. 80.3.88]; — 30 avr. 1880, Berdoulou, [Leb. chr., p. 416]; — 11 juin 1880, Jaudet, [Leb. chr., p. 544]; — 4 févr. 1881, Barré, [D. 82.3.88]; — 2 mars 1883, Baduel, [Leb. chr., p. 231]; — 31 juill. 1885, Cherrier, [D. 86.5.321]; — 26 févr. 1892, Clément, [Leb. chr., p. 199]

601. — La question s'est posée de savoir si les marchands disposant d'un étal permanent, mais situé hors d'une halle ou d'un marché, devaient bénéficier de la réduction des droits. Résolue d'abord affirmativement par le Conseil d'État (13 févr. 1880, Garleau, Leb. chr., p. 178), elle a été tranchée en sens contraire. — Cons. d'Et., 14 mars 1896, Novozelski, [S. et P. 98.3.58] — Toutefois, depuis cet arrêt, le Conseil a accordé l'exemption à un boucher à la cheville vendant en étalage en dehors d'une halle ou d'un marché couvert, alors même que son établissement présenterait un certain caractère de fixité. — Cons. d'Et., 18 nov. 1899, Broca, [Leb. chr., p. 662]

602. — L'instruction de 1881 ajoute que si les marchandises déposées sur un étal, même permanent, n'avaient qu'une faible valeur, si elles n'étaient vendues qu'une partie du jour, si elles devaient être enlevées après la fermeture des halles et marchés, ces circonstances et d'autres semblables rendraient trop rigoureuse l'imposition à la patente entière. La patente des étalagistes serait alors réduite à la moitié des droits comme celle des marchands ambulants. C'est ainsi qu'on procédera notamment pour les bibliothèques établies dans l'intérieur des gares des chemins de fer, lorsque ces bibliothèques n'auront qu'un approvisionnement de faible valeur, qu'elles ne seront accessibles qu'aux voyageurs munis de billets ou que le public n'y sera admis qu'à certaines heures de la journée (art. 73).

603. — Les mêmes dispositions s'appliquent à ceux qui vendent sous échoppe. L'échoppe comporte une construction légère en planches, couverte, qui constitue une sorte de boutique en plein vent. Telles sont, par exemple, les petites boutiques qui à certaines époques de l'année sont installées à Paris sur les grands boulevards pour la vente de jouets ou d'articles de Paris.

2° *Professions libérales.*

604. — A propos des exemptions partielles, nous croyons devoir parler des offices ministériels et des professions libérales.

Leur situation au regard de la patente a toujours manqué d'unité. Ainsi, longtemps avant la loi de 1844, les agents de change, les courtiers, les commissaires-priseurs et les huissiers étaient imposés, alors que les notaires, avoués, avocats aux Conseils étaient exempts. De même, si les avocats n'étaient pas assujettis à la patente, les médecins, pharmaciens et architectes la payaient. En 1844, le Gouvernement avait proposé de faire cesser cette exemption pour tous les offices et pour quelques professions libérales. Mais la commission de la Chambre avait repoussé cette proposition. M. Vitet, rapporteur, avait motivé ainsi la décision de la commission : « La patente est, à vrai dire, l'impôt des professions non classées, non organisées, dont l'accès est libre à tout le monde. Elle est le passeport au moyen duquel on entre dans ces professions. Ce serait donc un contre-sens, un oubli complet des principes de la loi de 1791, que de demander la patente à ceux qui exercent des professions privilégiées en vertu de brevets dont le nombre est limité et qui se trouvent, à certains égards, dans les mêmes conditions que les membres de ces corporations qui disparurent le jour où les patentes furent créées. Ainsi, pour se conformer aux vrais principes, il faudrait que tous les officiers ministériels fussent exempts de la patente. » Après avoir justifié de la sorte l'exemption, le rapporteur reconnaissait que, parmi les officiers ministériels, il y en avait que la nature de leur fonction mêlait tellement aux opérations commerciales, à titre d'intermédiaires, que leur qualité d'officier ministériel disparaissait derrière celle de commerçant. C'est pourquoi la commission ne proposait pas d'étendre l'exemption aux agents de change, courtiers, aux commissaires-priseurs et aux huissiers. La Chambre cependant, allant plus loin que sa commission, exempta les commissaires-priseurs et les huissiers. Elle exempta aussi les médecins qui jusqu'alors payaient la patente.

605. — Mais bientôt les nécessités financières obligèrent le Gouvernement à renouveler ses propositions de 1844, qui furent adoptées en 1850. La loi du 18 mai 1850 assujettit à la patente, d'une part, les officiers ministériels non encore imposés, avocats au Conseil d'État et à la Cour de cassation, avoués, commissaires-priseurs, greffiers, huissiers, notaires, référendaires au sceau; d'autre part, certaines des professions libérales : architectes, avocats inscrits au tableau des cours et tribunaux, chirurgiens-dentistes, docteurs en chirurgie, docteurs en médecine, mandataires agréés par les tribunaux de commerce, officiers de santé, vétérinaires, chefs d'institution, maîtres de pension. A cette liste la loi du 4 juin 1858 a seulement ajouté les ingénieurs civils.

606. — L'Assemblée, toutefois, n'accepta pas intégralement les projets du Gouvernement. Celui-ci avait songé à ranger, d'après leur importance respective, ces diverses professions dans les classes du tableau A, en mettant, par exemple, les notaires et les avoués de première instance dans la 2e classe, les avoués d'appel et les architectes dans la 3e, les commissaires-priseurs, les huissiers et les avocats dans la 4e, les médecins, officiers de santé et dentistes dans la 5e. Ces classifications furent repoussées comme arbitraires. On reconnut que ces professions ne pouvaient être incorporées dans le cadre du tarif, à raison de leur caractère propre, et on résolut de les soumettre à une taxe spéciale. Renonçant au droit fixe, qui procède par catégories, on assujettit seulement ces professions à un droit proportionnel assis sur la valeur locative de l'habitation et des locaux professionnels. Nous ne traiterons ici ni de l'assiette, ni du taux de ce droit, qui seront examinés plus loin. — V. *infrà*, n. 1272 et s.

607. — Nous nous bornerons pour le moment à constater que, par le mode d'imposition qui a été adopté à leur égard, les patentables exerçant les professions dites libérales jouissent, par rapport aux autres patentables, d'une situation privilégiée, puisqu'ils ne paient qu'une partie des droits de patente. Il est bien entendu que ces personnes ne peuvent jouir de ce privilège qu'autant qu'elles se renferment exclusivement dans l'exercice de leur profession, et que si elles se livraient habituellement à des opérations constitutives de l'exercice d'une profession patentable, elles devraient être imposées comme les autres.

608. — Toutefois, il ne faut pas appliquer ce principe trop strictement et croire que, parce qu'un officier ministériel fait certains actes qui, considérés isolément, peuvent constituer l'exercice d'une profession distincte, il devient par là même passible d'une patente complète. Ainsi jugé qu'un commissaire-priseur qui préside aux ventes publiques de marchandises, ne peut être imposé comme directeur de ventes à l'encan à raison de ces ventes qui rentrent dans l'exercice de ses fonctions. — Cons. d'Et., 31 mai 1855, Davez, [Leb. chr., p. 368]

609. — ... Qu'un notaire qui, pendant une année, a reçu des rentes et revenus pour le compte de propriétaires et a concouru comme expert à des partages de successions et à des évaluations de biens-fonds n'est pas imposable comme receveur de rentes et arpenteur-expert, ces opérations rentrant dans l'exercice de la profession de notaire.

610. — ... Que l'officier de santé qui, conformément à l'art. 27 L. 21 germ. an XI, vend à ses clients quelques médicaments, dans les communes où il n'existe pas de pharmacien tenant une officine ouverte, ne devient pas par là imposable comme pharmacien ou comme droguiste. — Cons. d'Et., 26 juin 1866, Hoste, [Leb. chr., p. 724]

611. — En ce qui concerne les avocats, sont seuls imposables ceux qui sont inscrits au tableau. Ne sont passibles de la patente ni les avocats consultants... — Cons. d'Et., 25 juin 1857, Saclier, [S. 58.2.512, P. adm. chr., D. 58.3.33]; — 6 août 1864, Brion, [D. 65.3.41]; — 30 mai 1866, Dousseaud, [S. 67.2.168, P. adm. chr.]; — 18 déc. 1867, Dons, [Leb. chr., p. 929]; — 15 juill. 1868, Dons, [S. 69.2.279, P. adm. chr.]; — 8 févr. 1869, Blanchard, [S. 70.2.96, P. adm. chr.]; — 23 mai 1870, de Lorde, [Leb. chr., p. 622]

612. — ... Ni les avocats stagiaires. — Cons. d'Et., 26 nov. 1852, Réjaumer, [S. 53.2.367, P. adm. chr.]

613. — En revanche, tout avocat inscrit doit être maintenu, qu'il exerce ou non sa profession. — Cons. d'Et., 5 mars 1852, Capdeville, [S. 52.2.383, P. adm. chr., D. 52.3.23]; — 30 nov. 1852, Tartareau, [S. 53.2.367, P. adm. chr.]; — 15 déc. 1852, Audiffred, [Leb. chr., p. 605]; — 12 sept. 1853, Huguet, [Leb. chr., p. 887]; — 8 avr. 1892, Gineste, [S. et P. 94.3.29]

614. — Les mandataires agréés par les tribunaux de commerce, qui, jusqu'à la loi de 1850, ne figuraient pas dans le tarif et étaient, dès lors, passibles de la patente complète en qualité d'agents d'affaires, ne sont plus depuis cette époque passibles que du droit proportionnel. — Cons. d'Et., 26 nov. 1852, Faye, [Leb. chr., p. 526]

615. — On peut considérer comme un agréé un ancien avocat qui a quitté le barreau, mais auquel le tribunal de commerce a étendu la faveur, accordée seulement aux avoués et avocats, de se présenter à la barre sans un mandat spécial de la partie. — Cons. d'Et., 18 avr. 1861, Abel, [Leb. chr., p. 282]; — 9 juill. 1861, Trahaud, [Leb. ch., p. 586]

616. — Les médecins ne sont imposables que tout autant qu'ils donnent à des malades des soins qui ne sont ni accidentels ni gratuits. — Cons. d'Et., 18 juin 1859, Berlay, [Leb. chr., p. 429]; — 22 mars 1895, Thouvenot, [Leb. chr., p. 278]

617. — Doit être imposé en qualité d'architecte celui qui a un bureau ouvert au public, dresse des plans, surveille des travaux et vérifie des mémoires. — Cons. d'Et., 28 mai 1862, Harniot, [Leb. chr., p. 433]

618. — Mais le seul fait d'avoir surveillé l'exécution de travaux pour le compte d'un architecte ne peut rendre le surveillant imposable comme architecte, alors même qu'il aurait signé les pièces du projet. — Cons. d'Et., 16 janv. 1892, Ménétrier, [Leb. chr., p. 26]

619. — La patente de maître de pension est applicable aux femmes comme aux hommes. — Cons. d'Et., 27 juill. 1853, Mauguin, [Leb. chr., p. 782]

620. — ... Et même à une communauté religieuse. — Cons. d'Et., 27 juill. 1853, Sœurs N.-D. de Bon-Secours de Charly [Leb. chr., p. 784]

621. — Pour compléter la revue des exemptions partielles, il faudrait parler ici des sociétés en nom collectif et de la manière suivant laquelle elles sont imposées, mais nous préférons, pour traiter la question dans son ensemble, la renvoyer au chapitre où nous traiterons de la personnalité de la patente. — V. *infrà*, n. 637 et s.

3° *Patentables exemptés en tout ou en partie du droit proportionnel.*

622. — Depuis l'art. 16 de la loi du 15 juill. 1880, qui reproduit une disposition semblable de la loi du 25 avr. 1844, les patentables des 7e et 8e classes du tableau A sont exempts du droit proportionnel dans les communes ayant moins de 20,001 âmes. Dans les communes d'une population supérieure, ils doivent le droit proportionnel, sauf ceux qui vendent en ambulance, ou étalage ou sous échoppe, qui sont dans tous les cas exempts du droit proportionnel (Indication du tableau D annexé à la loi du 15 juill. 1880).

622 *bis.* — Jugé que cette exemption ne pouvait être accordée à un marchand de poissons occupant, depuis plusieurs années, dans une halle, des places dont il n'est que locataire à la semaine, mais sur lesquelles il a fait établir des aménagements ayant un caractère permanent. — Cons. d'Et., 11 mars 1899, Gobron, [Leb. chr., p. 212]

623. — Sont encore exempts du droit proportionnel les loueurs d'une chambre meublée, les individus qui exploitent à bras des moulins ou autres usines à moudre, battre, triturer, broyer, pulvériser, presser, pour la valeur locative de ces usines ; les loueurs de chambres ou appartements meublés, mais seulement pour leur habitation personnelle (tableau D annexé à la loi de 1880, *in fine*); les fabricants travaillant exclusivement à métiers à façon (L. 17 juill. 1889, art. 2).

624. — Les patentables de la cinquième partie du tableau C ne sont passibles du droit proportionnel que sur leur maison d'habitation, à l'exclusion des locaux professionnels. Cette exemption partielle est motivée par la nature spéciale des opérations (fermiers de droit), par les conditions où certaines industries s'exercent forcément (entrepreneurs de travaux publics et professions analogues) ou par le mode d'assiette spéciale du droit fixe (entrepreneurs de concerts). Le tarif n'assujettit également au droit proportionnel que sur leur habitation les concessionnaires, exploitants ou fermiers des droits d'emmagasinage dans un entrepôt, les directeurs de dioramas et spectacles analogues, les concessionnaires ou fermiers de ponts à péage, les fournisseurs d'objets de consommation dans les cercles et sociétés.

625. — Certaines professions n'étant imposables au droit proportionnel que sur la maison d'habitation, à l'exclusion des locaux professionnels, comme par exemple les entrepreneurs de travaux publics, ces patentables ne peuvent être assujettis au droit proportionnel ni sur les locaux qui seraient occupés par leurs associés ou préposés... — Cons. d'Et., 25 févr. 1881, Moity, [Leb. chr., p. 226]; — 9 juin 1882, Varigard, [Leb. chr., p. 545]; — 10 juill. 1885, Varigard et Mortier, [Leb. chr., p. 658]; — 30 mars 1889, Couvreux, [Leb. chr., p. 447]

626. — Pour les chefs d'institutions et maîtres de pension, profession libérale qui n'est passible que du droit proportionnel, le tarif dispose que les locaux affectés au logement et à l'instruction des élèves ne seront pas compris dans l'estimation de la valeur locative. Il ne porte donc que sur les locaux servant au logement des directeurs, des professeurs, et certains locaux d'un caractère professionnels tels que les bureaux, parloirs, etc. — Cons. d'Et., 16 déc. 1887, Ragut, [S. 89.3.56, P. adm. chr., D. 89.3.33]; — 24 févr. 1888, Ursulines de Villefranche, [Leb. chr., p. 193]; — 11 mai 1888, Ecole de Maugré, [S. 90.3.33, P. adm. chr., D. 89. 3.33]; — 2 févr. 1895, Nicolas, [S. et P. 97.3. 37, D. 96.3.20]

627. — Enfin quelques dispositions relatives au droit proportionnel peuvent être considérées comme des exemptions partielles. Il est réduit de moitié pour les individus vendant en ambulance, en étalage ou sous échoppe (L. 15 juill. 1880, art. 18), les marchandises autres que celles énumérées en l'art. 17. Il est réduit d'un quart pour les patentes de la sixième classe dans les communes de 2,000 âmes et au-dessous (L. 8 août 1890, art. 32).

CHAPITRE III.

PERSONNALITÉ DE LA PATENTE.

628. — La patente étant autrefois considérée comme le rachat des anciennes réglementations du travail, abrogées en 1791, comme le passeport qui permettait à chacun de se livrer au métier qu'il avait choisi, on conçoit que tout individu participant de sa personne à l'exercice d'un commerce, d'une industrie ou d'une profession dût se munir de ce passeport. Le principe fut ainsi formulé par la loi du 6 fruct. an IV (art. 9) : « Les patentes seront personnelles et ne pourront servir qu'à ceux qui les auront prises : en conséquence, chaque associé d'une même maison de banque, de commerce en gros ou en détail ou de toute autre profession ou industrie assujettie à la patente sera tenu d'avoir la sienne comme participant de fait et d'intérêt à la banque, au commerce, à l'industrie ou à la profession de sa maison ou de sa société. » Mais dès ce moment la loi apportait un correctif à la rigueur de ce principe : « Ces dispositions, ajoutait-elle, ne s'appliquent pas aux commanditaires, ni aux maris et femmes habitant ensemble, à moins que chacun d'eux ne fasse un commerce ou n'exerce une profession particulière sous son nom personnel. »

SECTION I.

Dérogation au principe en faveur des époux.

629. — La loi distingue deux sortes de réunions de personnes : le ménage, groupement naturel en quelque sorte, et l'association, groupement factice résultant de conventions. En ce qui concerne le ménage, le système organisé par la loi de l'an IV a été remanié plusieurs fois. Pour avoir droit à la dispense d'une patente, sous l'empire de cette loi, il fallait que les deux époux habitassent ensemble et qu'ils fissent le même commerce. Cette disposition fut remplacée par l'art. 25, L. 1er brum. an VII, ainsi conçu : « Ces dispositions ne s'appliquent ... ni aux maris et femmes, auxquels une seule patente suffira, en prenant celle de la classe supérieure, s'ils font plusieurs états, et en payant le droit proportionnel de tous les lieux qu'ils occuperont quand il est exigible, à moins qu'il n'y ait entre eux séparation de biens, auquel cas chacun d'eux doit avoir sa patente et payer séparément les droits fixe et proportionnel. » Cette disposition constituait un progrès, puisque : 1° elle permettait aux époux d'exercer des professions différentes, ne frappant que la plus importante de ces professions; 2° elle n'exigeait plus la cohabitation matérielle des deux époux, pourvu qu'ils ne fussent pas séparés de biens. Elle n'assujettissait le mari et la femme à une patente complète que quand la séparation de biens avait rompu cette association d'intérêts créée par le mariage lui-même. L'art. 15 L. 25 avr. 1844 alla plus loin en disposant que : « Le mari et la femme séparés de biens ne doivent qu'une patente, à moins qu'ils n'aient des établissements distincts, auquel cas chacun d'eux doit avoir sa patente et payer séparément les droits fixe et proportionnel. » Cette disposition a été reproduite par l'art. 19 L. 15 juill. 1880. Ainsi, pourvu que le mari et la femme exercent dans le même établissement, ils ne devront à eux deux qu'une seule patente, qui sera évidemment celle afférente à la profession la plus imposée.

630. — Auquel des deux époux la patente doit-elle être imposée? Plusieurs hypothèses peuvent se présenter. *1re hypothèse :* Le mari exerce seul. En ce cas lui seul est imposable et la femme qui aurait été imposée personnellement aurait droit à obtenir décharge. — Cons. d'Et., 2 mars 1888, Arnould, [Leb. chr.]

631. — *2e hypothèse :* La femme exerce seule. Sur ce point la jurisprudence a varié. Elle a toujours admis que la patente était valablement assignée au nom de la femme, même non séparée de biens, parce qu'elle est le véritable chef de l'exploitation commerciale. — Cons. d'Et., 7 mai 1856, Olivier, [P. adm. chr., Leb. chr., p. 336]

632. — Elle a même jugé que le fait d'une femme d'habiter en commun avec son mari non-commerçant, ne pouvait la soustraire aux droits de patente dont elle était passible comme associée d'une tierce personne. — Cons. d'Et., 3 mai 1845, Lefébure, [Leb. chr., p. 252]

633. — Mais la jurisprudence a varié sur le point de savoir s'il était possible d'assujettir à la patente le mari, non-commerçant, mais chef de la communauté, alors même qu'il ne participait en aucune façon à l'industrie exercée par sa femme. Après avoir d'abord adopté la solution affirmative (Cons. d'Et., 29 nov. 1854, Bié, [D. 55.3.91]; — 7 déc. 1859, Lambert, [P. adm. chr., D. 60.5 265]; — 4 juill. 1868, Chantard, [S. 69.2.279, P. adm. chr.]; — 1er juin 1877, Hémert, Leb. chr., p. 527), le Conseil d'Etat est revenu sur cette jurisprudence et, à raison du principe de la personnalité de la patente, il a adopté définitivement la solution contraire et s'est prononcé pour la non-imposition du mari. S'il peut, comme chef de la communauté, être poursuivi en paiement des droits de patente dus par sa femme, celle-ci doit seule être portée sur le rôle. — Cons. d'Et., 9 août 1880, Raucoules, [S. 82.3.12, P. adm. chr., D. 81.3.95]; — 14 déc. 1888, Gabet, [Leb. chr., p. 965] — Cette solution est plus conforme au principe de la personnalité de la patente. Elle ne heurte pas les principes du Code civil et du Code de commerce, qui donnent à la femme commerçante une personnalité distincte de celle de son époux.

634. — 3e *hypothèse :* Les deux époux participent au commerce exercé par la femme. En ce cas la patente peut être indifféremment assise au nom du mari ou de la femme. — Cons. d'Ét., 13 juill. 1883, Saint-Bonnet, [D. 85.3.43]; — 6 janv. 1894, Pellé, [Leb. chr., p. 14]; — 23 nov. 1894, du Bois d'Auberville, [S. et P. 96.3.143]

635. — C'est ainsi qu'on a admis la validité d'une imposition assise au nom d'un individu administrant provisoirement un magasin général pour le compte d'héritiers restés dans l'indivision, au nombre desquels se trouvait son épouse. — Cons. d'Ét., 2 mai 1896, Auban, [Leb. chr., p. 371]

636. — 4e *hypothèse :* La femme aide son mari dans son commerce en allant vendre ses produits dans une autre localité, mais sans y fonder un établissement. En ce cas la femme n'est pas imposable si le mari est déjà imposé. — Cons. d'Ét., 28 juin 1878, Salmon, [Leb. chr., p. 569]

Section II.

Mode d'imposition des sociétés.

§ 1. *Historique.*

637. — Nous avons cité plus haut l'art. 9, L. 6 fruct. an IV qui la première a disposé que les associés participant de fait ou d'intérêt à la gestion des affaires devraient payer une patente, à l'exception des commanditaires. Cette loi n'ayant pas indiqué le moyen de constater l'association, la loi du 7 brum. an VI disposa que « s'il s'élevait des difficultés sur la qualité d'associé, les actes de société seraient représentés, et les juges de paix pourraient en ordonner l'apport à l'audience ». L'art. 25 L. 1er brum. an VII, en maintenant l'exemption pour les associés commanditaires, entra dans la voie des atténuations vis-à-vis des associés secondaires des sociétés en nom collectif. « Quand les associés occuperont en commun la même maison d'habitation, les mêmes usines, ateliers, magasins et boutiques, il ne sera dû qu'un droit proportionnel, qui sera payé en entier par l'un d'eux, les autres ne paieront que le droit fixe ».

638. — Les lois des 25 mars 1817 (art. 67) et 15 mai 1818 (art. 62) réduisirent la patente des associés secondaires. « Lorsque, dans une maison de commerce, il y aura plusieurs associés résidant dans la même commune, le principal associé paiera le droit fixe en entier, les autres ne paieront qu'un demi-droit chacun. Néanmoins, dans les établissements de fabrication à métiers ou de filature, le droit fixe ne sera payé qu'une seule fois, quel que soit le nombre des associés ». Avec cette disposition le droit fixe n'était plus payé en entier que par l'associé principal et par les associés résidant dans des communes autres que celle du siège de l'établissement.

639. — La loi du 25 avr. 1844 (art. 13, 16 et 17) régla la situation des diverses sociétés à peu près comme elle l'est aujourd'hui : « Les associés en nom collectif sont tous assujettis à la patente. Toutefois, l'associé principal paie seul le droit fixe en entier : les autres associés ne sont imposés qu'à la moitié de ce droit, même quand ils ne résident pas tous dans la même commune que l'associé principal. Le droit proportionnel est établi sur la maison d'habitation de l'associé principal et sur tous les locaux qui servent à la société pour l'exercice de son industrie. La maison d'habitation de chacun des associés est affranchie du droit proportionnel, à moins qu'elle ne serve à l'industrie sociale. Dans les sociétés en commandite, les gérants sont traités comme associés en nom collectif, les commanditaires sont exemptés (art. 13). Enfin les sociétés ou compagnies anonymes ayant pour but une entreprise industrielle ou commerciale sont imposées à un seul droit fixe sous la désignation de l'objet de l'entreprise, sans préjudice du droit proportionnel. La patente assignée à ces sociétés ne dispense aucun des actionnaires ou sociétaires de payer les droits de patente auxquels ils pourraient être personnellement assujettis pour l'exercice d'une industrie particulière » (art. 17).

640. — La loi de 1844 modifiait la loi de 1818 sur plusieurs points : 1° Elle étendait l'application du demi-droit fixe au cas où l'associé secondaire résidait dans une autre commune que l'associé principal. 2° Elle faisait disparaître la situation de faveur faite aux fabricants à métiers et aux filateurs. 3° Elle exemptait de tout droit proportionnel les maisons d'habitation des associés secondaires, à moins qu'elles ne fussent affectées pour partie à l'exercice de l'industrie sociale.

641. — La loi du 18 mai 1850 (art. 23) vint accorder une réduction nouvelle « en abaissant au vingtième du droit fixe payé par l'associé principal le droit fixe des associés secondaires, quand ceux-ci seraient habituellement employés comme ouvriers dans les travaux de l'association ». L'art. 24 étendait la disposition pénale de l'art. 17 de la loi de 1844 aux gérants et associés solidaires des associations en commandite.

642. — L'art. 19 L. 26 juill. 1860 vint alléger encore les charges imposées aux associés secondaires en réglant leur droit fixe ainsi qu'il suit : « L'associé principal continuera à être assujetti à la totalité du droit fixe afférent à la profession. Le même droit sera divisé en autant de parts égales qu'il y aura d'associés en nom collectif et une de ces parts sera imposée à chaque associé secondaire. Toutefois, dans le cas prévu à l'art. 23 L. 18 mai 1850, cette part ne devra jamais dépasser le vingtième du droit fixe imposable au nom de l'associé principal. » On voulait par ce moyen que la charge des associés secondaires ne pût être ni inférieure à un droit fixe, ni supérieure à un droit fixe entier.

§ 2. *Dispositions de la loi du 15 juill. 1880.*

643. — La loi du 15 juill. 1880 (art. 20, 21 et 22) a codifié ces règles éparses, conservé les atténuations édictées par les précédentes lois et en a ajouté de nouvelles (art. 20). « Dans les sociétés en nom collectif, l'associé principal paie seul la totalité du droit fixe afférent à la profession. Le même droit est divisé en autant de parts égales qu'il y a d'associés en nom collectif et une de ces parts est imposée à chaque associé secondaire. Néanmoins, pour les associés habituellement employés comme simples ouvriers dans les travaux de l'association, cette part ne doit jamais dépasser le vingtième du droit fixe imposable au nom de l'associé principal. L'associé principal et les associés secondaires sont imposés au droit fixe dans les communes où sont situés les établissements, boutiques et magasins qui y donnent lieu. Le droit proportionnel est établi sur la maison d'habitation de l'associé principal et sur tous les locaux qui servent à la société pour l'exercice de son industrie. La maison d'habitation de chacun des autres associés est affranchie du droit proportionnel, à moins qu'elle ne serve à l'exercice de l'industrie sociale. En ce dernier cas, elle est, de même que les autres locaux servant à l'industrie sociale, imposable au nom de l'associé principal. »

644. — « Par exception aux dispositions de l'article qui précède, dans les sociétés en nom collectif qui sont passibles des droits de patente pour l'exercice de professions rangées dans le tableau C annexé à la présente loi, et tarifées en raison du nombre des ouvriers, machines, instruments, moyens de production ou autres éléments variables d'imposition, l'associé principal paie seul le droit fixe, les autres associés en sont affranchis. Par exception aux mêmes dispositions, dans les sociétés en nom collectif qui sont passibles de droits de patente pour l'exercice de professions rangées dans le tableau B, le droit de patente des associés autres que l'associé principal, établi conformément à l'art. 20 de la présente loi, ne porte pas sur les employés et autres éléments variables d'imposition (art. 21). »

645. — « Les sociétés ou compagnies anonymes ayant pour but une entreprise industrielle ou commerciale sont imposées, pour chacun de leurs établissements, à un seul droit fixe, sous la désignation de l'objet de l'entreprise, sans préjudice du droit proportionnel. La patente assignée à ces sociétés ou compagnies ne dispense aucun des sociétaires ou actionnaires du paiement des droits de patente auxquels ils pourraient être personnellement assujettis pour l'exercice d'une industrie particulière. Les dispositions du second § du présent article sont applicables aux gérants et associés solidaires des sociétés en commandite (art. 22). »

646. — Comme on le voit, la loi a gradué les avantages accordés aux associés, avantages qui sont d'autant plus grands qu'ils participent moins à la gestion des affaires sociales. Dans les sociétés en nom collectif, l'associé principal acquitte le droit fixe complet et le droit proportionnel sur l'ensemble des locaux professionnels ainsi que sur sa maison d'habitation. Les associés secondaires paient seulement une part virile du droit fixe, si la profession est rangée dans le tableau A ou le tableau C, de la taxe déterminée si elle est rangée dans le tableau B. Ils ne paient rien de la taxe variable suivant le nombre des employés ou des machines, ni aucun droit proportionnel. Si ces associés secondaires sont des ouvriers, leur part dans le droit fixe est abaissée au vingtième du droit payé par l'associé principal.

647. — Dans les sociétés en commandite, les gérants sont, en vertu des principes du Code de commerce, traités comme des associés en nom collectif. Les commanditaires qui ne participent pas à la gestion et ne sont que des bailleurs de fonds, sont exempts de tout droit.

648. — De même, dans les sociétés anonymes, l'actionnaire n'est pas imposé en cette qualité. Seule la société, personne morale, est imposée. De plus, ce sont elles qui doivent être imposées nominativement et non celui de leurs agents à qui est confiée la direction. Si donc l'impôt dû par la société ait été réclamé à son gérant principal et qu'un autre gérant ait été frappé d'une fraction de droit fixe comme associé secondaire, il y a double emploi. — Cons. d'Et., 6 août 1870, Lepicard, [Leb. chr., p. 1028]

649. — La disposition, d'après laquelle les sociétés anonymes doivent être imposées à un droit fixe de patente unique, est applicable aux sociétés à responsabilité limitée. — Cons. d'Et., 21 août 1868, Péridier, [S. 69.2.344, P. adm. chr., D. 69.3.86]

650. — Ces différentes situations faites aux associés par la loi étaient justifiées de la manière suivante dans l'exposé des motifs de la loi du 15 juill. 1880 : « L'imposition des associés est équitable, attendu que la présence d'un associé est un signe de la prospérité probable de l'établissement auquel il prête le concours de ses capitaux, de son crédit, de son intelligence et de son activité. Mais si cette imposition se justifie, en ce qui concerne les industries dont le droit fixe consiste exclusivement en une somme déterminée, il n'en est pas de même lorsque ce droit varie et s'élève avec le nombre des ouvriers, machines et autres éléments de production. Ici, en effet, le développement de l'industrie occasionné par la présence d'associés se traduit par l'augmentation du nombre des éléments sur lesquels est établi le droit fixe. Si on a cru devoir maintenir les associés du tableau B à une portion de la taxe déterminée, c'est à cause de la difficulté éprouvée à établir d'une manière satisfaisante la patente de ces grands commerçants. On espère, en multipliant les bases d'imposition, s'approcher autant que possible de la proportionnalité » (Instr. 1881, art. 76).

§ 3. *Détermination de l'existence et de la nature de la société.*

651. — Ainsi que le rappelle l'instruction de 1881 (art. 79), les dispositions contenues dans les articles précités de la loi de 1880 sont applicables, non seulement aux sociétés en nom collectif constituées par des actes publics ou sous seing privé déposés en minute ou en expédition, conformément à l'art. 55 L. 24 juill. 1867, au greffe du tribunal de commerce ou de la justice de paix du lieu où est établie la société, mais encore à toutes les associations de même nature que désigne la notoriété publique ou que révèlent des actes constatant la participation aux affaires, tels que baux, traités, factures, effets de commerce, etc. Ainsi, il n'est pas nécessaire que toutes les formalités relatives à l'existence légale des sociétés en nom collectif aient été remplies; il suffit que l'association existe de fait et soit notoire.

652. — Les tribunaux administratifs ont ainsi souvent à apprécier l'existence ou la non-existence de la société. Quand il n'existe aucun acte écrit la constatant, ou que les intéressés refusent de le produire, on peut faire résulter cette association du fait : des mentions inscrites sur les livres de commerce et portant que des sommes ont été reçues pour le compte de la société. — Cons. d'Et., 18 mars 1857, Durand, [Leb. chr., p. 225]

653. — ... De la signature des lettres d'expédition, des traites et billets et des quittances de la maison portant les noms des associés. — Cons. d'Et., 18 mars 1857, précité; — 20 sept. 1859, Manhuiner, [Leb. chr., p. 620]; — 19 déc. 1860, Lhuilier, [Leb. chr., p. 782]; — 20 févr. 1869, Mosnier, [Leb. chr., p. 175]; — 8 juin 1877, Buteau, [Leb. chr., p. 561]; — 26 juill. 1878, Maragliano, [Leb. chr., p. 750]; — 7 avr. 1900, Pignot, [Leb. chr., p. 299]

654. — ... Des en-têtes des lettres et factures. — Cons. d'Et., 18 nov. 1887, Icard-Labitip, [Leb. chr., p. 723]; — 19 nov. 1898, D'Hubert, [S. et P. 1901.3.31]

655. — ... De la griffe et de l'enseigne du magasin. — Cons. d'Et., 18 nov. 1887, précité.

656. — ... Du fait que les locaux occupés en commun ont été loués solidairement par les associés. — Cons. d'Et., 18 nov. 1887, précité; — 18 juin 1892, Graceit, [Leb. chr., p. 560]

657. — ... Du fait que la personne présumée associée prend une part active à la direction de la maison et à la signature. — Cons. d'Et., 19 nov. 1898, précité.

658. — ... De sa participation aux bénéfices de l'entreprise. — Cons. d'Et., 12 janv. 1865, Bon, [Leb. chr., p. 42]; — 20 févr. 1869, Mosnier, [Leb. chr., p. 175]; — 12 déc. 1871, Pégond et Vachon, [Leb. chr., p. 302]; — 14 févr. 1873, Louault, [Leb. chr., p. 164]

659. — De même, des personnes soumissionnant conjointement et solidairement la même entreprise doivent être considérées comme associées. — Cons. d'Et., 19 mars 1864, Watel, [Leb. chr., p. 288]; — 16 août 1867, Messio, [Leb. chr., p. 794]; — 14 juin 1878, Salles, [Leb. chr., p. 569]

660. — Jugé toutefois que, malgré les termes d'un procès-verbal d'adjudication qui a déclaré un individu adjudicataire d'une entreprise solidairement avec un autre, cet individu doit obtenir décharge s'il prouve qu'il n'est réellement pas associé à l'entreprise, mais simplement caution de l'adjudicataire. — Cons. d'Et., 8 déc. 1857, Petit, [Leb. chr., p. 780]

661. — ... Que le fait de bailler des fonds à un commerçant pour son commerce et même d'intervenir dans certaines opérations de ce commerce ne suffit pas à transformer ce bailleur de fonds en associé. — Cons. d'Et., 16 juill. 1870, Prost-Pédoux, [Leb. chr., p. 913]

662. — ... Que la simple cohabitation et la communauté d'intérêts existant entre deux sœurs ne constituent pas une preuve suffisante de l'existence d'une association entre elles. — Cons. d'Et., 30 janv. 1861, Fournier, [Leb. chr., p. 67]

663. — Il y a lieu parfois de se demander si l'on est en présence d'un associé ou d'un employé admis à participer aux bénéfices de l'entreprise. Cette participation, même quand elle doit être suivie de la cession du fonds, ne suffit pas à transformer l'employé en associé, tant que le chef de l'établissement conserve la direction exclusive de son entreprise. — Cons. d'Et., 25 mai 1877, Bajac-Lamarre, [Leb. chr., p. 490]

664. — Le critérium le plus sûr consiste à rechercher si le prétendu associé participe aux pertes comme aux bénéfices. S'il n'y participe pas, il n'est qu'un simple commis. — Cons. d'Et., 14 nov. 1873, Gaubert, [Leb. chr., p. 814]

665. — Dans le cas contraire, alors même qu'il aurait dans l'entreprise un emploi déterminé, tel que celui de caissier ou de facteur, il est imposable. — Cons. d'Et., 21 avr. 1864, Cornet-Poirier, [Leb. chr., p. 370]; — 11 août 1870, Michel, [Leb. chr., p. 1068]

666. — Celui qui a son nom dans la raison sociale ne peut prétendre qu'il n'est qu'un simple commis. — Cons. d'Et., 5 juill. 1865, Charras, [Leb. chr., p. 692] — ... De même, celui qui a la signature sociale. — Cons. d'Et., 19 avr. 1866, Rigard, [Leb. chr., p. 393]

667. — De même, un fils qui exploite une pharmacie en commun avec son père et en prenant part à la gestion des affaires, n'est pas un simple commis intéressé, mais un véritable associé. — Cons. d'Et., 6 févr. 1874, Parmentier, [Leb. chr., p. 133]

668. — Au contraire, il ne faudrait pas considérer comme associés, par le seul fait qu'ils resteraient dans l'indivision : des mineurs pour le compte desquels l'établissement, précédemment possédé par leur père décédé, continuerait d'être exploité; des créanciers qui feraient gérer par un syndic une industrie précédemment exercée par un failli. En pareil cas et dans d'autres circonstances analogues, les personnes au nom desquelles les commerces, industries ou professions sont exercés ne peuvent, en l'absence d'un contrat de société, être considérées comme des associés individuellement passibles de la contribution des patentes (Instr. 1881, art. 79).

669. — Il a été jugé, à l'égard d'un individu qui gérait un établissement pour le compte des enfants d'un contribuable décédé, qu'il y avait entre eux indivision et non société. — Cons. d'Et., 27 juin 1879, Jasola, [Leb. chr., p. 536]

670. — De même, il n'y a pas association mais simple bail à colonage partiaire entre le propriétaire qui cède à un particulier une scierie mécanique et un moulin en stipulant à son profit la moitié des bénéfices. — Cons. d'Et., 14 févr. 1891, Picquet, [S. et P. 93.3.23]

671. — Des copropriétaires possédant un moulin indivis qu'ils exploitent tour à tour pendant six mois, et chacun pour son propre compte, ne sont pas associés et doivent chacun être assujettis à la patente pendant six mois. — Cons. d'Ét., 30 avr. 1880, Haro, [Leb. chr., p. 415]; — 9 déc. 1887, Mouillot, [Leb. chr., p. 784]

672. — Les tribunaux administratifs peuvent se refuser à reconnaître le caractère de sociétés à certaines combinaisons financières qui seraient formées entre des patentables pour tâcher de se soustraire au paiement de la patente. C'est ainsi que diverses sociétés d'assurances, se syndiquant pour faire ensemble certaines opérations, ne peuvent prétendre valablement à ne payer qu'une seule patente à raison de ce syndical, qui n'a pas d'existence propre et distincte de celle des sociétés qui le composent. Chacune d'elles doit être imposée séparément. — Cons. d'Ét., 24 mars 1891, Lloyd belge, [Leb. chr., p. 273]

673. — De même, la circonstance que tous les experts visiteurs de navires dans un port de commerce verseraient dans une bourse commune les honoraires qu'ils ont reçus ne peut les faire considérer comme formant une société en nom collectif. — Cons. d'Ét., 16 mai 1884, Got, [Leb. chr., p. 392]

674. — A plus forte raison en est-il de même quand il s'agit de patentables investis d'une sorte de ministère public, qui ne peut être l'objet de conventions. C'est ainsi que le Conseil d'État a refusé d'admettre qu'il y eût société en nom collectif formée entre divers courtiers inscrits près un tribunal de commerce, et cela malgré des traités formels par lesquels ils s'engageaient à partager les bénéfices des opérations de courtage faites par eux, malgré la réunion de leurs employés dans les mêmes bureaux, etc. — Cons. d'Ét., 19 janv. 1894, Degueuser, Verspeck et autres, [Leb. chr., p. 48]

675. — Quelquefois aussi le Conseil d'État est appelé à dénier la qualité d'associés à des individus qui exercent leur profession personnellement, pour leur propre compte, tiennent une comptabilité personnelle et ne justifient d'aucun acte d'association. — Cons. d'Ét., 10 juill. 1885, Lenoble, [Leb. chr., p. 659]; — 27 janv. 1895, Verpy, [Leb. chr., p. 94]

676. — La juridiction administrative est appelée à se prononcer, non seulement sur l'existence, mais encore sur la nature de la société qui existe entre les individus imposés. Elle décide si la société constitue une société en nom collectif, en commandite ou une société anonyme. — Cons. d'Ét., 9 janv. 1856, Walter, [Leb. chr., p. 9]

677. — Quand il résulte de l'acte social que la société n'est ni anonyme ni en commandite, les associés doivent être traités comme associés en nom collectif. — Cons. d'Ét., 31 août 1863, Montrieux, [Leb. chr., p. 704]; — 8 nov. 1872, Caffarel et autres, [Leb. chr., p. 551]

678. — L'individu qui prouve qu'il n'est pas associé doit obtenir décharge de la patente. — Cons. d'Ét., 11 juin 1875, Grelet, [Leb. chr., p. 570]; — 2 mars 1888, Gaillard, [Leb. chr., p. 225]; — 7 mars 1891, Pottier, [Leb. chr., p. 201]

679. — En revanche, celui dont le nom figure dans la raison sociale ou dans les lettres, quittances, etc., et qui par suite doit être considéré comme associé en nom collectif, est imposable, sans qu'il y ait lieu d'examiner s'il prend ou non part à la gestion et à l'administration de la société. — Cons. d'Ét., 17 sept. 1854, Sourdaux, [D. 55.3.35]

680. — Il ne pourrait échapper à la patente en alléguant qu'il est mineur non émancipé. — Cons. d'Ét., 27 févr. 1866, De Lavareille, [S. 66.2.376, P. adm. chr., D. 66.3.87]

681. — Les membres d'une société constituée pour exploiter des carrières ne peuvent demander décharge de la patente en se fondant sur ce que cette société constituerait une société civile. — Cons. d'Ét., 15 janv. 1875, Blavier, [Leb. chr., p. 36]; — 10 déc. 1875, Ardoisières des Grands-Carreaux, [Leb. chr., p. 993]; — 10 mars 1876, Ardoisières de Fresnaye-Trélazé, [Leb. chr., p. 238]

§ 4. *Associé principal.*

682. — Quand on est en présence d'une société en nom collectif, il est parfois assez délicat de déterminer lequel des associés est l'associé principal. L'instruction de 1881 (art. 80) se borne à donner en quelques mots une ligne de conduite aux agents des contributions directes. « On doit, dit-elle, considérer comme associé principal le premier en nom dans l'acte de société s'il a la gestion des affaires, et, dans le cas contraire, celui qui, parmi ceux qui prennent part à la gestion, a la plus forte mise de fonds. » En pratique, la détermination de l'associé principal est plus délicate qu'il ne le semblerait à la lecture de l'instruction. Celle-ci a traité *de eo quod plerumque fit,* mais ne réalité c'est une question de fait qui varie suivant les conventions des intéressés et suivant les circonstances.

683. — Si la jurisprudence a souvent décidé que celui dont le nom figurait le premier dans la raison sociale était l'associé principal, c'est que le plus souvent c'est cet associé qui a également la signature sociale, qui a la plus grande part dans la direction, la plus forte mise de fonds et aussi la plus grosse part dans les bénéfices. Quand ces diverses circonstances se trouvent réunies, il n'y a pas de doute. — Cons. d'Ét., 25 janv. 1860, Gauthiez, [Leb. chr., p. 61]; — 2 nov. 1888, Blin, [Leb. chr., p. 787]

684. — Lorsque les divers associés ont la même part dans la direction et dans les bénéfices, il faut s'en tenir à l'ordre d'inscription des noms dans la raison sociale. — Cons. d'Ét., 19 mars 1864, Watel, [Leb. chr., p. 288]; — 30 déc. 1869, Perrin, [Leb. chr., p. 1036]; — 21 nov. 1884, Verley, [D. 85.5.350]

685. — Il arrive souvent que ces divers caractères ne soient pas réunis sur la même tête. Ainsi, l'on a maintenu la qualité d'associée principale à la veuve de l'associé principal décédé, parce que son nom figurait le premier dans la raison et la signature sociales et qu'elles possédait la plus forte mise de fonds, et cela bien qu'elle fût dispensée par les statuts de la gérance. — Cons. d'Ét., 13 déc. 1878, Donay-Lefèvre, [S. 81.3.35, P. adm. chr., D. 80.3.51]; — 26 déc. 1879, Fauveau, [Leb. chr., p. 854]; — 14 mars 1884, Leroy, [D. 85.5.350]

686. — On a reconnu ce caractère à l'associé premier en nom dans la raison sociale et possesseur du plus fort apport, bien qu'il dût se retirer avant la dissolution de la société, et qu'il eût une part moins forte que les autres dans les bénéfices. — Cons. d'Ét., 22 juin 1888, Esnault, [D. 89.5.353]

687. — Jugé que si celui qui a fourni la plus forte part du capital social et figure le premier dans l'acte de société n'est inscrit qu'en second dans la raison sociale, cette circonstance ne lui fera pas perdre la qualité d'associé principal. — Cons. d'Ét., 3 déc. 1867, Kahn, [Leb. chr., p. 900]

688. — ... Que la circonstance que le nom d'un associé, qui était inscrit le second dans l'acte social est devenu le premier par suite du décès du premier en nom, ne suffit pas pour lui donner la qualité d'associé principal. — Cons. d'Ét., 14 juin 1878, Salles, [Leb. chr., p. 569]

689. — Autant que possible, il faut rechercher quel est celui qui a la plus grande autorité et la plus grande part dans la direction de l'entreprise. Ainsi, dans une société, c'est celui qui a la direction de la société, la signature sociale et qui représente la société, et non le plus fort intéressé, qui est l'associé principal. — Cons. d'Ét., 31 août 1863, Montréaux, [Leb. chr., p. 704]

690. — Cette qualité appartient à celui des associés, d'ailleurs premier en nom, qui exerce la surveillance sur la marche de l'entreprise, plutôt qu'à l'associé chargé de la vérification des comptes, mais qui ne prend pas une part active dans l'exploitation. — Cons. d'Ét., 13 avr. 1881, Forest-Leroy, [Leb. chr., p. 441]

691. — Elle peut appartenir au dernier en nom quand il exploite la plus grande partie de l'entreprise, ayant racheté la part d'un associé décédé. — Cons. d'Ét., 14 juin 1878, Salles, [Leb. chr., p. 569] — V. aussi, Cons. d'Ét., 8 févr. 1860, Ricourt, [Leb. chr., p. 94]; — 23 févr. 1860, Guigne, [Leb. chr., p. 138]; — 14 févr. 1873, Louault, [Leb. chr., p. 164]

692. — Est sans aucun doute associé principal celui qui, seul en nom dans la raison sociale, ayant la possession de la signature sociale, a droit de décision, en cas de désaccord survenant entre les associés, a droit de désigner à sa place un fondé de pouvoirs, de faire des opérations personnelles ou de ne pas prendre part personnellement aux opérations de la société. — Cons. d'Ét., 4 févr. 1881, Gunzburg, [D. 82.3.67]

693. — Dans le même sens il a été jugé qu'on ne pouvait considérer comme associé principal un associé, bien qu'il fût dénommé le premier dans la raison sociale, si sa part dans les bénéfices et sa participation à la gestion de la société étaient moins importantes que celles de ses associés. — Cons. d'Ét., 1er déc. 1852, Blanc-Ferrouillet, [S. 53.2.431, P. adm. chr.]

694. — ... Ni celui qui ne prend aucune part à la gestion des affaires sociales et dont les coassociés ont seuls la signature sociale. — Cons. d'Ét., 9 juill. 1861, Lacotte, [Leb. chr., p. 588]

695. — ... Ni celui qui, tout en étant l'inventeur d'un produit pour l'exploitation duquel on a formé une société, laissé à ses associés la direction de la fabrication, de la vente, la tenue des livres et la signature sociale. — Cons. d'Et., 17 mai 1859, Falconi, [Leb. chr., p. 369]

696. — Quand une société est constituée pour faire des affaires à la fois en France et à l'étranger, qu'elle possède des établissements dans les divers pays, dirigés chacun par un associé, alors même que le siège principal de cette société se trouverait à l'étranger, on devrait, malgré toute clause contraire dans l'acte d'association, considérer et imposer comme associé principal celui des associés qui dirige la maison située en France. — Cons. d'Et., 30 déc. 1858, de Greiff, [Leb. chr., p. 775]; — 21 janv. 1887, Momener, [D. 88.5.348]; — 27 juin 1891, Saborski, [D. 92.5.468]

§ 5. *Associés secondaires.*

697. — Quant aux associés secondaires, leur situation varie, nous l'avons vu, selon le tableau dans lequel est classée la profession qu'ils exercent. Ceux du tableau A doivent toujours une partie du droit fixe. — Cons. d'Et., 5 avr. 1895, Deschamps, [Leb. chr., p. 320]

698. — ... Alors même qu'ils résideraient en pays étranger, dans une ville où ils représentent la société. — Cons. d'Et., 12 août 1879, Demalla, [Leb. chr., p. 636]; — 3 nov. 1882, Stamatiadis, [Leb. chr., p. 837]; — 15 févr. 1884, Girard, [D. 85.5.341]; — 21 janv. 1887, Monnier, [D. 88.5.348]; — 20 juill. 1888, Held, [Leb. chr., p. 660]; — 7 déc. 1888, Lawal, [Leb. chr., p. 933]; — 24 janv. 1891, Roux, [D. 92.3.77]; — 11 mars 1898, Goldenberg, [S. et P. 1900.3.15, D. 99.3.51]

699. — Les associés secondaires ne pourraient se prévaloir, pour échapper à l'imposition, de ce que l'associé principal n'aurait pas été porté au rôle, soit qu'il ait été omis, soit qu'il soit déjà assujetti à une autre patente en une autre qualité. — Cons. d'Et., 25 févr. 1881, Ulrich, [Leb. chr., p. 223]; — 9 juill. 1886, Bernard, [D. 88.3.6]

700. — ... Ou de ce qu'un de leurs coassociés n'aurait pas été imposé. — Cons. d'Et., 9 févr. 1895, Saint, [Leb. chr., p. 143]

701. — Lorsque la profession est inscrite au tableau B, les associés secondaires sont passibles d'une portion de la taxe déterminée, mais leur patente ne porte pas sur les employés et autres éléments variables d'imposition (L. 15 juill. 1880, art. 21).

702. — Lorsque la profession est inscrite au tableau C, de deux choses l'une : ou bien le droit fixe se compose d'une taxe déterminée et dans ce cas les associés secondaires paient une part virile de ce droit; ou bien le droit fixe varie avec le nombre des ouvriers ou des moyens de production et alors les associés secondaires ne doivent rien. — Cons. d'Et., 11 déc. 1885, Raoult, [Leb. chr., p. 951]; — 2 juill. 1886, Farcy et Oppenheim, [Leb. chr., p. 551]; — 29 juin 1888, Vieulle, [Leb. chr., p. 578]; — 18 juin 1890, Kahn et Meyer, [Leb. chr., p. 405]; — 20 juin 1891, Claise, [Leb. chr., p. 479]; — 1er févr. 1896, Verlet, [S. et P. 98.3.39]; — 24 mars 1899, Dalbane, [Leb. chr., p. 246]

§ 6. *Associés ouvriers.*

703. — Enfin la loi fait une situation spéciale aux associés ouvriers. En quoi l'associé ouvrier diffère-t-il de l'ouvrier et de l'associé? Du premier il diffère en ce qu'il a mis des fonds dans l'entreprise et qu'il ne participe pas seulement aux bénéfices mais aussi aux risques. S'il est seulement un ouvrier intéressé dans les bénéfices, il ne doit pas être imposé du tout. — Cons. d'Et., 27 nov. 1867, Vigouroux, [Leb. chr., p. 874]

704. — Ce qui le différencie de l'associé secondaire, c'est la nature des opérations auxquelles il se livre dans la société. Il doit être habituellement employé comme ouvrier à des travaux de main-d'œuvre et ne doit participer en rien à la direction de l'entreprise. S'il a un autre rôle, il ne peut prétendre à l'exemption partielle accordée par l'art. 20 L. 15 juill. 1880.

705. — Ainsi le bénéfice de cette disposition a été refusé à un associé qui, par l'acte social, s'engageait non seulement à fournir de la main-d'œuvre, mais encore les matériaux nécessaires à l'exécution des travaux. — Cons. d'Et., 23 févr. 1860, Guigne, [Leb. chr., p. 138]

706. — ... A celui dont la coopération consistait à surveiller la fabrication confiée à des ouvriers étrangers et à s'occuper de la vente des produits. — Cons. d'Et., 25 juill. 1860, Thibault, [Leb. chr., p. 576]; — 28 juin 1895, Leduc, [S. et P. 97.3.116, D. 96.5.413]

707. — ... A celui qui, dans une société de commission de transports par terre, s'occupait spécialement du factage des marchandises, laissant à l'autre associé la tenue des écritures de la société, alors que tous deux avaient versé un capital égal et que leur part dans les bénéfices était la même. — Cons. d'Et., 11 août 1870, Veréal, [Leb. chr., p. 1064] — A plus forte raison n'est pas un associé ouvrier celui qui dirige les travaux, signe les mémoires et les quittances. — Cons. d'Et., 24 juill. 1872, Guirandon et Manceau, [Leb. chr., p. 459]; — 12 nov. 1897, Signac, [Leb. chr., p. 684]

708. — Mais le Conseil d'Etat a accordé cette exemption à des ouvrières associées avec un tiers pour le dégraissage et l'apprêt des cheveux qui leur étaient fournis par une maison de commerce. — Cons. d'Et., 24 janv. 1879, Quiquandon, [Leb. chr., p. 62]

709. — ... A des associés qui n'avaient ni la signature sociale, ni la direction des ateliers, alors qu'ils avaient fait un apport égal à celui des associés directeurs et que leur part dans les bénéfices était la même. — Cons. d'Et., 12 nov. 1897, Isola et Oliva, [D. 99.3.14]

SECTION III.

Personnes travaillant pour le compte d'autrui.

710. — Pour pouvoir être assujetti personnellement à la patente, il faut exercer pour son propre compte le commerce, l'industrie ou la profession qui motive l'établissement de l'impôt. En passant en revue les diverses exemptions, nous avons rencontré celle qui concerne les commis, ouvriers et autres personnes travaillant à gages, à façon ou à la journée chez les marchands ou fabricants. Ces dispositions ne sont que l'application de ce principe général que celui qui travaille pour le compte d'autrui n'est pas imposable.

711. — Nombreuses sont les applications qui ont été faites de ce principe. Elles l'ont été notamment : à un individu exerçant une industrie pour le compte de son fils majeur. — Cons. d'Et., 29 nov. 1854, Bié, [Leb. chr., p. 909]

712. — ... A un fils qui, étant ouvrier de son père, avait passé des traités pour le compte de celui-ci. — Cons. d'Et., 12 sept. 1864, Legrand, [Leb. chr., p. 912]

713. — ... A un chef ouvrier exploitant une carrière pour le compte de son patron. — Cons. d'Et., 7 avr. 1876, Ducos, [Leb. chr., p. 357]

714. — ... A un domestique à gages qui, pendant la durée de la construction de l'usine de son maître, avait été employé à servir à manger aux ouvriers. — Cons. d'Et., 8 août 1873, Dumas, [Leb. chr., p. 747]

715. — ... A une femme en service, qui va vendre au marché les produits que des cultivateurs apportent à son maître. — Cons. d'Et., 29 juin 1883, Pochon, [Leb. chr., p. 608]

716. — ... A un fermier vendant des bois pour le compte de son propriétaire. — Cons. d'Et., 11 févr. 1898, Prevost, [D. 99.5.503]

717. — ... Au propriétaire d'un four à chaux, qui en abandonne l'exploitation à un tiers lequel fabrique et vend la chaux pour son propre compte. — Cons. d'Et., 26 nov. 1880, Doubrère, [Leb. chr., p. 923]

718. — ... A un individu ramassant des charriées dans la campagne pour un tiers. — Cons. d'Et., 13 févr. 1874, Madeleine, [Leb. chr., p. 155]

719. — ... Au représentant d'un commerçant qui gère un magasin pour le compte de son patron. — Cons. d'Et., 7 déc. 1860, Demeule, [Leb. chr., p. 755]

720. — Lorsque la profession est exercée par une personne morale ou par une collectivité d'individus, société, communauté, établissement public ou d'utilité publique, il faut que la patente soit assise au nom de la personne morale elle-même et ne soit réclamée à son représentant légal qu'en sa qualité de représentant et non pas en son nom personnel. Ainsi le trésorier d'une fabrique n'est pas personnellement imposable à raison de ventes de bois qu'il a faites pour le compte de la fabrique. — Cons. d'Et., 11 févr. 1898, précité.

721. — De même, celui qui perçoit le prix de location des chaises dans une église, à titre de mandataire salarié de la fabrique, ne doit pas être imposé comme loueur de chaises. — Cons. d'Ét., 9 mai 1860, Durrieu, [Leb. chr., p. 380]

722. — ... Dans les communautés religieuses qui font travailler les personnes qu'elles recueillent et qui à ce titre sont imposables (V. *suprà*, n. 163 et s.), ce n'est pas la personne qui est placée à leur tête qui est imposable en son nom personnel, c'est la communauté. — Cons. d'Ét., 4 août 1876, Lauras, [Leb. chr., p. 762]

723. — ... Surtout si ces personnes sont rémunérées de leur travail de direction par un traitement fixe. — Cons. d'Ét., 30 nov. 1883, Sœurs de Saint-Vincent de Paul, [D. 85.3.48]

724. — Quand une communauté religieuse exploite un établissement d'instruction, ce n'est pas le religieux ou la religieuse qui, à raison des diplômes qu'il possède, est, au regard de l'autorité académique, le véritable directeur de l'établissement, qui doit être inscrit au rôle des patentes en son nom personnel, c'est le directeur ou la supérieure de la communauté, qui est le contribuable réel. — Cons. d'Ét., 16 déc. 1887, Ragut, [Leb. chr., p. 812]; — 13 janv. 1888, Ursulines de Villefranche, [Leb. chr., p. 20]; — 11 mai 1888, École N.-D. de Monger, [Leb. chr., p. 427]; — 2 févr. 1895, Nicolas, [S. et P. 97.3.37]

725. — Quand un consistoire a fondé une école libre dans laquelle, à côté d'élèves externes reçus gratuitement, figurent des internes payants (V. *suprà*, n. 164), mais qu'il en a abandonné la direction et les bénéfices aux personnes chargées de donner l'enseignement, ce sont ces personnes qui sont passibles de la patente et non le président du consistoire, dont le rôle se borne à surveiller. — Cons. d'Ét., 24 mars 1882, Clavel, [D. 83.3.86]

726. — Doivent également obtenir décharge, s'ils ont été assujettis à la patente en leur nom personnel et non comme représentants du contribuable réel, le gérant d'une société coopérative. — Cons. d'Ét., 12 janv. 1877, Roussel, [Leb. chr., p. 46]

727. — ... Le directeur d'une société. — Cons. d'Ét., 29 déc. 1894, Lang, [Leb. chr., p. 743]

728. — Celui qui agit comme représentant d'un tiers doit faire connaître cette circonstance en temps utile. Jugé que l'individu qui, ayant soumissionné des travaux de construction d'un chemin vicinal, figure seul en nom sur le procès-verbal d'adjudication, ne peut échapper à la patente en venant prétendre ultérieurement qu'il n'a soumissionné que pour le compte d'un tiers dont il est le commis. — Cons. d'Ét., 24 mars 1859, Leblond, [Leb. chr., p. 227] — *Contrà*, 8 déc. 1857, Chateauminois, [Leb. chr., p. 779]

729. — Quand une société est imposée pour la même industrie à une double patente, l'une inscrite sous son nom, l'autre au nom de son représentant, elle est victime d'un double emploi. — Cons. d'Ét., 7 mai 1875, Boutin, [Leb. chr., p. 439]

730. — En un mot, l'impôt des patentes, est dû par celui au profit de qui la profession est exercée. — Cons. d'Ét., 26 déc. 1891, Dayan, [Leb. chr., p. 805] — Mais il va sans dire qu'il peut être valablement inscrit au nom de son représentant en cette qualité. — Cons. d'Ét., 24 août 1858, Ring, [Leb. chr., p. 582]

731. — Et c'est à ce représentant que doivent être adressés les avertissements et les sommations, lors même que la patente est inscrite au nom du mandant. — Cons. d'Ét., 14 juin 1878, Priestley, [Leb. chr., p. 571]

Section IV.

Dispositions particulières aux marchands forains.

732. — A ce principe que nul ne doit la patente s'il ne travaille pas pour son propre compte, la loi apporte une exception en ce qui touche les colporteurs. Les marchands forains ont toujours été assez mal vus par le législateur. D'une part, à raison de leur caractère nomade, le fisc se défie d'eux et prend des précautions rigoureuses pour qu'ils ne puissent pas échapper à l'impôt. D'autre part, au point de vue commercial, ils viennent concurrencer sur place les commerçants établis, qui ne les voient pas de bon œil. Ce double motif explique les dispositions exceptionnelles qui ont toujours été édictées contre eux.

733. — Nous ne nous occuperons ici que de celle qui se trouve formulée par l'art. 18, L. 25 avr. 1844, devenu l'art. 23, L. 15 juill. 1880. « Tout individu transportant des marchandises de commune en commune, lors même qu'il vend pour le compte de marchands ou de fabricants, est tenu d'avoir une patente personnelle, qui est, selon les cas, celle de colporteur avec balle, avec bête de somme ou avec voiture. » Cette exemption, en principe, était ainsi justifiée par M. Vitet, rapporteur de la loi de 1844 : « L'exemption générale accordée aux commis et personnes à gages semblerait devoir s'étendre à tout individu qui transporte et qui vend des marchandises pour le compte d'un marchand ou d'un fabricant patenté; mais s'il en était ainsi, tous les colporteurs se trouveraient exempts, car il leur serait toujours facile de justifier que les marchandises qu'ils transportent ne leur appartiennent pas et qu'ils les vendent pour le compte d'autrui. Or, cette industrie du colportage est, on le sait, l'objet de réclamations incessantes du commerce sédentaire. Sans doute on ne peut nier qu'elle n'ait son genre d'utilité, puisqu'elle facilite l'écoulement des produits de nos manufactures et qu'elle tourne au profit des consommateurs en contribuant à l'abaissement des prix; mais il est impossible de ne pas reconnaître qu'elle cause les plus grands dommages aux marchands en boutique, lesquels supportent, outre les impôts directs, les octrois et toutes les autres charges municipales. »

734. — Ainsi, le commis d'un fabricant ou d'un marchand qui, au lieu de se borner à voyager avec des échantillons, transporte et vend des marchandises, doit être personnellement assujetti à la patente. Il en serait de même du fils qui voyagerait pour vendre les marchandises de son père ou d'un commis qu'un marchand colporteur détacherait pour aller vendre d'un côté pendant que lui-même vendrait d'un autre (Instr. 1881, art. 84).

735. — Il doit être payé autant de patentes qu'il y a de personnes se livrant séparément au colportage. C'est le seul critérium auquel s'attache la jurisprudence. Elle accorde décharge à tous ceux, fils, employé, domestique, qui accompagnent le marchand forain dans ses courses, l'aident à vendre ses marchandises ou même les vendent en ses lieu et place s'il est absent. — Cons. d'Ét., 9 nov. 1863, Ravel, [Leb. chr., p. 796]; — 9 avr. 1892, Pinchaud, [D. 93.3.62]; — 26 oct. 1896, Allicy, [Leb. chr., p. 576]

736. — A plus forte raison n'est pas imposable le domestique qui n'a pas participé au commerce de son maître. — Cons. d'Ét., 17 déc. 1862, Roussel, [Leb. chr., p. 797]

737. — Au contraire, tout individu à qui le marchand forain confie le soin d'aller vendre ses marchandises doit être muni d'une patente personnelle, qu'il s'agisse d'un père vendant pour son fils, d'un fils pour son père, d'une femme pour son mari. — Cons. d'Ét., 16 avr. 1856, Georgelin, [Leb. chr., p. 281]; — 11 févr. 1857, Aubert, [Leb. chr., p. 124]; — 4 juill. 1857, Cousteau, [Leb. chr., p. 511]; — 14 janv. 1858, Lüoux, [Leb. chr., p. 68]; — 7 avr. 1858, Coudère, [Leb. chr., p. 275]; — 1er déc. 1858, Destrez, [Leb. chr., p. 671]; — 4 mai 1859, Blozy-Laplate, [Leb. chr., p. 331]; — 12 août 1859, Limaux, [Leb. chr., p. 592]; — 10 janv. 1862, Mathieu, [D. 62.3.68]; — 19 févr. 1863, Courtois, [Leb. chr., p. 161]; — 26 févr. 1867, Denis, [Leb. chr., p. 212]; — 8 févr. 1869, Magnien, [Leb. chr., p. 122]; — 16 avr. 1875, Bost, [Leb. chr., p. 327]; — 23 avr. 1875, Coulon [Leb. chr., p. 361]; — 27 juin 1879, Dupoy, [Leb. chr., p. 538]; — 8 avr. 1881, Hedeville, [Leb. chr., p. 417]; — 5 août 1881, Valliergue, [Leb. chr., p. 779]; — 2 déc. 1881, Guichard, [Leb. chr., p. 953]; — 5 févr. 1892, Renard, [D. 93.3.62]; — 27 déc. 1895, Gras, [Leb. chr., p. 860]; — 4 mai 1900, Vernet, [Leb. chr., p. 311]

738. — La circonstance que cette personne voyage avec un cheval et une voiture, qui lui sont fournis par le marchand ou le fabricant pour le compte duquel les marchandises sont vendues, n'est pas de nature à exempter le colporteur. — Cons. d'Ét., 27 janv. 1859, Javiard, [Leb. chr., p. 65]; — 27 nov. 1867, Chevalier, [Leb. chr., p. 867]; — 2 mars 1888, Delattre, [D. 89.5.351]

739. — Il résulte également de ces dispositions qu'on ne devrait pas exempter de la patente un colporteur, par cela seul qu'il prétendrait être l'associé d'un autre colporteur. Si cependant il arrivait que l'associé d'un colporteur ne fît pas de vente, ou qu'il accompagnât toujours l'associé principal, il rentrerait dans la règle commune et devrait être traité comme les autres associés secondaires des sociétés en nom collectif formées pour l'exercice d'une profession rangée dans le tableau C. En d'autres termes, il devrait être imposé conformément à l'art. 20 L. 15 juill. 1880, s'il était associé d'un marchand forain avec balle, ou être exempt de tout droit fixe s'il était associé d'un marchand forain avec bête de somme ou avec voiture (Instr. 1881, art. 84). — Cons. d'Ét., 26 juin 1866, Roughol, [Leb. chr., p. 725]

739 *bis*. — Un marchand qui a un magasin dans une ville n'est pas imposable personnellement comme marchand forain quand c'est seulement un de ses employés qui va vendre ses marchandises sur les diverses foires des environs. — Cons. d'Ét., 7 déc. 1900, Teulade, [Leb. chr., p. 735]

CHAPITRE IV.

PROPORTIONNALITÉ DE LA PATENTE. ÉTUDE DE LA TARIFICATION.

Section I.

Notions générales sur les tarifs et leur histoire. Imposition d'après les signes extérieurs.

740. — En exposant l'évolution historique de la contribution des patentes, nous avons dit que le législateur avait constamment tendu à la rendre de plus en plus exactement proportionnelle à l'importance des bénéfices de chaque contribuable. A cet effet, comme il a toujours repoussé les systèmes qui comportaient, de la part des agents du fisc, des investigations dans les livres des commerçants ou, de la part de ces derniers, une déclaration de leurs bénéfices réels, et qu'il s'est toujours tenu fermement au système de la taxation des bénéfices d'après les signes extérieurs qui les font présumer, il a été conduit fatalement à multiplier ces signes afin, en les combinant, d'atteindre chaque profession aussi exactement que possible.

741. — A cet égard, un rapide résumé des lois qui ont successivement modifié la tarification des patentes fera mesurer les progrès accomplis. D'après la loi des 2-17 mars 1791, la patente se composait uniquement d'un droit proportionnel à la valeur locative de la maison d'habitation et des locaux professionnels. La quotité de ce droit était uniforme pour toutes les professions. La loi du 4 therm. an III, abandonnant le droit proportionnel, y substitua un système de droit fixe : des patentes générales, taxées 4,000 fr., et donnant le droit d'exercer dant tout le territoire, et des patentes spéciales, ne valant que pour une commune. Ces dernières patentes variaient suivant la nature des professions, divisées, d'après leur importance respective, en 6 classes, et suivant le chiffre de la population des communes où elles étaient exercées (4 catégories de communes étaient prévues). La loi du 6 fruct. an IV combina ces divers éléments en frappant les divers patentables d'un droit fixe et d'un droit proportionnel. Ce tarif divisa les professions en deux catégories : les unes, taxées sans égard au chiffre de la population, les autres à raison de ce chiffre.

742. — Cette dernière partie du tarif était rendue plus exacte par la multiplication des classes et des catégories. Elle maintenait le principe de l'unité du droit fixe. Le patentable qui exerçait simultanément plusieurs professions ne payait la patente qu'à raison de celle qui était le plus fortement taxée. La loi du 1er brum. an VII persista dans ce système en augmentant le nombre des classes et des catégories, en imposant les fabricants à un droit supérieur à celui qui était payé par les simples marchands. Avec les lois des 25 mars 1817, 15 mai 1818 et 17 juill. 1819, on s'efforça de régler plus exactement la patente des établissements industriels en introduisant des taxes variant avec le nombre des éléments de production (métiers, broches, etc.).

743. — La loi du 25 avr. 1844 se borna à codifier les textes anciens et à mieux répartir les professions en les rangeant, comme elles le sont encore aujourd'hui, dans trois tableaux : 1° le tableau A, où les professions sont divisées en 8 classes, d'après leur importance relative, et sont frappées d'un droit fixe variant suivant le chiffre de la population, les communes étant à cet égard divisées en 8 catégories; 2° le tableau B, où des professions exceptionnelles sont taxées, en partie d'après le chiffre de la population, en partie d'après les éléments variables, tels que le nombre des employés; 3° le tableau C, où les professions sont imposées sans égard à la population et uniquement d'après les éléments de production. Enfin cette loi fait varier le taux du droit proportionnel suivant la nature de la profession au lieu d'imposer à tous les patentables le taux uniforme du dixième.

744. — Quelques causes d'inégalité subsistaient, que les lois subséquentes ont fait disparaître. Ainsi, le principe de l'unité du droit fixe, qui faisait exempter du droit fixe les établissements secondaires, disparaît avec la loi du 18 mai 1850, laquelle assujettit ces établissements à un demi-droit fixe en limitant toutefois cet accroissement de charge par un maximum. Ce maximum lui-même est supprimé le 4 juin 1858, et la loi du 29 mars 1872 abolit également celui qui limitait la patente des industriels. Cette dernière loi transforme le demi-droit fixe des établissements secondaires en un droit entier. L'impôt augmente ainsi en proportion du nombre des magasins ou des établissements des patentables. Enfin les conditions d'exercice de certaines professions très-importantes, telles que celles de tenant des magasins de diverses espèces de marchandises ou de sociétés de crédit, amènent le législateur à frapper les premiers d'autant de droits fixes qu'il existe de spécialités dans les grands magasins, quoiqu'ils forment un établissement unique, et les uns et les autres de taxes progressives sur le nombre des employés.

745. — En résumé, les signes extérieurs sur lesquels est basée la contribution des patentes sont : 1° le chiffre de la population de la commune où le commerce est exercé; 2° la nature de la profession exercée; 3° les conditions d'exercice de cette profession (opérations de gros, de demi-gros et de détail, exercice simultané de plusieurs professions dans le même établissement ou d'une profession unique dans des établissements distincts); 4° le nombre des ouvriers ou employés; 5° le nombre des machines et autres éléments de production ; 6° la valeur locative de la maison d'habitation; 7° la valeur locative des ateliers, boutiques, magasins et tous autres locaux servant à l'exercice de la profession, et de l'outillage des établissements industriels. Les cinq premiers font l'objet du droit fixe, les deux autres du droit proportionnel.

746. — Tout d'abord, la contribution des patentes, à la différence des autres contributions directes, constitue un impôt de quotité. Elle est établie d'après un tarif qui prévoit les divers commerces, industries et professions. La principale conséquence de ce fait, c'est que le contribuable, qui ne conteste pas la qualification assignée au métier qu'il exerce, ne peut se fonder, pour obtenir décharge ou réduction de la patente, sur ce que d'autres commerçants de la même commune, se livrant aux mêmes opérations, ne seraient pas taxés ou seraient assujettis à des droits inférieurs à ceux qu'il paie. En cette matière, l'égalité proportionnelle n'est pas prescrite par la loi et ne peut être utilement invoquée. — Cons. d'Et., 26 juin 1867, Milsonneau, [Leb. chr., p. 610]; — 16 déc. 1869, Bazin, [Leb. chr., p. 981]; — 3 mars 1876, Raymond, [Leb. chr., p. 217]; — 5 juill. 1878, Malric, [Leb. chr., p. 635]; — 31 oct. 1890, Leroy, [Leb. chr., p. 805]; — 6 janv. 1894, M. J. Couby, [S. et P. 95.3.126]; — 20 janv. 1894, Greland, [Leb. chr., p. 65]; — 27 mai 1898, Ogerrau, [Leb. chr., p. 417]; — 25 juin 1898, Vollet, [Leb. chr., p. 491]; — 29 nov. 1898, Bonnard, [Leb. chr., p. 743]; — 10 déc. 1898, Duc, [Leb. chr., p. 798]

Section II.

Droit fixe.

§ 1. *Population.*

1° Détermination du chiffre de la population.

747. — Voici le tarif :

Tableau A

Tarif général des professions imposées eu égard à la population.

CLASSES	DROIT FIXE								
	A Paris	DANS LES COMMUNES							
		au-dessus de 100,000 âmes	de 50,001 à 100,000 âmes	de 30,001 à 50,000 âmes	de 20,001 à 30,000 âmes	de 10,001 à 20,000 âmes	de 5,001 à 10,000 âmes	de 2,001 à 5,000 âmes	de 2,000 âmes et au-dessous
1re	400	300	240	180	120	80	60	45	35
2e	200	150	120	90	60	45	40	30	25
3e	140	100	80	60	40	30	25	22	18
4e	75	75	60	45	30	25	20	15	12
5e	50	50	40	30	20	15	12	9	7
6e	40	40	32	24	16	10	8	6	4
7e	20	20	16	12	8	8	5	4	3
8e	12	12	10	8	6	5	4	3	2

La loi nouvelle modifie le tarif pour les 7e et 8e classes de la manière suivante :

CLASSES	DROIT FIXE								
	A Paris	DANS LES COMMUNES							
		au-dessus de 100,000 âmes	de 50,001 à 100,000 âmes	de 30,001 à 50,000 âmes	de 20,001 à 30,000 âmes	de 10,001 à 20,000 âmes	de 5,001 à 10,000 âmes	de 2,001 à 5,000 âmes	de 2,000 âmes et au-dessous
7e.......	16	16	12	10	8	8	5	4	1 50
8e.......	10	10	8	6	5	5	4	3	1 »

748. — La ville de Paris qui, jusqu'en 1880, avait été confondue avec les villes de plus de 100,000 âmes, forme, aujourd'hui, une catégorie à part. Toutefois, cette catégorie ne se distingue de celle qui la suit immédiatement qu'en ce qui concerne les trois premières classes, le tarif des cinq dernières étant identiquement le même que celui des autres villes de plus de 100,000 âmes. Cette différence de traitement pour les trois premières classes s'explique par les avantages exceptionnels que les patentables qui y sont rangés retirent de la résidence à Paris. Les patentables des cinq autres classes s'adressent principalement à une clientèle de quartier, et exercent leurs professions à Paris à peu près dans les mêmes conditions que ceux qui ont des établissements analogues dans les autres villes de plus de 100,000 âmes (Instr. 1881, art. 3).

749. — Le droit fixe est également établi eu égard à la population pour les professions rangées dans le tableau B; mais il est réglé suivant un tarif exceptionnel, c'est-à-dire qu'il est gradué non par classe comme pour le tableau A, mais pour chaque profession en particulier, suivant divers degrés de population (Instr. 1881, art. 4).

750. — Pour les professions dont le droit fixe varie en raison de la population du lieu où elles sont exercées, les tarifs sont appliqués d'après la population telle qu'elle a été déterminée par le dernier décret de dénombrement (L. 15 juill. 1880, art. 5).

751. — Toutefois on ne pourrait prendre pour base de l'imposition un décret de dénombrement qui, tout en étant d'une date antérieure à la publication des rôles de patente, n'aurait néanmoins été promulgué que postérieurement à cette publication. — Cons. d'Et., 16 sept. 1848, Pothier, [Leb. chr., p. 608]; — 9 déc. 1857, Keppel, [S. 58.2.608, P. adm. chr.]; — 30 juin 1858, Roze, [S. 59.2.335, P. adm. chr., D. 59.3.4]

752. — *A fortiori* ne peut-on appliquer un tarif pour une année antérieure à celle où il doit entrer en vigueur. — Cons. d'Et., 6 août 1892, Tramoy, [Leb. chr., p. 697]

753. — En vertu du principe d'annualité, c'est le décret de dénombrement en vigueur au 1er janvier et non celui qui sera en vigueur au moment de la publication du rôle des patentes qui doit servir de base au calcul du droit fixe. — Cons. d'Et., 5 avr. 1895, Legrand, [D. 96.3.41]

754. — Conformément aux prescriptions de ces décrets de dénombrement, ne comptent pas dans le chiffre de la population servant de base à l'assiette de l'impôt les catégories suivantes : corps de troupes de terre et de mer; maisons centrales de force et de correction; maisons d'éducation correctionnelle et colonies agricoles de jeunes détenus; prisons départementales, bagnes; dépôts de mendicité; asiles d'aliénés; hospices; lycées et collèges communaux; écoles spéciales; séminaires; maisons d'éducation et écoles avec pensionnats; communautés religieuses; réfugiés à la solde de l'Etat; ouvriers étrangers à la commune attachés aux chantiers temporaires de travaux publics (Décr. 10 févr. 1896, *J. off.* 12 février). C'est donc la population normale ou municipale qui seule doit servir de base à l'assiette de l'impôt (Instr. 1881, art. 11).

755. — A la suite de chaque recensement, les tableaux de la population municipale sont examinés et rapprochés des états du dernier recensement; si de cet examen il ressort que les résultats du nouveau dénombrement doivent modifier l'état de choses existant et faire varier les tarifs, le préfet, sur le rapport du directeur des contributions directes, prend un arrêté pour régulariser la perception.

756. — Quand le nouveau décret de dénombrement a fixé le chiffre de la population d'une commune, ce chiffre peut être contesté par le conseil général, la commune, l'administration des contributions directes. Notamment, lorsque le directeur des contributions directes estime que le dénombrement de la population d'une commune a été mal établi et qu'une nouvelle opération aurait pour effet de replacer la commune dans une catégorie supérieure à celle qui lui est assignée par le décret, soit quant au chiffre de la population totale, soit quant au chiffre de la population agglomérée, il doit adresser à l'administration un rapport motivé et attendre ses instructions avant de provoquer une vérification contradictoire. Le préfet ordonne, s'il y a lieu, un nouveau dénombrement, qui doit être opéré contradictoirement entre les délégués de la mairie et les agents de l'administration des contributions directes. Si cette nouvelle opération fait ressortir une erreur, le préfet prend un arrêté qu'il transmet au ministre, afin de faire rectifier le décret de dénombrement. Il est pris alors un décret rectificatif. — Circ. dir. C. dir., 3 mars 1845 (B. C. D., p. 41; 8 juin 1846).

757. — Le recours de la commune doit être formé non contre le décret de dénombrement lui-même, par la voie du recours pour excès de pouvoir, mais contre l'arrêté du préfet qui lui fait connaître qu'elle change de classe. — Cons. d'Et., 22 juin 1877, Comm. de Caluire, [Leb. chr., p. 617]; — 5 déc. 1890, Ville de Bernay, [Leb. chr., p. 907] — Aux termes de la loi du 4 août 1844, s'il s'élève des difficultés relativement à la catégorie dans laquelle une commune devra être rangée par suite d'un nouveau recensement de la population..., pour l'application du tarif des patentes, la réclamation du conseil général du département ou de la commune ou celle de l'administration des contributions directes sera instruite et jugée conformément aux dispositions de l'art. 22 L. 28 avr. 1816.

758. — La procédure organisée par cet article est la suivante : « S'il s'élève des difficultés relativement à l'assujettissement d'une commune ou à la classe dans laquelle elle devra être rangée par sa population, la réclamation de la commune sera remise au préfet, qui, après avoir pris l'opinion du sous-préfet et celle du directeur, la transmettra, avec son avis, au directeur général, sur le rapport duquel il sera statué par le ministre des Finances, sauf le recours de droit; et la décision sera provisoirement exécutée. »

759. — Le droit de réclamation, qui appartient à la commune, appartient aussi à l'administration des contributions directes. Ce droit de l'administration a été reconnu par un avis du Conseil d'Etat du 11 oct. 1837, dont le dispositif porte que : « L'art. 22, L. 28 avr. 1816, a conservé toute sa force; la publication quinquennale des tableaux officiels de la population ne peut mettre obstacle à ce que, dans l'intervalle de cette période, les villes, dans leur intérêt particulier, l'administration dans celui du Trésor, ne réclament contre les erreurs ou les changements qui auraient pour résultat de les astreindre indûment au paiement de l'impôt ou de les excepter à tort. » Cet avis a été consacré par le Conseil d'Etat statuant au contentieux. — Cons. d'Et., 18 mars 1842, Ville de Bagnols, [Leb. chr., p. 119]

760. — Les réclamations peuvent se produire soit à propos d'un nouveau recensement argué d'inexactitude, ou pendant la période quinquennale à l'occasion de faits nouveaux qui viendraient à modifier les résultats du recensement. L'instruction de ces demandes se fait contradictoirement; une commission composée en nombre égal de représentants de la commune et de représentants de l'administration, présidée par le préfet ou son délégué, procède aux vérifications; le sous-préfet et le directeur des contributions directes donnent leur avis, ainsi que le préfet. Le ministre des Finances statue sur cette demande. S'il estime la réclamation non fondée, il la rejette, et la commune peut alors se pourvoir devant le Conseil d'Etat. Croit-il au contraire la réclamation fondée, il doit saisir le ministre de l'Intérieur et, d'accord avec lui, provoquer le décret rectificatif. C'est après ce décret que le ministre des Finances doit statuer. Le décret rectificatif ne le dispense pas de statuer et n'est qu'un préliminaire de sa décision.

761. — Si c'est l'administration des contributions directes qui réclame, prétendant que la population municipale n'a pas été intégralement comptée, elle place la commune dans une catégorie supérieure, et l'on suit les formes de l'art. 22, L. 28 avr. 1816. Si la réclamation paraît justifiée, le ministre des Finances provoque, par l'intermédiaire du ministre de l'Intérieur, un décret rectificatif qui relève le chiffre de la population. A la suite de cet arrêté, le préfet prend un arrêté relevant le tarif, et la commune réclame à son tour contre cet arrêté, si elle s'y croit fondée et dans les formes indiquées ci-dessus. — Cons. d'Et., 5 déc. 1890, précité, et les conclusions de M. Valabrègue.

762. — Une erreur commise dans le dénombrement de la population ne peut motiver une réclamation de la part d'un contribuable, alors qu'elle n'a pas pour effet d'entraîner un changement de catégorie pour la commune. — Cons. d'Et., 27 janv. 1888, Besson, [Leb. chr., p. 94]

763. — L'art. 5 L. 15 juill. 1880 dispose que « quand le dénombrement fera passer une commune dans une catégorie supérieure à celle dont elle faisait précédemment partie, l'augmentation du droit fixe ne sera appliquée que pour moitié pendant les cinq premières années ». Ainsi un patentable du tableau A, qui avant le dénombrement, payait un droit fixe de 60 fr. et que le dénombrement fait passer dans une catégorie où sa profession est passible d'un droit de 80 fr., ne paiera pendant cinq ans que la moitié de l'augmentation, soit dans l'espèce 70 fr. La même règle sera appliquée à un contribuable du tableau B. Par exemple, un banquier habitant une ville de 30,001 à 80,000 âmes paie une taxe déterminée de 400 fr. et une taxe variable de 20 fr. par employé au-dessus de cinq. Dans les communes de plus de 50,001 âmes, ces droits sont portés respectivement à 500 fr. et à 25 fr. Pendant les cinq premières années, il paiera à raison de 450 fr. et 22 fr. 50 par employé (Instr. 1881, art. 9). — Cass., 7 nov. 1884, Vians, [Leb. chr., p. 754]

764. — Si une commune déjà soumise à un tarif exceptionnel venait, par suite d'un nouveau dénombrement, à éprouver un changement de population motivant une seconde élévation de tarif, on ne lui ferait subir l'augmentation dont elle serait devenue passible (la moitié restant à appliquer de l'ancienne augmentation et l'augmentation nouvelle) qu'avec le tempérament prescrit par l'art. 5 de la loi de 1880, c'est-à-dire que pendant cinq ans on n'ajouterait aux droits réglés par le tarif exceptionnel en vigueur, que la moitié de la différence de ces droits avec les droits applicables à la nouvelle population. Supposons, par exemple, qu'une commune de 5,001 à 10,000 âmes voie en dix ans sa population dépasser d'abord 10,000 puis 20,000 âmes, le droit des patentables de la première classe du tableau devrait passer de 60 à 80, puis à 120 fr. Pendant les cinq premières années ces contribuables ne paieront que 70 fr. et pendant les cinq années suivantes, ils paieront 70 + 50 : 2 = 95 fr., au lieu de 120 fr. (Instr. 1881, art. 10).

765. — Les tempéraments n'ayant été prescrits par la loi que pour le cas de changements de catégories résultant du mouvement naturel de la population, il n'y a pas lieu de les appliquer lorsque le changement est le résultat de modifications survenues dans les circonscriptions communales. En pareil cas, les patentables sont imposables d'après le tarif afférent à la nouvelle population de la commune aussitôt que ce tarif peut être appliqué dans les rôles primitifs, c'est-à-dire dans l'année qui suit immédiatement l'acte qui a prononcé la modification des limites du territoire (Instr. 1881, art. 13).

766. — Le Conseil d'Etat a admis que l'art. 5, § 2, de la loi de 1880 ne s'applique pas au cas où, par un décret de dénombrement, un quartier, jusqu'alors compris dans la banlieue, vient à être compris dans la partie agglomérée. — Cons. d'Et., 6 janv. 1858, Thuillier, [D. 58.3.52]

767. — ... Ni à celui où une section est réunie à une ville. — Cons. d'Et., 11 mars 1863, Lapierre, [Leb. chr., p. 230]

767 *bis*. — La loi nouvelle complète l'art. 5 de la manière suivante : « La réduction du droit fixe, prévue au § précédent est étendue, dans les villes dont la population totale est de plus de 5,000 âmes, aux portions de territoire qu'un nouveau dénombrement fait passer de la partie non agglomérée dans la partie agglomérée. » Il a paru équitable au législateur d'assimiler le cas où un décret de dénombrement fait passer une banlieue entière ou une partie de banlieue au cas où il fait passer une ville d'une catégorie dans une autre. En outre l'art. 2 de cette loi modifie l'art. 6 de la loi de 1880 en substituant au mot banlieue qui n'avait pas une portée suffisamment précise, l'expression : « partie non agglomérée ».

768. — Au cas où la population viendrait à décroître et où la commune passerait dans une classe inférieure, les patentables de cette commune auraient droit au dégrèvement dès l'année qui suivrait la promulgation du décret de dénombrement constatant la diminution de population. — Fournier et Daveluy, p. 108.

2° Population de la banlieue.

769. — « Dans les communes dont la population totale est de plus de 5,000 âmes, les patentables exerçant dans la banlieue des professions imposées eu égard à la population paieront le droit fixe d'après le tarif applicable à la population non agglomérée. Les patentables exerçant lesdites professions dans la partie agglomérée paieront le droit fixe d'après le tarif applicable à la population totale (L. 15 juill. 1880, art. 6) ». — Cons. d'Et., 26 avr. 1851, Bourdoncle, [Leb. chr., p. 298]; — 24 févr. 1888, Jublima, [Leb. chr., p. 190]; — 7 juill. 1899, Chion, [Leb. chr., p. 504]

770. — Les décrets de dénombrement indiquent le total de la population agglomérée. Aux termes des instructions administratives lancées au moment des opérations de recensement, il faut considérer comme comprises dans l'agglomération les maisons contiguës ou réunies entre elles par des parcs, jardins, vergers, chantiers, ateliers ou autres enclos de ce genre, lors même que ces habitations ou enclos seraient séparés l'un de l'autre par une rue, un fossé, un ruisseau, une rivière, une promenade. Dans les villes militaires, quelle que soit la distance qui sépare les faubourgs de la cité proprement dite, ils sont réputés faire partie de l'agglomération (Circ. 3 mars 1845, 12 févr. 1851). L'agglomération doit en général être appréciée d'après l'état des lieux; elle existe toutes les fois qu'il peut y avoir continuité de communications. Elle est de fait interrompue par des terrains non clos, vagues ou en culture.

771. — On comprend sous le nom de banlieue la population éparse dans les dépendances rurales, dans les hameaux, villages séparés, dans les métairies, maisons isolées (Circ. 3 mars 1845).

772. — Pour faciliter l'application de l'art. 6, la matrice des patentes est divisée en deux parties, comprenant : l'une, les patentables de la ville; l'autre, ceux de la banlieue. On applique aux patentables de chaque partie le tarif qui les concerne.

773. — Aux yeux de l'administration, les décrets de dénombrement font autorité, non seulement pour fixer le chiffre de la population des communes, mais encore pour distinguer ce qui dans la commune forme la partie agglomérée et ce qui constitue la banlieue (Instr. 1881, art. 12). — Cons. d'Et., 25 mars 1858, Darteyre, [Leb. chr., p. 264]; — 28 déc. 1858, Plaisant, [Leb. chr., p. 753]

774. — Mais le Conseil d'Etat se reconnaît le droit d'apprécier, en fait, d'après la situation des lieux et contrairement aux énonciations du décret de dénombrement, si un établissement se trouve dans la banlieue ou dans l'agglomération. C'est ainsi qu'il a décidé qu'un magasin situé à plus de 300 mètres du rayon de l'octroi, était dans la banlieue, nonobstant un décret de dénombrement qui l'englobait dans l'agglomération. — Cons. d'Et., 26 avr. 1890, Desmarais, [S. et P. 92.3.94, D. 91.3.101]

775. — Lorsqu'un patentable a ses bureaux dans la partie agglomérée et son magasin de dépôt dans la banlieue, il doit le droit fixe afférent à la population totale et non celui payé par la banlieue. — Cons. d'Et., 8 avr. 1892, Desmarais, [D. 93.5.411]

776. — Les limites qui séparent l'agglomération de la banlieue ne coïncident pas nécessairement avec celles de l'octroi. Ainsi alors même que l'établissement du patentable se trouve en dehors des limites de l'octroi, il peut se trouver dans la partie agglomérée et doit dans ce cas être imposé d'après le chiffre de la population totale. — Cons. d'Et., 13 avr. 1853, Rozet, [Leb. chr., p. 443]; — 31 août 1865, Bouchard, [S. 66.2.248, P. adm. chr., D. 66.5.538]; — 2 mars 1877, Debrouwer, [Leb. chr., p. 216]; — 14 mars 1879, Raphanel, [S. 80.2.279, P. adm. chr., D. 79.3.77]

777. — Lorsque l'art. 6 dispose que celui qui a son établissement dans la partie agglomérée doit être imposé d'après le tarif de la population *totale*, il ne faut pas entendre cette expression dans le sens où l'emploient les décrets de dénombrement. Il ne s'agit pas de tenir compte ici de la population flottante, mais seulement d'ajouter à la population municipale de l'agglomération la population municipale de la banlieue.

778. — Quand un dénombrement fait constater que la population de la banlieue a augmenté de manière à influer sur les droits de patente, l'augmentation des droits n'a lieu que pour moitié pendant les cinq premières années (Instr. 1881, art. 9). — V. *suprà*, n. 763 et s.

779. — Aux termes de l'art. 16 L. 15 juill. 1880, « dans les communes dont la population est inférieure à 20,001 âmes » mais qui, en vertu d'un nouveau dénombrement, passent dans la catégorie des communes de 20,001 âmes et au-dessus, les patentables des 7e et 8e classes ne seront soumis au droit proportionnel que dans le cas où un second décret de dénombrement aura maintenu lesdites communes dans la même catégorie. La règle ci-dessus n'est pas applicable dans le cas où des habitations qui appartiennent à la banlieue d'une commune de plus de 20,000 âmes viennent à être rattachées à la partie agglomérée de cette commune. Les patentables occupant les habitations dont il s'agit doivent être immédiatement, tant pour le droit proportionnel que pour le droit fixe, imposés sur le même pied que ceux de la partie agglomérée (Instr. 1881, art. 61).

779 *bis*. — La loi nouvelle modifie sur deux points les art. 5 et 16 de la loi de 1880 : 1° Elle étend le bénéfice de l'art. 16 de la loi de 1880 aux patentables des 5e et 6e classes; 2° elle l'étend à tous les cas où une commune passe, par suite d'un nouveau dénombrement, d'une catégorie dans une autre. (Ainsi elle profite aux patentables des communes de moins de 20,000 âmes comme aux autres); 3° par une disposition additionnelle à l'art. 1, elle applique la même règle aux patentables des 5e, 6e, 7e et 8e classes exerçant leur profession dans les portions de territoire nouvellement comprises dans la partie agglomérée.

3° Communes pourvues d'un entrepôt réel.

780. — Par dérogation à la règle générale, certaines professions du tableau B sont frappées d'un droit fixe supérieur à celui que leur ferait attribuer le chiffre de la population de la commune où elles sont exercées, lorsque cette commune a un entrepôt réel. Le droit fixe dû est celui de la catégorie immédiatement supérieure. Les professions soumises à cette particularité sont celles d'agent de change, d'entrepreneur d'assurances maritimes, de banquier, de tenant caisse ou comptoir d'avances ou de prêts, de recettes et de paiements: de commissionnaire en marchandises, de commissionnaire de transport par terre et par eau, de courtier de marchandises, de facteur de denrées et marchandises, de courtier d'assurances, de courtier de navires, de commissionnaire entrepositaire, de négociant, de tenant une agence de paquebots étrangers, d'entrepreneur de roulage, d'entrepreneur de signaux télégraphiques.

781. — Pour toutes ces professions on a escompté les bénéfices résultant de l'accroissement de clientèle que l'existence de l'entrepôt amènerait à ces patentables. La liste des communes où existe un entrepôt réel est la suivante : Abbeville, Agde, Alger, Amiens, Arles, Bayonne, Blaye, Bône, Bonnières, Bordeaux, Bouchain (Nord), Boulogne, Brest, Caen, Calais, Cannes, Cavernes, Cette, Chambéry, Charente, Charleville, Cherbourg, Constantine, Dahouet, Dieppe, Douai, Dunkerque, Étaples, Fécamp, Granville, Gravelines, Le Havre, Honfleur, Isigny, La Calle, La Nouvelle, La Rochelle, Le Légué, Le Tréport, Les Sables, Libourne, Lille, Lorient, Lyon, Marans, Marseille, Morlaix, Nantes, Nice, Oran, Orléans, Paimbœuf, Paimpol, Paris, Philippeville, Pontrieux, Port-Vendres, Quimper, Redon, Regnéville, Rochefort, Roscoff, Rouen, Saint-Malo, Saint-Nazaire, Saint-Ouen (Seine), Saint-Servan, Saint-Valéry-en-Caux, Saint-Valéry-sur-Somme, Tenez (Algérie), Toulon, Toulouse, Tréguier, Valenciennes, Vannes.

782. — L'augmentation du droit se produit, que l'entrepôt soit général ou spécial à certaines natures de marchandises et quelle qu'en soit l'importance. — Faivre, *Notice*, p. 109.

783. — Les patentables exerçant une des professions du tableau B, soumises à un droit exceptionnel à raison de l'existence d'un entrepôt réel, sont passibles de cette augmentation de droit, alors même que l'entrepôt ne serait pas dans la ville, du moment qu'il se trouve sur le territoire de la commune. — Cons. d'Ét., 25 mai 1864, Sibert, [Leb. chr., p. 491]

§ 2. *Conditions d'exercice de la profession.*

784. — Le droit fixe est établi eu égard à la population pour les professions, commerces et industries rangés dans le tableau A annexé à la loi du 15 juill. 1880. Ces professions, commerces et industries sont distribués en huit classes, et le droit fixe qu'ils comportent est appliqué d'après la catégorie de population à laquelle appartient la commune où ils sont exercés. Ce droit est réglé d'après un tarif général, c'est-à-dire qu'il est le même pour toutes les professions d'une même classe dans une même commune. Il consiste en une somme invariable pour chaque classe de chaque catégorie de population (Instr. 1881, art. 3). Les professions rangées dans ce tableau sont celles dont le principal élément de prospérité est l'affluence des acheteurs et dont, par conséquent, l'importance peut se mesurer assez exactement par le chiffre de la population de la commune où elles s'exercent. Ce sont principalement les professions de marchands en boutique et en magasin.

785. — Le législateur a réparti les professions imposées au droit fixe d'après un tarif général, et eu égard à la population, en 8 classes, d'après leur importance relative. Il a établi ainsi une sorte de hiérarchie entre les professions, d'après les bénéfices qu'elles sont présumées devoir donner à ceux qui les exercent. Cette classification est nécessairement assez arbitraire et cette partie du travail du législateur a donné lieu à de fréquents remaniements. Nombreuses sont les professions qui, depuis l'an VII jusqu'à nos jours, ont changé de classe sur le tableau.

786. — Les professions sont aussi rangées, dans les diverses classes du tableau A, d'après les conditions dans lesquelles elles s'exercent. Les marchands peuvent vendre en gros, en demi-gros, en détail, en petit détail. Il peuvent vendre les marchandises sur place ou les expédier au loin. Ils peuvent exercer leur profession en boutique et magasin ou n'avoir ni l'un ni l'autre. Sont-ils en même temps marchands et fabricants, ils peuvent fabriquer pour leur compte ou sur commande ou à façon. Les marchands en gros sont rangés pour la plupart dans la 1re classe. Cependant quelques-uns se rencontrent encore dans les 2e, 3e, 4e et même dans la 5e classe. Les marchands en demi-gros sont répartis entre les 2e, 3e, 4e et 5e classes. Les marchands en détail apparaissent dans la 3e classe et sont répartis dans toutes les classes suivantes. Les fabricants travaillant à façon sont rangés dans les 6e, 7e et surtout 8e classes.

1° Marchands en gros.

787. — Pour un grand nombre de commerces, la classe varie selon que les ventes se font en gros, en demi-gros ou en détail. Qu'est-ce qu'un marchand en gros? La définition a varié. Aux termes de la loi du 25 avr. 1844, le marchand en gros était celui qui vendait *habituellement* aux marchands en demi-gros et aux marchands en détail. La loi du 18 mai 1850 simplifia la définition en décidant que les marchands en gros étaient ceux qui vendaient *habituellement* à d'autres marchands.

788. — La raison de cette modification apportée au texte de la loi de 1844 était que le Conseil d'État avait refusé de considérer comme des marchands en gros des patentables dont la clientèle se composait exclusivement de détaillants. Il exigeait absolument que dans cette clientèle il y eût des marchands en demi-gros. — Cons. d'Ét., 15 janv. 1849, Lacordaire, [Leb. chr., p. 36]; — 23 déc. 1849, Delfès, [Leb. chr., p. 630]; — 22 févr. 1850, Héron, [Leb. chr., p. 168]; — 24 mai 1851, Cornuel, [Leb. chr., p. 384]

789. — La loi du 18 mai 1850 permit de ne plus faire de distinction entre les différents marchands composant la clientèle des marchands en gros. Du moment que les acheteurs étaient des marchands, peu importait dans quelles conditions ils revendaient les produits achetés par eux. — Cons. d'Ét., 17 avr. 1861, Saintot, [Leb. chr., p. 265]; — 24 nov. 1869, Bonet-Maury, [Leb. chr., p. 916]

790. — Mais les conseils de préfecture se divisèrent sur l'interprétation du mot *habituellement*. « Quelques-uns ont pensé qu'on devait comparer le nombre des ventes faites à d'autres marchands à celui des ventes faites directement aux consommateurs. L'administration estimait au contraire que c'était l'importance respective des deux genres de commerce dont il fallait tenir compte et qu'il ne suffisait pas qu'un patentable joignît à son commerce de gros un commerce de détail, qui par son importance ne représentait, par exemple, que 5 ou 6 p. 0/0 de son commerce total, pour descendre dans la catégorie des marchands en demi-gros, sous le prétexte que les ventes en détail seraient plus nombreuses que les ventes en gros. Le Conseil d'État avait donné raison à l'administration (Instr. 1881, art. 25).

791. — Le législateur de 1880 a néanmoins pensé qu'il con-

venait, par l'adoption d'un texte plus clair, de rendre impossible toute contestation pour l'avenir. Il substitua en conséquence le mot *principalement* au mot *habituellement*. « Sont marchands en gros ceux qui vendent principalement à d'autres marchands. »

792. — Tout d'abord il faut remarquer qu'on doit toujours s'attacher au caractère habituel des opérations que fait le patentable pour lui donner une qualification plutôt qu'une autre. De même que quelques opérations d'achat ou de vente faites accidentellement ne rendent pas un contribuable passible de la contribution des patentes, de même il ne suffirait pas qu'un marchand en détail eût accidentellement fait quelques ventes de peu d'importance à un marchand pour être qualifié de marchand en demi-gros, ou qu'un marchand en gros eût fait accidentellement quelques ventes à des consommateurs, pour descendre à la classe du marchand en demi-gros. Les ventes exceptionnelles ou tout au moins n'ayant pas le caractère de fait habituel ou principal, ne sauraient influer sur le classement du patentable qui les effectuerait (Instr. 1881, art. 25).

793. — En conséquence, le Conseil d'État a maintenu la patente de marchand en gros à des patentables qui, vendant habituellement à d'autres marchands, ne vendaient qu'accidentellement aux consommateurs. — Cons. d'Ét., 5 janv. 1853, Durand-Niatel, [Leb. chr., p. 7]; — 11 janv. 1853, Roudeau, [Leb. chr., p. 83]; — 19 avr. 1854, Saint-Requier, [Leb. chr., p. 301]; — 17 sept. 1854, Lalande et Nicolet, [Leb. chr., p. 846]; — 13 mars 1860, Nourry, [Leb. chr., p. 218]; — 12 sept. 1864, Lavaud, [Leb. chr., p. 910]; — 8 nov. 1872, Silvan, [Leb. chr., p. 566]; — 14 mars 1873, Daupeby, [Leb. chr., p. 238]; — 16 avr. 1875, Stricker, [Leb. chr., p. 325]; — 7 avr. 1876, Gehan, [Leb. chr., p. 355]; — 27 avr. 1877, Goujon, [Leb. chr., p. 384]; — 17 janv. 1879, Galand, [Leb. chr., p. 18]; — 25 mars 1881, Viviers, [Leb. chr., p. 328]

794. — Aujourd'hui donc est marchand en gros non seulement celui qui vend exclusivement ou presque exclusivement à d'autres marchands...: — Cons. d'Ét., 26 mai 1876, Arthaud, [Leb. chr., p. 484]; — 14 mars 1879, Lombard, [D. 79.3.78]; — 11 juin 1880, Perret, [Leb. chr., p. 543]; — 6 janv. 1882, Boyrivers, [Leb. chr., p. 7]; — 9 mai 1884, Picollet, [Leb. chr., p. 355]; — 16 avr. 1886, Neveu, [Leb. chr., p. 353]; — 14 mai 1886, Itord, [Leb. chr., p. 408]; — 25 mars 1898, Gérin, [Leb. chr., p. 255]

795. — ... Mais encore celui qui vend principalement à d'autres marchands. — Cons. d'Ét., 1er déc. 1882, Robert, [Leb. chr., p. 964]; — 2 févr. 1883, Chagnaux, [Leb. chr., p. 105]; — 7 déc. 1883, Picoche, [Leb. chr., p. 893]; — 1er juill. 1887, Sendrier, [Leb. chr., p. 527]; — 20 janv. 1888, Charpentier, [Leb. chr., p. 49]; — 1er juin 1888, Antonin, [Leb. chr., p. 480]; — 22 juin 1888, Esnault, [Leb. chr., p. 553]; — 2 mars 1889, Gaillard, [Leb. chr., p. 301]; — 15 mars 1890, Mehier-Cédré, [Leb. chr., p. 300]; — 29 déc. 1894, Bouzianne, [Leb. chr., p. 741]; — 28 juin 1895, Saint, [D. 95.5.393]

796. — Pour savoir si les ventes ont été faites principalement aux marchands ou aux consommateurs, la jurisprudence du Conseil d'État s'attache tantôt au nombre, tantôt à l'importance, tantôt à ces deux signes ensemble. Ainsi on a considéré comme marchands en gros, les marchands dont les ventes faites à d'autres marchands représentaient la majeure partie des ventes effectuées par eux. — Cons. d'Ét., 12 juin 1885, Paroy, [Leb. chr., p. 569] (99 p. 0/0); — 9 juill. 1886, Crosnier, [Leb. chr., p. 583] (86 p. 0/0); — 16 déc. 1887, Garin, [D. 87.5.330] (96 p. 0/0).

797. — Plus souvent le Conseil d'État s'est attaché à rechercher quelle somme représentait l'ensemble des ventes aux marchands comparées au produit des ventes faites aux consommateurs. C'est ainsi qu'il a maintenu à la patente en qualité de marchands en gros ceux dont le chiffre d'affaires avec d'autres marchands l'emportait notablement sur celui des transactions faites avec les simples particuliers. — Cons. d'Ét., 22 avr. 1857, Trapé, [Leb. chr., p. 304] (17,000 fr. de ventes aux détaillants contre 1,771 de ventes aux consommateurs); — 27 mai 1857, Léonard, [Leb. chr., p. 416] (9,344 fr. contre 336 fr.); — 13 mars 1860, Viollet, [Leb. chr., p. 218] (ventes en gros représentant les 14 quinzièmes du chiffre des affaires); — 19 déc. 1860, Boussenier, [Leb. chr., p. 776] (257,976 fr. contre 16,799 fr.); — 9 févr. 1861, Perdrix, [Leb. chr., p. 87] (217,619 fr. contre 9,745 fr.); — 6 mars 1861, Bernard, [Leb. chr., p. 153] (529,849 fr. contre 21,370 fr.); — 20 mars 1861, Boltentuit, [Leb. chr., p. 192] (166,327 fr. contre 8,082 fr.); — 11 avr. 1861, Paccalet, [Leb. chr., p. 254] (121,792 fr. contre 4,155 fr.); — 19 mars 1864, Charent, [Leb. chr., p. 283] (258,774 fr. contre 2,224 fr.); — 5 juill. 1865, Rinck, [Leb. chr., p. 686] (192,000 fr. contre 9,000 fr.); — 10 avr. 1866, Thomiard, [Leb. chr., p. 339] (31,896 fr. contre 638); — 9 août 1869, Régis, [Leb. chr., p. 768] (128,465 fr. contre 4,541 fr.); — 22 mai 1885, Favier, [Leb. chr., p. 528] (11,500 fr. contre 5,000 fr.); — 26 mars 1886, Reynaud, [Leb. chr., p. 287] (414,000 fr. contre 36,000 fr.); — 4 févr. 1887, Noyeux, [Leb. chr., p. 109] (139,905 fr. contre 58,585 fr.).

798. — Il n'y a pas de difficulté quand les ventes aux marchands l'emportent par le nombre comme par l'importance sur les ventes aux consommateurs. — Cons. d'Ét., 28 mai 1856, Lacroix, [Leb. chr., p. 381] (1,128 ventes aux marchands représentant 396,694 fr., contre 517 ventes aux particuliers représentant 21,361 fr.); — 10 déc. 1856, Biocons, [Leb. chr., p. 691] (1,264 ventes aux marchands pour 150,929 fr., contre 14 ventes pour 141 fr.); — 5 juill. 1859, Emerie, [Leb. chr., p. 472] (664 ventes pour 153,436 fr., contre 159 ayant produit 7,309 fr.); — 12 août 1861, Bellour, [Leb. chr., p. 725] (867 ventes pour 34,791 fr., contre 251 pour 1,964 fr.): — 6 déc. 1862, Faure, [Leb. chr., p. 750] (831 ventes pour 168,671 fr., contre 161 pour 4,951 fr.); — 17 déc. 1862, Lavaud, [Leb. chr., p. 790] (2,795 ventes pour 582,190 fr., contre 128 ventes pour 30,854 fr.); — 20 mai 1881, Cardinal, [Leb. chr., p. 529] (2,898 ventes pour 326,813 fr., contre 362 pour 10,341 fr.); — 11 déc. 1885, Etienne, [Leb. chr., p. 948] (4,312 ventes pour 317,459 contre 3,220 pour 53,519 fr.); — 8 avr. 1892, Tlorun, [Leb. chr., p. 371 (ventes en gros représentant 63 1/2 p. 0/0 du nombre total et 90 0/0 du produit total).

799. — Mais lorsque le nombre des ventes aux consommateurs l'emporte sur celui des ventes faites aux marchands et que ce dernier donne un produit supérieur au premier, auquel des deux signes doit-on s'attacher de préférence? Depuis longtemps la jurisprudence du Conseil d'État s'est fixée en ce sens que c'est surtout l'importance des ventes qu'il faut considérer et qu'il faut maintenir à la patente de marchands en gros ceux qui se trouvent avoir vendu dans les conditions du gros pour une somme supérieure à celle produite par les ventes en détail, celles-ci fussent-elles plus nombreuses. — Cons. d'Ét., 21 mai 1862, Rivet, [Leb. chr., p. 404] (653 ventes en gros ayant donné 117,837 fr., contre 2,765 ventes en détail ayant produit 44,885 fr.); — 16 juill. 1862, Morand, [Leb. chr., p. 573] (430 ventes en gros pour 109,519 fr., contre 856 ventes en détail pour 20,076 fr.); — 24 janv. 1866, Valabrègue, [Leb. chr., p. 1182] (921 ventes en gros représentant 236,000 fr., contre 2,071 ventes en détail représentant 20,855 fr.); — 10 juill. 1885, Baudouin, [Leb. chr., p. 657] (70 ventes en gros représentant 1,910 quintaux contre 374 ventes en détail représentant 202 quintaux); — 21 avr. 1893, Téchency, [Leb. chr., p. 315] (1,085 ventes représentant 86,151 fr., contre 2,121 ventes représentant 14,463 fr.); — 6 nov. 1896, Nand-Cormier, [Leb. chr., p. 694]; — 17 déc. 1898, Potel, [Leb. chr., p. 818]; — 7 août 1900, Potel, [Leb. chr., p. 297]; — 28 déc. 1900, de Thalas, [Leb. chr., p. 841]

800. — De même, quand il s'agit d'intermédiaires de commerce, tels que les commissionnaires en marchandises, facteurs, courtiers, etc., doivent être imposés comme opérant en gros ceux qui s'entremettent entre les marchands en gros, entre les marchands en gros et les marchands en demi-gros, entre les fabricants et les marchands, entre les producteurs de matières premières et les industriels qui les transforment. — Cons. d'Ét., 24 avr. 1868, Jollin, [Leb. chr., p. 454]; — 17 juin 1868, Champion, [Leb. chr., p. 676]; — 4 juill. 1868, Horster Canolle, [Leb. chr., p. 772]; — 10 août 1868, Reinhardt, [Leb. chr., p. 830]; — 14 déc. 1868, Fromet, [Leb. chr., p. 1023]; — 15 déc. 1868, Labadie, [Leb. chr., p. 1033]; — 16 déc. 1868, Jouquet, [Leb. chr., p. 1047]; — 7 août 1869, Thesmard, [Leb. chr., p. 757]; — 13 juin 1873, Mion, [Leb. chr., p. 530]; — 7 janv. 1876, Cartan, [Leb. chr., p. 1]; — 18 mai 1877, Leroux, [Leb. chr., p. 466]; — 14 nov. 1879, Vernes, [Leb. chr., p. 688]; — 26 déc. 1879, Descottes, [Leb. chr., p. 847]; — 28 mai 1880, Gurth, [Leb. chr., p. 493]; — 17 déc. 1880, Aurégan, [Leb. chr., p. 1021]; — 25 févr. 1881, Muscat, [Leb. chr., p. 222]; — 10 nov. 1882, Hénon, [Leb. chr., p. 862]; — 16 mars 1883, Weiss, [Leb. chr., p. 280]; — 23 nov. 1883, Héran, [Leb. chr., p. 842]; — 9 mai 1884, Le Masurier, [Leb. chr., p. 358]; — 16 mai 1884, Becker, [Leb. chr., p. 393]; — 1er août 1884, Doladille, [Leb. chr., p. 676]; — 14 nov. 1884, Bossange, [Leb. chr., p. 778]; — 31 mai 1895, Simonin, [Leb. chr., p. 470]; — 1er mai

1890, Testu, Uebund et Couturier, [Leb. chr., p. 361]; — 2 mai 1896, Bost, [Leb. chr., p. 372]; — 31 juill. 1896, Mercier, [Leb. chr., p. 615]; — 13 mars 1897, Boulard, [Leb. chr., p. 221]; — 26 févr. 1898, Laroux, [Leb. chr., p. 167]; — 23 avr. 1898, Bouvet, [Leb. chr., p. 317]; — 1er juill. 1898, Ariès, [Leb. chr., p. 504]; — 29 juill. 1898, Barthier, [Leb. chr., p. 595]; — 12 janv. 1900, Haugartir, [Leb. chr., p. 21]

801. — En général, c'est la qualité des acheteurs qui détermine l'imposition du vendeur et justifie les dénominations de marchand en gros, en demi-gros ou en détail. Il faut, avant tout, s'attacher à reconnaître si la clientèle se compose de consommateurs ou de marchands; mais il n'y a pas lieu de rechercher si les marchands qui forment la clientèle d'un marchand en gros achètent ses marchandises pour les revendre en gros, en demi-gros ou en détail (Instr. 1881, art. 25).

802. — Du moment que les clients du patentable sont eux-mêmes des marchands, peu importe qu'ils achètent par petites quantités. — Cons. d'Et., 7 févr. 1891, Tremblin, [Leb. chr., p. 103]; — 1er mai 1896, Malandrin et Quesnel, [Leb. chr., p. 361]

803. — Une question assez délicate est celle de savoir s'il faut considérer comme des consommateurs les individus qui achètent un produit, soit pour s'en servir dans l'exercice de leur profession, soit pour l'incorporer aux produits qui font l'objet de leur commerce, soit pour le transformer et le revendre sous un autre nom. Après avoir un peu hésité, la jurisprudence s'est fixée dans le sens le plus fiscal, et elle admet que ces sortes d'acheteurs doivent être le plus souvent assimilés à des marchands. Dès lors, celui qui les a pour principaux clients est un marchand en gros.

804. — Le Conseil d'Etat a bien, il est vrai, jugé que les marchands de vins, limonadiers, droguistes-épiciers qui achètent des bouchons à un marchand qui en fait commerce, ne font pas eux-mêmes le commerce des bouchons s'ils les emploient accessoirement dans leur commerce, et qu'ils doivent, dès lors, être assimilés aux consommateurs. — Cons. d'Et., 24 mars 1859, Lloveras, [Leb. chr., p. 229]

805. — ... Qu'un droguiste vendant par petites quantités ses produits à des peintres, teinturiers et autres industriels, n'est pas imposable en qualité de marchand en gros. — Cons. d'Et., 4 juill. 1860, Trébucien, [Leb. chr., p. 525]

806. — Mais de telles décisions sont rares. Celles qui assimilent ces détaillants ou fabricants à des marchands sont au contraire innombrables.

807. — Ainsi on a considéré comme marchand en gros le marchand de beurre dont la clientèle se compose de pâtissiers et de restaurateurs. — Cons. d'Et., 17 mars 1894, Masclet, [Leb. chr., p. 233]; — 2 déc. 1898, Perdrieux, [Leb. chr., p. 750]

808. — ... Le marchand de bois qui vend son bois aux charpentiers-ébénistes et entrepreneurs. — Cons. d'Et., 27 nov. 1885, Renaudin, [Leb. chr., p. 885]; — 24 févr. 1899, Maurin, [Leb. chr., p. 157]

809. — ... Le marchand de bouchons, qui a pour clients des marchands de vin, des liquoristes, des épiciers. — Cons. d'Et., 11 nov. 1893, Didier, [Leb. chr., p. 744]

810. — ... Le marchand de chanvre, qui vend tous ses produits à des cordiers et à des fabricants de cordages. — Cons. d'Et., 19 avr. 1834, Saint-Requier, [D. 55.5.314]; — 19 juill. 1854, Peltier, [Leb. chr., p. 660]

811. — ... Le marchand de chapeaux, qui a pour clientèle des modistes, des merciers, des commissionnaires. — Cons. d'Et., 3 août 1883, Rasse, [Leb. chr., p. 718]

812. — ... Des marchands de coton, de laine, de déchets, n'ayant pour clients que des marchands de machines à coudre, des tailleurs, des gantiers, des chapeliers, des fabricants de tissus, passementiers, bonnetiers, etc. — Cons. d'Et. 5 janv. 1853, Tranchepain, [Leb. chr., p. 12]; — 12-17 sept. 1854, Gaillard, [Leb. chr., p. 848]; — 23 mai 1884, Coats, [Leb. chr., p. 411]

813. — ... Des marchands de cuirs préparés vendant aux cordonniers, bourreliers, selliers. — Cons. d'Et., 28 mai 1856, Bonnel, [Leb. chr., p. 382]; — 13 mars 1860, Gévelot, [Leb. chr., p. 217]

814. — ... Des droguistes ayant pour clients, tant des pharmaciens et épiciers qui revendent leurs produits, que des teinturiers, chapeliers et apprêteurs d'étoffes qui les emploient dans leur industrie. — Cons. d'Et., 21 avr. 1882, Milot, [D. 83.5.373]; — 8 févr. 1884, Beaufrere, [Leb. chr., p. 118]; — 15 févr. 1884, Levée, [Leb. chr., p. 132]; — 23 mai 1884, Marie, [Leb. chr., p. 410]; — 29 juin 1888, Fazier, [Leb. chr., p. 577]; — 26 mars 1892, Couturier, [S. et P. 94.3.24]

814 *bis*. — ... Des marchands d'huiles vendant principalement à des herboristes, épiciers et maîtres d'hôtel. — Cons. d'Et., 11 févr. 1899, Massas, [Leb. chr., p. 124]

815. — ... Des épiciers vendant principalement à des revendeurs ou à des industriels qui emploient leurs produits dans leur fabrication. — Cons. d'Et., 3 nov. 1882, Moudiès, [Leb. chr., p. 842]

816. — ... Des exploitants de moulins, fabriquant des farines qu'ils revendent aux boulangers, pâtissiers, épiciers. — Cons. d'Et., 3 nov. 1882, Martin, [Leb. chr., p. 842]; — 16 mars 1883, Claverie, [Leb. chr., p. 278]; — 3 août 1883, Mourrau, [Leb. chr., p. 768]; — 16 nov. 1883, Prévot, [Leb. chr., p. 811]; — 31 juill. 1896, Mercier, [Leb. chr., p. 615]; — 4 août 1899, Philippe, [Leb. chr., p. 569]

817. — ... Des marchands de ferronnerie ayant pour clients des constructeurs, des mécaniciens, des serruriers, des compagnies de navigation qui emploient ces produits comme matériel et ne les revendent pas. — Cons. d'Et., 18 déc. 1885, Richardson [Leb. chr., p. 970]

818. — ... Des marchands de fleurs artificielles dont la clientèle se compose de modistes. — Cons. d'Et., 9 mai 1884, Picollet, [Leb. chr., p. 355]; — 20 févr. 1885, Morin-Pillière, [Leb. chr., p. 203]

819. — ... Des marchands de fromages approvisionnant des épiciers et des restaurateurs. — Cons. d'Et., 11 juin 1880, Perret, [Leb. chr., p. 543]; — 25 janv. 1889, Guyot, [Leb. chr., p. 86]

820. — ... Des marchands de fruits secs vendant aux épiciers et aux confiseurs. — Cons. d'Et., 14 mars 1879, Lombard, [D. 79.3.78]

821. — ... Des herboristes vendant à des distillateurs et brasseurs. — Cons. d'Et., 9 nov. 1894, Poizat, [Leb. chr., p. 580]

822. — ... Des merciers dont la clientèle se compose de couturières. — Cons. d'Et., 4 févr. 1887, Hallard, [Leb. chr., p. 108]

823. — ... Des marchands de métaux vendant à des quincailliers et ferblantiers. — Cons. d'Et., 26 mai 1876, Artheaud, [Leb. chr., p. 484]

824. — ... Des quincailliers vendant à des selliers et carrossiers. — Cons. d'Et., 11 janv. 1853, Rondeau, [Leb. chr., p. 83]

825. — ... Des marchands de papier ou de toiles vendant à d'autres marchands le papier dont ils se servent pour leurs sacs et leurs emballages. — Cons. d'Et., 8 août 1882, Saint, [D. 84.5. 374]; — 2 févr. 1895, Haymann, [S. et P. 97.3.36]

826. — ... Des marchands de tissus vendant à des tailleurs, merciers, modistes, gantiers, chapeliers, relieurs, etc., à des marchands de meubles, carrossiers, tapissiers. — Cons. d'Et., 6 déc. 1862, Faure, [Leb. chr., p. 756]; — 18 déc. 1862, Verneaux, [Leb. chr., p. 827]; — 21 mars 1868, Meignien, [Leb. chr., p. 342]; — 6 janv. 1882, Boyrieux, [Leb. chr., p. 7]; — 10 nov. 1882, Chaise, [Leb. chr., p. 860]; — 14 déc. 1883, Lafilé, [Leb. chr., p. 918]; — 20 mars 1899, Poncet, [Leb. chr., p. 193]

827. — Des marchands vanniers vendant des paniers à des épiciers et expéditeurs. — Cons. d'Et., 10 nov. 1882, Carré, [Leb. chr., p. 860]

828. — ... Des papetiers vendant des articles de papeterie, non seulement aux consommateurs, mais encore et surtout à des instituteurs qui les achètent pour les besoins de leurs élèves et à des marchands qui s'en servent pour envelopper leurs marchandises. — Cons. d'Et., 8 avr. 1868, Bézière, [Leb. chr., p. 384] — V. cep. *infrà*, n. 884.

829. — Dans le même sens il a été jugé que des ventes faites à des colporteurs (Cons. d'Et., 9 mars 1859, Crevot, D. 59.3.60), ou à des cantiniers (Cons. d'Et., 8 mars 1878, Sarre, Leb. chr., p. 267) ne pouvaient être considérées comme faites à des consommateurs.

830. — Néanmoins, pour certains commerces, et en vertu d'une dérogation spécifiée au tarif, c'est exclusivement la quantité ou le poids des marchandises vendues qui doit être pris en considération, abstraction faite de la nature de la clientèle. Tel est le cas pour les marchands de bois, de charbon, de fer en barre, de grains, de vins, etc. (Instr. 1881, art. 25).

831. — Ainsi sont marchands en gros de bois merrains ceux qui vendent habituellement à des fabricants des bois formant le chargement de plusieurs charrettes. — Cons. d'Et., 9 nov. 1877, Commany, [Leb. chr., p. 861]

832. — ... Ou ceux qui vendent par parties de 400 à 500 planches taillées et qui les expédient dans leur département. — Cons. d'Et., 25 août 1849, Montagne, [Leb. chr., p. 561]; — V. encore Cons. d'Et., 22 févr. 1849, Chappet, [Leb. chr., p. 112]; — 3 mai 1878, Brizon, [Leb. chr., p. 425]

833. — Lorsqu'un marchand de bois vend habituellement par grandes quantités, il est marchand en gros, alors même que la majeure partie de son chiffre d'affaires s'appliquerait à des ventes en détail. — Cons. d'Et., 17 déc. 1880, Valtat, [Leb. chr., p. 1022]

834. — De même, le marchand de chiffons en gros étant celui qui vend par quantités supérieures à 2,000 kil., celui qui ne vend pas dans ces conditions, quelle que soit d'ailleurs l'importance de son commerce et alors même qu'il ne vendrait qu'à des marchands, n'est pas imposable en cette qualité. — Cons. d'Et., 17 sept. 1854, Lemarchand, [Leb. chr., p. 855]; — 6 mai 1857, Letulle, [Leb. chr., p. 346]; — 25 août 1858, Moron, [Leb. chr., p. 593]

835. — Il est au contraire imposable comme marchand en gros si les ventes de 2,000 kil. et au-dessus sont presque aussi nombreuses que les autres et représentent un plus fort chiffre d'affaires. — Cons. d'Et., 19 déc. 1879, Emschwiller, [Leb. chr., p. 818.

836. — Pour les professions ainsi taxées, celui qui vend par grandes quantités les objets de son commerce, même de simple consommation est imposable en qualité de marchand en gros. — Cons. d'Et., 26 juin 1867, Cosson, [Leb. chr., p. 605]; — 12 mars 1868, Fromentin, [Leb. chr., p. 286]; — 14 déc. 1868, Noyaux, [Leb. chr., p. 1025]

837. — Sont marchands en gros ceux qui vendent le charbon principalement par quantités supérieures à 1,000 kil. — Cons. d'Et., 6 août 1870, Villeret, [Leb. chr., p. 1025]; — 20 mars 1875, Bertrand, [Leb. chr., p. 281]; — 2 août 1878, Duclerc, [Leb. chr., p. 778]; — 11 mars 1887, Degoumeois, [Leb. chr., p. 218]

838. — ...Les grains par quantités supérieures à 100 hect. — Cons. d'Et., 28 juill. 1882, Simon, [Leb. chr., p. 719]; — 11 févr. 1887, Ory, [Leb. chr., p. 130], — 14 déc. 1888, Robin, [Leb. chr., p. 963]

839. — ...Les graines fourragères, oléagineuses et autres, par quantités supérieures à 10 hect. — Cons. d'Et., 23 nov. 1877, Dhardivillers, [Leb. chr., p. 904]; — 27 déc. 1878, Vincent, [Leb. chr., p. 1089]

840. — ... Le fer en barre ou fonte de fer par quantités d'au moins 500 kil. — Cons. d'Et., 24 mars 1849, Holagray, [Leb. chr., p. 187]; — 26 juin 1862, Mourchon, [Leb. chr., p. 516]; — 16 mai 1884, Monceau, [D. 85.3.114]

841. — ... Le vin par pièces, ou par paniers quand il s'agit de vins fins. — Cons. d'Et., 16 août 1867, Perrot, [Leb. chr., p. 791]; — 30 mai 1868, Olivier, [Leb. chr., p. 621]; — 17 déc. 1875, Guillot, [Leb. chr., p. 1020]; — 20 mai 1881, Costes, [Leb. chr., p. 528]; — 10 mars 1882, Peliot, [Leb. chr., p. 238]; — 12 juin 1885, Couret, [Leb. chr., p. 571]; — 2 mars 1894, Beroïz, [Leb. chr., p. 169]; — 19 mars 1898, Rochés, [Leb. chr., p. 249]; — 23 déc. 1899, Izetta, [Leb. chr., p. 788]

842. — ... Les eaux-de-vie par hectolitre. — Cons. d'Et., 29 mai 1897, Godeau, [Leb. chr., p. 435]

843. — Les exceptions de cette nature s'expliquent par le fait que les ventes des objets compris dans les commerces dont il s'agit ont en général à peu près la même importance, qu'elles soient faites à certaines classes de consommateurs ou aux marchands de ces mêmes objets. On ne saurait d'ailleurs étendre, par voie d'analogie, ce système de classement à des commerces autres que ceux auxquels la loi l'a explicitement déclaré applicable (Instr. 1881, art. 25).

2° *Marchands en demi-gros.*

844. — C'est la loi du 25 avr. 1844 qui créa une classe, intermédiaire entre la 1re et la 3e classe, pour les marchands en demi-gros qui, vendant aux détaillants et aux consommateurs, tiennent le milieu entre les marchands en gros et les marchands en détail. La loi du 15 juill. 1880, en modifiant la définition du marchand en gros, a continué à définir le marchand en demi-gros celui qui vend habituellement aux détaillants et aux consommateurs. « Le mot *habituellement* est resté inscrit dans la définition du marchand en demi-gros et du marchand en détail, parce que, pour ces deux espèces de commerçants, c'est le nombre des ventes plutôt que leur importance qui est à considérer » (Instr. 1881, art. 25).

845. — Ainsi pour être imposable en qualité de marchand en demi-gros, il faut ne pas avoir pour clients d'autres marchands en demi-gros, mais seulement des détaillants. — Cons. d'Et., 24 mars 1849, Boissé, [Leb. chr., p. 189]

846. — De plus, il ne faut pas que ces détaillants constituent à eux seuls la clientèle du patentable, qui autrement serait un marchand en gros. — Cons. d'Et., 9 janv. 1856, Duquesnoy, [Leb. chr., p. 4]

847. — ... Ni que les ventes aux consommateurs soient accidentelles, et il ne suffirait pas que les magasins du patentable fussent ouverts indistinctement aux détaillants et aux consommateurs, si ces derniers n'usaient que rarement de cette faculté. — Cons. d'Et., 20 juill. 1859, Mancel, [Leb. chr., p. 504]; — 28 déc. 1859, Dupont, [Leb. chr., p. 782]; — 7 avr. 1866, Gast, [Leb. chr., p. 323]

848. — Sont considérés comme des détaillants et non comme de simples consommateurs des regrattiers, achetant les produits d'un épicier. — Cons. d'Et., 27 juin 1855, Durosay, [Leb. chr., p. 466]

849. — ... Des passementiers achetant des cotons filés. — Cons. d'Et., 30 avr. 1862, Baute, [Leb. chr., p. 354]

850. — ... Des pharmaciens, épiciers, chapeliers, teinturiers, peintres, plâtriers, achetant les produits d'un droguiste. — Cons. d'Et., 7 févr. 1865, Fourcade, [Leb. chr., p. 150]; — 22 févr. 1870, Biscous, [Leb. chr., p. 127]; — 14 mars 1896, Glinard, [Leb. chr., p. 272]

851. — ... Des confiseurs et coiffeurs achetant les produits d'un parfumeur. — Cons. d'Et., 30 janv. 1866, Ardisson, [Leb. chr., p. 60]

852. — ... Des restaurateurs achetant du beurre à un marchand. — Cons. d'Et., 26 juill. 1878, Bergue, [Leb. chr., p. 747] — V. *suprà*, n. 807.

853. — ... Des couturières, des tapissiers, achetant des tissus. — Cons. d'Et., 6 févr. 1880, Tiessé, [Leb. chr., p. 148]; — 31 mai 1895, Gondal, [Leb. chr., p. 470]

854. — ... Des menuisiers, serruriers et mécaniciens achetant à un quincaillier des objets destinés à être par eux mis en œuvre et vendus. — Cons. d'Et., 5 juill. 1878, Galleru, [Leb. chr., p. 634]; — 5 mai 1894, Sauder, [Leb. chr., p. 322]

855. — Jugé de même à l'égard d'épiciers ou de débitants de tabac achetant des allumettes. — Cons. d'Et., 26 oct. 1894, Daude, [Leb. chr., p. 527]

856. — ... De marchands de vins, épiciers, droguistes achetant des bouchons. — Cons. d'Et., 27 mai 1892, Pittre, [Leb. chr., p. 498]; — 16 mars 1895, Constant, [Leb. chr., p. 260]

857. — ... De tisserands achetant du chanvre filé. — Cons. d'Et., 4 févr. 1887, Javet, [Leb. chr., p. 109]

858. — ... De cordonniers achetant des cuirs. — Cons. d'Et., 4 déc. 1885, Foucherand, [Leb. chr., p. 922]

859. — Pour que le marchand qui vend aux détaillants et aux consommateurs, soit imposable comme marchand en demi-gros et non comme marchand en gros, il est nécessaire que les ventes aux consommateurs l'emportent sur les ventes aux détaillants ou au moins les équilibrent. — Cons. d'Et., 7 déc. 1859, Gillet, [Leb. chr., p. 698]; — 15 mai 1867, Grétin, [Leb. chr., p. 489]; — 1er févr. 1878, Augier, [Leb. chr., p. 107]; — 10 juill. 1885, Marcellin, [Leb. chr., p. 657]; — 17 déc. 1886, Lejeune, [Leb. chr., p. 897]; — 29 juin 1888, Gentil, [Leb. chr., p. 576]; — 26 juin 1890, Morel-Vautrin, [Leb. chr., p. 610]; — 2 avr. 1892, Compère, [Leb. chr., p. 348]; — 11 nov. 1893, Charavay, [Leb. chr., p. 744]

860. — Enfin pour certaines professions, la qualification de marchand en demi-gros est déterminée par les quantités vendues. Il en est ainsi pour les marchands de charbon, de chiffons. — Cons. d'Et., 17 nov. 1870, Collet, [Leb. chr., p. 1074]; — 30 janv. 1880, Neau, [Leb. chr., p. 125]; — 27 janv. 1888, Villemagne, [Leb. chr., p. 93]; — 5 déc. 1891, Bossard, [Leb. chr., p. 747]; — 2 mars 1894, Lortin Véron, [Leb. chr., p. 169] — V. *suprà*, n. 830 et s.

861. — Lorsque le tarif ne prévoit pas la profession de marchand en demi-gros, et qu'il n'existe pas de classe intermédiaire entre les marchands en gros et les détaillants, le marchand qui vend tout à la fois à des détaillants et à des consommateurs doit être imposé en qualité de marchand en gros. — Cons. d'Ét., 15 déc. 1852, Cavalier, [Leb. chr., p. 610]; — 7 déc. 1854, Gautier, [S. 55.2.446, P. adm. chr.]; — 21 févr. 1855, Tivet, [D. 55.5.319]; — 8 juin 1877, Destriaux, [Leb. chr., p. 554]; — 4 janv. 1889, Carrère, [Leb. chr., p. 8]; — 4 mai 1894, Lelut, [Leb. chr., p. 305]

3° Marchands en détail.

862. — Enfin le marchand en détail est défini celui qui ne vend habituellement qu'aux consommateurs. Quelques ventes accidentelles à des marchands ou dans les conditions du gros ne suffiraient pas à faire perdre au patentable sa qualité de détaillant. — Cons. d'Ét., 24 juill. 1852, Denichan-Petit, [Leb. chr., p. 317]; — 19 juill. 1854, Pacaud, [Leb. chr., p. 661]; — 12 févr. 1875, Bergès, [Leb. chr., p. 137]; — 21 déc. 1877, Caraman, [Leb. chr., p. 1033]; — 2 déc. 1881, Prou, [Leb. chr., p. 953]

863. — Le Conseil d'État a décidé qu'il fallait considérer comme faites à des consommateurs les ventes de feuilles de cuivre ou de zinc faites par un marchand de métaux à des armateurs ou à des capitaines de navires qui les employaient à la construction ou à la réparation de leurs navires. — Cons. d'Ét., 18 févr. 1876, Duranti, [Leb. chr., p. 175]

864. — ... Par un papetier à des maîtres de pension et instituteurs qui, n'étant pas patentables, ne pouvaient être assimilés à des détaillants. — Cons. d'Ét., 25 janv. 1890, Ribis, [Leb. chr., p. 83] — V. cep. *suprà*, n. 828.

865. — Certaines professions s'exercent dans des conditions tellement variées qu'il a fallu créer pour elles, outre les classes du gros, du demi-gros et du détail, une classe inférieure à la vente en détail : celle de la vente au petit détail (marchands de vins).

4° Fabricants.

866. — Le tableau A distingue, pour un très grand nombre de professions, le patentable travaillant pour son compte et le patentable travaillant à façon. On doit, en général, ranger dans cette dernière catégorie l'ouvrier qui travaille pour le compte des fabricants, des marchands ou des particuliers, avec les matières qu'ils lui fournissent (Instr. 1881, art. 26). Celui qui travaille pour son compte est, en général, imposé à un droit plus élevé que celui que paie le fabricant à façon. En effet, il est à présumer que, fournissant les matières premières, il réalisera sur cette fourniture un bénéfice commercial qui s'ajoutera à la rémunération de son travail. Aussi les fabricants à façon ne se rencontrent-ils que dans les trois dernières classes du tarif et plus particulièrement dans la 8e classe.

867. — De même encore, celui qui travaille pour son compte, faisant d'avance des approvisionnements de marchandises qu'il écoulera plus tard, est passible, sauf exceptions, de droits plus forts que le petit fabricant qui ne travaille que sur commande. Il entre dans la profession du premier un élément de spéculation commerciale qui fait défaut chez le second. Ainsi le fabricant ou marchand de tiges, empeignes ou brides de chaussures, qui est rangé dans la 4e classe quand il a magasin de vente, n'est plus passible que des droits de la 6e classe quand il travaille sur commande. De même en est-il pour le bottier (4e classe quand il tient magasin de chaussures, 6e classe quand il travaille sur commande).

868. — Sont plus imposés ceux qui fabriquent à l'aide de procédés mécaniques que ceux qui fabriquent par les procédés ordinaires. V. au tarif : fabricants d'agrafes, apprêteurs de chapeaux de paille, bâtonnier, blanchisseur de toiles, fil. étoffes de laines (tabl. C et tabl. A, 5e classe); bretelles (fabr. à métiers quand il recourt à des procédés mécaniques, tabl. C, tabl. A, 6e classe s'il emploie des procédés non mécaniques); brosses (fabricant de bois pour) (tabl. C ou A, 8e classe); cordes (tabl. C ou A, 6e classe); chocolat (fabricant par procédés mécaniques ou à la main (tabl. C ou A, 6e classe); cirages (fabricant de) (tabl. C ou A, 7e classe); cloutier (fabr. par procédés mécaniques) (tabl. C, au marteau A, 7e classe); collage et séchage de chaînes et tissus exploitant un établissement de cordes et ficelles (tabl. C ou A, 7e classe); coupeur de poils (tabl. C ou A, 6e classe); couverts et autres objets en fer battu ou étamé, découpeur d'étoffes (tabl. C ou A, 8e classe); doreur, argenteur employant ou non les procédés galvaniques (tabl. C ou A, 6e classe); épingles (fabricant d') (tabl. C ou A, 6e classe); horlogerie (fabr. de pièces d') (tabl. C ou A, 6e classe); entrepreneur de laminerie (tabl. C ou A, 6e classe), s'il n'emploie que des laminoirs mus à bras d'homme, laveur de laines (tabl. C ou A, 5e classe); lin ou chanvre (fabricant de) (tabl. C ou A, 6e classe); ouate (fabricant d') (tabl. C ou A, 7e classe); pointes (fabr. de); teinturier-dégraisseur (avec ou sans machine à vapeur) (tabl. A, 4e ou 6e classe); tireur d'or (tabl. C ou A, 6e classe); tréfileur (tabl. C ou A, 6e classe); trieur de laines, tubes en papier pour filatures (fabr. de) (tabl. A, 7e classe); vis (fabrique de) (tabl. C ou A, 6e classe).

869. — Pour quelques professions, le législateur a établi des distinctions suivant que le marchand fabricant a tout à la fois atelier et magasin, a un magasin sans atelier ou n'a pas de magasin : Bijoutier, 2e, 3e et 5e classes; billards (fabricant de) avec ou sans magasin (4e et 6e classes); bois à brûler (marchand de) avec ou sans chantier ou magasin (1re, 2e, 5e classes); brocanteur en boutique ou sans boutique (5e ou 7e, 6e ou 8e classe, s'il ne s'occupe que d'habits); écorcheur ou equarrisseur d'animaux ayant ou non un abattoir ou clos d'équarissage (A. 6e ou 7e classe); éventailliste (A, 6e classe s'il a boutique ou magasin, 7e classe s'il n'en a pas); fabricant de fleurs artificielles avec ou sans boutique (A, 5e ou 6e classe); facteur de harpes (A, 3e ou 6e classe); instruments de chirurgie en métal (A, 3e ou 6e classe); instruments pour les sciences (A, 4e ou 6e classe); joaillier (A, 2e, 3e et 5e classes) suivant qu'il a atelier et magasin, magasin sans atelier ou ni l'un ni l'autre; orfèvre (A, 2e, 3e et 5e classes); pianos (fabricant de) avec ou sans boutique et magasin (A, 3e et 5e classes); tourneur en bois (A, 7e et 8e classes).

§ 3. *Nombre des établissements.*

1° Historique.

870. — Ce n'est pas seulement la manière dont le patentable écoule ses marchandises qui fait augmenter ou diminuer le droit fixe : ce droit varie aussi suivant que le contribuable se livre tout entier à une profession unique ou qu'il en exerce plusieurs et suivant qu'il possède, pour l'exercice de *sa* ou de *ses* professions, un ou plusieurs établissements.

871. — Sous l'empire de la loi du 1er brum. an VII, confirmée à cet égard par la loi du 25 avr. 1844, il n'était dû qu'un seul droit fixe, alors même que l'industrie était exercée dans plusieurs communes ou que le patentable cumulait l'exercice de plusieurs professions. Dans ces divers cas, le droit fixe imposé était celui afférent à la profession le plus fortement taxée, et il était dû dans la commune ayant le chiffre de population le plus élevé. Dès 1844, on avait critiqué ce principe, en vertu duquel nul ne pouvait être tenu de prendre plus d'une patente, quel que fût le nombre des professions qu'il exerçât. On soutenait que cette disposition constituait un privilège exorbitant au profit de quelques négociants des villes, qui entassaient dans des magasins immenses des marchandises diverses et exerçaient ainsi simultanément jusqu'à dix ou douze industries. On avait proposé d'assujettir chaque patentable à autant de droits fixes qu'il exerçait de professions différentes. Ce qui fit repousser cette proposition, c'est la considération suivante que M. Vitet exprimait ainsi dans son rapport : « On oublie que si cette règle rigoureuse venait à être appliquée, elle n'atteindrait pas seulement les gros marchands qui causent tant d'ombrage au commerce de détail de la capitale, et que plus des deux tiers des patentables de nos campagnes et même de beaucoup de nos villes en seraient pour ainsi dire frappés de mort. S'il fallait leur demander un droit fixe pour l'épicerie, un pour la mercerie, un pour la quincaillerie, un pour chaque branche de leur petit négoce, combien d'entre eux résisteraient à cette aggravation d'impôt ? » En 1844 comme en l'an VII, le droit fixe conservait le caractère d'une taxe personnelle, sorte de licence payée par le patentable pour pouvoir se livrer à l'exercice de sa profession.

872. — Le droit fixe change de caractère avec les lois du 18 mai 1850, art. 19, et du 4 juin 1858, art. 9, d'après lesquelles l'unité imposable n'est plus le patentable, mais l'établissement. « Le patentable ayant plusieurs établissements, boutiques et magasins de même espèce ou d'espèces différentes, est, quelle que soit sa classe ou sa catégorie comme patentable, imposable au droit fixe entier pour l'établissement, la boutique ou le magasin donnant lieu au droit fixe le plus élevé, soit en raison de la population, soit en raison du commerce, de l'industrie ou de la profession. Il est imposable, pour chacun des autres établissements, boutiques ou magasins, à la moitié du droit fixe afférent au commerce, à l'industrie ou à la profession qui y sont exercés. Les droits fixes et demi-droits fixes sont imposables dans les communes où sont situés les établissements, boutiques ou magasins qui y donnent lieu. » L'art. 19 L. 18 mai 1850, ajoutait que la somme des demi-droits fixes additionnels ne devait dans aucun cas excéder le double du droit fixe principal. Mais cette limitation disparut avec la loi du 4 juin 1858.

873. — Enfin l'art. 1er L. 29 mars 1872, a établi le régime qui a été consacré par l'art. 8, L. 15 juill. 1880. « Le patentable ayant plusieurs établissements, boutiques ou magasins de même espèce ou d'espèces différentes, est, quel que soit le tableau auquel il appartient comme patentable, passible d'un droit fixe en raison du commerce, de l'industrie ou de la profession exercée dans chacun de ces établissements, boutiques ou magasins. »

874. — Cette dernière loi règle, dans son art. 7, la situation des patentables qui exercent simultanément plusieurs commerces dans le même établissement. « Le patentable qui, dans le même établissement, exerce plusieurs commerces, industries ou professions, ne peut être soumis qu'à un seul droit fixe. Ce droit est le plus élevé de ceux qu'il aurait à payer s'il était assujetti à autant de droits fixes qu'il exerce de professions. Si les professions exercées dans le même établissement comportent, pour le droit fixe, soit seulement des taxes variables à raison du nombre d'employés, d'ouvriers, de machines ou autres éléments d'imposition, soit à la fois des taxes de cette nature et des taxes déterminées, c'est-à-dire arrêtées à un chiffre invariable, le patentable sera assujetti aux taxes variables d'après tous les éléments d'imposition afférents aux professions exercées, mais il ne paiera que la plus élevée des taxes déterminées. » Sur ce second point, l'art. 7 ne faisait que reproduire les dispositions combinées de l'art. 17 L. 18 mai 1850, et de l'art. 2 L. 29 mars 1872.

875. — En somme, un patentable peut exercer : 1° une seule profession dans un établissement unique; 2° une seule profession dans plusieurs établissements; 3° des professions diverses dans des établissements distincts; 4° des professions différentes dans un seul établissement. Enfin il peut arriver que le même patentable ait tout à la fois des établissements où il exerce plusieurs professions et d'autres établissements où il n'en exerce qu'une. Il faudra en ce cas combiner les dispositions des art. 7 et 8.

2° Signes caractéristiques de l'établissement.

876. — De tout ce qui précède il résulte qu'aujourd'hui l'unité imposable est l'établissement. Qu'est-ce donc qu'un établissement? A quels signes peut-on le reconnaître des locaux qui, tout en servant à l'exercice de la profession, n'ont pas ce caractère? C'est un point qui, dans la pratique, donne lieu à de très-fréquentes difficultés, car la solution dépend très-souvent de l'appréciation de faits, de circonstances, de dispositions des lieux nécessairement variables.

877. — Le nom d'établissement, au sens fiscal du mot, doit être réservé à un organisme complet, vivant de sa vie propre, constituant un centre d'affaires, où, d'une manière régulière sinon continue, s'effectuent avec les clients les actes essentiels de la profession. L'établissement se caractérise, en général, par l'existence de locaux distincts, d'un personnel spécial ayant des pouvoirs plus ou moins étendus, d'une comptabilité particulière. Mais l'un ou l'autre de ces signes secondaires peut faire défaut sans que le caractère d'établissement soit perdu, tandis que, suivant nous, il ne peut jamais y avoir établissement là où le public ne peut venir choisir et acheter.

878. — Nous allons essayer, nous appuyant sur la définition précédente, de classer méthodiquement les nombreuses décisions de la jurisprudence. 1° Et d'abord remarquons que les art. 7 et 8 ne trouvent leur application que lorsqu'il s'agit d'un seul contribuable. Quand nous voyons apparaître la pluralité de patentables, c'est le principe de la personnalité de la patente qui est en jeu et doit être observé. C'est pour cela que lorsque deux membres de la même famille exercent dans le même local des professions différentes, deux patentes doivent être établies, sans que l'art. 7, L. 15 juill. 1880, puisse être invoqué. — Cons. d'Et., 28 nov. 1873, Beaulieu, [Leb. chr., p. 873]

879. — *A fortiori* si ces professions sont exercées dans des locaux distincts. — Cons. d'Et., 22 mars 1895, Paillet, [Leb. chr., p. 282]

880. — Pour la même raison, quand plusieurs compagnies d'assurances, sans être associées entre elles, sont représentées dans une ville par le même individu, et effectuent par son intermédiaire et dans le même établissement les opérations que comporte leur profession, chacune d'elles est imposable séparément. — Cons. d'Et., 27 juill. 1888, Figuier-Serre, [Leb. chr., p. 673]; — 16 janv. 1892, Rice, [Leb. chr., p. 27]

881. — Au contraire, si les divers intéressés s'associent ou se syndiquent, chacun d'eux ne sera pas imposable comme ayant un établissement distinct, ce sera l'être moral créé par eux qui constituera un patentable nouveau. Ainsi jugé à l'égard d'un comptoir d'échantillons fondé à Paris par les fabricants bijoutiers, lequel avait son organisation, sa comptabilité, son personnel propres et formait ainsi une personne morale distincte de celle des membres fondateurs. — Cons. d'Et., 22 nov. 1889, Comptoir d'échantillons, [S. et P. 92.3.13, D. 91.3.37]

882. — Doivent être imposés séparément : une société étrangère, ayant son siège à l'étranger, formée entre un associé principal résidant à l'étranger et une société française, et faisant en France des opérations distinctes de celles que fait la société française. — Cons. d'Et., 12 août 1879, Demelle, [Leb. chr., p. 636]

883. — ... Une société faisant le commerce des vins en gros et formant une association avec un autre marchand de vins, qui opère dans des locaux distincts et avec d'autres agents, et alors même que la comptabilité serait centralisée au siège de la société primitive. — Cons. d'Et., 24 nov. 1882, Bergès, [Leb. chr., p. 922]; — 8 août 1884, Bergès, [Leb. chr., p. 724]

884. — Un contribuable, qui exerce deux professions distinctes, l'une pour son propre compte, l'autre en qualité d'associé principal dans une société en nom collectif, doit être imposé à deux droits fixes. — Cons. d'Et., 30 juin 1882, Tétard, [Leb. chr., p. 622]

885. — Il en est de même d'un patentable qui exerce personnellement une industrie et fait partie d'une société qui exerce la même industrie dans un local différent. — Cons. d'Et., 13 juill. 1858, Nouette, [Leb. chr., p. 506]

886. — Un fabricant ne peut être considéré comme ayant des établissements distincts dans chacune des communes où ses clients revendent ses produits quand cette revente est faite à leurs risques et périls et non pour son compte. — Cons. d'Et., 9 janv. 1880, Abraham, [Leb. chr., p. 15]

887. — 2° Pour qu'il y ait établissement au sens de la loi, il faut qu'on soit en présence d'une installation ayant un caractère sinon de permanence, du moins de périodicité et de fixité relatives. Il ne suffit pas, en effet, pour être imposable dans une commune, d'y venir de temps en temps accomplir les actes de sa profession, il faut y avoir une installation.

888. — Ainsi, jugé qu'un marchand de bois imposé dans une localité n'est pas imposable dans une autre, quoiqu'il y fasse des ventes plus importantes, quand il n'y possède ni habitation, ni magasin, ni bateau, ni dépôt fixe, ni préposé et qu'il n'y séjourne que le temps nécessaire pour effectuer ses ventes. — Cons. d'Et., 22 mai 1866, Lafourcade, [Leb. chr., p. 500]

889. — ... Et qu'il se borne à s'y rendre avec son bateau. — Cons. d'Et., 12 déc. 1866, Lafourcade, [Leb. chr., p. 1126]

890. — De même, un banquier qui se rend habituellement, les jours de marché, dans une commune autre que celle où il a sa maison de banque, et qui y fait des actes de sa profession, mais sans y posséder ni logement, ni bureau, ni commis, ni caisse, ni livres, ne peut être considéré comme y ayant un établissement. — Cons. d'Et., 9 mars 1853, Bouvier, [Leb. chr., p. 300]; — 18 mars 1857, Gassard, [D. 58.3.4]; — 26 mars 1870, Languillaume, [Leb. chr., p. 362]

891. — L'absence de local professionnel dans une commune a fait considérer comme n'y ayant pas d'établissement au sens de la loi : un fournisseur général du travail dans les prisons de deux départements domicilié dans l'un d'eux et ne possédant aucun magasin dans l'autre. — Cons. d'Et., 26 mars 1863, Gouhé, [Leb. chr., p. 293]; — 18 févr. 1865, Bochet, [Leb. chr., p. 226]

892. — ... Un fournisseur des troupes. — Cons. d'Et., 3 juill.

1866, Rueff, [Leb. chr., p. 761] — On peut citer encore dans le même sens, Cons. d'Et., 5 juill. 1865, Rébière, [Leb. chr., p. 668]; — 21 août 1868, Collet, [Leb. chr., p. 955]; — 17 déc. 1875, Beaugendre, [Leb. chr., p. 1026]

893. — De même encore une société de pompes funèbres n'est pas imposable dans une commune où elle exploite son industrie sans y avoir aucun bureau. — Cons. d'Et., 12 mars 1875, Soc. des pompes funèbres, [Leb. chr., p. 238]

894. — Si le patentable possède dans une autre commune que celle où il a son principal établissement une installation, il faut, pour que celle-ci puisse constituer un établissement, qu'elle soit à peu près fixe. Ainsi, il a été jugé qu'un armateur pour la pêche de la morue, qui avait son établissement principal aux colonies, ne pouvait être considéré comme ayant dans la métropole un établissement par le seul fait que certains de ses navires passaient l'hiver dans un port de France, où un préposé s'occupait de recruter les équipages, d'opérer les livraisons et quelquefois la vente des marchandises. — Cons. d'Et., 18 juin 1880, Cardon, [D. 81.5.276]

895. — Pour un entrepreneur de la pose et de la conservation d'affiches, le fait d'avoir dans une commune des kiosques-réclames destinés à recevoir des affiches permanentes ne suffit pas pour le faire considérer comme y ayant un établissement au sens de la loi. — Cons. d'Et., 6 mars 1897, Coutançon, [Leb. chr., p. 207]

896. — On a décidé encore que les exploitations de couches de phosphates et les lavoirs, à raison de leurs fréquents déplacements et de l'absence d'installation fixe, ne pouvaient être considérés comme constituant des établissements distincts. — Cons. d'Et., 19 mars 1880, Chery et Laveaux, [D. 80.3.117]

897. — On s'est demandé si un simple déballage constituait un établissement. On appelle marchands déballeurs les marchands forains qui, au lieu de traverser les communes en y vendant les objets de leur commerce, vendent sous la halle ou bien avec une installation sommaire, dans des locaux qu'ils louent à la journée, à la quinzaine ou au mois. Le Conseil d'Etat a toujours refusé de voir dans ces installations temporaires des établissements distincts au sens de la loi et a considéré que ces faits rentraient dans l'exercice normal de la profession de marchand forain. — Cons. d'Et., 14 juin 1861, Maraud, [Leb. chr., p. 498]; — 10 janv. 1862, Lippmann, [Leb. chr., p. 6]; — 27 déc. 1878, Castex-Daspert, [Leb. chr., p. 1091]; — 12 févr. 1898, Berdin, [Leb. chr., p. 114]

898. — Cette jurisprudence a déterminé le législateur à régler la situation des marchands déballeurs. « Les marchands dits déballeurs, lorsqu'ils demeurent habituellement moins d'un semestre dans chaque localité où ils opèrent des ventes, sont imposables sous la qualification de marchands forains et soumis, en matière de patente, aux règles applicables à cette profession. Ils sont imposés, suivant les cas, en qualité de marchands forains avec balle, avec bête de somme, avec voiture à un ou plusieurs colliers, d'après le poids et le volume de leurs marchandises (L. 28 avr. 1893, art. 8).

898 *bis*. — Cette disposition n'ayant pas donné une satisfaction suffisante aux marchands établis, la loi nouvelle en cours de préparation contient un art. 10 ainsi conçu : « Les marchands dits déballeurs sont imposables sous la qualification de marchands forains et soumis, en matière de patente, aux règles applicables à cette profession. Ils sont imposés, suivant les cas, en qualité de marchands forains avec balle, avec bête de somme ou voiture à bras, avec voiture à quatre roues à un ou plusieurs colliers, d'après le poids et le volume de leurs marchandises. Toutefois ils sont tenus de déposer leur patente à la mairie pendant toute la durée de leur séjour dans une commune. La même obligation est imposée aux marchands de vins vendant au moyen de wagons-réservoirs. Lorsque les déballeurs prolongent leur séjour dans une même localité au delà de huit jours, ils sont passibles à partir du premier du mois de leur arrivée, d'un supplément de droits égal à la différence entre le montant des droits de patente primitifs ou supplémentaires déjà imposés et le montant des droits qu'ils paieraient comme marchands sédentaires dans cette localité. » En obligeant les déballeurs à déposer leur patente à la mairie pendant toute la durée de leur séjour, la loi donne à l'administration le moyen de connaître la durée de ce séjour. Elle met les déballeurs dans l'impossibilité d'exploiter simultanément plusieurs magasins dans des communes distinctes avec une seule patente. Enfin elle fixe à huit jours au lieu de six mois le terme au bout duquel le marchand déballeur est assujetti à un supplément de droits.

899. — La même jurisprudence s'applique aux commerçants d'une localité qui se rendent les jours de marché dans une localité voisine pour y vendre leurs marchandises. Tant qu'ils vendent soit sur le carreau des halles, soit en étalage sur la place publique, soit sur des bancs mobiles, soit sur des étaux ou dans des échoppes dressés pour la circonstance, ils sont réputés ne pas avoir d'établissements dans cette commune. — Cons. d'Et., 18 juill. 1860, Quilliot, [Leb. chr., p. 550]; — 25 juill. 1860, Jouy, [Leb. chr., p. 574]; — 15 août 1860, Ariès, [Leb. chr., p. 619]; — 20 févr. 1861, Renaud, [D. 61.5.343]; — 1er août 1865, Mauclair-Miroir, [Leb. chr., p. 723]; — 7 févr. 1866, Doray, [Leb. chr., p. 82]; — 27 févr. 1866, Mériaux, [Leb. chr., p. 158]; — 4 juin 1867, Barrabé, [Leb. chr., p. 555]; — 12 mars 1875, Guillard, [Leb. chr., p. 244]; — 18 mai 1877, Madeleine, [Leb. chr., p. 467]; — 28 juin 1878, Salmon, [Leb. chr., p. 613]; — 17 janv. 1879, Bonningue, [Leb. chr., p. 21]; — 27 juin 1879, Bazire, [Leb. chr., p. 537] — V. *suprà*, n. 599.

900. — Quant à ceux qui vendent à la halle, ils ne sont censés avoir un établissement que s'ils y ont une place fixe louée à l'année ou pour un temps déterminé. — Cons. d'Et., 14 juin 1866, Moreau, [Leb. chr., p. 650]; — 12 juill. 1878, Delpierre, Leb. chr., p. 674] — V. *suprà*, n. 600, et *infrà*, n. 918.

901. — Le fait de conserver provisoirement un magasin jusqu'à la fin d'un bail en cours ne suffit pas à faire considérer le patentable comme possesseur d'un établissement. — Cons. d'Et., 21 avr. 1864, Larigaldi, [Leb. chr., p. 367]

902. — De même, quand des fabricants étalent leurs marchandises quatre fois par an dans un local mis à leur disposition par un tiers, cette jouissance accidentelle ne peut les faire considérer comme ayant un établissement distinct. — Cons. d'Et., 26 mai 1863, Benou, [Leb. chr., p. 438]

903. — La présence permanente dans une commune d'un commis en permanence ne suffit pas à constituer un établissement, si ce préposé n'a pas mission de traiter avec le public et est dépourvu de pouvoirs propres. — Cons. d'Et., 27 févr. 1874, Brunet, [Leb. chr., p. 199]; — 5 déc. 1879, Prigent, [Leb. chr., p. 779]; — 29 juin 1888, Bernard, [Leb. chr., p. 579]

904. — Ainsi ne constituent pas des établissements les bureaux qu'un commissionnaire entrepositaire possède dans les villes du littoral et où ses agents sont chargés seulement de surveiller le débarquement des marchandises et de les diriger sur la commune où est le siège principal. — Cons. d'Et., 12 sept. 1853, Max Dollians, [Leb. chr., p. 902]

905. — Pour l'entrepreneur de l'éclairage à l'huile dans les villes, le fait d'avoir dans une de ces villes un employé chargé d'allumer les lampes ne constitue pas un établissement. — Cons. d'Et., 18 janv. 1895, Société générale d'éclairage des villes, [S. et P. 97.3.25, D. 96.5.412]

906. — Des chantiers, où l'adjudicataire d'une coupe de bois ou de plantes se récoltant de la même manière, telles que l'alfa en Algérie, installe des préposés qui dirigent l'abatage, le sciage, et font les expéditions conformément aux ordres des patentables, sans faire aucune opération directe avec le public, ne constituent pas des établissements distincts. — Cons. d'Et., 24 déc. 1886, Albignac, [Leb. chr., p. 925]; — 6 juill. 1888, Bert, [D. 89.5.343]

907. — De même un marchand qui, dans une commune autre que celle de son principal établissement, a un préposé, qui lui achète des marchandises sans procéder à aucune vente, n'a pas d'établissement dans cette commune. — Cons. d'Et., 9 juin 1882, Lhermitte, [Leb. chr., p. 544] — 16 juin 1882, Combes, [Leb. chr., p. 115]; — 12 févr. 1886, Falgueirettes, [Leb. chr., p. 131]

908. — Il en est encore ainsi d'une société de capitalisation qui a, dans une ville autre que son siège social, un agent qui se borne à lui passer les demandes des souscripteurs et à transmettre à ceux-ci les bons de capitalisation et les polices des contrats et à faire les recettes et paiements nécessités par ces opérations, sans intervenir jamais dans la fixation des conditions du contrat. — Cons. d'Et., 31 juill. 1896, La Capitalisation, [Leb. chr., p. 615]

909. — Ce n'est pas non plus avoir un établissement dans une commune que d'y avoir des ouvriers disséminés travaillant pour son compte. — Cons. d'Et., 15 déc. 1876, Labelle, [Leb. chr., p. 888]

910. — ... Ou même d'y posséder un agent chargé de distribuer le travail à des ouvriers disséminés, de surveiller l'exécution de ce travail, de recevoir les produits ouvrés et de les réexpédier à l'établissement principal. — Cons. d'Ét., 31 août 1860, Billiard, [Leb. chr., p. 683]; — 21 nov. 1861, Guinet, [Leb. chr., p. 828]; 13 mars 1862, Roussel, [Leb. chr., p. 204]; — 24 déc. 1863, Bernoville, [Leb. chr., p. 869] (tissus); — 20 févr. 1869, Wilmart, [Leb. chr., p. 178] (tissus); — 28 juill. 1864, Tréfouse, [Leb. chr., p. 697] (gants); — 25 janv. 1866, Muller, [Leb. chr., p. 44] (gants); — 18 août 1864, Henry, [Leb. chr., p. 801] (dentelles); — 12 août 1879, Lefébure, [Leb. chr., p. 635] (dentelles); — 4 août 1876, Rabault, [D. 77.3.5] (plumes d'oies et cure-dents).

911. — De ce principe qu'il n'y a d'établissement au sens fiscal du mot que là où on traite avec le public il résulte qu'on doit refuser ce caractère aux simples dépôts de marchandises où ne s'effectue aucune vente. — Cons. d'Ét., 15 août 1860, Michard, [Leb. chr., p. 619] (bois); — 19 déc. 1861, Tellier, [Leb. chr., p. 909] (huîtres); — 21 déc. 1861, Planchut, [Leb. chr., p. 918] (vins); — 23 avr. 1862, Spotorno, [Leb. chr., p. 317] (négociant); — 21 mai 1862, Jauquet, [Leb. chr., p. 406]; — 18 nov. 1863, Imbs, [Leb. chr., p. 767]; — 16 mai 1866, Bias, [Leb. chr., p. 471]; — 30 août 1867, Plessis, [Leb. chr., p. 857] (œufs); — 27 févr. 1868, Buridon, [Leb. chr., p. 236]; — 31 mars 1868, Chameroy, [Leb. chr., p. 355] (grains); — 5 févr. 1870, Gallet, [Leb. chr., p. 42] (engrais); — 20 sept. 1871, Pral, [Leb. chr., p. 172]; — 10 janv. 1872, Allmayer, [Leb. chr., p. 3]; — 8 nov. 1872, Mardelle, [Leb. chr., p. 578]; — 3 déc. 1875, Péponnet, [Leb. chr., p. 960]; — 23 mars 1877, Desvarannes, [Leb. chr., p. 311]; — 23 nov. 1877, Arondel, [Leb. chr., p. 909]; — 24 mai 1878, Savin, [D. 80.3.6]; — 30 mai 1879, Poisson, [Leb. chr., p. 426]; — 19 mars 1880, Chery, [Leb. chr., p. 323]; — 6 avr. 1900, Santandréa, [Leb. chr., p. 280]

912. — ... Aux dépôts d'échantillons. — Cons. d'Ét., 20 sept. 1885, Bellier, [Leb. chr., p. 927]

912 *bis*. — ... Aux bureaux de renseignements. — Cons. d'Ét., 4 mai 1900, Valentin, [Leb. chr., p. 312]

913. — Pour qu'il y ait dualité d'établissements, il faut qu'on se trouve en présence de centres d'affaires fonctionnant simultanément. L'art. 8, L. 15 juill. 1880, est inapplicable aux contribuables qui transportent pendant une partie de l'année leurs opérations d'une commune dans une autre. Ainsi jugé à l'égard d'un pharmacien qui, pendant la saison des eaux, transportait son officine dans une ville d'eaux. — Cons. d'Ét., 27 déc. 1854, Claverie, [Leb. chr., p. 1019]; — 29 mars 1878, Claverie, [D. 78.3.67] — V. *infrà*, n. 923.

914. — De même, un maître de jeux et amusements publics imposé dans une commune où il a son domicile, ne peut être considéré comme ayant dans une autre un établissement distinct, par cela seul qu'à certains jours de l'année il y transporte l'établissement qu'il possède dans la première. — Cons. d'Ét., 1er mai 1874, Garnier, [Leb. chr., p. 403]

915. — On a appliqué le même principe à un boucher locataire d'un étal dans une halle où il vendait à certains jours de l'année pendant que son magasin ordinaire restait fermé. — Cons. d'Ét., 31 juill. 1874, Drianne Lefief, [Leb. chr., p. 745]

916. — On n'a jamais considéré comme ayant lieu dans plusieurs établissements certains commerces ou industries qui ne peuvent s'exercer qu'en dehors du domicile du patentable et en des endroits différents, par exemple l'industrie des artisans (charpentiers, couvreurs, maçons, etc.), qui vont exercer leurs professions dans différentes localités où ils transportent momentanément leurs chantiers et leurs ateliers; le commerce des blutiers qui vont s'approvisionner de ferme en ferme et qui ont souvent, dans diverses communes, des greniers où ils déposent leurs grains avant et après l'ouverture des marchés. En ce qui concerne ces commerces ou industries et autres semblables, l'établissement suit, en quelque sorte, la personne qui les exerce et est indivisible (Instr. 1881, art. 20).

917. — Ayant ainsi énuméré les conditions auxquelles la jurisprudence subordonne l'existence d'un établissement distinct, nous allons maintenant indiquer les cas où le Conseil d'État a reconnu cette existence et qui formeront la contre-partie des décisions précitées.

918. — De nombreux arrêts ont décidé que des commerçants ayant un magasin dans le lieu de leur résidence habituelle devaient être imposés à un second droit fixe à raison de la place fixe louée par eux à l'année dans la halle d'une autre commune, et où ils venaient vendre des marchandises les jours de marché. Cette place fixe constitue un établissement dans le sens de la loi. — Cons. d'Ét., 19 nov. 1852, Richard, [Leb. chr., p. 482]; — 30 nov. 1852, Haquet, [Leb. chr., p. 544]; — 15 déc. 1852, Bastide, [Leb. chr., p. 618]; — 31 mai 1854, Coyou-Gillet, [Leb. chr., p. 510]; — 21 juin 1854, Hubert, [Leb. chr., p. 564]; — 27 janv. 1859, Francfort, [Leb. chr., p. 69]; 11 févr. 1859, Lejeune, [Leb. chr., p. 133]; — 14 juin 1861, Lacaze-Castagnet, [Leb. chr., p. 500]; — 19 déc. 1861, Raimbourg, [Leb. chr., p. 911]; — 26 déc. 1861, Peulvey, [Leb. chr., p. 933]; — 13 févr. 1862, Lheureux, [Leb. chr., p. 107]; — 15 mai 1867, Crétin, [Leb. chr., p. 489]; — 17 avr. 1869, Bourbon-Beaudeau, [Leb. chr., p. 379]; — 7 août 1874, Barrabé, [Leb. chr., p. 803]; — 17 déc. 1875, Jouvain, [Leb. chr., p. 1027]; — 20 déc. 1895, Granay, [Leb. chr., p. 837] — V. *suprà*, n. 900.

919. — Il en est de même *a fortiori* s'il a loué dans cette seconde commune une chambre ou un magasin pour y effectuer ses ventes. Ainsi jugé qu'il fallait considérer comme ayant un double établissement, un épicier ou un boucher qui se rendait chaque semaine dans une autre commune que celle de sa résidence où, dans un local loué par lui, il recevait les commandes et touchait le prix des marchandises vendues, les livraisons étant faites au domicile des clients au moyen d'une voiture. — Cons. d'Ét., 29 mai 1861, Loste, [Leb. chr., p. 440]; — V. encore Cons. d'Ét., 12 avr. 1865, Vallette, [Leb. chr., p. 444]; — 26 nov. 1880, Longin, [Leb. chr., p. 924]; — 12 janv. 1900, Brunet, [Leb. chr., p. 23]

920. — ... Un teinturier qui a dans une autre commune que celle de sa résidence un local où il reçoit ses clients, prend livraison des étoffes qu'on lui donne à teindre et qu'il emporte à son principal établissement. — Cons. d'Ét., 23 juin 1900, Philipp, [Leb. chr., p. 431]

921. — Un agent d'affaires, qui occupe dans une commune autre que celle de sa résidence, une habitation où il a établi un cabinet et où il se rend de temps à autre pour y traiter d'affaires, telles que partages sous seing privé, ventes et achats de titres, et où il fait annoncer par un écriteau sa présence, est passible de deux droits fixes. — Cons. d'Ét., 3 févr. 1865, Boissier, [Leb. chr., p. 141]

922. — La même solution a été appliquée à un cordonnier qui avait dans une autre commune que celle de sa résidence un local loué à l'année, où il venait chaque année passer un mois, accompagné d'un ouvrier qui travaillait avec lui et où il recevait des commandes. — Cons. d'Ét., 14 juill. 1876, Jolly, [Leb. chr., p. 684]

923. — ... Ou à un patentable qui avait un magasin en permanence dans une ville et un autre dans une ville d'eaux ouvert seulement pendant la saison. — Cons. d'Ét., 19 févr. 1875, Manas, [Leb. chr., p. 175] — V. *suprà*, n. 913.

924. — Le parterre d'une coupe, pour un marchand de bois (Cons. d'Ét., 19 juill. 1854, Lacroix, Leb. chr., p. 659), un dépôt dans une halle (Cons. d'Ét., 9 juill. 1856, Tissu, Leb. chr., p. 451) peuvent constituer des établissements dans le sens de la loi, si on y effectue des ventes.

924 *bis*. — De même pour un exploitant de carrière, le magasin où il transporte ses pierres, où il les travaille et les vend, et la carrière elle-même. — Cons. d'Ét., 26 déc. 1860, Dupety, [Leb. chr., p. 807]

924 *ter*. — Plusieurs fours à chaux, quoique situés dans une même commune peuvent constituer des établissements distincts. — Cons. d'Ét., 31 août 1860, Lelandais, [Leb. chr., p. 685]

925. — Pour un exploitant de ponts à péage, chaque pont constitue un établissement distinct. — Cons. d'Ét., 21 déc. 1861, Boullaud, [Leb. chr., p. 872]

926. — Pour un marchand de farine en gros, des magasins ou greniers où il vend aux boulangers sont des établissements et non de simples dépôts. — Cons. d'Ét., 14 avr. 1859, Baranger, [Leb. chr., p. 287]; — 17 mai 1859, Dugast, [Leb. chr., p. 367]; — 6 sept. 1869, Marmay, [Leb. chr., p. 839]

927. — Les marchands forains, auxquels leur patente permet d'exercer leur profession dans toutes les communes qu'ils traversent, peuvent être passibles d'un second droit fixe comme exerçant une seconde profession s'ils ont dans une commune un magasin dans lequel ils déposent leurs approvisionnements de marchandises et qu'ils ouvrent au public. — Cons. d'Ét., 24 juin 1857, Bidau, [Leb. chr., p. 495]; — 23 févr. 1860, Marchand, [Leb. chr., p. 139]; — 31 mars 1860, Marchand, [Leb. chr., p. 304]

3° Pluralité de professions exercées dans des locaux distincts.

928. — En général, lorsqu'un patentable exerce deux professions différentes, le seul fait qu'il exerce chacune d'elles dans des locaux distincts suffit pour prouver la pluralité d'établissements. — Cons. d'Et., 16 juill. 1863, Iragne, [Leb. chr., p. 551]; — 19 déc. 1863, Comp. canal Sambre à l'Oise, [Leb. chr., p. 836]; — 12 avr. 1865, Rabeil, [Leb. chr., p. 444]; — 28 mai 1867, Larbaud, [Leb. chr., p. 523]; — 15 déc. 1868, Comp. des Dombes, [Leb. chr., p. 1038]; — 10 déc. 1870, Toye, [Leb. chr., p. 1103]; — 6 juin 1871, Arnaudet, [Leb. chr., p. 46]; — 31 juill. 1874, Coupas, [Leb. chr., p. 747]; — 5 févr. 1875, Archelais, [Leb. chr., p. 96]; — 21 janv. 1876, Fouché, [Leb. chr., p. 55]; — 15 déc. 1876, Chenereau, [Leb. chr., p. 888]; — 23 fév. 1877, Ber, [Leb. chr., p. 168]; — 12 juill. 1878, Delpierre, [Leb. chr., p. 674]; — 9 mai 1879, Mougry, [Leb. chr., p. 369]; — 4 juill. 1879, Crépin, [Leb. chr., p. 559]; — 6 nov. 1880, Marchandon, [D. 82.3.46]; — 29 juill. 1881, Guillon, [Leb. chr., p. 754]; — 9 juin 1882, Comp. des eaux, [Leb. chr., p. 545]; — 5 janv. 1883, Bordier, [Leb. chr., p. 13]; — 27 juin 1884, Lyon-Alemand, [Leb. chr., p. 525]; — 10 juill. 1885, Redier, [Leb. chr., p. 659]; — 5 mars 1886, Coulons, [Leb. chr., p. 212]; — 8 juill. 1887, Adam, [Leb. chr., p. 560]; — 22 juin 1888, Guillot, [Leb. chr., p. 554]; — 14 mai 1891, Molin, [Leb. chr., p. 373]

929. — Il importe peu que ces établissements se trouvent situés dans des communes différentes : ils peuvent être placés dans les divers quartiers d'une même ville. Ainsi on a imposé à deux droits fixes distincts un marchand de vins qui vendait en détail dans un de ses établissements et en gros dans l'autre. — Cons. d'Et., 4 avr. 1862, Lachassine, [Leb. chr., p. 281]

930. — ... Un boulanger qui, dans son établissement principal, fabriquait ses pains et avait dans une autre rue un magasin destiné à la vente au détail. — Cons. d'Et., 2 mai 1879, Bédier, [D. 80.3.6]; — 30 janv. 1880, Parmentier, [Leb. chr., p. 128]

931. — ... Un épicier qui, à 300 mètres de son magasin, avait une brasserie. — Cons. d'Et., 27 fév. 1874, Mardelle, [Leb. chr., p. 198]

932. — ... Un marchand de lait, qui exploitait dans un autre local une porcherie où il élevait des porcs nourris en partie avec les résidus de sa laiterie. — Cons. d'Et., 11 mars 1887, Société de laiterie des fermiers réunis, [Leb. chr., p. 219]; — 8 févr. 1859, Bachimont, [Leb. chr., p. 155]

932 *bis*. — Un entrepreneur de fiacres qui dans un autre local fait gérer par sa femme un cabaret. — Cons. d'Et., 5 janv. 1883, Hellec, [Leb. chr., p. 13]

933. — Quand deux professions différentes sont exercées dans des locaux éloignés l'un de l'autre, le patentable doit être considéré comme ayant deux établissements, alors même qu'ils seraient gérés par un seul préposé. — Cons. d'Et., 21 juin 1890, Millerand, [Leb. chr., p. 602]

934. — ... Ou que la comptabilité des diverses professions exercées serait centralisée dans l'établissement principal. — Cons. d'Et., 27 juin 1891, Garnier, [S. et P. 93.3.80]; — 18 mars 1892, Schlorsing, [Leb. chr., p. 293]; — 26 nov. 1892, Thorin, [Leb. chr., p. 828]; — 9 juin 1893, Schlorsing, [Leb. chr., p. 253]

935. — Il y a dualité d'établissements quand des professions différentes sont exercées dans des maisons distinctes n'ayant entre elles aucune communication intérieure et n'appartenant pas au même propriétaire. — Cons. d'Et., 31 janv. 1856, Léonard, [Leb. chr., p. 107]

936. — Les établissements distincts peuvent même se trouver dans le même immeuble, pourvu que les locaux affectés à l'usage de chaque profession soient nettement séparés. Ainsi on a imposé à deux droits fixes un patentable, qui exerçait la double profession de maçon et de cabaretier et qui avait son débit de boissons au rez-de-chaussée de sa maison, et, dans une cour, un hangar où il mettait à couvert les matériaux et les outils servant à sa profession de maçon. — Cons. d'Et., 13 mai 1852, Héry, [Leb. chr., p. 159]

937. — ... Un patentable exerçant deux professions différentes dans deux corps de logis séparés par une cour. — Cons. d'Et., 6 mai 1857, Fayet, [Leb. chr., p. 347]

938. — ... Un limonadier-glacier, qui exerçait en même temps la profession de courtier de marchandises dans une pièce de son appartement complètement distinct du café; alors même que l'employé chargé de la comptabilité du commerce de limonadier se tenait dans le bureau du courtier. — Cons. d'Et., 5 mai 1882, Vaussan, [Leb. chr., p. 436]

939. — La circonstance que les locaux où sont exercées les diverses professions auraient entre eux des communications intérieures ne suffit pas à les faire considérer comme constituant un établissement unique, s'ils ont des accès indépendants sur la voie publique. — Cons. d'Et., 13 juin 1862, Rault, [Leb. chr., p. 471]; — 18 nov. 1863, Leblois, [Leb. chr., p. 760]; — 24 mars 1865, Deschamps, [Leb. chr., p. 317]; — 7 avr. 1866, Guichard, [Leb. chr., p. 324]; — 12 févr. 1875, Taillandier, [Leb. chr., p. 134]; — 11 févr. 1876, Chassy, [Leb. chr., p. 147]; — 28 mai 1880, Plasteig, [Leb. chr., p. 497]; — 6 nov. 1880, Marchandon, [Leb. chr., p. 849]; — 29 juill. 1881, Augey, [Leb. chr., p. 754]; — 21 juill. 1882, Nau, [Leb. chr., p. 697]; — 8 févr. 1884, Soc. gén. et Créd. lyonn., [S. 85.3.77, P. adm. chr., D. 85.3.99]; — 1er août 1884, Berlandi, [Leb. chr., p. 677]; — 26 déc. 1885, Dutreix, [Leb. chr., p. 1008]; — 2 juill. 1886, Jauze, [Leb. chr., p. 550]; — 4 nov. 1887, Cuny, [Leb. chr., p. 686]; — 27 janv. 1888, Besson, [Leb. chr., p. 94]; — 17 févr. 1888, Lefay, [Leb. chr., p. 160]; — 17 janv. 1890, Lafin, [S. et P. 92.3.46]; — 15 mars 1890, Méhier-Cédié, [S. et P. 92.3.85]; — 13 déc. 1890, Chevalier, [Leb. chr., p. 968]; — 18 avr. 1891, Parigot, [Leb. chr., p. 293]; — 17 févr. 1892, Malessard, [S. et P. 94.3.40]; — 18 mars 1892, Vilois-Bertin, [Leb. chr., p. 293]; — 26 nov. 1892, Thorin, [Leb. chr., p. 827]; — 21 févr. 1896, Monnot, [Leb. chr., p. 174]; — 28 mars 1896, Dôla, [Leb. chr., p. 321]; — 14 mai 1898, Tabourin, [Leb. chr., p. 391]; — 26 mai 1900, Mélier, [Leb. chr., p. 372]; — 3 août 1900, Duphot, [Leb. chr., p. 527]

940. — Et même s'ils n'ont qu'une entrée commune, cette circonstance peut n'être pas exclusive de la qualité d'établissements distincts si les locaux sont nettement séparés. — Cons. d'Et., 19 juin 1885, Coulous, [Leb. chr., p. 594]; — 29 févr. 1896, Hatisse, [Leb. chr., p. 210]

941. — On a admis qu'un entrepôt de douanes et un entrepôt commercial placés dans des corps de bâtiment différents et exploités dans des conditions différentes constituaient des établissements distincts. — Cons. d'Et., 7 juill. 1870, Docks de Marseille, [Leb. chr., p. 866]

942. — ... Qu'une gare d'eau servant à amener par voie fluviale des marchandises à une ligne de chemin de fer constituait un établissement distinct de la gare de chemin de fer, quand elle dessert aussi un embranchement spécial. Au contraire si elle ne dessert que la voie ferrée principale, elle doit être considérée comme une simple dépendance du chemin de fer. — Cons. d'Et., 15 févr. 1866, Comp. de Lyon, [Leb. chr., p. 92]; — 17 juill. 1867, Comp. P.-L.-M., [Leb. chr., p. 653]; — 10 mars 1869, Comp. P.-L.-M., [Leb. chr., p. 228]

943. — Jugé encore, par application de ces principes aux professions libérales, qu'un médecin qui, en dehors de son domicile où il exerce sa profession, possède un établissement dans lequel il donne des consultations (même gratuites) et reçoit des pensionnaires nourris et logés moyennant une rémunération, doit être imposé au droit fixe de patente comme tenant une maison particulière de santé. — Cons. d'Et., 10 mars 1899, Vignes, [S. et P. 1901.3.100, D. 1900.5.498]

4° Profession unique exercée dans des locaux distincts. Préposé spécial.

944. — Lorsqu'il s'agit de maisons secondaires, de succursales, d'agences, de bureaux dans lesquels se font des opérations de même nature que dans l'établissement principal, la séparation des locaux ne suffit pas à établir la dualité d'établissements. La jurisprudence a coutume de relever d'autres signes caractéristiques, tels que l'existence d'un préposé spécial chargé de diriger la succursale et investi à cet effet de pouvoirs propres, la tenue d'une comptabilité distincte.

945. — Cette personne, préposée à la direction de l'établissement secondaire peut être un membre de la famille du patentable, sa femme, par exemple. — Cons. d'Et., 18 nov. 1882, Hélie, [Leb. chr., p. 863]; — 7 déc. 1888, Anselme, [Leb. chr., p. 932]; — 15 nov. 1890, Vuarnier, [Leb. chr., p. 844]; — 5 févr. 1892, Renoul, [Leb. chr., p. 116]; — 22 déc. 1894, Andrieu, [Leb. chr., p. 717]

946. — ... Ou son fils. — Cons. d'Et., 24 mai 1878, Denneval, [Leb. chr., p. 507]; — 29 juin 1888, Drugeon, [Leb. chr., p. 579]

947. — Ce peut être un associé. — Cons. d'Et., 13 janv. 1888, Bleichner, [Leb. chr., p. 25]; — 18 juin 1892, Quintaburu, [Leb. chr., p. 562]

948. — ... Ou un fondé de pouvoir. — Cons. d'Et., 25 févr. 1881, La Lyonnaise, [Leb. chr., p. 222]

949. — ... Ou un tiers qui se charge, moyennant une indemnité par objet vendu, d'écouler les marchandises des patentables. — Cons. d'Et., 24 janv. 1891, Blancon, [Leb. chr., p. 49]; — 4 juin 1897, Briot, [S. et P. 99.3.64] — V. *infrà*, n. 977.

950. — ... Ou un simple agent, commis ou préposé. — Mêmes décisions.

951. — Nul doute n'est possible lorsque l'on est en présence d'un agent muni de pouvoirs très-étendus, représentant le patron, l'engageant par ses décisions et ayant qualité non seulement pour recevoir les clients, mais encore pour traiter avec eux et arrêter les conditions du contrat. Un tel centre d'affaires constitue bien un établissement dans le sens de la loi et doit être assujetti à un droit fixe spécial. — Cons. d'Et., 28 nov. 1855, Adam, [Leb. chr., p. 674] (vins); — 17 avr. 1858, Méraz, [Leb. chr., p. 274] (vins); — 21 sept. 1859, Dejean, [Leb. chr., p. 640] (vins); — 28 mars 1860, Renaud, [Leb. chr., p. 267] (tuiles et briques); — 22 déc. 1863, Bonnet, [Leb. chr., p. 857] (vins); — 18 août 1864, Emery, [Leb. chr., p. 800] (échalas); — 27 nov. 1869, Quesnel, [Leb. chr., p. 944] (exploitant de carrière); — 18 juin 1872, Allonneau, [Leb. chr., p. 384] (boulanger); — 18 juill. 1873, Pusset, [Leb. chr., p. 654] (charbon); — 9 janv. 1874, Laflotte, [Leb. chr., p. 12] (cafetier avec billard); — 21 juill. 1876, Juvenet, [Leb. chr., p. 707]; — 6 déc. 1878, Meyer, [Leb. chr., p. 970]; — 26 déc. 1879, Prévost, [Leb. chr., p. 855]; — 24 déc. 1880, Messager, [Leb. chr., p. 1061]; — 29 juill. 1881, Guillon, [Leb. chr., p. 754]; — 18 juill. 1884, Soc. des Glacières de Paris, [Leb. chr., p. 617]; — 3 juill. 1885, Requillard, [Leb. chr., p. 638]; — 7 août 1885, Fournié, [Leb. chr., p. 761]; — 15 janv. 1886, Leroux, [Leb. chr., p. 33] (photographes); — 16 mars 1888, Meunier, [Leb. chr., p. 266]; — 2 mars 1889, Reboul, [Leb. chr., p. 301]; — 23 nov. 1889, La graineterie française, [Leb. chr., p. 1071]; — 22 févr. 1890, Pugin, [Leb. chr., p. 220]; — 24 mai 1890, Toupin, [Leb. chr., p. 553]; — 26 déc. 1891, Hurtiau, [Leb. chr., p. 814]; — 16 janv. 1892, Fenaille, [Leb. chr., p. 27]; — 30 janv. 1892, Handrois, [Leb. chr., p. 95]; — 23 nov. 1895, Maurand, [Leb. chr., p. 752]; — 8 févr. 1896, Champagne, [Leb. chr., p. 135]; — 28 févr. 1896, Léglise, [Leb. chr., p. 197] (bois à brûler); — 23 mars 1900, Lacaussade, [Leb. chr., p. 234]

952. — On a considéré comme établissement distinct un pavillon de dégustation installé dans une exposition, où un préposé spécial concluait des ventes des produits après avoir fait déguster gratuitement les échantillons exposés. — Cons. d'Et., 6 mai 1898, Nouhaud, [D. 99.5.497]; — 20 janv. 1899, Picon, [S. et P. 1901.3.76]

953. — ... Alors même que le propriétaire de l'établissement principal ne figurait pas sur la liste des exposants. — Cons. d'Et., 20 janv. 1899, précité.

954. — Il en est de même des succursales d'une teinturerie où des préposés spéciaux reçoivent les clients, prennent leurs ordres, fixent les prix des objets à teindre ou à dégraisser et en perçoivent le montant. — Cons. d'Et., 6 nov. 1880, Vyt, [D. 82.3.46]; — 3 nov. 1882, Garnier, [Leb. chr., p. 832]; — 7 nov. 1884, Thuillier, [Leb. chr., p. 756]; — 6 nov. 1885, Guérin, [Leb. chr., p. 822]; — 12 mars 1886, Lignier, [Leb. chr., p. 227]; — 1er avr. 1892, Durand, [Leb. chr., p. 336]; — 16 nov. 1895, Godard, [Leb. chr., p. 726]; — 21 janv. 1898, Condamine, [Leb. chr., p. 33]; — 16 févr. 1900, Bégué, [Leb. chr., p. 138]; — 7 juill. 1900, Aveillé, [Leb. chr., p. 476]

955. — ... D'un établissement géré par un préposé spécial, qui reçoit les commandes des clients et a sous ses ordres le personnel et le matériel nécessaires à l'exécution des travaux. — Cons. d'Et., 27 avr. 1883, Comp. Lesage, [D. 85.5.341] (vidanges).

956. — ... D'un établissement où le préposé spécial soumet des échantillons aux clients et peut leur livrer immédiatement les marchandises vendues quand l'approvisionnement le permet. — Cons. d'Et., 30 janv. 1892, Vachon, [Leb. chr., p. 97]

957. — ... De dépôts de lait tenus par des préposés spéciaux chargés de servir la clientèle et de régler l'approvisionnement journalier de leurs magasins. — Cons. d'Et., 10 mai 1889, Arnaud, [Leb. chr., p. 562]; — 29 juin 1889, Bachimont, [Leb. chr., p. 820]

958. — ... D'un bateau chargé de bois à brûler stationnant en permanence dans une commune et où un préposé vend le bois à la clientèle. — Cons. d'Et., 28 févr. 1896, Léglise, [Leb. chr., p. 197]

959. — ... D'un second établissement le marchand de bois qui, dans une autre localité que celle de sa résidence, a un bureau et un magasin avec enseigne, où un commis qui le représente achète des coupes de bois, reçoit les commandes des clients et effectue des ventes pour le compte de son patron. — Cons. d'Et., 9 sept. 1864, Lemire, [Leb. chr., p. 864]

960. — ... Du boucher qui, dans un abattoir, a à sa disposition exclusive des locaux, où un préposé est chargé de tuer les porcs, de recevoir les clients, de faire les pesées et d'effectuer les livraisons et expéditions. — Cons. d'Et., 16 mars 1888, Meunier, [Leb. chr., p. 266]

961. — ... Du commissionnaire en marchandises qui, dans une ville autre que celle de son principal établissement, a un bureau et deux commis chargés des achats. — Cons. d'Et., 16 avr. 1856, Pinède, [Leb. chr., p. 276]

962. — Constituent des établissements distincts une succursale de la Société, dite *Bureau Veritas*, où les agents ne se bornent pas à procéder à des visites de navires, mais délivrent aux clients, moyennant rétribution, tous les renseignements demandés sur la situation des navires. — Cons. d'Et., 31 mai 1878, Bureau Veritas, [Leb. chr., p. 531]

963. — ... Les agences d'une compagnie d'assurances dirigées par des fondés de pouvoirs chargés de la représenter, de souscrire les risques, de signer les polices, de toucher les primes. — Cons. d'Et., 6 juin 1861, Comp. espagnole l'Union, [Leb. chr., p. 483]; — 2 juill. 1880, La Confiance, [D. 81.3.70]; — 17 déc. 1880, Comp. lyonnaise d'assurances maritimes, [Leb. chr., p. 1023]

964. — ... Même si les polices sont signées seulement par le directeur. — Cons. d'Et., 9 nov. 1889, Assurance financière, [S. et P. 92.3.7] — V. *infrà*, n. 970.

965. — ... Le comptoir d'un banquier, où un préposé spécial opère des achats et ventes de valeurs, paie des coupons, fait des avances sur titres, reçoit les souscriptions aux émissions et change les monnaies. — Cons. d'Et., 6 août 1880, Dupuy, [D. 82.3.46]; — 8 févr. 1884, Société générale, [S. 85.3.77, P. adm. chr., D. 85.3.99]; — 13 juin 1884, Crédit lyonnais, [Leb. chr., p. 484]; — 15 janv. 1886, Société générale, [Leb. chr., p. 33]; — 26 mars 1886, Crédit industriel, [Leb. chr., p. 282]

966. — ... Où le préposé recouvre les effets payables dans la commune et les environs qui lui sont transmis par l'établissement principal, fait des versements entre les mains des clients, escompte les billets payables sur diverses places, remet aux clients contre espèces des lettres de crédit émanant de cet établissement. — Cons. d'Et., 8 janv. 1867, Simon-Remy, [Leb. chr., p. 12]

967. — La succursale d'une maison de banque dans laquelle un agent recouvre les effets payables sur cette place et dans les environs, escompte les billets et les adresse à la maison principale pour les négocier, reçoit des ordres d'achat et de vente de titres de rentes pour cette maison. — Cons. d'Et., 29 janv. 1897, Mac Leod Mehl, [Leb. chr., p. 58]; — 30 nov. 1900, Même partie, [Leb. chr., p. 699] — V. *infrà*, n. 981.

968. — ... Un établissement qui fait des versements aux clients, escompte des billets, reçoit des dépôts, ouvre des comptes courants, reçoit des ordres de bourse. — Cons. d'Et., 10 mai 1890, Soubayran, [Leb. chr., p. 492]

969. — ... Un établissement secondaire ayant une direction particulière et dans lequel se font des opérations étrangères à celles de l'établissement principal. — Cons. d'Et., 29 nov. 1890, Billon, [Leb. chr., p. 903]

969 *bis*. — Un magasin de vente en gros ouvert au public une fois par semaine, le jour du marché, où des marchandises sont déposées pour la vente et tenu par un préposé qui entre en rapports avec les clients, convient des ventes et livre les produits, alors même que la maison principale reste seule chargée de la rédaction et de l'expédition des factures. — Cons. d'Et., 2 déc. 1899, Rachon, [Leb. chr., p. 704]

969 *ter*. — De même constitue un établissement distinct le cabinet d'un dentiste ouvert pendant la saison dans une ville d'eaux et tenu par un préposé. — Cons. d'Et., 5 nov. 1886, Préterre, [Leb. chr., p. 760]

970. — Il n'est même pas absolument nécessaire que le préposé spécial ait des pouvoirs suffisants pour rendre le contrat parfait. La jurisprudence a reconnu le caractère d'établissements distincts à des locaux gérés par un préposé qui, après avoir reçu les ordres des clients, arrêté avec eux la nature et la quantité des objets à livrer, se bornait à les transmettre à l'établissement central. — Cons. d'Et., 6 nov. 1880, Jubert, [D. 82.3.46]; — 11 févr. 1887, Leroux, [D. 88.5.346]; — 18 mars 1887, Valez, [Leb. chr., p. 241]; — 29 avr. 1887, Grégoire, [D. 88.5.347]; — 27 mai 1887, Chanoine, [*Ibid.*]; — 17 juin 1887, Chapu et Badaire, [*Ibid.*]; — 9 déc. 1887, Pichon, [Leb. chr., p. 787]; — 18 juill. 1896, Vallat, [Leb. chr., p. 587]; — 18 déc. 1897, Min. Fin., [Leb. chr., p. 818]; — 12 mai 1899, Pharmacie centrale, [Leb. chr., p. 371]; — 28 oct. 1899, Valtat, [Leb. chr., p. 609]; — 9 févr. 1900, Germain, [Leb. chr., p. 114]; — 27 juill. 1900, Turbet, [Leb. chr., p. 513]

970 *bis.* — ... Ou à montrer aux clients les échantillons déposés dans le bureau et à recevoir leurs commandes. — Cons. d'Et., 17 mars 1894, L'Orléanaise, [Leb. chr., p. 236]

971. — ... Ou à prendre les commandes et à tenir une comptabilité qu'il transmettait à la maison principale. — Cons. d'Et., 7 déc. 1883, Savoye, [Leb. chr., p. 891]

972. — ... Et à encaisser le montant des factures qu'elle lui expédiait. — Cons. d'Et., 8 févr. 1878, Stoecklin, [D. 78.3.65]

973. — ... Ou à exécuter les ordres reçus de la maison principale en opérant la livraison des marchandises vendues. — Cons. d'Et., 19 mai 1882, Propasch, [Leb. chr., p. 508]; — 12 juill. 1882, Brussel, [D. 83.3.417]; — 15 juin 1883, Brussel et Kiefe, [Leb. chr., p. 564]; — 20 juill. 1883, Francoz, [Leb. chr., p. 674]; — 3 août 1883, Fournier, [Leb. chr., p. 720]; — 16 mars 1900, Condore, [Leb. chr., p. 207]

973 *bis.* — ... Ou à recevoir en gare les marchandises et à les livrer aux acheteurs. — Cons. d'Et., 16 nov. 1900, Mazel, [Leb. chr., p. 621]

974. — ... Alors qu'il ne pouvait traiter lui-même aucune affaire ni payer aucun marché sans prendre les instructions de la maison principale. — Cons. d'Et., 6 août 1880, Gros, [D. 82.3.46]; — 31 juill. 1885, Renault, [Leb. chr., p. 731]; 21 janv. 1887, Deutsch, [Leb. chr., p. 58]; — 4 nov. 1887, Bourrel, [Leb. chr., p. 686]; — 28 févr. 1890, Desmarais, [Leb. chr., p. 228]; — 10 juill. 1890, Vieillot, [D. 93.5.411]; — 21 nov. 1891, Hadengue, [S. et P. 93.3.110]; — 5 déc. 1891, Trouvé, [S. et P. 93.3.120]; — 9 févr. 1895, Saint, [Leb. chr., p. 142]; — 26 avr. 1895, Deutsch, [Leb. chr., p. 363]

975. — De même, constituent des établissements distincts les bureaux d'un commissionnaire de transport, où des employés spéciaux reçoivent les ordres des clients, perçoivent les prix des transports et emmagasinent les colis, bien que la comptabilité soit centralisée dans l'établissement principal et que les expéditions ne soient faites qu'après leur enregistrement dans cette maison. — Cons. d'Et., 22 nov. 1889, Lamarthonie, [Leb. chr., p. 1056]; — 8 mars 1890, Garnier, [Leb. chr., p. 269]; — 11 nov. 1893, Barbau, [S. et P. 95.3.86]; — 8 déc. 1899, Comp. de Lyon, [Leb. chr., p. 713]

975 *bis.* — ... Les divers bureaux d'une entreprise de déménagements, où les préposés reçoivent les ordres des clients et traitent directement avec eux, quoique la maison principale assure seule l'exécution des ordres reçus. — Cons. d'Et., 18 mai 1899, Soc. parisienne, [Leb. chr., p. 383]

975 *ter.* — ... La succursale d'une maison de banque où les opérations sont engagées et conclues par un préposé spécial, quoique ces opérations soient faites sous le contrôle du directeur de l'établissement principal et que la comptabilité soit centralisée dans ce dernier. — Cons. d'Et., 1er déc. 1899, Soula, [Leb. chr., p. 690]

976. — ... Un moulin à huile dépendant du comptoir d'un armateur, où un préposé spécial emmagasine les matières premières, fait les expéditions et tient une comptabilité particulière, bien que la direction générale du moulin relève du comptoir. — Cons. d'Et., 4 janv. 1878, Verminck, [D. 78.3.65]

977. — Le fait que le préposé spécial serait rémunéré au moyen de remises proportionnelles à l'importance des ventes effectuées par son intermédiaire ne peut dispenser le patron de payer le droit fixe à raison de l'établissement où s'effectuent ces ventes. — Cons. d'Et., 9 nov. 1889, Assurance financière, [Leb. chr., p. 1017]; — 8 juill. 1898, Lebaudy, [Leb. chr., p. 529]

978. — ... Surtout si le patron se réserve le droit de fixer les prix de ventes et conserve jusqu'à la vente la propriété des marchandises déposées dans le magasin du préposé. — Cons. d'Et., 8 juill. 1898, précité; — 28 avr. 1899, Raffinerie parisienne, [Leb. chr., p. 316]

979. — Le patron pour le compte duquel se font les opérations doit être imposé au droit fixe, lors même que son préposé spécial serait personnellement assujetti à la patente comme exerçant une autre profession pour son propre compte. — Cons. d'Et., 21 janv. 1887, précité; — 28 févr. 1890, précité; — 5 déc. 1891, précité; — 30 janv. 1892, Haudrois, [D. 93.3.48]; — 2 mars 1895, Leturque, [Leb. chr., p. 210]; — 18 nov. 1898, Saint-Martin, [Leb. chr., p. 703]

980. — Il est imposable, même si le magasin est loué au nom du préposé, si les meubles lui appartiennent et si les employés sont payés par lui. — Cons. d'Et., 9 nov. 1889, Assurance financière, [Leb. chr., p. 1021]; — 21 avr. 1894, Tilloye, [S. et P. 96.3.61]

981. — La tenue d'une comptabilité spéciale pour les opérations effectuées dans la succursale est un des signes fréquemment retenus par la jurisprudence comme caractéristiques de l'existence d'un établissement distinct. — Cons. d'Et., 27 juin 1866, Degrills, [Leb. chr., p. 733]; — 30 mai 1879, Vendre, [Leb. chr., p. 427]; — 30 nov. 1883, Lanoy, [Leb. chr., p. 867]; — 10 mai 1889, Arnaud, [Leb. chr., p. 562]; — 29 juin 1889, Bachimont, [Leb. chr., p. 820]; — 13 déc. 1890, Manuf. de produits chimiques du Nord, [Leb. chr., p. 969]; — 17 juin 1892, Michon, [Leb. chr., p. 555]; — 6 août 1892, Décanis, [Leb. chr., p. 693]; — 27 oct. 1893, Mure, [Leb. chr., p. 709]; — 4 nov. 1893, Florent, [Leb. chr., p. 718]; — 25 nov. 1893, Lebrun, [Leb. chr., p. 787]; — 8 nov. 1895, Lamy, [D. 96.5.412]; — 8 févr. 1896, Champagne, [Leb. chr., p. 135]; — 9 nov. 1900, Anglade, [Leb. chr., p. 603]; — 5 déc. 1900, Beau-Douchez, [Leb. chr., p. 727]

982. — En somme, de tout ce qui précède, il résulte qu'il y a établissement distinct partout où un préposé spécial reçoit les commandes, livre les marchandises vendues et encaisse les paiements. — Cons. d'Et., 21 juill. 1876, Juvenet, [Leb. chr., p. 707]; — 28 mars 1879, Landrieu, [Leb. chr., p. 253]; — 29 janv. 1886, Belin, [Leb. chr., p. 85]; — 21 nov. 1891, précité; — 10 févr. 1894, Boze, [D. 95.5.391]; — 17 mars 1894, L'Orléanaise, [S. et P. 96.3.54]; — 9 févr. 1895, Saint, [D. 96.5.412]; — 2 mars 1895, Leturque, [Leb. chr., p. 210]; — 10 mai 1895, Derieppe, [Leb. chr., p. 388]

983. — Le moulin où un marchand d'huiles en demi-gros fabrique son huile n'est pas un établissement distinct. — Cons. d'Et., 26 févr. 1862, Moulin, [Leb. chr., p. 137]

984. — De même il y a unité d'établissement quand un épicier fabrique des conserves alimentaires dans un corps de logis séparé de son magasin d'épicerie alors ayant avec lui une communication intérieure, mais que ce local, une fois la fabrication terminée, sert le reste de l'année au commerce d'épicerie, et qu'il n'existe pour l'ensemble des opérations qu'une seule comptabilité. — Cons. d'Et., 18 juill. 1860, Salomon, [Leb. chr., p. 551]

985. — Un contribuable qui exerce deux professions distinctes, mais vend dans un local unique les divers produits qu'il a fabriqués dans des usines séparées, n'a qu'un seul établissement. — Cons. d'Et., 19 févr. 1892, Mugnier, [Leb. chr., p. 173]

985 *bis.* — Le droit fixe qui est dû pour chaque établissement distinct est établi d'après la nature de la profession qui y est exercée et non d'après la nature de celle exercée dans l'établissement principal (art. 8). C'est la conséquence du principe qui a fait de l'établissement l'unité imposable. Chacun doit être envisagé isolément. — Cons. d'Et., 21 sept. 1863, Cauzard, [Leb. chr., p. 752]; — 6 janv. 1864, Aubry, [Leb. chr., p. 5]; — 30 avr. 1875, Laroche-Joubert, [Leb. chr., p. 389]; — 6 août 1880, Dupuy, [Leb. chr., p. 732]; — 14 janv. 1887, Vitry, [Leb. chr., p. 25]; — 18 mars 1887, La Laiterie, [Leb. chr., p. 241]

986. — Est aussi sans influence le fait que la profession s'exerce dans deux ou plusieurs immeubles. Ainsi un loueur en garni, qui exploite deux maisons contiguës faisant partie du même corps de bâtiment, ayant le même accès principal, n'a qu'un établissement si ces deux locaux sont soumis à la même direction et n'ont qu'une seule comptabilité. — Cons. d'Et., 6 nov. 1880, Armagnacq, [Leb. chr., p. 848]

987. — Il en serait de même de deux étaux contigus dans une halle dont l'un serait tenu par le mari et l'autre par la femme. — Cons. d'Et., 9 nov. 1889, Teulé, [D. 91.5.378]

988. — ... D'exploitations soumises à une même direction et n'ayant qu'une comptabilité, mais séparées par une boutique.

— Cons. d'Ét., 21 mai 1886, Expert, [Leb. chr., p. 444]

989. — Lorsqu'il y a unité de profession, le fait que celle-ci est exercée dans plusieurs communes simultanément n'implique pas nécessairement la pluralité d'établissements. Ainsi l'adjudicataire des droits de place dans plusieurs communes, imposé dans celle où il a son domicile et son établissement, n'est pas imposable dans les autres. — Cons. d'Ét., 20 avr. 1877, Favard, [Leb. chr., p. 369]

990. — De même une compagnie de bateaux remorqueurs faisant le service entre deux villes, et imposée sur le rôle de l'une d'elles, ne peut l'être dans l'autre, parce qu'il n'y a qu'une seule exploitation. — Cons. d'Ét., 2 juill. 1861, Lenormand, [Leb. chr., p. 549]

5° Faits constitutifs de l'établissement distinct dans les professions industrielles.

991. — Pour les professions industrielles, l'application de la même définition conduit à ne considérer comme établissements que les centres de fabrication permanents, où s'accomplissent les actes essentiels de la profession, ayant leur personnel, leur matériel, leur comptabilité propres, et d'où les produits traités sortent à l'état *marchand*.

992. — Ils suit de là que les industriels ne sont pas passibles d'un droit fixe spécial pour tous les ateliers divers où s'effectuent, dans des locaux séparés, les différentes opérations de la fabrication. Ainsi ne constituent pas des établissements distincts un atelier de tissage non muni de tous ses moyens de production et notamment de ses machines préparatoires. — Cons. d'Ét., 9 mai 1860, Petitdidier et Hartmann, [D. 61.3.55]

993. — ... Un atelier où il ne se fait ni vente ni achat et dont les produits ont besoin, pour être vendus, de subir un travail complémentaire dans l'établissement principal. — Cons. d'Ét., 13 févr. 1862, Heuzé, [Leb. chr., p. 108]; — 19 juin 1862, Berger, [Leb. chr., p. 500]

994. — ... Un atelier qui reçoit de l'établissement principal (fabrique de verres de lunettes et de montres) les matières premières et lui renvoie les produits manufacturés. — Cons. d'Ét., 30 avr. 1862, Heuzey, [Leb. chr., p. 360]; — 5 févr. 1870, Saugonard, [Leb. chr., p. 42]

995. — ... Un atelier d'apprêt pour un marchand de bonneterie. — Cons. d'Ét., 7 août 1865, Cambon, [Leb. chr., p. 743] — V. encore, Cons. d'Ét., 4 août 1876, Guy et Lauret, [Leb. chr., p. 759]; — 29 juin 1877, Guillon, [Leb. chr., p. 635]; — 3 mai 1878, Matricali, [Leb. chr., p. 428]; — 21 févr. 1879, Pouillet, [Leb. chr., p. 153]; — 21 nov. 1879, Corderie de Sainte-Anne, [Leb. chr., p. 736]; — 12 mai 1882, Jacquet, [D. 84.5.368]; — 30 déc. 1887, Ariza, [D. 88.5.347] (chocolat); — 24 févr. 1888, Loonen, [D. 89.5.343]; — 28 juin 1895, Trêves, [Leb. chr., p. 534]; — 26 févr. 1898, Oudineau, [Leb. chr., p. 187]

996. — Dans une tréfilerie où l'on fabrique des vis, on n'a pas considéré comme constituant des établissements distincts des ateliers où la vis est seulement amenée à l'état de clou, mais seulement ceux où ce clou est taraudé et fendu, de manière à donner un produit parfait. — Cons. d'Ét., 19 janv. 1866, Viellard, [S. 66.2.336, P. adm. chr.]

997. — De même, on a décidé qu'une société imposée dans une ville comme tenant magasin de vêtements confectionnés n'était pas imposable au droit fixe dans une autre localité où se trouvaient soit les ateliers où se confectionnaient et se réparaient les vêtements destinés au magasin central... — Cons. d'Ét., 1er avr. 1898, Bessand, [D. 99.5.499]

998. — ... Soit une maison ayant pour objet l'achat des produits nécessaires à la confection desdits vêtements. — Cons. d'Ét., 5 août 1898, Bessand, [Leb. chr., p. 617]

999. — On ne doit point considérer comme formant des établissements les emplacements, chantiers, magasins et autres locaux, de quelque nature qu'ils soient, servant uniquement au dépôt des matières premières, du combustible, des machines au repos, des produits fabriqués, etc., ni même les ateliers où des ouvriers sont occupés à la construction, à l'entretien ou à la réparation de l'outillage. En général, on ne peut asseoir de droit fixe que sur les parties des établissements industriels où sont mis en action des éléments désignés dans le tarif pour servir de base aux cotisations, tels que feux, fours, chaudières, cuves, fosses, broches, métiers, meules, cylindres, ouvriers, etc. (Instr. 1881, art. 21).

1000. — On doit considérer comme ne formant qu'un seul établissement un ensemble d'usines, d'ateliers et de bâtiments, renfermés dans une même clôture de murs, de grilles, de barrières, de haies, de fossés, etc., ou situés dans un même lieu dit, *affectés à des travaux* de même nature ou de nature différente, *concourant à un même résultat industriel*, lorsque, d'ailleurs, les travaux exécutés pour le compte du même individu ou de la même société sont placés sous une seule et même direction (Instr. 1881, art. 21).

1001. — Jugé, en ce sens, qu'une usine, formant un ensemble de bâtiments d'un seul tenant établi sur deux communes, ne forme qu'un seul établissement. — Cons. d'Ét., 17 juill. 1861, Dollfus, [Leb. chr., p. 609]

1002. — Ainsi, lorsque le magasin où un fabricant vend ses produits est situé dans le même bâtiment que la fabrique, ce magasin n'est pas à considérer comme un établissement distinct. — Cons. d'Ét., 14 janv. 1863, Guilhot, [Leb. chr., p. 34]

1003. — Il y a encore unité d'établissement, alors même que les opérations diverses de fabrication sont effectuées dans des bâtiments séparés les uns des autres, lorsque toutes ces usines concourent, sous une même direction, à un résultat industriel unique. — Cons. d'Ét., 26 déc. 1860, Peugeot, [D. 61.3.68]; — 30 mai 1868, Peyron, [Leb. chr., p. 622]; — 1er juill. 1898, Cheysson, [Leb. chr., p. 504]

1004. — Par exemple, on a jugé qu'une foulerie n'était pas un établissement distinct de la fabrique de bonneterie exploitée dans la commune par le même industriel. — Cons. d'Ét., 13 déc. 1860, Habert, [Leb. chr., p. 762]

1005. — ... Non plus qu'une boulangerie et un moulin établis dans un des bâtiments d'une fabrique en vue de fournir du pain aux ouvriers, et mus par une machine à vapeur servant aussi à faire mouvoir des pompes et des meules. — Cons. d'Ét., 9 janv. 1861, Mines de Bouxwiller, [D. 61.3.69]

1006. — Dans ces divers cas on peut dire qu'il y a plutôt fractionnement d'un même établissement que pluralité d'établissements. — Fournier et Daveluy, *Contrib. dir.*, p. 104.

1007. — Si, dans un groupe d'usines, quelques annexes ne fonctionnaient que pour le service de l'usine principale, on ne devrait pas faire entrer l'usine annexe dans les éléments du droit fixe. C'est ainsi que l'on devrait procéder si, par exemple, les produits d'une briqueterie étaient exclusivement employés à la réparation d'une forge; ou si les planches provenant d'une scierie ne servaient qu'à l'emballage des produits de la fabrique principale. On n'imposerait pas comme exploitants de fours à chaux et de carrières le fabricant de chaux qui emploierait intégralement pour l'alimentation de ses fours, les produits de carrières où il ferait extraire de la pierre calcaire exclusivement en vue de l'exercice de son industrie; il serait seulement imposable comme exploitant de fours à chaux. — Cons. d'Ét., 25 févr. 1863, Lobereau, [S. 66.2.40, *ad notam*, P. adm. chr.] — Par application de ces principes, il a été décidé que le maître de forges exploitant des minières pour l'alimentation de son usine ne serait passible d'aucun droit fixe à raison de ces minières. — Cons. d'Ét., 27 mai 1865, Caillot, [S. 66.2.40, P. adm. chr., D. 66.5.336]; — 30 août 1865, Collard, [D. 65.3.94]; — 25 janv. 1866, d'Albon, [Leb. chr., p. 43] — ... Que le fabricant de sucre qui exploiterait, exclusivement pour le service de sa sucrerie, une fabrique de noir animal et des fours à chaux ne devrait le droit fixe que comme fabricant de sucre (Instr. 1881, art. 21).

1008. — ... Que le sciage du sucre ne constitue qu'un accessoire de la profession de raffineur quand il est fait par le raffineur lui-même. — Cons. d'Ét., 28 juill. 1898, Say, [S. et P. 1901.3 13]; — 5 août 1898, Lebaudy, [Leb. chr., p. 617]; — 19 janv. 1900, Sommier, [Leb. chr., p. 40]

1009. — ... Qu'un brasseur ne peut être imposé à un droit fixe comme fabricant de malt à raison du bâtiment où il fait le malt qu'il emploie dans sa brasserie. — Cons. d'Ét., 29 oct. 1898, Richbé, [S. et P. 1901.3.25, D. 99.3.105]; — 2 déc. 1898, Cormeau Vandamme, [Leb. chr., p. 750]; — 1er juin 1900, Meurisse, [Leb. chr., p. 393]

1009 *bis*. — Le fabricant de plâtre ou de chaux qui, au moyen de meules et d'un cylindre, se livre au broyage de ce produit, n'aura pas la double profession de fabricant de plâtre et d'exploitant de moulin, mais seulement la première, le broyage n'étant qu'une opération accessoire de la fabrication. — Cons. d'Ét., 18 mars 1899, Eydoux, [Leb. chr., p. 230]

1010. — Il en est de même du fabricant de papier qui prépare dans une usine spéciale la pâte nécessaire à sa propre fabrication. — Cons. d'Et., 25 mars 1899, Outhenin-Chalandre, [Leb. chr., p. 282]; — 1er juill. 1899, Soc. des papeteries de Mandeure, [Leb. chr., p. 491]

1010 *bis*. — Un concessionnaire de chemins de fer ne peut, pendant la période de construction de la ligne, être imposé comme entrepreneur de travaux publics. Les diverses opérations industrielles et commerciales prévues dans le traité ne peuvent être isolées les unes des autres. — Cons. d'Et., 30 nov. 1900, Bley, Joly, etc. [Leb. chr., p. 696]

1011. — ... Que l'entrepreneur de bâtiments et l'entrepreneur de travaux publics, qui exploitent des carrières dont les produits sont exclusivement employés à l'exécution des travaux de leur entreprise, ne sont pas imposables comme exploitants de carrières, surtout quand la valeur des matériaux extraits est entrée en compte dans le calcul de la patente d'entrepreneur. — Cons. d'Et., 13 mars 1862, Dasmond, [Leb. chr., p. 205]; — 30 avr. 1862, Fregner, [Leb. chr., p. 359]; — 2 août 1878, Durand, [Leb. chr., p. 783]; — 24 mai 1895, Bouriquet, [D. 96.3.59]

1012. — ... Spécialement pour les briques qu'ils fabriquent en vue de leurs travaux. — Cons. d'Et., 24 janv. 1877, Fortier, [Leb. chr., p. 61]; — 25 avr. 1879, Bachimont, [Leb. chr., p. 322]

1013. — C'est ainsi encore qu'une société imposée à Paris comme entrepreneur de travaux publics, a obtenu décharge du droit fixe qui lui avait été assigné dans une commune voisine, à raison d'une usine dans laquelle elle fabriquait les ouvrages en fer nécessaires à l'exécution de ses entreprises. — Cons. d'Et., 27 déc. 1895, Eiffel, [Leb. chr., p. 860]

1014. — Au contraire, si les usines sont situées dans des lieux différents et si surtout chaque usine est soumise à une surveillance, à une direction et à une comptabilité de nature à lui donner un caractère spécial d'unité, on doit compter autant d'établissements qu'il y a d'usines (Instr. 1881, art. 21).

1015. — Il en est ainsi surtout si, dans chaque usine on effectue un ensemble d'opérations qui, considérées isolément, constituent l'exercice d'une profession dénommée aux tarifs, alors même que, dans l'espèce, elles ne constitueraient que l'une des phases de la transformation d'une matière première en produits manufacturés. Ainsi il a été jugé qu'un usinier qui, dans la même commune, exploitait quatre usines échelonnées sur le même cours d'eau, et affectées l'une à une fonderie de cuivre avec laminerie, les trois autres à des entreprises de laminerie, devait être considéré comme ayant deux établissements distincts, les trois dernières usines ayant le caractère d'un établissement unique. — Cons. d'Et., 19 déc. 1861, Estivant, [Leb. chr., p. 910]

1016. — Dans une autre espèce on a décidé qu'un industriel ayant dans la même commune et sur la même rivière : 1° une fonderie de cuivre où les matières premières étaient coulées en lingots; 2° deux tréfileries servant à fabriquer des fils de laiton; et 3° des lamineries servant l'une à convertir les lingots en plaques, l'autre à étirer et dégrossir les lingots pour les préparer à être convertis en fils de laiton, devait être imposé à deux droits fixes, l'un pour les tréfileries, l'autre pour les lamineries, mais devait obtenir décharge du droit fixe établi sur la fonderie, dans laquelle on ne faisait qu'une opération préparatoire. — Cons. d'Et., 19 juill. 1866, Collas de Gournay, [Leb. chr., p. 857]

1017. — Jugé qu'une fabrique de quincaillerie située dans une commune, une aiguillerie, une laminerie dans une autre constituent des établissements distincts. — Cons. d'Et., 18 avr. 1860, Goldenberg, [Leb. chr., p. 321]

1017 *bis*. — De même la fabrication des vis par procédé mécanique, quand elle a lieu par quantités importantes, ne peut être considérée comme un accessoire de la profession de fabricant de quincaillerie. — Cons. d'Et., 1er juin 1900, Japy, [Leb. chr., p. 394]

1017 *ter*. — Lors même que les diverses opérations faites dans un établissement industriel concourraient exclusivement à la confection des produits qui font l'objet de sa fabrication, il y a lieu de considérer comme exerçant deux professions distinctes, celles d'entrepreneur de laminerie et d'entrepreneur de tréfilerie, celui qui transforme les barres de fer en verges avant de les tréfiler. — Cons. d'Et., 16 mars 1900, Forges de Franche-Comté, [Leb. chr., p. 209]

1018. — Dans une ville les diverses usines qu'une compagnie d'éclairage au gaz possède constituent autant d'établissements distincts, quoique réunies entre elles par la canalisation. Chacune d'elles est munie de tout le matériel nécessaire à la production du gaz et peut le fournir aux abonnés. — Cons. d'Et., 28 févr. 1867, Comp. parisienne du gaz, [D. 68.3.104]

1019. — Constituent des établissements distincts, quand ils sont séparés matériellement quant aux locaux, à la direction et à la comptabilité : pour un corroyeur, une fabrique destinée au vernissage des cuirs. — Cons. d'Et., 6 janv. 1864, Aubry, [Leb. chr., p. 5]

1020. — ... Pour un fabricant de fleurs artificielles, le magasin où il les vend en gros et un atelier d'apprêt et de teinture. — Cons. d'Et., 4 juill. 1868, Carchon, [Leb. chr., p. 773]

1021. — ... Pour un fabricant de tulle, un atelier d'apprêt. — Cons. d'Et., 21 avr. 1864, Péju, [Leb. chr., p. 364]

1022. — ... Pour un fabricant de papiers à la mécanique, des ateliers séparés affectés l'un au glaçage et au lissage des papiers, l'autre à la fabrication des enveloppes de cartonnage et des articles de deuil. — Cons. d'Et., 30 avr. 1875, Laroche-Joubert, [Leb. chr., p. 389]

1023. — ... Également pour un papetier, une fabrique de fécule, alors même que ses produits auraient été utilisés dans la fabrication du papier. — Cons. d'Et., 27 juill. 1883, Béranger, [Leb. chr., p. 692]

1024. — Jugé encore qu'une fabrique à métiers et un magasin de vente exclusivement alimenté par elle, où sont vendus et les tissus provenant de la fabrique et les gants et vêtements fabriqués avec ces tissus, sont deux établissements distincts. — Cons. d'Et., 5 août 1898, Fournier, [Leb. chr., p. 617]

1025. — Constituent des établissements distincts, pour une fabrique de tissus : les ateliers de tissage. — Cons. d'Et., 4 juill. 1860, Diemer, [Leb. chr., p. 526]; — 7 déc. 1860, Petitdidier, [Leb. chr., p. 753]; — 30 janv. 1861, Kœnig, [Leb. chr., p. 65]; — 22 mai 1861, Litaud, [Leb. chr., p. 389]; — 30 mai 1861, Gros, [Leb. chr., p. 458]

1026. — ... Une filature et une blanchisserie mécanique. — Cons. d'Et., 9 mai 1860, Petitdidier et Hartmann, [Leb. chr., p. 384]; — 27 févr. 1862, Gros, [Leb. chr., p. 148]

1027. — ... Un atelier pour l'impression des étoffes. — Cons. d'Et., 27 févr. 1862, précité.

1028. — ... Un atelier où un groupe d'ouvriers est constamment occupé à préparer les matières premières destinées aux ouvriers disséminés. — Cons. d'Et., 24 déc. 1863, Bernaville, [Leb. chr., p. 869]

1029. — ... Pour une filature, un atelier de tissage des cotons filés préparés dans la filature. — Cons. d'Et., 16 août 1860, Dollfus-Mieg, [Leb. chr., p. 639]

1030. — ... Pour un fabricant de faïence, un moulin à broyer situé dans une autre commune. — Cons. d'Et., 25 juill. 1860, Roux, [Leb. chr., p. 575]

1031. — A plus forte raison, si les professions exercées dans les diverses usines sont différentes et sans lien entre elles, doivent-elles être considérées comme constituant des établissements distincts. Il a été décidé ainsi à l'égard d'un patentable qui dans son usine exerçait la profession de teinturier pour les fabriques, teignait les cotons qui lui étaient remis à cet effet par les fabricants, mais avait dans une autre rue un magasin dans lequel il vendait en gros des cotons filés achetés par lui et teints dans son usine. — Cons. d'Et., 29 févr. 1860, Lenormand, [Leb. chr., p. 164]; — 25 avr. 1860, Legras, [Leb. chr., p. 355]

1032. — ... A l'égard d'un marchand de papiers en gros qui avait un magasin de chiffons, dans une autre maison. Ce patentable, n'étant pas fabricant de papiers, ne pouvait prétendre que son magasin de chiffons fût un entrepôt de matières premières servant à la fabrication. — Cons. d'Et., 31 mai 1870, Carré et Turret, [Leb. chr., p. 664]

1033. — Constituent des établissements distincts les diverses usines dans lesquelles un fabricant de produits chimiques fabrique des produits différents (prussiate de potasse, noir animal, sels ammoniacaux, alun, sulfate de fer, etc.). — Cons. d'Et., 9 janv. 1861, Mine de Bouxwiller, [Leb. chr., p. 10]

1034. — ... Des fabriques de savon et d'huile et une minoterie, exploitées dans divers quartiers d'une même ville par un commerçant qui exerce en outre la profession de commissionnaire pour la vente en gros de plusieurs espèces de marchandises autres que celles fabriquées par lui. — Cons. d'Et., 26 janv. 1865, Vaudel, [Leb. chr., p. 97]; — 8 avr. 1881, Domergue, [Leb. chr., p. 421]

1035. — ... Une fabrique à métiers à bras, et dans une autre rue, un atelier de tissage à la mécanique muni de tous ses moyens de production, fonctionnant sous la direction d'un préposé spécial, alors même que la direction et la comptabilité de cet atelier seraient centralisées à l'établissement principal. — Cons. d'Ét., 28 févr. 1867, Colombier, [Leb. chr., p. 226]

1036. — ... Une fabrique à métiers ayant dans une ville son magasin de vente et dans une autre un atelier où l'on fait exécuter à des ouvriers des travaux de broderie sur les tissus à mailles et à jours fabriqués par eux. — Cons. d'Ét., 27 juin 1871, Galoppe, [S. 73.2.32, P. adm. chr.]

1036 bis. — ... Une fabrique à métiers, et une moulinerie de soie, alors même que le fabricant n'emploierait que les soies moulinées par lui. — Cons. d'Ét., 30 mars 1900, Gillier, [Leb. chr., p. 252]

1037. — ... Une fabrique de tapis et de velours ayant dans la banlieue un atelier de tissage avec un personnel spécial, où s'opère la transformation complète des matières premières en produits fabriqués. — Cons. d'Ét., 29 juill. 1868, Bernard-Laurent, [Leb. chr., p. 823]

1037 bis. — Pour un entrepreneur de la fabrication dans les prisons constituent trois établissements distincts : la prison, une teinturerie située hors de la prison et destinée à teindre les cotons dont il fait usage dans sa fabrication, et le magasin de vente où il vend en gros les tissus de sa fabrication et des tissus achetés. — Cons. d'Ét., 12 juin 1860, Michel, [Leb. chr., p. 437]

1038. — Le concessionnaire de chemin de fer qui, dans une ville, a, indépendamment de la gare, un établissement spécial où il centralise le service du factage et du camionnage, est imposable à un second droit fixe comme entrepreneur de roulage. Ce transport des marchandises à domicile, qui donne lieu à la perception d'un prix spécial, indépendant de celui perçu pour le parcours sur la voie ferrée, constitue l'exercice d'une industrie distincte. — Cons. d'Ét., 28 mai 1866, Comp. d'Orléans, [Leb. chr., p. 523]

1039. — De même il y a lieu d'assujettir à deux droits fixes un adjudicataire de coupes, qui convertit sur le parterre même des coupes une partie de celles-ci en charbon et envoie le reste dans une autre commune pour les débiter en planches dans une scierie mécanique. — Cons. d'Ét., 15 nov. 1866, Bordet, [Leb. chr., p. 1056]

1039 bis. — Le maître de forges qui se rend chaque année adjudicataire de coupes de bois pour l'alimentation de ses fourneaux et revend aux marchands des quantités importantes de bois qu'il n'a pas utilisées, doit être considéré comme exerçant la profession de marchand de bois ayant chantier. Le parterre de la coupe constitue l'établissement distinct. — Cons. d'Ét., 15 août 1860, Lelin, [Leb. chr., p. 618]; — 5 déc. 1865, Mélin, [Leb. chr., p. 954]; — 1er juin 1877, Forges de Franche-Comté, [Leb. chr., p. 522]

1040. — Les industriels qui exercent dans une localité des professions telles que celles de constructeur de machines, de plombier, de mécanicien, et qui viennent à soumissionner dans d'autres communes des entreprises de travaux publics, ne sont pas censés avoir un établissement distinct dans toutes les localités où ils ont un chantier. — Cons. d'Ét., 15 nov. 1872, Devanlay, [Leb. chr., p. 601]; — 15 janv. 1886, Société de travaux publics, [Leb. chr., p. 34]; — 27 févr. 1892, Fages, [Leb. chr., p. 238]

1041. — Il n'en serait autrement que si les industriels avaient fait dans ces communes une véritable installation : par exemple, s'ils y avaient établi leur habitation personnelle, ou s'ils y avaient organisé des ateliers spéciaux sous la direction permanente d'un préposé. — Cons. d'Ét., 2 juin 1864, Gouin, [Leb. chr., p. 548]; — 20 nov. 1893, Gabelle, [S. et P. 95.3.93]; — 9 déc. 1893, Radenac, [Leb. chr., p. 831]

6° *Magasins de vente des fabricants.*

1042. — L'application stricte de la distinction des établissements aurait conduit à imposer séparément chacun des magasins dans lesquels les fabricants vendent leurs produits, à moins que la fabrique elle-même ne constituât ce magasin. C'est en effet en ce sens que se fixa la jurisprudence au lendemain des lois de 1850 et de 1858. — Cons. d'Ét., 25 avr. 1860, Japy, [D. 60.5.262]; — 18 juill. 1860, Chavanne, [Leb. chr., p. 552]; — 12 déc. 1866, Hacquand, [Leb. chr., p. 1126]; — 31 mars 1868, Carchon, [Leb. chr., p. 356]

1043. — Tout magasin situé hors des bâtiments de la fabrique fut considéré comme un établissement distinct, alors même qu'il était l'unique dépôt pour l'écoulement des produits de la fabrique. — Cons. d'Ét., 9 janv. 1861, Hennecart, [Leb. chr., p. 11]; — 22 mai 1861, Soc. linière du Finistère, [Leb. chr., p. 389]; — 25 mai 1861, Poulain, [Leb. chr., p. 425]; — 2 juill. 1861, Bézard, [Leb. chr., p. 550]

1044. — ... Et bien qu'il ne fût fait aucune vente à la fabrique. — Cons. d'Ét., 11 janv. 1862, Michel Aaron, [S. 63.2.48, P. adm. chr., D. 62.3.43]; — 22 janv. 1862, Revoiron, [Leb. chr., p. 53]

1045. — Conformément aux dispositions de la loi du 4 juin 1858, les fabricants étaient, à raison de ces magasins, imposés en qualité de marchands et non comme fabricants. — Cons. d'Ét., 17 avr. 1861, Bisson, [Leb. chr., p. 268]

1046. — Cette jurisprudence souleva de nombreuses réclamations de la part des industriels qui se trouvaient obligés, par suite de nécessités locales, de vendre leurs produits en dehors de leurs fabriques. Ces réclamations amenèrent le vote de l'art. 4 L. 2 août 1868, qui a été reproduit presque textuellement dans l'art. 9 L. 15 juill. 1880. Cet article est ainsi conçu : « Le patentable, qui exploite un établissement industriel et qui n'y effectue pas la vente de ses produits, est exempt du droit fixe pour le magasin séparé dans lequel sont vendus, exclusivement en gros, les seuls produits de sa fabrication. Toutefois si la vente a lieu dans plusieurs magasins, l'exemption du droit fixe accordée par le paragraphe précédent n'est applicable qu'à celui de ces magasins qui est le plus rapproché du centre de l'établissement de fabrication. Les autres sont imposés conformément aux dispositions de l'art. 8 de la présente loi. »

1047. — Il a été fait de fréquentes applications de cette disposition. — Cons. d'Ét., 31 mai 1870, Martin, [Leb. chr., p. 664]; — 8 nov. 1872, Forestier, [Leb. chr., p. 572]; — 17 janv. 1890, Laroziers-Lavaland, [D. 91.5.371]; — 26 avr. 1890, Bouton, [Leb. chr., p. 432]; — 26 oct. 1892, Lecointe, [Leb. chr., p. 578]; — 12 nov. 1892, Dubourguet, [Leb. chr., p. 767]

1048. — On voit de combien de précautions, pour éviter des abus possibles, le législateur a entouré la faveur qu'il accordait aux industriels, à combien de conditions il a subordonné l'exemption du droit fixe établi sur leur magasin de vente. Il faut d'abord qu'il s'agisse bien d'industriels, que le travail auquel le patentable se livre dans son principal établissement puisse être qualifié de travail de fabrication. Ainsi le fait de teindre et imprimer des étoffes constitue un travail de fabrication, parce qu'il transforme assez la matière première pour lui donner une valeur beaucoup plus grande et une destination différente. — Cons. d'Ét., 28 mars 1888, Laendler, [S. 90.3.24, P. adm. chr., D. 89.3.59]

1049. — Au contraire le Conseil d'État a refusé de reconnaître le caractère d'une fabrication au travail du corroyeur. — Cons. d'Ét., 11 août 1870, Jodot, [Leb. chr., p. 1062]

1050. — ... A celui d'un marchand d'huiles végétales qui les clarifie avant de les livrer à ses clients. — Cons. d'Ét., 13 févr. 1885, Deutsch, [Leb. chr., p. 175]

1051. — On a cependant admis que le travail d'extraction des matériaux d'une carrière était assimilable à un travail de fabrication. — Cons. d'Ét., 23 nov. 1888, Bouton, [Leb. chr., p. 867]

1052. — Il faut en outre que le fabricant n'effectue aucune vente dans sa fabrique. Autrement il bénéficierait d'une double exemption. — Cons. d'Ét., 13 avr. 1877, Bourdon, [Leb. chr., p. 339]; — 9 janv. 1885, Lefebvre et Vaury, [Leb. chr., p. 6]; — 11 févr. 1887, Soc. marbrière d'Avesne, [Leb. chr., p. 132]; — 21 déc. 1888, Senn, [Leb. chr., p. 1002]; — 20 juin 1891, Claise, [S. et P. 93.3.75, D. 92.5.459]; — 8 avr. 1892, Dida, [D. 93.5.411]; — 9 déc. 1892, Levasseur, [Leb. chr., p. 876]; — 1er juin 1900, Séguin, [Leb. chr., p. 394]

1053. — Il faut encore que, dans le magasin séparé de la fabrique, les ventes soient effectuées exclusivement dans les conditions du gros. Si l'on vend aussi dans les conditions du demi-gros ou du détail, le magasin est passible du droit fixe comme établissement distinct. — Cons. d'Ét., 14 mai 1870, Salomon, [D. 72.3.24]; — 8 nov. 1872, Chirci, [Leb. chr., p. 573]; — 13 juin 1873, Farge, [Leb. chr., p. 533]; — 26 févr. 1875, Laugel, [Leb. chr., p. 197]; — 3 mars 1876, Fournier et Bardin, [Leb. chr., p. 214]; — 10 févr. 1882, Papeterie des Souches, [Leb. chr., p. 148]; — 12 juill. 1882, Reine, [Leb. chr., p. 670]; — 27 mars 1885, Durand, [D. 86.5.314]; — 14 mai 1886, Gervais, [Leb. chr., p. 409]; — 13 mai 1887, Durand, [Leb. chr., p. 380]; — 5 déc. 1891, Trouvé, [Leb. chr., p. 750]; — 17 juin 1892, Contamin, [Leb. chr., p. 556]

1054. — Il faut enfin que dans son magasin de vente le fabricant ne vende pas autre chose que les produits de sa fabrication. S'il revend en outre des objets achetés par lui à d'autres marchands ou à des fabricants, il fait du commerce et non plus de l'industrie. — Cons. d'Ét., 16 juill. 1870, Gouin et Jouvray, [Leb. chr., p. 912]; — 6 août 1870, Ogereau, [Leb. chr., p. 1031]; — 22 juill. 1881, Japy, [Leb. chr., p. 724]; — 21 avr. 1882, Hatton, [Leb. chr., p. 364]; — 1er déc. 1882, Maréchaux, [Leb. chr., p. 967]; — 4 janv. 1884, Vachon, [Leb. chr., p. 11]; — 26 avr. 1890, Abel Leblanc, [Leb. chr., p. 431]; — 13 janv. 1893, Langer, [Leb. chr., p. 10]; — 19 janv. 1894, Domortier, [S. et P. 95.3.135]; — 10 févr. 1894, Haze, [Leb. chr., p. 126]; — 24 févr. 1894, Dupont, [Leb. chr., p. 163]; — 22 déc. 1894, Braille, [Leb. chr., p. 717]; — 8 nov. 1895, Poore, [Leb. chr., p. 689]; — 28 mai 1897, Saint, [Leb. chr., p. 422]; — 4 févr. 1898, Dumagnon, [Leb. chr., p. 75]

1055. — Toutefois on a jugé qu'il était impossible de considérer comme vendant d'autres produits que ceux par lui fabriqués celui qui ne revendait les tissus qu'il avait achetés qu'après les avoir transformés en velours. Le travail de transformation était assez important pour changer la nature de l'objet manufacturé. — Cons. d'Ét., 26 juill. 1878, Cocquel, [S. 80.2.122, P. adm. chr., D. 79.3.39]

1056. — Seul le magasin le plus rapproché de la fabrique peut bénéficier de l'exemption. Celle-ci ne peut être étendue à un second magasin plus éloigné si le premier ne remplissait pas toutes les conditions exigées par la loi pour être exempté. — Cons. d'Ét., 30 janv. 1892, Vachon, [Leb. chr., p. 97]; — 28 mai 1897, précité.

1057. — Le droit du fabricant d'invoquer le bénéfice de l'art. 9 n'existe qu'autant que l'administration l'a imposé comme fabricant. Cet article doit être combiné avec la disposition du tarif concernant les fabricants travaillant pour le commerce et occupant plus de dix ouvriers, d'après laquelle l'administration peut, suivant son intérêt, l'imposer d'après les règles du tableau C comme industriel ou d'après celles du tableau A comme marchand. Lors donc que le patentable a été assujetti à la patente comme marchand, il ne peut demander l'exemption du droit fixe pour son magasin de vente, qui est considéré comme son établissement principal. — Cons. d'Ét., 29 avr. 1887, Guérin, [Leb. chr., p. 343]; — 3 mai 1890, Jeanmaire, [Leb. chr., p. 453]

1058. — Tout fabricant se trouvant dans les conditions prévues à l'art. 9 doit bénéficier de l'exemption, alors même que le tarif ne comprendrait pas la dénomination de marchand en gros des produits de son industrie.

1059. — Ainsi la profession de marchand de crayons en gros n'existe pas au tarif : un fabricant de crayons n'en serait pas moins exempté du droit fixe pour le magasin dans lequel il vendrait en gros ses produits et qui, dans l'espèce, serait un droit de la 6e classe (Instr. 1881, art. 22).

7° Pluralité de professions exercées dans un local unique.

1060. — De l'ancien principe de l'unité de patente il subsiste encore aujourd'hui la règle posée par l'art. 7, à savoir que celui qui exerce dans le même établissement plusieurs professions ne doit que le plus élevé des droits fixes afférents à ces diverses professions.

1061. — Par suite, lorsque toutes les professions exercées dans le même établissement sont classées dans le tableau A, le patentable est dispensé de tout droit fixe pour les autres professions exercées par lui (Instr. 1881, art. 16).

1062. — Il en sera de même lorsque les professions exercées dans le même établissement, quoique classées dans les tableaux B et C, seront assujetties seulement à des droits fixes ou taxes déterminées. — Cons. d'Ét., 26 févr. 1875, Fanien, [Leb. chr., p. 198]

1063. — Les décisions qui ont fait application des dispositions de cet article sont innombrables. — V. notamment Cons. d'Ét., 25 janv. 1898, Eyquem, [Leb. chr., p. 63]; — 4 févr. 1898, Dumagnon, [Leb. chr., p. 75]; — 11 févr. 1898, Lamotte, [Leb. chr., p. 92]; — 18 mars 1898, Montmartin, [Leb. chr., p. 238]; — 5 nov. 1898, Colas, [Leb. chr., p. 676]; — 17 déc. 1898, Boulerne, [Leb. chr., p. 818]; — 24 déc. 1898, Bouziane, [Leb. chr., p. 856]; — 27 janv. 1899, Meunier, [Leb. chr., p. 56]; — 7 juill. 1899, Bracquemond, [Leb. chr., p. 504]; — 24 mars 1900, Audrin, [Leb. chr., p. 245]; — 6 avr. 1900, Santandréa, [Leb. chr., p. 280]; — 4 mai 1900, Lanquin, [Leb. chr., p. 312]

1063 *bis*. — Lorsque les diverses professions exercées dans le même établissement sont passibles des mêmes droits, l'imposition au droit fixe peut être calculée indifféremment d'après l'une ou l'autre de ces professions. — Cons. d'Ét., 24 févr. 1899, Maurin, [Leb. chr., p. 157]; — 29 avr. 1899, Manhaval, [Leb. chr., p. 331]; — 24 nov. 1899, Tridon, [Leb. chr., p. 674]

1064. — Alors même que les locaux dans lesquels chacune des professions est exercée seraient distincts, un seul droit fixe est dû lorsqu'on est en présence d'un établissement unique. — Cons. d'Ét., 3 févr. 1880, Comp. des entrepôts et magasins généraux, [Leb. chr., p. 169]; — 14 nov. 1891, Consorts Baudart, [Leb. chr., p. 676]; — 20 janv. 1900, Cauvin, [Leb. chr., p. 74]

1065. — Celui qui n'occupe qu'un seul magasin pour l'exercice de deux professions ne doit pas être considéré comme ayant deux établissements, par cela seul qu'il fait, les jours de foires et de marchés, des ventes sur la place publique de sa commune. — Cons. d'Ét., 27 déc. 1854, Gouttes, [Leb. chr., p. 1020]

1066. — Un individu qui exerce la profession de pâtissier et celle de fabricant d'eaux minérales et qui n'a qu'une seule boutique pour les deux, ne peut être frappé d'un droit fixe pour la seconde de ces professions, sous prétexte qu'il fabriquerait ses eaux minérales dans sa cave, laquelle demeure toujours fermée. — Cons. d'Ét., 5 févr. 1870, Veyrat, [Leb. chr., p. 41]

1067. — Aux termes du § 2 de l'art. 7 L. 15 juill. 1880, lorsque les professions exercées simultanément dans le même établissement comportent, soit seulement des taxes variables à raison du nombre d'employés, d'ouvriers, de machines ou autres éléments d'imposition, soit à la fois des taxes de cette nature et des taxes déterminées, c'est-à-dire arrêtées à un chiffre invariable, le patentable doit être assujetti aux taxes variables d'après tous les éléments d'imposition afférents aux professions exercées, mais il ne paiera que la plus élevée des taxes déterminées. — Cons. d'Ét., 27 déc. 1895, Établissements Eiffel, [Leb. chr., p. 860]

1068. — Cette disposition s'applique si les diverses professions exercées appartiennent toutes au tableau B ou au tableau C, ou bien si les unes appartiennent au tableau B et les autres au tableau C. Mais on ne doit jamais cumuler un droit fixe du tableau A et des taxes variables dépendant des tableaux B et C (Instr. 1881, art. 16).

1068 *bis*. — Lorsque les professions exercées dans le même établissement appartiennent les unes au tableau A, les autres aux tableaux B et C, pour savoir comment le droit fixe doit être calculé, il faut comparer la profession classée au tableau A et passible du droit le plus élevé à l'ensemble des professions des tableaux B et C dont tous les éléments variables doivent être cumulés. — Cons. d'Ét., 1er juill. 1898, Chesson, [Leb. chr., p. 505]

1069. — Lorsque plusieurs professions sont exercées dans le même établissement, il y a lieu d'appliquer l'art. 7 ou bien de calculer le droit fixe d'après tous les éléments de production. Ainsi jugé à l'égard d'une filature qui comprenait des ateliers de peignage et une fabrique de tissus. — Cons. d'Ét., 17 mars 1876, Péron, [Leb. chr., p. 270]; — 5 mars 1880, Normand, [S. 81.3.64, P. adm. chr.]; — 5 janv. 1883, Péron, [Leb. chr., p. 13]; — 27 juill. 1883, Béranger, [Leb. chr., p. 692]; — 2 mars 1888, Flament, [Leb. chr., p. 223]; — 6 juill. 1888, Boussus, [Leb. chr., p. 619]

1070. — ... D'une sucrerie dont les produits servaient exclusivement à alimenter une fabrique de chocolat. — Cons. d'Ét., 8 déc. 1888, Ménier, [D. 89.5.344]

1071. — ... D'une filerie de cotons, d'une moulinerie de soie. — Cons. d'Ét., 26 juin 1885, Béranger, [Leb. chr., p. 618]

1072. — ... D'une tannerie avec corroierie. — Cons. d'Ét., 19 mars 1886, Vincent, [Leb. chr., p. 257]; — 9 déc. 1887, Ullmo [Leb. chr., p. 787]; — 24 mai 1890, Girard, [Leb. chr., p. 552]

1073. — ... D'une tréfilerie. — Cons. d'Ét., 9 nov. 1889, Onfray, [S. et P. 92.3.6]

1074. — ... D'une fabrique à métiers dans laquelle les draps étaient foulés et apprêtés. Le fabricant a été imposé à raison de tous ses moyens de production : métiers, machines à fouler, à laver, ouvriers apprêteurs. — Cons. d'Ét., 6 août 1857, Gineste,

[Leb. chr., p. 640]; — 8 août 1890, Poizat, [Leb. chr., p. 779]; — 13 déc. 1890, Dumont, [Leb. chr., p. 965]; — 2 mai 1891, Sarda, [Leb. chr., p. 346]

1075. — ... D'une fabrique de laines à laquelle étaient adjointes une filature, une fabrique de canevas, une teinturerie et une blanchisserie. — Cons. d'Et., 13 mai 1881, Poiret, [Leb. chr., p. 484]

1076. — ... D'une fabrique de savon renfermant des presses à huile. — Cons. d'Et., 12 mai 1882, Serpette, [Leb. chr., p. 461]

1077. — ... D'une fabrique de sucre où se trouvait un atelier spécial, dans lequel, avec les résidus de mélasse, on fabriquait des produits chimiques. — Cons. d'Et., 18 juill. 1891, Bourdon, [S. et P. 93.3.92]

1078. — ... D'une mine dans laquelle un maître de forges soumet à l'action des laminoirs les fers qu'il produit et convertit en tôle des vieux fers achetés à des négociants. — Cons. d'Et., 15 juin 1883, Soc. de Franche-Comté, [Leb. chr., p. 566]

1079. — De même on a jugé qu'un patentable qui, en vertu d'un traité unique passé avec l'État, exerçait dans un même établissement les deux professions de fournisseur général d'une maison d'éducation correctionnelle et d'entrepreneur de la fabrication dans les prisons, devait être imposé d'après les éléments d'imposition établis pour chacune de ces professions. — Cons. d'Et., 2 nov. 1888, Hayem, [Leb. chr., p. 786]

1079 *bis*. — Lorsque dans le même établissement sont exercées plusieurs professions donnant lieu à des taxes variables, et que les ouvriers sont employés indistinctement à ces diverses professions, le droit fixe doit être calculé d'après le nombre total de ces ouvriers et d'après le tarif afférent à celle des professions qui comporte le droit le plus élevé. — Cons. d'Et., 4 févr. 1899, Soc. Chaix, [Leb. chr., p. 99]; — 1er juill. 1899, Soc. des papeteries de Mandeure, [Leb. chr., p. 491]

1080. — Toutefois, dans les établissements industriels, ce cumul des taxes variables ne s'applique qu'autant que l'on se trouve en présence d'industries multiples exploitées dans le même établissement. Si les machines possédées par l'industriel sont seulement affectées à des travaux accessoires, il n'y a pas lieu d'en tenir compte. — Cons. d'Et., 16 mars 1900, Forges de Franche-Comté, [Leb. chr., p. 211] — Ainsi il a été jugé qu'un fabricant de ciments et de chaux, qui avait monté dans sa fabrique deux lames de scies, mais les employait exclusivement au sciage des bois nécessaires à la confection des barils dans lesquels il expédiait ses ciments, ne pouvait être considéré de ce chef comme exploitant une scierie mécanique. — Cons. d'Et., 18 mars 1857, Dupont, [Leb. chr., p. 225]

1081. — ... Que les meules à vernir d'un fabricant de faïence exclusivement employées par lui pour ses besoins ne pouvaient être comprises dans les éléments de son droit fixe. — Cons. d'Et., 7 févr. 1865, Bonnet, [Leb. chr., p. 152]

1082. — ... Qu'un maître de forges n'est pas imposable à raison d'un patouillet et de pilons, qu'il utilise seulement pour laver et concasser le minerai qu'il emploie. — Cons. d'Et., 16 mars 1877, Durenne, [Leb. chr., p. 276]

1083. — ... Que le fait que, dans une usine à gaz, un ouvrier est employé à concentrer des eaux ammoniacales, ne suffit pas à faire considérer l'exploitant comme fabricant de produits chimiques. — Cons. d'Et., 14 févr. 1890, Gaz de Wazemmes, [D. 91.5.384]

1084. — ... Que l'exploitant d'une fabrique de chicorée ne doit pas être imposé à un droit fixe distinct à raison d'une paire de meules à manège qui fait partie du matériel de son établissement et qui sont employées à la fabrication. — Cons. d'Et., 21 nov. 1871, Pauvros, [Leb. chr., p. 249]

1085. — L'imposition au plus élevé des droits fixes doit être appliquée, alors même que la profession passible de ce droit ne serait pas la profession principale du patentable. — Cons. d'Et., 18 juill. 1896, Valtat, [Leb. chr., p. 586]; — 26 nov. 1898, Causse, [Leb. chr., p. 742]; — 28 oct. 1899, Valtat, [Leb. chr., p. 609]

1086. — ... Ou alors que les opérations ou travaux qu'elle comporte s'exécutent dans une autre ville. Ainsi un patentable qui est à la fois entrepreneur de maçonnerie et entrepreneur de travaux publics est imposable en cette dernière qualité, parce que cette profession est celle qui donne lieu au droit fixe le plus élevé, alors que les travaux qui la motivent sont exécutés dans une autre ville. — Cons. d'Et., 14 nov. 1891, Serpin, [Leb. chr., p. 676]

1087. — En effet, la profession qui comporte le droit fixe le plus élevé ne peut pas être considérée comme étant l'accessoire d'une autre profession exercée dans le même local et moins imposée. — Cons. d'Et., 26 nov. 1897, Landé, [Leb. chr., p. 722]

1088. — Lorsque, parmi les professions exercées dans le même établissement, l'une d'elles ne se trouve pas dénommée dans les tarifs, il y a lieu, pour l'assujettir au plus élevé des droits fixes, de faire régler préalablement le droit dont est passible la profession non dénommée par la voie d'un arrêté d'assimilation. — Cons. d'Et., 26 nov. 1892, Caron, [Leb. chr., p. 829]; — 18 nov. 1899, Coste-Folcher, [Leb. chr., p. 662]

1089. — Quand un patentable, au lieu de n'être imposé qu'au plus élevé des droits fixes afférents aux diverses professions qu'il exerce dans le même établissement, a été assujetti à plusieurs droits fixes, il ne peut demander réduction si le total de ces droits n'est pas supérieur à l'impôt qu'il aurait dû payer. — Cons. d'Et., 13 mars 1897, Perret, [Leb. chr., p. 223]

1090. — Lorsqu'un contribuable a plusieurs établissements distincts, dans chacun desquels il exerce plusieurs professions différentes, il y a lieu de combiner les dispositions des art. 7 et 8, L. 15 juill. 1880. — Cons. d'Et., 5 déc. 1891, Vial, [Leb. chr., p. 749]

§ 4. *Droit fixe. — Nombre des employés.*

1091. — Les lois du 25 mars 1817 et du 15 mai 1818 ont introduit dans la tarification des patentes un nouvel élément. Reconnaissant que pour les professions industrielles le chiffre de la population était un indice trompeur, elles disposent que certains industriels, les filateurs et les fabricants à métiers, seront imposés d'après le nombre d'ouvriers, de machines ou d'instruments employés par eux. C'étaient là des signes extérieurs de prospérité facilement saisissables. La loi du 25 avr. 1844 généralisa ce système pour les professions industrielles rangées dans le tableau C; mais, quant au tableau B, elle l'établit uniquement d'après le chiffre de la population et sans aucune relation avec les éléments de production. C'est la loi du 4 juin 1858 qui, pour la première fois, introduisit dans ce tableau la combinaison de la population avec les signes présomptifs de l'importance des bénéfices.

1092. — La loi du 15 juill. 1880 a développé ce système en l'étendant à plusieurs professions. Elle a, notamment, soumis les patentables du haut commerce (banquiers, agents de change, commissionnaires en marchandises, etc.), indépendamment d'une taxe déterminée invariable pour chaque catégorie de population, à une taxe complémentaire par personne employée, en sus du nombre de cinq, aux écritures, aux caisses, à la surveillance, aux achats et aux ventes intérieures ou extérieures. Comme la taxe complémentaire a pour but de maintenir l'égalité proportionnelle entre les cotisations et ne doit frapper que les patentables qui sortent des conditions moyennes, tous ceux qui n'occupent pas plus de cinq personnes ayant les attributions spécifiées ci-dessus en sont affranchis, et, sur le nombre de ces personnes, quel qu'il soit, il en est toujours cinq qui ne sont pas comprises dans les bases de l'impôt. Il est d'ailleurs entendu que les employés occupés à tout autre titre, par exemple les garçons de recettes, de bureau ou de magasin, les commissionnaires, porteurs, camionneurs ou cochers, employés aux livraisons, etc., ne sauraient être compris dans les éléments de la taxe complémentaire (Instr. 1881, art. 4).

1° *Employés.*

1093. — Le Conseil d'État a eu à se prononcer à plusieurs reprises sur la question de savoir quelles catégories d'employés devaient entrer en compte pour le calcul du droit fixe. Il a refusé d'appliquer cette qualification aux administrateurs délégués par le conseil d'administration d'une société de crédit. — Cons. d'Et., 26 oct. 1895, Soc. bretonne de crédit et dépôts, [Leb. chr., p. 679]

1094. — ... Aux directeurs des agences d'une maison de banques dans les divers quartiers de Paris. — Cons. d'Et., 15 janv. 1886, Crédit lyonnais, [Leb. chr., p. 30]

1095. — Mais, au contraire, il a décidé qu'il fallait considérer comme employés : les agents d'une maison de banque chargés de recueillir des renseignements sur la solvabilité des clients. — Même arrêt.

1096. — ... Les garçons de recettes et les garçons payeurs, les individus chargés d'effectuer aux guichets de la banque les encaissements et les paiements, ceux qui vont encaisser au domicile des clients, et ceux qui sont affectés au service du contentieux ou du secrétariat. — Cons. d'Et., 26 mars 1886, Crespin, [Leb. chr., p. 280]; — 30 juill. 1886, Crédit lyonnais, [Leb. chr., p. 670]

1097. — Les individus tenant magasin de plusieurs espèces de marchandises ou magasin de vêtements confectionnés avaient été soumis par la loi du 4 juin 1858 à un droit variable par personne préposée à la vente, lorsqu'ils occupaient habituellement plus de cinq de ces personnes. La loi du 15 juill. 1880 a fait entrer dans le nombre de leurs éléments d'imposition, les personnes préposées aux écritures, aux caisses, à la surveillance et aux achats. Elle a, en outre, spécifié que les personnes employées aux ventes faites à l'extérieur de l'établissement seraient comprises dans les bases du droit fixe aussi bien que celles qui sont préposées aux ventes intérieures, sans toutefois qu'il faille tenir compte des représentants de commerce et autres intermédiaires personnellement patentés. Toutefois, elle n'a assujetti les commerçants ci-dessus dénommés à ce mode de taxation, qu'autant qu'ils occuperaient plus de dix personnes. Conformément à la règle générale, ils étaient cependant imposables pour ceux de leurs employés qu'ils occupaient en sus du nombre de cinq; mais ils étaient, outre la taxe variable en question, passibles d'une taxe déterminée graduée en raison de la population (Instr. 1881, art. 31).

1098. — Par application de ces dispositions, il fut décidé, avant 1880, qu'au nombre des personnes préposées à la vente il ne fallait comprendre : ni les chefs de l'établissement, ni les commis voyageurs, ni les teneurs de livres, ni les caissiers, ni les employés chargés du matériel. — Cons. d'Et., 12 sept. 1853, Marx Picard, [Leb. chr., p. 891]

1099. — ... Ni les personnes qui n'ont pris part aux ventes qu'accidentellement, en cas de marchés ou foires, et qui, les autres jours, se livrent à des professions différentes. — Cons. d'Et., 1er juin 1864, Negouf, [Leb. chr., p. 523]

1100. — ... Mais qu'au contraire il fallait compter : tant les commis appointés que les pensionnaires. — Cons. d'Et., 15 déc. 1852, Charroy, [Leb. chr., p. 608]; — 19 avr. 1854, Bonnefond et Couratier, [Leb. chr., p. 306]; — 3 oct. 1857, Lecomte, [Leb. chr., p. 712]

1101. — ... Les préposés à la vente d'une manière, sinon exclusive, au moins habituelle. — Cons. d'Et., 4 juill. 1873, Brintet et Brisson, [Leb. chr., p. 611]; — 4 mars 1898, Terré, [Leb. chr., p. 179]

1102. — ... Les apprentis. — Cons. d'Et., 5 oct. 1857, Pelletier, [Leb. chr., p. 730]; — 29 juill. 1859, Mara, [Leb. chr., p. 556]; — 8 juin 1877, Vaucheret, [Leb. chr., p. 559]

1103. — ... Et depuis 1880, les employés tant à la vente qu'à la tenue des livres, au mesurage et aux expéditions. — Cons. d'Et., 22 janv. 1886, Marx, [Leb. chr., p. 68]

1104. — ... Les receveurs allant encaisser à domicile. — Cons. d'Et., 23 janv. 1892, Bloch, [Leb. chr., p. 53]; — 29 avr. 1893, Goupil, [Leb. chr., p. 353]

1105. — ... Les employés dits manutentionnaires, dont le service consiste à déballer les marchandises, à les classer dans les sous-sols des magasins ou les rayons, à être à la disposition des vendeurs pour faire attendre les clients ou aller chercher les marchandises, enfin à accompagner les acheteurs à la caisse pour faire débiter, les manutentionnaires devant ainsi être considérés comme les auxiliaires des vendeurs. — Cons. d'Et., 27 janv. 1899, Bessand et Cie, [S. et P. 1901.3.79, D. 1900.3.495]

2° Dispositions particulières aux grands magasins.

1106. — Une innovation considérable a été introduite dans le tarif des patentes par l'art. 2 L. 17 juill. 1889, aux termes duquel « la taxe par employé, prévue dans le tableau B, sera doublée lorsque le nombre des employés dépassera 200 et triplée quand il dépassera 1,000 ». Cette progression a été établie au nom du principe de proportionnalité. « L'impôt des patentes, disait le rapporteur au Sénat, M. Boulanger, est et doit demeurer proportionnel aux bénéfices commerciaux. Pour dégager ces bénéfices, la loi a fixé des éléments dont l'un consiste dans le nombre des employés, parce que chacun de ces employés représente une valeur contributive des profits de la maison. Mais elle n'a pas interdit d'apprécier, suivant les circonstances, quelle serait cette valeur contributive réelle. S'il est démontré que cette valeur s'accroît avec le nombre des employés, il est juste d'en tenir compte pour régler la patente et pour la rendre précisément proportionnelle aux bénéfices réalisés. Or, d'après les renseignements recueillis par le service des contributions directes, quand le nombre des employés dépasse un certain chiffre dans une même maison, chaque employé acquiert une force productive supérieure, par suite du mouvement des échanges et de la rapidité des réassortiments. En le taxant davantage, on ne fait que proportionner exactement l'impôt aux bénéfices présumés du commerce. »

1107. — L'art. 2 de la loi de 1889, qui avait été dirigé principalement contre les grands magasins, se trouva ainsi étendu à tous les patentables du tableau B. Quant aux grands magasins, c'est-à-dire à ceux où l'on vend plusieurs espèces de marchandises et ceux où l'on vend en demi-gros ou en détail soit des vêtements confectionnés, soit des objets de quincaillerie, de ferronnerie et des articles de ménage, soit de l'épicerie, des liqueurs et des conserves, la loi du 8 août 1890 les avait soustraits à l'application du tarif progressif en se bornant à élever fortement le tarif de la taxe par employé. Mais la loi du 28 avr. 1893 a rétabli le principe du tarif progressif en l'aggravant. « Il résulte des renseignements recueillis, disait le rapporteur à la Chambre, M. Terrier, qu'une sorte de loi paraît régir le fonctionnement des grands magasins. Cette loi, c'est que l'importance des affaires, et plus encore l'importance des bénéfices, se développe suivant une progression prononcée, à mesure que s'accroissent le nombre des employés, la variété des articles vendus et la superficie des locaux où se meuvent le personnel et la clientèle. A chaque unité nouvelle, qu'il s'agisse d'un employé, d'un objet de vente ou de la superficie des magasins, correspond une augmentation des bénéfices répercutée sur toutes les autres unités. La production de chaque employé, de chaque article, de chaque mètre carré de la surface du rez-de-chaussée et des étages est d'autant plus intense que la quantité des éléments que nous signalons est plus élevée. Quand on ajoute, par exemple, aux employés déjà en fonction des employés nouveaux, en raison d'une poussée nouvelle des affaires ou pour la provoquer, le produit net réalisé par tête d'employé s'élève dans une certaine mesure. Le rendement de chacun est augmenté par l'activité de tous et celui de tous par l'activité de chacun. Il fallait en conséquence, pour que l'impôt fût vraiment proportionnel, lui donner une base en harmonie avec cette progression des affaires et des bénéfices. »

1108. — La loi du 28 avr. 1893 divise les grands magasins en deux catégories principales, suivant qu'ils occupent moins ou plus de 200 employés. Jusqu'à 200 employés inclusivement, l'établissement est assujetti seulement à une taxe déterminée unique, dont le taux varie suivant le chiffre de la population et suivant que l'établissement compte moins ou plus de 100 employés. A partir de 201 employés, les grands magasins sont assujettis à autant de taxes déterminées qu'ils comptent de spécialités, c'est-à-dire de groupes de professions diverses exercées dans le même établissement. La loi a fixé à 16 le nombre des spécialités, dont voici la liste : 1° accessoires de la toilette; 2° alimentation (sauf les boissons); 3° ameublement; 4° appareils de chauffage et d'éclairage; 5° bijouterie, horlogerie, joaillerie, orfèvrerie; 6° bimbeloterie, articles de fantaisie; 7° carrosserie, sellerie, vélocipèdes, machines à coudre, articles de voyage, ustensiles de chasse et de pêche; 8° équipements militaires, armes; 9° habillements pour hommes et pour jeunes garçons; 10° habillements pour femmes et jeunes filles; 11° instruction, éducation, arts d'agrément, optique, papeterie; 12° articles de ménage et de jardin; 13° objets d'art; 14° papiers peints; 15° tissus non ouvrés, linge de table ou de toilette; 16° vins, liqueurs et boissons.

1109. — Chacun de ces groupes de professions est assujetti à une taxe déterminée dont le montant varie selon le chiffre de la population et selon le nombre des employés. Les localités sont à cet égard divisées en trois catégories, suivant qu'elles ont 100,001 âmes et au-dessus, de 50,001 à 100,000 et 50,000 et au-dessous, et les magasins sont divisés en quatre catégories suivant que le nombre des employés occupés est de 201 à 400, de 401 à 800, de 801 à 1,600, de 1601 et plus. Pour fixer le taux de la taxe déterminée afférente à chaque spécialité, on a recherché combien de professions différentes rentraient dans chaque groupe et on a totalisé les droits fixes dont ces diverses professions eussent été passibles si elles avaient été exercées séparément.

1110. — Indépendamment de cette taxe déterminée, les

grands magasins paient tous une taxe par employé en sus des dix premiers dont le taux varie suivant le chiffre de la population et s'accroît uniformément de 10 fr. par centaine et par tête, chaque employé étant, par exemple, taxé 25 fr. pour la 1re centaine, 35 pour la 2e, 45 pour la 3e, 55 pour la 4e et ainsi de suite en observant la même progression.

1111. — En ce qui concerne les catégories d'employés qui doivent entrer en compte dans le calcul de la taxe, la loi de 1893 n'a fait que consacrer la législation antérieure. Les Chambres ont repoussé des amendements qui tendaient à assujettir à la taxe le personnel auxiliaire chargé de la confection, de l'échantillonnage, des transports et des services annexes de l'établissement, tels que la nourriture, l'éclairage, le chauffage, l'entretien et le nettoyage, tous services qui ne révèlent pas, comme l'a dit le rapporteur, la productivité économique de l'établissement.

1111 *bis*. — La loi du 28 avr. 1893 a donné dans l'application des résultats inattendus. Alors que les grands magasins de Paris supportaient sans difficulté l'aggravation considérable de patente qui leur était imposée, les grands magasins de province virent leurs patentes diminuées de plus d'un tiers et quelquefois de moitié. Dès 1895 de nouvelles propositions furent adressées au parlement. Le projet actuellement soumis aux délibérations de la Chambre des députés après avoir été adopté par le Sénat apporte à la situation des grands magasins les modifications suivantes : 1° alors que la loi précédente ne considérait comme grands magasins que ceux qui occupaient plus de 10 personnes aux écritures, caisses, etc., le projet nouveau abaisse ce chiffre à 5 pour les magasins de province; 2° ne sont plus soumis au régime de la taxe déterminée unique que les grands magasins de Paris occupant de 11 à 50 employés et ceux de province occupant de 6 à 10 employés. Cette taxe est fixée à 300 fr. pour les premiers, à 200 pour les seconds; 3° le nombre des spécialités est porté de 16 à 24, dont voici la liste : *a*) modes et objets de toilette; *b*) mercerie, passementerie, dentelle et broderie; *c*) épicerie, confiserie, pâtisserie; *d*) comestibles et conserves; *e*) meubles et literie; *f*) tapis, rideaux et tentures, papiers peints; *g*) appareils de chauffage et d'éclairage; *h*) bijouterie, horlogerie, joaillerie, orfèvrerie; *i*) bimbeloterie; *j*) maroquinerie, tabletterie, articles de fantaisie; *k*) carrosserie, sellerie, vélocipèdes, machines à coudre et à écrire; *l*) articles de voyage, ustensiles de chasse et de pêche; *m*) équipements militaires, armes; *n*) vêtements et lingerie confectionnés pour hommes et jeunes garçons; *o*) vêtements et lingerie confectionnés pour dames et jeunes filles; *p*) chapellerie et cordonnerie; *q*) bonneterie, ganterie, cannes et parapluies; *r*) instruction, éducation, arts d'agrément, optique, papeterie; *s*) articles de ménage et de jardin; *t*) quincaillerie, ferronnerie, chaudronnerie; *u*) objets d'art; *v*) soieries et lainages; *w*) tissus de fil et de coton, linge de table et de toilette; *x*) vins, liqueurs et boissons. Pour déterminer le droit fixe afférent à chacune de ces spécialités, on a relevé les professions que comprend chacune d'elles et on a totalisé les droits fixes qui auraient été dus si chacune des professions avait été exercée séparément. Puis pour tenir compte de ce que les grands magasins se réassortissent plus fréquemment que les magasins ordinaires, les totaux obtenus par l'addition des divers droits fixes ont été multipliés par 6 ou par 7, suivant les spécialités. Les taxes afférentes à chacune des spécialités sont réparties en sept catégories, suivant le nombre d'employés occupés. Elles sont ensuite distribuées, dans chacune de ces catégories, suivant le chiffre de la population, en trois sous-catégories. Enfin le projet introduit dans la composition du droit fixe un élément nouveau, une taxe sur les voitures et chevaux servant à la livraison des marchandises, les voitures servant encore à prendre les commandes et à étendre le rayon d'action commerciale des magasins. Comme la taxe des employés, elle doit varier avec le nombre des voitures et chevaux possédés et avec le chiffre de la population. — V. Rapp. M. Gauthier, Sénat, 1900, n. 10,014.

3° *Ouvriers*.

1112. — Dans le tableau C, les droits sont établis, sans égard à la population, d'après un tarif spécial à chaque industrie ou profession, et, pour la plupart d'entre elles, ils reposent sur les éléments de production (ouvriers, métiers, machines). Les lois du 25 mars 1817 et du 15 mai 1818 n'avaient d'abord appliqué ce système qu'aux filatures et aux fabriques à métiers, parce que ces établissements se prêtaient mieux que d'autres à ce mode d'appréciation. Pour les autres industries la loi avait abandonné aux autorités locales le soin d'opérer leur classement sans aucune base déterminée. Ce classement arbitraire donna les plus fâcheux résultats. Le législateur de 1844 fit rentrer tous les établissements industriels dans le système général de la loi en déterminant d'avance le tarif de chaque industrie et en graduant le droit d'après des signes facilement reconnaissables.

1113. — Pour les filatures, elle a maintenu l'ancien système, c'est-à-dire un certain droit par chaque centaine de broches au-delà d'un minimum et jusqu'à un maximum déterminé. Pour les fabriques à métiers, elle a adopté comme base de tarification le nombre et la largeur des métiers. Pour les autres industries, l'administration a choisi des signes indicateurs après avoir consulté des hommes spéciaux dans chaque industrie : tantôt elle s'est contentée de distinguer entre les fabriques à mécanique et les fabriques sans mécanique, tantôt elle a établi le droit d'après le nombre des hauts-fourneaux, des machines, des laminoirs, des forges, des cylindres, des cuves, des fosses ou des fours. Pour l'industrie des transports, elle l'a établi à raison du nombre des tonneaux de jauge ou à raison du nombre des myriamètres parcourus.

1114. — Enfin pour certaines industries n'offrant aucun élément extérieur de classement, la loi de 1844 a introduit la tarification d'après le nombre des ouvriers. Cette innovation avait rencontré des résistances. On craignait que le nombre des ouvriers ne pût être déterminé que par des investigations locales qui pourraient avoir un caractère inquisitorial. Le législateur ne s'arrêta pas à ces objections, pensant avec raison que le nombre des ouvriers employés était aussi facile à déterminer que celui des machines et qu'en tout cas les erreurs seraient facilement rectifiables. — V. rapport de M. Vitet : *Bull. des contributions directes*, 1843, p. 112 et s.

1115. — Les remaniements successifs que le tableau C a subis depuis la loi du 25 avr. 1844 ont eu principalement pour objet de faire entrer dans les bases de l'impôt les éléments de production qui caractérisent le plus exactement l'importance relative des professions qui y sont énumérées. Le législateur s'est constamment préoccupé de graduer les taxes de la manière la plus conforme à l'égalité proportionnelle. La loi du 15 juill. 1880 a consacré un nouveau progrès dans cette voie. Elle a modifié les bases d'évaluation d'un très-grand nombre d'industries, afin de les mettre mieux en rapport avec les conditions économiques actuelles. C'est ainsi qu'elle a remplacé les droits invariables que supportaient certaines professions, telles que les entreprises de bateaux à vapeur, les manufactures de glaces, les exploitations d'eaux minérales ou thermales, par des taxes réglées en raison du nombre des tonneaux, des ouvriers, des appareils. Elle a supprimé ou sensiblement diminué les taxes déterminées qui pesaient sur certaines industries, telles que les chemins de fer, les fabriques de savon ou raffineries de sel. Enfin elle a réglé les taxes par ouvrier en proportion du bénéfice moyen que représente l'ouvrier dans chacune des industries pour lesquelles il constitue un élément d'imposition (Instr. 1881, art. 5).

1116. — En ce qui concerne le nombre des ouvriers à faire entrer en compte pour établir les bases du droit fixe, il est nécessaire de distinguer suivant les termes employés par la loi. Tantôt, en effet, le tarif dispose que la taxe est calculée par ouvrier, tantôt il ajoute quelques mentions qui précisent et restreignent la portée du mot ouvrier. Dans le premier cas, on devra tenir compte de tout le personnel; dans le second on ne tiendra compte que de la partie de ce personnel rentrant dans les catégories visées par le tarif. Ainsi, pour le droit fixe des exploitants de buffets dans les gares, des exploitants de casinos, et des restaurateurs sur les bateaux et les chemins de fer, on ne compte que les personnes employées au service ou à la surveillance; dans les fabriques de caoutchouc, que les ouvriers employés à la préparation des matières ou à la confection mécanique des objets fabriqués; dans les fabriques de cristaux et de verrerie, que les ouvriers employés à la fabrication proprement dite et aux façons complémentaires de la taille et de la gravure; dans les fabriques de glaces, que les ouvriers employés à l'étamage; chez les exploitants d'établissements d'eaux minérales, que les personnes employées à la vente et à l'expédition des eaux, à la fabrication des sels, pastilles et à l'expédition de ces produits; dans les hauts-fourneaux, que les ouvriers employés à la fabrication des objets moulés avec de la fonte de première fusion.

1117. — Dans certains cas, le tarif prend soin lui-même d'indiquer quelles sont les catégories d'ouvriers dont il n'y aura pas à tenir compte. Ainsi chez les fabricants de café de chicorée ou de glands, on ne comptera pas les ouvriers employés à la culture de la chicorée ou à la récolte des glands; chez les fabricants de glace, les ouvriers employés à mouvoir à bras les pompes; chez les exploitants d'un établissement de peinture sur verre, les artistes qui composent les cartons.

1118. — La jurisprudence a eu fréquemment à appliquer ces instructions. Ainsi, à propos d'une fabrique d'objets en caoutchouc, le tableau ne parlant que des ouvriers employés à la préparation des matières ou à la confection mécanique des objets fabriqués, on a décidé qu'il ne fallait pas tenir compte de ceux employés à la réparation et à l'entretien des machines et outils en service dans l'usine. — Cons. d'Ét., 1er juin 1888, Ménier, [D. 89.3.95]

1119. — Même quand le tarif ne contient pas des mentions restrictives, il y a lieu de ne tenir compte que des ouvriers qui concourent réellement à la production, à la fabrication proprement dite. Ainsi il a été jugé que dans une fabrique de tanin, on devait compter comme ouvriers concourant directement à l'exploitation les manœuvres chargés d'empiler les bois à leur arrivée à l'usine, de les fendre à la grosseur voulue et de les mettre en état d'être employés par les ouvriers chargés d'extraire le tanin au moyen des opérations de trituration et de macération. — Cons. d'Ét., 9 nov. 1883, Rey, [D. 85.5.342]

1120. — Dans une fabrique de conserves alimentaires, doivent être comptés : les soudeurs qui ferment les boites pleines, quoique le fabricant ait traité pour ce travail avec un fabricant de boites de fer-blanc; le personnel employé à l'heure, dans lequel rentrent les frotteurs qui s'assurent que les boites de conserves sont étanches. — Cons. d'Ét., 30 mai 1868, Peyron, [Leb. chr., p. 622]; — 23 déc. 1884, Carrand, [Leb. chr., p. 933]; — 26 déc. 1885, Pageant, [Leb. chr., p. 1006]

1121. — ... Dans une fonderie de fer en fusion, tous les hommes de peine ou servants qui concourent d'une manière effective à la fabrication en nettoyant les moules, en y transportant la fonte du cubilot, en maintenant les pièces pendant l'ajustage, en enlevant les bavures de la fonte. — Cons. d'Ét., 25 janv. 1890, Martin, [D. 91.5.380]

1122. — ... Dans une fabrique de glace artificielle, les mécaniciens qui font marcher les moteurs mécaniques et les manœuvres servant à remplir les carafes et à démonter la glace. — Cons. d'Ét., 24 janv. 1891, Mounier, [Leb. chr., p. 45]

1123. — ... Dans une raffinerie de sucre, les ouvriers employés au sciage du sucre et à la revivification du noir animal. — Cons. d'Ét., 20 mars 1885, Soc. des anciennes raffineries Etienne et Cézard, [D. 86.3.112]

1124. — ... Dans une parfumerie, les ouvriers qui mettent les produits en flacons ou en boites et les étiquètent. — Cons. d'Ét., 16 juin 1893, Rehus, [D. 94.5.439]

1125. — ... Dans une fabrique d'armes de guerre, les ouvriers dits d'artillerie employés les uns à l'entretien, à la réparation et à la fabrication des machines-outils, les autres à des opérations de contrôle hors de l'établissement : ce sont des opérations nécessaires de la fabrication. — Cons. d'Ét., 6 août 1892, Henry, [S. et P. 94.3.72]

1126. — Un fournisseur entrepreneur de la fabrication dans les prisons est imposable d'après le personnel employé à la fabrication. On doit y comprendre, outre les détenus, les hommes de peine qui servent d'intermédiaires entre les ouvriers pour le transport dans l'atelier des marchandises déjà mises en œuvre et dont la réunion forme un tout; le contremaitre qui dirige et surveille la fabrication; le magasinier. — Cons. d'Ét., 25 févr. 1872, Redier, [Leb. chr., p. 172]

1127. — Dans les exploitations de carrière, on ne peut affranchir du droit les ouvriers qui, sans être employés à l'extraction proprement dite, exécutent les travaux de terrassements. Ils concourent en effet à l'exploitation de la carrière (Instr. 1881, art. 36). — Cons. d'Ét., 24 juin 1857, Marlot, [Leb. chr., p. 494]; — 8 févr. 1865, Ziégler, [Leb. chr., p. 159]

1128. — Dans un établissement d'eaux minérales, il faut compter tous les ouvriers qui sont employés à la vente ou à l'expédition des eaux. — Cons. d'Ét., 19 juill. 1890, Soc. Badoit, [D. 92.5.460]

1129. — De même, dans un buffet de gare, parmi les personnes qui servent à déterminer les éléments du droit fixe, il faut comprendre, non seulement celles qui sont spécialement affectées au service direct, mais encore toutes celles qui sont attachées à l'exploitation du buffet. — Cons. d'Ét., 27 mai 1898, Bompy, [S. et P. 1900.3.69]

1130. — Au contraire, on ne doit pas compter ceux qui sont employés à des travaux indépendants de la fabrication (Instr. 1881, art. 36). Ainsi n'ont pas été considérés comme concourant à la fabrication et par suite comme devant être compris dans les éléments du droit fixe : les ouvriers employés dans une fabrique d'acier à la fabrication de l'acier de cémentation. — Cons. d'Ét., 22 déc. 1869, Acloque, [Leb. chr., p. 1010]

1131. — ... Dans une fabrique de conserves alimentaires, les manœuvres employés à balayer et à entretenir l'établissement. — Cons. d'Ét., 6 août 1892, Amieux, [S. et P. 94.3.72]

1132. — ... Les acheteurs de matières premières. — Cons. d'Ét., 23 déc. 1884, Carraud, [Leb. chr., p. 933]

1133. — ... Les chauffeurs des machines motrices dans une raffinerie, parce qu'étant la conséquence du moteur choisi, ils seraient inutiles avec un moteur hydraulique et, dès lors, ne concourent pas nécessairement à la fabrication. — Cons. d'Ét., 20 mars 1885, Soc. des anciennes raffineries Etienne et Cézard, [D. 86.3.112]

1134. — Mais, du moment que le personnel est employé à la fabrication, il doit entrer en compte sans qu'il y ait à rechercher s'il travaille à forfait ou à la journée. — Cons. d'Ét., 19 juill. 1890, Soc. Badoit, [D. 92.5.460]

1135. — ... Ou sous la direction ou la surveillance de facteurs de fabrique. — Cons. d'Ét., 7 sept. 1864, Balombois, [Leb. chr., p. 800]; — 22 janv. 1868, Deschamps, [S. 68.2.360, P. adm. chr.]; — 21 juill. 1876, Courvoisier, [Leb. chr., p. 706]

1136. — ... S'il s'agit d'ouvriers disséminés travaillant en dehors de l'établissement et recevant leur travail par l'intermédiaire de facteurs de fabrique qui sont personnellement imposés. — Cons. d'Ét., 9 févr. 1869, Deschamps, [Leb. chr., p. 128]

1137. — Les individus, qui font fabriquer les objets de leur industrie par des ouvriers auxquels ils fournissent la matière première, doivent être imposés d'après le nombre de ces ouvriers qu'ils emploient. — Cons. d'Ét., 22 févr. 1849, Séguéla, [Leb. chr., p. 113]

1138. — ... A condition que ces ouvriers travaillent exclusivement pour eux. — Cons. d'Ét., 21 mai 1886, Coste, [D. 87.5.322]

1139. — ... Alors même que ces ouvriers seraient eux-mêmes imposés comme patentables travaillant à façon. — Cons. d'Ét., 23 juill. 1863, Caze, [Leb. chr., p. 564]; — 16 avr. 1886, Perrin, [Leb. chr., p. 349]; — 18 janv. 1889, Debey, [Leb. chr., p. 64]; — 2 févr. 1894, Kullmann, [Leb. chr., p. 93]

1140. — Aux termes de l'art. 10, L. 15 juill. 1880, dans les établissements à raison desquels le droit fixe de patente est réglé d'après le nombre des ouvriers, les individus au-dessous de seize ans et au-dessus de soixante-cinq ne doivent être comptés dans les éléments de cotisation que pour la moitié de leur nombre (Instr. 1881, art. 36). — Cons. d'Ét., 23 déc. 1884, Carraud, [Leb. chr., p. 933]; — 18 déc. 1885, Chagot, [Leb. chr., p. 970]

1141. — On ne peut scinder une taxe par ouvrier, même dans le cas où certains ouvriers ne sont, en raison de leur âge, comptés que pour la moitié de leur nombre. Par exemple, si un fabricant occupe sept ouvriers ayant moins de seize ans ou plus de soixante-cinq, son droit fixe sera calculé à raison de trois ouvriers et non de trois ouvriers et demi. S'il n'en occupe qu'un, on le dispense de toute taxe variable et on ne lui fait payer que la taxe déterminée (Instr. 1881, art. 45).

1142. — Aucun texte de loi ne permet d'étendre cette disposition aux femmes employées comme ouvrières. — Cons. d'Ét., 18 janv. 1884, Tuileries de Montceau-les-Mines, [Leb. chr., p. 55]

1143. — On doit donc compter les femmes employées en qualité d'ouvrières comme on compte les hommes (Instr. 1881, art. 36).

1144. — Le fait qu'un fabricant occupe presque exclusivement des femmes, des vieillards et des enfants dont le travail est fort irrégulier, n'empêche pas de calculer le droit d'après le nombre des ouvriers. — Cons. d'Ét., 12 juin 1860, Aubry, [Leb. chr., p. 436]

1145. — Doivent être comptés comme ouvriers : les apprentis. — Cons. d'Ét., 9 juill. 1886, Bouet, [D. 88.3.59]; — 25 févr. 1887, Rodier, [D. 88.3.59]

1146. — ... Un jeune homme de moins de dix-huit ans, non marié, travaillant chez le même industriel que son père. — Cons. d'Et., 4 déc. 1897, Nervet, [Leb. chr., p. 763]

1147. — Il y a même lieu de compter parmi les ouvriers la femme qui travaille en cette qualité dans l'établissement de son mari et les enfants, même non mariés, employés comme ouvriers, dans l'établissement de leur père (Instr. 1881, art. 38). — Cons. d'Et., 9 mars 1853, Simon, [Leb. chr., p. 307]; — 16 avr. 1856, Barbry, [D. 56.3.64]; — 2 mars 1895, Coutard, [Leb. chr., p. 210]

1148. — Jugé que la disposition, d'après laquelle la femme travaillant avec son mari et les enfants travaillant avec leur père ne doivent pas être considérés comme compagnons ou apprentis, ne peut être transportée dans l'application des règles tracées pour le tableau C pour les professions dont le droit fixe est établi eu égard au nombre des ouvriers. — Cons. d'Et., 28 mars 1860, Dezarnaud, [Leb. chr., p. 265]; — 8 avr. 1892, Laclantre, [Leb. chr., p. 372]

1149. — Il n'y a exception à cette règle que quand le patentable travaille lui-même dans les conditions ordinaires d'un ouvrier et n'a pas d'autres aides que sa femme et ses enfants non mariés : il est alors exempt de patente (Instr. 1881, art. 38). — — V. *suprà*, n. 565 et s.

1150. — Lorsqu'un patentable exerce une profession dont le droit fixe comporte une taxe par ouvrier, il n'est, en aucun cas, passible de cette taxe pour sa personne, lors même qu'il prendrait part, comme un simple ouvrier, aux travaux effectués dans son établissement. Cette imposition formerait en réalité double emploi avec le droit déterminé qui, en général, figure au tarif pour les professions de l'espèce, indépendamment de la taxe par ouvrier (Instr. 1881, art. 38).

1151. — Le gérant de l'établissement ne doit pas non plus être compté comme ouvrier. — Cons. d'Et., 23 déc. 1884, Carraud, [Leb. chr., p. 933]

1151 *bis*. — Lorsque des ouvriers sont employés indistinctement aux travaux se rattachant à l'exercice de deux professions dans un établissement unique, et sans qu'aucun atelier soit spécialement affecté à l'exercice de l'une de ces professions, le patentable n'est pas fondé à se plaindre d'avoir été imposé à raison de l'autre pour le nombre total de ses ouvriers. — Cons. d'Et., 4 févr. 1899, Soc. de l'imprimerie Chaix, [S. et P. 1901.3.88]

1152. — Pour certaines professions, telles que celles de fabricant de chaussures par procédés mécaniques, de fabricant de gants, de fabricant de poterie, etc., le droit fixe repose à la fois sur le nombre des ouvriers occupés et sur celui de certains autres éléments de production spécialement dénommés au tarif, tels que machines à coudre ou à découper, paire de meules, etc. En pareil cas, on ne doit pas comprendre parmi les ouvriers imposables ceux qui sont exclusivement employés à mettre en mouvement, à surveiller ou à diriger les divers éléments de production dont il s'agit (Instr. 1881, art. 37).

1153. — Lorsque les ouvriers travaillent tantôt pour un fabricant, tantôt pour un autre, ou lorsque, travaillant pour un même fabricant, ils suspendent pendant certaines parties de l'année leurs travaux de fabrication, il ne serait pas équitable d'attribuer à ce fabricant la totalité des ouvriers déclarés en son nom au moment du recensement. Les contrôleurs doivent, en ce cas, apprécier les interruptions de travail et n'inscrire dans la matrice que le nombre moyen d'ouvriers nécessaire pour produire, en les supposant complètement occupés, le travail de tous les ouvriers successivement employés (Instr. 1881, art. 34).

1154. — On doit tenir compte des circonstances particulières en raison desquelles une industrie ne pourrait, par sa nature même, être exercée qu'une partie de l'année. Dans ce cas on devra considérer comme occupée pendant toute l'année, chaque série d'ouvriers momentanément employés équivalente à un ouvrier occupé pendant toute la durée ordinaire de la fabrication annuelle (Instr. 1881, art. 34).

1155. — Pour un certain nombre de professions, le tarif dispose que la taxe doit être calculée par ouvrier ou par série d'ouvriers momentanément employés équivalents à un ouvrier complètement occupé. Il en est ainsi pour les fabricants de briques, creusets, poterie, tuiles, tuyaux pour le drainage ou la conduite des eaux, objets en terre cuite pour la construction et l'ornementation; les fabricants de coutellerie, les fabricants travaillant pour le commerce, les fabricants d'objets concernant le grand et le petit équipement, l'habillement, la remonte, le harnachement, le campement, les fabricants d'ocre.

1156. — Le calcul des ouvriers employés n'est pas très-difficile lorsqu'il s'agit d'une usine occupant un personnel qui lui est exclusivement attaché à poste fixe. C'est alors le nombre réel de ces ouvriers qui doit servir de base au droit fixe et il n'y a pas lieu de calculer ce nombre par une moyenne des heures de travail. Il en est de même lorsque la profession ne peut, par sa nature, être exercée que pendant une partie de l'année, pendant une campagne. — Cons. d'Et., 23 déc. 1884, précité; — 4 déc. 1897, Nervet, [Leb. chr., p. 766]

1157. — Quant aux personnes qui travaillent pour le compte des fabricants, mais à leur domicile, en allant chercher à la fabrique les matières premières qu'elles rapportent transformées en produits manufacturés, s'il y a lieu de les faire entrer en compte dans la patente du fabricant, car elles sont un des éléments de sa production; il serait peu équitable de les compter comme si elles travaillaient exclusivement pour son compte ou si elles lui consacraient tout leur temps. De là le principe posé par le tarif pour quelques professions, et notamment pour celle des fabricants travaillant pour le commerce, que le travail de ces ouvriers intermittents doit être comparé à celui d'un ouvrier occupé d'une manière continue, ce qui revient à compter une série d'ouvriers accidentels pour un ouvrier permanent. — Cons. d'Et., 3 mars 1864, Salles, [Leb. chr., p. 221]; — 12 juin 1874, Glacet, [Leb. chr., p. 551] — (cinq ouvriers employés pendant un trimestre équivalent à deux complètement employés) — 26 févr. 1875, Fanien, [Leb. chr., p. 198]

1158. — On fait de même pour le personnel employé à l'heure. — Cons. d'Et., 23 déc. 1884, précité.

1159. — Cette disposition ne peut être étendue par analogie à d'autres professions que celles pour lesquelles elle a été expressément stipulée. Le Conseil d'Etat a ainsi refusé de l'appliquer à un exploitant de tourbières. — Cons. d'Et., 31 juill. 1856, de Beaurepaire, [P. adm. chr., D. 57.3.18]; — 22 janv. 1862, Truche, [Leb. chr., p. 51]; — 4 juin 1870, Lemesnager, [Leb. chr., p. 707]

1160. — ... A un exploitant de carrière. — Cons. d'Et., 30 avr. 1875, Archambault, [Leb. chr., p. 386]; — 4 août 1876, Marie, [Leb. chr., p. 763]; — 19 mars 1880, Chéry et Leveaux, [D. 80.3.117]

1161. — ... A un fabricant de conserves alimentaires — Cons. d'Et., 5 mai 1882, Guilbaud, [S. 84.3.35, P. adm. chr., D. 83.3.101]

1162. — Pour les professions dans lesquelles le tarif établit la taxe par ouvrier sans indiquer la possibilité de compter une série d'ouvriers comme un seul, on ne distingue pas entre ceux qui sont occupés à l'année et ceux qui le sont temporairement. — Cons. d'Et., 12 janv. 1894, Comby, [Leb. chr., p. 19]; — 20 déc. 1895, Martin, [Leb. chr., p. 837]

1163. — Le nombre des ouvriers peut encore être obtenu en divisant la production totale de l'année par la production annuelle moyenne d'un ouvrier, ou le montant des salaires payés par le salaire moyen d'un ouvrier constamment occupé. Sur quels chiffres doit-on faire ce calcul? Est-ce sur les chiffres de l'année de l'imposition ou sur ceux de l'année précédente? A notre avis c'est ce second système qui doit être suivi, car il est tout à la fois conforme à l'équité et au principe d'annualité. L'imposition devant être réglée d'après les faits existant au 1er janvier, c'est à cette date qu'il faut se placer pour considérer la situation de l'industriel. Cette situation, au point de vue du nombre des éléments du droit fixe, résulte du nombre des ouvriers employés par lui dans le cours de l'année précédente. Il y a moins de chances d'erreurs, disait M. le commissaire du Gouvernement Gomel, à s'attacher à la production qui a eu lieu l'année précédente, qu'à rechercher quelle pourra être l'importance de la fabrication dans l'année qui va s'ouvrir.

1164. — L'opinion que nous soutenons nous paraît d'ailleurs conforme à la jurisprudence. En 1873, un fabricant de brosses travaillant pour le commerce avait été imposé d'après un nombre d'ouvriers qu'il avait considéré excessif. Le conseil de préfecture jugea, sur la réclamation de cet industriel, que le nombre des ouvriers devait être calculé d'après le montant des salaires payés l'année précédente, divisé par le prix moyen de la journée d'un ouvrier, et réduisit grâce à ce calcul la cote du réclamant. Le ministre des Finances s'étant pourvu contre cet arrêté par le motif qu'il fallait calculer le droit fixe d'après le total des salaires payés dans l'année de l'imposition, vit son recours rejeté par le Conseil d'Etat. — Cons. d'Et., 11 juin 1875, Dupont et Deschamps, [Leb. chr., p. 569]

1165. — Dans une autre circonstance, le Conseil d'Etat a maintenu cette jurisprudence. Des fabricants de soieries prétendaient que le nombre de métiers imposables devait être calculé d'après le nombre de pièces d'étoffes fabriquées pendant l'année de l'imposition et non d'après les résultats de la fabrication pendant une période antérieure. Le Conseil d'Etat a rejeté la requête des industriels. — Cons. d'Et., 20 juin 1884, Cochaud, [D. 85.3. 125]

1166. — Nous ne croyons donc pas, contrairement à l'opinion émise dans le *Recueil des arrêts du Conseil d'Etat*, sous un arrêt du 6 août 1892 (p. 698), que le Conseil d'Etat, en décidant que le nombre des ouvriers devait être fixé non d'après le chiffre moyen des ouvriers employés pendant l'année de l'imposition, mais d'après celui des ouvriers employés au 1er janvier, ait entendu changer sa jurisprudence. Nous croyons qu'il n'a fait que confirmer l'opinion qu'il a toujours suivie malgré quelques différences insignifiantes de rédaction. — Cons. d'Et., 13 avr. 1853, Barbaray, [Leb. chr., p. 441]; — 4 janv. 1855, Delabaye, [Leb. chr., p. 10]; — 22 mars 1855, Gibert, [Leb. chr., p. 229]; — 3 mars 1864, Salus, [Leb. chr., p. 221]; — 20 nov. 1874, Rousset, [Leb. chr., p. 897]; — 28 nov. 1879, Neyret, [Leb. chr., p. 188]; — 29 juill. 1881, Godin, [Leb. chr., p. 755]; — 27 juin 1884, Hachembourg, [Leb. chr., p. 524]; — 4 nov. 1887, Marix, [Leb. chr., p. 691]; — 17 févr. 1888, Ulkowska, [Leb. chr., p. 159]; — 21 nov. 1891, Hudengue, [Leb. chr., p. 697]; — 6 août 1892, Amieux, [Leb. chr., p. 698]; — 16 nov. 1895, Ouizille, [Leb. chr., p. 726]

1167. — On peut encore déterminer le nombre des ouvriers d'après les produits de la fabrication. Ces produits sont, dans plusieurs circonstances, plus faciles à connaître que les éléments directs de cotisation (Instr. 1881, art. 34).

1168. — Ainsi jugé que la quantité de matériaux livrés au commerce représente le travail d'un nombre d'ouvriers à déterminer. — Cons. d'Et., 17 déc. 1875, Richard, [Leb. chr., p. 1022]

1169. — Les mêmes ouvriers peuvent servir d'éléments d'imposition pour plusieurs contribuables. C'est ce qui a été jugé pour les détenus d'une prison qui servent à établir le droit fixe de l'entrepreneur de la fabrication et du fournisseur général de la prison. — Cons. d'Et., 16 avr. 1875, Céalis, [Leb. chr., p. 328]; — 8 févr. 1878, Dubosq, [D. 79.5.304]

1170. — Il en est de même quand l'entrepreneur de la fabrication dans la prison a sous-traité avec des fabricants pour l'exploitation du travail des détenus et joue ainsi le rôle d'un facteur de fabrique. — Cons. d'Et., 30 mai 1879, Brunswick, [Leb. chr., p. 432]

1170 *bis*. — Ce droit fixe de l'entrepreneur de la fabrication dans les prisons est calculé d'après le nombre moyen des détenus. — Cons. d'Et., 1er juin 1900, Meyère et Borgonova, [Leb. chr., p. 392]

§ 5. *Nombre des moyens de production*

1° *Computation des machines.*

1171. — Les taxes afférentes aux machines, aux métiers, etc., ne doivent être cumulées que si, dans l'établissement où ils sont réunis, la destination et l'importance de ces éléments de production sont telles qu'ils puissent être considérés comme caractérisant l'exercice d'une profession particulière. Par conséquent, il n'y aurait pas lieu de tenir compte, dans l'assiette du droit fixe : de meules à vernir exclusivement employées par un fabricant de faïence pour les besoins de sa fabrication; de lames de scies servant uniquement au sciage des bois nécessaires à la confection des barils dans lesquels un fabricant de chaux et de ciment expédierait ses produits; de machines à souffler employées par un fabricant de chapeaux uniquement pour les besoins de sa fabrication ; de cylindres, de meules ou de machines à broyer ou à triturer les chiffons, fonctionnant dans une papeterie exclusivement pour alimenter les machines à fabriquer le papier. Dans ces conditions ces meules, ou lames, etc., ne sont que des accessoires qui concourent plus ou moins directement à la mise en œuvre des matières premières ou à la livraison des produits fabriqués, mais ne sont pas destinés à opérer les transformations ou les modifications essentielles que ces produits doivent successivement subir avant d'acquérir la forme définitive sous laquelle ils sont vendus par l'exploitant de l'établissement.

1172. — Il n'en est pas de même lorsque, par leur importance et par leur affectation, les éléments de production servent à l'exercice d'une industrie spéciale, alors même qu'elle se confond avec celles que le patentable exerce simultanément, et qu'il s'agit de la fabrication d'une seule espèce d'objets. Si, par exemple, dans un même établissement, un patentable file de la laine, la tisse, la foule, la tricote et lui donne les derniers apprêts nécessaires pour la livrer sous forme de tissu, il exerce en réalité plusieurs professions auxquelles le tarif assigne des éléments de cotisation spéciaux, et il est imposable au droit fixe à raison des broches, des métiers à tisser, des machines à fouler et des ouvriers teinturiers et apprêteurs que renferme l'établissement. On cumulerait également les taxes variables : pour un patentable qui exploiterait, dans un même établissement, une fabrique à métiers et une teinturerie, alors même que les ouvriers teinturiers seraient exclusivement employés à teindre les cotons destinés à alimenter les métiers de la fabrique; pour l'exploitant de filerie de cocons, qui serait en même temps moulinier en soie, et qui n'aurait qu'un établissement (Instr. 1881, art. 18).

1173. — Pour un grand nombre d'industriels, le droit fixe varie suivant le nombre des machines ou appareils dont ils se servent dans leur fabrication. Le plus souvent la loi indique la nature des machines qu'il faut faire entrer en compte; il suffit alors de les dénombrer et de leur appliquer le tarif. Tantôt le tarif établit des gradations de manière à proportionner les droits à l'importance des établissements. C'est ainsi que les armateurs sont plus ou moins taxés, suivant que leurs navires sont à vapeur ou à voiles; les fabricants de chaussures et les fabricants à métiers, suivant que leurs machines sont actionnées par un moteur mécanique ou par la main de l'homme; les filateurs, selon que leurs établissements sont ou non pourvus de peigneries et de carderies ; les exploitants de machines, suivant qu'elles sont à vapeur ou hydrauliques ou à bras, à manège ou à vent. Pour certains, les droits sont réduits quand l'industrie n'est pas exercée toute l'année (fabriques d'alcool, brasseries, fabriques de chaux, de coke, de faïence et de porcelaine). — Cons. d'Et., 8 avr. 1863, Mandoux, [Leb. chr., p. 312]

1174. — Lorsque le tarif mentionne expressément celles des machines qui, pour une industrie déterminée, doivent être considérées comme éléments de production, tous les autres appareils existants dans l'établissement ne doivent pas entrer en compte. Ainsi les forges ne sont, d'après le tarif, imposables qu'à raison des feux, chaufferies, fours, etc. En conséquence, il n'y a pas à tenir compte, pour les assujettir au droit fixe, des cylindres de laminoir, des marteaux-pilons, des arbres de camage, des martinets et des patouillets que l'usine renferme, à moins que ces appareils ne soient placés dans des ateliers formant établissements distincts. — Cons. d'Et., 4 juin 1857, Couregelongue, [Leb. chr., p. 442]; — 8 févr. 1860, Camion, [D. 60.5.265]; — 22 déc. 1869, Acloque, [Leb. chr., p. 1010]; — 16 mars 1877, Durenne, [Leb. chr., p. 276]

1174 *bis*. — Dans une tréfilerie de laiton où le droit fixe est calculé sur le nombre des bobines, il n'y a pas à tenir compte des laminoirs. — Cons. d'Et., 29 déc. 1900, Soc. des mines et fonderies de Pontgibaud, [Leb. chr., p. 873]

1175. — On ne compte pas les machines qui ne servent qu'accessoirement dans les opérations de fabrication : par exemple, dans une fabrique de sucre de betteraves, les chaudières où les jus subissent la seconde carbonatation et qui n'ont d'autre but que de filtrer le jus. — Cons. d'Et., 27 févr. 1868, Boivin, [Leb. chr., p. 1037]

1176. — ... Dans une tréfilerie, les bobines qui ne sont employées que comme instruments accessoires, ne sont pas en relation directe avec la force motrice et ne servent qu'à transmettre le fil aux appareils de traction. — Cons. d'Et., 2 mai 1879, Bocuze, [D. 80.5.275]

1177. — Dans une brasserie, des cuves-matières et des bouches d'arrosage ne sont pas considérées comme des chaudières. — Cons. d'Et., 12 mars 1898, Soc. des brasseurs de la Méditerranée, [Leb. chr., p. 227]

1178. — Souvent le tarif dispose que le droit sera calculé sur la capacité brute des appareils. Il en est ainsi, par exemple, des brasseries. — Cons. d'Et., 28 déc. 1883, Hansénius, [Leb. chr., p. 960]

1179. — En pareil cas l'industriel ne peut demander réduction d'une partie du droit fixe à raison du déchet qui se produit par l'évaporation dans le procédé par lui employé. — Cons. d'Ét., 6 avr. 1869, Labbé, [Leb. chr., p. 311]

1180. — Dans les fabriques de chaux on doit faire entrer dans le calcul de la capacité des fours celle d'un récipient supérieur où la chaux subit un commencement de transformation. — Cons. d'Ét., 4 avr. 1873, Vazon, [Leb. chr., p. 305]; — celle des galeries destinées à recevoir les combustibles. — Cons. d'Ét., 9 févr. 1877, Parquin, [Leb. chr., p. 132]; — celle des hausses mobiles cylindriques ajoutées aux fours. — Cons. d'Ét., 16 avr. 1880, Bertrand, [Leb. chr., p. 372]

1181. — Dans une fabrique de porcelaines on fait entrer dans la capacité brute des fours celle d'un compartiment supérieur dans lequel les pièces sont séchées et subissent un commencement de cuisson. Il fait partie intégrante du four. — Cons. d'Ét., 27 févr. 1893, Monger et Pezé, [D. 94.5.438]

1182. — Il en est autrement à l'égard des fabricants de sucre, dont la taxe variable est assise sur la capacité nette des chaudières de défécation et des chaudières ou bacs de première carbonatation. — Cons. d'Ét., 10 févr. 1882, Massignon et Dufaux, [Leb. chr., p. 143]; — 24 nov. 1882, Sucrerie de Pont-Therry, [Leb. chr., p. 922]

1183. — De même, les exploitants d'un établissement d'éclairage par l'électricité sont imposables d'après le kilowatt ou la fraction de kilowatt de la puissance utile des machines dynamo-électriques fonctionnant simultanément. — Cons. d'Ét., 19 mars 1897, Bila, [Leb. chr., p. 232]

1184. — Sous l'empire de la loi du 25 avr. 1844, les machines préparatoires ne devaient pas en général être comprises dans les éléments du droit fixe. Il en était ainsi notamment pour les filatures. En conséquence, il avait été jugé qu'on ne devait pas compter dans la patente d'une filature une carderie exclusivement employée à préparer les matières premières nécessaires à son exploitation. La disposition de la loi du 18 mai 1850 assujettissant à une taxe variable les peigneries et carderies ne s'appliquait qu'à celles formant des établissements distincts et non à celles qui dépendaient des filatures. — Cons. d'Ét., 14 avr. 1859, Mathon et Masson, [Leb. chr., p. 288]

1185. — Mais, à la suite de la loi du 4 juin 1858, qui réglait le droit fixe des filateurs d'après le nombre de broches employées par eux, la jurisprudence s'est modifiée et décide depuis ce moment qu'il n'y a aucune distinction à faire entre les broches composant les métiers préparatoires et celles qui appartiennent aux autres métiers. — Cons. d'Ét., 5 août 1861, Casserat, [D. 62.3.37]; — 12 sept. 1864, Simonin, [Leb. chr., p. 911]; — 22 déc. 1882, Fauquet, [Leb. chr., p. 1055] — De même, les métiers à échantillonner doivent être comptés. — Cons. d'Ét., 28 mars 1888, Vernier, [D. 89.5.345] — V. *infrà*, n. 1194.

1186. — L'instruction de 1881 contient quelques règles particulières intéressantes touchant l'établissement du droit fixe pour les filatures. La loi reconnaît aujourd'hui cinq catégories de filatures, auxquelles sont assignés des droits fixes spéciaux : 1° les filatures de chanvre, de lin, d'étoupe ou de jute; 2° les filatures de coton; 3° les filatures de déchets ou de bourre de soie; 4° les filatures de laine cardée; 5° les filatures de laine peignée. Pour chacune de ces catégories, le droit fixe est établi par broches, et, pour les quatre premières, la quotité de la taxe a été calculée de manière à tenir compte de la présence de carderies ou de peigneries dans les filatures. Par conséquent, il n'y a pas lieu d'assujettir à un droit fixe spécial les carderies ou peigneries existant dans les filatures de ces quatre catégories, lors même qu'elles servent à carder ou à peigner des textiles autres que ceux qui sont filés dans l'établissement; mais, par contre, la loi stipule que, dans les filatures de l'espèce, le droit fixe doit être réduit de moitié lorsqu'elles ne renferment ni carderie, ni peignerie.

1187. — Quant aux filatures de laine peignée, le droit fixe par broche a été calculé pour cet élément de production pris isolément; par conséquent, lorsque les filatures de laine peignée sont pourvues de machines à peigner ou à carder, la taxe par broche est imposée cumulativement avec le droit fixe spécial afférent aux carderies ou aux peigneries.

1188. — Les broches des bancs à broches qui, par suite de l'application littérale de la législation antérieure, avaient été assujetties au droit fixe, en ont été explicitement affranchies par la loi du 15 juill. 1880, qui en a également exempté, dans les filatures de laine cardée, les broches des métiers en gros susceptibles d'être assimilés aux bancs à broches. Ces éléments de production ne remplissant dans la fabrication qu'un rôle secondaire, on les a exemptés avec raison de la patente. C'est pour obéir au même principe que l'administration a inséré au tarif une annotation, d'après laquelle les broches du retordage existant dans les filatures des différentes catégories reconnues par la loi seront imposées comme telles et non comme broches de filatures. (Instr. 1881, art. 39).

1189. — Dans les peigneries et carderies proprement dites, c'est-à-dire ne dépendant pas d'une filature, le droit fixe, qui, avant 1880, était réglé par assortiment de machines à peigner ou à carder, l'est aujourd'hui par machine. En outre il n'existait pour l'assortiment qu'une taxe uniforme, sans distinction basée sur la nature du textile, tandis qu'aujourd'hui le droit fixe est établi à des taux différents, selon qu'il s'agit de carderies ou de peigneries de bourre de soie, de coton ou de laine. Pour ces dernières, la loi tient également compte de la force de production par 12 heures de travail (art. 40).

1190. — Par application du même principe, on a admis que dans une distillerie, le droit fixe établi sur la capacité brute des alambics devait s'appliquer à tous ceux qui sont utilisés pour les opérations successives de la fabrication, tandis que le droit réduit ne s'applique qu'aux appareils servant uniquement à la rectification des alcools. — Cons. d'Ét., 23 mai 1884, Santet, [Leb. chr., p. 414]

1191. — ... Que dans une filerie de cocons, où le droit est établi sur le nombre des bassines, on doit compter celles qui ne sont employées que comme batteuses, qu'elles soient ou non munies de tours, si des broches jouent le rôle de ces tours. — Cons. d'Ét., 26 déc. 1869, Dailhe, [Leb. chr., p. 979]

1191 *bis*. — ... Que, dans une laminerie, il y a lieu de comprendre tous les cylindres employés sans distinction et non pas seulement les cylindres finisseurs; que dans une fabrique de clous et de pointes, les machines forgeuses doivent compter comme les affileuses. — Cons. d'Ét., 16 mars 1900, Forges de Franche-Comté, [Leb. chr., p. 211]

1192. — ... Que dans une tannerie, il faut tenir compte de la capacité des plains et bassins d'eau affectés au lavage, au planage et au rinçage des peaux, travail dit de rivière, et qui servent ainsi à la préparation première des cuirs. — Cons. d'Ét., 25 juin 1875, Mourié, [Leb. chr., p. 624]; — 19 mars 1886, Vincent, [Leb. chr., p. 256]; — 28 juin 1889, Frileux, [Leb. chr., p. 787]

1193. — ... Que, dans une tannerie, sont imposables les fosses ou bassins servant aux travaux préliminaires ou accessoires tels que la confection des mottes à brûler, ou employés au dépôt des cuirs choisis ou tannés. — Cons. d'Ét., 7 sept. 1861, Gillard, [Leb. chr., p. 802]; — 24 mars 1891, Crétin, [Leb. chr., p. 271] — ... et aussi les fosses contenant des écorces, la loi ne distinguant pas entre les fosses servant à la préparation première des cuirs et celles qui servent au tannage. — Cons. d'Ét., 12 août 1859, Gillard, [Leb. chr., p. 591]

1194. — ... Que dans une fabrique de savon, les chaudières servant aux opérations préparatoires doivent être comptées comme celles servant aux opérations finales de la fabrication. — Cons. d'Ét., 24 mai 1878, Cavary, [D. 78.3.102] — V. *suprà*, n. 1185.

1195. — ... Qu'il en est ainsi des chaudières munies de fourneaux et destinées non à recevoir les lessives au repos comme les bassins, bacs et barquieux, mais à traiter les lessives à feu nu. — Cons. d'Ét., 4 nov. 1881, Darier, [D. 83.5.339]

1196. — Toute machine qui concourt d'une façon nécessaire à la fabrication doit entrer en compte. — Ainsi jugé que, dans une brasserie, doit être comptée une chaudière, qui n'est pas employée uniquement au nettoyage des ustensiles de la brasserie, mais sert à faire chauffer l'eau nécessaire aux trempes pour chaque bassin et qui par suite est indispensable à la fabrication. — Cons. d'Ét., 6 août 1863, Lauthier, [Leb. chr., p. 635]; — 3 mars 1864, Julien, [Leb. chr., p. 220]; — 4 mars 1868, Colombier, [Leb. chr., p. 245]; — 23 juin 1868, Bourgelin, [Leb. chr., p. 715]

1197. — Les exploitants de moulins sont imposables d'après les divers éléments de production contenus dans leurs établissements (paires de meules, cylindres, presses). — Cons. d'Ét., 20 déc. 1866, Berthomy, [Leb. chr., p. 1173]; — 12 févr. 1868, Couty, [Leb. chr., p. 152]; — 21 avr. 1882, Ferraud, [Leb. chr., p. 363]

1198. — Un fabricant de pâte à papier est imposable à raison d'une roue à découper le bois et de cylindres pour le broyer, appareils qui ont une action indépendante et concourent, au moyen d'opérations distinctes et successives, à la fabrication de la pâte de papier. — Cons. d'Et., 29 mars 1878, Cie de fabrication de la cellulose, [Leb. chr., p. 342]

1199. — Dans un pressoir à cidre, la meule et la presse sont deux éléments distincts. — Cons. d'Et., 20 mars 1861, Pillerie, [Leb. chr., p. 196]

1200. — Dans les fabriques de vinaigre, il n'y a aucune distinction à établir entre les vaisseaux destinés à recevoir le liquide et ceux qui reçoivent les matières propres à provoquer l'acétification. Tous doivent entrer en compte. — Cons. d'Et., 8 juill. 1887, Fontin, [D. 88.3.123]

1201. — Dans une fabrique de gaz d'éclairage, il faut tenir compte d'un réservoir servant à emmagasiner le gaz fabriqué et à lui assurer une pression régulière, qui est semblable dans ses dispositions essentielles à un gazomètre et par suite fait partie, des moyens matériels de production de l'usine. — Cons. d'Et., 6 mars 1897, Comp. du gaz de Bordeaux, [D. 98.3.71]

1202. — Ne doivent pas être exemptées les machines de rechange. Toutefois on a jugé qu'on ne pouvait considérer comme telles un cylindre à huile et une presse à bras existant dans une fabrique d'huile concourant chacun dans une proportion déterminée à la fabrication. Ayant une action indépendante, ils doivent être comptés séparément. — Cons. d'Et., 11 févr. 1870, Magnien, [Leb. chr., p. 70]

1203. — Pour que le droit fixe puisse être établi valablement sur les machines existant dans un établissement industriel, il n'est pas d'ailleurs nécessaire que toutes ces machines puissent être utilisées simultanément. Ainsi de nombreuses décisions ont rejeté les réclamations d'exploitants de moulins, qui demandaient à n'être imposés qu'à raison du nombre de meules qu'en réalité ils avaient fait ou pu faire tourner simultanément. — Cons. d'Et., 23 mars 1850, Vivent, [Leb. chr., p. 282]; — 8 juin 1850, Laparre, [Leb. chr., p. 556]; — 15 déc. 1868, Rousselot, [S. 69.2.344, P. adm. chr.]; — 28 juin 1870, Jacques, [Leb. chr., p. 822]; — 15 janv. 1875, Battesti, [D. 75.3.94]; — 16 avr. 1875, Paillard, [Leb. chr., p. 327]

1204. — La même règle a été appliquée à un filateur, qui doit être imposé d'après le nombre des broches montées et prêtes à fonctionner au 1er janvier, alors même qu'ultérieurement, par suite de la diminution du moteur hydraulique, toutes ces broches n'ont pu être utilisées ensemble. — Cons. d'Et., 25 janv. 1860, Dicly, [Leb. chr., p. 59]

1205. — Jugé de même pour un maître de forge. — Cons. d'Et., 5 sept. 1866, Sauvage, [Leb. chr., p. 1047]; — pour un établissement de verrerie. — Cons. d'Et., 20 juill. 1859, Vimont [Leb. chr., p. 509]; — 18 août 1862, Cash, [Leb. chr., p. 703]; — 14 août 1869, Guerner, [Leb. chr., p. 815]; — 31 mars 1870, Paris, [Leb. chr., p. 396]; — pour un tanneur. — Cons. d'Et., 6 nov. 1880, Faivre, [Leb. chr., p. 846]; — pour un fabricant de plâtre. — Cons. d'Et., 6 nov. 1880, Dannizeau, [Leb. chr., p. 846]; — pour un fabricant d'esprit de grains. — Cons. d'Et., 21 avr. 1882, Gruyelle, [D. 84.5.372]; — pour une scierie mécanique. — Cons. d'Et., 1er déc. 1882, Biguenet, [D. 84.5.364]; — pour une filerie de cocons. — Cons. d'Et., 11 avr. 1861, Perrier, [Leb. chr., p. 256]; — 11 juill. 1874, Chabert, [Leb. chr., p. 655]

1206. — De même le fait que certains des éléments de production n'ont pas été employés d'une manière continue n'est pas, à moins d'une mention expresse du tarif, un motif de réduction. — Cons. d'Et., 25 avr. 1855, Lapeyre, [Leb. chr., p. 301] (papiers peints); — 20 sept. 1859, Riollet, [Leb. chr., p. 618] (papiers peints); — 22 mars 1865, Giraud, [Leb. chr., p. 572] (fabr. à métiers).

1207. — Les machines constituant des éléments de production doivent être comptées dans le calcul du droit fixe, non seulement si elles sont en état de fonctionner quoique ne fonctionnant pas en fait, mais même lorsque, étant momentanément hors d'état de fonctionner, elles peuvent être remises en usage soit par un simple nettoyage, soit par de menues réparations. Ceci a été décidé pour des fabriques à métiers, où les métiers, quoique placés et montés, avaient besoin d'un nettoyage pour être remis en mouvement. — Cons. d'Et., 26 juin 1867, Colin, [Leb. chr., p. 606]

1208. — Si, au contraire, il s'agissait de machines complètement hors de service, par exemple, de métiers déboulonnés, déplacés, privés d'une partie de leurs pièces et ne pouvant être remis en état de fonctionner qu'au moyen de réparations assez considérables, l'industriel serait fondé à demander décharge de la taxe afférente à ces éléments. — Même arrêt.

1209. — Jugé de même pour un exploitant de pressoir, dont le pressoir était démonté et n'avait pu être mis à la disposition du public. — Cons. d'Et., 27 juin 1891, Pinhaud, [Leb. chr., p. 504].

1210. — ... Pour un fabricant de faïence imposé à raison d'un four hors de service. — Cons. d'Et., 20 sept. 1871, Debret, [Leb. chr., p. 164]

1210 *bis*. — Il peut y avoir des difficultés sur la manière de calculer le droit fixe afférent à certaines machines. Ainsi, pour les exploitants d'établissements d'eaux minérales, imposés à raison du nombre d'appareils pour douches, on ne doit pas compter comme appareils distincts chacun des divers jets de douches installés en vue de faire varier la nature, la quantité et la température de l'eau employée mais qui ne peuvent servir simultanément pour plusieurs personnes. — Cons. d'Et., 27 juill. 1900, Comp. fermière de Vichy, [Leb. chr., p. 514]

1210 *ter*. — Chez un exploitant de moulin des broyeurs-granulateurs doivent être imposés comme des paires de meules et non comme des cylindres. — Cons. d'Et., 6 juill. 1900, Mercier, [Leb. chr., p. 465]

1210 *quater*. — Des fours Martin employés dans une aciérie doivent être taxés non comme des fours ordinaires mais comme des fours de seconde fusion. — Cons. d'Et., 26 déc. 1896, Comp. des aciéries de la Marine, [Leb. chr., p. 873]

1210 *quinq*. — Dans les moulins qui fonctionnent d'après le système *hongrois*, le droit fixe afférent à chaque paire de meules ou de cylindres ou à chaque machine en tenant lieu, est dû, non pour l'ensemble des appareils servant à opérer la trituration complète des gruaux, mais par chaque paire de cylindres accomplissant un travail distinct, alors même qu'une seule roue actionnerait deux couples de cylindres. — Cons. d'Et., 3 août 1888, Bussot, [Leb. chr., p. 708]

2° Chômages.

1211. — Le législateur a atténué le droit fixe à l'égard des établissements industriels mus par l'eau. Aux termes de l'art. 11, L. 15 juill. 1880, « dans les usines fonctionnant exclusivement à l'aide de moteurs hydrauliques, le droit fixe est réduit de moitié pour ceux des éléments de cotisation qui, par manque ou par crue d'eau, sont périodiquement forcés de chômer pendant une partie de l'année équivalente au moins à quatre mois. » — Cons. d'Et., 29 juill. 1859, Filleul, [Leb. chr., p. 558]; — 18 juill. 1860, Barrère, [Leb. chr., p. 548]; — 31 déc. 1862, Monnier, [Leb. chr., p. 879]; — 19 mars 1880, Chéry, [Leb. chr., p. 323]; — 23 avr. 1880, Begon, [Leb. chr., p. 391]

1212. — Aucune réduction n'est due si le chômage dure moins de quatre mois. — Cons. d'Et., 22 déc. 1852, Desbordes, [Leb. chr., p. 640]; — 17 mars 1853, Landry, [Leb. chr., p. 329]; — 24 déc. 1880, Lasseaux, [Leb. chr., p. 1063]

1213. — Il n'est pas nécessaire que les quatre mois de chômage soient consécutifs. On peut additionner toutes les périodes de chômage survenues dans l'année.

1214. — Avant la loi du 15 juill. 1880, cette réduction de moitié du droit fixe n'existait que pour quelques professions prévues au tarif. En conséquence, de nombreuses décisions avaient refusé d'étendre le bénéfice de cette réduction à d'autres industries : par exemple, aux fabriques de noir animal. — Cons. d'Et., 24 mars 1849, Liebbe, [Leb. chr., p. 184]; — aux fabriques mues par des chevaux. — Cons. d'Et., 31 mars 1849, Lehideux, [Leb. chr., p. 210]; — aux usines composées de plusieurs forges à deux marteaux, aux laminoirs et autres ateliers constituant un système de sous-fabrication métallique. — Cons. d'Et., 9 nov. 1850, Sestier, [D. 52.5.399]; — aux papeteries à la mécanique, le bénéfice étant réservé aux papeteries à la cuve. — Cons. d'Et., 3 mai 1851, Hety, [D. 52.5.399]; — aux machines à vent. — Cons. d'Et., 6 avr. 1867, Daniau, [Leb. chr., p. 346]; — à une tournerie mécanique mue par l'eau. — Cons. d'Et., 5 juill. 1865, Monnerot-Ferréal, [Leb. chr., p. 687]; — à une fabrique d'huile. — Cons. d'Et., 16 avr. 1870, Paoli, [Leb. chr., p. 478]

1215. — Pour que la réduction au demi-droit s'appliquât, il fallait que le chômage de l'usine eût été total et non partiel. — Cons. d'Et., 23 mars 1850, Vincent, [Leb. chr., p. 282]; — 29 juin 1850, Actionnaires du moulin de Bazacle, [Leb. chr., p. 626] — Mais ultérieurement on revint sur cette jurisprudence, et on considéra séparément chacun des éléments de production, imposant au droit entier ceux qui fonctionnaient habituellement, et au demi-droit ceux qui chômaient quatre mois. — Cons. d'Ét., 1er août 1865, Bardet, [Leb. chr., p. 725]; — 23 juin 1868, Vaudois, [Leb. chr., p. 716]

1216. — En tout cas, les éléments qui peuvent marcher toute l'année ne doivent pas bénéficier de la réduction appliquée aux éléments qui chôment. — Cons. d'Ét., 15 déc. 1868, Soubrier, [Leb. chr., p. 1036]

1217. — Il faut que l'usine marche exclusivement à l'aide d'un moteur hydraulique : la réduction doit être refusée à une usine qui ne serait qu'en partie actionnée par une force hydraulique. — Cons. d'Ét., 1er déc. 1882, Biguenet, [Leb. chr., p. 969]; — 12 févr. 1897, Fousseret, [Leb. chr., p. 110]

1218. — Décidé que la réduction de moitié du droit fixe de patente, n'étant accordée par la loi, à raison de chômages, qu'aux usines fonctionnant exclusivement à l'aide de moteurs hydrauliques, une usine mue à l'aide d'un manège et à bras ne peut en bénéficier. — Cons. d'Ét., 12 févr. 1897, Fousseret, [S. et P. 99. 3.25, D. 98.5.458]

1219. — Il faut enfin que le chômage soit périodique et causé par le manque ou la crue de l'eau. Toute autre cause de chômage doit être écartée. Ainsi on a refusé de tenir compte de chômages causés par le défaut de clientèle. — Cons. d'Ét., 29 juin 1850, précité; — 12 nov. 1892, Frézot, [Leb. chr., p. 767]

1220. — ... Par le défaut de travail. — Cons. d'Ét., 24 mars 1849, Liebbe, [Leb. chr., p. 184]; — 13 mai 1869, Gobard, [Leb. chr., p. 465]

1221. — ... Par le manque de récoltes. — Cons. d'Ét., 11 janv. 1853, Rouquier, [Leb. chr., p. 74]

1222. — ... Par un cas de force majeure, tel que la rupture du barrage de la prise d'eau et le décès du patentable. — Cons. d'Ét., 6 nov. 1880, Fabiani, [D. 82.3.19]

1223. — ... Ou par d'autres causes étrangères au manque d'eau. — Cons. d'Ét., 23 avr. 1880, Daix et Danjou, [Leb. chr., p. 390]

1224. — ... Par la température, pour un maître de glacières. — Cons. d'Ét., 3 nov. 1882, Saisse, [Leb. chr., p. 839]

1225. — ... Par le repos de jour ou de nuit, par les fêtes et dimanches, par les travaux d'entretien ou de réparation (Instr. 1881, art. 88).

1226. — Il ressort du texte même de la loi que l'art. 11 ne concerne que les professions exercées dans des établissements industriels et tarifés en raison de leurs moyens de production, c'est-à-dire celles du tableau C. Un patentable exerçant une profession rangée dans le tableau A ou le tableau B ne saurait réclamer le bénéfice de cet article (Instr. 1881, art. 88).

1227. — L'exploitant de four à chaux, qui n'allume pas son four plus de six mois par an, ne peut demander que son droit fixe soit réduit de moitié par application de l'art. 11 de la loi de 1880. Le tarif a pris soin, pour cette industrie et quelques autres analogues, telles que les fabriques de porcelaine et de faïence, d'indiquer que la réduction ne sera due que si les fours n'ont pas été allumés au moins un certain nombre de fois (8 fois pour les fours à chaux). — Cons. d'Ét., 8 avr. 1863, Mandoux, [Leb. chr., p. 312]

1228. — La réduction ne peut être étendue au chômage résultant, pour un exploitant de machines à battre, de ce que, pendant une partie de l'année il se sert de sa machine pour les besoins de son exploitation agricole. — Cons. d'Ét., 1er juin 1864, Bencelmans, [Leb. chr., p. 523]

1229. — Le législateur a édicté certaines réductions de droits : 1° en faveur d'industriels dont les usines ne sont en activité qu'un certain nombre de mois chaque année (brasseurs, fabricants de chaux); 2° ou pour ceux dont la fabrication ne donne qu'une certaine quantité de produits (fabricants de vinaigre, d'esprit ou eau-de-vie de vin); 3° pour ceux qui emploient un outillage ou des procédés imparfaits (fabricants de coke, exploitants de moulins ou pressoirs à bras ou à manège, exploitants de papeteries qui emploient des machines ne séchant pas le papier ou ne servant à fabriquer, rogner, lisser, etc., que du carton ou du papier gris ou d'emballage); filateurs dont les établissements sont dépourvus de carderie ou de peignerie; 4° pour les fabricants à métiers travaillant exclusivement à façon lorsque leur droit fixe supérieur à 20 fr. n'excède pas 50 fr., fabricants travaillant pour le commerce, travaillant à façon (Instr. 1881, art. 86).

1229 *bis.* — Nous avons déjà signalé l'exemption de patente accordée par la loi du 17 juill. 1889 aux fabricants travaillant exclusivement à métiers à façon. On a voulu de tout temps, favoriser le travail qui s'exerce auprès du foyer domestique, dans le cercle restreint de la famille et de quelques apprentis. La loi du 10 juin 1853 avait exempté ceux qui occupaient moins de dix métiers et la loi de 1844 avait édicté une réduction de moitié du droit fixe pour chaque métier travaillant à façon. Mais en 1880, pour ne pas faire bénéficier tous les fabricants sans exception de cette taxe réduite, le législateur les assujettit en principe aux mêmes droits que les fabricants travaillant pour leur compte. Il exonéra toutefois de toutes taxes le fabricant à métiers à façon dont le droit fixe en principal n'excède pas 10 fr. et accorda l'exemption de la moitié du droit fixe, à ceux dont le droit fixe est inférieur à 50 fr. La loi de 1889 étendit l'exemption aux façonneries dont le droit fixe n'excédait pas 21 fr. et leur accorda une exemption complète de droit proportionnel. L'administration ayant constaté que de très-gros industriels profitaient de cette faveur, proposa de modifier la loi sur ce point. Le projet actuellement en délibération modifie en conséquence la situation des fabricants travaillant exclusivement à métiers à façon et des mouliniers en soie travaillant exclusivement à façon. Ils seront exempts de droit proportionnel quand leur droit fixe n'excédera pas 150 fr. en principal. Ils ne seront passibles que de la moitié du droit proportionnel quand leur droit fixe dépassera 150 fr. sans excéder 450 fr. et quand ce droit dépassera 450 fr. le droit proportionnel sera perçu pour la totalité (art. 12).

1230. — Lorsque deux personnes exploitent en commun et par moitié un moulin sans être associées, il avait été jugé que chacune d'elles ne devait que la moitié du droit fixe afférent à ce moulin, et un quart s'il chômait périodiquement plus de quatre mois. — Cons. d'Ét., 27 févr. 1868, Durand, [Leb. chr., p. 237] — Mais depuis, le Conseil d'État a décidé qu'en pareil cas chacun des copropriétaires doit un droit fixe entier. — Cons. d'Ét., 30 avr. 1880, Haxo, [D. 81.3.6]

§ 6. *Bases spéciales à certaines professions.*

1231. — Il nous reste à mentionner, pour être complet, quelques bases exceptionnelles de tarification adoptées pour certaines professions du tableau C. Ainsi pour les adjudicataires de certaines entreprises de fournitures, de travaux ou de perceptions, telles que les entreprises du service de l'arrosage, de l'éclairage à l'huile, des fontaines publiques, des inhumations, de la sonnerie des cloches, des baraquements pour les expositions, les entreprises de la fourniture de la paille de couchage ou des objets d'équipement des troupes, l'affermage du droit de pêche, le droit fixe est réglé à raison de tant par 100 fr. ou fraction de 100 fr. du prix de ferme ou du montant de l'adjudication (Instr. 1881, art. 43).

1232. — Il arrive souvent que la perception des droits acquittés par les particuliers dans les halles, les abattoirs, etc., est concédée à une compagnie ou à un particulier à titre d'indemnité ou de remboursement des frais de construction, de réparation, d'installation, etc. En pareil cas, il y a lieu d'imposer le particulier ou la compagnie qui fait percevoir les droits par ses agents et pour son compte. La somme sur laquelle porte le droit fixe est celle qui représente l'annuité nécessaire pour assurer, à la fin de la concession, l'indemnité ou le remboursement stipulé. Le tarif applique expressément cette disposition aux fermiers ou concessionnaires des abattoirs, des bacs, des chaises, des halles et marchés, des droits de pesage, jaugeage, mesurage, de péage sur route et d'octroi. Il est bien entendu d'ailleurs que la commune, la compagnie ou le particulier, qui ferait bâtir une halle sur un terrain lui appartenant, et qui percevrait un droit pour la vente ou le déballage des marchandises dans cette halle, ferait acte de propriétaire et ne serait pas passible de patente, non plus qu'un particulier qui construirait un pont dans sa propriété et autoriserait le public à s'en servir moyennant péage.

1233. — En ce qui touche les entrepreneurs de travaux publics, le droit fixe est calculé à tant par 100 fr. du montant *annuel* des entreprises. Les travaux qu'exécutera l'entrepreneur pendant l'année pour laquelle on établit la patente ne pouvant pas toujours être connus au moment où on établit la matrice, on doit déterminer le prix des entreprises d'après les faits constatés pour l'année précédente (Instr. 1881, art. 44).

1233 *bis.* — L'indemnité obtenue par un entrepreneur de travaux publics à titre non de supplément de prix mais de réparation de dommages subis par le fait de l'administration ne doit pas entrer en compte pour l'établissement du droit fixe. — Cons. d'Et., 27 oct. 1900, Auroy, [Leb. chr., p. 580]

1234. — Enfin quelques autres bases sont adoptées par le législateur : le nombre des kilomètres parcourus pour les concessionnaires de canaux ou de chemins de fer et les entrepreneurs de diligences; le nombre d'hectares concédés pour les entrepreneurs de dessèchement ou de défrichement; le nombre de départements où opèrent les patentables, pour les entreprises d'assurances ou de réassurances. Pour les sociétés formées par actions pour opérations de crédit, de banques, d'escompte, etc., le droit est fixé à tant par 1,000 fr. du capital versé. Pour les entreprises de concerts ou de spectacles, on fixe une proportion de la recette complète. Enfin quelques professions sont simplement taxées à un droit fixe invariable établi sans égard à la population, sorte d'abonnement forfaitaire (Banque de France, marchands expéditeurs de bestiaux, etc.).

1235. — Lorsqu'une taxe est fixée à raison d'une somme, d'une dimension ou d'une quantité déterminée (tant par 1,000 fr. du capital, tant par kilomètre, par hectolitre, par mètre cube), on ne doit asseoir cette taxe que sur chaque nombre complet ou sur chaque quantité complète des éléments qui doivent servir de base à la cotisation. Les fractions des nombres ou quantités énoncées au tarif ne doivent pas entrer dans la taxe, à moins que le tarif ne contienne une mention expresse à ce sujet (fermier des droits d'abattoir).

§ 7. *Professions appartenant à plusieurs tableaux.*

1236. — Diverses professions peuvent, suivant leur importance ou les conditions dans lesquelles elles sont exercées, être imposées suivant les règles d'un tableau ou celles d'un autre. C'est ce qui a lieu pour les fabricants travaillant pour le commerce, les sociétés par actions, les fabricants de spécialités pharmaceutiques, les entrepreneurs de travaux publics, les intermédiaires de commerce (Instr. 1881, art. 7).

1237. — I. *Intermédiaires de commerce.* — En établissant la liberté du courtage et en décidant le rachat des offices des courtiers par le Gouvernement, la loi du 18 juill. 1866, dans le but de créer des ressources pour couvrir cette dépense, avait rangé dans le tableau B et assujetti à des droits égaux à ceux que payaient déjà les commissionnaires en marchandises « les patentables compris dans la législation des patentes sous la dénomination de courtiers de marchandises, facteurs de denrées et marchandises et représentants de commerce, ainsi que tous les individus qui prêtent leur entremise pour l'achat et la vente des marchandises et dont la profession n'est pas spécialement dénommée aux tableaux annexés aux lois de patentes ». Toutefois cette loi spécifiait que ceux des patentables en question, y compris les commissionnaires en marchandises, qui ne s'occuperaient habituellement que d'opérations ayant pour objet la vente aux marchands détaillants et aux consommateurs, ne seraient soumis qu'aux droits de la 4e classe du tableau A.

1238. — La loi du 15 juill. 1880 n'a pas conservé l'assimilation créée par la loi du 18 juill. 1866 entre les commissionnaires en marchandises et les autres patentables désignés ci-dessus. Elle a assigné à ces derniers des droits fixes sensiblement plus faibles que ceux dont elle a reconnu passibles les commissionnaires en marchandises. Toutefois ceux-ci, ainsi que les courtiers, les facteurs et les représentants de commerce continuent, en vertu de la nouvelle loi, de bénéficier de la disposition qui avait prescrit de ne leur appliquer que le tarif de la 4e classe du tableau A, lorsque leurs opérations habituelles ont pour objet la vente aux marchands détaillants et aux consommateurs (Instr. 1881, art. 90).

1239. — II. *Fabricants travaillant pour le commerce.* — Dans le but de mieux proportionner les droits de patente à l'importance que prennent certaines professions du tableau A, en raison des conditions particulières dans lesquelles elles sont exercées, la loi du 4 juin 1858 prescrivit de faire passer du tableau A dans le tableau C et d'imposer d'après le nombre de leurs ouvriers les fabricants travaillant pour le commerce et exerçant avec plus de dix ouvriers une profession spécialement dénommée au premier de ces tableaux. Cette disposition n'était toutefois applicable que dans le cas où le droit fixe, calculé conformément au tableau C, était égal ou supérieur à celui du tableau A.

1240. — Cette disposition fut jugée applicable à un fabricant de dentelle. — Cons. d'Et., 13 mars 1862, Experton, [Leb. chr., p. 202]

1241. — ... A un individu dont l'industrie consistait à peindre, dorer, brunir ou graver les cristaux qui lui étaient remis à l'état brut par les exploitants de fabriques de cristaux, qui fournissait les matières premières nécessaires pour l'exécution de ses travaux et employait vingt-cinq ouvriers et quatre fours. — Cons. d'Et., 12 déc. 1861, Grolons, [Leb. chr. p. 882]

1242. — ... A un fabricant de vannerie travaillant pour le commerce et occupant plus de dix détenus en qualité d'ouvriers. — Cons. d'Et., 8 févr. 1878, Dubosq, [D. 79.5.304]

1243. — ... A un fabricant d'ouvrages à mailles. — Cons. d'Et., 26 févr. 1875, Laugel, [Leb. chr., p. 197]

1244. — ... A un fabricant de chaussures en toile dites sandales, dont la semelle est formée d'une tresse de chanvre. — Cons. d'Et., 28 janv. 1868, Salles, [Leb. chr., p. 62]

1245. — Mais cette disposition donna lieu à quelques mécomptes pour le Trésor. Avec ce système, bien que le droit fixe établi d'après les règles du tableau C fût plus élevé, le total de la patente se trouvait dans certains cas plus faible que si le redevable eût été maintenu au tableau A, parce que le taux du droit proportionnel assis sur l'établissement s'abaissait, et que la réduction provenant de ce chef n'était pas compensée par l'accroissement du droit fixe et l'extension du droit proportionnel à l'outillage. Cet effet de la loi était évidemment contraire aux intentions du législateur (Instr. 1881, art. 91).

1246. — D'autre part, la jurisprudence fondée sur le texte de la disposition dont il s'agit ne permettait pas d'appliquer les règles du tableau C aux patentables qui n'étaient pas explicitement désignés comme fabricants dans le tarif du tableau A. En effet, le Conseil d'Etat se refusait à l'appliquer toutes les fois que la profession exercée n'était pas expressément dénommée au tableau A. Ainsi décidé pour :

1247. — ... Un fabricant de sarraux. — Cons. d'Et., 14 juin 1861, Dujardin, [Leb. chr., p. 499]

1248. — ... Un fabricant de parfumerie. — Cons. d'Et., 29 août 1871, Piver, [Leb. chr., p. 136]

1249. — ... Un imprimeur-libraire fabriquant des livres pour le commerce. — Cons. d'Et., 19 juin 1874, Mame, [Leb. chr., p. 574]

1250. — Un exploitant de tannerie, chamoiseur, mégissier. — Cons. d'Et., 16 mars 1877, Durand, [Leb. chr., p. 277]

1251. — Il en était de même quand il lui paraissait que les opérations du patentable ne constituaient pas à proprement parler un travail de fabrication. Ainsi jugé pour un marchand tailleur. — Cons. d'Et., 12 août 1879, Clément et Petitjean, [Leb. chr., p. 638], — et pour un couturier à façon. — Cons. d'Et., 30 mai 1879, Crépin, [Leb. chr., p. 430]

1252. — Jugé de même pour un imprimeur-lithographe non éditeur se bornant à lithographier pour le compte de papetiers, et avec les papiers fournis par eux, des en-têtes de registres, de mandats, de factures. — Cons. d'Et., 24 mars 1865, Grandrémy, [Leb. chr., p. 315]

1253. — Enfin, le Conseil d'Etat exigeait aussi, pour appliquer les règles du tableau C, que le fabricant travaillât exclusivement pour le commerce. — Cons. d'Et., 11 déc. 1867, Pelletier, [Leb. chr., p. 918]; — 17 janv. 1879, Mazaroz-Ribalier, [Leb. chr., p. 16]

1254. — Par suite, certaines industries ont joui d'un véritable privilège par rapport à des professions analogues, mais autrement dénommées au tarif. L'article relatif au fabricant, tel qu'il figure dans le tableau C annexé à la loi du 15 juill. 1880, est rédigé de manière que ces anomalies ne se produisent plus. Il est ainsi conçu : « Fabricant. Celui dont la profession, inscrite sous une dénomination quelconque au tableau des commerces, industries ou professions dont le droit fixe est réglé eu égard à la population et d'après un tarif général (tabl. A), consiste dans un travail de fabrication, de confection ou de main-d'œuvre, lorsqu'il travaille pour le commerce et qu'il occupe plus de dix ouvriers disséminés ou réunis dans le même établissement. Pour les dix premiers ouvriers, 18 fr. Plus, pour les ouvriers au-dessus de dix, 3 fr. 60 par ouvrier ou par série d'ouvriers momentanément occupés, équivalente à un ouvrier employé complètement. Les droits ci-dessus seront réduits de moitié pour les fabricants à façon. Dans aucun cas, l'ensemble des droits fixe et proportionnel de patente ne pourra être inférieur au total qui résulterait de l'application, à la profession du fabricant, du tarif réglé en raison de la population. »

1255. — L'instruction de 1881 donne les exemples suivants qui éclairent la portée de cette disposition. Soit un patentable exerçant la profession de ferblantier (A, 6e classe) et travaillant pour le commerce avec l'aide de 18 ouvriers, habitant une ville de plus de 100,000 âmes et y occupant des locaux d'une valeur locative de 3,000 fr., dont 400 fr. pour son habitation personnelle; il sera, d'après le tableau A, imposable comme ci-après :

Droit fixe (6e cl.)	40f »
Droit proportionnel au 30e sur une valeur locative de 3,000 fr.	100f »
Total	140f »

D'après le tableau C, en tenant compte des ouvriers et de la valeur locative de l'outillage industriel évaluée à 600 fr.

Droit fixe : pour 10 ouvriers	18f »
— pour 8 ouvriers en sus, à 3 fr. 60 par ouvrier	28 80
Droit proportionnel : au 20e sur une valeur locative de 400 fr. afférente à l'habitation	20 »
— au 50e sur une valeur locative de 3,200 fr. afférente à l'établissement industriel muni de tous ses moyens matériels de production	64f »
Total	130f 80

On devra donc appliquer le tarif du tableau A.

1256. — Soit un patentable travaillant pour le commerce et exerçant dans une ville de plus de 100,000 âmes la profession d'estampeur en or et en argent avec l'aide de 22 ouvriers. En supposant que la valeur locative des locaux occupés par lui soit de 3,400 fr., dont 1,000 fr. pour son habitation personnelle, l'application du tableau A donnerait les résultats suivants :

Droit fixe (4e cl.)	75f »
Droit proportionnel au 30e sur une valeur locative de 3,400 fr.	113f 33
Total	188f 33

et celle du tableau C les résultats suivants :

Droit fixe : pour 10 ouvriers	18f »
— pour 12 ouvriers en sus, à 3 fr. 60 par ouvrier	43 20
Droit proportionnel au 20e sur une valeur locative de 1,000 fr. afférente à l'habitation	50 »
— au 50e sur une valeur locative de 4,400 fr. afférente à l'établissement industriel muni de tous ses moyens matériels de production	88f »
Total	199f 20

On devra, dans cette hypothèse, suivre les règles du tableau C. Rappelons que, dans le cas où le fabricant imposé d'après le tableau C a un magasin de vente distinct dans lequel il vend en gros les seuls produits de sa fabrication, il ne doit pas le droit fixe pour cet établissement (art. 9, L. 1880).

1257. — Pour reconnaître aujourd'hui s'il y a lieu d'imposer les droits afférents à la profession de fabricant, il faut avoir égard, non à la dénomination, mais à la nature de la profession créée, et faire entrer en ligne de compte l'ensemble des droits fixe et proportionnel (Instr. 1881, art. 91).

1258. — Ce mode de taxation n'est applicable que dans le cas où le fabricant travaille pour le commerce ou l'industrie. S'il ne travaillait que pour les consommateurs, il serait imposable conformément au tableau A, quel que fût le nombre de ses ouvriers. S'il travaillait à la fois pour le commerce et pour les consommateurs, on calculerait sa patente d'après le nombre des seuls ouvriers employés pour le commerce et d'après sa classe comme patentable du tableau A, et l'on imposerait celui des deux droits qui serait le plus élevé, à moins qu'il n'eût des établissements distincts (Instr. 1881, art. 91).

1259. — Depuis la loi du 15 juill. 1880, application de la patente de fabricant travaillant pour le commerce a été faite par le Conseil d'Etat à un peintre sur porcelaine. — Cons. d'Et., 16 nov. 1883, Gardaire, [Leb. chr., p. 816]; — à un libraire-éditeur et imprimeur-typographe. — Cons. d'Et., 26 déc. 1884, Mame, [Leb. chr., p. 946]; — à un imprimeur reliant des livres pour les éditeurs. — Cons. d'Et., 5 févr. 1886, Rétaux, [Leb. chr., p. 114]; — à des tailleurs confectionnant à l'avance des vêtements destinés à être vendus en gros. — Cons. d'Et., 16 mars 1884, Mathieu, [Leb. chr., p. 280]; — 16 mai 1884, Akar et Chan, [Leb. chr., p. 394] — Les opérations de ces industriels, si elles ne constituaient pas une véritable fabrication, rentraient dans le terme plus large de travail de confection ou de main-d'œuvre.

1260. — Est imposable en qualité d'imprimeur-typographe travaillant pour le commerce, et non en qualité d'imprimeur-typographe (3e classe du tableau A), une société qui se charge d'impressions de toute nature, qu'elle exécute dans un établissement industriel où sont occupés un grand nombre d'ouvriers, et qui travaille principalement, soit pour des libraires-éditeurs et autres commerçants qui revendent en détail des livres, journaux et imprimés par elle fournis, soit pour des administrations publiques, de grands établissements financiers, commerciaux et industriels, des entrepreneurs de publicité, auxquels les fournitures sont faites dans les conditions du gros. — Cons. d'Et., 4 févr. 1899, Soc. de l'imprimerie Chaix, [S. et P. 1901.3.88]

1261. — Il faut que ces fabricants travaillent pour le commerce, c'est-à-dire pour des marchands. Peu importe que ceux-ci achètent ces produits pour les revendre tels quels ou qu'ils s'en servent comme de matières premières dans leur commerce ou leur industrie; du moment qu'ils revendent le produit, transformé ou non, ils ne sont pas de simples consommateurs. Ainsi il a été jugé qu'on devait imposer comme fabricants travaillant pour le commerce des industriels fabriquant des feutres pour la papeterie, les fabricants de papier n'étant pas des consommateurs. — Cons. d'Et., 15 févr. 1884, Weiller-Labrousse, [Leb. chr., p. 134]

1262. — ... Un fabricant de tonneaux vendant ses produits à des marchands de vin ou d'huile. — Cons. d'Et., 1er août 1884, Beuse, [Leb. chr., p. 680]

1263. — ... Un serrurier-entrepreneur faisant des travaux de grosse serrurerie et des constructions métalliques pour le compte d'usines et de compagnies de chemins de fer. — Cons. d'Et., 8 mai 1885, Gabelle, [Leb. chr., p. 489]

1264. — ... Un fabricant de boîtes en carton pour des marchands d'allumettes. — Cons. d'Et., 7 août 1885, Imprimerie marseillaise, [Leb. chr., p. 762]

1265. — ... Un fabricant de carton vendant ses produits à divers fabricants pour être utilisés par eux. — Cons. d'Et., 6 déc. 1889, Leroy, [Leb. chr., p. 1126]

1266. — Si le fabricant vend une partie de ses produits à des commerçants, il peut être imposé d'après les règles du tableau C, alors même qu'il vendrait la majeure partie des produits de sa fabrication directement aux consommateurs. Le Conseil d'Etat a maintenu la patente du fabricant de chaussures travaillant pour le commerce à un industriel qui, vendant la plus grande partie de ses chaussures en détail, prétendait n'être que cordonnier. — Cons. d'Et., 29 avr. 1887, Bouet, [D. 88.3.84]

1267. — Suivant que le Trésor y trouve son intérêt, les droits dont les fabricants travaillant pour le commerce sont passibles sont calculés d'après les règles du tableau C. — Cons. d'Et., 18 avr. 1890, Kahn, [Leb. chr., p. 405]; — 20 juin 1891, Claise, [Leb. chr., p. 479]; — 5 déc. 1891, Relave, [S. et P. 93.3.121]; — 5 févr. 1892, Dury, [Leb. chr., p. 114]; — 25 nov. 1893, Rozès, [Leb. chr., p. 789]; — 2 mars 1895, Cautard, [S. et P. 97.3.59]

1268. — ... Ou d'après celles du tableau A. — Cons. d'Et., 31 juill. 1885, Poirier, [Leb. chr., p. 733]; — 26 mars 1886, Goday, [Leb. chr., p. 286]; — 18 mars 1887, Truffaut, [Leb. chr., p. 240]; — 13 janv. 1888, Guyot, [Leb. chr., p. 22]; — 19 juill. 1890, Hardy-Lebègue et Bourdon, [Leb. chr., p. 704]

1268 *bis*. — Le même patentable peut, d'une année à l'autre, passer du tableau A au tableau C et réciproquement. — Cons. d'Et., 28 déc. 1900, Jarcy et Oppenheim, [Leb. chr., p. 838 et 842]

1269. — Dans le premier cas, on doit tenir compte des éléments qui se trouvent dans les diverses communes où le fabricant a des magasins, des ateliers, et où il occupe des ouvriers. C'est ainsi que les fabricants à métiers, qui occupent à la fois des métiers réunis dans un corps de fabrique, et des métiers disséminés, doivent avoir leur droit fixe calculé d'après le nombre total de ces métiers et le tarif afférent à chacun d'eux. — Cons. d'Et., 22 févr. 1849, Clérambault, [Leb. chr., p. 114]; — 5 nov. 1875, Mazancieux et Jousseugne, [Leb. chr., p. 867]; — 21 mai 1886, Coste, [Leb. chr., p. 443]

1270. — Par exception, les *fabricants de broderies et de dentelles* travaillant pour le commerce ne peuvent être imposés d'après les règles du tableau C que dans le cas où ils ont un atelier ou un corps de fabrique dans lequel ils occupent plus de dix ouvriers d'une manière permanente. Dans l'hypothèse contraire ils sont considérés comme marchands et imposés comme tels, sans tenir compte des ouvriers disséminés qu'ils peuvent occuper. — Cons. d'Et., 21 avr. 1882, Raffard, [Leb. chr., p. 369]

1271. — III. *Sociétés formées par actions pour opérations de banque, de crédit, d'escompte, de dépôts, comptes courants*, etc. — Le tarif dispose que, dans le cas où l'ensemble des droits fixe et proportionnel, calculés d'après les règles du tableau C, à raison de 30 cent. par 1,000 fr. de leur capital versé ou non, et du dixième de la valeur locative, serait inférieur au total qui résulterait de l'application du tarif du tableau A ou du tableau B, ce serait le tarif de ces derniers tableaux qu'on devrait appliquer. D'après le tarif du tableau C, les sociétés en question sont passibles du droit fixe à raison de l'ensemble de leur capital social, réalisé ou non, et par suite elles sont imposables à ce droit à leur siège principal. Il n'y a pas lieu de les assujettir à des droits fixes spéciaux pour les diverses succursales qu'elles peuvent avoir, soit dans la commune de leur siège principal, soit dans toute autre commune. Dans ce cas, le capital est considéré comme le signe représentatif de l'importance de l'industrie : du moment qu'il a été imposé une fois, les droits fixes spéciaux qui seraient établis sur les succursales ou établissements secondaires constitueraient en réalité de doubles emplois. Si toutefois des succursales étaient affectées à des opérations autres que celles qui sont prévues par les statuts, ou si des capitaux indépendants du fonds social étaient attribués au service des comptoirs ou de bureaux distincts, ces succursales, ces comptoirs ou ces bureaux devraient être considérés comme des établissements pouvant donner ouverture à des droits fixes spéciaux. Soit une société ayant son siège à Paris, constituée pour opérations de banque avec un capital de 60 millions et possédant deux succursales, l'une à Bordeaux, l'autre à Marseille. D'après le tarif du tableau C, le droit fixe à raison de 30 cent. par 1,000 fr. du capital serait de 18,000 fr. D'après le tarif du tableau B, en supposant qu'elle occupe 100 employés dans l'établissement de Paris, 7 dans celui de Marseille et 5 dans celui de Bordeaux, elle serait imposable en qualité de banquier comme suit :

1° A Paris : taxe déterminée	2,000f
— 95 employés à 50 fr. par employé	4,750
2° A Marseille : taxe déterminée	1,000
— 2 employés à 40 fr	80
3° A Bordeaux : taxe déterminée	1,000
— pas de taxe par employé.	
Total	8,830f

Il faut donc appliquer les droits du tableau C.

Soit au contraire une société au capital de 30 millions et ayant 19 succursales, dont 15 à Paris, les 4 autres étant situées à Marseille, Bordeaux, Lyon et Nantes. D'après le tarif du tableau C, elle paierait un droit fixe de 9,000 fr. Pour calculer les droits qu'elle pourrait devoir comme banquier, si l'on suppose qu'au siège social elle occupe 80 employés, que parmi ses 15 succursales de Paris, 10 aient chacune six employés et les autres cinq, que chacune de ses succursales des départements en occupe moins de cinq, on réglera ainsi son doit fixe :

1° A Paris : 16 taxes déterminées de 2,000 fr	32,000f
— 85 employés à 50 fr	4,250
2° pour les établissements de province et les taxes déterminées	4,000
Total	40,250f

Le tarif du tableau B devra être appliqué (Instr. 1881, art. 93). — Cons. d'Et., 8 févr. 1884, Crédit lyonnais, [S. 85.3.77, P. adm. chr.]; — 26 mars 1886, Crédit industriel, [Leb. chr., p. 280]

Section III.

Droit proportionnel. Valeur locative de la maison d'habitation, des locaux professionnels et de l'outillage.

1272. — Les derniers signes extérieurs des bénéfices présumés des patentables sont fournis par la maison d'habitation et par les locaux professionnels occupés par eux. La valeur locative plus ou moins grande de ces divers locaux est un indice assez sûr de l'état des affaires du commerçant ou de l'industriel et du chiffre de son revenu. Ces derniers signes extérieurs sont atteints par le droit proportionnel.

1273. — Aux termes de l'art. 12 L. 15 juill. 1880, qui remplace l'art. 9 L. 25 avr. 1844, « le droit proportionnel est établi sur la valeur locative tant de la maison d'habitation que des magasins, boutiques, usines, ateliers, hangars, remises, chantiers et autres locaux servant à l'exercice des professions imposables. Il est dû lors même que le logement et les locaux occupés sont concédés à titre gratuit. Le droit proportionnel pour les usines et les établissements industriels est calculé sur la valeur locative de ces établissements pris dans leur ensemble et munis de tous leurs moyens matériels de production. »

1274. — La loi du 1er brum. an VII, art. 5, portait que « les droits proportionnels sont le dixième du loyer ou des maisons d'habitation ou des usines ou des ateliers ou des magasins ou des boutiques, suivant la nature du commerce ou de l'industrie ». L'administration avait toujours interprété cette disposition en ce sens que le droit proportionnel atteignait simultanément et la maison d'habitation et les locaux professionnels (Instr. 15 vend. an IX). Mais la rédaction du texte pouvait évidemment prêter à la discussion. La loi du 26 mars 1831 trancha la question en faveur de l'interprétation donnée par le service des contributions directes. Elle disposa que « les droits proportionnels seraient perçus d'après la valeur locative des maisons d'habitation, usines, ateliers, boutiques et magasins réunis ». La rédaction actuelle est plus claire encore.

1275. — Nous allons étudier le droit proportionnel en examinant successivement : 1° Les objets sur lesquels il porte, c'est-à-dire la maison d'habitation du patentable, les divers locaux servant à l'exercice de la profession, l'outillage industriel; nous terminerons en signalant quelques règles communes aux divers locaux qui sont à la disposition des contribuables; 2° les règles relatives à la détermination de la valeur locative; 3° le taux auquel chaque élément doit être assujetti.

§ 1. *Objets sur lesquels le droit proportionnel est assis.*

1° *Maison d'habitation du patentable.*

1276. — I. *Maison habituelle et principale du patentable ou de l'associé principal.* — L'imposition du patentable au droit proportionnel à raison de sa maison d'habitation est un des points qui ont toujours suscité les plus vives critiques. Nous croyons devoir citer le passage du rapport de M. Vitet : « Etablir dans tous les cas le droit proportionnel sur la maison d'habitation, laquelle est déjà atteinte par l'impôt mobilier, n'est-ce pas, a-t-on dit, imposer, contrairement aux principes, le même objet deux fois? La loi sur la contribution mobilière, en laissant de côté tous les locaux industriels, n'a-t-elle pas fait en quelque sorte la part à la contribution des patentes? N'a-t-elle pas indiqué que les seuls locaux assujettis au droit proportionnel devaient être ceux que n'atteint pas la contribution mobilière? A cette objection il est facile de répondre : d'abord, aucun principe n'a jamais défendu d'asseoir deux impôts différents sur le même objet. Il suffit de citer toutes les propriétés bâties qui subissent à la fois l'impôt foncier, l'impôt des portes et fenêtres et la contribution mobilière. Mais quand même ce principe existerait, le droit proportionnel est-il assis directement sur l'objet d'après la valeur duquel il est prélevé? Non, car il peut être établi sur un logement concédé à titre gratuit, sur une propriété de l'Etat, qui de sa nature n'est pas imposable. On n'impose donc pas la maison d'habitation, pas plus que le local servant à l'industrie quand on établit sur leur valeur locative le droit proportionnel. On s'en sert, comme de signes indicateurs, pour apprécier l'importance probable des affaires du patenté. Or, à ce titre, il est juste de faire entrer dans tous les cas la maison d'habitation au nombre des valeurs qui servent de base au droit proportionnel. Il est à remarquer que, pour certaines professions, les locaux d'exploitation sont à peu près les mêmes, quelle que soit l'étendue des opérations commerciales. Dans des bureaux à peu près semblables un négociant fera pour 1 million d'affaires et un autre pour 100,000 fr. S'ils habitent la même ville, ils paient l'un et l'autre le même droit fixe; ils paieront également le même droit proportionnel si on n'établit le droit que sur les locaux servant à l'exercice de la profession. Il n'y a donc qu'un moyen de demander, comme le veut la justice, un tribut plus élevé à celui des deux qui fait les plus grandes affaires : c'est d'établir le droit proportionnel sur la valeur des logements personnels de l'un et de l'autre. A la vérité, le hasard pourra faire que le plus riche soit aussi le plus économe et que son logement soit petit et mesquin ; mais il n'y a pas de lois possibles pour les exceptions et les bizarreries humaines. Ce qui est probable, ce qui sera vrai cent fois contre une, c'est que le logement du plus riche sera d'une plus grande valeur. La maison d'habitation est donc un des signes les plus sûrs pour reconnaître l'importance des affaires de chaque patentable et pour taxer avec une exacte diversité ceux qui exercent la même profession. »

1277. — Par application de ces principes, il a été jugé que l'imposition d'un même local à la contribution mobilière et au droit proportionnel de patente ne constituait pas un double emploi. — Cass., 2 mars 1888, Legué, [Leb. chr., p. 217]; — 9 mai 1891, Descournet, [Leb. chr., p. 361]; — 30 mars 1900, Maligne, [Leb. chr., p. 254]

1278. — ... Et que, dès lors, il n'y pas lieu de déduire de la valeur locative servant de base au droit proportionnel la somme qui a servi de base au calcul de la contribution mobilière. — Cons. d'Et., 28 mai 1862, Roussel, [Leb. chr., p. 434]

1279. — Inversement, le fait qu'un contribuable a été imposé à la contribution personnelle-mobilière dans une commune ne l'empêche pas d'être passible du droit proportionnel dans une autre, s'il est établi qu'il y occupe des locaux affectés à son habitation personnelle. Les deux contributions sont indépendantes l'une de l'autre. — Cons. d'Et., 4 nov. 1887, Lancel, [Leb. chr., p. 682]

1280. — De même, la circonstance que le logement d'un contribuable n'est pas assujetti à la contribution mobilière (dans l'espèce il s'agissait de logements de sous-officiers) n'entraîne nullement la décharge du droit proportionnel de patente, assis sur ce logement quand la femme du sous-officier y exerce une profession. — Cons. d'Et., 20 janv. 1888, Mareschal, [Leb. chr., p. 52]; — 4 juin 1897, Pasquier, [S. et P. 99.3.67]

1280 *bis*. — Enfin une réduction obtenue sur la contribution mobilière n'entraîne pas nécessairement une réduction du droit proportionnel. — Cons. d'Et., 27 févr. 1867, Fornas, [Leb. chr., p. 224]

1281. — Si peu important qu'il soit, le logement est assujetti au droit proportionnel. C'est ainsi qu'un patentable ne peut se fonder, pour demander décharge de ce droit, sur ce qu'il n'aurait pour logement qu'un grenier. — Cons. d'Et., 4 mai 1859, Bastien, [Leb. chr., p. 330]

1282. — Sauf les exceptions indiquées plus haut, tout patentable doit le droit proportionnel sur sa maison d'habitation. — Cons. d'Et., 7 mai 1856, Coulon, [Leb. chr., p. 334]; — 23 juill. 1862, Ortoli, [Leb. chr., p. 590]; — 23 juill. 1862, Bouffari, [Leb. chr., p. 593]; — 4 août 1862, Bodin, [Leb. chr., p. 638]; — 5 juill. 1865, Courcelles, [Leb. chr., p. 691]; — 24 févr. 1866, Mathieu, [Leb. chr., p. 147]; — 21 mars 1868, Pompère, [Leb. chr., p. 345]; — 6 avr. 1869, Antboula, [Leb. chr., p. 313]; — 19 mars 1870, Rattou, [Leb. chr., p. 318]; — 20 sept. 1871, Tourreil, [Leb. chr., p. 169]; — 31 juill. 1874, Lesort, [Leb. chr., p. 748]; — 14 nov. 1879, Jeanjean, [Leb. chr., p. 685]; — 4 mai 1888, Tascher, [Leb. chr., p. 405]; — 11 mars 1899, Carrier, [Leb. chr., p. 212]

1282 *bis*. — Est imposable sur sa maison d'habitation un particulier qui administre personnellement un établissement commercial pour le compte d'héritiers restés dans l'indivision. — Cons. d'Et., 2 mai 1896, Auban, [Leb. chr., p. 372]

1283. — Pour que la maison d'habitation soit imposable, il n'est pas nécessaire qu'elle soit située dans les mêmes bâtiments que les locaux professionnels ni même dans leur voisinage. Elle peut en être séparée. — Cons. d'Et., 28 nov. 1873, Grandmougin, [Leb. chr., p. 879]

1284. — Elle peut même se trouver à une distance assez considérable de l'établissement industriel ou commercial. — Cons. d'Et., 28 déc. 1877, Godard-Bellois, [Leb. chr., p. 1058] — 4 juill. 1879, Bachelier, [Leb. chr., p. 558]

1285. — Un médecin, exerçant sa profession à bord d'u paquebot d'une compagnie de navigation, est imposable à raiso de l'habitation qu'il possède dans le port d'attache du bâtime sur lequel il est embarqué. — Cons. d'Et., 29 janv. 1886, Wagier, [Leb. chr., p. 85]

1286. — Il se peut même que la maison d'habitation ne s trouve pas dans la même commune que le siège du commerc ou de l'industrie. — Cons. d'Et., 28 déc. 1859, Bramens, [Leb chr., p. 783]; — 12 janv. 1865, Heurtin, [Leb. chr., p. 41]; — 31 juill. 1867, Colle, [Leb. chr., p. 724]; — 1er mai 1874, Bourgeois, [Leb. chr., p. 401]; — 17 janv. 1879, Bellefort, [Leb chr., p. 27]; — 21 nov. 1879, Molière, [Leb. chr., p. 737]; — 18 mars 1899, Roux, [Leb. chr., p. 230]

1287. — En conséquence, on a déclaré imposable sur sa mai son de Versailles un commissaire-priseur de Paris, qui n'avai dans cette dernière ville qu'un pied-à-terre et un local pou l'exercice de sa profession. — Cons. d'Et., 2 juin 1876, Delahaye, [D. 76.3.103]

1288. — ... Un avocat, qui habite dans une commune et qu n'a dans une autre que le cabinet où il reçoit ses clients. — Cons. d'Et., 20 nov. 1885, Monnier, [Leb. chr., p. 853]

1289. — ... Un arbitre-rapporteur, qui a son bureau à Pari et sa maison d'habitation à la campagne. — Cons. d'Et., 2 déc 1887, Meys, [D. 88.5.350]

1290. — Quand le patentable a plusieurs maisons d'habitation, c'est celle dans laquelle il a établi sa résidence habituell et principale qui doit être assujettie au droit proportionnel. — Cons. d'Et., 18 févr. 1854, Hébert, [Leb. chr., p. 136]; — 19 av 1854, Dallot, [Leb. chr., p. 304]; — 10 mai 1895, Gannet, [Leb chr., p. 389]

1291. — ... Même si cette habitation est située dans une autr commune que l'établissement commercial. — Cons. d'Et., 6 nov 1885, Gaudechon et Pigé-Dumont, [Leb. chr., p. 819 et 824]; — 9 juill. 1886, Depeuille et Gaillard, [Leb. chr., p. 587]; — 2 av 1892, Lorillard, [Leb. chr., p. 347]

1292. — ... Même si cette habitation est une maison de campagne. — Cons. d'Et., 8 août 1890, Clergue, [Leb. chr., p. 779]; — 1er avr. 1892, Hyon, [Leb. chr., p. 333]; — 9 avr. 1892, Laurent, [Leb. chr., p. 403]

1293. — Ainsi le médecin d'une station thermale, qui y réside seulement pendant la saison des eaux, est imposable a droit proportionnel sur l'appartement qu'il occupe habituellemen dans une autre ville et qui constitue son habitation principale. — Cons. d'Et., 17 févr. 1888, Planche, [Leb. chr., p. 162]

1294. — De même, le médecin qui exerce à Paris, mais son habitation ordinairement en province, est imposable à raiso de cette dernière. — Cons. d'Et., 13 janv. 1888, Desmarre [Leb. chr., p. 27]

1295. — Le marchand de vins, qui a, à Paris, sa résiden principale et habituelle, n'est pas fondé à demander à n'être im posé que sur le logement qu'il s'est réservé à Bordeaux po surveiller son commerce. — Cons. d'Et., 22 mai 1866, Rodrigue Ely, [Leb. chr., p. 502]

1295 *bis*. — ... Ou sur une habitation qu'il a occupée temp rairement pendant l'année. — Cons. d'Et., 1er déc. 1899, Hue [Leb. chr., p. 694]

1296. — C'est la résidence principale qui est imposable, mêm si le patentable a un autre logement attenant à son établiss ment. — Cons. d'Et., 15 déc. 1876, Faivre, [Leb. chr., p. 894]; — 11 juill. 1891, Bail, [Leb. chr., p. 550]

1297. — La maison principale du patentable est imposabl alors même qu'elle ne sert nullement à l'exercice de la profe sion (Instr. 1881, art. 57). — Cons. d'Et., 15 févr. 1864, La [Leb. chr., p. 142]; — 9 févr. 1869, Lambert, [Leb. chr., p. 13 — 15 mai 1874, Guillé, [Leb. chr., p. 441]; — 11 juin 18 François, [Leb. chr., p. 546]

1298. — Dans les sociétés en nom collectif, le droit propo tionnel est établi sur la maison d'habitation de l'associé princip (L. 15 juill. 1880, art. 20). — Cons. d'Et., 19 juin 1871, Dumo [Leb. chr., p. 50]; — 11 juin 1875, Bine et Guiton, [Leb. ch p. 571]; — 5 janv. 1877, Caprou, [Leb. chr., p. 24]; — 8 ma 1878, Corréard et Ferrier, [Leb. chr., p. 269]; — 13 déc. 18 Donay-Lefèvre, [Leb. chr., p. 1016]; — 13 avr. 1881, Fores Leroy, [Leb. chr., p. 441]; — 27 juill. 1883, Béranger, [Leb. ch

p. 692]; — 14 mars 1884, Leroy, [Leb. chr., p. 201]; — 27 juin 1891, Saboski, [Leb. chr., p. 506] — Il en est de même pour l'associé principal d'une société en commandite. — Cons. d'Et., 21 nov. 1861, Poydenot, [Leb. chr., p. 829]; — 10 déc. 1900, Soc. *La Prévoyance*, [Leb. chr., p. 745]

1299. — La maison de l'associé principal doit seule être comprise dans le calcul de la valeur locative servant de base au droit proportionnel, à l'exclusion de celles des associés secondaires. — Cons. d'Et., 7 août 1874, Rolin et Bouin, [Leb. chr., p. 805]

1300. — L'associé principal ne peut, pour échapper à cette obligation, se prévaloir de ce qu'en fait la maison d'un de ses associés a été assujettie au droit proportionnel. — Cons. d'Et., 16 juin 1876, Wibaux, [Leb. chr., p. 569] — ... Ni alléguer que l'associé secondaire est un préposé chargé de la direction exclusive de l'établissement et dont, par suite, la maison d'habitation devrait être seule cotisée au droit proportionnel par application de l'art. 14 L. 15 juill. 1880. — Cons. d'Et., 25 janv. 1860, Gauthiez, [Leb. chr., p. 61]

1301. — Toutefois, si l'associé principal réside à l'étranger, c'est la maison d'habitation de l'associé secondaire traitant les affaires en France qui sera considérée comme maison de l'associé principal. — Cons. d'Et., 12 août 1879, Darnelle, [Leb. chr., p. 636]; — 26 juin 1897, Glaunzer, [S. et P. 99.3.71] — V. *infrà*, n. 1312.

1301 *bis*. — Lorsque par une disposition expresse du tarif, le droit proportionnel n'est assis que sur la maison d'habitation du patentable, il y a lieu d'accorder décharge du droit qui aurait été établi soit sur les locaux professionnels, soit sur le logement des préposés. Ainsi jugé à l'égard des fournisseurs généraux et des entrepreneurs de la fabrication dans les prisons. — Cons. d'Et., 18 août 1866, Bochet, [Leb. chr., p. 1039]; — 28 déc. 1900, Farcy et Oppenheim, [Leb. chr., p. 842]

1301 *ter*. — Il en serait de même pour les concessionnaires des droits d'emmagasinage dans un entrepôt, à moins que ceux-ci, en dehors de l'entrepôt, exploitent d'autres locaux à titre de magasin général, librement et dans les conditions ordinaires de l'industrie. — Cons. d'Et., 20 févr. 1869, Comp. des Docks et entrepôts du Havre, [Leb. chr., p. 180]

1302. — II. *Maisons secondaires*. — Quant aux maisons secondaires que peut posséder un patentable, l'art. 14 L. 15 juill. 1880 détermine la situation qui leur est faite. « Si, indépendamment de la maison où il fait sa résidence habituelle et principale et qui, dans tous les cas, sauf l'exception ci-après, doit être soumise au droit proportionnel, le patentable possède, soit dans la même commune, soit dans des communes différentes, une ou plusieurs maisons d'habitation, il ne paie le droit proportionnel que pour celles de ces maisons qui servent à l'exercice de sa profession » (Instr. 1881, art. 57).

1303. — Ainsi le droit proportionnel n'est pas dû sur une habitation d'été qui ne constitue pas la résidence habituelle et principale du contribuable et qui ne sert pas à l'exercice de sa profession. — Cons. d'Et., 17 nov. 1870, Chagot, [Leb. chr., p. 1078]; — 24 mars 1891, Taillandier, [Leb. chr., p. 267]; — 13 juin 1896, Bonnet-Eymard, [Leb. chr., p. 483]; — 15 déc. 1899, Sellier, [Leb. chr., p. 740]; — 29 déc. 1900, de Wecker, [Leb. chr., p. 873]

1304. — Au contraire il est dû pour un pied-à-terre, pour une chambre que le patentable se réserve à proximité de son établissement et où il vient résider de temps à autre *pour les besoins de sa profession*. — Cons. d'Et., 15 déc. 1876, Faivre, [Leb. chr., p. 894]

1305. — ... Pour un appartement meublé qu'un médecin vient occuper pendant la saison des eaux dans une station thermale. — Cons. d'Et., 4 nov. 1887, Jacquemart, [Leb. chr., p. 688] — 25 mars 1899, Laffitte, [S. et P. 1901.3.110]

1306. — III. *Cas où il faut asseoir le droit proportionnel sur la maison du préposé*. — Il est un cas cependant où un contribuable est fondé à demander à n'être pas imposé sur sa maison d'habitation, c'est celui prévu par le § final de l'art. 14 L. 15 juill. 1880 : « Si l'industrie pour laquelle il est assujetti à la patente ne constitue pas sa profession principale, et s'il ne l'exerce pas lui-même, il ne paie le droit proportionnel que sur la maison d'habitation de l'agent préposé à l'exploitation. »

1307. — Cet article n'est pas très-clairement rédigé. Mais M. Vitet, dans son rapport, nous apprend quel était le but poursuivi par le législateur : « Il ne faudrait pas, disait-il, que le propriétaire d'un château, qui ferait exploiter pour son compte soit un moulin, soit une usine de peu de valeur, pût être imposé au droit proportionnel d'après la valeur locative de son château tout entier. »

1308. — Par application de cet article, ont été déchargés du droit proportionnel assis sur leur habitation personnelle, ceux qui ont confié à un préposé l'entière direction de l'établissement commercial ou industriel, sans y participer en aucune façon. — Cons. d'Et., 3 avr. 1861, Bouclet, [Leb. chr., p. 227]; — 6 août 1863, Girard, [Leb. chr., p. 636]; — 2 sept. 1863, Parmentier, [Leb. chr., p. 745]; — 22 févr. 1870, Milet, [Leb. chr., p. 135]; — 18 déc. 1874, Bersthaud, [Leb. chr., p. 1016]; — 9 juin 1876, Petit, [Leb. chr., p. 529]; — 23 janv. 1880, Godard, [Leb. chr., p. 99]; — 11 déc. 1885, de Théobaud, [Leb. chr., p. 950]; — 28 janv. 1887, Heuzé, [Leb. chr., p. 86]; — 7 mars 1891, Duché, [Leb. chr., p. 204]; — 24 mars 1891, Matossi-Fournié, [Leb. chr., p. 272]; — 18 avr. 1891, Peigné, [Leb. chr., p. 295]; — 25 mars 1898, Bouvet, [S. et P. 1900.3.26]

1309. — On a appliqué le bénéfice de cette disposition à un individu dont la profession principale était celle d'exploitant de mine, et qui en outre faisait exploiter des fours à chaux par l'intermédiaire d'agents logés aux lieux où étaient situés les fours et chargés d'opérer les ventes, d'en tenir compte et d'effectuer les livraisons. — Cons. d'Et., 30 mai 1866, Devillaine, [Leb. chr., p. 545]

1310. — De ce que cette disposition débute par ce mot : l'industrie, il n'en faut pas conclure que le bénéfice n'en pourrait être réclamé que par les patentables du tableau C. Le mot « industrie » est pris là dans son sens général. — Cons. d'Et., 23 janv. 1880, Kolligs, [Leb. chr., p. 98]

1311. — On en a même fait bénéficier le directeur d'une société, dont les fonctions se bornaient à la surveillance générale de l'entreprise et à la haute direction des travaux, et qui avait délégué ses pouvoirs à des agents spéciaux résidant sur les lieux d'exploitation, s'occupant de la surveillance des bureaux et des travaux d'exploitation et imposés au droit proportionnel à raison de leurs maisons d'habitation. — Cons. d'Et., 15 déc. 1868, Blavier, [Leb. chr., p. 1040]

1312. — Lorsque le patentable réside à l'étranger et possède en France un établissement, dont la direction est confiée à un agent muni de pleins pouvoirs, et que le chef de la maison n'exploite jamais par lui-même, il est imposable au droit proportionnel sur la maison de son préposé. — Cons. d'Et., 14 juin 1878, Priestey, [D. 78.3.103]; — 5 juill. 1878, Alexander, [Leb. chr., p. 637]; — 8 nov. 1878, Duret, [Leb. chr., p. 879]; — 17 janv. 1879, Hofer Grosjean, [D. 79.3.46]; — 6 juin 1879, Alexander, [Leb. chr., p. 462]; — 23 janv. 1880, Kolligs, [Leb. chr., p. 98]; — 22 juill. 1881, Bradburg, [D. 82.5.305]

1313. — ... Alors même qu'il aurait conservé lui-même un pied-à-terre dans les locaux industriels. — Cons. d'Et., 4 juill. 1884, Lowenthal, [Leb. chr., p. 560]

1314. — La question de savoir si l'individu pour le compte duquel est exploité l'établissement exerce ou non par lui-même, est une question de fait qui peut parfois être assez délicate à résoudre. — Cons. d'Et., 9 mars 1853, Gérard-Dulac, [Leb. chr., p. 306]; — 5 oct. 1857, Croisier, [Leb. chr., p. 732]; — 22 juin 1858, Guibal, [Leb. chr., p. 441]; — 15 janv. 1886, Tahan, [Leb. chr., p. 35]

1315. — Pour pouvoir réclamer le bénéfice de l'art. 14 de la loi de 1880, il faut que le patentable ne participe en rien à l'exercice de la profession. C'est pourquoi le Conseil d'Etat a cru devoir maintenir sous le principe général ceux qui, tout en ayant délégué une grande part de leurs pouvoirs, s'étaient néanmoins réservé certaines attributions et continuaient à coopérer de leur personne à certains actes de la profession. Ainsi on a maintenu au droit proportionnel sur sa maison d'habitation un brasseur ou un distillateur qui, ayant confié la surveillance de la fabrication à un chef ouvrier, s'occupait de l'exploitation en se chargeant d'acheter les matières premières, de faire au service des contributions indirectes les déclarations exigées par la loi et de placer les produits de la fabrication. — Cons. d'Et., 20 nov. 1856, Romgani, [D. 57.3.38]; — 24 févr. 1866, Decauville, [Leb. chr., p. 148]

1316. — ... Un exploitant de tourbière qui se rend habituellement sur les lieux d'exploitation pour surveiller les ouvriers, effectuer les ventes et assister aux livraisons. — Cons. d'Et., 6 mai 1857, Poulain, [Leb. chr., p. 349]

1317. — ... Un fabricant qui se rend fréquemment de la commune qu'il habite à celle où est située sa fabrique pour surveiller les travaux, et qui fait transporter la plus grande partie des produits sur un terrain voisin de son habitation pour en opérer la vente lui-même et en toucher le prix. — Cons. d'Et., 3 déc. 1867, Jubin, [Leb. chr., p. 899]

1318. — ... Un fabricant qui, tout en chargeant un contremaître de la surveillance journalière de son établissement et de la direction du travail, s'est réservé le paiement des ouvriers et l'écoulement des produits. — Cons. d'Et., 12 août 1879, Minjonnet, [Leb. chr., p. 638]; — 23 janv. 1880, Goirard, [Leb. chr., p. 100]

1319. — ... Un fabricant de gaz d'éclairage, qui, en laissant la fabrication à un ingénieur, garde pour lui la passation des marchés. — Cons. d'Et., 15 janv. 1886, Jahais, [Leb. chr., p. 35]

1320. — ... Et d'une manière générale tous ceux qui conservent la direction de leurs affaires. — Cons. d'Et., 19 déc. 1860, Delair, [Leb. chr., p. 780]; — 31 mai 1870, Piednoir, [Leb. chr., p. 665]; — 3 août 1877, Péchard, [Leb. chr., p. 787]; — 5 mai 1882, Bourret, [D. 84.5.365]; — 21 juill. 1882, Paisant, [Leb. chr., p. 704]; — 8 août 1884, Berthois, [Leb. chr., p. 725]; — 2 févr. 1889, Berla, [Leb. chr., p. 150]; — 10 mai 1895, Bastien, [Leb. chr., p. 389]; — 20 déc. 1895, Martin, [Leb. chr., p. 838]

1321. — Le patentable qui exerce lui-même est imposable sur sa maison d'habitation, alors même que son préposé paierait aussi pour la sienne. — Cons. d'Et., 11 déc. 1885, Wilmart, [Leb. chr., p. 950], — ... ou qu'il serait lui-même imposé à raison de l'habitation de ce préposé. — Cons. d'Et., 21 juill. 1882, précité.

1322. — Le fabricant, qui exerce lui-même sa profession, n'est imposable au droit proportionnel à raison de l'habitation du préposé spécial qu'il a dans une autre commune qu'autant que cette habitation sert à l'exercice de la profession. — Cons. d'Et., 5 févr. 1886, Desmarais, [Leb. chr., p. 116]; — 30 nov. 1900, Pirat, [Leb. chr., p. 699]

1323. — Quand un entrepreneur n'exerce pas son industrie par lui-même et n'a pas d'habitation personnelle, le droit proportionnel doit être établi sur le logement de l'agent préposé à l'exécution des travaux. — Cons. d'Et., 9 juin 1876, Petit, [Leb. chr., p. 529]

1324. — IV. *Dépendances de l'habitation.* — Ce ne sont pas seulement les locaux servant au logement proprement dit du patentable qui sont passibles du droit proportionnel, ce sont encore ceux qui doivent en être considérés comme des dépendances nécessaires. A cet égard, la jurisprudence du Conseil d'Etat relative à ce droit de patente s'inspire des mêmes principes que ceux qu'elle a adoptés sur la contribution mobilière (V. *suprà*, v° *Contributions directes*, n. 4775 et s.). C'est ainsi que l'on considère comme étrangers à l'habitation et ne devant pas entrer en compte des appartements situés à des étages différents de la même maison et destinés à la location. — Cons. d'Et., 15 mars 1872, Million, Leb. chr., p. 175]

1325. — Au contraire, on considère comme constituant des dépendances nécessaires de l'habitation une buanderie, un magasin à charbon, un bucher, une volière et un chenil qui y sont attenants. — Cons. d'Et., 18 mars 1892, Bertrand, [D. 93.5.413]

1326. — ... Une cour. — Cons. d'Et., 17 juin 1892, Langlois, [Leb. chr., p. 553]

1327. — ... Une cave servant accidentellement à serrer des récoltes. — Cons. d'Et., 16 janv. 1892, Marignier, [D. 93.5.413]

1328. — ... Un cellier, un grenier à fourrage, un four à pain. — Cons. d'Et., 1er mars 1874, Lambert, [Leb. chr., p. 401]

1329. — On doit comprendre dans l'évalution de la maison d'habitation les écuries et remises exclusivement affectées à l'usage personnel du contribuable et de sa famille. — Cons. d'Et., 24 déc. 1862, Labrouche, [Leb. chr., p. 853]; — 6 déc. 1865, Clapier, [D. 67.5.104]; — 12 févr. 1867, Damour, [Leb. chr., p. 171]; — 31 mars 1868, Lecorbeiller, [S. 69.2.96, P. adm. chr.]; — 1er mai 1874, Lambert, [Leb. chr., p. 401]; — 12 avr. 1878, Lemoine, [Leb. chr., p. 399]; — 10 févr. 1882, Aubry, [Leb. chr., p. 150]; — 30 juin 1882, Tétard, [Leb. chr., p. 622]; — 27 juill. 1883, Béranger-Darblay, [Leb. chr., p. 692]; — 28 févr. 1891, Henry Renard, [Leb. chr., p. 172]

1330. — ... Même si elles ne sont pas attenantes à la maison d'habitation, si elles sont situées dans une autre maison ou dans une autre rue. — Cons. d'Et., 24 déc. 1862, précité; — 31 mars 1868, précité; — 17 janv. 1891, Manier, [D. 92.5.462]; — 26 févr. 1897, Salleron, [Leb. chr., p. 160]

1331. — ... Même s'il s'agit d'écuries mises par un parent à la disposition du patentable. — Cons. d'Et., 21 déc. 1889, Sauterne, [Leb. chr., p. 1207]

1332. — Il n'en serait autrement que si le patentable les avai données en bail à un tiers. — Cons. d'Et., 14 mai 1891, Beaufils, [Leb. chr., p. 379]

1333. — Les jardins doivent aussi entrer en compte dans le culcul de la valeur locative quand ils sont une dépendance nécessaire de l'habitation. — Cons. d'Et., 28 févr. 1867, Comp. parisienne du gaz, [Leb. chr., p. 227]; — 23 mai 1870, Pauly, [Leb. chr., p. 625]

1334. — Il en est ainsi de ceux qui sont attenants à la maison. — Cons. d'Et., 1er mai 1874, Lambert, [Leb. chr., p. 401]; — 1er août 1884, Lamotte, [Leb. chr., p. 675]

1335. — ... De ceux qui constituent l'unique ou le principal accès de l'habitation. — Cons. d'Et., 12 juin 1874, Chaigneau [Leb. chr., p. 548]; — 28 mars 1884, Lecoq, [D. 85.3.124]; — 1er mai 1885, Boursaud, [Leb. chr., p. 455]

1336. — Au contraire, il y a lieu de déduire de la valeur locative d'une maison d'habitation la valeur locative des jardins qui n'en sont pas une dépendance nécessaire, à moins qu'ils ne servent à l'exercice de la profession. — Cons. d'Et., 4 déc. 1874 Pipault, [Leb. chr., p. 955]; — 23 janv. 1880, Froment, [Leb. chr., p. 97]; — 16 nov. 1883, Godard, [Leb. chr., p. 812]; — 2 juill. 1886, Garrot, [Leb. chr., p. 550]; — 11 janv. 1889, Gournay, [Leb. chr., p. 43]; — 26 déc. 1891, De Beauséjour, [Leb. chr., p. 808]; — 8 août 1894, Aubery, [Leb. chr., p. 552]; — 23 févr. 1895, Rousseau, [Leb. chr., p. 190]; — 26 oct. 1895, Deligny, [Leb. chr., p. 680]

2° *Locaux professionnels.*

1337. — I. *Magasins et boutiques; bureaux.* — L'art. 12 de la loi du 15 juill. 1880 donne des locaux professionnels, passibles du droit proportionnel, une énumération qui n'a rien de limitatif. La seule condition pour que le droit soit dû, c'est que les locaux servent à l'exercice de la profession.

1338. — De ce nombre sont évidemment les magasins e boutiques dans lesquels les commerçants exposent aux regard des clients leurs marchandises et effectuent leurs opérations de vente.

1339. — Ainsi, un pharmacien est imposable pour son magasin, son laboratoire, son officine et autres locaux servant à se diverses opérations. — Cons. d'Et., 5 mars 1880, Fichot, [Leb chr., p. 254]

1340. — Un maître d'hôtel est imposable non seulement su des bâtiments de son hôtel, mais sur une dépendance qui ser d'abri gratuit aux visiteurs d'une église, dans laquelle le patentable sert des consommations aux voyageurs. — Cons. d'Et. 12 févr. 1892, Ruaudel, [S. et P. 93.3.158, D. 93.5.413]

1341. — ... Un cafetier, pour une partie de son établissemen qu'il a louée à un cercle en se chargeant de le meubler et d l'éclairer, mais dont il s'est réservé la jouissance certains jour — Cons. d'Et., 7 mars 1891, Archenault, [D. 92.5.463]

1342. — Le droit est dû sur tous les magasins du patentable, même séparés de la maison d'habitation ou de l'établissement principal. — Cons. d'Et., 13 févr. 1874, Leboucher, [Leb chr., p. 159]; — 23 mai 1884, Aymard, [Leb. chr., p. 412]; — 10 juill. 1885, Marcellin, [Leb. chr., p. 657]

1343. — Ainsi, un banquier est imposable à raison des locaux dans lesquels sont installées ses diverses succursales. — Cons d'Et., 3 févr. 1883, Banque de Mulhouse, [Leb. chr., p. 135]

1344. — Un notaire est imposable à raison d'un local situ dans une autre commune que celle où est son étude, et dans le quel il vient de temps à autre, où il reçoit ses clients et procède à des actes de sa profession. — Cons. d'Et., 13 déc. 1871, Durieu, [Leb. chr., p. 314]; — 17 déc. 1875, Ducrest, [Leb. chr., p. 1024]; — 6 nov. 1885, Vigneau, [D. 86.5.317]; — 30 janv. 1892 Houis, [Leb. chr., p. 98]

1345. — Un médecin est passible du droit pour les divers locaux qu'il utilise pour l'exercice de sa profession, quoiqu'il soient situés dans une autre commune que celle de sa résidence habituelle. — Cons. d'Et., 4 juin 1875, Herpin, [Leb. chr., p. 538] — 23 mai 1884, Dragacée, [Leb. chr., p. 411]; — 29 déc. 1900 de Wecker, [Leb. chr., p. 873]

1346. — ... Et même pour un local affecté à une clinique dan laquelle il donne des consultations gratuites. Un tel établisse ment peut, par la notoriété qu'il donne à celui qui le tient, contribuer à accroître sa clientèle, et à ce titre il sert à l'exercice de la profession. — Cons. d'Et., 7 mars 1890, Bompar, [Leb. chr., p. 254]; — 21 mai 1892, Chaumier, [S. et P. 94.3.44, D. 93.5.413]

1347. — Un dentiste qui a dans plusieurs communes des cabinets de consultation est imposable pour chacun d'eux. — Cons. d'Et., 27 avr. 1883, Lebrun, [Leb. chr., p. 402]

1348. — Doivent également être imposés au droit proportionnel les locaux dans lesquels les membres de certaines corporations se livrent en commun à l'exercice de leur profession. Ainsi jugé pour les salles affectées aux ventes publiques, à raison desquelles les commissaires-priseurs doivent être cotisés collectivement. — Cons. d'Et., 9 mai 1860, Bréchet, [D. 60.3.38]

1348 *bis*. — Lorsque ces locaux sont imposés au nom de la corporation, il ne faut pas ajouter à la valeur locative des locaux occupés par chacun des membres de la compagnie une quote-part de la valeur locative de l'Hôtel des ventes dont ils ont la jouissance en commun. — Cons. d'Et., 21 avr. 1899, Lyon, [Leb. chr., p. 299]; — 16 févr. 1900, Bartaumieux, [Leb. chr., p. 135]

1349. — ... Pour les locaux situés dans une bourse de commerce et autres que la corbeille, mis à la disposition de la compagnie des agents de change pour l'exécution des opérations accessoires et complémentaires de la profession. — Cons. d'Et., 18 mars 1887, Agents de change de Toulouse, [D. 88.3.30]

1350. — ... Pour les locaux des bourses de commerce concédés à la corporation des courtiers de marchandises assermentés et dans lesquels ils effectuent, non seulement les ventes des marchandises ordonnées par le tribunal de commerce, mais encore les ventes publiques volontaires faites pour le compte des clients. — Cons. d'Et., 26 juill. 1895, Comp. des courtiers assermentés de Paris, [S. et P. 97.3.129, D. 96.3.75]

1351. — Il arrive aussi que plusieurs patentables se réunissent pour louer à frais communs un local, dans lequel un préposé recevra pour le compte de chacun des intéressés des commandes ou fournira au public des renseignements, ou montrera des échantillons exposés. Un tel local est passible du droit proportionnel comme servant à l'exercice de la profession de chacun des participants. Ainsi, il a été jugé qu'il fallait maintenir au droit proportionnel de patente, pour le local qu'il occupait, un comité formé de plusieurs compagnies d'assurances maritimes en vue de leur procurer des renseignements et de surveiller leurs instances judiciaires, alors même que ce comité ne faisait aucune opération d'assurance. — Cons. d'Et., 10 juill. 1862, Feignet, [Leb. chr., p. 561]

1352. — Les commerçants sont imposables à raison des bureaux dans lesquels travaillent leurs employés.

1353. — ... Les sociétés de banque, à raison des bureaux de leurs agents. — Cons. d'Et., 22 févr. 1884, Crédit foncier, [Leb. chr., p. 161]

1354. — ... Les sociétés de navigation, pour le bureau où leur receveur perçoit les droits et d'où il surveille constamment l'exploitation. — Cons. d'Et., 6 nov. 1896, Comp. du Midi, [Leb. chr., p. 695] — ... Ou pour les locaux utilisés par elle pour l'administration du canal concédé. — Cons. d'Et., 9 févr. 1854, Comp. du canal du Midi, [Leb. chr., p. 88] — ... Ou pour ceux affectés au service du halage quand elle s'est chargée de le faire exécuter à ses frais. — Cons. d'Et., 18 août 1864, Canal Sambre à l'Oise, [Leb. chr., p. 802]

1355. — Les compagnies d'omnibus et de tramways sont imposables à raison des pavillons servant de bureaux à leurs agents et de salles d'attente aux voyageurs. — Cons. d'Et., 5 janv. 1883, Comp. des Tramways de Paris, [Leb. chr., p. 7]

1356. — Sont également imposables les locaux dans lesquels les marchands ou fabricants déposent leurs marchandises avant de les mettre en vente. — Cons. d'Et., 28 mai 1872, Delafosse, [Leb. chr., p. 338]; — 27 déc. 1890, Lanfredi, [Leb. chr., p. 1026] — Ainsi, un patentable qui a sa maison de commerce à l'étranger est imposable pour le magasin qu'il possède en France et dans lequel ses marchandises sont déposées jusqu'au jour de leur expédition. — Cons. d'Et., 26 juin 1885, Yerlès, [Leb. chr., p. 620]

1356 *bis*. — Une agence de paquebots étrangers est imposable à raison des locaux occupés par elle sur les quais d'un port maritime et dans lesquels elle abrite les marchandises après leur débarquement. — Cons. d'Et., 7 août 1900, General Steam Navigation, [Leb. chr., p. 553]

1356 *ter*. — De même, un commissionnaire en marchandises est imposable pour un magasin où il entrepose les emballages que lui envoient certains négociants pour être mis à la disposition des vendeurs en vue de l'expédition des marchandises. — Cons. d'Et., 23 févr. 1900, Noël, [Leb. chr., p. 158]

1357. — Un photographe est imposable pour un local distinct de son atelier et dans lequel il expose ses photographies. — Cons. d'Et., 9 nov. 1883, Merlet, [D. 85.3.68]

1357 *bis*. — Les bouchers et charcutiers sont imposables à raison des locaux occupés par eux dans un abattoir municipal pour les besoins de leur profession. — Cons. d'Et., 1er juin 1900, Boubon, [Leb. chr., p. 395]

1358. — II. *Usines et ateliers*. — Sont passibles du droit les usines, manufactures, fabriques, ateliers dans lesquels les ouvriers manipulent les matières premières et les transforment en produits manufacturés. Ainsi un four à chaux doit être considéré comme usine, et son exploitant doit être imposé sur la valeur locative de ce four. — Cons. d'Et., 11 mai 1864, Daquin, [Leb. chr., p. 439]

1359. — Il en est de même d'une tour affectée par des exploitants de laminoirs à la fabrication du plomb de chasse. — Cons. d'Et., 12 févr. 1875, Russeil, [Leb. chr., p. 141]

1360. — III. *Dépôts, hangars, chantiers*. — Sont imposables encore les chantiers, hangars, terrains et emplacements sur lesquels les patentables déposent des marchandises encombrantes. Ainsi un exploitant de scierie mécanique est imposable à raison de la valeur locative du parterre de la coupe. — Cons. d'Et., 6 juill. 1888, Bert, [Leb. chr., p. 620] — ... Un fabricant, à raison de terrains qui constituent une dépendance de l'usine. — Cons. d'Et., 20 déc. 1895, Dècle, [Leb. chr., p. 841]

1361. — Les dépôts en plein air peuvent aussi être assujettis au droit proportionnel. Il en est ainsi des emplacements qui sont concédés à titre permanent à certains commerçants ou industriels sur des dépendances du domaine public, tels que les quais d'un port. — Cons. d'Et., 9 fév. 1861, Lenormand, [Leb. chr., p. 90]; — 13 janv. 1888, Bonjour, [Leb. chr., p. 26]; — 2 mars 1888, Nocas, [D. 89.5.316] — ... Ou les dépendances d'une gare de chemin de fer. — Cons. d'Et., 17 déc. 1875, Bizalion, [Leb. chr., p. 1025]

1362. — Un marchand de bois a été maintenu au droit proportionnel à raison d'un emplacement qui lui avait été réservé dans une gare et qui lui servait à déposer et à emmagasiner ses bois jusqu'au jour où il les livrait à une compagnie minière située dans la localité. — Cons. d'Et., 20 sept. 1871, Pral, [Leb. chr., p. 172]

1363. — Un entrepreneur du service de l'enlèvement des boues et immondices est imposable à raison d'un terrain qu'il utilise pour y déposer les détritus qu'il y transporte et qu'il revend ensuite comme engrais. — Cons. d'Et., 17 mars 1900, Elie, [Leb. chr., p. 224]

1363 *bis*. — IV. *Locaux divers*. — Enfin le droit proportionnel est dû à raison des locaux divers servant à l'exercice de la profession : par exemple, d'une écurie louée par un voiturier dans une commune pour y loger ses chevaux. — Cons. d'Et., 20 juin 1871, Maguard, [Leb. chr., p. 53]

1364. — ... D'un bucher loué par le préposé d'un patentable pour les besoins de l'établissement qu'il dirige. — Cons. d'Et., 25 oct. 1895, Soc. coop. de Voisins et Mouroux, [Leb. chr., p. 671]

1364 *bis*. — Le concessionnaire d'un canal de navigation est imposable à raison d'une écurie qui sert à loger les chevaux qui font le service du halage. — Cons. d'Et., 20 juin 1891, Comp. canal du Midi, [Leb. chr., p. 482]

1365. — V. *Logements du personnel*. — A. *Associés secondaires*. — Dans bien des cas les patentables doivent affecter une partie de leurs locaux à loger un certain nombre d'agents qu'ils chargent de la surveillance ou de la direction de l'établissement. La question de savoir si ces locaux doivent être compris dans les éléments passibles du droit proportionnel est subordonnée à ce point de fait : ces logements servent-ils ou ne servent-ils pas à l'exercice de la profession? Il y a dans l'appréciation de ce point de fait une grande part laissée à l'arbitraire du juge.

1366. — Nous avons dit plus haut qu'aux termes de l'art. 20 L. 15 juill 1880, l'associé principal est assujetti au droit proportionnel sur sa maison d'habitation et sur les locaux qui servent à la société pour l'exercice de son industrie. Ce même article ajoute que « la maison d'habitation de chacun des autres associés est affranchie du droit proportionnel, à moins qu'elle ne serve à l'exercice de l'industrie sociale. En ce dernier cas elle est, ainsi que les autres locaux servant à l'industrie sociale, imposable au nom de l'associé principal. » — V. *suprà*, n. 1298 et s.

1367. — Par application de cet article, il y a lieu d'accorder décharge du droit proportionnel assis sur le logement de l'associé, quand ce logement n'est d'aucune utilité pour le service de l'établissement et de l'industrie sociale. — Cons. d'Et., 17 févr. 1863, Weill, [Leb. chr., p. 137]; — 29 déc. 1894, Couvreur, [Leb. chr., p. 742]

1368. — Il en est ainsi par exemple quand l'habitation de l'associé secondaire est éloignée de l'établissement et n'est affectée par elle-même à aucun service commercial. — Cons. d'Et., 25 mai 1877, Corvoät, [D. 77.3.69]; — 8 juin 1877, Magnier, [Leb. chr., p. 562]; — 20 avr. 1883, Comptoir de Nice, [Leb. chr., p. 379]

1369. — Le fait que l'associé secondaire est logé dans l'immeuble même où se trouve le siège social ne suffit pas par lui seul à faire considérer ce logement comme servant à l'exercice de la profession. Cela dépend de la disposition des lieux. — Cons. d'Et., 8 nov. 1878, Lefèvre, [Leb. chr., p. 868]

1370. — Il n'est pas imposable si, par suite de cette disposition, il est impossible à l'associé secondaire de surveiller de chez lui l'établissement social. — Cons. d'Et., 27 avr. 1877, Masquelier, [S. 79.2.126, P. adm. chr., D. 77.3.69]; — 16 juin 1882, Ve Binet, [Leb. chr., p. 575]

1371. — ... Si, par exemple, il est séparé du bureau par un corridor commun aux habitants de la maison. — Cons. d'Et., 30 déc. 1869, Terlot, [Leb. chr., p. 1037] — ... Ou s'il ne communique pas directement avec l'établissement social. — Cons. d'Et., 26 févr. 1886, Granger, [Leb. chr., p. 172]

1372. — L'appartement de l'associé secondaire d'un banquier ne serait pas imposable, alors même que, par mesure de sûreté, la caisse et les livres de la maison seraient placés dans la chambre à coucher de cet associé. Cette circonstance serait insuffisante à elle seule pour faire considérer ce logement comme servant à l'exercice de l'industrie sociale. — Cons. d'Et., 30 déc. 1869, précité.

1373. — Le fait que cet appartement et les bureaux auraient une entrée commune ne suffit pas non plus. — Cons. d'Et., 27 avr. 1877, précité. — 16 juin 1882, précité.

1374. — L'associé secondaire, dont l'appartement, quoique situé dans le même immeuble que les bureaux de la société, en est cependant indépendant, est fondé, pour repousser l'application du droit proportionnel, à se prévaloir de ce fait que cet appartement est loué pour son compte personnel et non pour celui de la société. — Cons. d'Et., 9 mars 1877, Evrard, [Leb. chr., p. 258]

1375. — Il faut au contraire assujettir au droit proportionnel le logement de l'associé secondaire, quand, en fait, il sert à l'exercice de la profession. — Cons. d'Et., 5 mars 1886, Heulé, [Leb. chr., p. 211]; — 18 avr. 1891, Evrard, [Leb. chr., p. 297]

1376. — Sera considéré comme tel l'appartement situé au même étage que les ateliers ou bureaux. — Cons. d'Et., 5 janv. 1877, Gosset et Chaveton, [Leb. chr., p. 23]

1377. — ... Ou dans la même maison, avec une entrée commune, ce qui permet à l'associé d'exercer une surveillance constante sur les locaux industriels. — Cons. d'Et., 27 févr. 1874, Lesage, [Leb. chr., p. 199]; — 10 mars 1876, Margueritte et Soudée, [Leb. chr., p. 239]; — 27 avr. 1877, Lesage, [S. 79.2.126, P. adm. chr., D. 77.3.69]; — 12 juill. 1882, Purnot et Poulet, [Leb. chr., p. 673]; — 2 nov. 1882, Vandelle et Molin, [Leb. chr., p. 924]

1378. — ... Ou ayant avec les bureaux ou ateliers une communication intérieure. — Cons. d'Et., 5 mars 1880, Berthier, [Leb. chr., p. 253]; — 11 mars 1881, Société générale, [Leb. chr., p. 283]; — 23 déc. 1881, Combret, [Leb. chr., p. 1031]

1379. — ... Soit par une porte intérieure donnant sur le même palier que celle des magasins de vente. — Cons. d'Et., 30 mai 1879, Mignard, [Leb. chr., p. 431] — ... Soit par une cour commune. — Cons. d'Et., 2 févr. 1883, Féra, [Leb. chr., p. 106]

1380. — Il en est encore de même si l'appartement de l'associé est encastré dans les bureaux et si l'on ne peut y accéder que par le magasin ou par une cour commune. — Cons. d'Et., 20 mars 1861, Ledru, [D. 61.5.341]

1381. — Quand l'appartement de l'associé secondaire est passible du droit proportionnel, c'est la société, dans la personne de l'associé principal, qui doit le payer et non l'associé secondaire. — Cons. d'Et., 13 juin 1862, Mazaurie et Ortel, [Leb. chr., p. 490]

1382. — ... Surtout quand il est loué par la société elle-même. — Cons. d'Et., 31 mars 1859, Jouron et Bouchard, [D. 59.3.74]

1383. — Pour le cas où il s'agit d'un industriel établi à l'étranger, et ayant en France un établissement, V. *suprà*, n. 1301, 1312.

1384. — B. *Directeurs de sociétés anonymes*. — Les règles de la jurisprudence, touchant l'imposition du logement des directeurs des sociétés anonymes, sont fondées sur la même distinction. Lorsque l'habitation du directeur est située dans le même immeuble que les bureaux de la société, qu'elle communique intérieurement avec eux et qu'elle a une entrée commune, qu'en un mot, la disposition des lieux permet au directeur d'exercer une surveillance effective sur les locaux professionnels, l'habitation doit être comprise dans les éléments d'imposition de la société. — Cons. d'Et., 14 mai 1875, Droche, [Leb. chr., p. 465]; — 13 juin 1884, Crédit lyonnais, [Leb. chr., p. 484]; — 27 juin 1884, Soc. générale, [Leb. chr., p. 525]; — 16 avr. 1886, Dreyfus, [Leb. chr., p. 352]; — 29 nov. 1889, Jaluzot, [Leb. chr., p. 1088]; — 21 déc. 1889, Gauche, [Leb. chr., p. 1206]; — 18 mars 1893, Soc. marseillaise de crédit industriel, [D. 94.5.440]; — 26 oct. 1895, Soc. bretonne des crédits et dépôts, [Leb. chr., p. 680]; — 10 janv. 1896, Soc. des usines d'Annemasse, [Leb. chr., p. 4]; — 17 avr. 1896, Civet, [Leb. chr., p. 328]; — 5 juin 1896, Comptoir national d'escompte, [Leb. chr., p. 456]

1385. — Il en est ainsi même dans le cas où cette habitation serait la propriété personnelle du directeur. — Cons. d'Et., 26 févr. 1886, Granger, [Leb. chr., p. 172]; — 6 juin 1891, Union internationale artistique, [S. et P. 93.3.63, D. 92.5.462]; — 28 juin 1895, Chapoteau, [Leb. chr., p. 534]

1386. — Le droit proportionnel est également dû sur les dépendances de l'habitation du directeur, telles que l'écurie et la remise. — Cons. d'Et., 27 juill. 1883, Béranger-Darblay, [Leb. chr., p. 692]

1387. — Au contraire, lorsque l'habitation du directeur est complètement distincte et séparée des bureaux et ne sert pas à l'exercice de l'industrie de la société, cette habitation ne doit pas être comprise dans le calcul du droit proportionnel. — Cons. d'Et., 18 juin 1862, Loncke, [Leb. chr., p. 498]; — 29 juin 1869, Caisse commerciale de Chambéry, [Leb. chr., p. 646]; — 13 avr. 1877, Kuhlmann, [Leb. chr., p. 340]; — 1er juin 1877, Forges et fonderies de la Franche-Comté, [Leb. chr., p. 522]; — 20 avr. 1883, Comptoir d'escompte de Nice, [Leb. chr., p. 379]; — 4 juill. 1891, Agence Havas, [S. et P. 93.3.85, D. 92.5.462]; — 26 déc. 1891, Papeteries du Marais, [Leb. chr., p. 814]; — 11 nov. 1893, Barban et Daher, [S. et P. 95.3.86]; — 26 juin 1897, Doskin, [Leb. chr., p. 502]

1388. — Le droit proportionnel est dû sur l'habitation du sous-directeur d'une usine si cette habitation sert à la surveillance de l'établissement. — Cons. d'Et., 27 juill. 1883, précité.

1389. — C. *Représentants et préposés*. — Nous retrouvons les mêmes distinctions quand il s'agit des locaux affectés au logement des préposés ou représentants placés par un patentable à la tête d'un établissement. La maison d'habitation occupée par le préposé à la direction d'un établissement doit, en principe, être considérée comme servant à l'exploitation de cet établissement. — Cons. d'Et., 7 août 1865, Forges de Châtillon, [Leb. chr., p. 744] — Et la circonstance que ce patentable ne serait ni propriétaire, ni même locataire de ce logement, qui serait loué au nom du préposé, ne saurait avoir pour effet d'entraîner décharge du droit proportionnel pour le patron. — Cons. d'Et., 9 sept. 1864, Lemire, [Leb. chr., p. 864]

1390. — Le fait que l'habitation et le local industriel auraient fait l'objet de baux distincts ne saurait suffire à entraîner décharge du droit proportionnel. — Cons. d'Et., 24 déc. 1880, Soc. générale, [Leb. chr., p. 1064]; — 19 mai 1882, Propaete, [Leb. chr., p. 508]

1391. — Quand le logement de l'agent d'une compagnie d'assurances sert aux opérations de la société, ce local est régulièrement cotisé non pas au nom de l'agent, mais à celui de la compagnie. — Cons. d'Et., 18 févr. 1865, Huc, [Leb. chr., p. 226]

1392. — Est imposable au nom du patron : l'habitation d'un employé chargé de diriger une usine, d'en tenir la comptabilité et d'assurer la surveillance rendue nécessaire par l'éloignement de l'habitation des usiniers. — Cons. d'Et., 21 déc. 1877, Chéry, [D. 79.5.306]

1392 *bis*. — L'industriel qui dirige une fabrique de sucre dans une commune et fait diriger par son fils une succursale située dans une autre commune est imposable sur la maison d'habitation de son fils. — Cons. d'Et., 22 déc. 1899, Lefebvre, [Leb. chr., p. 762]

1393. — ... Le logement occupé dans l'usine par un employé qui en a la surveillance et la direction, qui fait la réception et le pesage des matières premières, l'expédition des produits, le paiement des voituriers et ouvriers et tient la comptabilité. — Cons. d'Et., 1er mars 1878, Leveaux, [Leb. chr., p. 237]

1394. — ... La partie du logement des agents d'une maison de banque spécialement affectée aux opérations de la société. — Cons. d'Et., 22 févr. 1884, Crédit foncier, [Leb. chr., p. 161]

1395. — Le droit est dû sur l'habitation du représentant d'une société qui est située dans la même maison que les locaux professionnels, qui a une entrée commune ou une communication intérieure avec eux et qui est disposée de manière à permettre la surveillance constante du préposé sur les locaux affectés à l'industrie sociale. — Cons. d'Et., 6 nov. 1897, Poirier, [Leb. chr., p. 670]; — 3 nov. 1899, Allourd Bessand, [Leb. chr., p. 611]; — 30 nov. 1900, Soc. Mac Léod, [Leb. chr., p. 699]

1396. — ... Sur le logement du receveur des droits de navigation du canal du Midi, qui exerce une surveillance constante sur l'exploitation. — Cons. d'Et., 6 nov. 1896, Comp. du Midi, [Leb. chr., p. 695]

1397. — ... Sur l'habitation d'un comptable logé par un industriel dans son usine et qui est chargé non seulement de la tenue des livres, mais de la surveillance. — Cons. d'Et., 25 mars 1892, Soc. de la scierie d'Origny, [Leb. chr., p. 311]

1398. — ... Sur l'habitation de l'agent d'une compagnie d'assurances faisant corps avec les bureaux. — Cons. d'Et., 27 déc. 1895, Comp. d'assurances Bruxelles, [Leb. chr., p. 860]

1399. — On n'impose pas, au contraire, le logement de l'agent d'une succursale loué en dehors des locaux servant à l'exercice de la profession. — Cons. d'Et., 21 janv. 1876, Comp. des transports de Saint-Dizier, [Leb. chr., p. 59]; — 18 nov. 1881, Soc. gén., [Leb. chr., p. 892]; — 7 août 1900, Cauvin Yvose, [Leb. chr., p. 553]

1400. — ... Le logement d'un commis chargé de tenir un magasin de vente s'il n'est pas en communication directe avec ce magasin. — Cons. d'Et., 21 mai 1897, Schwob, [Leb. chr., p. 390]

1401. — ... L'habitation d'un administrateur délégué éloignée des bureaux de la société. — Cons. d'Et., 20 avr. 1883, Comptoir d'escompte de Nice, [Leb. chr., p. 379]

1402. — D. *Employés, contremaîtres, ouvriers*. — Quant aux logements du personnel inférieur, contremaîtres, employés, ouvriers, pour savoir s'il faut les comprendre dans le calcul du droit proportionnel du chef de l'établissement, il faut se placer au point de vue suivant : leur présence dans l'établissement est-elle nécessaire ou non à l'exercice de la profession? Le fait seul de fournir un logement à ses employés n'implique pas nécessairement que ce personnel, en dehors des heures du travail, soit utilisé par le patron. En conséquence, s'il n'est pas établi que ce personnel est chargé de veiller à la garde des bâtiments ou des magasins, les locaux affectés à son logement ne peuvent être considérés comme des dépendances de l'établissement. — Cons. d'Et., 17 déc. 1862, Lavocat, [Leb. chr., p. 794]; — 17 mars 1876, Droche-Robin, [Leb. chr., p. 269]; — 30 mai 1879, Vendre, [Leb. chr., p. 427]; — 6 août 1880, Roche, [Leb. chr., p. 731]; — 18 nov. 1881, Soc. générale, [Leb. chr., p. 892]; — 18 août 1882, Bournet-Aubertot, [Leb. chr., p. 403]; — 22 févr. 1884, Crédit foncier, [Leb. chr., p. 161]; — 30 oct. 1897, Ravarin, [Leb. chr., p. 658]

1403. — Les locaux affectés au logement des employés ne sont pas imposables par cela seul qu'ils sont compris dans les bâtiments où s'exerce la profession. — Cons. d'Et., 28 févr. 1867, Comp. parisienne du gaz, [Leb. chr., p. 227]; — 4 avr. 1873, Carabasse, [Leb. chr., p. 294]; — 29 juin 1883, Révillon, [Leb. chr., p. 610]

1404. — L'administration avait émis la prétention d'assujettir les patrons au droit proportionnel sur ces divers locaux, alléguant qu'ils trouvaient dans cette combinaison de très-sérieux avantages : économie de temps au moment des repas, présence certaine du personnel à l'ouverture des magasins, possibilité de le retenir plus longtemps en cas de nécessité. Le Conseil d'Etat n'a pas accepté intégralement la thèse de l'administration. Il a fait des distinctions entre ces divers locaux, assujettissant au droit proportionnel les pièces affectées aux cuisines, réfectoires, offices où sont préparés et servis les repas des employés, et, au contraire, déduisant de la valeur locative de l'établissement celle des chambres ou dortoirs. — Cons. d'Et., 8 août 1882, Marquis, [D. 84.3.15]; — 27 avr. 1883, Bournet-Aubertot, [D. 84.5.365]; — 29 juin 1883, Révillon, [Leb. chr., p. 610]

1405. — Lorsqu'au contraire, la présence de l'employé dans l'établissement est nécessaire, parce qu'il est préposé, soit à la surveillance ou à la garde des magasins, soit à un service spécial, tel que l'entretien d'une écurie, le local doit être imposé. — Cons. d'Et., 23 juill. 1875, Richer, [D. 75.5.324]; — 21 nov. 1879, Cartier, [Leb. chr., p. 737]; — 18 juin 1880, Comp. des lits militaires, [S. 82.3.1, P. adm. chr., D. 81.3.64]; — 5 mai 1882, Rouche, [Leb. chr., p. 432]; — 26 déc. 1885, Jozau, [Leb. chr., p. 1009]; — 25 mars 1892, Comp. du Midi, [Leb. chr., p. 314]

1406. — Ainsi, le concessionnaire d'un canal est imposable à raison des maisons-éclusières affectées au logement des éclusiers, dont la présence est continuellement nécessaire pour assurer le fonctionnement des écluses. — Cons. d'Et., 19 déc. 1863, Canal de la Sambre à l'Oise, [Leb. chr., p. 837]; — 20 juin 1891, Cie Canal du Midi, [Leb. chr., p. 482]; — 29 déc. 1894, Même partie, [Leb. chr., p. 743]

1406 *bis*. — Il ne l'est pas sur le logement d'un cantonnier qui n'a pas à s'occuper de la surveillance de l'exploitation. — Cass., 29 déc. 1894, précité.

1407. — De même, il a été jugé que dans un hôtel, les logements des cuisiniers, domestiques et garçons constituaient une dépendance de l'établissement, parce que leur présence continue y était nécessaire pour le service des clients. — Cons. d'Et., 10 nov. 1882, Soubiran, [D. 84.3.15]; — 12 févr. 1892, Ruaudel, [S. et P. 93.3.158, D. 93.5.413]

1408. — En tout cas, le patentable qui est imposé à raison du logement spécial occupé par son préposé dans l'établissement, n'est pas imposable aussi à raison du logement loué par ce préposé pour son compte personnel et qui ne sert en rien à l'exercice de la profession du mandant. — Cons. d'Et., 23 janv. 1892, Perrot, [Leb. chr., p. 60]

3° *Outillage industriel.*

1409. — Jusqu'à la loi du 25 avr. 1844, le droit proportionnel ne portait que sur les bâtiments servant à l'habitation ou à l'exercice de la profession, abstraction faite de l'outillage qui les garnissait. Cependant, en pratique, dans de nombreux départements les contrôleurs comprenaient dans la valeur locative, non seulement les constructions de toute nature, mais encore celles des machines qui, étant scellées à chaux et à plâtre devaient être considérées comme immeubles par destination. Lors de la préparation de la loi de 1844, on fit remarquer que cette distinction, bonne pour l'impôt foncier, impôt portant sur le revenu des immeubles, ne valait rien pour la patente, impôt qui, devant atteindre l'ensemble des revenus commerciaux, doit être prélevé d'après des bases égales applicables à tous. Or, s'il existe des établissements industriels, dont presque toutes les machines sont scellées à chaux et à plâtre, il en est d'autres dont tous les métiers sont légers et portatifs. Etait-il raisonnable, dans un cas, d'ajouter à la valeur locative des bâtiments celle de presque tout le mobilier industriel et, dans l'autre, de ne tenir compte que de la valeur des bâtiments, abstraction faite de tout mobilier? Ce système fut donc unanimement condamné.

1410. — Le législateur eut alors à opter entre deux systèmes : l'un consistant à n'évaluer, dans tous les cas, que les bâtiments entièrement nus, sans faire aucune attention aux machines; l'autre consistant à prendre l'établissement industriel dans son ensemble, prêt à marcher et muni, par conséquent, de tous les principaux ustensiles nécessaires à la fabrication. Après avoir comparé ces deux systèmes, le législateur a adopté le second. Il lui sembla qu'il était impossible de faire abstraction de toutes les machines et de n'attribuer une valeur locative qu'aux seuls bâtiments sans détruire toute égalité proportionnelle entre les établissements modernes, pourvus de tous les procédés perfectionnés par la science, et les anciens, où la force des hommes et des chevaux est employée concurremment avec quelques moyens mécaniques. La valeur des bâtiments peut, dans ces divers établissements, varier du cinquième à la moitié du capital employé à la confection de l'établissement.

1411. — L'adoption de ce système se traduisit dans l'art. 9 L. 25 avr. 1844, qui a été reproduit par l'art. 12 L. 15 juill. 1880. « Le droit proportionnel pour les usines et les établissements industriels est calculé sur la valeur locative de ces établissements pris dans leur ensemble et munis de tous leurs moyens matériels de production. »

1412. — Ce que veut atteindre la loi, c'est la puissance productive de l'usine. « Le signe de cette puissance productive, disait M. de Chasseloup-Laubat dans la discussion de la loi de 1844, c'est la réunion de tous les éléments qui la composent, c'est tout à la fois la cage qui renferme l'outillage, l'outillage qui sert à la fabrication, et la force motrice qui donne l'impulsion et la vie. »

1413. — Le Conseil d'Etat a eu fréquemment à faire application de cette disposition, que les établissements industriels doivent être évalués dans leur ensemble et munis de tous leurs moyens matériels de production. — Cons. d'Et., 7 janv. 1859, Le Blin, [Leb. chr., p. 15]; — 19 janv. 1859, Bernot, [Leb. chr., p. 44]; — 8 févr. 1860, Alluand, [Leb. chr., p. 100]; — 23 févr. 1860, Denis, [Leb. chr., p. 140]; — 13 mars 1860, Gravet, [Leb. chr., p. 223]; — 28 juin 1860, Arnault, [Leb. chr., p. 519]; — 27 mars 1862, Demolon, [Leb. chr., p. 248]; — 30 juill. 1862, Patet-Lelong, [Leb. chr., p. 612]; — 12 août 1862, Legrand, [Leb. chr., p. 645]; — 17 déc. 1862, Barnet-Drouot, [Leb. chr., p. 796]; — 14 janv. 1863, Bongueret, [Leb. chr., p. 28]; — 26 mars 1863, Gérard, [Leb. chr., p. 294]; — 29 avr. 1863, Jangot et Ardoisières de Saint-Anne, [Leb. chr., p. 392]; — 7 août 1865, Couderc, [Leb. chr., p. 741]; — 27 févr. 1866, Guyard, [Leb. chr., p. 159]; — 6 août 1866, Abard, [Leb. chr., p. 956]; — 30 juin 1869, Lainé, [Leb. chr., p. 668]; — 10 août 1869, Lemancel, [Leb. chr., p. 779]; — 29 mars 1878, Comp. française pour la fabrication de la cellulose, [Leb. chr., p. 342]; — 8 nov. 1878, Chapuis-Avril, [D.79.5.307]; — 27 juin 1879, Canbone, [Leb. chr., p. 534]; — 19 déc. 1879, Soc. industrielle du gaz, [D. 80.3.54]; — 30 janv. 1880, De Carbon, [Leb. chr., p. 129]; — 20 févr. 1880, Comp. française du gaz, [Leb. chr., p. 198]; — 9 juin 1882, Comp. des Eaux, [Leb. chr., p. 547]; — 20 févr. 1885, Sucrerie centrale de Meaux, [Leb. chr., p. 205]; — 1er mai 1885, Sucrerie d'Antilly, [Leb. chr., p. 453]; — 8 mai 1885, Gabelle, [Leb. chr., p. 489]; — 5 févr. 1886, Rétaux, [Leb. chr., p. 113]; — 11 juin 1886, Lemmans, [Leb. chr., p. 512]; — 16 juill. 1886, Papeteries du Marais et Sainte-Marie, [Leb. chr., p. 630]; — 24 févr. 1888, Bullé, [Leb. chr., p. 193]; — 2 mars 1890, Linard, [Leb. chr., p. 224]; — 8 août 1888, Sucrerie de Bray-sur-Seine, [Leb. chr., p. 736]; — 28 déc. 1888, Soc. des ponts et travaux en fer, [Leb. chr., p. 1040]; — 6 déc. 1890, Beaupré, [Leb. chr., p. 934]; — 7 févr. 1891, Jaluzot, [Leb. chr., p. 100]

1414. — Jugé, spécialement, qu'on ne doit pas se borner à évaluer la valeur locative de l'immeuble seul. — Cons. d'Et., 17 avr. 1896, Clément-Bernard, [Leb. chr., p. 328]

1415. — Cette disposition de l'art. 12 de la loi de 1880 ne crée pas pour les établissements industriels un mode spécial d'évaluation. Elle a seulement pour but de faire comprendre dans l'évaluation l'outillage qui dans les autres établissements n'est pas compté. — Cons. d'Et., 4 avr. 1872, Léveillé, [Leb. chr., p. 201]

1416. — Ce qu'il faut déterminer, c'est non pas le revenu réel, effectif de l'usine, mais le revenu qu'elle serait susceptible de produire en mettant en œuvre tous ses moyens de production. — Cons. d'Et., 9 mars 1883, Lallouette, [Leb. chr., p. 248] — Il faut donc tenir compte même de ceux qui, en fait n'ont pas été utilisés. — Cons. d'Et., 18 mars 1887, Bellot, [Leb. chr., p. 242]; — 19 déc. 1891, Anquier, [Leb. chr., p. 781]

1417. — Il faut évaluer l'usine avec tous ses moyens de production, alors même qu'elle ne donnerait pas encore de bénéfices. — Cons. d'Et., 29 mars 1878, Comp. française pour la fabrication de la cellulose, [Leb. chr., p. 342]

1418. — Le fait que les moyens matériels de production d'un établissement industriel sont déjà atteints par le droit fixe ne les dispense pas du droit proportionnel. — Cons. d'Et., 21 mars 1866, Heuzey-Denayrouse, [Leb. chr., p. 266]

1419. — ... Alors même qu'ils auraient été compris à tort dans les éléments du droit fixe. — Cons. d'Et., 11 mai 1883, Bochard, [Leb. chr., p. 447]; — 22 juin 1883, Bressan, [Leb. chr., p. 581]

1420. — I. *Force motrice.* — La commission de la Chambre en 1844 avait proposé de ne pas tenir compte de la force motrice. D'après elle, la valeur locative d'un établissement industriel devait varier sensiblement, selon que cette usine emprunterait sa force motrice à un cours d'eau, à une machine à vapeur ou à l'action des hommes et des chevaux. Dans le loyer de l'usine qui marche à bras d'hommes ou par des manèges, le salaire des hommes et la nourriture des chevaux ne se trouvant compris pour rien, le locataire ne paie que la valeur de l'usine au repos. Au contraire, si la force motrice provient d'un cours d'eau, c'est l'usine animée et en action qu'il s'agit d'apprécier. La force qui la met en mouvement, l'âme de toute fabrication entre nécessairement pour une part considérable dans le prix du loyer. A côté de ces deux usines, il s'en trouve une troisième qui marche par la puissance d'une machine à vapeur, dont la valeur locative variera selon que le combustible est ou n'est pas laissé à la charge du locataire. Pour être juste, disait la commission, il faut compter partout la force motrice ou ne la compter nulle part. Si on la compte partout, il faut prendre pour unité le cheval-vapeur et ramener les autres forces à cette unité. On serait amené à prendre pour base de l'évaluation le prix de l'avoine mangée par les chevaux ou le prix du charbon consumé dans l'usine. Par ces motifs la commission proposait de faire partout abstraction de la force immatérielle, de quelque manière qu'elle soit produite. Cette opinion n'a pas prévalu. Sur l'intervention de MM. de Chasseloup-Laubat et Talabot, la Chambre décida que la force motrice devait entrer en compte dans le calcul de la valeur locative. De là l'adoption de ces mots : *moyens matériels de production.* La force motrice d'un cours d'eau est un moyen matériel.

1421. — Mais il fut entendu que les moteurs artificiels (machines à vapeur) seraient évalués à l'état de repos (Circ. 14 août 1844); c'est-à-dire que les agents ne doivent estimer ni le combustible qui alimente ces machines, ni les animaux qui mettent en mouvement les manèges dans les établissements où ce genre de moteur est employé. Dans les établissements hydrauliques, on n'évalue que la force habituellement utilisée (Instr. 1881, art. 47).

1422. — Ainsi, dans l'évaluation de la valeur locative d'une usine hydraulique il faut comprendre le loyer du cours d'eau. — Cons. d'Et., 20 déc. 1866, Ricard, [Leb. chr., p. 1175]; — 18 déc. 1885, Chagot, [Leb. chr., p. 971]; — 30 juin 1894, Gauthier, [S. et P. 96.3.105]

1423. — En vain l'usinier alléguerait-il, pour échapper au droit proportionnel, que, pour les appareils à vapeur ou les manèges, le combustible et les chevaux n'entrent pas dans le calcul. — Cons. d'Et., 20 déc. 1878, Baraland, [Leb. chr., p. 1047]; 14 nov. 1879, Vachon, [Leb. chr., p. 685]

1424. — Le droit est calculé sur la valeur locative totale de la force utilisée et non pas seulement sur celle du matériel destiné à utiliser cette force. — Mêmes arrêts.

1425. — La force motrice doit entrer en compte, même quand elle est concédée gratuitement. — Cons. d'Et., 9 nov. 1895, de Ferre-Lagrange, [Leb. chr., p. 698]

1426. — II. *Outillage fixe.* — Les termes si généraux dont se sert la loi et le passage cité plus haut du rapport fait à la Chambre des députés en 1844 montrent qu'il n'y a aucune distinction à faire, au point de vue du droit proportionnel, entre l'outillage fixe et l'outillage mobile. Peu importe que cet outillage appartienne au propriétaire de l'usine et soit loué avec les bâtiments, ou qu'au contraire il ait été établi dans l'usine par le locataire. Dans ce dernier cas, il y aura lieu de majorer la valeur locative assignée par le bail à l'établissement de celle de l'outillage resté la propriété de l'usinier. — Cons. d'Et., 27 avr. 1872, Comte, [Leb. chr., p. 258]

1427. — Il faut tenir compte de la valeur locative : d'un appareil hydraulique qui donne la force motrice à une fabrique. — Cons. d'Et., 17 juin 1892, Verminck, [D. 93.5.414]

1428. — ... Dans une fabrique de savons, des chaudières, évaluées d'après leur capacité, et des autres organes principaux. — Cons. d'Et., 30 juin 1893, Bernabo, [Leb. chr., p. 538]

1429. — ... Dans une fabrique de gaz d'éclairage, des gazomètres reliés à la canalisation. — Cons. d'Et., 28 févr. 1867, Comp. parisienne du gaz, [Leb. chr., p. 228]; — 28 févr. 1891, Comp. gaz de Charleville, [Leb. chr., p. 177]; — des appareils qui sont semblables aux gazomètres dans leurs dispositions essentielles. — Cons. d'Et., 6 mars 1897, Comp. gaz de Bordeaux, [Leb. chr.,

p. 207]; — d'une galerie souterraine établie dans le champ des gazomètres. — Cons. d'Et., 28 févr. 1867, précité.

1430. — ... Chez un brasseur, des foudres, qui garnissent sa cave et qui par leurs dimensions peuvent être considérés comme de l'outillage fixe. — Cons. d'Et., 24 nov. 1869, Krauss, [Leb. chr., p. 920]

1431. — Un fabricant de noir animal doit être imposé au droit proportionnel à raison des fours et des paires de meules existant dans son usine. — Cons. d'Et., 8 nov. 1872, Derrien, [Leb. chr., p. 574]

1432. — Il faut tenir compte de la valeur locative des appareils servant au chauffage et à l'éclairage de l'établissement industriel. Alors même qu'on ne pourrait les considérer comme des moyens de production, ils rentrent dans les éléments constitutifs de l'établissement pris dans son ensemble. — Cons. d'Et., 20 mars 1866, Dietrich, [S. 66.2.376, P. adm. chr.]

1433. — III. *Outillage mobile.* — Parmi les éléments de l'outillage mobile, il peut y avoir doute sur le point de savoir s'ils constituent un moyen de production. Ainsi le Conseil d'Etat s'est demandé, si dans une imprimerie pour étoffes, on devait tenir compte de la gravure des planches et rouleaux, et s'il fallait considérer cette gravure comme un produit ou comme un moyen de production. — Cons. d'Et., 30 juin 1859, Dollfus-Mieg, [Leb. chr., p. 446] — Le Conseil n'a pas tranché la question. Mais, dans un autre arrêt, il a jugé qu'il fallait déduire de la valeur locative les clichés déposés dans les ateliers d'une imprimerie. — Cons. d'Et., 5 févr. 1886, Rétaux, [Leb. chr., p. 114]

1434. — IV. *Matériel de rechange.* — L'instruction de 1881 comme celle de 1844 dispose qu'on ne doit pas compter les appareils de rechange. Cependant quelques décisions du Conseil d'Etat paraissent aller à l'encontre de ce principe. Ainsi le Conseil d'Etat a jugé qu'il fallait comprendre dans le calcul de la valeur locative une machine à vapeur destinée à suppléer, le cas échéant, à l'insuffisance du moteur hydraulique. L'usinier ne peut demander à n'être imposé que sur une seule de ses machines, parce que celle qui a pour but d'empêcher tout chômage pendant la saison des basses eaux augmente sensiblement la valeur de l'usine. — Cons. d'Et., 21 sept. 1859, Allenon, [Leb. chr., p. 642] — ... Et sa force productrice. — Cons. d'Et., 15 déc. 1868, Brocard, [S. 69.2.312, P. adm. chr.]

1435. — Les machines de secours ne sont pas considérées comme des outils de rechange. — Cons. d'Et., 14 nov. 1879, Vachon, [D. 81.5.280]; — 3 mai 1890, Soc. des eaux de Meaux, [D. 91.5.331]; — 19 juill. 1890, Fenaux, [S. et P. 92.3.99, D. 92.5.403]

1436. — On a même déclaré imposables des appareils de rechange faisant partie intégrante de l'usine. — Cons. d'Et., 20 déc. 1895, Dècle, [Leb. chr., p. 841]

1437. — Pour que l'outillage doive entrer en compte dans le calcul de la valeur locative de l'établissement industriel, il est nécessaire qu'il soit en état de servir. Ainsi, il a été jugé que l'on ne devait pas comprendre dans l'outillage une bascule démontée avant le 1er janvier. — Cons. d'Et., 9 août 1869, Cambier, [Leb. chr., p. 772]

1438. — ... Ni un four hors de service. — Cons. d'Et., 20 sept. 1871, Debret, [Leb. chr., p. 164]

1439. — Au contraire, il faut évaluer une paire de meules privée d'une partie de ses pièces, mais susceptible d'être remise en mouvement après quelques réparations sans importance. — Cons. d'Et., 7 juill. 1882, Breton, [Leb. chr., p. 642]

1440. — V. *Dispositions communes aux établissements industriels.* — En tout cas, il ne faut faire entrer en compte que l'outillage qui se trouve dans l'établissement. Ainsi les métiers, qui appartiennent à un fabricant, mais qui fonctionnent au domicile des ouvriers, ne font pas partie de l'établissement industriel et ne doivent pas être compris dans l'évaluation de sa valeur locative. — Cons. d'Et., 29 mars 1878, Chapuis-Avril, [Leb. chr., p. 345]

1441. — C'est sans doute pour cette raison qu'il a été décidé qu'un chemin de fer, destiné à relier une carrière de plâtre à une fabrique et à un port d'embarquement, ne doit pas être compris dans la valeur locative de la fabrique. — Cons. d'Et., 9 mars 1877, Fournier, [D. 77.5.321]

1442. — Il en est autrement des voies ferrées établies à l'intérieur d'un établissement industriel pour faciliter les transports de matériel. — Cons. d'Et., 18 déc. 1885, Chagot, [Leb. chr., p. 971]

1443. — D'après le tarif, on ne tient pas compte non plus, pour le droit proportionnel des fabricants de gaz et des entrepreneurs de distribution d'eau, des canalisations qui relient aux établissements de ces patentables les maisons des abonnés.

1444. — Un fabricant est imposable, même à raison de machines placées à l'essai dans ses ateliers et qu'il utilise avant de les mettre en vente. Ainsi jugé pour un fabricant de métiers, qui exerçait en même temps la profession de fabricant de bonneterie et qui essayait pour les besoins de cette seconde profession les métiers fabriqués par lui. — Cons. d'Et., 24 nov. 1869, Parou, [Leb. chr., p. 919]

1445. — Pour un exploitant de source d'eau minérale, la source ne constitue pas un moyen matériel de production et, dès lors, la valeur locative de l'établissement doit être calculée, abstraction faite de cette source. — Cons. d'Et., 9 mai 1873, Lombard, [Leb. chr., p. 392]

1446. — Bien que la plupart des établissements industriels soient classés dans le tableau C, le Conseil d'Etat a décidé qu'une profession, ayant un caractère industriel et nécessitant l'emploi de machines, pouvait être imposée au droit proportionnel à raison de la valeur locative de ces machines. Ainsi jugé pour les entrepreneurs de distribution d'eau classés au tableau B et imposés à raison de leurs machines élévatoires. — Cons. d'Et., 3 mai 1890, Soc. des eaux de Meaux, [S. et P. 92.3.99, D. 91.5.381]; — 19 juill. 1890, Fenaux, [Leb. chr., p. 705] — Le conseil a rejeté une objection tirée de ce que, pour cette profession, le tableau D ne parlait que de la valeur locative des locaux servant à l'exercice de la profession et non de l'outillage. — Cons. d'Et., 29 janv. 1892, Saphore (eaux de Douai), [Leb. chr., p. 70]; — 21 mai 1892, Comp. générale des eaux, [Leb. chr., p. 475] — Mais ces solutions ne nous paraissent pas à l'abri de la critique.

1447. — Quand un établissement ne constitue ni une usine ni un établissement industriel, il n'y pas à tenir compte de la valeur locative de l'outillage. — Cons. d'Et., 17 juin 1892, Marmeret, [Leb. chr., p. 555]

4° Règles spéciales aux chemins de fer.

1448. — Nous croyons devoir consacrer un chapitre spécial aux chemins de fer, tant à cause des multiples décisions qui ont été rendues sur ce sujet, qu'à raison du caractère mixte de cette industrie. Les dépendances des chemins de fer renferment en effet des terrains et bâtiments de nature très-diverse, des parties assimilées aux voies publiques, des bâtiments commerciaux, des locaux affectés à l'habitation des hommes, des ateliers, des usines garnies d'un outillage fixe et d'un outillage mobile. La profession de concessionnaire de chemins de fer a été rangée dans le tableau C : c'est dire que le législateur l'a considérée comme constituant une profession industrielle. Toutes les règles précédemment exposées au sujet des établissements industriels seront donc applicables aux chemins de fer.

1449. — Il a même été jugé par le Conseil d'Etat que ce caractère industriel était prédominant et s'étendait à l'ensemble de l'établissement. En conséquence, les gares de chemins de fer, considérées comme des usines, doivent être évaluées dans leur ensemble, munies de tous leurs moyens matériels de production, sans distinction entre les parties où se font des opérations commerciales et celles où se font des opérations industrielles. — Cons. d'Et., 14 mars 1890, P.-L.-M., Drôme, [Leb. chr., p. 278]

1450. — Cependant il est indispensable de distinguer les diverses parties du domaine des chemins de fer, parce que le taux auquel sera établi le droit proportionnel est différent, suivant qu'il s'agit de locaux affectés à l'habitation des hommes ou de locaux industriels. Il est encore utile de distinguer, parce que certaines parties sont exemptes, et que les mêmes procédés d'évaluation ne peuvent être employés à l'égard de toutes les dépendances du chemin de fer. Nous allons donc, en nous aidant des nombreuses décisions de la jurisprudence, indiquer quelles sont les parties exemptes du droit proportionnel et quelles sont celles qui y sont assujetties.

1451. — I. *Parties non imposables.* — Les parties du chemin de fer qui ne doivent pas être comprises dans les éléments servant de base au droit proportionnel, sont : 1° les dépendances de la voie publique proprement dites; 2° les parties affectées à divers services publics; 3° les parties affectées à l'usage privatif de certains particuliers; 4° les parties inutilisées par le concessionnaire.

1452. — A. *Parties considérées comme dépendances de la* *voie publique.* — Les voies principales ou de circulation ne sont certainement pas imposables. Le Conseil d'Etat n'a jamais eu à se prononcer explicitement sur cette question, mais elle ne saurait faire doute. La preuve en est dans les décisions nombreuses rendues sur des parties du domaine des chemins de fer qu'il exempte comme constituant des dépendances de la voie ferrée. L'exemption qui s'applique à la voie ferrée principale s'étend à toutes ses dépendances : plaques tournantes, fosses à piquer, etc.

1453. — Ne sont pas imposables comme constituant des dépendances de la voie publique : les cours qui donnent accès aux gares : cours d'arrivée ou de départ pour les voyageurs ou les marchandises. — Cons. d'Et., 17 août 1864, P.-L.-M., [Leb. chr., p. 784]; — 27 janv. 1865, P.-L.-M., [Leb. chr., p. 104]; — 25 août 1865, Nord, [Leb. chr., p. 843]; — 19 juill. 1867, Orléans, [Leb. chr., p. 669]; — 12 août 1868, P.-L.-M., [Leb. chr., p. 907]; — 7 août 1886, Nord, [Leb. chr., p. 730]; — les cours donnant accès directement aux voies ferrées. — Cons. d'Et., 11 janv. 1866, P.-L.-M., [Leb. chr., p. 12]

1454. — ... Les cours de service. — Cons. d'Et., 15 févr. 1866, P.-L.-M., [Leb. chr., p. 92]

1455. — ... Avec leurs dépendances, telles que les grilles de clôture. — Cons. d'Et., 22 janv. 1868, Orléans, [Leb. chr., p. 66]

1456. — ... Ou les cabinets d'aisances et urinoirs dont elles sont pourvues. — Cons. d'Et., 12 août 1868, Bercy, P.-L.-M., [Leb. chr., p. 907] — V. *infrà*, n. 1550.

1457. — ... Les murs de clôture et de soutènement et les fondations extraordinaires. — Cons. d'Et., 12 août 1868, précité.

1458. — ... Les aqueducs et égouts établis pour l'assainissement de la gare. — Même arrêt.

1459. — On a encore considéré comme dépendances de la voie ferrée principale et à ce titre non assujetties au droit proportionnel : les voies de garage, qui servent à dégager momentanément les voies de circulation des trains à marche lente pour laisser le passage aux trains express et rapides, leurs plaques et changements de voie, fosses à piquer et entrevoies. — Cons. d'Et., 27 janv. 1865, P.-L.-M., [Leb. chr., p. 104]; — 25 août 1865, Nord, [Leb. chr., p. 843]; — 11 janv. 1866, Clermont-Ferrand, P.-L.-M., [Leb. chr., p. 12]; — 15 févr. 1866, Lyon, P.-L.-M., [Leb. chr., p. 92]; — 12 août 1868, P.-L.-M., [Leb. chr., p. 907]; — 25 févr. 1881, Midi, [D. 82.5.304]; — 7 août 1886, Nord, [D. 88.5.350]; — 5 nov. 1886, Orléans, [Leb. chr., p. 760]; — 29 juin 1889, Orléans, [Leb. chr., p. 819]; — 12 nov. 1898, Orléans (2 arrêts), [D. 1900.5.496]; — 24 déc. 1898, Orléans, [S. et P. 1901.3.61]

1460. — ... Les voies dites de débord. — Cons. d'Et., 17 juin 1892, Orléans, Confolens, [Leb. chr., p. 553]

1461. — ... Les voies de garage de wagons et marchandises. — Cons. d'Et., 15 févr. 1866, précité.

1461 *bis*. — ... Les voies conduisant à la halle d'arrivée. — Cons. d'Et., 12 août 1868, précité.

1462. — ... Un emplacement faisant suite à la gare des voyageurs dont il constitue un prolongement et une dépendance et servant au garage des wagons à l'arrivée et au départ des trains. Le fait que ces wagons seraient placés dans cet endroit en attendant de servir à la formation des trains et qu'ils y subiraient quelques légères réparations ne peut suffire à le faire considérer comme une remise à wagons. — Cons. d'Et., 12 août 1867, Orléans, [Leb. chr., p. 748] — V. *infrà*, n. 1552.

1463. — ... Des terrains situés derrière les remises et couverts de voies de garage joignant les voies principales. — Cons. d'Et., 15 févr. 1866, précité.

1464. — ... Les voies, dites de triage, qui servent au classement des wagons pleins en provenance de divers établissements industriels et à leur stationnement jusqu'au moment de leur expédition (cette solution n'a pas toujours été admise; — V. *infrà*, n. 1533). — Cons. d'Et., 1er juin 1889, Nord, [Leb. chr., p. 698]

1465. — ... Une voie reliant la gare de terre à une gare d'eau. — Cons. d'Et., 27 janv. 1865, précité.

1466. — Les changements de voie et leurs aiguilles ont le caractère de la voie à laquelle ils conduisent. Cette voie est-elle considérée comme une dépendance de la voie ferrée principale, ils sont exempts comme elle; est-elle une dépendance de l'établissement industriel, ils sont comme elle imposables.

1467. — Enfin on a refusé d'assujettir au droit proportionnel les guérites des aiguilleurs, qui constituent une dépendance du changement de voie et ont le même caractère que lui et partant que la voie dont il dépend. — Cons. d'Et., 17 août 1864, P.-L.-M., [Leb. chr., p. 784]; — 27 janv. 1865, P.-L.-M., Givors, [Leb. chr., p. 104]

1468. — Les postes renfermant l'appareil Saxby, où sont centralisés le service des aiguilles et celui des signaux d'une gare, ayant été considérés au point de vue de l'impôt foncier comme des dépendances de la voie ferrée, ne peuvent être assujettis au droit proportionnel. — Cons. d'Et., 17 févr. 1888, P.-L.-M., [Leb. chr., p. 157]

1469. — Sont encore des dépendances de la voie publique : les trottoirs qui y sont attenants. — Cons. d'Et., 17 août 1864, précité; — 25 août 1865, Nord, [Leb. chr., p. 843]

1470. — ... Ceux qui servent d'accès aux différentes constructions de la gare. — Cons. d'Et., 27 janv. 1865, précité.

1471. — ... Les halles recouvrant l'embarcadère des voyageurs. — Cons. d'Et., 12 août 1868, P.-L.-M., [Leb. chr., p. 907]

1472. — ... Les marquises ou toitures qui les recouvrent. — Cons. d'Et., 9 avr. 1867, Orléans, [Leb. chr., p. 367]; — 8 mai 1867, Orléans, [D. 67.5.304]; — 26 juin 1867, Nord, [Leb. chr., p. 607]; — 19 juill. 1867, Orléans (Libourne), [Leb. chr., p. 669]; — 12 août 1867, Orléans, [Leb. chr., p. 748]; — 27 nov. 1867, Orléans, [Leb. chr., p. 872]; — 22 janv. 1868, Orléans, [Leb. chr., p. 66]; — 21 avr. 1868, Orléans, [Leb. chr., p. 455]; — 6 juin 1873, P.-L.-M., [Leb. chr., p. 501]

1473. — ... Les quais de l'embarcadère des voyageurs, qui sont nécessaires à la desserte de la voie ferrée. — Cons. d'Et., 25 août 1865, Nord, [Leb. chr., p. 843]; — 12 août 1867, précité.

1474. — ... Même s'ils sont couverts d'une toiture servant d'abri aux voitures et aux voyageurs. — Cons. d'Et., 21 mars 1866, Nord (Lille), [Leb. chr., p. 265]; — 17 nov. 1899, Comp. Lyon, [Leb. chr., p. 647]

1475. — ... Les quais et trottoirs attenant à la voie publique. — Cons. d'Et., 17 août 1864, P.-L.-M., [Leb. chr., p. 784]; — 25 août 1865, précité.

1476. — ... Les quais découverts situés le long de la voie ferrée. — Cons. d'Et., 9 avr. 1867, Orléans (Rochefort), [Leb. chr., p. 367]

1477. — ... Ceux servant d'accès aux différentes constructions de la gare. — Cons. d'Et., 27 janv. 1865, P.-L.-M., [Leb. chr., p. 104]

1478. — ... Ceux situés dans la gare aux marchandises. — Cons. d'Et., 15 févr. 1866, P.-L.-M., [Leb. chr., p. 92]; — 19 juill. 1867, Orléans, [Leb. chr., p. 669]; — 27 nov. 1867, Orléans, [Leb. chr., p. 872]

1479. — ... Ceux reliant la gare des marchandises à la voie principale. — Cons. d'Et., 17 févr. 1865, P.-L.-M., [Leb. chr., p. 207]

1480. — ... Les quais découverts servant au chargement et au déchargement des grosses marchandises et ne pouvant être considérés comme un entrepôt. — Cons. d'Et., 17 juin 1892, Orléans, [Leb. chr., p. 553]

1481. — ... Ceux qui ne servent qu'accidentellement de dépôt de marchandises. — Cons. d'Et., 2 mai 1891, Midi (Lézignan), [Leb. chr., p. 344]; — 13 juin 1891, Midi, [Leb. chr., p. 451]; — 26 déc. 1891, Midi (Bédarieux), [Leb. chr., p. 816]

1482. — ... Les quais à charbon et à coke. — Cons. d'Et., 17 févr. 1865, précité; — 25 avr. 1865, Nord, [Leb. chr., p. 843]

1483. — ... Les quais aux bestiaux. — Cons. d'Et., 17 août 1864, P.-L.-M., [Leb. chr., p. 784]; — 27 janv. 1865, précité; — 25 août 1865, précité; — 11 janv. 1866, P.-L.-M., [Leb. chr., p. 12]; — 15 févr. 1866, précité; — 12 août 1868, P.-L.-M. (Bercy), [Leb. chr., p. 907]; — 25 avr. 1890, Midi (Nissan), [Leb. chr., p. 417]

1484. — ... Les quais aux chaises de postes et voitures. — Cons. d'Et., 17 août 1864, précité; — 15 févr. 1866, précité.

1485. — ... Les quais pour le chargement des bois. — Cons. d'Et., 17 août 1864, précité.

1486. — ... Les quais et entrevoies intérieures sans destination industrielle. — Cons. d'Et., 17 août 1864, précité; — 27 janv. 1865, précité; — 25 août 1865, précité; — 11 janv. 1866, précité.

1487. — ... Une chaussée pavée donnant accès à un quai de marchandises. — Cons. d'Et., 7 août 1863, Ouest (Rouen), [D. 64.3.11]

1488. — ... Les appareils destinés à assurer l'éclairage des quais de voyageurs et du buffet. — Cons. d'Et., 26 déc. 1891, Midi, [Leb. chr., p. 816]

1489. — Aux quais en pierre on a parfois assimilé les estacades ou quais en bois où sont déposés des charbons (jurisprudence modifiée, V. *infrà*, n. 1555). — Cons. d'Et., 17 févr. 1865, P.-L.-M., [Leb. chr., p. 207] — ... Et celles où le public vient prendre livraison des charbons transportés par le chemin de fer. — Cons. d'Et., 15 févr. 1866, précité.

1490. — On est allé jusqu'à reconnaître le caractère de dépendances de la voie ferrée principale à des terrains découverts y attenants, servant de dépôts de charbon. — Cons. d'Et., 17 févr. 1865, précité. — ... Ou accidentellement de lieu de dépôt pour les matériaux destinés à réparer la voie. — Cons. d'Et., 29 août 1867, Ouest, [Leb. chr., p. 827]; — 16 déc. 1868, Orléans, [Leb. chr., p. 1050]

1491. — B. *Parties affectées à un service public.* — Les concessionnaires sont assujettis par leur cahier des charges à fournir des locaux à certains services publics, qui doivent s'exercer dans les bâtiments des gares. Ces locaux étant établis dans l'intérêt de l'Etat, il ne serait pas équitable de les considérer comme un élément de revenu pour le concessionnaire.

1492. — A ce titre, il faut s'abstenir d'assujettir au droit proportionnel : les bureaux du commissaire de surveillance administrative. — Cons. d'Et., 17 août 1864, P.-L.-M., [Leb. chr., p. 784]; — 27 janv. 1865, P.-L.-M., [Leb. chr., p. 104]; — 25 août 1865, Nord (Boulogne), [Leb. chr., p. 843]; — 11 janv. 1866, P.-L.-M., [Leb. chr., p. 12]; — 12 août 1868, P.-L.-M., [Leb. chr., p. 907]

1493. — .. Le bureau de police. — Cons. d'Et., 25 avr. 1865, précité; — 12 août 1868, précité.

1494. — ... Le bureau de la poste et du télégraphe. — Cons. d'Et., 27 janv. 1865, précité; — 17 févr. 1865, P.-L.-M., [Leb. chr., p. 207]; — 27 août 1865, précité; — 11 janv. 1866, précité; — 12 août 1868, précité.

1495. — ... Ainsi que les chronomètres et appareils télégraphiques destinés à assurer la sécurité de la voie. — Cons. d'Et., 5 nov. 1886, Orléans, [Leb. chr., p. 762]

1496. — ... Et le logement de l'employé des télégraphes. — Cons. d'Et., 11 janv. 1866, précité.

1497. — ... Les bureaux et magasins affectés au service de la douane. — Cons. d'Et., 17 févr. 1865, précité; — 12 août 1868, précité.

1498. — ... Les parties d'une halle aux marchandises exclusivement affectées au service de la douane. — Cons. d'Et., 7 août 1886, Nord, [D. 88.5.351]

1499. — ... Une salle des pas perdus annexe de la salle de visite de la douane dans une gare frontière. — Cons. d'Et., 11 juin 1886, Nord, [D. 87.5.323]; — 1er juin 1889, Nord, [Leb. chr., p. 695]

1500. — ... Le bureau de l'octroi. — Cons. d'Et., 17 févr. 1865, précité; — 12 août 1868, précité.

1501. — ... Le bureau des objets perdus. — Cons. d'Et., 11 janv. 1866, précité.

1502. — ... La remise de la pompe à incendie. — Cons. d'Et., 15 févr. 1866, P.-L.-M. (Lyon), [Leb. chr., p. 92]

1503. — C. *Parties affectées au service privatif de particuliers.* — Souvent les compagnies de chemins de fer tirent parti de certaines dépendances de leur domaine en les louant à certaines personnes qui s'en servent, les unes pour y déposer des marchandises en attendant de les expédier, les autres pour y installer un établissement commercial étranger à l'exploitation du chemin de fer. Dans ces divers cas, la compagnie concessionnaire ne doit pas être assujettie au droit proportionnel à raison de ces locaux, qui ne sont plus à sa disposition : c'est le locataire qui est imposable à raison de la profession qu'il y exerce.

1504. — Ainsi jugé à l'égard des buffets des gares, imposables au nom des individus qui en ont affermé l'exploitation. — Cons. d'Et., 27 janv. 1865, P.-L.-M., [Leb. chr., p. 104]; — 25 août 1865, Nord, [Leb. chr., p. 843]; — 11 janv. 1866, P.-L.-M., [Leb. chr., p. 12]; — 12 août 1868, P.-L.-M., [Leb. chr., p. 907]

1505. — ... Des hangars loués à des tiers qui s'en servent comme d'écuries et de remises. — Cons. d'Et., 25 août 1865, précité; — 12 août 1868, précité.

1506. — ... De terrains vagues ou de jardins loués à des tiers personnellement imposables. — Cons. d'Et., 25 août 1865, précité.

1507. — Mais pour que le tiers soit imposé aux lieu et place de l'exploitant du chemin de fer, il faut que le local soit à sa disposition exclusive et qu'il serve à l'exercice de sa profession. — Cons. d'Et., 17 déc. 1875, Bizalion, [Leb. chr., p. 1025]

1508. — D. *Parties inutilisées pour l'exploitation de chemin de fer.* — Bien que ces terrains ou locaux soient à la disposition de l'exploitant du chemin de fer, le Conseil d'Etat a décidé à plusieurs reprises qu'ils n'étaient pas passibles du droit proportionnel. Ainsi jugé à l'égard de jardins. — Cons. d'Et., 17 août 1864, P.-L.-M., [Leb. chr., p. 784]; — 27 janv. 1865, précité; — 11 janv. 1866, précité.

1509. — ... Alors même que, par suite d'un encombrement des marchandises, ils serviraient accidentellement de lieux de dépôt. — Cons. d'Et., 19 juill. 1867, Orléans, [Leb. chr., p. 669]

1510. — Jugé de même à l'égard de terrains vagues inutilisés, quoique recouverts de toitures. — Cons. d'Et., 26 juin 1867, Nord, [Leb. chr., p. 607]

1511. — Les compagnies fournissent souvent des locaux d'habitation à une partie de leur personnel. Lorsque la présence de ce personnel dans les dépendances du chemin de fer est nécessaire au service de l'exploitation, nous verrons que le concessionnaire doit être imposé au droit proportionnel à raison de ces locaux (V. *infrà*, n. 1574 et s.). Lorsqu'au contraire cette présence n'est commandée par aucune nécessité de service, le concessionnaire est censé faire acte de propriétaire et non d'industriel en fournissant le logement à ses employés.

1512. — Par application de ces principes on a déduit des éléments servant de base au droit proportionnel des compagnies de chemin de fer les logements : d'un ingénieur. — Cons. d'Et., 24 mars 1865, Nord (Amiens), [Leb. chr., p. 318]

1513. — ... D'un chef de section. — Même arrêt.

1514. — ... D'un conducteur de la voie. — Cons. d'Et., 25 févr. 1881, Midi, [Leb. chr., p. 227]

1515. — ... D'un inspecteur de la traction. — Cons. d'Et., 24 mars 1865, précité.

1516. — ... D'un conducteur des travaux. — Cons. d'Et., 24 mars 1865, précité; — 25 août 1865, Nord, [Leb. chr., p. 843]

1517. — ... D'un piqueur. — Cons. d'Et., 27 janv. 1865, P.-L.-M., [Leb. chr., p. 104]; — 25 août 1865, précité; — 29 août 1867, Ouest, [Leb. chr., p. 827]

1518. — ... De cantonniers. — Cons. d'Et., 25 févr. 1881, précité.

1519. — ... D'un receveur principal. — Cons. d'Et., 24 mars 1865, précité.

1520. — ... D'un contrôleur ambulant. — Même arrêt.

1521. — ... D'un distributeur de billets. — Cons. d'Et., 11 janv. 1866, P.-L.-M., [Leb. chr., p. 12]; — 29 août 1867, précité.

1522. — ... D'un chef de bureau de la grande vitesse. — Cons. d'Et., 24 mars 1865, précité.

1523. — ... D'un agent de la salubrité. — Cons. d'Et., 25 févr. 1881, précité.

1524. — ... D'employés autres que les chefs, sous-chefs de gare et chefs de dépôt (V. *infrà*, n. 1575 et s.) — Cons. d'Et., 27 nov. 1867, Orléans (La Rochelle), [Leb. chr., p. 872]; — 12 août 1868, P.-L.-M., [Leb. chr., p. 907]

1525. — Lorsque les logements fournis aux employés sont hors des dépendances du chemin de fer, il n'y a aucune raison pour les assujettir au droit proportionnel. Ainsi jugé pour le logement d'un chef de gare, lorsque cette maison est située en dehors de l'enceinte de la gare, et que la compagnie n'y a aucun bureau. — Cons. d'Et., 18 déc. 1869, Midi, [Leb. chr., p. 985]; — 18 nov. 1898, Nord, [S. et P. 1901.3.29, D. 1900.5.496] — ... Ou de gardes sémaphores. — Cons. d'Et., 4 juill. 1890 Comp. du Nord, [D. 92.3.36]

1526. — II. *Parties assujetties au droit proportionnel.* — En dehors des locaux que nous venons d'énumérer, tous les terrains, bâtiments, outils, machines, qui se trouvent placés dans les dépendances des chemins de fer sont imposables comme faisant partie de l'établissement industriel de l'exploitant et servant à l'exercice de sa profession. Sont considérées comme telles les voies et leurs accessoires qui, dans une gare, conduisent les wagons des voies de circulation aux halles aux marchandises et magasins. — Cons. d'Et., 11 janv. 1866, précité; — 15 févr. 1866, P.-L.-M., [Leb. chr., p. 92]; — 19 juill. 1867, Orléans, [Leb. chr., p. 669]; — 12 août 1868, P.-L.-M., [Leb. chr., p. 907]; — 16 déc. 1868, Orléans, [Leb. chr., p. 1050];

— 6 juin 1873, P.-L.-M., [Leb. chr., p. 601]; — 7 août 1886, Nord, [D. 88.5.350]; — — 5 nov. 1886, Orléans, [Leb. chr., p. 761]; — 8 juill. 1887, Orléans, [D. 88.5.350]; — 1er juin 1889, Nord, [Leb. chr., p. 698]; — 29 juin 1889, Orléans, [Leb. chr., p. 820]; — 7 août 1889, Orléans, [Leb. chr., p. 951]; — 2 mai 1891, Midi, [Leb. chr., p. 344]; — 13 juin 1891, Midi, [Leb. chr., p. 451]; — 26 déc. 1891, Midi, [Leb. chr., p. 816] — ... Ces halles fussent-elles internationales. — Cons. d'Et., 26 juill. 1878, Midi, [D. 79.3.28]; — 3 mars 1893, Nord, [Leb. chr., p. 201]; — 19 janv. 1894, Midi, [Leb. chr., p. 872]; — 23 fév. 1900, Comp. Lyon, [Leb. chr., p. 156]

1527. — ... Même si ces halles sont utilisées en partie par la douane. — Cons. d'Et., 11 juin 1886, Nord, [Leb. chr., p. 514]; — 7 août 1886, précité; — 5 nov. 1886, précité; — 1er juin 1889, précité. — ... Les voies qui pénètrent dans ces halles et les desservent.

1528. — ... Les voies desservant la cour aux marchandises. — Cons. d'Et., 2 mai 1891, précité; — 13 juin 1891, précité; — 26 déc. 1891, précité.

1529. — ... Une voie pavée servant aux voitures pour pénétrer dans la halle aux marchandises et y effectuer le chargement et le déchargement des colis. — Cons. d'Et., 21 mars 1866, Nord, [Leb. chr., p. 265]

1530. — ... Les voies qui conduisent aux remises à wagons, — Cons. d'Et., 11 janv. 1866, précité. — ... ou aux rotondes à locomotives et les voies rayonnantes qui les desservent, — Cons. d'Et., 26 déc. 1891, précité. — ... Les voies conduisant aux ateliers de réparation du matériel, — 11 janv. 1866, précité. — ... ou aux prises d'eau destinées à l'alimentation des machines. — Cons. d'Et., 7 août 1886, précité.

1531. — ... Les voies conduisant au pont à bascule. — Cons. d'Et., 2 mai 1891, précité; — 13 juin 1891, précité; — 26 déc. 1891, précité.

1532. — ... Les voies transversales desservant des quais découverts servant d'entrepôt avant le chargement et le déchargement des marchandises. — Cons. d'Et., 27 déc. 1890, Midi, [Leb. chr., p. 1022]; — 7 févr. 1891, Midi, [Leb. chr., p. 104]

1533. — ... Les voies de triage servant au classement des wagons pleins provenant d'établissements industriels. — Cons. d'Et., 7 août 1886, précité.

1534. — ... Celles servant au transbordement des marchandises en transit qui paient pour cette opération un droit de manutention. — Cons. d'Et., 22 nov. 1890, Orléans, [Leb. chr., p. 867]

1535. — ... Les changements de voie desservant des voies imposables. — Cons. d'Et., 7 août 1886, précité; — 26 déc. 1891, précité.

1536. — ... Les voies servant au remisage des wagons et locomotives. — Cons. d'Et., 11 janv. 1866, précité; — 15 févr. 1866, P.-L.-M., [Leb. chr., p. 92]; — 19 juill. 1867, Orléans, [Leb. chr., p. 669]; — 12 août 1868, P.-L.-M., [Leb. chr., p. 907]; — 16 déc. 1868, Orléans, [Leb. chr., p. 1050]; — 6 juin 1873, P.-L.-M., [Leb. chr., p. 601]; — 26 déc. 1891, précité.

1537. — ... Les voies exclusivement affectées au remisage du matériel inutilisé. — Cons. d'Et., 19 janv. 1894, Midi, [Leb. chr., p. 872]

1538. — ... Les voies servant de dépôt pour le matériel de réserve. — Cons. d'Et., 3 mars 1893, Nord, [Leb. chr., p. 201]

1539. — Sont imposables les quais attenant aux gares de marchandises et en constituant des dépendances. — Cons. d'Et., 6 déc. 1860, Midi, [P. adm. chr., D. 61.3.5]

1540. — ... Les quais à marchandises couverts. — Cons. d'Et., 17 août 1864, P.-L.-M., [Leb. chr., p. 734]; — 12 févr. 1867, Orléans, [Leb. chr., p. 171]

1541. — ... Les quais et terrains affectés servant au dépôt, à la réception et à la livraison des marchandises. — Cons. d'Et., 25 févr. 1881, Midi, [D. 82.5.304]

1542. — ... Les quais découverts servant d'entrepôt pour les marchandises encombrantes. — Cons. d'Et., 13 juin 1891, Midi Nissan, [Leb. chr., p. 451]

1543. — ... Un quai de dépôt pour les fûts vides. — Cons. d'Et., 25 avr. 1890, Midi, [Leb. chr., p. 418]

1544. — Au nombre des éléments assujettis au droit proportionnel figurent tous les appareils et engins destinés à amener et distribuer l'eau dans les diverses parties de la gare : le bâtiment de prise d'eau et la machine ou pompe qu'il renferme. — Cons. d'Et., 17 août 1864, précité.

1545. — ... Les réservoirs ou châteaux d'eau. — Cons. d'Et., 17 août 1864, précité. — 11 janv. 1866, P.-L.-M., [Leb. chr., p. 12]; — 1er juin 1889, Nord, [Leb. chr., p. 698]; — ... Les conduites d'eau et tuyaux qui amènent l'eau de la machine fixe aux réservoirs destinés à alimenter les locomotives, même lorsqu'ils sont posés sous la voie ferrée. — Cons. d'Et., 27 janv. 1865, P.-L.-M., [Leb. chr., p. 104]; — 11 janv. 1866, P.-L.-M., [Leb. chr., p. 12]; — 12 févr. 1867, Orléans, [Leb. chr., p. 171]; — 21 janv. 1868, Orléans, [Leb. chr., p. 66]; — 12 août 1868, P.-L.-M., [Leb. chr., p. 907]; — 25 févr. 1881, précité. — 8 juill. 1887, Orléans, [Leb. chr., p. 554]; — 13 déc. 1889, P.-L.-M., [Leb. chr., p. 1160]; — 27 déc. 1890, Midi, [Leb. chr., p. 1021]; — 26 déc. 1891, Midi, [Leb. chr., p. 816]

1546. — ... Les grues hydrauliques, alors même qu'elles sont placées le long des voies principales. — Cons. d'Et., 27 janv. 1865, précité; — 8 juill. 1887, précité; — 13 déc. 1889, précité; — 27 déc. 1890, précité; — 26 déc. 1891, précité.

1547. — ... Les bornes-fontaines et vannes. — Cons. d'Et., 17 août 1864, précité.

1548. — Il faut tenir compte de la valeur locative des divers bâtiments qui constituent l'établissement industriel proprement dit et de leurs dépendances. On doit donc faire entrer dans l'estimation, les gares, les stations, les salles d'attente, les hangars, en un mot tous les immeubles servant à l'exercice de l'industrie (Instr. 1881, art. 52).

1549. — Parmi les dépendances de la gare passibles du droit proportionnel, il faut ranger tous les locaux affectés aux bureaux des divers employés. S'ils ont une affectation mixte au service de la Compagnie et à un service public, ils sont imposables au moins pour la première partie. Ainsi jugé pour un bureau commun au télégraphe et à la distribution des billets. — Cons. d'Et., 1er juin 1889, Orléans, [Leb. chr., p. 547] — V. *suprà*, n. 1494.

1550. — Il faut tenir compte des cabinets d'aisances et latrines installés dans l'intérieur des gares et mis à la disposition du public, sans qu'il y ait lieu de distinguer entre ceux qui sont gratuits et les autres. — Cons. d'Et., 17 août 1864, précité; — 27 janv. 1865, précité; — 11 janv. 1866, précité; — 26 juill. 1878, Midi, [Leb. chr., p. 745]; — 25 févr. 1881, précité. — V. *suprà*, n. 1456.

1551. — Il y a lieu d'imposer les bâtiments accessoires de la gare, tels que les chaufferetteries et lampisteries, ainsi que les appareils pour le gaz et les bouillotes. — Cons. d'Et., 17 août 1864, P.-L.-M. (Moulins), [Leb. chr., p. 784]; — 11 janv. 1866, P.-L.-M., [Leb. chr., p. 12]

1552. — ... Les remises à wagons. — Cons. d'Et., 27 janv. 1865, P.-L.-M., [Leb. chr., p. 104]

1553. — ... Les rotondes à locomotives. — Cons. d'Et., 11 janv. 1866, précité; — 12 août 1868, P.-L.-M., [Leb. chr., p. 907] — ... avec les terrains qui en dépendent. — Cons. d'Et., 27 janv. 1865, précité.

1554. — ... Les terrains ou chantiers, dits parcs de la voie, où sont déposés les wagons, les roues, les rails et le matériel de réparation des voies, attendant un emploi. — Cons. d'Et., 17 août 1864, précité; — 11 janv. 1866, précité; — 12 févr. 1867, Orléans, [Leb. chr., p. 171]; — 12 août 1868, précité; — 8 juill. 1887, Orléans, [Leb. chr., p. 554]; — 27 déc. 1890, Midi, [Leb. chr., p. 1022]; — 7 févr. 1891, Midi, [Leb. chr., p. 104]; — 13 juin 1891, Midi (Nissan), [Leb. chr., p. 451]; — 26 déc. 1891, Midi, [Leb. chr., p. 816]; — 19 janv. 1894, Midi, [Leb. chr., p. 872]

1555. — ... Les estacades ou terrains employés comme lieux de dépôt pour le charbon. — Cons. d'Et., 25 févr. 1881, Midi, [Leb. chr., p. 227]; — 8 juill. 1887, précité. — V. *suprà*, n. 1489.

1556. — Les halles et hangars servant au chargement, au déchargement et à l'emmagasinage des marchandises sont essentiellement des dépendances de l'établissement commercial de la compagnie. Ils sont donc assujettis au droit proportionnel, alors même qu'ils serviraient aussi à la douane pour ses vérifications (V. *suprà*, n. 1549), surtout alors que les compagnies y perçoivent sur les marchandises déposées des droits de magasinage. — Cons. d'Et., 27 janv. 1865, précité; — 11 juin 1886, Nord, [Leb. chr., p. 514]; — 7 août 1886, Nord, [D. 88.5.351]; — 5 nov. 1886, Orléans, [Leb. chr., p. 760]; — 1er juin 1889, Nord, [Leb. chr., p. 695]; — 3 mars 1893, Nord, [Leb. chr., p. 198]

1557. — On a également considéré comme dépendances imposables d'une gare de chemin de fer les clôtures, estacades, passerelles et pontons d'une gare maritime. — Cons. d'Et., 8 juill. 1887, Orléans, [D. 88.5.351]

1558. — Il faudrait décider de même en ce qui concerne les dépendances d'une gare d'eau mettant une ligne de chemin de fer en communication directe avec un fleuve ou un canal. — Cons. d'Et., 15 févr. 1866, P.-L.-M., [Leb. chr., p. 92]; — 17 juill. 1867, P.-L.-M. (Givors), [Leb. chr., p. 653]

1559. — ... A moins que, par son importance, cette gare d'eau ne puisse être considérée comme un établissement distinct du chemin de fer, auquel cas elle devrait faire l'objet d'une imposition spéciale. — Cons. d'Et., 10 mars 1869, P.-L.-M., [Leb. chr., p. 228]

1560. — Il faut encore imposer une gare de réexpéditions. — Cons. d'Et., 17 août 1864, P.-L.-M., [Leb. chr., p. 784]

1561. — Il faut enfin tenir compte des nombreuses machines qui sont installées dans les dépendances des chemins de fer : ascenseurs, monte-charges, grues de chargement, grues et ponts, bascules et autres appareils de levage et de pesage. — Cons. d'Et., 17 août 1864, précité; — 23 févr. 1900, Comp. Lyon, [Leb. chr., p. 156]

1562. — ... Ponts à bascule. — Cons. d'Et., 17 août 1864, précité; — 26 juill. 1878, Midi, [Leb. chr., p. 745]; — 25 févr. 1881, Midi, [Leb. chr., p. 227]; — 11 juin 1880, Nord, [Leb. chr., p. 514]; — 7 août 1886, Nord, [D. 88.5.352]; — 5 nov. 1886, Orléans, [Leb. chr., p. 761]; — 1er juin 1889, Nord, [Leb. chr., p. 695]

1563. — ... Gabarits de chargement. — Cons. d'Et., 8 juill. 1887, Midi, [D. 88.5.351]; — 2 mai 1891, Midi (Lézignan), [Leb. chr., p. 344]

1564. — On doit tenir compte d'une machine de rechange placée dans un atelier d'ajustage et pouvant être employée en même temps que celle qu'elle est destinée à remplacer en cas d'accident ou de réparation. — Cons. d'Et., 20 févr. 1869, Orléans, [Leb. chr., p. 181]

1565. — Mais on ne doit pas faire entrer en compte les locomotives et le matériel roulant (Instr. 1881, art. 52).

1566. — Restent les bâtiments qui ont véritablement un caractère industriel, tels que les ateliers de construction ou de réparation du matériel. Ils sont imposables ainsi que l'outillage fixe ou mobile qui les garnit. — Cons. d'Et., 17 août 1864, P.-L.-M., [Leb. chr., p. 784]; — 11 janv. 1866, P.-L.-M., [Leb. chr., p. 12]; — 15 févr. 1866, P.-L.-M., [Leb. chr., p. 92]; — 12 août 1868, P.-L.-M., [Leb. chr., p. 907]; — 1er juin 1889, précité.

1567. — Il faut y comprendre aussi la valeur locative des cours intérieures donnant accès aux ateliers, réservées à l'usage exclusif des ateliers. — Cons. d'Et., 11 janv. 1866, précité; — 20 févr. 1869, Orléans, [Leb. chr., p. 181]

1568. — ... Celle des terrains couverts de rails situés autour de ces ateliers et affectés à leur service exclusif. — Cons. d'Et., 11 janv. 1866, précité; — 15 févr. 1866, précité.

1569. — ... Et des murs d'enceinte des ateliers. — Cons. d'Et., 7 août 1886, Nord, [Leb. chr., p. 732]

1570. — ... Des terrains pavés contenant les bâtiments et leur donnant accès, à l'exception des cours d'arrivée et de départ. — Cons. d'Et., 11 janv. 1866, précité; — 12 août 1868, précité. — V. *suprà*, n. 1453 et s.

1571. — ... Des terrains encadrés par des voies imposables. — Cons. d'Et., 7 août 1886, Nord, [D. 88.5.350]

1572. — ... De ceux occupés par des voies et plaques imposables. — Cons. d'Et., 1er juin 1889, précité; — 26 déc. 1891, Midi, [Leb. chr., p. 816]

1573. — ... Et d'une manière générale de tous les terrains dépendant de l'établissement industriel. — Cons. d'Et., 1er juin 1889, Nord, [Leb. chr., p. 698]

1574. — Les concessionnaires de chemins de fer sont encore imposables au droit proportionnel à raison des logements qu'ils fournissent à ceux de leurs agents dont la présence dans les bâtiments des chemins de fer est nécessaire à l'exploitation. Quelle que soit d'ailleurs cette nécessité, elle ne va pas jusqu'à faire considérer ces logements comme constituant des dépendances de la voie ferrée. — Cons. d'Et., 21 avr. 1882, Orléans, [Leb. chr., p. 363]; — 12 mai 1882, Orléans, [Leb. chr., p. 464]

1575. — Les agents dont le Conseil d'Etat a reconnu la présence nécessaire dans les bâtiments des chemins de fer sont : les chefs de gare ou de station. — Cons. d'Et., 7 janv. 1857, Est, [P. adm. chr.]; — 24 mars 1865, Nord, [Leb. chr., p. 318]; — 25 août 1865, Nord, [Leb. chr., p. 843]; — 29 août 1867, Ouest (Dieppe), [Leb. chr., p. 827]; — 21 avr. 1868, Orléans, [Leb. chr., p. 455]

1576. — ... L'employé qui est chargé, le cas échéant, de suppléer le chef. — Cons. d'Et., 22 janv. 1868, Orléans, [Leb. chr., p. 66]

1577. — ... Les sous-chefs de gare attachés au service de la grande et de la petite vitesse. — Cons. d'Et., 24 mars 1865, précité.

1578. — ... Dans les gares importantes, les sous-chefs de gare qui suppléent le chef à tour de rôle. — Cons. d'Et., 17 août 1864, P.-L.-M., [Leb. chr., p. 784]; — 27 janv. 1865, P.-L.-M., [Leb. chr., p. 104]; — 24 mars 1865, précité; — 15 févr. 1866, P.-L.-M., [Leb. chr., p. 92]

1579. — ... Le sous-chef de gare qui, sous le contrôle du chef d'une gare voisine, dirige une gare de triage. — Cons. d'Et., 22 nov. 1890, Orléans, [Leb. chr., p. 870]

1580. — ... Les agents chargés de la surveillance de la gare. — Cons. d'Et., 3 mars 1893, Nord, [Leb. chr., p. 201]

1581. — ... Un contrôleur-surveillant. — Cons. d'Et., 25 août 1865, précité.

1582. — ... Un pompier-surveillant. — Cons. d'Et., 24 mars 1865, précité.

1583. — ... Les gardes-barrières et gardiens de passage à niveau. — Cons. d'Et., 6 déc. 1860, Midi, [Leb. chr., p. 733]; — 26 déc. 1860, Midi, [Leb. chr., p. 813]; — 17 août 1864, précité; — 21 avr. 1882, précité; — 12 mai 1882, précité; — 7 août 1886, Nord, [D. 88.5.351]; — 1er juin 1889, Nord, [Leb. chr., p. 698]; — 29 juin 1889, Orléans, [Leb. chr., p. 820]; — 13 juin 1891, Midi, [Leb. chr., p. 451]

1584. — ... Le piqueur de la voie. — Cons. d'Et., 8 juill. 1887, Orléans, [D. 88.5.351]; — 27 déc. 1890, Midi, [Leb. chr., p. 1021]

1585. — ... Le facteur de la gare. — Mêmes arrêts.

1586. — ... Le lampiste. — Cons. d'Et., 24 mars 1865, précité; — 25 avr. 1865, Nord, [Leb. chr., p. 843]

1587. — ... L'homme d'équipe chargé d'amarrer les trains. — Cons. d'Et., 24 mars 1865, précité.

1588. — ... Le concierge. — Même arrêt.

1589. — ... Le chef du bureau des messageries. — Cons. d'Et., 8 juill. 1887, Orléans, [D. 88.5.351]

1590. — ... Le chef de dépôt. — Cons. d'Et., 17 août 1864, précité; — 27 janv. 1865, P.-L.-M., [Leb. chr., p. 104]; — 24 mars 1865, Nord, [Leb. chr., p. 318]

1591. — ... Le mécanicien du dépôt. — Cons. d'Et., 25 août 1865, Nord, [Leb. chr., p. 843]; — 6 juin 1873, P.-L.-M., [Leb. chr., p. 501]

1592. — ... Et les mécaniciens employés. — Cons. d'Et., 17 août 1864, P.-L.-M., [Leb. chr., p. 784]

1593. — ... L'agent commercial. — Cons. d'Et., 25 août 1865, précité.

1594. — ... Les gardes-magasins. — Cons. d'Et., 24 mars 1865, précité.

1595. — ... L'agent chargé de la surveillance de la livraison des charbons. — Cons. d'Et., 15 févr. 1866, P.-L.-M., [Leb. chr., p. 92]

5° *Règles communes aux divers éléments servant de base au droit proportionnel.*

1596. — Après avoir indiqué dans les §§ précédents quels sont les divers éléments sur lesquels peut être assis le droit proportionnel, il nous faut rechercher à quelles conditions et dans quelle mesure un patentable peut être imposé à raison de ces éléments.

1597. — I. *Eléments à la disposition exclusive du patentable.* — La condition essentielle, c'est que le contribuable les ait à sa disposition, qu'il puisse s'en servir librement pour l'un des usages prévus par la loi comme imposables.

1598. — Il est d'abord nécessaire, le bon sens l'indique, que l'élément existe matériellement. Il suit de là que si un bâtiment, qui servait autrefois à l'exercice d'une profession, vient à être supprimé ou à perdre cette destination, la valeur locative des locaux professionnels doit être réduite en conséquence. — Cons. d'Et., 20 déc. 1895, Fongeival, [Leb. chr., p. 838]

1599. — Le droit proportionnel n'est pas dû non plus sur un local que le patentable ne possède pas. — Cons. d'Et., 11 déc. 1874, Tronpel, [Leb. chr., p. 974] — Ainsi un marchand de bois ne peut être imposé à raison d'une usine dont il n'est ni propriétaire ni locataire et dans laquelle il se borne à faire fabriquer des planches moyennant salaire. — Cons. d'Et., 10 mars 1882, Hans, [D. 84.5.364]

1599 *bis*. — Un entrepreneur de diligences n'est pas imposable à raison d'un local appartenant à un aubergiste et où il abrite momentanément ses chevaux en cours de route. — Cons. d'Et., 18 nov. 1899, Sentio, [Leb. chr., p. 662]

1600. — Un industriel n'est pas davantage imposable à raison d'un local occupé par son représentant, quand il n'est pas établi que ce local a été loué pour son compte. — Cons. d'Et., 28 juill. 1864, Tréfouse, [Leb. chr., p. 697]

1601. — Par la même raison, un patentable ne peut être imposé pour la totalité d'un immeuble quand il n'en occupe que la moitié. — Cons. d'Et., 6 juill. 1888, Ruin, [Leb. chr., p. 621]

1602. — Le droit proportionnel n'est pas dû à raison des locaux possédés par un patentable, quand ces locaux ne servent ni à son habitation ni à l'exercice de sa profession. — Cons. d'Et., 13 janv. 1882, Chavassien, [Leb. chr., p. 33]; — 15 févr. 1884, Braussard, [Leb. chr., p. 132]

1603. — Ainsi jugé à propos de terrains vagues non affectés au service de l'exploitation d'un industriel. — Cons. d'Et., 28 févr. 1867, Comp. parisienne du gaz, [Leb. chr., p. 227]

1604. — ... Ou de locaux séparés d'un établissement commercial, laissés sans meubles et destinés à être sous-loués. — Cons. d'Et., 15 janv. 1886, Crédit lyonnais, [Leb. chr., p. 37]

1605. — ... Ou d'un appartement occupé par un membre de la famille du patentable qui ne prend aucune part à l'exercice de la profession. — Cons. d'Et., 4 juin 1875, Chamery, [Leb. chr., p. 537]; — 17 mars 1900, Elie, [Leb. chr., p. 224]

1606. — A. *Loués ou concédés à titre gratuit* — Pour être imposable au droit proportionnel à raison des éléments qu'ils ont à leur disposition, il n'est pas nécessaire que les patentables en soient propriétaires ou locataires. Ils peuvent également être assujettis à raison d'éléments qui leur auraient été prêtés ou concédés gratuitement. L'art. 12 L. 15 juill. 1880, le dit expressément : « Le droit proportionnel est dû, lors même que le logement et les locaux occupés sont concédés à titre gratuit. » — Cons. d'Et., 13 déc. 1854, Lampiéty, [Leb. chr., p. 970]; — 4 août 1862, Bénard, [Leb. chr., p. 640]; — 24 févr. 1866, Maurin, [Leb. chr., p. 148]; — 20 févr. 1869, Milbau, [Leb. chr., p. 182]; — 8 juin 1877, Bodhuile, [Leb. chr., p. 550]; — 3 mai 1878, Roux, [Leb. chr., p. 425]; — 9 janv. 1880, Sister, [Leb. chr., p. 13]; — 3 juill. 1885, Lacroix, [Leb. chr., p. 639]; — 12 nov. 1886, Perrotte, [Leb. chr., p. 780]; — 25 nov. 1887, Royer-Gallot, [Leb. chr., p. 742]; — 27 mai 1892, Naze, [Leb. chr., p. 500]

1607. — Il a été fait application de ce principe : à un charpentier occupant au bord d'un canal un bâtiment qui lui servait d'atelier et de dépôt de bois et que la compagnie concessionnaire du canal, dont il était le charpentier, mettait gratuitement à sa disposition. — Cons. d'Et., 15 mai 1857, Féral, [Leb. chr., p. 403]

1608. — ... A un avocat, à qui un de ses confrères avait prêté gratuitement une habitation et un cabinet de consultation en attendant la mise en état des locaux qu'il avait loués. — Cons. d'Et., 8 nov. 1878, Hébert-Desrocquettes, [Leb. chr., p. 878]

1609. — Un patentable est imposable sur les locaux qui lui servent d'habitation principale, alors même que ces locaux seraient mis gratuitement à sa disposition par ses enfants, seuls imposés à la contribution mobilière à raison de cet appartement. — Cons. d'Et., 9 juin 1876, Latouche, [Leb. chr., p. 536]

1610. — Inversement, le patentable qui a dans l'appartement loué par ses père ou mère quelques pièces à sa disposition exclusive, est passible du droit proportionnel à raison de ces pièces. — Cons. d'Et., 29 août 1871, Lebret-Flour, [Leb. chr., p. 137]; — 28 juill. 1882, Lecomte, [Leb. chr., p. 723]; — 15 juin 1883, Laplagne, [Leb. chr., p. 565]

1611. — Il en est de même si les locaux mis gratuitement à la disposition du patentable l'ont été par l'Etat ou par une ville en vertu de stipulations d'un cahier des charges. — Cons. d'Et., 21 févr. 1879, Marius, [Leb. chr., p. 159]; — 16 nov. 1895, Dufour, [Leb. chr., p. 726]

1611 *bis*. — Ainsi jugé pour un entrepreneur de la fourniture, de l'entretien et de l'emmagasinage des approvisionnements de réserve pour les places de guerre, pour un magasin destiné aux denrées de réserve que l'Etat mettait gratuitement à sa disposition. — Cons. d'Et., 7 nov. 1900, Robert, [Leb. chr., p. 59?]

1612. — La corporation des jaugeurs publics est imposable à raison du bureau où ses membres se tiennent à la disposition du public, alors même que le bureau et les instruments de jaugeage seraient fournis gratuitement par la ville. — Cons. d'Et., 10 déc. 1886, Jaugeurs de Marseille, [Leb. chr., p. 876]

1613. — B. *Occupés à titre permanent ou temporaire*. — Pour être réputé avoir un local à sa disposition, il n'est pas nécessaire de l'avoir d'une manière exclusive, permanente et continue. Il suffit que l'affectation à l'usage du patentable présente un caractère suffisant de fixité ou de périodicité. Il y a là une question de mesure laissée à l'appréciation du juge. On peut faire ici l'application de certains principes que nous avons énoncés *suprà*, n. 876 et s.

1614. — Ainsi, on a assujetti à payer le droit proportionnel un marchand ayant, dans une commune autre que celle de son domicile, un magasin loué à l'année pour y déposer et déballer ses marchandises toutes les fois qu'il vient exercer sa profession dans cette commune, alors même qu'en fait il se bornerait à déballer ses marchandises dans un hôtel de la commune les jours de foire et de marché. — Cons. d'Et., 21 avr. 1864, Camus, [Leb. chr., p. 365]

1615. — ... Un marchand forain, à raison de la place fixe louée par lui à l'année dans une halle et qu'il occupe les jours de foire. — Cons. d'Et., 6 juin 1866, Devausant, [Leb. chr., p. 606]; — 27 févr. 1867, Bras, [Leb. chr., p. 223] — V. *suprà*, n. 900, 918. — Ou d'un magasin loué au mois. — Cons. d'Et., 22 déc. 1899, Beauregard, [Leb. chr., p. 772]

1616. — ... Un marchand, occupant sous une halle, pendant les périodes des foires, un emplacement, qui est mis à sa disposition pendant vingt-cinq jours, mais ne peut le reste du temps être loué à d'autres. — Cons. d'Et., 23 mai 1870, Bidard, [Leb. chr., p. 626]

1617. — ... Un marchand de bois, à raison d'un emplacement loué par lui pour plusieurs mois pour y déposer ses bois. — Cons. d'Et., 11 juin 1880, Grange, [Leb. chr., p. 545]

1618. — ... Un entrepreneur de maçonnerie, à raison d'un chantier loué par lui au mois et dont il se sert pour le dépôt, le sciage et la taille des pierres. — Cons. d'Et., 21 avr. 1882, Henry, [Leb. chr., p. 364]

1619. — ... Un boucher, à raison d'une place exclusivement réservée à son usage dans un abattoir municipal. — Cons. d'Et., 31 juill. 1885, Langlois, [D. 86.5.317]; — 24 déc. 1886, Bloch, [Leb. chr., p. 926]

1620. — ... Un fabricant de sucre de betteraves, à raison d'un emplacement loué à l'Etat sur les bords d'un canal et servant surtout au dépôt des betteraves, et restant, pendant l'année entière à la disposition exclusive du fabricant, alors même qu'il ne s'en servirait que pendant quelques mois. — Cons. d'Et., 17 févr. 1866, Bouvet, [Leb. chr., p. 120]

1621. — Au contraire, le droit n'est pas dû à raison d'une occupation qui présenterait un caractère accidentel ou qui n'aurait ni une durée ni une fixité suffisantes pour permettre d'asseoir l'impôt. — Cons. d'Et., 27 déc. 1890, Bleclert, [Leb. chr., p. 1021]

1622. — Ainsi, un patentable n'est pas imposable à raison d'un logement passager qu'un parent met à sa disposition dans une commune où il n'exerce pas habituellement sa profession. — Cons. d'Et., 21 mai 1892, Simon, [Leb. chr., p. 475]

1623. — ... Non plus que les marchands forains, qui, venant dans des communes autres que celle de leur domicile pour écouler leurs marchandises pendant les périodes de foires et marchés, n'y occupent aucune place fixe ou désignée à l'avance ou louée pour un temps déterminé. — Cons. 3 avr. 1861, Boufartigue, [Leb. chr., p. 228] — V. *suprà*, n. 899.

1624. — Le droit proportionnel n'est pas dû non plus à raison d'un magasin de dépôt loué à la journée pendant quelques jours. — Cons. d'Et., 24 mai 1895, Simon, [Leb. chr., p. 443]

1625. — De même, on a jugé qu'un gabier du port de Bordeaux, n'ayant dans cette ville d'autre habitation ou résidence que son bateau, employé à un service régulier de navigation, ne pouvait être imposé au droit proportionnel à raison de cette résidence. — Cons. d'Et., 13 déc. 1878, Malgra, [Leb. chr., p. 1015]

1626. — C. *Utilisés ou non*. — Enfin pour être imposable au droit proportionnel à raison des éléments que l'on possède, il suffit que l'on puisse s'en servir, mais il n'est pas indispensable qu' l'on s'en serve effectivement. Il a été jugé maintes fois que des locaux qui servaient précédemment à l'exercice d'une profession, alors même que, pendant toute une année, ils resteraient vides et inoccupés, n'en demeurent pas moins imposables au droit proportionnel, si le patentable n'a pas pris en temps utile les dispositions nécessaires pour pouvoir prouver que ces locaux ont reçu une autre destination. — Cons. d'Et., 22 avr. 1857, Chaussan, [Leb. chr., p. 310]; — 5 juill. 1859, Mausan, [Leb. chr., p. 474]; — 7 août 1865, Chaussan, [Leb. chr., p. 740]

1627. — Lorsque dans son ensemble un local est à la disposition d'un patentable, la circonstance qu'en fait il n'en occuperait qu'une partie ne le dispenserait pas de payer le droit proportionnel sur le tout. En effet les nécessités d'une exploitation peuvent varier d'une année à l'autre, et des emplacements qui sont utilisables pendant une période de production normale peuvent n'être utilisés que partiellement à d'autres moments. — Cons. d'Et., 21 avr. 1868, Comp. d'Orléans, [Leb. chr., p. 455]; — 7 juill. 1870, Docks de Marseille, [Leb. chr., p. 866]; — 2 nov. 1888, Royer, [Leb. chr., p. 787]; — 26 juin 1890, Caron, [Leb. chr., p. 615]

1628. — Il en serait cependant autrement si l'inutilisation des locaux était permanente. Ainsi, il a été jugé qu'une société, qui avait à louer aux fabricants de fromages de Roquefort des caves destinées à les conserver, n'était pas imposable à raison de certaines de ces caves qui n'avaient jamais été exploitées depuis la formation de la société. — Cons. d'Et., 7 mai 1875, Soc. des caves de Roquefort, [D. 76.3.11]

1629. — Mais le droit est dû sur tous les locaux qui sont occupés en fait, alors même que le bail n'en ferait pas mention. — Cons. d'Et., 10 mars 1876, Margueritte et Soudée, [Leb. chr., p. 239]

1630. — ... Alors même qu'une partie de ces locaux serait inachevée, si cette partie est utilisée dans l'état où elle se trouve. — Cons. d'Et., 23 nov. 1877, Audigier, [Leb. chr., p. 907]

1631. — ... Alors même que cette occupation serait le résultat d'une tolérance. Ainsi, le contribuable qui, grâce à la complaisance de son propriétaire, vient occuper, dès le 1er janvier, des locaux qu'il a loués seulement pour le 1er avril, et qui a néanmoins conservé jusqu'à cette dernière date son ancien établissement, est imposable à deux droits proportionnels. — Cons. d'Et., 17 mai 1859, Bonnet, [Leb. chr., p. 368]

1632. — II. *Eléments servant à plusieurs fins.* — Il peut arriver, et il arrive en fait très-fréquemment, qu'un même local serve à plusieurs destinations, par exemple, qu'une maison d'habitation soit occupée, non seulement par le patentable, mais encore par sa famille; que des locaux servent tout à la fois à l'exercice de professions, les unes assujetties à la patente et les autres exemptes, ou soient occupés simultanément par plusieurs patentables qui y exercent chacun leur profession. Ces situations soulèvent de nombreuses difficultés que le Conseil d'Etat a eu à résoudre.

1633. — A. *Locaux servant au patentable et à des membres de sa famille.* — Le droit proportionnel, dû par les patentables qui habitent un appartement en commun avec d'autres membres de leur famille, doit être calculé, non seulement sur la valeur locative des locaux affectés à leur usage exclusif et personnel, mais encore sur la valeur locative des pièces servant à l'usage commun. Pendant quelque temps, le Conseil d'Etat a décidé que ces dernières pièces devaient être comprises pour la totalité de leur valeur dans le chiffre de valeur locative servant de base au droit proportionnel du patentable. — Cons. d'Et., 7 janv. 1857, Andrieu, [Leb. chr., p. 22]; — 24 juin 1857, Peynaud, [Leb. chr., p. 489]; — 8 déc. 1857, Devillers, [Leb. chr., p. 778]; — 24 août 1858, Morel, [Leb. chr., p. 582]

1634. — Mais le système qui a prévalu est celui qui consiste à n'imposer le contribuable que sur la valeur locative des locaux affectés à son usage personnel, augmentée d'une fraction de la valeur locative du surplus de l'habitation, représentant sa part de jouissance dans les locaux communs. — Cons. d'Et., 11 janv. 1853, Hébert et Paris, [Leb. chr., p. 78]; — 26 juin 1862, Deshaires, [Leb. chr., p. 520]; — 10 janv. 1865, Vantier, [Leb. chr., p. 20]; — 12 févr. 1867, Damour, [Leb. chr., p. 171]; — 16 avr. 1875, de Lestrade, [Leb. chr., p. 329]; — 4 janv. 1878, Pollet, [Leb. chr., p. 14]; — 9 janv. 1880, Ozenne, [Leb. chr., p. 13]; — 9 déc. 1887, Fusier, [Leb. chr., p. 784]; — 24 mai 1890, Ducharpeau, [Leb. chr., p. 554]; — 13 déc. 1890, Martre, [Leb. chr., p. 969]; — 24 juin 1893, Bazin, [Leb. chr., p. 525]; — 14 mars 1896, Guillabert, [Leb. chr., p. 271]; — 28 mai 1897, Lescontra, [Leb. chr., p. 418]; — 7 juill. 1899, Simon, [Leb. chr., p. 504]; — 3 févr. 1900, Lemoine, [Leb. chr., p. 99]; — 11 mai 1900, Gaveau, [Leb. chr., p. 339]

1635. — Il a été jugé, spécialement, qu'un maître de pension doit le droit proportionnel sur la valeur locative qui représente sa part de jouissance dans les locaux occupés en commun par lui et par ses élèves. Il n'est exempté que sur la partie exclusivement affectée à l'usage des élèves. — Cons. d'Et., 19 mars 1880, Bessières, [D. 80.3.118]

1636. — Le patentable qui habite dans la maison de sa mère et qui a été imposé sur la valeur locative des locaux qui lui sont affectés et sur une portion de la valeur locative des locaux habités en commun, ne peut se fonder, pour demander décharge du droit proportionnel, sur ce que les meubles garnissant l'appartement seraient la propriété de sa mère. — Cons. d'Et., 9 janv. 1880, précité.

1637. — Il n'y a pas lieu de faire de ventilation lorsque le patentable conserve la disposition exclusive de la totalité de l'habitation. — Cons. d'Et., 7 août 1874, Drouet, [Leb. chr., p. 804]; — 3 févr. 1883, Ferrière, [Leb. chr., p. 134]; — 5 févr. 1886, Allard, [Leb. chr., p. 118]

1638. — ... Et que les parents auxquels il donne l'hospitalité n'ont pas dans l'immeuble un logement qui leur soit propre et à raison duquel ils seraient imposables à la contribution mobilière. En ce cas, le patentable demeure imposable au droit proportionnel sur la valeur locative intégrale de l'immeuble. — Cons. d'Et., 31 mai 1870, Bonnefon, [Leb. chr., p. 666]; — 23 avr. 1875, Bertrand, [Leb. chr., p. 363]; — 21 avr. 1882, Buisson, [Leb. chr., p. 355]; — 27 févr. 1885, Leblond, [Leb. chr., p. 238]; — 24 janv. 1891, Laincy, [S. et P. 93.3.1]; — 8 nov. 1895, Jaillard, [Leb. chr., p. 688]; — 9 avr. 1897, Jaillard, [Leb. chr., p. 308]; — 19 déc. 1900, Harnig, [Leb. chr., p. 790]

1639. — Il en est ainsi notamment quand le loyer total est payé par lui. — Cons. d'Et., 21 déc. 1894, Bazini, [Leb. chr., p. 706]; — 22 déc. 1899, Pitron, [Leb. chr., p. 762]

1640. — Le patentable est imposable sur la valeur locative totale de l'appartement qu'il occupe en commun avec sa femme, même si les époux sont séparés de biens. — Cons. d'Et., 14 févr. 1879, Taulier, [Leb. chr., p. 133]; — 13 déc. 1890, Leturgeon, [Leb. chr., p. 967]; — même si la maison appartient à la femme. — Cons. d'Et., 2 mai 1891, Léturgeon, [Leb. chr., p. 346]; — 7 mai 1892, Forestal, [Leb. chr., p. 430]; — 23 févr. 1900, Lelanne, [Leb. chr., p. 159]; — ou si le mari se prévaut d'une prétendue location faite à sa femme et portant sur une partie de la maison. — Cons. d'Et., 22 mars 1878, Aron, [Leb. chr., p. 328]

1641-1642. — Si c'est la femme qui exerce une profession soumise à la patente, c'est elle qui est imposable pour l'ensemble des locaux qu'elle occupe avec son mari. — Cons. d'Et., 31 juill. 1874, Bleine, [Leb. chr., p. 748]

1643. — L'associé principal, qui habite en commun avec son associé secondaire, est imposable pour la totalité de l'appartement, alors même que le loyer et les autres charges sont payés pour moitié par l'associé. — Cons. d'Et., 4 févr. 1881, Longden, [Leb. chr., p. 157]; — 6 juill. 1888, Bernard, [Leb. chr., p. 621]; — 27 juill. 1888, Figuier, [Leb. chr., p. 673]

1644. — ... Et à plus forte raison si les associés secondaires, qui sont ses enfants, n'ont pas dans l'habitation commune un appartement distinct. — Cons. d'Et., 4 févr. 1881, Gunzbourg, [Leb. chr., p. 156]; — 20 mai 1881, Courty, [Leb. chr., p. 527]

1645. — Quand une belle-mère est l'associée principale dans une société formée avec son gendre, qui occupe une chambre de son appartement, elle doit le droit proportionnel sur la valeur locative intégrale de cette habitation. — Cons. d'Et., 28 avr. 1882, Riddelein, [Leb. chr., p. 402]

1646. — De même, quand les parents auxquels le patentable donne l'hospitalité dans son habitation l'aident dans l'exercice de sa profession, il doit être imposé sur la valeur locative de l'ensemble de l'immeuble. — Cons. d'Et., 10 nov. 1882, Soubiran, [Leb. chr., p. 864]; — 22 févr. 1890, Ferrent, [Leb. chr., p. 221]; — 4 juin 1897, Daviau, [Leb. chr., p. 460]

1647-1648. — Le patentable qui est logé chez sa mère et occupe deux pièces pour lui seul avec la jouissance de tout le reste de l'appartement, y compris les écuries et remises, doit le droit proportionnel sur la valeur intégrale. — Cons. d'Et., 4 févr. 1881, Saint-Ours, [Leb. chr., p. 158]

1649. — Un patentable, exerçant la profession d'avocat ne peut demander décharge du droit proportionnel auquel il a été imposé, par le motif que son logement a déjà été compris dans les éléments servant de base au droit proportionnel de sa mère également assujettie à la patente. — Cons. d'Et., 21 janv. 1876, Laporte, [Leb. chr., p. 58]

1650. — Le patentable chef de famille est imposable sur son habitation, alors même qu'il aurait abandonné à ses enfants la propriété de la maison. — Cons. d'Et., 6 nov. 1896, Marchand, [S. et P. 98.3.119] — ... Ou que celle-ci serait la propriété de ses enfants dont il est le tuteur. — Cons. d'Et., 27 févr. 1892, Héroult, [Leb. chr., p. 228]

1651. — Quand le logement en commun a cessé en cours d'année, le patentable qui conserve le local reste imposable pour la totalité pendant les six derniers mois. — Cons. d'Et., 21 févr. 1890, Laurent, [Leb. chr., p. 193]

1652. — Lorsqu'un patentable met une partie de sa maison d'habitation à la disposition de membres de sa famille dans des conditions telles que ces personnes soient, à raison de ces logements, imposables à la contribution mobilière, il y a lieu de distraire la valeur locative de ces appartements de celle à raison de laquelle doit être établi le droit proportionnel des patentables. — Cons. d'Et., 23 juin 1865, Autran, [Leb. chr., p. 650]; — 7 août 1874, Sella, [Leb. chr., p. 804]; — 23 avr. 1875, Guirandon, [Leb. chr., p. 360]; — 23 juill. 1875, Richer, [Leb. chr., p. 716]; — 19 mai 1876, Donand, [Leb. chr., p. 463]; — 21 nov. 1879, Cornillon, [Leb. chr., p. 731]

1653. — B. *Locaux servant simultanément à plusieurs patentables.* — Le même local peut être simultanément utilisé par plusieurs patentables pour l'exercice de leur profession. Par exemple, une maison de banque et une ou plusieurs compagnies d'assurances peuvent prendre dans une ville le même correspondant et ce représentant peut effectuer dans le même bureau les opérations que lui confient ses divers mandants. Voilà donc un local qui servira à la fois à l'exercice de trois professions : celle de banquier, celle d'entrepreneur d'assurances, et celle d'agent d'affaires. Ce local est-il passible d'un seul droit proportionnel établi au nom de l'individu au nom duquel il est loué, ou bien est-il assujetti à autant de droits proportionnels qu'il existe de contribuables y exerçant leur profession? En outre, doit-on dans ce dernier cas calculer le droit de chacun des contribuables sur la valeur intégrale du local, ou faut-il ventiler cette valeur locative entre les divers intéressés, de manière à ne faire peser sur ce local qu'un seul droit?

1654. — De ces deux opinions c'est la plus fiscale qui a prévalu dans la jurisprudence. On a fait remarquer que rien dans la loi ne s'opposait à ce qu'un même local fût imposé plusieurs fois s'il servait aux opérations de plusieurs contribuables. La loi se borne à disposer que chacun est imposable au droit proportionnel pour tous les locaux généralement quelconques qui servent à l'exercice de la profession. Si cette constatation de fait est établie, cela suffit. Quant à la question de savoir si chacun des contribuables qui exercent dans le même local devra payer le droit calculé sur la valeur intégrale, cela dépendra des circonstances. Dans le cas où il sera possible de localiser chaque profession dans des pièces distinctes et séparées, on fera la ventilation; quand, au contraire, l'ensemble des locaux servira indivisément aux diverses professions, chacun des intéressés paiera comme s'il jouissait seul du local.

1655. — Ainsi il a été jugé que quand deux patentables exerçant des professions différentes jouissent en commun de certains locaux, la circonstance que l'un des deux aurait été imposé au droit proportionnel à raison de la totalité de ces locaux, ne peut autoriser l'autre à réclamer une réduction du droit auquel il est imposé tant à raison des locaux affectés à son usage personnel qu'à raison des locaux communs. — Cons. d'Et., 3 juin 1863, de Leiris, [Leb. chr., p. 491]

1656. — ... Qu'un patentable, imposé à raison de tous les locaux occupés soit par ses moteurs, soit par les appareils employés pour la transmission de la force motrice qu'il loue, n'est pas fondé à se prévaloir de ce qu'une partie desdits locaux sert en même temps à l'exercice des professions diverses exercées par ses locataires pour demander réduction de son droit proportionnel. — Cons. d'Et., 23 mars 1870, Bacot, [Leb. chr., p. 326]

1657. — ... Qu'un agent d'affaires représentant une compagnie d'assurances et imposé au droit proportionnel sur la totalité de son habitation, ne peut demander réduction alors qu'il ne peut établir qu'une partie de cette habitation soit spécialement affectée aux opérations de la compagnie d'assurances et que d'ailleurs celle-ci n'a pas été imposée. — Cons. d'Et., 11 juin 1870, Lambert, [Leb. chr., p. 754]

1658. — ... Que le représentant d'une compagnie de transports, qui se livre lui-même pour son compte à l'exercice de la profession de commissionnaire de transports, doit être imposé quoique les locaux où il exerce cette profession, mis gratuitement à sa disposition par la compagnie, soient déjà compris dans les éléments à raison desquels est établi le droit proportionnel de celle-ci. — Cons. d'Et., 4 mai 1883, Camolet, [Leb. chr., p. 427]

1658 *bis*. — De même des locaux occupés dans une gare par un fabricant de toiles vernies pour le dépôt et la réparation des bâches qu'il loue à la compagnie de chemins de fer doivent être considérés comme une dépendance de sa fabrique. — Cons. d'Et., 13 févr. 1880, Yvose-Laurent, [Leb. chr., p. 177]

1659. — La même question s'est posée de nouveau plus tard à propos des bureaux des agents des compagnies d'assurances. Le Conseil a longtemps persisté à juger que le fait que les compagnies étaient imposées à raison de ces bureaux n'empêchait pas que leur agent y exerçât sa profession d'agent d'affaires et fût lui aussi, passible du droit proportionnel à raison du même local. — Cons. d'Et., 27 juill. 1888, Figuier-Serre, [Leb. chr., p. 673]; — 2 nov. 1888, Audibert, [Leb. chr., p. 839] — 23 mars 1900, Peyrot, [Leb. chr., p. 233]; — 1er juin 1900, Le Dieu de la Ville, [Leb. chr., p. 391]; — 24 déc. 1900, Barbier, [Leb. chr., p. 811]

1660. — Il a en outre affirmé de plus en plus nettement que chacun des contribuables exerçant dans le même local doit être assujetti au droit proportionnel pour la valeur locative intégrale du local. — Cons. d'Et., 1er juin 1888, Crédit lyonnais, [S. 90.3.37, P. adm. chr.]; — 9 févr. 1895 Soc. British-Foreign, [S. et P. 97.3.40]; — 14 févr. 1896, Adnot et Soc. l'*Abeille*, [Leb. chr., p. 149]; — 13 mai 1898, Chenut, [S. et P. 1900.3.56]

1661. — ... Même si l'une des compagnies est locataire principal de l'immeuble. — Cons. d'Et., 21 févr. 1896, Comp. d'assurances maritimes du Havre, [Leb. chr., p. 172]

1661 *bis*. — Cette jurisprudence, ainsi fixée, a donné lieu à de très-vives réclamations de la part des agents des compagnies d'assurances, qui avaient non seulement à payer le droit proportionnel dont ils étaient passibles comme agents d'affaires mais étaient le plus souvent obligés, par leurs contrats avec les compagnies d'assurances, à payer le droit proportionnel assis au nom de celles-ci sur leurs bureaux. Ils avaient parfois à payer autant de fois le droit proportionnel qu'ils représentaient de compagnies, étant donné que c'étaient les mêmes actes, les mêmes opérations qui donnaient lieu à l'établissement de ces droits au nom de patentables différents. L'assemblée du Conseil d'Etat statuant au contentieux a fini par reconnaître qu'il y avait là un véritable double emploi et a modifié sa jurisprudence. Après avoir décidé, le 29 mars 1901 (Perrault, Lamy et autres, Min. Fin.) que les agents d'assurances étaient personnellement imposables sur les locaux occupés par eux en qualité d'agents d'affaires elle a, le 28 févr. 1902 (Min. Fin.), déchargé les compagnies d'assurances représentées par ces agents du droit proportionnel qui leur était assigné sur les mêmes locaux.

1662. — Jugé encore que deux compagnies de chemin de fer se servant en commun d'une même gare doivent être imposées l'une et l'autre à raison de cette gare, alors même qu'aux termes d'une convention passée entre elles, l'une d'elles doit payer la totalité de l'imposition. — Cons. d'Et., 8 mars 1878, Nord (Saint-Quentin), [Leb. chr., p. 271]

1663. — Toutefois, lorsqu'une société étrangère, composée d'un associé principal résidant à l'étranger et d'une société résidant en France, n'emploie pas d'une manière spéciale, pour les besoins de son commerce, les locaux industriels de la société française, elle ne peut être imposée à raison de ces locaux. — Cons. d'Et., 12 août 1879, Demelle, [Leb. chr., p. 636]

1664. — C. *Locaux servant à une profession patentable et à un usage agricole.* — Nous n'examinerons ici que les difficultés qui naissent dans le cas où un patentable exerce dans les mêmes locaux plusieurs professions, dont l'une n'est pas assujettie à la patente, telle qu'une profession agricole. Il n'est pas douteux que les dépendances d'une maison d'habitation, les bâtiments exclusivement affectés au service d'une exploitation agricole, ne sont pas assujettis au droit proportionnel de patente. — Cons. d'Et., 13 janv. 1858, Boscher-Delangle, [Leb. chr., p. 55]; — 9 nov. 1894, Yvert, [Leb. chr., p. 584]

1665. — Ainsi, le distillateur qui a pris à ferme, dans une commune éloignée de sa fabrique, un domaine rural, dans lequel il cultive des betteraves pour alimenter son usine, n'est pas imposable au droit proportionnel à raison des bâtiments de ce domaine, s'il est établi qu'ils ne servent pas à l'exercice de son industrie, les betteraves récoltées sur le domaine étant, aussitôt arrachées, immédiatement transportées à l'usine. — Cons. d'Et., 21 janv. 1858, Lane, [D. 60.5.263]

1666. — Lorsqu'au contraire ces locaux servent à l'exercice d'une profession patentable, ils sont passibles du droit proportionnel, alors même qu'on mettrait en avant un motif d'intérêt agricole pour les faire exempter. Ainsi un individu qui fait le commerce des bœufs est imposable à raison d'un bâtiment situé dans une autre commune que celle de son domicile, destiné à loger des bestiaux qui font l'objet de son commerce, quoiqu'il prétende qu'il s'agit d'une étable pour les bestiaux qu'il fait paître dans des prairies louées par lui. — Cons. d'Et., 25 janv. 1860, Pichon, [Leb. chr., p. 61]

1667. — Jugé de même qu'un notaire, qui a, dans une commune autre que celle où est située son étude, un local, dans lequel il passe de temps en temps des actes de sa profession, lorsque ses clients le lui demandent, est imposable à raison de ce local, alors même qu'il s'en servirait principalement pour la surveillance de ses intérêts agricoles. — Cons. d'Et., 13 déc. 1871, Durieu, [Leb. chr., p. 314]; — 17 déc. 1875, Ducrest, [Leb. chr., p. 1024]

1668. — Lorsqu'un local est employé simultanément à l'exercice d'une profession soumise à la patente et d'une profession agricole, il y a lieu de faire, s'il est possible, une ventilation de la valeur locative. C'est ce qui a été jugé à l'égard des prés servant pour le blanchissage des toiles lorsqu'ils sont aussi employés comme herbages. — Cons. d'Et., 8 nov. 1872, Marie, [Leb. chr., p. 576]; — 16 nov. 1883, Godard, [Leb. chr., p. 812]

1669. — De même, dans les bâtiments occupés par un patentable, il faut déduire la valeur locative des bâtiments et locaux exclusivement affectés au service d'une exploitation agricole. — Cons. d'Et., 14 mars 1873, Beaubouchez, [Leb. chr., p. 242]

1670. — D. *Locaux servant à une profession patentable et à un service public.* — Ici encore il faut appliquer les principes énoncés ci-dessus. Les locaux exclusivement affectés à un service public ne sont pas imposables à la patente. C'est ainsi que le Conseil d'Etat a déclaré non imposable le local dans lequel les notaires, officiers publics, procèdent aux adjudications publiques d'immeubles. — Cons. d'Et., 26 avr. 1862, Chambre des notaires de Marseille, [S. 62.2.237, P. adm. chr.]

1671-1672. — La même solution est applicable au local où est installée la corbeille des agents de change. — Cons. d'Et., 18 mars 1887, Agents de change de Toulouse, [D. 88.3.30]

1673. — Lorsque la ventilation est possible, on ne manque pas de la faire. Ainsi un agent consulaire exerçant un commerce est imposable sur les locaux servant à l'exercice de son commerce et sur son habitation, mais déduction faite de la valeur locative des locaux servant à la gestion du consulat. — Cons. d'Et., 16 juin 1876, Wagner, [Leb. chr., p. 567]

1674. — Lorsqu'au contraire c'est le même local qui sert simultanément au service public et à l'exercice de la profession, le caractère professionnel l'emporte et le droit proportionnel est dû sur la valeur locative intégrale du local. Ainsi jugé à l'égard des débits de tabac quand le débitant y exerce en même temps la profession de marchand de pipes ou de tabatières. — Cons. d'Et., 10 nov. 1853, Taillefer, [Leb. chr., p. 941]; — 22 avr. 1857, Lavigne, [Leb. chr., p. 309]; — 30 juin 1876, Liger, [Leb. chr., p. 613] — V. *suprà*, n. 271 et s.

1675. — Le droit est dû également par les compagnies de chemin de fer sur la valeur intégrale des halles et bâtiments qui servent en même temps aux vérifications des agents des douanes (V. *suprà*, n. 1536) et au chargement, déchargement des marchandises, opérations rendues nécessaires à une gare frontière par la différence de largeur des voies des deux pays. — Cons. d'Et., 26 juill. 1878, Midi, [D. 79.3.28]

1676. — Le Conseil a maintenu le droit proportionnel établi sur les locaux affectés par une commune, dans une bourse de commerce, aux opérations des courtiers de marchandises assermentés par le tribunal de commerce. Pour refuser d'étendre à ce local l'exemption accordée à celui de la chambre des notaires, le Conseil d'Etat s'est fondé sur ce que les courtiers se servaient de cette salle, non seulement pour les ventes publiques de marchandises ordonnées par le tribunal de commerce, mais encore les ventes publiques volontaires réclamées par leurs clients. — Cons. d'Et., 26 juill. 1895, Comp. des courtiers assermentés de Paris, [D. 96.3.75]

1677. — Il avait précédemment jugé de même pour la corporation des jaugeurs publics. — Cons. d'Et., 10 déc. 1886, Jaugeurs de Marseille, [Leb. chr., p. 870]

1677 *bis.* — Les greffiers ne sont pas imposables à raison du local affecté au greffe du tribunal dans les bâtiments du palais de justice. Ce local est considéré comme affecté à un service public. — Cons. d'Et., 23 juill. 1863, Clerget, [Leb. chr., p. 566]; — 6 janv. 1864, Susini, [Leb. chr., p. 4] — Au contraire, quand le greffier a établi les bureaux du greffe dans une pièce de son habitation, non séparée du reste de l'appartement et demeurant à la disposition du greffier et de sa famille, il est imposable au droit proportionnel à raison de cette pièce. — Cons. d'Et., 18 avr. 1860, Lesenne, [Leb. chr., p. 321]; — 12 févr. 1863, Cantarel, [Leb. chr., p. 111]; — 9 mars 1900, Perrot, [Leb. chr., p. 192]; — 23 nov. 1900, Firquet, [Leb. chr., p. 654]

§ 2. *Détermination de la valeur locative.*

1678. — Aux termes de l'art. 12 L. 15 juill. 1880, la valeur locative est déterminée, soit au moyen de baux authentiques ou de déclarations de locations verbales dûment enregistrées, soit par comparaison avec d'autres locaux dont le loyer aura été régulièrement constaté ou sera notoirement connu et, à défaut de ces bases, par voie d'appréciation.

1° *Définition de la valeur locative à déterminer.*

1679. — Qu'est-ce que la valeur locative qu'il s'agit de déterminer? C'est le loyer qu'obtiendrait le propriétaire du local ou de l'outillage s'il le louait. Aux termes de l'instruction de 1881 (art. 53), la valeur locative qui doit servir de base au droit proportionnel est la valeur locative courante, ordinaire, celle qui représente le prix de location au moment de l'estimation et en supposant le bailleur chargé de l'impôt foncier et des frais d'entretien et de réparations.

1680. — Ce qu'il faut déterminer, c'est donc tout à la fois la valeur normale, la valeur actuelle et la valeur réelle de l'élément assujetti au droit proportionnel.

1681. — On ne peut s'en rapporter aux évaluations qui ont servi pour l'établissement des matrices de la contribution foncière ou de la contribution mobilière. D'abord, pour la contribution foncière des propriétés non bâties, ce que l'on a déterminé c'est le revenu net moyen calculé sur la période d'années qui a précédé le cadastre, revenu qui est demeuré invariable depuis que ce travail est achevé. D'autre part, on sait que les valeurs accusées par la matrice cadastrale sont souvent tellement affaiblies que l'impôt est quelquefois supérieur au revenu qui lui sert de base. Les chiffres tout conventionnels portés sur cette matrice sont sans inconvénient pour un impôt de répartition; mais ils ne peuvent être d'aucune utilité pour faire connaître la valeur locative. — Cons. d'Et., 18 août 1862, Cash, [Leb. chr., p. 703]; — 23 mai 1873, Mercier, [Leb. chr., p. 452]

1682. — Même pour les propriétés bâties, le revenu qui sert de base à la contribution foncière ne peut être appliqué au droit proportionnel, d'abord parce que c'est un revenu net et non un revenu réel, à raison de la déduction forfaitaire du tiers ou du quart prescrit par la loi sur les valeurs réelles, et ensuite parce que ce n'est pas un revenu actuel, la valeur locative étant en principe fixée pour dix ans. — Cons. d'Et., 16 août 1867, Huet, [Leb. chr., p. 793]; — 27 janv. 1888, Champenois, [Leb. chr., p. 95]

1682 *bis.* — Cependant, dans un arrêt récent, nous voyons que la valeur locative d'une usine a été calculée d'après les bases admises pour la contribution foncière, en tenant compte toutefois de la valeur de l'outillage mobile. — Cons. d'Et., 22 déc. 1899, Frédet, [Leb. chr., p 763]

1683. — La valeur locative qui sert de base à l'établissement de la matrice mobilière ne peut pas être davantage consultée. En effet, elle est aussi destinée à un impôt de répartition et en outre elle est muette quant aux locaux qui ne servent pas à l'habitation. — Cons. d'Et., 24 juill. 1852, Darracq, [S. 53.2.94, P. adm. chr.]; — 26 nov. 1852, Laporte, [Leb. chr., p. 525]; — 15 déc. 1852, Lebrun, [Leb. chr., p. 614]; — 12 sept. 1853, Douer,

[Leb. chr., p. 888]; — 23 mars 1854, Martinet, [Leb. chr., p. 226]; — 28 août 1865, Dehouvin, [Leb. chr., p. 868]

1684. — La valeur locative imposable est la valeur actuelle, c'est-à-dire au 1er janvier de l'année de l'imposition. Chaque année, les chiffres assignés aux divers éléments peuvent être modifiés. Ainsi, lorsqu'un bail présente des séries de prix distinctes, s'appliquant aux diverses périodes de sa durée, si d'ailleurs ce bail a été conclu dans des conditions normales, on inscrira dans la matrice le loyer correspondant à chaque période considérée à part (Instr. 1881, art. 53).

1685. — Bien que légalement la valeur locative puisse être modifiée chaque année, l'Instruction de 1881 recommande aux agents de n'user de ce droit qu'avec la plus grande réserve. « Lorsque la valeur locative aura été une première fois réglée avec exactitude, les agents ne devront y toucher qu'avec une très-grande réserve, si du reste le patentable continue d'occuper les mêmes locaux et de payer le même loyer. Une augmentation insignifiante et qui ne serait pas complètement justifiée produirait, en pareil cas, un mauvais effet et serait tout à fait contraire à l'esprit de prudence et de modération avec lequel l'administration entend que la loi des patentes soit appliquée (Instr. 1881, art. 53).

1686. — Pour déterminer la valeur locative réelle et entière des locaux occupés, il faut prendre pour base des droits proportionnels leur valeur commerciale, telle qu'elle résulte de la destination du local, de sa situation, de ses avantages d'installation, de notoriété, de clientèle. C'est un fait d'expérience qu'un local déterminé se louera plus cher pour un usage commercial que pour un usage privé.

2° Moyens pour arriver à la détermination de la valeur locative.

1687. — I. *Baux.* — Le législateur a indiqué aux agents des contributions directes trois procédés pour arriver à la détermination de la valeur locative réelle : les baux, la comparaison, l'appréciation directe. Ces procédés ne sont pas mis sur la même ligne. Ce n'est qu'à défaut de baux que l'on peut recourir à la comparaison, et l'appréciation directe, considérée comme prêtant plus à l'arbitraire, ne peut être appliquée qu'à défaut des deux autres modes d'évaluation.

1688. — Mais de ce que le législateur a indiqué un ordre de préférence entre les divers modes d'évaluation, il ne s'ensuit pas que les agents soient liés par les indications d'un bail. Dans le rapport qui a précédé le vote de la loi de 1844, M. Vitet s'exprimait ainsi à ce sujet : « De cette disposition il ne faut pas conclure que la valeur locative puisse, dans tous les cas, être constatée d'une manière infaillible par la seule production d'un bail authentique. Nous reconnaissons qu'il peut être intervenu entre le bailleur et le locataire des conventions particulières, des arrangements, des transactions qui modifient en plus ou en moins le prix du loyer. Une confiance aveugle dans la lettre du bail favoriserait donc outre mesure tantôt le Trésor, tantôt le contribuable. Enfin si la sincérité de ce genre de documents ne pouvait jamais être contestée, il en résulterait une excitation à la fraude; la loi encouragerait les dissimulations en renonçant à les découvrir; ce qui doit seulement être bien établi, c'est que de tous les moyens d'apprécier la valeur locative, le bail authentique est celui qu'il faut placer en première ligne, parce que, sauf de très rares exceptions, il est toujours le plus sûr et le plus équitable. » — *Bull. contrib. dir.*, 1843, p. 127 et s.

1689. — L'instruction de 1881 (art. 48), résume ainsi la même idée : « L'évaluation au moyen des baux est la plus sûre et par conséquent celle dont les agents doivent de préférence faire usage lorsqu'ils rencontrent des baux passés dans des conditions normales et régulières. Mais si, par suite de circonstances exceptionnelles, certains baux présentaient une atténuation ou une exagération sensible, les agents constateraient le fait et les écarteraient de leur travail, ou ne les emploieraient qu'après leur avoir fait subir les modifications nécessaires. »

1690. — L'art. 53 de cette instruction complète et précise le conseil donné dans l'art. 48 en indiquant aux contrôleurs quels sont les baux qu'ils devront écarter comme sortant des conditions normales ou qu'ils ne devront utiliser qu'après leur avoir fait subir les modifications nécessaires. Ce sont : 1° le bail, par lequel le locataire serait tenu au paiement de l'impôt foncier (V. *infrà*, n. 1715) ou à des réparations autres que les réparations locatives ordinaires (V. *infrà*, n. 1734); 2° le bail, qui assurerait au locataire d'autres avantages que ceux de la location proprement dite ou qui comprendrait des terres ou d'autres objets que ceux qui sont passibles du droit proportionnel; 3° le bail, qui ne comprendrait pas tous les objets pour lesquels le locataire est passible du droit proportionnel, tels qu'une partie des emplacements ou bâtiments, des machines hydrauliques, à manège ou à vapeur, l'outillage, etc.; 4° le bail concernant des bâtiments dans lesquels le locataire aurait fait, à ses frais, des augmentations ou des améliorations ayant de l'importance (V. *infrà*, n. 1728 et s.); 5° le bail se rapportant à une propriété dans la situation ou l'état de laquelle il serait survenu, depuis la location, des changements notables; 6° le bail qui serait d'une date trop ancienne pour représenter le cours actuel des loyers. — V. *infrà*, n. 1714 et s.

1691. — La jurisprudence du Conseil d'Etat est conforme à ces prescriptions. Lorsqu'il existe un bail authentique, les indications en sont présumées exactes, et c'est à l'administration s elle estime le loyer atténué, ou au contribuable, s'il le juge exagéré, à justifier du caractère anormal de ce bail. — Cons. d'Et. 8 janv. 1857, Brivol, [Leb. chr., p. 31]; — 8 sept. 1864, Fontaine [Leb. chr., p. 852]; — 22 déc. 1869, Aclocque, [Leb. chr., p. 1010]; — 11 déc. 1874, Roux, [Leb. chr., p. 971]; — 26 févr. 1875 Hemordinquer, [Leb. chr., p. 191]; — 13 juill. 1877, Messageries nationales, [Leb. chr., p. 696]; — 20 juill. 1877, Meunier, [Leb. chr., p. 717]; — 2 mai 1879, Tandon, [Leb. chr., p. 336]; — 12 mars 1880, Brien-Badouille, [Leb. chr., p. 291]; — 5 mai 1882 Rouche, [Leb. chr., p. 432]; — 23 mai 1884, Bandemant, [Leb. chr., p. 411]; — 6 déc. 1890, Beaupré, [Leb. chr., p. 934]; — 17 janv. 1891, Paré, [Leb. chr., p. 23]; — 18 avr. 1891, Comp des messageries, [Leb. chr., p. 297]; — 27 oct. 1893, Lourmède [Leb. chr., p. 708]; — 10 nov. 1894, Messageries maritimes [Leb. chr., p. 589]; — 19 juin 1896, Dubaus, [Leb. chr., p. 491] — 18 mai 1899, Pellegrin, [Leb. chr., p. 390]

1692 — On peut tenir compte même d'un bail sous seing privé, pourvu qu'il soit enregistré. — Cons. d'Et., 15 janv. 188 Crédit lyonnais, [Leb. chr., p. 35] — ... Et que cet enregistrement soit antérieur à l'établissement du rôle. — Cons. d'Et 28 déc. 1853, Bonteloup, [Leb. chr., p. 1111]

1693. — On peut également s'en rapporter aux déclaration de locations verbales depuis la loi du 23 août 1871, qui a étab des sanctions pénales pour punir les fausses déclarations.

1694. — Il a même été jugé qu'on pouvait s'en rapporter une promesse de bail quand elle parait sincère. — Cons. d'Et., 2 févr. 1884, Entrepôts généraux, [Leb. chr., p. 161]

1695. — Mais en principe les baux sous seing privé non enregistrés sont sans aucune valeur à ce point de vue. — Cons d'Et., 20 nov. 1856, Kœnig, [Leb. chr., p. 647]; — 23 juin 186 Morot, [Leb. chr., p. 654]; — 10 janv. 1866, Morot, [Leb. chr p. 62]

1696. — Il ne suffit pas à un contribuable d'alléguer que so bail a été passé dans des circonstances exceptionnelles pour in firmer l'autorité du bail; il faut qu'il prouve la réalité de ce circonstances qui l'auraient forcé à accepter un loyer exagéré — Cons. d'Et., 6 mai 1857, Paquin, [Leb. chr., p. 349]

1697. — Le loyer fixe, déterminé pour une période d'an nées, par un bail, constitue dans les rapports du propriétaire e du locataire, un véritable abonnement qui met les deux parties l'abri des fluctuations de valeur de cette sorte de marchandise La patente étant, elle aussi, une sorte d'abonnement passé entr l'Etat et le contribuable, lorsqu'il n'apparaît pas que le bail in tervenu entre propriétaire et locataire soit fictif, que sa sincérit n'est pas contestée, l'Administration doit s'en contenter, et n pas assigner à l'immeuble une valeur locative différente à raiso de ce que, depuis la passation du bail, la valeur locative a aug menté dans la commune. — Cons. d'Et., 1er déc. 1858, Un [Leb. chr., p. 674]; — 23 févr. 1860, Job, [D. 60.5.260]; — 19 jui 1867, p. 140, Bienvenu, [S. 68.2.159, P. adm. chr.]

1698. — Inversement, le contribuable, imposé d'après la va leur locative qui résulte des énonciations d'un bail authentique ne pourra se fonder, pour demander réduction, sur ce que, depu le commencement du bail, la valeur des magasins a diminu dans la totalité. — Cons. d'Et., 28 avr. 1870, Larbaud, [Leb. chr p. 506]

1699. — Il ne peut non plus se prévaloir, pour obtenir rédu tion du droit proportionnel établi pour une année, de ce qu aurait obtenu de son propriétaire une diminution de loyer po l'année suivante. — Cons. d'Et., 14 nov. 1873, Tresserres, [Le chr., p. 813]

1700. — Il a été jugé aussi que, quand un bail authentique est en vigueur au 1er janvier, le prix porté à ce bail doit être pris pour base du droit proportionnel, même alors que par comparaison avec d'autres locaux on obtiendrait une valeur locative supérieure, et que le contribuable devrait payer un loyer supérieur en vertu d'un nouveau bail commençant à courir pendant l'année de l'imposition. — Cons. d'Et., 24 août 1858, Brosset, [S. 59.2.399, P. adm. chr.]

1701. — Il en serait autrement si un contribuable renouvelait sa location par un nouveau bail, moyennant un loyer plus élevé, et à la condition que l'augmentation porterait sur les années restant à courir sur le premier bail. Le Conseil a jugé qu'en pareil cas, on ne devait pas attendre l'expiration de la période fixée par le bail primitif pour appliquer la valeur locative déterminée d'après le nouveau bail, qui seule représente la valeur actuelle. En effet, les nouvelles conventions ont eu pour effet de remplacer les anciennes, qui ne sont plus en cours d'exécution. — Cons. d'Et., 10 août 1869, Boillin, [Leb. chr., p. 778]

1702. — La valeur locative doit être réduite lorsqu'il s'est produit un cas de force majeure amenant, pour l'établissement ou pour l'outillage, une cause de dépréciation permanente, telle que celle provenant de l'assujettissement d'une mine aux servitudes militaires. — Cons. d'Et., 9 mai 1879, Delesalle, [Leb. chr., p. 371]

1703. — Mais s'il s'agit de causes temporaires de dépréciation, le contribuable ne peut s'en prévaloir. C'est ainsi que le Conseil d'Etat a maintenu un patentable au droit proportionnel d'après le prix porté dans un bail, quoique le locataire justifiât que, pendant plusieurs années, le propriétaire lui avait consenti une réduction de loyer à raison des difficultés qu'il avait éprouvées à la suite de la guerre de 1870. Il avait été établi que cette réduction, obtenue du propriétaire, n'avait été motivée ni par l'exagération du bail primitif, ni par l'abaissement du cours des loyers dans la localité, et que c'était uniquement pour alléger les charges de son locataire que le propriétaire avait consenti à abandonner temporairement une partie de ses droits. — Cons. d'Et., 26 nov. 1880, Besnier, [Leb. chr., p. 923]

1704. — Le bail n'a d'effet probant qu'autant qu'il est en cours d'exécution. Lors donc qu'un contribuable, qui occupait un immeuble en qualité de locataire, en est devenu propriétaire, il ne peut se prévaloir du loyer inscrit dans son bail pour soutenir que le droit proportionnel doit être calculé sur ces bases. — Cons. d'Et., 16 avr. 1863, Baudoin, [Leb. chr., p. 365]; — 13 mai 1865, Clabérès, [Leb. chr., p. 530]

1705. — Les baux, même authentiques, peuvent et même doivent être écartés, lorsqu'ils paraissent manifestement contraires à la réalité des faits, entachés d'erreur ou de fraude, ou même simplement quand ils contiennent des conditions anormales. — Cons. d'Et., 4 juill. 1857, Hamelin, [Leb. chr., p. 541]; — 15 avr. 1872, Desouches, [Leb. chr., p. 243]; — 10 mars 1876, Marguerille et Soudée, [Leb. chr., p. 239]; — 17 mars 1876, Larrie, [Leb. chr., p. 268]; — 4 nov. 1877, Berthier-Ducroix, [S. 79.2.273, P. adm. chr., D. 78.3.12]; — 19 juill. 1878, Decourt, [Leb. chr., p. 710]; — 20 déc. 1878, Pesci, [Leb. chr., p. 1044]; — 12 mars 1880, Miry-Samson, [Leb. chr., p. 291]; — 25 mars 1881, Lombard, [Leb. chr., p. 328]; — 25 janv. 1884, Poulet-Levieux, [Leb. chr., p. 77]; — 27 juin 1884, Giamone, [Leb. chr., p. 529]; — 2 juill. 1886, Vernes, [Leb. chr., p. 540]; — 10 juin 1887, Gineston-Merceron, [Leb. chr., p. 464]; — 1er juill. 1887, Lafon, [Leb. chr., p. 530]; — 4 nov. 1887, Boqué, [Leb. chr., p. 688]; — 3 août 1888, Herman, [Leb. chr., p. 713]; — 24 mai 1890, Cherpin, [Leb. chr., p. 543]; — 19 juill. 1890, Augé, [Leb. chr., p. 705]; — 27 juin 1891, Chadefaux et Depoix, [Leb. chr., p. 504]; — 7 nov. 1891, Robin, [Leb. chr., p. 643]; — 26 déc. 1891, Chaumette, [Leb. chr., p. 805]; — 16 janv. 1892, Lataste, [Leb. chr., p. 23]; — 29 janv. 1892, Chevalier, [Leb. chr., p. 73]; — 5 févr. 1892, Depoix, [Leb. chr., p. 116]; — 14 mai 1892, Latour, [Leb. chr., p. 450]; — 27 mai 1892, Lataste, [Leb. chr., p. 501]; — 29 avr. 1893, Gompel, [Leb. chr., p. 353]; — 4 nov. 1893, Petit, [Leb. chr., p. 716]; — 16 mars 1894, Cirodde, [Leb. chr., p. 211]; — 9 févr. 1895, James-Mas, [Leb. chr., p. 143]; — 23 févr. 1895, Tarissan, [Leb. chr., p. 190]; — 3 juill. 1896, Dottin, [Leb. chr., p. 541]; — 18 janv. 1897, Boulay, [Leb. chr., p. 479]; — 18 déc. 1897, Robert, [Leb. chr., p. 818]

1706. — Peuvent être considérés comme anormaux les baux qui sont intervenus dans des circonstances exceptionnelles, par exemple un bail d'un an consenti après une déclaration de faillite. — Cons. d'Et., 2 avr. 1886, Lefebvre et Dupin, [Leb. chr., p. 296]; — ... ou un bail intervenu entre membres de la même famille. — Cons. d'Et., 11 juin 1886, Déprez, [Leb. chr., p. 511]; — 10 déc. 1886, Duval, [Leb. chr., p. 875]; — 16 mars 1894, Cirodde, [Leb. chr., p. 211] — V. aussi *suprà*, n. 1690.

1707. — Il a été jugé que l'on pouvait, pour évaluer la valeur locative du buffet d'une gare, recourir au mode de la comparaison avec des locaux de même nature en ne tenant aucun compte du montant de la redevance payée à la compagnie par l'exploitant. — Cons. d'Et., 26 déc. 1891, Carbry, [Leb. chr., p. 815]; — 6 avr. 1894, Guillemot, [Leb. chr., p. 243]

1708. — Un bail doit être réputé anormal, quand il impose au locataire l'obligation d'accepter sans indemnité le chômage de la moitié des meules dont se compose le moulin, alors même que ce chômage serait le fait du bailleur. — Cons. d'Et., 23 avr. 1880, Massey et Briant, [D. 81.3.76]

1709. — Lorsque le locataire cède son bail à une tierce personne, il peut fixer un loyer supérieur à celui qu'il paie lui-même au propriétaire. En ce cas, le droit proportionnel devra être calculé sur le prix de sous-location et non sur celui du premier bail. — Cons. d'Et., 20 juin 1855, Lachamp, [D. 56.3.8]

1710. — Quand un patentable sous-loue une partie des locaux pris à bail, il n'est pas fondé à soutenir que son droit proportionnel doit être calculé, pour les locaux qu'il conserve à sa disposition, sur la différence existant entre le prix de location totale et le prix de sous-location. Il faudra déduire la valeur réelle du total d'après le rapport existant entre la valeur des locaux sous-loués et celle des locaux conservés. On conclura, par exemple, du prix total du bail et de l'étendue superficielle des locaux la valeur locative par mètre superficiel et on en fera l'application aux locaux conservés. — Cons. d'Et., 23 juill. 1856, Albier, [Leb. chr., p. 471]; — 27 mai 1857, Renaud, [Leb. chr., p. 417]; — 8 janv. 1875, Chapuis, [Leb. chr., p. 18]; — 23 nov. 1877, Massu, [Leb. chr., p. 909]; — 29 mars 1878, Bayse, [Leb. chr., p. 344]; — 9 mai 1879, Mortamet, [Leb. chr., p. 370]; — 14 déc. 1883, Quenille et Darc, [Leb. chr., p. 916]; — 5 mars 1892, Moureau, [Leb. chr., p. 261]; — 9 juin 1894, Dumont, [Leb. chr., p. 395]; — 26 juill. 1895, Perrot, [Leb. chr., p. 610]

1711. — Lorsqu'un locataire, en cédant son bail, stipule qu'en outre du loyer annuel qu'il aurait à payer au propriétaire, le cessionnaire devra lui payer, à lui, une somme déterminée comme prix de cession du bail, cette somme représente un accroissement de loyer qu'il faut diviser par le nombre d'années restant à courir sur le bail pour avoir le loyer annuel. — Cons. d'Et., 3 juin 1863, Legendre, [Leb. chr., p. 492]

1712. — Lorsqu'au contraire, le locataire sous-loue pour un prix moins élevé que celui qu'il paie au propriétaire, c'est la valeur locative résultant du premier bail et non celle stipulée dans la sous-location qui doit servir de base au droit proportionnel, car le plus souvent les sous-locations sont faites dans des conditions anormales.

1713. — Lorsqu'il est passé des baux à série de prix, il arrive souvent que l'année fiscale comprenne des fractions d'années de bail pour lesquelles ont été établis des prix différents : par exemple, un bail passé en juillet pour six ans, stipule que le loyer sera de 1,000 fr. pour la première période et de 1,200 pour la seconde. Pour l'année qui verra la fin de la première période et le commencement de la seconde, le droit proportionnel devra être calculé sur une valeur locative totale résultant de l'application à chacune des fractions d'année de loyer correspondant, soit 1,100 fr. (500 + 600). — Cons. d'Et., 30 mars 1864, Tramblay, [Leb. chr., p. 295]

1714. — Les allocations, stipulées par les propriétaires à titre de loyer, sont parfois accompagnées de charges qui devraient en principe incomber au propriétaire et dont celui-ci s'exonère sur son locataire. Il faut ajouter au loyer le montant de ces charges accessoires pour avoir la valeur locative complète.

1715. — Ainsi, dans le cas où une clause du bail met à la charge du locataire le paiement de l'impôt foncier, la valeur locative se trouve augmentée du montant de cet impôt. — Cons. d'Et., 15 mai 1857, Powel, [Leb. chr., p. 403]; — 1er déc. 1858, Mérard, [Leb. chr., p. 675]; — 13 mars 1860, Graves, [Leb. chr., p. 223]; — 8 août 1873, Joussemagne, [Leb. chr., p. 743]; — 18 déc. 1874, Wanner, [Leb. chr., p. 1010]; — 4 nov. 1881, Roger, [Leb. chr., p. 831]

1716. — Il en est de même d'une taxe syndicale de curage d'un cours d'eau, que le locataire d'un moulin a prise à sa charge. — Cons. d'Et., 7 mai 1875, Raveneau, [Leb. chr., p. 437]

1717. — ... Des primes payables aux compagnies d'assurances. — Cons. d'Et., 8 août 1873, précité; — 4 nov. 1881, précité.

1718. — Il en est encore de même quand le propriétaire oblige ses locataires à payer en tout ou en partie le salaire du concierge. — Cons. d'Et., 27 juill. 1894, Crouillebois, [D. 95.3.50]

1719. — ... La taxe de balayage. — Cons. d'Et., 1er avr. 1881, Jaglier, [D. 82.3.100]; — 17 avr. 1896, Baboin, [Leb. chr., p. 328]; — 6 nov. 1896, Chambryron, [Leb. chr., p. 695]; — 12 mars 1897, Schwab, [Leb. chr., p. 211]

1720. — ... L'éclairage. — Cons. d'Et., 27 juill. 1894, précité; — 17 avr. 1896, précité; — 6 nov. 1896, précité; — 12 mars 1897, précité.

1721. — ... Ou stipule des redevances spéciales pour permettre au locataire d'user d'un certain passage ou de poser une enseigne. — Cons. d'Et., 25 févr. 1881, Pélissié, [Leb. chr., p. 224]

1722. — Il faut tenir compte de la valeur des détritus que le locataire est tenu d'abandonner au propriétaire en sus du prix de la location. — Cons. d'Et., 16 déc. 1869, Dailhe, [Leb. chr., p. 979]

1723. — En outre, quand il s'agit d'établissements industriels et que la cage seule a fait l'objet du bail, la valeur locative de l'outillage doit être ajoutée au loyer du bâtiment. — Cons. d'Et., 12 août 1859, Galvin, [Leb. chr., p. 593]; — 13 mars 1860, Graves, [Leb. chr., p. 223]; — 23 juin 1865, Laugier, [Leb. chr., p. 653]; — 8 août 1873, Joussemagne, [Leb. chr., p. 743]

1724. — ... A plus forte raison si le fermier de l'usine s'est engagé à abandonner à la fin de son bail, au propriétaire de l'établissement, les machines et instruments qu'il y aura fait installer. — Cons. d'Et., 13 avr. 1853, Armand, [S. 54.2.78, P. adm. chr.]

1725. — Alors même qu'un bail stipulerait qu'une partie du loyer représente une indemnité pour certains bénéfices auxquels le bailleur aurait renoncé en faveur de son locataire, si le locataire tenait, du fait même de la location et sans le recours d'une clause spéciale, le droit de faire les actes qui motivent cette prétendue indemnité, le locataire ne peut valablement soutenir que cette somme ne fait pas partie intégrante de son loyer. — Cons. d'Et., 2 févr. 1895, Comp. des messageries maritimes, [Leb. chr., p. 120]

1726. — Si la location comprend autre chose que des objets soumis au droit proportionnel, il y a lieu de faire subir au prix du bail des déductions correspondant à la valeur locative de ces objets. Ainsi l'on doit déduire le prix de location des terres qui entourent un établissement industriel. — Cons. d'Et., 8 août 1873, précité; — 11 déc. 1874, Delomonais, [Leb. chr., p. 974]

1727. — Il faudrait aussi en retrancher les charges locatives que le propriétaire prendrait à sa charge, par exemple le paiement de la contribution des portes et fenêtres, l'abonnement à l'eau ou au gaz, etc.

1728. — Il y a lieu de tenir compte, dans l'évaluation de la valeur locative, des travaux qui ont pour effet d'accroître cette valeur, qu'ils soient exécutés aux frais du propriétaire ou du locataire. Peu importe qu'une partie des loyers puisse être considérée comme une indemnité représentative de ces travaux ou comme l'intérêt du capital que le propriétaire y a dépensé. — Cons. d'Et., 31 mai 1859, Arnoult, [Leb. chr., p. 394]; — 21 sept. 1859. Mottet, [Leb. chr., p. 641]

1729. — S'il s'agit au contraire de travaux sans importance que le locataire exécute de lui-même, sans y être obligé par son bail, ils peuvent être considérés comme sans influence sur les éléments du prix de location. — Cons. d'Et., 17 sept. 1854, Adoubard, [Leb. chr., p. 840]

1730. — Le locataire qui, pour son agrément ou pour les besoins de son industrie, effectue des travaux de transformation ou d'amélioration considérables dans l'immeuble, ne peut prétendre que le droit proportionnel doit être exclusivement basé sur le prix de son bail, parce que ces travaux ont accru la valeur locative de l'établissement. — Cons. d'Et., 4 juill. 1857, Liébaut, [Leb. chr., p. 542]; — 19 févr. 1875, Gailleton, [Leb. chr., p. 176]

1731. — Jugé ainsi à l'égard d'un patentable qui, en vertu d'une clause de son bail, avait ajouté à l'immeuble une galerie vitrée avec terrasse. — Cons. d'Et., 14 juin 1866, Beuzin, [Leb. chr., p. 652]

1732. — ... D'un limonadier qui avait fait transformer deux maisons louées par lui en salle de spectacle. — Cons. d'Et., 5 dé 1873, Rimbaud, [Leb. chr., p. 903] — ... ou aménagé les loca loués en casino. — Cons. d'Et., 2 mars 1883, Bu, [Leb. chr p. 232]

1733. — ... D'un industriel qui avait transformé l'outillag d'une sucrerie. — Cons. d'Et., 13 janv. 1893, Bouillant, [S. P. 94.3.110]

1733 *bis*. — ... Ou substitué dans son établissement l'écla rage électrique à l'éclairage par le gaz. — Cons. d'Et., 24 ma 1900, Delbende, [Leb. chr., p. 246]

1734. — Enfin les frais d'entretien peuvent faire l'objet c clauses spéciales dans le bail. En principe, les grosses réparatior et les réparations de gros entretien doivent rester à la charg du propriétaire, les réparations locatives seules sont à la charg du locataire. Si donc le bail met à la charge de celui-ci tout les réparations sans distinction, on doit tenir compte de cet charge qui vient grossir le loyer. — Cons. d'Et., 1er déc. 185 Mérard, [Leb. chr., p. 675]; — 7 mai 1875, Raveneau, [Le chr., p. 457]; — 12 nov. 1886, Crédit général français, [Le chr., p. 781]; — 30 juin 1894, Barrier, [Leb. chr., p. 461]

1735. — Pour savoir quelles sont, en matière d'outillag industriel, les réparations qui doivent être considérées comm locatives et les autres, il faut s'en rapporter aux usages locau — Blanchot, *Valeur locative*, p. 104.

1735 *bis*. — Quelquefois il y a lieu de combiner les donné du bail avec d'autres. Il en est ainsi, par exemple, pour les p tentables qui se servent pour l'exercice de leur profession de l caux qui ne sont à leur disposition que par intermittence. Ains il a été jugé que le droit proportionnel auquel devait être assu jetti un entrepreneur de bals publics devait être calculé sur prix de location de la salle et le nombre de bals donnés. - Cons. d'Et., 11 juill. 1871, Massip, [Leb. chr., p. 83]

1736. — II. *Comparaison*. — Lorsqu'il n'existe point de bau réguliers, les agents estiment la valeur locative par voie de com paraison. Ils recherchent à cet effet des maisons ou des établis sements affermés ayant de l'analogie avec ceux qu'il s'ag d'estimer et ils attribuent à ceux-ci une valeur locative propo tionnelle à celle des termes de comparaison (Instr. 1881, art. 49

1737. — Mais les baux, même authentiques, qui, par suite c circonstances particulières, présenteraient des prix exagérés c atténués ne doivent pas être employés pas plus comme term de comparaison que pour établir la valeur locative à raison c laquelle doivent être imposés les patentables qui les occupe (Circ. 14 août 1844).

1738. — La comparaison devant être faite avec des locaux do le loyer a été régulièrement constaté ou est notoirement connu, est préférable de prendre pour termes de comparaison des loca loués. — Cons. d'Et., 6 juin 1879, Cabibel, [Leb. chr., p. 454]

1739. — Pour les maisons d'habitation, on peut toujou trouver des termes de comparaison. Et l'impôt des patentes éta un impôt de quotité et le droit proportionnel devant être éta d'après la valeur locative réelle des locaux imposables et no par voie de répartition proportionnelle entre les contribuables c la même commune, il n'existe aucun empêchement légal c juridique à ce que, si les agents ne trouvent pas dans la commur des points de comparaison satisfaisants, ils aillent en cherch dans les communes voisines. — Cons. d'Et., 14 mai 1892, Me cier, [Leb. chr., p. 452]; — 16 mars 1900, Forges de Franch Comté, [Leb. chr., p. 210]

1740. — Il faut, autant que possible, choisir des commun de même importance pour que les valeurs locatives puissent êt équivalentes. Dans les villes et bourgs un peu considérables, faut choisir les termes de comparaison, si l'on peut, dans la mêm rue ou du moins dans le même quartier. — Cons. d'Et., 26 fév 1872, Rivière, [Leb. chr., p. 111]; — 17 janv. 1873, Jourdai [Leb. chr., p. 67]; — 30 mai 1873, Causse et Leboucher, [Le chr., p. 480 et 486]; — 18 juill. 1873, Guillemot, [Leb. chr., 645]; — 8 août 1873, Connin-Douine, [Leb. chr., p. 742]; - 7 nov. 1873, Durelle, [Leb. chr., p. 792]; — 28 nov. 1873, Ch teau, [Leb. chr., p. 875]; — 5 déc. 1873, Vironchaux, [Leb. chr p. 904]; — 7 août 1874, Comp. des messageries nationales, [Le chr., p. 805]; — 28 mars 1888, Niquet-Troizet, [Leb. chr., p. 33

1741. — C'est surtout pour les établissements industrie qu'il peut être difficile de trouver tout près des points de com paraison. Aussi laisse-t-on aux agents un champ plus étend On a admis qu'ils pouvaient les chercher dans l'arrondissemen — Cons. d'Et., 26 janv. 1877, Fabre, [Leb. chr., p. 101]; -

23 nov. 1877, Magnanon, [Leb. chr., p. 908]; — 27 févr. 1880, Ouvré, [Leb. chr., p. 222]; — 9 août 1880, Brabant-Gauvion, [Leb. chr., p. 718] — ... Et même dans d'autres départements. — Cons. d'Et., 9 mars 1877, Duchêne-Tournel, [Leb. chr., p. 257]

1742. — De même qu'il est possible de choisir des termes de comparaison dans d'autres communes, rien n'empêche de prendre la valeur attribuée à l'un de ces immeubles par les rôles d'une année différente de celle à laquelle s'applique la réclamation quand, d'ailleurs, aucun événement notable n'est venu modifier sensiblement cette valeur. — Cons. d'Et., 15 févr. 1864, Cotte, [P. adm. chr.]

1743. — Pour arriver à calculer la valeur locative d'une maison avec précision, on peut calculer le prix de la location par pièce ou même par mètre superficiel, et appliquant ce procédé aux divers termes de comparaison indiqués, en dégager le prix moyen, enfin appliquer ces prix moyens à la maison qu'il s'agit d'évaluer. — Blanchot, *Val. loc.*, p. 111.

1744. — Est-il permis de recourir à l'appréciation directe quand il existe des termes de comparaison ? Cette question, qui n'a pas été résolue nettement par le Conseil d'Etat dans une affaire jugée par lui le 18 juin 1860, Boignet, [Leb. chr., p. 478], nous paraît ne pas faire de doute en présence des termes de la loi : « A défaut de ces bases », dit la loi; ce n'est donc que subsidiairement et en dernier ressort que l'on peut avoir recours à l'appréciation directe. Nous croyons pouvoir invoquer dans le sens de notre opinion des décisions du Conseil, d'après lesquelles il a été jugé que des terrains dépendant d'un chemin de fer devaient être évalués non pas directement d'après leur prix d'achat, mais par voie de comparaison avec d'autres terrains. — Cons. d'Et., 11 juin 1886, Nord, [Leb. chr., p. 512]; — 7 août 1886, Nord, [Leb. chr., p. 730]; — 1er juin 1889, Nord, [Leb. chr., p. 696]; — 2 mars 1893, Nord, [Leb. chr., p. 201] — Le Conseil a également appliqué ce principe pour des fabriques de sucre. — Cons. d'Et., 30 juin 1882, Lallouette et Cie, [Leb. chr., p. 623]

1745. — Il a également donné la préférence au mode d'évaluation par comparaison dans une hypothèse où l'appréciation directe se trouvait donner une valeur locative inférieure à celle qui résultait de l'application à la fabrique du requérant du calcul de la valeur locative par broche, mode d'évaluation qui avait été appliqué sans contestation à d'autres fabriques analogues. — Cons. d'Et., 29 juill. 1868, Kœchlin, [Leb. chr., p. 824]; — 13 mai 1869, Schlumberger, [Leb. chr., p. 460]; — 14 août 1869, Vælckel-Bœll, [Leb. chr., p. 818]

1746. — III. *Appréciation directe.* — Lorsqu'on ne peut employer ni les baux ni la comparaison, les agents procèdent à l'évaluation par voie d'appréciation. Ils constatent la situation, l'étendue, la destination des bâtiments qu'ils ont à évaluer; ils s'enquièrent des prix de construction; ils consultent les prix de vente et ils en déduisent la valeur capitale des bâtiments; ils recherchent de la même manière, quand il y a lieu, quelle est la valeur capitale des cours d'eau, des machines à vapeur, des moteurs de toute espèce, enfin de l'outillage. Ils appliquent ensuite à ces valeurs les taux d'intérêt les plus propres à produire la valeur locative habituelle, eu égard à la nature, à la situation, à l'état et à la destination des propriétés. L'application du taux de 5 p. 0/0 aux bâtiments et aux cours d'eau, et du taux de 10 p. 0/0 à l'outillage et aux autres objets exposés à une destruction plus rapide que les bâtiments, amène ordinairement les résultats les plus rapprochés d'une valeur locative normale (Instr. 1881, art. 50).

1747. — Mais les agents doivent se bien pénétrer de l'idée que le procédé par lequel on obtient la valeur locative en appliquant un taux d'intérêt à la valeur capitale est un moyen extrême qui ne doit être mis en pratique que lorsque tout élément de comparaison, soit dans des proportions égales, soit dans des proportions plus grandes ou moindres, fait absolument défaut (Instr. 1881, art. 50). — V. *suprà*, n. 1744.

1748. — On peut affirmer que, pour les locaux destinés à l'habitation, il est toujours possible de recourir à l'un des deux premiers modes d'évaluation (V. *suprà*, n. 1739). Pour les établissements industriels, les baux sont relativement rares, ce qui rend difficile l'emploi de la comparaison : on est donc amené à recourir à l'appréciation directe. Il est cependant fréquent de trouver des baux pour les moulins et les filatures. — Cons. d'Et., 14 août 1869, précité; — 9 mars 1877, Duchêne-Fournel, [Leb. chr., p. 257]

1749. — On peut procéder à l'évaluation d'un établissement industriel par voie d'appréciation directe lorsque la comparaison avec d'autres locaux de même nature est impossible ou ne fournit pas de données suffisantes. — Cons. d'Et., 7 janv. 1858, Jackson, [Leb. chr., p. 32]; — 12 déc. 1866, Tiquet, [Leb. chr., p. 1128]; — 5 avr. 1878, Lederlin, [Leb. chr., p. 365]; — 23 mai 1879, Goin-Lacroix, [Leb. chr., p. 409]; — 25 févr. 1881, Comp. du Midi, [Leb. chr., p. 227]; — 2 déc. 1887, François, [Leb. chr., p. 768]; — 29 nov. 1890, Soc. des teintures de Tarare, [Leb. chr., p. 904]; — 27 déc. 1890, Comp. du Midi, [Leb. chr., p. 1016]; — 17 juin 1892, Verminck, [Leb. chr., p. 554]; — 9 juin 1893, François, [Leb. chr., p. 454]; — 6 avr. 1900, Soc. des papiers Abadie, [Leb. chr., p. 379]

1749 *bis*. — L'appréciation directe étant un mode d'évaluation autorisé par la loi, un conseil de préfecture ne peut interdire aux agents de l'administration d'y recourir dans un cas déterminé en leur imposant l'obligation d'évaluer uniquement par voie de comparaison. — Cons. d'Et., 16 mars 1900, Cie de Lyon, [Leb. chr., p. 208]

1750. — Comment doit-on évaluer la valeur vénale des bâtiments ou de l'outillage? Les systèmes suivis par l'Administration et la jurisprudence ont varié. Au lendemain de la loi du 25 avr. 1844, l'Administration, conformément à un avis de la section des finances du Conseil d'Etat, avait prescrit à ses agents, lorsqu'il n'existerait ni baux ni termes de comparaison, d'établir le droit proportionnel sur des sommes représentant 5 p. 0/0 *du prix de construction* des bâtiments et 10 p. 0/0 *du prix de l'outillage* (Circ. 24 déc. 1845). Le Conseil d'Etat accepta pendant quelques années ce mode de déterminer la valeur locative par des arrêts implicites. — Cons. d'Et., 18 nov. 1846, Saintin, [Leb. chr., p. 494]; — 8 avr. 1847, Holder, [Leb. chr., p. 183]; — 2 juill. 1847, Pidoux, [Leb. chr., p. 427]; — 29 juill. 1847, Narvaez, [Leb. chr., p. 510]; — 15 mai 1848, Paret, [Leb. chr., p. 291]; — 11 mai 1848, Jourdain-Ribauban, [Leb. chr., p. 346]; — 25 juill. 1848, Vieillard, [Leb. chr., p. 465]; — 30 nov. 1852, Lecouturier, [Leb. chr., p. 540]; — 19 déc. 1855, Perret, [Leb. chr., p. 742]; — 25 févr. 1860, Denis, [Leb. chr., p. 140] — V. pour les détails de ces arrêts, Lemercier de Jauvelle, v° *Droit proportionnel*, p. 507 et s.

1751. — Pour les chemins de fer, l'instruction du 31 juill. 1858 contenait les prescriptions suivantes : « Les bâtiments servant à l'exploitation des chemins de fer n'étant point généralement affermés et ne pouvant guère être comparés à d'autres bâtiments affermés, on estimera partout, afin d'arriver autant que possible à des résultats uniformes, la valeur locative pour laquelle ils doivent entrer dans les éléments du droit proportionnel, à raison de 5 p. 0/0 de leur valeur de construction, augmentée de la valeur du sol. »

1752. — A cette époque, le ministre soutenait que les bâtiments des gares ne pouvaient être évalués par comparaison avec les bâtiments ordinaires, parce que tous les bâtiments des chemins de fer ont une même destination qui les rattache ensemble et qui doit leur faire attribuer, alors même qu'ils sont situés dans de très-petites communes, des valeurs locatives plus élevées, proportionnellement à l'étendue et à la valeur capitale, que les valeurs locatives que l'on attribue aux bâtiments ordinaires situés dans les communes rurales et même dans les bourgs; que, bien que les bâtiments des chemins de fer ne soient pas susceptibles de location, ils rapportent plus que les maisons et magasins ordinaires; et que, dès lors, on ne pouvait les imposer à un taux inférieur au 20e de leur prix de construction. Le Conseil d'Etat a ratifié cette manière de voir. — Cons. d'Et., 26 déc. 1860, Midi, [Leb. chr., p. 813]; — 22 janv. 1863, Orléans (Saint-Jean-de-la-Ruelle), [Leb. chr., p. 52]; — 7 août 1863, Ouest (Rouen), [Leb. chr., p. 649]

1753. — De même, en ce qui touche les maisons de gardes-barrières, les compagnies ayant demandé que leur valeur locative fût fixée à 60 francs, montant de la retenue annuelle faite sur le salaire des gardes comme indemnité de logement, le Conseil d'Etat décida, conformément aux conclusions du ministre des Finances, que la valeur locative calculée à raison de 5 0/0 du prix de construction n'était pas exagérée. — Cons. d'Et., 17 août 1864, P.-L.-M. (Besançon), [Leb. chr., p. 784] — Le Conseil d'Etat a encore admis l'évaluation d'établissements industriels d'après les prix de construction des bâtiments et d'achat de l'outillage. — Cons. d'Et., 7 juill. 1870, Gaz de Sainte-Menehould, [Leb. chr., p. 860]; — 8 nov. 1872, Escoffier, [Leb. chr., p. 574]

1754. — En 1862, la jurisprudence du Conseil change. I.

décide, à propos de l'évaluation d'une forge, qu'il y a lieu de prendre pour base de la valeur locative le loyer que le propriétaire aurait pu obtenir de son usine pendant l'année de l'imposition, et il écarte, comme contraire à la loi, le système d'évaluation soutenu par le ministre et qui consistait à évaluer le revenu à 5 0/0 du prix de construction des bâtiments et à 10 0/0 du prix de l'outillage. — Cons. d'Et., 23 avr. 1862, Lagard, [S. 63.2.96, P. adm. chr., D. 64.5.273]

1755. — A partir de cet arrêt, la nouvelle doctrine s'affermit, notamment à propos des dépendances des chemins de fer. Une compagnie s'étant plainte de ce qu'on avait fait entrer en compte, dans l'évaluation de la valeur locative, les dépenses extraordinaires qu'elle avait dû faire pour élever les fondations de la gare au niveau de la voie ferrée, et le ministre des Finances soutenant que ces dépenses rentraient dans le prix de construction, le Conseil d'Etat, conformément aux conclusions de M. le commissaire du Gouvernement Robert, décida que le conseil de préfecture et l'Administration ne se conformaient pas à la loi si, au lieu de rechercher le prix de location que peut produire une gare de chemin de fer d'après l'usage auquel elle sert, ils déterminaient la valeur locative en prenant pour règle que le revenu de cet immeuble doit être fixé à 5 0/0 du prix total des constructions. — Cons. d'Et., 17 août 1864, P.-L.-M. (Montereau), [Leb. chr., p. 785]

1756. — Les raisons mises en avant pour écarter la base d'évaluation précédemment suivie étaient très-justes : « Que recherche-t-on ? La valeur locative, c'est-à-dire le loyer qu'obtiendrait le propriétaire, s'il voulait louer. Or, très souvent, ce loyer sera inférieur à l'intérêt de 5 0/0 de la somme dépensée pour construire ; l'immeuble aura été déprécié par le temps ou par d'autres causes locales ; certaines appropriations de luxe ou faites en vue de convenances personnelles ne se traduisent par aucune augmentation de loyer possible : des circonstances spéciales, l'état du sol ont pu motiver des dépenses extraordinaires. » Cette nouvelle jurisprudence s'affirma dans de nombreuses décisions. — Cons. d'Et., 27 janv. 1865, P.-L.-M., Chalon, St-Cosme, Mâcon, Dôle, Givors, [Leb. chr., p. 104]; — 12 févr. 1867, Orléans, Brives et Turenne, [Leb. chr., p. 172]; — 12 mars 1867, Orléans, Niort, [Leb. chr., p. 251]; — 22 janv. 1868, Orléans, Vannes, [Leb. chr., p. 66]; — V. aussi à propos d'établissements industriels autres que des gares : Cons. d'Et., 7 févr. 1866, Meauzé, [Leb. chr., p. 83]; — 30 avr. 1868, Schlumberger, [S. 69.2.128, P. adm. chr.]; — 28 mai 1868, Herzog, [Leb. chr., p. 590]; — 29 juill. 1868, Kouhlin, [Leb. chr., p. 824]; — 14 mars 1890, P.-L.-M., [Leb. chr., p. 281]; — 24 mars 1891, Société des engrais, [Leb. chr., p. 268]

1757. — Les praticiens, c'est-à-dire les agents qui sont chargés de procéder aux évaluations, ont une préférence marquée pour le premier système suivi. Nous trouvons trace des regrets que leur cause l'abandon de ce système dans une note de M. Lemercier de Jauvelle, v° *Droit proportionnel*, p. 520. Après avoir critiqué le système d'évaluation des établissements industriels qui ressort de certains arrêts du Conseil d'Etat, il ajoute : « Les divergences d'interprétation qui viennent d'être signalées amènent à penser qu'un article additionnel à l'art. 12 de la loi de 1880 serait nécessaire pour tracer nettement la marche à suivre quand il s'agit de déterminer par voie d'appréciation la valeur locative des établissements industriels. Pourquoi ne pas revenir à la décision du ministre des Finances appuyée sur l'avis du Comité des Finances du Conseil d'Etat, qui prescrivait l'application du taux d'intérêt uniforme de 5 p. 0/0 et de 10 p. 0/0 aux prix de construction des bâtiments et aux prix d'achat de l'outillage. Si ces taux paraissent aujourd'hui trop élevés, en raison de la dépréciation qu'a subie le taux de l'intérêt de l'argent, il serait aisé de les réduire, de les fixer par exemple à ceux de 3 et 6 p. 0/0, en ayant soin de ne pas faire entrer les dépenses extraordinaires dans les prix de construction. On éviterait ainsi d'avoir à rechercher les valeurs capitales ou vénales qui sont plus difficiles à déterminer que les prix normaux de construction et d'achat. On aurait sous la main un moyen d'appréciation essentiellement pratique, facile à appliquer pour les agents, facile à comprendre pour les intéressés. Des taux d'intérêts uniformes ne seraient nullement injustes ni disproportionnels. On sait du reste que, si l'on veut appliquer à la lettre l'art. 50 de l'Instr. de 1881, le taux d'intérêt de placement en acquisition d'immeubles est le plus souvent impossible à déterminer pour les usines. Consulter la notoriété pour l'obtenir, c'est s'exposer à tomber dans l'arbitraire ou l'inconnu. Rechercher un certain nombre de maisons (il ne faut pas parler d'usines, on n'en trouvera pas qui réunissent ces conditions) dont les prix normaux de vente et de location soient connus, pour dégager un taux d'intérêt de la comparaison de ces prix, n'est guère possible que dans les villes d'une certaine importance, et encore il est permis de douter que cette comparaison amène à dégager le taux d'intérêt cherché.

1758. — Quel est donc le système d'estimation directe que préconise le Conseil d'Etat ? Il est assez difficile de le dégager, étant donné la brièveté des motifs des décisions rendues sur ces questions de valeur locative des établissements industriels. Cependant nous signalerons deux arrêts où le Conseil paraît indiquer ses préférences. La valeur locative, y est-il dit, est régulièrement déterminée lorsque, à défaut de baux ou de points de comparaison, on a évalué directement la valeur des locaux imposables, et que c'est à ces estimations directes et non aux prix de construction des bâtiments ou d'achat de l'outillage qu'on a appliqué les taux de 5 et 10 p. 0/0. — Cons. d'Et., 19 juill. 1867, (Orléans) Libourne, [Leb. chr., p. 669]; — 5 avr. 1878, Lederlin, [Leb. chr., p. 365]

1759. — Ce que repousse le Conseil d'Etat, c'est l'application brutale, mathématique et indéfinie de taux d'intérêt uniforme à des prix invariables. Il veut, non pas qu'avant d'établir le rôle de chaque année, il soit procédé à une révision de la valeur locative de chacun des éléments dont se compose un établissement industriel, mais que, tout au moins quand le contribuable conteste la valeur locative qui lui a été assignée, on examine cette valeur à l'époque actuelle et qu'on ne lui oppose pas, comme une sorte de fin de non recevoir, les prix de construction ou d'achat. Il ne veut pas que le prix de construction ou d'achat soit l'unique base d'estimation, alors que des causes multiples et complexes peuvent influer sur la valeur locative.

1760. — Il est donc nécessaire de rechercher par quelles séries d'opérations on peut arriver, par l'application à une valeur capitale d'un taux d'intérêt déterminé, à dégager la valeur locative réelle et actuelle d'un établissement. A cet égard, nous croyons devoir suivre l'ordre indiqué par M. Blanchot dans son *Etude sur la valeur locative des maisons, magasins, ateliers ou usines*. Deux procédés peuvent être employés pour arriver à l'évaluation de la valeur capitale d'un établissement industriel : l'estimation générale et l'estimation détaillée. L'estimation générale doit être préférée quand elle est possible. C'est en ce sens qu'il faut interpréter le passage suivant de l'art. 50 de l'instruction de 1881 : « Les évaluations doivent être faites avec beaucoup d'attention, mais cependant d'une manière large et en évitant tout ce qui pourrait blesser la susceptibilité des patentables. L'Administration n'exige pas que les contrôleurs estiment l'outillage pièce à pièce pour en déterminer la valeur locative; ils devront considérer les établissements dans leur ensemble et tels qu'ils se comportent au moment de fonctionner, puis estimer le prix total qu'on pourrait en obtenir s'ils étaient à louer. Il n'y aurait nécessité de faire une estimation détaillée qu'en cas de réclamations ou sur la demande des parties intéressées. »

1761. — On procède à l'estimation générale quand on peut se procurer sur la valeur capitale de l'établissement des renseignements suffisamment sûrs et complets. Si, par exemple, l'établissement d'un acte de vente a été passé dans des conditions normales, on pourra s'y référer. Toutefois un usinier ne pourrait exiger que son établissement fût évalué d'après la valeur vénale établie par le prix auquel il a été acheté par lui à la suite d'une adjudication publique lorsqu'il est possible de procéder par comparaison avec des établissements similaires. — Cons. d'Et., 4 avr. 1872, Léveillé, [Leb. chr., p. 201]

1762. — A défaut d'acte de vente portant sur l'établissement qu'il s'agit d'évaluer, on peut en déduire la valeur capitale en le comparant à d'autres usines analogues qui auraient fait l'objet d'actes de vente récents.

1763. — On peut encore se fonder sur les estimations qu'auraient été faites par les industriels eux-mêmes dans un inventaire, dans une police d'assurances ou dans un acte de société, si l'on n'a pas de raisons de croire que ces estimations soient inexactes. Enfin le prix de constructions ou d'achat, mais combiné avec les autres éléments d'estimation, peut servir de renseignements, à condition qu'on en déduise tout ce qui a le caractère de dépenses extrordinaires.

1764. — Lorsqu'il est nécessaire de recourir à une évaluation détaillée, il faut estimer séparément les divers éléments don se compose l'établissement, c'est-à-dire le terrain, les bâtiments, la force motrice et l'outillage.

1765. — Pour les terrains, leur valeur vénale dépend uniquement du revenu qu'ils peuvent donner; le prix d'acquisition n'est donc pas un guide sûr pour déterminer leur valeur actuelle. C'est d'après le prix courant actuellement applicable aux terrains voisins qu'ils doivent être évalués. — Cons. d'Et., 11 juin 1886, Nord, [Leb. chr., p. 512]; — 7 août 1886, Nord, [Leb. chr., p. 730]; — 1er juin 1889, Nord, [Leb. chr., p. 696]; — 3 mars 1893, Nord, [Leb. chr., p. 201] — Parmi les causes qui influent sur la valeur des terrains, il faut tenir compte de la densité de la population, de la distance qui sépare l'établissement du centre des affaires, des facilités d'accès dont il dispose, de la nature des bâtiments voisins, de l'exposition du terrain, de sa conformation, de la nature du sol.

1766. — L'estimation des bâtiments doit se faire d'après les prix actuels des matériaux et de la main-d'œuvre, en négligeant toutes les dépenses extraordinaires. Après avoir évalué isolément chaque bâtiment d'après sa valeur intrinsèque, il peut y avoir lieu de majorer la valeur de l'ensemble de la plus-value qui résulte de l'agglomération de ces bâtiments, de leur situation à proximité d'un canal ou d'un chemin de fer ou dans une contrée où abondent les matières premières. Ces considérations seraient en effet de nature à influer sur le prix qu'un acquéreur serait disposé à payer. On peut tenir compte encore de la disposition de ces bâtiments les uns par rapport aux autres.

1767. — La force motrice ne donne lieu à estimation que quand elle est produite par des moteurs à vapeur ou par des moteurs hydrauliques. En ce qui touche les premiers considérés au repos, il faut tenir compte non seulement du prix d'acquisition, mais des frais d'installation. Le prix du cheval-vapeur varie suivant la force de la machine et le système auquel elle appartient. Certaines machines peuvent produire la même force tout en étant de dimensions différentes; les unes consomment plus de charbon que les autres, ou fatiguent plus ou moins que d'autres, exigent plus ou moins de frais d'entretien. En ce qui touche les moteurs hydrauliques, il faut évaluer non seulement la roue réceptrice de la force, mais la force elle-même, c'est-à-dire la chute d'eau. Sa valeur dépend non seulement des frais d'établissement, mais encore du plus ou moins d'abondance des chutes d'eau dans la contrée. Il faut encore tenir compte des chômages causés par les intermittences du cours d'eau, du système de construction de la roue et de son état actuel.

1768. — Pour l'outillage, il faut tenir compte de sa force de production. A ce titre, les machines les plus perfectionnées, les plus récentes ont une valeur supérieure aux machines d'un système ancien et démodé. A un autre point de vue, l'âge d'une machine est un élément d'une importance capitale, car, en dépit de l'entretien, une machine se détériore par l'usage et, au bout de quelques années, sa force de production décroît. Lors donc qu'on évalue une machine neuve, on peut accepter comme éléments d'évaluation son prix d'achat et le coût de l'installation. Mais dès qu'elle a servi quelque temps, il faut opérer une déduction plus ou moins forte sur cette valeur initiale, suivant l'importance des causes de dépréciation.

1769. — Quand la valeur capitale actuelle est déterminée, il faut lui appliquer un taux d'intérêt pour avoir la valeur locative. Il y a lieu de rechercher, en s'entourant de tous les renseignements, quel est le taux général de placement des immeubles dans la contrée et au moment actuel. Divers éléments peuvent influer sur ce taux : indépendamment de la loi de l'offre et de la demande, la situation de l'établissement, le loyer courant des capitaux, les risques plus ou moins grands que court le revenu, enfin les chances plus ou moins fortes et rapides de détérioration doivent être considérées.

1770. — Dans les établissements industriels, le rapport du loyer à la valeur capitale n'est pas nécessairement le même pour les divers éléments dont ils se composent. Il est nécessaire d'établir séparément le taux de placement applicable à chacun d'eux. La réunion des diverses valeurs locatives obtenues par ce procédé donnera la valeur locative totale de l'établissement. De toutes les causes indiquées ci-dessus comme influant sur le taux d'intérêt, il semble que la seule que la jurisprudence retienne soit celle résultant de l'amortissement du capital. On part de cette idée que le taux d'intérêt d'un capital doit être calculé de manière à permettre la reconstitution de ce capital dans le temps de durée probable des bâtiments ou de l'outillage auxquels ce capital aura été employé. Plus les chances de durée sont grandes, moins le taux d'intérêt sera fort. Il croîtra au contraire d'autant plus que la durée probable d'usage sera plus courte.

1771. — En pratique, la jurisprudence paraît n'avoir admis que deux taux d'intérêt, 5 p. 0/0 et 10 p. 0/0, qu'elle applique quel que soit le lieu ou le temps. Le taux de 5 p. 0/0 est le taux normal appliqué aux bâtiments, qui, avec un entretien convenable, peuvent durer très-longtemps, au sol, dont le revenu se confond avec celui des bâtiments et à la force motrice.

1772. — Le taux de placement applicable à l'outillage doit être d'autant plus élevé qu'il sera, par sa nature ou par l'usage auquel il est employé, exposé à une détérioration plus rapide. Le taux de 10 p. 0/0 est appliqué à toute la partie de l'outillage qui est exposée à des causes de détérioration exceptionnelles, notamment à tout l'outillage mobile. — Cons. d'Et., 23 juin 1865, Longier, [Leb. chr., p. 653]

1773. — La seule question qui ait donné lieu à des contestations sur ce point est celle de savoir s'il faut appliquer le taux de 5 p. 0/0 ou celui de 10 p. 0/0 à la partie de l'outillage qui, fixée au fonds à perpétuelle demeure, scellée aux murs à plâtre, à chaux ou à ciment, fait partie intégrante de l'immeuble et est à ce titre passible de l'impôt foncier. Dans des décisions déjà anciennes, le Conseil d'Etat paraît avoir admis qu'il n'y avait pas là un critérium certain et qu'il fallait dans chaque cas particulier examiner les conditions d'établissement et surtout la destination des appareils.

1774. — C'est ainsi que, dans une fabrique d'acide sulfurique il a décidé que des chambres en plomb, quoique fixées au fonds à perpétuelle demeure, au moyen de piliers en fer ou en bois, et non susceptibles par conséquent d'être transportées en leur état complet dans un autre lieu, étaient néanmoins passibles de l'application du taux d'intérêt le plus élevé à cause de leur dépérissement rapide, et sans qu'il y ait lieu de distinguer si elles faisaient partie de l'outillage fixe ou de l'outillage mobile. — Cons. d'Et., 19 déc. 1855, Perret, [Leb. chr., p. 742]

1775. — Mais sauf ces exceptions, nous trouvons énoncé dans de nombreux arrêts du Conseil ce principe que l'outillage fixe des établissements industriels n'est pas exposé à des causes de détérioration plus rapides que les bâtiments et que, dès lors, le taux de 5 p. 0/0 doit être appliqué à sa valeur vénale comme à celle des bâtiments. Le Conseil d'Etat a fait application de ce principe aux fosses et cuves entourées de murailles d'une tannerie. — Cons. d'Et., 7 sept. 1861, Gillard, [Leb. chr., p. 802]

1776. — ... A l'outillage des gares, voies, changements de voies, plaques tournantes, ponts à bascule, ponts tournants, grues fixes, chaudières des bouillotes, conduites d'eau, générateurs, machines-outils, machines à vapeur, pompes, réservoirs, fosses à piquer. — Cons. d'Et., 29 août 1867, Ouest, [Leb. chr., p. 827]; — 11 juin 1886, Nord, [Leb. chr., p. 514]; — 7 août 1886, Nord, [Leb. chr., p. 733]; — 5 nov. 1886, Orléans, [Leb. chr., p. 761]; — 3 déc. 1886, P.-L.-M., [Leb. chr., p. 856]; — 8 juill. 1867, Orléans, [Leb. chr., p. 554]; — 29 juin 1889, Orléans, [Leb. chr., p. 820]; — 7 août 1889, Orléans, [Leb. chr., p. 951]; — 8 nov. 1889, P.-L.-M., [Leb. chr., p. 1002]; — 13 déc. 1889, P.-L.-M., [Leb. chr., p. 1161]; — 27 déc. 1890, Midi, [Leb. chr., p. 1021]; — 7 févr. 1891, Midi, [Leb. chr., p. 104]; — 13 janv. 1891, Midi, [Leb. chr., p. 451]; — 3 mars 1893, Nord, [Leb. chr., p. 201]

1777. — L'Administration est moins absolue que le Conseil d'Etat. Dans l'instruction de 1881, elle dit : « Il importe essentiellement de remarquer que l'application du taux d'intérêt de 5 p. 0/0 aux bâtiments et aux cours d'eau, et du taux de 10 p. 0/0 à l'outillage et aux autres objets exposés à une destruction plus rapide que les bâtiments, n'est pas une règle mais une simple indication qui n'a rien d'absolu. Les taux d'intérêt sont susceptibles de varier suivant les localités, la nature, la destination, la situation de la propriété à évaluer. »

1778. — Comme on le voit, de tout ce qui précède, il résulte que, dans l'évaluation des établissements industriels, on ne fait entrer en compte que les moyens de production, sans se préoccuper du produit que donnerait l'exploitation de l'établissement. — Cons. d'Et., 17 sept. 1854, Stoufflet, [Leb. chr., p. 851] — Il est de principe, en effet, que la patente ne doit pas être établie en raison des bénéfices réalisés dans le commerce ou l'industrie.

1779. — Nous devons cependant signaler plusieurs décisions du Conseil d'Etat, intervenues au sujet de fabriques de sucre, et dans lesquelles le Conseil d'Etat a calculé le droit proportionnel sur la force de production de l'usine, déterminée par le nombre de sacs de sucre produits. Après avoir recherché la production moyenne de l'usine, on calcule le prix moyen de la valeur locative afférente à la production d'un sac de sucre et, en multipliant ce chiffre unitaire par le chiffre de la production moyenne on obtient le chiffre de la valeur locative (Conclusions de M. Le Vavasseur de Précourt, sous Cons. d'Et., 10 févr. 1882, ci-après cité. — Cons. d'Et., 4 janv. 1878, Linard, [Leb. chr., p. 13]; — 9 août 1880, Brébant-Gouvrain, [Leb. chr., p. 768]; — 10 févr. 1882, Massignon et Dufour, [Leb. chr., p. 144]; — 30 juin 1882, Lallouette, [Leb. chr., p. 623]

1780. — Dans l'arrêt du 10 févr. 1882, précité, le Conseil d'Etat avait, en acceptant le chiffre de valeur locative proposé par le commissaire du Gouvernement, semblé admettre complètement son système qui tendait à fixer la valeur locative d'après le revenu réel, c'est-à-dire d'après la production effective en sacs de sucre. Peu de temps après, le Conseil d'Etat jugeait que la valeur locative des fabriques de sucre doit être fixée d'après la production que comporte l'agencement de l'usine. — Cons. d'Et., 24 nov. 1882, Sucrerie de Ponthierry, [Leb. chr., p. 922]; — 9 mars 1883, Lallouette, [S. 85.3.10, P. adm. chr.]

1781. — M. le commissaire du Gouvernement Gomel, dans ses conclusions sous Cons. d'Et., 14 déc. 1883, Musard, [Leb. chr., p. 920], expliquait qu'en présence de l'article de loi qui veut que les usines soient évaluées dans leur ensemble et munies de tous leurs moyens de production, on ne pouvait se borner à rechercher quelle avait été pendant une série d'années, le montant de la fabrication, et qu'il fallait rechercher quelle est la production normale, à raison de la puissance de l'outillage. M. Lemercier de Jauvelle se demande (*Droit proport.*, p. 519), si ce mode d'évaluation est bien conforme à l'esprit et au texte de la loi. Il ne nous semble pas d'ailleurs que ces arrêts aient fait jurisprudence, car depuis on paraît être revenu au système de l'application des taux d'intérêt de 5 et 10 p. 0/0 à des valeurs vénales déterminées par des estimations directes.

§ 3. *Taux à appliquer aux diverses professions et aux divers éléments passibles du droit proportionnel.*

1° *Notions générales et historiques. Taux du droit proportionnel.*

1782. — Nous rappelons qu'au début, la contribution des patentes consistait uniquement en un droit proportionnel assis sur la valeur locative de la maison d'habitation et des locaux professionnels. Comme dans la loi relative à la contribution personnelle mobilière, le législateur de 1791 avait établi une échelle progressive. Aux termes de l'art. 12 L. 2-17 mars 1791, le taux était de 2 sous pour livre du prix du loyer jusqu'à 400 livres; 2 sous 6 deniers pour livre de 400 à 800 livres; 3 sous pour livre au delà de 800 livres. Pour les patentables qui ajoutaient à leur négoce une des professions énumérées dans l'art. 14 (marchand de vin, bière, tabac, etc.), le droit était de 30 livres si le loyer ne dépassait pas 200 livres; 3 sous 6 deniers par livre si le loyer s'élevait de 200 à 400 livres; 4 sous pour livre si le loyer s'élevait de 400 à 600 livres; 4 sous 6 deniers, de 600 à 800 livres; 5 sous au delà de 800 livres.

1783. — Les lois suivantes du 6 fruct. an IV et du 1er brum. an VII établirent comme principe général le taux uniforme du 10e sur tous les locaux d'habitation et les locaux professionnels. Quelques rares exceptions furent apportées à la rigueur du principe en faveur de quelques professions, telles que celles des maîtres d'hôtel (40e) (LL. 3-21 sept. 1792, 9 frim. an V, art. 3 et 15, 1er brum. an VII, art. 34), des maîtres de jeux de paumes (20e) (L. 1er brum. an VII, art. 34), des meuniers (30e) (L. 13 flor. an X, art. 27). Une disposition plus générale dispensait du droit proportionnel les patentables des 6e et 7e classes et ceux qui, étant hors classe, avaient un droit fixe inférieur ou égal à 30 fr. (L. 1er brum. an VII, art. 6).

1784. — En somme, le principe de l'uniformité du taux resta en vigueur jusqu'à la loi du 25 avr. 1844. A ce moment, le législateur se rendit compte que cette prétendue uniformité était purement illusoire, parce qu'en pratique les localités, pour ménager les patentables surchargés par le taux du 10e, avaient pris le parti d'atténuer, dans des proportions souvent très-fortes et surtout très-variables, la valeur locative des locaux imposables. Après s'être demandé s'il fallait opérer la péréquation par l'application rigoureuse du taux du 10e, le législateur se décida à la réaliser, par voie de dégrèvement. En conséquence, posant comme condition que dorénavant le droit proportionnel serait établi sur la valeur réelle, la loi du 25 avr. 1844 réduisit au 20e le taux du droit proportionnel pour la plus grande partie des patentables (tableau A, 2e, 3e, 4e, 5e et 6e classes). En outre, la loi commença à user plus largement de la gradation du taux du droit proportionnel, adoptant le taux du 15e pour les professions de la 1re classe du tableau A, pour celles du tableau B et de la 1re partie du tableau C, abaissant au contraire le taux au 30e, au 40e et même au 50e pour les patentables qui, ayant besoin de locaux considérables pour exercer leurs professions, trouvaient, dans l'énormité de leurs établissements, un surcroît de charges plutôt qu'une source de revenu.

1785. — Le taux du droit varie, non seulement d'après la nature et les conditions d'exercice des professions, mais encore selon les différentes destinations des locaux occupés par les mêmes patentables. Pour les établissements industriels, on compense par une réduction du taux l'augmentation de charges qui doit résulter de l'entrée en compte de l'outillage dans le calcul de la valeur locative. Enfin on maintient au taux qui atteint les locaux d'habitation les magasins de vente complètement séparés et indépendants de la fabrique, pour éviter que les fabricants marchands ne fassent concurrence aux simples marchands.

1786. — Au lendemain de la loi du 25 avr. 1844, le taux le plus élevé était celui du 15e. C'est ce qui explique que ce soit ce taux qui ait été appliqué aux professions libérales, lorsqu'elles furent assujetties à la patente par la loi du 18 mai 1850. Ne les assujettissant pas au droit fixe, on leur appliqua le maximum du droit proportionnel.

1787. — De 1844 à 1880, il n'y a à signaler que l'élévation, nécessitée par les besoins financiers créés par les événements de 1870, du taux du droit proportionnel par la loi du 29 mars 1872. Les patentables de la première classe du tableau A et ceux du tableau B virent ce taux passer du 15e au 10e, et ceux des 2e et 3e classes du tableau A, du 20e au 15e. Par contre, la loi du 30 juill. 1879 réduisit au 30e le taux du droit proportionnel pour les patentables des 5e et 6e classes du tableau A, au 50e celui des 7e et 8e classes, avec exemption complète pour les marchands exerçant sous échoppe.

1788. — La loi du 15 juill. 1880 (art. 13) dispose que « le taux du droit proportionnel est fixé conformément au tableau D annexé à la loi. Ce tableau remplace l'art. 8 L. 25 avr. 1844, qui avait fixé, d'une manière générale, le droit proportionnel au 20e de la valeur locative, sauf les exceptions énumérées au tableau D. La loi du 15 juill. 1880 fait disparaître la majeure partie des rehaussements de taxes édictés par les lois précitées, et de plus elle réduit plusieurs des taux fixés par la loi de 1844 (Instr. 1881, art. 54).

1789. — Nous allons indiquer dans deux tableaux : 1° les règles générales concernant le taux du droit proportionnel telles qu'elles résultent de la loi de 1880; 2° les exceptions et particularités édictées pour quelques professions.

CLASSES DES patentables	TAUX DU DROIT ASSIS sur l'ensemble des locaux	sur la maison d'habitation	sur les locaux professionnels
B.	10e		
A. 1re classe	20e		
— 2e —	—		
— 3e —	—		
C. 1re partie	—		
— 2e —		20e	40e
— 3e —		—	50e
— 4e —		—	60e
— 5e —		—	
A. 4e classe	30e		
— 5e —	—		
— 6e —	—		
— 7e —	50e (1)		
— 8e —	— (1)		

1790. — Voici maintenant, dans chaque tableau et dans

(1) Seulement dans les communes de plus de 20,000 âmes.

chaque classe, les professions qui, au lieu d'être assujetties au tarif normal, sont imposées à un taux exceptionnel.

TABLEAU ET CLASSES	PROFESSIONS	TAUX NORMAL assis sur les autres contribuables de la classe	TAUX PARTICULIER auquel la profession est assujettie
A. 1re cl.	Marchand en gros de bois, charbons, farines, grains, houblon, huiles, vins.	20e sur tous les locaux occupés.	40e sur locaux professionnels.
A. 2e cl.	Fermier du droit d'emmagasinage dans un entrepôt.	20e sur tous locaux.	20e sur la maison d'habitation seulement.
	Directeur de diorama, géorama, néorama, panorama.	»	»
	Exploitant de magasin général	»	40e sur locaux professionnels.
	Carrossier fabricant.	»	40e sur l'établissement industriel à l'exclusion des magasins de vente.
A. 3e cl.	Maître d'hôtel.	20e sur tous locaux.	40e seulement pour écuries, remises et chambres des voyageurs.
	Imprimeur-typographe avec presses mécaniques.	»	40e sur locaux professionnels.
	Marchand de bois de sciage ayant chantier ou magasin.	»	»
	Marchand d'engrais en gros.	»	»
A. 4e cl.	Maître d'hôtel garni.	30e sur tous locaux	40e sur locaux professionnels.
	Manège d'équitation.		»
	Exploitant jardin public.	»	»
	Exploitant courses de chevaux (terrain excepté).	»	»
A. 5e cl.	Fournisseur d'objets de consommation pour les cercles.	30e sur tous locaux.	30e sur l'habitation seulement.
	Tenant école de natation.	»	40e sur locaux professionnels.
	Tenant maison d'accouchement.	»	»
	Tenant parc aux charrettes.	»	»
	Magasinier.	»	»
	Entrepreneur de bains publics.	»	»
	Maître de jeu de paume.	»	»
	Maître de gymnase.	»	»
A. 6e cl.	Blanchisseur de linge avec buanderie.	»	»
	Tenant lavoir public.	»	»
	Entrepreneur de bains de mer et de rivière.	»	»
	Entrepreneur de logement des troupes de passage.	»	»
	Loueur de force motrice.	»	»
	Loueur de chambres meublées.	»	»
	Entrepreneur de bateaux à laver.	»	»
B......	Concessionnaire de pont à péage.	10e sur tous locaux.	20e sur l'habitation seulement.
	Entrepreneur de distribution d'eau.	»	40e sur locaux professionnels.
	Entrepreneur de roulage, d'omnibus, de fiacres.	»	»
	Entrepreneur de pompes funèbres.	»	»
	Commissionnaire entrepositaire	»	»
	Commissionnaire de transport par terre et par eau.	»	40e sur locaux professionnels autres que les bureaux.

1791. — Quelques professions ont vu élever en 1880 le taux de leur droit proportionnel. Ce sont les sociétés d'assurances non mutuelles et de réassurances, et les sociétés par actions pour opérations de banque ainsi que la Banque de France. Pour cet établissement, le taux qui devrait être du 20e sur tous les locaux est du 10e.

1792. — Depuis la loi du 15 juill. 1880, il y a encore à signaler quelques modifications apportées au taux du droit proportionnel. D'abord les lois du 31 juill. 1885 et du 8 août 1890, ont apporté quelques changements de détail pour quelques professions, élevant le taux du 30e au 15e pour tous les dentistes sans distinction, réduisant le taux du 10e au 20e sur l'habitation des entrepreneurs de cabriolets, fiacres, etc., du 30e au 40e pour les locaux professionnels des marchands de charbon de terre en demi-gros (A, 2e classe), des exploitants de dock, cale ou forme pour la réparation des navires (A, 3e classe), des concessionnaires de chalets de nécessité sur la voie publique, des entrepreneurs de fourniture d'eau, des exploitants de wagons ou voitures pour le transport des voyageurs sur les chemins de fer (tabl. B).

1793. — L'art. 32 de la loi du 8 août 1890 abaisse le taux du droit proportionnel, dans les communes de 2,000 âmes et au-dessous : 1° d'un quart pour les professions rangées dans la 6e classe du tableau A ; 2° de moitié pour les professions rangées dans les 7e et 8e classes de ce tableau.

1794. — Enfin la loi du 28 avr. 1893 a modifié sur deux points importants le tableau D : 1° En ce qui touche les patentables exerçant des professions dites libérales, imposés au droit proportionnel seulement, elle les assujettit au taux du 12e lorsque, exerçant leur profession à Paris, ils occupent, soit dans cette ville, soit ailleurs, des locaux imposables d'une valeur locative totale de plus de 4,000 fr.; et lorsqu'exerçant dans une autre ville de plus de 100,000 âmes, ils occupent dans cette ville ou ailleurs, des locaux imposables d'une valeur locative totale de plus de 2,000 fr.

1795. — 2° En ce qui touche les magasins de plusieurs espèces de marchandises dits grands magasins, elle a, modifiant les lois du 17 juill. 1889 et du 8 août 1890, établi la gradation suivante : taux du 5e, lorsqu'ils occupent habituellement plus de 500 personnes employées aux écritures, aux caisses, à la surveillance, aux achats et aux ventes intérieures ou extérieures ; taux du 7e lorsqu'ils occupent habituellement aux mêmes attributions de 201 à 500 employés, taux du 10e de 101 à 200 employés, taux du 15e de 51 à 100 employés, taux du 20e de 11 à 50 employés.

1795 *bis*. — Le projet de loi actuellement soumis aux délibérations de la Chambre des députés et adopté par le Sénat modifie sur plusieurs points la législation en vigueur : 1° il remanie le droit proportionnel d'une cinquantaine de professions; 2° en ce qui touche les grands magasins, il établit une nouvelle gradation basée non plus sur le nombre des personnes employées, mais sur la valeur locative des locaux servant à l'établissement. Ce droit sera calculé, *pour la fraction de la valeur locative de l'ensemble de l'établissement comprise entre* :

0 et 25,000 fr. à Paris	....	taux du 20e
0 et 25,000 — dans les autres villes....		{ taux du 15e
25,000 et 50,000 — à Paris	....	
25,000 et 75,000 — dans les autres villes....		{ taux du 12e
50,000 et 75,000 — à Paris	....	
75,000 et 150,000 — partout	....	taux du 10e
150,000 et 300,000 — —	....	taux du 6e
300,000 et 600,000 — —	....	taux du quart
600,000 et au-dessus —	....	taux du tiers;

3° il modifie le tableau des professions libérales en y faisant entrer les éditeurs de feuilles ou revues périodiques; en disposant à l'égard des médecins-chirurgiens et officiers de santé que les dispensaires et cliniques affectés exclusivement au traitement gratuit des malades ne seront pas imposables; en créant pour les patentables imposables au taux du 12e une 3e catégorie de population. Seront désormais imposables à ce taux du 12e : ceux qui, exerçant à Paris, occupent à Paris ou ailleurs des locaux imposables d'une valeur locative supérieure à 4,000 fr.; ceux qui, exerçant dans une autre ville de 200,000 âmes, occupent dans cette ville ou ailleurs des locaux imposables d'une valeur locative supérieure à 2,700 fr.; ceux qui, exerçant dans une ville de 100,000 à 200,000 âmes, occupent dans cette ville ou ailleurs des locaux imposables d'une valeur locative supérieure à 2,400 fr.; en imposant les mandataires agréés près les tribunaux de commerce au taux du 6e dans le département de la Seine; au taux du 10e quand ils sont agréés près les tribunaux de commerce des villes de plus de 100,000 âmes et occupent des locaux d'une valeur locative supérieure à 2,000 fr. et au 15e pour tous les autres; 4° il crée le taux du 100e pour les patentables des 7e et 8e classes dans les communes de 20,000 âmes et au-dessus.

1795 *ter*. — Le même projet de loi contient une disposition assez particulière au sujet du droit proportionnel des patentables nomades : « Art. 7. A l'égard des patentables sans domicile fixe, le droit proportionnel est fixé uniformément à une somme égale au tiers du droit fixe sans préjudice du supplément qui devra leur être réclamé s'ils viennent à occuper des locaux susceptibles de servir de base au calcul exact du droit et donnant lieu à une taxe plus élevée que celle à laquelle ils ont été primitivement assujettis. Le droit proportionnel de patente est réglé de la même manière pour les patentables qui demandent, en dehors de la commune de leur domicile, la délivrance d'une patente dans les conditions prévues par l'art. 34, L. 15 juill. 1880 ; ils sont également passibles d'un supplément de patente, s'il est constaté ultérieurement que le droit ainsi calculé est inférieur à celui que comportent les locaux qu'ils occupent.

2° Locaux qu'il faut taxer comme servant à l'habitation.

1796. — La loi assujettit souvent à des taux différents pour une même profession les locaux servant à l'habitation et ceux affectés au service du commerce et de l'industrie. — Cons. d'Et., 4 févr. 1876, Dunay, [Leb. chr., p. 114]; — 14 juin 1878, Durand-Contrelle, [Leb. chr., p. 573]; — 8 nov. 1878, André, [Leb. chr., p. 865] — Il est donc utile de distinguer le caractère de chacun des locaux occupés. Il n'y a pas de difficultés pour ceux qui sont employés par le patentable à son logement et à celui de sa famille. Le taux afférent à l'habitation est appliqué même aux locaux qui en constituent des dépendances nécessaires.

1797. — Mais on s'est demandé à quel taux il fallait imposer les locaux servant à l'habitation du personnel de l'établissement : directeur, gérants, préposés, contremaîtres, surveillants, ouvriers, gardes-magasins, etc. On pourrait soutenir qu'à l'égard du patentable, seul imposable sur sa maison d'habitation personnelle, tous ces locaux sont simplement affectés à un usage industriel, et constituent des locaux professionnels. C'est d'ailleurs en ce sens que se prononce la jurisprudence toutes les fois que, l'établissement appartenant à un individu, ce patentable est imposé au droit proportionnel sur sa propre habitation. — Cons. d'Et., 5 févr. 1886, Desmarais, [D. 87.5.325]; — 14 févr. 1890, Duché, [D. 90.3.76]; — 18 avr. 1890, Gauche, [Leb. chr., p. 407]; — 24 mai 1890, Fourier, [D. 91.5.381]; — 14 juin 1890, Leduc, [Leb. chr., p. 577]; — 21 juin 1890, Bertrand, [Leb. chr., p. 603]; — 10 juill. 1890, Desmarais, [Leb. chr., p. 656]; — 11 juill. 1891, Hupinot, [Leb. chr., p. 550]; — 21 nov. 1891, Hadingue, [Leb. chr., p. 697]; — 13 févr. 1892, Tréfousse, [Leb. chr., p. 162]; — 6 juill. 1900, Brun, [Leb. chr., p. 462]

1798. — Le Conseil d'Etat avait d'abord décidé que tous les locaux affectés au logement du personnel devaient être cotisés d'après le taux afférent à l'habitation. — Cons. d'Et., 15 août 1860, Bougueret, [Leb. chr., p. 624]; — 6 déc. 1860, Bougueret, [D. 61.3.70]; — 13 déc. 1860, Bougueret, [Leb. chr., p. 763]; — 26 déc. 1860, Rambourg, [Leb. chr., p. 804]

1799. — Mais ultérieurement il a atténué la rigueur de sa jurisprudence en faisant une distinction entre les préposés qui représentent le patentable, qui le remplacent, qui le personnifient, aux yeux du public, quand le patentable est une personne morale, et les simples employés subalternes ou ouvriers chargés de garder les magasins. Ainsi, ont été déclarés imposables au taux afférent à l'habitation les logements occupés par les régisseurs et sous-régisseurs d'une compagnie du gaz. — Cons. d'Et., 28 févr. 1867, Comp. parisienne du gaz, [Leb. chr., p. 227]

1800. — ... Celui occupé dans un établissement industriel par celui des associés chargé de le gérer. — Cons. d'Et., 12 déc. 1871, Vulliamy, [Leb. chr., p. 303]

1801. — ... Le logement du directeur placé par une société anonyme à la tête d'une usine. — Cons. d'Et., 20 nov. 1885, Soc. des ateliers de constructions mécaniques de Passy, [Leb. chr., p. 852]; — 16 juill. 1886, Papeteries du Marais, [Leb. chr., p. 630]; — 3 juill. 1896, Guillon, [Leb. chr., p. 841]

1802. — ... Celle du sous-directeur d'une papeterie chargé de suppléer le directeur pendant ses absences. — Cons. d'Et., 27 juill. 1883, Béranger et Darblay, [Leb. chr., p. 693]

1803. — ... Le logement du fils du patentable préposé à la gestion de l'usine, bien que le père associé principal soit imposé sur sa maison au siège social. — Cons. d'Et., 2 juill. 1886, Denouvilliers, [Leb. chr., p. 552]

1804. — On a considéré comme devant être taxés au taux de l'habitation : le logement occupé dans les bâtiments d'une usine par le représentant de la société, chargé de la diriger, de recevoir les matières premières, de payer les ouvriers et de tenir la comptabilité, alors même que l'achat des matières et la fixation du prix des produits fabriqués étaient arrêtés par la maison principale. — Cons. d'Et., 3 déc. 1897, Limouzin, [S. et P. 99.3.94]

1805. — ... Le logement d'un mandataire spécial, préposé par l'entrepreneur de la fourniture du travail dans les prisons, de le représenter dans une ville. — Cons. d'Et., 20 avr. 1894, Hayem, [Leb. chr., p. 265]

1806. — On a même étendu cette jurisprudence et appliqué ce taux aux logements d'ingénieurs ou de contremaîtres, dans un cas où, le directeur n'étant pas logé dans l'usine, ils étaient considérés comme tenant sa place. — Cons. d'Et., 26 déc. 1891, Papeteries du Marais, [Leb. chr., p. 814]

1807. — Au contraire, l'habitation des préposés qui ne représentent pas le patentable, alors même que leur présence dans l'établissement est nécessaire pour l'exercice de la profession, doit être taxée au taux afférent aux locaux industriels. — Cons. d'Et., 18 juin 1880, Soc. des lits militaires, [S. 82.3.1, P. adm. chr., D. 81.1.64]; — 16 mars 1900, Forges de Franche-Comté, [Leb. chr., p. 209]

1808. — Dans une fabrique de gaz, on a appliqué ce taux aux logements des gardes-magasins, du contremaître des forges, de celui des produits chimiques, des portiers, du préposé à la pression, du caissier pointeur de journées. — Cons. d'Et., 28 févr. 1867, précité.

1809. — Les mêmes distinctions ont été appliquées aux dépendances des chemins de fer. Ont été taxés au taux de l'habitation les logements des agents considérés comme représentant la compagnie, tels que les chefs de gare. — Cons. d'Et., 7 janv. 1857, Est, [P. adm. chr., D. 57.3.60]; — 18 mars 1857, Est, [D. 58.3.4]; — 6 déc. 1860, Midi, [P. adm. chr., D. 61.3.5]; — 24 mars 1865, Nord, [Leb. chr., p. 318]; — 25 août 1865, Nord, [Leb. chr., p. 843]; — 12 févr. 1867, Orléans, [Leb. chr., p. 171]; — 29 août 1867, Ouest (Dieppe), [Leb. chr., p. 827]; — 21 avr. 1868, Orléans, [Leb. chr., p. 455]; — 28 janv. 1869, Nord, [Leb. chr., p. 85]

1810. — ... Les chefs de station. — Cons. d'Et., 6 déc. 1860, précité.

1811. — ... Les chefs de dépôt. — Cons. d'Et., 17 août 1864, P.-L.-M., [Leb. chr., p. 784]; — 27 janv. 1865, P.-L.-M., [Leb. chr., p. 104]

1812. — ... Les sous-chefs de gare chargés de la surveillance, pourvus d'attributions spéciales et appelés à remplacer, le cas échéant, le chef de gare. — Cons. d'Et., 17 août 1864, précité; — 27 janv. 1865, précité; — 24 mars 1865, précité; — 11 janv. 1866, P.-L.-M., [Leb. chr., p. 12]; — 31 janv. 1866, Orléans, [Leb. chr., p. 66]; — 12 févr. 1867, précité; — 29 août 1867, précité.

1813. — ... Le sous-chef de gare, chargé de diriger la gare de triage, y représentant la compagnie et y suppléant le chef de la station, située à une trop grande distance. — Cons. d'Et., 22 nov. 1890, Orléans, [D. 92.3.50]

1814. — ... L'agent commercial de la compagnie. — Cons. d'Et., 25 août 1865, précité; — 28 janv. 1869, Nord, [Leb. chr., p. 85]

1815. — On a même appliqué ce taux, mais sans doute dans des conditions de fait particulières, au logement de simples employés chargés de la surveillance. — Cons. d'Et., 27 janv. 1864, P.-L.-M., [Leb. chr., p. 104]

1816. — ... D'ouvriers mécaniciens. — Cons. d'Et., 17 août 1864, précité.

1817. — ... D'hommes d'équipe logés avec le chef et les sous-chefs de gare et attachés à leur service. — Cons. d'Et., 17 févr. 1865, P.-L.-M., [Leb. chr., p. 207]

1818. — Au contraire, on n'a imposé que comme locaux industriels les logements d'agents, logés dans la gare parce que leur présence y est nécessaire, mais qui ne représentent par la compagnie tels que : un sous-chef de gare sans attributions spéciales et agissant sous la responsabilité du chef de gare. — Cons. d'Et., 24 mai 1865, Orléans, [Leb. chr., p. 586]; — 15 févr. 1866, P.-L.-M., [Leb. chr., p. 92]

1819. — ... Un sous-chef de gare préposé au service de la grande et de la petite vitesse. — Cons. d'Et., 24 mars 1865, Nord, [Leb. chr., p. 318]

1820. — ... Les chefs du dépôt des machines. — Cons. d'Et., 24 mars 1865, précité ; — 24 mai 1865, précité; — 7 juin 1865, Orléans, [Leb. chr., p. 614]; — 20 juill. 1865, Orléans, [Leb. chr., p. 718]; — 11 janv. 1866, P.-L.-M., [Leb. chr., p. 12]; — 12 févr. 1867, Orléans, [Leb. chr., p. 171]; — 21 avr. 1868, Orléans, [Leb. chr., p. 455]

1821. — ... Un chef de district. — Cons. d'Et., 31 janv. 1866, Orléans, [Leb. chr., p. 66]

1822. — ... Le receveur de la gare. — Cons. d'Et., 21 mai 1865, Orléans, [Leb. chr., p. 586]; — 7 juin 1865, Orléans, [Leb. chr., p. 614]

1823. — ... Les agents chargés de surveiller, soit la livraison du charbon... — Cons. d'Et., 31 janv. 1866, P.-L.-M., [Leb. chr., p. 92], — soit le dépôt du combustible. — Cons. d'Et., 17 févr. 1865, P.-L.-M., [Leb. chr., p. 207], — soit les travaux. — Cons. d'Et., 8 août 1865, Orléans, [Leb. chr., p. 755], — soit les pompes. — Cons. d'Et., 24 mars 1865, Nord, [Leb. chr., p. 318]

1824. — ... Un contrôleur surveillant. — Cons. d'Et., 24 mars 1865, précité.

1825. — ... Les gardes-barrières. — Cons. d'Et., 22 janv. 1863, Orléans, [Leb. chr., p. 52]; — 17 août 1864, P.-L.-M., [Leb. chr., p. 784]; — 27 janv. 1865, P.-L.-M., [Leb. chr., p. 104]

1826. — ... Les aiguilleurs. — Cons. d'Et., 21 avr. 1868, Orléans, [Leb. chr., p. 455]

1827. — ... Le chauffeur de la machine hydraulique. — Cons. d'Et., 11 janv. 1866, P.-L.-M., [Leb. chr., p. 12]

1828. — ... Le lampiste. — Cons. d'Et., 24 mars 1865, précité; — 25 août 1865, Nord, [Leb. chr., p. 843]

1829. — ... Les charbonniers. — Cons. d'Et., 11 janv. 1866, P.-L.-M., [Leb. chr., p. 12]

1830. — ... L'homme d'équipe chargé d'amarrer les trains. — Cons. d'Et., 24 mars 1865, précité.

1831. — ... Les facteurs. — Cons. d'Et., 31 janv. 1866, Orléans, [Leb. chr., p. 66]

1832. — ... Les gardes-magasins. — Cons. d'Et., 24 mars 1865, Nord, [Leb. chr., p. 318]

1833. — ... Le mécanicien du dépôt. — Cons. d'Et., 25 août 1865, Nord, [Leb. chr., p. 843]

1834. — ... Des ouvriers employés à des travaux. — Cons. d'Et., 8 août 1865, Orléans, [Leb. chr., p. 755]

1835. — ... Les concierges. — Cons. d'Et., 24 mars 1865, précité.

1836. — ... Les employés. — Cons. d'Et., 26 juin 1867, Nord, [Leb. chr., p. 607]

3° *Locaux à taxer comme servant à l'exercice de la profession.*

1837. — Le taux afférent aux locaux professionnels doit être appliqué sans conteste, non seulement aux locaux proprement dits, tels que les bureaux où se tiennent les employés, mais encore à l'outillage qui les garnit. Ainsi on a imposé à ce taux : les bureaux qu'une compagnie gazière possède en dehors de son usine et servant principalement à la constatation du pouvoir éclairant du gaz, alors même qu'aucune livraison ne s'y effectuait. — Cons. d'Et., 4 avr. 1862, Comp. parisienne du gaz, [Leb. chr., p. 283]

1838. — ... Les bureaux compris dans l'ensemble des bâtiments d'une filature. — Cons. d'Et., 30 avr. 1868, Schlumberger, [Leb. chr., p. 499]

1839. — ... Dans une gare de chemin de fer, le bureau des piqueurs. — Cons. d'Et., 27 janv. 1865, P.-L.-M., [Leb. chr., p. 104]

1840. — ... Ou d'un distributeur de billets. — Cons. d'Et., 1er juin 1869, Orléans, [Leb. chr., p. 547]

1841. — Le fait que ces locaux sont constamment occupés par des employés ne suffit pas pour les faire taxer comme locaux servant à l'habitation.

1842. — Le taux des locaux industriels est appliqué aux ouvrages-appareils qui constituent l'outillage. — Cons. d'Et., 27 janv. 1865, P.-L.-M., [Leb. chr., p. 101]; — 17 juill. 1867, P.-L.-M., [Leb. chr., p. 653]; — 14 févr. 1890, Gaz de Wazemmes, [D. 90.3.76]; — 2 mars 1900, Syndicat du chemin de fer de ceinture, [Leb. chr., p. 171]

1843. — Pour certaines professions, il peut y avoir quelques difficultés pour déterminer quels sont les locaux qui doivent être taxés au taux des locaux professionnels. Ainsi pour les maîtres d'hôtels, le tarif impose au même taux que la maison d'habitation les salles à manger et autres locaux servant à l'usage commun des voyageurs. Il faut y joindre les cuisines. — Cons. d'Et., 18 juill. 1873, Franciory, [Leb. chr., p. 653] — Au contraire, les locaux destinés à l'usage particulier des voyageurs, ainsi que les écuries et remises, sont taxés comme locaux industriels.

1844. — Il peut y avoir lieu de déterminer le caractère des locaux. Chez les commissionnaires de transport, le taux est du 40e pour les locaux autres que les bureaux servant à l'exercice de la profession et du 10e sur les bureaux. Le Conseil d'Etat a jugé qu'il fallait imposer comme bureaux les locaux affectés à la réception du public et des marchandises, et non pas seulement la partie réservée aux employés derrière les guichets. — Cons. d'Et., 18 juin 1892, Moirsand, [D. 93.5.412]; — 18 nov. 1892, Besson, [D. 93.5.412] — et comme locaux industriels ceux employés exclusivement à l'entrepôt des colis. — Cons. d'Et., 19 nov. 1892, Ravier, [D. 93.5.412]

1845. — Le taux du droit proportionnel dépendant souvent de la qualification donnée à la profession du patentable, celui-ci peut avoir intérêt, même au point de vue du droit proportionnel seul, à contester cette qualification.

1846. — Ainsi l'entrepreneur d'un service de bateaux à vapeur, imposable au 20e sur les locaux affectés à l'exercice de cette profession, notamment sur ceux qui servent à la construction, à la réparation et aux approvisionnements de sa flotte, ne peut réclamer pour ces locaux le taux du 40e en se prétendant commissionnaire de transports par eau. — Cons. d'Et., 28 avr. 1893, Comp. navigation du Havre à Paris, [Leb. chr., p. 341]

1847. — Il avait été jugé autrefois que la disposition de la loi du 4 juin 1858, qui réduisait au 40e le droit proportionnel des exploitants de lavoirs publics, ne s'étendait pas aux exploitants de bateaux à laver. — Cons. d'Et., 28 mars 1860, Jean, [Leb. chr., p. 268] — Cette anomalie a disparu.

4° *Taux à appliquer en cas de pluralité de professions.*

1848. — I. *Les professions sont exercées dans les mêmes locaux.* — L'art. 15 L. 15 juill. 1880, reproduisant l'art. 11 L. 25 avr. 1844, règle le cas où un patentable exerce, soit dans le même local, soit dans des locaux distincts, des professions passibles d'un droit proportionnel différent. « Le patentable qui exerce dans un même local, ou dans des locaux non distincts plusieurs industries ou professions passibles d'un droit proportionnel différent, paie ce droit d'après le taux applicable à la profession pour laquelle il est assujetti au droit fixe. Dans le cas où les locaux sont distincts, il paie pour chaque local le droit proportionnel attribué à l'industrie ou à la profession qui y est spécialement exercée. Dans tous les cas, le droit proportionnel est établi sur la maison d'habitation d'après le taux applicable à celle des professions imposées au droit fixe qui comporte le taux le plus élevé. »

1849. — Il faut remarquer que des professions différentes peuvent être exercées dans des locaux distincts sans qu'il y ait pour cela plusieurs établissements dans le sens de l'art. 8 L. 15 juill. 1880. Il suffit, pour donner lieu à des taux différents du droit proportionnel, que les locaux, bien que situés dans un même établissement, aient une affectation spéciale dûment caractérisée (Instr. 1881, art. 59).

1850. — Aux termes de l'art. 11 L. 25 avr. 1844, le patentable qui exerçait plusieurs industries ou professions dans des locaux distincts devait être assujetti au droit proportionnel sur sa maison d'habitation, d'après le taux applicable à la profession pour laquelle il était imposé au droit fixe. — Cons. d'Et., 13 avr. 1877, Bourdon, [Leb. chr., p. 339]; — 8 nov. 1878, Mottet, [Leb. chr., p. 877] — Chaque patentable ayant été soumis à autant de droits fixes qu'il possède d'établissements, cette disposition ne s'est plus trouvée en harmonie avec l'état de la législation. La situation est désormais réglée par le § 3 de l'art. 15, ainsi conçu : « Dans tous les cas le droit proportionnel est établi sur la maison d'habitation d'après le taux applicable à celle des professions imposées au droit fixe qui comporte le taux le plus élevé. » Le taux du droit proportionnel à établir sur la maison d'habitation est indépendant de la quotité du droit fixe (Instr. 1881, art. 59). — Cons. d'Et., 26 mars 1886, Raynaud, [Leb. chr., p. 287]; — 1er juin 1888, Bernard, [Leb. chr., p. 482]; — 23 juin 1894, Piketty, [Leb. chr., p. 430]; — 8 nov. 1895, Lamy, [Leb. chr., p. 688]; — 26 nov. 1897, Laudi, [Leb. chr., p. 722]

1851. — Ainsi jugé, qu'un contribuable, qui exerce deux professions dans un même établissement où sont centralisées la direction des affaires, la correspondance et la comptabilité, est imposable à un droit proportionnel spécial à raison d'un atelier situé dans une autre commune, et où l'une des deux professions est seule exercée. — Cons. d'Et., 10 févr. 1899 (2 arrêts), Trèves, [S. et P. 1901.3.94] — Il en est ainsi, alors même qu'il aurait été précédemment décidé par le Conseil d'Etat que cet atelier ne constituerait pas, au point de vue de l'assiette du droit fixe, un établissement distinct du premier établissement dans lequel les deux professions sont exercées. — Mêmes arrêts (dont le dernier rés. implic.).

1852. — Dans le cas prévu à l'art. 7 L. 15 juill. 1880, c'est-à-dire quand le patentable exerce dans le même établissement plusieurs professions, et sans affecter spécialement des locaux distincts à chacune d'elles, et que celles-ci comportent des droits différents, comment se règle le droit proportionnel? Plusieurs hypothèses peuvent se présenter. — 1re *hypothèse : Les droits fixes sont différents, mais le droit proportionnel est le même.* — La question est alors sans intérêt. Il importe peu que le patentable soit imposé au droit proportionnel à raison de l'une plutôt que de l'autre. — Cons. d'Et., 6 nov. 1880, Salvadari, [Leb. chr., p. 836]

1853. — 2e *hypothèse. Les droits fixes sont les mêmes, mais le taux du droit proportionnel est différent.* — On devra, en ce cas, régler l'ensemble de la patente du contribuable (droit fixe et proportionnel) d'après les droits afférents à la profession qui comporte, pour le droit proportionnel, le taux le plus élevé. — Cons. d'Et., 8 juin 1877, Comp. des entrepôts et magasins généraux de Paris, [Leb. chr., p. 563]; — 11 juill. 1879, Taillandier-Rocher, [Leb. chr., p. 591]; — 23 janv. 1880, Mongel-Coudray, [Leb. chr., p. 92]; — 6 nov. 1880, Maccard, [Leb. chr., p. 849]; — 1er avr. 1881, Chapon, [Leb. chr., p. 380]; — 11 mai 1888, Besson, [Leb. chr., p. 432]; — 7 juin 1889, Ferrand, [Leb. chr., p. 719]; — 9 nov. 1889, Callard, [Leb. chr., p. 1020]

1854. — Il en est de même si l'une des deux professions ne comporte pas de droit fixe, parce que dans ce cas l'art. 15 ne peut s'appliquer. — Cons. d'Et., 6 janv. 1853, Lecomte, [Leb. chr., p. 22]; — 11 janv. 1853, Duverger, [Leb. chr., p. 92]; — 23 mars 1853, Nogué, [Leb. chr., p. 355]; — 29 juin 1853, Boucly, [Leb. chr., p. 639]; — 28 déc. 1853, Lorin, [S. 54.2.415, P. adm. chr.]

1855. — 3e *hypothèse. Les droits fixes sont différents ainsi que le taux du droit proportionnel.* — La loi impose en ce cas l'obligation de régler le droit proportionnel d'après le taux applicable à la profession pour laquelle le droit fixe est imposé au droit fixe, c'est-à-dire pour laquelle le patentable est le plus élevé. — Cons. d'Et., 23 mars 1865, Lebrou, [Leb. chr., p. 303]; — 20 déc. 1866, Duronchoux, [Leb. chr., p. 1174]; — 2 juill. 1870, Tartas, [Leb. chr., p. 859]; — 16 avr. 1875, Lechène, [Leb. chr., p. 324]; — 7 mai 1875, Dalmagne, [Leb. chr., p. 434]; — 30 juin 1876, Godillot, [Leb. chr., p. 617]; — 15 juin 1877, Rouillard, [Leb. chr., p. 595]; — 6 août 1878, Allazin, [Leb. chr., p. 813]; — 2 mai 1879, Collieux, [Leb. chr., p. 338]; — 30 janv. 1880, Neau, [Leb. chr., p. 125]; — 4 févr. 1881, Saint-Ours, [Leb. chr., p. 158]; — 4 mars 1881, Pouget, [Leb. chr., p. 254]; — 10 févr. 1882, Papeteries du Souche, [Leb. chr., p. 148]; — 17 mars 1882, de Germon, [Leb. chr., p. 254]; — 5 mai 1882, Lagarde, [Leb. chr., p. 434]; — 12 mai 1882, Styczinski, [Leb. chr., p. 463]; — 16 juin 1882, Chadenil, [Leb. chr., p. 574]; — 30 juin 1882, Lenoir, [Leb. chr., p. 623]; — 28 juill. 1882, Pinard et Verdier, [Leb. chr., p. 721]; — 4 août 1882, Million, [Leb. chr., p. 751]; — 3 nov. 1882, Chéry et Rouche, [Leb. chr., p. 832]; — 30 nov. 1883, Tulié et Madjar, [Leb. chr., p. 868]; — 7 déc. 1883, Révillon, [Leb. chr., p. 892]; — 31 juill. 1885, Payen, [Leb. chr., p. 731]; — 9 juill. 1886, Nadaud, [Leb. chr., p. 584]; — 4 nov. 1887, Brigalant, [Leb. chr., p. 686]; — 27 juill. 1888, Tous, [Leb. chr., p. 675]; — 22 févr. 1890, Pagin, [Leb. chr., p. 220]; — 28 févr. 1890, Krissemann, [Leb. chr., p. 228]; — 22 juill. 1892, Saint, [Leb. chr., p. 639]

1856. — Il peut arriver que l'application de la loi ne donne pas les résultats les plus conformes aux intérêts du Trésor. Le fait se produit lorsque la profession, comportant le droit fixe le plus élevé, ne comporte pas de droit proportionnel. — Cons. d'Et., 27 déc. 1895, Eiffel, [Leb. chr., p. 860] — ... ou n'atteint pas tous les locaux professionnels. — Cons. d'Et., 1er déc. 1894, Lemel, [S. et P. 96.3.152] — Quand, par exemple, elle ne comporte de droit proportionnel que sur la maison d'habitation, les autres locaux sont exemptés. — Cons. d'Et., 1er juin 1877, Robert, [Leb. chr., p. 523]; — 13 juill. 1877, Eiffel, [Leb. chr., p. 694], — ... ou quand le taux du droit proportionnel de la profession passible du plus fort droit fixe est moins élevé que celui du droit proportionnel afférent à l'autre profession. — Cons. d'Et., 28 févr. 1891, Gilbert, [Leb. chr., p. 177]

1856 bis. — Pour obvier à cet inconvénient, le projet de loi actuellement soumis aux délibérations du Parlement modifie ainsi l'art. 15, L. 15 juill. 1880 : « Le patentable qui exerce dans un même local ou dans des locaux non distincts, plusieurs industries ou professions passibles d'un droit proportionnel différent, paye ce droit d'après le taux applicable à la profession que comporte le taux le plus élevé. »

1857. — Lorsque dans le même local, on exerce deux professions dont une n'est pas soumise à la patente, ou est imposable au droit proportionnel pour l'ensemble des locaux d'après le taux afférent à l'autre profession. — Cons. d'Et., 17 janv. 1879, Chaize-Poget, [Leb. chr., p. 22]; — 26 oct. 1894, Daude, [Leb. chr., p. 577]

1858. — Lorsque, de deux professions exercées dans les mêmes locaux, l'une est taxée au tableau A et l'autre au tableau C, mais que, le droit fixe du tableau A étant le plus élevé, le droit fixe dû par le patentable a été établi d'après les règles de ce tableau, le droit proportionnel doit être établi, sur l'ensemble des locaux occupés, d'après le taux afférent à celle des professions qui figure au tableau A et sans tenir compte de la valeur de l'outillage servant à l'exercice de l'autre profession. — Cons. d'Et., 27 déc. 1890, Gilbert, [Leb. chr., p. 1027]

1859. — Antérieurement à la loi du 15 juill. 1880, il y avait un cas où, pour une même profession, le droit proportionnel pouvait se trouver fixé d'après les bases déterminées au tableau C, alors que le droit fixe était calculé d'après les règles du tableau A : quand il y avait lieu d'appliquer la loi du 4 juin 1858 concernant les fabricants travaillant pour le commerce. Aux termes de cette loi, quand ces fabricants occupaient plus de 10 ouvriers, ils étaient classés dans le tableau C. Toutefois le tarif ajoutait qu'en aucun cas le droit fixe ne devait être inférieur à celui résultant de l'application des règles du tableau A. Le Conseil d'Etat avait interprété cette dernière disposition en ce sens qu'elle n'avait eu pour but ni pour effet de faire disparaître le contribuable du tableau C, pour le rétablir au tableau A, mais seulement de fixer le minimum du droit fixe. En conséquence, même lorsque le droit fixe était réglé d'après le tableau A, le droit proportionnel devait continuer à être calculé d'après les règles du tableau C. Et notamment, ce droit devait porter sur l'outillage industriel. — Cons. d'Et., 2 juill. 1875, Lemonnier, [Leb. chr., p. 649]; — 6 août 1880, Perraud, [Leb. chr., p. 727]; — 1er juill. 1881, Coindre, [Leb. chr., p. 661]; — 22 juill. 1881, Bourdier, [Leb. chr., p. 724]

1860. — La loi du 15 juill. 1880 a modifié la disposition de la loi de 1858. Dans aucun cas l'ensemble des droits fixes et proportionnels de patente ne pourra être inférieur au total qui résulterait de l'application à la profession du fabricant, du tarif réglé en raison de la population. « Une disposition analogue a été édictée pour les exploitants de moulins, de scieries mécaniques, etc. » Dorénavant ce n'est plus sur le droit fixe seul qu'il faut faire porter la comparaison, mais sur l'ensemble des deux droits dont se compose la cote du contribuable. Avec ce système les droits du fisc sont toujours sauvegardés. En outre, on revient à l'application de la règle générale d'après laquelle le droit proportionnel suit l'imposition au droit fixe. Lorsqu'un exploitant de moulin, par exemple, devra être imposé d'après les règles du tableau A comme marchand de farines en gros, le droit proportionnel ne pourra porter sur l'outillage industriel, mais seulement sur les locaux. — Cons. d'Et., 18 mars 1887, Truffaut, [Leb. chr., p. 240]; — 13 janv. 1888, Guyot, [Leb. chr., p. 24]; — 21 déc. 1889, Oudia, [Leb. chr., p. 1207]; — 19 juill. 1890, Hardy-Lebègue, [Leb. chr., p. 704]; — 21 nov. 1891, Vachon, [Leb. chr., p. 696] — Au contraire, si le calcul des droits entraîne l'application des règles du tableau C, l'outillage devra être évalué.

1861. — II. *Les professions sont exercées dans des locaux distincts, mais dans un même établissement.* — Lorsque le patentable exerce plusieurs professions différentes dans un même établissement, mais en affectant à chacune d'elles des locaux distincts, il y a lieu d'appliquer à la valeur locative de chacun de ces locaux le taux du droit proportionnel afférent à la profession qui y est spécialement exercée. — Cons. d'Et., 11 janv. 1853, Ménard, [Leb. chr., p. 84]; — 23 févr. 1877, Brau, [Leb. chr., p. 186]; — 15 juin 1877, Vantorre et Prévost, [Leb. chr., p. 592]; — 15 juin 1877, Comp. des entrepôts et magasins généraux de Paris, [Leb. chr., p. 597]; — 29 juin 1877, Guillon, [Leb. chr., p. 635]; — 3 août 1877, Duplessis et Dervaux, [Leb. chr., p. 779]; — 12 août 1879, Comp. des chemins de fer de Compiègne à Pierrefonds, [Leb. chr., p. 634]; — 5 déc. 1879, Noël, [Leb. chr., p. 778]; — 30 janv. 1880, Neausu, [Leb. chr., p. 125]; — 13 févr. 1880, Chamonard et Caneurte, [Leb. chr., p. 179]; — 17 mars 1882, de Germon, [Leb. chr., p. 254]; —

19 mai 1882, Saint-Yves, [Leb. chr., p. 501]; — 21 juill. 1882, Mosnier, [Leb. chr., p. 699]; — 22 févr. 1884, Comp. des entrepôts et magasins généraux de Paris, [Leb. chr., p. 162]; — 6 août 1886, Tholotte, [Leb. chr., p. 715]; — 4 févr. 1887, Noyaux, [Leb. chr., p. 109]; — 11 févr. 1887, Leroux, [Leb. chr., p. 131]; — 30 déc. 1887, Berthier, [Leb. chr., p. 864]; — 17 févr. 1888, Bonet, [Leb. chr., p. 161]; — 11 mai 1888, Besson, [Leb. chr., p. 432]; — 7 juin 1889, Ferrand, [S. 91.3.77, P. adm. chr.]; — 9 nov. 1889, Collard, [Leb. chr., p. 1020]; — 19 juill. 1890, Kleinhaus, [Leb. chr., p. 697]; — 14 nov. 1891, Conor, [Leb. chr., p. 692]; — 23 mai 1896, Hardon, [Leb. chr., p. 442]

1861 *bis*. — Application de ce principe a été faite à une compagnie de chemins de fer pour une gare d'eau qu'elle avait réunie sans autorisation à son exploitation et qui constituait un établissement absolument distinct de sa concession. — Cons. d'Et., 10 mars 1869, Cie P.-L.M., [Leb. chr., p. 228]

1862. — Celui qui exerce dans des parties distinctes de son établissement la profession d'affineur en métaux et celle de fondeur de plomb n'est pas imposable au 20e sur l'ensemble de l'établissement, mais au 40e sur les locaux affectés à la fonderie de plomb, qui constitue une industrie du tableau A, 3e partie. — Cons. d'Et., 14 mai 1856, Luce, [Leb. chr., p. 358]

1863. — Celui qui tient une pension bourgeoise à laquelle il joint la location de chambres meublées n'est passible pour ces dernières, que du taux du 40e. — Cons. d'Et., 21 juill. 1882, Munier, [Leb. chr., p. 699] — V. en sens contraire, Cons. d'Et., 10 févr. 1900, Rouguet, [Leb. chr., p. 125]

1863 *bis*. — Quand le transport des voyageurs de la gare à l'intérieur d'une ville est assuré par la compagnie de chemins de fer moyennant la perception d'un prix spécial indépendant de celui des places sur le chemin de fer, il constitue l'exercice d'une industrie distincte de l'exploitation de la voie ferrée. En conséquence les locaux où s'exerce cette industrie doivent être imposés au droit proportionnel au 20e et non au 40e comme dépendances du chemin de fer. — Cons. d'Et., 20 déc. 1855, Comp. d'Orléans, [Leb. chr., p. 763]

1863 *ter*. — Quand de ces professions, exercées dans des locaux distincts, l'une d'elle est exemptée du droit proportionnel sur les locaux professionnels, il y a lieu de déduire de la valeur locative de l'établissement celle des pièces affectées à l'exercice de cette profession. — Cons. d'Et., 8 juin 1877, Entrepôts et magasins généraux de Paris, [Leb. chr., p. 563]; — 22 nov. 1889, Royer-Gallot, [Leb. chr., p. 1056]

1864. — Toutefois, pour qu'il y ait lieu d'appliquer à chaque local un taux différent pour l'établissement du droit proportionnel, il est nécessaire que les opérations qui s'y effectuent constituent l'exercice de professions diverses. Il n'en serait pas ainsi pour un négociant qui, vendant en gros différentes espèces de produits, aurait affecté à chacune un local distinct, car c'est précisément le commerce de gros de plusieurs natures de marchandises qui constitue l'exercice de la profession de négociant. L'ensemble des locaux doit être taxé à un taux unique, sans qu'il y ait à distinguer le commerce spécial exercé dans chacun d'eux. — Cons. d'Et., 30 juin 1858, Lemire, [S. 59.2.336, P. adm. chr.]; — 20 sept. 1859, Charmel, [Leb. chr., p. 618]; — 23 mars 1865, Lebeau, [Leb. chr., p. 303]; — 4 mai 1881, Bergasse, [Leb. chr., p. 427]

1865. — De même, dans un hôtel, le droit proportionnel doit être établi sur tous les locaux destinés à l'usage des voyageurs, d'après le taux afférent à la profession de maître d'hôtel, et non d'après la nature spéciale des opérations qui y sont effectuées. Ainsi jugé pour les pièces servant de café, de salle de lecture, de salle de bains. — Cons. d'Et., 19 déc. 1860, Burlet, [Leb. chr., p. 781]; — 5 févr. 1886, Hôtel continental de Paris, [D. 87.5.324], — et pour une buanderie dépendant d'un hôtel et située dans une autre commune, et servant au lavage du linge employé dans l'hôtel. — Cons. d'Et., 22 janv. 1886, Lassant, [D. 87.5.324]

1866. — Il en est de même quand un patentable consacre un local distinct à l'exercice d'une profession qui n'est que l'accessoire de sa profession principale. — Cons. d'Et., 29 juin 1883 Révillon, [Leb. chr., p. 610]; — 5 déc. 1884, Langotaff, [Leb. chr., p. 870]

1867. — Ainsi un entrepreneur de transports, qui a pris à bail un hangar qu'il affecte exclusivement au dépôt des marchandises transportées par ses navires, n'est pas fondé à soutenir que ce hangar est le siège d'une industrie distincte, celle de magasinier, et à demander à n'être imposé au droit proportionnel sur ce local qu'à raison du taux afférent à cette dernière profession. — Cons. d'Et., 12 déc. 1873, Comp. des messageries maritimes, [Leb. chr., p. 937]

1868. — Un armateur à la pêche de la morue, qui fait sécher les morues provenant de la pêche de ses navires dans des locaux dépendant de son établissement d'armateur, doit être imposé au droit proportionnel sur l'ensemble des locaux d'après le taux afférent à la profession d'armateur et non au taux afférent à la profession de sécheur de morues. — Cons. d'Et., 20 déc. 1860, Comolet, [Leb. chr., p. 790]

1869. — Il y a lieu de considérer comme exerçant, dans des locaux distincts celui qui a, au rez-de-chaussée, une boutique de cordonnier et qui loue en garni les premier et second étages de la maison. Il est imposable au 20e pour le rez-de-chaussée et au 40e pour la partie affectée à l'exercice de la profession de loueur en garni. — Cons. d'Et., 25 janv. 1860, Genot, [Leb. chr., p. 60]

5° Taux à appliquer aux magasins de vente séparés de l'établissement industriel.

1870. — Sous l'empire de la loi du 25 avr. 1844, à l'époque où nul ne pouvait être forcé de prendre plus d'une patente, les magasins de vente séparés des établissements industriels, uniquement employés au dépôt et à la vente des produits de la fabrique ne pouvaient être considérés comme le siège d'un commerce distinct imposable au droit fixe et au droit proportionnel d'après sa nature propre. — Cons. d'Et., 11 janv. 1853, Court, [Leb. chr., p. 76]

1871. — Après la loi du 4 juin 1858 que déclara les établissements distincts passibles d'un demi-droit fixe séparé, la question se posa de savoir s'il fallait considérer les magasins de vente séparés des établissements industriels comme des établissements distincts et si, en cas d'affirmative, il y avait lieu de les imposer aux droits fixe et proportionnel comme dépendances de l'établissement industriel ou comme magasins de marchands en gros. C'est, en ce sens, que la jurisprudence du Conseil d'Etat se fixa malgré les nombreuses réclamations et contrairement aux conclusions de M. le commissaire du Gouvernement Robert. — Cons. d'Et., 25 avr. 1860, Japy, [Leb. chr., p. 350]; — 11 janv. 1861, Heuricart, [Leb. chr., p. 11]; — 11 janv. 1862, Michel Baron, [Leb. chr., p. 16]; — 28 mai 1866, Rondeaux, [Leb. chr., p. 523]; — 6 mars 1869, Michaut, [Leb. chr., p. 205] — On ne voulait pas que l'industriel qui ajoutait aux bénéfices du fabricant, ceux du marchand, fût traité plus favorablement que le marchand auquel il faisait concurrence.

1872. — Il fallut le vote de la loi du 2 août 1868, art. 4, exemptant du droit fixe le magasin de vente en gros des fabricants pour faire changer la jurisprudence. Ce revirement s'opéra par une décision du Conseil d'Etat, 8 nov. 1872, Forestier, [Leb. chr., p. 572]

1873. — L'Instruction de 1881 (art. 60) commente ainsi les dispositions de la loi de 1880, conformes à celles de la loi de 1868 sur les magasins de vente séparés de l'établissement industriel : « D'après la loi du 25 avr. 1844, les magasins de vente complètement séparés de l'établissement étaient, en ce qui concerne les professions rangées dans la 2e, 3e, 4e partie du tableau C, imposés au taux du 20e (alors que les établissements industriels étaient cotisés au 25e, 40e, 50e). Cette disposition de la loi de 1844, qui n'avait plus sa raison d'être depuis que chaque établissement donnait lieu à l'imposition d'un droit fixe, a été supprimée du tarif par la loi du 15 juill. 1880. Par suite, les magasins de vente complètement séparés de l'établissement industriel rentrent dans la règle générale. Ils doivent être désormais imposés au droit proportionnel conformément à l'art. 15 de la loi (Instr. 1881, art. 60). Aux termes de l'Instruction de 1881 (art. 60), c'est conformément aux mêmes règles que devait être imposé le magasin séparé dans lequel le patentable qui exploite un établissement industriel et qui n'y effectue pas la vente de ses produits, vend exclusivement en gros les seuls produits de sa fabrication. Ce magasin est exempté du droit fixe par l'art. 9 de la loi de 1880. Aucune disposition spéciale n'ayant été édictée relativement au droit proportionnel à assigner au magasin dont il s'agit, le taux de ce droit devait être évidemment, d'après l'art. 15, celui que comporte le commerce en gros exercé dans ledit magasin.

1874. — Cette interprétation donnée par l'Instruction était conforme à quelques décisions du Conseil d'Etat qui faisaient la distinction suivante : les magasins de vente n'étaient-ils pas isolés de l'établissement industriel ou n'en constituaient-ils qu'une dépendance. Le taux afférent à cet établissement était appliqué à l'ensemble des locaux. — Cons. d'Et., 8 nov. 1878, Lefèvre. [Leb. chr., p. 868]

1875. — Ainsi, on a considéré comme non distincts de l'établissement industriel des magasins de vente situés dans la même maison à des étages différents, il est vrai, mais réunis par un escalier intérieur. — Cons. d'Et., 5 déc. 1879, Neyret, [Leb. chr., p. 780] — ... ou dans des bâtiments distincts, mais enfermés dans une même enceinte. — Cons. d'Et., 5 déc. 1879, Guillard, [Leb. chr., p. 780]

1876. — On a également appliqué le taux afférent à l'établissement industriel à des ateliers situés dans la même maison que le magasin de vente et dans lesquels on exécutait une partie des opérations de la fabrication. — Cons. d'Et., 31 mars 1868, Carchon, [Leb. chr., p. 356]; — 5 déc. 1879, Neyret, [Leb. chr., p. 780]

1877. — Au contraire, quand le magasin de vente était entièrement distinct et séparé de l'établissement, il était exempté du droit fixe, mais était passible du droit proportionnel d'après le taux afférent à la profession de marchand en gros. Ainsi jugé qu'un fabricant ne pouvait se prévaloir de ce que dans son magasin de vente séparé de sa fabrique, on donnait les derniers apprêts aux produits fabriqués (alors que ces opérations rentraient dans la pratique habituelle des marchands) pour prétendre n'être imposé sur ces locaux qu'au taux afférent à l'établissement industriel. — Cons. d'Et., 3 août 1877, Guérineau, [Leb. chr., p. 787]

1877 *bis*. — On a repoussé de même la prétention de fabricants à métiers qui voulaient faire appliquer le taux du 40e à des locaux où se faisaient la réception des matières, la centralisation et la vente des tissus fabriqués. — Cons. d'Et., 26 déc 1870, Grisan, [Leb. chr., p. 1113]; — 21 juill. 1882, Bidon, [Leb. chr., p. 701]; — 4 août 1882, de Clavière, [Leb. chr., p. 751]

1878. — Le Conseil d'Etat a abandonné définitivement cette jurisprudence. Il décide maintenant que le magasin exempté du droit fixe en vertu de l'art. 9, devait être considéré comme une simple dépendance de l'établissement industriel et imposé au droit proportionnel au même taux. — Cons. d'Et., 29 févr. 1884, Sallandronze, [S. 86.3.1, P. adm. chr.]; — 18 juill. 1884, Durand, [Leb. chr., p. 619]; — 24 juill. 1885, Arond, [Leb. chr., p. 712]; — 31 juill. 1885, Soc. de Saint-Gobain, [Leb. chr., p. 732]; — 22 janv. 1886, Leclercq-Mulliez, [Leb. chr., p. 95]; — 5 mars 1886, Huet, [Leb. chr., p. 212]; — 16 avr. 1886, Neveu, [Leb. chr., p. 353]

1878 *bis*. — Si au contraire le magasin de vente forme établissement distinct et n'est pas exempté du droit fixe, il est taxé au droit proportionnel d'après le taux afférent au commerce en gros qui y est exercé. — Cons. d'Et., 14 mai 1886, Gervais, [Leb. chr., p. 409]; — 22 nov. 1890, Bertrand, [Leb. chr., p. 869]; — 19 janv. 1894, Dumortier, [S. et P. 95.3.135]

1879. — Enfin la conséquence de ce système, c'est que lorsque l'industrie dont le magasin de vente sert à écouler les produits n'est passible du droit proportionnel que sur la maison d'habitation et non sur les locaux professionnels, le magasin de vente, déjà exempté du droit fixe, doit l'être également du droit proportionnel. — Cons. d'Et., 11 févr. 1887, Rodier, [Leb. chr., p. 132]

Section IV.

Application des tarifs suivant la profession.

1880. — Nous allons passer ici en revue les diverses professions dont le classement, d'après le tarif, a donné lieu à des difficultés. Nous n'examinerons que la jurisprudence postérieure à la loi de 1880, dont les décisions serviront d'exemple pour les multiples espèces susceptibles de se présenter dans la pratique. D'autre part, nous laisserons de côté toutes les professions qui, à un titre quelconque, ont pu être étudiées dans le cours de ce travail, soit à raison de leur exemption, comme celles de cultivateur, commis, etc., soit à raison de leur traitement spécial comme celles de médecin, avocat, etc.

1881. — *Achat (tenant une maison d')*. — Est imposable comme tenant une maison d'achat (tabl. A, 1re cl.), et non bimbelotier en gros (Cons. d'Et., 16 juill. 1886, Beuf, Leb. chr., p. 629), ou pharmacien en gros (Cons. d'Et., 6 août 1886, Ortie, Leb. chr., p. 712), celui qui achète des produits qu'il réunit dans ses magasins pour les adresser à un comptoir de vente exploité à l'étranger. — Cons. d'Et., 16 juill. 1886, précité; — 3 déc. 1886, Warlemont, [Leb. chr., p. 853]; — ou celui qui achète, pour le compte d'une maison étrangère, des marchandises diverses, et vend, d'ailleurs, lui-même, dans le magasin où il remise ces marchandises, des articles de bimbeloterie. — Cons. d'Et., 9 avr. 1892, Feugenheimer, [Leb. chr., p. 394] — V. *infrà*, n. 1910 et s.

1882. — Est imposable comme tenant une maison d'achats et non comme marchand de dentelles en gros, l'individu qui achète des dentelles qu'il expédie à l'étranger, où elles sont vendues par sa maison de commerce. — Cons. d'Et., 11 mars 1898, Goldenberg et Cie, [S. et P. 1900.3.15, D. 99.3.51]

1883. — *Adjudicataires de la fourniture de pommes de terre aux troupes*. — Celui qui a passé avec l'administration militaire un marché pour la fourniture des pommes de terre aux troupes des régiments ne doit pas être imposé en qualité de marchand de pommes de terre en gros, ou de marchand de légumes vendant par paniers. Il exerce une industrie non dénommée aux tarifs, et il y a lieu à renvoi devant le préfet pour classement par assimilation. — Cons. d'Et., 6 juill. 1888, Pin, [Leb. chr., p. 617]

1884. — *Agence de paquebots étrangers (tenant une)* (tabl. B). — Doit être imposé à ce titre le représentant d'une Compagnie de navigation étrangère, qui se livre à des opérations consistant principalement à recevoir des ordres de transport sur les lignes desservies par cette compagnie. — Cons. d'Et., 7 juill. 1900, Jurié, [Leb. chr., p. 475]

1885. — *Agent d'affaires* (tabl. A, 4e cl.). — Est considéré comme agent d'affaires, celui qui occupe un cabinet d'affaires ouvert au public où il donne des consultations sur des questions litigieuses. — Cons. d'Et., 22 mai 1885, Legriffon, [Leb. chr., p. 529]; — 24 juill. 1885, Chardon, [Leb. chr., p. 710]; — 5 nov. 1886, Beaubouchez, [Leb. chr., p. 759]; — 14 juin 1890, Vigouroux, [Leb. chr., p. 573]; — celui qui représente les tiers en justice. — Cons. d'Et., 13 mai 1887, Baudry, [Leb. chr., p. 383]; — 15 nov. 1890, Rochery, [Leb. chr., p. 838]; — 6 juill. 1900, Guillaume, [Leb. chr., p. 464]; — celui qui perçoit, moyennant rétribution, des rentes et loyers. — Cons. d'Et., 25 mars 1892, Colin, [Leb. chr., p. 309]; — celui qui opère des versements et des recouvrements d'argent. — Cons. d'Et., 22 mai 1885, précité, — 2 juill. 1886, Liot, [Leb. chr., p. 544]; — 5 nov. 1886, précité; — 13 mai 1887, précité; — 16 mars 1888, Nicol, [Leb. chr., p. 264]; — 26 déc. 1891, Longchamp, [Leb. chr., p. 803]; — 4 mai 1900, Garcin, [Leb. chr., p. 307]; — administre et régit des biens pour le compte de tiers. — Cons. d'Et., 22 mai 1885, précité; — 9 mai 1891, de Saint-Cyr, [Leb. chr., p. 357]; — 25 mars 1892, précité; — rédige des actes sous seing privé. — Cons. d'Et., 22 mai 1885, précité; — procède à des estimations d'immeubles. — Cons. d'Et., 14 juin 1890, précité; — prête son concours pour les réclamations en matière de contributions directes. — Cons. d'Et., 26 juin 1885, Monié, [Leb. chr., p. 619]; — fait la vérification pour le compte des expéditeurs des taxes perçues par les compagnies de chemins de fer. — Cons. d'Et., 6 nov. 1885, Léger, [Leb. chr., p. 823]; — remplit les fonctions d'arbitre-rapporteur et de syndic de faillite. — Cons. d'Et., 26 juin 1885, précité; — s'entremet pour la vente et l'achat d'immeubles. — Cons. d'Et., 9 mai 1891, précité.

1886. — Il faut considérer comme agent d'affaires et non comme escompteur (tabl. A, 1re cl.), celui qui encaisse, sans escompte, des effets de commerce pour plusieurs maisons de banque. — Cons. d'Et., 16 avr. 1886, Roudier, [Leb. chr., p. 349]

1887. — ... Est agent d'affaires et non tenant un bureau d'indication et de renseignements (tabl. A, 5e cl.) : celui qui possède un cabinet d'affaires constamment ouvert au public, s'entremet pour la vente des fonds de commerce et rédige des actes sous seing privé. — Cons. d'Et., 2 déc. 1898, Eerré, [Leb. chr., p. 750]; — 6 avr. 1900, Eerré, [Leb. chr., p. 275]

1888. — Est agent d'affaires et non écrivain public, celui qui s'occupe, moyennant rétribution, de l'exécution de mandats et de règlements de compte. — Cons. d'Et., 26 juin 1890, Caron, [Leb. chr., p. 610]

1889. — Est agent d'affaires et non expert pour le partage et l'estimation des propriétés (tabl. A, 6e cl.) : celui qui donne habituellement des consultations sur les affaires litigieuses, rédige des actes sous seing privé, des demandes à fin de dégrèvement d'impôts, représente les parties devant la justice de paix. — Cons. d'Et., 8 août 1890, Girardet, [Leb. chr., p. 773]

1890. — De même, est imposable en qualité d'agent d'affaires l'huissier qui ne se borne pas à recouvrer des effets de commerce, à l'occasion desquels il peut être appelé à dresser des actes de son ministère, mais qui se livre à des opérations de recouvrement pour le compte des maisons de banque, moyennant l'allocation de remises proportionnelles. — Cons. d'Et., 2 juill. 1892, Brevet, [S. et P. 94.3.61]

1891. — La société d'assurances mutuelles qui, en dehors de ses opérations d'assurances, se charge du recouvrement des créances de ses membres, moyennant une remise de 25 p. 0/0 sur les sommes recouvrées, est imposable de ce chef à la patente comme agent d'affaires. — Cons. d'Et., 15 nov. 1889, Assurance commerciale, [S. et P. 92.3.8]

1892. — Mais ne sauraient être considérés comme agents d'affaires (tabl. A, 4e cl.) : un individu qui s'occupe de la gestion des propriétés d'un parent, sans recevoir aucune rémunération. — Cons. d'Et., 9 avr. 1892, Vivien, [Leb. chr., p. 394]; — un ancien huissier qui s'occupe d'opérations se rattachant à la liquidation des affaires de sa charge. — Cons. d'Et., 9 avr. 1892, Valette, [Leb. chr., p. 394]

1893. — *Alambic (loueur d')* (tabl. A, 2e cl.). — Est loueur d'alambic et non bouilleur d'eau-de-vie (tabl. A, 6e cl.) : celui qui loue habituellement un alambic à divers propriétaires pour la distillation de leurs eaux-de-vie. — Cons. d'Et., 6 juin 1891, Nicolas, [Leb. chr., p. 423]

1894. — *Allumettes chimiques (marchand d')* (tabl. A, 2e, 4e, 6e ou 8e cl.). — Il y a lieu de considérer comme marchand d'allumettes et non comme sous-concessionnaire de la vente des allumettes chimiques le dépositaire d'allumettes qui n'a pas le monopole dans un département. — Cons. d'Et., 16 juill. 1886, Magnac, [D. 87.5.319, Leb. chr., p. 627]

1895. — *Appareils et ustensiles pour l'éclairage au gaz (fabricant ou marchand d')* (tabl. A, 5e cl.). — Doit être imposé en qualité de marchand d'appareils et ustensiles pour l'éclairage au gaz (tabl. A, 5e cl.) et non comme marchand de lustres (tabl. A, 4e cl.) celui qui fabrique et vend des appareils pour l'éclairage et le chauffage au gaz, lorsque la vente des lustres n'entre que pour une faible partie dans le produit total de ses affaires. — Cons. d'Et., 20 nov. 1897, Roussel et Borel, [Leb. chr., p. 713]

1896. — *Apprêteur et soudeur de brins de baleine.* — Est imposable comme apprêteur et soudeur de brins de baleine (tabl. A, 7e cl.), et non comme marchand (tabl. A, 4e cl.), l'industriel qui vend des brins de baleine après leur avoir fait subir des opérations de cuisson, de découpage, de ressoudage et de grattage. — Cons. d'Et., 16 mars 1894, Chanudet, [Leb. chr., p. 213]; — 23 nov. 1894, Chanudet, [Leb. chr., p. 620]

1897. — *Armurier.* — Est imposable comme armurier (tabl. A, 5e cl.), et non comme marchand d'armes en gros (tabl. A, 1re cl.), celui qui vend des armes blanches, des armes à feu par exemple, des fusils de chasse et leurs accessoires, alors même qu'il ne ferait que des ventes en gros (le tarif ne distinguait pas alors). — Cons. d'Et., 9 nov. 1889, Decante, [D. 91.3.31]; — 7 août 1890, Decante, [Leb. chr., p. 751]; — 24 mai 1890, Piot-Lepage, [Leb. chr., p. 542]; — 18 avr. 1891, Piot-Lepage, [Leb. chr., p. 295]

1898. — *Assurances maritimes (entrepreneurs d')* (tabl. B). — L'armateur qui délivre à ses chargeurs, qui en font la demande, des polices d'assurances au nom de divers assureurs, dont il n'est que le mandataire, et sans encourir aucune responsabilité à raison de ce fait, n'est pas imposable en qualité d'entrepreneur d'assurances maritimes. — Cons. d'Et., 9 déc. 1893, Caillol, [D. 94.5.440]

1899. — *Aubergiste.* — Est aubergiste ou cabaretier-logeur (tabl. A, 5e cl.), et non cabaretier (tabl. A, 6e cl.), le contribuable qui tient un établissement dans lequel il donne à manger et met à la disposition des clients des chambres meublées. — Cons. d'Et., 12 nov. 1886, Chapelle, [Leb. chr., p. 779]

1900. — *Banquier* (tabl. B). — Le fait d'escompter et de faire le recouvrement des effets de commerce, hors de sa résidence, avec de nombreux correspondants, de recevoir des dépôts de valeurs, d'acheter et de vendre en bourse des valeurs cotées pour le compte des particuliers, constitue la profession de banquier, alors même que les ouvertures de comptes courants ne seraient qu'accidentelles. — Cons. d'Et., 28 mars 1888, Marbach, [Leb. chr., p. 328]

1901. — Sont banquiers et non escompteurs : celui qui se livre non seulement à des opérations d'escompte, mais ouvre des comptes courants et avance des fonds à des commerçants. — Cons. d'Et., 27 mai 1887, Provôt, [Leb. chr., p. 435]; — 17 juin 1887, Dellac, [Leb. chr., p. 488]; — 9 mars 1900, Lataste, [Leb. chr., p. 189]; — ... celui qui ouvre des comptes courants et reçoit des dépôts. — Cons. d'Et., 17 janv. 1890, Neveu, [Leb. chr., p. 30]; — 10 janv. 1899, Quesnel, [Leb. chr., p. 10]; — celui qui se livre à des négociations de lettres de change et fait des ouvertures de crédit et de comptes courants. — Cons. d'Et., 8 nov. 1890, Abre, [Leb. chr., p. 814]; — 28 juill. 1899, Harel, [Leb. chr., p. 545]; — celui qui reçoit à l'escompte des effets commerciaux sur différentes places de France ou de l'étranger, accepte à l'échéance, moyennant un droit de commission, des effets de commerce qui lui sont remis par ses clients et porte en compte courant les sommes recouvrées sur ces derniers. — Cons. d'Et., 28 févr. 1891, Oswald, [Leb. chr., p. 171]; — 12 mai 1899, Sazias, [D. 1900.5.499]; — 1er déc. 1899, Sazias, [Leb. chr., p. 690]; — celui qui, ne se bornant pas à recevoir à l'escompte des effets de commerce, mais paie des coupons, prête son entremise pour l'achat et la vente des valeurs de bourse, reçoit des dépôts d'argent. — Cons. d'Et., 3 août 1894, Crémieux, [Leb. chr., p. 537]; — 26 nov. 1898, Bonnard, [Leb. chr., p. 742]; — et fait des prêts sur billets à deux signatures. — Cons. d'Et., 28 avr. 1899, Quesnel, [D. 1900.5.499]

1902. — Est imposable comme banquier au siège de ses succursales et non comme tenant caisse ou comptoir pour les opérations sur les valeurs, ou tenant caisse de recettes et de paiements, la société qui y émet des actions et obligations des sociétés commerciales, place des valeurs nouvelles, exécute des ordres de bourse pour les particuliers et a de nombreux correspondants. — Cons. d'Et., 8 août 1885, Crédit général français, [Leb. chr., p. 782]; — la société qui, conformément à ses statuts, se livre à toutes les opérations d'une maison de banque sans autre exception que les opérations de bourse. — Cons. d'Et., 14 janv. 1899, Société l'Avenir Clunysois, [D. 1900.5.498]

1903. — Est imposable comme banquier se livrant à l'émission de titres étrangers le contribuable qui se livre aux opérations suivantes : émission de valeurs françaises et étrangères; placement de valeurs nouvelles; exécution d'ordres de bourse pour les particuliers. — Cons. d'Et., 8 août 1885, précité.

1904. — *Banque, crédit, escompte et compte courant (société formée par actions pour opérations de).* — Est imposable à ce titre (tabl. C) et non tenant caisse ou comptoir d'avance ou de prêts (tabl. B) : la société dont les opérations consistent en prêts hypothécaires. — Cons. d'Et., 30 juin 1894, Comp. foncière de France, [Leb. chr., p. 457]

1905. — Une société, qui prête un concours financier à des sociétés secondaires, civiles ou commerciales, déjà existantes ou dont elle favorise la création, doit être considérée comme faisant des opérations de banque, et imposée en ladite qualité. — Cons. d'Et., 22 juill. 1887, Société financière, [Leb. chr., p. 590]

1906. — *Bestiaux (marchand expéditeur de).* — Est marchand expéditeur de bestiaux (tabl. C) et non marchand de moutons ou de cochons (tabl. A, 4e cl.), celui qui expédie habituellement des moutons ou des porcs à des intermédiaires qui les vendent pour son compte sur divers marchés. — Cons. d'Et., 13 mars 1885, Valentin, [Leb. chr., p. 303]; — 14 mai 1886, Valentin, [Leb. chr., p. 407]; — 18 mai 1899, Dauphin, [Leb. chr., p. 382]

1907. — *Beurre (exploitant d'établissement pour la préparation du).* — L'industrie de fabricant de beurre au moyen d'appareils mécaniques, étant une profession non dénommée au tarif, il y a lieu à renvoi devant le préfet pour assimilation. — Cons. d'Et., 26 nov. 1892, Caron, [Leb. chr., p. 827] — Le projet pendant devant la Chambre range cette profession dans le tableau C.

1908. — *Bière.* — Est marchand de bière ou de cidre en détail (tabl. A, 6e cl.) et non cabaretier (tabl. A, 6e cl.) : le contribuable qui tient un comptoir-buvette où il débite du cidre, du vin, de l'eau-de-vie et des liqueurs à consommer sur place. — Cons. d'Et., 6 mai 1893, Houssin, [Leb. chr., p. 371]

1909. — *Bijoutier.* — Sont bijoutiers fabricant pour leur compte sans magasin (A, 5e cl.) et non bijoutiers fabricants ayant atelier et magasin (A, 2e cl.) : les contribuables qui ne travaillent que sur commande; lorsque les bijoux qu'ils possèdent ne sont que des modèles destinés à être envoyés aux bijoutiers et aux commissionnaires qui constituent leur unique clientèle, et que la pièce où ils reçoivent leurs clients ne peut être considérée comme un magasin. — Cons. d'Et., 21 févr. 1890, Mantoux et Rottembourg, [Leb. chr., p. 190]

1910. — *Bimbelotier en gros.* — Le contribuable qui fabrique et vend en gros des chapelets et menus objets en nacre, tels que carnets, porte-monnaie, objets à vues et de piété, à des marchands qui les vendent comme souvenirs aux voyageurs et touristes, dans les stations balnéaires, lieux de pèlerinage, etc., exerce la profession de bimbelotier en gros (tabl. A, 1re cl.), et non celle de marchand en gros d'objets faits au tour (tabl. A, 5e cl.). — Cons. d'Et., 8 juill. 1887, Papineau, [Leb. chr., p. 558]; — 13 janv. 1888, Papineau, [Leb. chr., p. 22]; — 4 nov. 1887, ministre des Finances, [Leb. chr., p. 683] — ... Ou marchand de tabletterie en gros (tabl. A, 2e cl.). — Cons. d'Et., 6 juin 1891, Papineau et Thevenon, [Leb. chr., p. 423]

1911. — Est bimbelotier en gros et non fabricant : celui dont le commerce a pour objet principal la confection et la vente des têtes et des perruques de poupées, ainsi que la vente des poupées et de menus objets pour leur habillement. — Cons. d'Et., 10 juill. 1890, Thomasson, [D. 92.5.466] — De même le contribuable qui vend en gros des jouets d'enfants en fer-blanc (soldats, batteries de ménage, etc.) qu'il fabrique, exerce la profession de marchand bimbelotier en gros et non celle de fabricant travaillant pour le commerce. — Cons. d'Et., 8 déc. 1888, Lefèvre, [Leb. chr., p. 951]; — 10 mai 1890, Lefèvre, [Leb. chr., p. 489]

1912. — Il faut appliquer le tarif de bimbelotier en gros et non celui de négociant lorsque les diverses marchandises vendues en gros dans le même établissement ne donnent lieu qu'à un chiffre d'affaires peu important. — Cons. d'Et., 4 févr. 1887, Farradèche, [Leb. chr., p. 108]

1913. — Sont bimbelotiers en gros et non fabricants de bijoux faux, d'objets en zinc, ayant boutique (tabl. A, 6e cl.) : ceux qui se livrent à la fabrication et vente en gros de jouets en fer-blanc (soldats, batteries de ménage, etc.). — Cons. d'Et., 8 nov. 1889, Lefèvre, [Leb. chr., p. 1000]

1914. — De même, est bimbelotier en gros et non marchand de mercerie en détail (tabl. A, 4e cl.) celui qui ayant une maison de commerce à l'étranger, achète des marchandises à Paris, les dépose dans un local et les expédie à l'étranger pour l'approvisionnement d'un bazar qu'il exploite à l'étranger. — Cons. d'Et., 26 juin 1885, Yerlès, [Leb. chr., p. 619]

1915. — *Blanchisseur de linge.* — Il faut considérer comme blanchisseur de linge avec établissement de buanderie (tabl. A, 6e cl.) et non blanchisseur de linge sans établissement de buanderie (tabl. A, 7e cl.) : le contribuable qui blanchit chez lui le linge qu'il reçoit des particuliers, à l'aide d'un appareil de buanderie installé dans le sous-sol de son habitation. — Cons. d'Et., 7 mai 1892, Trousseville, [Leb. chr., p. 427]

1916. — *Bœufs (marchand de).* — Est marchand de bœufs (tabl. A, 3e cl.) : celui qui ne se borne pas à acheter et à vendre des bœufs en vue de son exploitation agricole, mais se livre encore au commerce dans les foires et marchés. — Cons. d'Et., 2 mars 1888, Pellé, [Leb. chr., p. 221]; — 26 juill. 1900, Segault, [Leb. chr., p. 509]; — ou celui qui fait acheter par des intermédiaires, sur les marchés du département, des bœufs et des vaches qu'il revend immédiatement. — Cons. d'Et., 11 juill. 1891, Abdelhak, [Leb. chr., p. 546]

1917-1918. — *Bois à brûler (marchand de).* — Est marchand de bois à brûler ayant chantier ou magasin (tabl. A, 1re cl.) : celui qui a un chantier et vend du bois à brûler par quantités supérieures au stère. — Cons. d'Et., 15 janv. 1886, Blin, [Leb. chr., p. 31]; — 26 mars 1886, Desportes, [Leb. chr., p. 281]; — 2 août 1890, Fouquet, [Leb. chr., p. 744]; — celui qui a un chantier et achète dans les conditions du gros. — Cons. d'Et., 16 avr. 1886, Desportes, [Leb. chr., p. 349]; — celui qui a acheté une coupe de bois qu'il a exploitée et revendue au stère ou par quantités équivalentes ou supérieures. — Cons. d'Et., 21 mai 1886, Lupin, [Leb. chr., p. 443]; — 2 juill. 1886, Roubaud, [Leb. chr., p. 545]; — 11 févr. 1887, Grenon, [Leb. chr., p. 129]; — ou celui qui revend sur le parterre de la coupe, par quantités au moins équivalentes au stère, des bois façonnés ou à façonner achetés à des propriétaires ou adjudicataires de coupes. — Cons. d'Et., 24 janv. 1891, Deyts, [D. 92.5.467]; — celui qui reçoit dans un bureau des commandes pour la livraison de bois à brûler, possédé par lui dans un chantier, par toutes quantités, sans que les ventes par quantités équivalentes ou supérieures au stère puissent être considérées comme accidentelles. — Cons. d'Et., 7 juill. 1900, Valtat, [Leb. chr., p. 475]

1919. — Par contre est marchand de bois à brûler à la voiture et conduisant à domicile (tabl. A, 5e cl.) : le marchand vendant régulièrement aux consommateurs et conduisant par voiture à leur domicile les bois dont il s'est rendu acquéreur. — Cons. d'Et., 13 janv. 1888, Cornu, [Leb. chr., p. 22]; — 24 janv. 1891, Ducom, [Leb. chr., p. 44]; — 9 mai 1891, Simonin, [Leb. chr., p. 358]

1920. — Est marchand n'ayant ni chantier ni magasin et vendant sur les bateaux ou sur les ports au stère ou par quantités équivalentes ou supérieures (tabl. A, 5e cl.), et non marchand de bois à brûler (tabl. A, 1re cl.), le contribuable qui a vendu les produits de coupes de bois provenant d'une précédente adjudication et s'est rendu adjudicataire de nouvelles coupes; l'absence de vente sur le parquet des coupes, et le dépôt sur un port ne constituent pas un chantier. — Cons. d'Et., 26 nov. 1886, Durantel, [Leb. chr., p. 830]

1921. — *Bois de construction (marchand de).* — Est imposable en qualité de marchand de bois de construction (tabl. A, 1re cl.), le marchand qui vend des bois destinés au soutènement des galeries de mines, pouvant servir également à la construction des bâtiments. — Cons. d'Et., 8 juill. 1887, Drevet, [Leb. chr., p. 558]; — 4 nov. 1887, Crozet, [Leb. chr., p. 684]; — ou celui qui vend des madriers, chevrons et planches de plus de 3 centimètres d'épaisseur. — Cons. d'Et., 28 juin 1895, Fleuranseau, [Leb. chr., p. 533] — Ces contribuables ne sauraient être imposés ni comme marchands de bois de sciage (tabl. A, 1re cl.). — Cons. d'Et., 11 mai 1888, Drevet, [Leb. chr., p. 429]; — ni comme marchands de bois de sciage au détail (tabl. A, 3e cl.). — Cons. d'Et., 28 juin 1895, précité.

1922. — Est marchand de bois de construction et non marchand de bois en grume (tabl. A, 3e cl.) : l'adjudicataire de coupes de bois qui vend les sapins ainsi achetés à d'autres marchands sans les débiter. — Cons. d'Et., 4 janv. 1898, Bailly, [D. 99.5.503]; — ou celui qui vend par pièce d'un cube important, à des charpentiers entrepreneurs, du bois propre à la construction. — Cons. d'Et., 20 janv. 1899, Darmet, [Leb. chr., p. 35] — V. encore Cons. d'Et., 24 févr. 1899, Maurin, [Leb. chr., p. 157]

1923. — *Bois de sciage (marchand de).* — Est marchand de bois de sciage, le marchand qui achète des arbres sur pied ou abattus, qu'il a fait débiter à son chantier; qui vend des planches à des menuisiers, à des charpentiers ou à des particuliers. — Cons. d'Et., 17 juill. 1885, Girault, [Leb. chr., p. 691]; — ou qui possède un chantier sur lequel il fait équarrir et scier des arbres qu'il revend à des sabotiers. — Cons. d'Et., 30 nov. 1895, Morin-Duchêne, [Leb. chr., p. 776] — De même, est imposable comme marchand de bois de sciage en gros (tabl. A, 1re cl.) : l'entrepreneur de travaux publics qui a acheté une coupe de bois, non pour ses travaux, mais pour l'exploiter par la vente de ses produits sous forme de traverses de chemins de fer ou pour d'autres usages par quantités supérieures au stère. — Cons. d'Et., 20 juill. 1888, Arribey, [Leb. chr., p. 659]

1924. — *Boucher.* — Est imposable comme boucher en gros (tabl. A, 2e cl.) : le contribuable achetant des porcs sur pied, les faisant abattre et les vendant par porcs entiers ou par quartiers aux charcutiers qui composent sa clientèle. — Cons. d'Et., 16 mars 1888, Meunier, [D. 89.5.350]; — 4 mai 1888, Filliette, [Leb. chr., p. 405]; — 28 déc. 1888, Théroude, [Leb. chr., p. 1040]; — 16 févr. 1889, Lemasle, [Leb. chr., p. 231]; — 12 avr. 1889, Filliette, [Leb. chr., p. 508]; — 6 déc. 1889, Grossin, [Leb. chr., p. 1124]; — 24 mai 1890, Meunier, [Leb. chr., p. 542] — V. *suprà*, n. 791 et s.

1925. — Est boucher (tabl. A, 4e cl.) et non boucher à la cheville (tabl. A, 5e cl.) : le requérant qui ne se borne point à revendre des viandes achetées par quartiers, mais achète habituellement des quartiers de bœuf équivalant à un bœuf entier, des veaux et moutons entiers, pour les revendre en détail. — Cons. d'Et., 31 juill. 1885, Houpied, [Leb. chr., p. 733]; — 28 nov. 1891, de Lafaye, [Leb. chr., p. 718]; — 4 août 1899, Chardonnereau, [Leb. chr., p. 569] — ... Ou qui achète aux abattoirs ou aux halles des veaux et des moutons entiers pour les revendre au détail. — Cons. d'Et., 6 mai 1899, Mafille, [Leb. chr., p. 361]; — 12 mai 1899, Couturier, [Leb. chr., p. 371] — ... Ou qui achète des bœufs et des moutons qu'il abat et qu'il débite. — Cons. d'Et., 6 déc. 1890, Jourget, [Leb. chr., p. 931]; — 20 déc. 1895, Granay, [Leb. chr., p. 837]; — 21 janv. 1898, Barthe, [Leb. chr., p. 33]

1926. — Est boucher (marchand en gros) (tabl. A, 2e cl.) et non marchand expéditeur de bestiaux (tabl. C) : le marchand qui expédie des bestiaux en qualité d'agent d'une maison de Marseille, mais qui fait, pour son compte personnel, de nombreux envois de viande à des bouchers. — Cons. d'Et., 4 juin 1886, Lebatteux, [Leb. chr., p. 488]

1927. — Au contraire est boucher de petit bétail (tabl. A, 6e cl.), celui qui achète des chevreaux qu'il abat et met en vente. — Cons. d'Et., 21 mai 1892, Reffet, [Leb. chr., p. 471]

1928. — *Bougies de cire (marchand de)* (tabl. A, 5e cl.). — Ne saurait être imposé comme tel un desservant qui fournit à certains de ses paroissiens les cierges nécessaires pour les funérailles. — Cons. d'Et., 28 juill. 1899, Ploton, [Leb. chr., p. 545] — V. *suprà*, n. 191.

1929. — *Bouilleur d'eau-de-vie* (tabl. A, 6e cl.). — Il faut considérer comme bouilleur d'eau-de-vie, le contribuable qui possède un alambic avec lequel il extrait, moyennant rétribution, l'eau-de-vie des fruits chez divers propriétaires de la région. — Cons. d'Et., 9 nov. 1889, Lépicier, [Leb. chr., p. 1016]; — 19 mars 1897, Bonnetain, [Leb. chr., p. 232] — V. *suprà*, n. 551.

1930. — *Boulanger* (tabl. A, 5e cl.). — La mise en vente du pain fabriqué avec des farines achetées constitue le commerce de boulanger : encore bien que fabriquant seul, le contribuable ne peut réclamer l'exemption accordée aux ouvriers. — Cons. d'Et., 24 janv. 1891, Blancou, [Leb. chr., p. 44]; — 13 févr. 1892, Blancou, [Leb. chr., p. 156] — V. cep. *suprà*, n. 526.

1931. — *Briques (fabricant de)* (tabl. C). — Est fabricant de briques celui qui exploite un four avec l'aide de deux ouvriers qui sont rémunérés par une part dans le produit de la fabrication. — Cons. d'Et., 27 déc. 1890, Quilichini, [Leb. chr., p. 1015] — Mais est briquetier à façon (tabl. A, 8e cl.) et non fabricant de briques : le contribuable qui fabrique à façon des briques pour le compte d'une seule compagnie de mines et se borne à mettre en œuvre la terre qu'elle lui fournit et dans les locaux qu'elle met à sa disposition. — Cons. d'Et., 2 nov. 1888, Gevaërt, [D. 89.5.349]

1932. — *Bureau de placement (tenant un)*. — Est imposable comme tenant un bureau de placement (tabl. A, 7e cl.) et non comme agent d'affaires, le directeur d'un bureau de placement, bien qu'il soit chargé accidentellement du placement ou du recouvrement de certaines sommes d'argent; cette circonstance ne doit pas le faire considérer comme exerçant la profession d'agent d'affaires. — Cons. d'Et., 29 avr. 1887, Moissonnier, [Leb. chr., p. 342]

1933. — *Bureau de renseignements divers (tenant un)* (tabl. A, 5e cl.). — Le contribuable qui tient des bureaux où il se met à la disposition du public moyennant rétribution, pour faire des recherches généalogiques, reconstituer des états nobiliaires, fournir des actes originaux ou des copies desdits actes, et donner des consultations en matière héraldique, doit être imposé comme tenant un bureau de renseignement divers. — Cons. d'Et., 9 nov. 1888, de Magny, [Leb. chr., p. 805]

1934. — *Cabaretier*. — Est imposable comme cabaretier (tabl. A, 6e cl.) et non comme gargotier (tabl. A, 7e cl.), le contribuable qui ne se borne pas à donner à boire et à manger à très-bas prix, mais qui débite habituellement chez lui, en dehors des repas, du vin, de la bière, des liqueurs et des boissons de toute nature sur des tables dressées à cet effet. — Cons. d'Et., 16 déc. 1899, Piriot, [Leb. chr., p. 750]; — 12 janv. 1900, Duriez, [Leb. chr., p. 21]; — 5 nov. 1900, Rougié, [Leb. chr., p. 588]

1935. — *Cabaretier-logeur* (tabl. A, 5e cl.). — Est cabaretier-logeur celui qui loue des chambres meublées à la journée et débite, dans le même établissement, du vin et de la bière à consommer sur place. — Cons. d'Et., 27 juill. 1900, Dame Vaillant, [Leb. chr., p. 511]

1936. — Un individu qui, dans le même immeuble, donne à boire et loue des chambres meublées n'est pas fondé à prétendre qu'il exerce dans le même établissement les deux professions de cabaretier et de logeur. La profession de cabaretier-logeur étant prévue au tarif, c'est en cette seule qualité qu'il doit être porté au rôle. — Cons. d'Et., 22 juill. 1899, Ranson, [Leb. chr., p. 539]

1937. — *Cabinet de curiosités (tenant un)* (tabl. A, 7e cl.). — Est considéré comme tel le contribuable qui perçoit à la porte d'un hôtel une taxe d'entrée sur les visiteurs, alors même qu'il ne serait ni locataire de l'immeuble, ni organisateur du musée. — Cons. d'Et., 9 avr. 1892, Lefebvre, [D. 93.5.422]

1938. — *Cafetier* (tabl. A, 4e cl.). — Celui qui donne à boire du vin, du café, des liqueurs et des boissons de toute nature est cafetier et non marchand de boissons donnant à boire chez lui et ne tenant pas de billard (6e cl.). — Cons. d'Et., 2 juill. 1892, Besucco, [Leb. chr., p. 597]; — ni cabaretier avec billard (tabl. A, 2e cl.). — Cons. d'Et., 26 nov. 1892, Coudray, [Leb. chr., p. 827]

1939. — De même on doit considérer un débitant comme cafetier et non comme gargotier (tabl. A, 7e cl.), à raison de l'aménagement du local qu'il met à la disposition de ses clients, de l'importance du mobilier qui garnit ce local et des énonciations mêmes de son enseigne. — Cons. d'Et., 8 juill. 1899, Bonnard, [Leb. chr., p. 530]

1940. — Est encore cafetier et non exploitant de café-chantant (tabl. A, 1re cl.), celui qui donne dans son établissement, qui est un café ordinaire, des séances musicales. — Cons. d'Et., 31 mars 1900, Monfils, [Leb. chr., p. 266]; — ou qui donne dans la soirée à sa clientèle de courtes séances musicales exécutées par un pianiste ou deux chanteurs. — Cons. d'Et., 3 déc. 1898, Laigut, [Leb. chr., p. 771]

1941. — *Caisse de recettes et de paiements (tenant)* (tabl. B). — Est imposable en cette qualité une société qui tient dans une ville un local, où elle ouvre ses guichets une fois par semaine pour recevoir et payer, alors même que la caisse est tenue par un employé d'une agence voisine. — Cons. d'Et., 15 janv. 1886, Société générale, [D. 87.5.331]; — ou le particulier qui opère d'une manière habituelle le paiement de coupons de valeurs françaises et étrangères. — Cons. d'Et., 17 mai 1890, Leblond, [Leb. chr., p. 512]

1942. — Est imposable comme tenant caisse de recettes et de paiements, et non comme escompteur : celui qui ne se borne pas à effectuer, pour le compte des particuliers, des achats et ventes de valeurs, mais opère en outre, d'une manière habituelle, le paiement de coupons de valeurs françaises et étrangères. — Cons. d'Et., 23 déc. 1887, Leblond, [Leb. chr., p. 838]

1943. — ... Comme tenant caisse de recettes et de paiements et non comme tenant caisse pour opérations sur les valeurs, le contribuable qui ne se borne pas à effectuer, pour le compte de sa clientèle, des achats et ventes de valeurs, mais se livre à l'exécution d'ordres de bourse, au paiement de coupons, à la réception de dépôts, à l'emploi des fonds en reports, etc. — Cons. d'Et., 20 nov. 1885, Portalier, [Leb. chr., p. 850]

1944. — ... Comme tenant caisse de recettes ou de paiements et non comme agent d'affaires (tabl. A, 4e cl.), le contribuable qui ne se borne pas à opérer pour le compte des commissionnaires en bestiaux l'encaissement des sommes provenant des ventes faites aux bouchers et aux charcutiers, mais qui leur consent des avances, sur le montant des bordereaux des ventes faites, à des taux variant avec les délais des échéances. — Cons. d'Et., 2 juill. 1892, Benon-Ferrand, [Leb. chr., p. 597]; — 18 juin 1892, Abattoirs et marchés de Lyon, [Leb. chr., p. 559]; — 24 juin 1893, Benon-Ferrand, [Leb. chr., p. 524]

1945. — *Caisses d'avances et de prêts*. — Est imposable comme tenant comptoir d'avances ou de prêts (tabl. B), et non comme agent d'affaires (tabl. A, 4e cl.), le contribuable qui effectue des achats de valeurs pour le compte des particuliers, et se livre au paiement des coupons, à des avances sur titres, à l'encaissement et à l'échange des titres. — Cons. d'Et., 14 mai 1886, Martinet, [D. 87.5.319]; — 9 nov. 1889, Banmeyer, [Leb. chr., p. 1016]; — à la réception des ordres de bourse, à l'encaissement des sommes nécessaires aux achats et des titres destinés à être négociés par l'intermédiaire des agents de change et la transmission des ordres de bourse. — Cons. d'Et., 9 avr. 1886, Sasle, [Leb. chr., p. 326]; — ou qui est intermédiaire entre capitalistes et emprunteurs, fait des prêts directs, avances, comptes courants, encaissements et paiements : ces opérations ne sont pas l'accessoire de la profession d'agent d'affaires. — Cons. d'Et., 10 déc. 1886, Chabanne, [Leb. chr., p. 878] — V. encore Cons. d'Et., 14 janv. 1898, Taillandier, [Leb. chr., p. 7]

1946. — ... Est tenant caisse d'avances et de prêts et non banquier, celui qui se livre à des opérations d'escompte et de recouvrement d'effets sur la place et dans les environs avance des fonds sur hypothèque ou remise d'effets. — Cons. d'Et., 8 juin 1889, Dellac, [Leb. chr., p. 750]

1947. — ... Est tenant caisse d'avances et de prêts et non escompteur : celui qui ne se borne pas aux opérations d'escompte, mais fait habituellement des prêts d'argent et des ouvertures de crédit, et reçoit des dépôts. — Cons. d'Et., 22 nov. 1890, Comptoir d'escompte de Tizi-Ouzou, [Leb. chr., p. 867]

1948. — *Caisse ou comptoir d'opérations sur les valeurs (tenant).* — On doit imposer en cette qualité et non comme agent d'affaires, celui qui se charge de faire exécuter les ordres de sa clientèle concernant l'achat et la vente d'effets publics et de valeurs mobilières négociables à la Bourse. — Cons. d'Et., 23 déc. 1887, Elu, [Leb. chr., p. 838]

1949. — Mais on ne peut imposer en qualité de tenant caisse pour opérations sur les valeurs (tabl. B) un contribuable qui se livre principalement à l'achat à Paris des coupons internationaux pour les revendre ensuite, selon les cours des changes, soit à Paris soit sur des places étrangères. Il y a lieu à renvoi pour assimilation de la profession. — Cons. d'Et., 26 févr. 1898, Grandjean, [Leb. chr., p. 167]

1950. — *Caisse de bons d'escompte, de crédit ou de capitalisation (tenant)* (tabl. B). — Est imposable en cette qualité et ne saurait prétendre à l'exemption accordée aux sociétés d'assurances mutuelles, une société qui se livre à des opérations de capitalisation pour le compte de ses membres et délivre aux commerçants qui en font partie des bons d'escompte destinés à être remis gratuitement par eux à leurs acheteurs pour une somme égale à leurs achats, et échangés contre un titre remboursable par voie de tirage au sort. — Cons. d'Et., 9 avr. 1892, Assurance des familles, [Leb. chr., p. 394]

1951. — *Canaux* (tabl. C). — Une compagnie concessionnaire de canaux de dessèchement, dont la profession consiste à céder aux propriétaires des terrains compris dans le périmètre de sa concession, moyennant une redevance annuelle, une partie des eaux dont la jouissance lui a été accordée par l'Etat pour assurer le colmatage et l'irrigation des marais lui appartenant, est imposable à la patente. Mais elle ne doit pas être imposée en qualité de concessionnaire d'un canal de navigation. Il y a donc lieu à renvoi pour assimilation. — Cons. d'Et., 6 avr. 1889, Comp. du canal de Beaucaire, [D. 90.3.77]; — 9 nov. 1889, Canal de Beaucaire, [Leb. chr., p. 1015] — Une telle compagnie a pu être imposée en qualité de concessionnaire de canaux d'irrigation. — Cons. d'Et., 23 janv. 1892, Canal de Beaucaire, [Leb. chr., p. 53]

1952. — *Carrière (exploitant de)* (tabl. C). — Il y a lieu d'imposer comme exploitant de carrière celui qui exploite une carrière pour son compte et en outre fait des fournitures de pierre à chaux par livraisons importantes à un établissement industriel. — Cons. d'Et., 6 nov. 1885, Louis, [Leb. chr., p. 823]

1953. — Est exploitant de carrière (tabl. C), et non cultivateur, le propriétaire qui exploite une carrière dans son propre fonds. — Cons. d'Et., 13 mai 1887, Albert, [Leb. chr., p. 383] — Mais n'a pas cette qualité le cultivateur qui loue à un tiers qui l'exploite une carrière située sur son fonds. — Cons. d'Et., 10 févr. 1888, Bûr, [Leb. chr., p. 136] — V. *suprà*, n. 395 et s.

1954. — *Chalets de nécessité* (tabl. B). — La société qui exploite à Paris les chalets dits de nécessité, en vertu d'une concession de la ville, et qui n'est libre ni du choix de ses emplacements et du personnel, ni de la fixation de la rétribution qu'elle perçoit, ne doit pas être imposée en qualité de tenant des cabinets d'aisances publics. Il y a donc lieu à renvoi devant le préfet de la Seine pour classement par arrêté d'assimilation. — Cons. d'Et., 5 févr. 1886, Société des chalets de nécessité, [D. 87.5.330] — Cette profession a été classée depuis au tableau B.

1955. — *Charcutier.* — Est charcutier (tabl. A, 4e cl.) et non charcutier revendeur (tabl. A, 6e cl.) : le contribuable qui prépare lui-même les produits ou la plupart des produits qu'il met en vente. — Cons. d'Et., 25 mars 1892, Goubin, [Leb. chr., p. 309]; — 27 janv. 1899, Meunier, [Leb. chr., p. 56]; — 11 févr. 1899, Lemoine, [Leb. chr., p. 124]; — 10 mars 1899, Fonteny, [Leb. chr., p. 193]; — 18 mai 1899, Montargon, [Leb. chr., p. 382]

1956. — Est au contraire charcutier revendeur (tabl. A, 6e cl.) : celui qui revend des produits de charcuterie qui n'ont subi aucune préparation dans son établissement. — Cons. d'Et., 27 janv. 1899, précité.

1957. — *Chaussures (fabricant de)* (tabl. C). — Doit être imposé en qualité de fabricant de chaussures par procédés mécaniques et non comme marchand cordonnier (tabl. A, 4e cl.), le fabricant, alors même qu'il vendrait directement aux consommateurs les quatre cinquièmes des produits de sa fabrication. — Cons. d'Et., 29 avr. 1887, Bouet, [Leb. chr., p. 341]

1958. — *Chaux naturelle (exploitant d'une fabrique de)* (tabl. C). — Est imposable en cette qualité le propriétaire exploitant sa propriété. — Cons. d'Et., 20 nov. 1885, Desprès, [Leb. chr., p. 850] — V. *suprà*, n. 395 et s.

1959. — *Chemin de fer avec péage (concessionnaire de).* — Une compagnie concessionnaire de chemin de fer, qui a traité avec une autre compagnie pour l'exploitation de ses lignes moyennant une redevance annuelle fixée par kilomètre, doit continuer à être imposée à raison de son réseau. Ladite convention n'a pas eu pour effet de lui enlever la qualité de concessionnaire. — Cons. d'Et., 18 mars 1887, Comp. du Nord-Est, [Leb. chr., p. 239]; — 2 déc. 1887, Comp. du Nord-Est, [Leb. chr., p. 766]

1960. — Le concessionnaire de tramways est imposable en qualité de concessionnaire de chemin de fer avec péage (tabl. C) et non comme entrepreneur d'omnibus (tabl. B). — Cons. d'Et., 29 juill. 1898, Comp. générale des tramways, [S. et P. 99.3.65, D. 99.3.106]; — 11 nov. 1898, Comp. générale française de tramways, [Leb. chr., p. 684]; — 9 déc. 1898, Comp. générale de tramways, [Leb. chr., p. 780]; — 3 févr. 1899, Comp. lyonnaise de tramways, [Leb. chr., p. 87]; — 24 mars 1899, Comp. du chemin de fer de l'Est-Marseille, [S. et P. 1901.3.107]; — 24 mars 1899, Comp. des omnibus et tramways de Lyon, [Leb. chr., p. 246]; — 24 mars 1899, Comp. française générale des tramways, [Leb. chr., p. 246]; — 4 août 1899, Tramways de Roubaix et de Tourcoing, [Leb. chr., p. 569]; — 3 nov. 1899, Comp. des omnibus et tramways de Lyon, [Leb. chr., p. 614]; — 17 nov. 1899, Comp. générale des tramways, [Leb. chr., p. 647]; — 12 janv. 1900, Comp. des tramways mécaniques des environs de Paris, [Leb. chr., p. 22]; — 30 juin 1900, Comp. des chemins de fer de Saint-Etienne, [Leb. chr., p. 453]; — 7 août 1900, Comp. lyonnaise de tramways, [Leb. chr., p. 551]

1961. — *Chiens (élevage et dressage de).* — Le fait d'élever et de dresser des chiens de race en vue de la vente, et de reprendre comme pensionnaires les chiens vendus pour les garder pendant l'intervalle des saisons de chasse, constitue l'exercice d'une profession sujette à la patente. Il y a donc lieu à renvoi pour assimilation. — Cons. d'Et., 19 nov. 1892, Barreyre, [S. et P. 94.3.88, D. 94.5.443]

1962. — *Cidre en gros (marchand de)* (tabl. A, 3e cl.). — Au cas de vente, à des débitants et à des consommateurs, de cidre fabriqué avec des pommes achetées, l'imposition est due malgré l'absence de licence et de magasin. — Cons. d'Et., 7 août 1885, Cureau, [Leb. chr., p. 762]

1963. — *Cirier.* — Est imposable comme cirier (tabl. A, 4e cl.), et non commissionnaire, le contribuable qui achète des cierges par caisses qu'il revend en son nom. — Cons. d'Et., 20 avr. 1888, Boisgontier, [Leb. chr., p. 359]

1964. — Une fabrique, qui fournit les cierges nécessaires tant au service du culte qu'aux dévotions des fidèles, conformément au tarif diocésain des oblations régulièrement approuvé, ne doit pas être imposée de ce chef comme marchand cirier. Cette fabrique se borne à assurer un service public dont elle est chargée par la loi. — Cons. d'Et., 12 janv. 1900, Fabrique de Combrie, [Leb. chr., p. 21] — V. *suprà*, n. 191.

1965. — *Cochons (marchand de)* (tabl. A, 4e cl.). — Le cultivateur, qui ne nourrit pas avec le seul produit de ses terres les cochons qu'il achète et revend habituellement, est imposable à la patente de marchand de cochons. — Cons. d'Et., 16 déc. 1887, Oziol, [Leb. chr., p. 815]; — 24 févr. 1888, Jubléma, [Leb. chr., p. 190]; — 18 janv. 1895, Masse, [Leb. chr., p. 60] — Il en est de même de celui qui vend des cochons qui n'ont été ni élevés, ni engraissés sur des terrains lui appartenant ou par lui exploités. — Cons. d'Et., 25 févr. 1898, Mamousse, [Leb. chr., p. 151]

1966. — Est marchand de cochons, et non courtier de bestiaux (tabl. A, 7e cl.), celui qui se livre pour son propre compte au commerce des porcs. — Cons. d'Et., 4 mai 1900, Pignon, [Leb. chr., p. 307]

1967. — *Coiffeur.* — Est imposable comme coiffeur (tabl. A, 6e cl.), et non comme perruquier (7e cl.), celui qui a un ouvrier qui confectionne des nattes et des perruques et qui vend de plus des articles de parfumerie. — Cons. d'Et., 3 févr. 1888, Monnet, [D. 89.5.342] — ... ou qui exploite un salon de coiffure auquel est annexé un magasin pour la vente des articles de parfumerie et des objets de toilette, ou qui exerce sa profession avec l'aide de garçons coiffeurs, et possède un assortiment de parfumerie. — Cons. d'Et., 25 janv. 1889, Venet, [Leb. chr., p. 86] — 8 août 1895, Denis, [Leb. chr., p. 98] — 18 nov. 1899, Cottant, [Leb. chr., p. 662] — 30 mars 1900, Vautier, [Leb. chr., p. 251]

1968. — *Colle de pâte, de peau, de graisse et de gélatine (marchand de)* (tabl. A, 7e cl.). — Est imposable en cette qualité et non comme marchand de couleurs et vernis en détail (tabl. A, 4e cl.) : celui qui vend exclusivement de la colle et de l'encaustique. — Cons. d'Et., 28 mai 1897, Herschmann, [Leb. chr., p. 418]

1969. — *Combustibles (marchand en détail de).* — Est marchand en détail de combustibles (tabl. A, 6e cl.) et non marchand de bois à brûler vendant à la falourde, au fagot, etc. (tabl. A, 8e cl.) : celui qui vend dans sa boutique des bois par quantités supérieures à la falourde, au fagot, au cotret et divers autres combustibles. — Cons. d'Et., 8 août 1890, Fabreguettes, [Leb. chr., p. 774]

1970. — *Comestibles (marchand de).* — Est marchand de comestibles (tabl. A, 3e cl.), et non charcutier revendeur ou marchand d'épiceries en détail (tabl. A, 6e cl.) : celui qui tient habituellement des objets comestibles, tels que viande de charcuterie pâtes d'Italie, spiritueux. — Cons. d'Et., 24 juill. 1885, Castagnoli, [Leb. chr., p. 713]; — volailles, gibier, conserves, cafés, etc.; — Cons. d'Et., 6 nov. 1885, Badieu, [Leb. chr., p. 824]; — 11 nov. 1898, Trabuc, [Leb. chr., p. 683]; — 29 avr. 1899, Vérien, [Leb. chr., p. 331]; — 3 nov. 1899, Trabuc, [Leb. chr., p. 614]); — charcuterie, conserves, spiritueux, etc.; — Cons. d'Et., 3 mai 1890, Logereau, [D. 91.5.385]; — Le commerce de comestibles ne peut, à raison de son importance, être considéré comme l'accessoire du commerce d'épicerie. — Cons. d'Et., 21 juin 1890, Maillard, [Leb. chr., p. 599] — V. *infrà*, n. 2025.

1971. — *Commissionnaire en marchandises.* — Sont imposables au tarif annexé au tableau B : celui qui prête son entremise à plusieurs maisons de commerce et sociétés étrangères, pour les ventes qu'elles effectuent à des marchands et à des industriels — Cons. d'Et., 6 nov. 1885, Pigé, [Leb. chr., p. 823]; — et qui est rétribué par des remises proportionnelles. — Cons. d'Et., 26 mars 1886, Pigé, [Leb. chr., p. 281]; — celui qui vend, sous sa responsabilité personnelle et moyennant des remises proportionnelles, des charbons pour le compte de deux sociétés étrangères à des marchands et à des industriels. — Cons. d'Et., 14 nov. 1891, Malengreau, [S. et P. 93.3.107]; — le commissionnaire qui prête habituellement son entremise en France à des marchands, alors même que sa clientèle à l'étranger ne se composerait que de détaillants. — Cons. d'Et., 22 mai 1885, Israël, [D. 87.3.4]; — celui qui vend pour le compte des filateurs, et sous sa responsabilité, des filés de coton ou de soie, à des fabricants à métiers ou à des fabricants de broderies. — Cons. d'Et., 17 juill. 1885, Gronier, [Leb. chr., p. 691] — le contribuable qui achète en son propre nom et sous sa responsabilité personnelle des tissus destinés à être expédiés à des marchands en gros, moyennant un droit de commission convenu à l'avance. — Cons. d'Et., 17 juin 1892, Vernhes, [S. et P. 94.3.56]; — 6 août 1892, Avice, [Leb. chr., p. 692]; — 12 nov. 1892, Boittont, [Leb. chr., p. 762]; — 25 nov. 1892, Mutel, [Leb. chr., p. 800]; — celui qui achète en son propre nom et sous sa responsabilité des denrées alimentaires de diverses natures, qu'il expédie à des marchands moyennant un droit de commission convenu à l'avance. — Cons. d'Et., 10 mai 1889, Pozzo-di-Borgo, [Leb. chr., p. 560]; — 13 janv. 1893, Lemercier, [Leb. chr., p. 9]; — 6 janv. 1894, Avice, [Leb. chr., p. 14]; — celui qui vend, sous sa responsabilité propre et moyennant des remises proportionnelles, des peaux pour le compte de divers mégissiers, à des fabricants et à des marchands en gros. — Cons. d'Et., 7 août 1889, Robert-Desgaches, [Leb. chr., p. 950]; — les commissionnaires qui reçoivent des marchands et éleveurs de bestiaux d'Algérie et d'Italie des animaux de boucherie qu'ils revendent sous leur responsabilité à des bouchers de l'intérieur, moyennant un droit fixe de commission sur chacune des ventes effectuées. — Cons. d'Et., 15 nov. 1889, Ollivier, [Leb. chr., p. 1034]

1972. — Sont imposables d'après le tarif du tableau B, comme commissionnaires en marchandises et non comme commissionnaires prêtant leur entremise à la fois aux marchands détaillants et aux consommateurs (tabl. A, 4e cl.) : le commissionnaire dont la clientèle se compose principalement de marchands, alors même que ceux-ci seraient pour la plupart marchands détaillants. — Cons. d'Et., 12 nov. 1886, Arnaud-Laufer, [Leb. chr., p. 779]; — celui qui vend à la commission, exclusivement à des marchands, des produits pharmaceutiques et de la droguerie. — Cons. d'Et., 7 mars 1891, Gallet, [Leb. chr., p. 200]; — celui qui ne prête son entremise qu'à des marchands et non aux consommateurs. — Cons. d'Et., 26 avr. 1890, Malbec, [Leb. chr., p. 428]; — 4 mars 1898, Schuller, [Leb. chr., p. 179]

1973. — Est au contraire commissionnaire en marchandises s'entremettant seulement pour la vente aux marchands détaillants et aux consommateurs (tabl. A, 4e cl.) et non commissionnaire en marchandises opérant en gros, celui qui fait habituellement ses ventes à des marchands détaillants et à des particuliers établis à l'étranger. — Cons. d'Et., 18 avr. 1890, Luns, [Leb. chr., p. 401]

1974. — Est commissionnaire en marchandises (gros) et non marchand de soies en gros la société qui reçoit en consignation les produits des filatures de soies du Japon et sert d'intermédiaire aux producteurs pour la vente de ces soies à Lyon. — Cons. d'Et., 26 juin 1897, Doskin-Kurvaiska, [Leb. chr., p. 501]

1975. — Est commissionnaire en marchandises (tabl. A, 4e cl.), et non courtier en bestiaux (tabl. A, 7e cl.) le commerçant qui achète des bestiaux dont il règle lui-même l'expédition et le paiement pour le compte de marchands détaillants et d'éleveurs, et qui est rétribué au moyen de droits de commission. — Cons. d'Et., 28 oct. 1899, Trubert, [Leb. chr., p. 609]

1976. — Est commissionnaire en marchandises en gros (tabl. B) et non facteur de denrées et de marchandises : le contribuable qui vend à des revendeurs en son propre nom et sous sa responsabilité, des denrées alimentaires qui lui sont expédiées par les commettants avec lesquels il est en compte. — Cons. d'Et., 29 avr. 1899, Louverrier, [Leb. chr., p. 331]

1977. — Est commissionnaire en marchandises (tabl. A, 4e cl.), et non courtier de produits agricoles (tabl. A, 6e cl.), celui qui achète en son propre nom et sous sa responsabilité des vins qu'il expédie ensuite à des marchands, moyennant un droit de commission convenu à l'avance. — Cons. d'Et., 9 févr. 1900, Rousset, [Leb. chr., p. 114]; — ou qui vend exclusivement aux marchands détaillants sous sa responsabilité les volailles qui lui sont livrées à cet effet par les éleveurs de la région. — Cons. d'Et., 24 déc. 1898, Guiard, [Leb. chr., p. 856]

1977 *bis*. — Est concessionnaire en marchandises le consignataire qui reçoit de divers filateurs ou fabricants des tissus et des filés de coton destinés à être vendus à des marchands en gros, moyennant un droit de commission convenu à l'avance et retenu par le consignataire lors du règlement de ses comptes avec ses commettants. — Cons. d'Et., 12 nov. 1892, Mallet, [Leb. chr., p. 762]

1978. — *Commissionnaire de transport* (tabl. B). — Est imposable comme commissionnaire de transports la société qui se charge d'effectuer des transports de liquides moyennant un droit de commission. — Cons. d'Et., 13 déc. 1889, Soc. pour le transport des liquides, [D. 91.5.387]

1979. — Est commissionnaire de transports et non voiturier (tabl. A, 5e cl.) : le contribuable qui est chargé, par traité passé avec une compagnie de chemin de fer, sous sa responsabilité et moyennant un droit de commission, de transporter les marchandises expédiées par la voie ferrée de la gare au domicile des habitants et réciproquement. — Cons. d'Et., 2 juill. 1886, Gaud, [Leb. chr., p. 544]; — 18 mars 1892, Ferrier, [D. 93.5.410]; — 16 mars 1895, Fromentin, [D. 96.5.411]; — 23 déc. 1898, Niescle, [D. 1900.5.499]

1980. — *Commissionnaire en douane.* — Il y a lieu d'imposer en cette qualité par assimilation au commissionnaire de transports, un habitant d'une ville étrangère qui se rend habituellement à une gare-frontière française pour y recevoir des marchandises qu'il réexpédie à leurs destinataires français sous sa responsabilité, après accomplissement des formalités de douane. — Cons. d'Et., 9 nov. 1889, Léonard, [Leb. chr., p. 1016] — ... Un commissionnaire qui reçoit et expédie pour le compte de divers commerçants français ou étrangers des marchandises d'importation et d'exportation qui lui sont adressées en gare-frontière où il remplit les formalités de douane. — Cons. d'Et., 26 avr. 1890, Rœsch, [Leb. chr., p. 429]

1981. — *Commissionnaire en horlogerie.* — Est commissionnaire en horlogerie (tabl. A, 4e cl.) et non commis : celui qui sert d'intermédiaire pour la vente des montres entre les fabricants et les marchands et qui est rémunéré moyennant une remise proportionnelle sur le montant des ventes. — Cons. d'Et., 4 nov. 1893, Garrel, [Leb. chr., p. 715]

1982. — *Commissionnaire-entrepositaire.* — Est commissionnaire-entrepositaire (tabl. B, 2e cl.) et non négociant ni commissionnaire de transports : celui qui reçoit habituellement des marchandises expédiées par les clients et mises en dépôt dans des magasins moyennant un droit de garde pour en effectuer la réexpédition sur l'ordre des clients. — Cons. d'Et., 16 janv. 1885, Jodocius, [D. 86.5.313]; — 1er mai 1885, Faucompré, [Leb. chr., p. 456]; — 3 juill. 1885, Magasins généraux, [Leb. chr., p. 638]; — 10 déc. 1886, Belval, [Leb. chr., p. 877]; — 29 juin 1888, Lamarca, [Leb. chr., p. 578]

1983. — *Concerts publics (entrepreneurs de)* (tabl. C). — Une association artistique de musiciens (concerts du Châtelet), qui donne des concerts payants dans un théâtre, pendant une partie de l'année, est imposable à la patente. — Cons. d'Et., 21 mars 1890, Concerts du Châtelet, [S. et P. 92.3.86, D. 91.3.93]; — 7 nov. 1891, Concerts du Châtelet, [Leb. chr., p. 643]

1984. — *Concours agricoles (entrepreneur d'installations pour).* — L'industriel qui traite avec des villes pour la construction et l'installation des bâtiments destinés aux concours régionaux agricoles n'exerce pas la profession de charpentier entrepreneur fournisseur ni celle d'entrepreneur de travaux publics; il y a lieu à renvoi devant le conseil de préfecture pour être statué après classement par voie d'assimilation. — Cons. d'Et., 10 juin 1887, Soulé, [Leb. chr., p. 465]; — 29 juin 1888, Bied, [Leb. chr., p. 578]

1985. — *Confiseur* (tabl. A, 3e cl.). — Est imposable comme tel celui qui vend des sirops, fruits à l'eau-de-vie, bonbons et confitures. — Cons. d'Et., 27 oct. 1893, Lourmède, [Leb. chr., p. 704]; — 4 nov. 1893, Florent, [Leb. chr., p. 716]; — 14 janv. 1899, Dame Lourmède, [Leb. chr., p. 27]

1986. — Est confiseur et non pastilleur (tabl. A, 7e cl.) : celui qui fabrique, avec l'aide d'ouvriers, divers articles de confiserie autres que ceux fabriqués par les pastilleurs, et les vend à des épiciers ou à des commissionnaires. — Cons. d'Et., 8 août 1895, Cambois, [Leb. chr., p. 650]

1987. — Mais est imposable comme marchand de menue confiserie en détail (tabl. A, 4e cl.) : celui qui vend par quantités importantes des confitures achetées par lui aux fabricants. — Cons. d'Et., 11 nov. 1899, Pascal, [Leb. chr., p. 632]

1988-1989. — *Conserves alimentaires (fabricant de)* (tabl. C). — Est imposable en cette qualité et non comme marchand de fruits secs en gros (tabl. A, 4e cl.), celui qui vend et prépare des pruneaux renfermés dans des vases hermétiquement clos et traités de façon à assurer leur conservation sous toutes les latitudes. — Cons. d'Et., 11 nov. 1899, Fau, [Leb. chr., p. 632]

1990. — *Coquetier avec voiture* (tabl. A, 6e cl.). — Il y a lieu d'imposer comme coquetier avec voiture : celui qui se rend chaque semaine en Belgique avec un cheval et une voiture pour acheter des volailles et des œufs que sa femme revend dans plusieurs communes de la frontière. — Cons. d'Et., 27 avr. 1888, Browet, [Leb. chr., p. 377]

1991. — *Cordonnier.* — Est marchand cordonnier (tabl. A, 4e cl.), et non cordonnier tenant magasin de chaussures communes sans assortiment (tabl. A, 6e cl.) : celui qui ne se borne pas à vendre des chaussures communes, mais qui tient à la disposition de sa clientèle un assortissement de chaussures en tous genres. — Cons. d'Et., 31 juill. 1885, Therrier, [Leb. chr., p. 728]; — 23 déc. 1898, Liard, [Leb. chr., p. 833]; — 11 févr. 1899, Chartier, [Leb. chr., p. 124]; — 28 avr. 1899, Rocher, [Leb. chr., p. 316]; — 10 nov. 1899, Kahn, [Leb. chr., p. 624]; — 22 déc. 1899, Charpentier, [Leb. chr., p. 762]; — 9 mars 1900, Lemaire et Chadron, [Leb. chr., p. 189]

1992. — Est cordonnier sur commande (tabl. A, 6e cl.), et non cordonnier à façon (tabl. A, 8e cl.), celui qui confectionne habituellement des chaussures sur commandes. — Cons. d'Et., 27 mai 1892, Chifonc, [Leb. chr., p. 490]

1993. — *Corroyeur.* — Est corroyeur (marchand) (tabl. A, 4e cl.) et non marchand de cuirs tannés en gros (tabl. A, 1re cl.) : celui qui prépare les cuirs qu'il a achetés aux tanneurs, et les vend à des cordonniers, bourreliers et autres qui les emploient dans leur fabrication. — Cons. d'Et., 2 août 1890, Montier, [Leb. chr., p. 744]

1994. — *Courses de chevaux (entrepreneur d'établissement pour les).* — Est imposable à titre d'entrepreneur d'établissement pour les courses de chevaux (tabl. A, 4e cl.), une société qui exploite un hippodrome sur lequel elle a élevé des constructions et qu'elle entretient à ses frais, qui perçoit des droits d'entrée et sert un intérêt à ses actionnaires. Elle ne pourrait objecter qu'elle est soumise à l'approbation prévue par la loi du 2 juin 1891, réglementant l'autorisation et le fonctionnement des courses de chevaux. — Cons. d'Et., 27 déc. 1895, Soc. nouvelle des courses de Nice, [D. 97.3.19]

1995. — *Courtiers de produits alimentaires et agricoles* (tabl. A, 6e cl.). — Sont imposables en cette qualité : celui qui s'entremet entre les producteurs et les marchands pour la vente d'une seule nature de produits. — Cons. d'Et., 17 févr. 1888, Pène, [Leb. chr., p. 158] (jambons et viandes salées); — 29 mai 1897, Villatte, [Leb. chr., p. 435] (huîtres); — celui qui fait chez plusieurs propriétaires des achats de vins pour une maison qui le rémunère au moyen de remises proportionnelles. — Cons. d'Et., 18 juill. 1891, Sartrou, [Leb. chr., p. 568]; — celui qui prête son entremise à un négociant en vins pour acheter les vins aux propriétaires, en prendre livraison, les expédier et en effectuer le paiement. — Cons. d'Et., 27 oct. 1893, Robert, [Leb. chr., p. 704]; — celui qui achète du houblon pour le compte de marchands, et qui est rémunéré au moyen de remises proportionnelles. — Cons. d'Et., 19 juill. 1890, Mauffré, [Leb. chr., p. 696]; — celui qui prête son entremise aux cultivateurs, moyennant des remises proportionnelles, pour la vente et l'expédition des fruits et légumes aux facteurs aux halles de Paris. — Cons. d'Et., 26 déc. 1891, Gérin, [Leb. chr., p. 803]; — celui qui, moyennant une remise proportionnelle, prête son entremise à un marchand en gros uniquement pour l'achat des laines aux éleveurs, prend livraison des marchandises, en effectue le paiement et les expédie. — Cons. d'Et., 29 nov. 1890, Aubineau, [Leb. chr., p. 900]; — celui qui s'entremet pour l'achat des grains entre les producteurs et un marchand de grains. — Cons. d'Et., 6 août 1892, Berger, [Leb. chr., p. 693]

1996. — Doit être imposé comme tel et ne saurait être considéré comme un simple employé : le contribuable qui vend directement aux consommateurs le vin récolté par le propriétaire d'un vignoble et qui est rétribué par lui au moyen de remises proportionnelles aux ventes qu'il opère. — Cons. d'Et., 29 mai 1897, Chaumont, [Leb. chr., p. 435]

1997. — Est encore courtier de produits agricoles (tabl. A, 6e cl.) et non marchand expéditeur de fruits (tabl. C) : le contribuable qui ne fait aucun achat pour son propre compte et sous sa propre responsabilité, mais se borne à servir d'intermédiaire entre les arboriculteurs de sa région et une maison de commerce, moyennant une commission fixe par paniers de fruits expédiés. — Cons. d'Et., 15 janv. 1898, Duvivier, [Leb. chr., p. 22]

1998. — *Courtier en bestiaux.* — Est imposable en qualité de courtier en bestiaux (tabl. A, 7e cl.) et non comme marchand expéditeur de bestiaux (tabl. C) : celui qui se livre au commerce des bestiaux lorsque les expéditions faites par lui l'ont été pour le compte d'un tiers. — Cons. d'Et., 18 mai 1900, Baudry, [Leb. chr., p. 350]

1999. — *Courtier en marchandises* (tabl. A, 2e cl. ou tabl. B). — Est courtier en marchandises celui qui se borne à mettre en rapport des marchands pour les échanges qu'ils font pour leur consommation personnelle et non pour ceux qui rentrent dans leur commerce. — Cons. d'Et., 14 juin 1890, Louvot, [Leb. chr., p. 574]

2000. — Est courtier en marchandises et non commis : le directeur d'une compagnie d'assurances chargé de placer, par lui ou ses agents, des huiles par quantités importantes pour le compte d'un négociant. — Cons. d'Et., 11 mai 1888, Ravel, [Leb. chr., p. 429] — ... Le contribuable qui reste pendant huit mois de l'année à la disposition d'une seule maison en qualité de commis chargé de recevoir des arrivages de l'étranger, et qui, pendant les quatre autres mois, voyage à ses risques et périls en vue de visiter la clientèle de cette maison et de recueillir des commandes, et est rémunéré uniquement au moyen de remises proportionnelles. — Cons. d'Et., 9 mai 1890, du Tilly, [Leb. chr., p. 471]

2001. — Est courtier et non commissionnaire en marchandises : celui qui prête seulement son entremise pour la vente aux marchands détaillants et aux consommateurs, et qui ne fait ni achats ni ventes en son propre nom. — Cons. d'Et., 26 oct. 1888, Demangeon, [Leb. chr., p. 762]

2002. — Est courtier en marchandises (tabl. B) et non courtier de produits agricoles et alimentaires (tabl. A, 6e cl.) : celui qui sert d'intermédiaire entre les fabricants de sucre qui ne peuvent être considérés comme producteurs et les raffineurs, épiciers et autres détaillants. — Cons. d'Et., 21 déc. 1889, Potet et Maillard, [D. 91.3.59]; — 26 juin 1890, Potet et Maillard, [Leb. chr., p. 610]; — 7 nov. 1891, Potet et Maillard, [Leb. chr., p.

643]; — ou pour la vente des fécules entre les fabricants et des marchands ou industriels, les ventes conclues par lui ne pouvant être considérées comme émanant de producteurs ni comme faites à des consommateurs. — Cons. d'Et., 18 mars 1892, Avez, [Leb. chr., p. 288]; — ou pour la vente des vins entre négociants et non entre producteurs et marchands. — Cons. d'Et., 9 nov. 1898, Fouquier et Mihaile, [Leb. chr., p. 676]; — 28 oct. 1899, Fouquier, [Leb. chr., p. 609]

2003. — Décidé, d'autre part, qu'est courtier en marchandises (opérations en gros) (tabl. B) et non courtier de produits agricoles et alimentaires (tabl. A, 6e cl.) : le contribuable qui prête d'une manière habituelle son entremise aux producteurs pour la vente aux marchands en gros de plusieurs natures de produits (céréales, graines fourragères, vins, laines), qui est rétribué au moyen d'un droit de courtage déterminé d'après les usages locaux, lorsque les opérations ont toujours été faites au nom et pour le compte des commettants. — Cons. d'Et., 23 févr. 1900, Noël, [Leb. chr., p. 158]

2004. — Sont courtiers en marchandises opérant en gros (tabl. B) et non courtiers en grains (tabl. A, 7e cl.) : ceux qui servent principalement d'intermédiaires pour la vente en gros des grains entre des marchands en gros et d'autres marchands. — Cons. d'Et., 18 mai 1899, Soussens et Gervereau, [Leb. chr., p. 382]

2005. — Est courtier en marchandises (tabl. B) et non courtier gourmet-piqueur de boissons (tabl. A, 6e cl.) : celui qui ne se borne pas à servir de conseil aux acheteurs de récoltes, mais sert d'intermédiaire pour l'achat des vins, moyennant commission, entre propriétaires et négociants en gros et en demi-gros. — Cons. d'Et., 20 juill. 1888, Gifra, [Leb. chr., p. 659]

2006. — *Courtier en soie* (tabl. A, 6e cl.). — Est imposable comme courtier en soie et non courtier en marchandises (tabl. A, 4e cl.) ni commissionnaire, celui qui dans les départements séricicoles met en relation les propriétaires ou producteurs avec une seule maison de commerce pour l'achat et la vente des soies et cocons et est rétribué au moyen de remises proportionnelles. — Cons. d'Et., 7 déc. 1888, Thomas, [D. 89.5.342]

2007. — *Coutellerie* (*fabricant de*). — Est fabricant de coutellerie expédiant sur commande (tabl. C) et non fabricant de coutellerie non expéditeur, celui qui ne fait aucune vente sur place, et qui expédie les produits de sa fabrication à des clients de France ou de l'étranger, soit directement, soit par l'intermédiaire de sa maison de Paris. — Cons. d'Et., 14 janv. 1887, Vitry, [Leb. chr., p. 24]

2008. — *Couturier.* — Est marchand-couturier sans magasin d'étoffes (tabl. A, 5e cl.) et non marchand-couturier avec magasin d'étoffes (tabl. A, 3e cl.) : celui qui ne possède pas dans ses magasins d'assortiment d'étoffes et dont les clients choisissent sur échantillons les vêtements dont ils font la commande. L'imposition doit être ainsi réglée, alors même que le contribuable fait venir des magasins de ses fournisseurs, soit des coupons, soit des pièces d'étoffes qu'il soumet au choix de ses clients. — Cons. d'Et., 6 déc. 1895, Pasquier, [D. 97.5.418]; — 5 juin 1896, Pasquier, [Leb. chr., p. 456]

2009. — *Couturière à façon* (tabl. A, 7e cl.). — Est couturière à façon la couturière qui fait appel à la clientèle au moyen d'une enseigne, emploie habituellement une ouvrière. — Cons. d'Et., 1er févr. 1890, Danguet, [Leb. chr., p. 115]; — ou plusieurs ouvrières. — Cons. d'Et., 13 déc. 1890, Eriau, [Leb. chr., p. 965]

2010. — *Couvreur.* — Est couvreur-entrepreneur (tabl. A, 4e cl.), et non maître couvreur (tabl. A, 6e cl.), celui qui exécute des travaux de couverture par entreprise, en fournissant les matériaux. — Cons. d'Et., 29 févr. 1896, Hatesse, [Leb. chr., p. 210]

2011. — *Cuirs* (*marchand de*). — Doivent être considérés comme marchands de cuirs en demi-gros (tabl. A, 2e cl.), et non marchands-corroyeurs (tabl. A, 4e cl.) : ceux qui ne se bornent pas à vendre les produits de leur fabrication, et achètent tout préparés des cuirs qu'ils revendent à des détaillants. — Cons. d'Et., 27 janv. 1888, Grand, [Leb. chr., p. 93]

2012. — *Déchets en gros* (*marchand de*) (tabl. A, 1re cl.). — La circonstance qu'un marchand de déchets en gros ferait subir aux déchets qu'il achète aux filateurs un simple nettoyage dans ses magasins, avant de les revendre aux fabricants de papier, n'est pas de nature à le faire considérer comme industriel, et par suite comme nettoyeur de déchets de coton par procédés mécaniques, ou déchireur de chiffons. Il reste marchand de déchets en gros. — Cons. d'Et., 29 avr. 1887, Ancke, [D. 88.3.87]

2013-2014. — *Dentiste* (tabl. B.). — Est imposable comme tel le contribuable qui ne se borne pas à fabriquer des râteliers et des pièces dentaires, mais tient un cabinet ouvert au public où il pratique l'art dentaire. — Cons. d'Et., 26 nov. 1896, Pinard, [D. 98.3.27]

2015. — *Droguiste.* — Est droguiste en détail (tabl. A, 3e cl.), et non herboriste-droguiste (tabl. A, 6e cl.), celui qui vend non seulement des plantes médicinales, mais aussi et principalement des drogues et des produits chimiques. — Cons. d'Et., 3 févr. 1888, Gonin, [Leb. chr., p. 116]

2016. — *Eau* (*entrepreneur de distribution d'*). — Une ville a concédé à un entrepreneur pour une durée déterminée, et moyennant paiement d'annuités par la ville, l'établissement et l'exploitation de l'eau nécessaire à la consommation publique et privée, à la charge par l'entrepreneur d'acheter les terrains, d'élever les bâtiments et de les entretenir. La ville se réserve la jouissance de cet établissement et la perception des revenus. Dans ces conditions de fait, l'entrepreneur ne doit pas être imposé à la patente comme entrepreneur de travaux publics. La profession qu'il exerce n'est pas dénommée au tarif, mais c'est avec raison que le préfet l'a classée par voie d'analogie, en l'assimilant avec celle d'entrepreneur de distribution d'eau. — Cons. d'Et., 16 mars 1888, Pasquet, [D. 89.3.60]

2017. — La compagnie qui distribue aux abonnés de l'eau mise à sa disposition par la ville de Paris, qui recherche les abonnements et en reçoit le prix, est imposable comme entrepreneur de distribution d'eau, bien que la ville doive approvisionner Paris en eau propre aux usages domestiques, et que la compagnie doive verser dans la caisse de la ville ses recettes, sauf règlement de la part qui lui revient. — Cons. d'Et., 19 déc. 1891, Comp. gén. des eaux, [Leb. chr., p. 780]; — 2 avr. 1892, Comp. des eaux, [Leb. chr., p. 346]

2018. — *Eau-de-vie* (*marchand d'*) (tabl. A, 1re cl.). — Est marchand en gros d'eaux-de-vie et non distillateur-liquoriste : celui qui vend des liqueurs ou vins fins achetés à d'autres marchands, et des eaux-de-vie auxquelles le requérant n'a fait subir que des mélanges d'eaux ou d'aromes. — Cons. d'Et., 1er avr. 1887, Arnaud, [Leb. chr., p. 284]

2019. — *Ebéniste.* — Est ébéniste travaillant pour son compte sans magasin (tabl. A, 6e cl.), et non ébéniste travaillant à façon (tabl. A, 7e cl.) : le contribuable qui achète pour son compte, et à ses risques et périls, les bois qui lui servent à fabriquer les meubles qu'on lui commande. — Cons. d'Et., 26 mars 1886, Roger, [D. 87.5.326]

2020. — *Eclairage par électricité* (*entrepreneur d'*) (tabl. C). — Il y a lieu d'assimiler à la profession d'entrepreneur de distribution d'eau l'entrepreneur d'éclairage par l'électricité. — Cons. d'Et., 7 nov. 1891, Comp. lyonnaise d'électricité, [Leb. chr., p. 643] — La profession a été classée depuis cet arrêt.

2021. — *Ecorces de bois pour tan* (*marchand d'*) (tabl. A, 4e cl.). — Est imposable comme tel celui qui achète habituellement des coupes de bois de chêne vert, écorce les arbres et vend l'écorce aux tanneries. — Cons. d'Et., 5 mars 1886, Michel, [Leb. chr., p. 210]

2022. — *Emailleur.* — Est émailleur à façon (tabl. A, 7e cl.) et non émailleur pour son compte (tabl. A, 6e cl.) : celui qui ne travaille que sur les commandes des personnes auxquelles appartiennent les objets à émailler. — Cons. d'Et., 11 nov. 1898, Tourette, [D. 1900.3.21]

2023. — *Engrais* (*marchand d'*) (tabl. A, 3e ou 6e cl.). — Est imposable comme tel celui qui se livre à l'achat et à la vente de fumiers par quantités importantes. — Cons. d'Et., 21 mai 1886, Fagu, [D. 87.5.329]; — bien qu'il ne possède pas de magasins. — Cons. d'Et., 16 avr. 1886, Mouzet, [Leb. chr., p. 349]; — et qui fait des envois de fumiers sur commande. — Cons. d'Et, 17 juin 1887, Fagu, [Leb. chr., p. 489]

2024. — *Enlèvement des vidanges* (*entrepreneur de l'*) (tabl. A, 3e cl.). — Est imposable comme entrepreneur de l'enlèvement de vidanges et non fabricant d'engrais (tabl. C.) : celui qui a l'entreprise dans une commune de l'enlèvement des boues et vidanges, et vend ces produits dans le même établissement sans leur faire subir aucune préparation. — Cons. d'Et., 3 déc. 1886, Soc. des engrais, [Leb. chr., p. 853]

2025. — *Epicier.* — Est épicier en détail (tabl. A, 5e cl.) et non marchand de comestibles (tabl. A, 3e cl.) : le contribuable qui, s'il vend certains comestibles, ne le fait qu'à titre purement accessoire de son commerce principal d'épicier en détail. — Cons. d'Et., 4 nov. 1887, Patin, [Leb. chr., p. 684] — V. *suprà*, n. 1970.

2026. — Est épicier en détail, et non marchand de vins en détail, vendant habituellement, pour être consommés hors de chez lui, des vins en panier et à la bouteille (tabl. A, 4e cl.), ou marchand de liqueurs en détail (tabl. A, 4e cl.), celui qui vend principalement des articles d'épicerie, et accessoirement les vins et les liqueurs. — Cons. d'Et., 19 juill. 1890, Salmon, [Leb. chr., p. 697]; — 11 févr. 1899, Masson, [Leb. chr., p. 124]; — 1er juin 1900, Prieur, [Leb. chr., p. 391]; — 27 juill. 1900, Pitre, [Leb. chr., p. 511]

2027. — Est épicier en détail et non épicier regrattier (tabl. A, 7e cl.) : celui qui ne se borne pas à vendre au petit poids et à la petite mesure des articles de menue épicerie. — Cons. d'Et., 28 janv. 1899, Pinard, [Leb. chr., p. 74]; — mais vend aussi des objets ordinaires de ce commerce : conserves, confiserie, grains, comestibles, etc. — Cons. d'Et., 1er juin 1888, Bousquet, [Leb. chr., p. 480]; — 27 juill. 1888, Bousquet, [Leb. chr., p. 672]; — sucre, café, savon, huile, chocolat, légumes secs, etc. — Cons. d'Et., 8 déc. 1888, Sabatier, [Leb. chr., p. 951]; — fromages, pâtes alimentaires et des articles de pâtisserie et de parfumerie. — Cons. d'Et., 9 févr. 1900, Dourthe, [Leb. chr., p. 114]

2028. — *Épicier regrattier* (tabl. A, 7e classe). — Est imposable comme tel : celui qui fait des ventes au petit poids et à la petite mesure de quelques articles d'épicerie et de menue mercerie. — Cons. d'Et., 6 nov. 1885, Laforgues, [Leb. chr., p. 823]; — 13 janv. 1888, Dulaut, [Leb. chr., p. 22]; — 24 mai 1890, Lauret, [Leb. chr., p. 542]; — ou de denrées alimentaires dans une localité de 300 habitants. — Cons. d'Et., 2 avr. 1892, Ventilhac, [Leb. chr., p. 347] — Un tel commerce ne peut être considéré, ni comme celui de marchand forain... — Cons. d'Et., 24 mai 1890, précité; — ... ni comme celui d'épicier en détail. — Cons. d'Et., 6 nov. 1885, précité; — 2 avr. 1892, précité.

2029. — *Escompteur* (tabl. A, 1re cl.). — Est escompteur : celui qui reçoit habituellement, en dehors des valeurs qu'il escompte directement, des effets qui lui sont cédés par divers banquiers, et qui en cède lui-même directement à la banque de France. — Cons. d'Et., 9 mars 1900, Foy, [Leb. chr., p. 189]

2030. — Est donc escompteur et non banquier (tabl. B), celui qui s'est borné à escompter des effets dans la commune où il réside, et à recouvrer ceux qui lui étaient envoyés par ses clients, alors qu'il n'a fait qu'une seule ouverture de crédit. — Cons. d'Et., 11 mars 1887, Ducousso, [Leb. chr., p. 217]; — 9 déc. 1887, Mieulet, [Leb. chr., p. 784] — V. *suprà*, n. 1901.

2031. — Est imposable comme escompteur et non comme société mutuelle, la société qui effectue pour le compte de ses actionnaires et d'étrangers des opérations de dépôts d'argent et de titres, et d'escompte. — Cons. d'Et., 31 janv. 1891, Crédit mutuel populaire, [Leb. chr., p. 73]

2032. — *Étirage de fils.* — L'industriel qui étire sur commande, mais pour son compte, à des diamètres différents, des fils de cuivre avec un faible alliage d'argent, et les dore, en employant des matières premières lui appartenant, n'est pas imposable en qualité de tireur d'or par procédés mécaniques et doreur par procédés galvanoplastiques (tabl. C, 3e part.). Il y a lieu à renvoi devant le conseil de préfecture pour être statué après classement par assimilation. — Cons. d'Et., 21 déc. 1888, Béroujon, [D. 90.3.19] — Il en est de même de celui dont l'industrie consiste à étirer à des diamètres différents et à dorer des fils de cuivre, ayant un faible alliage d'argent, destinés à être vendus à des passementiers sous le nom de traits mi-fins. — Cons. d'Et., 10 mai 1889, Rolland, [Leb. chr., p. 561]; — 9 nov. 1889, Dumont, [Leb. chr., p. 1015]

2033. — *Expéditeur de bestiaux (marchand)* (tabl. C). — Est imposable comme tel et non comme marchand de moutons : celui qui a fait des expéditions de moutons à des intermédiaires qui les vendent pour le compte du requérant sur divers marchés. — Cons. d'Et., 11 mars 1887, Valentin, [Leb. chr., p. 217]

2034. — De même doit être considéré comme expéditeur de bestiaux, et non commis ou courtier : celui qui achète et vend en son propre nom, solde ses acquisitions de ses deniers personnels et ne reçoit pas de traitement fixe. — Cons. d'Et., 27 janv. 1888, Verpy, [Leb. chr., p. 93]; — celui qui se livre à des achats de cochons et expédie de ces animaux à des intermédiaires qui les vendent pour le compte du requérant. — Cons. d'Et., 11 mai 1888, Roux, [Leb. chr., p. 429]

2035. — *Expéditeur de volailles.* — Est expéditeur de volailles (tabl. A, 1re cl.) et non coquetier avec voiture (tabl. A, 6e cl.) : celui qui fait des achats de pigeons dans plusieurs départements, en nombre considérable (60,000), pour les expédier à Paris. — Cons. d'Et., 17 févr. 1888, Planche, [Leb. chr., p. 158]

2036. — *Expéditeur d'approvisionnements entretenus dans des magasins militaires.* — Le fournisseur de pain aux troupes, qui s'est engagé accessoirement à prendre en charge, à entretenir et à expédier, suivant les ordres de l'administration, les approvisionnements de denrées mis en réserve dans les magasins militaires, moyennant une allocation spéciale, exerce une profession distincte non dénommée au tarif. Il y a lieu à renvoi devant le conseil de préfecture pour être statué après classement de la profession par le préfet par voie d'assimilation. — Cons. d'Et., 25 nov. 1887, Royer-Gallot, [Leb. chr., p. 742]

2037. — *Expert pour le partage et l'estimation des propriétés.* — Est imposable comme expert pour le partage et l'estimation des propriétés (tabl. A, 6e cl.) et non comme agent d'affaires (tabl. A, 4e cl.) : celui qui se livre habituellement à des opérations d'arpentage, ainsi qu'à des estimations d'immeubles et à des partages de propriétés. — Cons. d'Et., 12 juin 1885, Desbarats, [Leb. chr., p. 571]

2038. — De même, est expert pour le partage et l'estimation des propriétés et non arpenteur : celui qui prend le titre d'expert, qui est inscrit au tableau des experts près le tribunal; et qui a procédé d'ailleurs dans le courant de l'année à des opérations d'expertise et de lotissement. — Cons. d'Et., 26 mars 1886, Compin, [Leb. chr., p. 281]; — 8 avr. 1892, Pradel, [Leb. chr., p. 367]; — celui qui prend le titre de géomètre-expert, et qui se livre habituellement aux estimations d'immeubles et aux lotissements en vue de partage. — Cons. d'Et., 20 avr. 1888, Sombré, [Leb. chr., p. 359]; — celui qui se livre habituellement à des opérations telles que : expertises judiciaires, estimations de meubles ou d'immeubles, lotissements en vue de partages, déclarations au bureau de l'enregistrement. Il importait peu que l'exercice de cette profession fût incompatible avec les fonctions de greffier de justice de paix que remplissait le requérant. — Cons. d'Et., 7 mai 1892, Tastel, [Leb. chr., p. 427] — V. *suprà*, n. 144.

2039. — *Exploitant de cale ou forme pour la réparation des navires* (tabl. A, 5e cl.). — Est imposable en cette qualité une compagnie de docks et d'entrepôts qui effectue les opérations de mise à sec, de calage et ensuite de remise à flot des navires qui lui sont confiés et qui emploie pour ce travail deux machines et dix ouvriers. Il en est ainsi alors même que cette compagnie ne se charge pas de réparer elle-même les navires qui entrent dans le dock. Elle ne peut pas être considérée simplement comme un propriétaire donnant en location. — Cons. d'Et., 10 janv. 1896, Comp. des docks et entrepôts de Marseille, [Leb. chr., p. 4]

2040. — *Fabricant.* — Est fabricant (tabl. C) et non libraire-éditeur, le contribuable qui imprime, relie et vend au commerce les livres qu'il édite, à l'aide d'un grand nombre d'ouvriers. — Cons. d'Et., 13 févr. 1885, Mame, [Leb. chr., p. 176]

2041. — Est fabricant et non marchand de fleurs artificielles : celui qui n'achète des fleurs à d'autres industriels qu'accessoirement à sa fabrication. — Cons. d'Et., 29 nov. 1890, Taurel, [Leb. chr., p. 900]

2042. — Est fabricant d'objets de grand et de petit équipement (tabl. C) et imposable comme tel et non comme couturier à façon, celui qui est adjudicataire de la fabrication des objets d'habillement d'un corps d'armée. — Cons. d'Et., 26 avr. 1890, Tanneries Simon Ulmo, [Leb. chr., p. 428]

2043. — *Fabricant à façon.* — Est fabricant à façon (tabl. C), et non facteur de fabrique, le contribuable qui a entrepris la fabrication de chaussures pour le compte d'une seule maison, avec les matières premières qu'elle lui fournit, à ses frais, risques et périls, à l'aide de 20 ouvriers qu'il paie lui-même, et moyennant une certaine somme par chaque paire de chaussures confectionnées. — Cons. d'Et., 22 févr. 1889, Paillard, [Leb. chr., p. 248]

2044. — *Facteur de denrées et marchandises.* — Est facteur en marchandises celui qui achète, au temps de la récolte, des cocons (tabl. A, 4e cl.), chez les éleveurs de la contrée qu'il habite, pour le compte d'une seule maison, moyennant des remises proportionnelles. — Cons. d'Et., 20 janv. 1888, Mathieu, [D. 88.3.133]

2045. — Est imposable en qualité de facteur de denrées et marchandises un individu qui achète des pommes et des œufs pour le compte d'un marchand de fruits sur le marché de plusieurs communes, moyennant des remises proportionnelles et sous sa responsabilité personnelle. — Cons. d'Et., 12 févr. 1892, Féraud, [Leb. chr., p. 134]

2046. — Est facteur de denrées et de marchandises en gros (tabl. B), et non courtier en grains (tabl. A, 4e cl.) : celui qui a prêté principalement son entremise pour des opérations sur les grains et les farines entre commerçants, soit pour son compte, soit à la commission. — Cons. d'Et., 20 janv. 1888, Bourrié, [Leb. chr., p. 49]

2047. — Mais est imposable en qualité de facteur de denrées et de marchandises opérant en détail (tabl. A, 4e cl.) : celui qui place à commission des charbons et des vins et qui est rémunéré au moyen de remises proportionnelles. — Cons. d'Et., 9 avr. 1886, Sauvat, [Leb. chr., p. 325]

2048. — *Facteur de fabrique.* — Est facteur de fabrique (tabl. A, 6e cl.) et non commis celui qui se charge, moyennant un droit de commission, de faire broder sous sa responsabilité et moyennant des prix fixés d'avance, mais pour le compte d'un tiers, des tissus qui lui sont remis par celui-ci. — Cons. d'Et., 8 déc. 1888, Deschasset, [Leb. chr., p. 950]

2049. — Est facteur de fabrique et non tailleur de pierres fines à façon et tailleur de pierres fausses pour son compte (tabl. C) : celui qui se charge, moyennant un prix fixé à forfait, de faire tailler les pierres qui lui sont fournies par des marchands lapidaires; qui, à cet effet, répartit les pierres brutes à lui confiées entre un certain nombre d'ouvriers disséminés dans la région et dont aucun n'est employé exclusivement par lui. — Cons. d'Et., 11 mai 1900, Benoît-Gonin, [Leb. chr., p. 335]

2050. — *Farines en gros (marchand de).* — Est marchand de farines en gros (tabl. A, 1re cl.) et non exploitant de moulin (tabl. C.) celui qui, tout en pratiquant la mouture à façon, achète en même temps des matières premières pour revendre les farines à des particuliers et à des boulangers, lorsque l'ensemble des droits fixe et proportionnel afférents à cette dernière qualification excède l'ensemble des droits fixe et proportionnel afférents à l'exploitation de moulin. — Cons. d'Et., 26 mars 1886, Godey, [D. 87.5.328]; — 18 mars 1887, Truffaut, [Leb. chr., p. 239]; — 13 janv. 1888, Guyot, [Leb. chr., p. 22]; — 19 juill. 1890, Hardy-Lebègue, [Leb. chr., p. 697] — La taxation a été remaniée.

2051. — *Ferblantier.* — Est ferblantier (tabl. A, 6e cl.) et non marchand en gros d'objets en fer étamé (tabl. A, 4e cl.) : celui qui fabrique et soude des boîtes en fer-blanc pour conserves. — Cons. d'Et., 21 déc. 1889, Ganche, [Leb. chr., p 1205]; — 18 avr. 1890, Ganche, [Leb. chr., p. 402]; — 8 nov. 1890, Ganche, [Leb. chr., p. 814]

2052. — *Fermier des droits de place dans les halles, marchés et emplacements sur les places publiques* (tabl. C). — Est imposable comme tel : celui qui a été déclaré adjudicataire des droits ou rétributions à percevoir sur le bétail et les voitures exposés sur les places de foires. — Doit être imposé en la même qualité le contribuable qui, en outre de la profession ci-dessus indiquée, a été déclaré adjudicataire des droits à percevoir les jours de marché, de foires et de fêtes diverses, sur les places et dans les rues, ainsi que de ceux à percevoir, à la halle aux grains et au poids public. — Cons. d'Et., 4 févr. 1898, Thimon, [Leb. chr., p. 74]

2053. — Mais ne peut être considéré comme exerçant cette profession l'individu qui, concessionnaire d'un marché, met les emplacements de ce marché à la disposition des vendeurs, prête son entremise pour la vente à la criée du poisson qui y est apporté et pour les paiements à faire entre acheteurs et vendeurs, est responsable de ces paiements vis-à-vis de ces derniers, et est rémunéré moyennant un droit fixe et une redevance proportionnelle sur chaque vente. Cette profession n'étant pas dénommée au tableau des patentes, il y a lieu à renvoi devant le préfet pour le règlement du droit de patente par voie d'assimilation à la profession la plus analogue du tableau. — Cons. d'Et., 7 nov. 1896, Lombard, [S. et P. 98.3.119]

2054. — *Fermier de pêche* (tabl. C). — Est considéré comme fermier de pêche celui qui s'est rendu adjudicataire du droit de pêche dans une rivière et qui, s'il ne se livre personnellement à la pêche que pour son agrément, a sous-loué la presque totalité de ses droits à plusieurs pêcheurs de profession. — Cons. d'Et., 4 nov. 1893, Auger, [Leb. chr., p. 716]

2055. — *Filets, gants, mitaines et autres ouvrages à mailles.* — Est fabricant vendant en gros et travaillant pour le commerce (tabl. C) et non fabricant de gants : le contribuable qui fabrique des tissus à mailles, confectionne les gants qui font l'objet de son commerce avec les tissus provenant de sa fabrication, occupe plus de dix ouvriers d'une manière permanente et vend ses articles à d'autres marchands. — Cons. d'Et., 14 mai 1892, Relave, [Leb. chr., p. 450]; — 16 mars 1895, Relave, [Leb. chr., p. 260]

2056. — *Fleurs artificielles.* — Le fabricant de fleurs artificielles, qui monte des fleurs exclusivement fabriquées par lui, ne doit pas être imposé en qualité de monteur ou fabricant de fleurs artificielles en gros (tabl. A, 3e cl. actuellement 2e cl.) mais de fabricant de fleurs artificielles (tabl. A, 5e cl.). — Cons. d'Et., 22 juin 1888, Raboteau, [Leb. chr., p. 552] — Il en est de même lorsque ce n'est qu'accessoirement à sa fabrication que le requérant achète des fleurs à d'autres industriels. — Cons. d'Et., 19 févr. 1892, Taurel, [Leb. chr., p. 169]

2057. — *Fondeur de plomb* (tabl. A, 6e cl.). — Le contribuable qui achète et fond des débris de plomb, qu'il transforme en cachets pour le scellement des sacs et autres objets, n'exerce pas la profession de marchand ou fondeur de plomb. Il exerce une profession non dénommée aux tarifs; en conséquence il y a lieu à renvoi pour assimilation. — Cons. d'Et., 30 mars 1900, Gabet, [Leb. chr., p. 251]

2058. — *Forain (marchand)* (tabl. C). — Sont imposables en cette qualité : celui qui transporte chaque semaine dans les communes voisines les marchandises qui font l'objet de son commerce. — Cons. d'Et., 11 mai 1888, Ribaut, [Leb. chr., p. 430]; — 26 juill. 1900, Merlin-Maréchal, [Leb. chr., p. 504]; — ... Le marchand boucher établi en Belgique, qui transporte habituellement en France de la viande qu'il vend sur son parcours. — Cons. d'Et., 22 févr. 1890, Sacrez, [Leb. chr., p. 218]

2059. — Mais un contribuable, qui exerce dans une commune la profession de boulanger, ne saurait être imposé comme marchand forain à raison des ventes de pain qu'il fait accidentellement dans les communes où il va livrer sa marchandise à ses clients. — Cons. d'Et., 31 juill. 1896, Perrot, [Leb. chr., p. 614]

2060. — De même, le contribuable qui transporte de commune en commune à l'aide des chemins de fer et des voitures publiques les chaussures faisant l'objet de son commerce, n'est imposable ni en qualité de marchand forain avec voiture, avec bête de somme ou avec balle, ni comme cordonnier travaillant sur commande; il exerce une profession non dénommée au tarif, il y a donc lieu à renvoi pour assimilation. — Cons. d'Et., 31 mars 1900, Sieur Fontanger, [Leb. chr., p. 265]

2061. — Est marchand forain et non marchand ambulant : celui qui colporte, au moyen d'une voiture attelée d'un cheval, des marchandises dans les communes voisines de sa résidence, dans un rayon inférieur à 20 kilomètres. — Cons. d'Et., 23 janv. 1892, Claverie, [Leb. chr., p. 53]; — ... ou qui vend des comestibles à l'aide d'un ou de plusieurs paniers, dans les diverses communes qui avoisinent sa résidence. — Cons. d'Et., 11 nov. 1899, Denis, [Leb. chr., p. 632]

2062. — ... Le contribuable qui transporte dans les villages voisins de sa résidence des tissus et de la rouennerie pour en opérer la vente. — Cons. d'Et., 21 mai 1892, Cazaugade, [Leb. chr., p. 471]

2063. — ... Est non tenant un bazar d'articles de ménage : celui qui se transporte dans une commune autre que celle de sa résidence habituelle et y effectue, pendant moins d'un semestre, un déballage de marchandises dans un magasin loué à cet effet (application de l'art. 8 L. 28 avr. 1893). — Cons. d'Et., 22 déc. 1899, Beauregard, [Leb. chr., p. 762]

2064. — *Forain (marchand) avec balle.* — Sont imposables en cette qualité : celui qui parcourt pendant dix mois de l'année les communes du département, pour y vendre de l'eau-de-vie transportée à dos d'homme. — Cons. d'Et., 27 juill. 1888, Bertrand, [Leb. chr., p. 672]; — le forain qui transporte dans les communes voisines de sa résidence des articles de mercerie et épicerie. — Cons. d'Et., 6 déc. 1890, Minard, [Leb. chr., p. 931]; — le forain qui parcourt pendant une partie de l'année, les communes avoisinant sa résidence pour y vendre des laines à tricoter transportées à dos d'homme. — Cons. d'Et., 26 févr.

1892, Poncelet, [Leb. chr., p. 192]; — 12 nov. 1892, Poncelet, [Leb. chr., p. 762]

2065. — *Forain (marchand) avec bête de somme.* — Sont imposables en cette qualité : le forain qui possède, dans une commune autre que celle où se trouve sa boutique, un magasin de dépôt pour les marchandises qu'il colporte à l'aide d'une bête de somme sur les marchés voisins ; il est imposable dans cette localité au droit fixe. — Cons. d'Et., 7 mars 1890, Hassein, [Leb. chr., p. 250] — ... Celui qui fait transporter par le roulage et le chemin de fer des marchandises dont le poids et le volume formeraient la charge d'une bête de somme. — Cons. d'Et., 28 févr. 1891, Henry Renard, [Leb. chr., p. 172]; — 5 févr. 1892, Henry Renard, [D. 93.3.62]

2066. — *Forain (marchand) avec voiture* (tabl. C). — Est imposable en cette qualité : celui dont l'industrie consiste à transporter et à vendre de commune en commune, au moyen d'une voiture attelée d'un cheval, les marchandises faisant l'objet de son commerce. — Cons. d'Et., 4 nov. 1887, Capelle, [Leb. chr., p. 684]; — 6 juill. 1886, Doublet, [Leb. chr., p. 617]; — 6 déc. 1889, Doublet, [Leb. chr., p. 1124]; — fromages : Cons. d'Et., 22 avr. 1889, Canon, [Leb. chr., p. 508]; — articles d'épicerie : Cons. d'Et., 20 janv. 1894, Lignon, [Leb. chr., p. 62]; — 24 janv. 1891, Tourrière, [Leb. chr., p. 44]; — chapellerie : Cons. d'Et., 19 janv. 1892, Montabret, [Leb. chr., p. 67]; — beurre : Cons. d'Et., 30 janv. 1892, Leclerc, [Leb. chr., p. 93]; — légumes : Cons. d'Et., 19 févr. 1892, Bleuet, [Leb. chr., p. 169]; — fruits et légumes : Cons. d'Et., 14 mai 1886, Julia, [Leb. chr., p. 407]; — ... encore bien que le forain possède dans sa commune un magasin ouvert au public. — Cons. d'Et., 27 févr. 1892, Lavigne, [Leb. chr., p. 227]; — ... ou bien que le forain n'exerce sa profession que les jours de fête, et se serve d'un cheval de louage pour transporter ses articles de bimbeloterie. — Cons. d'Et., 8 déc. 1888, Aubertin, [Leb. chr., p. 951]; — 10 juill. 1890, Sollier, [Leb. chr., p. 649] — Est de même imposable comme marchand forain avec voiture celui qui emploie sa voiture non seulement au transport de ses meules à aiguiser, mais aussi au transport des objets de coutellerie faisant l'objet de son commerce. — Cons. d'Et., 10 déc. 1886, Chabrier, [Leb. chr., p. 878]; — ... le marchand qui a colporté dans diverses communes des marchandises dont il assure le transport au moyen d'une voiture attelée d'un cheval, alors même que ce cheval ne lui appartient pas. — Cons. d'Et., 18 juin 1897, Tardy, [Leb. chr., p. 478]

2067. — Est marchand forain avec voiture à un collier (tabl. C), et non marchand de fromage de pâte grasse en détail, celui qui transporte chaque semaine au moyen d'une voiture à un collier, sur les marchés des communes voisines de son domicile, les fromages faisant l'objet de son commerce. — Cons. d'Et., 27 mai 1892, Robert, [Leb. chr., p. 492]

2068. — *Fosses mobiles inodores (entrepreneur de)* (tabl. A, 4e cl.). — Est imposable en cette qualité une société qui s'est rendue adjudicataire de l'entreprise des vidanges dans les casernes d'une ville, moyennant un prix déterminé par homme de l'effectif et par fosse mobile. On ne peut objecter que la société abandonnerait ces engrais à son gérant qui les utiliserait après les avoir transformés. — Cons. d'Et., 16 févr. 1892, Société des engrais-fumiers, Goux, [Leb. chr., p. 168]

2069. — *Fournisseur d'approvisionnements de réserve destinés aux armées et ports militaires* (tabl. C). — Ne doit pas être considéré comme tel le marchand de denrées coloniales en gros, qui, n'ayant passé aucun marché pour une certaine durée avec les administrations de la Guerre et de la Marine, a été simplement dans plusieurs adjudications partielles déclaré adjudicataire, pour le service des troupes et des équipages, de fournitures de sucre, de riz et de café, qu'il a livrées en bloc à des époques fixes et dont le prix lui a été payé comptant. — Cons. d'Et., 11 févr. 1893, Frugès, [Leb. chr., p. 131]

2070. — *Fournisseur de pain aux troupes* (tabl. C). — L'adjudicataire de la fourniture de pain aux troupes ne cesse pas d'exercer cette profession lorsque le ministre de la Guerre s'est réservé de fournir les farines nécessaires à l'approvisionnement. Il reste adjudicataire de la fourniture et n'est pas simplement fabricant de pain à façon. — Cons. d'Et., 11 févr. 1887, Reboul, [D. 88.3.60]; — 14 mai 1891, Tourrès, [Leb. chr., p. 370]; — 20 juin 1891, Tourrès, [Leb. chr., p. 477]; — 2 avr. 1892, Mourot, [Leb. chr., p. 347] — Ultérieurement le conseil a reconnu que cette profession exercée dans ces conditions, n'était pas celle de fournisseur de pain aux troupes et a renvoyé devant le préfet pour assimilation. — Cons. d'Et., 10 déc. 1900, Carlot, [Leb. chr., p. 746]

2071. — *Fourrages (marchand de)* (tabl. A, 5e cl.). — Est imposable en cette qualité le contribuable qui a fait de fréquents achats et de nombreuses expéditions de fourrages. — Cons. d'Et., 19 nov. 1897, Croc, [Leb. chr., p. 701]

2072. — Est débitant de fourrages à la botte (tabl. A, 6e cl.), et non logeur de bestiaux (tabl. A, 7e cl.) : celui qui ne se borne pas à remiser les chevaux et voitures des messagers et cultivateurs qui viennent en ville, mais leur fournit généralement la nourriture de leurs animaux. — Cons. d'Et., 15 nov. 1890, Caratgé, [Leb. chr., p. 838]

2073. — *Fourrages aux troupes (adjudicataire de la fourniture des)* (tabl. C). — Est imposable en cette qualité, sans réduction du tarif, celui qui fournit la paille et le foin, bien qu'il ne soit pas adjudicataire de la fourniture de l'avoine. — Cons. d'Et., 9 nov. 1889, Parly, [Leb. chr., p. 1016]

2074. — *Fruits (marchand expéditeur de)* (tabl. C). — Est imposable en cette qualité celui qui expédie des quantités importantes de fruits et de légumes à des intermédiaires de Paris et Rouen, qui les vendent pour son compte. — Cons. d'Et., 7 juin 1889, Doulet, [Leb. chr., p. 718]; — 17 janv. 1891, Breton, [Leb. chr., p. 18]

2075. — *Fruits, légumes frais, champignons et autres comestibles (marchand en gros de).* — Le marchand de légumes frais en gros, qui expédie toutes ses marchandises à l'étranger après les avoir vendues à l'avance, ne peut être considéré comme marchand expéditeur de légumes frais (tabl. A, 4e cl.), par le motif qu'il ne ferait aucune vente sur place. Il doit être imposé comme marchand expéditeur de fruits, légumes frais, champignons et autres comestibles (tabl. C). — Cons. d'Et., 2 nov. 1888, Champagne frères, [D. 89.3.123]; — 8 nov. 1889, Battut, [Leb. chr., p. 1001]; — 9 nov. 1889, Rœsch, [Leb. chr., p. 1016]; — 22 nov. 1889, Stivet, [Leb. chr., p. 1052]; — 7 févr. 1890, Battut, [Leb. chr., p. 127]; — 17 mai 1890, Mialaret, [Leb. chr., p. 512]; — 24 mai 1890, Savelsbergh, [Leb. chr., p. 542]

2076. — *Gargotier.* — Est gargotier (tabl. A, 7e cl.), et non cabaretier (tabl. A, 6e cl.) : celui qui ne débite pas de boissons en dehors des heures de repas et n'a qu'une clientèle d'ouvriers. — Cons. d'Et., 5 mai 1893, Massot, [Leb. chr., p. 362] — V. *suprà*, n. 1934, 1939.

2077. — *Gâteaux (marchand de).* — Est marchand en boutique de gâteaux (tabl. A, 7e cl.) et non pâtissier vendant en détail (4e cl.), celui qui fabrique des gâteaux qu'il vend en même temps que des dragées et de fruits confits qu'il achète pour revendre. — Cons. d'Et., 8 août 1890, Robaine, [Leb. chr., p. 774]

2078. — *Glacier-limonadier* (tabl. A, 3e cl.). — Est glacier-limonadier et non limonadier (tabl. A, 4e cl.) celui qui, outre les consommations que vendent les limonadiers, vend encore habituellement des glaces. — Cons. d'Et., 26 juin 1890, Mouret, [Leb. chr., p. 610] — ... bien qu'il ne fabrique pas lui-même les glaces qu'il vend. — Cons. d'Et., 23 déc. 1899, Mouret, [Leb. chr., p. 788]; — 11 mai 1900, Verdet et Bérard, [Leb. chr., p. 334]

2079. — *Herboriste.* — Est herboriste-droguiste (tabl. A, 6e cl.) et non herboriste ne vendant que des plantes médicinales (tabl. A, 7e cl.) : celui qui ne se borne pas à vendre des plantes médicinales, mais joint à son commerce la vente d'autres articles. — Cons. d'Et., 18 mai 1899, Boller, [Leb. chr., p. 382]

2080. — *Horloger.* — Est imposable comme horloger (tabl. A, 3e cl.), et non comme horloger-rhabilleur (tabl. A, 6e cl.), celui qui vend, en même temps que des bijoux faux, des bijoux vrais et de l'horlogerie neuve. — Cons. d'Et., 10 juill. 1890, Bêche, [Leb. chr., p. 649]; — 2 déc. 1898, Bourdon, [Leb. chr., p. 750]; — 9 mars 1900, Toviot, [Leb. chr., p. 189]; — 26 juill. 1900, Lutz, [Leb. chr., p. 504]

2081. — *Hôtel (maître d').* — Est maître d'hôtel (tabl. A, 3e cl.) et non maître d'hôtel garni (4e cl.), celui qui, bien qu'il ne fournisse pas la nourriture à ses clients, loue, outre des chambres au mois et à la semaine, des chambres à la journée. — Cons. d'Et., 4 juill. 1891, Duléry, [D. 92.5.466]; — 25 mars 1892, Duléry, [Leb. chr., p. 310]; — V. aussi Cons. d'Et., 11 mars 1887, Bonneau, [Leb. chr., p. 217]; — ... celui qui exploite un hôtel dans une station balnéaire ne fait jamais ses locations qu'à la journée et non à la semaine, à la quinzaine ou au mois. — Cons. d'Et., 7 nov. 1896, Baudot, [D. 97.5.417]

2082. — Est maître d'hôtel et non aubergiste (tabl. A, 6e cl.), celui qui tient table d'hôte et désigne lui-même son établissement sous le nom d'hôtel dans ses enseigne et annonces. — Cons. d'Et., 22 janv. 1892, Perfizou, [Leb. chr., p. 32]; — ou celui dont l'établissement porte le nom d'hôtel, lequel contient huit chambres confortablement meublées dont les prix varient de 1 fr. 50 à 2 fr. 50, café, billard, salle à manger pouvant contenir vingt personnes, et où le prix total de la pension, par jour, s'élève de 5 à 6 fr. — Cons. d'Et., 20 déc. 1889, Chagnon, [D. 91.5.385]

2083. — Est maître d'hôtel et non cafetier ou restaurateur à la carte (tabl. A, 4e cl.), celui dont l'exploitation, eu égard notamment à l'importance du loyer, est de nature à le faire considérer comme maître d'hôtel et non comme aubergiste, cafetier et restaurateur à la carte. — Cons. d'Et., 9 avr. 1892, Dubois, [Leb. chr., p. 394]

2084. — *Hôtel garni (maître d')*. — Est maître d'hôtel garni (tabl. A, 4e cl.) et non logeur (tabl. A, 7e cl.), celui qui exploite un établissement qui, à raison de son importance relative, de sa situation, de la composition de la clientèle et du prix des locations, constitue un hôtel garni. — Cons. d'Et., 2 août 1895, Vigouroux, [Leb. chr., p. 632]

2085. — *Huile (marchand d')*. — Un fabricant de conserves qui vend en même temps des huiles par quantités importantes est à bon droit imposé comme marchand d'huiles (tabl. A. 1re, 2e ou 3e cl.). — Cons. d'Et., 28 mars 1896, Eyquem, [Leb. chr., p. 316]; — 9 avr. 1897, Eyquem, [Leb. chr., p. 308]

2086. — Est marchand d'huile en gros et non fabricant de produits chimiques, celui qui vend, dans les conditions du gros, par des préposés spéciaux, des huiles qu'il fabrique dans son usine. — Cons. d'Et., 5 févr. 1886, Desmarais, [Leb. chr., p. 115]

2087. — Est un marchand d'huiles en gros (tabl. A, 1re cl.) et non exploitant une fabrique d'huiles : celui dont le préposé effectue des achats et des ventes d'huiles brutes ou épurées, sans leur faire subir de transformation autre qu'une épuration pour les huiles de colza destinées à l'éclairage. — Cons. d'Et., 10 févr. 1894, Crépy, [Leb. chr., p. 123]

2088. — La profession, qualifiée au tarif sous la rubrique de marchand d'huiles en demi-gros comprend les marchands d'huiles minérales (dans l'espèce, d'huiles de pétrole), aussi bien que les marchands d'huiles végétales (tabl. A, 2e cl.). La loi ne fait aucune distinction. — Cons. d'Et., 20 avr. 1888, Pluche, [Leb. chr., p. 359]

2089. — *Huîtres (marchand d')* (tabl. A, 5e cl.). — Est imposable comme tel celui qui achète des huîtres d'élevage qu'il revend après les avoir nourries dans ses parcs. — Cons. d'Et., 19 juin 1885, Barrès, [Leb. chr., p. 595]

2090. — Est marchand d'huîtres en gros (tabl. C) : celui qui expédie annuellement plus de 800,000 huîtres. — Cons. d'Et., 29 juin 1888, Vieulle, [Leb. chr., p. 578]; — 23 déc. 1893, Pajot, [Leb. chr., p. 876]

2091. — *Imprimeur-typographe avec presse mécanique* (tabl. A, 3e cl.). — Le contribuable, qui est imprimeur et relie des livres pour le compte d'éditeurs à l'aide d'un grand nombre d'ouvriers, doit être considéré comme fabricant. — Cons. d'Et., 5 févr. 1886, Hetaux, [Leb. chr., p. 113]

2092. — *Intermédiaire entre les bouchers et les tanneurs pour la livraison des cuirs verts et pour le recouvrement des sommes dues*. — Il avait été d'abord décidé que celui qui sert habituellement d'intermédiaire entre ces négociants ne doit être imposé à la patente ni en qualité de facteur en marchandises (tabl. A, 4e cl.), ni en qualité de marchand de peaux en vert (tabl. A, 4e cl.). Cette profession n'étant pas dénommée, il y avait lieu de renvoyer à un arrêté d'assimilation. — Cons. d'Et., 25 janv. 1890, Pelletier, [Leb. chr., p. 80] — Mais depuis, cette profession a été classée par assimilation (tabl. A, 6e cl.) et il a été plus récemment décidé qu'est imposable en cette qualité un individu qui sert habituellement d'intermédiaire entre les bouchers et équarrisseurs d'une ville et les marchands de peaux en gros et mégissiers d'une autre ville pour la livraison des peaux et le recouvrement des sommes dues. — Cons. d'Et., 6 mai 1898, Beroy, Bellanger, [D. 99.5.505]

2093. — *Jeux (maître de)* (tabl. A, 6e cl.). — Le marchand en détail d'objets de faïence et poterie qui exerce cette profession dans la commune où il réside habituellement et ne se rend dans les communes voisines que pour exploiter la profession de maître de jeux et amusements publics, est imposable en cette dernière qualité et non comme marchand forain. — Cons. d'Et., 18 nov. 1892, Auger, [D. 94.5.442]

2094. — *Laminerie (entrepreneur de)*. — Est entrepreneur de laminerie (tabl. C) et non fabricant de ferronnerie : l'industriel qui fabrique des cercles de voitures sans soudure au moyen de laminoirs à étirer et de laminoirs circulaires. — Cons. d'Et., 22 janv. 1892, Forges d'Epinay, [Leb. chr., p. 32]

2095. — *Layetier* (tabl. A, 6e cl.). — Est imposable comme tel celui qui se livre à la fabrication des cabinets pour horloges qu'il revend ensuite en son nom. — Cons. d'Et., 6 avr. 1900, Epailly, [Leb. chr., p. 275]

2096. — *Légumes frais (marchand en gros)*. — Est marchand en gros de légumes frais (tabl. A, 4e cl.) et non marchand forain (tabl. C), le contribuable qui transporte par grandes quantités, sur différents marchés, des pommes de terre, des fruits et autres denrées qu'il achète à des cultivateurs ou qu'il récolte sur ses propriétés, et qu'il vend principalement à des marchands en gros. — Cons. d'Et., 8 août 1890, Donnadieu, [Leb. chr., p. 774]

2097. — *Libraire*. — Sont libraires non éditeurs associés (tabl. A, 5e cl.), et non bouquinistes ou marchands d'imprimés en ambulance : ceux qui vendent par abonnement et livrent par fascicules aux clients des éditions neuves d'ouvrages complets achetés en solde chez les éditeurs, alors que le service des ventes et abonnements se fait au siège social de la société. — Cons. d'Et., 15 déc. 1899, HImet et Bouroult, [Leb. chr., p. 737]

2098. — *Linger-fournisseur*. — Est linger-fournisseur (tabl. A, 2e cl.) et non linger en détail (tabl. A, 6e cl.), celui qui vend du linge de table, des trousseaux et autres objets de lingerie confectionnée. — Cons. d'Et., 17 févr. 1888, Kahn, [Leb. chr., p. 158]; — des trousseaux, des layettes et des assortiments de lingerie fine confectionnée. — Cons. d'Et., 11 mai 1888, Charvet, [Leb. chr., p. 429]

2099. — *Liquidateur-administrateur près les tribunaux* (tabl. A, 4e cl.). — Est imposable en cette qualité : celui qui a été habituellement désigné par les tribunaux à l'effet d'opérer, moyennant rétribution, la liquidation d'affaires importantes et qui a dans l'année de l'imposition continué à gérer diverses successions. — Cons. d'Et., 28 avr. 1899, Preire, [Leb. chr., p. 316]

2100. — Doit être imposée à ce titre une personne qui, moyennant rémunération, s'est consacrée d'une manière continue, pendant deux ans, à l'exercice de la fonction d'administrateur-liquidateur de la société du canal de Panama dont elle avait été chargée par jugement du tribunal civil, encore bien que cette personne ne figure pas sur la liste des liquidateurs-administrateurs près ledit tribunal. — Cons. d'Et., 14 mai 1898, Monchicourt, [D. 99.5.502]

2101. — *Literie (marchand d'articles de)* (tabl. A, 3e cl.). — Est marchand d'articles de literie et non tapissier, celui qui se livre à la vente habituelle de sommiers, traversins, oreillers, lits et couvertures. — Cons. d'Et., 27 juill. 1891, Raygasse, [Leb. chr., p. 498]

2102. — *Location d'immeubles (entrepreneur de)* (tabl. A, 4e cl.). — Est imposable en cette qualité le locataire principal d'une seule maison qui tire bénéfice de sous-locations. — Cons. d'Et., 8 déc. 1888, Delan, [Leb. chr., p. 950]

2103. — *Logeur de chevaux*. — Le contribuable qui reçoit dans une écurie les chevaux des habitants de passage dans la ville est imposable comme logeur de chevaux (tabl. A, 7e cl.), alors même qu'il les nourrirait avec des fourrages provenant exclusivement de ses propriétés. — Cons. d'Et., 9 avr. 1886, Peyras, [Leb. chr., p. 325]

2104. — *Loueur de chevaux* (tabl. A, 5e cl.). — Est imposable comme tel le propriétaire louant ses chevaux à un maître d'hôtel qui les emploie au service de son omnibus. — Cons. d'Et., 12 juin 1885, Juncka, [Leb. chr., p. 571]

2105. — *Loueur de force motrice* (tabl. A, 6e cl.). — Celui qui loue des bâtiments lui appartenant à des industriels, s'engage à leur fournir la force motrice nécessaire à leur industrie, et prend à sa charge l'entretien des moteurs et des appareils de transmission de la force est imposable comme loueur de force motrice. — Cons. d'Et., 21 mai 1886, Vuillard, [D. 87.5.328]

2106. — *Loueur de voitures* (tabl. A, 5e cl.). — Le propriétaire de voitures, dites tapissières, qu'il loue pour des excursions et qu'il utilise pour le transport du public aux différents hippodromes des environs de Paris, ne peut être considéré ni comme entrepreneur de cabriolets, fiacres et autres voitures, ni comme entrepreneur d'omnibus. Cette profession n'étant pas dénommée au tarif, il y a lieu de régler le droit de patente par voie d'assimilation de cette profession à l'une de celles dénommées au tarif. — Cons. d'Et., 3 avr. 1897, Raffard, [S. et P. 99.3.47, D. 98.5.462]

2107. — *Machines agricoles (exploitant de)* (tabl. C). — Les exploitants de machines agricoles qui les mettent à la disposition des cultivateurs moyennant rétribution sont imposables à la patente. Ainsi l'imposition est due comme exploitant de machine à battre : par celui qui met cette machine à la disposition des cultivateurs moyennant rétribution. — Cons. d'Et., 27 janv. 1888, Rongiéras, [Leb. chr., p. 93]; — 17 janv. 1891, Ravey, [D. 92.5.465]; — par celui qui loue, moyennant rétribution, sa machine à des propriétaires. — Cons. d'Et., 26 mars 1886, Coq, [Leb. chr., p. 281]; — par celui qui possède une machine à trier les grains, actionnée par un manège, qu'il met à la disposition des cultivateurs. — Cons. d'Et., 22 déc. 1894, Bayard, [Leb. chr., p. 714]

2108. — *Maçonnerie (entrepreneur de)* (tabl. A, 4e cl.). — Sont imposables en cette qualité : celui qui achète des pierres taillées et des monuments funéraires destinés à être vendus. — Cons. d'Et., 24 mars 1891, Lemarchand, [Leb. chr., p. 264]; — une association syndicale de maçons entreprenant à forfait divers travaux de maçonnerie. — Cons. d'Et., 5 déc. 1891, Chambre syndicale des maçons du Mans, [Leb. chr., p. 744]

2109. — *Maçon (maître)*. — Est imposable en qualité de maître maçon (tabl. A, 6e cl.) et non d'entrepreneur de maçonnerie : celui qui n'a pas exécuté de travaux à l'entreprise pendant l'année de l'imposition. — Cons. d'Et., 2 juill. 1886, Bacouel, [Leb. chr., p. 545]

2110. — *Maçon à façon* (tabl. A, 7e cl.). — Est imposable en qualité de maçon à façon et non de maître maçon ouvrier : celui qui travaille avec son gendre, mais ne fournit jamais les matériaux qu'il emploie. — Cons. d'Et., 27 déc. 1890, Beaubert, [Leb. chr., p. 1016]

2111. — *Magasinier* (tabl. A, 5e cl.). — Une compagnie ayant pour objet l'exploitation des docks et entrepôts d'une ville doit être imposée à ce titre à raison de ses bassins de radoub. — Cons. d'Et., 27 nov. 1897, Comp. des docks et entrepôts de Marseille, [Leb. chr., p. 732]; — de son dock flottant. — Cons. d'Et., 27 nov. 1897, Comp. des docks de Marseille, [Leb. chr., p. 732] — De même, est assimilée à cette profession l'industrie consistant à mettre à la disposition des armateurs des cales où leurs navires sont à sec pendant le temps nécessaire pour les réparer. — Cons. d'Et., 24 déc. 1892, Docks de Marseille, [Leb. chr., p. 977]

2112. — *Maison de séjour pendant les pèlerinages, retraites (tenant une)* (tabl. A, 3e cl.). — Est imposable en cette qualité : celui qui tient un établissement renfermant un certain nombre de chambres destinées aux personnes qui viennent y faire des retraites et paient une rétribution à titre d'indemnité de séjour. — Cons. d'Et., 15 nov. 1889, Soc. l'Abbatiale, [Leb. chr., p. 1035]; — 9 nov. 1895, Soc. de l'Abbatiale de Braisne, [Leb. chr., p. 898]

2113. — *Mandataire salarié pour l'administration des faillites* (tabl. A, 4e cl.). — Est imposable comme tel : celui qui est habituellement désigné par le tribunal de commerce pour l'administration des faillites déclarées dans le ressort du tribunal. — Cons. d'Et., 27 nov. 1885, Laurent, [Leb. chr., p. 881]; — 21 déc. 1895, Lautruite, [Leb. chr., p. 852] — Il en est de même bien que, durant l'année visée par la réclamation, le requérant n'ait été nommé syndic de faillite qu'une seule fois, mais s'il s'est occupé de faillites déclarées antérieurement et non clôturées, a représenté plusieurs personnes en justice et continue la liquidation d'un fonds de commerce. — Cons. d'Et., 26 déc. 1891, Méas, [Leb. chr., p. 804] — L'imposition est due, quel que soit le mode de rétribution du mandataire. — Cons. d'Et., 4 mai 1888, Tascher, [Leb. chr., p. 405]

2114. — *Maréchal expert* (tabl. A, 5e cl.). — Est maréchal expert : celui qui, quoique non muni d'un diplôme de vétérinaire, soigne les animaux malades moyennant rétribution en nature ou en argent. — Cons. d'Et., 7 févr. 1896, Touraine, [D. 97.5.419]

2115. — *Mécanicien* (tabl. A, 4e cl.). — Est imposable comme tel et non comme mécanicien à façon : celui qui exécute, pour un tiers environ du montant de sa fabrication, des travaux comportant la fourniture des matières premières. — Cons. d'Et., 26 juill. 1900, Benoît, [Leb. chr., p. 504]

2116. — *Médecin*. — Un médecin, imposé à la patente en cette qualité, qui se borne à fournir des médicaments aux personnes près desquelles il est appelé dans les communes où il n'y a pas de pharmacien ayant officine ouverte, ne peut être considéré comme exerçant la profession distincte de pharmacien en détail; la vente de médicaments, effectuée dans les conditions de la loi du 21 germ. an XI rentrant dans l'exercice de la profession de médecin. — Cons. d'Et., 1er juin 1900, Vanuxéem, [Leb. chr., p. 392]

2117. — *Menues fournitures de bureaux (marchand de)*. — Est marchand de menues fournitures de bureaux (tabl. A, 6e cl.) et non marchand de bimbeloterie fine en détail (tabl. A, 5e cl.), ou horloger-rhabilleur (tabl. A, 5e cl.) : celui qui, bien que possédant un approvisionnement de pendules et d'horloges de peu de valeur, vend principalement des articles de bureau. — Cons. d'Et., 31 janv. 1890, Figeac, [Leb. chr., p. 94]

2118. — *Menuisier*. — Est menuisier à façon (tabl. A, 7e cl.) et non menuisier (tabl. A, 6e cl.), celui qui travaille habituellement à façon pour des particuliers qui lui fournissent le bois. — Cons. d'Et., 6 avr. 1900, Vaché, [Leb. chr., p. 275]

2119. — *Métaux autres que l'or, l'argent, le platine, le fer en barre et la fonte (marchand en gros)*. — Est imposable en cette qualité (tabl. A, 2e cl.) et non comme société française opérant à l'étranger et tenant en France une caisse pour le paiement des intérêts et dividendes (tabl. A, 1re cl.) : la société qui passe à Paris tous les marchés relatifs à la vente du plomb et de l'argent qui font l'objet de son industrie, et vend à une maison française tout le plomb qu'elle extrait de ses mines. — Cons. d'Et., 17 mai 1889, Société de Peñarroya, [Leb. chr., p. 603]

2120. — *Modiste*. — Est modiste (tabl. A, 5e cl.) et non modiste à façon (tabl. A, 8e cl.) : la contribuable qui vend dans son magasin un certain nombre de chapeaux faits d'avance et fournit la matière des articles de mode qu'elle confectionne. — Cons. d'Et., 6 mai 1898, Rodière, [Leb. chr., p. 352]

2121. — *Modiste à façon*. — Au contraire est modiste à façon (tabl. A, 8e cl.) et non modiste (tabl. A, 5e cl.) : la contribuable qui refait ou répare des chapeaux de dames, mais ne fournit d'habitude à ses clientes que les articles de mode nécessaires à ces opérations. — Cons. d'Et., 19 févr. 1892, Rodière, [Leb. chr., p. 169].

2122. — *Moulin (exploitant de)* (tabl. C). — Doit être imposé en qualité d'exploitant de moulin à farine, le propriétaire d'un moulin qui met son usine, sous la surveillance d'un gardien et moyennant une rétribution insignifiante, à la disposition des cultivateurs qui viennent eux-mêmes y moudre leurs grains. — Cons. d'Et., 10 mai 1890, Peigné, [Leb. chr., p. 489]; — 18 avr. 1891, Peigné, [Leb. chr., p. 293]; — 14 mai 1891, Peigné, [Leb. chr., p. 370]; — 27 oct. 1893, Peigné, [Leb. chr., p. 705]; — ... en qualité d'exploitant de moulin à huile et à cidre (tabl. C) : celui qui possède un établissement contenant les appareils nécessaires à la fabrication de l'huile et du cidre et emploie ces appareils au profit d'autres habitants de la commune moyennant des rétributions en argent ou l'abandon des résidus de fabrication. — Cons. d'Et., 12 janv. 1900, Chassagne, [Leb. chr., p. 22] — Est encore exploitant d'un moulin ou autre usine à moudre, battre, triturer, broyer, pulvériser, presser : celui qui se rend habituellement chez les propriétaires pour teiller le chanvre à l'aide d'un appareil spécialement destiné à cette opération. — Cons. d'Et., 24 mai 1895, Buon, [D. 96.5.418]

2123. — Mais n'est pas imposable comme exploitant de moulin, un fournisseur de l'armée qui s'est engagé à conserver en bon état une quantité déterminée de farine déposée dans un magasin général. — Cons. d'Et., 9 avr. 1900, Pocard, [Leb. chr., p. 297]

2124. — *Négociant*. — Sont imposables comme tels : celui qui achète plusieurs espèces de marchandises et les revend en gros à des marchands étrangers. — Cons. d'Et., 6 nov. 1885, Van Dadelzen, [Leb. chr., p. 817]; — celui qui vend en gros plusieurs espèces de marchandises : quincaillerie, huiles minérales : Cons. d'Et., 6 nov. 1885, Louvet, [Leb. chr., p. 824]; — mercerie, chaussures, bimbeloterie, épicerie et papeterie : Cons. d'Et., 2 juill. 1886, Souty, [D. 87.5.329]; — tissus en gros et matières premières pour la teinture : Cons. d'Et., 21 janv. 1887, Bonnet, [D. 88.5.357]; — articles d'épicerie, vins, eaux-de-vie et liqueurs : Cons. d'Et., 27 mai 1887, Henneveux, [D. 88.5.357]; — 27 avr. 1888, Thibault-Gamonnet, [Leb. chr., p. 378]; — 27 juill. 1900, Bertrand et Callier, [Leb. chr., p. 513]; — vins et charbons de terre : Cons. d'Et., 5 févr. 1892, Deschamps, [Leb. chr., p. 110]; — cafés en grains, vins et eaux-de-vie : Cons. d'Et., 26 juin 1897, Videau, [Leb. chr., p. 501]; — métaux et huiles minérales : Cons. d'Et., 1er juin 1900, Eliot, [Leb. chr., p. 391]

— ... Celui qui exerce dans le même établissement des commerces de grains en gros et de bois en gros. — Cons. d'Ét., 27 nov. 1885, Renaudin, [Leb. chr., p. 881]

2125. — Est aussi négociant et non commissionnaire en marchandises : celui qui fait des ventes en gros, dans le même établissement, de plusieurs espèces de marchandises (tissus de coton et cotons filés). — Cons. d'Ét., 13 janv. 1893, Langer, [D. 94.5.442]; — et non marchands en gros de vins et liqueurs : celui qui exerce en même temps les professions d'escompteur et de marchand de vins et liqueurs en gros. — Cons. d'Ét., 20 juin 1891, Lavaysse, [Leb. chr., p. 477]

2126. — Mais ne sont pas imposables comme négociants le contribuable qui exerce dans le même établissement plusieurs commerces dont un seul en gros (imposition au plus élevé des droits fixes afférents aux professions exercées). — Cons. d'Ét., 13 janv. 1894, Deschamps, [Leb. chr., p. 36] — ... Un contribuable qui exerce dans le même établissement les professions de marchand d'épicerie en gros et marchand de vins en gros, alors que le commerce des vins est peu important et entre pour une faible part dans le chiffre total des affaires. — Cons. d'Ét., 29 déc. 1894, Bouzianne, [Leb. chr., p. 737] — ... Le marchand en gros d'alcool qui est en même temps marchand de tissus en détail. — Cons. d'Ét., 8 juill. 1887, Adam, [Leb. chr., p. 558]

2127. — *Nourrisseur.* — Est nourrisseur de vaches pour le commerce du lait (tabl. A, 6e cl.) et non laitier : celui qui entretient des vaches à lait, non seulement avec le produit de ses terres, mais principalement avec des fourrages par lui achetés. — Cons. d'Ét., 30 déc. 1887, Larousse, [Leb. chr., p. 864]; — 30 mars 1889, Bouluguet, [Leb. chr., p. 446]

2128. — *Nouveautés (marchand de).* — Est marchand de nouveautés (tabl. A, 2e cl.) et non marchand de tissus au détail : celui qui ne vend pas seulement des tissus, mais encore des articles de bonneterie, de chapellerie, de lingerie et de confections. — Cons. d'Ét., 2 déc. 1898, Mallet, [Leb. chr., p. 750]

2129. — *Objets en plaqué ou en doublé d'or ou d'argent (marchand de)* (tabl. A, 3e cl.). — Est imposable en cette qualité : celui qui se livre à la vente de bagues, broches et bracelets en métal doublé d'or ou d'argent. — Cons. d'Ét., 1er déc. 1894, Perroux, [Leb. chr., p. 647]

2130. — *Œufs (expéditeur d')* (tabl. A, 1re cl.). — Est expéditeur d'œufs et non commissionnaire en marchandises : celui qui achète des œufs qu'il expédie et fait vendre pour son compte à Paris et en Angleterre. — Cons. d'Ét., 22 mai 1885, Parfait, [Leb. chr., p. 529]

2131. — *Or (marchand d').* — Est marchand d'or (tabl. A, 2e cl.) et non société opérant à l'étranger et tenant en France pour son compte une caisse pour emprunts ou pour paiement des intérêts et des dividendes (tabl. A, 1re cl.), la société qui vend en France tout l'or qu'elle extrait de mines situées en Amérique, alors que tous les marchés relatifs à ces ventes sont passés dans les bureaux que ladite société possède à Bordeaux. — Cons. d'Ét., 26 févr. 1892, Soc. de la Cortada de San Antonio, [Leb. chr., p. 192]

2132. — *Ornemaniste.* — Est ornemaniste (tabl. A, 4e cl.) et non fabricant de zinc doré, bronzé ou galvanisé (tabl. A, 5e cl.), celui qui vend aux entrepreneurs de bâtiments divers ornements d'architecture pour la décoration des constructions. — Cons. d'Ét., 15 nov. 1889, Chennevière, [Leb. chr., p. 1034]; — 6 juin 1891, Chennevière, [Leb. chr., p. 423]

2133. — *Paille de fer (fabricant de) par procédés mécaniques.* — Cette profession non dénommée doit être assimilée à la profession d'exploitant une scie mécanique pour le sciage des pierres et du marbre (tabl. C). — Cons. d'Ét., 18 mars 1892, Doron, [Leb. chr., p. 288]

2133 *bis.* — *Papetier au détail* (tabl. A, 4e cl.). — Est imposable en cette qualité et non comme papetier en demi-gros celui dont la clientèle se compose presque exclusivement de grandes administrations publiques, de compagnies d'assurances, d'établissements commerciaux et industriels qui consomment dans l'exercice de leur industrie ou de leur commerce les fournitures d'imprimerie et de bureaux qu'ils achètent. — Cons. d'Ét., 15 déc. 1900, Picard, [Leb. chr., p. 775]

2134. — *Patachier.* — Est imposable comme patachier : celui qui transporte habituellement, au moyen de son cheval et de sa voiture, les habitants de la commune et les voyageurs dans les localités voisines moyennant rétribution. — Cons. d'Ét., 7 mars 1890, Faye, [D. 90.5.418]

2135. — Est également patachier (tabl. A, 7e cl.) et non entrepreneur de diligences partant à jours et à heures fixes (tabl. C), celui qui conduit une seule voiture de moins de dix places parcourant huit kilomètres. — Cons. d'Ét., 23 nov. 1895, Vincent, [D. 95.5.418]

2136. — *Pâtes alimentaires (marchand de).* — Est marchand de pâtes alimentaires (tabl. A, 6e cl.), et non épicier regrattier (tabl. A, 7e cl.) : celui qui se borne à vendre au petit poids et à la petite mesure des articles d'épicerie et de poterie, mais vend aussi des pâtes alimentaires. — Cons. d'Ét., 9 mai 1890, Azémar, [Leb. chr., p. 471]

2137. — *Peaussier (marchand)* (tabl. A, 2e cl.). — Est imposable comme tel celui qui achète aux tanneurs et mégissiers des peaux qu'il revend après les avoir préparées. — Cons. d'Ét., 22 déc. 1894, Braille, [Leb. chr., p. 714]

2138. — *Peinture sur verre.* — Est exploitant d'un établissement de peinture sur verre (tabl. C), et non faiseur ou ajusteur de vitraux pour son compte (tabl. A, 6e cl.) : celui qui se livre à la peinture de vitraux et n'ajuste que les vitraux peints par lui. — Cons. d'Ét., 25 mars 1892, Châlons, [Leb. chr., p. 310]

2139. — *Pendules et bronzes (marchand de).* — Est marchand en demi-gros de pendules et bronzes (tabl. A, 2e cl.), et non fabricant de maillechort et autres compositions métalliques (tabl. A, 4e cl.) : celui qui se livre à des ventes habituelles à des marchands et à des particuliers de bronzes fabriqués chez d'autres industriels, montés et ajustés chez lui; ce travail accessoire ne constitue pas un travail de fabrication. — Cons. d'Ét., 27 juin 1891, Houdebihe, [Leb. chr., p. 498]

2140. — *Pension bourgeoise (tenant)* (tab. A, 6e cl.). — Doit être imposé comme tel celui qui reçoit exclusivement des pensionnaires auxquels il fournit le logement et la nourriture. — Cons. d'Ét., 3 avr. 1897, Renguet, [Leb. chr., p. 294] — ... Par exemple : celui qui a fourni le logement et la nourriture, pendant la saison d'été, à des étrangers aux conditions énoncées dans des annonces insérées dans les journaux pour attirer la clientèle. — Cons. d'Ét., 23 nov. 1894, Du Bois d'Auberville, [Leb. chr., p. 620] — ... Ou un pasteur protestant qui reçoit en pension dans la maison presbytérale qu'il occupe de jeunes Anglais auxquels il fournit, moyennant rétribution, la nourriture et le logement pendant plusieurs mois. — Cons. d'Ét., 27 déc. 1895, Gal Ladevèze, [D. 97.5.420]

2141. — *Petite dentelle (marchand de).* — Est marchand de petite dentelle (tabl. A, 6e cl.), et non facteur de dentelle (tabl. A, 6e cl.) : celui qui, ayant cessé de faire fabriquer des dentelles, a continué à vendre les marchandises en magasin. — Cons. d'Ét., 29 juin 1894, Allard, [Leb. chr., p. 440]

2142. — *Pharmacie (marchand d'ustensiles pour la).* — Il y a lieu d'assimiler cette profession à la profession de marchand de bimbeloterie en demi-gros. — Cons. d'Ét., 14 nov. 1891, Conor, [Leb. chr., p. 672]

2143. — *Pharmacien.* — Sont imposables en qualité de pharmacien vendant en gros (tabl. A, 1re cl.), et non comme marchands de produits pharmaceutiques en gros : le pharmacien pourvu de diplôme qui vend en gros dans son établissement des produits médicamenteux qu'il prépare dans son laboratoire, d'après les formules dont il est inventeur ou propriétaire. — Cons. d'Ét., 13 févr. 1885, Vivien, [Leb. chr., p. 176]; — 24 juill. 1885, Vivien, [Leb. chr., p. 713]; — 18 avr. 1890, Fanyau, [Leb. chr., p. 402]; — 3 mai 1890, Jeanmaire, [Leb. chr., p. 450]; — 21 juin 1890, Fanyau, [Leb. chr., p. 599]; — 13 juin 1891, Catillon, [S. et P. 93.3.71]; — 20 juin 1891, Houdé, [Leb. chr., p. 477]; — 8 avr. 1892, Houdé, [Leb. chr., p. 367]; — 30 juin 1893, Bouniol, [Leb. chr., p. 538]; — ... Et même une seule spécialité (vin de Bugeaud). — Cons. d'Ét., 22 janv. 1892, Lebeaud, [Leb. chr., p. 36]; — 13 juin 1892, Lebeault, [Leb. chr., p. 447]; — 6 août 1892, Lebeault, [Leb. chr., p. 693]

2144. — *Pipes (marchand de)* (tabl. A, 6e cl.). — Est marchand de pipes assorties et non marchand de pipes en terre en détail (tabl. A, 8e cl.) : celui qui possède un assortiment de pipes en bois et d'articles pour fumeurs. — Cons. d'Ét., 27 déc. 1890, Grelet, [Leb. chr., p. 1015]

2145. — *Plumes et duvets.* — Le contribuable qui travaille les plumes et duvets qui lui sont fournis par les chiffonniers, pour les mettre, après triage, à la disposition des industriels, ne doit être considéré comme exerçant ni la profession de marchand de plumes et duvets en détail (tabl. A, 3e cl.), ni celle de plumassier (tabl. A, 4e cl.). Cette profession n'étant pas dénommée au tarif, il y a lieu à renvoi pour assimilation. — Cons. d'Ét., 26 mars 1886, Abadie, [Leb. chr., p. 281]

2146. — *Pommes et autres fruits en gros (marchand de)* (tabl. A, 4e cl.). — Est imposable en qualité de marchand de pommes et autres fruits en gros, et non comme marchand forain, le contribuable qui transporte par grandes quantités, sur différents marchés, des pommes, des châtaignes et d'autres fruits qu'il achète à des propriétaires et qu'il revend principalement à des marchands détaillants. — Cons. d'Ét., 22 févr. 1890, Sahuc, [Leb. chr., p. 218]; — 2 août 1890, Barthès, [Leb. chr., p. 745]; — 9 mai 1891, Cougnenc, [Leb. chr., p. 358]; — 13 févr. 1892, Cougnenc, [Leb. chr., p. 156]

2147. — *Produits chimiques (marchand de)* (tabl. A, 1re cl.). — Sont marchands en gros de produits chimiques et non marchands de couleurs (tabl. A, 4e cl.) : ceux qui vendent exclusivement à des marchands les matières colorantes extraites de la houille provenant de leur fabrique de produits chimiques. — Cons. d'Ét., 8 nov. 1890, Gilliard, [Leb. chr., p. 814]

2148. — *Receveur de rentes* (tabl. A, 4e cl.). — Le fait de percevoir les revenus fonciers de deux familles, et d'être rémunéré au moyen de remises proportionnelles, ne constitue pas l'exercice de la profession de receveur de rentes sujette à la patente. — Cons. d'Ét., 16 janv. 1892, Fouquet, [D. 93.5.420]; — 9 avr. 1892, Fouquet, [Leb. chr., p. 395]; — 18 mai 1899, Barbary, [D. 1900.5.504]

2149. — *Représentant de commerce.* — Sont imposables en cette qualité : celui qui prête, moyennant remises proportionnelles, son entremise pour le placement de marchandises à plusieurs maisons de commerce. — Cons. d'Ét., 20 nov. 1885, Charriant, [Leb. chr., p. 850]; — 23 nov. 1889, Pâque, [Leb. chr., p. 1070]; — 29 1889 mars, Sussin, [Leb. chr., p. 426]; — 26 déc. 1891, Chabiron, [Leb. chr., p. 804]; — ou même à une seule maison. — Cons. d'Ét., 12 juin 1885, Ragot, [Leb. chr., p. 571]; — 6 nov. 1885, Ryss, [Leb. chr., p. 824]; — 5 août 1887, Pernol, [Leb. chr., p. 629]; — 9 déc. 1887, Cassagne, [Leb. chr., p. 784]; — 13 janv. 1888, Hornez, [Leb. chr., p. 23]; — 14 janv. 1893, Emond, [S. et P. 94.3.115]; — 10 janv. 1896, Gérin, [Leb. chr., p. 4]; — 13 mars 1896, Courtaux, [Leb. chr., p. 250]; — 13 nov. 1896, Courtaux, [Leb. chr., p. 711]; — 31 oct. 1896, Rouby, [Leb. chr., p. 687]; — 25 juin 1898, Vollet, [Leb. chr., p. 490]; — 11 mars 1898, Béchet Bidon, [Leb. chr., p. 205]; — 10 déc. 1898, Duc, [Leb. chr., p. 797]; — 10 févr. 1899, Béchet-Bidon, [Leb. chr., p. 106]; — 5 mai 1899, Papot, [Leb. chr., p. 341]; — 15 déc. 1899, Papot, [Leb. chr., p. 737]; — le contribuable qui prête son entremise à un syndicat agricole pour le placement de ses produits et qui est rémunéré au moyen de remises proportionnelles. — Cons. d'Ét., 19 févr. 1892, Sermet, [Leb. chr., p. 169]; — celui qui vend pour le compte d'une ou plusieurs maisons moyennant une remise proportionnelle au prix des ventes; — vente d'engrais : Cons. d'Ét., 26 mars 1886, Coq, [Leb. chr., p. 281]; — vente d'engrais et de produits chimiques : Cons. d'Ét., 25 juin 1898, Marigaux, [Leb. chr., p. 490]; — placement de vins et de légumes : Cons. d'Ét., 10 déc. 1886, Marciat, [Leb. chr., p. 878]; — vente de vins, pommes et engrais : Cons. d'Ét., 4 juin 1886, Sampiété, [Leb. chr., p. 488]; — vente de vins et huiles : Cons. d'Ét., 12 nov. 1886, Perrotte, [Leb. chr., p. 780]; — vente de vins et houblons pour le compte de marchands en gros : Cons. d'Ét., 17 déc. 1886, Guénin-Lautery, [Leb. chr., p. 898]; — placement des vins pour une seule maison : Cons. d'Ét., 10 févr. 1888, Devaux, [Leb. chr., p. 136]; — 21 févr. 1890, Garrigou, [Leb. chr., p. 190]; — 27 déc. 1890, Plessis, [Leb. chr., p. 1016]; — placement de tissus ou de charbons pour une seule maison : Cons. d'Ét., 21 nov. 1891, Plantier, [Leb. chr., p. 691]; — placement de charbons pour plusieurs compagnies minières : Cons. d'Ét., 5 août 1898, Vicart, [Leb. chr., p. 617] — ... Le gérant constitué pour la représentation d'une seule maison étrangère, à laquelle il prête son entremise pour le placement des produits de cette maison, principalement à des marchands, et qui est rémunéré au moyen de remises proportionnelles. — Cons. d'Ét., 1er mars 1889, Boucley, [Leb. chr., p. 280]

2150. — Est encore représentant de commerce celui qui place des marchandises pour le compte de deux ou plusieurs maisons de commerce moyennant des appointements fixes et des remises proportionnelles. — Cons. d'Ét., 29 déc. 1894, Réal, [Leb. chr., p. 737]; — 24 nov. 1899, Faisnay, [Leb. chr., p. 673]; — ou celui qui s'occupe du placement de liqueurs, de vins et d'huiles pour le compte de deux maisons de commerce, bien qu'il reçoive de l'une de ces maisons des appointements fixes, s'il est rétribué par l'autre au moyen de remises proportionnelles au chiffre des affaires qu'il traite. — Cons. d'Ét., 10 févr. 1894, Lamontazière, [S. et P. 96.3.22, Leb. chr., p. 123]; — ou celui qui s'occupe du placement des alcools et représente plusieurs compagnies d'assurances et un négociant, s'il est rémunéré, soit au moyen d'appointements fixes, soit au moyen de remises proportionnelles au chiffre des affaires qu'il traite. — Cons. d'Ét., 7 avr. 1900, Fauquembergue, [Leb. chr., p. 298]

2151. — Mais n'est pas représentant de commerce celui qui se borne à placer quelques pièces de vin dans sa localité pour le compte d'une maison de commerce. — Cons. d'Ét., 26 mars 1886, Baillet, [Leb. chr., p. 281]; — ou celui qui se borne à recevoir des commandes de bière pour le compte d'un brasseur et à surveiller les recouvrements pour celui-ci. — Cons. d'Ét., 18 mai 1899, Lépine, [Leb. chr., p. 383]

2152. — *Représentant de commerce en gros* (tabl. B) *et non en détail* (tabl. A, 4e cl.). — Est imposable au tableau B, le représentant de commerce qui prête habituellement son entremise à des marchands en gros et en demi-gros et à des détaillants, quelque important que soit le nombre de ces derniers, s'il ne la prête pas aussi à des consommateurs. Le tableau A, 4e classe, ne s'applique qu'aux représentants dont les opérations ont pour objet habituel la vente aux détaillants et aux consommateurs. — Cons. d'Ét., 26 déc. 1885, Blanche, [Leb. chr., p. 1006]; — 11 juin 1886, Pilet, [Leb. chr., p. 511]; — 26 mars 1886, Blanche, [Leb. chr., p. 287]; — 1er mars 1889, Boucley, [Leb. chr., p. 280]; — 21 déc. 1889, Baptendier, [Leb. chr., p. 1205]; — 25 avr. 1891, Maury, [Leb. chr., p. 317]; — 18 mars 1892, Nicoux, [Leb. chr., p. 288]; — 27 févr. 1892, Maury, [Leb. chr., p. 227]; — 9 déc. 1893, Chemoul, [Leb. chr., p. 828] — Est imposable au tarif du tableau B le représentant de plusieurs maisons étrangères, rémunéré au moyen de remises proportionnelles, qui ne s'entremet qu'entre des fabricants à métiers et des filateurs ou cardeurs. — Cons. d'Ét., 10 déc. 1886, Christy, [Leb. chr., p. 878]

2153. — Est représentant de commerce (opérations en gros, tabl. B) et non représentant de commerce s'entremettant seulement pour la vente aux marchands détaillants et aux consommateurs (tabl. A, 4e cl.) : celui qui vend principalement à des boulangers, qui les emploient dans leur fabrication, les farines qui font l'objet de son commerce. — Cons. d'Ét., 7 avr. 1900, Moutet, [Leb. chr., p. 298]

2154. — *Résine (marchand de).* — Est marchand de résines en gros (tabl. A, 1re cl.) et non marchand de bois de construction : le contribuable qui s'est rendu adjudicataire du droit d'extraire les résines dans une forêt communale et qui a vendu une quantité considérable de ces résines (35 barriques) à un fabricant, alors même qu'il aurait, comme conséquence de son adjudication, vendu pour une somme importante (20,000 fr.), des pins gommés à mort. — Cons. d'Ét., 16 janv. 1885, Labeyrie, [Leb. chr., p. 45]

2155. — *Restaurateur à la carte* (tabl. A, 3e cl.). — Est considéré comme tel celui qui sert des repas dont les menus ne sont pas déterminés d'avance et dont le prix varie suivant le nombre et la nature des mets choisis par les clients. — Cons. d'Ét., 5 nov. 1898, Lebeau, [Leb. chr., p. 676]

2156. — Est également restaurateur à la carte et non restaurateur à la carte et à prix fixe (tabl. A, 4e cl.) : le contribuable qui sert des repas dont les prix et les menus variables sont déterminés à l'avance. — Cons. d'Ét., 3 mars 1893, Compagnie des Cafés-Restaurants, [D. 94.5.443]

2157. — *Revendeur de bonbons et menues confiseries* (tabl. A, 7e cl.). — Est imposable comme tel et non comme marchand de chocolat, bonbons ou menues confiseries au détail (tabl. A, 5e cl.) : celui qui se borne à revendre par petites quantités, n'excédant pas en général 125 ou 150 grammes, des bonbons et menues confiseries qu'il achète surtout à d'autres détaillants. — Cons. d'Ét., 14 nov. 1896, Hallon, [D. 97.5.418]

2158. — *Revendeur de pain en boutique* (tabl. A, 7e cl.). — Est imposable comme tel et non comme boulanger (tabl. A, 3e cl.) : celui qui est boulanger dans une commune et dépose des pains dans une autre commune chez un individu qui vend la marchandise, qui en est responsable, et qui, s'il livre du pain à des personnes insolvables, supporté personnellement les conséquences de ce fait. — Cons. d'Ét., 7 déc. 1895, Lorquet-Baulny, [Leb. chr., p. 810]; — 25 juill. 1896, Lorquet-Baulny, [Leb. chr., p. 606]

2159. — *Roulage (entrepreneur de)* (tabl. B). — Une compagnie de chemins de fer, qui ne se borne pas, conformément aux obligations qui lui sont imposées par son cahier des charges, à transporter au domicile des destinataires les marchandises expédiées par les voies ferrées (factage et camionnage à domicile), mais qui fait prendre en outre à domicile et centralise à ses bureaux les marchandises à expédier sur rails et les fait ensuite transporter à ses gares, moyennant un prix fixé par un tarif spécial distinct du prix du transport, est imposable de ce chef comme entreprise de roulage. — Cons. d'Ét., 8 déc. 1899, Chemins de fer de Lyon, [Leb. chr., p. 712]

2160. — *Sabotier* (tabl. A, 8e cl.). — Le fait qu'un sabotier vend accidentellement des galoches et des chaussons ne saurait le faire considérer comme galochier (tabl. A, 7e cl.). — Cons. d'Ét., 28 mars 1888, Chevalier, [Leb. chr., p. 329] — V. *suprà*, n. 97.

2161. — *Sellier-carrossier.* — Est sellier-carrossier (tabl. A, 3e cl.) et non sellier-harnacheur (tabl. A, 5e cl.) : le contribuable qui, en outre de travaux et de fournitures de sellerie, se charge de faire aux voitures toutes les réparations nécessaires. — Cons. d'Ét., 6 août 1892, Rolland, [Leb. chr., p. 693]

2162. — *Sellier-harnacheur* (tabl. A, 5e cl.). — Est imposable en cette qualité le fabricant d'un seul des articles qui composent le harnais (dans l'espèce, fabrication exclusive des culerons). — Cons. d'Ét., 20 nov. 1885, Outi, [Leb. chr., p. 850]; — 22 janv. 1886, Lejeune, [Leb. chr., p. 67]

2163. — Est sellier-harnacheur et non bourrelier (tabl. A, 6e cl.) : celui qui ne confectionne pas exclusivement des harnais communs. — Cons. d'Ét., 23 nov. 1894, Huré, [D. 95.5.390]

2164. — *Serrurier-entrepreneur travaillant pour le commerce* (tabl. C). — L'industriel qui fabrique des constructions métalliques, constituant des travaux de grosse serrurerie doit être imposé en qualité de serrurier entrepreneur travaillant pour le commerce et non comme fabricant de serrurerie, ferronnerie, clous forgés. — Cons. d'Ét., 28 déc. 1888, Soc. de ponts en fer, [Leb. chr., p. 1040]; — 31 janv. 1890, Mêmes parties, [Leb. chr., p. 94] — Mais est serrurier non entrepreneur (tabl. A, 5e cl.) : celui qui exécute habituellement, avec l'aide d'un ouvrier, des travaux de serrurerie. — Cons. d'Ét., 27 déc. 1895, Gentil, [Leb. chr., p. 859]

2165. — *Spectacle avec troupe non sédentaire* (tabl. C). — Est imposable comme tel et non comme directeur de spectacle forain une société qui donne des spectacles de programme variable dans un emplacement déterminé. — Cons. d'Ét., 23 mars 1900, Soc. de l'Hippodrome roubaisien, [Leb. chr., p. 234]

2166. — *Sucre en gros (marchand de).* — Est imposable comme marchand de sucre en gros (tabl. A, 1re cl.) et non comme exploitant une scierie mécanique de sucre (tabl. C) : celui qui achète aux raffineurs du sucre en pains pour le revendre en gros, après l'avoir fait scier mécaniquement; le sciage ne constitue pas une industrie distincte, mais une opération accessoire du commerce de marchand de sucre en gros. — Cons. d'Ét., 13 janv. 1899, Lucas et Descambres, [Leb. chr., p. 10]

2167. — *Syndic de faillites* (tabl. A, 6e cl.). — Est imposable en cette qualité un contribuable qui a été chargé, pendant l'année de l'imposition de toutes les faillites ou liquidations judiciaires prononcées par le tribunal de commerce de la ville où il réside. — Cons. d'Ét., 13 juin 1896, Lautruite, [Leb. chr., p. 480]

2168. — *Tailleur.* — Est imposable comme marchand tailleur avec magasin d'étoffes (tabl. A, 3e cl.) et non comme tenant un magasin de vêtements (tabl. B) ou comme couturier sans magasin d'étoffes fournissant sur échantillon (tabl. A, 5e cl.) : celui qui se borne à vendre à sa clientèle des costumes qu'il fait sur commande avec des étoffes qu'il a en approvisionnement. — Cons. d'Ét., 22 mai 1885, Perdoux, [Leb. chr., p. 529]; — 22 janv. 1886, Laur, [Leb. chr., p. 67]; — 6 août 1886, Jeunet, [Leb. chr., p. 712]

2169. — Est tailleur sur mesure ayant assortiment d'étoffes (tabl. A, 3e cl.) et non tailleur sur simple échantillon (tabl. A, 5e cl.), le contribuable qui possède en magasin une quantité d'étoffes suffisante à constituer un véritable assortiment. — Cons. d'Ét., 27 mai 1892, Louveau, [Leb. chr., p. 492]

2170. — Mais est tailleur fournissant sur échantillon (tabl. A, 5e cl.) et non marchand tailleur à façon (tabl. A, 7e cl.) : celui qui fait des fournitures sur échantillons. — Cons. d'Ét., 13 mai 1887, Danon, [Leb. chr., p. 383]

2171. — Est tailleur à façon : celui qui se charge de confectionner des vêtements pour des maisons de nouveautés avec des étoffes fournies par elles, qu'il coupe lui-même et fait coudre par des ouvriers payés par lui. — Cons. d'Ét., 29 nov. 1890, Brisset, [Leb. chr., p. 900]

2172. — *Teinturier-dégraisseur.* — Est teinturier-dégraisseur travaillant avec machine à vapeur (tabl. A, 4e cl.) : celui qui possède dans son atelier une chaudière à vapeur servant tant à chauffer les bains de teinture qu'à actionner une essoreuse et une pompe alimentaire. — Cons. d'Ét., 30 déc. 1887, Piot, [Leb. chr., p. 864] — Le teinturier qui ne possède dans une commune qu'une boutique de teinturerie, mais qui adresse dans une autre localité où il exploite une teinturerie à vapeur, les marchandises qui lui sont confiées, doit être imposé dans la première commune comme teinturier travaillant avec machine à vapeur. — Cons. d'Ét., 16 juill. 1886, Magnac, [Leb. chr., p. 627]; — 24 févr. 1888, Hallu, [Leb. chr., p. 192]

2173. — Mais est teinturier-dégraisseur travaillant sans machine à vapeur (tabl. A, 6e cl.) celui qui ne possède dans son atelier qu'un générateur destiné uniquement à fournir la vapeur nécessaire à ses chaudières de teinture et à ses cylindres d'apprêt. — Cons. d'Ét., 5 févr. 1892, Ferrary, [D. 93.5.421]

2174. — *Tireur d'or par procédés mécaniques* (tabl. C). — L'industriel qui étire sur commande, mais pour son compte, à des diamètres différents, des fils de cuivre avec un faible alliage d'argent, et les dore en employant des matières premières lui appartenant, a pu être imposé en vertu d'un arrêté d'assimilation comme tireur d'or par procédés mécaniques. — Cons. d'Ét., 23 janv. 1892, Béroujon, [Leb. chr., p. 53]; — 8 avr. 1892, Julien Perrot, [Leb. chr., p. 367]

2175. — *Tissus en détail (marchand de)* (tabl. A, 3e cl.). — Est imposable en cette qualité un commerçant qui tient dans son magasin un assortiment de tissus de laine, de fil et de coton. — Cons. d'Ét., 4 juin 1897, Musy, [Leb. chr., p. 459]

2176. — Est également marchand en détail de tissus et non marchand de nouveautés, celui qui se borne à vendre des tissus de laine, fil et coton. — Cons. d'Ét., 6 déc. 1890, Guenoun, [Leb. chr., p. 931]

2177. — Est marchand de tissus grossiers et communs sans assortiment (tabl. A, 6e cl.) et non marchand de tissus en détail (tabl. A, 3e cl.) : celui qui a dans sa boutique des marchandises ne formant pas un assortiment. — Cons. d'Ét., 10 juin 1887, Brevet, [Leb. chr., p. 466]; — 16 déc. 1887, Marce, [Leb. chr., p. 845]; — 11 mai 1888, Marce, [Leb. chr., p. 429] — ... ou dont le magasin ne renfermait, en outre de tissus communs, que quelques douzaines de châles de laine, de foulards de soie de peu de valeur et divers articles de menue mercerie. — Cons. d'Ét., 6 juin 1891, Coquard, [Leb. chr., p. 423]

2178. — Est marchand de tissus grossiers et communs sans assortiment, et non tailleur à façon, celui qui ne se borne pas à confectionner des vêtements avec des étoffes remises par ses clients, mais qui met en vente dans ses magasins des blouses, des tricots, etc. — Cons. d'Ét., 11 juill. 1891, Andrieu, [Leb. chr., p. 546]

2179. — *Tissus de coton en gros (marchand de)* (tabl. A, 1re cl.). — Le marchand de tissus de cotons en gros, qui a vendu également des cotons filés, ne peut être considéré comme exerçant la profession de marchand de cotons filés et, par suite, de négociant (tabl. B), si la vente des cotons filés a porté exclusivement sur l'excédent des approvisionnements de cotons filés non employés dans l'établissement de tissage. — Cons. d'Ét., 13 janv. 1893, Langer, [Leb. chr., p. 9]

2180. — *Tours et autres ouvrages pour la coiffure (fabricant de)* (tabl. A, 6e cl.). — Est imposable comme tel et non comme marchand de cheveux en demi-gros (tabl. A, 3e cl.) : celui qui se borne à transformer en postiches, nattes, chignons et tresses, les cheveux qu'il achète lavés et peignés. — Cons. d'Ét., 23 juill. 1892, Raimond, [Leb. chr., p. 656]

2181. — *Traducteur-juré* (tabl. A, 4e cl.). — Est imposable en cette qualité : celui qui, bien que commis principal au ministère des Finances, est locataire d'un bureau muni d'une enseigne indiquant sa profession, ouvert au public toute la journée et où un employé reçoit les clients en son absence; il exerce ainsi d'une façon habituelle la profession de traducteur-juré. — Cons. d'Et., 16 mars 1895, de Jermon, [Leb. chr., p. 260] — V. *suprà*, n. 276.

2182. — *Traiteur restaurateur portant en ville* (tabl. A, 3e cl.). — Exerce cette profession le pâtissier au détail qui se charge de préparer et livrer en ville des mets de toute espèce, ainsi que l'indiquent les catalogues, alors même que la proportion de ces ventes de cuisine n'atteindrait que 10 à 13 p. 0/0 du chiffre total des affaires. — Cons. d'Et., 26 juin 1897, Pilon, [Leb. chr., p. 502]

2183. — *Transports par terre (commissionnaire de)* (tabl. B). — Est imposable comme tel et non comme voiturier (tabl. A, 5e cl.) : celui qui se charge sous sa responsabilité, et moyennant un droit de commission, de transporter d'une gare chez les particuliers ou réciproquement les marchandises expédiées ou à expédier par le chemin de fer, et possède en ville un bureau de réception des marchandises ou colis. — Cons. d'Et., 24 nov. 1899, Niestlé, [Leb. chr., p. 673]

2184. — *Travaux publics (entrepreneur de)* (tabl. C). — Sont imposables en cette qualité : le contribuable qui s'est engagé, par un marché de gré à gré, à construire pour une compagnie de chemin de fer un lot de voie ferrée. — Cons. d'Et., 28 mai 1886, Barreau, [D. 87.5.327]; — ... alors même qu'il n'aurait exécuté que des travaux de maçonnerie et de terrassement. — Cons. d'Et., 2 déc. 1887, Barreau, [Leb. chr., p. 766]; — le charpentier fournisseur entrepreneur, qui s'est rendu adjudicataire de la construction des stations et des maisons de garde d'une ligne de chemin de fer. — Cons. d'Et., 23 déc. 1887, Gombault, [Leb. chr., p. 837]; — celui qui a exécuté pendant l'année des travaux de construction et d'agrandissement d'une gare de chemin de fer, encore bien que ces travaux aient fait l'objet d'un marché de gré à gré et non d'une adjudication. — Cons. d'Et., 14 nov. 1891, Serpin, [Leb. chr., p. 672]; — celui qui s'est chargé envers une commune non seulement de l'entretien de certains chemins vicinaux, mais aussi de la construction d'autres chemins vicinaux, moyennant l'abandon à son profit des sommes produites par les prestations en nature et les subventions du département et de l'Etat. — Cons. d'Et., 23 déc. 1887, Lebugle, [D. 88.5.353]; — une société propriétaire de carrières, qui s'est rendue adjudicataire de la fourniture des pierres destinées à la confection d'un édifice départemental (hôtel de préfecture) aux conditions du devis. — Cons. d'Et., 17 juin 1887, Soc. des carrières de Villebois, [Leb. chr., p. 488]; — celui qui a sous-traité avec le concessionnaire d'une entreprise pour l'exécution des travaux de maçonnerie. — Cons. d'Et., 26 déc. 1885, Rastoul, [Leb. chr., p. 1006]; — le sous-traitant d'un adjudicataire de chemin de fer, alors même qu'il n'exécuterait qu'une partie des travaux de construction de la ligne. — Cons. d'Et., 24 juin 1887, Peyrot, [Leb. chr., p. 491]; — l'entrepreneur qui a sous-traité avec l'adjudicataire pour un lot de travaux de chemin de fer, sous sa responsabilité et non comme tâcheron. — Cons. d'Et., 9 avr. 1892, Boureille, [Leb. chr., p. 394]; — celui qui, par un traité passé avec l'entrepreneur de la construction d'un quartier, s'est chargé à forfait, et à ses risques et périls, des travaux de charpente et de menuiserie. — Cons. d'Et., 1er juill. 1899, Bruno, [Leb. chr., p. 491]; — un individu qui édifie, pour le compte d'hospices, des constructions dont lesdits hôpitaux doivent devenir propriétaires après leur achèvement. — Cons. d'Et., 9 juin 1899, Barthis, [Leb. chr., p. 417]; — l'industriel qui a soumissionné l'entreprise des travaux de dragages à exécuter dans un port maritime, pour le compte de l'Etat. — Cons. d'Et., 2 mars 1888, Fives-Lille, [D. 89.5.347]

2185. — Est aussi imposable comme entrepreneur de travaux public (tabl. C), et non comme concessionnaire des halles et marchés (tabl. C), l'architecte qui, sous la condition de verser un cautionnement, s'est chargé de transformer une halle en bourse de commerce pour le compte d'une ville, moyennant un prix déterminé et le droit de louer à son profit les locaux édifiés, pendant un temps prévu. — Cons. d'Et., 2 mars 1894, Blondel, [Leb. chr., p. 166]

2186. — Mais ne peuvent être imposés comme entrepreneurs de travaux publics : l'entrepreneur de ferronnerie et de travaux publics, qui fournit à des entrepreneurs des pièces de grosse serrurerie construites dans ses ateliers, et qui rentrent dans l'exercice de la profession de fabricant de ferronnerie. — Cons. d'Et., 22 nov. 1889, Soc. des ateliers méridionaux, [Leb. chr., p. 1052] — le cantonnier du service des chemins vicinaux qui, pendant la saison d'été, exécute à la tâche, en vertu d'un cahier des charges et après soumission, des travaux d'extraction, de cassage et d'emmétrage de matériaux destinés à la réparation des chemins à l'entretien desquels il est employé. Il est exempt de la patente (V. *suprà*, n. 268 et s.). — Cons. d'Et., 9 août 1889, Tual, [Leb. chr., p. 973]; — celui qui se borne à fournir la main-d'œuvre pour les travaux d'un port exécutés en régie, sans fournir ni matériaux ni matériel et sans courir aucun risque d'entreprise. — Cons. d'Et., 8 mars 1890, Prévost, [D. 91.5.382] — un architecte qui, à la suite d'un concours pour l'érection d'un monument commémoratif, a été chargé, de concert avec un sculpteur, moyennant une somme forfaitaire, d'exécuter son projet, eu égard aux conditions énoncées dans le programme du concours et le traité passé avec la ville. — Cons. d'Et., 17 mars 1899, Febvre, [Leb. chr., p. 219]

2187. — *Tripier* (tabl. A, 7e cl.). — Est imposable comme tel celui qui achète des abatis d'animaux de boucherie, qu'il revend après les avoir préparés. — Cons. d'Et., 5 août 1893, Douris-Chelle, [Leb. chr., p. 665]

2188. — *Truffes (marchand de)* (tabl. A, 6e cl.). — Est marchand de truffes celui qui vend des truffes provenant, tant des terrains dont il est propriétaire que des terrains sur lesquels il a acquis le droit de les rechercher moyennant une redevance en nature. — Cons. d'Et., 8 juin 1888, Artus, [Leb. chr., p. 499]; — 18 janv. 1890, Terrié, [Leb. chr., p. 46] — ... Par exemple, celui qui récolte, sur des terrains appartenant à la commune ou à des particuliers, des truffes qu'il revend aux consommateurs sans leur faire subir aucune préparation. Il en est ainsi encore bien qu'il ne paie aucune redevance aux propriétaires des terrains. — Cons. d'Et., 7 août 1900, Catalan, [Leb. chr., p. 553]

2189. — *Valeurs (associés achetant et vendant des) aux bourses de Paris, de France et de l'étranger (pour leur propre compte)*. — Cette profession n'étant pas dénommée au tarif, l'arrêté d'assimilation à tenant caisse pour opérations sur valeurs est régulier. — Cons. d'Et., 3 août 1888, Sossa, [Leb. chr., p. 709]

2190. — *Vélocipèdes (loueur de)*. — Cette profession est assimilée régulièrement à celle de loueur de voitures (tabl. A, 7e cl.). — Cons. d'Et., 8 avr. 1892, Bonnal, [Leb. chr., p. 367]

2191. — *Verroterie (marchand de)*. — Est marchand de verroterie en demi-gros (tabl. A, 2e cl.) et non marchand d'apprêts pour fleurs artificielles ou de perles fausses : celui qui vend habituellement à des détaillants, pour la fabrication de couronnes funéraires, des objets formés de substances vitrifiées. — Cons. d'Et., 7 nov. 1891, Courillon, [Leb. chr., p. 643]; — 27 juill. 1893, Bressand, [Leb. chr., p. 611]

2192. — *Vêtements confectionnés, sans boutique ni magasin (fabricant de)*. — La profession qui consiste à vendre sans magasin ni boutique à des marchands et à des commissionnaires les vêtements confectionnés que les contribuables fabriquent soit sur commande, d'après des modèles convenus avec leurs clients, soit à l'avance avec des étoffes approvisionnées, rentre dans la profession de fabricant de vêtements confectionnés sans boutique ni magasin dénommé, au tarif (tabl. A, 5e cl.). — Cons. d'Et., 18 avr. 1890, Kahn, [Leb. chr., p. 401]; — 28 févr. 1891, Rothschild, [Leb. chr., p. 172]; — 20 juin 1891, Claise et Cie, [Leb. chr., p. 477]; — 29 janv. 1892, Kahn, [Leb. chr., p. 67]; — 5 févr. 1892, Dury, [Leb. chr., p. 110]

2193. — Est marchand de vêtements confectionnés en gros (tabl. A, 2e cl.) et non tailleur pour hommes avec magasin (tabl. C) : celui qui ne se borne pas à travailler sur commande, d'après des modèles convenus avec ses clients, mais fait confectionner, à l'avance, avec des étoffes approvisionnées, des vêtements qu'il revend à des marchands en gros et à des commissionnaires. — Cons. d'Et., 14 déc. 1888, Pègres, [Leb. chr., p. 963]

2194. — *Vétérinaire* (tabl. D). — Alors même que l'assujetti ne donne ses soins qu'aux chevaux d'une compagnie de voitures, cette circonstance ne saurait le faire considérer comme commis salarié. — Cons. d'Et., 28 juill. 1898, Lutrot, [Leb. chr., p. 586]

2195. — *Vieux matériaux (marchand de)* (tabl. A, 6e cl.). — Est imposable comme tel celui qui possède un chantier, où il expose de vieux matériaux destinés à être vendus et dont il a vendu une partie. — Cons. d'Et., 26 févr. 1892, Nicoux, [Leb. chr., p. 192]

2196. — *Vins (marchand en gros de)* (tabl. A, 1re cl.). — Est imposable comme marchand de vins en gros et non comme commissionnaire en vins ou marchand de vins voiturier, celui qui achète pour son compte personnel des vins qu'il revend par pièces et expédie aux consommateurs, alors même qu'il n'aurait pas de magasin. — Cons. d'Ét., 1er juill. 1887, Gouais, [Leb. chr., p. 527]

2197. — *Vins (marchand en détail de).* — Est marchand de vin en détail donnant à boire chez lui (tabl. A, 6e cl.), le contribuable qui tient un comptoir-buvette, où il débite du vin et des liqueurs à consommer sur place. — Cons. d'Ét., 16 janv. 1885, Bidal, [Leb. chr., p. 42]

2198. — Est marchand de vins au détail, donnant à boire chez lui et ne tenant pas de billard (tabl. A, 6e cl.) et non gargotier (7e cl.), celui qui ne se borne pas à donner à manger et à boire et donne habituellement à boire chez lui en dehors des repas. — Cons. d'Et., 17 nov. 1899, Etienne, [Leb. chr., p. 647]

2199. — *Vis par procédés mécaniques (exploitant d'une fabrique de)* (tabl. C). — Est imposable comme tel et non comme fabricant de ferronnerie (tabl. C), celui qui se livre à la fabrication de pièces métalliques de grande dimension taraudées au moyen de machines. — Cons. d'Ét., 14 mai 1891, Faugier, [Leb. chr., p. 370]; — 26 févr. 1892, Favre, [Leb. chr., p. 191]; — 27 mai 1892, Faugier, [Leb. chr., p. 491]

2200. — *Voiturier* (tabl. A, 5e ou 8e cl.). — Ne peut être imposé en cette qualité le cultivateur qui a fait accidentellement quelques transports pour un tiers. — Cons. d'Et., 19 janv. 1895, Marais, [S. et P. 97.3.27]

2201. — Est imposable comme voiturier n'ayant qu'un équipage (tabl. A, 8e cl.) : celui qui ne se sert pas seulement de son équipage pour son exploitation agricole, mais l'emploie à des transports de bois et matériaux pour des marchands et des entrepreneurs. — Cons. d'Ét., 10 févr. 1888, Guédenet, [Leb. chr., p. 136]

2202. — ... Celui qui, possédant deux camions, ne les emploie simultanément qu'accidentellement et n'utilise habituellement que l'un des deux pour les transports d'effets mobiliers. — Cons. d'Et., 17 déc. 1897, Anoge, [D. 99.5.506]

2203. — Est imposable comme voiturier ayant plusieurs équipages (tabl. A, 5e cl.), et non comme entrepreneur de roulage, le contribuable qui n'a ni services réguliers de transports ni magasin, qui se borne à effectuer le transport des marchandises des gares ou quais au domicile des destinataires, ne délivre pas de lettres de voiture, et dont la responsabilité est limitée aux pertes et avaries pouvant résulter de son fait entre la prise en charge et la livraison. — Cons. d'Et., 4 mars 1898, Desprat, [Leb. chr., p. 179]

2204. — *Wagons et voitures destinés au transport des marchandises (exploitation de).* — Il y a lieu d'assimiler à un loueur de tonneaux la société qui loue des wagons-réservoirs à des expéditeurs qui font voyager à leurs risques les liquides leur appartenant. — Cons. d'Ét., 13 déc. 1889, Soc. pour le transport des liquides, [Leb. chr., p. 1159] — Cette profession a été introduite dans le tableau B par la loi du 8 août 1890.

CHAPITRE V.

ANNUALITÉ DE LA PATENTE.

2205. — Comme les autres contributions directes, la patente est annuelle. Ce principe a été posé dès l'origine. La loi des 2-17 mars 1791 (art. 9 et s.) obligeait ceux qui voulaient exercer un commerce à faire, dès le mois de décembre, les diligences nécessaires pour se munir d'une patente. Ils devaient faire à la municipalité une déclaration contenant leur nom et la valeur locative de leur habitation et de leurs locaux professionnels. Munis du récépissé de leur déclaration, ils devaient se rendre chez le receveur de la contribution mobilière, acquitter d'avance le quart du prix de la patente et signer une soumission de payer le surplus dans les mois de mars, juin et septembre. Sur la représentation du certificat d'inscription du récépissé et de la quittance, une patente leur était délivrée au secrétariat du directoire *pour l'année suivante.* Et l'art. 11 ajoutait : « Ceux qui, dans le courant d'une année, voudront se pourvoir de patentes, en auront la faculté en remplissant les formalités prescrites, et le droit sera compté pour le restant de l'année, à dater du premier jour du quartier dans lequel ils auront demandé des patentes. » L'art. 12 parle aussi du prix des patentes annuelles.

2206. — L'art. 15 admettait toutefois qu'il pût être délivré à certaines personnes des patentes pour moins d'une année. Ainsi les propriétaires et cultivateurs qui voulaient vendre au détail des boissons de leur crû pouvaient demander des patentes pour un ou plusieurs mois. Ces patentes ne pouvaient valoir pour plus de six mois : au delà de ce terme elles étaient réputées patentes annuelles.

2207. — La loi du 4 therm. an III (art. 87), en rétablissant les patentes, disposa qu'elles ne pourraient plus à l'avenir être demandées que pour une année entière ou pour le prorata de temps qui resterait à courir de l'année, à dater de l'époque où elles seraient demandées jusqu'au 1er vendémiaire de l'an suivant.

2208. — La loi du 6 fruct. an IV précisa les obligations de ceux qui, déjà munis d'une patente, se pourvoiraient en cours d'année d'une patente nouvelle pour exercer une profession rangée dans une classe supérieure. Ces personnes devaient acquitter intégralement, et sans aucune déduction, le nouveau droit fixe (art. 13), mais ne devaient qu'un supplément de droit proportionnel à raison des nouveaux locaux occupés par elles, ou si elles embrassaient une profession assujettie au droit proportionnel alors que la première en était dispensée, ou lorsqu'elles transportaient leur établissement dans des locaux d'une valeur locative supérieure (art. 26). La loi du 7 brum. an VI (art. 24) accorda la déduction du droit fixe à celui qui se bornait, sans changer la nature de sa profession, à en transporter le siège d'une commune dans une autre.

2209. — La loi du 1er brum. an VII (art. 4) disposa que « les patentes seront prises dans les trois premiers mois de chaque année, pour l'année entière, sans qu'elles puissent être bornées à une partie de l'année. Ceux qui entreprendront, dans le courant de l'année, un commerce, une profession, une industrie sujette à patente, ne devront le droit qu'au prorata de l'année, calculée par trimestre, et sans qu'un trimestre puisse être divisé. « Tout citoyen qui, après avoir pris une patente, entreprendra un commerce, une profession ou un métier de classe supérieure à celle de sa patente, sera tenu de prendre une nouvelle patente de cette classe et d'en payer le droit au prorata, conformément à l'art. 4 ; dans ce cas il y sera fait déduction du premier droit fixe, et il ne sera pas dû un second droit proportionnel quand il aura été payé pour la première patente, mais un supplément au prorata, s'il y a de nouveaux établissements d'une valeur locative supérieure à celle des premiers » (art. 26).

2210. — Jusqu'à présent, les seules dérogations admises au principe d'annualité l'avaient été dans l'intérêt de l'administration pour lui permettre de saisir les faits nouveaux venant à se produire en cours d'année et qui étaient de nature à accroître le produit de l'impôt. La loi du 13 flor. an X (art. 26) introduisit une dérogation nouvelle dans l'intérêt des patentables. « La cote des citoyens sujets à patente qui viendront à décéder ne sera exigible que pour le passé et le mois courant. » Cette innovation est développée par l'art. 23 L. 25 avr. 1844, qui assimile la faillite au décès du patentable et qui autorise le transfert de la patente du cédant au cessionnaire en cas de vente du fonds de commerce. Enfin la loi du 4 juin 1858 (art. 13) précisa la portée des droits de l'administration quant à l'émission des rôles supplémentaires de patente.

2211. — Actuellement, les dispositions législatives concernant l'annualité de la patente se trouvent condensées dans l'art. 28 L. 15 juill. 1880, modifié par les art. 29 et 30 L. 8 août 1890.

2212. — L'art. 28 de la loi du 15 juill. 1880 est ainsi conçu : « La contribution des patentes est due pour l'année entière par tous les individus exerçant au mois de janvier une profession imposable. En cas de cession d'établissement, la patente sera, sur la demande du cédant ou du cessionnaire, transférée à ce dernier. La demande sera recevable dans le délai de trois mois, à partir, soit de la cession de l'établissement, soit de la publication du rôle supplémentaire dans lequel le cessionnaire aura été personnellement imposé pour l'établissement cédé. La mutation de cote sera réglée par le préfet, et les droits qui formeraient double emploi au préjudice du cessionnaire seront alloués en décharge par le conseil de préfecture. En cas de fermeture des magasins, boutiques et ateliers par suite de décès, de liquidation judiciaire (addition effectuée par l'art. 30 L. 8 août 1890), ou de faillite déclarée, les droits ne seront dus que pour le passé et le mois courant. Sur la réclamation des parties intéressées, il sera accordé décharge du surplus de la taxe. Ceux qui entreprennent dans le cours de l'année une profession sujette à patente ne doivent la contribution qu'à partir du premier du mois dans lequel ils ont commencé d'exercer, à moins que, par sa nature, la profession ne puisse pas être exercée pendant toute l'année. Dans ce cas, la contribution sera due pour l'année entière, quelle que soit l'époque à laquelle la profession aura été entreprise. Les patentés qui, dans le cours de l'année, entreprennent une profession comportant un droit fixe plus élevé que celui qui était afférent à la profession qu'ils exerçaient d'abord, ou qui transportent leur établissement dans une commune d'une plus forte population, sont tenus de payer au prorata un supplément de droit fixe. Il est également dû un supplément de droit proportionnel par les patentables qui prennent des maisons ou locaux d'une valeur locative supérieure à celle des maisons ou locaux pour lesquels ils ont été primitivement imposés, et par ceux qui entreprennent une profession passible d'un droit proportionnel plus élevé. Les suppléments seront dus à compter du premier du mois dans lequel les changements prévus par les deux derniers paragraphes auront été opérés. Sont imposables au moyen de rôles supplémentaires les individus omis aux rôles primitifs qui exerçaient, avant le 1er janvier de l'année de l'émission de ce rôle, une profession, un commerce ou une industrie sujets à patente ou qui, antérieurement à la même époque, avaient apporté dans leur profession, commerce ou industrie, des changements donnant lieu à des augmentations de droit. Toutefois les droits ne sont dus qu'à partir du 1er janvier de l'année pour laquelle le rôle primitif a été émis. »

2213. — L'art. 29 L. 8 août 1890, dispose : « En cas de cession d'établissement, le transfert des droits de patente au nom du cessionnaire pourra être proposé par le contrôleur des contributions directes sur un état spécial. Le cédant et le cessionnaire seront invités à prendre connaissance de cet état à la mairie et à remettre au maire leurs observations dans un délai de dix jours. Passé ce délai, le maire adressera l'état au directeur des contributions directes avec son avis et les observations qui auront pu être produites; le directeur fera son rapport et le préfet statuera. Toutefois il n'y aura pas lieu à statuer s'il existe un désaccord entre les conclusions du directeur et les observations présentées par le cédant ou le cessionnaire. Il n'est d'ailleurs pas dérogé aux dispositions du § 2 de l'art. 28 L. 15 juill. 1880. »

2214. — Nous diviserons ce chapitre de la manière suivante : 1° conséquences normales du principe d'annualité et application à la patente de ces conséquences; 2° dérogations aux conséquences du principe d'annualité établies par la loi dans l'intérêt des patentables; 3° dérogations à ces conséquences établies par la loi dans l'intérêt de l'Administration; 4° dérogations spéciales à ces conséquences établies par la jurisprudence.

Section I.

Conséquences normales du principe d'annualité.

2215. — Nous avons dit (V. *suprà*, v° *Contributions directes*, n. 567 et s.) quelles étaient les conséquences du principe d'annualité des rôles. Nous nous bornerons à les rappeler en peu de mots : 1° il ne peut être émis de rôles embrassant une période supérieure à une année; 2° les rôles doivent être émis et publiés dans l'année à laquelle ils se rapportent; 3° les rôles sont établis d'après les faits existant au 1er janvier; 4° la contribution établie d'après les faits existant au 1er janvier est due pour l'année entière ; 5° pour l'établissement de la contribution, chaque année doit être considérée en elle-même et non par rapport à celle qui la précède ou à celle qui la suit. Ce qui est décidé pour l'une ne crée ni droit ni préjugé pour l'autre année.

2216. — Voyons d'abord dans quelle mesure ces principes généraux sont appliqués en matière de patente. Le premier s'applique d'une manière absolue. Un même rôle ne peut imposer un patentable pour deux années différentes. L'art. 28 L. 15 juill. 1880 le rappelle expressément en disposant que les rôles supplémentaires, au cas où certains éléments d'imposition ont été omis, ne peuvent réparer l'omission qu'à partir du 1er janvier de l'année pour laquelle le rôle a été émis.

2217. — L'émission et la publication du rôle primitif doivent avoir lieu dans l'année à laquelle il se rapporte. Mais nous verrons une dérogation au principe admis pour le rôle supplémentaire du quatrième trimestre.

§ 1. *Impossibilité d'imposer des patentables qui ont cessé d'exercer avant le 1er janvier.*

2218. — Ce qu'il faut considérer pour la patente, c'est la situation au 1er janvier. C'est à cette date qu'on arrête pour ainsi dire le compte entre les contribuables et le Trésor. Il résulte de ce principe qu'on ne doit pas imposer ceux qui au 1er janvier n'exercent pas ou n'exercent plus une profession imposable, ni ceux qui ne possèdent pas ou ne possèdent plus certains éléments d'imposition; c'est au contraire l'imposition de ceux qui exercent encore, à cette date, leur profession, leur commerce ou leur industrie.

2219. — Par application de ce principe, il faut accorder décharge de la patente à celui qui justifie qu'antérieurement au 1er janvier il avait complètement cessé d'exercer la profession pour laquelle il est porté au rôle. — Cons. d'Et., 21 févr. 1855, Cresp, [Leb. chr., p. 146]; — 12 mars 1870, Héritcau, [Leb. chr., p. 286]; — 5 févr. 1875, Montauréal, [Leb. chr., p. 102] — ... Par exemple à une société qui s'est dissoute avant le 1er janvier. — Cons. d'Et., 4 juin 1867, Gélot, [Leb. chr., p. 556]

2220. — ... Ou qu'il avait cédé son fonds. — Cons. d'Et., 17 janv. 1879, Bellefort, [Leb. chr., p. 27]; — 12 mars 1880, Hay, [Leb. chr., p. 290]

2221. — ... Ou qu'il a cessé d'habiter la commune au rôle de laquelle il est imposé. — Cons. d'Et., 20 nov. 1874, Horaist, [Leb. chr., p. 888] — ... Et qu'il n'y a conservé aucun établissement. — Cons. d'Et., 8 nov. 1878, Sedet, [Leb. chr., p. 860] — ... ni aucun local imposable. — Cons. d'Et., 9 janv. 1880, Boyer, [Leb. chr., p. 17]

2222. — Par la même raison, il y a lieu d'accorder décharge des droits assis sur des locaux que le contribuable a cessé d'occuper avant le 1er janvier. — Cons. d'Et., 13 déc. 1872, Meignan, [Leb. chr., p. 706]; — 22 janv. 1892, Cie d'assurances d'accidents, [Leb. chr., p. 37]; — ... ou qui, à cette date, ne servent plus à l'exercice de sa profession. — Cons. d'Et., 17 juill. 1896, Picard, [Leb. chr., p. 577] — ... ou bien ne sont pas encore habitables. — Cons. d'Et., 19 juill. 1867, Charpentier, [Leb. chr., p. 671]

2223. — Décharge doit être accordée quand, au 1er janvier, il est établi que la profession portée au rôle n'est pas exercée. — Cons. d'Et., 4 avr. 1872, Petit, [Leb. chr., p. 207]; — 5 nov. 1875, Renard, [Leb. chr., p. 869]; — 31 juill. 1885, Genestier-Masson, [Leb. chr., p. 729]; — 2 mars 1894, Pot, [Leb. chr., p. 166]

2224. — ... Ou quand les agents des contributions directes n'établissent pas l'exercice d'une profession imposable. — Cons. d'Et., 19 nov. 1875, Chatellier, [Leb. chr., p. 905]

2225. — On a considéré comme n'exerçant pas leurs professions et par suite comme devant obtenir décharge les patentables appelés sous les drapeaux en 1870 et dont, au 1er janv. 1871, les magasins étaient encore fermés par suite de leur présence à l'armée, — Cons. d'Et., 7 nov. 1873, Collas, [Leb. chr., p. 786] — ou de leur captivité en Allemagne. — Cons. d'Et., 18 juin 1872, Ponsot, [Leb. chr., p. 375]

2226. — A propos d'entreprises de travaux publics, il a été jugé qu'on ne pouvait imposer en 1890 un entrepreneur à raison de travaux terminés en 1884. — Cons. d'Et., 21 juin 1890, Matignon, [Leb. chr., p. 602]

2227. — ... Que l'entrepreneur, qui a terminé, pendant une année, les travaux à raison desquels il a été assujetti à la patente, et qui n'a été chargé l'année suivante d'aucun nouveau travail, ne doit pas être maintenu sur le rôle de l'année suivante, — Cons. d'Et., 26 févr. 1872, Viola, [Leb. chr., p. 112]; — alors surtout que tous les droits afférents aux travaux exécutés avant le 1er janvier étaient payés. — Cons. d'Et., 14 juin 1890, Mayaux, [Leb. chr., p. 576] — Et alors même que son entreprise n'expirerait que postérieurement au 1er janvier. — Cons. d'Et., 1er déc. 1858, Donant, [Leb. chr., p. 672]

2228. — Ne sont pas imposables au rôle d'une année ceux qui peuvent établir que, dans le cours de cette année, ils n'ont fait aucun des actes que comporte l'exercice de cette profession. Ainsi jugé pour un exploitant de moulin qui, ayant été incorporé dans l'armée, a dû affermer son moulin et par suite n'a pas exercé sa profession. — Cons. d'Et., 2 nov. 1871, Genety, [Leb. chr., p. 219]; — 23 janv. 1872, Alberti, [Leb. chr., p. 10], — ...pour un exploitant de moulin à huile qui, pendant l'année, n'a pas mis son pressoir à la disposition du public, du moins moyennant rétribution. — Cons. d'Et., 10 nov. 1894, Casabianca, [Leb. chr., p. 590]

2229. — Le patentable qui, avant le 1er janvier, a déclaré à l'administration des contributions indirectes son intention de cesser son commerce, doit obtenir décharge l'année suivante, s'il n'est pas établi qu'il ait continué l'exercice de cette profession. — Cons. d'Et., 28 févr. 1870, Bumonst, [Leb. chr., p. 216]

2230. — Il arrive assez souvent que la situation de fait au 1er janvier présente quelque incertitude à raison de certaines circonstances spéciales. Le juge doit alors s'attacher au fait important et caractéristique en écartant les circonstances secondaires. Ainsi le Conseil a accordé décharge de la patente à un marchand de vins qui, avant le 1er janvier, avait résilié son bail et cessé ses approvisionnements, quoique son débit n'eût été fermé qu'après le 1er janvier. — Cons. d'Et., 20 nov. 1874, Géraud, [Leb. chr., p. 898]

2231. — ... A un fabricant d'eau-de-vie qui, ayant cessé toute fabrication avant le 1er janvier et n'ayant plus fait d'achats, a néanmoins conservé une licence en vue d'écouler ses marchandises. — Cons. d'Et., 29 nov. 1872, de Gardanne, [Leb. chr., p. 653]; — 15 mai 1874, Massé, [Leb. chr., p. 443] — S'il reste imposable à raison de ces faits, c'est comme marchand.

2232. — Lorsqu'il est établi qu'un individu n'a pas exercé pendant l'année la profession de cafetier, le fait qu'il a conservé une licence ne peut être un motif de le maintenir à la patente. — Cons. d'Et., 4 juin 1862, Tailland, [Leb. chr., p. 447]

2233. — Décharge doit être accordée quand le patentable n'a fait pendant l'année ni ventes, ni achats, alors même qu'il aurait encore en magasin des marchandises. — Cons. d'Et., 19 mars 1880, Tourel, [Leb. chr., p. 328] — ou un approvisionnement provenant d'une ancienne fabrication et destiné à être vendu. — Cons. d'Et., 22 mars 1878, Rollandy, [Leb. chr., p. 325]; — 16 nov. 1883, Mesnard, [Leb. chr., p. 812]

2234. — On ne peut considérer comme constituant la continuation de l'exercice de la profession, pour un fermier de bac, le fait d'être constitué gardien du matériel appartenant à l'Etat jusqu'à la réadjudication de la ferme. — Cons. d'Et., 27 févr. 1867, Puzin, [Leb. chr., p. 221]

2235. — ... Ni, pour un officier ministériel démissionnaire, le fait de signer, pendant le mois de janvier, quelques actes pour le compte de son successeur jusqu'à la prestation de serment de ce dernier ou jusqu'à son installation. — Cons. d'Et., 19 juill. 1867, Diot, [S. 68.2.237, P. adm. chr., D. 68.3.36]; — 13 févr. 1892, Aubry, [Leb. chr., p. 163]

2236. — Un serrurier-mécanicien, qui, ayant cédé son établissement dans le cours d'une année, s'est, depuis lors, borné à garantir et cautionner, chez des marchands en gros, un autre entrepreneur dont il est le créancier, ne peut pas être maintenu à la patente l'année suivante. — Cons. d'Et., 9 déc. 1871, Desfossés, [Leb. chr., p. 268]

2237. — On ne peut considérer comme étant encore imposable une boutique, encore garnie de casiers et de marchandises, mais fermée au public. — Cons. d'Et., 3 mars 1858, Béraud, [Leb. chr., p. 191]

2238. — On peut considérer qu'une profession n'est plus exercée en janvier, alors même que des objets, vendus avant le 1er janvier, n'auraient pu être livrés qu'à cette date même. — Cons. d'Et., 8 sept. 1864, Gaulard, [Leb. chr., p. 853] — ou quelques jours après. — Cons. d'Et., 12 mars 1886, Bujard et Dupuy, [Leb. chr., p. 228]; — 8 avr. 1892, Dumas, [Leb. chr., p. 374]

2239. — On a même quelquefois jugé que les ventes, conclues après le 1er janvier pour liquider un commerce cessé avant cette date, ne suffisaient pas à elles seules à constituer l'exercice de la profession et qu'il fallait accorder décharge. Ainsi jugé dans un cas où des ventes avaient été faites le 2 janvier. — Cons. d'Et., 31 juill. 1874, Jambon, [Leb. chr., p. 749]; — dans les dix premiers jours de ce mois. — Cons. d'Et., 5 mars 1870, Mercier-Caux, [Leb. chr., p. 247]; — 1er juin 1883, Noël, [D. 85.5.336]; — et même dans un cas où les ventes s'étaient poursuivies jusqu'en mars. — Cons. d'Et., 13 févr. 1874, Lanièce, [Leb. chr., p. 156]

2240. — Jugé de même pour un marchand forain, qui s'est borné à vendre, à trois reprises, dans les villages voisins de sa résidence, quelques objets provenant de son ancien fonds de commerce. — Cons. d'Et., 18 juin 1880, Saliné, [Leb. chr., p. 571]

2241. — A plus forte raison en doit-il être de même à l'égard d'un fabricant qui, ayant renoncé avant le 1er janvier à sa fabrication, a fait vendre aux enchères ses outils, ses matériaux et ses produits manufacturés, a fermé ses ateliers et magasins, mais qui, dans le cours de l'année suivante, a fait remettre aux enchères les objets qui ne s'étaient pas vendus lors de la vente générale. — Cons. d'Et., 21 avr. 1858, Hénon, [Leb. chr., p. 321]

2242. — ... Ou encore à l'égard d'un marchand qui, ayant fait sa déclaration de cesser à l'administration des contributions indirectes, a changé la destination des locaux dont il se servait, mais qui, possédant encore au 1er janvier quelques approvisionnements, les a déposés chez un commissionnaire-entrepositaire, qui les a vendus dans le cours de l'année suivante. — Cons. d'Et., 1er sept. 1865, Gasson, [Leb. chr., p. 914] — De telles opérations ne peuvent constituer par elles-mêmes l'exercice de la profession.

§ 2. *Imposition établie d'après les faits existant au 1er janvier.*

2243. — Lorsqu'au contraire, au 1er janvier, l'exercice de la profession est continuée, la patente est due, et en principe elle l'est pour l'année entière. On s'attache généralement, pour décider que la profession continue, à ce fait que le magasin est resté ouvert après le 1er janvier. — Cons. d'Et., 3 mai 1861, Delangre, [Leb. chr., p. 336] — ... Ou que, dans la commune abandonnée par le patentable, un local au moins a été conservé, qui a servi, pendant les premiers mois de l'année, à l'exercice de la profession. — Cons. d'Et., 3 nov. 1853, Alexandre, [Leb. chr., p. 921] — C'est ainsi qu'un notaire dont l'office a été supprimé par décret du 30 déc. 1893, notifié le 8 janvier suivant seulement, et qui a continué jusqu'à cette date à recevoir et à passer des actes, est imposable à la contribution des patentes pour l'année entière. — Cons. d'Et., 3 déc. 1898, Depoix, [S. et P. 1901.3.40]

2244. — On a même maintenu pour l'année entière la patente d'un contribuable, décédé le 2 janvier, alors cependant que, les magasins étant fermés le 1er janvier, il n'avait pas, en fait, exercé sa profession dans l'année. — Cons. d'Et., 8 août 1884, Bouruet-Aubertot, [Leb. chr., p. 723]

2245. — Lorsque les faits établissant que l'exercice de la profession est continué sont constatés, il importe peu qu'avant le 1er janvier, le contribuable ait fait connaître à l'administration son intention de cesser. Cette déclaration ne peut prévaloir contre les faits. — Cons. d'Et., 17 mars 1853, de la Ferrière, [Leb. chr., p. 347]; — 3 nov. 1853, Souchière, [Leb. chr., p. 924]; — 30 juin 1858, Lioufre, [Leb. chr., p. 477]; — surtout si le débit des marchandises revêt un caractère clandestin. — Cons. d'Et., 3 nov. 1853, Meyer, [Leb. chr., p. 926]

2246. — On a maintenu aussi à la patente un fabricant de dentelles, qui, malgré ses déclarations contraires, continuait à occuper ses ouvrières en leur livrant comme auparavant les matières premières et en leur payant seulement le prix de la main-d'œuvre. — Cons. d'Et., 18 août 1864, Experton, [Leb. chr., p. 796]

2247. — Ce qui est jugé pour les individus s'applique aussi aux sociétés. Le fait qu'avant le 1er janvier une société a été mise en liquidation ne fait pas obstacle à ce qu'elle soit maintenue au rôle l'année suivante si les ventes ont continué après le 1er janvier, dans le local de la société, soit par le fait de l'associé principal, qui aurait repris le commerce, soit par le fait des créanciers de la société. — Cons. d'Et., 23 mai 1870, Grizard, [Leb. chr., p. 627], — ou si la société, dissoute en droit, a continué d'exister en fait. — Cons. d'Et., 5 déc. 1873, Milliard, [Leb. chr., p. 900]

2248. — L'individu, à qui l'on peut opposer des actes constitutifs de l'exercice de sa profession ne peut se prévaloir d'une prétendue cession d'établissement qu'il aurait faite l'année précédente. Ainsi jugé à l'égard d'un industriel, qui, ayant, à la fin de son bail, cédé son fonds à son fils, a continué, l'année d'après, à prendre une part personnelle à l'exploitation en achetant notamment les matières premières et en réglant les comptes des ouvriers. — Cons. d'Et., 23 mai 1860, Ripert, [Leb. chr., p. 413]

2249. — ... A l'égard d'un charpentier, qui, tout en déclarant avoir renoncé, antérieurement au 1er janvier, à l'exercice de sa profession, a, pendant le premier semestre de l'année suivante, exécuté ou fait exécuter par ses ouvriers des travaux de charpente chez divers particuliers. — Cons. d'Et., 18 août 1855, Mora, [Leb. chr., p. 607]

2250. — Des banquiers qui ont suspendu leurs paiements l'année précédente, mais sont néanmoins restés à la tête de leur maison jusqu'à la date de sa mise en état de liquidation judiciaire, et ont conservé leurs bureaux ouverts au public et la majeure partie de leurs employés, doivent être maintenus au rôle jusqu'à ce moment. — Cons. d'Et., 27 févr. 1874, Gérard et Nicolas, [Leb. chr., p. 201]

2251. — De même, un patentable, dont les marchandises ont été, au mois de novembre de l'année précédente, l'objet d'une saisie-gagerie, et qui a cependant continué son commerce jusqu'au mois de mars suivant, date de la vente publique de ses marchandises pour le compte de ses créanciers, est imposable pour l'année entière. — Cons. d'Et., 14 juin 1861, Garbé, [Leb. chr., p. 504]

2252. — Il importe peu que les opérations effectuées après le 1er janvier ne constituent que l'exécution, la réalisation d'engagements contractés avant cette date. Ainsi, le Conseil d'Etat a maintenu à la patente : des sociétés d'assurances qui, n'ayant souscrit aucune nouvelle police depuis le 1er janvier, avaient continué à faire dans leurs bureaux les opérations résultant de contrats antérieurs jusqu'au jour où elles avaient réassuré leurs risques. — Cons. d'Et., 3 déc. 1875, Comp. d'assurances maritimes l'*Orientale*, [Leb. chr., p. 971]; — 17 juin 1893, Comp. d'assurances néerlandaises, [S. et P. 95.3.48]

2253. — ... Un fournisseur d'équipements militaires qui effectuait en 1871 des livraisons pour l'exécution d'un marché passé en 1870. — Cons. d'Et., 15 avr. 1872, Tarride, [Leb. chr., p. 241]

2254. — L'exercice de certaines professions peut se décomposer en plusieurs opérations. Ainsi, les marchands de bois en gros, qui se sont rendus adjudicataires de coupes, commencent par exploiter ces coupes, c'est-à-dire par abattre les arbres et les façonner, puis ils les vendent. Il a été souvent jugé qu'il y avait lieu de maintenir à la patente pour l'année entière les individus qui, ayant terminé, avant l'ouverture de l'exercice, l'exploitation des coupes dont ils étaient adjudicataires, avaient continué, l'année suivante, à vendre les bois en provenant. — Cons. d'Et., 15 déc. 1852, Igier-Jacquemart, [Leb. chr., p. 606]; — 18 mai 1858, Souverain, [Leb. chr., p. 389]; — 4 juin 1862, Debord, [Leb. chr., p. 447]; — 9 janv. 1880, Dupin, [Leb. chr., p. 11]; — 6 févr. 1880, Guibouret, [Leb. chr., p. 145]; — 23 nov. 1883, Aubry, [Leb. chr., p. 842]; — 29 juin 1888, Bonneau, [Leb. chr., p. 580]; — 14 févr. 1896, Geneau, [Leb. chr., p. 152]

2255. — Par application de la même jurisprudence, des exploitants de carrière, qui ont cessé, avant le 1er janvier les opérations d'extraction, doivent néanmoins être maintenus à la patente en qualité d'exploitants de carrière si, l'année suivante, ils continuent à vendre les produits extraits. — Cons. d'Et., 26 avr. 1851, Comp. des ardoisières de Truffy, [Leb. chr., p. 295]; — 21 janv. 1857, Bernard, [Leb. chr., p. 40]; — 15 mai 1867, Faugère, [Leb. chr., p. 491]

2256. — De même encore, les industriels qui, avant le 1er janvier, ont cessé de fabriquer, mais ont continué à vendre le produit de leur fabrication antérieure, doivent la patente pour l'année entière. — Cons. d'Et., 30 juin 1869, Antoni, [Leb. chr., p. 670]; — 21 nov. 1871, Pauvras, [Leb. chr., p. 249]; — 20 févr. 1885, Aubry, [Leb. chr., p. 203] — Application de cette jurisprudence a été faite à des fabricants de briques qui écoulaient leurs approvisionnements. — Cons. d'Et., 16 févr. 1853, Dupré, [Leb. chr., p. 200]; — 28 mai 1857, Billes, [Leb. chr., p. 432]; — 11 août 1870, Trancart, [Leb. chr., p. 1068]; — surtout quand ils avaient continué à employer les halles, séchoirs, fours nécessaires à la fabrication. — Cons. d'Et., 21 avr. 1868, Gauthier, [Leb. chr., p. 457]

2257. — Un fabricant d'eau-de-vie qui, ayant cessé sa fabrication avant le 1er janvier de l'année suivante, se borne à vendre les produits de sa fabrication, n'en reste pas moins fabricant d'eau-de-vie. — Cons. d'Et., 25 mai 1861, Barot, [Leb. chr., p. 428]; — 15 juin 1877, Trinité, [Leb. chr., p. 594] — Jugé de même pour un tapissier qui continue la vente de meubles fabriqués par lui l'année précédente. — Cons. d'Et., 3 déc. 1880, Lelogeais, [D. 82.5.306]

2258. — ... Et d'une manière générale pour les commerçants qui revendent une année les marchandises achetées par eux l'année précédente. — Cons. d'Et., 9 mai 1860, Viez, [Leb. chr., p. 389]; — 6 nov. 1880, Cagniart, [Leb. chr., p. 843]; — 22 déc. 1882, Dechanaux, [Leb. chr., p. 1055]

2259. — La patente est due pour l'année entière par un fournisseur dont le marché, qui devait expirer le 31 décembre d'une année, se trouve prolongé d'un mois. — Cons. d'Et., 26 avr. 1890, Dotte, [Leb. chr., p. 432]

2260. — De même, l'entrepreneur de travaux publics, qui ne termine qu'après le 1er janvier les travaux qu'il avait soumissionnés précédemment, doit la patente pour cette année entière. — Cons. d'Et., 24 mars 1859, Sainjean, [Leb. chr., p. 228]; — 14 mars 1879, Benoît, [Leb. chr., p. 212]

2261. — Le patentable qui, pour des raisons indépendantes de sa volonté, a été empêché d'exercer personnellement son commerce pendant le cours d'une année, doit néanmoins être imposé à la patente pour cette année, si son magasin est resté ouvert au public et si sa femme a continué à y vendre des marchandises. Le Conseil a maintenu pour ce motif à la patente un individu qui avait été expulsé de France par mesure politique. — Cons. d'Et., 27 juill. 1853, Lelièvre, [Leb. chr., p. 785]

2262. — Une difficulté peut naître de ce que les fabricants et les marchands d'un même produit ne sont pas toujours passibles des mêmes droits, ni rangés dans le même tableau, les premiers étant imposés d'après le nombre de leurs éléments de production, les autres d'après un droit fixe assis sur le chiffre de la population. Il s'agit de savoir si, les opérations industrielles ayant cessé, la profession change par cela même de caractère et devient une profession purement commerciale. La jurisprudence est assez flottante. Il a été jugé qu'un exploitant de carrière de plâtre ne perdait pas ce caractère pour devenir marchand de plâtre par cela seul qu'il avait cessé l'extraction avant le 1er janvier, mais que la seule conséquence de cette cessation était qu'il n'était plus imposable qu'à la taxe déterminée, s'il n'avait plus occupé d'ouvriers. — Cons. d'Et., 21 janv. 1857, Bernard, [Leb. chr., p. 40]; — 28 mai 1857, Billes, [Leb. chr., p. 432]; — 21 avr. 1868, Gautier, [Leb. chr., p. 457]; — 30 juin 1869, Antoni, [Leb. chr., p. 670]

2263. — En ce qui concerne les fabricants de sucre, il y a lieu de rechercher quelles sont les opérations auxquelles le patentable s'est livré après le 1er janvier. A-t-il conservé sa fabrique en état de fonctionner et procédé, dans le cours de l'année, aux actes complémentaires de la fabrication, il reste imposable comme fabricant de sucre, c'est-à-dire d'après le nombre et la capacité des chaudières à déféquer par lui employées, alors même qu'il aurait, antérieurement au 1er janvier, cessé toutes opérations concernant le râpage des betteraves, la défécation et la cuisson du jus. — Cons. d'Et., 10 avr. 1869, Dupire, [Leb. chr., p. 359]; — 28 mai 1880, Couppé, [Leb. chr., p. 498] — Si, au contraire, les opérations de fabrication étaient entièrement terminées avant le 1er janvier et qu'après cette date, le fabricant se soit borné à vendre ses produits, il n'est imposable que comme marchand en gros. — Cons. d'Et., 18 févr. 1854, Solier, [Leb. chr., p. 145]

2264. — Parfois, cependant, le Conseil a jugé que le changement apporté à l'exercice de l'ancienne profession constituait une véritable transformation, qui entraînait un changement dans la qualification et dans l'assiette des droits de patente. En conséquence, d'anciens fabricants n'ont plus été imposés que comme marchands. — Cons. d'Et., 26 avr. 1851, Comp. des ardoisières de Truffy, [Leb. chr., p. 295]; — 20 nov. 1856, Aubin, [Leb. chr., p. 650]; — 10 févr. 1888, Grohé, [Leb. chr., p. 138]; — 24 févr. 1888, Delbende, [Leb. chr., p. 190]

2265. — Jugé qu'un fabricant de tissus qui, avant le 1er janvier, a arrêté ses métiers et cessé sa fabrication et qui, l'année suivante, s'est borné à vendre, non seulement les produits de sa fabrication, mais encore des tissus achetés chez d'autres fabricants, doit cesser d'être imposé comme fabricant à métiers et n'est plus imposable que comme marchand de tissus. — Cons. d'Et., 16 avr. 1856, Viry, [Leb. chr., p. 286]

2266. — ... Qu'un patentable, qui a cessé, avant le 1er janvier, d'exercer la profession de marchand de vins en gros, et qui, depuis le 1er janvier, n'a employé les marchandises qui lui restaient en magasin qu'à alimenter un débit de boissons, qu'il a repris en cours d'année, ne doit être imposé que comme marchand au détail pour les mois qui ont suivi l'entreprise de cette nouvelle profession. — Cons. d'Et., 28 juin 1869, Lefèvre, [Leb. chr., p. 641]

2266 *bis*. — ... Qu'un individu, qui a cessé, avant le

1er janvier, d'être gargotier, mais a conservé dans son immeuble des chambres qu'il laisse meublées, doit être imposé l'année suivante comme logeur. — Cons. d'Et., 17 févr. 1900, Chauchat, [Leb. chr., p. 148] — V. Circ. 24 mars 1891, Pigeon, [Leb. chr., p. 268]

2267. — Pour toutes les professions, la cessation doit être précédée d'une période transitoire, dans laquelle le commerçant arrête ses achats, ne renouvelle plus ses approvisionnements et se borne à écouler les marchandises qu'il a dans ses magasins. Ces opérations, même réduites, n'en constituent pas moins l'exercice de la profession, qui ne cessera véritablement que par la fermeture ou la cession des magasins. — Cons. d'Et., 8 juin 1850, Ardison, [D. 50.3.73]; — 3 août 1850, Fontès, [D. 52.5.407]; — 26 nov. 1852, Saulay, [Leb. chr., p. 527]; — 31 mars 1859, Dautras, [Leb. chr., p. 247]; — 14 juin 1866, Combes, [Leb. chr., p. 652]; — 8 avr. 1869, Amé, [Leb. chr., p. 339]; — 16 avr. 1870, Régodiat, [Leb. chr., p. 481]; — 28 juin 1870, Chaillot, [Leb. chr., p. 823]; — 24 avr. 1874, Guesnau, [S. 76.2.64, P. adm. chr.]; — 6 févr. 1880, Fudre, [Leb. chr., p. 151]; — 6 mars 1885, Cartel, [Leb. chr., p. 272]; — 21 janv. 1887, Bourgeois, [Leb. chr., p. 57]; — 18 mars 1887, Grillet, [Leb. chr., p. 243]; — 22 févr. 1889, Sprécher et Antonin, [Leb. chr., p. 248]; — 9 nov. 1889, Boutrant, [Leb. chr., p. 1022]; — 25 janv. 1890, Boyau, [Leb. chr., p. 84]; — 2 avr. 1892, Martinet, [Leb. chr., p. 349]; — 19 janv. 1900, Laget, [Leb. chr., p. 42]; — 5 nov. 1900, Friedmann, [Leb. chr., p. 589]

2268. — Le fait de conserver en magasin des approvisionnements de marchandises est souvent retenu comme un indice de la continuation de l'exercice de la profession. — Cons. d'Et., 20 sept. 1848, Pagès, [Leb. chr., p. 615]; — 26 nov. 1852, Saulay, [Leb. chr., p. 527]; — 3 nov. 1853, Soudière, [Leb. chr., p. 924]; — 18 févr. 1854, Roger, [Leb. chr., p. 144]; — 19 avr. 1854, Ruby, [Leb. chr., p. 308]; — 17 mai 1854, Dubos, [Leb. chr., p. 451]; — 27 déc. 1854, Muller, [Leb. chr., p. 1022]

2268 *bis.* — *A fortiori*, un patentable, imposé sans réclamation de sa part, pour deux années, et reconnaissant que, pendant l'année intermédiaire, il a acheté pour la continuation de son commerce, une certaine quantité de marchandises, ne peut se prévaloir de ce qu'il n'aurait fait aucune vente pendant cette année pour prétendre qu'il avait cessé sa profession. — Cons. d'Et., 20 mars 1866, Noir, [Leb. chr., p. 253]

2269. — La situation du patentable existant au 1er janvier devant seule être considérée, il n'y a pas à tenir compte de ce qui se passe avant ou après cette date. Aussi le fait qu'un individu a passé un marché avant le 1er janvier ne suffit pas à le rendre imposable avant cette date si l'exécution de ce marché ne court que de ce jour. C'est à ce moment seulement qu'il peut être réputé avoir commencé à exercer cette profession. — Cons. d'Et., 14 juin 1861, Luc, [Leb. chr., p. 505]

2270. — En revanche, il suffit qu'au 1er janvier la profession soit exercée pour que le contribuable soit dûment inscrit sur le rôle, alors même qu'au moment de la rédaction de la matrice il n'aurait pas encore été établi dans la commune. — Cons. d'Et., 4 janv. 1855, Briau, [Leb. chr., p. 11]

2271. — Il n'est pas nécessaire que, dès le 1er janvier, le patentable fasse tous les actes que comporte sa profession pour être passible de la patente. Alors même qu'il n'aurait commencé à vendre qu'au bout de quelques mois, il est imposable dès le 1er janvier, s'il a consacré les premiers mois de l'année à s'approvisionner. — Cons. d'Et., 15 déc. 1852, Grippa, [Leb. chr., p. 602]

2272. — Pour un avocat, le moment où il devient imposable, ce n'est pas le jour où expire son temps de stage, mais le jour où le conseil de l'ordre décide de l'inscrire sur le tableau. — Cons. d'Et., 18 juin 1866, Hérard, [S. 67.2.208, P. adm. chr.]

2273. — L'imposition doit être établie, s'il s'agit d'une profession taxée eu égard à la population, d'après le chiffre de la population assigné à la commune par le décret de dénombrement en vigueur au 1er janvier. Ainsi donc le concessionnaire d'une entreprise de distribution d'eau ne peut demander que le chiffre de la population de la ville au jour de la passation de son marché règle invariablement son droit fixe jusqu'à la fin de son entreprise. — Cons. d'Et., 16 mars 1888, Pasquet, [S. 90.3.18, P. adm. chr.]

2274. — L'imposition doit être établie dans la commune où le contribuable exerce au 1er janvier. Il doit obtenir décharge dans son ancienne résidence. — Cons. d'Et., 2 mai 1879, Pothier-Guédat, [Leb. chr., p. 339]; — 4 août 1882, Parent, [Leb. chr., p. 749]; — 2 févr. 1883, Chanuet, [Leb. chr., p. 107] — et sa réclamation contre la patente qui lui est assignée dans sa nouvelle résidence doit être rejetée. — Cons. d'Et., 15 déc. 1876, Lendrier, [Leb. chr., p. 894]

2275. — Lorsqu'un patentable apporte, en cours d'année, des changements à la nature de son industrie, si ces modifications n'ont pas pour effet de le rendre passible de droits plus élevés, l'imposition doit rester établie d'après la profession exercée au 1er janvier. — Cons. d'Et., 6 juin 1879, Migonney, [Leb. chr., p. 457]

2276. — Si c'est avant le 1er janvier qu'il avait cessé d'exercer une profession pour en entreprendre une autre, c'est au taux de cette dernière qu'il doit la patente. — Cons. d'Et., 8 nov. 1878, Drevet, [Leb. chr., p. 859]; — 12 mai 1882, Despet, [Leb. chr., p. 457]; — 7 août 1889, Mourer, [Leb. chr., p. 951]

2277. — S'agit-il de professions taxées au prorata du nombre des ouvriers, des employés ou des machines, l'imposition doit être établie d'après le nombre de métiers utilisés ou susceptibles, moyennant de légères réparations, d'être utilisés au 1er janvier. — Cons. d'Et., 16 mars 1888, Testart, [Leb. chr., p. 269]

2277 *bis.* — On doit compter dans le calcul du droit fixe d'un fabricant à métiers, des métiers qui au 1er janvier, étaient en réparation mais ont été remis en service dans le courant de l'année. — Cons. d'Et., 6 juill. 1900, Brun, [Leb. chr., p. 462]

2278. — Lorsqu'en cours d'année, une loi vient modifier le tarif des patentes, les patentables ne sont pas fondés à réclamer immédiatement le bénéfice de ce tarif nouveau, qui ne peut être mis à exécution que le 1er janvier suivant. — Cons. d'Et., 26 mars 1870, Lesnès, [Leb. chr., p. 363]

2279. — Il a été jugé, pour un entrepreneur de travaux publics, que des travaux exécutés en 1880 ne pouvaient être taxés, en 1881, d'après le tarif de la loi du 15 juill. 1880, qui n'était pas en vigueur au moment de leur exécution. — Cons. d'Et., 28 mars 1884, Colbert, [Leb. chr., p. 254]

2280. — Mais, d'autre part, les entrepreneurs, qui ont contracté antérieurement à la loi de 1880 ne peuvent se prévaloir de ce fait pour réclamer l'application du tarif de la loi du 25 avr. 1844 à tous les travaux compris dans leur entreprise, alors même que ces travaux seraient exécutés postérieurement au 1er janv. 1881. — Cons. d'Et., 27 juill. 1883, Renaud, [Leb. chr., p. 687]; — 30 nov. 1883, Mazet, [Leb. chr., p. 867]

2281. — En ce qui touche le droit proportionnel, c'est la valeur locative de l'habitation et des locaux professionnels occupés au 1er janvier qui doit servir de base à son assiette. — Cons. d'Et., 3 mai 1878, Chol, [Leb. chr., p. 427]

2282. — Si donc, en cours d'année, le patentable vient à occuper des locaux d'une valeur locative moindre, le droit proportionnel est dû pour toute l'année d'après la valeur locative constatée au 1er janvier. — Cons. d'Et., 13 juill. 1877, Comp. des Messageries nationales, [Leb. chr., p. 696]; — 14 mars 1879, Vicens, [Leb. chr., p. 216]; — 27 févr. 1880, Gervais, [Leb. chr., p. 229]

2282 *bis.* — Il en est de même, si par suite d'événements commerciaux, la valeur locative des locaux occupés vient à diminuer. — Cons. d'Et., 26 déc. 1861, Petit, [Leb. chr., p. 933]

§ 3. *Imposition établie au 1er janvier pour l'année entière.*

1° *Cessation volontaire autre que la cession d'établissement.*

2283. — Le principal effet de l'annualité est que les contributions, établies d'après les faits existant au 1er janvier, sont dues pour l'année entière, quels que soient les événements qui viennent ultérieurement modifier la situation des contribuables. Sauf les exceptions que nous étudierons plus loin, ce principe trouve de nombreuses applications en matière de patente. C'est ainsi que, chaque année, il est décidé par de nombreux mouvements de jurisprudence que la cessation volontaire, en cours d'année, de l'exercice d'une profession ne peut motiver aucun dégrèvement au profit du contribuable. — Cons. d'Et., 24 mars 1849, Taron, [Leb. chr., p. 186]; — 23 avr. 1852, Magnan, [Leb. chr., p. 118]; — 2 févr. 1859, Mattuvet, [S. 59.2.575, P. adm. chr., D. 59.3.85]; — 19 mars 1870, Rivage, [Leb. chr., p. 315]; — 9 déc. 1871, Bourdet, [Leb. chr., p. 268]; — 9 avr. 1875, Morrère, [Leb. chr., p. 308]; — 12 juin 1885, Crougenan, [Leb. chr., p. 571]; — 28 juin 1889, Lestel, [Leb. chr., p. 791]; — 24 mai 1890, Guintrand, [Leb. chr., p. 555]; — 19 janv. 1895, Loubière, [Leb. chr., p. 73]; — 19 juin 1896, Conso, [Leb. chr., p. 491]

2284. — Spécialement, le patentable qui ferme boutique pour aller s'engager comme soldat dans un régiment doit la patente pour l'année entière. C'est là un fait de cessation volontaire du commerce qui ne peut être opposable à l'Etat. — Cons. d'Et., 25 janv. 1860, Broca, [Leb. chr., p. 62]; — 15 mars 1872, Derequebourg-Laigle, [Leb. chr., p. 176]

2285. — Si la cessation de commerce est impuissante à motiver un dégrèvement, à plus forte raison en est-il de même de la déclaration de cesser, simple manifestation d'intention qui peut n'être suivie d'aucun effet. — Cons. d'Et., 20 nov. 1856, Favraud, [Leb. chr., p. 650]; — 8 avr. 1867, Barraud, [Leb. chr., p. 354] — V. *suprà*, n. 2245.

2286. — Le patentable ne peut, pour obtenir décharge de sa patente, alléguer l'abandon qu'il fait du local où il exerçait son commerce. — Cons. d'Et., 17 mai 1878, Fassembas, [Leb. chr., p. 470]; — 4 janv. 1884, Vernay, [Leb. chr., p. 10]

2287. — ... Son départ de la commune. — Cons. d'Et., 3 mars 1876, Sinaud, [Leb. chr., p. 216]

2288. — ... La mise en vente du matériel qui garnit une usine. — Cons. d'Et., 16 avr. 1875, Lecomte-Fontaine, [Leb. chr., p. 330]

2289. — ... La vente même des bâtiments de l'usine en vue d'éviter la déclaration de faillite. — Cons. d'Et., 24 mai 1878, Briffant, [Leb. chr., p. 505]

2290. — Il en est de même de l'expiration d'un marché passé entre le patentable et l'administration pour l'exécution d'un service municipal, départemental ou national, tel que l'entreprise de l'enlèvement des boues d'une ville, la perception des droits de place ou d'octroi, ou la fourniture de vivres ou de fourrages aux corps de troupes, ou d'une concession de travaux publics. — Cons. d'Et., 18 juin 1859, Lecomte, [Leb. chr., p. 433]; — 18 nov. 1863, Verdier, [Leb. chr., p. 767]; — 18 août 1866, Bourès, [Leb. chr., p. 1040]; — 16 déc. 1869, Daviaud, [Leb. chr., p. 980]; — 5 déc. 1873, Meusnier, [Leb. chr., p. 901]; — 29 mai 1874, Lasserre, [Leb. chr., p. 505]; — 18 déc. 1874, Mahinc, [Leb. chr., p. 1016]; — 4 juin 1875, Charry, [Leb. chr., p. 539]; — 30 juin 1876, Rossi, [Leb. chr., p. 618]; — 23 févr. 1877, Autric, [Leb. chr., p. 191]; — 20 juin 1879, Bastit-Titard, [Leb. chr., p. 520]; — 12 août 1879, Laurillot, [Leb. chr., p. 640]; — 10 mars 1882, Lagadec, [Leb. chr., p. 237]; — 4 juill. 1891, Charles, [Leb. chr., p. 533]; — 22 janv. 1892, Soc. de la Sambre, [Leb. chr., p. 37]; — 12 févr. 1892, Mas, [Leb. chr., p. 139]; — 22 déc. 1894, Roux, [Leb. chr., p. 715]

2291. — En pareil cas, le remplacement dans l'exécution du service par un nouvel adjudicataire ne peut être assimilé à une cession d'établissement. Aussi l'ancien doit-il la patente pour l'année entière. — Cass., 10 janv. 1896, Martin, [Leb. chr., p. 4]; — 9 mai 1896, Bordelais, [Leb. chr., p. 389]

2291 *bis*. — Quand une saison théâtrale a été commencée avant la fin d'une année et se termine au cours de l'année suivante, l'imposition est due pour la seconde année tout entière. — Cons. d'Et., 27 nov. 1885, Lassigne, [Leb. chr., p. 882]

2292. — La cessation de l'exercice, causée par l'expiration ou la résiliation du bail en vertu duquel le patentable occupait son établissement, ne lui permet pas de demander décharge des douzièmes restant à échoir. — Cons. d'Et., 7 mai 1875, de Vulgans-Civitella, [Leb. chr., p. 439]; — 28 janv. 1876, Brochard, [Leb. chr., p. 83]; — 4 févr. 1876, Mullier-Coquerel, [Leb. chr., p. 110]; — 16 juin 1876, Bardiot, [Leb. chr., p. 569]; — 14 juill. 1876, Quintard, [Leb. chr., p. 685]; — 5 janv. 1877, Leroux, [Leb. chr., p. 26]; — 3 août 1877, Renault, [Leb. chr., p. 790]; — 22 mars 1878, Kœcklin, [Leb. chr., p. 328]; — 12 avr. 1878, Augerau, [Leb. chr., p. 397]; — 22 nov. 1878, Morlot, [Leb. chr., p. 913]; — 30 janv. 1880, Grille, [Leb. chr., p. 127]; — 6 août 1886, Rougeard, [Leb. chr., p. 714]; — 28 janv. 1887, Casabianca, [D. 88.3.51]; — 13 mai 1887, Curtelin, [Leb. chr., p. 389]; — 29 juin 1888, Druesne, [Leb. chr., p. 580]; — 20 juill. 1888, Nungisser, [Leb. chr., p. 661]; — 3 août 1888, Leau, [Leb. chr., p. 712]; — 28 juin 1889, Peyrallie, [Leb. chr., p. 791]; — 31 janv. 1890, Grivel, [Leb. chr., p. 97]; — 28 févr. 1890, Chatain, [Leb. chr., p. 229]; — 14 mars 1890, Maisonneuve, [Leb. chr., p. 284]; — 19 juill. 1890, Baron, [D. 92.3.26]; — 14 mai 1891, Broca, [D. 92.5.459]; — 4 juill. 1891, Charles, [Leb. chr., p. 528]; — 20 janv. 1899, Gardet-Carmillet, [S. et P. 1901.3.72]

2293. — Spécialement, on ne peut accorder décharge des douzièmes non encore échus à celui qui, ne justifiant d'aucune cession d'établissement, a simplement quitté son logement et ses locaux professionnels à la fin de son bail, par cela seul qu'en vertu d'un nouveau bail passé avec le propriétaire de l'immeuble, d'autres patentables s'y sont installés pour y exercer, soit une autre profession... — Cons. d'Et., 7 déc. 1859, May, [Leb. chr., p. 702]; — 20 nov. 1874, David, [Leb. chr., p. 899]

2294. — ... Soit la même profession que lui. — Cons. d'Et., 17 mai 1854, Portrey, [Leb. chr., p. 451]; — 19 févr. 1863, Paillet, [Leb. chr., p. 164]; — 6 janv. 1864, Cornu, [Leb. chr., p. 7]; — 25 août 1865, Morin, [Leb. chr., p. 854]; — 8 mai 1866, Paris, [Leb. chr., p. 443]; — 15 avr. 1872, Gaillard, [Leb. chr., p. 241]; — 5 janv. 1877, Leroux, [Leb. chr., p. 26]; — 3 août 1877, Renault, [Leb. chr., p. 790]; — 24 janv. 1879, Millet, [Leb. chr., p. 64]; — 9 mai 1879, Cador, [Leb. chr., p. 370]; — 13 juin 1879, Leleu, [Leb. chr., p. 486]; — 27 juin 1879, Boulay, [Leb. chr., p. 539]; — 18 juill. 1884, Suard, [Leb. chr., p. 616]; — 28 janv. 1887, Blachat, [Leb. chr., p. 85]; — 31 janv. 1890, Grivel, [Leb. chr., p. 97]; — 28 févr. 1891, Tillet, [Leb. chr., p. 177]; — 26 févr. 1892, Buisson, [Leb. chr., p. 201]

2295. — Peu importe, en pareil cas, que le nouveau locataire ait été lui-même assujetti à la patente. — Cons. d'Et., 12 mars 1868, Grandmaire, [Leb. chr., p. 290]; — 16 juill. 1870, Raguin, [Leb. chr., p. 914]; — 7 août 1874, Dalga, [Leb. chr., p. 807]; — 16 juin 1876, Bardiot, [Leb. chr., p. 569]; — 4 avr. 1879, Menu, [Leb. chr., p. 282]; — 9 mai 1879, Cador, [Leb. chr., p. 370]

2296. — Le patentable ne peut pas davantage se prévaloir, pour obtenir décharge des derniers douzièmes de sa patente, de ce qu'il a, en cours d'année, transféré sa résidence et son commerce dans une autre commune, où il a été imposé sur un des rôles supplémentaires. — Cons. d'Et., 3 avr. 1856, Bruneau, [Leb. chr., p. 252]; — 11 mai 1864, Lunven, [Leb. chr., p. 439]; — 31 mars 1868, Jabouley, [Leb. chr., p. 360]; — 7 août 1869, Bichelberger, [Leb. chr., p. 759]

2297. — ... Ou de ce qu'il aurait, dans le lieu de sa nouvelle résidence, acheté un autre fonds de commerce, pour lequel il se serait obligé envers son vendeur à payer les douzièmes restant à échoir. Cette nouvelle imposition dont il est devenu passible ne le dispense pas d'acquitter intégralement la première, qui ne fait pas double emploi avec elle. — Cons. d'Et., 24 mars 1859, Maurice, [Leb. chr., p. 235]; — 13 févr. 1874, Brussin, [Leb. chr., p. 157]; — 21 avr. 1882, Nuixe, [Leb. chr., p. 363]; — 15 févr. 1884, Granier, [Leb. chr., p. 131]

2298. — Même solution quand le patentable, en cours d'année, a abandonné l'établissement qu'il exploitait au 1er janvier pour aller exercer une autre profession dans une autre commune. — Cons. d'Et., 1er avr. 1892, Labro, [Leb. chr., p. 337]; — 20 juill. 1894, Barrère, [Leb. chr., p. 490]

2299. — Ce qui est jugé sur le principe même de l'imposition à la patente doit l'être aussi sur la quotité. Ainsi un commerçant, imposé au 1er janvier à raison de plusieurs établissements, ne peut se fonder, pour demander réduction de sa patente, sur ce qu'en cours d'année, il a fermé l'un de ses magasins et réuni toutes ses marchandises dans l'autre. — Cons. d'Et., 13 févr. 1874, Neumarck, [Leb. chr., p. 157]; — 2 avr. 1892, Martinet, [Leb. chr., p. 349]

2300. — De même, celui qui a transféré son établissement commercial d'un immeuble dans un autre doit être assujetti à un droit proportionnel qui porte tout à la fois sur la valeur locative de l'ancien et du nouveau local. — Cons. d'Et., 13 mai 1852, Héraud, [Leb. chr., p. 158]; — 22 déc. 1852, Oldekop, [Leb. chr., p. 641]

2301. — Ne peuvent servir de base à une demande en réduction : ni le transfert en cours d'année de l'établissement commercial ou de l'habitation dans des locaux de valeur locative inférieure à celle des locaux occupés au 1er janvier... — Cons. d'Et., 21 févr. 1855, Linant, [Leb. chr., p. 144]; — 6 août 1857, Lacoste, [D. 58.5.264]; — 26 févr. 1862, Gourdoux, [Leb. chr., p. 138]; — 13 févr. 1874, Chambon, [Leb. chr., p. 158]; — 29 mai 1874, Serniclet, [Leb. chr., p. 504]; — 4 nov. 1887, Michelet, [Leb. chr., p. 692]; — 31 janv. 1890, Plattel, [Leb. chr., p. 95]; — 1er avr. 1892, Aubry, [Leb. chr., p. 333]; — 24 juin 1893, Sénécart, [Leb. chr., p. 526]

2302. — ... Ni l'abandon d'une partie des locaux occupés. — Cons. d'Et., 15 mars 1890, Méhier-Cédier, [Leb. chr., p. 300]

2303. — ... Ni la diminution de loyer obtenue du propriétaire. — Cons. d'Et., 17 sept. 1854, Jaujaud, [D. 55.3.45]; —

19 juin 1896, Déchans, [Leb. chr., p. 491] — ... Alors même qu'elle courrait rétroactivement à partir du 1er janvier. — Cons. d'Et., 27 mai 1868, Roussy, [Leb. chr., p. 579]

2304. — Par application du même principe, dans les professions taxées à raison d'éléments variables, tels que les ouvriers ou les moyens de production, ne modifient pas les droits établis au 1er janvier : la diminution en cours d'année du nombre des métiers utilisés. — Cons. d'Et., 4 janv. 1855, Delahaye, [Leb. chr., p. 10]; — 22 mars 1855, Gibert, [D. 55.5.321] — ... La mise en chômage momentané d'une machine, quand elle n'est pas occasionnée par un manque ou une crue d'eau (V. *suprà*, n. 516 et s.). — Cons. d'Et., 8 nov. 1872, Detton, [Leb. chr., p. 585]; — 26 juill. 1878, Lucciani, [Leb. chr., p. 742]; — 5 mars 1880, Milliex, [Leb. chr., p. 256] — ... L'inaction presque complète d'un moulin causée par une mauvaise récolte. — Cons. d'Et., 17 févr. 1900, Garaux, [Leb. chr., p. 148] — ... Le renvoi d'une partie du personnel employé. — Cons. d'Et., 27 juin 1884, Hachembourg, [Leb. chr., p. 524]; — 4 nov. 1887, Morix, [Leb. chr., p. 692] — Il n'est pas permis de réduire ces droits en calculant le nombre des éléments d'après la moyenne de ceux employés dans l'année. — Cons. d'Et., 27 juin 1884, précité.

2305. — Quand une maison a été louée meublée au 1er janvier par son propriétaire, il est imposable pour l'année entière, quoique les meubles aient été enlevés en cours d'année. — Cons. d'Et., 16 févr. 1874, Benoist, [Leb. chr., p. 134]

2306. — De même, l'artisan qui, pendant l'année, renvoie son apprenti, ne peut se prévaloir de ce fait pour réclamer exemption de la patente en qualité d'ouvrier travaillant seul (V. *suprà*, n. 516 et s.). — Cons. d'Et., 2 mars 1895, Vanderhaeghen, [Leb. chr., p. 210]

2307. — Les mêmes solutions sont applicables aux sociétés. Ainsi une compagnie, qui opère sa fusion avec une autre société, n'est pas pour cela autorisée à demander décharge des derniers douzièmes, quand elle a continué ses opérations postérieurement au 1er janvier. — Cons. d'Et., 8 août 1855, Gay, [Leb. chr., p. 588]

2308. — De même la dissolution d'une société survenant en cours d'année, soit amiablement, soit par suite d'une décision judiciaire, mais sans déclaration de faillite, n'est pas un motif de décharge. — Cons. d'Et., 26 avr. 1851, Saphy, [S. 51.2.590, P. adm. chr.]; — 20 mars 1861, Ardoisières de Sarthe-et-Mayenne, [Leb. chr., p. 200]; — 26 févr. 1862, Partoul, [P. adm. chr.]; — 6 févr. 1874, Sallefranque, [Leb. chr., p. 130]; — 18 févr. 1876, Salleron, [Leb. chr., p. 179]; — 6 juill. 1888, Soc. agricole coopérative d'Arcis-sur-Aube, [D. 89.3.108]; — 14 déc. 1888, Darthon, [Leb. chr., p. 965]; — 8 févr. 1890, Assurance financière, [Leb. chr., p. 152]; — 26 oct. 1895, Soc. des produits barytiques de Jussy, [D. 96.5.411]

2° Cessation forcée provenant de causes autres que le décès, la faillite ou la liquidation judiciaire.

2309. — Si la cessation volontaire du commerce est, en dehors d'une cession d'établissement, inopérante pour entraîner décharge des termes non échus de la patente, il en est de même de la cessation forcée, quand elle provient d'une autre cause que le décès, la faillite ou la liquidation judiciaire du patentable. Ainsi, les assujettis ne peuvent échapper au paiement intégral de la patente en alléguant, qu'ils ont été appelés à acquitter leurs obligations militaires envers l'Etat (lorsque d'ailleurs l'établissement commercial fonctionnait néanmoins et alors même que l'associé militaire ne recevait qu'un prélèvement fixe au lieu d'une part proportionnelle aux bénéfices). — Cons. d'Et., 13 juin 1896, Guérin, [Leb. chr., p. 480]

2310. — Un avocat, nommé en cours d'année à des fonctions incompatibles avec l'exercice de sa profession, doit payer sa patente pour l'année entière. — Cons. d'Et., 11 janv. 1853, Joffrès, [Leb. chr., p. 95]

2311. — La radiation d'un avocat du tableau de l'ordre ne le dispense pas non plus de payer la patente pour l'année entière. — Cons. d'Et., 8 avr. 1866, Callet, [Leb. chr., p. 325]; — 8 août 1873, Oswald, [Leb. chr., p. 748]; — 3 août 1888, Launay, [Leb. chr., p. 712]; — 31 mai 1895, Pelleport, [Leb. chr., p. 470]

2312. — Sont également sans influence : la suppression d'un office ministériel. — Cons. d'Et., 29 mai 1861, Vachez, [S. 61.2.528, P. adm. chr.]; — 16 déc. 1881, Villemet, [Leb. chr. p. 986]; — ou l'obligation imposée à un officier ministériel suspendu de vendre son office. — Cons. d'Et., 5 mai 1882, Froment Curtil, [Leb. chr., p. 430]; — ... ou sa destitution, alors même que le successeur aurait déjà payé l'indemnité. — Cons. d'Et., 27 févr. 1867, Moser, [Leb. chr., p. 225]; — 14 mai 1891, Silvant, [Leb. chr., p. 381] — ... Le remplacement d'un curateur aux successions vacantes prononcée par décision du président du tribunal. — Cons. d'Et., 19 déc. 1900, Lebrun, [Leb. chr., p. 792]

2313. — On ne peut invoquer comme motif de décharge le retrait d'une autorisation donnée par l'administration. — Cons. d'Et., 15 nov. 1890, Hapet-Hirigoyen, [Leb. chr., p. 844]; — 23 janv. 1892, Soc. des téléphones, [D. 94.5.443]

2314. — Au temps où les débits de boissons ne pouvaient s'ouvrir sans autorisation du préfet et qu'un arrêté préfectoral pouvait les fermer, cette dernière mesure survenant en cours d'année ne pouvait donner droit à décharge des derniers douzièmes. — Cons. d'Et., 11 janv. 1853, Rézé, [D. 55.3.42]; — 1er juin 1853, Vallière, [Leb. chr., p. 577]; — 18 déc. 1874, Menaud, [Leb. chr., p. 1017]; — 19 févr. 1875, Oudoux, [Leb. chr., p. 176]; — 15 déc. 1876, Auzillo, [Leb. chr., p. 887]; — 5 janv. 1877, Flahaut-Gourdin, [Leb. chr., p. 26]; — 28 juin 1878, Bourlier, [Leb. chr., p. 609]; — 17 janv. 1879, Grandjon, [Leb. chr., p. 27]; — 27 févr. 1880, Poignon, [Leb. chr., p. 228]; — 5 mars 1880, Bellart, [Leb. chr., p. 256]; — ... non plus que le refus du préfet d'autoriser la réouverture du débit fermé volontairement. — Cons. d'Et., 21 févr. 1855, Mathieu, [D. 55.3.52]; — 25 mai 1864, Lacourtiade, [Leb. chr., p. 493]

2315. — Il en serait de même dans le cas où un préfet fermerait un établissement dangereux, incommode ou insalubre pour inobservation des conditions de l'arrêté d'autorisation; prescrirait la démolition de l'immeuble où s'exerce la profession parce qu'il menace ruine. — Cons. d'Et., 4 juin 1867, Boggiano, [D. 68.3.102]; — 20 janv. 1894, Gache, [Leb. chr., p. 465] — ... Ou dans le cas où la fermeture de l'établissement serait prononcée par le tribunal de police correctionnelle. — Cons. d'Et., 7 nov. 1900, Roman et Depouzin, [Leb. chr., p. 599]

2316. — Les expropriations, qui rendent nécessaires, soit la cessation complète d'un commerce, soit son déplacement, ne peuvent dispenser le patentable de payer les droits pour l'année entière. Il a été fait application de ce principe aux fabricants d'allumettes contraints de cesser leur exploitation par la loi qui établissait le monopole de l'Etat. — Cons. d'Et., 8 janv. 1875, Brugnot, [Leb. chr., p. 19]; — 12 févr. 1875, Cochet, [Leb. chr., p. 109]

2317. — ... A des commerçants expropriés pour cause d'utilité publique. — Cons. d'Et., 14 déc. 1853, Roussel, [S. 54.2.416, P. adm. chr., D. 54.3.26]; — 18 août 1855, Bresse, [D. 56.3.32]; — 22 juill. 1867, Duriez, [D. 67.5.306]; — 6 août 1880, Bordel, [Leb. chr., p. 733]; — 8 août 1895, Denis, [Leb. chr., p. 650]

2318. — La fermeture d'un magasin, causée par l'exécution de travaux de nivellement, peut être un dommage, mais ce n'est pas un motif de dégrèvement. — Cons. d'Et., 7 mars 1868, Bresson, [Leb. chr., p. 275] — Il en est de même du rachat d'un pont à péage exploité par un fermier. — Cons. d'Et., 6 nov. 1885, Lapenne, [Leb. chr., p. 821]; — 23 mars 1900, Cie des ponts de Cubzac, [Leb. chr., p. 235] — ... ou de la suppression d'un service de diligences causée par celle de la poste aux lettres. — Cons. d'Et., 18 juin 1866, Lespalles, [Leb. chr., p. 695]

2319. — D'autres événements de force majeure peuvent encore mettre obstacle à la continuation de l'exercice de la profession d'un patentable, tels qu'un jugement d'un conseil académique interdisant l'enseignement à un maître de pension. — Cons. d'Et., 17 mars 1853, Debruyser, [S. 54.2.79, P. adm. chr., D. 54.3.19]; — une décision de l'autorité judiciaire défendant à un patentable d'exercer la profession de courtier. — Cons. d'Et., 16 avr. 1870, Marin, [Leb. chr., p. 482]

2320. — Les patentables ne peuvent se prévaloir de l'impossibilité où ils sont de continuer leur commerce par suite de leur incarcération. — Cons. d'Et., 21 févr. 1855, Andriolette, [D. 55.3.52]; — 18 juin 1880, Le Landais, [Leb. chr., p. 571]; — ou de leur déportation. — Cons. d'Et., 9 févr. 1861, Lavagne, [Leb. chr., p. 91]

2321. — ... Ou d'une guerre qui interrompt l'exercice d'une profession. — Cons. d'Et., 11 juill. 1871, Pétrin, [Leb. chr., p. 82]; — 15 avr. 1872, Baroux, [Leb. chr., p. 242]

2322. — Ne peuvent être invoqués à l'appui d'une demande en dégrèvement : ni la maladie du patentable. — Cons. d'Et., 28 nov. 1855, Bello, [Leb. chr., p. 681]; — 7 août 1874, Borgy, [Leb. chr., p. 807]; — 20 mars 1875, Mialhe, [Leb. chr., p. 284]; — 14 déc. 1888, Darlhon, [Leb. chr., p. 965]; — 19 juill. 1890, Zain, [Leb. chr., p. 706]; — 8 nov. 1890, Sicard, [Leb. chr., p. 828]; — 17 juin 1892, Quilichini, [Leb. chr., p. 551]; — ni sa disparition et son absence. — Cons. d'Et., 12 févr. 1868, Signoret, [Leb. chr., p. 155]; — alors même que ces faits ont entraîné la fermeture des magasins.

2323. — Quant au mauvais état des affaires du patentable, tant qu'il ne va pas jusqu'à la liquidation judiciaire ou à la déclaration de faillite, il n'influe en rien sur sa cote. — Cons. d'Et., 25 avr. 1855, Mauvoisin, [D. 55.3.81]; — 15 mai 1857, Roget, [Leb. chr., p. 405]; — 20 déc. 1866, Vignolet, [Leb. chr., p. 1176]; — 22 déc. 1876, Lependry, [Leb. chr., p. 926]; — 30 janv. 1880, Garnier, [Leb. chr., p. 127]; — 13 févr. 1880, Chambou, [Leb. chr., p. 177]; — 17 déc. 1880, Maluin, [Leb. chr., p. 1024]; — 21 avr. 1882, Belbèze, [Leb. chr., p. 362]; — 5 janv. 1883, Malinconi, [Leb. chr., p. 12]; — 2 déc. 1887, Durand, [Leb. chr., p. 767]; — 16 déc. 1887, Coru, [Leb. chr., p. 816]; — 9 févr. 1889, Mougeolle, [Leb. chr., p. 193]; — 22 nov. 1889, Leturgeon-Normandin, [Leb. chr., p. 1057]; — 29 nov. 1889, Rey, [Leb. chr., p. 1087]; — 27 mai 1892, Girard, [Leb. chr., p. 502]

2324. — Il en est ainsi, quand même cette situation précaire aurait pour effet d'entraîner la cessation des paiements. — Cons. d'Et., 11 mai 1888, Lamigeon, [Leb. chr., p. 433]; — 27 juill. 1888, Picorti, [Leb. chr., p. 676]; — la saisie du local et la vente du matériel par le propriétaire. — Cons. d'Et., 27 avr. 1888, Ramel, [Leb. chr., p. 379]; — la vente aux enchères, par autorisation de justice, des marchandises en magasin. — Cons. d'Et., 27 mai 1857, Morel, [Leb. chr., p. 418]

2325. — Les fléaux calamiteux d'ordre matériel sont également sans influence sur la cote établie au 1er janvier : par exemple, la démolition de l'immeuble. — Cons. d'Et., 31 mai 1859, Mazurier, [S. 60.2.281, P. adm. chr.]

2326. — ... Un incendie. — Cons. d'Et., 15 mai 1867, Magninat, [Leb. chr., p. 491]; — 5 janv. 1883, Lazare, [D. 85.5.347]; — 9 févr. 1895, Richard, [Leb. chr., p. 143]; — 6 nov. 1896, Watquième, [Leb. chr., p. 695]

2327. — ... La perte d'un navire pour un armateur. — Cons. d'Et., 22 mai 1862, Hairvaux, [Leb. chr., p. 407]; — ce navire fût-il le seul qu'il possédât. — Cons. d'Et., 6 nov. 1880, Béveu, [Leb. chr., p. 853]

2328. — ... L'épuisement d'une carrière. — Cons. d'Et., 30 avr. 1897, Bourbon, [Leb. chr., p. 339]

§ 4. *L'imposition des années antérieures ne crée aucun droit.*

2329. — Enfin une dernière conséquence du principe d'annualité, c'est que les contribuables ne sont pas fondés à se prévaloir de la patente à laquelle ils auraient été assujettis les années précédentes pour soutenir qu'il ont droit d'obtenir réduction, alors même qu'ils n'auraient apporté aucun changement à l'exercice de leur profession. Les décisions qui ont pu être rendues pour les impositions d'une année antérieure ne constituent pas un droit acquis au profit des patentables pour les années suivantes. — Cons. d'Et., 5 août 1854, André [Leb. chr., p. 756]; — 26 déc. 1870, Grison, [Leb. chr., p. 1113]; — 23 mai 1873, Mercier, [Leb. chr., p. 452]; — 28 nov. 1873, Constans, [Leb. chr., p. 879]; — 25 févr. 1881, Comp. du Midi, [Leb. chr., p. 227]; — 24 nov. 1882, Bourdarie, [Leb. chr., p. 928]; — 29 juin 1883, Teissier, [Leb. chr., p. 609]; — 14 déc. 1883, Héger, [Leb. chr., p. 922]; — 21 déc. 1883, Teulé, [Leb. chr., p. 952]; — 23 mai 1884, Baudemant, [Leb. chr., p. 412]; — 20 nov. 1885, Mounic, [Leb. chr., p. 853]; — 16 avr. 1886, Thonez, [Leb. chr., p. 353]; — 22 juill. 1887, *La Métropole*, [Leb. chr., p. 591]; — 27 janv. 1888, Rougieras et Villemagne, [Leb. chr., p. 93]; — 25 janv. 1889, Guyot-Venet, [Leb. chr., p. 86]; — 10 juill. 1890, Poirson, [Leb. chr., p. 654]; — 24 janv. 1891, Tourrière, [Leb. chr., p. 49]; — 7 mars 1891, Allicy, [Leb. chr., p. 205]; — 23 janv. 1892, Bodin, [Leb. chr., p. 57]; — 27 oct. 1893, Lourmide, [Leb. chr., p. 708]; — 16 mars 1894, Cirodde, [Leb. chr., p. 211]; — 16 mars 1895, Fromentin, [Leb. chr., p. 261]; — 8 août 1895, Denis, [Leb. chr., p. 650]; — 21 nov. 1896, Pinard, [Leb. chr., p. 755]; — 13 mars 1897, Boulard, [Leb. chr., p. 221]; — 4 juin 1897, Briot, [Leb. chr., p. 460]

2330. — Jugé, par application de ce principe, que le fait qu'un exploitant d'une carrière louée au cours d'une année a été imposé à tort à la patente pour l'année entière n'est pas de nature à motiver la réduction de l'imposition d'une année postérieure. — Cons. d'Et., 20 janv. 1899, Gardet-Carmillet, [S. et P. 1901.3.72]

2331. — ... Qu'un patentable ne peut fonder une demande de réduction pour une année sur ce qu'il aurait été trop imposé l'année précédente. — Cons. d'Et., 5 juin 1896, Bonnissut, [Leb. chr., p. 454]

2332. — ... Que la réclamation formée pour une année ne dispense pas son auteur de réclamer l'année suivante. — Cons. d'Et., 15 mai 1896, Dorlin, [Leb. chr., p. 396]

2332 bis. — D'autre part, les rôles étant annuels, l'administration peut, sans que les conditions d'exercice d'une profession aient été modifiées, changer une qualification erronée. — Cons. d'Et., 24 janv. 1891, Tourrière, [Leb. chr., p. 49]

Section II.

Dérogations au principe d'annualité.

§ 1. *Dérogations établies dans l'intérêt des patentables.*

1° *Cession d'établissement. Transfert de patente.*

2333. — I. *Conditions pour qu'il y ait lieu à transfert.* — La loi du 25 avr. 1844 a permis, au cas où un patentable vendait en cours d'année son établissement à une autre personne, de transporter sur l'acquéreur les douzièmes non encore échus de la patente du vendeur. La loi du 15 juill. 1880 a conservé cette disposition. Il nous faut d'abord déterminer dans quels cas il y a lieu d'effectuer ce transfert.

2334. — La première condition pour qu'il y ait lieu à engager la procédure du transfert, c'est que la cession d'établissement se produise en cours d'année. Si, en effet, elle a eu lieu avant le 1er janvier, le cédant, maintenu à la patente l'année suivante, peut se borner à demander décharge (Instr. 1881, art. 132). — Cons. d'Et., 1er févr. 1890, Caillaud, [Leb. chr., p. 118]; — 23 juill. 1892, Evelay, [Leb. chr., p. 657] — ... Même si en cours d'année ce cédant venait à reprendre un autre fonds. — Cons. d'Et., 12 mars 1880, Hay, [Leb. chr., p. 290]

2335. — Et le cessionnaire qui, en vertu de la convention passée avec son vendeur, a payé la patente inscrite à tort au nom de ce dernier, n'est pas fondé à prétendre qu'il y a double emploi quand ultérieurement il est imposé sur un rôle supplémentaire pour toute l'année. — Cons. d'Et., 11 mai 1888, Gourné, [D. 89.3.84]

2336. — Il faut ensuite qu'il intervienne entre le premier et le second patentables une convention. Il ne suffit pas que le second prenne la place du premier; qu'il s'installe dans les mêmes locaux; qu'il y exerce la même profession. Il faut qu'il y ait un lien de droit entre eux. Aussi le Conseil d'Etat a-t-il toujours décidé qu'en l'absence d'un contrat passé directement entre le prédécesseur et le successeur, il n'y avait pas de transfert possible. Et, par exemple, l'exploitant d'un moulin ou d'une usine, qui est arrivé aux termes de son bail, n'est pas fondé, par cela seul que l'exploitation de cet établissement a été reprise aussitôt après par un nouveau fermier qui a traité directement avec le propriétaire de l'immeuble, à demander que les douzièmes non échus de sa patente soient transférés à son successeur. — Cons. d'Et., 12 sept. 1853, Dervillez, [Leb. chr., p. 898]; — 13 juill. 1858, Duhanet, [Leb. chr., p. 508]; — 11 sept. 1858, Grandjean, [Leb. chr., p. 648]; — 29 févr. 1860, Petitjean, [Leb. chr., p. 166]; — 18 avr. 1860, Collez, [Leb. chr., p. 325]; — 15 août 1860, Fournier, [Leb. chr., p. 627]; — 20 mars 1861, Duez, [D. 61.5.349]; — 24 juill. 1861, Estocq, [Leb. chr., p. 642]; — 29 déc. 1871, Dumas, [Leb. chr., p. 335]; — 26 févr. 1875, Hermann-Yvon, [D. 77.5.327]; — 28 janv. 1876, Brochard, [Leb. chr., p. 83]; — 22 mars 1878, Kœchlin, [Leb. chr., p. 328]; — 12 avr. 1878, Augereau, [Leb. chr., p. 397]; — 22 nov. 1878, Morlot, [Leb. chr., p. 913]; — 30 janv. 1880, Grille, [Leb. chr., p. 12]; — 29 juin 1883, Nouguier, [Leb. chr., p. 609]; — 3 août 1883, Thévenon et Carron, [Leb. chr., p. 719]; — 15 janv. 1889, Gaudron, [Leb. chr., p. 38]; — 5 nov. 1886, Roulot, [Leb. chr.,

p. 764]; — 19 nov. 1886, Galinié, [Leb. chr., p. 808]; — 10 juin 1887, Beaulieu, [Leb. chr., p. 468]; — 29 juin 1888, Druesne, [Leb. chr., p. 580]; — 20 juill. 1888, Nungesser, [Leb. chr., p. 601]; — 3 août 1888, Leau, [Leb. chr., p. 712]; — 18 mai 1889, Ravon, [Leb. chr., p. 631]; — 6 déc. 1889, Silhol, [Leb. chr., p. 1126]; — 7 déc. 1889, Louis, [Leb. chr., p. 1140]

2337. — Le cessionnaire n'est pas plus fondé à demander que la patente de son prédécesseur lui soit transférée. — Cons. d'Et., 4 mai 1900, Louis, [Leb. chr., p. 312]

2338. — Le fait qu'un patentable, arrivé à la fin de son bail, demande à l'administration de transférer au nouveau locataire l'autorisation qu'il lui avait donné pour exercer ne suffit pas, en l'absence d'une cession d'établissement, pour l'autoriser à demander le transfert. — Cons. d'Et., 14 juill. 1876, Quintard, [Leb. chr., p. 685]

2339. — On admet la même solution si le bail a été rompu par une résiliation. — Cons. d'Et., 18 juin 1859, Servais, [D. 60. 5.268]; — 30 juin 1869, Raguin, [Leb. chr., p. 70]; — 26 mars 1870, Litod, [S. 72.2.64, P. adm. chr.]; — 20 nov. 1874, Clérin, [Leb. chr., p. 900]; — 18 déc. 1874, Manigot, [Leb. chr., p. 1017] — ... Ou si c'est le propriétaire de l'établissement qui, sans racheter le fonds de commerce de son locataire, continue la même profession. — Cons. d'Et., 7 mai 1875, de Vulgano-Civitella, [Leb. chr., p. 439]; — 29 janv. 1886, Gœtz, [Leb. chr., p. 87]; — 26 avr. 1890, Danlin, [Leb. chr., p. 432] — ... Ou s'il s'agit d'un marché arrivé à son terme et qui donne lieu à une nouvelle adjudication au profit d'un entrepreneur. — Cons. d'Et., 19 juill. 1866, Mergerie, [Leb. chr., p. 858]; — 23 janv. 1885, Succh-Chaballier, [Leb. chr., p. 72]; — 5 nov. 1886, Hilaire, [Leb. chr., p. 764]

2340. — Un directeur de théâtre municipal, auquel son traité interdit de céder le privilège dont il est titulaire, mais qui use d'une clause de ce traité en se retirant avant l'expiration de ce marché, ne peut demander le transfert de sa patente au nouveau directeur qui a traité avec la ville. — Cons. d'Et., 11 mai 1864, Kermarie, [Leb. chr., p. 440]; — 15 mars 1878, Gillon, [Leb. chr., p. 295]

2341. — Celui qui acquiert par adjudication à la barre d'un tribunal un établissement industriel après une liquidation judiciaire ne peut demander le transfert à son nom de la patente de l'ancien industriel. Il n'y a pas cession dans le sens de la loi. — Cons. d'Et., 13 nov. 1897, Millet, [D. 99.3.14]; — 5 mai 1899, Lebaudy, [S. et P. 1901.3.120]

2342. — Il faut que la convention, intervenue entre le patentable primitif et son successeur, constitue véritablement une cession d'établissement, c'est-à-dire la vente du fonds de commerce. Un fonds de commerce constitue une universalité de fait qui se compose d'éléments multiples : l'installation matérielle, l'achalandage, l'enseigne, les marchandises en magasin, le droit au bail des locaux occupés, les marques de fabrique, dessins et modèles, brevets (V. *suprà*, v° *Fonds de commerce*, n. 2 et s.). Ces divers éléments sont en général compris dans la vente; mais ils peuvent en être séparés par des clauses expresses. C'est au juge qu'il appartiendra d'apprécier, d'après les circonstances, si la convention constitue ou non une cession d'établissement.

2343. — Ainsi le Conseil a refusé de voir une cession d'établissement dans un contrat où l'on avait vendu la cage d'un moulin sans son outillage. — Cons. d'Et., 8 nov. 1878, Chaquert, [Leb. chr., p. 863]; — les marchandises en magasin sans le droit au bail et sans la clientèle. — Cons. d'Et., 10 janv. 1862, Aymerie, [Leb. chr., p. 7]; — 4 mai 1864, Paillard, [Leb. chr., p. 406]; — 26 févr. 1875, Mourier, [Leb. chr., p. 197]; — 12 août 1879, Soudiette, [Leb. chr., p. 639]; — le mobilier garnissant la boutique sans la clientèle ou les marchandises. — Cons. d'Et., 26 nov. 1880, Sabine, [Leb. chr., p. 924]

2344. — La vente même d'une partie plus ou moins importante du matériel d'exploitation ne suffit pas à constituer la cession d'établissement prévue par la loi. — Cons. d'Et., 13 juill. 1858, Déchanet, [Leb. chr., p. 508]; — 18 mai 1861, Suard, [D. 61.5.348]; — 17 mars 1869, Defaucomberge, [Leb. chr., p. 265]; — 18 mars 1887, Bonabaud, [Leb. chr., p. 243]; — 10 juin 1887, Beaulieu, [Leb. chr., p. 468]; — 6 déc. 1889, Tendron, [Leb. chr., p. 1127]; — 27 mai 1892, Grosgojat, [Leb. chr., p. 502]; — 1er déc. 1894, Jeandidier, [S. et P. 96.3.134]

2345. — Un entrepreneur de diligences, qui a vendu son matériel à un autre entrepreneur déjà imposé en cette qualité, et qui, malgré cette addition de matériel, n'augmente pas le parcours de ses voitures, ne modifie pas ses services et n'exerce pas dans les locaux précédemment occupés par le vendeur n'est pas à considérer comme ayant vendu son établissement au point de vue de la patente. — Cons. d'Et., 11 juin 1880, Laborde, [Leb. chr., p. 541] — V. encore Cons. d'Et., 4 nov. 1887, Sabatier, [D. 88.5.344] — V. *infrà*, n. 2373.

2346. — Quand un locataire succède à un autre dans un établissement, le fait qu'il achète à l'ancien quelques objets d'ameublement ne suffit pas non plus pour constituer une cession d'établissement. — Cons. d'Et., 3 août 1877, Renault, [Leb. chr., p. 790]; — 25 mars 1881, Lavigne, [Leb. chr., p. 333]; — 7 nov. 1884, Plessier, [Leb. chr., p. 751]

2347. — La cession du bail n'implique davantage plus cession d'établissement, quand par exemple le cessionnaire exerce une profession différente de celle du cédant. — Cons. d'Et., 19 juill. 1854, Voinnet, [S. 55.2.159, P. adm. chr.]; — 22 mai 1866, Déa, [Leb. chr., p. 502]; — 8 juin 1883, Lefèvre, [D. 85.3.22]; — 11 mai 1888, Ruault, [Leb. chr., p. 433]; — 1er avr. 1892, Cresson, [Leb. chr., p. 336]; — 19 janv. 1895, Loubières, [Leb. chr., p. 73], — et même s'il exerce la même profession. — Cons. d'Et., 31 janv. 1855, Estrampes, [D. 55.3.56]

2348. — A plus forte raison il n'y a pas lieu à transfert quand le patentable se borne à vendre un des éléments à raison desquels est calculé son droit fixe. Ainsi, la cession par un marchand forain d'un cheval et d'une voiture ne peut être assimilée à une cession d'établissement. — Cons. d'Et., 16 janv. 1892, Naman, [Leb. chr., p. 28] — ... De même, la vente, par un exploitant de machines à battre, d'une de ses batteuses. — Cons. d'Et., 23 juill. 1892, Eveloy, [Leb. chr., p. 657]; — 5 août 1898, Pillas, [S. et P. 1901.3.20]

2349. — Il a aussi été jugé, à propos d'armateurs, que la vente volontaire ou forcée d'un navire, ce navire fût-il le seul servant à l'exercice de la profession, ne pouvait être considérée comme constituant une cession d'établissement. — Cons. d'Et., 16 août 1865, Deglaire, [Leb. chr., p. 838]; — 24 janv. 1866, Fournier, [Leb. chr., p. 1186]; — 24 déc. 1875, Bourdet, [Leb. chr., p. 1050]; — 15 déc. 1876, Née, [Leb. chr., p. 887]; — 23 mars 1880, Nicolaï, [Leb. chr., p. 346]; — 26 févr. 1886, Crouzet, [D. 87.3.77]; — et ce, alors même que le cessionnaire a été imposé à raison du même navire. — Cons. d'Et., 15 déc. 1876, précité; — 23 mars 1880, précité

2350. — Pour qu'il y ait cession d'établissement dans le sens de la loi, il faut qu'il y ait cessation d'exercice par le vendeur. Ainsi, un boucher qui a cédé son étal au marché et qui continue à exploiter un autre étal à l'abattoir, reste imposable et ne peut demander le transfert. — Cons. d'Et., 3 juill. 1863, Pécheux, [Leb. chr., p. 487]

2351. — Une société d'assurances qui, quoiqu'ayant cédé son portefeuille à une autre compagnie, est demeurée seule responsable vis-à-vis de ses assurés, sauf son recours contre la compagnie cessionnaire, ne peut être considérée comme ayant cessé ses opérations. Elle reste donc imposable. — Cons. d'Et., 21 juin 1890, *L'Alliance*, [Leb. chr., p. 601]; — 15 nov. 1890, Assurance française, [Leb. chr., p. 845]; — 21 mars 1891, *La Préservatrice*, [Leb. chr., p. 258]; — 26 févr. 1892, *Le Progrès national*, [Leb. chr., p. 197]

2352. — La jurisprudence a appliqué le même principe aux entrepreneurs, fournisseurs et concessionnaires qui font des sous-traités pour l'exécution d'une partie de leurs obligations. Ces sous-traités, qui laissent subsister leur responsabilité envers l'administration avec laquelle ils ont passé leur marché, ne permettent pas qu'on les considère comme ayant cédé leur établissement et cessé, par suite, d'être assujettis. Ainsi jugé pour un fermier des droits de place dans les halles qui a passé avec un tiers un traité pour l'exploitation de sa ferme. — Cons. d'Et., 30 janv. 1867, Rougières, [Leb. chr., p. 116]

2353. — ... Pour un entrepreneur de l'enlèvement des boues d'une commune, qui s'était substitué pour ce travail des cultivateurs, lesquels employaient les boues à l'amendement de leurs terres. — Cons. d'Et., 6 avr. 1869, Saint-Genez, [Leb. chr., p. 309]

2354. — ... Pour un entrepreneur de la fabrication dans les prisons qui contracte avec un tiers pour l'exploitation du travail des détenus. — Cons. d'Et., 8 nov. 1889, Ferrary, [Leb. chr., p. 1001]

2355. — ... Pour des entrepreneurs de travaux publics cédant à des tiers, moyennant un rabais sur les prix, une partie de leurs travaux. — Cons. d'Et., 17 févr. 1863, Claveriers, [Leb. chr., p. 139]; — 11 déc. 1885, Hubert, [Leb. chr., p. 939]; — 4 nov. 1893, Bermont, [Leb. chr., p. 718]

2356. — Un individu qui, par traité passé avec une compagnie de chemin de fer, s'est chargé du factage, du camionnage, du transport des voyageurs par omnibus et qui sert d'intermédiaire entre la compagnie et le public pour la réception et l'expédition des marchandises, ne peut se prévaloir de ce qu'il aurait cédé, en cours d'année, le service des omnibus, c'est-à-dire une partie de son entreprise, pour soutenir qu'il n'est plus imposable, alors qu'il reste toujours responsable vis-à-vis de la compagnie. — Cons. d'Et., 13 avr. 1877, Vézin, [Leb. chr., p. 330]

2357. — De même, un département concessionnaire de plusieurs lignes de chemins de fer d'intérêt local ne peut échapper au paiement des droits de patente par le motif qu'il aurait cédé l'exploitation de ces lignes à une compagnie, lorsqu'en vertu même de son traité l'exploitation est faite pour le compte et aux risque du département. — Cons. d'Et., 8 juin 1883, Dép. des Ardennes, [Leb. chr., p. 538]

2358. — Une compagnie concessionnaire, qui a traité avec une autre compagnie pour l'exploitation de ses lignes moyennant une redevance annuelle, n'en reste pas moins concessionnaire et à ce titre doit rester imposée. — Cons. d'Et., 5 avr. 1878, Cie des chemins de fer de Vassy, [Leb. chr., p. 366]; — 18 mars 1887, Comp. Nord-Est, [Leb. chr., p. 239]

2359. — Mais lorsqu'un contribuable a cédé son fonds, en cours d'année, avec sa clientèle et le matériel nécessaire à l'exploitation de ce fonds; que le cessionnaire a continué à vendre, dans les mêmes locaux, des marchandises de la même nature que celles que vendait le cédant; que le cessionnaire s'est engagé à payer, à partir de la vente, les contributions de toute nature dont le cédant pouvait être tenu à raison de la maison par lui occupée, on est véritablement en présence d'une cession d'établissement et le transfert peut être réclamé. — Cons. d'Et., 17 mars 1865, Picard, [Leb. chr., p. 285]

2359 *bis*. — L'acquisition, avec la clientèle et ses marchandises, d'un établissement industriel dépendant d'une succession, constitue une cession d'établissement. — Cons. d'Et., 17 déc. 1900, Vandenbronque, [Leb. chr., p. 784]

2360. — La substitution, en cours d'année, d'un courtier de marchandises à celui qui exerçait au 1er janvier ne donne pas lieu, à défaut de cession justifiée du fonds, au transfert de patente, au nom du courtier substitué, pour les douzièmes de la partie de l'année restant à courir. — Cons. d'Et., 16 déc. 1898, Robert, [S. et P. 1901.3.51]

2361. — Le fait qu'une partie des locaux occupés par le cessionnaire serait située dans une commune autre que celle où était l'établissement du cédant ne met pas obstacle au transfert. — Cons. d'Et., 8 juin 1883, Laxague, [D. 85.3.22]

2362. — Il peut y avoir cession d'établissement sans que le cédant ait cessé d'être imposable à la patente. Si, par exemple, un patentable exerçant dans des établissements distincts des professions de nature différente vend un de ces établissements et renonce complètement à l'une de ces professions, il est fondé à réclamer le transfert de la patente afférente à cette profession au nom de son acheteur. — Cons. d'Et., 16 janv. 1885, Bruyère, [Leb. chr., p. 44]

2363. — Il en est de même si, après la cession, le cédant est allé dans une autre commune ouvrir un établissement semblable à celui qu'il avait vendu. — Cons. d'Et., 25 mars 1892, *L'Abeille*, [Leb. chr., p. 314]

2364. — Il a même été jugé qu'une cession d'établissement pouvait être effective, alors même que le cédant conservait un intérêt dans l'entreprise, lorsque, par exemple, un commerçant cède son fonds à une société par actions et reçoit comme prix de cette affaire un certain nombre d'actions. Le cédant et la société qui a traité avec lui constituent deux personnes différentes et, malgré l'intérêt conservé dans l'entreprise par le cédant, il y a bien eu transmission de propriété. Peu importe donc que les apports de ce genre ne soient pas soumis au droit proportionnel d'enregistrement exigible sur toutes les transmissions et ne soient assujettis qu'au paiement du droit fixe (L. 22 frim. an VII, art. 68, § 3, n. 4); cette circonstance d'ordre fiscal ne peut changer la nature de l'apport. — Cons. d'Et., 2 juill. 1886, Syndicat industriel et Lamonta, [S. 88.3.22, P. adm. chr., D. 88.3.6]

2365. — Lors même que l'acquéreur n'aurait pas pris la suite du bail, la vente du fonds avec la clientèle, le mobilier et le matériel d'exploitation et les marchandises en magasin constitue une cession d'établissement. — Cons. d'Et., 1er déc. 1864, Clément, [Leb. chr., p. 940]

2366. — Il y a cession d'établissement lorsqu'un propriétaire, à l'expiration du bail d'une société à laquelle il louait un immeuble, reprend l'exploitation abandonnée par cette société en lui achetant son matériel, son outillage, ses modèles et marques de fabrique. — Cons. d'Et., 12 mars 1897, Dorian, [D. 98.3.90]

2367. — Le transfert peut être effectué, alors même que le cédant continue à occuper les locaux qui étaient affectés à son habitation personnelle. Si en effet, il n'exerce plus aucune profession imposable, il ne doit plus le droit proportionnel sur son habitation. — Cons. d'Et., 17 janv. 1879, Martimier, [Leb. chr., p. 26]

2368. — Lorsque la cession d'établissement se produit en cours d'année, quel doit être l'objet de la demande? Il semble, d'après la loi, que ce soit seulement le transfert au nom du cessionnaire des douzièmes non encore échus de la patente telle qu'elle a été établie au 1er janvier. — Cons. d'Et., 1er déc. 1849, Rinemale, [Leb. chr., p. 651]; — 22 mars 1854, Joly, [Leb. chr., p. 218]; — 13 févr. 1885, Maumus, Leb. chr., p. 173]; — 1er juill. 1887, Bergès, [Leb. chr., p. 529]; — 19 juill. 1890, Delamarre, [Leb. chr., p. 698]; — 27 juin 1891, Longer, Leb. chr., p. 506]

2369. — Aussi les demandes en décharge ou réduction qui seraient fondées sur une cession d'établissement devraient-elles être rejetées s'il n'était pas possible de les considérer comme des demandes en transfert. — Cons. d'Et., 1er déc. 1864, Clément, [Leb. chr., p. 940]; — 23 mars 1865, Lesauvage, [Leb. chr., p. 305]; — 1er mai 1869, Ronfort, [S. 70.2.168, P. adm. chr.]; — 4 juin 1870, Martineau, [Leb. chr., p. 710]; — 7 août 1874, Lebert, Leb. chr., p. 808]; — 21 juill. 1882, Joulin, [Leb. chr., p. 704]; — 27 févr. 1885, Dreux, [Leb. chr., p. 236]

2370. — Il peut arriver toutefois que, sans attendre la demande de transfert, l'administration ait assujetti, au moyen d'un rôle supplémentaire, le cessionnaire en sa qualité de patentable nouveau. Le cédant est, en ce cas, fondé à demander non le transfert, qui est déjà opéré en fait, mais simplement la décharge des douzièmes restant à échoir sur sa patente et qui font double emploi avec la patente imposée au cessionnaire. — Cons. d'Et., 3 nov. 1853, Thibault, [Leb. chr., p. 925]; — 4 juin 1862, Fuselier, [Leb. chr., p. 446]; — 31 mai 1870, Deriémont, [Leb. chr., p. 668]; — 8 juin 1883, Lanague, [Leb. chr., p. 536]; — 20 janv. 1888, Journiac, [Leb. chr., p. 51]; — 25 janv. 1890, Cabray, [Leb. chr., p. 81]

2371. — Le législateur n'a prévu que le cas le plus simple, celui où le cessionnaire prend la suite des opérations du cédant et le remplace purement et simplement dans son magasin, dans sa maison d'habitation. Mais, comme nous l'avons montré plus haut, il peut y avoir cession d'établissement sans que toutes ces conditions se trouvent réunies. Cette cession peut comporter des modalités nombreuses. Le cessionnaire peut ne pas exercer la profession du cédant dans les mêmes conditions que son prédécesseur; il a pu transporter son magasin dans des locaux de valeur locative inférieure ou supérieure; son loyer d'habitation peut aussi être plus ou moins fort que celui du cédant; enfin il peut être déjà assujetti à la patente à raison de l'exercice d'autres professions et se trouver, par suite, au point de vue même de la patente, dans une situation qui rende impossible son imposition à de nouveaux droits. Tous ces faits peuvent donner lieu à des difficultés sérieuses.

2372. — Le principe en cette matière, c'est que l'objet du transfert n'est autre que le reliquat de la patente du cédant. C'est dire qu'on ne doit pas profiter de cette occasion pour modifier les éléments d'imposition si rien n'est changé. Le cessionnaire se borne-t-il à remplacer le cédant dans les locaux occupés par lui, il ne doit pas lui être réclamé un supplément de droit proportionnel. — Cons. d'Et., 29 mars 1878, Charzat, [D. 78.3.69]; — 16 janv. 1885, Bruyère, [Leb. chr., p. 44]

2373. — Si l'Etat ne doit rien gagner au transfert, il ne doit rien y perdre. Aussi, lorsque le cessionnaire se trouve dans une situation telle que le reliquat de la patente du cédant ne puisse pas lui être intégralement imposé, le cédant ne peut obtenir qu'un transfert partiel et reste débiteur personnel du surplus. Ainsi, dans le cas où le cessionnaire n'aurait acheté l'établissement que pour le fermer, et n'exploiterait pas le fonds du cédant, on doit maintenir ce dernier à la patente. — Cons. d'Et., 23 févr. 1865, Aubert, [Leb. chr., p. 233]; — 9 avr. 1875, Grisolle, [Leb. chr., p. 307]

2374. — Autrement dit, le transfert n'est possible que si le cessionnaire peut être subrogé entièrement aux obligations du cédant envers l'Etat. — Cons. d'Et., 16 avr. 1856, Grouillard, [S. 57.2.328, P. adm. chr., D. 56.3.64]; — 11 juin 1880, Laborde, [Leb. chr., p. 541]

2374 bis. — Si le cessionnaire exploite l'établissement cédé avec moins d'éléments imposables que son cédant, les droits doivent être réglés d'après la situation nouvelle. Le transfert ne peut faire rapporter au cessionnaire des droits supérieurs à ceux dont il est passible en vertu de la profession qu'il exerce. — — Cons. d'Et., 28 déc. 1900, Avot-Vallée, [Leb. chr., p. 844]

2375. — De même, si le cessionnaire modifie les conditions d'exercice de la profession de façon à en changer la nature, le transfert ne peut avoir lieu que pour la différence existant entre les droits afférents à ces deux professions. Le transfert ne doit représenter que le droit qui aurait pu être réclamé au cessionnaire par voie de rôle supplémentaire. Ainsi l'exploitant d'un café-chantant, qui cède son établissement à un acquéreur qui se borne à exploiter un café ordinaire, doit rester imposé à la patente pour la différence existant entre les droits afférents à ces deux professions. — Cons. d'Et., 23 nov. 1894, Marquant, [Leb. chr., p. 624]

2376. — Si le local dans lequel le cessionnaire va désormais exercer le commerce cédé est d'une valeur locative inférieure à celle des locaux occupés par le cédant, celui-ci ne peut obtenir de dégrèvement que jusqu'à concurrence de la contribution imposée à son successeur. — Cons. d'Et., 30 nov. 1852, Durand, [Leb. chr., p. 542]; — 11 janv. 1853, Audibert, [Leb. chr., p. 74]; — 17 déc. 1862, Thomas, [Leb. chr., p. 798]; — 8 avr. 1863, Huchet, [Leb. chr., p. 314]; — 19 mars 1864, Tellier, [Leb. chr., p. 289]; — 18 août 1864, Dallamand, [Leb. chr., p. 804]; — 28 déc. 1877, Chalmel, [Leb. chr., p. 1061]; — 17 janv. 1879, Martinier, [Leb. chr., p. 26]

2377. — Le droit donné aux intéressés de demander le transfert est purement conditionnel et s'évanouit si la cote ne peut être utilement inscrite au nom du cessionnaire. La mutation de cote autorisée par la loi, ne doit jamais avoir pour effet soit de priver le Trésor du recouvrement d'une partie de la cote établie au nom du cédant, soit de frapper le cessionnaire d'un droit supérieur à celui qu'il doit régulièrement payer eu égard aux conditions dans lesquelles il exerce son commerce. Ainsi, à l'époque où il y avait un maximum pour le droit fixe, quand il était atteint pour le cessionnaire, tout transfert au nom de ce cessionnaire devenait impossible. — Cons. d'Et., 24 janv. 1866, Fournier, [Leb. chr., p. 1186]; — 13 févr. 1874, Janjean, [Leb. chr., p. 158]; — 20 nov. 1874, Muzard, [Leb. chr., p. 901]

2378. — Actuellement encore, si le cessionnaire transporte le fonds acheté dans un établissement à raison duquel il est déjà imposé à une patente égale ou supérieure à celle du cédant, on ne peut lui transférer le reliquat de la patente de ce dernier. — Cons. d'Et., 13 avr. 1850, Lebris-Colombanne, [Leb. chr., p. 346]; — 1er juin 1850, Reynaud, [Leb. chr., p. 524]; — 23 févr. 1860, Durget, [Leb. chr., p. 141]; — 8 avr. 1863, Huchet, [Leb. chr., p. 314]; — 27 févr. 1892, Vouzeland, [Leb. chr., p. 240] — V. *suprà*, n. 2345.

2379. — Si les locaux à raison desquels le cessionnaire était déjà imposé à la patente, avaient une valeur locative inférieure à celle des locaux qu'il a repris du cédant, il devient passible, de ce fait, d'un supplément d'imposition et dès lors, le cédant peut obtenir décharge de sa patente jusqu'à concurrence de la somme à laquelle son successeur est lui-même imposable pour le supplément de valeur locative des nouveaux locaux où il exerce sa profession. — Cons. d'Et., 19 juin 1896, Duba, [S. et P. 98.3.84]

2380. — Pour pouvoir repousser le transfert qui est fait à son nom de la patente du cédant par le motif qu'il paierait déjà la patente, le cessionnaire ne peut se prévaloir que d'une inscription personnelle au rôle. S'il n'y figure qu'en qualité de représentant d'un autre patentable, il ne peut soutenir que cette contribution fait double emploi avec celle qui lui est assignée par voie de transfert. — Cons. d'Et., 8 févr. 1884, Berry, [D. 85.3.95]

2381. — La vente que des associés se font entre eux de leurs parts de société peut-elle être considérée comme une cession d'établissement dans le sens de la loi, donnant lieu à un transfert de patente? Le Conseil d'Etat a résolu cette question négativement le 20 févr. 1869, Sourzat, [S. 70.2.96, P. adm. chr.], et affirmativement le 27 déc. 1890, Saint-Germain, [Leb. chr., p. 1030] — A notre avis, nous croyons qu'il faut distinguer plusieurs hypothèses. S'agit-il d'un associé secondaire qui cède sa part de société à un individu ne faisant pas encore partie de la société, le transfert est évidemment possible. Il l'est encore, au moins partiellement, si dans une société de trois membres un des associés secondaires vend sa part aux deux autres, parce qu'en ce cas l'associé secondaire restant voit sa part de droit fixe élevée du tiers à la moitié. Mais si c'est l'associé principal qui rachète les parts de ses associés de manière à rester seul à la tête de l'établissement, ce qui s'est produit dans l'affaire jugée en 1890, on ne voit pas comment on peut concilier la solution admise dans cette affaire avec ce principe que le transfert ne doit pas assujettir un cessionnaire déjà imposé à des droits supérieurs à ceux dont il est passible. L'associé principal qui a déjà payé le droit fixe complet ne peut voir ce droit augmenté du reliquat des portions de droit fixe imposées aux associés secondaires dont il rachète les parts.

2381 bis. — Le Conseil d'Etat a cependant, dans un arrêt récent, paru admettre implicitement la possibilité d'une demande de transfert dans ces conditions. — Cons. d'Et., 28 déc. 1900, Vaudey, [Leb. chr., p. 844]

2382. — II. *Procédure du transfert.* — L'art. 23, L. 25 avr. 1844, autorisait, en cas de cession d'établissement, le cédant à demander le transfert de sa patente au nom de son successeur; mais seul le cédant avait cette faculté. La loi du 15 juill. 1880 (art. 28) confère le même droit au cessionnaire, de sorte que le transfert peut aujourd'hui être indifféremment demandé par l'un ou par l'autre (Instr. 1881, art. 132).

2383. — Des termes de la loi de 1844, le Conseil d'Etat avait tiré cette conséquence que les demandes de transfert ne pouvaient être valablement présentées que par le cédant lui-même ou par son mandataire et que le cessionnaire ne pouvait être autorisé à le demander que s'il justifiait d'un mandat exprès à lui donné par le cédant. — Cons. d'Et., 18 févr. 1854, Lebeau, [Leb. chr., p. 142]; — 1er déc. 1858, Collin, [S. 59.2.400, P. adm. chr., D. 59.5.284]

2384. — Sous l'empire de cette loi, le droit pour le cessionnaire de former une réclamation ne s'ouvrait que quand il était imposé par voie de rôle supplémentaire ou par arrêté ordonnant le transfert. Il pouvait soutenir notamment qu'il était imposé à partir d'une époque antérieure à celle où il avait réellement commencé à exercer. — Cons. d'Et., 18 févr. 1854, précité.

2385. — Alors même qu'il avait été mis régulièrement en demeure de s'expliquer sur la demande de transfert formée par le cédant et qu'il avait gardé le silence sur cette communication, il était recevable à contester le transfert devant le conseil de préfecture, sans que son silence pût lui être opposé comme un acquiescement. — Cons. d'Et., 16 avr. 1856, Grouillard, [S. 57.2.238, P. adm. chr., D. 56.3.64]

2386. — Mais il ne pouvait contester son imposition au rôle supplémentaire à partir du premier du mois de la cession par le seul motif que le cédant était resté imposé à la patente à raison du même établissement. Si le cédant était recevable et fondé à soutenir que l'imposition du cessionnaire faisait double emploi avec la sienne, le cessionnaire n'avait pas le même droit. — Cons. d'Et., 17 sept. 1854, Marie, [S. 55.2.287, P. adm. chr., D. 55.3.74] — Il ne pouvait se prévaloir non plus de ce que le cédant aurait acquitté intégralement la patente de l'année. — Cons. d'Et., 17 déc. 1875, Carbonnel, [Leb. chr., p. 1015]; — 21 nov. 1879, Irigara, [Leb. chr., p. 729]

2387. — Lors même que, par l'acte de cession, il se serait obligé envers son cédant à payer les douzièmes non encore échus de la patente ou à lui en rembourser le montant, ces faits ne lui donnaient pas le droit de demander décharge de la patente qui lui était ultérieurement imposée par le rôle supplémentaire. — Cons. d'Et., 7 juin 1855, Pernot, [Leb. chr., p. 406]; — 15 août 1860, Couty, [Leb. chr., p. 627]; — 25 mai 1861, Blande, [Leb. chr., p. 427]; — 3 mars 1864, Heydenriech, [Leb. chr., p. 224]; — 7 sept. 1864, Marziou, [Leb. chr., p. 836]; — 16 déc. 1868, Bardolle, [Leb. chr., p. 1051]; — 17 mars 1869, Zuccarelli, [Leb. chr., p. 264]; — 29 déc. 1871, Marie, [Leb. chr., p. 335]; — 23 févr. 1877, Verbært, [Leb. chr., p. 191]; — 8 juin 1877, Rotili, [Leb. chr., p. 565]; — 12 mars 1880, Audevert, [Leb. chr., p. 289]; — 6 août 1880, Leporcq, [Leb. chr.,

p. 731]; — 18 nov. 1881, Bideau et Prunevicilla, [Leb. chr., p. 893]; — 9 juin 1882, Colin et Beugnot, [Leb. chr., p. 542]; — 27 avr. 1883, Banque gén. d'arbitrage, [Leb. chr., p. 401]; — 8 juin 1883, Lefèvre, [Leb. chr., p. 536]

2388. — En pareil cas, le cessionnaire ne pouvait ni obtenir décharge de sa patente personnelle ni se faire rembourser par l'État ce qu'il avait payé pour le compte du cédant. Tout ce qu'il pouvait faire, c'était d'exercer contre le cédant tel recours que de droit pour se faire dédommager du préjudice que celui-ci lui avait causé en ne demandant pas le transfert. — Cons. d'Et., 11 févr. 1857, Niel, [D. 57.3.76]

2389. — En donnant au cessionnaire comme au cédant la possibilité de demander le transfert, la loi du 15 juill. 1880 a amélioré la situation du cessionnaire. Il est désormais soustrait aux effets fâcheux que pouvait produire l'inertie du cédant et si aujourd'hui il peut encore arriver, en fait, qu'un cessionnaire paie à la fois le reliquat de la patente de son cédant et la patente qu'il doit personnellement, il ne pourra s'en prendre qu'à lui-même, car la loi a mis à sa disposition le moyen d'échapper au double emploi. Si le paiement volontaire qu'il a effectué de la patente de son cédant ne le dispense pas de payer la patente à laquelle il est personnellement assujetti par un rôle supplémentaire (Cons. d'Et., 31 juill. 1885, Guignet, Leb. chr., p. 730), il est fondé à demander le transfert à son nom des douzièmes postérieurs à la cession et décharge de la taxe personnelle qui constitue avec l'autre un double emploi. — Cons. d'Et., 10 déc. 1886, Balagny, [Leb. chr., p. 877]

2390. — Le transfert peut encore être demandé par les héritiers d'un patentable décédé, qui, après ce décès, ont fait cession du fonds de commerce à un tiers. Ils sont fondés à demander ce transfert, alors même qu'entre le moment du décès et la cession, le magasin aurait été momentanément fermé par suite de la liquidation. — Cons. d'Et., 6 nov. 1880, Samson, [Leb. chr., p. 855]

2391. — Toutefois, quand une succession est indivise et que la patente est acquittée par un des héritiers au nom de la succession, cet héritier n'est pas recevable à recourir à la procédure du transfert pour faire imposer à sa place un autre cohéritier. — Cons. d'Et., 7 juill. 1893, Roussel, [Leb. chr., p. 560] — Cette procédure ne peut être appliquée qu'entre vendeur et acquéreur.

2392. — Le propriétaire de l'immeuble où un patentable exerçait son commerce, qui ne justifie ni d'un mandat de son ancien locataire, ni d'une poursuite exercée directement contre lui pour obtenir le paiement de la patente de ce contribuable, n'a pas qualité pour demander le transfert de la patente de cet ancien locataire, au nom du nouveau. — Cons. d'Et., 22 janv. 1886, Payet, [Leb. chr., p. 63]

2393. — La loi du 15 juill. 1880, a modifié sur un second point la loi de 1844, en précisant le délai dans lequel la demande en transfert devait être présentée. Avant 1880, le transfert ne pouvait être demandé que par le cédant, la jurisprudence en avait tiré cette conclusion que cette demande, devait, à peine de déchéance, être présentée dans le délai de trois mois à compter du jour de la cession. — Cons. d'Et., 13 avr. 1853, Morin, [Leb. chr., p. 446]; — 7 juin 1855, Brisset, [Leb. chr., p. 407]; — 23 août 1858, Bella, [Leb. chr., p. 576]; — 1er déc. 1858, Collin, [S. 59.2.400, P. adm. chr., D. 59.5.284]; — 11 févr. 1859, Chédeville, [Leb. chr., p. 135]; — 18 juill. 1860, Ruant, [Leb. chr., p. 556]; — 28 mai 1872, Pavy, [Leb. chr., p. 337]; — 24 avr. 1874, Langlois, [Leb. chr., p. 365]

2394. — Vainement le cédant aurait-il objecté que, comptant se faire rembourser par son successeur du montant des douzièmes qu'il aurait payés, il n'avait eu intérêt à réclamer qu'à partir du moment où le successeur avait été imposé lui-même. — Cons. d'Et., 22 mai 1865, Dambrun, [Leb. chr., p. 573]

2395. — Et qu'il suffisait par conséquent que sa réclamation eût été formée dans les trois mois de l'imposition du cessionnaire. — Cons. d'Et., 9 juin 1869, Alard Decorbie, [Leb. chr., p. 593]; — 27 nov. 1869, Liot, [Leb. chr., p. 945]

2396. — Ce délai était appliqué aussi aux ayants-cause du cédant, par exemple au principal locataire forcé de payer la patente d'un locataire déménagé en cours d'année et qui avait cédé son fonds à un tiers. — Cons. d'Et., 10 sept. 1856, Berque, [Leb. chr., p. 616]

2397. — Faute par le cédant d'avoir réclamé dans le délai, on devait, alors même que le cessionnaire aurait réclamé en temps utile contre le double emploi dont il était victime, maintenir tout ensemble la patente du cédant pour l'année entière et celle du cessionnaire à partir du mois de la cession. — Cons. d'Et., 1er déc. 1858, Collin, [S. 59.2.400, P. adm. chr., D. 59.5.284] — 9 mai 1873, Boisson, [Leb. chr., p. 402]

2398. — Le cessionnaire pouvait demander au conseil de préfecture de le décharger d'une patente mise à sa charge, par voie de transfert, sur une demande tardive du cédant. — Cons. d'Et., 27 nov. 1869, Liot, [Leb. chr., p. 945]

2399. — Au contraire, un avoué qui a cédé son étude pour acquérir une charge de greffier, n'est pas fondé à contester le transfert fait à son nom de la patente du greffier auquel il succède, en alléguant que sa patente d'avoué a été maintenue, alors qu'il ne peut imputer ce maintien qu'à sa négligence. — Cons. d'Et., 16 avr. 1856, Grouillard, [D. 56.3.64]

2400. — La loi du 15 juill. 1880 a rendu les réclamations plus faciles en spécifiant que les demandes en transfert peuvent être présentées dans les trois mois qui suivent, soit la cession, soit la publication du rôle supplémentaire dans lequel le cessionnaire aurait été personnellement imposé, pour l'établissement cédé, à des droits qui formeraient double emploi avec ceux déjà inscrits au nom du cédant, et dont le transfert aurait pu être utilement demandé (Instr. 1881, art. 132). Nous avons examiné (*suprà*, v° *Contrib. directes*, n. 2819 et suiv.) de quelle manière la jurisprudence avait interprété la disposition nouvelle de la loi de 1880. Elle l'a fait de la manière la plus libérale en facilitant le plus possible les réclamations au cédant et au cessionnaire. Aujourd'hui, la cession d'établissement est le point de départ d'une période, qui ne prend fin que trois mois après l'imposition du cessionnaire au rôle supplémentaire, pendant laquelle cessionnaire et cédant peuvent demander le transfert et par suite la décharge des droits qui font double emploi avec la patente transférée.

2401. — Devant qui doit être portée la demande de transfert? Devant le préfet, qui prononce la mutation de cote afférente à la patente du cédant (Instr. 1881, art. 132). Le conseil de préfecture ne peut être valablement saisi d'une demande en transfert avant que le préfet ait statué. — Cons. d'Et., 27 juin 1884, Guichan, [Leb. chr., p. 524] — A plus forte raison, une telle demande ne peut-elle être présentée directement devant le Conseil d'État. — Cons. d'Et., 1er déc. 1849, Rincinale, [Leb. chr., p. 651]

2402. — Le préfet n'est compétent que pour opérer le transfert de la patente du cédant au cessionnaire. Il excéderait ses pouvoirs si, par voie de transfert, il rectifiait une erreur d'imposition commise sur le rôle. — Cons. d'Et., 3 déc. 1886, Baudoux, [S. 88.3.45, P. adm. chr., D. 88.3.46]

2403. — Quelles voies de recours sont ouvertes aux intéressés contre les arrêtés du préfet rendus en matière de transfert? Il a été jugé que le refus opposé par le préfet à une demande en transfert constituait un acte purement administratif ne faisant pas obstacle à ce que le contribuable portât ultérieurement sa demande devant le conseil de préfecture. Il en résulte qu'il n'est pas recevable à le déférer directement au Conseil d'État. — Cons. d'Et., 1er juin 1850, Pichot, [D. 50.3.72]; — 11 janv. 1851, Béatrix, [D. 51.3.41]; — 31 janv. 1855, Blouet, [D. 55.5.312]; — 24 mars 1859, Dubois, [D. 59.5.284]; — 25 mai 1861, Dupire, [Leb. chr., p. 426]; — 15 avr. 1863, Defossez, [Leb. chr., p. 359]; — 1er mai 1869, Isabey, [Leb. chr., p. 406]; — 7 août 1872, Perraud, [Leb. chr., p. 496]; — 21 déc. 1877, Rossi, [Leb. chr., p. 1032]; — 6 nov. 1880, Duval, [Leb. chr., p. 855]; — 13 avr. 1881, Pierre, [Leb. chr., p. 441]; — 23 juin 1882, Laxagne, [Leb. chr., p. 598]; — 27 avr. 1883, Grenard, [Leb. chr., p. 401]; — 3 août 1883, Thevenon, [Leb. chr., p. 719]; — 18 juill. 1884, Quiclfin, [Leb. chr., p. 617]; — 22 juin 1888, Caulet, [Leb. chr., p. 555]; — 6 déc. 1890, Preyre, [Leb. chr., p. 934]; — 5 mars 1892, Briquemolle, [Leb. chr., p. 261]; — 15 nov. 1895, Liguet, [Leb. chr., p. 711]

2404. — Si le préfet, saisi d'une demande en transfert, se borne à renvoyer le dossier au conseil de préfecture, ce renvoi doit être considéré comme un refus d'opérer administrativement la mutation de cote réclamée. Le conseil de préfecture est alors compétent pour statuer. — Cons. d'Et., 13 févr. 1856, Lannes, [Leb. chr., p. 138]; — 18 août 1864, Dallemand, [Leb. chr., p. 804]

2405. — De même, les transferts opérés par le préfet peuvent être contestés devant le conseil de préfecture et non directement devant le Conseil d'État. — Cons. d'Et., 25 août 1858, Judlin,

[Leb. chr., p. 595]; — 19 mars 1864, Tellier, [Leb. chr., p. 289]

2406. — Le ministre des Finances peut aussi, en vertu de son pouvoir hiérarchique, prononcer l'annulation des arrêtés pris par les préfets en matière de transfert. — Cons. d'Et., 8 avr. 1852, Laurent, [Leb. chr., p. 88]

2407. — Les réclamations dirigées contre les arrêtés préfectoraux statuant sur une demande en transfert doivent, à peine de déchéance, être présentées dans les trois mois de la notification de ces arrêtés. — Cons. d'Et., 18 juill. 1855, Souteyran, [Leb. chr., p. 534]; — 9 juill. 1862, Dupire, [Leb. chr., p. 552] — L'arrêté pris par le préfet, sur la demande dont il est saisi après le transfert de la patente, a effet du jour où le transfert a été demandé et non du jour où l'arrêté a été rendu. — Cons. d'Et., 10 févr. 1900, Collet, [Leb. chr., p. 126]

2° *Fermeture par suite de décès.*

2408. — La loi de 1880, comme les lois précédentes, admet que la cessation du commerce causée par le décès du patentable entraîne au profit des héritiers décharge des douzièmes non encore échus. Pour qu'il en soit ainsi, il faut d'abord qu'il s'agisse du décès du patentable inscrit sur le rôle et non de celui d'un tiers, alors même que ce tiers serait le propriétaire véritable de l'établissement. — Cons. d'Et., 12 févr. 1875, Brazier, [Leb. chr., p. 140]; — 26 mai 1876, Desclaux, [Leb. chr., p. 487]

2409. — Le décès de la femme du patentable ou d'un employé, alors même que leur concours serait en fait indispensable au patentable, et que leur mort l'obligerait à cesser son commerce, serait sans influence sur la patente. — Cons. d'Et., 4 mars 1881, Henry, [Leb. chr., p. 254]

2410. — Il faut donc que le décès précède la fermeture des magasins et ne la suive pas. En effet, s'il s'est produit après la fermeture, on ne peut dire que la cessation du commerce ait été produite par cet événement. — Cons. d'Et., 28 nov. 1855, Salmon, [S. 56.2.383, P. adm. chr., D. 56.3.37]; — 24 févr. 1866, Pascaret, [Leb. chr., p. 150]; — 23 févr. 1877, Brassac, [Leb. chr., p. 189]; — 13 avr. 1877, Blanchard, [Leb. chr., p. 329]; — 18 déc. 1885, Hérit. Prévost, [Leb. chr., p. 969]

2411. — Il faut enfin que le décès entraîne la fermeture des magasins. S'il n'a pas eu cet effet, la patente reste due pour l'année entière. — Cons. d'Et., 22 mars 1851, Frontier, [Leb. chr., p. 194]; — 3 déc. 1880, Guillem, [Leb. chr., p. 955]; — 10 déc. 1880, Vinundeau, [Leb. chr., p. 983]; — 8 août 1884, Pérignan-Bournet-Aubertot, [Leb. chr., p. 723]

2412. — Si donc, après le décès du patentable, sa veuve continue de vendre pour son compte les marchandises laissées en magasin, elle doit être personnellement assujettie à raison de ces opérations. — Cons. d'Et., 17 mai 1850, Plantin-Arnoult, [Leb. chr., p. 460]; — 21 juin 1854, Hébert, [S. 54.2.800, P. adm. chr.]; — 20 juin 1855, Chesnel, [D. 56.3.7]; — 5 juill. 1859, Fontaine-Duvivier, [Leb. chr., p. 474]; — 31 août 1860, Pino, [Leb. chr., p. 682]; — 1er avr. 1892, Paulet, [Leb. chr., p. 337]

2413. — Il en est de même si la profession est continuée par les héritiers. — Cons. d'Et., 6 août 1886, Roch, [Leb. chr., p. 714]; — 5 nov. 1897, Rommy, [Leb. chr., p. 664]

2414. — Ainsi, lorsqu'après le décès d'un notaire, survenu en cours d'année, son étude est restée ouverte au public et a été gérée pour le compte de la veuve ou des héritiers pendant plusieurs mois jusqu'à la prestation de serment du successeur, les héritiers sont tenus de la patente pour l'année du décès et même pour l'année suivante si l'intimé a dépassé le 1er janvier, et peuvent seulement demander le transfert des douzièmes restant à échoir au moment de la prestation de serment. — Cons. d'Et., 8 avr. 1863, Huchet, [Leb. chr., p. 314]; — 23 mars 1865, Marteau, [Leb. chr., p. 306]; — 24 janv. 1866, Ahlé, [D. 67.3.52]; — 9 avr. 1867, Théron, [Leb. chr., p. 368]; — 16 mars 1888, Fabre, [Leb. chr., p. 270] — Vainement allégueraient-ils que le décès de leur auteur ayant été précédé d'une maladie, celui-ci n'avait pas en fait exercé ses fonctions l'année où il est mort. — Cons. d'Et., 8 avr. 1863, précité.

2415. — La veuve d'un commerçant n'est pas fondée à demander décharge de la patente inscrite au nom de son mari, quoiqu'il soit décédé dans le cours de l'année précédente, lorsque pendant les premiers mois de l'année, elle a, dans l'espoir de céder son établissement, tenu ses magasins ouverts au public. — Cons. d'Et., 16 avr. 1870, Martineau, [Leb. chr., p. 483]; — 7 août 1872, Demarle-Longuety, [Leb. chr., p. 495]; — 4 déc. 1874, Roger, [Leb. chr., p. 955]; — 18 déc. 1874, Dumont, [Leb. chr., p. 1018]

2416. — Cette contribution est due, alors même que les opérations faites par la veuve, les héritiers ou les exécuteurs testamentaires n'auraient d'autre but que de liquider les opérations faites par le patentable décédé, et que l'on se bornerait à vendre les marchandises approvisionnées sans plus faire aucun achat. — Cons. d'Et., 26 nov. 1852, Métra, [Leb. chr., p. 526]; — 27 févr. 1866, Guibal, [Leb. chr., p. 161]; — 14 janv. 1887, Bilan, [Leb. chr., p. 25]; — 8 déc. 1888, Billiot, [Leb. chr., p. 953]

2417. — Quand il s'agit d'une *société en nom collectif*, quel effet produit sur la patente le décès d'un des associés? Il faut appliquer les principes énoncés ci-dessus. Si, à la suite de ce décès, le ou les associés survivants continuent à exploiter la raison sociale, aucun dégrèvement n'est dû sur la patente de l'associé décédé. — Cons. d'Et., 15 juin 1877, Faure, [Leb. chr., p. 596]; — 6 juin 1879, Journiac, [Leb. chr., p. 453]; — 26 déc. 1879, Bouru, [Leb. chr., p. 850] — ... Que la société se trouve dissoute par ce décès... — Cons. d'Et., 6 août 1870, François, [Leb. chr., p. 1030]; — 29 déc. 1871, Wirms, [Leb. chr., p. 337] — ... Ou qu'elle subsiste entre les survivants. — Cons. d'Et., 27 juill. 1883, Béranger, [D. 85.5.350]

2418. — ... Qu'il s'agisse d'un *associé secondaire*... — Cons. d'Et., 30 août 1861, Forges de Châtillon et Commentry, [Leb. chr., p. 763]; — 7 févr. 1865, Guillotin, [Leb. chr., p. 153]; — 19 juill. 1867, Quintard, [Leb. chr., p. 674]; — 16 août 1867, Petitdemanges, [Leb. chr., p. 795]; — 20 janv. 1869, Muller, [Leb. chr., p. 65]; — 22 févr. 1870, Robert, [Leb. chr., p. 137]; — 6 août 1870, Middeldorf, [Leb. chr., p. 1032] — ... Ou de l'associé principal. — Cons. d'Et., 27 nov. 1867, Duban et More, [Leb. chr., p. 874]; — 12 févr. 1868, Cart, [Leb. chr., p. 154]; — 9 févr. 1869, Lemaître, [Leb. chr., p. 131]; — 7 avr. 1870, Bigot, [Leb. chr., p. 435]; — 12 août 1871, Hélault, [Leb. chr., p. 118]; — 23 janv. 1892, Casaubon, [Leb. chr., p. 55]

2419. — L'associé secondaire qui, par le décès de l'associé principal, devient lui-même associé principal, ne peut réclamer décharge des douzièmes non échus du demi-droit fixe qu'il payait, en demandant à être substitué aux droits imposés à l'associé principal. — Cons. d'Et., 8 janv. 1867, Grenet, [Leb. chr., p. 14]; — 9 févr. 1869, Rodde, [Leb. chr., p. 132] — ... Ni en alléguant qu'il a été imposé à un droit fixe entier comme associé principal de la nouvelle société. — Cons. d'Et., 15 déc. 1864, Lafont, [Leb. chr., p. 998]

2419 *bis*. — Les héritiers du patentable décédé ne peuvent obtenir décharge des douzièmes restant à échoir qu'à la condition d'en faire opérer le transfert au nom de l'associé qui se rendrait cessionnaire des droits de leur auteur. — Cons. d'Et., 20 juin 1855, Aubertin, [Leb. chr., p. 440]

2420. — Il en est ainsi même lorsque l'associé secondaire n'a continué le commerce que pour écouler les marchandises se trouvant en magasin. — Cons. d'Et., 16 avr. 1870, Bourjuge, [Leb. chr., p. 484]

2421. — Lorsqu'au contraire le décès du patentable entraîne la fermeture de l'établissement, les héritiers peuvent demander décharge des douzièmes échus depuis le premier jour du mois suivant. — Cons. d'Et., 26 juin 1866, Bodel, [Leb. chr., p. 725]; — 6 févr. 1874, Usse, [Leb. chr., p. 131]; — 5 nov. 1875, Lesueur, [Leb. chr., p. 860]; — 2 nov. 1877, Mayé, [Leb. chr., p. 836]

2422. — Souvent le décès ouvre une période de liquidation. Les achats cessent : on écoule les marchandises. La fermeture nécessaire en principe, est différée jusqu'à la fin de la liquidation, et quand elle se produit, on peut la rattacher à l'événement initial. En pareil cas, le dégrèvement ne peut être accordé à partir du premier du mois qui suit le décès, mais seulement à partir du premier du mois qui suit la fermeture définitive des magasins. — Cons. d'Et., 6 janv. 1864, Mélu, [Leb. chr., p. 7]; — 27 juin 1873, Robbin, [S. 75.2.160, P. adm. chr.]; — 21 nov. 1879, Fouquié, [Leb. chr., p. 736]; — 19 mars 1886, Merlier, [D. 87.3.86]; — 9 juill. 1886, Auty, [D. 88.3.5]; — 19 févr. 1892, Tante, [Leb. chr., p. 174]; — 4 janv. 1895, Jorsain, [Leb. chr., p. 10]

2423. — Quand les magasins ont été momentanément fermés pour l'inventaire et rouverts pour l'écoulement des marchandises, la patente est due jusqu'à l'époque où les ventes ont entièrement cessé. — Cons. d'Et., 18 juill. 1884, Laroche de Feline, [Leb. chr., p. 616]

2424. — C'est au juge à apprécier, d'après les circonstances de fait, s'il est en présence d'une exploitation qui continue pour le compte des héritiers, ou d'une liquidation, qui permettra, quand elle sera terminée, d'invoquer le bénéfice de l'art. 28. On a vu des liquidations se prolonger pendant dix-huit mois. — Cons. d'Et., 14 déc. 1883, Brenas, [Leb. chr., p. 919]

2425. — Les exemptions d'impôt étant de droit étroit, on ne peut étendre par analogie le bénéfice de l'art. 28, L. 15 juill. 1880, à d'autres cas que le décès d'une personne physique, par exemple à la dissolution d'une société. Nous avons bien relevé une décision dans laquelle le Conseil d'Etat, en présence de la dissolution d'une société causée par le décès d'un de ses membres, de l'abandon par l'associé survivant de la profession exercée par la société pour entreprendre un nouveau commerce, a accordé aux représentants de l'associé décédé décharge des douzièmes restant à échoir, et à l'associé survivant décharge de la différence entre les droits dont il était passible en qualité d'associé et ceux afférents à sa nouvelle profession. — Cons. d'Et., 19 janv. 1866, Germain, [Leb. chr., p. 37] — Mais cette décision est isolée, et nous avons cité plus haut de nombreux arrêts qui assimilent la dissolution d'une société en cours d'année à une cessation volontaire. — V. *suprà*, n. 2308.

2426. — Les demandes en décharge des douzièmes à échoir, fondées sur le décès des patentables, doivent, à peine de déchéance, être présentées dans les trois mois à partir du décès si la fermeture l'a suivi immédiatement, du jour de la fermeture dans le cas contraire. —Cons. d'Et., 24 mars 1849, Grillot, [Leb. chr., p. 185]; — 17 mai 1851, Souladier, [S. 51.2.670, P. adm. chr.]; — 11 janv. 1853, Rézé, [Leb. chr., p. 91]; — 17 mars 1853, Delarue, [Leb. chr., p. 350]; — 12 sept. 1853, Challier, [Leb. chr., p. 898]; — 6 mai 1857, Pitot, [Leb. chr., p. 351]; — 30 juin 1858, Hameray, [S. 59.2.270, P. adm. chr.]; — 6 mai 1863, Monty, [Leb. chr., p. 413]; — 7 avr. 1866, Marseault, [Leb. chr., p. 326]; — 12 févr. 1868, Petit, [Leb. chr., p. 154]; — 7 mars 1868, Bernains, [S. 69.2.64, P. adm. chr.] — Cette déchéance est opposable même à des héritiers mineurs. — Cons. d'Et., 18 août 1855, Magnieu, [Leb. chr., p. 604]

3° *Fermeture par suite de faillite ou de liquidation judiciaire.*

2427. — Le législateur de 1844 a mis la fermeture par suite de faillite déclarée sur le même pied que celle causée par le décès du patentable. Dans ce cas comme dans l'autre, on se trouve en présence d'un fait brutal qui ne comporte pas de simulation possible. Jusqu'en 1890, l'état de suspension des paiements et de liquidation du commerce n'était pas assimilé à l'état de faillite déclarée et ne pouvait motiver la décharge du reliquat de la patente. Celle-ci restait due pour l'année entière, surtout quand le patentable était maintenu à la tête de sa liquidation. — Cons. d'Et., 9 nov. 1850, Dubernet, [S. 51.2.223, P. adm. chr., D. 52.5.405]

2428. — La loi du 4 mars 1889, ayant modifié profondément la législation des faillites en donnant à tout débiteur en état de cessation de paiements le droit de demander la liquidation judiciaire, le Gouvernement proposa, dès l'année suivante, la modification de l'art. 28 L. 15 juill. 1880. La loi du 8 août 1890 (art. 30) assimile donc, au point de vue du paiement de la patente, les effets de la liquidation judiciaire à ceux de la déclaration de faillite. Par application de cette disposition, le Conseil d'Etat accorde aux patentables en état de liquidation, décharge des douzièmes qui viennent à échoir postérieurement au jugement de mise en liquidation. — Cons. d'Et., 27 déc. 1890, Geyer, [D. 92.5.459]; — 7 mars 1891, Hébert, [Leb. chr., p. 205]; — 14 mars 1891, Payen, [Leb. chr., p. 219]; — 24 mars 1891, Loret, [Leb. chr., p. 272]; — 14 mai 1891, Roucoul, [Leb. chr., p. 381]; — 6 juin 1891, Datclay, [Leb. chr., p. 428]; — 13 juin 1891, Baudriot, [Leb. chr., p. 452]; — 5 déc. 1891, Mati, [Leb. chr., p. 745]; — 22 janv. 1892, Buker, [Leb. chr., p. 38]; — 30 janv. 1892, Coullery, [S. et P. 93.3.155, Leb. chr., p. 94]; — 27 févr. 1892, Aubert, [Leb. chr., p. 240]

2429. — Un commerçant qui, ayant été mis en état de liquidation judiciaire, a cessé son commerce, est fondé à demander décharge des douzièmes de sa contribution des patentes restant encore à échoir, alors même que postérieurement un nouveau jugement a suspendu les effets de la liquidation judiciaire qui avait été prononcée. — Cons. d'Et., 9 juin 1899, Huot, [S. et P. 1901.3.126]

2430. — Pour qu'il y ait lieu d'appliquer l'art. 28 L. 15 juill. 1880, modifié par la loi du 8 août 1890, il faut tout d'abord qu'il y ait un jugement émanant du tribunal de commerce du domicile du patentable, prononçant la faillite (ou la liquidation judiciaire). — Cons. d'Et., 13 sept. 1864, Bassé, [Leb. chr., p. 922]; — 10 janv. 1865, Letellier, [Leb. chr., p. 15]

2431. — Il faut ensuite que cette mesure ait pour effet d'entraîner la fermeture des magasins du patentable. A cet égard, il est sans intérêt que la fermeture précède la déclaration de faillite, qui ne fait que consacrer un état de fait, ou qu'elle la suive. — Cons. d'Et., 17 déc. 1875, Lecouvreur, [Leb. chr., p. 1024]; — 4 févr. 1876, Legendre, [Leb. chr., p. 111]; — 17 mai 1878, Chabut, [Leb. chr., p. 465]; — 26 déc. 1879, Delaporte, [Leb. chr., p. 856]; — 1er juin 1900, Le Gresham, [Leb. chr., p. 395] — Dans un cas comme dans l'autre, la patente cesse d'être due.

2432. — Si, après la faillite, aucun acte de commerce nouveau n'a été fait par le syndic, décharge est due à partir du premier du mois qui suit le jugement déclaratif. — Cons. d'Et., 28 nov. 1884, Grillard, [Leb. chr., p. 838]; — 20 avr. 1888, Planque, [Leb. chr., p. 362]; — sinon, à partir du premier du mois qui suit la fermeture. — Cons. d'Et., 17 déc. 1886, Bourdon, [Leb. chr., p. 899]

2433. — Il avait été admis que quand, après un jugement déclarant un patentable en état de liquidation judiciaire sous l'empire de la loi du 22 avr. 1871, les magasins restaient fermés jusqu'au jugement déclaratif de faillite, ce dernier jugement pouvait avoir un effet rétroactif et que la patente cessait d'être due à partir du premier du mois qui suivait le premier jugement. — Cons. d'Et., 15 mai 1874, Haillard, [S. 76.2.94, P. adm. chr., D. 75.3.48]

2434. — La patente doit être maintenue pour l'année entière au nom du failli si, après la déclaration de faillite, les magasins sont restés ouverts et si le failli, relouant pour son compte une partie des locaux qu'il occupait précédemment, — Cons. d'Et., 27 avr. 1872, Steinbock, [Leb. chr., p. 257], y a rouvert un nouvel établissement où il exerce la même profession. — Cons. d'Et., 1er mai 1869, Renaud, [Leb. chr., p. 407] — ou une profession différente. — Cons. d'Et., 24 déc. 1875, Bernard, [Leb. chr., p. 1046]

2435. — Ainsi jugé à l'égard d'un failli qui, par suite d'un concordat presque immédiatement obtenu de ses créanciers, a pu continuer sans interruption l'exercice de sa profession. — Cons. d'Et., 16 juill. 1861, Dardy, [D. 61.5.345]

2436. — Il en sera de même si les établissements restent ouverts et si le syndic, avec l'autorisation du juge-commissaire, y continue le commerce ou l'industrie du patentable pour le compte de la masse des créanciers. Il y aura lieu pour le juge d'apprécier, dans ce cas comme en cas de décès, si les opérations effectuées par le syndic soit pendant le reste de l'année soit même l'année suivante, constituent la continuation de l'exercice de la profession, ce qui rendrait inapplicable l'art. 28 de la loi de 1880. — Cons. d'Et., 21 juin 1854, Bestmambrun, [Leb. chr., p. 565]; — 7 janv. 1857, Lepollart, [S. 57.2.783, P. adm. chr., D. 57.3.60]; — 9 mars 1859, Cabriel, [D. 59.3.61]; — 5 déc. 1861, Prunière, [Leb. chr., p. 869]; — 4 avr. 1862, Aubertin, [Leb. chr., p. 284]; — 16 août 1865, Joux, [Leb. chr., p. 839]; — 31 mars 1868, Alard Decorbie, [Leb. chr., p. 359]; — 16 déc. 1868, Bachelier, [Leb. chr., p. 1051]; — 30 déc. 1869, Chewassieux, [Leb. chr., p. 1039]; — 17 déc. 1875, Trefouel, [Leb. chr., p. 1023]; — 15 juin 1877, Croiselle-Cadiez, [Leb. chr., p. 596]; — 18 mars 1881, Bouillaux, [Leb. chr., p. 302]

2437. — ... Ou si elles ont seulement pour but de liquider les affaires du failli en écoulant les marchandises approvisionnées par lui, ce qui, permettant de rattacher la fermeture des magasins à la déclaration de faillite ou à la liquidation judiciaire, autoriserait le syndic à réclamer le bénéfice de l'art. 28 de la loi de 1880 à partir du premier du mois qui suivrait la cessation définitive des ventes. — Cons. d'Et., 24 mars 1859, Schneider, [Leb. chr., p. 234]; — 9 août 1869, Saulière, [Leb. chr., p. 772]; — 13 févr. 1874, Lanièce, [D. 74.3.94]; — 14 mai 1875, Rey, [Leb. chr., p. 266]; — 18 févr. 1876, Perdereau et Mullincourt, [Leb. chr., p. 172]; — 17 déc. 1886, Bourdon, [Leb. chr., p. 899]; — 9 mai 1891, Paris, [Leb. chr., p. 360]; — 20 juill. 1900, Soc. des verreries Loire et Rhône, [Leb. chr., p. 490]

2438. — En un mot, la patente est due tant que l'établissement reste ouvert. — Cons. d'Et., 5 janv. 1853, Leporcq, [Leb.

chr., p. 15]; — 18 déc. 1874, Choin, [Leb. chr., p. 1019]; — 7 déc. 1894, Baillet, [Leb. chr., p. 659]

2439. — Si toutefois le commerce du failli était repris par une personne de sa famille, son fils ou sa femme, par exemple, et exercé par cette personne en son propre nom et à son propre compte, cette circonstance ne ferait pas obstacle à ce que le failli fût déchargé du reliquat de sa patente, le nouvel exploitant devenant personnellement imposable. — Cons. d'Et., 28 juill. 1864, Capretz, [Leb. chr., p. 699]; — 23 janv. 1880, Bergerat, [Leb. chr., p. 91]

2440. — Dans quel délai doit être présentée, en cas de faillite ou de liquidation judiciaire, la demande en dégrèvement de la patente? Le délai est de trois mois, mais le point de départ varie suivant que la fermeture du magasin a été antérieure, concomitante ou postérieure au jugement déclaratif de faillite. Dans les deux premiers cas, le délai court de la date de ce jugement. — Cons. d'Et., 28 déc. 1850, Gaspard, [Leb. chr., p. 981]; — 10 mai 1851, Roubin, [S. 51.2.670, P. adm. chr.]; — 22 déc. 1852, Nicolle, [Leb. chr., p. 643]; — 12 sept. 1853, Challier, [Leb. chr., p. 898]; — 18 juin 1856, Rouillé, [Leb. chr., p. 421]; — 20 nov. 1856, Bergereaux, [Leb. chr., p. 649]; — 11 févr. 1857, Tourié, [Leb. chr., p. 128]; — 6 août 1857, Crampel, [Leb. chr., p. 643]; — 16 mars 1859, Turpain, [Leb. chr., p. 208]; — 28 mars 1860, Vassaux, [Leb. chr., p. 270]; — 15 févr. 1864, Le Ginot, [Leb. chr., p. 148]; — 19 janv. 1866, Roux de Mignot, [Leb. chr., p. 39]; — 16 févr. 1866, Aignier, [Leb. chr., p. 116];

2441. — Lorsque le jugement déclaratif d'une faillite a été frappé d'appel, c'est seulement à partir de l'arrêt qui a confirmé le jugement que court le délai de recours au conseil de préfecture en vue d'obtenir la décharge. — Cons. d'Et., 7 avr. 1866, Classet, [Leb. chr., p. 326]

2442. — Dans le dernier cas, c'est au jour de la fermeture que s'ouvre le délai de réclamation. — Cons. d'Et., 6 août 1857, précité. — Les créanciers ne peuvent demander que l'on prenne pour point de départ aucune autre date, ni le jour de la vente par autorité de justice du matériel et des marchandises garnissant le magasin du failli, quand elle a eu lieu quelque temps après la fermeture effective... — Même arrêt; — ni le jour de la reddition des comptes du syndic. — Cons. d'Et., 28 févr. 1870, André Haussman, [Leb. chr., p. 213]

2443. — Le conseil de préfecture est tenu d'opposer, même d'office, la déchéance au pourvoi tardif du failli, qui n'en peut être relevé, cette déchéance étant d'ordre public. — Cons. d'Et., 28 déc. 1850, Gaspard, [Leb. chr., p. 981]; — 16 mai 1851, Roubin, [Leb. chr., p. 344]

2444. — Vainement le syndic, pour échapper à cette déchéance, alléguerait-il que le failli, ayant pris la fuite dès le jour de la déclaration de faillite, n'aurait laissé à la disposition du syndic aucun argent pour acquitter les termes échus. — Cons. d'Et., 3 avr. 1856, Ancelet, [S. 57.2.160, P. adm. chr.]; — ou qu'il n'a pu réclamer qu'après avoir été habilité, par ordonnance du juge-commissaire, à effectuer le paiement des termes échus. — Cons. d'Et., 20 juill. 1859, Durand, [Leb. chr., p. 511]; — 15 août 1860, Blanc, [Leb. chr., p. 628]; — 5 févr. 1870, Alard Decorbie, [Leb. chr., p. 43]; — ou que, nommé en remplacement d'un autre syndic décédé, il ne pouvait être responsable de la faute de son prédécesseur. — Cons. d'Et., 6 août 1866, Ripper, [Leb. chr., p. 955]

2445. — Seul le conseil de préfecture est compétent pour statuer sur les demandes en décharge de patentes fondées sur l'état de faillite du contribuable. Le préfet excéderait ses pouvoirs en statuant sur une demande de cette nature. — Cons. d'Et., 21 juin 1854, Bestmambrun, [Leb. chr., p. 565]

2446. — Alors même que le syndic aurait loué à un tiers le magasin pour l'exploiter jusqu'au jour où il pourrait être cédé, cette circonstance ne serait pas de nature à transformer la demande en décharge formée par le syndic en demande en transfert, sur laquelle le préfet pourrait statuer. — Cons. d'Et., 15 févr. 1884, Jouffroy, [Leb. chr., p. 130]

§ 2. *Dérogations admises dans l'intérêt de l'administration. Rôles supplémentaires.*

2447. — En principe, les rôles de contributions directes constituant la liquidation collective des droits du Trésor contre les contribuables, fixent ces droits pour toute l'année d'une manière définitive, sans que l'administration puisse ni réparer ses omissions, ni tenir compte des augmentations qui se produisent du 1er janvier au 31 décembre dans la matière imposable. Pour la contribution foncière, la contribution personnelle-mobilière et celle des portes et fenêtres, il n'y a pas de rôles supplémentaires. En matière de patente, il en a toujours été autrement. L'art. 11 L. 2 mars 1791 permettait aux particuliers de prendre des patentes en cours d'année en remplissant les formalités prescrites et en payant les droits à dater du premier jour du quartier dans lequel ils demandaient ces patentes. Cette obligation de payer les droits de patente à partir du commencement du trimestre dans lequel la profession était entreprise se trouvait maintenue par l'art. 4 L. 1er brum. an VII. La loi du 25 avr. 1844 se montra moins exigeante et se borna à réclamer l'impôt à partir du 1er du mois dans lequel le patentable aurait commencé à exercer sa profession.

2448. — La même loi maintient aussi les dispositions des art. 26 et 28 L. 1er brum. an VII, reproduits eux-mêmes des dispositions analogues des lois du 6 fruct. an IV et du 7 brum. an VI, et d'après lesquelles « les patentables qui, en cours d'année, entreprendraient une profession d'une classe supérieure à celle qu'ils exerçaient, ou transporteraient leur établissement dans une commune d'une population plus nombreuse, ou prendraient des maisons ou des locaux d'une valeur locative plus élevée, devraient payer un supplément de droit fixe et de droit proportionnel pour chacun des mois restant à courir ».

2449. — L'art. 13 L. 4 juin 1858 vint compléter les dispositions de la loi du 25 avr. 1844. Celle-ci en effet ne permettait de saisir, au moyen de rôles supplémentaires, que des faits nouveaux, c'est-à-dire postérieurs au 1er janvier de l'année de l'imposition. Aux termes de la loi de 1858, « sont imposables au moyen des rôles supplémentaires, les individus omis aux rôles primitifs qui exerçaient, avant le 1er janvier de l'année de l'émission de ces rôles, une profession, un commerce ou une industrie sujets à patente, ou qui, antérieurement à la même époque, avaient apporté dans leur profession, commerce ou industrie, des changements donnant lieu à des augmentations de droits. Toutefois les droits ne sont dus qu'à partir du 1er janvier de l'année pour laquelle le rôle primitif a été émis. » Cette disposition a été reproduite textuellement dans l'art. 28 L. 15 juill. 1880.

2450. — Cette faculté donnée au Gouvernement d'émettre, tous les trois mois, un rôle supplémentaire, lui donne le moyen de suivre d'aussi près que possible les fluctuations de la matière imposable et, grâce à ce droit, exorbitant, du droit commun en matière fiscale, rien n'échappe à l'impôt. Nous allons examiner avec quelques détails l'utilité des rôles supplémentaires et la manière dont ils doivent être appliqués à chaque cas particulier.

1° *Professions entreprises en cours d'année.*

2451. — D'après l'art. 28 § 4 L. 15 juill. 1880, ceux qui entreprennent en cours d'année une profession sujette à patente ne doivent la contribution qu'à partir du premier mois dans lequel ils ont commencé d'exercer. Par application de cette disposition on ne pourrait leur réclamer l'impôt depuis le début de l'année. — Cons. d'Et., 17 févr. 1863, Chédeville, [Leb. chr., p. 139]; — 21 avr. 1868, Journot, [Leb. chr., p. 458]; — 20 janv. 1869, Silom, [Leb. chr., p. 65]; — 29 déc. 1871, Brouard, [Leb. chr., p. 334]; — 6 févr. 1874, Limert, [Leb. chr., p. 130]; — 20 nov. 1874, Lepointe, [Leb. chr., p. 902]; — 4 août 1876, Pourrain, [Leb. chr., p. 765]; — 11 juill. 1879, Brion-Badouille, [Leb. chr., p. 581]; — 6 août 1880, Bouvet, [Leb. chr., p. 733]; — 1er avr. 1881, Chancellay, [Leb. chr., p. 380]; — 27 avr. 1883, Banque générale d'arbitrage et de crédit, [Leb. chr., p. 401]; — 6 nov. 1885, Lagarde, [Leb. chr., p. 821]; — 9 avr. 1886, Chauvet, [Leb. chr., p. 327]; — 30 juill. 1886, Nathan-Lévy, [Leb. chr., p. 666]; — 22 juin 1888, Roussel, [Leb. chr., p. 556]; — 14 juin 1890, Giot, [Leb. chr., p. 577]; — 24 mars 1891, Siatte, [Leb. chr., p. 273]; — 19 déc. 1891, Auquier, [Leb. chr., p. 781]; — 15 juin 1894, Soutoul, [Leb. chr., p. 406]; — 26 janv. 1900, Vernaison, [Leb. chr., p. 60]

2451 *bis.* — Jugé qu'il faut accorder réduction si le droit proportionnel établi sur un local a été imposé à partir d'une époque antérieure à l'occupation de ce local. — Cons. d'Et., 21 avr. 1882, Lacampagne, [Leb. chr., p. 360] — ... Que ceux qui entreprennent leur profession dans le courant du mois de janvier doivent la taxe pour l'année entière. — Cons. d'Et., 4 mai 1900, Louis, [Leb. chr., p. 312] — ... alors même que l'arrêté de classement ne serait intervenu que dans les derniers mois de l'année. — Cons. d'Et., 17 mai 1854, Rey, [Leb. chr., p. 448] — ... Que lorsqu'un entrepreneur de travaux publics commence une entreprise en cours d'année, il ne doit être imposé à la taxe déterminée et au droit proportionnel qu'à partir du 1er du mois dans lequel il a commencé; mais qu'il est passible de la totalité de la taxe variable établie sur le montant des entreprises exécutées par lui dans l'année. — Cons. d'Et., 10 janv. 1862, Leroux, [Leb. chr., p. 8]; — 11 août 1870, Rioudel, [Leb. chr., p. 1066]; — 28 mai 1872, Mergault, [Leb. chr., p. 335]; — 8 nov. 1872, Balivet, [Leb. chr., p. 577]

2452. — ... Que lorsqu'on est en présence d'une entreprise qui commence et non d'une cession d'établissement, le nouveau patentable imposé par voie de rôle supplémentaire ne peut se prévaloir du maintien sur le rôle de son prédécesseur ou du paiement intégral que ce dernier aurait fait de la patente de l'année pour contester son imposition. — Cons. d'Et., 21 avr. 1864, Lucq, [Leb. chr., p. 368]; — 3 mai 1882, Momy, [Leb. chr., p. 430] — ... ni du remboursement qu'il aurait fait à son prédécesseur des droits auxquels celui-ci aurait été personnellement assujetti. — Cons. d'Et., 30 mars 1900, Gautier, [Leb. chr., p. 255]

2453. — ... Qu'un individu qui, en cours d'année, entre dans une société comme associé secondaire, doit être considéré comme entreprenant une profession et est imposable par voie de rôle supplémentaire. — Cons. d'Et., 9 mai 1873, Boissien, [Leb. chr., p. 402]; — 6 nov. 1880, Antona et Bartolotti, [Leb. chr., p. 854]

2454. — ... Que lorsqu'une société en commandite, imposée au début de l'année sous le nom des gérants qu'elle avait à cette époque, nomme de nouveaux gérants en cours d'année en remplacement des anciens, ces nouveaux gérants doivent être assujettis à la patente parce qu'elle est due par tous les gérants comme par tous les associés en nom collectif. — Cons. d'Et., 16 août 1860, Huret, [Leb. chr., p. 642]

2455. — ... Qu'il n'y a pas entreprise d'une profession nouvelle dans le fait de la transformation en société anonyme d'une société en commandite par actions, lorsque d'ailleurs aucune modification n'a été apportée à l'objet, au siège et à la durée de cette société. — Cons. d'Et., 24 janv. 1879, Sucrerie de Lizy-sur-Ourcq, [S. 80.2.272, P. adm. chr.]

2456. — A quel moment une profession peut-elle être considérée comme entreprise? Il y a là un point de fait qui varie avec les diverses professions et qui peut parfois être assez délicat à déterminer. Doit-on s'attacher à la première manifestation de l'intention d'un patentable de se livrer à tel commerce, aux déclarations qu'il fait, à son installation dans un local déterminé ou seulement à l'ouverture de cet établissement au public et au commencement des opérations de ventes? Il semble que la jurisprudence recherche le moment où l'intention se manifeste extérieurement par des actes. Ainsi, dans une espèce où un individu s'était, dans le même mois, muni d'une licence de marchand de vins en gros et avait commencé certaines opérations constituant l'exercice de cette profession, on a imposé cet individu à partir du premier de ce mois, alors même que ses premières ventes n'avaient eu lieu que le mois suivant. — Cons. d'Et., 12 mars 1867, Haelling, [Leb. chr., p. 252]

2457. — Au contraire, dans une autre affaire, on n'a fait courir la patente que du jour où la profession avait été exercée en fait et non du jour où le patentable avait pris sa licence. — Cons. d'Et., 9 févr. 1895, Fourcade, [Leb. chr., p. 143]

2458. — Jugé qu'un individu, imposé en qualité de marchand de bois à raison de l'exploitation d'une coupe dont il a été déclaré adjudicataire, n'est imposable qu'à partir du moment où il commence l'exploitation, c'est-à-dire le moment où il dispose les arbres abattus soit pour être sciés soit pour être vendus. — Cons. d'Et., 11 févr. 1857, Gand, [Leb. chr., p. 129]; — 9 déc. 1857, Arnauld, [Leb. chr., p. 792]

2459. — Lorsqu'un médecin, auquel un autre médecin a cédé sa clientèle et envers lequel il s'est engagé à faire connaître ses clients, s'est borné pendant quelque temps à loger chez son prédécesseur et à l'accompagner dans ses visites, c'est seulement à partir du mois dans lequel il a pris possession d'une habitation particulière et qu'il a exercé la médecine pour son propre compte qu'il doit être imposé. — Cons. d'Et., 22 févr. 1870, Esnault, [Leb. chr., p. 137]

2460. — De même, celui qui, en cours d'année, est devenu adjudicataire de fournitures aux troupes ne peut se fonder, pour réclamer décharge de la patente afférente à cette année, sur ce que les fournitures qu'il a faites proviendraient des approvisionnements réunis par le précédent adjudicataire. Il a exercé la profession du jour où il est devenu adjudicataire et ne peut valablement prétendre que la distribution aux troupes, moyennant une commission, de l'approvisionnement laissé en magasin par le précédent adjudicataire en dehors de toute chance de gain ou de perte, ne constituait pas l'exercice de la profession de fournisseur aux troupes. — Cons. d'Et., 21 avr. 1864, Lucq, [Leb. chr., p. 368]

2461. — Sous l'empire de la loi de 1844, à l'époque où les rôles supplémentaires ne pouvaient saisir que des faits nouveaux, des patentables pouvaient avoir intérêt à reporter le début de leurs opérations à une époque antérieure au 1er janvier. C'est ainsi qu'il a été jugé qu'un contribuable, qui avait loué son magasin avant le 1er janvier, était valablement imposé par un rôle supplémentaire quand il n'avait ouvert ce magasin au public qu'après cette date. — Cons. d'Et., 17 mars 1858, Chollet, [Leb. chr., p. 216] — ... Et qu'un soumissionnaire de travaux communaux ne peut se prévaloir de ce que sa soumission a été acceptée par la ville avant le 1er janvier pour soutenir qu'il ne pouvait être porté que sur le rôle primitif, alors que le traité n'a été approuvé par le préfet et enregistré que dans le courant de janvier. Il n'exerçait pas avant le 1er janvier sa profession. — Cons. d'Et., 6 août 1857, Justaman, [Leb. chr., p. 644]

2462. — L'imposition établie à partir du premier du mois où l'exercice de la profession a commencé est due jusqu'à la fin de l'année, alors même que le contribuable l'abandonnerait avant cette époque. — Cons. d'Et., 25 janv. 1860, Broca, [Leb. chr., p. 62]; — 16 janv. 1861, Bicé, [Leb. chr., p. 29]; — 15 mars 1872, Deriquebourg-Laigle, [Leb. chr., p. 176]; — 8 nov. 1878, Gass et Frère, [Leb. chr., p. 875]; 24 janv. 1879, Breton-Noël, [Leb. chr., p. 54]; — 21 févr. 1879, Ferraud, [Leb. chr., p. 156]; — 16 juin 1882, Chappon, [Leb. chr., p. 576]; — 1er févr. 1896, Delorme, [Leb. chr., p. 107]

2463. — Jusqu'à quel moment la profession entreprise en cours d'année peut-elle être imposée? Peut-elle seulement être inscrite dans le rôle supplémentaire afférent au trimestre dans lequel elle a été entreprise, ou bien peut-on la saisir indifféremment dans tous les rôles supplémentaires de cette année? C'est en ce dernier sens que s'est prononcé le Conseil d'Etat. — Cons. d'Et., 19 déc. 1860, Goffart, [D. 62.3.74]; — 20 mars 1861, Pierrot, [D. 62.3.75]; — 17 févr. 1863, Claverier, [Leb. chr., p. 139]; — 3 mars 1864, Heydenreiche, [Leb. chr., p. 224]; — 30 août 1865, Leca, [Leb. chr., p. 897]; — 12 mars 1868, Emié, [Leb. chr., p. 289]

2464. — Il suit de là qu'un patentable qui commence à exercer en janvier peut être imposé sur le rôle supplémentaire du quatrième trimestre, pour l'année entière. — Cons. d'Et., 17 juill. 1885, Girault, [Leb. chr., p. 692]; — 24 juill. 1885, Maljean, [Leb. chr., p. 712]

2465. — Aucune disposition de loi n'oblige l'administration à arrêter le rôle supplémentaire du quatrième trimestre avant le 1er janvier de l'année suivante. Autrement il ne pourrait être complet. — Cons. d'Et., 9 mai 1896, Salle, [Leb. chr., p. 393]; — 30 oct. 1896, Boiscourbeau, [Leb. chr., p. 684]

2° Professions ne pouvant être exercées toute l'année.

2466. — Si, en principe, les professions entreprises en cours d'année ne sont assujetties à la patente qu'à partir du premier du mois dans lequel les patentables ont commencé à les exercer, il est fait exception par la loi pour les professions qui, par leur nature, ne peuvent être exercées pendant toute l'année. Dans ce cas, la contribution sera due pour l'année entière, quelle que soit l'époque à laquelle la profession aura été entreprise (art. 28, § 4).

2467. — Les industries visées par le législateur sont celles qui, soit à raison de leur nature propre, soit à raison des lieux où elles sont exercées, sont nécessairement intermittentes. Donnant en quelques mois à celui qui les exerce tous les bénéfices qu'elles peuvent comporter, on conçoit que l'administration ne tienne pas compte du temps de chômage. C'est au législateur qu'il appartient d'avoir égard à cette considération lorsqu'il les range dans telle ou telle classe.

2468. — La plupart de ces industries se rattachent à la manipulation des récoltes, à la transformation des fruits de la terre en produits manufacturés, ou constituent des industries annexes et complémentaires de l'industrie agricole. Telles sont les professions d'exploitant de machines à battre les grains. — Cons. d'Et., 12 févr. 1875, Theurel, [Leb. chr., p. 141]; — 4 juin 1875, Richard, [Leb. chr., p. 538]; — 20 févr. 1880, Tourrette, [Leb. chr., p. 196]

2469. — ... De bouilleur de crû. — Cons. d'Et., 4 juill. 1884, Lagout, [Leb. chr., p. 559]; — 8 nov. 1895, Cler, [Leb. chr., p. 692]

2470. — ... De fabricant d'eau-de-vie (dans les Charentes). — Cons. d'Et., 28 mars 1860, Gontier, [Leb. chr., p. 269]

2471. — ... De fabricant de sucre. — Cons. d'Et., 13 nov. 1897, Millet-Lowalty, [D. 99.3.14]

2472. — ... De fabricant d'esprit de betteraves. — Cons. d'Et., 9 mars 1859, Laurence, [Leb. chr., p. 175]; — 28 août 1865, Anquetil, [Leb. chr., p. 869]

2473. — ... D'exploitant de pressoir à olives. — Cons. d'Et., 28 janv. 1876, Maubert, [Leb. chr., p. 87]; — 10 nov. 1882, Benedetti, [Leb. chr., p. 863]

2474. — ... De marchand de tabac en feuilles. — Cons. d'Et., 6 févr. 1880, Dura, [Leb. chr., p. 141]

2475. — Rentre dans cette catégorie la profession d'un fruitier, dont le commerce consiste à acheter, au moment de leur maturité, chez les propriétaires ou cultivateurs, des fruits de diverse nature qu'il transporte dans les villes pour les livrer à la consommation. — Cons. d'Et., 11 janv. 1853, Touche, [Leb. chr., p. 88]

2476. — Il en est de même d'un expéditeur de raisins et primeurs. — Cons. d'Et., 7 avr. 1870, Vidal, [Leb. chr., p. 435]

2477. — De même l'extraction de la tourbe ne pouvant être faite que pendant une partie de l'année, l'exploitant doit être imposé pour l'année entière à raison de ses ouvriers, bien que ceux-ci ne travaillent que trois mois. — Cons. d'Et., 22 janv. 1862, Truche, [Leb. chr., p. 51]

2478. — Il en est de même pour les fabricants de briques. — Cons. d'Et., 12 juin 1874, Glant, [Leb. chr., p. 551]

2479. — Les achats de laine aux cultivateurs ne pouvant avoir lieu que pendant la saison d'été, un représentant de commerce chargé de faire ces achats pour le compte d'une maison doit la patente pour l'année entière, alors même qu'il a entrepris sa profession dans le cours de l'année. — Cons. d'Et., 15 déc. 1868, Nicol, [Leb. chr., p. 1032]

2480. — Application de la même jurisprudence a été faite à un marchand forain vendant des verres et des bouteilles pendant le temps des vendanges. — Cons. d'Et., 11 janv. 1853, Meunier, [Leb. chr., p. 88] — ... et à un entrepreneur de bains publics sur rivière. — Cons. d'Et., 27 déc. 1854, Peyronnet, [Leb. chr., p. 1020]

2481. — Quelques professions, qui par leur nature, pourraient s'exercer pendant toute l'année sont, dans certaines communes, condamnées au chômage pendant un temps plus ou moins long. Il en est ainsi par exemple dans les localités thermales ou balnéaires qui, pendant la belle saison, sont fréquentées par de nombreux voyageurs et abandonnées aux indigènes pendant le reste de l'année. Dans ces localités, les professions qui profitent de la présence des voyageurs et des touristes sont par exemple celles de médecin des eaux. — Cons. d'Et., 9 juill. 1856, Lamberou, [Leb. chr., p. 419]; — de loueur en garni, — Cons. d'Et., 3 mai 1878, Bluet, [Leb. chr., p. 426]; — 17 déc. 1897, de Framery, [Leb. chr., p. 758]; — de maître d'hôtel. — Cons. d'Et., 29 janv. 1886, Bourget, [Leb. chr., p. 87]; — 30 juill. 1886, Lacau, [Leb. chr., p. 671]; — 16 mars 1894, Cazaux, [Leb. chr., p. 213]; — 28 mai 1897, Gras, [Leb. chr., p. 419]

2482. — Il en serait de même de celle de marchand forain dans un pays de montagne. — Cons. d'Et., 14 mai 1880, Gacou, [Leb. chr., p. 455]

2483. — ... D'entrepreneurs de spectacles avec une troupe nomade. — Cons. d'Et., 9 janv. 1880, Hérault, [S. 81.3.44, P. adm. chr.]

2484. — D'une manière générale, le fait qu'une profession a été exercée par intermittence n'empêche pas celui qui l'exerce de devoir la patente pour l'année entière. — Cons. d'Et., 26 mai 1876, Chenal, [Leb. chr., p. 487]; — 4 août 1876, Richard, [Leb. chr., p. 761] — Et aucune disposition de loi n'autorise un conseil de préfecture à se fonder, pour accorder réduction à un réclamant, sur ce que son établissement n'est ouvert qu'une partie de l'année. — Cons. d'Et., 1er juin 1869, Barthélemy-Bérard, [Leb. chr., p. 549]

2485. — Jugé, de même, que des personnes qui exercent pendant plusieurs mois de l'année une profession patentable ne peuvent se fonder, pour demander réduction, sur ce que le reste du temps, elles s'occupent à cultiver leurs terres. — Cons. d'Et., 24 janv. 1879, Magnes, [Leb. chr., p. 62]; — 5 mars 1880, Brunel, [Leb. chr., p. 255]

2486. — Il a cependant été jugé que deux individus, qui sans être associés, étaient copropriétaires d'un moulin et qui l'exploitaient alternativement pendant six mois chacun, ne devaient être assujettis qu'à un seul droit fixe dont chacun devait payer la moitié. — Cons. d'Et., 9 déc. 1887, Mouillot, [Leb. chr., p. 785]

3° *Professions interrompues et reprises.*

2487. — Le patentable qui interrompt volontairement l'exercice de sa profession pendant quelques mois de l'année ne peut, nous l'avons vu, réclamer une décharge proportionnelle de sa patente. Celui au contraire qui pendant toute une année n'a fait volontairement aucun acte de sa profession doit obtenir décharge. Ainsi l'exploitant d'un pressoir à huile qui, pendant toute une année, a réservé ce pressoir pour son usage personnel, doit obtenir décharge. — Cons. d'Et., 25 juin 1880, Orsini, [Leb. chr., p. 599. — V. *suprà*, n. 2283 et s.

2488. — Mais pour qu'il en soit ainsi, il faut que la cessation de la profession soit volontaire. Si, en effet, c'est par suite de circonstances indépendantes de sa volonté que son commerce a chômé, le patentable reste assujetti à la patente pour l'année entière. Ainsi jugé pour un marchand de bois qui, imposé pendant deux années sans réclamation de sa part, reconnait que pendant l'année intermédiaire il s'est rendu adjudicataire d'une coupe pour la continuation ultérieure de son commerce. Le fait que pendant cette année il n'aurait effectué aucune vente, ne peut le faire considérer comme ayant cessé d'exercer sa profession. — Cons. d'Et., 18 mai 1877, Barthélemy, [Leb. chr., p. 470]

2489. — ... Pour un exploitant de pressoir à huile, qui a été contraint, par l'absence de récolte des olives, de faire chômer son pressoir, lequel restait cependant à la disposition du public. — Cons. d'Et., 26 déc. 1891, Gorion, [Leb. chr., p. 813]

2490. — ... D'un maître de glacières, que l'absence de gelée pendant l'année a empêché de fonctionner. — Cons. d'Et., 2 juill. 1886, Glacières de Paris, [Leb. chr., p. 546]

2491. — Mais lorsqu'un patentable interrompt sa profession pendant la fin d'une année et les premiers mois de l'année suivante et qu'il la reprend ainsi dans le cours de l'année, il n'est pas fondé à se prévaloir de cette interruption et de ce non-exercice au 1er janvier, pour prétendre n'être imposé qu'à partir du 1er du mois où s'est effectuée la reprise. En ce cas, on considère que la profession n'a pas cessé d'être exercée un seul jour et on peut, sur le rôle supplémentaire, imposer ce patentable pour toute l'année. Le législateur a craint de favoriser des interruptions fictives. — Cons. d'Et., 2 mars 1850, Lefebvre-Maugras, [S. 50.2.368, P. adm. chr., D. 52.5.408]; — 8 juin 1850, Gannil et Arpin, [D. 50.3.73]; — 18 janv. 1851, Higounenc, [S. 51.2.384, P. adm. chr., D. 51.3.42]; — 8 févr. 1851, Simon-Moïse, [S. 51.2.384, P. adm. chr.]; — 31 mai 1851, Nizerolles, [S. 51.2.671, P. adm. chr.]; — 7 juin 1851, Poret, [Leb. chr., p. 421]; — 29 nov. 1851, Midet, [D. 52.5.408]; — 5 janv. 1853, Leporcq, [Leb. chr., p. 15]; — 18 févr. 1854, Aubignac, [Leb. chr., p. 143]; — 27 sept. 1854, Favereau, [S. 55.2.288, P. adm. chr., D. 55.3.80]; — 4 janv. 1855, Krafft, [Leb. chr., p. 10]; — 13 févr. 1856, Rochette, [D. 56.3.44, p. 139]; — 21 nov. 1861, Grandjean, [Leb. chr., p. 830]; — 18 janv. 1862, Wolff, [S. 63.2.24, P. adm. chr.]; — 19 mai 1868, Courrat, [S. 69.2.128, P. adm. chr.]; — 14 août 1869, Guillon, [Leb. chr., p. 815]; — 24 juill. 1872, Guirandon et Manceau, [Leb. chr., p. 459]; — 8 nov. 1872, Labary, [Leb. chr., p. 582]; — 29 nov. 1872, Savoie et Bernède, [Leb. chr., p. 661]; — 9 mai 1873, Lafont, [Leb. chr., p. 401]; — 7 août 1874, Chausson, [Leb. chr., p. 808]; — 21 janv. 1876, Galland, [Leb. chr., p. 59]; — 27 avr. 1877, Péron, [Leb. chr., p. 389]; — 23 nov. 1877, Gruat, [Leb. chr., p. 910]; — 7 nov. 1879, Belly, [Leb. chr., p. 675]; — 13 févr. 1880, Garleau, [Leb. chr., p. 178]; — 6 janv. 1882, Boulat, [Leb. chr., p. 8]; — 24 nov. 1882, Gougeon, [Leb. chr., p. 927]; — 4 nov. 1887, Consalvi, [Leb. chr., p. 693]; — 9 nov. 1889, Guillon, [Leb. chr., p. 1022];

— 23 janv. 1892, Pigeon, [Leb. chr., p. 61]; — 22 déc. 1894, Valladon, [Leb. chr., p. 715]; — 5 avr. 1895, Ducoudray, [Leb. chr., p. 320]; — 26 juill. 1900, Racomère, [Leb. chr., p. 506]

2492. — Le contribuable, qui s'est livré à un commerce pendant les années précédentes sans être imposé et qui l'entreprend de nouveau, après le 1er janvier, doit être imposé pour l'année entière et non à partir du 1er du mois de la reprise. — Cons. d'Et., 20 janv. 1869, Silvin, [Leb. chr., p. 65]

2493. — Il faut appliquer cette jurisprudence, même au cas où l'interruption serait produite par le décès d'un associé. — Cons. d'Et., 9 avr. 1892, Hallot, [Leb. chr., p. 403]

2494. — ... Ou par un autre fait de force majeure, tel que l'appel sous les drapeaux du patentable. A cet égard la jurisprudence du Conseil s'est montrée un peu hésitante. Au lendemain de la guerre de 1870-1871, quelques patentables incorporés dans l'armée active ou dans la garde nationale mobilisée ont soutenu qu'à raison de cette interruption forcée, ils ne devaient la patente qu'à partir du mois où leurs magasins avaient été rouverts. Le Conseil d'Etat, après avoir d'abord rejeté ces demandes (Cons. d'Et., 28 mai 1872, Tardy, [Leb. chr., p. 334]; — 24 juill. 1872, Boissac, [Leb. chr., p. 464]; — 7 août 1872, Truschat, [Leb. chr., p. 496], a fini par reconnaître que le départ pour l'armée, en temps de guerre surtout, laissait trop incertaine la date de la reprise des opérations commerciales pour qu'on pût ne tenir aucun compte de cette interruption. — Cons. d'Et., 8 nov. 1872, Le Pli, [Leb. chr., p. 564] — Toutefois, la même jurisprudence n'a pas été appliquée à un associé qui avait dû partir, parce que l'association avait continué pendant la durée de son service militaire. — Cons. d'Et., 8 nov. 1872, Albaret, [Leb. chr., p. 583]

2495. — C'est au juge à apprécier si l'on est en présence d'une cessation de profession ou d'une simple interruption. — Cons. d'Et., 20 févr. 1867, Rostaing, [Leb. chr., p. 174] — ... ou si le patentable a réellement repris sa profession. Ainsi le médecin qui, après avoir renoncé depuis quelques années à l'exercice de la médecine, supplée quelquefois son fils, médecin lui-même, ne doit pas être considéré, à raison de ces faits, comme ayant repris l'exercice de sa profession. — Cons. d'Et., 13 mai 1852, Bordier, [Leb. chr., p. 158]

4° Professions modifiées en cours d'année.

2496. — Le principe qui ressort des § 5, 6 et 7 de l'art. 28 L. 15 juill. 1880, est que toute modification dans les conditions d'exercice d'une profession qui peut donner lieu à une augmentation des droits de patente, peut justifier une inscription sur les rôles supplémentaires. « Les patentés qui, dans le cours de l'année, entreprennent une profession comportant un droit fixe plus élevé que celui qui était afférent à la profession qu'ils exerçaient d'abord; ceux qui transportent leur établissement dans une commune d'une plus forte population, sont tenus de payer au prorata un supplément de droit fixe. Il est dû un supplément de droit proportionnel par les patentables qui prennent des maisons ou locaux d'une valeur locative supérieure à celle des maisons ou locaux pour lesquels ils ont été primitivement imposés, et par ceux qui entreprennent une profession passible d'un droit proportionnel plus élevé. » Les suppléments seront dus à compter du 1er du mois dans lequel les changements prévus par les deux derniers paragraphes auront été opérés.

2497. — Par application de ces dispositions, le patentable qui, en cours d'année, entreprend une profession donnant lieu à l'application de droits plus élevés que celle exercée au rôle primitif, est tenu de payer au prorata un supplément de droit fixe. — Cons. d'Et., 13 avr. 1853, Amardheil, [Leb. chr., p. 448]; — 11 mars 1863, Jarry, [Leb. chr., p. 233]; — 5 janv. 1877, Paradon, [Leb. chr., p. 15]; — 29 juin 1900, Piquet, [Leb. chr., p. 437]

2498. — Ainsi jugé pour un fondeur de fer (tabl. C, 3e cl.) qui, n'ayant été imposé au rôle primitif qu'au droit inférieur comme fabriquant seulement des objets de petite dimension, entreprend en cours d'année la fabrication de colonnes en fonte destinées à supporter la toiture d'une halle, fait qui le rend passible du droit supérieur comme fabriquant des objets de grande dimension. — Cons. d'Et., 8 févr. 1860, Boué, [Leb. chr., p. 98]

2499. — ... Pour un marchand de tissus en demi-gros qui, en cours d'année, devient soumissionnaire de la fourniture de l'équipement des troupes et a passé des marchés importants avec l'administration militaire. — Cons. d'Et., 8 nov. 1872, Riom, [Leb. chr., p. 567]

2500. — ... Pour un marchand forain qui, après s'être muni dans le lieu de son domicile d'une certaine patente, va exercer ailleurs son commerce dans des conditions donnant lieu à des droits plus élevés. — Cons. d'Et., 1er sept. 1862, Loubières, [Leb. chr., p. 721]

2501. — En pareil cas, ce qui peut être réclamé par voie de rôle supplémentaire, ce n'est pas une imposition entière, ou du moins l'intégralité de la patente due à raison de la nouvelle profession eu égard au nombre de mois qui restent à courir, mais seulement le supplément de droit résultant de la différence entre les droits dont il était et ceux dont il devient passible. — Cons. d'Et., 30 août 1861, Debonnaire, [Leb. chr., p. 761]; — 25 avr. 1879, Durieux, [Leb. chr., p. 324]; — 1er juin 1888, Nardin, [Leb. chr., p. 484] — Vainement le patentable opposerait-il à cette imposition supplémentaire que le précédent propriétaire de l'établissement a déjà acquitté l'intégralité de la patente. — Cons. d'Et., 11 mars 1863, Jarry, [Leb. chr., p. 233]

2502. — Les patentables des tableaux B et C, dont le droit fixe se compose d'éléments variant avec le nombre des employés, des ouvriers ou des machines, qui augmentent en cours d'année le nombre de ces éléments, peuvent être de ce chef repris par un rôle supplémentaire et assujettis à un supplément de droit fixe. — Cons. d'Et., 5 janv. 1858, Soc. des ardoisières de Saint-Lambert, [Leb. chr., p. 10]; — 12 mars 1868, Emié, [Leb. chr., p. 289]; — 1er juin 1900, Meyère et Borgonovo, [Leb. chr., p. 392]

2503. — Ainsi jugé pour un industriel qui a installé dans son établissement une machine à vapeur comme complément d'un manège à chevaux. — Cons. d'Et., 5 févr. 1870, Mouton, [Leb. chr., p. 44] — ... Ou pour un exploitant de moulin qui ajoute à son établissement deux paires de meules. — Cons. d'Et., 24 janv. 1879, Breton, [Leb. chr., p. 54]

2504. — Les mêmes règles s'appliquent au droit proportionnel. Les patentables peuvent être repris par voie de rôle supplémentaire à raison des constructions nouvelles élevées par eux en cours d'année. — Cons. d'Et., 28 mars 1888, Troizet, [Leb. chr., p. 331] — ... Pour de nouveaux locaux édifiés et occupés après la confection des rôles. — Cons. d'Et., 6 août 1886, Tholotte, [Leb. chr., p. 715]; — 22 juin 1888, Roussel, [Leb. chr., p. 556]; — 24 mai 1890, François, [Leb. chr., p. 554] — ... Pour un nouvel appartement occupé par le patentable. — Cons. d'Et., 24 juin 1870, Couturier, [Leb. chr., p. 797]

2505. — Le patentable qui occupe en cours d'année de nouveaux locaux est imposable à raison de ces locaux à un supplément de droit proportionnel, alors même que son bail ne ferait mention d'aucune augmentation de loyer à raison de cet accroissement. Un tel bail devrait être considéré comme anormal. — Cons. d'Et., 24 mai 1895, Levallois, [Leb. chr., p. 442]

2506. — Le patentable, qui a ouvert en cours d'année un établissement distinct de celui pour lequel il a été porté au rôle primitif, est imposable par un rôle supplémentaire, pour ce second établissement, à partir du premier du mois où il a été ouvert. Le fait que, dans la suite, il aurait fermé volontairement son premier établissement ne ferait pas obstacle au maintien pour l'année entière de la double imposition. — Cons. d'Et., 14 janv. 1858, Filter, [Leb. chr., p. 73]

2507. — Il en serait de même si, au bout de quelques mois, le nouveau magasin était transféré ailleurs. — Cons. d'Et., 8 avr. 1892, Max-Lévy, [Leb. chr., p. 373]

2508. — Lorsqu'un patentable entreprend en cours d'année une profession nouvelle, qu'il ajoute à la première et qu'il exerce dans le même établissement, il ne peut être valablement porté sur un rôle supplémentaire, à raison de cette nouvelle profession, qu'autant que les droits auxquels elle donne lieu sont supérieurs à ceux primitivement imposés. En effet le patentable exerçant dans le même établissement ne doit que le droit le plus fort et il n'y a lieu à imposition par rôle supplémentaire que quand il faut accroître les charges du patentable. — Cons. d'Et., 1er déc. 1894, Lemel, [D. 95.5.396]

2509. — Lorsqu'on est en présence d'une simple translation de local ou d'habitation, une distinction est nécessaire. Les nouveaux locaux occupés ont-ils une valeur égale à celle des anciens, la nouvelle profession exercée est-elle passible du même droit fixe que l'ancienne, la commune abandonnée est-elle, de par le chiffre de sa population, dans la même catégorie que la nouvelle, le patentable ne peut être assujetti, à raison de cette translation d'établissement, à une imposition par rôle supplémentaire qui ferait évidemment double emploi avec celle du rôle primitif. — Cons. d'Et., 20 juill. 1865, Panetier, [Leb. chr., p. 719]

2510. — Au contraire, la valeur locative des nouveaux locaux occupés est-elle supérieure à celle des locaux abandonnés, le patentable doit payer un supplément de droit proportionnel. — Cons. d'Et., 13 avr. 1853, Amardheil, [Leb. chr., p. 448]; — 20 juill. 1865, précité; — 7 nov. 1873, Chaudet, [Leb. chr., p. 794]; — 21 févr. 1879, Fouillot, [Leb. chr., p. 153]

2511. — En pareil cas, il n'est pas imposable pour l'année entière sur le rôle de la nouvelle résidence ou à raison des nouveaux locaux, mais seulement à un supplément de droits pour les éléments nouveaux et pour les douzièmes qui suivent le changement de domicile. — Cons. d'Et., 13 juin 1879, Bigot, [Leb. chr., p. 484]; — 28 janv. 1881, Carré-Mathouret, [Leb. chr., p. 116]

2512. — Lorsqu'un patentable a, en cours d'année, pris une nouvelle habitation et fait occuper l'ancienne par un préposé, il doit, si le taux du droit proportionnel est le même pour les locaux d'habitation et pour les locaux professionnels, être imposé dans le rôle supplémentaire sur la totalité de sa nouvelle habitation et non sur la différence existant entre cette habitation et l'ancienne, celle-ci devant être considérée, à raison de son affectation nouvelle, comme une extension des locaux industriels. — Cons. d'Et., 18 juin 1860, Duffour, [Leb. chr., p. 576]

2512 *bis*. — Si les faits survenant en cours d'année et qui sont de nature à augmenter la patente du contribuable peuvent motiver l'émission d'un rôle supplémentaire, le Conseil d'Etat ne peut s'en prévaloir pour soumettre un patentable à un supplément de droits, à l'occasion d'une contestation sur le rôle général. — Cons. d'Et., 6 mai 1857, Uiel, [Leb. chr., p. 352]

5° *Professions omises.*

2513. — La loi du 25 avr. 1844 ne permettait d'atteindre par les rôles supplémentaires que les faits nouveaux, c'est-à-dire survenus postérieurement au 1er janvier de l'imposition. Toutes les modifications apportées, antérieurement à cette date, dans les conditions d'exercice de la profession, et qui avaient échappé aux agents lors de l'établissement du rôle primitif, se trouvaient couvertes par la publication de ce rôle. Toute imposition nouvelle à raison de faits existant déjà au 1er janvier était considérée comme la rectification d'une erreur et interdite à ce titre. — Cons. d'Et., 11 nov. 1852, Brunet, [Leb. chr., p. 444]; — 1er juin 1853, Sourribes, [Leb. chr., p. 578]; — 17 sept. 1854, Boisgontier, [Leb. chr., p. 836]; — 21 févr. 1855, Genec, [Leb. chr., p. 148]; — 9 janv. 1856, Courteau, [Leb. chr., p. 16]; — 4 juill. 1857, Vacquand, [Leb. chr., p. 542]; — 13 janv. 1858, Babel, [Leb. chr., p. 58]; — 7 janv. 1859, Joubert, [Leb. chr., p. 14]; — 18 août 1862, Mellot, [Leb. chr., p. 706]

2514. — Etendant ce principe aux rôles supplémentaires, on en tirait cette conséquence qu'un patentable ne pouvait être imposé sur un de ces rôles pour un trimestre antérieur à celui auquel ce rôle s'appliquait. — Cons. d'Et., 2 mars 1855, Potel, [Leb. chr., p. 182]; — 13 janv. 1858, Dupont, [Leb. chr., p. 55]

2515. — La loi du 4 juin 1858 a eu pour but d'étendre les droits de l'administration en permettant, au moyen de rôles supplémentaires, non seulement de saisir les faits nouveaux, mais encore de réparer les omissions du rôle primitif et en disposant expressément qu'il fallait considérer comme une omission le fait de n'avoir pas tenu compte, dans l'établissement du rôle primitif, des changements apportés par le patentable dans les conditions d'exercice de sa profession, antérieurement au 1er janvier. « Sont imposables, au moyen de rôles supplémentaires, les individus omis aux rôles primitifs, qui exerçaient, avant le 1er janvier de l'année de l'omission de ces rôles, une profession, un commerce ou une industrie sujette à patente, ou qui, antérieurement à la même époque, avaient apporté dans leur commerce, industrie ou profession, des changements donnant lieu à des augmentations de droits. »

2516. — Il y a lieu d'examiner plusieurs hypothèses. 1° Un individu commence au 1er janvier une profession sujette à patente et il est omis au rôle primitif. Il peut évidemment être ressaisi par un rôle supplémentaire. — Cons. d'Et., 9 févr. 1895, Saint, [Leb. chr., p. 143]; — 10 mai 1895, Gonnet, [Leb. chr., p. 389] — sans qu'il puisse utilement alléguer qu'il a acquitté la patente inscrite à tort au nom de son père et afférente au même établissement. — Cons. d'Et., 23 févr. 1877, Textaris, [Leb. chr., p. 189]; — 14 févr. 1879, Sarrau, [Leb. chr., p. 132] — Il ne peut aujourd'hui soutenir que c'était seulement par le rôle primitif qu'il pouvait être atteint. — Cons. d'Et., 11 févr. 1870, Delaunay, [Leb. chr., p. 73]

2517. — 2° Le patentable a commencé à exercer dans le cours de l'année précédente et il a été omis tant sur les rôles supplémentaires des derniers trimestres de cette année que sur le rôle primitif de l'année suivante. Il peut être imposé sur les rôles supplémentaires de cette dernière année. — Cons. d'Et., 11 févr. 1870, précité. — Toutefois, dit le § final de l'art. 28 de la loi du 15 juill. 1880, les droits ne sont dus qu'à partir du 1er janvier de l'année pour laquelle le rôle primitif a été émis, l'omission relative aux derniers trimestres de l'année précédente ne pouvant être réparée que dans le rôle supplémentaire du quatrième trimestre de cette année au plus tard.

2518. — 3° Le patentable porté au rôle de la contribution des patentes de l'année précédente a, dans les derniers jours de cette année, modifié son établissement de façon à le rendre passible d'un droit plus élevé. Si, au rôle primitif de l'année suivante, il est maintenu à l'ancien droit, la loi répute qu'il y a là une omission que les rôles supplémentaires émis ultérieurement pourront réparer. — Cons. d'Et., 5 déc. 1873, Namur, [Leb. chr., p. 902]; — 20 juin 1879, Ferry, [Leb. chr., p. 520]; — 21 déc. 1894, Bazini, [Leb. chr., p. 706]. — Il est alors régulièrement imposé, sur les rôles supplémentaires, à un supplément de droit représentant la différence entre ceux dus à raison de la profession abandonnée et ceux dus à raison de la nouvelle profession ou de la profession transformée. — Cons. d'Et., 18 déc. 1874, Béraud, [Leb. chr., p. 1012]; — 1er avr. 1892, Chaux, [Leb. chr., p. 337]

2519. — Ainsi jugé pour un patentable, qui avait cessé avant le 1er janvier de faire partie d'une société où il était associé secondaire et qui était ainsi devenu seul propriétaire d'un établissement à raison duquel il n'avait été porté au rôle primitif que pour un demi-droit fixe. — Cons. d'Et., 20 janv. 1869, Arbey, [Leb. chr., p. 63]

2520. — Il peut y avoir des omissions partielles. Elles pourront être réparées par les rôles supplémentaires comme les omissions totales. Ainsi quand un patentable exerçant au 1er janvier deux professions différentes dans des établissements distincts, n'a été porté au rôle primitif que pour l'une d'elles, il peut être porté pour l'autre sur un rôle supplémentaire. — Cons. d'Et., 25 mai 1861, Rolland, [Leb. chr., p. 427]; — 14 mars 1884, Rincau, [Leb. chr., p. 199]

2521. — On peut encore réparer l'omission d'un élément d'imposition possédé au 1er janvier (par exemple, patentable imposé à raison d'un cheval au lieu de deux). — Cons. d'Et., 21 déc. 1894, Bazini, [D. 95.5.395] — ... L'omission d'une partie des locaux occupés par le patentable. — Cons. d'Et., 7 août 1885, Gillet, [Leb. chr., p. 751]; — 10 mai 1895, Bastien, [S. et P. 97.3.89]

2522. — La doctrine de ces deux arrêts nous semble plus conforme au texte de l'art. 28 que celle qui semble résulter d'un arrêt du 8 mars 1890, Richard, [S. et P. 92.3.82] où le Conseil a considéré comme constituant la réparation d'une erreur l'imposition par un rôle supplémentaire d'un patentable à raison de son habitation personnelle omise au rôle primitif.

2523. — Le patentable, imposé au droit fixe au rôle d'une commune et omis au rôle d'une autre commune où il a transporté son domicile, peut être imposé, pour le droit proportionnel à raison de son habitation, au rôle supplémentaire de cette commune; il y a là, non pas la rectification d'une erreur commise dans l'établissement de la patente, mais la réparation d'une omission constatée au rôle primitif de la seconde commune. — Cons. d'Et., 6 mai 1899, Min. des Finances, [S. et P. 1901.3.121]

2524. — Les patentes individuelles des divers membres d'une société en nom collectif constituent des éléments de l'imposition qui, s'ils sont omis au rôle primitif, peuvent être ressaisis par les rôles supplémentaires. — Cons. d'Et., 14 mars 1884, Rincau, [Leb. chr., p. 49]; — 20 juill. 1894, Deutsch, [Leb. chr., p. 490]

6° *Professions mal imposées. Rectifications d'erreurs.*

2525. — Comme nous l'avons dit *suprà*, n. 2513 et s., avant la loi de 1858, les rôles supplémentaires ne pouvaient saisir que les faits survenus dans le trimestre auquel ils s'appliquaient. La loi de 1858 a supprimé cette entrave. Les patentables exerçant au 1er janvier et omis dans le rôle primitif et dans les rôles supplémentaires des trois premiers trimestres peuvent être valablement inscrits sur le rôle du 4e trimestre et imposés depuis le 1er janvier. — Cons. d'Et., 3 mars 1864, Lapoujade, [Leb. chr., p. 224]; — 12 mars 1868, Croisy, [S. 69.2.64, P. adm. chr.] — Ce dernier rôle peut, nous l'avons vu, être régulièrement publié dans les premiers mois de l'exercice suivant et il est le dernier terme auquel il est possible de réparer l'omission commise.

2526. — Peu importe qu'au moment où est publié le rôle supplémentaire, le patentable ait cessé la profession omise au rôle primitif. Il n'en est pas moins imposable pour l'année entière à raison de cette profession. — Cons. d'Et., 27 nov. 1867, Lavie, [S. 68.2.296, P. adm. chr., Leb. chr., p. 875]; — 22 déc. 1894, Bayard, [Leb. chr., p. 716]

2527. — De ce que le législateur a autorisé la réparation des omissions dans les conditions limitées par la loi du 4 juin 1858 et les § 7 et 8, art. 28 L. 15 juill. 1880, il ne s'ensuit pas que toutes les erreurs commises lors de l'établissement du rôle primitif, soit dans la qualification des professions, soit dans le calcul des droits, soient susceptibles d'être rectifiées par les rôles supplémentaires.

2528. — Ainsi supposons que, l'année précédente, un patentable ait été porté au rôle sous une qualification erronée. Exerçant dans les conditions du gros ou du demi-gros il a été imposé comme marchand en détail. Le rôle primitif de l'année suivante reproduit la même erreur. Si, dans tout le cours de l'exercice précédent, le patentable n'a apporté à l'exercice de sa profession aucun changement, la disposition du § 7 de l'art. 28 de la loi de 1880 devient inapplicable; l'erreur du rôle primitif ne peut être assimilée à une omission et ne peut être rectifiée par un rôle supplémentaire. — Cons. d'Et., 19 déc. 1860, Thomas, [D. 62.3.73]; — 9 janv. 1861, Faure, [D. 62.3.73]; — 12 août 1861, Marais, [D. 62.3.73]; — 6 déc. 1862, Guillon, [Leb. chr., p. 755]; — 24 mars 1865, Chastang, [Leb. chr., p. 320]; — 23 mai 1873, Rasplus, [Leb. chr., p. 450]; — 30 avr. 1875, Vaillant, [Leb. chr., p. 383]; — 3 août 1877, Bergne, [D. 77.3.104]; — 14 juin 1878, Durand, [Leb. chr., p. 573]; — 25 avr. 1879, Cappier, [Leb. chr., p. 325]; — 20 juin 1879, Perny, [Leb. chr., p. 520]; — 12 août 1879, Desgeorges, [Leb. chr., p. 640]; — 21 nov. 1879, Cousin, [Leb. chr., p. 738]; — 19 mars 1880, Grasset, [Leb. chr., p. 320]; — 9 mai 1884, Mouzet, [Leb. chr., p. 359]; — 15 janv. 1886, Gaillard, [Leb. chr., p. 39]

2529. — Spécialement, l'erreur commise dans la qualification de la profession exercée au 1er janvier par le patentable n'autorise pas l'administration à émettre un rôle supplémentaire pour le rectifier. — Cons. d'Et., 11 janv. 1851, Chauvin, [D. 51.3.40]; — 19 juill. 1851, Franckhauser, [Leb. chr., p. 517]; — 26 juill. 1851, Coutan, [Leb. chr., p. 531]; — 27 mars 1865, Berger, [S. 65.2.320, P. adm. chr., D. 67.3.27]; — 2 mars 1888, Gaillard, [Leb. chr., p. 225]; — 17 mai 1889, Soc. des ateliers méridionaux, [Leb. chr., p. 606]

2530. — Les agents des contributions directes ne sont pas non plus autorisés à rectifier les erreurs commises par eux dans le calcul de la valeur locative servant de base au droit proportionnel. — Cons. d'Et., 24 juin 1870, Schlumberger, [S. 72.2.216, P. adm. chr.]; — 6 avr. 1900, Delon, [Leb. chr., p. 281] — On ne peut changer le taux appliqué par erreur à certains locaux occupés par le patentable. — Cons. d'Et., 7 juill. 1870, Docks de Marseille, [Leb. chr., p. 866]

2531. — Si un patentable qui, au 1er janvier, occupait la moitié d'une maison n'a été imposé sur le rôle primitif que pour le quart, et qu'en cours d'année il vienne à occuper le reste de l'immeuble, le rôle supplémentaire peut l'atteindre pour la moitié nouvellement occupée, mais non pour le quart non compris dans l'évaluation définitive. — Cons. d'Et., 21 janv. 1887, Lecomte, [Leb. chr., p. 59]

2532. — Il faudrait seulement tenir compte des augmentations de valeur locative résultant des augmentations apportées, antérieurement au 1er janvier, à l'outillage industriel. — Cons. d'Et., 5 déc. 1873, Namur, [Leb. chr., p. 902]

2533. — Le contribuable, qui, depuis plusieurs années, exerce dans deux communes différentes deux professions distinctes, et qui n'a été imposé, sur le rôle primitif, à raison de son habitation, que d'après le taux afférent à celle de ces deux professions comportant le droit fixe le moins élevé, ne saurait être assujetti, par voie de rôle supplémentaire, à un supplément de droits pour rectifier l'erreur commise. — Cons. d'Et., 19 nov. 1898, Civel, [S. et P. 1901.3.30]

2534. — L'administration ne peut pas non plus se prévaloir de certains faits qui, survenant en cours d'année, nécessitent certains changements à l'imposition primitive, pour rectifier les erreurs qu'elle a commises. C'est ainsi qu'à propos d'un transfert de patente on ne peut imposer le cessionnaire à des droits supérieurs à ceux que payait le cédant quand il continue la profession dans les mêmes conditions que ce dernier. — Cons. d'Et., 27 juill. 1883, Garnier, [Leb. chr., p. 691]

2535. — Jugé encore que quand, après la mort de son associé, l'associé survivant n'a apporté aucun changement à la profession qu'il exerce, le conseil de préfecture ne peut ordonner qu'il sera imposé, par un rôle supplémentaire, à un complément de droits, à raison de l'établissement dont il est devenu seul propriétaire. — Cons. d'Et., 16 août 1867, Martinet, [Leb. chr., p. 793]

2536. — Lorsque dans une société en nom collectif l'administration se trompe dans la détermination de l'associé principal, qu'elle impose comme principal l'associé secondaire, et réciproquement, il va sans dire que l'associé secondaire imposé comme principal doit obtenir réduction. Mais après cette réduction l'administration ne peut se prévaloir de ce fait pour imposer par un rôle supplémentaire le véritable associé principal imposé par erreur comme secondaire. Il n'y a là qu'une rectification d'erreur qui ne rentre pas dans les cas prévus au § 7 de l'art. 28. — Cons. d'Et., 16 janv. 1892, Camus, [D. 93.5.421]; — 21 déc. 1894, Aubry, [D. 95.5.395]

2537. — Il en serait autrement si l'administration avait imposé un associé secondaire au droit proportionnel à raison d'une partie des locaux occupés par la société. Après la décharge accordée à cet associé, l'administration pourrait reprendre l'associé principal, par un rôle supplémentaire, à raison de ces locaux qui auraient été à tort omis sur sa cote. — Cons. d'Et., 15 nov. 1872, Salvator, [Leb. chr., p. 614]

2538. — Si un individu, qui, dès le 1er janvier d'une année, était directeur d'une société anonyme et passible en cette qualité de tous les droits dus par la société, a été imposé à tort à un demi-droit comme associé secondaire d'une prétendue société en nom collectif, et qu'il vienne ultérieurement à être assujetti par un rôle supplémentaire aux droits qui auraient dû lui être assignés dès l'origine, il pourrait, nous l'avons dit, contester la légalité de cette imposition complémentaire, mais il peut aussi demander décharge de la patente qui lui a été primitivement imposée et qui fait double emploi avec l'autre. — Cons. d'Et., 1er déc. 1894, Vergez et Lonjarret, [S. et P. 96.3.153, D. 95.5.395]

Section III.

Compensations.

2539. — Nous venons de voir ci-dessus dans quelle mesure le législateur avait permis à l'administration de réparer les omissions commises par elle dans l'établissement des rôles et dans quels cas des erreurs d'imposition pouvaient se trouver assimilées à des omissions. Nous allons examiner comment la jurisprudence, au moyen des compensations, est arrivée à corriger ce que la loi avait d'un peu étroit. Rappelons d'abord qu'en matière de contributions directes, le rôle de la juridiction contentieuse consiste exclusivement à vérifier si les bases légales d'imposition ont été correctement appliquées aux réclamants et qu'il ne lui appartient pas de se substituer elle-même à l'administration. C'est ainsi qu'en matière de contribution foncière, de contribution personnelle-mobilière, de contribution des portes et fenêtres, le juge administratif qui constate qu'un contribuable a été surtaxé à raison de certains éléments, ne peut compenser cette surtaxe avec des atténuations ou des omissions dont ce contribuable bénéficierait d'autre part. — V. *suprà*, v° *Contributions directes*, n. 2361 et s.

2540. — C'est ainsi que, même en matière de patente, quand il est constaté qu'un contribuable n'exerce pas la profession pour laquelle il a été inscrit sur les rôles, mais qu'il en exerce une autre non dénommée aux tableaux, le juge doit renvoyer à l'administration pour que le préfet prenne un arrêté d'assimilation;

que quand il y a une mutation de cote à opérer, on renvoie de même devant le préfet.

2541. — Si on avait appliqué ce principe à la rigueur en matière de patentes, les inconvénients se seraient fait très-vivement sentir. Toutes les fois, en effet, qu'une profession aurait été inexactement qualifiée, le patentable aurait dû obtenir décharge de sa patente, sauf à l'administration à le reprendre par un rôle supplémentaire. Or, dans l'état actuel de la législation, ces rectifications par voie de rôles supplémentaires sont impossibles. Le résultat aurait donc été de multiplier les décharges, ce qui aurait compromis le recouvrement. Ces décharges auraient profité indûment à des individus qui exerçaient des professions imposables. Et elles auraient pu atteindre un chiffre considérable, car le nombre des patentables et la diversité des professions multiplient les chances d'erreurs.

2542. — Ce sont, croyons-nous, ces divers motifs qui ont déterminé le Conseil d'État à déroger, en matière de patente, à la règle qu'il appliquait inflexiblement aux autres contributions : l'interdiction de faire des compensations. Et la raison d'être de cette jurisprudence est aussi ce qui permet d'en limiter les effets. Nous serions disposés, pour notre part, à admettre la distinction suivante : toutes les fois qu'il sera possible à l'administration de réparer, au moyen d'un rôle supplémentaire, l'erreur d'imposition dont se plaint le contribuable, le juge devra se borner à accorder décharge ou réduction et ne pourra faire de compensation. Au contraire ce droit lui sera reconnu quand on se trouvera en présence d'une de ces erreurs que la loi ne permet pas de réparer par l'émission d'un rôle supplémentaire. C'est à la lumière de cette distinction que nous allons examiner la jurisprudence.

2543. — Celle-ci paraît, si on examine tous les précédents chronologiquement, se diviser en trois périodes très-nettes. Jusqu'en 1860, le Conseil d'État admet les compensations très-largement. De 1860 à 1870, il en restreint l'application à un très-petit nombre de cas. A partir de 1870, il revient à la jurisprudence ancienne, avec une tendance à adopter la distinction que nous venons d'indiquer.

2544. — *1re période.* — Avant 1860, lorsqu'un patentable, imposé sous une qualification erronée, exerce réellement une autre profession et que celle-ci le rend passible des droits de patente égaux ou supérieurs à ceux qui lui sont imposés, il n'a pas intérêt à se plaindre et dès lors n'est pas fondé à demander décharge. Le juge compare l'imposition que devrait payer ce contribuable à celle à laquelle il est assujetti et lui refuse un dégrèvement auquel, en équité, il n'a pas droit. — Cons. d'Ét., 24 févr. 1849, Séguila (droit supérieur), [Leb. chr., p. 113]; — 24 mars 1849, Jeanmaire (droit égal), [Leb. chr., p. 180]; — 18 janv. 1851, Laroche et Quéri, [Leb. chr., p. 41]; — 29 juill. 1852, Lion, [Leb. chr., p. 348]; — 17 mai 1854, Roy, [Leb. chr., p. 448]; — 21 févr. 1855, Rouyer, [Leb. chr., p. 149]; — 18 mars 1857, Vacretti, [Leb. chr., p. 226]; — 6 janv. 1858, Gaujard, [Leb. chr., p. 17]; — 19 janv. 1859, Sallé, [Leb. chr., p. 42] — Cette jurisprudence s'appliquait, alors même que la réclamation était fondée sur ce que l'imposition avait été établie dans une autre commune que celle où elle était due. — Cons. d'Ét., 10 déc. 1856, Bosse, [Leb. chr., p. 694]; — 22 avr. 1857, Burtegeat, [Leb. chr., p. 313]; — 18 janv. 1860, Boiscourbeau, [Leb. chr., p. 42]; — 28 mars 1860, Hébert, [Leb. chr., p. 264] — Quand il était reconnu que le patentable imposé à tort dans une commune ne payait pas trop en principal, on rejetait sa réclamation, mais si dans la commune où il était imposé, le nombre des centimes communaux était plus élevé que dans l'autre, on lui accordait décharge de la surtaxe qui en résultait pour lui. — Cons. d'Ét., 28 mars 1860, Hébert, [Leb. chr., p. 264]; — 25 avr. 1861, Pitois, [Leb. chr., p. 297]

2545. — La comparaison des droits dus aux droits imposés fait-elle ressortir une surtaxe, il y a lieu d'accorder un dégrèvement, mais, au lieu d'accorder la décharge complète, on n'alloue décharge que de l'excédent de la différence existant entre les droits afférents aux deux professions. — Cons. d'Ét., 24 juill. 1852, Cordier, [Leb. chr., p. 315]; — 27 déc. 1854, Lolliot, [Leb. chr., p. 1018]; — 22 avr. 1857, Gaigneux, [Leb. chr., p. 311]; — 6 mai 1857, Thil, [Leb. chr., p. 352]; — 15 août 1860, Goutery, [Leb. chr., p. 629]

2546. — *2e période (1860 à 1870).* — On y rencontre encore quelques décisions inspirées par l'ancienne jurisprudence, mais beaucoup plus clairsemées. Nous citerons les arrêts suivants que nous avons relevés. — Cons. d'Ét., 26 févr. 1862, Lebrost, [Leb. chr., p. 140]; — 28 mai 1862, Peyrenave, [Leb. chr., p. 435]; — 18 juin 1862, Sausier, [Leb. chr., p. 500]; — 19 févr. 1863, Fortin, [Leb. chr., p. 165]; — 20 sept. 1865, Richard, [Leb. chr., p. 930]

2547. — On admet encore parfois que, quand la profession exercée donne lieu à un droit inférieur à celui afférent à la profession imposée, on doit se borner à accorder décharge de la différence. — Cons. d'Ét., 26 juin 1866, Roustan, [Leb. chr., p. 726]

2548. — ... Que quand un patentable a été imposé au droit fixe entier pour une profession qu'il n'exerçait pas ou n'exerçait plus, et à un demi-droit fixe pour une seconde profession qu'il exerce réellement, il devient pour cette dernière profession passible d'un droit fixe entier et ne doit obtenir décharge du droit afférent à la profession abandonnée que pour la différence entre cette taxe et le droit fixe entier dû pour la seconde. — Cons. d'Ét., 24 juill. 1861, Baron, [Leb. chr., p. 639]; — 12 déc. 1866, Paganelli, [Leb. chr., p. 1130]; — 4 juin 1867, Arnaud, [Leb. chr., p. 557]

2549. — Mais, à côté de ces décisions, nous voyons se former un corps de jurisprudence restreignant le droit d'effectuer les compensations. Ainsi lorsque un individu, absolument étranger à une société, a été imposé comme associé principal, on ne doit pas se borner à lui accorder réduction du demi-droit, de manière à avoir, par la réunion de ce demi-droit à celui payé par l'individu imposé comme associé secondaire, le droit entier qui aurait dû être perçu. — Cons. d'Ét., 9 mai 1860, Auduze, [Leb. chr., p. 388]

2550. — Un contribuable, imposé à tort, ne peut être maintenu au rôle pour les droits afférents à une profession exercée par sa femme qui n'est pas imposée. Il n'appartient pas en effet au Conseil d'État d'ordonner l'inscription de cette femme sur le rôle. — Cons. d'Ét., 1er sept. 1862, Morin, [Leb. chr., p. 712]

2551. — Lorsque les éléments d'imposition qu'il faudrait compenser se trouvent dans des communes différentes, la compensation ne peut s'opérer. Ainsi lorsqu'un individu est surtaxé dans une commune, on ne peut rejeter sa demande en décharge ou en réduction par le motif que, dans une commune voisine, il n'aurait pas été imposé ou l'aurait été insuffisamment à raison de certains éléments possédés par lui. — Cons. d'Ét., 18 juill. 1860, Quilliot, [Leb. chr., p. 550]; — 15 août 1860, Arias, [Leb. chr., p. 619]; — 6 déc. 1862, Bencker, [Leb. chr., p. 756]; — 4 mai 1864, Janvier, [Leb. chr., p. 403]; — 16 avr. 1848, Baboin, [Leb. chr., p. 442]

2552. — Enfin, pendant cette période, le Conseil d'État se refuse à opérer des compensations pour rectifier des erreurs de qualification. Ainsi il est décidé qu'un conseil de préfecture ne peut, en accordant à un contribuable réduction d'un droit de patente exagéré, ordonner l'imposition de ce même contribuable à un autre droit pour lequel il n'a pas été porté au rôle. — Cons. d'Ét., 30 nov. 1862, Ledard, [S. 63.2.184, P. adm. chr.]

2553. — Le fait qu'un individu, imposé à tort comme agent d'affaires, exercerait la profession d'exploitant de carrières, à raison de laquelle il n'a pas été imposé, ne peut autoriser le conseil de préfecture à le maintenir à la patente d'agent d'affaires. — Cons. d'Ét., 5 mars 1863, Gaudineau, [Leb. chr., p. 216]

2554. — Le juge ne peut compenser une réduction due sur le droit fixe avec une augmentation du droit proportionnel fondée sur ce que, lors de l'établissement du rôle primitif, on aurait négligé de tenir compte de certains moyens de production. — Cons. d'Ét., 24 mars 1865, Grandrémy, [Leb. chr., p. 315]; — 26 juin 1867, Quesmel, [Leb. chr., p. 609]

2555. — Il ne peut compenser la réduction sur la valeur locative d'un des établissements du patentable avec le relèvement de la valeur locative d'un autre. — Cons. d'Ét., 27 févr. 1866, Billet, [Leb. chr., p. 160]

2556. — Il ne peut refuser d'accorder un dégrèvement qui est dû, par le motif que la contribution payée par le patentable est moins élevée qu'elle n'eût dû l'être si on avait tenu compte d'une autre profession, qui le rendait passible d'une taxe additionnelle, et d'erreurs commises dans le calcul du droit proportionnel. — Cons. d'Ét., 24 févr. 1866, Lesur, [S. 67.2.32, P. adm. chr.]

2557. — Il ne peut compenser l'exagération du droit proportionnel établi sur certains locaux avec l'insuffisance du droit assis sur d'autres. — Cons. d'Et., 22 janv. 1868, Breton, [Leb. chr., p. 70]

2558. — Lorsqu'un établissement secondaire a été imposé à tort à un droit fixe entier, il y a lieu de réduire ce droit à un demi-droit alors même que, par suite d'une erreur commise dans la désignation de l'industrie exercée dans l'établissement principal, l'ensemble de deux droits imposés soit inférieur à ce qu'il aurait dû être. — Cons. d'Et., 10 avr. 1869, Etitugaray, [Leb. chr., p. 355]

2559. — Quand un patentable a été imposé à tort pour un local qu'il a cessé d'occuper, mais qu'à la même époque il en occupait un autre pour lequel il n'a pas été imposé, la compensation ne peut s'opérer. — Cons. d'Et., 10 avr. 1866, Bartet, [Leb. chr., p. 341]; — 27 nov. 1867, Mérighi, [Leb. chr., p. 876] — Il en est de même quand le patentable, imposé au 1er janvier pour une profession qu'il a cessé d'exercer, en entreprend une autre en cours d'année. — Cons. d'Et., 8 avr. 1869, Costeux, [Leb. chr., p. 340] — Dans ces derniers arrêts, on laisse entendre que la compensation ne peut s'opérer entre des impositions indûment assises et celles qui pourraient être imposées aux contribuables par des rôles supplémentaires.

2560. — *3e période.* — Depuis 1870, le Conseil d'Etat est revenu à sa première jurisprudence. Toutes les fois que la profession réellement exercée donne lieu à des droits égaux ou supérieurs à ceux qui ont été imposés, le contribuable est jugé sans intérêt à réclamer et voit rejeter sa demande en décharge ou en réduction. — Cons. d'Et., 11 janv. 1870, Luciani, [Leb. chr., p. 5]; — 29 déc. 1871, Jubé, [Leb. chr., p. 331]; — 9 mai 1873, Roglet, [Leb. chr., p. 402]; — 18 juill. 1873, Fontaine, [Leb. chr., p. 646]; — 7 août 1874, Dupuy, [Leb. chr., p. 806]; — 30 avr. 1875, Vaillant, [Leb. chr., p. 383]; — 3 déc. 1875, Bonnet, [Leb. chr., p. 967]; — 4 févr. 1876, Bouchez, [Leb. chr., p. 113]; — 9 mars 1877, Teissière, [Leb. chr., p. 255]; — 8 nov. 1878, Robiliard, [Leb. chr., p. 876]; — 14 mars 1879, Lombard, [Leb. chr., p. 211]; — 9 janv. 1880, Gaillard, [Leb. chr., p. 11]; — 4 févr. 1881, Deltel, [Leb. chr., p. 154]; — 17 févr. 1882, Prévost, [Leb. chr., p. 177]; — 5 janv. 1883, Latura, [Leb. chr., p. 12]; — 13 juin 1884, Crédit lyonnais, [Leb. chr., p. 484]; — 16 janv. 1885, Labeyrie, [Leb. chr., p. 46]; — 12 nov. 1886, Pilote, [Leb. chr., p. 781]; — 11 mars 1887, Degoumois, [Leb. chr., p. 218]; — 11 mai 1888, Drevet, [Leb. chr., p. 430]; — 29 mars 1889, Sussin, [Leb. chr., p. 426]; — 26 déc. 1891, Longchamp, [Leb. chr., p. 812]; — 16 juin 1893, Relins, [Leb. chr., p. 478]; — 11 nov. 1893, Charavay, [Leb. chr., p. 744]; — 1er déc. 1894, Perroux, [Leb. chr., p. 651]; — 10 mai 1895, Faucampré, [Leb. chr., p. 389]; — 1er mai 1896, Thibaut et Couturier, [Leb. chr., p. 358]; — 26 nov. 1897, Laudi, [Leb. chr., p. 722] — 3 févr. 1900, Paris, [Leb. chr., p. 101]; — 4 mai 1900, Pignon, [Leb. chr., p. 310]; — 1er juin 1900, Sagé, [Leb. chr., p. 392]

2561. — Celui qui est imposé à tort pour une profession qu'il n'exerce pas ou n'exerce plus, mais exerce une profession passible de droits de patente moins élevés, doit obtenir décharge de la différence existant entre les droits imposés et les droits dus. — Cons. d'Et., 18 juin 1872, Loviconi, [Leb. chr., p. 388]; — 10 janv. 1896, Durand, [Leb. chr., p. 5]

2562. — Application de cette jurisprudence a été faite aux compagnies de chemins de fer imposées sous un seul article du rôle à raison des gares et de leurs dépendances qu'elles possèdent dans les communes. Quand les compagnies se prétendent surtaxées, le conseil de préfecture et le Conseil d'Etat peuvent faire entrer en compte, pour l'appréciation de la valeur locative, tous les éléments imposables qui leur sont signalés par l'administration, alors même que ces éléments ne seraient pas mentionnés spécialement sur les matrices des rôles. — Cons. d'Et., 25 févr. 1881, Comp. du Midi, [Leb. chr., p. 227]

2563. — Jugé qu'il est permis de compenser des éléments non imposables avec des éléments non imposés. — Cons. d'Et., 26 nov. 1886, Comp. d'Orléans, [Leb. chr., p. 828]

2564. — ... Que, quand la Compagnie réclamante ne conteste qu'un de ses éléments d'imposition, le juge peut apprécier la valeur locative des autres éléments pour voir s'il y a réellement surtaxe. — Cons. d'Et., 8 nov. 1889, Comp. P.-L.-M., [Leb. chr., p. 1002]

2565. — Lorsqu'il s'agit de patentables imposés à raison de taxes variables, on refait le calcul des droits dont ils sont passibles à raison des éléments qu'ils possèdent et on ne leur accorde décharge que de la différence entre ces droits et ceux auxquels ils ont été imposés. — Cons. d'Et., 28 avr. 1894, Balin, [Leb. chr., p. 300] — 6 juillet 1900, Brun, [Leb. chr., p. 461]

2566. — Ainsi on peut faire la compensation quand un patentable est imposé sur un nombre d'ouvriers exagéré et sur un nombre de machines insuffisant. — Cons. d'Et., 27 juill. 1894, Nevret, [Leb. chr., p. 511]

2567. — On peut encore faire la compensation entre un droit fixe trop fort et un droit proportionnel trop faible. — Cons. d'Et., 1er juin 1888, Bernard, [Leb. chr., p. 482]

2568. — ... Entre le droit proportionnel maintenu à tort pour un établissement que le patentable avait cessé d'occuper antérieurement au 1er janvier et celui afférent aux nouveaux locaux occupés par lui dans la même commune, et dont la valeur n'est pas inférieure à celle des locaux précédemment occupés. — Cons. d'Et., 21 mars 1891, Martinet, [Leb. chr., p. 258]

2569. — On sait que certaines professions, telles que celle d'exploitant de moulin, sont imposables au tableau A ou au tableau C, suivant que l'application des bases de l'un ou de l'autre tableau donnera des résultats plus avantageux pour le Trésor (V. *suprà*, n. 1852 et s., 1859). Si donc un exploitant de moulin, imposé comme marchand de farines (tableau A), a été néanmoins assujetti au droit proportionnel sur son outillage, il doit en principe obtenir décharge de cette imposition erronée. Toutefois si, déduction faite de ce droit, l'ensemble des droits comme exploitant de moulin (tableau C) donnait un chiffre supérieur à celui des droits imposés comme marchand de farines, le droit établi sur l'outillage ne sera réduit que jusqu'à concurrence de la différence entre le total des droits auxquels le réclamant a été imposé et ceux dont il était passible. — Cons. d'Et., 21 nov. 1891, Vachon, [Leb. chr., p. 696] — Le Conseil a rejeté la demande d'un patentable tendant à être imposé sur le rôle d'un autre arrondissement de Paris que celui sur lequel il avait été inscrit. Le tarif étant le même pour toute la ville, le patentable n'avait aucun intérêt en jeu. — Cons. d'Et., 26 juill. 1878, Fleury, [Leb. chr., p. 748]

2570. — Il nous reste à signaler quelques décisions dans lesquelles on voit poindre la distinction que nous avons indiquée *suprà*, n. 2542, comme devant servir de ligne directrice. Quand il est possible de réparer l'erreur commise par l'émission d'un rôle supplémentaire, la compensation ne s'opère pas. Ainsi elle ne peut se faire entre contributions dues pour des exercices différents. — Cons. d'Et., 9 janv. 1880, Dijols, [Leb. chr., p. 11]; — 8 déc. 1882, Vergniaux, [Leb. chr., p. 985] — ... Ni entre des contributions imposées et des contributions dues dans des communes différentes. — Cons. d'Et., 27 déc. 1878, Cartex-Daspect, [Leb. chr., p. 1091] — ... Ni entre les droits afférents à une profession que le patentable a cessé d'exercer avant le 1er janvier et ceux afférents à une autre profession qu'il a entreprise avant ou après le 1er janvier. — Cons. d'Et, 2 nov. 1877, Mercier, [S. 79.2.273, P. adm. chr.]; — 16 mars 1888, Pingney, [Leb. chr., p. 269]; — 22 juill. 1892, Bugon, [Leb. chr., p. 640]; — 23 déc. 1892, Roblot, [Leb. chr., p. 938]

2571. — Enfin, pour que la compensation puisse être utilement invoquée par l'administration, il faut qu'elle ait présenté ce moyen devant le conseil de préfecture. — Cons. d'Et, 28 déc. 1858, Hirtz, [Leb. chr., p. 754]; — 3 déc. 1886, P.-L.-M., [Leb. chr., p. 856]

2572. — Remarquons, en terminant sur ce point, que si, à la suite de l'imposition erronée portée au rôle primitif, le patentable a été plus tard repris par un rôle supplémentaire, régulièrement ou non, le juge administratif n'a plus qu'à vérifier, sans avoir de compensation à faire entre ce qui est dû et ce qui ne l'est pas, si l'ensemble des droits imposés au contribuable n'est pas excessif. S'il lui apparaît qu'en établissant le rôle supplémentaire, l'administration a tenu compte de l'imposition indue portée au premier rôle et n'a inscrit le réclamant que pour la différence existant entre les droits des deux professions, il décidera que le contribuable n'est pas fondé à se prétendre surtaxé. — Cons. d'Et., 15 janv. 1864, Garrigou, [Leb. chr., p. 36]; — 27 mars 1865, Berger, [S. 65.2.320, P. adm. chr., D. 67.3.27]; — 25 févr. 1881, Dalipliard, [Leb. chr., p. 224]; — 28 nov. 1891, Naillet, [Leb. chr., p. 719] — Si au contraire l'ensemble des droits imposés excède ce qui est légalement dû, il ramènera l'imposition à ce chiffre légal en accordant décharge de l'excédent. — Cons. d'Et., 2 févr. 1894, Kullmann, [S. et P. 96.3.6]

Section IV

Règles spéciales aux entrepreneurs de travaux publics.

2573. — L'assiette particulière donnée par la loi du 4 juin 1858 au droit fixe dû par les entrepreneurs de travaux publics a conduit la jurisprudence à déroger sur quelques points au principe d'annualité. Aux termes de cette loi, les entrepreneurs de travaux publics, outre une taxe déterminée de 5 fr., doivent payer une taxe variable de 1 fr. par 1,000 fr. du montant annuel des entreprises, avec maximum de 1,000 fr. La loi du 15 juill. 1880 a augmenté ce droit en fixant la taxe variable à 0 fr. 25 par 100 fr. ou fraction de 100 fr. du montant annuel des entreprises. Le maximum avait disparu en 1872.

2574. — Dès la promulgation de la loi de 1858, une instruction du ministre des Finances, reproduite sur ce point par celle du 6 avr. 1881 (art. 44), informait les agents des contributions directes que « les travaux qu'exécutera l'entrepreneur pendant l'année pour laquelle on établit la patente ne pouvant pas toujours être connus au moment de la confection de la matrice, les agents détermineront le prix des entreprises d'après les faits constatés pour l'année précédente, à moins que la notoriété n'indique, avec toutes les apparences de la certitude ou d'une très-grande probabilité, des changements dont il conviendrait de tenir compte ».

2575. — Comment déterminer le montant annuel des entreprises? Sur ce point une divergence d'interprétation se produisit entre l'administration et le Conseil d'Etat. Tous deux étaient bien d'accord pour repousser le système consistant à imposer l'entrepreneur pour toute la durée de son entreprise sur le montant intégral de l'adjudication. Ce système eût donné des résultats iniques, puisque de deux entrepreneurs exécutant la même somme de travaux, l'un en un an l'autre en deux, le second aurait été imposé au double du premier. — Cons. d'Et., 23 avr. 1862, Geist, [Leb. chr., p. 315]

2576. — D'après le ministre des Finances, pour appliquer la loi, il fallait diviser le prix total des travaux à exécuter par le nombre d'années accordé à l'entrepreneur pour leur exécution. Comme il était impossible de connaître, au 1er janvier d'une année, le montant des travaux qui peuvent être exécutés pendant cette année, ce mode permettrait d'imposer l'entrepreneur à des sommes approximatives. Il y aurait lieu toutefois, la dernière année, d'ajouter ou de retrancher aux cotisations des années primitives ce qui aurait été payé en moins ou en trop pour faire payer aux entrepreneurs une patente véritablement proportionnelle au montant des travaux exécutés. — Cons. d'Et., 6 déc. 1865, Picard, [Leb. chr., p. 959, et les observations du ministre] — Avec ce système, au lieu de considérer chaque année isolément en réglant la patente d'après la quantité de travaux exécutés pendant cet espace de temps, on considérait une période égale à la durée d'exécution de l'entreprise et on partageait la patente entre les années dont se composait cette période.

2577. — Le Conseil d'Etat n'accepta pas complètement ce système, ou plutôt il ne l'appliqua que dans ce qu'il avait de favorable aux entrepreneurs. Quand, par exemple, un entrepreneur avait soumissionné des travaux s'élevant à 160,000 fr. à exécuter en deux ans et que, la première année, il avait été imposé à un droit variable calculé sur 111,000 fr., il n'était plus imposable la seconde année que pour la somme complémentaire. — Cons. d'Et., 23 avr. 1862, précité; — 19 mars 1864, Prigent et Soubigau, [Leb. chr., p. 277]

2578. — Au contraire, le Conseil se sépara de l'administration, en ce qui touche l'imposition du droit pour chaque année, n'admettant pas que la patente pût être supérieure au montant effectif des travaux exécutés pendant cette année. Ainsi jugé qu'un entrepreneur qui avait à exécuter pour deux millions de travaux en deux ans ne pouvait être imposé les deux années au droit maximum, si la première année il n'avait exécuté que pour 13,000 fr. de travaux. — Cons. d'Et., 26 déc. 1861, Hourier, [S. 62.2.431, P. adm. chr.] — On ne devait pas se borner à une simple évaluation des travaux entrepris. — Cons. d'Et., 14 déc. 1868, Murdiendo, [Leb. chr., p. 1025]

2579. — Par application de la même jurisprudence, un entrepreneur qui avait, en trois ans, exécuté des travaux s'élevant à 8 millions, et qui avait été imposé pour les trois années au maximum, obtint réduction pour la dernière année, parce que cette année il n'avait plus exécuté qu'un reliquat s'élevant à 115,000 fr. — Cons. d'Et., 6 déc. 1865, précité. — C'était admettre que quand le maximum était atteint pendant les premières années, tout ce qui existe en sus de ce maximum ne pouvait plus être compté pour la patente et ne pouvait être repris la dernière année.

2580. — Lorsqu'un entrepreneur avait acquitté dans une première année le droit variable sur l'intégralité des travaux à exécuter, il ne pouvait plus être imposé l'année suivante à raison de cette entreprise. — Cons. d'Et., 19 mars 1864, Pregent de Soubigau, [Leb. chr., p. 277]

2581. — Le Conseil d'Etat admit ensuite la possibilité de faire cette compensation entre les droits afférents à une même entreprise dont l'exécution se poursuivait pendant plusieurs années, de manière à imposer la dernière année sur le reliquat non encore imposé, alors même que tout ce reliquat ne resterait plus à exécuter à ce moment. — Cons. d'Et., 8 mai 1866, Privayrol, [Leb. chr., p. 442]; — 16 mars 1870, Escarraguel, [Leb. chr., p. 293]; — 8 janv. 1875, Cambis, [Leb. chr., p. 16]; — 3 août 1877, Viale, [S. 79.2.223, P. adm. chr.]; — 20 avr. 1883, Olivier, [Leb. chr., p. 376]; — 10 juin 1887, Coville, [Leb. chr., p. 467]; — 27 mai 1892, Mougin, [D. 93.3.87]

2582. — Mais si le Conseil d'Etat accepte dans cette mesure la compensation entre les impositions de deux années successives afférentes à la même entreprise, il persiste à ne pas vouloir que cette manière de procéder puisse servir à réparer des omissions commises l'année précédente. Supposons qu'un entrepreneur, ayant à exécuter pour 100,000 fr. de travaux en deux ans ne soit porté sur aucun des rôles de la première année et soit imposé la seconde année pour le montant intégral de l'entreprise. Il ne s'agit pas là d'une simple compensation, mais de la réparation d'une omission commise pendant un exercice au moyen d'un rôle afférent à un autre. — Cons. d'Et., 30 déc. 1869, Pinètre, [Leb. chr., p. 1038] — Une telle omission ne peut être réparée que jusqu'à l'émission du rôle supplémentaire du quatrième trimestre de l'année où les travaux ont été exécutés. — Cons. d'Et., 20 avr. 1883, précité; — 2 juill. 1886, Dupont, [D. 87.5.320]; — 22 nov. 1889, Société des ateliers méridionaux, [D. 91.5.377]; — 22 nov. 1890, Revillon, [Leb. chr., p. 870]; — 6 déc. 1890, Barut, [Leb. chr., p. 935]; — 6 juill. 1900, Gondier, [Leb. chr., p. 466]

2583. — Il en est de même s'il s'agit de la patente d'associés. Si des entrepreneurs font partie d'une société en nom collectif et que pendant deux ans on ait omis d'imposer les associés secondaires, on ne peut, la dernière année, les assujettir à la patente pour le montant intégral de l'entreprise, mais seulement pour la portion de travaux exécutée dans l'année pendant laquelle le rôle supplémentaire a été émis. — Cons. d'Et., 8 déc. 1882, Vergniaux, [D. 84.3.52]

2584. — Le système le plus conforme à la loi eût été de faire imposer chaque année dans le rôle supplémentaire du quatrième trimestre les entrepreneurs de travaux publics à raison du montant des travaux réellement exécutés par eux dans cette année.

2585. — La loi du 8 août 1890 a apporté à l'imposition des entrepreneurs des travaux publics une modification qui précise en les étendant les droits de l'administration. Jusqu'alors, il fallait que la patente fût établie dans l'un des rôles de l'année où les travaux étaient achevés. Or, il peut arriver que la détermination du coût véritable des travaux et par suite du reliquat de patente à imposer ne soit connu que plus tard, lors du règlement du décompte définitif, ou même après jugement définitif du procès entre l'entrepreneur et l'administration. De là l'utilité de la disposition ajoutée au tarif en 1890, d'après laquelle « lorsque le prix réel alloué à l'entrepreneur dépassera de plus de 2,000 fr. le montant total de travaux imposé pour l'entreprise, un complément de droit fixe pourra être valablement établi dans l'année qui suivra celle du règlement définitif du prix des travaux ». — Cons. d'Et., 26 janv. 1895, Brossier, [Leb. chr., p. 103] — Ce complément d'impôt peut être porté sur un rôle supplémentaire ou sur le rôle primitif. — Cons. d'Et., 26 janv. 1900, Brunel, [Leb. chr., p. 58]; — 17 févr. 1900, Brossier, [Leb. chr., p. 149]; — 23 janv. 1990, Saintini, [Leb. chr., p. 430]

CHAPITRE VI.

LIEU OÙ EST DUE LA CONTRIBUTION DES PATENTES.

2586. — Les premières lois de patente (LL. 2-17 mars 1791, art. 9 et 16, 4 therm. an III, art. 4, et 6 fruct. an IV, art. 3) obligeaient le patentable à faire sa déclaration et à se munir d'une patente dans la commune de son domicile, ou, s'il en avait plusieurs, de son principal domicile. La loi du 7 brum. an VI introduisit une distinction entre le droit fixe et le droit proportionnel, le premier devant continuer à être assis dans la commune du domicile, l'autre devant être établi dans toutes les communes où le patentable possèderait des locaux imposables (art. 6). L'art. 24 réglait le droit qui serait dû en cas de changement de résidence en cours d'année. La loi du 1er brum. an VII disposa que le patentable qui exerçait plusieurs professions passibles de droits fixes différents devait être imposé au droit fixe le plus fort (art. 24). Dans l'art. 27, il était dit que la patente serait délivrée dans la commune du domicile. Aux termes des lois des 25 mars 1817 (art. 66) et 15 mai 1818 (art. 61), les patentables ayant plusieurs établissements situés dans diverses communes durent payer le droit fixe dans le lieu où ce droit était le plus élevé.

2587. — Ce principe fut maintenu implicitement par la loi du 25 avr. 1844, qui conservait le principe de l'unité du droit fixe. Mais quand la loi du 4 juin 1858 commença à frapper d'un demi-droit fixe, qui devint par la loi du 29 mars 1872 un droit entier, les établissements secondaires et distincts, il fallut régler la question de savoir dans quel lieu ce supplément de droit fixe serait dû. « Les droits fixes et demi-droits fixes sont imposables, dit l'art. 9 L. 4 juin 1858, dans les communes où sont situés les établissements, boutiques et magasins qui y donnent lieu. »

2588. — L'art. 8 L. 15 juill. 1880, reproduit cette disposition : « Les droits fixes sont imposables dans les communes où sont situés les établissements, boutiques ou magasins qui y donnent lieu ». L'art. 14, en ce qui touche le droit proportionnel, dispose : « Le droit proportionnel est payé dans toutes les communes où sont situés les magasins, boutiques, usines, ateliers, hangars, remises, chantiers et autres locaux servant à l'exercice des professions imposables. »

Section I.

Lieu d'imposition du droit fixe.

2589. — Sous l'empire de la loi du 25 avr. 1844, pour déterminer le lieu où était dû le droit fixe, il n'y avait pas à rechercher quel était le lieu du domicile ou de l'établissement le plus important (Cons. d'Et., 6 mai 1857, Dabos, Leb. chr., p. 348), mais seulement de celui à raison duquel était dû le plus fort droit. — Cons. d'Et., 19 juill. 1854, Peltier frères, [Leb. chr., p. 660]; — 16 avr. 1856, Giroux, [D. 56.3.66]

2590. — Après la loi du 4 juin 1858, on suivit encore ce système pour déterminer dans quelle commune le patentable, possesseur de plusieurs établissements, devait être imposé au droit entier ou au demi-droit. On ne s'attachait ni au lieu du domicile, ni à l'importance respective des deux établissements. Un simple calcul arithmétique tranchait la question. — Cons. d'Et., 14 juin 1861, Houpin, [Leb. chr., p. 504]; — 21 sept. 1863, Couzard, [Leb. chr., p. 752]; — 22 janv. 1864, Morizot, [Leb. chr., p. 40]; — 4 janv. 1866, Vergeot-Rozier, [Leb. chr., p. 3]; — 14 juin 1866, Bisson, [Leb. chr., p. 651]; — 19 juin 1867, Bizet, [Leb. chr., p. 569]; — 29 août 1867, Colson, [Leb. chr., p. 829]; — 21 déc. 1867, Henriot, [Leb. chr., p. 950]; — 27 févr. 1868, Boivin, [Leb. chr., p. 238]; — 9 déc. 1871, Barteau, [Leb. chr., p. 267]

2591. — Ce n'était qu'autant que le fisc était désintéressé, quand les droits afférents aux divers établissements étaient égaux, que l'on pouvait hésiter. On recherchait alors quelle était la commune où le patentable avait à la fois son domicile et son principal établissement. — Cons. d'Et., 18 juill. 1860, Philip, Bonnet et Soyer, [Leb. chr., p. 548]

2592. — Ainsi, il a été jugé qu'un contribuable était imposable dans une commune où il avait sa résidence habituelle et principale, où il faisait des achats de marchandises, où il effectuait ses expéditions, plutôt que dans une autre commune où il allait seulement effectuer les livraisons. — Cons. d'Et., 26 déc. 1865, Rostain, [Leb. chr., p. 1016]

2593. — Sous l'empire des lois de 1872 et de 1880, la question de savoir si un droit fixe est dû dans une commune se confond presque avec celle de savoir si l'on est en présence d'un établissement au sens que la loi des patentes attache à ce mot. En principe, les patentables sont imposables là où s'exerce leur commerce ou leur industrie. — Cons. d'Et., 28 nov. 1855, Min. Fin., [Leb. chr., p. 676]; — 16 avr. 1856, Giroux, [Leb. chr., p. 289]; — 28 mars 1860, Hébert, [Leb. chr., p. 264]; — 17 avr. 1861, Dominique, [Leb. chr., p. 267]; — 22 mai 1861, Waring, [Leb. chr., p. 387] — Nous renvoyons donc cette question à ce que nous avons dit *suprà*, n. 876 et s.

2594. — Il suit de là que toutes les fois qu'un patentable n'a, dans une commune où il est fait cependant des opérations de commerce, aucun établissement permanent, aucune habitation, aucun local qui soit à sa disposition exclusive, il n'y est pas imposable. Ainsi jugé pour des marchands de bois, de beurre, de vins qui, établis dans une commune, allaient vendre ou livrer à certains jours des marchandises dans des communes voisines. — Cons. d'Et., 11 nov. 1852, Madelaine, [Leb. chr., p. 440]; — 28 juill. 1853, Loiseau, [Leb. chr., p. 810]; — 19 avr. 1854, Brunet, [Leb. chr., p. 307]; — 9 mars 1859, Brunet, [Leb. chr., p. 173]; — 23 avr. 1862, Morel, [Leb. chr., p. 319]; — 17 mars 1876, Sainte-Marie, [Leb. chr., p. 271]

2595. — Nous rappelons que l'individu qui se rend les jours de foire et de marché dans une commune pour y vendre en étalage les objets de son commerce, n'est pas imposable dans cette commune s'il n'y est pas locataire d'une place à l'année ou pour une durée déterminée. — Cons. d'Et., 2 mars 1888, Madelaine, [Leb. chr., p. 222], — et qu'il doit au contraire être imposé s'il a loué pour son commerce un étal, même non permanent. — Cons. d'Et., 8 juill. 1887, Richard-Malbête, [Leb. chr., p. 539] — V. *suprà*, n. 599 et s.

2596. — Le contribuable a-t-il au contraire dans une commune autre que celle où il exerce habituellement un établissement permanent, cet établissement, fût-il tenu par sa femme ou par un préposé, le rend passible d'un droit fixe, encore bien qu'il n'y vienne que de temps en temps. — Cons. d'Et., 5 mars 1870, Normand, [Leb. chr., p. 246]

2597. — Parfois cependant il peut y avoir quelque difficulté à déterminer le lieu où le droit fixe est dû quand les locaux professionnels et la maison d'habitation du patentable sont séparés et situés dans des communes différentes. En règle générale, s'agissant d'un impôt sur les revenus commerciaux, nous estimons que, pour déterminer le lieu d'imposition, il vaut mieux s'attacher au lieu où le patentable fait ses affaires qu'à celui où il a son habitation personnelle et où réside sa famille.

2598. — De nombreuses applications ont été faites par la jurisprudence de ce principe. Ainsi jugé qu'un entrepreneur de flottage qui, depuis plusieurs années, exerce dans une commune, y est imposable plutôt que dans une autre où il habite quelques mois chaque année, où réside sa famille, mais où il n'exerce pas. — Cons. d'Et., 28 mai 1857, Nouquette, [Leb. chr., p. 433]

2599. — ... Qu'un patentable des tableaux A et B, ayant son domicile et son habitation personnelle dans une commune, doit être imposé dans une autre où il a un local dans lequel il dépose des marchandises et fait les expéditions. — Cons. d'Et., 13 mars 1860, Guérard, [Leb. chr., p. 220]

2600. — ... Qu'un voiturier ayant son domicile dans une localité voisine d'une ville, qui se rend habituellement dans cette ville avec sa voiture, dans laquelle il transporte les marchandises destinées à la ville, qui se charge d'effectuer les transports dans l'intérieur de la ville et dans les communes voisines, qui possède en ville un petit bâtiment où il loge avec ses chevaux et sa voiture et dépose les marchandises qui lui sont confiées, doit être imposé dans cette ville et non dans la commune où il a son domicile; que c'est en effet dans la première qu'est le siège de son industrie. — Cons. d'Et., 24 juill. 1861, Verdeirucq, [Leb. chr., p. 641]

2601. — ... Qu'un marchand de bois en gros, qui habite une ville, mais qui a son bureau, ses chantiers, ses écuries et tout son établissement industriel sur le territoire d'une commune limitrophe, est imposable dans cette dernière. — Cons. d'Et., 14 juin 1861, Masson, [Leb. chr., p. 496]

2602. — ... Qu'un marchand de vins en gros doit le droit fixe, non dans la commune où il a son domicile et son habitation personnelle, mais dans celle où il entrepose ses vins, prend ses congés et acquits-à-caution, et où il déclare vouloir établir sa cave. — Cons. d'Et., 12 juin 1874, Dépigny, [Leb. chr., p. 550]

2603. — ... Qu'un gabarier dans un port est imposable au lieu où est sa gabare et non dans celle où il a son domicile. — Cons. d'Et., 13 déc. 1878, Malgra, [Leb. chr., p. 1015]

2604. — Qu'un patentable est imposable au droit fixe plutôt dans le lieu où il exerce sa profession que dans celui où il paie la contribution personnelle et où il est inscrit sur les listes élecrales. — Cons. d'Et., 12 févr. 1892, Bourges, [Leb. chr., p. 140]

2605. — Quand un bac met en communication deux communes appartenant à des départements différents, la patente est due dans celle des deux communes qui se trouve dans le département où a été passée l'adjudication, où est payée la contribution foncière, alors même que le fermier aurait sa maison d'habitation dans l'autre. — Cons. d'Et., 13 mai 1865, Espenet, [Leb. chr., p. 529]

2606. — Une exception est faite cependant pour les professions qui, comme celle de marchand forain, s'exercent nécessairement dans plusieurs communes. Les patentables qui se livrent à cette profession doivent la patente au lieu de leur domicile, alors même qu'ils n'y exerceraient aucune industrie. — Cons. d'Et., 24 mars 1849, Bladier, [Leb. chr., p. 189]; — 9 mars 1853, Gandillon, [Leb. chr., p. 304]; — 17 mai 1854, Cassagne, [Leb. chr., p. 453]; — 21 févr. 1855, Thomas, [Leb. chr., p. 150]; — 22 mars 1855, Burot, [Leb. chr., p. 233]; — 13 sept. 1855, Lemaître, [Leb. chr., p. 646]; — 31 juill. 1856, Bellet, [Leb. chr., p. 512]; — 11 févr. 1857, Raud, [Leb. chr., p. 124]; — 9 mars 1859, Monnot, [Leb. chr., p. 174]; — 3 févr. 1865, Borel, [Leb. chr., p. 142]; — 28 mai 1867, Marcombes, [Leb. chr., p. 524]; — 24 déc. 1880, Cousin, [Leb. chr., p. 918]

2607. — Ils sont imposables au lieu de leur domicile lorsqu'ils n'ont pas ailleurs une habitation ou un local servant à l'entrepôt de leurs marchandises qui puisse être considéré comme le siège des opérations commerciales. — Cons. d'Et., 17 mars 1858, Quérillacq, [Leb. chr., p. 215]; — et alors même que dans une autre commune ils possèdent un local à raison duquel ils sont imposés pour une autre profession. — Cons. d'Et., 31 déc. 1862, Ballon, [Leb. chr., p. 879]

2608. — Le marchand forain qui a dans une ville son domicile, son principal établissement, le siège central de ses affaires, et qui y paie la contribution personnelle y est imposable. — Cons. d'Et., 14 juin 1878, Lère, [Leb. chr., p. 572]; — 10 févr. 1888, Déga, [Leb. chr., p. 137]

2609. — On a décidé, de même, que la profession de directeur de spectacles ayant une troupe non sédentaire, qui consiste à donner des représentations dans des localités différentes, ne peut donner lieu au paiement que d'un seul droit fixe dans celle de ces localités où le patentable a son domicile. — Cons. d'Et., 23 mars 1865, Dupontavisse, [Leb. chr., p. 301]

2610. — Si toutefois le marchand forain a, dans une autre commune que celle de son domicile, un établissement constituant le siège permanent de son commerce, par exemple une maison affectée à son habitation personnelle et à l'entrepôt de ses marchandises, on revient à la règle ordinaire : c'est là qu'il est imposable au droit fixe. — Cons. d'Et., 22 avr. 1857, Benoist, [Leb. chr., p. 306]; — 6 mai 1857, Chevalier, [Leb. chr., p. 340]; — 4 juill. 1857, Garnier, [Leb. chr., p. 541]; — 20 mars 1861, Gauthier-Bernard, [Leb. chr., p. 197]; — 14 août 1869, Vars, [Leb. chr., p. 816] — Le marchand forain est imposable dans la commune où se trouvent son domicile réel et son principal établissement, où réside sa famille et où lui-même habite entre ses courses. — Cons. d'Et., 4 mai 1900, Vernet, [Leb. chr., p. 311]

2611. — Ainsi, le marchand forain qui exerce habituellement sa profession dans une ville, doit y être imposé, alors même qu'il irait chaque année résider quelques mois dans une autre commune où habitent sa femme et ses enfants, où il a des propriétés, où il est imposé à la contribution personnelle-mobilière, où il est domicilié, mais où il n'exerce pas son commerce. — Cons. d'Et., 7 avr. 1858, Margery, [Leb. chr., p. 275]; — 22 juin 1858, Vaulot, [Leb. chr., p. 438]; — 20 juill. 1858, Roux, [Leb. chr., p. 530]; — 29 févr. 1860, Laval, [Leb. chr., p. 163]; — 1er sept. 1862, Massonnaud, [Leb. chr., p. 720]; — 16 juill. 1863, Trichot, [Leb. chr., p. 553]; — 17 mars 1869, Bourgeois, [Leb. chr., p. 262]

2612. — Les entrepreneurs de travaux publics sont amenés, par les nécessités de leur profession, à se transporter avec leur matériel d'une commune dans une autre. Il en est qui ont des capitaux assez considérables pour exécuter simultanément de grands travaux sur divers points du territoire. Dans quelle commune devra-t-on les assujettir au droit fixe? Un très-grand nombre d'arrêts répondent à cette question en disant que c'est dans la commune du domicile. — Cons. d'Et., 18 juin 1856, Bonnamain, [Leb. chr., p. 419]; — 11 févr. 1859, Vicherat, [Leb. chr., p. 133]; — 18 avr. 1860, Mendionde, [Leb. chr., p. 319]; — et ce, même quand ils ont ailleurs le siège de leur industrie. — Cons. d'Et., 11 févr. 1857, Cagnot, [Leb. chr., p. 125]; — 21 avr. 1858, Mendionde, [Leb. chr., p. 318]

2613. — Par commune du domicile du contribuable il faut entendre celle qu'il habite principalement et d'une manière effective, et où il est inscrit sur les listes électorales et sur le rôle de la contribution personnelle. — Cons. d'Et., 17 juin 1868, Morlé, [Leb. chr., p. 678]; — 15 déc. 1869, Castor, [Leb. chr., p. 959]

2614. — C'est là qu'il doit être imposé, alors même qu'il le serait déjà dans une autre commune où ayant des travaux à exécuter il aurait fait élection de domicile. — Cons. d'Et., 23 avr. 1880, Bostrandon, [Leb. chr., p. 392] — ... Alors même que dans la commune où s'exécutent les travaux, il aurait une habitation meublée, à raison de laquelle il serait imposé, à la contribution mobilière. — Cons. d'Et., 24 janv. 1866, Léger, [Leb. chr., p. 1184]

2615. — Les chantiers de construction étant essentiellement mobiles et les installations qu'un entrepreneur y fait pour assurer la surveillance des travaux étant par suite provisoires, ne constituent pas un établissement distinct et le patentable n'est pas imposable dans la commune où ils sont situés. — Cons. d'Et., 31 août 1871, Coquard, [Leb. chr., p. 156]; — 26 déc. 1884, Visond, [Leb. chr., p. 946]; — 15 janv. 1886, Soc. des travaux publics et constructions, [Leb. chr., p. 34]; — 27 févr. 1892, Fages, [Leb. chr., p. 238]; — 18 janv. 1895, Rougier, [S. et P. 97.3.24]

2616. — Mais il peut arriver et en fait il arrive assez souvent que quand les entreprises sont importantes et doivent avoir une certaine durée, les entrepreneurs transportent effectivement leur domicile dans le voisinage des travaux et y fixent leur résidence jusqu'à ce qu'ils soient achevés. Le domicile et le siège de l'industrie se trouvant ainsi réunis dans la même commune, c'est là qu'est due la patente, dans laquelle on doit faire entrer en compte tous les travaux effectués, et non dans les communes où l'entrepreneur exécute les travaux sans y avoir d'établissement. — Cons. d'Et., 4 août 1862, Vidal, [Leb. chr., p. 638]; — 11 juill. 1864, Dangier, [Leb. chr., p. 611]; — 8 févr. 1865, Claverie, [D. 67.3.305]; — 31 mars 1876, Mouren, [D. 77.5.322]; — 3 août 1877, Janin, [Leb. chr., p. 786]; — 11 juill. 1879, Guillotin, [Leb. chr., p. 581]; — 25 févr. 1881, Moity, [Leb. chr., p. 225]; — 9 juin 1882, Varigard et Mortier, [Leb. chr., p. 545]; — 10 juill. 1885, Mêmes parties, [Leb. chr., p. 658]; — 13 janv. 1888, Bonat, [Leb. chr., p. 25]; — 9 déc. 1893, Radenac, [S. et P. 95.3.104]; — 31 oct. 1896, Amblard, [Leb. chr., p. 690]; — 4 mai 1900, Blanchard, [Leb. chr., p. 311]

2617. — Aussi l'entrepreneur, qui a été imposé dans la commune où est le siège de son industrie et où il a son habitation et ses bureaux, est-il déchargé à tort de cette contribution. — Cons. d'Et., 24 janv. 1868, Audrand, [Leb. chr., p. 94]

2618. — En d'autres termes, un entrepreneur qui possède dans une commune son domicile, le siège de ses affaires, qui y centralise la direction générale, la correspondance et la comptabilité de ses entreprises, y est imposable pour tous les travaux qu'il exécute en quelque lieu que ce soit. — Cons. d'Et., 10 juill. 1885, Varigard et Mortier, [Leb. chr., p. 658]; — 2 août 1895, Letellier, [S. et P. 97.3.132]; — 7 mars 1896, Wicker, [Leb. chr., p. 246]; — surtout si en soumissionnant de nouveaux travaux, il l'a indiqué, comme lieu de son domicile. — Cons. d'Et., 10 janv. 1896, Bartin, [Leb. chr., p. 13]

2619. — Lorsqu'un entrepreneur a plusieurs résidences servant à son habitation, on recherche celle qui sert à l'exercice de sa profession. Si, par exemple, il a dans une commune une habitation et un établissement industriel, et dans une autre une maison d'habitation seulement ne servant jamais à l'exercice de la profession, c'est dans la première commune qu'il doit être imposé, alors même qu'il aurait son domicile habituel dans la seconde. — Cons. d'Et., 19 déc. 1860, Mangini, [Leb. chr., p. 779]

2620. — Il a été admis cependant que l'entrepreneur, qui avait été imposé sans réclamation au lieu d'exécution des travaux, ne pouvait être repris valablement à raison des mêmes travaux dans la commune de son domicile. Ce double emploi serait trop contraire à l'équité. — Cons. d'Et., 8 févr. 1865, Demay, [Leb. chr., p. 161]; — 9 mars 1889, Gardil, [Leb. chr., p. 346]

2621. — De même, l'industriel qui a été imposé comme entrepreneur de travaux publics à raison de constructions en fer exécutées par lui dans une commune et qui ont été fabriquées par lui dans une usine qu'il possède dans une autre commune, ne peut être obligé de payer une seconde fois à raison de ces travaux dans le lieu où se trouve située cette usine. — Cons. d'Et., 28 déc. 1888, Soc. des ponts en fer, [Leb. chr., p. 1041]; — 27 déc. 1895, Comp. de Commentry-Fourchambault, [Leb. chr., p. 860]

2622. — Quand un patentable exerce dans une commune une profession, celle de charpentier ou de serrurier, et qu'en outre il soumissionne l'entreprise de travaux publics à exécuter dans une autre commune, il peut être imposé dans cette dernière comme entrepreneur de travaux publics quand il y a installé, outre ses chantiers, ses bureaux et un préposé spécial qui passe les marchés, règle les décomptes, paie les fournisseurs et les ouvriers, alors même qu'il se serait réservé la haute direction et l'approbation des marchés. — Cons. d'Et., 23 déc. 1887, Gombault, [Leb. chr., p. 838]

2623. — Jugé de même, pour un mécanicien qui s'était rendu adjudicataire dans une autre commune de la construction d'un marché couvert, bien qu'il fît exécuter par des sous-traitants tous les travaux étrangers à sa profession de mécanicien. — Cons. d'Et., 20 nov. 1893, Gabelle, [S. et P. 95.3.93]

2624. — Dans le cas où les locaux professionnels sont situés dans des communes différentes, l'établissement qui doit être réputé le siège de l'industrie ou du commerce est plutôt celui où se font des opérations avec les clients que celui où sont simplement déposées des marchandises. — Cons. d'Et., 8 juin 1888, Durand, [Leb. chr., p. 499]

2625. — Ainsi, un entrepreneur de diligences est imposable là où il a le siège principal de ses affaires. — Cons. d'Et., 20 juill. 1853, Binard, [Leb. chr., p. 725] — ... ou un bureau ouvert au public et géré par un préposé spécial. — Cons. d'Et., 29 juin 1877, Aubert, [Leb. chr., p. 642]

2626. — ... Un marchand de vins en gros est plutôt imposable au droit fixe à Bordeaux, où il habite et où il traite ses affaires que dans une commune voisine où il emmagasine son vin dans ses caves. — Cons. d'Et., 27 juin 1855, Gourdon, [Leb. chr., p. 465]

2627. — ... Un expert doit être imposé là où il a son domicile et le siège de son industrie, et non dans une commune où il a seulement un logement et où il entretient quelques relations concernant sa profession. — Cons. d'Et., 14 mai 1856, Jaugeron, [D. 57.3.5]

2628. — ... Pour un commissionnaire de transports par terre et par eau, le siège de son industrie doit être réputé dans la ville où il a ses bureaux, où il traite avec les voituriers et les gabariers des transports à effectuer. — Cons. d'Et., 14 juin 1861, Deschamps, [Leb. chr., p. 497]

2629. — ... Pour un chiffonnier en détail, c'est la commune où se trouve le local servant au dépôt des marchandises et où se font les opérations commerciales. — Cons. d'Et., 13 mai 1881, Savès, [Leb. chr., p. 484]

2630. — ... Pour un marchand de cuirs en gros, c'est la ville où il a ses magasins de vente et non la petite commune dans laquelle il possède un atelier où il fait subir aux peaux qu'il achète des préparations qui ne constituent que des opérations accessoires et secondaires de sa profession. — Cons. d'Et., 29 avr. 1887, Guérin, [Leb. chr., p. 343]

2630 *bis*. — Un marchand de farines en gros a son principal établissement dans la commune où il a, géré par un employé et un homme de peine, un magasin de vente, où il réunit les grains qu'il achète et où il centralise sa comptabilité, et non dans la commune où il a son moulin. — Cons. d'Et., 9 févr. 1889, Rougerie, [Leb. chr., p. 193]

2631. — ... Si un patentable a dans une commune un bureau et dans une autre le magasin où il reçoit, mélange et manipule ses marchandises, c'est dans cette dernière qu'il doit le droit fixe. — Cons. d'Et., 4 déc. 1885, Durand, [Leb. chr., p. 923]

2632. — ... Celui qui a un bureau, dirigé par un préposé spécial et où il centralise sa comptabilité, dans une ville, y est imposable plutôt que dans une autre où il n'a qu'un bureau pour effectuer les livraisons. — Cons. d'Et., 10 juill. 1890, Desmarais, [Leb. chr., p. 656]; — 20 juill. 1894, Deutsch, [Leb. chr., p. 490]

2633. — ... Que lorsqu'une carrière a son ouverture dans une commune où se trouve aussi le bureau des exploitants et où les pierres sont taillées après extraction, c'est dans cette commune seule que l'exploitant doit être imposé et non dans toutes les communes sous le territoire desquelles s'étendent les galeries de la carrière. — Cons. d'Et., 7 mai 1875, Ebroussard et Domine, [Leb. chr., p. 435]

2634. — Est-on dans un cas où il faille s'attacher à la détermination du lieu du domicile du patentable pour savoir en quel endroit il est imposable au droit fixe? S'il a plusieurs habitations on recherchera d'abord celle où il fait acte de sa profession et celle où il a sa résidence habituelle et principale, où il paie sa cote personnelle et où réside sa famille. — Cons. d'Et., 26 juill. 1895, Bonnaud, [Leb. chr., p. 606] — ... et non celle où il ne fait que des séjours accidentels. — Cons. d'Et., 10 mai 1895, Laborde, [Leb. chr., p. 389], ... ou celles qui ne servent pas à l'exercice de sa profession. — Cons. d'Et., 1er juin 1889, Brouillard, [Leb. chr., p. 695]

2635. — Un patentable qui a dans une commune un logement situé dans la maison de son beau-père, qui reste toujours à sa disposition et qu'il occupe la plus grande partie de l'année, est imposable dans cette commune et non dans une autre où il possède une maison qu'il n'habite que quelques mois et qu'il donne à bail pendant l'été. — Cons. d'Et., 5 juill. 1878, Simonet, [Leb. chr., p. 636]

2636. — Quand il s'agit d'industriels, le lieu d'imposition au droit fixe, quand leur établissement de fabrication est séparé de leur magasin de vente, doit être plutôt fixé dans la commune du premier que dans celle du second. La fabrique est en effet le principal établissement. — Cons. d'Et., 9 déc. 1857, Faye, [Leb. chr., p. 796]; — 29 mai 1874, Motte, [Leb. chr., p. 503]; — 6 nov. 1880, Renaud, [Leb. chr., p. 850]; — 12 févr. 1886, Falgueireth et Langer, [Leb. chr., p. 131]

2637. — La résidence habituelle du patentable, située au centre de ses affaires, doit être considérée comme la principale, plutôt que la maison de campagne qu'il a dans la commune où il a son établissement industriel. — Cons. d'Et., 16 mars 1883, Treille, [Leb. chr., p. 278]

2638. — A plus forte raison, quand un fabricant, imposé en cette qualité sur le rôle de la commune où est située sa fabrique possède dans une autre commune, outre un magasin de vente, un autre magasin, qui sert uniquement de lieu de dépôt pour les marchandises provenant de sa fabrique et où il ne fait aucune vente, ce magasin doit être considéré comme une dépendance de la fabrique. — Cons. d'Et., 29 janv. 1862, Japy, [S. 62.2.429, P. adm. chr., D. 62.3.43]; — 4 juin 1862, Lalizel, [Leb. chr., p. 445]

2639. — L'industriel qui possède dans une ville une confiserie de sardines, où il fait tous les achats de poissons et de sel et toutes les opérations de fabrication, y est passible du droit fixe, bien qu'il ait dans une autre commune sa maison d'habitation et un établissement de dépôt et de vente. — Cons. d'Et., 23 déc. 1884, Corréard, [Leb. chr., p. 932]; — 26 déc. 1885, Pageaut, [Leb. chr., p. 1007]

2640. — Dans un ensemble de bâtiments industriels appartenant au même patentable et constituant une même exploitation, le droit fixe doit être imposé dans la commune où sont centralisées la comptabilité et la correspondance, la direction et la gestion des affaires de la fabrication, et non dans celle où sont situés les ateliers. — Cons. d'Et., 19 mai 1882, Saint-Yves, [Leb. chr., p. 501]

2641. — Un fabricant de gants est imposable au droit fixe là où est le siège de son industrie, où se font les principales opérations, plutôt que là où les gants fabriqués reçoivent un complément de préparation et sont vendus. — Cons. d'Et., 30 janv. 1892, Neyret, [S. et P. 93.3.155]

2642. — Jugé de même qu'un fabricant d'encriers perfectionnés est imposable là où il a son usine et ses principaux ateliers, et non à Paris où se trouvent des bureaux, un atelier de montage et un magasin de vente. — Cons. d'Et., 12 nov. 1892, Dubourguet, [Leb. chr., p. 762]; — 27 janv. 1900, Même partie, [Leb. chr., p. 75]

2643. — Lorsque le droit fixe dont les fabricants sont passibles est réglé d'après l'ensemble des moyens de production dont ils disposent, ces fabricants sont imposables au lieu où ils ont leur domicile ou le centre de leur fabrication pour tous les éléments disséminés qu'ils possèdent, ces éléments fussent-ils installés dans d'autres communes ou même dans d'autres départements. Ainsi jugé pour un fabricant de chaux dont les fours, quoique situés dans des communes différentes, ne constituent cependant qu'une seule fabrique. — Cons. d'Et., 28 nov. 1855, Leroyer, [Leb. chr., p. 679] — ... Pour un papetier à la mécanique. — Cons. d'Et., 27 janv. 1859, Francfort, [Leb. chr., p. 69]

2644. — Les fabricants à métiers sont imposables dans la commune de leur domicile, où ils ont la direction centrale de leurs affaires, leurs livres de comptabilité, leurs magasins de vente des produits fabriqués, où ils achètent leurs matières premières, quoique les métiers qu'ils mettent en œuvre soient disséminés dans les communes voisines. — Cons. d'Et., 19 déc. 1855, Cheguillaume, [Leb. chr., p. 741]; — 7 déc. 1859, Barbare, [Leb. chr., p. 699]; — 4 août 1876, Guy et Louret, [Leb. chr., p. 759]; — 15 déc. 1876, Labille, [Leb. chr., p. 888]; — 4 déc. 1885, Liagre, [Leb. chr., p. 923]; — 16 avr. 1886, Perrin, [Leb. chr., p. 351]

2645. — Lorsqu'un fabricant à métiers, qui a son principal établissement dans une première commune et y a concentré sa comptabilité, ses livres, sa correspondance, la gestion de son industrie, qu'il y fait préparer les matières premières qui doivent être livrées aux ouvriers, que les tissus y reviennent pour recevoir les derniers apprêts, et dans une seconde commune une fabrique sous la direction d'un contremaître qui reçoit les ordres et les matières de l'établissement central, les métiers disséminés que le fabricant occupe en outre dans des communes diverses doivent être considérés comme dépendant des premiers établissements. — Cons. d'Et., 15 août 1860, Chapuy, [Leb. chr., p. 621]; — 17 nov. 1870, Bergannioux, [Leb. chr., p. 1078]

2646. — Un fabricant de rubans, qui a concentré ses opérations dans la commune où il a son magasin de vente, doit, alors même qu'il aurait été dans un autre département imposé à raison de quelques métiers disséminés qu'il y occuperait, être imposé dans la première commune comme fabricant à métiers et non comme marchand de rubans en gros. — Cons. d'Et., 4 juill. 1867, Malescourt, [Leb. chr., p. 631]

2647. — De même, des fabricants de corsets, qui ont le siège de leur industrie et leurs ateliers à Paris, et ne font traiter dans leurs ateliers de province qu'une partie du travail nécessaire à la confection de leurs produits, sont imposables à Paris pour tout le personnel occupé dans ces divers ateliers. — Cons. d'Et., 2 juill. 1886, Farcy, [D. 88.3.7]

2648. — Il en est de même du teinturier qui, ayant dans une commune la boutique où il traite avec le public, y est imposable comme teinturier avec machine à vapeur, alors que celle-ci se trouverait dans un atelier situé dans une autre commune. — Cons. d'Et., 16 juill. 1886, Thuillier, [Leb. chr., p. 627]; — 24 févr. 1888, Hallu, [Leb. chr., p. 192]

2649. — Mais, pour qu'il en soit ainsi, il faut que les éléments d'imposition situés dans les communes voisines ne constituent pas les éléments d'une profession distincte. Ainsi, quand un maître de forges s'est rendu, dans une autre commune, adjudicataire de coupes de bois, le droit fixe dont il est passible comme marchand de bois ne peut être perçu que dans la commune où sont situés les chantiers et les coupes. — Cons. d'Et., 16 avr. 1875, Bernard, [Leb. chr., p. 329]; — 1er juin 1877, Forges de la Franche-Comté, [Leb. chr., p. 522]

2650. — Un exploitant de phosphate, qui n'a pas d'installations fixes au lieu d'exploitation, ne peut être imposé qu'au lieu où se trouvent les moulins. — Cons. d'Et., 19 mars 1880, Chéry et Leveaux, [Leb. chr., p. 323]

2651. — Les fournisseurs de vivres aux troupes des garnisons sont en général imposés au lieu de leur domicile. — Cons. d'Et., 9 mars 1859, Marcard, [Leb. chr., p. 174] — Toutefois, si le fournisseur a son habitation seulement dans une commune et le siège de son industrie dans la ville à la garnison de laquelle il s'est engagé à fournir des vivres, c'est dans cette dernière commune qu'il doit être imposé. — Cons. d'Et., 30 avr. 1862, Dettrieux, [Leb. chr., p. 361]; — 11 mars 1863, Laurent Paul, [Leb. chr., p. 233]

2652. — Si la fourniture s'étend à plusieurs départements, c'est dans la ville où le fournisseur centralise la comptabilité et la direction des deux entreprises qu'il est imposable d'après l'effectif total entretenu dans les divers départements. — Cons. d'Et., 29 mars 1889, Michel, [Leb. chr., p. 426]; — 17 déc. 1897, Bernard, [Leb. chr., p. 796]; — 10 mars 1900, Finet, [Leb. chr., p. 202]

2653. — S'il a été imposé comme fournisseur de pain aux troupes dans les chefs-lieux des arrondissements, rien ne s'oppose à ce qu'il soit imposé au lieu de son domicile comme entrepreneur de la fourniture, de l'entretien et de l'emmagasinage des approvisionnements des places de guerre, ce qui constitue une profession distincte. — Cons. d'Et., 27 déc. 1890, Fournié, [Leb. chr., p. 1029]

2654. — Un adjudicataire de la fourniture dans les prisons, auquel son cahier des charges impose l'obligation, dans le cas où il ne demeurerait pas dans le département, de s'y faire représenter par un mandataire régulièrement constitué, avec lequel l'administration pourrait traiter officiellement et directement, est imposable dans ce département et non pas dans celui où il a simplement sa résidence sans y exercer sa profession. — Cons. d'Et., 26 déc. 1860, Cross, [Leb. chr., p. 805]

2655. — Quand, ayant soumissionné l'entreprise générale des fournitures à faire dans les prisons des deux départements, il est domicilié dans l'un d'eux et n'a dans l'autre ni établissement, ni boutique, ni magasin, il doit être imposé au lieu de son domicile à un droit fixe calculé en raison du nombre des détenus des deux départements. — Cons. d'Et., 13 mars 1862, Bruillard, [Leb. chr., p. 203]

2656. — Mais il peut être imposé en même temps comme entrepreneur de la fabrication, dans la ville où il exerce cette profession, à raison des détenus qu'il y emploie. — Cons. d'Et., 4 mai 1877, Cealis, [Leb. chr., p. 423]; — 30 mai 1879, Brunswick, [Leb. chr., p. 431]

2656 *bis*. — Un fabricant de corsets qui a soumissionné le travail des détenus dans deux prisons en s'engageant à se faire représenter dans chacune d'elles par un préposé spécial, est imposable dans les villes où ces prisons sont situées, comme entrepreneur de la fabrication dans les prisons en raison du nombre des détenus qu'elles contiennent et comme fabricant travaillant pour le commerce dans la ville où est sa fabrique, d'après le nombre de ses autres ouvriers. — Cons. d'Et., 28 déc. 1900, Jarry et Oppenheim, [Leb. chr., p. 838] — Si au contraire, il n'a pas de préposés spéciaux et par suite, pas d'établissements distincts, il est imposable au siège de son industrie aux taxes variables tant pour les détenus que pour ses autres ouvriers. — Même arrêt.

2657. — Dans quelle commune doivent être imposées les sociétés? En ce qui concerne les sociétés anonymes, personnes morales, le droit fixe est dû dans la commune où est le siège légal et non pas dans celle où sont situés les établissements industriels. — Cons. d'Et., 24 mars 1849, Comp. des fonderies et forges de la Loire et de l'Ardèche, [Leb. chr., p. 179]

2658. — Pour une société anonyme, le siège légal est le lieu indiqué comme tel par les statuts. Vainement objecterait-on que ce siège légal n'est pas le siège effectif, le siège commercial de la société, et ne servirait qu'aux réunions d'actionnaires. — Cons. d'Et., 18 août 1855, Marin, [Leb. chr., p. 607]; — 10 sept. 1856, Comp. de l'Horme, [D. 57.3.25]

2659. — Le siège légal de la société est le lieu où se trouvent l'administration centrale, les bureaux, où se trouve le comité qui arrête les budgets, reçoit les fonds et ordonne les travaux et non pas celui où réside le directeur, simple agent salarié chargé de la gestion des affaires de la compagnie sous la surveillance et le contrôle du comité d'administration. S'agissant d'une compagnie concessionnaire de canaux de navigation, il importe peu que la plus grande partie de ces canaux et de leurs embranchements soient situés dans le département où réside le directeur. — Cons. d'Et., 13 mars 1860, Comp. du canal de Beaucaire, [Leb. chr., p. 221]

2660. — Jugé encore qu'une société anonyme est imposable plutôt au siège social où sont centralisées la comptabilité et la direction qu'au lieu où s'exécutent les divers marchés. — Cons. d'Et., 30 juin 1894, Soc. des Batignolles, [Leb. chr., p. 459]

2661. — En ce qui touche les sociétés en commandite, la société doit acquitter le droit fixe dans la commune du domicile du gérant, qui la personnifie. — Cons. d'Et., 2 juill. 1861, Maguard, [Leb. chr., p. 549]

2662. — Quant aux sociétés en nom collectif, le lieu d'imposition est le plus souvent celui où la société exerce effectivement son commerce, son industrie ou sa profession. Le plus ordinairement, la commune où les associés ont le siège de leurs affaires sera aussi celle où ils ont leur domicile. Quand ces deux signes se trouveront réunis, il n'y aura aucune difficulté. — Cons. d'Et., 22 déc. 1863, Lecardeur, [Leb. chr., p. 858]; — 10 janv. 1866, Petit-Audrand, [Leb. chr., p. 36]

2663. — L'associé principal d'une société adjudicataire de la fourniture du chauffage aux troupes d'une division militaire, qui a été imposé sur le rôle de la ville chef-lieu de la division, laquelle est le siège de la société, est fondé à demander décharge des droits auxquels il a été assujetti dans une autre commune. — Cons. d'Ét., 11 févr. 1870, Bentz, [Leb. chr., p. 70]

2664. — Si le siège des affaires de la société n'est pas nettement déterminé, le droit fixe est imposable au lieu où l'associé principal a son domicile ou sa résidence habituelle, et non pas la commune sur le territoire de laquelle s'exécutent les travaux, mais dans laquelle la société n'a aucun établissement. — Cons. d'Ét., 17 avr. 1861, Dominique, [Leb. chr., p. 267]; — 22 mai 1861, Waring, [Leb. chr., p. 387]; — 9 juill. 1862, Aubert, [Leb. chr., p. 550]

2665. — ... Alors même que dans cette dernière commune la société aurait un local que l'associé principal viendrait occuper de temps à autre et qui serait habité en permanence par l'associé secondaire et son commis. — Cons. d'Ét., 19 mars 1864, Prigent, [Leb. chr., p. 277]; — 22 juill. 1867, Escarraguel, [Leb. chr., p. 714]

2666. — La patente d'une société qui entreprend un service de diligences est due dans la commune où s'exerce la profession et non dans celle où l'associé principal est domicilié, mais où la société n'a aucun bureau ouvert au public, alors même que les associés y effectueraient quelques approvisionnements et y concentreraient leur comptabilité. — Cons. d'Ét., 8 mars 1878, Corréard et Ferrier, [Leb. chr., p. 269]

2667. — C'est le siège réel de la société, c'est-à-dire celui qui est déterminé par l'exécution des opérations de la profession, la centralisation de la comptabilité et la résidence de l'associé principal auquel il faut s'attacher plutôt qu'au siège légal qui a pu dans l'acte de société être fixé dans une autre localité. — Cons. d'Ét., 28 déc. 1883, Simon et Fabre, [D. 85.3.59]

2668. — Une société d'entrepreneurs de travaux publics est imposable au droit fixe plutôt dans la commune où a été passée l'adjudication, où se font la plupart des opérations industrielles, où se règlent les décomptes, où résident l'ingénieur directeur des travaux et l'associé secondaire chargé de surveiller l'exécution. — Cons. d'Ét., 30 mars 1864, Gérin, [Leb. chr., p. 299]

2669. — Le siège social est le lieu où se trouvent les bureaux et où se font les ventes importantes. — Cons. d'Ét., 9 janv. 1885, Lefebvre et Vaury, [Leb. chr., p. 6] — ... où se trouve la direction générale de l'exploitation et la comptabilité. — Cons. d'Ét., 22 nov. 1878, Valéry, [Leb. chr., p. 914]

2670. — Le siège principal est plutôt là où sont les magasins de vente, où sont centralisées la direction et la comptabilité, que là où il n'y a qu'un atelier de fabrication. — Cons. d'Ét., 19 juill. 1890, Bourdon, [Leb. chr., p. 704]

2671. — Une société qui a son siège à Paris et qui a dans une autre ville un représentant qui a soumissionné une adjudication en son nom personnel et qui en surveille l'exécution pour le compte et d'après les ordres de la société, doit être imposé à Paris à raison de la fourniture faite dans l'autre ville, et le représentant doit être déchargé. — Cons. d'Ét., 16 janv. 1885, Pauchet, [D. 86.5.316] — Le patentable qui a son établissement principal à l'étranger, mais fait cependant en France des opérations, doit être imposé dans la commune de France où il a son domicile comme si c'était le lieu de son principal établissement. — Cons. d'Ét., 16 févr. 1853, Briollet, [Leb. chr., p. 198]; — 30 juill. 1880, Michel, [Leb. chr., p. 699]; — 5 mars 1886, Heulé, [Leb. chr., p. 216]

2672. — Quels sont les effets des changements de résidence sur la contribution due par un assujetti? Les règles générales sont applicables. La patente est due dans la commune où le patentable exerçait sa profession au 1er janvier (V. *suprà*, n. 2243 et s.). — Cons. d'Ét., 27 oct. 1893, Debourg [Leb. chr., p. 714] — S'il a quitté la commune avant le 1er janvier, il doit obtenir décharge de la patente dans son ancienne résidence. — Cons. d'Ét., 9 mai 1873, Moulin, [Leb. chr., p. 391] — Mais, s'il a été maintenu à tort, il ne peut se prévaloir de ce fait pour demander décharge de la contribution qui lui est assignée avec raison dans le lieu de sa nouvelle résidence. — Cons. d'Ét., 11 févr. 1857, Hémery, [Leb. chr., p. 130]; — 3 mars 1864, Lapoujade, [Leb. chr., p. 224]; — 14 févr. 1873, Dubois, [Leb. chr., p. 161] C'est contre la taxe imposée dans l'ancienne résidence qu'il devrait former sa réclamation. D'une manière générale le fait d'avoir été indûment imposé dans une commune ne constitue pas un motif suffisant pour obtenir décharge d'une patente justement établie. C'est au patentable à réclamer en temps utile contre celle des deux impositions qui est mal établie. — Cons. d'Ét., 13 avr. 1853, Eschau, [Leb. chr., p. 447]; — 27 nov. 1849, Bhury, [Leb. chr., p. 945]; — 24 déc. 1886, Cousin, [Leb. chr., p. 918]

2673. — Le fabricant qui a transporté son industrie dans une autre commune, où il a été imposé, et qui a conservé dans le lieu de son ancienne résidence un magasin pour la garde et l'écoulement de ses marchandises, ne doit être imposé à raison de ce magasin que comme marchand et non comme fabricant. — Cons. d'Ét., 13 juin 1873, Deschamps, [Leb. chr., p. 532]

2674. — Lorsqu'un patentable transporte en cours d'année dans une autre commune son établissement et qu'il s'installe dans des locaux plus importants que ceux qu'il occupait, il est maintenu sur le rôle de la commune qu'il habitait au 1er janvier et n'est assujetti dans la nouvelle qu'à un droit supplémentaire. — Cons. d'Ét., 26 juin 1890, Calbris, [Leb. chr., p. 614] — V. sur le principe, *suprà*, n. 2496 et s.

Section II.

Lieu d'imposition du droit proportionnel.

2675. — La détermination du lieu d'imposition au droit proportionnel ne comporte pas autant de difficultés que celle du lieu où est dû le droit fixe. L'art. 14 L. 15 juill. 1880, dit en effet que ce droit est dû à raison de tous les locaux servant à l'exercice de la profession et de la maison d'habitation du patentable, et qu'il est dû dans toutes les communes où ces locaux sont situés. — Cons. d'Ét., 20 juill. 1853, Bimard, [Leb. chr., p. 725]; — 12 sept. 1853, Mansuy, [Leb. chr., p. 901]

2676. — Quand bien même un immeuble ferait partie d'un ensemble de bâtiments constituant une seule et même exploitation, il ne peut être imposé au droit proportionnel dans une autre commune que celle où il est situé. — Cons. d'Ét., 8 juill. 1887, Comp. d'Orléans, [Leb. chr., p. 534]; — 27 déc. 1890, Comp. d'Orléans, [Leb. chr., p. 1021]

2677. — Si les locaux occupés sont situés dans des communes limitrophes, ce droit proportionnel est dû, par conséquent, dans chaque commune au prorata de la valeur locative des locaux situés sur le territoire de chacune d'elles. — Cons. d'Ét., 16 juill. 1886, Varnier, [S. 88.3.25, P. adm. chr.]

2678. — Lorsque le fermier du droit de pêche a le siège légal de son établissement dans une commune et son habitation dans une autre, il doit être imposé au droit fixe dans la première et au droit proportionnel dans la seconde. — Cons. d'Ét., 24 août 1874, Bélot, [Leb. chr., p. 364]

2679. — Si, par erreur, le contribuable avait été imposé pour la totalité des bâtiments dans une des communes, il ne pourrait se prévaloir de ce fait pour repousser l'imposition qui lui serait assignée par un rôle supplémentaire sur le rôle de l'autre commune. — Cons. d'Ét., 20 juill. 1853, Bimard, [Leb. chr., p. 725]; — 12 sept. 1853, Manéry, [Leb. chr., p. 901]

2680. — La seule question qui puisse être soulevée est celle de savoir si la maison d'habitation, à raison de laquelle le patentable a été porté sur le rôle, est bien celle où il a sa résidence habituelle et principale. C'est là une question de fait qu'il appartient au juge de trancher. Il peut s'inspirer des règles qui servent à déterminer le lieu d'imposition à la taxe personnelle (durée de la résidence, paiement de la taxe personnelle). — Cons. d'Ét., 14 mai 1870, Le Guesnier, [Leb. chr., p. 585]; — 10 déc. 1875, de Neufville, [Leb. chr., p. 997]; — 22 déc. 1876, Roux, [Leb. chr., p. 928]; — 10 mars 1882, Ortalis, [Leb. chr., p. 237]

2681. — En outre, le juge peut avoir à apprécier si les locaux occupés dans une commune servent ou non à l'exercice de la profession. Lorsque le local conservé est trop peu important pour pouvoir être considéré comme servant à l'exercice de la profession, le patentable doit obtenir décharge.

2682. — Ainsi jugé à l'égard d'un marchand potier qui, en quittant une commune, avait laissé jusqu'à la fin du bail quelques objets de poterie dans son ancienne maison. — Cons. d'Ét., 30 juin 1869, Girot, [Leb. chr., p. 667]

2683. — Mais, au contraire, s'il est reconnu que les locaux servent à l'exercice de la profession, ils sont imposables alors même qu'ils seraient situés dans d'autres communes que l'établissement principal. — Cons. d'Et., 12 sept. 1853, Belland, [Leb. chr., p. 896]; — 29 juin 1889, Brault, [Leb. chr., p. 819]

2684. — Nous renvoyons au surplus à ce que nous avons dit plus haut au sujet des locaux passibles du droit proportionnel, tels que la maison d'habitation des associés secondaires, des préposés ou des employés, etc. — Cons. d'Et.. 11 juill. 1879, Godin, [Leb. chr., p. 592]; — 20 avr. 1894, Hayem, [Leb. chr., p. 266]

2685. — En ce qui concerne les patentables qui n'acquittent pas d'autre droit de patente que le droit proportionnel, pour déterminer où ils sont imposables, il faut déterminer le lieu où ces contribuables ont leur résidence principale et habituelle. Non pas qu'ils soient dispensés d'acquitter ce droit à raison des autres locaux servant à l'exercice de leur profession, mais il arrive souvent qu'ils essaient de ne faire assujettir à ce droit que les locaux strictement professionnels et le logement de passage qui leur sert d'annexe. Ainsi, le notaire qui n'a, dans la commune où se trouve son étude, qu'un pied-à-terre, est passible du droit proportionnel à raison de la maison qu'il possède dans une autre commune et où il a sa résidence habituelle et principale. — Cons. d'Et., 11 nov. 1852, Prévost, [S. 53.2.368, P. adm. chr.]

2686. — Les avocats sont imposables tout à la fois dans la commune où ils ont la maison d'habitation qui leur sert de résidence habituelle et principale et dans celle où siège le tribunal au barreau duquel ils sont inscrits et où ils exercent leur profession. — Cons. d'Et., 17 sept. 1854, Robian, [S. 55.2.287, P. adm. chr.]; — 3 déc. 1875, Bras de la Ferrière, [Leb. chr., p. 971]; — 20 avr. 1877, Collignon, [Leb. chr., p. 370]; — 18 mai 1877, Chemioux, [Leb. chr., p. 469] — Ils ne seraient pas imposables dans une commune où ils ne feraient que des séjours accidentels. — Cons. d'Et., 7 janv. 1876, Linotte, [Leb. chr., p. 13]

2687. — L'avocat inscrit au barreau d'une cour d'appel et qui ne s'est pas fait rayer ne peut arguer de ce que ses fonctions de député l'obligent à résider à Paris pour prétendre qu'il n'est plus imposable dans la ville où il exerçait. — Cons. d'Et., 22 nov. 1851, Baze, [S. 52.2.160, P. adm. chr.]

2688. — L'avocat, qui a son domicile et sa résidence dans une commune située hors de la circonscription du tribunal sur le tableau duquel il est inscrit, peut être imposé sur le rôle de cette commune. — Cons. d'Et., 19 déc. 1855, Perrache, [S. 56.2.447, P. adm. chr.] — On a même décidé que c'est là qu'il est imposable et non dans la commune où siège le tribunal, s'il n'y a qu'un pied-à-terre. — Cons. d'Et., 23 janv. 1885, Roux-Lavergne, [Leb. chr., p. 72]; — 11 déc. 1885, d'Auzac, [Leb. chr., p. 950]; — 30 oct. 1896, Boiscoubeau, [Leb. chr., p. 682]

2689. — Mais pour qu'il en soit ainsi il faut qu'il soit établi que l'habitation occupée par le contribuable (dans l'espèce, un greffier de justice de paix), n'est pas sa résidence habituelle. — Cons. d'Et., 22 mai 1866, Hénault, [Leb. chr., p. 501]

2690. — En revanche, tous les locaux d'habitation occupés par ces patentables, lorsqu'ils servent à l'exercice de la profession, sont passibles du droit proportionnel. Il en est ainsi, par exemple, d'un local qu'un huissier a constamment à sa disposition dans une commune autre que celle où il habite, où il est obligé de se rendre plusieurs fois par semaine pour tenir les audiences de la justice de paix, et où, ne se bornant pas à remplir les devoirs de sa charge, il reçoit ses clients et rédige tous les actes que comporte sa profession. — Cons. d'Et., 19 juill. 1854, Cazes, [S. 55.2.160, P. adm. chr.]

2691. — Le Conseil d'État a eu fréquemment à se prononcer sur les réclamations des médecins d'eaux minérales. On sait que ces médecins ne viennent d'habitude exercer leur profession dans les villes d'eaux qu'au moment où les malades commencent à s'y rendre. Le reste du temps ils habitent quelque grande ville où, d'après les usages, ils n'exercent pas leur profession et ne font aucune clientèle. Dans ces conditions, où sont-ils imposables? A cette question la jurisprudence du Conseil d'État a toujours répondu qu'ils étaient imposables dans les deux communes : dans la grande ville parce qu'elle leur sert de résidence principale, et dans la ville d'eaux parce que le local qu'ils y possèdent sert à l'exercice de leur profession. — Cons. d'Et., 5 mars 1852, Arcelin, [Leb. chr., p. 22]; — 3 juin 1852, Rochoux, [Leb. chr., p. 208]; — 24 juill. 1852, Bonnet, [Leb. chr., p. 313]; — 19 juill. 1854, Jagot, [Leb. chr., p. 653]; — 27 déc. 1854, Lavabri, [Leb. chr., p. 1015]; — 25 juill. 1860, Aubert, [D. 60.3.82]; — 21 mai 1862, Tellier, [Leb. chr., p. 405]; — 23 juill. 1862, Panissat, [Leb. chr., p. 591]; — 15 nov. 1866, de la Porte et Chabory, [Leb. chr., p. 1057]; — 6 avr. 1867, Pasturel, [Leb. chr., p. 337]; — 21 janv. 1869, Verjon, [Leb. chr., p. 67]; — 11 juill. 1871, Charmesson, [S. 72.2.320, P. adm. chr.]; — 23 mai 1873, Lemonnier, [Leb. chr., p. 452]; — 18 déc. 1874, Grimaud, [Leb. chr., p. 1015]; — 8 févr. 1878, Gaudin, [Leb. chr., p. 142]; — 3 mai 1878, Basset, [D. 78.3.102]; — 28 juin 1878, Bonnet de Malherbe, [Leb. chr., p. 613]; — 19 déc. 1879, Grimaud, [Leb. chr., p. 820]; — 2 mars 1895, Sénac-Lagrange, [S. et P. 97.3.59, D. 96.5.414]

2691 bis. — Le projet de loi adopté par le Sénat (V. *suprà*, n. 68) ferait cesser cette situation. Son art. 4 dispose que : « Par exception à l'art. 14 L. 15 juill. 1880, le médecin qui se transporte annuellement dans une ville d'eaux ou dans une station balnéaire ou thermale, pour y exercer sa profession, et qui ne se livre pas ailleurs à l'exercice de la médecine, n'est proportionnel sur l'habitation que pour la maison qu'il occupe pendant la saison balnéaire ou thermale, même si cette maison ne constitue pas son habitation habituelle et principale. »

2692. — Au contraire un médecin qui est imposé au lieu de sa résidence principale, ne peut être imposé dans une autre commune où il ne réside que quelques mois de l'année, quand il n'y exerce pas sa profession. — Cons. d'Et., 28 juin 1870, Pupier, [Leb. chr., p. 823]

2693. — Un médecin attaché à un établissement public ou administratif, tel que la Chambre des députés ou la préfecture de police doit être considéré comme exerçant la profession de médecin dans la ville où cet établissement est situé. — Cons. d'Et., 15 nov. 1866, de la Porte, [Leb. chr., p. 1057]

CHAPITRE VII.

ASSIETTE, RECOUVREMENT ET CONTENTIEUX DE LA CONTRIBUTION DES PATENTES.

Section I.

Notions historiques.

2694. — Jusqu'à la loi du 25 avr. 1844, la patente est considérée par le législateur surtout comme mesure de police destinée à assurer les citoyens que les professions commerciales seront exercées par des personnes en règle avec la loi, connues de l'autorité et payant des contributions, que comme mesure fiscale. Aussi de nombreuses obligations sont-elles imposées pour la demande et la délivrance des formules. De nombreuses sanctions, pénales et civiles, atteignent les personnes qui enfreindraient ces prescriptions. Le caractère fiscal n'apparaît qu'au second plan. C'est en 1844 qu'il devient prédominant. Les sanctions pénales ont disparu et les obligations civiles concernant les formules tendent à disparaître à leur tour et n'ont plus grand intérêt.

2695. — A l'origine, le principe posé par l'art. 7 L. 2-17 mars 1791 était que toute personne qui voudrait exercer un commerce, une industrie ou une profession devrait au préalable se pourvoir d'une patente et en acquitter le prix. Déclaration de ses intentions devait être faite à la municipalité du ressort du domicile, qui l'inscrivait sur un registre à souche et délivrait un certificat constatant l'accomplissement de cette formalité. Muni de ce certificat, le pétitionnaire devait aller chez le receveur de la contribution mobilière, payer comptant le quart des droits et signer une soumission de payer les trois autres quarts en trois termes égaux. Le receveur délivrait quittance de l'acompte et récépissé de la soumission. Enfin, sur le vu du certificat, de la quittance et de la soumission, qui étaient déposés et enregistrés aux archives du district, la patente était délivrée au secrétariat du directeur. Toutes les déclarations, certificats, quittances, soumissions et patentes devaient être sur papier timbré (art. 9). Avant de faire usage de cette patente, il fallait encore la faire viser par la municipalité de la commune où l'on voulait exercer (art. 18). Comme sanction de ces prescriptions, la loi disposait que ceux qui exerceraient sans s'être pourvus d'une patente devraient payer une amende du quadruple du prix de cette patente (art. 19).

2696. — En outre, les marchandises fabriquées ou mises en vente par des personnes non pourvues de patentes devaient être confisquées (art. 20).

2697. — Aucun assujetti à la patente ne pouvait former de demande en justice pour raison de son négoce ni faire valoir aucun acte s'y rapportant, ni passer aucun acte, traité ou transaction en forme authentique qui y soit relatif s'il ne produisait sa patente en original ou en expédition. Il devait en être fait mention en tête de l'acte ou de l'exploit. Des amendes étaient édictées contre les huissiers et notaires qui contreviendraient à cette prescription. De même, les actes civils ou judiciaires, les exploits faits en contravention à cette règle, les actes sous seing privé relatifs à l'exercice d'une profession patentable ne pouvaient être soumis à l'enregistrement que sur présentation de la patente, à peine d'amende contre le receveur. Même interdiction aux juges de coter et parafer les registres des commerçants sans justification de la patente. Enfin la présentation de la patente était nécessaire pour pouvoir être inscrit sur les listes consulaires (art. 22). Les patentés avaient une action pour faire saisir les marchandises des contrevenants (art. 25).

2698. — Le caractère de mesure de police attaché à la patente était tellement le caractère principal que, lors du rétablissement de cette contribution par la loi du 4 therm. an III, il est prescrit que la patente devra contenir le signalement de celui qui l'a obtenue (art. 9). Aussitôt muni de sa patente, le commerçant est obligé de la rendre visible en quelque sorte à tout le monde en affichant et inscrivant au devant de sa maison ou à la hauteur du rez-de-chaussée la nature de son commerce (art. 11). La délivrance des patentes est faite par les receveurs de l'enregistrement.

2699. — La loi du 6 fruct. an IV oblige les patentables à faire leur déclaration au bureau du receveur de l'enregistrement et à acquitter le droit sur-le-champ et en totalité. Sur le vu de cette quittance, la patente est délivrée par l'administration municipale du canton, qui tient registre de toutes les patentes délivrées. Les quittances et patentes doivent être sur papier timbré (art. 3-7). Les contraventions constatées et poursuivies par les receveurs de l'enregistrement sont jugées par le juge de paix, sauf appel au tribunal civil (art. 17).

2700. — La loi de l'an IV fortifie encore les dispositions édictées par celle de 1791 touchant l'usage de la patente. La mention de cette pièce en tête des actes est prescrite à peine de nullité (art. 18). Tous les assujettis sont tenus d'exhiber leur patente à première réquisition de l'autorité (art. 22). La loi réprime encore l'usage qui serait fait de la patente d'autrui et punit de la peine du quadruple droit toute fausse déclaration ou omission (art. 23 et 30).

2701. — Ces amendes sont abaissées au dixième du droit de patente par la loi du 9 frim. an V (art. 11), qui autorise les administrations municipales et la commission des contributions à Paris à en faire remise aux contribuables en retard qui justifieraient d'une excuse légitime (art. 8).

2702. — La loi du 7 brum. an VI autorise les patentables qui se croiraient surtaxés à demander soit aux administrations municipales, soit aux juges de paix en cas de poursuite, de les ranger dans une classe inférieure; elle permet aux juges de paix d'accorder remise des amendes. Les licitations et significations pour les patentes sont timbrées et enregistrées gratis, les droits de timbre et d'enregistrement devant être acquittés au moment du paiement des frais (art. 17-19). La patente devait être acquittée intégralement dans les trois premiers mois de l'année, et l'exécution des jugements rendus en cette matière devait être poursuivie comme en matière de contribution foncière (art. 21 et 22). Elle ajoute à la sanction de la nullité des actes faits sans mention de la patente une amende pour tous les officiers publics qui dresseraient ou signifieraient des actes et jugements en contravention avec la loi (art. 26).

2703. — La loi du 1er brum. an VII codifie les dispositions précédentes. Elle délimite avec précision les pouvoirs des administrations centrales qui arrêtent le tableau des patentables, des receveurs de l'enregistrement qui touchent les droits, et des administrations municipales qui délivrent les patentes. Les réclamations contentieuses formées par les assujettis indûment imposés ou surtaxés, sont portées devant l'administration municipale et en appel devant l'administration centrale. Il y est statué dans les formes prescrites pour les réclamations en matière d'impositions (art. 23). Ils peuvent prouver leurs allégations par la représentation de leurs journaux et registres ou de leurs actes de société (art. 31). L'art. 37 édicte pour seule sanction de l'obligation de faire mention de la patente, une amende de 500 fr., tant contre les assujettis que contre les fonctionnaires qui auraient fait ou reçu les actes. Les articles suivants rappellent les obligations d'exhiber les patentes à première réquisition et permettent aux patentables de se faire délivrer autant d'expéditions de la patente qu'ils en auraient besoin (art. 38 et 39). L'art. 40 autorise les administrations municipales à faire descendre dans la classe immédiatement inférieure ou la suivante, les citoyens qui justifieraient de l'impossibilité où ils sont d'acquitter les droits de leur classe. Cet arrêté est envoyé à l'administration centrale pour être approuvé par elle.

2704. — Avec l'arrêté du 15 fruct. an VIII, commence l'évolution qui va rapprocher la contribution des patentes des autres contributions directes. Les contrôleurs sont chargés de former les tableaux des personnes assujetties à la patente; le directeur des contributions directes établit les rôles en calculant les droits dus par chaque assujetti; le préfet rend les rôles exécutoires, et le conseil de préfecture connaît des réclamations comme pour les autres impôts directs. Seul le recouvrement est encore confié aux receveurs de l'enregistrement, mais l'arrêté du 26 brum. an X remet le recouvrement des rôles de patente aux percepteurs des contributions directes. Le même arrêté complète l'assimilation en disposant que dorénavant les patentables pourront payer par douzième. Seuls les marchands forains et les marchands vendant en ambulance seront soumis par les lois des 25 mars 1817 et 15 mai 1818 à l'obligation de payer intégralement et d'avance leur patente.

2705. — Avec la loi du 25 avr. 1844 commence véritablement le régime moderne de la patente. Ce n'est plus qu'un impôt sur les revenus du commerce et de l'industrie. Aussi écarte-t-on les sanctions pénales. Le rapport de M. Vitet nous en donne la raison. Pour repousser les amendements qui tendaient à frapper d'un double droit les contribuables qui négligeraient de prendre leur patente, il dit : « On oublie que la pénalité qui appartient à un genre d'impôts n'est pas toujours applicable à un autre. Ainsi le double droit est une pénalité spéciale à l'impôt de l'enregistrement, parce que cet impôt se prélève par voie de déclaration, et que la seule manière d'obtenir des déclarations, c'est de rendre l'impôt plus lourd pour ceux qui n'en font pas. Mais les contributions directes sont établies sur une tout autre base; les contribuables ne sont pas tenus de faire savoir qu'ils doivent être imposés; c'est l'Etat qui se charge de les avertir et qui constate qu'ils sont imposables au moyen de recensements et d'investigations périodiques. De là le changement de rédaction. La loi ne dit plus, comme le disait la loi du 1er brum. an VII : « Tout individu qui exerce une profession imposable doit se munir d'une patente, mais elle dit seulement qu'il est assujetti à la contribution des patentes. » C'est-à-dire que, si on la lui demande, il sera tenu de la payer; mais s'il est oublié, y a-t-il lieu de le punir? Sa punition véritable sera son inscription sur le rôle supplémentaire et la nécessité d'acquitter sa contribution, sous peine d'être poursuivi » (*Bull. des contr. dir.*, 1843, p. 154).

2706. — La loi de 1844 conserve cependant quelques sanctions concernant l'exhibition de la patente, la mention forcée de la patente dans les actes judiciaires, la confiscation des marchandises dans certains cas. De ces sanctions, celle qui visait la mention de la patente dans les actes n'a pas tardé à disparaître. La loi du 18 mai 1850 abroge purement et simplement l'art. 29 de la loi de 1844.

Section II.

Assiette de la contribution des patentes.

2707. — Après ce coup d'œil jeté sur l'évolution de la contribution des patentes, nous allons examiner la législation actuelle. Les règles relatives à l'assiette de cette contribution sont contenues dans l'art. 25 L. 15 juill. 1880, ainsi conçu : « Les contrôleurs des contributions directes procéderont annuellement au recensement des imposables et à la formation des matrices de patentes. Le maire sera prévenu de l'époque du recensement et pourra assister le contrôleur dans cette opération ou se faire représenter à cet effet par un délégué. En cas de dissentiment entre les contrôleurs et les maires ou leurs délégués, les observations contradictoires de ces derniers seront consignées dans une colonne spéciale. La matrice dressée par le contrôleur sera déposée pendant dix jours au secrétariat de la mairie, afin que les intéressés puissent en prendre connaissance et remettre au maire leurs observations. A l'expiration d'un second délai de dix jours, le maire, après avoir consigné ses observations sur la matrice, la transmettra au directeur des contributions directes, qui établira les taxes conformément à la loi pour les articles non contestés. Toutes les fois que le directeur ne croira pas devoir donner suite aux observations consignées par le maire sur la matrice, il soumettra les contestations au préfet avec son avis motivé. Si le préfet n'adopte pas les propositions du directeur, il en sera référé au ministre des Finances. Le préfet arrête les rôles et les rend exécutoires. A Paris, l'examen de la matrice des patentes aura lieu, pour chaque arrondissement municipal, par le maire, assisté, soit de l'un des membres de la commission des contributions, soit de l'un des agents attachés à cette commission, délégué à cet effet par le préfet. Les matrices, revêtues des observations du maire de chaque arrondissement, seront centralisées à la commission des contributions, qui, après y avoir aussi consigné ses observations, les transmettra au directeur des contributions. » Cet article n'est que la combinaison, avec quelques modifications insignifiantes, de l'art. 20 L. 25 avr. 1844, et de l'art. 21 L. 18 mai 1850.

2708. — L'instruction du 6 avr. 1881 et celle du 2 janv. 1886 sur le travail des mutations ont complété les prescriptions de la loi. Le recensement, c'est-à-dire la constatation des faits au vu des lieux, est le moyen légal, qu'aucun autre ne peut remplacer, de rechercher les patentables et les bases d'après lesquelles ils doivent être cotisés. Cependant, quelques professions n'étant pas exercées d'une manière ostensible, et l'inspection des lieux ne suffisant pas toujours pour mettre les contrôleurs à même de faire une juste appréciation des valeurs et des nombres qui doivent être exprimés sur les matrices, il importe que ces agents soient munis des renseignements propres à leur faire éviter les omissions et les erreurs (Instr. 1881, art. 94).

2709. — Les directeurs des contributions, après chaque dénombrement officiel de la population, se feront remettre par les préfets l'état authentique de la population normale ou municipale par commune avec l'indication distincte, pour les communes au-dessus de 5,000 âmes, de la population totale et de la population agglomérée. Ils en donneront des extraits aux contrôleurs. Les modifications apportées aux décrets de dénombrement seront de même transmises aux directeurs. Les directeurs feront connaître à leurs collaborateurs les changements de circonscriptions territoriales qui pourraient modifier la population de quelques communes, les décrets créant des entrepôts réels, quand l'existence de ces entrepôts est de nature à faire augmenter les droits des professions du tableau B (art. 95).

2710. — Les directeurs rechercheront, dans le *Bulletin des lois* ou le *Journal officiel*, les actes constitutifs des sociétés d'assurances non mutuelles, des sociétés anonymes, et ils fourniront aux contrôleurs les indications nécessaires pour assurer l'exactitude des bases de cotisation desdits établissements. Pour les sociétés anonymes, ils étendront leurs recherches jusque dans les journaux chargés de recevoir les annonces légales (art. 96).

2711. — Les contrôleurs se transporteront aux secrétariats des préfectures, sous-préfectures et mairies; aux greffes des tribunaux de première instance et de commerce et des justices de paix; dans les bureaux des receveurs de l'enregistrement, des administrations des douanes et des contributions indirectes; dans les gares des chemins de fer, les bureaux de transports fluviaux, maritimes et terrestres, les établissements d'entrepôts et les magasins généraux; dans les bureaux de la marine et de la navigation, en un mot dans les bureaux de toutes les administrations publiques où peuvent se trouver consignés des faits de nature à révéler l'existence des commerces, industries ou professions et à en faire apprécier l'importance. Ils y feront le relevé de ces faits (art. 97).

2712. — Les contrôleurs trouveront : 1° dans les préfectures et sous-préfectures : les noms des adjudicataires des coupes de bois de l'État et des communes, ceux des entrepreneurs des travaux exécutés pour le compte des communes, du département et quelquefois de l'État; les devis dressés pour l'exécution de ces travaux, les noms et demeure des architectes; les listes des docteurs en médecine et en chirurgie, des officiers de santé et des vétérinaires; les noms d'une partie des colporteurs, de ceux qui vendent des livres, écrits, brochures, etc.; 2° dans les communes (secrétariats des mairies, bureaux d'octroi, recettes buralistes, bureaux des commissaires de police, des receveurs municipaux, etc.), les noms des fermiers de l'octroi, des abattoirs, des droits de place dans les halles et marchés, des droits de pesage, mesurage; les noms des entrepreneurs du balayage, de l'arrosage, de l'enlèvement des boues; les noms des artisans et fournisseurs employés par la commune et les établissements charitables, avec indication de la nature et de l'importance des fournitures et travaux; les noms des logeurs, des marchands en étalage et de ceux ayant des places fixes dans les halles; des renseignements sur les voituriers, les marchands de bois, de bestiaux et autres patentables dont le passage est constaté aux portes des villes par les préposés de l'octroi; les prix des diverses adjudications; les noms et qualités sous lesquels les patentables dont les professions sont peu apparentes, sont inscrits dans les registres de l'état civil; les listes électorales; les tableaux de dénombrement de la population; les déclarations qui doivent être faites par les personnes qui veulent ouvrir un débit de boissons (L. 17 juill. 1880); 3° dans les greffes : les actes de constitution et de dissolution des sociétés, les dates de ces actes, l'objet de ces sociétés, leur importance, l'indication du siège de l'établissement social; les noms, prénoms et demeures des associés, leurs mises de fonds; les listes des avocats, avoués, greffiers, notaires, huissiers et mandataires agréés par le tribunal de commerce; des renseignements sur les experts, les syndics salariés des faillites, les agents d'affaires, etc.; 4° dans les bureaux des receveurs de l'enregistrement, en plus des renseignements ci-dessus mentionnés, les prix de vente et de loyer des maisons et usines vendues et affermées, ainsi que certains faits importants de commerce et d'industrie relatés dans les enregistrements; 5° dans les bureaux des contributions indirectes : les noms des marchands de boissons et de liqueurs de toutes espèces avec les indications nécessaires pour distinguer les marchands en gros des marchands en détail; les noms des commissionnaires entrepositaires; ceux des bouilleurs, distillateurs et liquoristes en gros; des brasseurs, fabricants de sucre et d'esprit, avec l'indication du nombre des mises à feu, du nombre et de la capacité des chaudières, des quantités fabriquées; ceux des fabricants d'huiles, de stéarine, avec des indications relatives à l'outillage employé et aux quantités fabriquées; les noms des entrepreneurs de voitures faisant un service régulier ou d'occasion; des renseignements sur la fabrication et la vente des allumettes chimiques; 6° dans les bureaux de la douane, de la marine et de la navigation, notamment dans les bureaux spécialement désignés par le ministre des Travaux publics pour la jauge des bateaux, en exécution du décret du 17 nov. 1880 : les noms des armateurs, entrepreneurs, maîtres ou patrons de barques et bateaux; le nombre, les noms et le tonnage de leurs bâtiments; les noms des marchands ou négociants pour le compte desquels des marchandises sont importées en France ou expédiées à l'étranger; 7° dans les gares de chemin de fer et les bureaux des entrepreneurs de transport : les noms et la quantité des expéditeurs et destinataires des marchandises; ceux des intermédiaires ou agents d'affaires; des données sur l'importance des affaires commerciales ou industrielles des patentables (art. 98).

2713. — Pour permettre aux agents des contributions de pénétrer dans les bureaux de certaines compagnies privées, il a fallu un texte de loi. C'est l'art. 6 L. 29 mars 1872, reproduit par l'art. 37 de la loi de 1880, qui édicte cette obligation. « Les compagnies de chemin de fer, les services de transports fluviaux, maritimes et terrestres, ainsi que les établissements d'entrepôts et de magasins généraux, sont tenus de laisser prendre connaissance des registres de réception et d'expédition des marchandises aux agents des contributions directes chargés de l'assiette des droits de patente. »

2714. — L'instruction détermine ensuite à quelles époques chacun de ces renseignements doit être recueilli (art. 100). Chaque fait ou renseignement doit faire l'objet d'un bulletin de recensement (art. 101). Indépendamment des relevés qu'il doit faire dans les bureaux des administrations publiques, le contrôleur recueillera tous les faits et renseignements propres à améliorer l'assiette des patentes, qui pourraient parvenir à sa connaissance au moyen soit de la lecture des avis, prospectus et affiches que font répandre les commerçants, soit de la lecture des journaux et annuaires commerciaux, soit des déclarations qui lui seraient faites par des contribuables ou des particuliers (art. 102).

2715. — Le recensement des patentables se fait chaque année conformément aux prescriptions de l'art. 25 de la loi de 1880 et de l'Instruction du 2 mars 1886. Nous renvoyons à ce que nous avons dit *suprà*, v° *Contributions directes*, n. 334 et s., à propos de la tournée des mutations et de la rédaction des matrices. Disons toutefois que les formalités prescrites par l'art. 25, pour le travail préparatoire, ne sont pas prescrites à peine de nullité. — Cons. d'Et., 2 juill. 1870, Besonbes, [Leb. chr., p. 857]; — 3 août 1877, Chauvin, [Leb. chr., p. 779]

2716. — Quand le contrôleur rencontrera une profession nouvelle ou qui ne lui paraîtra pas rentrer dans les dénominations de la nomenclature légale, il décrira cette profession dans un rapport spécial et proposera de l'assimiler à la profession dénommée à laquelle elle ressemble le plus. Il transmettra sa proposition avec l'avis du maire au directeur. Le directeur enverra ce rapport à la direction générale et, après avoir reçu la réponse de celle-ci, adressera un rapport au préfet pour qu'il prenne un arrêté spécial (art. 114 et 115).

2717. — Les matrices supplémentaires des patentes sont rédigées tous les trois mois. Elles sont rédigées de la même manière que les matrices primitives. Les contrôleurs devront faire une tournée spéciale dans celles des communes principales de leur circonscription où ils n'auraient pu se rendre pendant tout le cours d'un trimestre. Les matrices supplémentaires devront être déposées aux mairies cinq jours au plus tard après l'expiration du trimestre, sauf en ce qui concerne le quatrième trimestre. Les matrices rédigées pour ce dernier trimestre seront déposées avant le 15 décembre, afin que les rôles puissent être transmis aux receveurs des finances avant le 31 janvier suivant (Circ. 25 nov. 1859; Instr. 1881, art. 122).

Section III.

Formules de patente.

2718. — Les rôles et les avertissements de patentes sont établis, transmis aux agents du recouvrement et publiés conformément aux dispositions réglementaires relatives à la confection des rôles (Instr. 1881, art. 125).

2719. — A Paris, les rôles sont valablement rendus exécutoires par le préfet de la Seine. — Cons. d'Et., 26 mai 1876, Paradau, [D. 77.3.14]; — 30 juin 1876, Lardit, [Leb. chr., p. 612]

2720. — En même temps que la remise des avertissements doit avoir lieu la délivrance des formules de patente. Aux termes de l'art. 31 L. 15 juill. 1880, les formules de patente sont expédiées par le directeur des contributions directes. Elles sont affranchies du droit de timbre. En remplacement de ce droit, il est ajouté au principal de la contribution des patentes des centimes généraux dont le nombre est annuellement fixé par la loi des finances. Les formules de patente sont, à la diligence des patentés, visées par le maire et revêtues du sceau de la commune.

2721. — Il n'est rédigé en principe qu'une formule de patente par article de rôle primitif ou supplémentaire, comprenant un ou plusieurs droits fixes; mais on y énumère les diverses professions donnant lieu à imposition du droit fixe. Dans les communes où le rôle est disposé par ordre topographique, plusieurs formules sont rédigées au nom d'un même contribuable s'il possède plusieurs établissements imposés au droit fixe sous des articles distincts. Lorsqu'un contribuable est imposé par rôle supplémentaire soit pour une profession comportant un droit fixe, soit pour une profession du tableau D autre que celles à raison desquelles il a été taxé sur la matrice primitive, une nouvelle formule doit lui être délivrée. Les dispositions qui précèdent sont applicables aux associés secondaires pour les fractions de droit fixe imposées en leur nom.

2722. — Il n'est pas rédigé de formule pour les articles comprenant seulement des droits proportionnels, à moins qu'ils ne concernent des patentables dont les professions figurent au tableau D comme exemptes du droit fixe, auquel cas on procède comme si ces professions comportaient des droits fixes (Instr. 1881, art. 128).

2723. — Bien que la loi du 18 mai 1850 ait supprimé l'obligation de mentionner la patente dans les actes, il est des circonstances où les patentés sont tenus de justifier de leur imposition. Aux termes de l'art. 32 L. 15 juill. 1880, tout patentable est tenu d'exhiber sa patente lorsqu'il en est requis par les maires, adjoints, juges de paix et tous autres officiers ou agents de police judiciaire.

2724. — En outre, l'art. 33 dispose : « Les individus qui exercent hors de la commune de leur domicile une profession imposable sont tenus de justifier à toute réquisition de leur imposition à la patente, à peine de saisie ou de séquestre, à leurs frais, des marchandises par eux mises en vente et des instruments servant à l'exercice de leur profession, à moins qu'ils ne donnent caution suffisante jusqu'à la représentation de la patente ou la production de la preuve que la patente a été délivrée; si les individus non munis de patente exercent dans la commune de leur domicile, il sera seulement dressé des procès-verbaux qui seront transmis immédiatement aux agents des contributions directes. » La production de la patente est encore exigée dans quelques autres circonstances que la loi ne mentionne pas, dans le cas, par exemple, où un patentable veut prendre part à certaines adjudications publiques (Instr. 1881, art. 128).

2725. — Pour ces divers motifs, il est nécessaire que les formules soient exactement remises aux parties. Une circulaire de la direction générale de la comptabilité publique du 10 juill. 1865 a prescrit aux percepteurs de faire distribuer les formules en même temps que les avertissements. Pour faciliter la mise à exécution de cette mesure, les directeurs devront, conformément à la circulaire de l'administration des contributions directes du 9 août 1875, transmettre en même temps aux receveurs des finances, les formules et les avertissements de patente et veiller à ce que ces documents portent la même date pour chaque commune. Les frais d'impression et d'expédition sont fixés à 3 centimes par formule et imputés sur le fonds de non-valeurs (Instr. 1881, art. 128).

2726. — Aux termes de l'art. 31 de la loi de 1880, les formules de patente sont, à la diligence des patentés, visées par le maire et revêtues du sceau de la commune. Aucune sanction n'accompagnant plus cette prescription, il est à supposer que beaucoup de contribuables ne font viser leur patente que quand ils ont besoin de la produire. C'est l'inobservation de cette prescription qui a déterminé les auteurs de la loi du 28 avr. 1893 à édicter une obligation très-stricte pour les marchands forains, les directeurs de troupes ambulantes, les entrepreneurs d'amusements et jeux publics non sédentaires. « Toute formule de patente délivrée à un marchand forain, colporteur ou autre patentable exerçant l'une des professions non sédentaires désignées à l'art. 29 L. 15 juill. 1880, doit, à sa diligence, être revêtue, par le maire de la commune qu'elle concerne, du visa de ce magistrat et du signalement de l'imposé. Celui-ci ne pourra justifier valablement de son imposition à la contribution des patentes que par la production de ladite formule ainsi régularisée » (art. 6). « Les individus trouvés à une époque quelconque de l'année exerçant les professions visées dans l'article précédent seront passibles de la patente à partir du 1er janvier de l'année en cours lorsqu'ils ne pourront justifier, dans les conditions qui viennent d'être spécifiées, de leur imposition régulière à cette contribution » (art. 7).

2727. — En vue d'assurer la perception des droits dus au Trésor, des décisions ministérielles, notifiées par les circulaires du 20 mai et du 16 déc. 1875, ont prescrit de délivrer annuellement à chaque entrepreneur, maître ou patron de barques ou de bateaux, autant de duplicata de la formule de patente qu'il possède d'embarcations, et de mentionner sur chaque duplicata le nom et le tonnage de chacune des barques ou de chacun des bateaux équipés par le même entrepreneur, maître ou patron. Ces pièces devaient être demandées aux bateliers par les employés des contributions indirectes du service de la navigation, lesquels étaient chargés de signaler à l'administration des contributions directes le nom et le domicile des bateliers qui se seraient refusés à exhiber leur patente, et de faire connaître en même temps le nom, le tonnage et le port d'attache des bateaux de ces patentables. Bien que, depuis la suppression des droits de navigation, le concours des agents des contributions indirectes ne puisse plus être demandé, on continue à se conformer pour la rédaction des formules de patente de ces patentables aux règles tracées par les circulaires (Instr. 1881, art. 129).

2728. — Au cours de la discussion du budget général de l'exercice 1899, les Chambres ont adopté un amendement portant réduction d'une somme de 1,000 fr. sur le crédit affecté aux frais de confection des rôles des contributions directes. Cette réduction de crédit a été votée à titre d'indication pour inviter le Gouvernement à préparer la suppression des formules de patentes et à ajouter le texte de ces formules à l'avertissement. Dans une Circulaire du 10 oct. 1899, le directeur général des contributions directes explique que par la réunion de la formule à l'avertissement, le Parlement a voulu réaliser une économie et une simplification, mais qu'il a entendu que l'application de cette mesure laisserait intactes les obligations imposées aux patentables, dans l'intérêt du Trésor et des commerces sédentaires, par les art. 32 et 33 L. 15 juill. 1880, et par l'art. 6 L. 28 avr. 1893, relativement à la justification de leur imposition par la production de leur patente. En d'autres termes, toutes les dispositions législatives ou réglementaires ayant trait aux formules de patentes sont maintenues, avec cette seule exception que les pièces dont il s'agit ne feront plus l'objet de feuilles spéciales et qu'elles cesseront d'être établies au compte du directeur.

2729. — Les agents des contributions directes peuvent, sur la demande qui leur en est faite, délivrer des patentes avant l'émission du rôle, après toutefois que les requérants ont acquitté entre les mains du percepteur les douzièmes échus, s'il s'agit d'individus domiciliés dans le ressort de la perception, ou la totalité des droits, s'il s'agit des patentables désignés en l'art. 29, ou d'individus étrangers au ressort de la perception (L. 15 juill. 1880, art. 34). Les agents ne peuvent ni refuser ni ajourner la délivrance des patentes qui leur sont ainsi demandées (Inst. 1881, art. 123). L'art. 124 indique la marche à suivre pour la délivrance de ces formules demandées avant l'émission du rôle.

2730. — Le patenté, qui a égaré sa patente ou qui est dans le cas d'en justifier hors de son domicile, peut se faire délivrer un certificat par le directeur ou par le contrôleur des contributions directes. Ce certificat fait mention des motifs qui obligent le patenté à réclamer et doit être sur papier timbré (L. 15 juill. 1880, art. 35). Il est délivré gratuitement. Toutefois, malgré la suppression du timbre de la formule, il ne peut être délivré que sur une feuille de papier timbré de 60 centimes, fournie par le requérant (Instr. 1881, art. 130).

2731. — Les formules de patente n'ont donné lieu qu'à un petit nombre de décisions contentieuses. A l'époque où elles étaient sur papier timbré, il avait été jugé qu'un patentable n'était pas tenu, pour pouvoir former une réclamation, de justifier qu'il avait acquitté le prix du timbre de la formule. — Cons. d'Et., 2 mars 1858, Misset, [S. 59.2.64, P. adm. chr.]

2732. — Après la loi du 18 mai 1850, les nouveaux patentables, c'est-à-dire ceux qui exerçaient des professions libérales, émirent la prétention, qui fut rejetée, de ne pas payer la formule. — Cons. d'Et., 19 nov. 1852, Vessagne, [Leb. chr., p. 480]; — 30 nov. 1852, Volland, [D. 53.3.24]; — 22 déc. 1852, Boileau de Castelnau, [D. 53.3.24]

2733. — Enfin les irrégularités dont la formule peut être entachée, et notamment le fait qu'elle n'aurait pas été visée par le maire, ne peuvent être invoquées par un contribuable comme motif de décharge. — Cons. d'Et., 20 mars 1875, Ismeur, [Leb. chr., p. 280]

Section IV.

Recouvrement. Responsabilité des propriétaires et principaux locataires.

2734. — Le recouvrement de la contribution des patentes se fait d'après les mêmes règles que celui des autres contributions directes. La contribution des patentes est payable par douzièmes et le recouvrement en est poursuivi comme celui des contributions directes. Dans le cas où le rôle n'est publié que postérieurement au 1er mars, les douzièmes échus ne sont pas immédiatement exigibles; le recouvrement en est fait par portions égales, en même temps que celui des douzièmes non échus.

2735. — Néanmoins les marchands forains, les colporteurs, les directeurs de troupes ambulantes, les entrepreneurs d'amusements et jeux publics non sédentaires et tous autres patentables dont la profession n'est pas exercée à demeure fixe, sont tenus d'acquitter le montant intégral de leur cote au moment où la patente leur est délivrée. L'art. 8 L. 28 avr. 1893, a imposé aux marchands déballeurs les mêmes obligations qu'aux marchands forains. — V. *suprà*, n. 2726.

2736. — La loi du 25 avr. 1844 (art. 25) avait édicté contre les propriétaires et principaux locataires une responsabilité analogue à celle édictée par la loi du 21 avr. 1832 pour le recouvrement des contributions mobilières. Cette responsabilité a été maintenue par l'art. 30 L. 15 juill. 1880, ainsi conçu : « En cas de déménagement hors du ressort de la perception, comme en cas de vente volontaire ou forcée, la contribution des patentes sera immédiatement exigible en totalité. Les propriétaires et à leur place les principaux locataires qui n'auront pas, un mois avant le terme fixé par le bail ou par les conventions verbales, donné avis au percepteur du déménagement de leurs locataires, seront responsables des sommes dues par ceux-ci pour la contribution des patentes. Dans le cas où ce terme serait devancé, comme dans le cas de déménagement furtif, les propriétaires et, à leur place, les principaux locataires, deviendront responsables de la contribution de leurs locataires, s'ils n'ont pas, dans les trois jours, donné avis du déménagement au percepteur. La part de la contribution laissée à la charge des propriétaires ou principaux locataires par les paragraphes précédents comprendra seulement le dernier douzième échu et le douzième courant dus par le patentable. — Cons. d'Et., 9 nov. 1895, Michel, [Leb. chr., p. 699] — V., pour le commentaire, *suprà*, v° *Contributions directes*, n. 1019 et s.

2736 *bis*. — Le projet de loi adopté par le Sénat (V. *suprà*, n. 68) modifie le § 3 de l'art. 30 en portant de 3 à 8 jours le délai donné aux propriétaires pour faire connaître le déménagement furtif ou anticipé au percepteur.

2737. — Une veuve ne peut être poursuivie et tenue de payer la patente imposée au nom de son mari, décédé l'année précédente. — Cons. d'Et., 27 janv. 1900, Blanchet, [Leb. chr., p. 76] — De même, le percepteur ne peut diriger ses poursuites contre un associé pour obtenir le paiement de la patente due par un de ses coassociés ou d'un ancien associé. Le principe de la personnalité de la patente s'y oppose et l'associé qui, par des poursuites exercées contre lui, aurait été contraint de payer, serait fondé à demander le remboursement des sommes indûment payées et des frais de poursuites. — Cons. d'Et., 30 juin 1869, Jammes, [Leb. chr., p. 663]; — 22 févr. 1870, Rougeaut, [Leb. chr., p. 122]

2737 *bis*. — Dès l'origine, une partie du produit de l'impôt des patentes a été attribuée par la loi aux communes. C'était une manière d'intéresser les administrations municipales à veiller à la stricte observation de la loi. « Il sera versé, disait l'art. 17 L. 2-17 mars 1791, deux sous pour livre du prix de chaque patente dans la caisse de chaque commune pour servir à ses dépenses particulières. Les officiers municipaux tiendront la main à ce qu'aucun particulier ne s'immisce dans l'exercice des professions assujetties à des patentes sans avoir rempli les formalités prescrites et sans avoir acquitté le droit. » La loi du 6 fruct. an IV (art. 20) attribua aux communes un dixième du produit net des droits de patente payés par des domiciliés de leurs arrondissements respectifs et la moitié des sommes nettes provenant des peines encourues par contravention. L'art. 41 L. 1er brum. an VII, en maintenant ce prélèvement, disposait que tous les frais de recouvrement à la charge de l'administration municipale seraient prélevés sur le dixième. L'art. 9 Arr. 15 fruct. an VIII réduisit le prélèvement à deux décimes par franc. Jusqu'à la loi de 1844, ce prélèvement s'ajoutait aux 5 centimes du fonds de non-valeurs. Le produit de ces 13 centimes était destiné à couvrir les décharges, réductions, remises et modérations, ainsi que les frais d'impression ou d'expédition des formules de patente. Si le produit n'était pas absorbé, l'excédent était versé dans la caisse municipale. La loi du 25 avr. 1844 sépara nettement les centimes de non-valeurs du prélèvement communal, de manière à assurer à chaque commune le produit intégral des 8 centimes qui lui étaient affectés. L'art. 36 L. 15 juill. 1880 s'est borné à reproduire l'art. 32 de la loi de 1844.

Section V.

Réclamations.

§ 1. *Réclamations contentieuses.*

2738. — Aux termes de l'art. 27 L. 15 juill. 1880, les réclamations en décharge ou réduction et les demandes en remise ou en modération sont communiquées aux maires; elles sont présentées, instruites et jugées dans les formes et délais prescrits pour les autres contributions directes.

2739. — Nous renvoyons donc, pour les règles générales de ce contentieux, au chapitre que nous avons consacré aux réclamations *suprà*, v° *Contributions directes*, n. 1585 et s. Nous n'indiquerons ici que les décisions qui intéresseraient plus spécialement les patentables et les dispositions législatives qui, depuis 1895, ont modifié la procédure.

2740. — Les réclamations doivent être présentées par le patentable inscrit au rôle ou par son mandataire expressément habilité à cet effet. Elles peuvent encore être formées par les représentants légaux des patentables, tels qu'un syndic de faillite. Nous avons cité des décisions dans lesquelles le Conseil d'État avait considéré qu'il y avait présomption de mandat, par exemple dans le fait qu'un préposé était désigné nominativement sur le rôle. — Cons. d'Et., 8 nov. 1890, Gothard, [Leb. chr., p. 81] — Le Conseil admet aussi que le chef d'une maison de commerce établie en France puisse demander décharge du droit fixe imposé au nom de son associé qui réside à l'étranger. — Cons. d'Et., 21 juin 1854, Coupiac, [Leb. chr., p. 567]

2741. — Mais il a été jugé que le représentant d'une compagnie d'assurances n'a pas qualité pour demander, en l'absence de tout mandat, réduction des droits de patente auxquels la compagnie a été imposée, alors du moins qu'il n'a pas été l'objet de poursuites pour le paiement de l'imposition. Il en est ainsi, alors même que figurerait sur le rôle la mention que la compagnie est représentée par cet agent. — Cons. d'Et., 3 févr. 1899, Saive, [S. et P. 1901.3.86]

2741 *bis.* — Lorsqu'une société a été dissoute par la mort de l'un de ses membres, le liquidateur nommé par ordonnance de référé a qualité pour demander décharge des droits imposés à la société, tant du chef de l'associé mort que du chef de l'associé survivant. — Cons. d'Et., 30 mai 1866, Mercier, [Leb. chr., p. 547]

2742. — Quand une société en nom collectif a été dissoute par le décès d'un de ses membres, c'est aux ayants-droit de cet associé et non aux anciens associés qu'il appartient de réclamer au nom du défunt. — Cons. d'Et., 20 juill. 1894, Deutsch, [Leb. chr., p. 288]

2742 *bis.* — Un propriétaire a qualité pour réclamer décharge de la patente d'un locataire tombé en faillite, alors que, pour assurer le paiement du loyer, il a fait saisir et vendre le mobilier appartenant à son locataire et que le percepteur invoque le privilège du Trésor pour prélever sur le produit de la vente le montant de la contribution. Il est sans aucun doute partie intéressée. — Cons. d'Et., 6 juill. 1900, Méline, [Leb. chr., p. 464]

2743. — Les réclamations doivent être déposées aux mêmes lieux, dans les mêmes formes et les mêmes délais que celles qui visent les autres contributions. Nous n'aurions donc qu'à nous référer à ce que nous avons dit, *suprà*, v° *Contributions directes*, si la loi du 6 déc. 1897 n'avait modifié sur un point la procédure en dispensant les réclamants de joindre à leurs requêtes la quittance des termes échus. Dorénavant, le recouvrement par le percepteur et l'instruction des réclamations sont absolument indépendants l'un de l'autre, sauf le droit qui est laissé aux contribuables dont la réclamation est pendante depuis plus de trois mois devant le conseil de préfecture d'arrêter le paiement des termes qui viennent à échoir ultérieurement.

2744. — Les délais sont les mêmes que pour les autres contributions. Le point de départ est le jour de la publication du rôle, soit primitif, soit supplémentaire dans lequel se trouve portée l'imposition litigieuse, ou le jour de la notification du premier acte de poursuite en cas de faux ou double emploi. Il se peut qu'une réclamation soit tardive en tant qu'elle est dirigée contre l'imposition au rôle primitif, et recevable en tant qu'elle est dirigée contre l'imposition au rôle supplémentaire d'un complément de droit. Elle doit être jugée au fond pour cette partie. — Cons. d'Et., 4 nov. 1881, Audouin, [Leb. chr., p. 834]

2745. — De même, si un contribuable, imposé dans une commune au droit fixe et dans une autre au droit proportionnel, réclame par deux requêtes en temps utile contre le second droit et tardivement contre le premier, il est possible de lui accorder décharge du droit proportionnel, bien que, par suite de la déchéance encourue, le droit fixe doive être maintenu. — Cons. d'Et., 3 juin 1865, Pigny, [Leb. chr., p. 610]

2746. — La déclaration de cesser faite par un patentable avant le 1er janvier ne le dispense pas de réclamer dans le délai légal contre l'imposition qui lui a été à tort maintenue à son nom. — Cons. d'Et., 26 mars 1856, Debœuf, [Leb. chr., p. 210]; — 1er août 1865, Chalenton, [Leb. chr., p. 727]

2746 *bis.* — En admettant qu'un officier ministériel puisse se fonder sur sa destitution pour demander décharge de sa patente, cette demande doit être présentée dans les trois mois de la publication du rôle ou au moins de la publication du décret de destitution. — Cons. d'Et., 13 avr. 1853, Merlin, [Leb. chr., p. 447]; — 27 févr. 1867, Moser, [Leb. chr., p. 225]

2747. — Il y a double emploi quand un contribuable se trouve imposé dans deux communes à raison du même élément. — Cons. d'Et., 28 nov. 1855, Danty, [Leb. chr., p. 673]; — 24 janv. 1866, Borel, [Leb. chr., p. 1183]; — 6 août 1886, Delcroix, [Leb. chr., p. 716]

2747 *bis.* — Mais le contribuable, qui a exercé pendant l'année la profession à raison de laquelle il a été imposé, ne peut se prévaloir de ce que son père aurait été imposé à tort pour la même profession pour prétendre qu'il est victime d'un double emploi. — Cons. d'Et., 28 juin 1865, Roger, [Leb. chr., p. 677]

2748. — De même, le patentable qui, en vertu de conventions particulières, a acquitté la contribution de son prédécesseur, ne peut se prévaloir de ce fait pour soutenir qu'il est victime d'un double emploi quand il est personnellement imposé. — Cons. d'Et., 9 avr. 1886, Chauvet, [Leb. chr., p. 327]; — 3 déc. 1886, Société des engrais, [Leb. chr., p. 853]; — 9 nov. 1900, Rancillaz, [Leb. chr., p. 605]

2748 *bis.* — Un patentable dont la réclamation est formée dans le délai n'a aucun intérêt à soutenir que la publication du rôle a été faite irrégulièrement. — Cons. d'Et., 26 févr. 1875, Allard, [Leb. chr., p. 196]

2749. — Les réclamations formées en matière de patente sont instruites comme celles qui concernent les autres contributions, avec cette différence toutefois qu'elles doivent être communiquées, non au conseil des répartiteurs, mais au maire seul. — Cons. d'Et., 14 juin 1851, Valletti, [S. 51.2.750, P. adm. chr., D. 52.3.10]; — 18 févr. 1854, Montarail, [S. 54.2.476, P. adm. chr., D. 54.3.45]

2749 *bis.* — Toutefois si le maire a donné son avis sur une réclamation, l'irrégularité résultant de la communication de la demande aux répartiteurs ne suffit pas pour entraîner la nullité de la procédure et par suite de la décision intervenue sur cette procédure. — Cons. d'Et., 31 janv. 1855, Guillon, [D. 55.3.66]; — 10 mars 1864, Léziau, [Leb. chr., p. 234]; — 30 mai 1868, Peyron, [S. 69.2.247, P. adm. chr.]

2750. — Aucune loi ne déterminant dans quelle forme les maires devront répondre à la communication qui leur est faite des demandes en décharge de patente, un patenté ne peut se fonder sur ce que cet avis serait insuffisamment motivé. — Cons. d'Et., 5 janv. 1860, Chesneau-Diot, [Leb. chr., p. 8]

2751. — A Paris, c'est à la commission des contributions directes qu'il appartient de donner son avis sur les réclamations. L'avis du maire des arrondissements n'est exigé que pour la confection des matrices. — Cons. d'Et., 16 juin 1876, Guibert, [Leb. chr., p. 561]; — 30 juin 1876, Lardit, Léger, Maignaud, [Leb. chr., p. 612]; — 14 juill. 1876, Anglès, [Leb. chr., p. 676]; — 9 mars 1877, Degauchy, [Leb. chr., p. 251]; — 13 avr. 1877, Maignaud et Hurtot, [Leb. chr., p. 334]; — 1er juin 1877, Paradais, [Leb. chr., p. 514]; — 29 juin 1877, Guillon, [Leb. chr., p. 635]

2752. — Les patentés qui réclameront contre la fixation de leurs taxes seront admis à prouver la justice de leurs réclamations par la représentation d'actes de société légalement publiés, des journaux et livres de commerce régulièrement tenus et par tous autres documents (L. 15 juill. 1880, art. 26).

2753. — Les moyens d'instruction mis par la loi à la disposition des agents et des juges pour apprécier les facultés contributives des assujettis sont les mêmes que pour les autres contributions. Toutefois il y a lieu de faire remarquer que l'art 26 L. 15 juill. 1880 a donné aux patentables le droit d'invoquer comme moyen de prouver la véracité de leurs allégations, leurs livres de commerce, journaux et autres documents de même nature. La loi s'est bornée à leur donner la faculté de produire ces documents, sans leur faire une obligation de cette communication. Toutefois la jurisprudence a parfois considéré que le refus par un patentable de produire ses livres de commerce, constitue une présomption contre le bien fondé de sa réclamation. — Cons. d'Et., 19 déc. 1860, Lhuilier, [Leb. chr., p. 782]; — 20 févr. 1869, Brice, [Leb. chr., p. 184]

2754. — On peut également tirer présomption contre un réclamant de son refus de produire son bail et de demander l'expertise. — Cons. d'Et., 28 mars 1860, Lefèvre, [Leb. chr., p. 268]; — 15 avr. 1863, Reboul, [Leb. chr., p. 357] — Inversement, quand un usinier a offert la production de ses livres comme moyen de vérifier le mérite de ses allégations et que l'administration a négligé de faire procéder à cette vérification, ce fait constitue une présomption favorable au réclamant.

— Cons. d'Et., 5 déc. 1861, Morin, [Leb. chr., p. 868]

2754 *bis*. — Il est permis d'opposer aux patentables la qualité qu'ils ont prise eux-mêmes sur leurs enseignes ou factures. — Cons. d'Et., 3 févr. 1888, Dabbon, [Leb. chr., p. 116]; — 22 janv. 1892, Perjezon, [Leb. chr., p. 32]; — 26 nov. 1892, Coudray, [Leb. chr., p. 827]

2755. — L'expertise ne peut être ordonnée qu'en vue de déterminer, soit la nature des opérations commerciales effectuées par le patentable, soit la valeur locative qui doit servir de base au droit proportionnel, mais non dans le cas où il s'agit d'apprécier si les opérations non contestées auxquelles se livre le patentable constituent ou non le commerce à raison duquel il a été imposé. — Cons. d'Et., 28 juill. 1849, Delacon, [D. 50.3.2]; — 6 avr. 1850, Archambaud, [D. 50.3.55]

2756. — L'expertise est la seule mesure d'instruction à laquelle puissent recourir les conseils de préfecture. Ils ne peuvent notamment charger un juge de paix de procéder à une enquête. — Cons. d'Et., 22 janv. 1849, Filliastre, [Leb. chr., p. 64]

2757. — Les expertises doivent se faire conformément aux dispositions de la loi du 17 juill. 1895. Aucune disposition n'exige la présence des répartiteurs à ces expertises. — Cons. d'Et., 10 mars 1864, Lézion, [Leb. chr., p. 234]; — 24 avr. 1865, Gayant, [Leb. chr., p. 479]; — 26 janv. 1870, Pradel, [Leb. chr., p. 29]

2758. — L'expertise ne donne-t-elle pas au conseil de préfecture d'éléments suffisants pour déterminer sa conviction, il peut à son choix ordonner une contre-vérification dans les formes prévues par la loi du 26 mars 1831 ou prescrire une nouvelle expertise. Mais s'il a pris ce second parti sur la demande du réclamant, celui-ci ne peut ensuite se plaindre qu'il n'ait pas eu recours à l'autre mesure d'instruction. — Cons. d'Et., 12 mars 1870, Clozet, [Leb. chr., p. 286]

2759. — Si les experts ont calculé la valeur locative d'un établissement industriel d'après des bases qui ont été condamnées comme irrégulières par une décision du Conseil d'Etat, rendue sur la contribution d'une année antérieure, il faut renvoyer le réclamant devant le conseil de préfecture pour être statué sur les deux années, par un seul et même arrêté. — Cons. d'Et., 9 juin 1868, Schlumberger, [Leb. chr., p. 633]

2760. — Les irrégularités dont les instructions sont entachées peuvent se régulariser et se compléter tant qu'il n'a pas été statué définitivement, alors même que l'instance est pendante en appel devant le Conseil d'Etat. Lorsque depuis l'arrêté du conseil de préfecture, cette régularisation a eu lieu, le Conseil d'Etat peut statuer immédiatement au fond. — Cons. d'Et., 22 janv. 1849, précité.

2761. — Il appartient d'ailleurs au Conseil d'Etat, quand il a été suivi, pour l'évaluation d'une valeur locative, un mode d'évaluation contraire à la loi, d'ordonner lui-même une expertise, alors même que le réclamant n'aurait pas demandé cette mesure d'instruction. — Cons. d'Et., 7 mai 1875, Blanchard, [S. 77.2.124, P. adm. chr., D. 76.3.12] — En ce cas, il surseoit à statuer jusqu'à ce que le procès-verbal d'expertise ait été déposé au secrétariat du contentieux du Conseil d'Etat. — Cons. d'Et., 12 mars 1868, Peyron, [Leb. chr., p. 285]

2762. — Toutefois le réclamant qui n'a pas demandé l'expertise devant le conseil de préfecture, n'est plus recevable à l'exiger devant le Conseil d'Etat. — Cons. d'Et., 15 avr. 1872, Belin, [Leb. chr., p. 242]; — 8 nov. 1872, Béthonard, [Leb. chr., p. 569]

2763. — Le conseil de préfecture doit limiter la portée de sa décision à l'objet de la demande. Ce principe général a reçu de nombreuses applications en matière de patente. Ainsi il a été jugé qu'un conseil de préfecture saisi d'une demande en décharge, ne peut, d'office et sans instruction préalable, réduire la valeur locative servant de base au droit proportionnel, laquelle n'était pas critiquée. — Cons. d'Et., 7 août 1852, Gérard de Cailleux, [S. 53.2.367, P. adm. chr.]; — 19 nov. 1852, Robin de Chambon, [Leb. chr., p. 477]; — ni accorder décharge à qui ne demandait qu'une réduction. — Cons. d'Et., 5 août 1854, Chautain-Millot, [Leb. chr., p. 759]; — ni prononcer la décharge d'un droit proportionnel non contesté à qui ne demandait décharge que du droit fixe. — Cons. d'Et., 19 nov. 1852, Bayard de la Vintrie, [Leb. chr., p. 473]; — 19 janv. 1859, Faye, [Leb. chr., p. 44]; — 6 oct. 1871, Saunders et Trimener, [Leb. chr., p. 191]

2764. — Toutefois, si un patentable avait demandé décharge complète du droit fixe et du droit proportionnel, on peut, lorsque les agents de l'administration ont reconnu en cours d'instruction que ce dernier droit est exagéré, le réduire sans que le réclamant soit tenu de déposer des conclusions subsidiaires à cet effet. — Cons. d'Et., 21 avr. 1868, Paquet, [S. 69.2.168, P. adm. chr.]

2765. — Lorsqu'il s'agit d'une patente établie sur plusieurs têtes, comme dans les sociétés en nom collectif, qu'un des associés est imposé à tort et que c'est l'autre qui réclame, le conseil de préfecture ne peut, sans excéder ses pouvoirs, se saisir de l'ensemble de la patente des deux associés et la réduire à un seul droit fixe. — Cons. d'Et., 13 mai 1865, Collet, [Leb. chr., p. 531]

2766. — Hors le cas de cession d'établissement, la cote de patente imposée à tort à un individu ne peut être transférée par mutation de cote au nom d'un autre contribuable. — Cons. d'Et., 25 mai 1850, Fraget, [Leb. chr., p. 500]

2767. — Un conseil de préfecture excède ses pouvoirs quand, en accordant à un contribuable la réduction qu'il sollicite, il ordonne son imposition à un autre droit pour lequel il n'aurait pas été porté au rôle. — Cons. d'Et., 30 nov. 1862, Ledard, [Leb. chr., p. 733]

2768. — Lorsqu'un contribuable, qui est imposé à tort à deux droits fixes et serait en droit de demander décharge de l'un d'eux, et qu'il se borne à demander décharge de la différence existant entre la profession pour laquelle il est imposé et celle qu'il prétend exercer, le juge ne peut lui accorder que cette décharge partielle. — Cons. d'Et., 25 avr. 1879, Bachimont, [Leb. chr., p. 322]

2769. — Les arrêtés rendus par les conseils de préfecture en matière de patente sont en principe tous susceptibles d'être déférés au Conseil d'Etat. Il n'en serait autrement que si l'arrêté était purement préparatoire. Ce caractère devrait être refusé à un arrêté décidant que la contribution est maintenue en principe et ordonne une expertise pour évaluer le loyer sur lequel le droit proportionnel sera calculé. — Cons. d'Et., 26 nov. 1852, Descoustures, [Leb. chr., p. 523] — En revanche, un arrêté qui se borne à donner acte du désistement du réclamant n'est pas susceptible de recours. — Cons. d'Et., 9 janv. 1874, Bine et Guiton, [Leb. chr., p. 10]

2770. — Les règles relatives au mandat sont les mêmes que pour les autres réclamations. Ainsi le pourvoi présenté par un mandataire au nom d'un contribuable qui a signé lui-même sa requête au Conseil d'Etat est recevable. — Cons. d'Et., 20 nov. 1874, Franck, [Leb. chr., p. 898]

2771. — Il est dérogé aux règles concernant les requêtes collectives quand il s'agit de la requête présentée par deux contribuables associés. Rien ne les oblige à présenter des requêtes individuelles. — Cons. d'Et., 29 mai 1861, Koenig, [Leb. chr., p. 440]

2772. — De même, lorsqu'une demande en décharge vise uniquement la contribution des patentes pour une même industrie exercée dans plusieurs communes, le contribuable n'est pas tenu de présenter au conseil de préfecture une requête différente pour chaque commune. — Cons. d'Et., 21 sept. 1859, Forges de Châtillon, [S. 60.2.511, P. adm. chr.]

2773. — Le pourvoi au Conseil d'Etat doit être enregistré dans le délai de deux mois à compter du jour de la notification de l'arrêté. Toutefois, il est à remarquer que le pourvoi, même formé en temps utile contre l'une seulement des dispositions d'un arrêté, ne rend pas recevable à toute époque le recours contre les autres dispositions de ce même arrêt. — Cons. d'Et., 27 janv. 1859, Lemic-Cuvet, [Leb. chr., p. 66]

2774. — Quand un contribuable a laissé acquérir l'autorité de la chose jugée à un arrêté en ce qui touche le droit fixe, il n'est plus recevable à contester le taux du droit proportionnel qui lui est assigné, lequel n'est que la conséquence du droit fixe dont il est reconnu passible. — Cons. d'Et., 10 mai 1895, Bastien, [D. 96.5.411]

2774 *bis*. — De même, quand une réclamation relative au droit proportionnel a été jugée définitivement, le patentable ne peut plus contester, à propos de son imposition au droit proportionnel dans une autre commune, le principe de son imposition à la patente sur lequel il a été statué implicitement. — Cons. d'Et., 29 févr. 1860, Cesbron, [Leb. chr., p. 165]

2775. — Les demandes non soumises au conseil de préfecture ne peuvent être produites pour la première fois devant le

Conseil d'Etat. Ce serait contraire au principe du double degré de juridiction. Les conséquences du principe sont nombreuses en ce qui touche la patente. C'est ainsi qu'il a été jugé que le contribuable qui s'est borné devant le conseil de préfecture à demander une réduction ne peut, alors surtout que le conseil de préfecture a fait droit à ses conclusions, demander décharge complète devant le Conseil d'Etat. — Cons. d'Et., 18 févr. 1854, Roger, [Leb. chr., p. 144]; — 8 janv. 1857, Brevot, [Leb. chr., p. 31]; — 12 juin 1860, Dande, [Leb. chr., p. 441]; — 28 juin 1860, du Moncel, [Leb. chr., p. 519]; — 31 janv. 1866, Comp. d'Orléans, [Leb. chr., p. 66]; — 12 juin 1874, Glaut, [Leb. chr., p. 551]; — 20 nov. 1874, Georges, [Leb. chr., p. 899]

2776. — ... Que celui dont la réclamation devant le conseil de préfecture ne visait que le droit fixe ne peut contester pour la première fois devant le Conseil d'Etat le droit proportionnel. — Cons. d'Et., 19 nov. 1852, Gaubet et Robin de Chambon, [Leb. chr., p. 477]; — 10 sept. 1856, Jacob, [Leb. chr., p. 616]; — 28 mai 1857, Gobert, [Leb. chr., p. 435]; — 13 mai 1862, Foray, [Leb. chr., p. 386]; — et que, réciproquement, celui qui ne contestait que le droit proportionnel n'est pas recevable à réclamer pour la première fois en appel décharge ou réduction du droit fixe. — Cons. d'Et., 14 août 1852, Sirmet et Maiffredy, [Leb. chr., p. 395]; — 9 janv. 1856, Maiffredy, [Leb. chr., p. 12]

2777. — ... Que la demande adressée au Conseil d'Etat ne peut viser ni la contribution due pour une autre année... — Cons. d'Et., 11 nov. 1852, Benoît, [Leb. chr., p. 438]; — 20 juin 1855, Boutard-Fournant, [Leb. chr., p. 439]; — ... ni celle qui lui est assignée dans une commune autre que celle visée dans sa réclamation au conseil de préfecture. — Cons. d'Et., 26 nov. 1852, Ruffard, [Leb. chr., p. 529]; — 5 mars 1863, Paret, [Leb. chr., p. 219]

2778. — ... Que le patentable qui, devant le conseil de préfecture, a demandé réduction du droit proportionnel assis sur son établissement industriel, n'est pas recevable à soutenir devant le Conseil d'Etat que le droit proportionnel établi sur sa maison d'habitation doit l'être seulement sur celle de son préposé. — Cons. d'Et., 28 juin 1860, du Moncel, [Leb. chr., p. 519]

2779. — ... Que celui qui a demandé au conseil de préfecture *remise* de sa contribution, ne peut en appel modifier cette demande et la transformer en demande en décharge. — Cons. d'Et., 11 nov. 1852, le Berrurier, [Leb. chr., p. 448]

2780. — ... Que celui qui a conclu en première instance à la décharge des douzièmes non encore échus au moment où il cessait son commerce, ne peut demander en appel le transfert de sa patente. — Cons. d'Et., 18 juin 1859, Lecomte-Dufour, [D. 60.5.268]

2781. — ... Qu'un patentable qui, devant le conseil de préfecture, n'a protesté ni contre son omission au rôle d'une commune, ni contre l'attribution indûment faite à son fils d'associé principal, n'est pas recevable à demander pour la première fois au Conseil d'Etat que le droit fixe inscrit au nom de son fils soit inscrit au sien. — Cons. d'Et., 13 sept. 1855, Fabre-Chirat, [Leb. chr., p. 648]

2782. — ... Qu'un marchand forain qui, en première instance, a demandé réduction de son droit fixe, en soutenant qu'il aurait dû être imposé comme marchand ayant une voiture, ne peut, en appel, soutenir qu'il y a lieu de réduire sa patente par le motif qu'il est marchand forain ne vendant que de la poterie. — Cons. d'Et., 11 févr. 1857, Chabrier, [Leb. chr., p. 131]

2783. — Il a été jugé toutefois que le patentable, qui a réclamé devant le conseil de préfecture sans contester la qualité qui lui avait été attribuée et qui a succombé dans sa réclamation, est recevable à discuter cette qualification pour la première fois devant le Conseil d'Etat. Mais si sa requête est reconnue fondée, le Conseil d'Etat ne pourra lui accorder une réduction supérieure à celle que le conseil de préfecture lui aurait accordée s'il avait admis sa réclamation. — Cons. d'Et., 14 déc. 1883, Chabaud et Bacherlay, [S. 85.3.65, P. adm. chr.]

2784. — Lorsque le ministre des Finances se pourvoit devant le Conseil d'Etat contre un arrêté qui a fait droit à la réclamation d'un contribuable, celui-ci dans son mémoire en défense, n'est pas recevable à demander une réduction plus forte que celle qu'il a obtenue. — Cons. d'Et., 27 févr. 1852, Porter, [S. 52.2.384, P. adm. chr.]

2785. — Lorsque le conseil de préfecture a fait droit en partie à la réclamation du patentable, le ministre peut, par voie de recours incident contre le pourvoi de ce patentable, demander son rétablissement à des droits supérieurs à ceux maintenus par le conseil de préfecture quoique moins élevés que ceux primitivement imposés. — Cons. d'Et., 2 mai 1879, Durand, [Leb. chr., p. 339] — Mais il ne pourrait, à l'occasion du pourvoi d'un patentable, réclamer le rétablissement au rôle d'un autre patentable, au nom duquel les droits avaient été primitivement imposés, mais qui n'avait pas été partie devant le conseil de préfecture. — Cons. d'Et., 15 févr. 1884, Jouffrey, [Leb. chr., p. 130]

2786. — Pas plus que le conseil de préfecture, le Conseil d'Etat ne peut statuer *ultra petita*. Aussi, quand un contribuable, qui avait droit à obtenir décharge entière, se borne à demander réduction, on ne peut lui accorder davantage. — Cons. d'Et., 6 oct. 1871, Saunders et Trimsuer, [Leb. chr., p. 191]; — 22 janv. 1886, Lejeune, [D. 87.3.63] — De même, si le ministre demande le rétablissement d'un patentable sur le rôle pour deux mois, le Conseil d'Etat ne peut le rétablir pour l'année entière. — Cons. d'Et., 23 mars 1865, Marteau, [Leb. chr., p. 306]

2787. — L'organisation intérieure du Conseil d'Etat pour le jugement des affaires contentieuses a été profondément modifiée par les deux lois du 13 avr. et du 17 juill. 1900. Pour les affaires de petit contentieux, c'est-à-dire des affaires d'élections et de contributions directes ou de taxes assimilées, la section du contentieux et la section temporaire, qui les jugeaient précédemment dans les conditions fixées par la loi du 26 oct. 1888, sont dédoublées et forment chacune deux sous-sections, qui ont hérité des pouvoirs dont jouissait la section entière. Dans la section du contentieux, les sous-sections sont présidées l'une par le président, l'autre par un conseiller désigné comme vice-président. Dans la section temporaire, chacune des sous-sections a un conseiller vice-président. Les deux sous-sections peuvent se réunir pour juger les affaires qui paraissent présenter quelques difficultés. Enfin les conseillers ou les commissaires du Gouvernement peuvent demander le renvoi des affaires importantes à l'assemblée publique du Conseil d'Etat statuant au contentieux. Les fonctions de commissaire du Gouvernement sont remplies par quatre auditeurs de première classe, qui ont le titre de suppléants.

2788. — Les réclamations en matière de patente sont contentieuses ou gracieuses. Les premières, demandes en décharge et en réduction, sont portées devant le conseil de préfecture; les secondes, demandes en remise et en modération, sont adressées au préfet. Il faut mentionner aussi les demandes en transfert de patente, qui sont portées également devant le préfet, mais sauf recours au conseil de préfecture.

2789. — La compétence des conseils de préfecture est territoriale. En conséquence, quand, après un changement de résidence, un contribuable se trouve maintenu à tort à la patente dans le lieu de son ancienne résidence, ce n'est pas devant le conseil de préfecture dans le ressort duquel il est actuellement domicilié qu'il doit se pourvoir, mais devant celui dans le département duquel se trouve son ancienne résidence. — Cons. d'Et., 29 juin 1877, Aubert, [Leb. chr., p. 642]; — 14 juin 1878, Sire, [Leb. chr., p. 572]; — 21 avr. 1882, Nuise, [Leb. chr., p. 362]; — 15 févr. 1884, Granier, [Leb. chr., p. 131]

2790. — Il connaît des réclamations fondées sur une erreur d'imposition, de qualification, sur un faux emploi. — Cons. d'Et., 8 févr. 1884, Berry, [D. 85.3.95]

2791. — Au contraire, la demande formée par un associé en restitution des sommes qu'il a payées pour le compte de son associé ne rentre pas dans les demandes en décharge. — Cons. d'Et., 17 sept. 1854, Henry, [D. 55.4.42]

2792. — Une demande d'exemption fondée sur les conditions dans lesquelles travaille un ouvrier constitue une demande en décharge. — Cons. d'Et., 28 janv. 1869, Chabot, [Leb. chr., p. 90]; — 18 juin 1872, Colas, [Leb. chr., p. 379]

2793. — Quant aux demandes en transfert, nous avons vu qu'elles ne pouvaient être portées devant le conseil de préfecture qu'après les décisions du préfet. — Cons. d'Et., 27 juin 1884, Guichou, [D. 85.5.337]

2794. — Au surplus, il appartient aux tribunaux administratifs d'apprécier le caractère d'une réclamation et de dire si elle constitue une demande en décharge ou en remise. — Cons. d'Et., 7 avr. 1858, Rollot, [Leb. chr., p. 277]

§ 2. *Réclamations gracieuses.*

2795. — Les demandes en remise ou en modération sont toutes celles fondées sur l'indigence des patentables. — Cons. d'Et., 20 avr. 1849, Percept. de Saint-Parise-le-Châtel, [D. 49.3.67]; — 6 avr. 1850, Percept. d'Imphy, [Leb. chr., p. 331]; — 11 nov. 1852, Le Berrurier, [Leb. chr., p. 448]; — 27 avr. 1854, Percept. de Châteaudun, [D. 55.3.33]

2796. — ... Sur le peu d'importance du commerce du patentable ou de sa clientèle. — Cons. d'Et., 30 nov. 1850, Hérault, [D. 51.3.43]; — 11 janv. 1853, Antoine, [Leb. chr., p. 73]; — 19 avr. 1854, Schmitt, [Leb. chr., p. 309]; — 8 déc. 1857, Aycagner, [Leb. chr., p. 780]; — 13 janv. 1858, Laullière, [Leb. chr., p. 53]; — 11 avr. 1861, Navarre, [Leb. chr., p. 258]; — 13 mai 1865, Moll, [Leb. chr., p. 333]; — 8 janv. 1867, Colle, [Leb. chr., p. 16]; — 28 févr. 1870, Roman, [Leb. chr., p. 217]; — 27 avr. 1871, Siméon, [Leb. chr., p. 12]; — 29 août 1871, Rozet, [Leb. chr., p. 133]; — 12 déc. 1871, Champautret, [Leb. chr., p. 301]; — 13 févr. 1874, Gauthier, [Leb. chr., p. 160]; — 3 mai 1878, Brizau, [Leb. chr., p. 425]; — 14 mars 1879, Raphanel, [Leb. chr., p. 213]; — 6 févr. 1880, Cabané, [Leb. chr., p. 149]; — 25 févr. 1881, Muscat-Naquet, [Leb. chr., p. 222]; — 1er févr. 1896, Gautier, [Leb. chr., p. 107]

2797. — ... Sur la modicité des bénéfices réalisés. — Cons. d'Et., 25 avr. 1855, Lehmann, [Leb. chr., p. 301]; — 11 févr. 1857, Vitte, [Leb. chr., p. 122]; — 6 mai 1857, Terrier, [Leb. chr., p. 347]; — 13 janv. 1858, Laullière, [Leb. chr., p. 53]; — 30 juill. 1858, Cassé, [Leb. chr., p. 507]; — 7 janv. 1859, Ciocca, [Leb. chr., p. 14]; — 9 janv. 1861, Laurency, [Leb. chr., p. 14]; — 20 mars 1861, Savignac, [Leb. chr., p. 204]; — 21 nov. 1861, Bonnet, [Leb. chr., p. 831]; — 19 mai 1876, Macé, [Leb. chr., p. 464]; — 5 janv. 1877, Ducros, [Leb. chr., p. 23]; — 1er févr. 1878, Renardot, [Leb. chr., p. 107]

2798. — ... Sur la maladie du patentable. — Cons. d'Et., 7 déc. 1859, Marne, [Leb. chr., p. 703]

2799. — ... Sur ses infirmités. — Cons. d'Et., 23 nov. 1877, Goupil, [Leb. chr., p. 906]; — 14 mars 1896, Deneufville, [Leb. chr., p. 270]

2800. — ... Sur l'état de stagnation des affaires ou la situation précaire de l'industrie. — Cons. d'Et., 12 févr. 1867, Belev, [Leb. chr., p. 175]; — 7 mai 1867, Minaus, [Leb. chr., p. 437]; — 19 juin 1874, Choquart, [Leb. chr., p. 580]

2801. — ... Sur la diminution du chiffre d'affaires. — Cons. d'Et., 25 avr. 1879, Vaurabourg, [Leb. chr., p. 321]; — 19 déc. 1879, Emschwiller, [Leb. chr., p. 818]; — 14 mars 1896, Deneufville, [Leb. chr., p. 270]

2802. — Ainsi, l'absence de bénéfices d'une usine pendant une année et le défaut de location ne peuvent motiver une réduction de la patente, mais seulement une modération. — Cons. d'Et., 23 mars 1865, Forges de Châtillon, [Leb. chr., p. 305]

2803. — ... Sur le chômage de l'établissement industriel. — Cons. d'Et., 31 mai 1851, Soc. anon. d'Imphy, [Leb. chr., p. 403]; — 11 févr. 1870, Magnien, [Leb. chr., p. 70]; — 12 mars 1870, Clouzet, [Leb. chr., p. 286]; — 12 mai 1876, Touzet, [Leb. chr., p. 433]; — 9 nov. 1877, Pascal et autres, [Leb. chr., p. 852]

2804. — ... Sur les pertes éprouvées par le patentable. — Cons. d'Et., 11 janv. 1853, Antoine, [Leb. chr., p. 73]; — 9 mars 1853, Prosset, [Leb. chr., p. 299]; — 13 avr. 1853, Demolin, [Leb. chr., p. 450]; — 19 avr. 1854, Schmitt, [Leb. chr., p. 309]; — 10 mars 1876, Bernard, [Leb. chr., p. 241]; — 21 févr. 1879, Ferrand, [Leb. chr., p. 156]; — 13 juill. 1883, Monnier, [Leb. chr., p. 652]

2804 *bis*. — ... Sur son grand âge ou la modicité de ses ressources. — Cons. d'Et., 19 janv. 1900, Demail, [Leb. chr., p. 40]

2805. — ... Sur la cessation d'un commerce ou la fermeture d'un établissement en cours d'année. — Cons. d'Et., 17 mai 1854, Capron, [Leb. chr., p. 454]; — 3 mai 1878, Martin, [Leb. chr., p. 427]

2806. — ... Sur ses charges de famille. — Cons. d'Et., 29 févr. 1860, Holtz, [Leb. chr., p. 167]

2807. — ... Sur l'absence de ventes pendant le temps où l'établissement est resté ouvert au public. — Cons. d'Et., 23 févr. 1860, Morin, [Leb. chr., p. 142]; — 22 janv. 1862, Pigault, [Leb. chr., p. 56]

2808. — ... Sur des dégradations subies par l'établissement. — Cons. d'Et., 12 mars 1870, Clouzet, [Leb. chr., p. 286]

2809. — ... Sur la démolition d'un bâtiment. — Cons. d'Et., 9 nov. 1877, Labouret, [Leb. chr., p. 852]

2810. — ... Sur la perte d'un navire. — Cons. d'Et., 8 févr. 1878, Terrezano, [Leb. chr., p. 136]

2811. — ... Sur la vacance d'une maison meublée. — Cons. d'Et., 9 janv. 1880, Guérard-Delaville, [Leb. chr., p. 17]; — 25 juin 1880, Arragon, [Leb. chr., p. 598]

2812. — Un patentable ne peut valablement alléguer comme motifs de décharge de la patente que son établissement serait mal situé et mal desservi par des chemins en mauvais état. — Cons. d'Et., 11 févr. 1870, Magnien, [Leb. chr., p. 70] ... — Ni que la voie publique au droit de son immeuble est inachevée. — Cons. d'Et., 29 mai 1867, Hachette, [Leb. chr., p. 532]

2813. — L'injustice de l'imposition n'est pas non plus un motif de décharge. — Cons. d'Et., 28 févr. 1870, Potier, [Leb. chr., p. 217]

2814. — Les demandes en remise ou en modération sont de la compétence du préfet. Lorsqu'une réclamation constitue une demande en remise, le conseil de préfecture excède ses pouvoirs en la jugeant. — Cons. d'Et., 11 nov. 1852, Le Berrurier, [Leb. chr., p. 448] — Et le Conseil d'Etat doit annuler son arrêté et renvoyer le réclamant devant le préfet. — Cons. d'Et., 20 juin 1855, Auger, [Leb. chr., p. 436]

CHAPITRE VIII.

CHARGES ACCESSOIRES PESANT SUR LES PATENTABLES.

SECTION I.

Centimes additionnels.

2815. — Les patentables ont à supporter, indépendamment des droits principaux qu'ils paient à l'État, de nombreuses taxes additionnelles à la patente. La plupart sont perçues sous la forme de centimes additionnels au principal. Nous ne mentionnerons que pour mémoire les centimes additionnels généraux, départementaux et communaux, qui, portant sur les quatre contributions directes, atteignent les patentables dans la même proportion que les autres contribuables. Nous rappellerons seulement qu'à certaines époques on a imposé aux patentables un nombre de centimes beaucoup plus considérable qu'aux autres contribuables, notamment après la guerre de 1870. La loi du 16 juill. 1872 avait ajouté au principal de la contribution des patentes 60 cent., qui furent abaissés à 43 par la loi du 24 juill. 1873 et à 20 par celle du 30 juill. 1879.

2816. — En dehors de cela, diverses lois ont tenté de rendre plus proportionnelles certaines taxes, qui frappaient également tous les assujettis à la patente, quelle que fût leur situation commerciale. C'est ainsi que la loi du 20 juill. 1837 convertit le droit de timbre sur les livres de commerce en 2 cent. 8/10 au principal de la contribution des patentes. La loi du 4 juin 1858 remplaça aussi par 4 cent. additionnels le droit de timbre des formules de patentes, qui était uniformément de 1 fr. 25, somme insignifiante pour les gros patentables, énorme parfois pour les petits, puisqu'elle pouvait aller jusqu'à doubler leur patente. Les droits de timbre ayant, en 1872, subi une augmentation, la loi augmenta encore de 4 cent. la charge pesant sur les patentes.

2817. — Nous renvoyons *suprà*, v° *Contributions directes*, n. 5693 et s., au sujet des centimes du fonds de non-valeurs, créé par la loi du 13 flor. an X, maintenu par l'art. 36 L. 15 juill. 1880, ainsi conçu : « Il est ajouté au principal de la contribution des patentes ainsi qu'au montant des centimes additionnels départementaux et communaux ordinaires et extraordinaires afférents à cette contribution, 5 cent. par franc dont le produit est destiné à couvrir les décharges, réductions, remises et modérations, ainsi que les frais d'impression et d'expéditions des formules de patentes ». L'article ajoutait qu'en cas d'insuffisance des 5 cent., le montant du déficit serait prélevé sur le principal des rôles. Mais ce prélèvement a été supprimé par la loi du 18 juill. 1892. Aujourd'hui, lorsque les centimes du fonds de non-valeurs sont insuffisants, il est ouvert par décret des crédits additionnels au ministre des Finances pour combler le déficit.

SECTION II.

Contribution spéciale pour frais de bourses et de chambres de commerce.

2818. — Dès que l'on vit reparaître, sous le Consulat, les anciennes institutions commerciales de la France, c'est-à-dire les bourses et les chambres de commerce, ce furent les commerçants eux-mêmes, et parmi eux les plus intéressés, qui furent appelés à faire les frais de ces établissements. Aux termes de la loi du 28 vent. an IX (art. 4 et 5), « les dépenses annuelles relatives à l'entretien et à la réparation des bourses seront supportées par les banquiers, négociants et marchands; en conséquence, il pourra être levé une contribution proportionnelle sur le total de chaque patente de commerce de première et de deuxième classes, et sur celles d'agents de change et de courtiers. Le montant en sera fixé, chaque année, par un arrêté du préfet du département. Le Gouvernement réglera le mode suivant lequel seront faits la perception et l'emploi, et rendu le compte des fonds provenant de cette contribution ».

2819. — Le décret du 23 sept. 1806, relatif aux chambres de commerce qui avaient été rétablies par un arrêté du 3 niv. an XI, dispose que : « les dépenses relatives à ces chambres seront assimilées à celles des bourses de commerce et acquittées comme elles, conformément à l'art. 4 L. 28 vent. an IX ».

2820. — La loi du 23 juill. 1820 (art. 11-16) régularisa la perception de cette contribution en indiquant comment elle serait assurée et perçue et comment le montant en serait déterminé. Cette loi est encore aujourd'hui le texte fondamental qui régit cette contribution. Il faut y ajouter l'art. 33 L. 25 avr. 1844 et l'art. 38 L. 15 juill. 1880, qui déterminent les catégories de patentés assujettis à cette imposition additionnelle et la loi du 9 avr. 1898 sur les chambres de commerce, dont l'art. 21 est ainsi conçu : « Il est pourvu aux dépenses ordinaires des chambres de commerce et des bourses de commerce au moyen d'une imposition additionnelle au principal de la contribution des patentes, conformément à la loi du 23 juill. 1820, à l'art. 4 L. 14 juill. 1838, et à l'art. 38 L. 15 juill. 1880 sur les patentes. »

2821. — Des dispositions combinées des lois des 23 juill. 1820, 14 juill. 1838, 15 juill. 1880, 9 avr. 1898, il résulte que les sommes à percevoir sur les patentables pour le service des bourses et des chambres de commerce sont destinées à acquitter les dépenses ordinaires de ces établissements, certaines dépenses extraordinaires, les frais de confection des rôles, les frais de perception et les non-valeurs.

2822. — En ce qui touche les dépenses ordinaires des bourses et chambres de commerce, elles sont acquittées au moyen de ce que la loi désigne sous le nom de *contribution spéciale*. Chaque année, la loi des contributions directes, dans le tableau des taxes assimilées dont la perception est autorisée au profit des communes et des établissements publics, mentionne cette contribution spéciale. A la suite de cette loi, dans les derniers mois de l'année ou dans les premiers mois de l'année suivante, des décrets fixent, conformément aux prescriptions de l'art. 16 L. 23 juill. 1820, les sommes à imposer pour subvenir aux dépenses des chambres et bourses de commerce. Cette fixation a lieu, savoir : sur la proposition des chambres de commerce pour leurs frais, et sur la proposition desdites chambres ou, à leur défaut, sur la proposition des conseils municipaux pour les frais des bourses de commerce. D'après l'art. 12 de cette loi et l'art. 38 de la loi de 1880, cette contribution constitue un impôt de répartition.

2823. — Pour répartir cette somme entre les divers assujettis, on porte sur le rôle spécial de chaque commune tous les patentables qui doivent contribuer aux dépenses de la bourse ou de la chambre de commerce, et le montant en principal de leurs droits fixes et proportionnels. Dès que ces bases sont établies et récapitulées, on tire le centime le franc de la somme à imposer en principal et on l'applique à chaque arrondissement et à chaque commune en particulier. On ajoute aux contingents obtenus le montant des centimes additionnels de toute nature et l'on procède ensuite à la répartition individuelle comme pour les contributions ordinaires (Circ. 20 août 1829).

2824. — En ce qui concerne les dépenses extraordinaires, la loi du 9 avr. 1898 n'est pas très-explicite. L'art. 22 dispose qu'il est fait face au service des emprunts, ainsi qu'aux dépenses d'exploitations des établissements mentionnés à l'art. 14 (magasins généraux, salles de ventes publiques, entrepôts, bancs d'épreuve pour les armes, bureaux de conditionnement et titrage, expositions permanentes et musées commerciaux, écoles de commerce, écoles professionnelles, cours pour la propagation des connaissances commerciales et industrielles), au moyen des recettes, et, s'il y a lieu, des centimes additionnels prévus à l'art. 21. Cet article n'est pas rédigé avec toute la clarté désirable. Nous pensons que la disposition signifie qu'en cas de besoin on pourra gager les emprunts avec des centimes additionnels au principal de la contribution, ressource analogue à celle prévue à l'art. 21 pour les dépenses ordinaires, et non pas que les ressources ordinaires prévues à l'art. 21 pourraient être employées à gager un emprunt ou à couvrir des dépenses extraordinaires.

2825. — En faveur de cette opinion, nous invoquerons un passage de la discussion du budget des recettes de 1830. La loi du 23 juill. 1820 avant autorisé la perception des contributions spéciales destinées à subvenir aux dépenses des bourses et chambres de commerce, sans dire, comme l'avait fait l'art. 4 L. 28 vent. an IX, qu'il s'agissait des dépenses de réparation et d'entretien, quelques chambres de commerce avaient cru pouvoir faire des acquisitions et demander que la somme nécessaire pour les payer fût répartie sur les patentables. M. Benjamin Constant proposa en conséquence un amendement tendant à insérer, dans l'article de la loi de finances autorisant la perception de la contribution spéciale, après le mot *dépenses*, ceux *de réparation et d'entretien*. Mais cet amendement fut rejeté sur la déclaration du ministre du Commerce qu'après 1820 comme précédemment, la contribution spéciale ne peut être imposée que pour les dépenses de réparation et d'entretien.

2826. — Au surplus, la jurisprudence administrative ne s'est jamais démentie sur ce point. Toutes les fois qu'une chambre de commerce est autorisée à faire certains travaux ou certaines dépenses extraordinaires d'acquisitions, de constructions, etc..., et qu'il est jugé nécessaire de recourir à une imposition extraordinaire sur les patentés de la circonscription, une loi spéciale intervient pour fixer le maximum des centimes additionnels au principal de la contribution des patentes qu'il y a lieu d'imposer. Ensuite, chaque année, tant que dure la nécessité de cette perception exceptionnelle, un décret rendu en la forme des règlements d'administration publique fixe le nombre de centimes qu'il y a lieu d'imposer pour cette année. Comme on le voit, ces centimes additionnels venant s'ajouter à chaque cote, constituent, non un impôt de répartition, mais un impôt de quotité. Nous citerons comme exemples de lois autorisant des chambres de commerce à percevoir des impositions extraordinaires les suivantes : LL. 10 juin 1854 (Marseille); 5 août 1880 (Reims); 16 mai 1878 (Le Havre); 27 janv. 1886 (Paris); 11 mars 1887 (Le Mans); 4 juill. 1892 (Lille); 22 juill. 1892 (Rouen).

2827. — A la taxe pour le paiement des frais des bourses et chambres de commerce portant sur le principal de la cote de patente, il faut ajouter cinq centimes pour subvenir aux non-valeurs (L. 23 juill. 1820, art. 15). En outre, l'art. 4 L. 14 juill. 1838 dispose qu'à l'avenir, les frais de perception des impositions à recouvrer pour les bourses et chambres de commerce seront ajoutés, à raison de trois centimes par franc, au montant desdites impositions, pour être recouvrés avec elles et versés dans les caisses des établissements intéressés, à la charge par ces derniers d'en tenir compte aux percepteurs.

2828. — Tous les patentables ne sont pas assujettis au paiement des frais de bourses et chambres de commerce. La loi n'y astreint que ceux auxquels ces établissements profitent plus directement. Aux termes de l'art. 12 L. 23 juill. 1820, ces contributions devaient être réparties sur les patentables des première et deuxième classes, et sur tous ceux qui, étant placés hors classe, paieraient un droit fixe de patente égal ou supérieur à celui desdites classes. Les associés des maisons de commerce, qui, aux termes de l'art. 69 L. 25 mars 1817, ne payaient qu'un demi-droit fixe, les associés des fabricants à métiers et filatures de laine et de coton, qui, d'après la même loi, n'étaient assujettis qu'à un droit proportionnel, devaient contribuer aux frais des chambres de commerce, lorsque le droit fixe de patente de l'associé principal sera égal ou supérieur à celui de la seconde classe.

2829. — Actuellement, les assujettis sont déterminés par l'art. 38 L. 15 juill. 1880, qui reproduit textuellement l'art. 33 L. 25 avr. 1844, et qui est ainsi conçu : « Les contributions spéciales destinées à subvenir aux dépenses des bourses et chambres de commerce, et dont la perception est autorisée par l'art. 11

L. 23 juill. 1820, seront réparties sur les trois premières classes du tableau A et sur ceux désignés dans les tableaux B et C comme passibles d'un droit fixe égal ou supérieur à celui desdites classes. Les associés des établissements compris dans les classes et tableaux susdésignés contribueront aux frais des bourses et chambres de commerce sous réserve des dispositions des art. 20 et 21 de la loi. »

2830. — Dans quelle circonscription une bourse ou une chambre de commerce est-elle autorisée à percevoir la contribution? Il faut distinguer. Dans un département où il n'y a qu'une chambre de commerce, le rôle comprendra les patentables de tout le département désignés à l'art. 12 (aujourd'hui art. 38, L. 15 juill. 1880). S'il y a dans le même département plusieurs chambres de commerce, le rôle de chacune d'elles comprendra les patentables également désignés dans l'art. 12 (aujourd'hui art. 38, L. 15 juill. 1880) qui font partie de l'arrondissement dans lequel elle est située. Néanmoins, sur les observations des chambres de commerce, la circonscription de chacune d'elles sera fixée par décret. Un décret déterminera pareillement la circonscription d'une chambre de commerce qui sera commune à des parties de plusieurs départements (L. 23 juill. 1820, art. 13). Le rôle relatif aux frais d'une bourse de commerce ne comprendra que les patentables de la ville où elle est établie, désignés en l'art. 38 L. 29 juill. 1880.

2831. — Par application des dispositions des art. 33 L. 25 avr. 1844 et 38 de la loi de 1880, il a été jugé qu'un patentable, exerçant une profession rangée dans le tableau A, mais non comprise dans les trois premières classes de ce tableau, devait obtenir décharge de la contribution spéciale. — Cons. d'Et., 18 juill. 1873, Franciosy, [Leb. chr., p. 653]; — 18 févr. 1876, Duranti, [Leb. chr., p. 175]; — 8 nov. 1878, Allard, [Leb. chr., p. 873]; — 22 déc. 1882, Clément, [Leb. chr., p. 1060]

2832. — Quant aux patentables des tableaux B et C, il faut s'assurer que le droit fixe dont ils sont passibles est au moins égal au droit dû par des patentables des trois premières classes du tableau A dans cette commune. — Cons. d'Et., 3 déc. 1875, Société d'assurances maritimes *l'Orientale*, [Leb. chr., p. 971]; — 17 déc. 1875, Chevassu, [Leb. chr., p. 1020]; — 11 juin 1880, Rambaud, [Leb. chr., p. 546]

2833. — Les associés secondaires des établissements compris dans les classes et tableaux susindiqués contribuent à raison de la portion de droit fixe dont ils sont passibles. Nous rappelons que les associés secondaires des sociétés qui exercent une profession rangée dans le tableau C ne paient aucun droit fixe, tandis que ceux des sociétés dont la profession est rangée au tableau B paient une portion de la taxe déterminée, sans qu'il soit tenu compte des taxes variables.

2834. — Les patentables compris dans le tableau D comme passibles du droit proportionnel seulement ne peuvent être appelés à concourir au paiement des dépenses dont il s'agit, puisqu'ils sont affranchis du droit fixe et que d'ailleurs l'art. 38 de la loi ne les mentionne pas parmi les assujettis (Instr. 1881, art. 127). Par application du principe, les patentables qui exercent des professions libérales ne sont pas passibles de cette contribution. — Cons. d'Et., 24 mars 1859, Beurier, [Leb. chr., p. 236]

2835. — Mais les patentables des tableaux A, B, C, qui se trouvent dans les conditions stipulées par la loi, doivent être imposés pour les frais de bourses et chambres de commerce sur l'ensemble de leurs cotes, même dans les communes où ils ne sont assujettis qu'au droit proportionnel, du moment que ces communes font partie du ressort d'une bourse ou d'une chambre. Si en effet c'est exclusivement la quotité du droit fixe qui doit être prise en considération pour reconnaître si un patentable est ou non passible de la contribution spéciale, le droit proportionnel entre néanmoins dans les bases d'imposition (Instr. 1881, art. 127). « La taxe pour le paiement des frais des chambres et bourses de commerce portera sur le principal des cotes de patente consistant dans le droit fixe et le droit proportionnel » (L. 23 juill. 1820, art. 15). — Cons. d'Et., 22 déc. 1882, Cie P.-L.-M., [Leb. chr., p. 1061]

2836. — Il n'est pas besoin de dresser, pour cette contribution, de matrice spéciale sur laquelle on copie le rôle. A l'aide des matrices de patente, on porte directement sur le rôle les patentables qui doivent contribuer aux dépenses le montant en principal de leurs droits fixe et proportionnel (Circ. 20 août 1829). Le directeur des contributions directes est chargé de la confection des rôles (Circ. 5 août 1820). Il commence ce travail lorsqu'il a reçu notification du décret fixant le montant de la somme à répartir. Lorsqu'un patentable est imposé à la patente pour plusieurs établissements dont certains sont passibles de la taxe à raison de la profession qui y est exercée, et d'autres en sont exempts, il y a lieu de faire une ventilation et de ne porter sur le rôle que le droit en principal des établissements qui doivent être taxés. — V. Lemercier de Jauvelle, v^o *Bourses et chambres de commerce.*

2837. — La contribution spéciale aux frais des bourses et chambres de commerce constituant en réalité une imposition additionnelle à la contribution des patentes, est considérée comme un accessoire de celle-ci. — Cons. d'Et., 21 janv. 1876, Comp. des transports de Saint-Dizier, [Leb. chr., p. 59]; — 3 mars 1876, Fournier, [Leb. chr., p. 214]; — 18 mars 1881, Bouillaux, [Leb. chr., p. 303]; — 8 avr. 1881, Domergue, [Leb. chr., p. 422]; — 4 nov. 1881, Darier, [Leb. chr., p. 833]; — 5 mai 1882, Brimond, [Leb. chr., p. 436]; — 4 mai 1883, Bergasse, [Leb. chr., p. 427]; — 27 juill. 1883, Meunier, [Leb. chr., p. 695]; — 27 juin 1884, Soc. générale, [Leb. chr., p. 528]

2838. — Il y donc lieu d'appliquer ici le principe posé dans l'arrêté du 24 flor. an VIII, art. 13, aux termes duquel la réduction d'une cote en principal entraîne la réduction proportionnelle des centimes additionnels. — Cons. d'Et., 5 déc. 1873, Namur, [Leb. chr., p. 902] — On doit, comme conséquence de la décharge accordée sur la contribution des patentes, accorder décharge de la contribution spéciale. — Cons. d'Et., 21 janv. 1876, Comp. des transports de Saint-Dizier, [Leb. chr., p. 59]; — 22 nov. 1878, Valéry, [Leb. chr., p. 914]

2839. — Inversement, quand il a été jugé par une précédente décision qu'un patentable était rangé dans une des trois premières classes du tableau A, on doit décider, par voie de conséquence, qu'il doit contribuer aux dépenses des bourses et chambres de commerce. — Cons. d'Et., 16 janv. 1874, Comp. des messageries maritimes, [Leb. chr., p. 49] — Lorsqu'une demande en décharge de la contribution des patentes a été rejetée comme non recevable, il y a lieu de rejeter aussi la demande en décharge des frais de bourse, bien que cette dernière ait été formée dans le délai légal. — Cons. d'Et., 27 janv. 1882, Jouou, [Leb. chr., p. 87]

2840. — Ce n'est pas à dire que les réclamations contre la patente, d'une part, contre les frais de bourses, de l'autre, qui constituent des taxes distinctes, ne puissent être instruites et jugées séparément. — Cons. d'Et., 15 nov. 1873, Salvator, [Leb. chr., p. 614] — Mais quand le contribuable s'est pourvu contre tous les deux, le conseil de préfecture ne peut statuer sur l'accessoire avant d'avoir statué sur le principal. — Cons. d'Et., 15 janv. 1868, Comp. des docks et entrepôts de Marseille, [Leb. chr., p. 25]

SECTION III.

Centimes additionnels pour le fonds spécial de garantie.

2841. — La loi du 9 avr. 1898 sur les accidents du travail, en mettant le risque professionnel à la charge des patrons, a dû prévoir que les indemnités dues aux ouvriers ne seraient pas toujours payées à l'échéance par les industriels débiteurs. Elle dispose qu'en pareil cas le montant des indemnités sera, à la suite d'une procédure réglée par le décret du 28 févr. 1899, avancé par la Caisse nationale des retraites pour la vieillesse, qui sera, par le fait de cette avance, subrogée aux droits de l'indemnitaire contre le patron et pourra poursuivre contre celui-ci le remboursement de l'avance par voie de contrainte. Pour permettre à la Caisse de faire ces avances, il a fallu lui constituer un fonds sur lequel elle pût les imputer. L'art. 25 de la loi règle cette question de la manière suivante : « Pour la constitution du fonds spécial de garantie, il sera ajouté au principal de la contribution des patentes des industriels visés par l'art. 1, 4 cent. additionnels, et 5 cent. par hectare de mines concédées. Ces taxes pourront être, suivant les besoins, majorées ou diminuées par les lois de finances. »

2842. — Cette disposition n'ayant encore donné lieu qu'à un petit nombre de décisions de jurisprudence, nous devons nous borner à résumer les instructions administratives qui ont été publiées pour son application. Les centimes additionnels dont l'imposition est prescrite par l'art. 25 précité, ne devant être réclamés qu'aux seuls patentables visés par l'art. 1, il faut d'abord établir la nomenclature des professions assujetties aux obligations de la loi nouvelle. L'art. 1 de la loi vise les ouvriers et employés occupés dans l'industrie du bâtiment, les usines, manufactures, chantiers, les entreprises de transport par terre et par eau, de chargement et de déchargement, les magasins publics, mines, minières, carrières et, en outre, dans toute exploitation ou partie d'exploitation dans laquelle sont fabriquées ou mises en œuvre des matières explosives, ou dans laquelle il est fait usage d'une machine mue par une force autre que celle de l'homme ou des animaux. Les ouvriers qui travaillent seuls d'ordinaire ne pourront être assujettis à la loi par le fait de la collaboration accidentelle d'un ou de plusieurs de leurs camarades.

2843. — A cette énumération il faut ajouter la disposition de la loi du 30 juin 1899. « Les accidents occasionnés par l'emploi de machines agricoles mues par des moteurs inanimés et dont sont victimes, par le fait ou à l'occasion du travail, les personnes, quelles qu'elles soient, occupées à la conduite ou au service de ces moteurs ou machines, sont à la charge de l'exploitant dudit moteur. Est considéré comme exploitant l'individu ou la collectivité qui dirige le moteur ou le fait diriger par ses préposés. En dehors de ce cas, la loi du 9 avr. 1898 n'est pas applicable à l'agriculture. » Le Conseil d'Etat a eu à se prononcer sur l'application de l'art. 24 L. 9 avr. 1898, aux adjudicataires de coupes de bois. Il a décidé que les exploitations de bois étant en principe des entreprises agricoles ne tombaient sous le coup de la loi que quand les exploitants avaient recours à des machines et que les parterres des coupes où les bois étaient abattus et façonnés ne pouvaient être assimilés à des chantiers dans le sens de la loi de 1898, sans qu'il y ait lieu de faire une distinction suivant la qualité de ceux qui se livraient à cette exploitation ou pour le compte de qui elle avait lieu. Il a décidé en même temps que si cet exploitant avait dans une ville voisine un chantier de bois où il exerçait la profession de marchand, il était passible des centimes à raison de ce chantier. — Cons. d'Et., 28 févr. 1902, Boutroux et Barbier, [J. *Le Droit*, 16 mars 1902]

2844. — La loi est-elle applicable aux ateliers comme aux usines et aux manufactures? Le texte de la loi ne résout pas expressément cette question. Mais le rapporteur de la commission sénatoriale a déclaré que la loi devait s'appliquer à toutes les industries et que les ateliers notamment étaient compris dans les mots usines et manufactures. D'autre part, le dernier § de l'art. 1er de la loi affranchissant des obligations de la loi les ouvriers travaillant seuls d'ordinaire, on peut en conclure que les personnes employant habituellement plusieurs ouvriers ou même un seul, sont les artisans soumis à la patente. Cette opinion a été adoptée par le ministre du Commerce dans sa circulaire du 24 août 1899. En vain, dit-il, arguerait-on de l'absence du mot atelier, employé dans d'autres lois, pour soustraire aujourd'hui la petite industrie, l'atelier de menuisier ou de modiste au régime du risque professionnel. C'est d'après ces principes qu'a été dressée la nomenclature des professions passibles des 4 cent. additionnels. Cette nomenclature a été publiée au *Journal officiel* du 13 juin 1901.

2844 *bis*. — Le ministre des Finances adoptant les idées du ministre du Commerce, l'Administration des contributions directes a assujetti aux centimes de garantie des entreprises consistant à mettre en œuvre et à transformer des matières pour en faire un produit industriel, alors même que ces opérations de transformation s'effectuaient sans moteurs mécaniques dans de simples ateliers. Le Conseil d'Etat n'a pas accepté le système de l'Administration. Il a considéré notamment qu'on ne pouvait considérer comme des manufactures, un atelier de modes où des ouvrières confectionnaient des chapeaux et des coiffures de dames, non plus qu'un atelier où quelques ouvrières, faisant usage de menus outils, fabriquaient des fleurs artificielles. — Cons. d'Et., 28 févr. 1902, Dupuis et Maucourt, [J. *Le Droit*, 16 mars 1902]

2845. — Cette nomenclature, dans laquelle ont été inscrites toutes les professions qui, par leur nature même, tombent sous le coup de la loi du 9 avr. 1898, n'est pas limitative ; il y aura lieu, dans certains cas, de comprendre dans les rôles d'autres professions, même commerciales, si exceptionnellement ces professions comportent soit la fabrication ou la mise en œuvre des matières explosives, soit l'emploi de moteurs inanimés. Les professions classées par voie d'assimilation devront de même être portées dans les rôles lorsqu'elles rentreront dans une des catégories énumérées à l'art. 1er.

2846. — Inversement, il conviendra de laisser de côté certaines professions portées sur la nomenclature, si elles sont exercées dans des conditions qui ne soient pas de nature à assujettir les patentables aux obligations du risque professionnel. La loi du 9 avr. 1898 n'est évidemment applicable qu'aux personnes occupant des ouvriers, soit aux travaux spécialement désignés à l'art. 1er, soit à des travaux de fabrication, de confection ou de main-d'œuvre. Il s'ensuit que l'imposition additionnelle ne saurait être réclamée à certains industriels qui, bien qu'imposés à la patente pour une profession rentrant dans la catégorie de celles que vise le texte législatif, travailleraient seuls d'ordinaire : voituriers n'ayant qu'un équipage, exploitants de carrière, de moulin, ou exerceraient leur industrie soit par l'intermédiaire de façonniers, soit à l'aide d'ouvriers disséminés, dont l'emploi n'engagerait pas leur responsabilité. Il en serait de même pour les entrepreneurs de travaux publics, les entrepreneurs de fabrication dans les prisons, etc., qui auraient abandonné à des sous-traitants l'exécution des entreprises par eux soumissionnées et pour les patentables qui ne se livreraient qu'à des opérations commerciales, bien que leur profession, par la désignation sous laquelle elle figure au tarif, semble comporter des travaux de confection (linger-fournisseur, cordonnier tenant magasin de chaussures).

2847. — Le service des contributions directes aura souvent à faire usage, pour le calcul des centimes additionnels, d'un principal différent de celui qui figurera dans le rôle des patentes. Il pourra arriver qu'un patentable exerçant plusieurs professions dans le même établissement paie le droit fixe de patente à raison d'une profession commerciale non prévue par l'art. 1er de la loi de 1898. Comme il serait contraire à l'équité d'affranchir ce patentable des 4 cent. additionnels du fonds spécial de garantie, on sera dans l'obligation de déterminer le principal que le patentable supporterait s'il n'exerçait que l'industrie assujettie aux prescriptions de la loi du 9 avr. 1898, et c'est ce principal fictif qui servira de base au calcul des centimes additionnels. De même, lorsqu'un patentable exercera dans des établissements distincts des professions qui ne seront pas toutes assujetties aux obligations de la loi sur les accidents, le droit proportionnel sur l'habitation devra toujours, pour la détermination du principal fictif, être rattaché à la profession passible des centimes additionnels et calculé d'après le taux applicable à cette profession.

2848. — Il y aura lieu, si la maison d'habitation de l'industriel n'est pas située dans la commune où le droit fixe est établi, de prendre les mesures nécessaires pour que le principal afférent à l'habitation soit soumis régulièrement à l'imposition additionnelle.

2849. — On devra procéder à une ventilation du principal inscrit au rôle des patentes lorsqu'un patentable, imposé au droit fixe pour une industrie visée par l'art. 1, sera soumis au droit proportionnel pour des locaux servant exclusivement à l'exercice d'une profession commerciale. Il y aurait lieu de procéder de même, soit à l'égard des industriels qui n'exerceraient que partiellement leur industrie par l'intermédiaire de ses ouvriers ou d'ouvriers disséminés et exploiteraient en même temps une usine, soit à l'égard des entrepreneurs qui n'auraient abandonné qu'une partie de leurs entreprises et exécuteraient le surplus pour leur compte : la fraction du droit fixe de patente afférente aux ouvriers à métiers, employés directement par eux ou aux entreprises qu'ils feraient exécuter sous leur responsabilité augmenté du droit proportionnel portant sur la maison d'habitation et sur l'établissement industriel, devrait, en effet, être seule retenue pour l'application des centimes additionnels. — Circ. 10 oct. 1899, [*Bull. contr. dir.*, 1900.3.37]

2850. — L'emploi éventuel d'un principal fictif est autorisé par l'art. 7 L. 11 juill. 1899, ainsi conçu : « Pour l'application de l'art. 25 L. 9 avr. 1898, le principal destiné à servir de base au calcul des centimes additionnels est, à l'égard des patentables qui exercent plusieurs professions ne rentrant pas toutes dans les catégories de celles qui sont visées par l'art. 1 de ladite loi, déterminé en considérant ces patentables comme n'exerçant que les professions prévues audit article ».

SECTION IV.

Licence des marchands de boissons.

2851. — La loi du 29 déc. 1900 relative au régime des boissons a compensé dans une certaine mesure le dégrèvement qu'elle accordait aux consommateurs de boissons hygiéniques par la suppression des droits d'entrée et de détail : 1° en relevant les droits sur l'alcool; 2° en modifiant assez profondément le tarif des licences.

2852. — La licence est un droit qui frappe toute personne qui veut se livrer à un commerce ou à une industrie dont l'exercice est subordonné à une déclaration préalable. Elle était, avant la loi de 1900, payable par trimestre et d'avance : le recouvrement en était confié aux agents des contributions indirectes. Elle ne tenait compte ni de la qualité des objets vendus ni de l'importance des ventes. Elle était égale pour tous les débitants, quelle que fût l'importance de leur commerce et ne variait que d'après la population des localités où les débits étaient installés. Elle constituait un véritable impôt de capitation. Son taux variait entre 15 et 50 fr. A Paris, tous les droits étant fondus en un droit unique, la taxe de remplacement, la licence n'était pas perçue.

2853. — Le projet du Gouvernement se bornait à élever les tarifs des licences sans changer en aucune façon le caractère de l'impôt, mais au cours de la discussion, la Chambre adopta un amendement de M. Colliard aux termes duquel le tarif des licences devait être proportionnel à l'importance du commerce. Vainement le ministre des Finances objecta-t-il que la licence ainsi transformée, ferait double emploi avec la patente. A la suite du vote prenant l'amendement en considération, le texte suivant fut proposé par la commission et adopté par les Chambres.

2854. — « Les licences des débitants et marchands en gros de boissons, des brasseurs, des bouilleurs et distillateurs, sont réglées conformément au tarif ci-après :

CATÉGORIES D'ASSUJETTIS	DROIT DE LICENCE PAR TRIMESTRE EXIGIBLE DANS LES COMMUNES DE : toutes catégories	500 habitants et au-dessous	501 à 1,000 habitants	1,001 à 4,000 habitants	4,001 à 10,000 habitants	10,001 à 20,000 habitants	20,001 à 50,000 habitants	50,001 à 100,000 habitants	100,001 habitants et au-dessus
1° Débitants, lorsqu'ils sont rangés pour l'application des droits de patente. Dans le tableau A :									
7e et 8e cl..	»	5 »	6 »	7 50	11 25	15 »	18 75	21 25	25 »
6e classe....	»	5 [illegible]	7 »	8 75	12 50	17 50	21 25	26 25	31 25
5e classe....	»	6 25	8 »	10 »	15 »	20 »	25 »	30 »	37 50
4e classe....	»	11 25	15 »	17 50	26 25	35 »	43 75	52 50	65 »
1re, 2e et 3e classes....	111 »	18 75	25 »	30 »	45 »	60 »	75 »	90 »	112 50
Dans un autre tableau ..	112 50								
2° Marchands en gros....	50 »	Lorsqu'ils ne vendent pas annuellement plus de 100 hectolitres d'alcool ou plus de 1,000 hectolitres de vins, ou plus de 2,000 hectolitres de cidre ou de poiré.							
	75 »	Lorsqu'ils vendent annuellement de 101 à 250 hectolitres d'alcool ou de 1,001 à 2,500 hectolitres de vin, ou de 2,001 à 5,000 hectolitres de cidre ou poiré.							
	125 »	Lorsqu'ils vendent annuellement plus de 250 hectolitres d'alcool, ou plus de 2,500 hectolitres de vin, ou plus de 5,000 hectolitres de cidre ou poiré.							
3° Brasseurs	37 50	Lorsqu'ils ne brassent pas plus de douze fois par an.							
	62 50	Lorsqu'ils ne brassent pas plus de cinquante fois par an.							
	125 »	Lorsqu'ils brassent plus de cinquante fois par an.							
4° Bouilleurs et distillateurs......	10 »	Lorsqu'ils ne fabriquent pas plus de 50 hectolitres par an.							
	15 »	Lorsqu'ils fabriquent de 51 à 150 hectolitres par an.							
	30 »	Lorsqu'ils fabriquent plus de 150 hectolitres par an.							

Le commerçant de boissons qui, exerçant plusieurs professions dans son établissement, est assujetti au droit fixe de patente pour une profession qui ne comporte pas la vente de boissons, doit la licence de la classe qui correspond à la patente dont il serait redevable pour son commerce de boissons, s'il n'exerçait que cette seule profession. Les propriétaires vendant exclusivement les boissons de leur crû et les autres commerçants de boissons qui ne seraient pas passibles de la patente sont, pour l'application de la licence, classés par assimilation d'après la nature de leurs opérations. Dans les cas prévus aux deux paragraphes qui précèdent, les réclamations auxquelles donnerait lieu le classement de la profession soumise à la licence seront présentées, instruites et jugées comme en matière de contributions directes. Dans les communes de plus de 4,000 habitants, les débitants établis hors de l'agglomération seront imposés au tarif applicable à la population non agglomérée. Les débitants extraordinaires ou forains paieront le droit applicable aux communes de 501 habitants et au-dessous. A Paris, à défaut de déclarations par le contribuable, l'Administration, sans être tenue de recourir aux poursuites correctionnelles prévues par l'art. 171 L. 28 avr. 1816, aura la faculté d'imposer d'office la licence à toute personne inscrite au rôle des patentes pour une profession impliquant le commerce des boissons. Dans ce cas, l'imposition aura lieu au moyen de l'émission d'un rôle rendu exécutoire par le préfet, et les contestations seront présentées, instruites et jugées comme en matière de contributions directes; elles seront recevables pendant trois mois à partir du jour du paiement du premier terme de la licence de l'année. Les maxima des licences municipales instituées par la loi du 29 déc. 1897 et le décret du 16 juin 1898 continueront d'être calculés d'après les tarifs en vigueur avant la promulgation de la présente loi. »

2855. — Il faut ajouter à cette disposition celles contenues dans les art. 8 et 10. « Tout propriétaire récoltant qui désire vendre au détail les boissons provenant de sa récolte est tenu d'en faire préalablement la déclaration au bureau de la régie, d'acquitter la licence de débitant et les taxes générales et locales sur les boissons destinées à la vente et de se soumettre à toutes les obligations des débitants. Toute personne autre qu'un propriétaire récoltant qui, en vue de la vente en gros ou en détail, fabrique des vins, cidres, poirés ou hydromels, est tenu d'en faire préalablement la déclaration au bureau de la régie et d'acquitter la licence de marchand en gros ou de débitant. Elle doit de plus acquitter les droits immédiatement après chaque fabrication, si la boisson est destinée à la vente au détail (art. 8).

2856. — Sont soumis au régime des bouilleurs de profession, les bouilleurs de crû qui, dans le rayon déterminé par l'art. 20, Décr. 17 mars 1852, exercent par eux-mêmes ou par l'intermédiaire d'associés la profession de débitant ou de marchand en gros de boissons. Sont également soumis au régime des bouilleurs de profession, les bouilleurs de crû qui font usage d'appareils à marche continue pouvant distiller par 24 heures plus de 200 litres de liquide fermenté, d'appareils chauffés à la vapeur ou d'alambics ordinaires d'une contenance totale supérieure à 5 hectolitres. Les bouilleurs de crû convaincus d'avoir enlevé ou laissé enlever de chez eux des spiritueux sans expédition ou avec une expédition inapplicable, indépendamment des peines principales dont ils sont passibles, perdront leur privilège et deviendront soumis au régime des bouilleurs de profession pour toute la durée de la campagne en cours et la campagne suivante (art. 10). La loi du 30 mars 1902 (art. 18 et 19) modifie la loi du 29 déc. 1901 de la manière suivante : « Continuent d'être imposés au droit de licence, d'après les tarifs du tableau annexé au § 6, art. 1er, L. 29 déc. 1900, les commerçants qui sont assujettis au droit fixe de patente sous une rubrique visant spécialement le commerce en détail des boissons. A l'égard des autres commerçants soumis à la licence de débitant, il est procédé, en vue de cette imposition, au classement spécial prévu au § 7, art. 1er de ladite loi. Le classement spécial prévu aux §§ 7 et 8 sera établi par les soins du service des contributions indirectes. Les commerçants qui s'établissent postérieurement à la confection du rôle des patentes seront tenus d'acquitter au comptant, sauf rectification ultérieure, le premier terme de la licence d'après la matière des opérations auxquelles ils déclarent vouloir se livrer. En aucun cas toutefois, l'application des présentes dispositions ne pourra avoir pour effet d'exonérer de la licence les personnes qui y sont soumises en vertu des art. 50 et 144 L. 28 août 1816. — Art. 19. Les licences des brasseurs sont réglées conformément au tarif ci-après :

Brasseur produisant annuellement :	Droit de licence par trimestre.
Jusqu'à 5,000 degrés-hectolitres....................	37f50
De 5,001 à 10,000 degrés-hectolitres..........	62 50

Brasseur produisant annuellement :		Droit de licence par trimestre.
—		—
De 10,001 à 15,000 degrés-hectolitres	....	87f50
De 15,001 à 20,000 —	....	112 50
De 20,001 à 40,000 —	....	150 »
De 40,001 à 150,000 —	....	200 »
Au-dessus de 150,000 —	....	250 »

La quotité du tarif est déterminée d'après les résultats de l'année à laquelle s'applique la licence. Toutefois, pour les trois premiers trimestres, la licence trimestrielle est constatée provisoirement, d'après les résultats de l'année précédente, sauf règlement définitif à l'expiration de l'année.

2857. — Comme on peut s'en rendre compte, la loi nouvelle, en relevant les tarifs des licences des marchands de boissons, a essayé de rendre cette aggravation moins lourde pour les petits commerçants, en introduisant dans l'assiette de l'impôt une certaine proportionnalité. En ce qui touche les débitants, le taux de la licence sera désormais déterminé, non seulement d'après la population des localités où ils exercent, mais encore d'après la classe dans laquelle ils sont rangés au point de vue de l'imposition à la patente.

2858. — En décidant que l'un des éléments pour la détermination du taux de la licence des débitants serait puisé dans le classement opéré par les contrôleurs des contributions directes, le législateur n'a pas modifié le caractère de l'impôt des licences, dont la constatation et le recouvrement continueront d'être effectués par les soins du service des contributions indirectes et dans les formes propres à cette dernière Administration. Il est un cas toutefois qui fait exception à cette règle. Si pour les contribuables qui font exclusivement le commerce des boissons, le classement en vue de l'application de la licence découle tout naturellement de celui qui leur est assigné au point de vue de l'imposition à la patente, et ne saurait dès lors donner lieu à des réclamations qu'autant que ce dernier lui-même serait contesté, il n'en est pas de même à l'égard de ceux pour lesquels la vente des boissons n'est que l'accessoire d'un commerce principal. Pour ces débitants, qui sont imposés à la patente à raison de ce commerce principal, les contrôleurs des contributions directes auront à déterminer la classe correspondant à la patente dont ils seraient redevables pour le commerce des boissons, s'ils n'exerçaient que cette seule profession; au point de vue de la licence il y aura donc, à l'égard de ces commerçants, un classement spécial qui sera susceptible de donner lieu à contestation.

2859. — Il pourra en être de même pour les propriétaires récoltants visés au § 8 de l'art. 1, c'est-à-dire pour les débitants de cru qui sont soumis à la licence sans être astreints à la patente. Il a été décidé que dans ces deux cas les contestations auxquelles donnerait lieu le classement de la profession soumise à la licence seront présentées, instruites et jugées comme en matière de contributions directes.

2860. — Pour les marchands en gros, brasseurs, bouilleurs et distillateurs, la taxe de la licence a été rendue proportionnelle, dans une certaine mesure, à l'importance de leurs opérations (quantités vendues ou fabriquées). Les taux sont fixés par trimestre. Ce sont les résultats de l'année à laquelle s'applique la licence qui déterminent la quotité du tarif. La licence n'en reste pas moins exigible d'avance. Par suite, la constatation et la perception seront effectuées à un moment où la base de la tarification sera encore incertaine. Le service devra opérer le classement d'après des présomptions basées sur le résultat des années antérieures. En cas de doute ou en présence de réclamations de la part des intéressés ou quand il s'agira d'un commerce à ses débuts, on devra appliquer le tarif le plus bas, sauf rappel dans le cas où la licence viendrait à être dépassée. Les constatations supplémentaires feront l'objet d'états de produits spéciaux (Circ. 29 déc. 1900, Contr. ind., n. 423).

2861. — Par une circulaire du 25 mars 1901, la direction générale des contributions indirectes fait connaître les mesures concertées entre elle et la régie des contributions directes pour l'établissement de la licence des nouveaux débitants et la révision annuelle de la liste des assujettis, ainsi que pour la suite à donner aux réclamations. « Quand un débit s'ouvrira ou changera de propriétaire, le chef du service local, dans la circonscription duquel a été faite la déclaration d'ouverture ou de changement, forme une demande de classement. Le directeur des contributions indirectes transmet cette demande au service des contributions directes, qui indique la classe de patente à laquelle appartient ce débit. Le directeur des contributions indirectes détermine alors le taux de la licence correspondant au classement fait par l'autre service et à l'importance de la population. »

2862. — La licence des débitants de boissons suit le sort de la contribution des patentes. Il en résulte que le taux de la licence due par un débitant est susceptible d'être modifié en cours d'année lorsque la patente elle-même subit une modification. Mais en matière de patente, l'annualité de l'impôt s'oppose à ce que le droit soit réduit quand un débitant apporte, après le 1er janvier, dans les conditions d'exercice de sa profession, des changements susceptibles de le faire passer dans une classe inférieure. Bien que la licence soit trimestrielle, le maintien de la patente primitive entraîne pour l'Administration l'obligation de percevoir la licence pendant toute l'année d'après le tarif primitivement appliqué, si le débitant ne cesse pas son commerce. Au contraire, s'il y a lieu à augmentation de la patente, on prendra la nouvelle patente en considération pour la fixation des droits de licence afférents aux trimestres suivants. Le service des contributions directes signalera à celui des contributions indirectes les rehaussements concernant les débitants de boissons.

2863. — Par une circulaire du 23 janv. 1901, l'Administration des contributions directes a donné la liste des professions qui doivent être considérées comme comportant la vente des boissons. Ces professions sont les suivantes : Tableau A, 1re classe : exploitant de café-chantant, café-concert, café-spectacle; 3e classe : glacier-limonadier, maître d'hôtel, tenant maison de séjour pendant les pèlerinages, retraites, restaurateur ou traiteur à la carte ou portant en ville; 4e classe : cafetier, entrepreneur d'établissements pour les cercles ou sociétés littéraires, maître d'estaminet, maître d'hôtel garni louant à la semaine, à la quinzaine ou au mois, limonadier non glacier, marchand de liqueurs en détail, restaurateur et traiteur à la carte et à prix fixe, marchand de vin en détail, vendant habituellement, pour être consommés hors de chez lui, des vins au panier ou à la bouteille, voiturier, marchand de vin, de bière, de cidre; 5e classe : marchand d'alcool ou eau-de-vie en détail, aubergiste ou cabaretier, logeur, entrepreneur de bals publics, cabaretier ou marchand de bière ou de cidre en détail ayant billard, fournisseur des objets de consommation dans les cercles ou sociétés, marchand d'épicerie en détail, restaurateur et traiteur à prix fixe seulement, marchand de vin en détail, donnant à boire chez lui et tenant billard; 6e classe : marchand de bière ou cidre en détail, cabaretier, tenant café, crèmerie ou restaurant, cantinier dans les prisons, hospices et autres établissements publics, tenant pension bourgeoise, tenant pension particulière de vieillards, tenant table d'hôte, marchand de vin en détail donnant à boire chez lui et ne tenant pas de billard; 7e classe : épicier-regrattier, gargotier, débitant de liqueurs et eaux-de-vie, débitant au petit détail de vin, bière et cidre. Tableau B : tenant magasin pour la vente en demi-gros ou en détail d'épicerie, liqueurs et conserves. Tableau C, 1re partie : exploitant de casino; 3e partie : exploitant un buffet dans une gare de chemin de fer, tenant maison particulière de retraite, tenant maison particulière de santé, restaurateur sur wagons; 5e partie : restaurateur sur bateaux à vapeur.

2864. — A l'égard des débitants ordinaires qui se livrent exclusivement au commerce des boissons, ou des commerçants qui exercent une profession comportant la vente des boissons, la licence étant basée sur le classement fait au point de vue de la patente, les réclamations ne peuvent porter que sur ce classement lui-même, et leur instruction rentre naturellement dans les attributions de l'Administration des contributions directes.

2865. — Lorsqu'il s'agit, au contraire, de commerçants pour lesquels la vente des boissons n'est que l'accessoire d'un commerce principal, ou de contribuables qui, comme les débitants de vin et les cantiniers militaires, ne sont pas soumis à la patente, il est effectué, pour l'application de la patente, un classement spécial qui est susceptible de donner lieu à contestation; mais la loi spécifie que, dans ce cas, les réclamations seront encore présentées, instruites et jugées comme en matière de contributions directes.

2866. — Les réclamations que l'établissement des licences pourra susciter sont divisées en deux catégories : 1o celles qui seront motivées par des erreurs matérielles, c'est-à-dire par une erreur dans l'indication de la profession pour laquelle l'assujetti est patenté ou par une erreur de calcul; 2° celles qui seront dirigées contre le classement spécial qui doit être effectué dans le cas où le débitant n'est pas assujetti à la patente ou y est assujetti pour une profession ne comportant pas la vente des boissons. A cette dernière catégorie, il faut rattacher les réclamations qui viseraient d'une manière générale l'exagération des droits de licence ou dont l'objet serait de contester l'interprétation donnée à la loi, celles notamment par lesquelles des assujettis réclameraient un nouveau classement pour des faits survenus en cours d'exercice ou revendiqueraient le bénéfice du classement spécial prévu par le législateur, en prétendant que la profession pour laquelle ils sont patentés ne comporte pas la vente des boissons.

2867. — Les réclamations de la première catégorie ne donneront lieu à aucune difficulté. Quand le service des contributions directes aura reconnu que la profession inscrite à la matrice des patentes a été inexactement portée sur la liste des débitants ou quand le service des contributions indirectes aura reconnu qu'une erreur a été commise dans l'application du tarif, il sera tenu compte aux intéressés des sommes indûment perçues. Ce sont les directeurs des contributions indirectes qui statueront sur ces demandes. Ils prendront les mesures nécessaires pour que les sommes perçues en trop soient appliquées aux droits constatés ultérieurement à la charge des contribuables ou qu'elles leur soient restituées. Les réclamations motivées par des erreurs matérielles seront recevables à toute époque, dans quelque forme qu'elles soient présentées et quelle que soit l'autorité à laquelle elles seront adressées.

2868. — Les réclamations de la seconde catégorie devront être adressées aux préfets ou aux sous-préfets. Elles seront assujetties au timbre toutes les fois que le montant de la licence de l'établissement qui en fera l'objet ne sera pas inférieur à 30 fr. par trimestre, et elles ne seront recevables que dans un délai de trois mois à compter du jour du paiement du premier terme de la licence de l'année, c'est-à-dire de la première licence trimestrielle payée par l'assujetti pour cet établissement, quel que soit le trimestre auquel elle s'applique. Si le paiement a été précédé de la délivrance d'une contrainte, le délai courra du jour où le redevable aura été touché par cet acte de poursuites. Le droit de réclamation ne pourra s'exercer qu'une seule fois chaque année pour le même établissement, autant du moins que cet établissement continuera à être géré par le même débitant. Si la quotité des droits de licence venait à être modifiée en cours d'année, le droit de réclamation pourrait être à nouveau exercé dans les trois mois qui suivraient le paiement des droits de licence modifiés ou la délivrance de la contrainte.

2869. — Lorsque les réclamations seront présentées avant l'expiration du trimestre auquel se rapporte la licence contestée, et si cette licence constitue la première taxe de cette nature exigée du redevable pour l'année en cours à raison de l'établissement qu'elle concerne, elles seront évidemment recevables. Dans le cas contraire, les directeurs des contributions directes demanderont les renseignements nécessaires pour apprécier si la déchéance a été ou non encourue.

2870. — L'instruction des réclamations relatives aux licences sera faite par le service des contributions directes d'après les règles adoptées pour les contributions des patentes. Elles seront jugées conformément aux dispositions de la loi du 6 déc. 1897. Le remboursement des droits de timbre sera prononcé comme en matière de réclamations sur contributions directes (L. 29 mars 1897). Les frais d'expertise seront attribués par le conseil de préfecture ou compensés entre les parties. Si la réclamation a porté sur le droit fixe de patente, le remboursement des frais de timbre et le paiement des frais d'expertise incomberaient, au même titre que l'ordonnance de dégrèvement dont la patente aurait été l'objet, à l'Administration des contributions directes; le service des contributions indirectes n'aura qu'à régulariser la perception de la licence. Toutes les fois au contraire que le droit fixe de patente n'aura pas été contesté, l'exécution des décisions (restitution des sommes indûment perçues à titre de licences ou application de ces sommes aux droits régulièrement constatés à la charge du contribuable, remboursement des frais de timbre, recouvrement et paiement des frais d'expertise) sera exclusivement du ressort de l'Administration des contributions indirectes.

2871. — Le taux de la licence varie encore avec l'importance de la population de la commune où est situé l'établissement du débitant. C'est le chiffre de la population municipale totale de la commune, abstraction faite de la population recensée à part, qui doit être pris pour base de la fixation de la licence. Dans les communes de plus de 4,000 habitants, cette règle s'applique aux débitants de la partie agglomérée. Pour les débitants installés hors de l'agglomération, la population non agglomérée, à raison de laquelle la taxe doit être déterminée, s'obtient en défalquant de la population municipale totale la population municipale agglomérée.

2872. — La circulaire ajoute que les débitants forains ne doivent acquitter que le droit applicable aux communes de 500 âmes et au-dessous. On leur appliquera le tarif minimum (5 fr. par trimestre). Mais cette perception sera effectuée au comptant.

2873. — Les cantiniers militaires qui ne recevaient chez eux que des militaires acquittaient la licence la plus faible, quelle que fût l'importance de la localité où ils exerçaient (Circ. 12 déc. 1826). Ils continueront à payer le tarif afférent aux localités les moins taxées.

2874. — Les marchands en gros ambulants paieront la licence au comptant et d'après le tarif minimum (50 fr. par trimestre). Mais il pourra y avoir un rappel de droit lorsque le chiffre de ventes afférent à la catégorie la plus faible aura été dépassé. Lorsque les marchands en gros vendront ensemble et dans les mêmes magasins des boissons achetées et des boissons récoltées, la licence sera calculée sur la totalité des ventes. S'ils ont des magasins séparés, elle ne sera calculée que sur les ventes des boissons achetées.

2875. — Les commerçants qui ont des magasins dans plusieurs communes doivent être imposés à la licence dans chacune de celles où ils ont des magasins placés sous le régime de l'entrepôt. Les boissons transportées d'un magasin à un autre ne doivent pas entrer dans le chiffre des ventes. Ce n'est que pour l'établissement de vente que la taxe peut être proportionnelle aux ventes. Dans le calcul des ventes les vins de liqueurs devront être comptés comme alcool.

2876. — Les bouilleurs et distillateurs de profession acquittent la licence d'après l'importance totale des fabrications d'alcool, sans distinction entre celles obtenues par la distillation des matières premières et celles provenant du repassage des flegmes reçus du dehors.

2877. — Les dénaturateurs d'alcool doivent être imposés d'après les quantités d'alcool soumises à la dénaturation, ainsi que les fabricants de produits à base d'alcool dénaturé (Circ. de la dir. gén. des contr. ind., 25 mars 1901).

Section V.

Taxes de remplacement des droits d'octroi.

§ 1. *Licence municipale.*

2878. — La réforme des octrois et du régime des boissons, qui a été effectuée par les lois des 29 déc. 1897 et 30 déc. 1900, a eu pour conséquence de faire naître ou transformer certaines taxes directes sur les patentés se livrant au commerce des boissons. Nous nous bornons à rappeler brièvement ici l'économie de la loi du 29 déc. 1897. En vue d'arriver à un dégrèvement des impôts qui pesaient sur les boissons hygiéniques, cette loi : 1° impose aux communes, qui ont des droits d'octroi portant sur ces boissons, de les abaisser jusqu'aux chiffres que la loi nouvelle fixe comme maximum en les substituant à ceux qui avaient été fixés par le décret du 12 févr. 1870; 2° elle permet aux communes qui voudraient, soit opérer un dégrèvement plus important, soit supprimer complètement leurs droits d'octroi sur les boissons hygiéniques, de le faire en les remplaçant par d'autres taxes, directes ou indirectes.

2879. — D'après l'art. 4, la loi offre aux communes un certain nombre de taxes de remplacement qu'elles pourront établir, sous la seule réserve de l'approbation du préfet. Au nombre de ces taxes figurent notamment des centimes additionnels au principal des quatre contributions directes, au nombre de vingt, pesant sur tous les contribuables de la commune et, à la charge des commerçants de boissons, en addition du droit de licence perçu pour le compte du Trésor, une licence municipale, composée d'un droit fixe, qui pourra comporter deux tarifs, suivant que les établissements des commerçants de boissons vendront exclusivement des boissons hygiéniques, ou des alcools avec ou sans boissons hygiéniques, et d'un droit proportionnel basé sur la valeur locative de l'ensemble des locaux occupés. Lorsque le commerce des boissons sera exercé cumulativement avec un autre commerce ou industrie, les locaux exclusivement occupés par ce dernier commerce ou cette dernière industrie seront exempts de droit proportionnel. Un règlement d'administration publique déterminera les conditions dans lesquelles ladite taxe sera assise et perçue.

2880. — Les communes, qui actuellement ne perçoivent pas de taxes d'octroi sur les vins, cidres, poirés et hydromels, bières et eaux minérales, pourront être autorisées à établir un droit de licence municipale ou à percevoir un droit sur l'alcool, conformément à l'art. 4 (art. 7).

2881. — Le règlement a été promulgué le 16 juin 1898. Il est ainsi conçu : « Les licences, que les art. 4 et 7 de la loi du 29 déc. 1897 autorisent les conseils municipaux à établir, sous réserve de l'approbation préfectorale, à la charge des commerçants de boissons, doivent s'appliquer à toute personne vendant en détail sur le territoire de la commune (art. 1er). Les marchands en gros n'y seront pas assujettis (Circ. 8 déc. 1898).

2882. — Le droit fixe ne peut dépasser le montant, en principal et décimes, du droit de licence perçu au profit de l'État. Le maximum est fixé, pour Paris, à un quart en sus du maximum applicable aux villes de la catégorie de population immédiatement inférieure. Les maxima prévus aux deux paragraphes qui précèdent sont portés au double pour les établissements ne vendant pas exclusivement des boissons hygiéniques (art. 2). Le débitant qui possède plusieurs établissements est assujetti à un droit fixe pour chacun de ces établissements (art. 3).

2883. — Les licences municipales doivent se composer obligatoirement d'un droit fixe et d'un droit proportionnel. La quotité du droit fixe et le taux du droit proportionnel sont fixés par le conseil municipal dans les limites du maximum déterminé pour chacun de ces droits par le règlement du 16 juin 1898. Le tarif maximum est le suivant :

CATÉGORIES DE communes		DROIT FIXE MAXIMUM POUR les établissements	
		vendant exclusivement des boissons hygiéniques	ne vendant pas exclusivement des boissons hygiéniques
Communes dans lesquelles la population agglomérée est de	4,000 habitants et au-dessous.	15f »	30f »
	4,001 à 6,000	20 »	40 »
	6,001 à 10,000	25 »	50 »
	10,001 à 15,000	30 »	60 »
	15,001 à 20,000	35 »	70 »
	20,001 à 30,000	40 »	80 »
	30,001 à 50,000	45 »	90 »
	50,001 et au-dessus	50 »	100 »
Paris		62 50	125 »

Rien n'oblige les communes à soumettre à des droits fixes différents les établissements ne vendant que des boissons hygiéniques et les autres (Circ. 8 déc. 1898).

2884. — Les catégories de communes prévues pour l'application du droit fixe de licence sont déterminées, non d'après la population municipale totale comme en matière de patentes, mais d'après la population agglomérée seulement. D'autre part, le maximum du droit fixe, résultant pour une commune du chiffre de sa population agglomérée, n'est applicable qu'aux débitants compris dans l'agglomération ; ceux qui exercent leur profession dans des sections ou des travaux séparés de l'agglomération ne peuvent être assujettis à un droit fixe supérieur au droit fixe maximum que comporte le chiffre de la population agglomérée (Circ. 8 déc. 1898).

2885. — Quant aux cantiniers militaires, aux débitants extraordinaires ou forains et aux colporteurs de boissons, le droit de licence payé au Trésor par ces débitants, quelle que soit la ville dans laquelle ils exercent, étant celui des communes de 4,000 âmes et au-dessous, le droit fixe de la licence municipale ne pourra être supérieur à 15 fr. ou 30 fr.

2886. — Le droit fixe est dû par établissement et non par personne. Il en résulte que, dans les sociétés en nom collectif, l'associé principal sera seul assujetti au droit fixe pour chacun des établissements exploités par la société (Circ. 8 déc. 1898).

2887. — Le droit proportionnel est assis sur la valeur locative tant de la maison d'habitation du débitant que des magasins, boutiques, salles de débit ou de consommation et autres locaux servant à l'exercice de son commerce. La valeur locative est déterminée conformément aux dispositions de l'art. 12 de la loi du 15 juill. 1880 sur les patentes (art. 4). Si le débitant possède dans la commune plusieurs maisons d'habitation, le droit proportionnel n'est dû que pour celles de ces maisons qui servent à l'exercice du commerce de boissons. Si le commerce des boissons ne constitue pas la profession principale du débitant et s'il ne l'exerce pas lui-même, le droit proportionnel n'est dû que sur la maison d'habitation de la personne préposée à ce commerce (art. 5).

2888. — Sont affranchis du droit proportionnel les locaux qui, dans les hôtels, auberges, etc., sont destinés à l'usage particulier des voyageurs ou loués en garnis, ainsi que les écuries et remises (art. 6). Le taux du droit proportionnel ne peut être supérieur à 5 0/0 de la valeur locative (art. 7).

2889. — Le droit proportionnel est, pour les cantiniers attachés à l'armée, les propriétaires vendant exclusivement les boissons de leur crû, les débitants extraordinaires ou forains et les colporteurs de boissons, uniformément évalué à la moitié du droit fixe (art. 8).

2890. — La licence municipale ne pouvant porter que sur des objets situés dans la commune, le débitant qui aura son habitation en dehors de la commune sera affranchi de cette partie du droit proportionnel. Les art. 5 et 6 du décret rendront nécessaires des ventilations dans les éléments qui servent de base au droit proportionnel de patente. Il faudra aussi faire des constatations complémentaires dans les localités de 20,000 habitants et au-dessous, pour régler le droit de licence des débitants affranchis du droit proportionnel. Les communes ne sont pas obligées d'établir une corrélation entre le taux du droit fixe et celui du droit proportionnel. Il suffit qu'elles se tiennent dans les limites des maxima fixés par le décret. — Circ. 8 déc. 1898, [*Bull. cont. dir.*, 1899, p. 3]

2891. — Dans les sociétés en nom collectif, l'associé principal est seul assujetti au droit fixe, comme nous l'avons déjà dit. Le droit proportionnel est établi sur la maison d'habitation du même associé et sur tous les locaux qui servent à la société pour l'exercice de son commerce. La maison d'habitation de chacun des autres associés est affranchie du droit proportionnel, à moins qu'elle ne serve à l'exercice du commerce de la société (art. 9).

2892. — Les droits sont dus jusqu'à la fin de l'année par les débitants exerçant au 1er janvier. Toutefois, en cas de cessation de commerce en cours d'année, les droits cessent d'être dus pour les mois non encore commencés. Les droits y afférents tombent de plein droit en non-valeurs. Les déclarations de cesser reçues par le service des contributions indirectes sont immédiatement notifiées aux agents de recouvrement (art. 10).

2892 *bis*. — Les débitants de boissons, qui entreprennent leur profession dans le cours de l'année, ne doivent la licence municipale qu'à partir du premier du mois dans lequel ils ont commencé à exercer. Il est dû un supplément de droit proportionnel par les débitants de boissons qui prennent des maisons ou locaux d'une valeur locative supérieure à celle des maisons ou locaux pour lesquels ils avaient été primitivement imposés. Ce supplément est calculé à compter du premier jour du mois dans lequel le changement a été opéré (art. 11).

2893. — Les débitants extraordinaires, les forains et les colporteurs de boissons ne peuvent exercer aucun acte de commerce dans la commune avant d'avoir acquitté le montant de la licence municipale. Les licences prévues au paragraphe précédent sont exceptionnellement établies par douzièmes. Elles sont délivrées par l'agent de recouvrement, qui transmet directement au directeur des contributions directes les indications nécessaires pour que le montant en soit compris dans les rôles supplémentaires prévus à l'art. 13 (art. 12).

2894. — Les contrôleurs des contributions directes procèdent annuellement, de concert avec le maire, d'après la liste des débitants de boissons dressée par le service des contributions indirectes, à la formation des matrices de licences municipales. A Paris, ils effectuent directement le recensement des imposables avec l'aide de la commission des répartiteurs (art. 13). Des matrices supplémentaires sont établies dans les mêmes conditions pour l'imposition des droits et suppléments de droits prévus par les art. 11 et 12 et des droits dus par les débitants qui auraient été omis dans les matrices primitives (art. 14).

2895. — Les rôles primitifs et supplémentaires sont établis par le directeur des contributions directes et rendus exécutoires par le préfet. Ils sont ensuite remis aux municipalités avec les avertissements (art. 15).

2896. — La taxe est exigible par douzièmes. Le recouvrement peut être effectué par les percepteurs des contributions directes pour le compte du receveur municipal, en vertu d'une autorisation du ministre des Finances. Il peut également être confié à l'Administration des contributions indirectes, en vertu de traités conclus dans les conditions prévues par l'art. 158 L. 28 avr. 1816 (art. 16).

2897. — Les réclamations sont présentées, instruites, jugées et les poursuites exercées comme en matière de contributions directes (art. 17).

2898. — Les frais d'assiette, d'impression et d'expédition des matrices des rôles, ainsi que les frais de confection et de distribution des avertissements, sont à la charge des communes (art. 18).

2899. — Dans quelles conditions les communes peuvent-elles être autorisées à recourir aux taxes de remplacement qui n'exigent pas en principe l'intervention législative? Il avait été admis d'abord que certaines taxes n'avaient besoin que de l'approbation préfectorale, même lorsqu'elles étaient destinées à remplacer des droits d'octroi portant sur d'autres objets que les boissons hygiéniques. Une circulaire du ministre des Finances du 5 mars 1900 condamne cette interprétation et pose en principe que les communes qui, après avoir dégrevé totalement les boissons hygiéniques, veulent en outre faire usage des taxes prévues par l'art. 4 pour dégrever d'autres objets, doivent y être autorisées par une loi. Les communes ne peuvent donc recourir, en vertu d'arrêtés préfectoraux, aux taxes énumérées dans l'art. 4, qu'en vue de la réduction ou de la suppression des droits sur les boissons hygiéniques et seulement dans la limite des dégrèvements opérés.

2900. — Aux termes de cette même circulaire, les communes qui ne perçoivent pas de droits d'octroi sur les boissons hygiéniques, soit que ces droits n'y aient jamais existé, soit qu'ils aient été supprimés, ne pourraient, avec la seule approbation du préfet, user de la faculté, qui leur est donnée par l'art. 7 L. 29 déc. 1897, d'établir à leur profit une licence municipale; cette taxe ne saurait être régulièrement autorisée que par un décret rendu en Conseil d'Etat, conformément à l'art. 134 L. 5 avr. 1884 (Circ. du dir. gén. des contr. dir., 22 oct. 1900).

2901. — Sont dispensés du timbre les rôles émis pour le recouvrement des licences municipales dont l'établissement est autorisé par l'art. 5, § 2 L. 29 déc. 1897 (L. 14 déc. 1900).

§ 2. *Autres taxes.*

2902. — Indépendamment des taxes que la loi met à la disposition des communes pour remplacer leurs droits d'octroi sur les boissons hygiéniques, les conseils municipaux ont reçu de la loi du 29 déc. 1897 un droit d'initiative extrêmement étendu pour l'établissement de taxes nouvelles. « Les communes pourront également pourvoir au remplacement de leurs taxes d'octroi en établissant, selon les formes et conditions prévues par l'art. 137 L. 5 avr. 1884, et sous réserve de l'approbation législative, des taxes directes ou indirectes. Les taxes directes ne seront prélevées que sur les propriétés ou objets situés dans la commune; elles s'appliqueront à toutes les propriétés ou à tous les objets de même nature; elles seront proportionnelles » (art. 5).

2903. — Le législateur ayant entendu laisser aux communes l'entière liberté du droit des taxes de remplacement, elles peuvent, par conséquent, recourir aux taxes prévues à l'art. 5 sans faire usage de celles autorisées par l'art. 4; elles peuvent utiliser exclusivement ces dernières; il leur est loisible aussi de voter des taxes de chacune des catégories.

2904. — Parmi les taxes auxquelles certaines villes ont eu recours pour remplacer leurs droits d'octroi, il en est qui constituent une véritable patente communale. C'est ainsi que la loi du 21 mars 1901 a autorisé la ville de Paris à établir une taxe directe sur la valeur locative des locaux commerciaux et industriels. Cette taxe a été fixée à 1 p. 0/0. Elle porte sur tous les locaux, autre que les locaux d'habitation, qui sont assujettis au droit proportionnel de patente : elle est calculée sur la valeur locative qui sert de base au droit proportionnel telle qu'elle est définie par l'art. 12 L. 15 juill. 1880 (art. 1). — V. *suprà*, v° *Paris (ville de)*, n. 767.

2905. — Les états-matrices sont dressés par les contrôleurs des contributions directes, avec l'aide de la commission des répartiteurs. Les rôles sont établis, publiés et recouvrés, et les réclamations présentées, instruites et jugées comme en matière de contributions directes. Les rôles sont dispensés du timbre, de même que ceux qui seront établis en exécution de la loi du 31 déc. 1900. Les frais d'assiette, d'impression et d'expédition des états-matrices et des rôles, ainsi que les frais de confection et de distribution des avertissements, sont à la charge de la ville de Paris (art. 2).

TARIF

DE LA

CONTRIBUTION DES PATENTES

I. — TARIF

TABLEAU A

Tarif général des professions imposées eu égard à la population.

CLASSES	DROIT FIXE — à Paris	DANS LES COMMUNES — au-dessus de 100,000 âmes	de 50,001 à 100,000 âmes	de 30,001 à 50,000 âmes	de 20,001 à 30,000 âmes	de 10,001 à 20,000 âmes	de 5,001 à 10,000 âmes	de 2,001 à 5,000 âmes	de 2,000 âmes et au-dessous	CLASSES	DROIT FIXE — à Paris	DANS LES COMMUNES — au-dessus de 100,000 âmes	de 50,001 à 100,000 âmes	de 30,001 à 50,000 âmes	de 20,001 à 30,000 âmes	de 10,001 à 20,000 âmes	de 5,001 à 10,000 âmes	de 2,001 à 5,000 âmes	de 2,000 âmes et au-dessous
1	2	3	4	5	6	7	8	9	10	1	2	3	4	5	6	7	8	9	10
	francs.	francs.	francs.	francs.	francs.	francs.	francs.	francs.	fr. c.		francs.	francs.	francs.	francs.	francs.	francs.	francs.	francs.	francs.
1re...	400	300	240	180	120	80	60	45	35 »	5e...	50	50	40	30	20	15	12	9	7 »
2e...	200	150	120	90	60	45	40	30	25 »	6e...	40	40	32	24	16	10	8	6	3 »
3e...	140	100	80	60	40	30	25	22	18 »	7e...	20	20	16	12	8	*8	*5	*4	*1 50
4e...	75	75	60	45	30	25	20	15	12 »	8e...	12	12	10	8	6	*5	*4	*3	*1 »

Les patentables des 7e et 8e classes, vendant en ambulance, en étalage ou sous échoppe, sont exempts de droit proportionnel.
Le signe * veut dire exemption du droit proportionnel dans les villes de 20.000 âmes et au-dessous.

Sont réputés :

Marchands en gros, ceux qui vendent principalement à d'autres marchands;

Marchands en demi-gros, ceux qui vendent habituellement aux détaillants et aux consommateurs;

Marchands en détail, ceux qui ne vendent habituellement qu'aux consommateurs.

Nota. — L'art. 32, L. 8 août 1890 a respectivement abaissé de 4 fr., 3 fr. et 2 fr., à 3 fr., 1 fr. 50 et 1 fr. le droit fixe des patentables des 6e, 7e et 8e classes, dans les communes de 2.000 âmes et au-dessous. Il a en même temps réduit d'un quart le droit proportionnel des patentables de 6e classe, dans les mêmes communes.

Nota. — Les dénominations de professions précédées des lettres A, B, C ou D, et suivies de l'indication des droits applicables à ces professions ont été extraites textuellement des tableaux législatifs annexés aux lois des 15 juill. 1880, 29 juin 1881, 30 juill. 1885, 17 juill. 1889, 8 août 1890 et 28 avr. 1893. Les autres dénominations concernant des professions imposables n'ont été consignées dans la nomenclature que pour permettre aux agents de se reporter aisément aux désignations légales.

Les définitions, explications ou décisions de l'Administration et les arrêts du Conseil d'État sont imprimés en caractères plus petits que les dispositions textuelles du tarif légal.

D. ad. signifie définition ou décision administrative.

Arr. C. signifie arrêt du Conseil d'État. Le numéro qui suit la date de l'arrêt est celui sous lequel cet arrêt est inscrit au *Recueil officiel* de l'Administration.

Patentables du tableau D.

(Loi du 28 avril 1893).

Par exception, les patentables du tableau D sont passibles du taux du 12e au lieu du 15e pour tous les locaux soumis au droit proportionnel :

1° Lorsque, exerçant leur profession à Paris, ils occupent, soit dans cette ville, soit ailleurs, des locaux imposables d'une valeur locative totale de plus de 4,000 francs;

2° Lorsque, exerçant leur profession dans une autre ville de plus de 100,000 âmes, ils occupent, soit dans cette ville, soit ailleurs, des locaux imposables d'une valeur locative totale de plus de 2,000 fr.

Nomenclature générale par ordre alphabétique des commerces, industries et professions passibles de la contribution des patentes.

DÉSIGNATION des tableaux	COMMERCES, INDUSTRIES ET PROFESSIONS	CLASSES du tableau A	TAUX du droit proportionnel
	A		
	Abatage (Entrepreneur par adjudication de l') des bois sur pied. Voir *Bois*.		
	Abats, abatis et issues (Cuiseur ou échaudeur d'). Voir *Tripier*.		
A	**Abats** (Marchand d') en gros	4e	30e
C	**Abattoir public** (Adjudicataire, concessionnaire ou fermier des droits à percevoir dans un) :		
	50 centimes par 100 francs ou fraction de 100 francs du prix de ferme ou du montant de l'adjudication.		
	Dans le cas où la perception des droits serait concédée à titre d'indemnité ou de remboursement, le concessionnaire serait annuellement imposé sur la somme représentant l'annuité nécessaire pour assurer, à la fin de la concession, l'indemnité ou le remboursement stipulé.		
	Droit proportionnel.. { sur la maison d'habitation seulement	...	20e
	Abeilles (Fabricant de ruches pour les). Voir *Ruches*.		
A	**Abeilles** (Marchand d')	6e	30e
	Ables ou ablettes (Marchand d'écailles d'). Voir *Ecailles*.		
	Abris sur les marchés (Loueur d'). Voir *Loueur*.		
A	**Accordeur** de pianos, harpes et autres instruments.	7e	50e
A	**Accouchement** (Chef de maison d')	5e	
	Droit proportionnel.. { sur la maison d'habitation	...	30e
	Droit proportionnel.. { sur les locaux servant à l'exercice de la profession	...	40e
	Une sage-femme qui reçoit des pensionnaires est imposable comme chef de maison d'accouchement (Arr. C. 21 févr. 1855, n. 165.)		
A	**Accoutreur**	8e	50e
	Celui qui resserre et polit les trous des filières à l'usage des tireurs d'or et d'argent (D. ad.)		
	Acétates (Fabricant d'). Voir *Produits chimiques*.		
A	**Achats** (Tenant une maison d') : celui qui tient une maison d'achats de marchandises diverses destinées à l'approvisionnement d'un ou de plusieurs établissements de vente qu'il exploite à l'étranger ou aux colonies	1re	20e
A	**Acheveur en métaux**	7e	50e
	Celui qui termine les ouvrages des fondeurs (D. ad.)		
	Acides (Fabricant d'). Voir *Produits chimiques*.		
	Acier (Fabricant de boules vulnéraires dites d'). Voir *Boules*.		
	Acier (Polisseur d'objets en). Voir *Polisseur*.		
A	**Acier poli** (Fabricant d'objets en), pour son compte.	5e	30e
A	**Acier poli** (Fabricant d'objets en), à façon	7e	50e
C	Acier (Fabrique d') :		
	Acier naturel ou de forge :		
	40 francs par fourneau de fusion, par feu d'affinerie ou par four à puddler.		
	Acier de cémentation 5 fr. Plus **4 francs** par ouvrier.		
	Acier fondu 5 fr. Plus **4 francs** par ouvrier.		
	Acier fondu par le procédé Bessemer :		
	3 francs par fraction de la contenance des convertisseurs, susceptibles de recevoir une charge de 100 kil.		
	Droit proportionnel { sur la maison d'habitation	..	20e
	Droit proportionnel { sur l'établissement industriel.	...	50e
	Administrateur (Liquidateur-) près les tribunaux. Voir *Liquidateur-administrateur*.		
A	**Affiches** (Entrepreneur de la pose et de la conservation des)	6e	30e
A	**Affiloirs** (Marchand d')	8e	50e
	Affinage de plomb ou de zinc. Voir *Fonderie*.		
A	**Affineur de métaux** autres que l'or, l'argent et le platine	5e	30e
A	**Affineur de platine**	2e	20e
C	**Affineur d'or ou d'argent** 5 fr. Plus **10 francs** par ouvrier et **100 francs** par appareil de dissolution.		
	Droit proportionnel { sur la maison d'habitation	...	20e
	Droit proportionnel { sur l'établissement industriel.	...	40e
A	**Agaric** (Marchand d')	6e	30e
	Agence de paquebots étrangers (Tenant une). Voir *Paquebots*.		
	Agence pour la vente des billets de théâtre. Voir *Billets*.		
	Agence pour le règlement des convois mortuaires et pompes funèbres. Voir *Convois mortuaires*.		
A	**Agent d'affaires**	4e	30e
	Est imposable comme agent d'affaires : Celui qui, sans tenir un cabinet d'affaires ouvert au public, se livre à la gestion des affaires d'une clientèle assez nombreuse pour que cette gestion soit considérée comme constituant l'exercice d'une profession (Arr. C. 2 mars 1858, n. 651). Celui qui reçoit habituellement des mandats pour représenter des tiers et défendre leurs intérêts dans des affaires litigieuses (Arr. C. 31 mai 1854, n. 187) Celui qui reçoit des mandats pour gérer les intérêts d'autrui, faire des recouvrements et des expertises et représenter les tiers en justice (Arr. C. 10 sept. 1856, n. 425). Un licencié en droit, non inscrit au tableau des avocats, qui, moyennant rétribution, donne des consultations sur des questions litigieuses et accepte des mandats pour représenter des tiers et défendre leurs intérêts, notamment devant la justice de paix (Arr. C. 18 juill. 1855, n. 187; 18 mars 1857, n. 540). Celui qui, moyennant rétribution, perçoit des rentes et fermages, administre et régit des biens et fait, pour le compte de tiers, des acquisitions et des ventes d'immeubles (Arr. C. 18 mars 1857, n. 540). Celui qui se livre habituellement à des opérations d'achat et de vente de biens pour le compte d'autrui. (Arr. C. 25 avr. 1855, n. 188; 22 juin 1858 et 30 juin 1858, n. 658). Un avocat étranger qui tient en France un cabinet ouvert au public, reçoit des mandats pour suivre des affaires dans son pays, se charge d'y opérer des recouvrements et sert d'intermédiaire, pour la rédaction de divers actes, entre ses clients et les officiers ministériels (Arr. C. 27 févr. 1874, n. 2458). L'agent de compagnies d'assurances non mutuelles rémunéré au moyen de remises proportionnelles, employant des sous-agents directement rétribués par lui et occupant, pour l'exercice de sa profession, un local loué en son nom personnel (Arr. C. 4 déc. 1874, n. 2676). Celui qui, sans avoir de cabinet ouvert au public, se livre à des opérations de recouvrement d'effets de commerce pour diverses maisons de banque qui le rétribuent au moyen de remises proportionnelles aux sommes encaissées (Arr. C. 9 janv. 1880, n. 3219). Celui qui, tenant un cabinet ouvert au public, s'occupe de vérifications et d'expertises en matière de comptabilité (Arr. C. 1er déc. 1882, n. 3131). Celui qui se charge spécialement de soutenir les réclamations des particuliers contre les compagnies de chemins de fer (Arr. C. 25 juill. 1884, n. 3431). N'est pas imposable comme agent d'affaires :		

DÉSIGNATION des tableaux	COMMERCES, INDUSTRIES ET PROFESSIONS	CLASSES du tableau A	TAUX du droit proportionnel
	Un avoué qui reçoit exceptionnellement et comme conséquence de sa profession d'avoué, des mandats pour toucher les revenus de quelques propriétaires. (Arr. C. 17 mai 1854, n. 189).		
	Celui qui dirige les affaires contentieuses de quelques établissements, moyennant un traitement fixe annuel (Arr. C. 10 sept. 1855, n. 190).		
	L'avocat qui, ayant cessé d'être inscrit au tableau, se borne à donner des consultations sur des questions litigieuses, sans accepter aucun mandat pour gérer les affaires de ses clients ou les représenter en justice. (Arr. C. 8 févr. 1869, n. 2177).		
	L'avocat qui, ayant cessé d'être inscrit au tableau de l'ordre, se borne à donner des consultations sur des questions litigieuses et à défendre quelques clients devant les juges de paix (Arr. C. 23 mai 1870, n. 2287).		
B	**Agent de change**	...	10c

	TAXE déterminée	TAXE par personne employée(1)
	Fr.	Fr.
A Paris	2.000	50
Dans les villes autres que Paris où il existe un parquet pour la négociation des effets publics.	500	25
Dans les villes de 100,001 âmes et au-dessus	250	12
Dans les villes de 50,001 à 100,000 âmes.	200	10
Dans les villes de 30,001 à 50,000 âmes. / de 15,001 à 30,000 âmes qui ont un entrepôt réel	150	8
Dans les villes de 15,001 à 30,000 âmes.. / de 15,000 âmes et au-dessous qui ont un entrepôt réel	100	5
Dans toutes les autres communes.	75	5

La taxe par employé est doublée lorsque le nombre des employés dépasse 200, et triplée lorsqu'il dépasse 1,000 (L. 17 juill. 1889, art. 2).

DÉSIGNATION des tableaux	COMMERCES, INDUSTRIES ET PROFESSIONS	CLASSES du tableau A	TAUX du droit proportionnel
	Agent de librairie. Voir *Librairie*.		
A	**Agent dramatique**	6e	30c
	Celui qui s'entremet auprès des directeurs de spectacles pour l'engagement des artistes dramatiques. (D. ad.).		
C	**Agglomérés**, charbon artificiel ou briques combustibles (Fabrique d') ... **5 fr.** Plus **4 francs** par ouvrier.		
	Droit proportionnel. sur la maison d'habitation...	...	20c
	Droit proportionnel. sur l'établissement industriel.	...	50c
	Agglomérés (Marchand d'). Voir *Charbon*.		
	Agneaux (Marchand d'). Voir *Moutons*.		
C	**Agrafes** (Fabr. d') par procédés mécaniques. **5 fr.** Plus **4 francs** par ouvrier.		
	Droit proportionnel. sur la maison d'habitation...	...	20c
	Droit proportionnel. sur l'établissement industriel	...	50c
A	**Agrafes** (Fabricant d') par les procédés ordinaires, pour son compte	5e	30c
A	**Agrafes** (Fabricant d') par les procédés ordinaires, à façon	8e	50c
	Agréé près les tribunaux de commerce. Voir *Mandataire*.		
A	**Agréeur**; celui qui fournit des agrès pour les navires	4e	30c

(1) « ..... employée, en sus du nombre de cinq, aux écritures, aux caisses, à la surveillance, aux achats et aux ventes intérieures ou extérieures. »

Cette formule est consignée en tête du cadre du tableau B annexé à la loi du 15 juill. 1880. On a dû la répéter, par conséquent, dans la présente nomenclature, pour les professions du tableau B auxquelles elle s'applique, alors même que certaines des catégories d'employés dont elle contient l'énumération ne concourent pas à l'exercice de ces professions.

DÉSIGNATION des tableaux	COMMERCES, INDUSTRIES ET PROFESSIONS	CLASSES du tableau A	TAUX du droit proportionnel
A	**Agréeur, dégustateur ou inspecteur des eaux-de-vie**; celui qui constate, à la requête et aux frais des parties intéressées, le poids et le goût des alcools ou leur identité avec les échantillons pris au moment des expéditions	5e	30c
	Agrès (Monteur d') et de manœuvres de navires. Voir *Monteur*.		
	Aigrettes. Voir *Crinières*.		
	Aiguille (Fabricant ou marchand de tricots à l'). Voir *Tricots*.		
C	**Aiguilles à coudre, à tricoter ou à métier pour faire des bas** (Fabrique d') ... **5 fr.** Plus **4 francs** par ouvrier.		
	Droit proportionnel. sur la maison d'habitation...	...	20c
	Droit proportionnel. sur l'établissement industriel.	...	50c
A	**Aiguilles à coudre et à tricoter** (Marchand d') en gros	1re	20c
A	**Aiguilles à coudre et à tricoter** (Marchand d') en demi-gros	2e	20c
A	**Aiguilles à coudre et à tricoter** (Marchand d') en détail	4e	30c
A	**Aiguilles, clefs et autres petits objets pour montres ou pendules** (Fabricant d'), pour son compte.	6e	30c
A	**Aiguilles, clefs et autres petits objets pour montres ou pendules** (Fabricant d'), à façon	8e	50c
A	**Aiguilles pour les métiers à faire des bas** (Monteur d')	8e	50c
	Air comprimé (Fabricants ou marchands d'appareils électriques ou à) pour les appartements. Voir *Appareils*.		
	Aisances (Tenant cabinets d'). Voir *Cabinets* et *Chalets de nécessité*.		
	Ajusteur de bouchons de flacons. Voir *Bouchons*.		
	Ajusteur de vitraux. Voir *Vitraux*.		
A	**Alambic** (Loueur d'); celui qui loue les ustensiles nécessaires pour la fabrication de l'eau-de-vie	7e	50c
	Est imposable comme loueur d'alambic, et non comme bouilleur d'eau-de-vie, l'individu qui loue habituellement un alambic à divers propriétaires pour la distillation de leurs eaux-de-vie sans procéder lui-même à cette opération (Arr. C. 5 mars 1880, n. 3263).		
	Alambics ou autres grands vaisseaux en cuivre (Fabricant d'). Voir *Chaudronnerie*.		
A	**Alambics ou autres grands vaisseaux en cuivre** (Marchand d')	4e	30c
A	**Albâtre** (Fabricant ou marchand d'objets en)	5e	30c
A	**Albâtre** (Fabricant d'objets en) à façon	7e	50c
	Alcalis (Fabricant d'). Voir *Produits chimiques*.		
A	**Alcool ou eau-de-vie** (Marchand d') en gros	1re	20c
	Est imposable comme marchand d'eau-de-vie en gros et non comme fabricant de liqueurs, celui qui, ne possédant ni alambic, ni appareils distillatoires, se borne à effectuer des mélanges rentrant dans la pratique habituelle des marchands d'eau-de-vie. (Arr. C. 16 avr. 1875, n. 2772).		
A	**Alcool ou eau-de-vie** (Marchand d') en demi-gros.	2e	20c
A	**Alcool ou eau-de-vie** (Marchand d') en détail	5e	30c
A	**Alcool ou eau-de-vie de fécules, de grains, de betteraves et autres substances analogues** (Fabrique d') : **12 centimes** par hectolitre de la capacité brute des cuves de fermentation, et **60 centimes** par hectolitre de la capacité brute des chaudières et colonnes à rectifier. Le droit sera réduit de moitié pour les fabriques qui travaillent moins de trois mois par an.		
	Droit proportionnel. sur la maison d'habitation...	...	20c
	Droit proportionnel. sur l'établissement industriel.	...	50c
	Lorsqu'une fabrique d'esprit de betteraves a, dans le cours d'une année, travaillé pendant plus de trois mois, la circonstance qu'elle n'a marché qu'au com-		

DÉSIGNATION des tableaux	COMMERCES, INDUSTRIES ET PROFESSIONS	CLASSES du tableau A	TAUX du droit proportionnel
	mencement et à la fin de ladite année et que sa fabrication porte sur deux campagnes différentes ne peut motiver la réduction de son droit fixe à la moitié (Arr. C. 23 févr. 1877, n. 2940). La capacité brute des chaudières et colonnes à rectifier d'une fabrique d'alcool de betteraves doit être comprise dans les bases du droit fixe de patente, sans qu'il y ait lieu de faire de distinction entre les parties de ces appareils qui sont destinées à recevoir le liquide et celles que traverse la vapeur (Arr. C. 8 août 1884, n. 3411).		
C	**Alcool ou eau-de-vie de garance** (Fabrique d') : **2 centimes** par hectolitre de la capacité brute des cuves ou bassins de fermentation, et **60 centimes** par hectolitre de la capacité brute des chaudières et colonnes à rectifier. Le droit sera réduit de moitié pour les fabriques qui travaillent moins de trois mois par an.		
	Droit proportionnel. { sur la maison d'habitation...	...	20c
	Droit proportionnel. { sur l'établissement industriel.	...	50c
	Alcool ou eau-de-vie de marc de raisin, cidre. poiré (Fabricant d'). Voir *Esprit.*		
	Alcool ou eau-de-vie de vin (Fabricant d'). Voir *Esprit.*		
A	**Alevin** (Marchand d')........................	7e	50c
	Celui qui vend du menu poisson pour peupler les pièces d'eau (D. ad.).		
A	**Allèges** (Maître d')........................	7e	50c
	Celui qui, au moyen de barques dites allèges, entreprend le chargement ou le déchargement des navires (D. ad.).		
	Alliage (Fabricants d'objets de service de table en). Voir *Couverts.*		
C	**Allume-feu** (Fabr. d'), par procédés mécaniques. **5 fr.** Plus **4 francs** par ouvrier.		
	Droit proportionnel. { sur la maison d'habitation...	...	20c
	Droit proportionnel. { sur l'établissement industriel.	...	50c
A	**Allumettes chimiques** (Marchand d') en gros.....	2e	20c
A	**Allumettes chimiques** (Marchand d') en demi-gros.	4e	30c
A	**Allumettes chimiques** (Marchand d') en détail...	6e	30c
	La vente en détail des allumettes chimiques, obligatoire pour les débitants de tabac, ne rendra point ceux-ci passibles de patente, lorsque cette vente ne sera qu'un accessoire de leur débit de tabac.		
A	**Allumettes ou amadou** (Fabricant ou marchand d').	8e	50c
	Allumettes (Fabricant de bois d'). Voir *Bois.*		
A	**Almanachs ou annuaires** (Éditeur propriétaire d')	5e	30c
	Alun (Fabricant d'). Voir *Produits chimiques.*		
	Amadou (Fabricant ou marchand d'). Voir *Allumettes.*		
	Amadou (Marchand d') vendant en ambulance dans les rues, dans les lieux de passage et dans les marchés. (*Exempt*).		
	Amandes (Marchand d'). Voir *Fruits.*		
	Ambulance (Marchand en). Les personnes qui vendent en ambulance dans les rues, dans les lieux de passage et dans les marchés, soit des fleurs, de l'amadou, des balais, des statues et figures en plâtre, soit des fruits, des légumes, des poissons, du beurre, des œufs, du fromage et autres menus comestibles, sont exemptes de patente (Loi du 15 juill. 1880, art. 17). Celles qui vendent en ambulance d'autres objets sont passibles de la moitié des droits que paient les marchands qui vendent les mêmes objets en boutique (*Ibid.*, art. 18). Sont exempts du droit proportionnel les patentables des 7e et 8e classes du tableau A qui exercent leur profession en ambulance (Tableau D annexé à la même loi). On ne doit pas considérer comme marchands en ambulance les marchands de grains, les marchands		

DÉSIGNATION des tableaux	COMMERCES, INDUSTRIES ET PROFESSIONS	CLASSES du tableau A	TAUX du droit proportionnel
	de bestiaux et les individus exerçant des professions analogues. On ne doit pas non plus appliquer cette dénomination aux marchands vendant en gros (Arr. C. 12 mars 1880, n. 3220).		
	Amendements (Marchand d'). Voir *Engrais.*		
	Ameublement (Loueur d'objets d'). Voir *Linge.*		
C	**Amidon** (Fabrique d')..................... **5 fr.** Plus **5 francs** par ouvrier.		
	Droit proportionnel. { sur la maison d'habitation...	...	20c
	Droit proportionnel. { sur l'établissement industriel.	...	40c
A	**Amidon** (Marchand d') en gros..................	3e	20c
A	**Amidon** (Marchand d') en détail..................	6e	30c
	Ammoniac (Fabricant de sel). Voir *Produits chimiques.*		
	Amorces de chasse (Fabricant d'). Voir *Capsules.*		
	Amusements publics (Maître de jeux et). Voir *Jeux.*		
A	**Anatomie** (Fabricant de pièces d')...............	6e	30c
A	**Anatomie** (Tenant un cabinet d')...............	6e	30c
A	**Anchois** (Saleur d')...........................	4e	30c
	Ancres, chaînes, câbles en fer et autres grosses pièces pour la marine (Fabricant d'). Imposable comme maître de forges (D. ad.).		
A	**Anes** (Marchand d')............................	6e	30c
A	**Anes** (Loueur d')...............................	7e	50c
	Anesse (Marchand de lait d'). Voir *Lait.*		
	Animaux (Équarrisseur d'). Voir *Écorcheur.*		
	Animaux (Tenant une infirmerie d'). Voir *Infirmerie.*		
	Anneaux de parapluies et de cannes. Voir *Garnitures.*		
	Annonces (Entrepreneur d'un bureau de distribution d'). Voir *Bureau.*		
A	**Annonces et avis divers** (Entrepreneur d'insertions d').......................................	6e	30c
	Imposable comme tel celui qui publie un journal exclusivement consacré à l'insertion d'annonces commerciales et judiciaires (Arr. C. 1er juill. 1881, n. 3834).		
	Annuaires (Éditeur propriétaire d'). Voir *Almanachs.*		
	Anthracite (Marchand d'). Voir *Charbon de terre.*		
	Antiquités (Marchand d'). Voir *Curiosité.*		
	Antiquités (Tenant un cabinet d'). Voir *Cabinet.*		
A	**Apparaux** (Maître d')...........................	4e	30c
	Celui qui, au moyen de pontons, cabestans, etc., met les navires en carène et les remet à flot (D. ad.).		
	Appareils automatiques (Exploitant d'). Voir *Bascules automatiques.*		
	Appareils à vapeur, à distiller, à concentrer, etc. (Fabricant de chaudronnerie pour les). Voir *Chaudronnerie.*		
A	**Appareils électriques ou à air comprimé pour les appartements** (Fabricant ou marchand d')..	5e	30c
A	**Appareils en fer ou en fonte pour le filtrage ou la clarification des eaux** (Fournisseur ou entrepreneur de l'établissement d')...................	3e	20c
A	**Appareils et ustensiles pour l'éclairage au gaz** (Fabricant ou marchand d')...................	5e	30c
	Appareils, ustensiles et fournitures pour la photographie (Fabricant ou marchand d'). Voir *Photographie.* — Pour l'électricité. Voir *Électricité.*		
A	**Appeaux pour la chasse** (Fabricant d')...........	8e	50c
	Applicateur de métaux par les procédés galvaniques. Voir *Galvanoplastie.*		
	Applicateur d'autres métaux que l'or et l'argent. Voir *Doreur.*		

DÉSIGNATION des tableaux	COMMERCES, INDUSTRIES ET PROFESSIONS	CLASSES du tableau A	TAUX du droit proportionnel
	Applicateur d'enduit contre l'oxydation. Voir *Enduit.*		
A	**Appréciateur au mont-de-piété**...............	4e	30e
A	**Appréciateur de denrées**, de marchandises ou d'objets d'art..............................	6e	30e
	Est imposable comme appréciateur d'objets d'art celui qui exerce dans un hôtel public de ventes, la profession d'expert en tableaux (Arr. C. 20 nov. 1874, n. 2678).		
A	**Apprêteur de barbes ou fanons de baleine**.....	7e	50e
C	**Apprêteur de bas** ou autres objets de bonneterie pour les fabricants et les **marchands**...... **5 fr.**		
	Plus **3 francs** par ouvrier.		
	Droit proportionnel. sur la maison d'habitation...	...	20e
	Droit proportionnel. sur l'établissement industriel.	...	60e
A	**Apprêteur de bas** ou autres objets de bonneterie pour les particuliers........................	7e	50e
	Apprêteur de baudruche. Voir *Baudruche.*		
	Apprêteur de broderies. Voir *Broderies.*		
A	**Apprêteur de chapeaux de feutre**.............	8e	50e
C	**Apprêteur de chapeaux de feutre ou de paille** par procédés mécaniques.......... .... **5 fr.**		
	Plus **3 francs** par ouvrier.		
	Droit proportionnel. sur la maison d'habitation...	...	20e
	Droit proportionnel. sur l'établissement industriel.	...	50e
A	**Apprêteur de chapeaux de paille**.............	5e	30e
	Apprêteur de corne. Voir *Corne.*		
	Apprêteur de courroies. Voir *Courroies.*		
	Apprêteur de crin. Voir *Crin.*		
A	**Apprêteur de cure-dents**......................	8e	50e
	Apprêteur de fils pour les chaines servant à la fabrication des tissus. Voir *Mulquinier.*		
	Apprêteur de fils pour les galons et les épaulettes. Voir *Guimpier.*		
A	**Apprêteur de peaux**..........................	6e	30e
	Apprêteur de plumes à écrire. Voir *Plumes.*		
A	**Apprêteur de plumes, laines, duvet et autres objets de literie**..............................	6e	30e
	Apprêteur de soies de porc ou de sanglier. Voir *Soies.*		
	Apprêteur de soies destinées à la fabrication des bas, des tulles et des ouvrages de passementerie. Voir *Ovaliste.*		
	Apprêteur de soies écrues. Voir *Chevilleur.*		
C	**Apprêteur d'étoffes pour les fabriques** .. **5 fr.**		
	Plus **4 francs** par ouvrier.		
	Droit proportionnel. sur la maison d'habitation...	...	20e
	Droit proportionnel. sur l'établissement industriel.	...	60e
	Est imposable sous cette dénomination l'apprêteur de tulles pour les fabriques (Arr. C. 21 avr. 1864, n. 1575).		
A	**Apprêteur d'étoffes pour les particuliers**......	5e	30e
	Apprêteur d'étoffes pour les teinturiers et les dégraisseurs. Voir *Presseur.*		
C	**Apprêteur et lustreur de fils pour les fabriques**................................ **5 fr.**		
	Plus **4 francs** par ouvrier.		
	Droit proportionnel. sur la maison d'habitation...	...	20e
	Droit proportionnel. sur l'établissement industriel.	...	60e
	Apprêts pour fleurs artificielles, feuillages, etc. (Marchand d'). Voir *Fleurs.*		
A	**Approprieur de chapeaux**......................	8e	50e
	Celui qui met les chapeaux en forme pour le compte des chapeliers (D. ad.).		
	Approvisionnement de Paris (Facteur aux marchés aux bestiaux destinés à l'). Voir *Facteur.*		
	Approvisionnements de réserve. Voir *Fourniture.*		

DÉSIGNATION des tableaux	COMMERCES, INDUSTRIES ET PROFESSIONS	CLASSES du tableau A	TAUX du droit proportionnel
A	**Approvisionneur de navires**..................	2e	20e
	Aquarelles (Marchand d'). Voir *Tableaux.*		
A	**Arbitre-rapporteur près les tribunaux de commerce** (s'il en fait sa profession habituelle)......	4e	30e
	Arbres (Marchand d'). Voir *Plants.*		
	Arbres résineux (Marchand en gros de pommes de pin et d'autres). Voir *Pommes.*		
	Arbustes (Marchand d'). Voir *Plants.*		
A	**Archets** (Fabricant d').........................	7e	50e
D	**Architecte.** Profession assujettie seulement au droit proportionnel................................	...	15e ou 12e
	Est imposable comme tel l'architecte attaché au service des départements ou des communes, et qui est rétribué au moyen de remises proportionnelles (Arr. C. 20 juin 1855, n. 215, et 20 nov. 1856, n. 444).		
	Si un architecte se livre, même accidentellement, à des entreprises, il est imposable à raison de ces entreprises sous la dénomination qu'elles comportent (D. ad.)		
	Un architecte, bien qu'il ait cessé de travailler pour les particuliers, et qu'il dirige exclusivement des travaux diocésains, demeure imposable à la patente, s'il est rétribué moyennant des remises proportionnelle (Arr. C. 16 déc. 1868, n. 2067).		
	Ne sont pas imposables :		
	Les architectes attachés au service d'une ville, rétribués au moyen de traitements fixes et n'exécutant aucun travail pour le compte des particuliers (Arr. C. 15 févr. 1862, n. 1180).		
	Architecte-paysagiste. Voir *Dessinateur de parcs et jardins.*		
	Architecture (Fabricant ou marchand de décors et ornements d'). Voir *Décors* et *Ornemaniste.*		
A	**Arçonneur**....................................	8e	50e
	Celui qui bat avec un arçon le poil ou la soie pour la fabrication des chapeaux (D. ad.).		
A	**Arçons** (Fabricant ou ferreur d')..............	7e	50e
A	**Ardoises** (Marchand d') en gros ; celui qui vend principalement par quantités supérieures à 1.000 ardoises....................................	3e	20e
A	**Ardoises** (Marchand d') en détail ; celui qui vend par quantités n'excédant pas 1.000 ardoises..........	6e	30e
C	**Ardoisières** (Exploitant d')................ **5 fr.**		
	Plus **3 francs** par ouvrier.		
	Droit proportionnel. sur la maison d'habitation...	...	20e
	Droit proportionnel. sur l'établissement industriel.	...	40e
	Argent (Affineur d'). Voir *Affineur.*		
	Argent (Batteur d'). Voir *Batteur.*		
	Argent (Brodeur sur étoffes en). Voir *Brodeur.*		
	Argent (Estampeur en). Voir *Estampeur.*		
	Argent (Fabricant de livrets pour les batteurs d'). Voir *Livrets.*		
	Argent (Fabricant ou marchand d'objets en doublé d'). Voir *Plaqué.*		
	Argent (Fondeur d'). Voir *Fondeur.*		
	Argent (Marchand d'). Voir *Or.*		
	Argent (Fabricant d'objets de service de table en). Voir *Couverts.*		
	Argent (Polisseur d'objets en). Voir *Planeur en métaux* et *Polisseur.*		
	Argent (Tireur d'). Voir *Tireur.*		
	Argenteur par les procédés galvaniques. Voir *Galvanoplastie.*		
	Argenteur n'employant pas les procédés galvaniques. Voir *Doreur.*		
	Argentures sur métaux (Fabricant d'), n'employant pas les procédés galvaniques. Voir *Doreures.*		
	Argentures sur métaux (Marchand d'). Voir *Pendules.*		

CLASSES du tableau A	COMMERCES, INDUSTRIES ET PROFESSIONS	CLASSES du tableau A	TAUX du droit proportionnel
C	**Armateur pour le grand et le petit cabotage**, la pêche de la baleine, celle de la morue, la pêche ordinaire ou petite pêche, et armateur au bornage.	...	20ᶜ
	5 centimes par chaque tonneau des navires à voiles.		
	20 centimes par chaque tonneau des navires à vapeur.		
	Le nombre des tonneaux est compté d'après la jauge nette de la douane.		
C	**Armateur pour le long cours**	...	20ᶜ
	10 centimes par chaque tonneau des navires à voiles.		
	40 centimes par chaque tonneau des navires à vapeur.		
	Le nombre des tonneaux est compté d'après la jauge nette de la douane.		
	Les capitaines de navires qui ont une part dans la propriété du navire ne sont pas pour ce fait passibles de la patente. Ils ne sont imposables qu'autant qu'ils font des chargements pour leur compte ou qu'ils se livrent à la recherche du fret et à d'autres opérations constituant la profession d'armateur (D. ad.).		
	L'armateur est imposable pour le tonnage de tous les navires dont il fait l'armement, alors même qu'il ne serait propriétaire que d'un certain nombre de ces navires (Arr. C. 23 mai 1860, n. 915).		
	N'est pas imposable comme armateur, le propriétaire d'un navire qui ne prend aucune part aux opérations de l'armement (Arr. C. 8 août 1855, n. 207).		
	Armement des troupes. Voir *Fabricant* et *Fournisseur*.		
A	**Armes** (Marchand d') en gros	1ʳᵉ	20ᶜ
	Armes à feu (Fabricant de cartouches pour). Voir *Capsules*.		
C	**Armes de guerre** (Fabrique d') 5 fr.		
	Plus **2 francs** par ouvrier.		
	Droit proportionnel. { sur la maison d'habitation	...	20ᶜ
	Droit proportionnel. { sur l'établissement industriel	...	50ᶜ
	Est imposable en cette qualité, celui qui s'est rendu adjudicataire de l'entreprise de la fabrication des armes de guerre dans une manufacture appartenant à l'État (Arr. C. 27 mai 1868, n. 2068).		
	Armoiries (Peintre en). Voir *Peintre*.		
A	**Armurier**	5ᵉ	30ᶜ
	Celui qui vend des armes neuves et aussi celui qui les fabrique sur une petite échelle (D. ad.).		
A	**Armurier** à façon	7ᵉ	50ᶜ
A	**Armurier rhabilleur**	7ᵉ	50ᶜ
	Celui qui se borne à réparer les armes ou à vendre des armes d'occasion (D. ad.)		
A	**Arpenteur**	7ᵉ	50ᶜ
	Imposable comme tel celui qui exécute des travaux de nivellement à forfait ou moyennant des remises proportionnelles, alors même que ces travaux sont exécutés pour le compte de l'État ou d'un département et sous la direction d'un ingénieur de l'État (Arr. C. 29 juill. 1881, n. 3337).		
	Voir *Expert pour le partage et l'estimation des propriétés*.		
	Arracheur de poils. Voir *Coupeur*.		
A	**Arrimeur**	6ᵉ	30ᶜ
	Celui qui arrange, dans l'intérieur des navires, les divers objets qui composent leur cargaison (D. ad.).		
C	**Arrosage, balayage ou enlèvement des boues** (Entreprise de l') 5 fr.		
	Plus **20 centimes** par 100 francs ou fraction de 100 francs du prix annuel alloué à l'entrepreneur.		
	Droit proportionnel. { sur la maison d'habitation seulement	...	20ᶜ
	L'entrepreneur de l'enlèvement des boues qui revendra comme engrais tout ou partie des boues qu'il aura recueillies sera imposable, le cas échéant, comme marchand d'engrais, ou comme fabricant d'engrais s'il fait subir à ces boues des manipulations ou mélanges (D. ad.).		
	L'entreprise de l'enlèvement des boues ne donne pas lieu à la patente lorsqu'elle est faite par un cultivateur		

DÉSIGNATION des tableaux	COMMERCES, INDUSTRIES ET PROFESSIONS	CLASSES du tableau A	TAUX du droit proportionnel
	qui utilise exclusivement les boues pour l'amendement de ses terres (Arr. C. 13 août 1868, n. 2075).		
	Un entrepreneur de l'enlèvement des boues qui a cédé son entreprise à un ou plusieurs cultivateurs, mais qui reste seul responsable vis-à-vis de la commune et qui ne justifie pas qu'il ait consenti cette cession sans en tirer des bénéfices, doit être imposé à la contribution des patentes, alors même que les sous-traitants emploieraient exclusivement leurs boues pour l'amendement de leurs terres (Arr. C. 6 avr. 1869, n. 2182).		
	Arrosements (Fabricant de tuyaux en fil de chanvre ou ciment, etc., pour les pompes à incendie et les). Voir *Tuyaux*.		
	Art (Appréciateur d'objets d'). Voir *Appréciateur*.		
	Artifices (Fabricant de mèches pour les). Voir *Mèches*.		
A	**Artificier**	6ᵉ	30ᶜ
	Artiste dramatique (*Exempt*).		
A	**Artiste en cheveux**	8ᵉ	50ᶜ
	Celui qui exécute en cheveux des portraits, chiffres, paysages et autres objets (D. ad.).		
	Artiste ne vendant que le produit de son art (*Exempt*).		
	Voir *Dessinateur*, *Graveur*, *Peintre*, *Sculpteur*.		
C	**Asphalte ou bitume** (Fabrique d') 5 fr.		
	Plus **3 francs** par ouvrier.		
	Droit proportionnel. { sur la maison d'habitation	...	20ᶜ
	Droit proportionnel. { sur l'établissement industriel	..	40ᶜ
A	**Assembleur ou brocheur**	8ᵉ	50ᶜ
	Celui qui assemble les feuilles dont se compose un ouvrage de librairie (D. ad.).		
	Associé en commandite (*Exempt*).		
	Associé en nom collectif.		
	Dans les sociétés en nom collectif, l'associé principal paie seul la totalité du droit fixe afférent à la profession. Le même droit est divisé en autant de parties égales qu'il y a d'associés en nom collectif, et une de ces parts est imposée à chaque associé secondaire. Néanmoins, pour les associés habituellement employés comme simples ouvriers dans les travaux de l'association, cette part ne doit jamais dépasser le vingtième du droit fixe imposable au nom de l'associé principal (Loi du 15 juill. 1880, art. 20).		
	L'associé principal et les associés secondaires sont imposés au droit fixe dans les communes où sont situés les établissements, boutiques ou magasins qui y donnent lieu (Même loi, même article).		
	Le droit proportionnel est établi sur la maison d'habitation de l'associé principal et sur tous les locaux qui servent à la société pour l'exercice de son industrie (*Idem*).		
	La maison d'habitation de chacun des autres associés est affranchie du droit proportionnel, à moins qu'elle ne serve à l'exercice de l'industrie sociale. En ce dernier cas, elle est, de même que les autres locaux servant à l'industrie sociale, imposable au nom de l'associé principal (*Idem*).		
	Par exception aux dispositions de l'article 20 de la loi du 15 juillet 1880, dans les sociétés en nom collectif qui sont passibles des droits de patente pour l'exercice de professions rangées dans le tableau C et tarifées en raison du nombre des ouvriers, machines, instruments, moyens de production ou autres éléments variables d'imposition, l'associé principal paie seul le droit fixe : les autres associés en sont affranchis (Loi du 15 juill. 1880, art. 21).		
	Par exception aux mêmes dispositions, dans les sociétés en nom collectif qui sont passibles de droits de patente pour l'exercice de professions rangées dans le tableau B, le droit de patente des associés autres que l'associé principal, établi conformément à l'article 20 de la loi du 15 juillet 1880, ne porte pas sur les employés et autres éléments variables d'imposition (Même loi, même article).		
	On considérera comme associé principal celui qui est le premier en nom dans l'acte de société, s'il a la gestion des affaires ; dans le cas contraire, celui qui a la plus forte mise de fonds (D. ad.).		
	La patente est due, malgré l'absence d'un acte de société, par tous les membres d'une association dont l'existence est suffisamment établie (Arr. 27 févr. 1866, n. 1782 ; 16 août 1867, n. 1958).		
	L'individu résidant à l'étranger, associé d'une mai-		

DÉSIGNATION des tableaux	COMMERCES, INDUSTRIES ET PROFESSIONS	CLASSES du tableau A	TAUX du droit proportionnel
	son dont le siège est en France, est imposable à la patente comme associé secondaire, au lieu du siège de la maison (Arr. C. 13 sept. 1855, n. 153).		
	Les associés en nom collectif sont imposables alors même qu'ils ne prendraient aucune part à la gestion des affaires (Arr. C. 9 janv. 1856, n. 298).		
	Lorsque l'établissement d'un patentable continue à être exploité après son décès, pour le compte de ses enfants mineurs restés dans l'indivision, on ne saurait s'il n'existe pas entre les mineurs de contrat de société, les considérer comme des associés en nom collectif dans le sens de la loi. Il n'est dû, dans ce cas, qu'un seul droit fixe (Arr. 27 juin 1879, n. 3127).		
	N'est point imposable comme associé, l'employé d'une maison de commerce qui ne participe point aux pertes et auquel il est simplement accordé, en sus de ses appointements, un intérêt dans les bénéfices (Arr. C. 22 janv. 1857, n. 410).		
A	**Assortisseur**, marchand de petits coupons d'étoffes.	6e	30e
	Assurances (Courtier d'). Voir *Courtier*.		
B	**Assurances maritimes** (Entrepreneur d')	...	10e

	TAXE déterminée	TAXE par personne employée (1)
	Fr.	Fr.
A Paris	300	15
Dans les villes de 100,001 âmes et au-dessus	250	12
Dans les villes de 50,001 à 100,000 âmes	200	10
Dans les villes de 30,001 à 50,000 âmes ; 15,001 à 30,000 âmes qui ont un entrepôt réel	150	8
Dans les villes de 15,001 à 30,000 âmes ; 15,000 âmes et au-dessous qui ont un entrepôt réel	100	5
Dans toutes les autres communes	50	5

DÉSIGNATION des tableaux	COMMERCES, INDUSTRIES ET PROFESSIONS	CLASSES du tableau A	TAUX du droit proportionnel
	La taxe par employé est doublée lorsque le nombre des employés dépasse 200, et triplée lorsqu'il dépasse 1,000 (L. 17 juill. 1889, art. 2).		
	Assurances mutuelles régulièrement autorisées (*Exemptes*).		
	N'a pas droit à l'exemption accordée aux assurances mutuelles, un établissement ayant pour but de former et d'administrer des associations mutuelles basées sur les chances de la vie ; cet établissement est imposable comme société de tontine (Arr. C. 22 déc. 1852 ; Foucault, Seine);		
	Une compagnie d'assurances qui perçoit, sur les assurés, des primes fixes, les unes avec participation aux bénéfices, les autres sans cette participation, ne peut prétendre au bénéfice de l'exemption de patente accordée aux sociétés d'assurances mutuelles (Arr. C. 10 déc. 1875, n. 2844).		
C	**Assurances non mutuelles** (Entreprise d') : **100 francs** pour chaque département où elle opère	...	10e
	Le droit fixe doit être calculé, non d'après le nombre des départements dans lesquels les compagnies sont autorisées à étendre leurs opérations, mais seulement d'après le nombre des départements où elles les étendent effectivement (Arr. C. 9 déc. 1857, n. 670).		
	Les agents des assurances non mutuelles sont de simples commis qui ne sont point passibles de la patente ; mais les compagnies sont imposables pour les bureaux de leurs agents lorsque ces bureaux sont affectés au service des compagnies (Arr. C. 16 nov. 1850 ; Gatelet, Aisne ; Arr. C. 12 sept. 1853, n. 30).		
	Une compagnie d'assurances non mutuelles, dont le siège principal est à l'étranger et qui possède en France une succursale, peut être régulièrement imposée à la patente pour cette succursale, sous le nom de son représentant sans qu'il y ait lieu de tenir compte des droits de patente personnellement imposés au nom de ce dernier, à raison d'une profession particulière qu'il exercerait pour son propre compte (Arr. C. 22 févr. 1870, n. 2289).		
	Voir *Réassurances*.		
A	**Attelles pour collier de bêtes de trait** (Fabricant ou marchand d')	7e	50e
	Attributs (Peintre en). Voir *Peintre*.		
A	**Aubergiste ou cabaretier-logeur** .... Voir *Hôtel* (*Maître d'*).	5e	30e
	Avances (Tenant comptoir d'). Voir *Caisse*.		
A	**Avironnier**	7e	50e
	Avis divers (Entrepreneur d'insertions d'annonces et d'). Voir *Annonces*.		
D	**Avocat au Conseil d'État et à la Cour de cassation.** Profession assujettie seulement au droit proportionnel	...	15e ou 12e
D	**Avocat inscrit au tableau des cours et tribunaux.** Profession assujettie seulement au droit proportionnel	...	15e ou 12e V. p. 170
	Les avocats stagiaires inscrits à la suite du tableau de l'ordre ne sont point imposables (D. ad.).		
D	**Avoué.** Profession assujettie seulement au droit proportionnel	...	15e ou 12e V. p. 170
	B		
C	**Bac** (Adjudicataire, concessionnaire ou fermier de) : **50 centimes** par 100 francs ou fraction de 100 francs du prix de ferme ou du montant de l'adjudication.		
	Dans le cas où la perception des droits de péage serait concédée à titre d'indemnité ou de remboursement, le concessionnaire serait annuellement imposé sur la somme représentant l'annuité nécessaire pour assurer, à la fin de la concession, l'indemnité ou le remboursement stipulé.		
	Droit proportionnel sur la maison d'habitation seulement	...	20e
	Bâches pour abriter les marchandises sur les quais (Fournisseur de). Voir *Voilier-emballeur*.		
A	**Badigeonneur**	7e	50e
	Baguettes (Fabricant ou marchand de). Voir *Moulures*.		
A	**Baies de genièvre** (Marchand de)	6e	30e
	Baignoires en cuivre (Fabricant ou marchand de). Voir *Alambics* et *Chaudronnerie*.		
A	**Bains de rivière en pleine eau, bains de mer ou à la lame** (Entrepreneur de)	6e	
	Droit proportionnel sur la maison d'habitation ...	...	30e
	Droit proportionnel sur les locaux servant à l'exercice de la profession	...	40e
	Bains d'eaux minérales ou thermales. Voir *Eaux minérales*.		
A	**Bains publics et douches** (Entrepreneur de)	5e	
	Droit proportionnel sur la maison d'habitation ...	...	30e
	Droit proportionnel sur les locaux servant à l'exercice de la profession	...	40e
	Baïonnettes (Fabricant de fourreaux pour). Voir *Fourreaux*.		
A	**Balais de bouleau, de bruyère ou de grand millet** (Marchand de)	8e	50e
	Balais (Fabricant de manches de). Voir *Bâtonnier*.		
A	**Balais** (Marchand de) en gros	4e	30e
	Balais (Marchand de) vendant en ambulance dans les rues, dans les lieux de passage et dans les marchés (*Exempt*).		
A	**Balances** (Loueur de)	8e	50e

(1) « .... employée, en sus du nombre de cinq, aux écritures, aux caisses, à la surveillance, aux achats et aux ventes intérieures ou extérieures. » Voir la note page 172.

DÉSIGNATION des tableaux	COMMERCES, INDUSTRIES ET PROFESSIONS	CLASSES du tableau A	TAUX du droit proportionnel
A	**Balancier** (Marchand)	5e	30e
A	**Balancier** (Fabricant) pour son compte	6e	30e
A	**Balancier** (Fabricant) à façon	7e	50e
A	**Balançons** (Marchand de)	6e	30e
	Celui qui vend de petits ais pour la couverture des maisons (D. ad.).		
	Balayage (Entreprise de). Voir *Arrosage*.		
	Baleine (Apprêteur de barbes ou fanons de). Voir *Apprêteur*.		
	Baleine (Fendeur de brins de). Voir *Fendeur*.		
	Baleine (Marchand de barbes de). Voir *Fanons*.		
A	**Baleine** (Marchand de brins de)	4e	30e
	Baleine (Raffineur de blanc de). Voir *Blanc*.		
	Balle (Marchand forain avec). Voir *Marchand forain*.		
A	**Ballons pour lampes** (Fabricant de), pour son compte	7e	50e
A	**Ballons pour lampes** (Fabricant de), à façon	8e	50e
	Bals (Adjudicataire ou fermier des droits à percevoir au profit des pauvres dans les). Voir *Spectacles*.		
A	**Bals publics** (Entrepreneur de)	5e	30e
	Bandages pour les hernies (Fabricant de ressorts de). Voir *Ressorts*.		
A	**Bandagiste**	6e	30e
A	**Bandagiste** à façon	7e	50e
	Banque (Sociétés formées par actions pour opérations de). Voir *Sociétés*.		
C	**Banque de France, y compris ses comptoirs** ... **50,000 fr.**	...	10e
B	**Banquier**	...	10e

	TAXE déterminée	TAXE par personne employée(1)
	Fr.	Fr.
A Paris	2,000	50
Dans les villes de 100,001 âmes et au-dessus	1,000	40
Dans les villes de 50,001 à 100,000 âmes	500	25
Dans les villes de 30,001 à 50,000 âmes ; 15,001 à 30,000 qui ont un entrepôt réel	400	20
Dans les villes de 15,001 à 30,000 âmes ; 15,000 âmes et au-dessous qui ont un entrepôt réel	300	15
Dans toutes les autres communes	200	10

La taxe par employé est doublée lorsque le nombre des employés dépasse 200, et triplée lorsqu'il dépasse 1,000 (Loi du 17 juill. 1889, art. 2).

Le droit fixe sera rehaussé de moitié pour les banquiers dont les opérations comprennent l'émission des titres d'États étrangers, de sociétés, compagnies et villes étrangères, et pour ceux qui se chargent du paiement des intérêts et dividendes desdits titres, pour le compte de ces mêmes États, sociétés, compagnies et villes.

Le banquier est celui qui prend des effets à l'escompte et donne du papier et des lettres de crédit sur les villes, soit de l'intérieur, soit de l'étranger. Celui qui se borne à faire l'escompte sur la place où il réside ne doit être considéré et imposé que comme escompteur (D. ad).

Est imposable comme banquier, et non comme escompteur, celui qui ouvre des comptes courants, fait des prêts d'argent et escompte des valeurs payables hors de sa résidence (Arr. C. 12 mars 1875, n. 2683).

Est également imposable comme banquier et non comme escompteur, celui qui ouvre des comptes courants, escompte des valeurs ailleurs que sur la place de sa résidence; a de nombreux correspondants et se charge, pour le compte des particuliers, de faire acheter et vendre en bourse des valeurs cotées (Arr. C. 27 mai 1881, n. 3341).

DÉSIGNATION des tableaux	COMMERCES, INDUSTRIES ET PROFESSIONS	CLASSES du tableau A	TAUX du droit proportionnel
	Baquets en sapin (Fabricant de). Voir *Scaux*.		
C	**Baraquements pour expositions, fêtes et concours** (Entrepreneur d'installation de)..... 5 fr.		
	Plus **25 centimes** par 100 francs ou fraction de 100 francs du montant de l'entreprise.		
	Droit proportionnel { sur la maison d'habitation seulement	...	20e
	Baraques et baraquements (Entrepreneur de location de). Voir *Location*.		
	Barbes de baleine (Apprêteur de). Voir *Apprêteur*.		
	Barbes de baleine (Marchand de). Voir *Fanons*.		
A	**Barbier**	8e	50e
A	**Bardeaux** (Fabricant de) pour son compte	7e	50e
	Celui qui fabrique de petits ais pour la couverture des maisons et pour d'autres usages (D. ad.).		
A	**Bardeaux** (Fabricant de) à façon	8e	50e
A	**Bardeaux** (Marchand de)	6e	30e
A	**Baromètres** (Fabricant ou marchand de)	6e	30e
A	**Barques, bateaux ou canaux** (Constructeur de)	6e	30e
C	**Barques ou bateaux** (Loueur de) : **3 francs** par barque ou bateau.		
	Droit proportionnel { sur la maison d'habitation seulement	...	20e
	Imposable comme tel, et non comme entrepreneur de barques et bateaux pour le transport des marchandises sur les fleuves, rivières et canaux, celui qui, n'ayant pas d'équipage de navigation, se borne à louer aux capitaines de navires ou aux négociants des embarcations servant au mouvement des marchandises dans un port (Arr. C. 9 juin 1882, n. 3342). Voir *Canots* (*Loueur de*).		
A	**Barques, bateaux ou canots** (Marchand de)	5e	30e
C	**Barques et bateaux pour le transport des marchandises** sur les fleuves, rivières et canaux (Entrepreneur, maître ou patron de) : **3 centimes** par chaque tonneau de la capacité brute des barques et bateaux	...	20e
	Si le conducteur n'est qu'un homme à gages, la patente est due par l'entrepreneur, le maître ou le patron qui l'emploie.		
	Barriques (Fabricant ou marchand de). Voir *Tonneaux*.		
	Bas (Apprêteur de soies destinées à la fabrication des). Voir *Ovaliste*.		
	Bas de soie (Blanchisseur de). Voir *Blanchisseur*.		
	Bas et autres articles de bonneterie (Fouleur de). Voir *Fouleur*.		
	Bas et bonneterie (Fabricant de). Voir *Métiers* (*Tricots et bonneterie*) et *Tricots*.		
A	**Bas et bonneterie** (Marchand de) en gros	1re	20e
A	**Bas et bonneterie** (Marchand de) en demi-gros	2e	20e
A	**Bas et bonneterie** (Marchand de) en détail	4e	30e
	Bas ou autres objets de bonneterie (Apprêteur de). Voir *Apprêteur*.		
A	**Bascule** (Maître de)	6e	30e
C	**Bascules automatiques ou autres appareils analogues** (Exploitant de) : **75 centimes** par appareil automatique exploité.		
	Droit proportionnel { sur la maison d'habitation seulement	...	20e

(1) « ..... employée, en sus du nombre de cinq, aux écritures, aux caisses, à la surveillance, aux achats et aux ventes intérieures ou extérieures. » Voir la note, page 172.

DÉSIGNATION des tableaux	COMMERCES, INDUSTRIES ET PROFESSIONS	CLASSES du tableau A	TAUX du droit proportionnel
	Basin (Marchand de). Voir *Tissus de laine, de fil, de coton, etc.*		
	Bateau (Marchand de bois à brûler vendant sur). Voir *Bois*.		
	Bateau (Marchand forain sur). Voir *Marchand forain*.		
A	**Bateaux à laver** (Exploitant de)................	6e	
	Droit proportionnel { sur la maison d'habitation...	...	30e
	{ sur les locaux servant à l'exercice de la profession......	...	40e
	Bateaux à vapeur (Entrepreneur de), pour le transport des voyageurs et des marchandises. Voir *Armateur. Bateaux à vapeur* et *Paquebots étrangers*.		
C	**Bateaux à vapeur** (Entreprise de), sur fleuves, rivières ou lacs : **13 centimes** par chaque tonneau de la capacité brute des bateaux..............................	...	20e
C	**Bateaux à vapeur omnibus** (Entreprise de) : **25 centimes** par place......................	..	20e
C	**Bateaux à vapeur remorqueurs** (Entreprise de) : **60 francs** par bateau...................... Ce droit sera réduit de moitié pour les bateaux à vapeur remorqueurs jaugeant 10 tonneaux et au-dessous.	...	20e
	Bateaux à vapeur (Restaurateur sur). Voir *Restaurateur*.		
	Bateaux (Constructeur de). Voir *Barques*.		
	Bateaux (Dépeceur de). Voir *Déchireur*.		
	Bateaux (Entrepreneur de chargement et déchargement des). Voir *Chargement*.		
	Bateaux (Entrepreneur du halage des) sur les fleuves, rivières, etc. Voir *Equipage* (*Maître d'*).		
	Bateaux (Entrepreneur, maître ou patron de) pour le transport des marchandises. Voir *Barques*.		
	Bateaux (Loueur de). Voir *Barques*.		
	Bateaux (Marchand de bois de). Voir *Bois*.		
	Bateaux (Marchand de). Voir *Barques*.		
	Bateaux (Marchand de cotrets sur). Voir *Cotrets*.		
A	**Batelier**; celui qui passe les piétons d'un côté d'une rivière à l'autre..............................	8e	50e
A	**Bâtier**.. Celui qui fait des bâts (D. ad.).	7e	50e
A	**Bâtiments** (Entrepreneur de).................... On entend par entrepreneur de bâtiments, celui qui entreprend à forfait ou sur série de prix toutes les parties d'un bâtiment. Celui qui n'entreprend qu'une partie du bâtiment, telle que la maçonnerie, la charpente, la menuiserie, etc., est imposable, selon les cas, comme maçon, charpentier, menuisier, etc. (Maître ou entrepreneur) (D. ad.).	3e	20e
	Bâtiments (Métreur de). Voir *Métreur*.		
	Bâtiments (Peintre en). Voir *Peintre* et *Peinture*.		
	Bâtiments (Vérificateur de). Voir *Vérificateur*.		
	Batiste (Marchand de). Voir *Tissus de laine, de fil, de coton, etc.*		
A	**Bâtonnier**....................................... Celui qui fait et vend des manches de brosses, de fouets, de parapluies, de balais, etc. (D. ad.).	8e	50e
C	**Bâtonnier** par procédés mécaniques........ **5 fr.** Plus **4 francs** par ouvrier.		
	Droit proportionnel { sur la maison d'habitation...	...	20e
	{ sur l'établissement industriel.	...	50e
	Batteur de cuir. Imposable comme exploitant de moulin ou autre usine à moudre, battre, etc. (D. ad.).		
C	**Batteur de laines** par procédés mécaniques. **5 fr.** Plus **3 francs** par ouvrier.		
	Droit proportionnel { sur la maison d'habitation...	...	20e
	{ sur l'établissement industriel.	...	50e

DÉSIGNATION des tableaux	COMMERCES, INDUSTRIES ET PROFESSIONS	CLASSES du tableau A	TAUX du droit proportionnel
	Batteur de nerfs. Voir *Nerfs*.		
A	**Batteur d'or et d'argent**........................	6e	30e
	Batteur de peaux. Voir *Apprêteur*.		
	Batteurs d'or et d'argent (Fabricant de livrets pour les). Voir *Livrets*.		
A	**Battoir de paume** (Fabricant de)...............	7e	50e
A	**Baudelier**.. Celui qui transporte du bois à dos de bêtes de somme (D. ad.).	8e	50e
	Baudriers (Fabricant de). Voir *Ceinturons*.		
A	**Baudruche** (Apprêteur de)...................... Celui qui prépare les boyaux pour les batteurs d'or et pour d'autres usages (D. ad.).	6e	30e
A	**Baugeur**.. Celui qui fait des constructions en terre et en paille (D. ad.).	7e	50e
A	**Bazar d'articles de ménage, de bimbeloterie, etc.** (Tenant un)................................. Est imposable en cette qualité, celui qui exploite un établissement dans lequel il met en vente une grande variété d'articles de bimbeloterie (Arr. C. 12 mai 1876, n. 2846).	6e	30e
A	**Bazar de voitures** (Tenant)......................	3e	20e
	Bestiaux (Courtier de). Voir *Courtier*.		
	Bestiaux destinés à l'approvisionnement de Paris (Facteur aux marchés aux). Voir *Facteur*.		
	Bestiaux (Logeur de). Voir *Logeur*.		
	Bestiaux (Loueur de). Voir *Loueur*.		
	Bestiaux (Maître placeur de). Voir *Maître placeur*.		
	Bestiaux (Marchand de). Voir *Bœufs, Chèvres, Moutons, Vaches, etc.*, selon la nature du bétail vendu. Les qualifications de marchand en ambulance et de marchand forain ne peuvent être appliquées aux marchands de bestiaux, bien qu'ordinairement ils exercent leur profession hors de la commune de leur domicile. Ils sont imposables au droit fixe afférent à la classe qui leur est attribuée dans le tarif (D. ad.).		
C	**Bestiaux** (Marchand expéditeur de)........ **60 fr.**		
	Droit proportionnel { sur la maison d'habitation seulement................. Est imposable en cette qualité celui qui, pendant une partie notable de l'année, expédie habituellement des moutons à des intermédiaires de commerce qui les vendent pour son compte sur un marché (Arr. C. 11 mars 1887, n. 3517).	...	20e
	Bêtes de somme (Blatier avec). Voir *Blatier*.		
	Bêtes de somme (Brioleur avec). Voir *Brioleur*.		
	Bêtes de somme (Coquetier avec). Voir *Coquetier*.		
	Bêtes de somme (Logeur de). Voir *Logeur*.		
	Bêtes de trait (Fabricant ou marchand d'attelles pour collier de). Voir *Attelles*.		
	Bêtes de trait pour le halage ou le renfort (Loueur de). Voir *Loueur*.		
A	**Betteraves** (Entrepreneur du déchargement et de l'ensilage des) pour la fabrication du sucre.......	6e	30e
	Betteraves (Fabricant de cossettes de). Voir *Cossettes*.		
	Betteraves (Fabricant de jus de). Voir *Jus*.		
	Betteraves (Fabricant ou marchand d'alcool ou eau-de-vie de). Voir *Alcool*.		
	Betteraves (Fabrique de sucre de). Voir *Sucre*.		
	Beurre (Marchand de), vendant en ambulance dans les rues, dans les lieux de passage et dans les marchés (*Exempt*).		
A	**Beurre frais ou salé** (Marchand de) en gros....	1re	20e
A	**Beurre frais ou salé** (Marchand de) en demi-gros.. Est imposable comme marchand de beurre en demi-gros, celui qui, en même temps qu'il vend aux particuliers, fournit une clientèle composée de restaura-	2e	20e

DÉSIGNATION des tableaux	COMMERCES, INDUSTRIES ET PROFESSIONS	CLASSES du tableau A	TAUX du droit proportionnel
	teurs, pâtissiers, cafetiers et marchands de vins traiteurs, lorsque ceux-ci, dans les conditions où les ventes leur sont faites, ne peuvent être considérés comme de simples consommateurs (Arr. C. 22 mars 1878, n. 3047).		
A	**Beurre frais ou salé** (Marchand de) en détail	6e	30e
A	**Biberons** (Fabricant pour son compte ayant magasin ou marchand en gros de)	3e	20e
A	**Biberons** (Fabricant pour son compte sans magasin ou marchand en détail de)	6e	30e
A	**Biberons** (Fabricant de) à façon	7e	50e
	Bière (Débitant de) au petit détail. Voir *Vin*.		
A	**Bière** (Entrepositaire ou marchand en gros de) Est imposable en cette qualité, et non comme marchand de bière en détail, celui qui achète de la bière et qui la revend à des débitants par quartauts, feuillettes ou autres quantités analogues (Arr. C. 31 juill. 1874, n. 2684).	3e	20e
	Bière (Fabricant de malt ou orge germée servant à la fabrication de la). Voir *Malt*.		
	Bière (Marchand de) en détail, ayant billard. Voir *Cabaretier*.		
	Bière (Marchand de marc d'orge ayant servi à la fabrication de la). Voir *Drèches*.		
A	**Bière ou cidre** (Marchand de) en détail	6e	30e
	Bière (Voiturier marchand de). Voir *Voiturier*.		
A	**Bijoutier** (Marchand fabricant) ayant atelier et magasin	2e	20e
A	**Bijoutier** (Marchand) n'ayant point d'atelier	3e	20e
A	**Bijoutier** (Fabricant) pour son compte, sans magasin. Imposable comme tel, celui qui achète pour son compte et à ses risques et périls l'or et l'argent qu'il emploie pour la confection des bijoux, alors même que les bijoutiers dont il exécute les commandes lui fournissent les diamants et les autres pierres précieuses qui entrent dans la fabrication (Arr. C. 28 juill. 1882, n. 3343).	5e	30e
A	**Bijoutier** à façon	7e	50e
A	**Bijoutier en faux** (Fabricant), pour son compte	6e	30e
A	**Bijoutier en faux** (Fabricant), à façon	7e	50e
	Bijoux (Graveur sur). Voir *Graveur*.		
	Bijoux à musique (Fabricant de mécaniques pour boîtes et). Voir *Boîtes*.		
A	**Bijoux en faux** (Marchand de) en détail	5e	30e
	Bijoux en pâte de rose (Fabricant de). Voir *Pâte*.		
	Billard (Cabaretier ou marchand de bière ou de cidre en détail, ayant). Voir *Cabaretier*.		
	Billard (Fabricant de procédés pour queues de). Voir *Procédés*.		
	Billard (Fabricant de queues de). Voir *Queues*.		
A	**Billard** (Maître de)	4e	30e
	Billard (Marchand de vin en détail, donnant à boire chez lui et tenant). Voir *Vin*.		
	Billard anglais (Maître de). Voir *Jeux*.		
A	**Billards** (Fabricant de) ayant magasin	4e	30e
A	**Billards** (Fabricant de), sans magasin	6e	30e
A	**Billets de théâtre** (Marchand de ou tenant une agence pour la vente des)	4e	30e
A	**Bimbeloterie** (Fabricant d'objets de, sans boutique ni magasin)	7e	50e
A	**Bimbeloterie commune** (Marchand de) en détail	7e	50e
A	**Bimbeloterie fine** (Marchand de) en détail	5e	30e
	Bimbeloterie (Tenant un bazar d'articles de). Voir *Bazar*.		
A	**Bimbelotier** (Marchand) en gros	1re	20e
A	**Bimbelotier** (Marchand) en demi-gros	3e	20e

DÉSIGNATION des tableaux	COMMERCES, INDUSTRIES ET PROFESSIONS	CLASSES du tableau A	TAUX du droit proportionnel
	Biscuit aux troupes (Fournisseur de). Voir *Fournisseur*.		
C	**Biscuit de mer** (Fabrique de) 5 fr. Plus 4 francs par ouvrier.		
	Droit proportionnel { sur la maison d'habitation		20e
	{ sur l'établissement industriel		50e
A	**Bisette** (Fabricant ou marchand de) Petite dentelle (D. ad.).	6e	30e
	Bitume (Fabricant de). Voir *Asphalte*.		
	Blanc (Marchand de). Voir *Tissus de laine, de fil, de coton, etc.*		
C	**Blanc de baleine** (Raffinerie de) 5 fr. Plus 5 francs par ouvrier.		
	Droit proportionnel { sur la maison d'habitation		20e
	{ sur l'établissement industriel		40e
	Blanc de céruse, de bismuth, d'argent, et autres blancs métalliques. Voir *Produits chimiques*.		
C	**Blanc de craie** (Extracteur ou fabricant de) 5 fr. Plus 2 fr. 50 par ouvrier.		
	Droit proportionnel { sur la maison d'habitation		20e
	{ sur l'établissement industriel		50e
A	**Blanc de craie** (Marchand de)	6e	30e
	Blancs d'œuf (Dessiccateur de). Voir *Colle solide*.		
	Blanchissage du linge (Marchand de pierres bleues pour le). Voir *Pierres*.		
C	**Blanchisserie de toiles, fils, étoffes de laine, pour le commerce,** par procédés mécaniques ou chimiques 5 fr. Plus 3 francs par ouvrier.		
	Droit proportionnel { sur la maison d'habitation		20e
	{ sur l'établissement industriel		50e
A	**Blanchisseur de bas de soie**	8e	50e
A	**Blanchisseur de chapeaux de paille**	7e	50e
	Blanchisseur de cire. Voir *Cire*.		
	Blanchisseur de fil. Voir *Décreuseur*.		
A	**Blanchisseur de fin**	7e	50e
A	**Blanchisseur de linge**, ayant un établissement de buanderie	6e	
	Droit proportionnel { sur la maison d'habitation		30e
	{ sur les locaux servant à l'exercice de la profession		40e
A	**Blanchisseur de linge**, sans établissement de buanderie	8e	50e
	Blanchisseur de linge. Voir *Bateaux à laver, Buanderie* et *Lavoir*.		
A	**Blanchisseur de toiles et fils** pour les particuliers. Le blanchisseur imposable à la 5e classe est celui qui, avant d'étendre les toiles et fils sur le pré, fait usage de préparations chimiques ou autres (D. ad.).	5e	30e
	Blanchisseur de broderies. Voir *Broderies*.		
A	**Blanchisseur sur pré** Le blanchisseur imposable à la 7e classe est celui qui expose simplement les toiles et fils à l'action de l'air et de l'eau (D. ad.).	7e	50e
A	**Blatier avec bêtes de somme**	6e	30e
A	**Blatier avec voiture** Le blatier est celui qui achète des grains chez les cultivateurs ou sur les marchés et va les vendre dans les marchés voisins (D. ad.).	5e	30e
	Blé de Turquie (Marchand de feuilles de). Voir *Feuilles*.		
	Bleu pour le blanchissage. Voir *Pierres bleues*.		
A	**Blondes** (Marchand de) en gros	1re	20e
A	**Blondes** (Marchand de) en demi-gros	2e	20e
A	**Blondes** (Marchand de) en détail	4e	30e
	Blouses (Marchand ou fabricant de). Voir *Sarraux*.		

DÉSIGNATION des tableaux	COMMERCES, INDUSTRIES ET PROFESSIONS	CLASSES du tableau A	TAUX du droit proportionnel
A	**Bluteaux ou blutoirs** (Fabricant ou marchand de).	6e	30e
A	**Bobines pour les manufactures** (Fabricant de) . .	8e	50e
	Bœuf cuit (Marchand de). Voir *Bouillon.*		
A	**Bœufs** (Marchand de)	3e	20e
	Bois (Coffretier-malletier en). Voir *Coffretier.*		
	Bois (Doreur sur). Voir *Doreur.*		
	Bois (Équarrisseur de). Voir *Équarrisseur.*		
	Bois (Établissement pour la conservation du). Voir *Conservation.*		
	Bois (Fabricant de pompes de) et pièces pour la conduite des eaux. Voir *Pompes.*		
	Bois (Fabricant ou marchand de caractères mobiles en). Voir *Caractères.*		
	Bois (Fabricant ou marchand d'horloges en). Voir *Horloges.*		
	Bois (Fabricant ou marchand de pelles de). Voir *Pelles.*		
	Bois (Fabricant ou marchand de socques en). Voir *Socques.*		
	Bois (Fabricant ou marchand d'ustensiles de). Voir *Vaisselle.*		
	Bois (Fabricant tourneur en). Voir *Tourneur.*		
	Bois (Fabricant ou marchand d'instruments de musique en). Voir *Instruments.*		
	Bois (Fendeur en). Voir *Fendeur.*		
	Bois (Flotteur de). Voir *Flottage.*		
	Bois (Graveur sur). Voir *Graveur.*		
	Bois (Marchand de laine ou fibre de). Voir *Laine.*		
	Bois (Marchand de charbon de). Voir *Charbon.*		
	Bois (Marchand de harts pour lier les trains de). Voir *Rouettes.*		
	Bois (Marchand d'objets en), faits au tour. Voir *Tour.*		
	Bois (Marchand de sciure de). Voir *Sciure.*		
	Bois (Métreur de). Voir *Métreur.*		
	Bois (Sculpteur en). Voir *Sculpteur.*		
A	**Bois à brûler** (Marchand de); celui qui, ayant chantier ou magasin, vend au stère ou par quantité équivalente ou supérieure	1re	
	Droit proportionnel { sur la maison d'habitation . . .	. . .	20e
	Droit proportionnel { sur les locaux servant à l'exercice de la profession	. . .	40e
	On doit imposer au droit fixe de 1re classe : L'adjudicataire de coupes de bois qui revend sur pied aux marchands et aux maîtres de forges (D. ad.). L'adjudicataire de coupes de bois qui fait ses ventes sur le lieu même de l'exploitation, s'il vend au stère ou par quantités équivalentes ou supérieures (Arr. C. 19 déc. 1855, n. 306, et 20 nov. 1856, n. 421). On doit imposer au même droit celui qui, s'étant rendu adjudicataire de bois abattus, façonnés et emmagasinés sur l'emplacement de la coupe, les revend par quantités équivalentes ou supérieures au stère (Arr. C. 5 mai 1858, n. 642). L'habitant d'une commune qui, s'étant rendu adjudicataire de coupes de bois communaux, cède, sans aucun bénéfice, aux autres habitants, le bois nécessaire à leur consommation, n'est pas imposable à la patente ; il le serait si la cession était faite avec bénéfice (D. ad.).		
A	**Bois à brûler** (Marchand de); celui qui, n'ayant ni chantier, ni magasin, vend sur bateaux ou sur les ports, au stère ou par quantité équivalente ou supérieure	2e	20e
A	**Bois à brûler** (Marchand de); celui qui, n'ayant ni chantier, ni magasin, ni bateau, vend par voiture au domicile des consommateurs	5e	30e
A	**Bois à brûler** (Marchand de); celui qui vend à la falourde, au fagot ou au cotret	8e	50e
	Bois à brûler (Marchand de). Voir *Combustibles, Cotrets* et *Fagots et bourrées.*		

DÉSIGNATION des tableaux	COMMERCES, INDUSTRIES ET PROFESSIONS	CLASSES du tableau A	TAUX du droit proportionnel
C	**Bois d'allumettes** (Fabrique de) par procédés mécaniques . . . . 5 fr. Plus **4 francs** par ouvrier.		
	Droit proportionnel { sur la maison d'habitation . . .	. . .	20e
	Droit proportionnel { sur l'établissement industriel .	. . .	50e
A	**Bois de bateaux** (Marchand de)	5e	30e
A	**Bois d'ébénisterie** (Marchand de)	3e	20e
A	**Bois de boissellerie** (Marchand de)	5e	30e
C	**Bois de brosses** (Fabrique de) par procédés mécaniques : **6 francs** par perçoir.		
	Droit proportionnel { sur la maison d'habitation . . .	. . .	20e
	Droit proportionnel { sur l'établissement industriel .	. . .	50e
	Bois de construction, menuiserie et tonnellerie (Sciage des). Voir *Scierie.*		
A	**Bois de galoches et de socques** (Faiseur de)	8e	50e
	Bois de galoches ou bois de socques (Fabricant de) par procédés mécaniques. Voir *Sabots.*		
A	**Bois de marine ou de construction** (Marchand de)	1re	
	Droit proportionnel { sur la maison d'habitation . . .	. . .	20e
	Droit proportionnel { sur les locaux servant à l'exercice de la profession	. . .	40e
	Est imposable comme marchand de bois de construction, celui qui vend des bois destinés à la construction des galeries de mines et à celle des bâtiments extérieurs, tels que remises, hangars, etc. (Arr. C. 12 août 1879, n. 3129).		
	Bois de marqueterie, de placage et de tabletterie (Sciage des). Voir *Scierie.*		
A	**Bois de sciage** (Marchand de) en gros	1re	
	Droit proportionnel { sur la maison d'habitation . . .	. . .	20e
	Droit proportionnel { sur les locaux servant à l'exercice de la profession	. . .	40e
A	**Bois de sciage** (Marchand de); celui qui ne vend qu'aux menuisiers, ébénistes, charpentiers et aux particuliers	3e	
	Droit proportionnel { sur la maison d'habitation . . .	. . .	20e
	Droit proportionnel { sur les locaux servant à l'exercice de la profession	. . .	40e
	Bois de teinture (Marchand de) en gros. Voir *Teinture (Matières premières pour la).*		
A	**Bois de teinture** (Marchand de) en demi-gros	2e	20e
A	**Bois de teinture** (Marchand de) en détail	4e	30e
A	**Bois de volige** (Marchand de)	5e	30e
A	**Bois en grume ou de charronage** (Marchand de).	3e	20e
A	**Bois feuillard** (Marchand de)	5e	30e
A	**Bois merrain** (Marchand de) en gros, s'il vend par bateau ou charrette	1re	
	Droit proportionnel { sur la maison d'habitation . . .	. . .	20e
	Droit proportionnel { sur les locaux servant à l'exercice de la profession	. . .	40e
A	**Bois merrain** (Marchand de) en détail	6e	30e
	Bois pour brosses (Fabricant de). Voir *Brosses.*		
A	**Bois pour gravures et impressions** (Fabricant de)	6e	30e
	Bois pour tan (Marchand d'écorce de). Voir *Écorces.*		
C	**Bois sur pied** (Entrepreneur par adjudication de l'abatage et du façonnage des) : **30 centimes** par 100 francs ou par fraction de 100 francs du prix des entreprises. Lorsque le prix des entreprises sera de 500 francs et au-dessous, l'entrepreneur sera exempté de patente.		
	Droit proportionnel { sur la maison d'habitation seulement	. . .	20e
A	**Boiseries** (Marchand de vieilles)	6e	30e
A	**Boisselier** (Fabricant) pour son compte	7e	50e
A	**Boisselier** (Fabricant à façon)	8e	50e
A	**Boisselier** (Marchand) en gros	4e	30e

Désignation des tableaux	Commerces, industries et professions	Classes du tableau A	Taux du droit proportionnel
A	**Boisselier** (Marchand) en détail	6e	30e
	Boissellerie (Marchand de bois de). Voir *Bois*.		
	Boisson (Marchand de fruits secs pour). Voir *Fruits*.		
	Boissons (Courtier-gourmet-piqueur de). Voir *Courtier*.		
	Boissons (Marchand de). Voir *Bière*, *Cidre*, *Vin*, etc.		
	Boîtes de montres (Monteur de). Voir *Monteur*.		
	Boîtes de pendules en zinc doré ou bronzé (Fabricant ou marchand de). Voir *Zinc*.		
A	**Boîtes et bijoux à musique** (Fabricant de mécaniques pour), pour son compte	5e	30e
A	**Boîtes et bijoux à musique** (Fabricant de mécaniques pour), à façon	7e	50e
A	**Bombagiste** Celui qui fabrique et vend des couvres-plats, garde-manger, corbeilles, etc. en tissus métalliques (D. ad.).	6e	30e
A	**Bombeur de verre**	6e	30e
	Bonbons (Marchand de) en détail. Voir *Chocolat*.		
A	**Bonbons et confiseries** (Revendeur de)	7e	50e
	Bondons en bois (Fabricant de). Voir *Tourneur*.		
	Bonneterie. Voir *Apprêteur* et *Bas*.		
	Bonnets carrés (Fabricant ou marchand de). Voir *Casquettes*.		
	Bons ou coupons commerciaux, d'escompte, d'épargne, etc. Voir *Caisse*.		
A	**Bossetier** Celui qui fait des grelots et des bossettes (D. ad.).	6e	30e
	Bottes (Cambreur de tiges de). Voir *Cambreur*.		
A	**Bottes remontées** (Marchand de)	7e	50e
A	**Bottier ou cordonnier** (Marchand); celui qui tient magasin de chaussures	4e	30e
A	**Bottier ou cordonnier**, tenant magasin de chaussures communes sans assortiment	6e	30e
A	**Bottier ou cordonnier** travaillant sur commande	6e	30e
A	**Bottier ou cordonnier** à façon; celui qui travaille pour des maîtres qui lui fournissent la matière	8e	50e
A	**Boucher** (Marchand) en gros; celui qui achète des bestiaux sur pied, les fait abattre et les vend par quartiers à d'autres bouchers	2e	20e
A	**Boucher** (Marchand) Sont imposables en cette qualité, bien que n'abattant point de bestiaux, les bouchers qui achètent aux abattoirs des quartiers de bœuf équivalents souvent à un bœuf entier, et, en outre, des veaux et des moutons entiers (Arr. C. 7 mai 1856, n. 359; 16 déc. 1881, n. 3345).	4e	30e
A	**Boucher à la cheville**; celui qui revend la viande achetée par quartiers	5e	30e
A	**Boucher ne vendant que de la viande de cheval**	5e	30e
A	**Boucher en petit bétail**, ne vendant que veau, mouton, agneau, chevreau	6e	30e
	Bouchers (Fabricant ou marchand de gros soufflets pour les). Voir *Soufflets*.		
A	**Bouchons** (Fabricant de) par procédés ordinaires	6e	30e
A	**Bouchons** (Marchand de) en gros	1re	20e
A	**Bouchons** (Marchand de) en demi-gros	3e	20e
A	**Bouchons** (Marchand de) en détail	6e	30e
A	**Bouchons de flacons** (Ajusteur de)	8e	50e
C	**Bouchons de liège** (Fabrique de) par procédés mécaniques : **1 fr. 20 cent.** par lame.		
	Droit proportionnel — sur la maison d'habitation	...	20e
	Droit proportionnel — sur l'établissement industriel	...	50e
A	**Bouclerie** (Marchand ou fabricant de) pour son compte	5e	30e
A	**Bouclerie** (Fabricant de) à façon	8e	50e
A	**Boucles** (Enveloppeur de), fabricant et marchand	7e	50e
A	**Boucles** (Enveloppeur de), à façon	8e	50e
	Boues (Entreprise de l'enlèvement des). Voir *Arrosage*.		
A	**Bougies de cire, stéarine, paraffine, etc.** (Marchand de)	5e	30e
C	**Bougies ou cierges, en cire, stéarine, paraffine, etc.** (Fabrique de) **5 fr.** Plus 5 francs par ouvrier.		
	Droit proportionnel — sur la maison d'habitation	...	20e
	Droit proportionnel — sur l'établissement industriel	...	40e
A	**Bouilleur ou brûleur d'eau-de-vie**	6e	30e
	Bouilleur. Voir *Alambic* (*Loueur d'*) et *Esprit*.		
A	**Bouillon et bœuf cuit** (Marchand de)	6e	30e
	Bouillottes (Fabricant ou marchand de). Voir *Cafetières*.		
A	**Boulanger**	5e	30e
A	**Boulanger**, ne fabriquant que du pain bis ou de qualité inférieure	6e	30e
A	**Boulangerie** par procédés mécaniques (Exploitant de)	4e	30e
	Bouleau (Marchand de balais de). Voir *Balais*.		
A	**Boules à teinture** (Fabricant de)	4e	30e
	Boules vulnéraires, dites d'*acier* ou de *Nancy* (Fabricant de)	7e	50e
A	**Bouquetière** (Marchande) en boutique	7e	50e
A	**Bouquiniste**	7e	50e
	Bourre (Marchand de couvertures de). Voir *Couvertures*.		
	Bourre de soie (Cardeur de). Voir *Cardeur*.		
	Bourre de soie (Filateur de). Voir *Filature*.		
	Bourre de soie (Retordeur ou fabricant de fil de). Voir *Fil*.		
A	**Bourre de soie**, déchets de soie ou débris de cocons (Marchand de)	5e	30e
A	**Bourre ou déchets de tannerie** (Marchand de)	7e	50e
	Bourrées (Marchand de). Voir *Fagots*.		
A	**Bourrelets d'enfants** (Fabricant ou marchand de)	7e	50e
A	**Bourrelets en bourre ou en crin végétal** (Fabricant de)	7e	50e
A	**Bourrelier**	6e	30e
	Bourreliers (Fabricant ou marchand d'articles pour les). Voir *Housses*.		
	Bourses et autres ouvrages à mailles (Fabricant ou marchand de). Voir *Filets*.		
	Bouteilles (Fabricant de capsules métalliques pour boucher les). Voir *Capsules*.		
	Bouteilles (Fabricant d'enveloppes de) et autres objets en paille. Voir *Paille*.		
	Bouteilles (Fabricant d'ifs à). Voir *Planches*.		
A	**Bouteilles de verre** (Marchand de) en gros	2e	20e
A	**Bouteilles de verre** (Marchand de) en détail	5e	30e
A	**Boutonnières** (Fabricant de)	8e	50e
	Boutons (Fabricant de moules de). Voir *Moules*.		
A	**Boutons** (Marchand de) en gros	2e	20e
A	**Boutons** (Marchand de) en demi gros	4e	30e
A	**Boutons** (Marchand de) en détail	6e	30e

DÉSIGNATION des tableaux	COMMERCES, INDUSTRIES ET PROFESSIONS	CLASSES du tableau A	TAUX du droit proportionnel
A	**Boutons de métal, corne, cuir bouilli, etc.** (Fabricant de) pour son compte....................	5e	30e
A	**Boutons de métal, corne, cuir bouilli, etc.** (Fabricant de) à façon..........................	8e	50e
A	**Boutons de soie** (Fabricant de) pour son compte....	7e	50e
A	**Boutons de soie** (Fabricant de) à façon..........	8e	50e
	Bouts de parapluies et de cannes. Voir *Garnitures.*		
A	**Boyaudier**................................. Celui qui fabrique, avec des boyaux, des cordes pour les instruments de musique, les raquettes, etc. (D. ad.).	6e	30e
	Brais, etc. (Marchand de). Voir *Résines.*		
C	**Brais, poix, résines ou matières résineuses** (Fabrique de) : **3 francs** par hectolitre de la capacité brute des alambics ; **30 centimes** par hectolitre de la capacité brute des chaudières épuratoires ; **2 fr. 50 cent.** par four épuratoire. Droit proportionnel { sur la maison d'habitation................	...	20e
	Droit proportionnel { sur l'établissement industriel................ Voir *Goudron (Fabrique de).*	...	40e
C	**Brasserie** (Exploitant de) : **1 franc** par hectolitre de la capacité brute de toutes les chaudières. Ce droit sera réduit : 1° de moitié pour les établissements qui ne brassent que quatre fois au plus par an ; 2° d'un quart pour ceux qui ne brassent que huit fois au plus par an ; 3° d'un huitième pour ceux qui ne brassent que douze fois au plus par an. Droit proportionnel { sur la maison d'habitation................	...	20e
	Droit proportionnel { sur l'établissement industriel .... On doit faire entrer dans les bases du droit fixe de l'exploitant la capacité brute de la chaudière qui sert à chauffer l'eau nécessaire aux trempes pour chaque brassin (Arr. C. 23 juin 1868, n. 2076). Le droit fixe afférent aux brasseries doit être calculé d'après la capacité brute des chaudières, sans aucune déduction pour le déchet qui se produit par l'évaporation, dans certains procédés spéciaux de fabrication (Arr. C. 6 avr. 1869, n. 2185). Les foudres installés à demeure fixe dans une brasserie sont passibles du droit proportionnel de patente, comme faisant partie de l'établissement industriel pris dans son ensemble (Arr. C. 24 nov. 1869, n. 2315).	...	50e
A	**Brasseur à façon** .... Celui qui fait la bière pour autrui avec les matières qu'on lui fournit (D. ad.).	6e	30e
	Brebis (Nourrisseur de) pour le commerce du lait. Voir *Nourrisseur.*		
	Bretelles (Fabricant d'élastiques pour). Voir *Élastiques.*		
	Bretelles (Fabricant de) au moyen de métiers. Voir *Métiers (Tissage de bretelles).*		
A	**Bretelles ou jarretières** (Fabricant de) par procédés non mécaniques	6e	30e
A	**Bretelles ou jarretières** (Fabricant de) à façon, par procédés non mécaniques	8e	50e
A	**Bretelles ou jarretières** (Marchand de)..........	6e	30e
	Bric-à-brac. Voir *Curiosité.*		
	Brides de chaussures (Fabricant ou marchand de). Voir *Tiges.*		
	Brins de baleine (Marchand de). Voir *Baleine.*		
	Brins de baleine ou de jonc (Fendeur de). Voir *Fendeur.*		
	Brioches (Marchand de) en boutique. Voir *Galettes.*		

DÉSIGNATION des tableaux	COMMERCES, INDUSTRIES ET PROFESSIONS	CLASSES du tableau A	TAUX du droit proportionnel
A	**Brioleur avec bête de somme**................. Celui qui transporte du bois à l'aide de bêtes de somme (D. ad.).	8e	50e
A	**Briques** (Marchand de)........................	6e	30e
	Briques combustibles (Fabricant ou marchand de). Voir *Agglomérés, Charbon artificiel* et *Charbon de terre.*		
C	**Briques, creusets, poterie, tuiles**, tuyaux pour le drainage ou la conduite des eaux, objets en terre cuite pour la construction ou l'ornementation (Fabrique de) .... **5 fr.** Plus **2 fr. 50 cent.** par ouvrier ou par série d'ouvriers momentanément employés équivalente à un ouvrier complètement occupé, et **6 francs** par malaxeur ou autre machine à broyer, à écraser, à mêler, à mouler, à pulvériser, etc. Le droit sera réduit de moitié pour les machines à bras ou à manège. Droit proportionnel { sur la maison d'habitation ...	...	20e
	Droit proportionnel { sur l'établissement industriel. La valeur locative du champ dans lequel le fabricant de briques, creusets, etc., prend la terre servant à la fabrication ne doit pas être comprise dans les bases du droit proportionnel. On ne doit établir ce droit que sur la valeur locative des bâtiments, des fours, de l'outillage et des emplacements servant aux manipulations et au dépôt des bois, des ustensiles et des objets fabriqués (D. ad.). Le briquetier qui, ayant cessé de fabriquer, vend les produits de sa fabrication des années antérieures, n'est imposable qu'au droit fixe de 5 francs (Arr. C. 16 févr. 1852, n. 9, 1re série; 28 mai 1857, n. 554). Mais il doit le droit proportionnel sur son habitation et sur ceux des locaux qu'il a continué d'utiliser pour l'exercice de sa profession (Arr. C. 21 avr. 1868, n. 2077).	...	50e
A	**Briquetier** à façon	8e	50e
	Briquettes factices (Fabricant ou marchand de). Voir *Agglomérés.*		
A	**Briquets phosphoriques et autres** (Fabricant de).	6e	30e
A	**Briquets phosphoriques et autres** (Marchand de).	7e	50e
A	**Brocanteur** en boutique ou magasin.............	5e	30e
A	**Brocanteur dans les ventes**, sans boutique ni magasin	7e	50e
A	**Brocanteur d'habits** en boutique................	6e	30e
A	**Brocanteur d'habits** sans boutique..............	8e	50e
A	**Broches et cannelets pour la filature** (Fabricant de) pour son compte..............................	5e	30e
A	**Broches et cannelets pour la filature** (Fabricant de) à façon....................................	8e	50e
	Broches ou bondons en bois (Fabricant de). Voir *Tourneur.*		
A	**Broches pour la filature** (Rechargeur de)........	7e	50e
	Brocheur. Voir *Assembleur.*		
A	**Broderies** (Blanchisseur et apprêteur de)........	7e	50e
A	**Broderies** (Dessinateur-imprimeur de)	7e	50e
A	**Broderies** (Marchand ou fabricant de) vendant en gros Le fabricant de broderies, travaillant pour le commerce, ne sera imposé d'après les règles du tableau C que dans le cas où il aurait un atelier ou un corps de fabrique dans lequel il occuperait plus de dix ouvriers d'une manière permanente. Dans le cas contraire, il sera considéré comme marchand et imposé comme tel, sans tenir compte des ouvriers disséminés qu'il pourrait occuper.	3e	20e
A	**Broderies** (Marchand ou fabricant de) vendant en demi-gros..................................... Le fabricant de broderies, travaillant pour le commerce, ne sera imposé d'après les règles du tableau C que dans le cas où il aurait un atelier ou un corps de fabrique dans lequel il	4e	30e

DÉSIGNATION des tableaux	COMMERCES, INDUSTRIES ET PROFESSIONS	CLASSES du tableau A	TAUX du droit proportionnel
	occuperait plus de dix ouvriers d'une manière permanente. Dans le cas contraire, il sera considéré comme marchand et imposé comme tel, sans tenir compte des ouvriers disséminés qu'il pourrait occuper.		
A	**Broderies** (Marchand ou fabricant de) vendant au détail. Le fabricant de broderies, travaillant pour le commerce, ne sera imposé d'après les règles du tableau C que dans le cas où il aurait un atelier ou un corps de fabrique dans lequel il occuperait plus de dix ouvriers d'une manière permanente. Dans le cas contraire, il sera considéré comme marchand et imposé comme tel, sans tenir compte des ouvriers disséminés qu'il pourrait occuper.	5e	30e
A	**Broderies** (Fabricant de) à façon. Doit être, le cas échéant, imposé comme fabricant de broderies à façon travaillant pour le commerce et non comme facteur de fabrique, celui qui se charge de faire exécuter, par plusieurs maisons de commerce, à ses risques et périls et moyennant des prix fixés à forfait, des travaux de broderie et qui distribue ces travaux à des ouvrières à sa solde, dont il fixe lui-même le salaire et auxquelles il fournit la plus grande partie des matières premières (Arr. C. 17 févr. 1888, n. 3518).	7e	50e
A	**Brodeur sur étoffes, en or et en argent**	4e	30e
	Bronze (Fabricant ou marchand de poudre de). Voir *Poudre*.		
	Bronze (Fabricant ou marchands d'objets en imitation de). Voir *Zinc*.		
	Bronze (Fondeur de). Voir *Fonderie*.		
A	**Bronze** (Metteur en); celui qui met en couleur de bronze des pendules, candélabres et autres objets en métaux	7e	50e
	Bronze (Monteur en). Voir *Monteur*.		
	Bronzes (Marchand de). Voir *Pendules*.		
	Brosses (Fabricant de bois de) par procédés mécaniques. Voir *Bois*.		
A	**Brosses** (Fabricant de bois pour)	8e	50e
	Brosses (Fabricant de manches de). Voir *Bâtonnier*.		
A	**Brossier** (Fabricant) pour son compte	6e	30e
A	**Brossier** (Fabricant) à façon	8e	50e
A	**Brossier** (Marchand)	6e	30e
A	**Broyeur à bras**	8e	50e
	Brûleur d'eau-de-vie. Voir *Bouilleur*.		
A	**Brunisseur**. Celui qui brunit les ouvrages d'or et d'argent (D. ad.).	7e	50e
	Bruyère (Marchand de balais de). Voir *Balais*.		
A	**Bruyère** (Marchand de racines de)	6e	30e
	Buanderie (Établissement de). Voir *Blanchisseur de linge*.		
A	**Buanderie** (Loueur d'établissement de); celui qui loue à tout venant un établissement de buanderie muni de ses ustensiles et appareils	7e	50e
	Bûches ou briquettes factices (Fabricant ou marchand de). Voir *Agglomérés*.		
C	**Buffet dans l'intérieur d'une gare de chemin de fer** (Exploitant un) 5 fr. Plus **10 francs** par personne employée au service ou à la surveillance.		
	Droit proportionnel { sur la maison d'habitation	...	20e
	Droit proportionnel { sur l'établissement industriel	...	50e
A	**Buffletier** (Fabricant) pour son compte	7e	50e
A	**Buffletier** (Fabricant) à façon	8e	50e
A	**Buffletier** (Marchand)	6e	30e
	Buis (Fabricant d'articles de crépin en). Voir *Crépin*.		

DÉSIGNATION des tableaux	COMMERCES, INDUSTRIES ET PROFESSIONS	CLASSES du tableau A	TAUX du droit proportionnel
	Buis (Fabricant de peignes de). Voir *Peignes*.		
A	**Buis ou racines de buis** (Marchand de)	6e	30e
A	**Bureau** (Marchand de menues fournitures de)	6e	30e
A	**Bureau de distribution d'imprimés, de cartes de visite, annonces, etc.** (Entrepreneur d'un)	5e	30e
A	**Bureau d'indication pour la vente ou la location des propriétés, bureau de renseignements divers** (Tenant un)	5e	30e
A	**Bureau de placement** (Tenant un)	7e	50e
	Bureaux (Fabricant de cartons pour). Voir *Cartons*.		
A	**Bustes en cire pour les coiffeurs** (Fabricant de)	7e	50e
	Bustes et figures en plâtre (Marchand de), vendant en ambulance dans les rues, dans les lieux de passage et dans les marchés (*Exempt*).		
A	**Bustes et figures en plâtre ou en terre** (Mouleur ou marchand de)	6e	30e
	C		
A	**Cabaretier**. Le cabaretier non muni d'une licence n'en est pas moins imposable à la patente (Arr. C. 17 févr. 1843, Géral, Lozère).	6e	30e
	Cabaretier-logeur. Voir *Aubergiste*.		
A	**Cabaretier ou marchand de bière ou de cidre en détail ayant billard**	5e	30e
A	**Cabas** (Faiseur de)	8e	50e
A	**Cabas** (Marchand de) en gros	4e	30e
	Cabinet d'anatomie (Tenant un). Voir *Anatomie*.		
A	**Cabinet de figures en cire** (Tenant un)	7e	50e
A	**Cabinet de lecture** (Tenant un), où l'on donne à lire les journaux et les nouveautés littéraires	6e	30e
A	**Cabinet de lecture** (Tenant un), où l'on donne à lire les journaux seulement	7e	50e
A	**Cabinet particulier de tableaux, d'objets d'histoire naturelle ou d'antiquités** (Tenant un)	7e	50e
A	**Cabinets d'aisances publics** (Tenant). Voir *Châlets de nécessité*.	6e	30e
	Câbles en fer, ancres, chaînes et autres grosses pièces pour la marine (Fabricant de). Imposable comme maître de forges (D. ad.).		
C	**Câbles et cordages pour la marine ou la navigation intérieure** (Fabrique de) 5 fr. Plus **4 francs** par ouvrier.		
	Droit proportionnel { sur la maison d'habitation	...	20e
	Droit proportionnel { sur l'établissement industriel	...	50e
	Câbles et cordages pour la marine ou la navigation intérieure (Marchand de). Voir *Cordier*.		
	Cabriolets (Maître de station de). Voir *Voitures de remise*.		
B	**Cabriolets, fiacres et autres voitures semblables, sous remise ou sur place** (Entreprise de) : Par voiture en circulation : A Paris 4 fr. Dans les villes de { 100,001 âmes et au-dessus 3 fr ; 50,001 à 100,000 âmes 2 fr. ; 50,000 âmes et au-dessous 1f50		
	Droit proportionnel { sur la maison d'habitation	...	10e
	Droit proportionnel { sur les locaux servant à l'exercice de la profession	...	40e
	Le taux du droit proportionnel sur la maison d'habitation est fixé au 20e seulement de la valeur locative, lorsque le nombre des voitures en circulation n'atteindra pas cinq. La patente est due d'après les bases ci-dessus alors même que l'entrepreneur n'aurait qu'une seule voiture (Arr. C. 26 févr. 1879, n. 3132).		
A	**Cachemires de l'Inde** (Marchand de)	1re	20e

Désignation des tableaux	Commerces, industries et professions	Classes du tableau A	Taux du droit proportionnel
	Cachets (Graveur de). Voir *Graveur*.		
A	**Cadrans de montres et de pendules** (Fabricant de), pour son compte	6e	30e
A	**Cadrans de montres et de pendules** (Fabricant de), à façon	8e	50e
A	**Cadres pour glaces et tableaux** (Marchand de)...	6e	30e
A	**Café-chantant, café-concert, café spectacle** (Exploitant de), qu'il y ait ou non un droit d'entrée; que le prix des objets de consommation soit ou ne soit pas payé à part	1re	20e
A	**Café-crèmerie ou restaurant crèmerie** (Tenant un)	6e	30e
C	**Café de chicorée, de glands, ou autres matières analogues** (Fabrique de) ... **5 fr.** Plus **4 francs** par ouvrier, et, par machine à moudre, à écraser ou à triturer, le droit dont elle est passible, considérée comme moulin. Ne sont point comptés les ouvriers qui ne sont employés qu'à la culture de la chicorée ou à la récolte des glands.		
	Droit proportionnel sur la maison d'habitation	...	20e
	Droit proportionnel sur l'établissement industriel	...	40e
A	**Café en grains moulu, torréfié ou de chicorée** (Marchand de), en gros	1re	20e
A	**Café en grains, moulu, torréfié ou de chicorée** (Marchand de) en demi-gros	2e	20e
A	**Café en grains, moulu, torréfié ou de chicorée** (Marchand de), en détail	6e	30e
A	**Café tout préparé** (Débitant de)	8e	50e
	Cafés (Sécheur de). Voir *Sécheur*.		
A	**Cafetier**	4e	30e
	S'il vend des glaces, imposable comme glacier-limonadier (D. ad.). Le cafetier non muni de licence n'en est pas moins imposable à la patente (Arr. C. 19 avr. 1844, Cabanon, Lozère).		
A	**Cafetières, bouillottes, marabouts** (Fabricant ou marchand de)	6e	30e
A	**Cafetières, bouillottes, marabouts** (Fabricant de), à façon	8e	50e
A	**Cages, souricières ou tournettes** (Marchand ou fabricant de)	8e	50e
	Caisse d'épargne et de prévoyance, administrée gratuitement (*Exempte*).		
B	**Caisse ou comptoir d'avances ou de prêts, de recettes ou de paiements** (Tenant).	...	10e

	Taxe déterminée	Taxe par personne employée (1)
	Fr.	Fr.
A Paris	500	25
Dans les villes de 100,001 âmes et au-dessus	400	20
Dans les villes de 50,001 à 100,000 âmes	300	15
Dans les villes de 30,001 à 50,000 âmes; de 15,001 à 30,000 âmes qui ont un entrepôt réel	200	10
Dans les villes de 15,001 à 30,000 âmes; de 15,000 âmes et au-dessous qui ont un entrepôt réel	150	8
Dans toutes les autres communes	100	5

La taxe par employé est doublée lorsque le nombre des employés dépasse 200, et triplée lorsqu'il dépasse 1,000 (L. 17 juill. 1889, art. 2).

Est imposable comme tenant caisse de recettes ou de payements, et non comme agent d'affaires, celui dont la profession consiste à encaisser les fonds qui lui sont transmis par plusieurs sociétés industrielles, à payer les dividendes et intérêts des actions et obligations de ces sociétés, à opérer le transfert de leurs titres et à recevoir les versements effectués par les actionnaires et les obligataires (Arr. C. 26 déc. 1879, n. 3227).

Désignation des tableaux	Commerces, industries et professions	Classes du tableau A	Taux du droit proportionnel
B	**Caisse ou comptoir de bons ou coupons commerciaux, ou de bons ou coupons d'escompte, d'épargne, de crédit ou de capitalisation** (Tenant)	...	10e

	Taxe déterminée	Taxe par personne employée (1)
	Fr.	Fr.
A Paris	500	25
Dans les villes de 100,001 âmes et au-dessus	400	20
Dans les villes de 50,001 à 100,000 âmes	300	15
Dans les villes de 30,001 à 50,000 âmes; de 15,001 à 30,000 âmes qui ont un entrepôt réel	200	10
Dans les villes de 15,001 à 30,000 âmes; de 15,000 âmes et au-dessous qui ont un entrepôt réel	150	8
Dans toutes les autres communes	100	5

La taxe par employé est doublée lorsque le nombre des employés dépasse 200, et triplée lorsqu'il dépasse 1,000 (L. 17 juill. 1889, art. 2). Voir *Sociétés formées par actions, etc.*

Désignation des tableaux	Commerces, industries et professions	Classes du tableau A	Taux du droit proportionnel
B	**Caisse ou comptoir pour opérations sur les valeurs** (Tenant)	...	10e

	Taxe déterminée	Taxe par personne employée (2)
	Fr.	Fr.
A Paris	500	25
Dans les villes autres que Paris où il existe un parquet pour la négociation des effets publics	200	10
Dans les villes de 100,001 âmes et au-dessus	100	5
Dans les villes de 50,001 à 100,000 âmes	75	5
Dans toutes les autres communes	50	5

La taxe par employé est doublée lorsque le nombre des employés dépasse 200, et triplée lorsqu'il dépasse 1,000 (L. 17 juill. 1889, art. 2).

Caisse pour emprunts ou pour paiements des intérêts, dividendes, etc. (Société française ou étrangère opérant à l'étranger et tenant en France pour son compte une). Voir *Société*.

Caisses (Fabricant de grosses). Voir *Tambours*.

(1) « ..... employée, en sus du nombre de cinq, aux écritures, aux caisses, à la surveillance, aux achats et aux ventes intérieures ou extérieures. » Voir la note page 172.

(2) « ... employée, en sus du nombre de cinq, aux écritures, aux caisses, à la surveillance, aux achats et aux ventes intérieures ou extérieures. » Voir la note page 172.

DÉSIGNATION des tableaux	COMMERCES, INDUSTRIES ET PROFESSIONS	CLASSES du tableau A	TAUX du droit proportionnel
A	**Caisses de tambour** (Facteur de)...............	6ᵉ	30ᵉ
	Caisses ou coffres en bois blanc (Fabricant de). Voir *Layetier*.		
A	**Calandreur d'étoffes neuves**..................	5ᵉ	30ᵉ
A	**Calandreur de vieilles étoffes ou de chapeaux de paille**....................................	7ᵉ	50ᵉ
	Cale pour la réparation des navires. Voir *Dock*.		
A	**Calfat, radoubeur de navires**..................	6ᵉ	30ᵉ
	Calfatage des navires (Marchand d'étoupes pour le). Voir *Etoupes*.		
	Calicot (Marchand de). Voir *Tissus de laine, de fil, de coton, etc.*		
C	**Calorifères pour le chauffage des maisons, serres ou établissements publics** (Fabricant ou entrepreneur de la construction des)........ **5 fr.** Plus **4 francs** par ouvrier.		
	Droit proportionnel { sur la maison d'habitation...	...	20ᵉ
	{ sur l'établissement industriel.	...	50ᵉ
A	**Cambreur de tiges de bottes**..................	7ᵉ	50ᵉ
A	**Camées faux ou moulés** (Fabricant de)..........	7ᵉ	50ᵉ
	Camionneur. Voir *Roulage* et *Voiturier*.		
	Campement des troupes (Fabricant ou fournisseur d'objets concernant le). Voir *Fabricant* et *Fournisseur*.		
	Camphre (Raffineur de). Voir *Produits chimiques*.		
C	**Canaux navigables avec péage ou canaux d'irrigation** (Concessionnaire de) : **7 francs** par kilomètre complet............... Dans le cas où le canal aurait moins d'un kilomètre, le droit de **7 francs** serait applicable.	...	20ᵉ
	Candélabres (Metteur de) en couleur de bronze. Voir *Bronze*.		
A	**Canevas** (Dessinateur de)......................	8ᵉ	50ᵉ
	Cannelets pour la filature (Fabricant de). Voir *Broches*.		
A	**Cannelles et robinets en cuivre** (Fabricant de), pour son compte................................	6ᵉ	30ᵉ
A	**Cannelles et robinets en cuivre** (Fabricant de), à façon......................................	7ᵉ	50ᵉ
A	**Cannes** (Fabricant pour son compte ou marchand de) ayant boutique ou magasin...................	6ᵉ	30ᵉ
A	**Cannes** (Fabricant de), pour son compte, sans boutique ni magasin............................	7ᵉ	50ᵉ
A	**Cannes** (Fabricant de) à façon..................	8ᵉ	50ᵉ
	Cannes (Fabricant de garnitures de). Voir *Garnitures*.		
	Cannes (Fabricant ou marchand de peignes en) pour le tissage. Voir *Peignes*.		
A	**Cannetille** (Fabricant de)..................	7ᵉ	50ᵉ
	Canons (Forgeron de). Voir *Forgeron*.		
	Canots (Constructeur de). Voir *Barques*.		
A	**Canots** (Loueur de)....... .... Voir *Barques ou bateaux* (*Loueur de*).	7ᵉ	50ᵉ
	Canots (Marchand de). Voir *Barques*.		
	Cantinier attaché à l'armée (*Exempt.*)		
A	**Cantinier dans les prisons, hospices et autres établissements publics**.... .... Sont imposables comme cantiniers : Le concierge d'un quartier de cavalerie à résidence fixe, le concierge d'une prison militaire, le porte-clefs d'une citadelle, lorsqu'ils fournissent du vin aux militaires ou aux détenus (Arr. divers du Conseil d'État).	6ᵉ	30ᵉ
C	**Caoutchouc, gutta-percha ou autres matières analogues** (Établissement pour la préparation ou l'emploi du) par procédés mécaniques..... **5 fr.** Plus **5 francs** par ouvrier employé soit à la préparation des matières, soit à la confection mécanique des objets fabriqués.		
	Droit proportionnel { sur la maison d'habitation...	...	20ᵉ
	{ sur l'établissement industriel.	...	50ᵉ

DÉSIGNATION des tableaux	COMMERCES, INDUSTRIES ET PROFESSIONS	CLASSES du tableau A	TAUX du droit proportionnel
A	**Caoutchouc, gutta-percha ou autres matières semblables** (Fabricant ou marchand d'objets confectionnés ou d'étoffes garnies en)...............	4ᵉ	30ᵉ
A	**Caparaçonnier,** pour son compte................	6ᵉ	30ᵉ
A	**Caparaçonnier** à façon.........................	8ᵉ	50ᵉ
	Capitaine de navire du commerce, ne naviguant pas pour son compte (*Exempt*). Voir *Armateur*.		
A	**Capsules métalliques** (Fabricant de) pour boucher les bouteilles................................	6ᵉ	30ᵉ
C	**Capsules ou cartouches pour armes à feu** (Fabrique de).............................. **5 fr.** Plus **4 francs** par ouvrier.		
	Droit proportionnel { sur la maison d'habitation...	...	20ᵉ
	{ sur l'établissement industriel.	...	50ᵉ
	Caractères à jour (Fabricant ou marchand de). Voir *Vignettes*.		
C	**Caractères d'imprimerie** (Fondeur de).... **5 fr.** Plus **4 francs** par ouvrier.		
	Droit proportionnel { sur la maison d'habitation...	...	20ᵉ
	{ sur l'établissement industriel.	...	50ᵉ
A	**Caractères d'imprimerie** (Graveur en)..........	7ᵉ	50ᵉ
	Caractères d'imprimerie (Marchand de). Voir *Imprimerie*.		
A	**Caractères mobiles en bois ou en terre cuite** (Fabricant ou marchand de).....................	7ᵉ	50ᵉ
A	**Caractères mobiles en métal autre que la fonte d'imprimerie** (Fabricant de)..................	5ᵉ	30ᵉ
C	**Caramel** (Fabrique de).................... **5 fr.** Plus **3 francs** par ouvrier.		
	Droit proportionnel { sur la maison d'habitation...	...	20ᵉ
	{ sur l'établissement industriel.	...	40ᵉ
A	**Carcasses ou montures de parapluies** (Fabricant de), pour son compte..........................	7ᵉ	50ᵉ
A	**Carcasses ou montures de parapluies** (Fabricant de), à façon..................................	8ᵉ	50ᵉ
A	**Carcasses pour modes** (Fabricant de)...........	8ᵉ	50ᵉ
	Cardage (Marchand de chardons pour le). Voir *Chardons*.		
	Carderie. Voir *Peignerie*.		
A	**Cardes** (Fabricant de) par les procédés ordinaires, pour son compte............................	6ᵉ	30ᵉ
A	**Cardes** (Fabricant de) à façon par les procédés ordinaires......................................	8ᵉ	50ᵉ
C	**Cardes** (Fabrique de) par procédés mécaniques : **6 francs** par métier.		
	Droit proportionnel { sur la maison d'habitation...	...	20ᵉ
	{ sur l'établissement industriel.	...	60ᵉ
A	**Cardeur** de laine, de coton, de bourre de soie, filoselle, etc..................................	7ᵉ	50ᵉ
	Cardeur de bourre de soie, de coton ou de laine par procédés mécaniques. Voir *Peignerie*.		
A	**Carreaux à carreler** (Marchand de).............	6ᵉ	30ᵉ
A	**Carreleur**....................................... Celui qui fait le carrelage des appartements (D. ad.).	7ᵉ	50ᵉ
A	**Carrés de montres** (Fabricant de) pour son compte	6ᵉ	30ᵉ
A	**Carrés de montres** (Fabricant de) à façon........	8ᵉ	50ᵉ
C	**Carrières souterraines ou à ciel ouvert** (Exploitant de) **5 fr.** Plus **2 fr. 50 cent.** par ouvrier.		
	Droit proportionnel { sur la maison d'habitation seulement...... Est imposable comme exploitant de carrières : Le propriétaire exploitant une carrière sur son propre fonds (Arr. C. 22 mars 1855, n. 325).	...	20ᵉ

DÉSIGNATION des tableaux	COMMERCES, INDUSTRIES ET PROFESSIONS	CLASSES du tableau A	TAUX du droit proportionnel
	Celui qui possède une carrière de laquelle il permet d'extraire des pierres, moyennant rétribution (Arr. C. 3 avr. 1856, n. 367). Le propriétaire qui vend habituellement aux entrepreneurs de bâtiments du sable extrait d'un terrain qui lui appartient (Arr. C. 5 août 1854, n. 168). Celui qui, avec l'aide d'ouvriers, extrait habituellement de la marne pour les cultivateurs, moyennant un prix fixé à forfait. Il ne peut prétendre à l'exemption de patente ni comme exploitant de mine, ni comme cultivateur (Arr. C. 8 nov. 1872, n. 2396). On doit compter pour l'établissement du droit fixe, les ouvriers employés comme terrassiers à l'exploitation de la carrière, aussi bien que les ouvriers employés à l'extraction proprement dite (Arr. C. 24 juin 1857, n. 558, et 8 févr. 1865, n. 1794).		
A	**Carrioles** (Loueur de)	7e	50c
	Carrosserie (Fabricant pour son compte ou marchand d'objets pour la). Voir *Objets*.		
A	**Carrossier** (Fabricant)	2e	
	Droit proportionnel { sur l'habitation et sur les magasins de vente	...	20c
	{ sur le surplus de l'établissement	...	40c
	Le carrossier fabricant, imposable à la 2e classe, est celui qui confectionne et vend des voitures complètement terminées et dont on peut se servir au moment même où elles sortent de l'atelier ou du magasin ; il n'y a pas lieu d'imposer comme tel celui qui ne se livre habituellement qu'au charronnage ou à la préparation des ressorts ; il doit la patente afférente à la profession spéciale qu'il exerce (D. ad.). Est imposable comme carrossier fabricant, et non comme sellier-carrossier, celui qui fait fabriquer pour son compte, d'après des modèles qu'il fournit, des voitures qui lui sont commandées ou qu'il destine à garnir ses magasins de vente (Arr. C. 6 août 1870, n. 2298).		
	Carrossier (Sellier). Voir *Sellier*.		
A	**Carrossier-raccommodeur**	5e	30c
	Cartes à dentelles (Piqueur de). Voir *Piqueur*.		
A	**Cartes à jouer** (Marchand de)	6e	30c
	Cartes à jouer (Fabricant de). Voir *Cartier*.		
A	**Cartes de géographie** (Marchand de)	6e	30c
	Cartes de visite (Entrepreneur d'un bureau de distribution de). Voir *Bureau*.		
A	**Cartier, fabricant de cartes à jouer**	4e	30c
	Carton (Fabricant de têtes en) servant aux marchands de modes. Voir *Têtes*.		
	Carton (Vernisseur sur). Voir *Vernisseur*.		
C	**Carton à la cuve** (Fabrique de) : **36 francs** par cuve.		
	Droit proportionnel { sur la maison d'habitation	...	20c
	{ sur l'établissement industriel	...	50c
A	**Carton en feuilles de papier collées** (Fabricant de)	6e	30c
A	**Carton en feuilles de papier collées** (Fabricant de), à façon	7e	50c
A	**Carton en pâte ou en feuilles** (Marchand de)	6e	30c
A	**Carton ou carton-pierre** (Marchand fabricant d'ornements en pâte de)	3e	20c
A	**Cartonnage fin** (Fabricant ou marchand de)	5e	30c
	Cartons (Enlaceur de). Voir *Enlaceur*.		
	Cartons (Piqueur de). Voir *Piqueur*.		
A	**Cartons pour bureaux et autres** (Fabricant de), pour son compte	6e	30c
A	**Cartons pour bureaux et autres** (Fabricant de), à façon	8e	50c
	Cartouches pour armes à feu (Fabricant de). Voir *Capsules*.		
C	**Casino** (Exploitant de) ... **5 fr.** Plus **10 francs** par personne préposée au service ou à la surveillance de l'établissement.		
	Droit proportionnel { Loi du 28 avr. 1893	...	20c

DÉSIGNATION des tableaux	COMMERCES, INDUSTRIES ET PROFESSIONS	CLASSES du tableau A	TAUX du droit proportionnel
A	**Casquettes, toques, bonnets carrés et autres** (Fabricant ou marchand de)	6e	30c
A	**Casquettes, toques, bonnets carrés et autres** (Fabricant de), à façon	8e	50c
A	**Castine** (Marchand de)	8e	50c
	Le marchand de castine est celui qui vend la pierre calcaire servant à la fusion des minerais de fer (D. ad.).		
	Ceintures (Fabricant de) au moyen de métiers. Voir *Métiers* (*Tissage de bretelles*).		
	Ceintures (Fabricant d'élastiques pour). Voir *Élastiques*.		
A	**Ceinturons, visières et menus objets en cuir** (Fabricant de), pour son compte	7e	50c
A	**Ceinturons, visières et menus objets en cuir** (Fabricant de), à façon	8e	50c
A	**Cendres** (Laveur de)	6e	30c
C	**Cendres de métaux précieux** (Exploitant une fonderie de) ... **5 fr.** Plus **3 francs** par ouvrier et **30 francs** par fourneau.		
	Droit proportionnel { sur la maison d'habitation	...	20c
	{ sur l'établissement industriel	...	40c
C	**Cendres gravelées** (Fabrique de) ... **5 fr.** Plus **4 francs** par ouvrier.		
	Droit proportionnel { sur la maison d'habitation	...	20c
	{ sur l'établissement industriel	...	40c
	Cendres lessivées (Marchand de). Voir *Engrais ou amendements*.		
C	**Cendres noires** (Extracteur de) ... **5 fr.** Plus **2 fr. 50** par ouvrier.		
	Droit proportionnel { sur la maison d'habitation seulement	...	20c
	Cendres noires (Marchand de). Voir *Engrais ou amendements*.		
A	**Cendres ordinaires** (Marchand de)	7e	50c
A	**Cercles ou cerceaux** (Marchand de)	6e	30c
A	**Cercles ou sociétés littéraires** (Entrepreneur d'établissements pour les); celui qui fournit aux cercles le local chauffé et éclairé, ainsi que les journaux, revues, brochures et le mobilier de toute espèce qui leur est nécessaire	4e	30c
A	**Cercles ou sociétés** (Fournisseur des objets de consommation dans les)	5e	
	Droit proportionnel { sur la maison d'habitation seulement	...	30c
A	**Cerclier**	8e	50c
	Celui qui fait les cercles et cerceaux (D. ad.).		
	Céruse (Blanc de) et autres blancs métalliques. Voir *Produits chimiques*.		
	Chaînes (Colleur de) pour fabrication de tissus. Voir *Colleur*.		
	Chaînes et tissus (Exploitant un établissement de collage et séchage de). Voir *Collage*.		
	Chaînes, ancres, câbles en fer et autres grosses pièces pour la marine (**Fabricant** de). Imposable comme maître de forge (D. ad.).		
A	**Chaînes de fil, laine ou coton,** préparées pour la fabrication des tissus (Marchand de)	6e	30c
	Chaînes pour le tissage (Fabricant de fil retors destiné à fabriquer les). Voir *Fil*.		
	Chaînes pour les étoffes ou tissus (Applicateur de couleurs sur les fils ou apprêteur de fils destinés à servir de). Voir *Chineur* et *Mulquinier*.		
A	**Chaises** (Empailleur de)	8e	50c
C	**Chaises** (Loueur de) : **50 centimes** par 100 francs ou fraction de 100		

DÉSIGNATION des tableaux	COMMERCES, INDUSTRIES ET PROFESSIONS	CLASSES du tableau A	TAUX du droit proportionnel
	francs du prix de ferme ou du montant de l'adjudication.		
	Dans le cas où la perception du prix de location des chaises serait concédée à titre d'indemnité ou de remboursement, le concessionnaire serait annuellement imposé sur la somme représentant l'annuité nécessaire pour assurer à la fin de la concession l'indemnité ou le remboursement stipulé.		
	Droit proportionnel { sur la maison d'habitation seulement..................	...	20c
	La fabrique d'une église qui fait percevoir le prix des chaises par des gens à gages n'est pas sujette à patente (D. ad.).		
	Chaises (Marchand de paille coupée pour). Voir *Paille.*		
A	**Chaises à porteurs ou fauteuils roulants** (Loueur de)..................................	8e	50c
A	**Chaises communes** (Fabricant ou marchand de)...	8e	50c
A	**Chaises fines** (Marchand ou fabricant de).........	6e	30c
	Chaises ou fauteuils roulants pour malades (Fabricant ou marchand de). Voir *Voitures à bras.*		
A	**Châles** (Marchand de) en gros..........................	1re	20c
A	**Châles** (Marchand de) en détail..........................	3e	20c
	Châles (Repriseuse de). Voir *Repriseuses.*		
B	**Châlets de nécessité établis sur la voie publique** (Concessionnaire ou exploitant de):		
	Par cabinet d'aisances ou de toilette non gratuit.		
	Dans les villes de { 100,001 âmes et au-dessus. **1 fr.** / 50,001 âmes à 100,000 âmes **0 75** / 50,000 âmes et au-dessous. **0 50**		
	Droit proportionnel { sur la maison d'habitation...	...	10c
	Droit proportionnel { sur les locaux servant à l'exercice de la profession......	...	40c
	Voir *Cabinets d'aisances publics.*		
	Chambre (Confiseur en). Voir *Confiseur.*		
	Chambre (Ferblantier en). Voir *Ferblantier.*		
	Chambre.		
	Ne sont pas assujettis à la patente les ouvriers travaillant en chambre avec un apprenti âgé de moins de seize ans (Loi du 15 juill. 1880, art. 17).		
A	**Chambre meublée** (Loueur d'une)..............	8e	
	Exempt de droit proportionnel.		
A	**Chambres ou appartements meublés** (Loueur de)	6e	
	Le droit proportionnel ne portera pas sur l'habitation du patentable.		
	Pour les chambres ou appartements meublés...	...	40c
	Est passible du droit fixe de 6e classe celui qui loue en garni plusieurs chambres, même deux chambres seulement sans communication entre elles (Arr. C. 3 avr. 1856, n. 312)		
	Est également imposable à la 6e classe celui qui loue en garni, même à un seul locataire, deux pièces avec leurs dépendances (Arr. C. 22 févr. 1870, n. 2336).		
	Sont imposables comme loueurs de chambres ou appartements meublés :		
	Celui qui loue habituellement un appartement meublé, indépendant de son habitation personnelle (Arr. C. 16 avr. 1856, n. 361).		
	Celui qui abandonne habituellement sa maison pendant la saison des bains pour la louer toute meublée (Arr. C. 20 déc. 1855, n. 311).		
	Celui qui loue en garni chaque année, pendant un ou plusieurs mois, une partie de sa maison, qui ne sert pas à son habitation personnelle et à laquelle il a donné une appropriation particulière en vue de la location en garni (Arr. C. 16 avr. 1875, n. 2780).		
	N'est pas imposable celui qui loue en garni, pendant la saison des bains, des locaux faisant partie de l'habitation qu'il occupe ordinairement avec sa famille (Arr. C. 17 juin 1868, n. 2109).		
	Il résulte de ces arrêts que la réunion des conditions de louer en garni, avec le linge, les ustensiles de ménage, le service de la domesticité, etc., n'est pas nécessaire pour rendre imposable à la patente (D. ad.).		
A	**Chamoiseur** pour son compte..........................	6e	30c

DÉSIGNATION des tableaux	COMMERCES, INDUSTRIES ET PROFESSIONS	CLASSES du tableau A	TAUX du droit proportionnel
A	**Chamoiseur** à façon..................................	8e	50c
	Champignons et autres comestibles analogues (Marchand en gros de). Voir *Légumes.*		
	Champignons et autres comestibles analogues (Marchand-expéditeur de). Voir *Fruits.*		
A	**Chandeliers en fer ou en cuivre** (Fabricant de), pour son compte..............................	6e	30c
A	**Chandeliers en fer ou en cuivre** (Fabricant de), à façon..................................	8e	50c
C	**Chandelles** (Fabrique de)................ **5 fr.** Plus **4 francs** par ouvrier.		
	Droit proportionnel { sur la maison d'habitation ..	...	20c
	Droit proportionnel { sur l'établissement industriel.	...	40c
A	**Chandelles** (Marchand de), en détail............	6e	30c
	Chandelles de résine (Faiseur et marchand de). Voir *Oribus.*		
A	**Changeur de monnaies**..........................	1re	20c
	Chanvre (Exploitant de fosses à rouir le). Voir *Routoir.*		
	Chanvre (Exploitant un moulin à battre le). Voir *Moulin.*		
	Chanvre (Fabricant de). Voir *Lin.*		
	Chanvre (Fabricant de tuyaux en fil de), pour les pompes à incendie et les arrosements. Voir *Tuyaux.*		
	Chanvre (Filateur de). Voir *Filature.*		
	Chanvre (Peigneur de). Voir *Peigneur.*		
	Chanvre (Retordeur ou fabricant de fil de). Voir *Fil.*		
	Chanvre (Tissage de). Voir *Métiers.*		
	Chanvre (Tissage de rubans de fil de). Voir *Métiers.*		
	Chanvre brut ou filé (Marchand de). Voir *Lin.*		
	Chapeaux (Apprêteur de). Voir *Apprêteur.*		
	Chapeaux (Approprieur de). Voir *Approprieur.*		
C	**Chapeaux** (Fabricant de).................. **5 fr.** Plus **3 francs** par ouvrier.		
	Droit proportionnel { sur la maison d'habitation...	...	20c
	Droit proportionnel { sur l'établissement industriel.	...	40c
A	**Chapeaux** (Fabricant de coiffes de)..............	8e	50c
A	**Chapeaux** (Garnisseur de)........................	8e	50c
A	**Chapeaux** (Marchand de vieux), en boutique ou en magasin..................................	8e	50c
A	**Chapeaux de feutre de soie ou de paille** (Marchand de), en gros..........................	1re	20c
A	**Chapeaux de feutre, de soie ou de paille** (Marchand de), en demi-gros....................	2e	20c
	Chapeaux de feutre ou de paille (Apprêteur de). Voir *Apprêteur.*		
	Chapeaux de paille (Blanchisseur de). Voir *Blanchisseur.*		
	Chapeaux de paille (Calandreur de). Voir *Calandreur.*		
	Chapeaux de paille (Fabricant de tissus pour). Voir *Paille.*		
A	**Chapeaux de paille** (Marchand de en détail......	5e	30c
A	**Chapelets** (Fabricant ou marchand de)..........	7e	50c
A	**Chapelier en fin**..............................	5e	30c
A	**Chapelier en grosse chapellerie**................	6e	30c
A	**Chapelier** à façon..............................	7e	50c
	Chapelier (Fouleur de feutre pour les). Voir *Fouleur.*		
A	**Chapellerie** (Marchand de matières premières pour la)..................................	1re	20c

DÉSIGNATION des tableaux	COMMERCES, INDUSTRIES ET PROFESSIONS	CLASSES du tableau A	TAUX du droit proportionnel
A	**Chapellerie** (Marchand de fournitures pour la)	5e	30e
	Imposable en cette qualité celui dont la profession consiste à fabriquer et à vendre exclusivement aux chapeliers les cuirs destinés à garnir les chapeaux (Arr. C. 13 janv. 1882, n. 3347).		
	Chapellerie et autres industries (Souffleur de poils pour la). Voir *Soufflerie*.		
	Charbon artificiel (Fabricant de). Voir *Agglomérés*.		
A	**Charbon artificiel ou briques combustibles** (Marchand de) au petit détail	8e	50e
A	**Charbon de bois** (Marchand de) en gros	1re	
	Droit proportionnel { sur la maison d'habitation	...	20e
	Droit proportionnel { sur les locaux servant à l'exercice de la profession	...	40e
A	**Charbon de bois** (Marchand de) en demi-gros	5e	30e
A	**Charbon de bois** (Marchand de) en détail	8e	50e
A	**Charbon de terre épuré ou non, aggloméré ou non** (Marchand de) en gros; celui qui vend principalement par quantités de 4,000 kilogrammes et au-dessus	1re	
	Droit proportionnel { sur la maison d'habitation	...	20e
	Droit proportionnel { sur les locaux servant à l'exercice de la profession	...	40e
A	**Charbon de terre épuré ou non, aggloméré ou non** (Marchand de) en demi-gros; celui qui vend principalement par quantités inférieures à 4,000 kilogrammes et supérieures à 500	2e	
	Droit proportionnel { sur la maison d'habitation	...	20e
	Droit proportionnel { sur les locaux servant à l'exercice de la profession	...	40e
A	**Charbon de terre épuré ou non, aggloméré ou non** (Marchand de) en détail; celui qui vend habituellement par quantités de 100 à 500 kilogrammes	5e	30e
A	**Charbon de terre épuré ou non, aggloméré ou non** (Marchand de) au petit détail; celui qui vend habituellement par quantités inférieures à 100 kilogrammes et qui n'emploie pas de voitures ou n'en emploie qu'une seule	8e	50e
A	**Charbonnier-cuiseur**; celui qui, pour le compte des exploitants, entreprend de transformer le bois en charbon	7e	50e
A	**Charbonnier voiturier**	8e	50e
	Celui qui achète sur les ventes ou dans les mines le charbon qu'il colporte de commune en commune à l'aide d'une voiture (D. ad.).		
	Charbons (Commissionnaire-expéditeur de). Voir *Commissionnaire*.		
A	**Charcutier**	4e	30e
A	**Charcutier revendeur**	6e	30e
A	**Chardons pour le cardage** (Marchand de) en gros	3e	20e
A	**Chargement et déchargement des navires, des bateaux ou des voitures de chemins de fer** (Entrepreneur de)	6e	30e
A	**Charnières en fer, cuivre ou fer-blanc** (Fabricant de), par procédés ordinaires, pour son compte	7e	50e
A	**Charnières en fer, cuivre ou fer-blanc** (Fabricant de), par procédés ordinaires, à façon	8e	50e
A	**Charpentier**	6e	30e
A	**Charpentier** (Entrepreneur-fournisseur)	4e	30e
	Celui qui a un approvisionnement de bois de construction et qui exécute à l'entreprise des travaux de charpente (Arr. C. 9 mai 1855, n. 191).		
A	**Charpentier** à façon, travaillant à la journée pour des maîtres ou pour des particuliers qui lui fournissent la matière	7e	50e
C	**Charpie** (Fabrique de) par procédés mécaniques : **6 francs** par carde.		
	Droit proportionnel { sur la maison d'habitation	...	20e
	Droit proportionnel { sur l'établissement industriel	...	50e

DÉSIGNATION des tableaux	COMMERCES, INDUSTRIES ET PROFESSIONS	CLASSES du tableau A	TAUX du droit proportionnel
	Charrée, cendres noires, etc. (Marchand de). Voir *Engrais ou amendements*.		
A	**Charrettes** (Loueur de)	8e	50e
	Charrettes (Tenant un parc aux). Voir *Parc*.		
	Charrettes à bras (Remiseur de). Voir *Remiseur*.		
A	**Charron**	6e	30e
A	**Charron** à façon, travaillant à la journée pour des maîtres ou pour des particuliers qui lui fournissent la matière	7e	50e
	Charronnage (Marchand de bois de). Voir *Bois en grume*.		
	Chasse (Fabricant d'appeaux pour la). Voir *Appeaux*.		
	Chasse (Fabricant de filets pour la). Voir *Filets*.		
	Chasse (Fabricant ou marchand de plomb et fonte de). Voir *Plomb*.		
	Chasse (Fondeur de plomb ou fonte de). Voir *Fondeur d'étain*.		
	Chasse (Marchand d'ustensiles de). Voir *Ustensiles*.		
A	**Châsses de lunettes** (Fabricant de), pour son compte	6e	30e
A	**Châsses de lunettes** (Fabricant de), à façon	8e	50e
A	**Chasubles ou autres ornements d'église** (Marchand ou fabricant de)	4e	30e
	Chasubles ou autres ornements d'église (Fabricant de), à façon	7e	50e
	Châtaignes (Marchand de). Voir *Marrons*.		
C	**Chaudronnerie pour les appareils à vapeur, à distiller, à concentrer, etc.** (Fabrique de) .... **5 fr.** Plus **5 francs** par ouvrier.		
	Droit proportionnel { sur la maison d'habitation	...	20e
	Droit proportionnel { sur l'établissement industriel	...	60e
A	**Chaudronnier**	5e	30e
A	**Chaudronnier-rhabilleur**	7e	50e
	Chauffage (Fournisseur de) aux troupes. Voir *Fournisseur*.		
	Chauffage des maisons, serres ou établissements publics (Fabricant ou entrepreneur de la construction de calorifères pour le). Voir *Calorifères*.		
A	**Chauffage industriel** (Entrepreneur de construction ou d'installation pour)	4e	30e
	Chaume (Couvreur en). Voir *Couvreur*.		
	Chaussées et routes (Entrepreneur de la construction ou de l'entretien des). Voir *Travaux publics*.		
A	**Chaussons autres qu'en lisière ou sandales** (Fabricant de)	6e	30e
A	**Chaussons de lisière, pantoufles ou sandales** (Marchand de), en gros	4e	30e
A	**Chaussons de lisière et autres ou sandales** (Marchand de), en détail	7e	50e
A	**Chaussons de lisière** (Fabricant de)	8e	50e
C	**Chaussures** (Fabricant de) par procédés mécaniques .... **5 fr.** Plus **3 francs** par ouvrier et **12 francs** par machine à battre, à découper, à cambrer ou à presser, à fraiser et à visser, clouer ou coudre les semelles ou talons. Pour celles de ces machines qui seront mues par l'homme, le droit fixe de **12 francs** sera réduit de moitié.		
	Droit proportionnel { sur la maison d'habitation	...	20e
	Droit proportionnel { sur l'établissement industriel	...	50e
	Est imposable en cette qualité celui qui emploie dans son établissement des coupeuses mécaniques à balancier, une cambreuse mécanique et plusieurs machines à coudre, bien que ces divers engins soient mis en action par la main de l'homme et n'exigent pas l'emploi d'un moteur spécial (Arr. C. 23 févr. 1877, n. 2323).		

DÉSIGNATION des tableaux	COMMERCES, INDUSTRIES ET PROFESSIONS	CLASSES du tableau A	TAUX du droit proportionnel
	Chaussures (Fabricant de formes pour les). Voir *Formes* et *Formier*.		
	Chaussures (Fabricant de semelles mobiles pour l'intérieur des). Voir *Semelles*.		
	Chaussures (Fabricant de talons en bois pour). Voir *Talons*.		
	Chaussures (Fabricant ou marchand d'empeignes ou brides de). Voir *Tiges*.		
A	**Chaussures** (Marchand de) en gros................	1re	20e
	Chaussures (Tenant magasin de). Voir *Bottier*.		
A	**Chaux** (Marchand de)............................	6e	30e
C	**Chaux ou ciments artificiels, etc.** (Fabrique de) : **1 fr. 80 cent.** par mètre cube de la capacité brute des fours. Le droit sera réduit de moitié pour les fours dans lesquels on cuira moins de huit fois par an.		
	Droit proportionnel { sur la maison d'habitation...	...	20e
	Droit proportionnel { sur l'établissement industriel.	...	40e
C	**Chaux ou ciments naturels** (Fabrique de) : **1 fr. 20 cent.** par mètre cube de la capacité brute des fours à feu intermittent; **1 fr. 50 cent.** par mètre cube de la capacité brute des fours à feu continu. Le droit sera réduit de moitié pour les fours à feu intermittent dans lesquels on cuira moins de huit fois par an et pour les fours à feu continu qui ne seront en activité que deux mois par an.		
	Droit proportionnel { sur la maison d'habitation...	...	20e
	Droit proportionnel { sur l'établissement industriel.	..	40e
	On doit imposer sous cette dénomination le fabricant de chaux hydraulique naturelle (Arr. C. 9 déc. 1857, n. 679). Le cultivateur qui fabrique de la chaux, dont une partie est utilisée dans son exploitation et dont le surplus est vendu, est imposable à la patente (Arr. C. 27 juin 1855, n. 167). Il y a lieu de considérer comme parties intégrantes des fours des hausses mobiles dans lesquelles la cuisson de la pierre s'effectue aussi bien que dans le récipient inférieur (Arr. C. 16 avr. 1880; Bertrand, Meuse).		
A	**Chef de ponts et pertuis**........................	6e	30e
	Est imposable sous cette dénomination celui qui facilite aux bateaux le passage des ponts et autres endroits difficiles (D. ad. et Arr. C. 19 juill. 1854, n. 198, et 22 juin 1858, n. 669).		
D	**Chef d'institution, maître de pension.** Profession assujettie seulement au droit proportionnel. Les locaux affectés au logement et à l'instruction des élèves ne seront pas compris dans l'estimation de la valeur locative........................	...	15e ou 12e V. p. 170
	Est imposable comme chef d'institution ou maître de pension : Un instituteur primaire qui tient un pensionnat (Arr. C. 16 févr. 1853, n. 29; 17 mai 1854, n. 218). Un instituteur communal qui a annexé un pensionnat à l'école primaire qu'il dirige, alors même que le pensionnat serait établi dans des locaux fournis par la commune et que celle-ci percevrait la moitié des rétributions payées par les pensionnaires (Arr. C. 5 oct. 1857, n. 559). Un maître de pension, lors même qu'il recevrait quelques élèves gratuitement (Arr. C. 13 déc. 1855, n. 331). Un chef d'institution, même lorsqu'il ne tient qu'un externat (Arr. C. 10 déc. 1856, n. 447). Le directeur d'une école secondaire ecclésiastique, à laquelle est annexée une école primaire avec pensionnat (Arr. C. 31 juill. 1856, n. 448). Le supérieur d'une école secondaire libre, bien qu'une école secondaire ecclésiastique ait été annexée à l'établissement (Arr. C. 2 janv. 1857, n. 449). Les maîtresses de pension sont passibles de la patente comme les maîtres de pension ou chefs d'institution (Arr. C. 27 juill. 1853, n. 28). N'est pas imposable : Le principal d'un collège communal (Arr. C. 16 févr. 1853, n. 27). Le supérieur d'une école secondaire ecclésiastique (Arr. C. 6 juin 1856, n. 368). La supérieure d'un couvent qui tient un établissement d'instruction primaire et ne prend en pension que quelques élèves pendant la saison d'hiver (Arr. C. 9 janv. 1856, n. 332).		
C	**Chemin de fer avec péage** (Concessionnaire ou exploitant de) : **10 francs** par kilomètre pour les lignes ou portions de ligne à double voie ; **5 francs** par kilomètre pour les lignes ou portions de ligne à simple voie. Ne seront comptées dans les lignes à double voie que les parties pourvues de deux voies et reliant au moins deux stations entre elles. Dans le cas où la ligne aurait moins d'un kilomètre, les droits ci-dessus seraient applicables.		
	Droit proportionnel { sur la maison d'habitation...	...	20e
	Droit proportionnel { sur l'établissement industriel.	...	50e
	1° Ne sont point passibles du droit proportionnel : Les terrains et constructions constituant une dépendance de la voie ferrée ou de la voie publique; les cours de service donnant accès à la voie ou à la gare des marchandises (Arr. C. n. 1800, 1801); les quais découverts situés le long de la voie ferrée (Arr. C. n. 1965); les quais, même couverts, servant à l'embarquement des voyageurs (Arr. C. n. 1804); la marquise qui recouvre l'embarcadère des voyageurs (Arr. C. n. 1969); les voies de garage, leurs rails et les fosses à piquer, les entre-voies (Arr. C. n. 1801). les guérites des aiguilleurs (Arr. C. n. 1598); les voies dites de triage qui servent au classement des wagons pleins en provenance de divers établissements industriels et à leur stationnement jusqu'au moment de leur expédition (Arr. C. n. 3488). Les terrains, constructions et logements qui ne sont pas de nature à être considérés comme servant à l'exploitation industrielle et commerciale; les cours, jardins, terrains vagues non utilisés ou ne l'étant qu'accidentellement (Arr. C. n. 1802, 1968, 1969); les bureaux des commissaires de surveillance et des commissaires de police (Arr. C. n. 1802); le bureau du télégraphe et le logement des préposés; les bureaux et les magasins de la douane (Arr. C. n. 1802); le bureau de l'octroi (Arr. C. n. 1601); le bureau des objets perdus (Arr. C. n. 1801); la remise des pompes à incendie (Arr. C. n. 1800). Les logements des employés qui ne représentent pas la compagnie et dont l'habitation dans les gares n'est pas exigée par les besoins du service (Arr. C. n. 1966); le logement des ingénieurs, de l'inspecteur de la traction, du conducteur des travaux, du chef de bureau de la grande vitesse, du contrôleur ambulant, du receveur principal (Arr. C. n. 1602); du receveur distributeur des billets, des piqueurs des travaux (Arr. C. n. 1968). 2° Sont passibles du droit proportionnel au vingtième de la valeur locative : Les logements, situés dans les gares, des représentants de la compagnie; le logement des chefs de gare (Arr. C. n. 1968); des chefs de station (Arr. C. n. 1092); du sous-chef de gare chargé de suppléer le chef de gare (Arr. C. n. 1968); de l'agent commercial (Arr. C. n. 1802). 3° Sont passibles du droit proportionnel au cinquantième de la valeur locative : Les terrains et constructions servant à l'exploitation, les gares de réexpédition (Arr. C. n. 1593); les ateliers et leurs dépendances (Arr. C. n. 1596), ainsi que leur outillage (Arr. C. n. 1801); les voies qui conduisent aux ateliers de réparation et aux remises, les cours et terrains affectés au même service (Arr. C. n. 1800, 1801); les quais et trottoirs sous les gares de marchandises ou servant de chantiers (Arr. C. n. 1592, 1596 et 1597); les ponts à bascule et leurs guérites (Arr. C. n. 1593); les grues hydrauliques et les grues à pivots (Arr. C. n. 1599); les appareils pour le gaz et les bouillottes (Arr. C. n. 1597); la gare d'eau servant à l'exploitation (Arr. C. n. 1800); le château d'eau et ses accessoires; les réservoirs, les conduites d'eau (Arr. C. n. 1967); la machine fixe qui alimente les locomotives (Arr. C. n. 1801). Les voies et plaques tournantes qui servent à amener les wagons, des voies de circulation ou de garage : aux halles à marchandises, à l'atelier des visiteurs et à une usine avoisinant la gare, la voie affectée au service d'une prise d'eau servant exclusivement à l'alimen-		

DÉSIGNATION des tableaux	COMMERCES, INDUSTRIES ET PROFESSIONS	CLASSES du tableau A	TAUX du droit proportionnel
	tation des machines de la compagnie; les changements de voie desservant des voies imposables; un pont à bascule destiné à peser les wagons en provenance ou à destination d'une usine avoisinant la gare; une halle à marchandises, pour celles de ses parties où les marchandises visitées par la douane sont mises en dépôt sous la garde de la compagnie et donnent lieu à la perception de droits de magasinage au profit de cette dernière, les terrains occupés par les plaques tournantes et par les voies imposables; les terrains pavés encadrés par des voies imposables et faisant partie de l'établissement industriel; les murs entourant des ateliers (Arr. C. n. 3488). Les grues hydrauliques, le gabarit de chargement et le chantier servant de dépôt pour le matériel de la voie; la clôture, l'estacade, les passerelles et les pontons d'une gare maritime; une estacade à charbons (Arr. C. n. 3519). Les logements occupés, dans la gare, par les sous-chefs de gare chargés du service de la petite vitesse. par le chef de dépôt, le garde-magasin, les concierges, les contrôleurs, surveillants, etc. (Arr. C. n. 1602); par les sous-chefs de gare qui n'ont pas d'attributions spéciales (Arr. C. n. 1800); par le chauffeur de la machine hydraulique et le charbonnier (Arr. C. n. 1801); par le mécanicien du dépôt (Arr. C. n. 1802); par l'agent chargé de surveiller les livraisons de charbon (Arr. C. n. 1800); les maisons des gardes de passage à niveau ou gardes-barrières (Arr. C. n. 1599 et 3349); le bureau et le logement du piqueur de la voie; le logement du facteur de la gare (Arr. C. n. 3519).		
	Chemin de fer (Exploitant un buffet dans l'intérieur d'une gare de). Voir *Buffet*.		
A	**Cheminées dites économiques** (Marchand ou fabricant de)........	6e	30e
	Chemins vicinaux (Entrepreneur de la construction ou de l'entretien des). Voir *Travaux publics (Entrepreneur de)*.		
	Chemisier. Voir *Linger*.		
A	**Chenilles en soie** (Fabricant de), pour son compte.	7e	50e
A	**Chenilles en soie** (Fabricant de), à façon........	8e	50e
	Cheval (Viande de). Voir *Boucher*.		
	Chevaux (Courtier de). Voir *Courtier*.		
	Chevaux (Entrepreneur d'établissement pour les courses de). Voir *Courses*.		
	Chevaux (Logeur de). Voir *Logeur*.		
A	**Chevaux** (Loueur de)........ Voir *Manège d'équitation*.	5e	30e
A	**Chevaux** (Marchand de)........	4e	30e
A	**Chevaux** (Tenant pension de)........ Celui qui loge et nourrit les chevaux qu'il se charge de dresser pour les courses doit être imposé comme tenant une pension de chevaux (Arr. C. 19 déc. 1855, n. 310).	5e	30e
	Chevaux de bois (Maître de manège à). Voir *Jeux*.		
	Cheveux (Artiste en). Voir *Artiste*.		
	Cheveux (Fabricant ou marchand d'ouvrages en), pour la coiffure. Voir *Tours*.		
A	**Cheveux** (Marchand de) en gros; celui qui vend principalement aux autres marchands, aux coiffeurs ou aux perruquiers........	2e	20e
A	**Cheveux** (Marchand de) en demi-gros; celui qui vend habituellement aux autres marchands, aux coiffeurs, aux perruquiers et aux particuliers........	3e	20e
A	**Cheveux** (Marchand de) en détail........	5e	30e
A	**Chevilleur**........ Celui qui apprête les soies écrues pour les fabricants et marchands (D. ad.).	8e	50e
A	**Chèvres et chevreaux** (Marchand de)........	7e	50e
	Chèvres (Nourrisseur de) pour le commerce du lait. Voir *Nourrisseur*.		
	Chicorée (Fabricant de cossettes de). Voir *Cossettes*.		
	Chicorée (Fabricant ou marchand de café de). Voir *Café*.		

DÉSIGNATION des tableaux	COMMERCES, INDUSTRIES ET PROFESSIONS	CLASSES du tableau A	TAUX du droit proportionnel
	Chien (Fabricant ou marchand de colliers de). Voir *Colliers*.		
A	**Chiens** (Marchand de)........	6e	30e
A	**Chiffonnier** (Marchand) en gros; celui qui vend principalement par quantités excédant 2,000 kilogrammes........	1re	20e
A	**Chiffonnier** (Marchand) en demi-gros; celui qui vend habituellement par quantités de 1,000 à 2,000 kilogrammes........	5e	30e
A	**Chiffonnier en détail**; celui qui vend habituellement par quantités inférieures à 1,000 kilogrammes........	7e	50e
	Chiffonnier au crochet (*Exempt*).		
	Chiffons (Déchireur de). Voir *Déchireur*.		
A	**Chimiste-expert**........	3e	20e
A	**Chineur**........ Celui qui applique les couleurs sur les fils destinés à former la chaîne des étoffes (D. ad.).	7e	50e
D	**Chirurgie** (Profession assujettie seulement au droit proportionnel)........		15e ou 12e V. p. 170
	Chirurgie (Fabricant ou marchand d'instruments de). Voir *Instruments*.		
	Chirurgien-dentiste. Voir *Dentiste*.		
C	**Chocolat** (Fabricant de) par procédés mécaniques........ 5 fr. Plus **4 francs** par ouvrier et **6 francs** par meule, cylindre ou autre machine à broyer et par appareil à mélanger.		
	Droit proportionnel { sur la maison d'habitation....	...	20e
	Droit proportionnel { sur l'établissement industriel.	...	40e
A	**Chocolat** (Fabricant de) à la main........	6e	30e
A	**Chocolat** (Marchand de) en gros........	3e	20e
A	**Chocolat, bonbons ou menue confiserie** (Marchand de) en détail........	5e	30e
	Chômage. Dans les usines fonctionnant exclusivement à l'aide de moteurs hydrauliques, le droit fixe est réduit de moitié pour ceux des éléments de cotisation qui, par manque ou par crue d'eau, sont périodiquement forcés de chômer pendant une partie de l'année équivalente au moins à quatre mois (Loi du 15 juill. 1880, art. 11).		
	Chronomètres (Marchand de). Voir *Pendules*.		
	Cidre (Débitant de) au petit détail. Voir *Vin*.		
	Cidre (Fabricant d'eau-de-vie de). Voir *Esprit*.		
A	**Cidre** (Marchand de) en gros; celui qui vend principalement par pièces ou par quantités supérieures, soit aux marchands en détail, soit aux cabaretiers soit aux consommateurs........	3e	20e
	Cidre (Marchand de) en détail, ayant billard. Voir *Cabaretier*.		
	Cidre (Marchand de) en détail. Voir *Bière*.		
	Cidre (Voiturier marchand de). Voir *Voiturier*.		
	Cierges en cire, stéarine, paraffine, etc. (Fabricant de). Voir *Bougies*.		
	Cierges en cire (Marchand de). Voir *Cirier*.		
A	**Cierges en stéarine** (Marchand de)........	5e	30e
	Cigares dans le département de la Corse (Marchand de). Voir *Tabac*.		
	Cigares étrangers (Marchand de). Voir *Tabac*.		
	Ciment (Entrepreneur de dallage en). Voir *Dallage*.		
	Ciment (Fabricant de tuyaux en), etc., pour les arrosements. Voir *Tuyaux*.		
A	**Cimentier** (Marchand); celui qui vend des mastics et ciments qu'il n'a point fabriqués ou qu'il a fabriqués par des procédés ne donnant pas lieu à		

Désignation des tableaux	Commerces, industries et professions	Classes du tableau A	Taux du droit proportionnel
	l'application des droits déterminés au tableau des professions imposées sans égard à la population..	6e	30e
	Ciments (Fabricant de). Voir *Chaux.*		
A	**Cirage ou encaustique** (Fabrique de) par procédés mécaniques.......... 5 fr. Plus **5 francs** par ouvrier.		
	Droit proportionnel { sur la maison d'habitation...	...	20e
	Droit proportionnel { sur l'établissement industriel.	...	40e
	Cirage ou encaustique (Marchand ou fabricant de) par procédés ordinaires..........	7e	50e
C	**Cire** (Blanchisserie de).......... 5 fr. Plus **5 francs** par ouvrier.		
	Droit proportionnel { sur la maison d'habitation...	...	20e
	Droit proportionnel { sur l'établissement industriel.	...	40e
	Cire (Fabricant de bustes en) pour les coiffeurs. Voir *Bustes.*		
	Cire (Fabricant de cierges en). Voir *Bougies.*		
	Cire (Marchand de bougies de). Voir *Bougies.*		
	Cire (Mouleur de figures en) à façon. Voir *Figures.*		
A	**Cire à cacheter** (Fabricant de)..........	4e	30e
	Cire brute (Marchand de miel et). Voir *Miel.*		
A	**Cirier** (Marchand)..........	4e	30e
	Il n'y a pas lieu de recourir à un arrêté d'assimilation pour imposer à la patente un contribuable dont le commerce consiste principalement dans la vente des cierges en cire, cette profession se trouvant comprise au tarif sous la dénomination de marchand cirier (Arr. C. 9 juin 1876, n. 2851).		
	Cirque (Directeur de). Voir *Spectacle forain* et *Spectacles.*		
A	**Ciseleur**..........	6e	30e
	Citrons (Marchand de). Voir *Oranges.*		
	Clarification des eaux (Fournisseur ou entrepreneur de l'établissement d'appareils en fer ou en fonte pour le filtrage ou la). Voir *Appareils.*		
	Clarification des eaux. Voir *Eau filtrée* et *Fontaine.*		
	Clarification des vins ou liqueurs (Fabricant de colle solide ou en poudre pour la). Voir *Colle.*		
	Clavecins (Fabricant, facteur ou marchand de). Voir *Pianos.*		
	Clefs pour montres ou pendules (Fabricant de). Voir *Aiguilles.*		
A	**Clinquant** (Fabricant de) pour son compte..........	6e	30e
A	**Clinquant** (Fabricant de) à façon..........	8e	50e
	Cloches (Adjudicataire de la sonnerie des). Voir *Sonnerie.*		
A	**Cloches de toute dimension** (Marchand de)..........	5e	30e
	Cloches et clochettes (Fondeur de). Voir *Fonderie de cuivre et bronze.*		
C	**Clous et pointes** (Fabrique de) par procédés mécaniques : **6 francs** par métier.		
	Droit proportionnel { sur la maison d'habitation...	...	20e
	Droit proportionnel { sur l'établissement industriel.	...	50e
	Clous forgés (Fabricant de). Voir *Ferronnerie.*		
A	**Cloutier** (Marchand) en gros..........	1re	20e
A	**Cloutier** (Marchand) en demi-gros..........	2e	20e
A	**Cloutier** (Marchand) en détail..........	5e	30e
A	**Cloutier au marteau** pour son compte..........	7e	50e
A	**Cloutier au marteau** à façon..........	8e	50e
	On ne doit pas imposer comme cloutier au marteau mais comme exploitant une fabrique de clous forgés, celui qui travaille habituellement, non sur commande mais pour l'approvisionnement des marchands de clous, des menuisiers, des couvreurs, etc., auxquels il livre par fortes parties (Arr. C. 22 avr. 1857, n. 556).		

Désignation des tableaux	Commerces, industries et professions	Classes du tableau A	Taux du droit proportionnel
	Cochons (Langueyeur de). Voir *Langueyeur.*		
A	**Cochons** (Marchand de)..........	4e	30e
C	**Cocons** (Filerie de) : **1 fr. 80 cent.** par bassine.		
	Droit proportionnel { sur la maison d'habitation...	...	20e
	Droit proportionnel { sur l'établissement industriel.	...	50e
	Le droit fixe est dû pour les bassines dites *batteuses*, qui ne sont pas munies de tours, aussi bien que pour les bassines dites *tireuses*, qui sont pourvues de tours (Arr. C. 16 déc. 1869, n. 2313.)		
A	**Cocons** (Marchand de)..........	4e	30e
	Cocons (Marchand de débris de). Voir *Bourre.*		
	Coffres en bois blanc (Fabricant de). Voir *Layetier.*		
A	**Coffretier-malletier en bois**..........	6e	30e
A	**Coffretier-malletier en cuir**..........	5e	30e
	Coiffes de chapeaux (Fabricant de). Voir *Chapeaux.*		
A	**Coiffes de femme** (Faiseuse et marchande de)..........	7e	50e
A	**Coiffeur**..........	6e	30e
	On ne doit pas qualifier parfumeur le coiffeur qui vend à ses pratiques quelques objets de parfumerie; on ne doit imposer comme parfumeur que celui dont la parfumerie constitue le commerce principal et habituel (D. ad.).		
	Coiffure (Fabricant et marchand d'ouvrages pour la), en cheveux, soie, etc. Voir *Tours.*		
C	**Coke** (Fabrique de) : **15 centimes** par fraction de la capacité des fours, susceptibles de recevoir une charge de 100 kilogrammes de charbon. Les droits seront réduits de moitié pour les fours où la carbonisation dure plus de 48 heures.		
	Droit proportionnel { sur la maison d'habitation....	...	20e
	Droit proportionnel { sur l'établissement industriel.	...	40e
	Celui qui entreprend à forfait, et à ses risques et périls, la fabrication du coke pour des maîtres de forges qui lui fournissent la houille et les fours, est imposable comme celui qui exploite une fabrique de coke pour son compte (Arr. C. 10 févr. 1858, n. 680).		
	Coke (Marchand de). Voir *Charbon de terre.*		
C	**Collage et séchage de chaînes et tissus** (Exploitant un établissement de) par procédés ordinaires.......... 5 fr. Plus **4 francs** par ouvrier.		
	Droit proportionnel { sur la maison d'habitation....	...	20e
	Droit proportionnel { sur l'établissement industriel.	...	60e
C	**Collage et séchage de chaînes et tissus** (Exploitant un établissement de) par procédés mécaniques : **6 francs** par tournant ou cylindre.		
	Droit proportionnel { sur la maison d'habitation....	...	20e
	Droit proportionnel { sur l'établissement industriel.	...	60e
A	**Colle de pâte de peau, de graisse, de gélatine** (Fabricant ou marchand de)..........	7e	50e
C	**Colle forte** (Fabrique de).......... 5 fr. Plus **4 francs** par ouvrier.		
	Droit proportionnel { sur la maison d'habitation....	...	20e
	Droit proportionnel { sur l'établissement industriel.	...	40e
A	**Colle solide ou en poudre pour la clarification des vins et liqueurs** (Fabricant de)..........	5e	30e
C	**Colle végétale pour les papeteries** (Fabrique de).......... 5 fr. Plus **4 francs** par ouvrier.		
	Droit proportionnel { sur la maison d'habitation....	...	20e
	Droit proportionnel { sur l'établissement industriel.	...	40e
	Collets (Fabricant ou marchand de). Voir *Cols.*		
A	**Colleur de chaînes pour fabrication de tissus**..	7e	50e
A	**Colleur d'étoffes**..........	5e	30e
A	**Colleur de papier peints**..........	8e	50e
	Colliers de bêtes de trait (Fabricant ou marchand d'attelles pour). Voir *Attelles.*		

DÉSIGNATION des tableaux	COMMERCES, INDUSTRIES ET PROFESSIONS	CLASSES du tableau A	TAUX du droit proportionnel
A	**Colliers de chiens** (Fabricant ou marchand de)...	7e	50e
A	**Coloriste enlumineur**.........................	8e	50e
	Colporteur. Voir *Marchand forain.*		
A	**Cols, collets, cravates ou rabats** (Fabricant de) pour son compte...........................	6e	30e
A	**Cols, collets, cravates ou rabats** (Fabricant de) à façon..................................	8e	30e
A	**Cols, collets, cravates ou rabats** (Marchand de) en gros..................................	3e	50e
A	**Cols, collets, cravates ou rabats** (Marchand de) en détail................................	6e	30e
A	**Combustibles** (Marchand de) en détail........... Celui qui, ayant boutique vend au quintal métrique ou par quantités inférieures au stère, mais supérieures à la falourde et au fagot (D. ad.).	6e	30e
A	**Comestibles** (Marchand de).................... Est imposable en cette qualité, et non pas seulement comme marchand de fromages, celui qui joint au commerce des fromages la vente habituelle de diverses denrées comestibles, telle que viandes de charcuterie, thon, olives, miel, chocolat, etc. (Arr. C. 26 nov. 1869, n. 2306). Il n'y a pas lieu d'imposer en cette qualité l'épicier en détail qui joint à son commerce la vente de vins et liqueurs en bouteilles, de conserves et de comestibles, si cette vente est tout à fait accessoire à son commerce principal (Arr. C. 12 août 1859, n. 807).	3e	20e
	Comestibles (Marchand de menus). Voir *Fromages et autres menus comestibles.*		
	Comestibles analogues aux fruits, légumes frais et champignons (Marchand expéditeur de). Voir *Fruits.*		
	Comestibles analogues aux légumes frais et aux champignons (Marchand en gros de). Voir *Légumes.*		
	Commerce (Courtier ou représentant de). Voir *Courtier* et *Représentant.*		
	Commis (*Exempt*).		
	Commis voyageur. S'il transporte et vend des marchandises, imposable comme *Marchand forain.*		
	Commis voyageur. S'il se borne à voyager avec des échantillons (*Exempt*). L'exemption est maintenue à celui qui voyage habituellement pour le compte d'une seule maison de commerce dont il place les produits moyennant une remise proportionnelle, s'il ne se charge ni de faire expédier les produits vendus, ni d'effectuer le recouvrement du prix des ventes (Arr. C. 29 juill. 1868 n. 2087). Voir *Courtier de marchandises* et *Représentant.*		
	Commis voyageur étranger. Les commis voyageurs des nations étrangères seront traités, relativement à la patente, sur le même pied que les commis voyageurs français chez ces mêmes nations (L. du 15 juill. 1880, art. 24). Voir les indications contenues dans l'instruction générale sur les patentes du 6 avr. 1881, p. 91, et dans les circulaires du 29 décembre 1882, n. 635, et du 23 juin 1890, n. 757.		
D	**Commissaire-priseur.** Profession assujettie seulement au droit proportionnel.................. Ne peuvent être assujettis à la patente de directeur d'un établissement de vente à l'encan les commissaires-priseurs, à raison des ventes publiques d'objets mobiliers qu'ils font en vertu de leurs attributions (Arr. C. 31 mai 1855, Dayez, Nord).	...	15e ou 12e V. p. 170
A	**Commissionnaire accrédité près la douane**; celui qui, avec l'autorisation de l'administration, assiste, pour le compte et aux frais des voyageurs, à la vérification de leurs effets dans les bureaux des douanes..................................	6e	30e
A	**Commissionnaire au Mont-de-piété**............	4e	30e

DÉSIGNATION des tableaux	COMMERCES, INDUSTRIES ET PROFESSIONS	CLASSES du tableau A	TAUX du droit proportionnel
B	**Commissionnaire de transports par terre ou par eau.**		

	TAXE déterminée	TAXE par personne employée(1)
	Fr.	Fr.
A Paris........................	300	15
Dans les villes de 100,001 âmes et au-dessus........	250	12
Dans les villes de 50,001 à 100,000 âmes....	200	10
Dans les villes de 30,001 à 50,000 âmes.... 15,001 à 30,000 âmes qui ont un entrepôt réel....	150	8
Dans les villes de 15,001 à 30,000 âmes..... 8,001 à 15,000 âmes qui ont un entrepôt réel.......	100	5
Dans les villes de 8,001 à 15,000 âmes..... 8,000 âmes et au-dessous qui ont un entrepôt réel................	50	5
Dans toutes les autres communes.	30	5

La taxe par employé est doublée lorsque le nombre des employés dépasse 200, et triplée lorsqu'il dépasse 1,000 (L. 17 juill. 1889, art. 2).

		CLASSES du tableau A	TAUX du droit proportionnel
	Droit proportionnel sur la maison d'habitation et sur les bureaux.......	...	10e
	Droit proportionnel sur les locaux autres que les bureaux servant à l'exercice de la profession	...	40e

Imposable comme tel celui qui, servant d'intermédiaire entre le public et les compagnies maritimes pour l'expédition des marchandises, se charge de transporter celles-ci jusqu'au lieu d'embarquement et qui est, envers les compagnies, responsable du prix du transport et des frais s'y rattachant (Arr. C. 28 déc. 1883, n. 3435).

DÉSIGNATION des tableaux	COMMERCES, INDUSTRIES ET PROFESSIONS	CLASSES du tableau A	TAUX du droit proportionnel
A	**Commissionnaire en marchandises**; lorsqu'il s'entremet seulement pour la vente aux marchands détaillants et aux consommateurs..............	4e	30e
B	**Commissionnaire en marchandises**...........	...	10e

	TAXE déterminée	TAXE par personne employée(2)
	Fr.	Fr.
A Paris........................	400	20
Dans les villes de 50,001 âmes et au-dessus.	300	15
Dans les villes de 30,001 à 50,000 âmes..... 15,001 à 30,000 âmes qui ont un entrepôt réel....	200	10
Dans les villes de 15,001 à 30,000 âmes..... 15,000 âmes et au-dessous qui ont un entrepôt réel.	150	8
Dans toutes les autres communes.	75	5

La taxe par employé est doublée lorsque le nombre des employés dépasse 200, et triplée lorsqu'il dépasse 1,000 (Loi du 17 juill. 1889, art. 2).

Si les opérations que font les commissionnaires en marchandises, ou auxquelles ils prêtent leur

(1) « ..... employée, en sus du nombre de cinq, aux écritures, aux caisses, à la surveillance, aux achats et aux ventes intérieures ou extérieures. » Voir la note, page 172.

(2) « ... employée, en sus du nombre de cinq, aux écritures, aux caisses, à la surveillance, aux achats et aux ventes intérieures ou extérieures. » Voir la note, page 172.

DÉSIGNATION des tableaux	COMMERCES, INDUSTRIES ET PROFESSIONS	CLASSES du tableau A	TAUX du droit proportionnel
	entremise, ont pour objet habituel la vente aux marchands détaillants et aux consommateurs, les droits de patente seront ceux de la 4e classe du tableau A.		
	Imposable comme tel, et non comme commissionnaire entrepositaire de vins, celui qui reçoit dans ses magasins des vins qui lui sont expédiés pour les vendre et qu'il se charge de placer sous sa responsabilité personnelle (Arr. C. 13 févr. 1880, n. 3235).		
	Imposable comme tel, aux droits du tableau B, celui qui se charge d'expédier, par quantités importantes et moyennant un droit de commission, divers produits à des marchands de l'étranger, sans qu'il y ait lieu de rechercher si ces marchands font le commerce en gros, en demi-gros ou en détail (Arr. C. 28 juill. 1882, n. 3351).		
B	**Commissionnaire entrepositaire**................	...	[illegible]

	TAXE déterminée	TAXE par personne employée(1)
	Fr.	Fr.
A Paris......................	300	15
Dans les villes de 100,001 âmes et au-dessus.	250	12
Dans les villes de 50,001 à 100,000 âmes....	200	10
Dans les villes de 30,001 à 50,000 âmes .... 15,001 à 30,000 qui ont un entrepôt réel..........	150	8
Dans les villes de 15,001 à 30,000 âmes.... 15,000 âmes et au-dessous qui ont un entrepôt réel.	100	5
Dans toutes les autres communes.	50	5

DÉSIGNATION des tableaux	COMMERCES, INDUSTRIES ET PROFESSIONS	CLASSES du tableau A	TAUX du droit proportionnel
	La taxe par employé est doublée lorsque le nombre des employés dépasse 200, et triplée lorsqu'il dépasse 1,000 (L. 17 juill. 1889, art. 2).		
	Le droit proportionnel est fixé au 40e de la valeur locative des locaux servant à l'exercice de la profession de *commissionnaire entrepositaire de vins* (Tab. D annexé à la loi du 15 juill. 1880).		
	Le commissionnaire entrepositaire est celui qui se charge de recevoir, de faire entreposer et de réexpédier des marchandises, mais qui ne fait ni achats ni ventes pour ses commettants (D. ad.).		
	Est imposable en cette qualité celui qui reçoit habituellement, dans des écuries disposées à cet effet, des chevaux achetés par des marchands français et étrangers, et qu'il se charge de leur expédier moyennant un droit de commission (Arr. C. 2 août 1878, n. 3055).		
	Commissionnaire entrepositaire de vins. Voir *Commissionnaire entrepositaire.*		
A	**Commissionnaire expéditeur de charbons**......	6e	30e
A	**Commissionnaire porteur pour les fabricants de tissus**................................	6e	30e
	Celui qui porte au domicile des ouvriers des matières à peigner, à filer, à ourdir, à préparer ou à confectionner, qui en apprécie la façon sous sa responsabilité et rapporte les matières ouvragées (D. ad.).		
	Doit être imposé comme commissionnaire porteur pour les fabricants de tissus, celui qui se charge de faire confectionner des *broderies* pour les maisons de fabrication (Arr. C. 16 avr. 1856, n. 360).		
A	**Commissionnaire pour l'acquit des droits de douane et de fret** au départ ou à l'arrivée des navires..................................	6e	30e
	Comptes courants (Sociétés formées par actions pour opérations de). Voir *Sociétés.*		
	Comptoir d'avances ou de prêts, de recettes ou de paiements (Tenant). Voir *Caisse.*		
	Comptoir de réassurances. Voir *Réassurances.*		
	Comptoir pour opérations sur les valeurs (Tenant). Voir *Caisse.*		
	Concert (Exploitant de café). Voir *Café.*		
	Concerts (Adjudicataire ou fermier des droits à percevoir au profit des pauvres dans les). Voir *Spectacles.*		
C	**Concerts publics** (Entrepreneur de) : **3/10es** d'une recette complète, si les concerts ont lieu plus de trois fois par semaine ; **3/20es** si les concerts n'ont lieu qu'une, deux ou trois fois par semaine.		
	Droit proportionnel { sur la maison d'habitation seulement..................	...	20e
	Concierge de prison tenant cantine. Voir *Cantinier.*		
	Concours (Entrepreneur d'installation de baraquements pour). Voir *Baraquements.*		
A	**Condition pour les soies, la laine ou le coton** (Entrepreneur ou fermier d'une)................	2e	20e
	Celui qui tient un établissement où l'on constate, par diverses opérations, le degré d'humidité de la laine, du coton ou de la soie, ainsi que le poids réel de ces matières (D. ad.).		
	Conduite des eaux (Fabricant de pièces pour la). Voir *Pompes.*		
	Conduite des eaux (Fabricant de tuyaux pour le drainage ou la). Voir *Briques.*		
	Confections (Fabricant ou marchand de). Voir *Vêtements confectionnés.*		
	Confiserie (Marchand de menue). Voir *Chocolat.*		
	Confiseries (Revendeur de bonbons et). Voir *Bonbons.*		
A	**Confiseur**..	3e	20e
	Est imposable comme tel celui dont la profession consiste à fabriquer et à vendre des confitures (Arr. C. 28 mars 1879, n. 3137).		
A	**Confiseur** en chambre..............................	7e	50e
	Conservateur de tapis, de couvertures de laine et de coton. Voir *Rentrayeur.*		
	Conservation des affiches (Entrepreneur de la). Voir *Affiches.*		
C	**Conservation des bois, des toiles et des cordages** (Établissement pour la) au moyen de préparations chimiques : **60 centimes** par mètre cube des bassins, cuves ou fosses renfermant les préparations conservatrices ou servant à l'immersion des objets à conserver.		
	Droit proportionnel { sur la maison d'habitation....	...	20e
	Droit proportionnel { sur l'établissement industriel.	...	50e
C	**Conserves alimentaires** (Fabrique de)..... **5 fr** Plus **4 francs** par ouvrier.		
	Droit proportionnel { sur la maison d'habitation...	...	20e
	Droit proportionnel { sur l'établissement industriel.	...	40e
	Celui dont l'industrie consiste à préparer la sardine dans l'huile et à l'enfermer dans des boîtes de fer blanc, afin de la conserver, est imposable comme fabricant de conserves alimentaires ; il doit la patente pour l'année entière, alors même que sa profession ne serait exercée que pendant la durée de la pêche de la sardine (Arr. C. 26 juin 1862, n. 1414).		
A	**Conserves alimentaires** (Marchand de) en gros...	1re	20e
A	**Conserves alimentaires** (Marchand de) en demi gros..	2e	20e
A	**Conserves alimentaires** (Marchand de) en détail..	3e	20e
	Conserves (Tenant un magasin pour la vente en demi-gros ou en détail de). Voir *Magasin.*		
	Consommation (Fournisseur des objets de) dans les cercles. Voir *Cercles.*		

(1) « ..... employée, en sus du nombre de cinq, aux écritures, aux caisses, à la surveillance, aux achats et aux ventes intérieures ou extérieures. » Voir la note page 172.

DÉSIGNATION des tableaux	COMMERCES, INDUSTRIES ET PROFESSIONS	CLASSES du tableau A	TAUX du droit proportionnel
	Constructeur de barques, bateaux ou canots. Voir *Barques*.		
	Constructeur de machines à coudre, à piquer, à broder, à plisser et autres machines analogues. Voir *Machines*.		
	Constructeur de machines à vapeur, métiers mécaniques pour la filature et le tissage, et autres grandes machines. Voir *Machines*.		
	Constructeur de mâts. Voir *Mâts*.		
	Constructeur de navires. Voir *Navires*.		
	Construction (Marchand de bois de). Voir *Bois*.		
	Construction (Sciage des bois de). Voir *Scierie*.		
	Convois militaires (Entrepreneur de). Imposable, selon les cas, comme concessionnaire de transports, voiturier, etc. (D. ad.).		
A	**Convois mortuaires et pompes funèbres** (Tenant une agence pour le règlement des)	4e	30e
A	**Coquetier avec voiture**	6e	30e
A	**Coquetier avec bête de somme**	7e	50e
A	**Coquetier sans voiture ni bête de somme**	8e	50e
A	**Coraux** (Préparateur de)	3e	20e
A	**Coraux bruts** (Marchand de)	3e	20e
	Corbeilles en tissus métalliques (Fabricant ou marchand de). Voir *Bombagiste*.		
	Cordages (Déchireur de vieux). Voir *Déchireur*.		
	Cordages (Établissement pour la conservation des). Voir *Conservation*.		
	Cordages (Fabricant de menus). Voir *Cordes* et *Cordier*.		
	Cordages (Fabricant de) pour la marine ou la navigation intérieure. Voir *Câbles*.		
	Cordages (Marchand de) pour la marine ou la navigation intérieure. Voir *Cordier*.		
	Cordes de boyaux pour les instruments de musique. Voir *Boyaudier*.		
A	**Cordes d'écorces** (Fabricant de)	8e	50e
A	**Cordes harmoniques** (Fabricant de) pour son compte	6e	30e
A	**Cordes harmoniques** (Fabricant de) à façon	7e	50e
A	**Cordes métalliques** (Fabricant de) pour son compte	6e	30e
A	**Cordes métalliques** (Fabricant de) à façon	7e	50e
C	**Cordes ou ficelles** (Fabrique de) par procédés mécaniques : **2 centimes** par broche ou fuseau.		
	Droit proportionnel { sur la maison d'habitation	...	20e
	Droit proportionnel { sur l'établissement industriel	...	60e
A	**Cordier, fabricant de menus cordages**, tels que cordes, ficelles, longes, traits, etc	7e	50e
A	**Cordier, marchand de câbles et cordages** pour la marine ou la navigation intérieure	4e	30e
A	**Cordier** (Marchand)	6e	30e
	Cordonnets en paille (Fabricant de). Voir *Paille*.		
	Cordonnier. Voir *Bottier*.		
A	**Cordons, lacets, tresses, ganses en fil, soie, laine, coton, etc.** (Fabricant de) pour son compte	7e	50e
A	**Cordons, lacets, tresses, ganses en fil, soie, laine, coton, etc.** (Fabricant de), à façon	8e	50e
A	**Corne** (Apprêteur de) pour son compte	6e	30e
A	**Corne** (Apprêteur de) à façon	8e	50e
	Corne (Fabricant de boutons de). Voir *Boutons*.		
A	**Corne** (Fabricant de feuilles transparentes de) pour son compte	6e	30e
A	**Corne** (Fabricant de feuilles transparentes de) à façon	8e	50e
	Corne (Fabricant de peignes de). Voir *Peignes*.		
	Corne (Polisseur d'objets en). Voir *Polisseur*.		
A	**Cornes brutes** (Marchand de)	5e	30e
A	**Corroyeur** (Marchand)	4e	30e
A	**Corroyeur** à façon	7e	50e
	Corsets (Couturière en) à façon. Voir *Tailleur*.		
A	**Corsets** (Marchand ou fabricant de) vendant en gros	3e	20e
A	**Corsets** (Fabricant ou marchand de) vendant en demi-gros	5e	30e
A	**Corsets** (Fabricant ou marchand de) vendant en détail	6e	30e
A	**Cosmétiques et pommades au petit détail** (Marchand de)	7e	50e
A	**Cosmorama** (Directeur de)	6e	30e
C	**Cossettes de betteraves ou de chicorée** (Fabrique de) **5 fr.** Plus **4 francs** par ouvrier.		
	Droit proportionnel { sur la maison d'habitation	...	20e
	Droit proportionnel { sur l'établissement industriel	...	40e
	Costumes confectionnés (Fabricant ou marchand de). Voir *Vêtements confectionnés*.		
A	**Costumier**	6e	30e
	Coton (Cardeur de). Voir *Cardeur* et *Peignerie*.		
	Coton (Conservateur de couvertures de). Voir *Rentrayeur*.		
	Coton (Déchireur de déchets de). Voir *Déchireur*.		
	Coton (Entrepreneur ou fermier d'une condition pour le). Voir *Condition*.		
	Coton (Fabricant de cordons, lacets, tresses et ganses en). Voir *Cordons* et *Lacets*.		
	Coton (Filateur de). Voir *Filature*.		
	Coton (Marchand de chaînes de) préparées pour la fabrication des tissus. Voir *Chaînes*.		
	Coton (Marchand de couvertures de). Voir *Couvertures*.		
	Coton (Marchand de déchets de). Voir *Déchets*.		
	Coton (Marchand de tissus de). Voir *Tissus de laine, de fil, de coton, etc.*		
	Coton (Nettoyeur de déchets de), par procédés mécaniques. Voir *Trieur*.		
	Coton (Retordeur ou fabricant de fil de). Voir *Fil*.		
	Coton (Tissage de). Voir *Métiers*.		
	Coton (Tissage de rubans de). Voir *Métiers*.		
	Coton (Tissage de rubans de fil et). Voir *Métiers*.		
	Coton à coudre, broder, marquer, tricoter (Marchand de). Voir *Mercerie*.		
A	**Coton cardé ou gommé** (Marchand de)	7e	50e
A	**Coton en laine** (Marchand de) en gros	1re	20e
A	**Coton filé** (Marchand de) en gros	1re	20e
A	**Coton filé** (Marchand de) en demi-gros	2e	20e
A	**Coton filé** (Marchand de) en détail	4e	30e
	Cotret (Marchand de bois à brûler vendant au). Voir *Bois*.		
C	**Cotrets sur bateaux** (Marchand de)	4e	30e
	Couleur ou matière à colorer les fausses perles (Fabricant de). Voir *Essence d'Orient*.		
	Couleurs (Applicateur de) sur les fils destinés à former la chaîne des étoffes. Voir *Chineur*.		
C	**Couleurs et vernis** (Fabrique de) **5 fr.** Plus **5 francs** par ouvrier.		
	Droit proportionnel { sur la maison d'habitation	...	20e
	Droit proportionnel { sur l'établissement industriel	...	40e

DÉSIGNATION des tableaux	COMMERCES, INDUSTRIES ET PROFESSIONS	CLASSES du tableau A	TAUX du droit proportionnel
A	**Couleurs, vernis et drogueries à l'usage des peintres** (Marchand de) en détail	4e	30e
C	**Coupeur, arracheur ou effilocheur de poils ou de déchets de poils** par procédés mécaniques : **6 francs** par machine à couper, à arracher ou à effilocher et par machine à souffler.		
	Droit proportionnel { sur la maison d'habitation	...	20e
	Droit proportionnel { sur l'établissement industriel	...	50e
A	**Coupeur de poils** par procédés ordinaires pour son compte	6e	30e
A	**Coupeur de poils** par procédés ordinaires, à façon	7e	50e
	Coupons d'étoffes (Marchand de petits). Voir *Assortisseur.*		
A	**Couronnes ou ornements funéraires** (Fabricant ou marchand de) vendant en gros	2e	20e
A	**Couronnes ou ornements funéraires** (Fabricant ou marchand de) vendant en demi-gros	4e	30e
A	**Couronnes ou ornements funéraires** (Fabricant ou marchand de) vendant en détail	6e	30e
A	**Courroies** (Apprêteur de) pour son compte	7e	50e
A	**Courroies** (Apprêteur de) à façon	8e	50e
C	**Courroies** (Fabricant de) par procédés mécaniques **5 fr.** Plus **3 francs** par ouvrier et **12 francs** par machine à jonction et par machine à découper, à tendre, à coudre ou à visser.		
	Droit proportionnel { sur la maison d'habitation	...	20e
	Droit proportionnel { sur l'établissement industriel	...	50e
A	**Courses de chevaux** (Entrepreneur d'établissement pour les)	4e	
	Droit proportionnel { sur la maison d'habitation	...	30e
	Droit proportionnel { sur les locaux servant à l'exercice de la profession, le droit proportionnel ne devant pas, d'ailleurs, porter sur le terrain des courses	...	40e
B	**Courtier d'assurances**	...	10e

	TAXE déterminée	TAXE par personne employée(1)
	Fr.	Fr.
A Paris	300	15
Dans les villes de 100,001 âmes et au-dessus	250	12
Dans les villes de 50,001 à 100,000 âmes	200	10
Dans les villes de 30,001 à 50,000 âmes; 15,001 à 30,000 âmes qui ont un entrepôt réel	150	8
Dans les villes de 15,001 à 30,000 âmes; 15,000 âmes et au-dessous qui ont un entrepôt réel	100	5
Dans toutes les autres communes	50	5

La taxe par employé est doublée lorsque le nombre des employés dépasse 200, et triplée lorsqu'il dépasse 1,000 (L. 17 juill. 1889, art. 2).

DÉSIGNATION des tableaux	COMMERCES, INDUSTRIES ET PROFESSIONS	CLASSES du tableau A	TAUX du droit proportionnel
A	**Courtier de bestiaux**	7e	50e
A	**Courtier de chevaux**	7e	50e
B	**Courtier de fret pour la navigation maritime ou intérieure**; celui qui se charge d'assurer du fret aux armateurs ou aux maîtres de barques et bateaux pour la navigation maritime ou pour la navigation sur les canaux, fleuves et rivières	...	10e

	TAXE déterminée	TAXE par personne employée(1)
	Fr.	Fr.
A Paris	300	15
Dans les villes de 100,001 âmes et au-dessus	250	12
Dans les villes de 50,001 à 100,000 âmes	200	10
Dans les villes de 30,001 à 50,000 âmes; 15,001 à 30,000 âmes qui ont un entrepôt réel	150	8
Dans les villes de 15,001 à 30,000 âmes; 15,000 âmes et au-dessous qui ont un entrepôt réel	100	5
Dans toutes les autres communes	50	5

La taxe par employé est doublée lorsque le nombre des employés dépasse 200, et triplée lorsqu'il dépasse 1,000 (L. 17 juill. 1889, art. 2).

DÉSIGNATION des tableaux	COMMERCES, INDUSTRIES ET PROFESSIONS	CLASSES du tableau A	TAUX du droit proportionnel
A	**Courtier de marchandises**; lorsqu'il s'entremet seulement pour la vente aux marchands détaillants et aux consommateurs	4e	30e
B	**Courtier de marchandises, facteur de denrées et marchandises, représentant de commerce** et tout individu prêtant son entremise pour l'achat ou la vente des marchandises, ou achetant ou vendant des marchandises pour le compte de tiers, et dont la profession n'est pas spécialement dénommée aux tarifs des patentes	...	10e

	TAXE déterminée	TAXE par personne employée(2)
	Fr.	Fr.
A Paris	200	10
Dans les villes de 50,001 âmes et au-dessus	150	8
Dans les villes de 30,001 à 50,000 âmes; 15,001 à 30,000 âmes qui ont un entrepôt réel	100	5
Dans les villes de 15,001 à 30,000 âmes; 15,000 âmes et au-dessous qui ont un entrepôt réel	75	5
Dans toutes les autres communes	50	5

La taxe par employé est doublée lorque le nombre des employés dépasse 200, et triplée lorsqu'il dépasse 1,000 (L. 17 juill. 1889, art. 2).

Si les opérations que font les patentables ci-dessus énumérés, ou auxquelles ils prêtent leur entremise, ont pour objet habituel la vente aux marchands détaillants et aux consommateurs, les droits de patente seront ceux de la 4e classe du tableau A.

Imposable comme tel, et non comme commissionnaire en marchandises, celui qui n'opère pas en son nom et sous sa responsabilité, mais qui se borne à mettre en rapport direct l'acheteur et le vendeur auxquels il prête son entremise (Arr. C. 27 juill. 1883, n. 3437).

DÉSIGNATION des tableaux	COMMERCES, INDUSTRIES ET PROFESSIONS	CLASSES du tableau A	TAUX du droit proportionnel
A	**Courtier de mouture** ; celui qui se charge de faire		

(1) « ..... employée, en sus du nombre de cinq, aux écritures, aux caisses, à la surveillance, aux achats et aux ventes intérieures ou extérieures. » Voir la note, page 172.

(1) « ... employée, en sus du nombre de cinq, aux écritures, aux caisses, à la surveillance, aux achats et aux ventes intérieures ou extérieures. » Voir la note, page 172.

(2) « ..... employée, en sus du nombre de cinq, aux écritures, aux caisses, à la surveillance, aux achats et aux ventes intérieures ou extérieures. » Voir la note page 172.

Désignation des tableaux	Commerces, industries et professions	Classes du tableau A	Taux du droit proportionnel
	moudre le grain des particuliers dans les moulins exploités par d'autres..........................	7e	50e
B	**Courtier de navires**...........................	...	10e

	Taxe déterminée	Taxe par personne employée (1)
	Fr.	Fr.
A Paris..........................	300	15
Dans les villes de 100,001 âmes et au-dessus.	250	12
Dans les villes de 50,001 à 100,000 âmes...	200	10
Dans les villes de 30,001 à 50,000 âmes..... / 15,001 à 30,000 âmes qui ont un entrepôt réel...	150	8
Dans les villes de 15,001 à 30,000 âmes.... / 15,000 âmes et au-dessous qui ont un entrepôt réel.	100	5
Dans toutes les autres communes..	50	5

Désignation des tableaux	Commerces, industries et professions	Classes du tableau A	Taux du droit proportionnel
	La taxe par employé est doublée lorsque le nombre des ouvriers dépasse 200, et triplée lorsqu'il dépasse 1,000 (Loi 17 juill. 1889, art. 2).		
A	**Courtier de produits alimentaires ou agricoles**: celui qui s'entremet entre le producteur et le marchand ou le fabricant pour la vente d'une seule nature de produits.......................... Est imposable comme commissionnaire en marchandises, et non comme courtier de denrées alimentaires ou agricoles, celui qui achète en son propre nom, et sous sa responsabilité personnelle, des vins qu'il expédie ensuite à des marchands moyennant un droit de commission convenu à l'avance (Arr. C. 16 avr. 1870, n. 2309).	6e	30e
A	**Courtier en essence**; celui qui s'entremet pour la vente des essences entre le distillateur et le fabricant parfumeur..............................	6e	30e
A	**Courtier en grains**; celui qui s'entremet pour la vente des grains entre les cultivateurs et les marchands ou les boulangers.....................	7e	50e
A	**Courtier en soie**.............................. La profession de courtier en soie comprend ceux qui, dans les départements séricicoles, mettent en relations les propriétaires ou producteurs avec les fabricants et les négociants pour l'achat et la vente des soies et des cocons; mais ceux qui servent habituellement d'intermédiaire entre les négociants, pour la vente en gros des soies et cocons importés en France des pays d'origine, sont imposables en qualité de courtiers de marchandises (Arr. C. 14 mai 1880, Lassave, Bouches-du-Rhône).	6e	30e
A	**Courtier-gourmet-piqueur de boissons**.........	6e	30e
	Couteaux (Repasseur de). Voir *Rémouleur*.		
A	**Coutelier** (Marchand)...........................	5e	30e
A	**Coutelier** à façon..............................	7e	50e
C	**Coutellerie** (Fabricant de) expédiant sur commande.................................... 5 fr. Plus **4 francs** par ouvrier ou par série d'ouvriers partiellement employés, équivalente à un ouvrier employé complètement.		
	Droit proportionnel { sur la maison d'habitation....	...	20e
	Droit proportionnel { sur l'établissement industriel.	...	50e
C	**Coutellerie** (Fabricant non expéditeur de).. 4 fr. Plus **2 fr. 50 cent.** par ouvrier ou par série d'ouvriers partiellement employés, équivalente à un ouvrier employé complètement.		
	Droit proportionnel { sur la maison d'habitation....	...	20e
	Droit proportionnel { sur l'établissement industriel.	...	50e

(1) « ... employée, en sus du nombre de cinq, aux écritures, aux caisses, à la surveillance, aux achats et aux ventes intérieures ou extérieures. » Voir la note, p. 172.

Désignation des tableaux	Commerces, industries et professions	Classes du tableau A	Taux du droit proportionnel
A	**Coutellerie** (Marchand de) en gros...............	1re	20e
A	**Coutellerie** (Marchand de) en demi-gros..........	2e	20e
	Coutils (Marchand de). Voir *Tissus de laine, de fil, de coton, etc.*		
	Couturier. Voir *Tailleur*.		
C	**Couverts et autres objets de service de table en argent ou en alliage** (Fabricant de) par procédés mécaniques.......................... 5 fr. Plus **5 francs** par ouvrier.		
	Droit proportionnel { sur la maison d'habitation...	...	20e
	Droit proportionnel { sur l'établissement industriel.	...	50e
C	**Couverts et autres objets en fer battu ou étamé** (Fabricant de) par procédés mécaniques... 5 fr. Plus **5 francs** par ouvrier.		
	Droit proportionnel { sur la maison d'habitation...	...	20e
	Droit proportionnel { sur l'établissement industriel.	..	50e
C	**Couverts et autres objets en fer battu ou étamé** (Fabricant de) par procédés ordinaires.... 5 fr. Plus **3 fr. 50** par ouvrier.		
	Droit proportionnel { sur la maison d'habitation....	...	20e
	Droit proportionnel { sur l'établissement industriel.	...	50e
A	**Couverts et autres objets en fer battu ou étamé** (Marchand de) en gros..........................	4e	30e
A	**Couverts et autres objets en fer battu ou étamé** (Marchand de) en détail........................	6e	30e
	Couvertures de laine et de coton (Conservateur de). Voir *Rentrayeur*.		
A	**Couvertures de soie, bourre, laine, coton, etc.** (Marchand de)..............................	4e	30e
	Couvertures taillées de parapluies. Voir *Garnitures*.		
	Couvre-plats en tissus métalliques (Fabricant ou marchand de). Voir *Bombagiste*.		
A	**Couvreur** (Entrepreneur).........................	4e	30e
A	**Couvreur** (Maître)...............................	6e	30e
A	**Couvreur** à façon................................	7e	50e
	Couvreur de cylindres. Voir *Cylindres*.		
A	**Couvreur en paille ou en chaume**...............	7e	50e
	Craie (Extracteur ou fabricant de blanc de). Voir *Blanc*.		
	Craie (Marchand de blanc de). Voir *Blanc*.		
	Cravaches (Fabricant ou marchand de). Voir *Fouets*.		
	Cravates (Fabricant ou marchand de). Voir *Cols*.		
C	**Crayons** (Fabrique de)....................... 5 fr. Plus **4 francs** par ouvrier.		
	Droit proportionnel { sur la maison d'habitation...	...	20e
	Droit proportionnel { sur l'établissement industriel.	...	40e
A	**Crayons** (Marchand de)........................	6e	30e
	Crédit (Sociétés formées par actions pour opérations de). Voir *Sociétés*.		
	Crèmerie (Tenant un café). Voir *Café-crèmerie*.		
A	**Crémier-glacier**................................	5e	30e
A	**Crémier ou laitier**............................	7e	50e
	Crêpeur de crin. Voir *Crin*.		
	Crêpeur d'étoffes. Voir *Étoffes*.		
	Crépin en buis (Fabricant d'articles de) pour son compte............................... Celui qui fabrique les outils à l'usage des bottiers et cordonniers (D. ad.).	7e	50e
A	**Crépin en buis** (Fabricant d'articles de) à façon...	8e	50e
A	**Crépins** (Marchand de).........................	6e	30e
	Creusets (Fabricant de). Voir *Briques*.		
A	**Criblier**....................................... Celui qui fait ou vend des cribles (D. ad.).	7e	50e

DÉSIGNATION des tableaux	COMMERCES, INDUSTRIES ET PROFESSIONS	CLASSES du tableau A	TAUX du droit proportionnel
A	**Crics** (Fabricant ou marchand de)................	5e	30e
A	**Crin** (Apprêteur, crêpeur ou friseur de) à façon....	8e	50e
	Crin (Marchand de tissus de). Voir *Tissus de laine, de fil, etc.*		
A	**Crin frisé** (Apprêteur de)........................	5e	30e
A	**Crin frisé** (Marchand de) en gros................	1re	20e
A	**Crin frisé** (Marchand de) en demi-gros..........	2e	20e
A	**Crin frisé** (Marchand de) en détail...............	4e	30e
C	**Crin végétal** (Fabrique de) par procédés mécaniques : **6 francs** par machine à peigner.		
	Droit proportionnel { sur la maison d'habitation....	...	20e
	Droit proportionnel { sur l'établissement industriel.	...	50e
A	**Crinières** (Fabricant de) pour son compte......... Celui qui fait des aigrettes, pompons, etc. (D. ad.).	6e	30e
A	**Crinières** (Fabricant de) à façon.................	8e	50e
A	**Crins plats** (Marchand de)....................... Celui qui achète le crin brut tel qu'il a été tiré de l'animal, et le vend aux apprêteurs de crin frisé. (D. ad.).	6e	30e
	Cristal (Imprimeur sur). Voir *Imprimeur*.		
	Cristal (Peintre ou doreur sur). Voir *Peintre*.		
C	**Cristaux** (Fabrique de)..................... **5 fr.** Plus **3 francs** par ouvrier employé à la fabrication proprement dite et aux façons complémentaires de la taille, de la gravure, etc.		
	Droit proportionnel { sur la maison d'habitation...	...	20e
	Droit proportionnel { sur l'établissement industriel.	...	50e
	Cristaux (Marchand de). Voir *Verrerie*.		
A	**Cristaux** (Tailleur de)............................	7e	50e
A	**Crochets pour les fabriques d'étoffes** (Fabricant de), pour son compte..........................	7e	50e
A	**Crochets pour les fabriques d'étoffes** (Fabricant de), à façon..................................	8e	50e
	Crosses de parapluies et cannes. Voir *Garnitures*.		
A	**Cuillers d'étain** (Fondeur ambulant de)..........	8e	50e
	Cuillers en bois (Fabricant ou marchand de). Voir *Vaisselle*.		
	Cuir (Batteur de). Imposable comme exploitant de moulin ou autre usine à moudre, battre, etc. (D. ad.).		
	Cuir (Coffretier-malletier en). Voir *Coffretier*.		
	Cuir (Doreur sur). Voir *Doreur*.		
	Cuir (Fabricant de menus objets en). Voir *Ceinturons*.		
	Cuir (Loueur d'usine à lisser le). Voir *Usine*.		
	Cuir (Vernisseur sur). Voir *Vernisseur*.		
	Cuir bouilli (Fabricant de boutons de). Voir *Boutons*.		
A	**Cuir bouilli et verni** (Fabricant ou marchand d'objets en).......................................	6e	30e
A	**Cuirs en vert étrangers** (Marchand de) en gros...	1re	20e
A	**Cuirs en vert du pays** (Marchand de) en gros....	3e	20e
	Cuirs forts ou mous (Tanneur de). Voir *Tanneur*.		
A	**Cuirs ou pierres à rasoirs** (Fabricant ou marchand de)..	6e	30e
A	**Cuirs tannés, corroyés, lissés, vernissés** (Marchand de) en gros...............................	1re	20e
A	**Cuirs tannés, corroyés, lissés, vernissés** (Marchand de), en demi-gros.........................	2e	20e
A	**Cuirs tannés, corroyés, lissés, vernissés** (Marchand de), en détail............................	4e	30e
	Cuiseur (Charbonnier). Voir *Charbonnier*.		

DÉSIGNATION des tableaux	COMMERCES, INDUSTRIES ET PROFESSIONS	CLASSES du tableau A	TAUX du droit proportionnel
	Cuiseur. Voir *Fournier*.		
	Cuiseur d'abats, abatis et issues. Voir *Tripier*.		
	Cuiseur d'oignons. Voir *Oignons*.		
	Cuisine (Étameur ambulant d'ustensiles de). Voir *Étameur*.		
	Cuivre (Fabricant de cannelles ou robinets en). Voir *Cannelles*.		
	Cuivre (Fabricant de chandeliers en). Voir *Chandeliers*.		
	Cuivre (Fabricant de charnières en). Voir *Charnières*.		
	Cuivre (Fabricant ou marchand de grands vaisseaux en). Voir *Alambics* et *Chaudronnerie*.		
	Cuivre (Fabricant pour son compte ou marchand d'objets en) pour la sellerie ou la carrosserie.		
	Cuivre (Facteur de pièces d'instruments de musique en). Voir *Instruments*.		
	Cuivre (Facteur ou marchand d'instruments de musique en). Voir *Instruments*.		
	Cuivre (Fondeur de). Voir *Fonderie*.		
	Cuivre (Marchand de). Voir *Métaux*.		
	Cuivre (Marchand de feuilles de) imitant l'or battu Voir *Feuilles*.		
	Cuivre (Polisseur d'objets en). Voir *Planeur en métaux et Polisseur*.		
A	**Cuivre de navire** (Marchand de vieux)............	6e	30e
	Cuivre doré ou argenté (Tireur de). Voir *Tireur de cuivre doré ou argenté* et *Tireur d'or, d'argent, etc.*		
A	**Cuivre vieux** (Marchand de).....................	7e	50e
A	**Culottier en peau** (Marchand)....................	5e	30e
	Cultivateur. *Exempt;* mais seulement pour la vente et la manipulation des récoltes et fruits provenant des terrains qui lui appartiennent ou par lui exploités, et pour le bétail qu'il y élève, qu'il y entretient ou qu'il y engraisse. N'a pas droit à l'exemption : Le cultivateur qui fréquente les marchés, et qui revend habituellement les animaux qu'il a achetés sans qu'ils aient séjourné sur ses terres (Arr. C. 11 févr. 1857, n. 426 ; 21 avr. 1858, n. 627). Celui qui vend des fromages provenant de troupeaux entretenus au moyen de fourrages qu'il a achetés (Arr. C. 31 mai 1855, n. 166). Celui qui achète des récoltes sur pied et vend tout ou partie des grains qui en proviennent (Arr. C. 15 mai 1857, n. 514). L'exemption de patente est due au propriétaire de vignes qui se borne à acheter la quantité de raisins nécessaire pour améliorer la qualité de sa récolte et qui ne vend que les vins ainsi obtenus (Arr. C. 8 nov. 1872, n. 2401). Mais si les raisins achetés et mêlés à ceux de la récolte représentent des quantités considérables, le bénéfice de l'exemption ne peut plus être revendiqué (Arr. C. 7 nov. 1873, n. 2166). Est exempt de patente le cultivateur qui se borne à acheter de jeunes porcs et à les revendre ensuite après les avoir engraissés au moyen des produits de son exploitation (Arr. C. 27 déc. 1878, n. 5139). Voir *Chaux*, *Carrières*, *Voiturier*, *etc.*		
	Cure-dents (Apprêteur de). Voir *Apprêteur*.		
	Cureur de puits (Maître). Voir *Puits*.		
A	**Curiosité** (Marchand en boutique d'objets de)......	5e	30e
	Curiosités (Tenant un cabinet de). Voir *Cabinet*.		
	Cylindres (Graveur sur). Voir *Graveur*.		
A	**Cylindres pour filature** (Garnisseur de)..........	8e	50e
A	**Cylindres pour filatures** (Tourneur et couvreur de)...	5e	30e
	Cylindreur d'étoffes. Voir *Calandreur* et *Moireur*.		

DÉSIGNATION des tableaux	COMMERCES, INDUSTRIES ET PROFESSIONS	CLASSES du tableau A	TAUX du droit proportionnel
	D		
A	**Dallage en ciment ou en mosaïque** (Entrepreneur de)	6e	30e
A	**Dalles** (Marchand de)	6e	30e
A	**Damasquineur**	6e	30e
	Déballeur (Marchand). Les marchands dits *déballeurs*, lorsqu'ils demeurent habituellement moins d'un semestre dans chaque localité où ils opèrent des ventes, sont imposables sous la qualification de marchands forains et soumis, en matière de patentes, aux règles applicables à cette profession. Ils sont imposés, suivant les cas en qualité de marchands forains avec balle, avec bête de somme, avec voiture à un ou plusieurs colliers, d'après le poids et le volume de leurs marchandises (Art. 8 de la loi du 28 avr. 1893)		
	Débarcadère (Exploitant de ponton). Voir *Ponton*.		
A	**Débarreur d'étoffes**; celui qui opérant à la main fait disparaître avec un pinceau les défauts de teinture existant dans les étoffes	7e	50e
	Débitant au petit détail de vin, bière ou cidre. Voir *Vin*.		
	Débris de cocons (Marchand de). Voir *Bourre*.		
A	**Décatisseur**	5e	30e
	Déchargement des betteraves pour la fabrication du sucre (Entrepreneur du). Voir *Betteraves*.		
	Déchargement des navires, des bateaux ou des voitures de chemins de fer (Entrepreneur de). Voir *Chargement*.		
	Déchets de coton (Nettoyeur de) par procédés mécaniques. Voir *Trieur*.		
A	**Déchets de laine, de coton ou de lin** (Marchand de) en gros; celui qui vend principalement par quantités supérieures à 1,000 kilogrammes	1re	20e
A	**Déchets de laine, de coton ou de lin** (Marchand de) en demi-gros; celui qui vend habituellement par quantités de 500 à 1,000 kilogrammes	5e	30e
A	**Déchets de laine, de coton ou de lin** (Marchand de) en détail; celui qui vend habituellement par quantités inférieures à 500 kilogrammes	7e	50e
	Déchets de laine et de coton (Déchireur de). Voir *Déchireur*.		
	Déchets de poils. Voir *Coupeur*.		
	Déchets de soie (Filateur de). Voir *Filature*.		
	Déchets de soie (Marchand de). Voir *Bourre*.		
	Déchets de soie (Retordeur ou fabricant de fil de). Voir *Fil*.		
	Déchets de tannerie (Marchand de). Voir *Bourre*.		
C	**Déchireur de chiffons, vieux cordages, vieilles étoffes et déchets de laine et de coton** par procédés mécaniques : **12 francs** par machine.		
	Droit proportionnel { sur la maison d'habitation	...	20e
	Droit proportionnel { sur l'établissement industriel	...	50e
	Déchireur d'écorces pour la fabrication du papier. Voir *Écorces*.		
A	**Déchireur ou dépeceur de bateaux**	5e	30e
A	**Décors et ornements d'architecture** (Marchand de)	4e	30e
	Décors (Peintre en). Voir *Peintre*.		
C	**Découpeur d'étoffes** par procédés mécaniques : **6 francs** par métier.		
	Droit proportionnel { sur la maison d'habitation	...	20e
	Droit proportionnel { sur l'établissement industriel	...	50e
A	**Découpeur d'étoffes ou de papier**	8e	50e

DÉSIGNATION des tableaux	COMMERCES, INDUSTRIES ET PROFESSIONS	CLASSES du tableau A	TAUX du droit proportionnel
	Découpeur de viandes. Voir *Viandes*.		
A	**Découpeur en marqueterie**	7e	50e
A	**Découpoirs** (Fabricant de) pour son compte	6e	30e
A	**Découpoirs** (Fabricant de) à façon	8e	50e
A	**Décrotteur en boutique**	8e	50e
A	**Décrueur de fil** Celui qui blanchit le fil écru de chanvre, lin, etc. (D. ad.).	7e	50e
	Défonçage des terres. Voir *Machine*.		
C	**Défrichement ou desséchement** (Compagnie de) : **50 centimes** par hectare des concessions	...	20e
A	**Dégraisseur**	7e	50e
	Dégraisseur (Teinturier). Voir *Teinturier*.		
C	**Dégraisseur** par procédés mécaniques....... **5 fr.** Plus **3 francs** par ouvrier.		
	Droit proportionnel { sur la maison d'habitation	...	20e
	Droit proportionnel { sur l'établissement industriel	...	50e
	Dégraisseurs (Presseur d'étoffes pour les). Voir *Presseur*.		
A	**Dégras** (Marchand ou fabricant de), vendant en gros	3e	20e
A	**Dégras** (Marchand ou fabricant de), vendant en détail	7e	50e
	Dégustateur des eaux-de-vie. Voir *Agréeur*.		
A	**Déménagements** (Entrepreneur de), s'il a plusieurs voitures	3e	20e
A	**Déménagements** (Entrepreneur de), s'il a une seule voiture	6e	30e
	Denrées (Appréciateur de). Voir *Appréciateur*.		
A	**Denrées coloniales** (Marchand de) en gros	1re	20e
	Denrées et marchandises (Facteur de). Voir *Courtier* et *Facteur*.		
A	**Denteleur de scies**	7e	50e
	Dentelle (Fabricant ou marchand de petite). Voir *Bisette*.		
	Dentelle (Facteur de). Voir *Facteur de fabrique*.		
	Dentelle d'imitation (Fabricant de tulle ou). Voir *Métiers*.		
A	**Dentelles** (Entrepreneur de fabrication de); celui qui, fournissant le fil et moyennant un prix convenu, fait fabriquer pour les maisons qui lui donnent des dessins	3e	20e
A	**Dentelles** (Fabricant ou marchand de) vendant en gros. Le fabricant de dentelles, travaillant pour le commerce, ne sera imposé d'après les règles du tableau C que dans le cas où il aurait un atelier ou un corps de fabrique dans lequel il occuperait plus de dix ouvriers d'une manière permanente. Dans le cas contraire, il sera considéré comme marchand et imposé comme tel, sans tenir compte des ouvriers disséminés qu'il pourrait occuper.	3e	20e
A	**Dentelles** (Fabricant ou marchand de) vendant en demi-gros. Le fabricant de dentelles travaillant pour le commerce, ne sera imposé d'après les règles du tableau C que dans le cas où il aurait un atelier ou un corps de fabrique dans lequel il occuperait plus de dix ouvriers d'une manière permanente. Dans le cas contraire, il sera considéré comme marchand et imposé comme tel, sans tenir compte des ouvriers disséminés qu'il pourrait occuper.	4e	30e
A	**Dentelles** (Fabricant ou marchand de) vendant en détail	5e	30e
A	**Dentelles** (Fabricant de) à façon n'employant pas de métiers	7e	50e

Désignation des tableaux	Commerces, industries et professions	Classes du tableau A	Taux du droit proportionnel
	Dentelles (Piqueur de cartes à). Voir *Piqueur*.		
	Dentelles (Plieur de fils de). Voir *Plieur*.		
D	**Dentiste.** Profession assujettie seulement au droit proportionnel	...	15e ou 12e (V. p. 170)
	Dents (Apprêteur de cure-). Voir *Apprêteur*.		
A	**Dents et râteliers artificiels** (Fabricant ou marchand de)	5e	30e
	Est imposable en cette qualité, alors même qu'il ne vend pas de râteliers artificiels complètement montés celui qui, n'ayant pas de cabinet ouvert au public et n'exerçant pas la profession de dentiste, vend des dents artificielles et des fournitures pour la confection des râteliers (Arr. C. 22 févr. 1878, n. 3056).		
A	**Dents et râteliers artificiels** (Fabricant de) à façon	7e	50e
	Dépeceur de bateaux. Voir *Déchireur*.		
	Dépeceur de viandes. Voir *Viandes*.		
A	**Dépeceur de voitures**	6e	30e
A	**Dépolisseur de verres**	7e	50e
	Dépôt de marchandises (Exploitant un emplacement pour). Voir *Emplacement*.		
	Dépôts de mendicité (Entrepreneur de fabrication dans les). Voir *Fabrication*.		
	Dépôts de mendicité (Fournisseur général dans les). Voir *Fournisseur*.		
	Dépôts (Sociétés formées par actions pour opérations de). Voir *Sociétés*.		
	Dépuration des eaux. Voir *Appareils*, *Eau filtrée* et *Fontaines*.		
A	**Dés à coudre en métal autre que l'or et l'argent** (Fabricant de), pour son compte	5e	30e
A	**Dés à coudre en métal autre que l'or et l'argent** (Fabricant de) à façon	8e	50e
	Desséchement (Compagnie de). Voir *Défrichement*.		
C	**Desséchement** (Entrepreneur de travaux de) 5 fr. Plus **2 fr. 50 cent.** par ouvrier.		
	Droit proportionnel { sur la maison d'habitation seulement	...	20e
	Dessinateur artiste, ne vendant que le produit de son art (*Exempt*).		
	Dessinateur de canevas. Voir *Canevas*.		
A	**Dessinateur de parcs et jardins**	6e	30e
	Dessinateur-imprimeur de broderies. Voir *Broderies*.		
A	**Dessinateur, modeleur ou sculpteur pour fabrique**	6e	30e
A	**Dessinateur ou écrivain** sur pierres lithographiques	8e	50e
	Dessins (Liseur de). Voir *Liseur*.		
	Dessins (Loueur de). Voir *Loueur*.		
	Dessins (Marchand de). Voir *Tableaux*.		
	Détenus (Entrepreneur du transport des). Voir *Transport*.		
	Devantures (Entrepreneur du nettoyage des). Voir *Nettoyage*.		
	Dévideur de fil. Voir *Fil*.		
C	**Dextrine, gomme dextrine, gommeline, léiogomme ou autres produits analogues** (Fabrique de) 5 fr. Plus **5 francs** par ouvrier.		
	Droit proportionnel { sur la maison d'habitation	...	20e
	Droit proportionnel { sur l'établissement industriel	...	50e
B	**Diamants ou pierres fines** (Marchand de)	...	10e

	Taxe déterminée	Taxe par personne employée (1)
	Fr.	Fr.
A Paris	500	25
Dans les villes de 100,001 âmes et au-dessus	400	20
Dans les villes de 50,001 à 100,000 âmes	300	15
Dans les villes de 30,001 à 50,000 âmes	200	10
Dans les villes de 15,001 à 30,000 âmes	150	8
Dans toutes les autres communes	100	5

Désignation des tableaux	Commerces, industries et professions	Classes du tableau A	Taux du droit proportionnel
	La taxe par employé est doublée lorsque le nombre des employés dépasse 200, et triplée lorsqu'il dépasse 1,000 (L. 17 juill. 1889, art. 2).		
	Imposable en cette qualité celui dont la profession consiste à faire le commerce de perles fines et pierreries, à les classer et à les réunir suivant leurs formes et leurs dimensions (Arr. C. 14 déc. 1883, n. 3439).		
	Diamants (Monteur de). Voir *Metteur en œuvre* et *Sertisseur*.		
	Diamants (Perceur de). Voir *Perceur*.		
A	**Diamants pour vitriers et miroitiers** (Monteur de), pour son compte	6e	30e
A	**Diamants pour vitriers et miroitiers** (Monteur de), à façon	7e	50e
C	**Diligences partant à jours et heures fixes** (Entreprise de) : Par kilomètre de chaque ligne parcourue : **48 centimes** pour chaque voiture ayant dix places et au-dessous ; **60 centimes** pour chaque voiture ayant plus de dix places. Ces droits seront réduits de moitié lorsque l'entrepreneur n'effectuera que trois voyages au plus par semaine sur une ligne de moins de deux myriamètres. Dans le cas où les voyages pour l'aller et le retour sont effectués sur la même route, on ne compte qu'une seule fois, pour chaque voiture, la distance comprise entre les deux points extrêmes de la ligne parcourue.		
	Droit proportionnel { sur la maison d'habitation	...	20e
	Droit proportionnel { sur l'établissement industriel	...	50e
	On entend par établissement industriel passible du droit proportionnel au cinquantième les locaux occupés par l'administration, les bureaux de recette, salles d'attente, magasins, ateliers et tous autres bâtiments servant à l'exploitation (D. ad.). Celui qui transporte des voyageurs et des marchandises avec une voiture suspendue à quatre roues et à deux compartiments, et qui part tous les jours à heure fixe, est imposable comme entrepreneur de diligences et non comme patachier, lors même qu'il serait le conducteur de la voiture et qu'il n'aurait ni bureau, ni relais, ni correspondances (Arr. C. 31 juill. 1856, n. 440).		
A	**Diorama, panorama, néorama, géorama** (Directeur de)	2e	
	Droit proportionnel { sur la maison d'habitation seulement	...	20e
	Distillateur (Marchand). Voir *Alcool*, *Essences*, *Liqueurs* et *Parfumeur*.		
C	**Distillateur d'essences ou eaux parfumées ou médicinales** : **2 francs** par hectolitre de la capacité brute de tous les alambics. Le droit fixe sera de **1 franc** lorsque cette capacité sera inférieure à 1 hectolitre.		

(1) « ... employée, en sus du nombre de cinq, aux écritures, aux caisses, à la surveillance, aux achats et aux ventes intérieures ou extérieures. » Voir la note, page 172.

Désignation des tableaux	Commerces, industries et professions	Classes du tableau A	Taux du droit proportionnel
	Les droits ci-dessus seront réduits de moitié pour les distillateurs ambulants.		
	Droit proportionnel { sur la maison d'habitation…	…	20e
	{ sur l'établissement industriel.	…	40e
C	**Distillateur-liquoriste** : **5 francs** par hectolitre de la capacité brute des alambics et **1 franc** par hectolitre de la capacité brute de toutes les bassines. Les alambics servant uniquement à la rectification des alcools ne seront taxés qu'à raison de **1 franc** par hectolitre.		
	Droit proportionnel { sur la maison d'habitation..	…	20e
	{ sur l'établissement industriel.	…	40e
	Imposable en cette qualité, l'industriel qui fabrique de l'absinthe au moyen d'alambics et autres appareils de distillation, alors même qu'il ne fait pas usage, pour cette fabrication spéciale, de bassines, récipients, qui sont au nombre *des éléments de production imposables* que comporte ladite profession (Arr. C. 23 mai 1881, n. 3140).		
C	**Distillateur-parfumeur** : Celui qui, à la distillation des essences ou eaux parfumées, joint la fabrication des matières premières de parfumerie (pommades, extraits et huiles parfumées). **2 francs** par hectolitre de la capacité brute de tous les alambics et **15 francs** par presse.		
	Droit proportionnel { sur la maison d'habitation…	…	20e
	{ sur l'établissement industriel.	…	40e
	Distributeurs automatiques. Voir *Bascules automatiques*.		
	Distribution d'eau (Entrepreneur de). Voir *Eau*.		
	Distribution d'imprimés, de cartes de visite, annonces, etc. (Entrepreneur d'un bureau de). Voir *Bureau*.		
A	**Dock, cale ou forme pour la réparation des navires** (Exploitant ou concessionnaire de)………	5e	
	Droit proportionnel { sur la maison d'habitation…	…	30e
	{ sur les locaux servant à l'exercice de la profession……	…	40e
	Docteur en médecine. Voir *Médecin*.		
A	**Doreur, argenteur et applicateur** d'autres métaux que l'or et l'argent, n'employant pas les procédés galvaniques……………………	6e	30e
	Doreur par les procédés galvaniques. Voir *Galvanoplastie*.		
	Doreur, soit sur verre ou cristal, soit sur porcelaine, etc. Voir *Peintre*.		
A	**Doreur sur bois**……………………	6e	30e
A	**Doreur sur tranches, sur cuir, sur papier**………	7e	50e
A	**Dorures et argentures sur métaux** (Fabricant de), n'employant pas les procédés galvaniques………	4e	30e
	Dorures sur métaux (Marchand de). Voir *Pendules* et *Zinc*.		
A	**Dorures pour passementeries** (Fabricant ou marchand de)……………………	4e	30e
	Douane (Commissionnaire accrédité près la). Voir *Commissionnaire*.		
	Douane (Commissionnaire pour l'acquit des droits de). Voir *Commissionnaire*.		
	Doublage des navires (Fabricant ou marchand de feutre pour le). Voir *Feutre*.		
	Doublé d'or et d'argent (Fabricant ou marchand d'objets en). Voir *Plaqué*.		
	Douches (Entrepreneur de). Voir *Bains* et *Eaux minérales*.		
C	**Dragues avec moteur mécanique** (Exploitant de) ………………… **5 fr.** Plus **4 francs** par ouvrier.		
	Droit proportionnel { sur la maison d'habitation seulement……………	…	20e
C	**Dragueur avec machine à bras ou à manège**. ………………… **5 fr.** Plus **3 francs** par ouvrier.		
	Droit proportionnel { sur la maison d'habitation seulement……………	…	20e
C	**Dragueur travaillant à bras seulement**.. **5 fr.** Plus **2 fr. 50** par ouvrier.		
	Droit proportionnel { sur la maison d'habitation seulement……………	…	20e
A	**Drainage** (Entrepreneur de)……………………	6e	30e
	Drainage (Fabricant de tuyaux pour le). Voir *Briques*.		
	Drap (Marchand de). Voir *Tissus*.		
	Drap (Marchand de petits coupons de). Voir *Assortisseur*.		
C	**Drap-feutre** (Fabricant de) par procédés mécaniques : **1 fr. 20 cent.** par paire de cylindres des machines à feutrer.		
	Droit proportionnel { sur la maison d'habitation….	…	20e
	{ sur l'établissement industriel.	…	60e
	Draps (Friseur de). Voir *Friseur*.		
	Draps (Tondeur ou presseur de). Voir *Tondeur*.		
A	**Drêche ou marc de l'orge** qui a servi à faire la bière (Marchand de)……………………	6e	30e
	Dresseur (Gantier). Voir *Gantier*.		
	Droguerie à l'usage des peintres (Marchand en détail de). Voir *Couleurs*.		
A	**Drogues** (Pileur de)……………………	7e	50e
	Droguiste (Herboriste-). Voir *Herboriste*.		
A	**Droguiste** (Marchand) en gros……………	1re	20e
A	**Droguiste** (Marchand) en demi-gros…………	2e	20e
A	**Droguiste** (Marchand) en détail……………	3e	20e
	Droits d'emmagasinage dans un entrepôt (Concessionnaire, exploitant ou fermier des). Voir *Entrepôt*.		
	Droits de douane et de fret (Commissionnaire pour l'acquit des). Voir *Commissionnaire*.		
	Duvets et autres objets de literie (Apprêteur de). Voir *Apprêteur*.		
	Duvet (Marchand de). Voir *Plume* et *Plumes*.		
	E		
B	**Eau** (Entrepreneur de fourniture ou de distribution d') : Par 1,000 âmes de la population normale totale des différentes communes desservies par l'entreprise…………… **3 fr.**		
	Droit proportionnel { sur la maison d'habitation…	…	10e
	{ sur les locaux servant à l'exercice de la profession……	…	40e
	N'est pas imposable en cette qualité celui qui est seulement chargé des travaux nécessaires à la distribution des eaux dans une ville, lorsque celle-ci passe elle-même les marchés et perçoit les abonnements (Arr. C. 22 janv. 1868, n. 2097). Un service de distribution d'eau entrepris par une ville est de sa nature un service communal; il ne peut être considéré comme constituant de la part de la ville l'exercice d'un commerce, d'une industrie ou d'une profession passible de patente, alors même que des concessions d'eau seraient accordées à des particuliers moyennant un prix d'abonnement (Arr. C. 27 avr. 1877, n. 2938).		
	Eau (Entrepreneur de gare d'). Voir *Gare*.		
	Eau (Porteur d'). Voir *Porteur*.		
	Eau congelée (Marchand ou fabricant d'). Voir *Glace*.		
	Eau de Cologne, de lavande, de fleurs d'oranger, de mélisse, etc. Voir *Distillateur d'essences*.		

DÉSIGNATION des tableaux	COMMERCES, INDUSTRIES ET PROFESSIONS	CLASSES du tableau A	TAUX du droit proportionnel
	Eau-de-vie (Brûleur d'). Voir *Bouilleur*.		
	Eau-de-vie (Débitant de liqueurs et). Voir *Liqueurs*.		
	Eau-de-vie (Fabricant d'). Voir *Alcool* et *Esprit*.		
	Eau-de-vie (Loueur d'ustensiles pour la fabrication de l'). Voir *Alambics*.		
	Eau-de-vie (Marchand d'). Voir *Alcool*.		
	Eaux-de-vie (Agréeur, dégustateur ou inspecteur des). Voir *Agréeur*.		
A	**Eau filtrée ou clarifiée et dépurée** (Entrepreneur d'un établissement d')	3e	20e
	Eau-forte, eau de Javelle. Voir *Produits chimiques*.		
	Eaux (Fabricant de pièces pour la conduite des). Voir *Pompes*.		
	Eaux (Fabricant de tuyaux pour le drainage ou la conduite des). Voir *Briques*.		
A	**Eaux gazeuses, eaux minérales naturelles ou factices, ou limonades gazeuses** (Marchand ou fabricant d')	4e	30e
C	**Eaux minérales ou thermales** (Exploitant d') : **2 francs** par baignoire, appareil pour douches et cabinet pour traitement spécial ; **50 centimes** par appareil de pulvérisation ; **25 centimes** par mètre carré de la superficie des piscines et des salles communes d'inhalation ou de fumigation ; **15 francs** par buvette ou, si la buvette a des préposés spéciaux, **15 francs** par préposé ; **15 francs** par personne employée à la vente et à l'expédition des eaux ou à la fabrication des sels, pastilles, etc., et à l'expédition de ces produits.		
	Droit proportionnel { sur la maison d'habitation	...	20e
	{ sur l'établissement industriel.	...	50e
	Il n'y a pas lieu de faire entrer dans la valeur locative servant de base au droit proportionnel le produit de la vente des eaux minérales (Arr. C. 5 sept. 1886, Pinac, Hautes-Pyrénées). L'exploitant d'eaux minérales ou thermales, qui est propriétaire des sources exploitées n'a pas, à ce titre, droit à l'exemption de patente (Arr. C. 24 juill. 1852, Badoit, Loire).		
	Eaux parfumées ou médicinales (Distillateur ou marchand d'). Voir *Distillateur* et *Essences*.		
	Ébène (Fabricant pour son compte ou marchand d'objets en) pour la sellerie ou la carrosserie. Voir *Objets*.		
A	**Ébéniste** (Fabricant) pour son compte, sans magasin	6e	30e
A	**Ébéniste** (Fabricant) à façon	7e	50e
A	**Ébéniste** (Marchand), ayant boutique ou magasin ..	5e	30e
	Ébénisterie (Marchand de bois d'). Voir *Bois*.		
	Écaille (Fabricant de peignes d'). Voir *Peignes*.		
	Écaille (Polisseur d'objets en). Voir *Polisseur*.		
A	**Écailles d'ables ou ablettes** (Marchand d')	7e	50e
	Échafaudages (Loueur d'). Voir *Loueur*.		
A	**Échalas** (Marchand d')	7e	50e
	Échaudeur d'abats, abatis et issues. Voir *Tripier*.		
A	**Échelles, fourches, râteaux et râteliers** (Fabricant ou marchand d')	7e	50e
	Échoppe (Marchand sous). Passible de la moitié des droits que payent les marchands qui vendent les mêmes objets en boutique, à moins qu'il n'ait un étal permanent ou qu'il n'occupe une place fixe dans les halles et marchés (Loi du 15 juill. 1880, art. 18). Sont exempts du droit proportionnel les patentables des 7e et 8e classes du tableau A qui exercent leur profession sous échoppe (Tableau D annexé à la même loi).		
	Éclairage (Fabricant de gaz pour l'). Voir *Gaz*.		
	Éclairage (Fournisseur d') aux troupes. Voir *Fournisseur*.		
C	**Éclairage à l'huile** (Entrepreneur d') : **50 centimes** par 100 francs ou par fraction de 100 francs du montant des entreprises.		
	Droit proportionnel { sur la maison d'habitation seulement	...	20e
A	**Éclairage à l'huile pour le compte des particuliers** (Entrepreneur d')	5e	30e
	Celui qui se charge de l'éclairage des boutiques, magasins, vestibules, galeries, escaliers, etc., des maisons particulières (D. ad.). Le droit fixe sera réglé d'après la catégorie à laquelle appartiendra celle des communes desservies qui aura la population normale totale la plus élevée, alors même que l'entrepreneur sera établi dans une autre commune.		
	Éclairage au gaz (Entrepreneur ou concessionnaire de l'). Voir *Gaz*.		
	Éclairage au gaz (Fabricant ou marchand d'appareils ou ustensiles pour l'). Voir *Appareils*.		
	Éclairage par l'électricité. Voir *Électricité*.		
	École de natation (Tenant une). Voir *Natation*.		
	Écorces (Fabricant de cordes d'). Voir *Cordes*.		
	Écorces (Fabricant ou marchand de liens d'). Voir *Liens*.		
A	**Écorces de bois pour tan** (Marchand d')	4e	30e
C	**Écorces pour la fabrication du papier** (Déchireur d') par procédés mécaniques : **12 francs** par machine.		
	Droit proportionnel { sur la maison d'habitation ...	...	20e
	{ sur l'établissement industriel.	...	50e
A	**Écorcheur ou équarrisseur d'animaux**	7e	50e
A	**Écorcheur ou équarrisseur d'animaux**, ayant abattoir ou clos d'équarrissage	6e	30e
A	**Écrans** (Fabricant d') pour son compte	6e	30e
A	**Écrans** (Fabricant d') à façon	8e	50e
	Écrins (Fabricant d'). Voir *Gainier*.		
A	**Écritures** (Entrepreneur d') ; celui qui se charge de faire exécuter, chez lui ou au dehors, les copies de toutes sortes d'écrits, de plans, de dessins, etc.	7e	50e
	Écritures (Expert en). Voir *Expert*.		
	Écrivain public (*Exempt*).		
	Écrivain sur pierres lithographiques. Voir *Dessinateur*.		
	Éditeur. Voir *Imprimeur*, *Libraire* et *Musique*.		
	Éditeur de feuilles périodiques (*Exempt*).		
	Éditeur propriétaire d'almanachs ou annuaires. Voir *Almanachs*.		
	Effilocheur de poils. Voir *Coupeur*.		
	Église (Fabricant de chasubles ou autres ornements d'). Voir *Chasubles*.		
A	**Élastiques pour bretelles, jarretières, etc.** (Fabricant d')	8e	50e
C	**Électricité** (Exploitant une usine d'éclairage par l') : **1 franc** par kilowatt ou fraction de kilowatt de la puissance utile des machines dynamo-électriques fonctionnant simultanément. Les conduites et câbles extérieurs n'entreront pas dans l'estimation de la valeur locative.		
	Droit proportionnel { sur la maison d'habitation ...	...	20e
	{ sur l'établissement industriel.	...	50e
A	**Électricité** (Marchand d'appareils, ustensiles et four-		

DÉSIGNATION des tableaux	COMMERCES, INDUSTRIES ET PROFESSIONS	CLASSES du tableau A	TAUX du droit proportionnel
	nitures pour l'emploi de l') ayant boutique ou magasin..	4e	30e
	Émail (Imprimeur sur). Voir *Imprimeur*.		
A	**Émailleur** pour son compte..............................	6e	30e
A	**Émailleur** à façon..............................	7e	50e
	Emballage (Fabricant de toiles grasses pour). Voir *Toiles*.		
	Emballage (Marchand de papiers pour). Voir *Papiers*.		
	Emballeur (Layetier-). Voir *Layetier*.		
	Emballeur (Voilier). Voir *Voilier*.		
A	**Emballeur non layetier**..............................	6e	30e
A	**Emballeur pour les vins**..............................	5e	30e
A	**Embouchoirs** (Faiseur d')..............................	7e	50e
	Émeri (Fabricant de papier d'). Voir *Papiers verrés*.		
A	**Émeri et rouge à polir** (Marchand d')............	8e	50e
	Emmagasinage (Concessionnaire ou fermier des droits d') dans un entrepôt. Voir *Entrepôt*.		
	Émouleur par procédés mécaniques. Voir *Polisseur*.		
	Empailleur. Voir *Naturaliste préparateur*.		
	Empailleur de chaises. Voir *Chaises*.		
	Empeignes ou brides de chaussures (Fabricant ou marchand d'). Voir *Tiges*.		
A	**Emplacement pour dépôt de marchandises** (Exploitant un); celui qui, propriétaire ou locataire d'un emplacement, reçoit des marchandises en dépôt moyennant rétribution..............................	7e	30e
	Emplacement pour le stationnement des voitures de remise (Exploitant d'). Voir *Voitures*.		
	Emplacement pour remiser les charrettes (Exploitant d'). Voir *Parc aux charrettes*.		
	Emplacements sur les places publiques (Adjudicataire des droits d'). Voir *Halles*.		
	Employé salarié soit par l'État, soit par les administrations départementales et communales. *Exempt*, mais seulement en ce qui concerne l'exercice de son emploi.		
A	**Encadreur d'estampes**..............................	8e	50e
	Encan (Directeur d'un établissement de ventes à l'). Voir *Ventes*.		
	Encaustique (Marchand ou fabricant d'). Voir *Cirage*.		
C	**Enclumes, essieux et gros étaux** (Manufacture d'): **30 francs** par feu.		
	Droit proportionnel { sur la maison d'habitation...	...	20e
	{ sur l'établissement industriel.	...	50e
A	**Encre à écrire** (Fabricant ou marchand d'), vendant en gros..............................	3e	20e
A	**Encre à écrire** (Fabricant ou marchand d'), vendant en détail..............................	6e	30e
C	**Encre d'impression** (Fabrique d')......... **5 fr.** Plus **5 francs** par ouvrier.		
	Droit proportionnel { sur la maison d'habitation...	...	20e
	{ sur l'établissement industriel.	...	40e
A	**Encriers perfectionnés** (siphoïde, pompe, inoxydable, etc.). Fabricant ou marchand d')...........	4e	30e
A	**Enduit contre l'oxydation** (Applicateur d').......	6e	30e
	Enfants (Marchand de layettes d'). Voir *Layettes*.		
	Enfants (Fabricant ou marchand de bourrelets d'). Voir *Bourrelets*.		
	Enfants (Fabricant ou marchand de jouets pour). Voir *Bimbelotier* et *Bimbeloterie*.		
	Enfants (Fabricant ou marchand de voitures à bras pour). Voir *Voitures*.		

DÉSIGNATION des tableaux	COMMERCES, INDUSTRIES ET PROFESSIONS	CLASSES du tableau A	TAUX du droit proportionnel
C	**Engrais** (Fabricant d')...................... **5 fr.** Plus **3 francs** par ouvrier.		
	Droit proportionnel { sur la maison d'habitation...	...	20e
	{ sur l'établissement industriel.	...	50e
A	**Engrais ou amendements** (Marchand d') en gros: celui qui vend aux autres marchands ou fait des envois sur commande..............................	3e	
	Droit proportionnel { sur la maison d'habitation.	...	20e
	{ sur les locaux servant à l'exercice de la profession.....	...	40e
A	**Engrais ou amendements** (Marchand d') en détail..............................	6e	30e
A	**Enjoliveur** (Fabricant) pour son compte......... Celui qui fait des guirlandes, festons, etc. (D. ad.).	7e	50e
A	**Enjoliveur** (Fabricant) à façon..............................	8e	50e
A	**Enjoliveur** (Marchand)..............................	6e	30e
A	**Enlaceur de cartons**; celui qui lie, en observant un ordre déterminé, les cartons de lisage employés dans la fabrication des étoffes façonnées.........	6e	30e
	Enlèvement des boues (Entreprise de l'). Voir *Arrosage*.		
	Enlumineur. Voir *Coloriste*.		
	Ensilage des betteraves pour la fabrication du sucre (Entrepreneur du déchargement et de l'). Voir *Betteraves*.		
	Entrepositaire (Commissionnaire). Voir *Commissionnaire*.		
	Entrepositaire de bière. Voir *Bière*.		
A	**Entrepôt** (Concessionnaire exploitant ou fermier des droits d'emmagasinage dans un)............	2e	
	Droit proportionnel { sur la maison d'habitation seulement..............	...	20e
	Entrepreneur de barques et bateaux. Voir *Barques*.		
	Entrepreneur de bâtiments. Voir *Bâtiments*.		
	Entrepreneur de travaux publics. Voir *Travaux publics*.		
	Entretien des jardins (Entrepreneur de l'). Voir *Jardins*.		
	Entretien des tombes. Voir *Inhumations*.		
	Enveloppes de bouteilles et autres objets en paille (Fabricant d'). Voir *Paille*.		
	Enveloppeur de boucles. Voir *Boucles*.		
	Épaulettes (Apprêteur de fil pour les). Voir *Guimpier*.		
	Épées (Fabricant de fourreaux pour). Voir *Fourreaux*.		
A	**Éperonnier** pour son compte..............................	5e	30e
A	**Éperonnier** à façon..............................	8e	50e
	Épices (Fabricant ou marchand de pain d'). Voir *Pain*.		
A	**Épicerie** (Marchand d') en gros..............................	1re	20e
A	**Épicerie** (Marchand d') en demi-gros..............................	2e	20e
A	**Épicerie** (Marchand d') en détail..............................	5e	30e
	Épicerie (Tenant un magasin pour la vente en demi-gros ou en détail d'). Voir *Magasin*.		
A	**Épicier regrattier**; celui qui ne vend qu'au petit poids et à la petite mesure quelques articles d'épicerie et joint à ce commerce la vente de quelques autres objets, comme poterie de terre, charbon en détail, bois à la falourde, etc..............................	7e	50e
A	**Épileur**..............................	8e	50e
A	**Épinceleur**; celui qui, à l'aide d'un instrument nommé *épincette*, enlève les nœuds, pailles, etc., qui paraissent à la surface des étoffes au sortir du métier..............................	8e	50e

DÉSIGNATION des tableaux	COMMERCES, INDUSTRIES ET PROFESSIONS	CLASSES du tableau A	TAUX du droit proportionnel
A	**Épingles** (Fabricant d') par les procédés ordinaires.	6e	30e
A	**Épingles** (Fabricant d') par les procédés ordinaires à façon	8e	50e
C	**Épingles** (Fabrique d') par procédés mécaniques : **6 francs** par machine complète et **3 francs** par machine simple.		
	Droit proportionnel { sur la maison d'habitation…	…	20e
	Droit proportionnel { sur l'établissement industriel.	…	50e
A	**Épingles** (Marchand d') en gros	1re	20e
A	**Épingles** (Marchand d') en demi-gros	2e	20e
A	**Épinglier-grillageur**	7e	50e
	Celui qui fait toute espèce de grillage en fil de fer, ou de laiton (D. ad.).		
A	**Éponges** (Marchand d') en gros	3e	20e
A	**Éponges** (Marchand d') en détail	5e	30e
	Éprouveur de vins. Voir *Vins.*		
	Épuration des eaux. Voir *Appareils*, *Eau filtrée* et *Fontaines.*		
	Équarrisseur d'animaux. Voir *Écorcheur*.		
A	**Équarrisseur de bois**	7e	50e
	Équerres et règles (Fabricant d'). Voir *Mesures linéaires.*		
A	**Équipage** (Maître d')	5e	30e
	Est imposable comme tel, celui qui, au moyen de chevaux, se charge du halage des bateaux sur les fleuves, rivières, etc. (Arr. C. 7 nov. 1879, n. 3250).		
	Équipages (Peintre-vernisseur en). Voir *Peintre.*		
	Équipages (Roulier ayant plusieurs) ou n'ayant qu'un équipage. Voir *Voiturier.*		
	Équipement des troupes de terre et de mer (Fabricant ou fournisseur d'objets concernant l'). Voir *Fabricant* et *Fournisseur.*		
A	**Équipement militaire** (Marchand d'objets d')	3e	20e
A	**Équipeur-monteur**	7e	50e
	Celui qui ajuste et monte, pour le compte des armuriers, les différentes pièces des armes à feu (D. ad.).		
A	**Équitation** (Fournisseur du personnel et des chevaux nécessaires pour l'enseignement de l')	5e	30e
	Équitation (Tenant un manège d'). Voir *Manège.*		
A	**Escargots** (Marchand d') en gros ayant un parc	6e	30e
A	**Escargots** (Marchand d')	7e	50e
	Escompte (Sociétés formées par actions pour opérations d'). Voir *Sociétés.*		
A	**Escompteur**	1re	20e
	Celui qui fait l'escompte sur la place où il réside (D. ad.). N'est pas imposable comme tel, celui qui se borne à prêter des fonds lui appartenant contre des billets directement souscrits à son nom (Arr. C. 21 déc. 1883, n. 3448).		
	Esprit de fécule, de grains, de betteraves, de garance, etc. Voir *Alcool.*		
C.	**Esprit ou eau-de-vie de vin** (Fabrique d'). **60 fr.** Ce droit sera réduit de moitié pour les fabricants qui fabriquent moins de 100 hectolitres.		
	Droit proportionnel { sur la maison d'habitation…	…	20e
	Droit proportionnel { sur l'établissement industriel.	…	40e
C	**Esprit ou eau-de-vie de marc de raisin, cidre, poiré** (Fabrique d'). **30 fr.** Ce droit sera réduit de moitié pour les fabricants qui fabriquent moins de 100 hectolitres.		
	Droit proportionnel { sur la maison d'habitation…	…	20e
	Droit proportionnel { sur l'établissement industriel.	…	40e
A	**Essayeur de soie**	6e	30e
	Celui qui, à l'aide d'un dévidoir mécanique, calcule le nombre de mètres d'étoffes qu'un kilogramme de soie est susceptible de rendre (D. ad.).		
A	**Essayeur pour le commerce**	4e	30e
	Celui qui essaye les matières d'or et d'argent pour en constater le titre (D. ad.). Ne sont pas imposables les essayeurs de métaux autorisés par les préfets près les bureaux de garantie, si, du reste, ils ne font point en dehors de leurs fonctions, des opérations d'essai pour le commerce (Arr. C. 22 avr. 1857, n. 512).		
A	**Essence d'Orient** (Fabricant d')	7e	50e
	Celui qui, avec des écailles d'ables, fait la matière qui sert à colorer les fausses perles (D. ad.).		
	Essences (Courtier en). Voir *Courtier.*		
	Essences ou eaux parfumées ou médicinales (Distillateur d'). Voir *Distillateur.*		
A	**Essences ou eaux parfumées ou médicinales** (Marchand d'), en gros	1re	20e
A	**Essences ou eaux parfumées ou médicinales** (Marchand d'), en demi-gros	2e	20e
A	**Essences ou eaux parfumées ou médicinales** (Marchand d'), en détail	5e	30e
	Essieux (Manufacture d'). Voir *Enclumes.*		
A	**Estaminet** (Maître d')	4e	30e
	Estampes (Encadreur d'). Voir *Encadreur.*		
A	**Estampes et gravures** (Marchand d')	6e	30e
A	**Estampeur en or et en argent**	4e	30e
A	**Estampeur ou repousseur en métaux autres que l'or et l'argent**	7e	50e
	Estimation des propriétés (Expert pour l'). Voir *Expert.*		
	Établissement public (Cantinier dans un). Voir *Cantinier.*		
	Établissements publics (Fabricant ou entrepreneur de la construction de calorifères pour le chauffage des). Voir *Calorifères.*		
A	**Étain** (Fabricant de feuilles d')	5e	30e
	Étain (Fondeur ambulant de cuillers d'). Voir *Cuillers.*		
	Étain (Fondeur d'). Voir *Fondeur.*		
	Étain (Marchand d'). Voir *Métaux.*		
	Étain (Potier d'). Voir *Potier.*		
C	**Étain pour glaces** (Fabrique d'). **5 fr.** Plus **5 francs** par ouvrier.		
	Droit proportionnel { sur la maison d'habitation…	…	20e
	Droit proportionnel { sur l'établissement industriel.	…	40e
	Étalage (Marchand en). — Passible de la moitié des droits que payent les marchands qui vendent les mêmes objets en boutique, à moins qu'il n'ait un étal permanent ou qu'il n'occupe une place fixe dans les halles et marchés (Loi du 15 juill. 1880, art. 18). Sont exempts du droit proportionnel les patentables des 7e et 8e classes du tableau A qui exercent leur profession en étalage (Tableau D annexé à la même loi).		
A	**Étameur ambulant d'ustensiles de cuisine**	8e	50e
A	**Étameur de glaces**	6e	30e
	Étaux (Manufacture de gros). Voir *Enclumes.*		
	Étoffes (Apprêteur d'). Voir *Apprêteur.*		
	Étoffes (Brodeur sur) en or ou en argent. Voir *Brodeur.*		
	Étoffes (Calandreur de vieilles). Voir *Calandreur.*		
	Étoffes (Colleur d'). Voir *Colleur.*		
A	**Étoffes** (Crêpeur d'); celui qui, après le tissage, crêpe les étoffes pour en faire ressortir le duvet	7e	50e
	Étoffes (Débarreur d'). Voir *Débarreur.*		
	Étoffes (Déchireur de vieilles). Voir *Déchireur.*		
	Étoffes (Découpeur d'). Voir *Découpeur.*		

DÉSIGNATION des tableaux	COMMERCES, INDUSTRIES ET PROFESSIONS	CLASSES du tableau A	TAUX du droit proportionnel
	Étoffes (Fabricant de crochets pour les fabriques d'). Voir *Crochets.*		
	Étoffes (Gaufreur d'). Voir *Gaufreur.*		
	Étoffes (Gommeur d'). Voir *Gommeur.*		
	Étoffes (Grilleur d'). Voir *Tondeur.*		
	Étoffes (Imprimeur d'). Voir *Imprimeur.*		
	Étoffes (Laveur de vieilles) pour les filatures de laine. Voir *Laveur.*		
	Étoffes (Marchand de petits coupons d'). Voir *Assortisseur.*		
	Étoffes (Moireur d'). Voir *Moireur.*		
	Étoffes (Plieur d'). Voir *Plieur.*		
	Étoffes (Presseur d') pour les teinturiers et les dégraisseurs. Voir *Presseur.*		
	Étoffes (Raseur d'). Voir *Tondeur.*		
	Étoffes (Tondeur d'). Voir *Tondeur.*		
	Étoffes de laine (Blanchisseur d'). Voir *Blanchisserie.*		
	Étoffes de laine (Friseur de draps et autres). Voir *Friseur.*		
	Étoffes de laine (Tondeur ou presseur de draps et autres). Voir *Tondeur.*		
	Étoffes garnies en caoutchouc, gutta-percha ou autres matières semblables (Fabricant ou marchand d'objets en). Voir *Caoutchouc.*		
	Étoffes neuves (Calandreur d'). Voir *Calandreur.*		
	Étoupe (Retordeur ou fabricant de fil d'). Voir *Fil.*		
	Étoupe (Filateur d'). Voir *Filature.*		
A	**Étoupes** (Marchand d') pour le calfatage des navires	8e	50e
	Étranger (Commis-voyageur). Voir *Commis.*		
	Étranger. — Imposable comme les nationaux. Est imposable, non comme représentant de maison de commerce, mais comme faisant le commerce même, l'étranger ayant en France un établissement dans lequel il rassemble ou fait rassembler pour son compte des marchandises qui sont ensuite expédiées et revendues à l'étranger (Arr. C. 16 févr. 1853, n. 11; 9 mai 1855, n. 152). Il est imposable comme marchand en gros, lorsqu'il fait ses achats et expéditions de marchandises dans les conditions du commerce en gros (Arr. C. 13 févr. 1856, n. 281).		
A	**Étriers** (Fabricant d') pour son compte	5e	30e
A	**Étriers** (Fabricant d') à façon	8e	50e
A	**Étrilles** (Fabricant d') pour son compte	5e	30e
A	**Étrilles** (Fabricant d') à façon	7e	50e
A	**Étuis et sacs de papier** (Fabricant ou marchand d')	8e	50e
	Étuis pour instruments de musique (Garnisseur d'). Voir *Garnisseur.*		
A	**Éventailliste** (Fabricant) pour son compte	7e	50e
A	**Éventailliste** (Fabricant) à façon	8e	50e
A	**Éventailliste** (Marchand fabricant) ayant boutique ou magasin	6e	30e
	Exhumations (Adjudicataire ou fermier du service des). Voir *Inhumations.*		
	Expéditeur (Mareyeur). Voir *Mareyeur.*		
	Expéditeur de bestiaux (Marchand). Voir *Bestiaux.*		
	Expéditeur de charbons (Commissionnaire). Voir *Commissionnaire.*		
	Expéditeur de coutellerie (Fabricant). Voir *Coutellerie.*		
	Expéditeur de fruits, légumes frais, champignons et autres comestibles analogues (Marchand). Voir *Fruits.*		
	Expéditeur d'huîtres (Marchand). Voir *Huîtres.*		
	Expéditeur de lait (Marchand). Voir *Lait.*		
	Expéditeur d'œufs, volailles, lapins ou gibier (Marchand). Voir *Œufs.*		
	Expéditeur de viandes (Marchand). Voir *Viandes.*		
	Expert. Voir *Appréciateur.*		
	Expert (Chimiste). Voir *Chimiste.*		
	Expert (Maréchal). Voir *Maréchal.*		
A	**Expert en écritures** (s'il exerce cette profession d'une manière habituelle)	4e	30e
A	**Expert pour le partage et l'estimation des propriétés** Est imposable en cette qualité, et non comme arpenteur, celui qui, prenant publiquement le titre de géomètre expert, se livre habituellement, en dehors des opérations d'arpentage proprement dites, aux opérations suivantes : ventilation de baux, estimation d'immeubles, lotissements en vue de partage, consultations sur la valeur des immeubles, expertises judiciaires (Arr. C. 23 févr. 1877, n. 2944).	6e	30e
A	**Expert près les tribunaux** (s'il en fait sa profession habituelle)	4e	30e
A	**Expert visiteur de navires**	7e	50e
	Expositions (Entrepreneur d'installation de baraquements pour). Voir *Baraquements.*		
	Extracteur de minerai de fer. Voir *Minières non concessibles.*		
	Extracteur de phosphates naturels. Voir *Phosphates.*		
	Extraits et huiles parfumées (Fabricant d'). Voir *Distillateur.*		
	F		
C	**Fabricant.** Celui dont la profession, inscrite sous une dénomination quelconque au tableau des commerces, industries ou professions dont le droit fixe est réglé eu égard à la population et d'après un tarif général, consiste dans un travail de fabrication, de confection ou de main-d'œuvre, lorsqu'il travaille pour le commerce et qu'il occupe plus de dix ouvriers disséminés ou réunis dans le même établissement. Pour les dix premiers ouvriers........ **18 fr.** Plus, pour les ouvriers au-dessus de dix, **3 fr. 60** par ouvrier ou par série d'ouvriers momentanément occupés, équivalente à un ouvrier employé complètement. Les droits ci-dessus seront réduits de moitié pour les fabricants à façon. Dans aucun cas, l'ensemble des droits fixe et proportionnel de patente ne pourra être inférieur au total qui résulterait de l'application à la profession du fabricant, du tarif réglé en raison de la population. Droit proportionnel { sur la maison d'habitation.... Droit proportionnel { sur l'établissement industriel.	... ...	20e 50e
C	**Fabricant d'objets concernant le grand et le petit équipement, l'habillement, la remonte, le harnachement, le campement, etc.**, des troupes de terre et de mer, lorsque la fabrication de ces objets ne rentre pas dans les dénominations spéciales comprises au tableau des professions dont le droit fixe est réglé sans égard à la population .... **5 fr.** Plus **3 fr. 60 cent.** par ouvrier ou par série d'ouvriers momentanément occupés, équivalente à un ouvrier employé complètement. Droit proportionnel { sur la maison d'habitation... Droit proportionnel { sur l'établissement industriel.	... ...	20e 50e
C	**Fabrication dans les dépôts de mendicité** (Entrepreneur de) : **40 centimes** par détenu occupé à la fabrication.		

DÉSIGNATION des tableaux	COMMERCES, INDUSTRIES ET PROFESSIONS	CLASSES du tableau A	TAUX du droit proportionnel
	Droit proportionnel { sur la maison d'habitation seulement	...	20e
C	**Fabrication dans les prisons, etc.** (Entrepreneur de) :		
	1 franc par détenu occupé à la fabrication.		
	Droit proportionnel { sur la maison d'habitation seulement	...	20e
	Les fabricants ou entrepreneurs de fabrication qui sous-traitent avec le fournisseur général ne sont point couverts par la patente de ce dernier; chacun doit avoir la sienne (D. ad.).		
	Le droit fixe doit être établi à raison du nombre moyen de détenus occupés à la fabrication, sans qu'il y ait lieu de distinguer entre les ouvriers et les apprentis (Arr. C. 9 juill. 1886, n. 3495).		
	Fabricant à métiers. Voir *Métiers.*		
	Fabrique (Facteur de). Voir *Facteur.*		
	Fabriques d'étoffes (Fabricant de crochets pour les). Voir *Crochets.*		
	Façonnage (Entrepreneur par adjudication de l'abatage et du) des bois sur pied. Voir *Bois.*		
B	**Facteur aux halles de Paris**	...	10e

TAXE	
déterminée	par personne employée(1)
Fr.	Fr.
100	8

On ne comptera comme employés que les commis aux écritures et les commis crieurs.

La taxe par employé est doublée lorsque le nombre des ouvriers dépasse 200, et triplée lorsqu'il dépasse 1,000 (L. 17 juill. 1889, art. 2).

DÉSIGNATION des tableaux	COMMERCES, INDUSTRIES ET PROFESSIONS	CLASSES du tableau A	TAUX du droit proportionnel
B	**Facteur aux marchés aux bestiaux destinés à l'approvisionnement de Paris**	...	10e

TAXE	
déterminée	par personne employée(1)
Fr.	Fr.
150	8

La taxe par employé est doublée lorsque le nombre des employés dépasse 200, et triplée lorsqu'il dépasse 1,000 (L. 17 juill. 1889, art. 2).

DÉSIGNATION des tableaux	COMMERCES, INDUSTRIES ET PROFESSIONS	CLASSES du tableau A	TAUX du droit proportionnel
	Facteur de caisses de tambour. Voir *Caisses.*		
	Facteur de denrées et marchandises (Opérations en gros). Voir *Courtier de marchandises.*		
A	**Facteur de denrées et marchandises**; lorsqu'il s'entremet seulement pour la vente aux marchands détaillants et aux consommateurs	4e	30e
A	**Facteur de fabrique**; celui qui, avec les matières premières fournies par les fabricants ou les marchands, se charge de faire confectionner les objets de leur fabrication ou de leur commerce et en garantit la bonne exécution	6e	30e
	Facteur de harpes. Voir *Harpes.*		
	Facteur d'harmonicas. Voir *Harmonicas.*		

(1) « ... employée, en sus du nombre de cinq, aux écritures, aux caisses, à la surveillance, aux achats et aux ventes intérieures ou extérieures. » Voir la note, page 172.

DÉSIGNATION des tableaux	COMMERCES, INDUSTRIES ET PROFESSIONS	CLASSES du tableau A	TAUX du droit proportionnel
	Facteur d'instruments de musique à vent, en bois ou en cuivre. Voir *Instruments.*		
	Facteur d'instruments pour les sciences. Voir *Instruments.*		
	Facteur de pianos et clavecins. Voir *Pianos.*		
	Facteur de pièces d'instruments de musique. Voir *Instruments.*		
	Fagot (Marchand de bois à brûler vendant au). Voir *Bois.*		
A	**Fagots et bourrées** (Marchand de), vendant par voiture	6e	30e
A	**Fagots et bourrées** (Marchand de), vendant au fagot	8e	50e
C	**Faïence** (Fabrique de) :		
	1 franc par mètre cube de la capacité brute des fours.		
	Le droit sera réduit de moitié pour les fours à la houille dans lesquels on fera moins de 25 fournées par an et pour les fours au bois dans lesquels on fera moins de 20 fournées par an.		
	Droit proportionnel { sur la maison d'habitation	...	20e
	Droit proportionnel { sur l'établissement industriel	...	50e
	Faïence (Imprimeur sur). Voir *Imprimeur.*		
A	**Faïence** (Marchand de) en gros	1re	20e
A	**Faïence** (Marchand de) en demi-gros	4e	30e
A	**Faïence** (Marchand de) en détail	6e	30e
	Faïence (Poêlier en). Voir *Poêlier.*		
	Faillites (Mandataire salarié pour l'administration des). Voir *Mandataire.*		
A	**Faines** (Marchand de)	8e	50e
	Faiseur de vitraux. Voir *Vitraux.*		
	Falourde (Marchand de bois à brûler vendant à la). Voir *Bois.*		
	Fanons ou barbes de baleine (Apprêteur de). Voir *Apprêteur.*		
A	**Fanons ou barbes de baleine** (Marchand de) en gros	1re	20e
A	**Fanons ou barbes de baleine** (Marchand de) en demi-gros	2e	20e
A	**Farines** (Marchand de) en gros	1re	
	Droit proportionnel { sur la maison d'habitation	...	20e
	Droit proportionnel { sur les locaux servant à l'exercice de la profession	...	40e
A	**Farines** (Marchand de) en demi-gros	4e	30e
A	**Farines** (Marchand de) en détail	6e	30e
	Faucher (Exploitant de machine à). Voir *Machine.*		
	Fauteuils roulants (Loueur de). Voir *Chaises à porteur.*		
	Fauteuils roulants pour malades (Fabricant ou marchand de). Voir *Voitures.*		
C	**Faux ou faucilles** (Fabrique de) ... **5 fr.** Plus **3 francs** par ouvrier.		
	Droit proportionnel { sur la maison d'habitation	...	20e
	Droit proportionnel { sur l'établissement industriel	...	50e
	Fécules (Fabricant ou marchand d'alcool ou eau-de-vie de). Voir *Alcool.*		
C	**Fécules** (Fabrique de) ... **5 fr.** Plus **5 francs** par ouvrier.		
	Droit proportionnel { sur la maison d'habitation	...	20e
	Droit proportionnel { sur l'établissement industriel	...	40e
A	**Fécules** (Marchand de) en gros	3e	20e
A	**Fécules** (Marchand de) en détail	6e	30e
	Fécules de pommes de terre (Fabricant de sirop de). Voir *Sirop.*		

DÉSIGNATION des tableaux	COMMERCES, INDUSTRIES ET PROFESSIONS	CLASSES du tableau A	TAUX du droit proportionnel
A	**Fendeur de brins de baleine ou de jonc**.......	7e	50e
A	**Fendeur en bois**..............................	7e	50e
	Fer (Exploitant une usine pour la galvanisation du). Voir *Galvanisation*.		
	Fer (Extracteur de minerai de). Voir *Minières*.		
	Fer (Fabricant de chandeliers en). Voir *Chandeliers*.		
	Fer (Fabricant de charnières en). Voir *Charnières*.		
	Fer (Fabricant d'objets moulés en fonte de) de première fusion. Voir *Hauts fourneaux*.		
	Fer (Marchand de fil de). Voir *Fil*.		
	Fer (Marchand de minerai de). Voir *Minerai*.		
	Fer (Tréfileur en). Voir *Tréfilerie* et *Tréfileur*.		
	Fer battu (Fabricant d'ustensiles en). Voir *Ustensiles*.		
	Fer battu ou étamé (Fabricant ou marchand d'objets en). Voir *Couverts*.		
	Fer de seconde fusion (Fondeur de). Voir *Fonderie*.		
A	**Fer en barre ou fonte de fer** (Marchand de) en gros; celui qui vend principalement par quantités d'au moins 500 kilogrammes..................	1re	20e
A	**Fer en barre ou fonte de fer** (Marchand de) en détail; celui qui vend habituellement par quantités inférieures à 500 kilogrammes..............	4e	30e
	Fer en meubles (Marchand de). Voir *Laine brute ou lavée*, *Literie* (*Marchand d'articles de*) et *Plume*.		
A	**Fer vieux** (Marchand de) en gros................	4e	30e
	Fer-blanc (Fabricant de charnières en). Voir *Charnières*.		
C	**Fer-blanc** (Fabrique de) .... **5 fr.** Plus **5 francs** par ouvrier.		
	Droit proportionnel { sur la maison d'habitation...	...	20e
	Droit proportionnel { sur l'établissement industriel.	...	50e
	Est imposable comme fabricant de fer-blanc celui qui exploite avec des ouvriers choisis et payés par lui une fabrique de fer-blanc, alors même que les produits seraient exclusivement livrés à une société de maîtres de forges lui fournissant la tôle et les ateliers de travail (Arr. C. 4 janv. 1855, n. 324).		
A	**Ferblantier-lampiste**..........................	5e	30e
	Est imposable comme ferblantier-lampiste, et non comme ferblantier, celui qui, à la vente des objets de ferblanterie par lui fabriqués, ajoute celle de lampes, de lanternes de voiture, de globes et de verres de lampe (Arr. C. 24 juin 1857, n. 542).		
A	**Ferblantier**....................................	6e	30e
A	**Ferblantier** en chambre.........................	7e	50e
A	**Ferrailleur**; celui qui vend de vieux objets en fer..	7e	50e
	Ferreur d'arçons. Voir *Arçons*.		
A	**Ferreur de lacets**..............................	8e	50e
C	**Ferronnerie, serrurerie, clous forgés** (Fabrique de)................................. **5 fr.** Plus **3 fr. 50** par ouvrier.		
	Droit proportionnel { sur la maison d'habitation...	...	20e
	Droit proportionnel { sur l'établissement industriel.	...	50e
	Ceux qui font fabriquer des clous par des ouvriers auxquels ils fournissent la matière, sont imposables comme fabricants de clous forgés (Arr. C. 22 févr. 1849. Laurent Becq et autres, Ariège).		
	Ferronnerie (Marchand de) en gros ou en demi-gros. Voir *Quincaillerie*.		
A	**Ferronnerie** (Marchand de) en détail...........	5e	30e
	Ferronnerie (Tenant un magasin pour la vente en demi-gros ou en détail de). Voir *Magasin*.		
	Festons (Fabricant ou marchand de). Voir *Enjoliveur*.		

DÉSIGNATION des tableaux	COMMERCES, INDUSTRIES ET PROFESSIONS	CLASSES du tableau A	TAUX du droit proportionnel
	Fêtes (Entrepreneur d'installation de baraquements pour). Voir *Baraquements*.		
	Feuillages artificiels (Fabricant de). Voir *Fleurs*.		
	Feuillages artificiels (Marchand d'apprêts autres que les tissus spéciaux et les étoffes pour). Voir *Fleurs*.		
	Feuillages artificiels (Marchand de tissus spéciaux, apprêtés ou d'étoffes pour). Voir *Fleurs*.		
	Feuillagiste à la botte (Fabricant). Voir *Fleuriste*.		
	Feuillard (Marchand de bois). Voir *Bois*.		
	Feuilles (Marchand de carton en). Voir *Carton*.		
	Feuilles (Marchand de tabac en). Voir *Tabac*.		
A	**Feuilles de blé de Turquie** (Marchand de).......	8e	50e
A	**Feuilles de cuivre imitant l'or battu** (Marchand de)...	6e	30e
	Feuilles d'étain (Fabricant de). Voir *Étain*.		
	Feuilles de papier collées (Fabricant de carton en). Voir *Carton*.		
	Feuilles périodiques (Éditeur de) (*Exempt*).		
	Feuilles transparentes de corne (Fabricant de). Voir *Corne*.		
	Feutre (Apprêteur de chapeaux de). Voir *Apprêteur*.		
	Feutre (Fabricant de drap). Voir *Drap*.		
	Feutre (Fabricant de semelles mobiles de) pour l'intérieur des chaussures. Voir *Semelles*.		
A	**Feutre** (Fabricant ou marchand de) pour la papeterie, le doublage des navires, plateaux vernis, etc..	6e	30e
	Feutre (Marchand de chapeaux de). Voir *Chapeaux* et *Chapeliers*.		
	Feutre (Vernisseur sur). Voir *Vernisseur*.		
	Feutre pour les chapeliers (Fouleur de). Voir *Fouleur*.		
	Feutres (Ponceur de). Voir *Ponceur*.		
	Fiacres sous remise ou sur place (Entrepreneur de). Voir *Cabriolets*.		
	Fibre de bois. Voir *Laine de bois*.		
	Ficelles (Fabricant ou marchand de). Voir *Cordes* et *Cordier*.		
A	**Figures en cire** (Mouleur de) à façon..........	8e	50e
	Figures en cire (Tenant un cabinet de). Voir *Cabinet*.		
	Figures en plâtre ou en terre (Mouleur ou marchand de). Voir *Bustes*.		
	Fil (Décrueur de). Voir *Décrueur*.		
C	**Fil** (Dévideur de) : **1 centime** par broche.		
	Droit proportionnel { sur la maison d'habitation...	...	20e
	Droit proportionnel { sur l'établissement industriel.	...	60e
	Fil (Fabricant de cordons, lacets, tresses et ganses en). Voir *Cordons*.		
	Fil (Marchand de chaînes de) préparées pour la fabrication des tissus. Voir *Chaînes*.		
	Fil (Marchand de tissus de). Voir *Tissus de laine, de fil, etc.*		
	Fil à coudre, à broder, à tricoter, etc. (Retordeur ou fabricant de) :		
	Pour une retorderie de fil de coton : **2 centimes** par broche des moulins et des métiers à retordre.		
	Pour une retorderie de fil de laine : **4 centimes** par broche des moulins et des métiers à retordre.		

DÉSIGNATION des tableaux	COMMERCES, INDUSTRIES ET PROFESSIONS	CLASSES du tableau A	TAUX du droit proportionnel
	Pour une retorderie de fils de déchets ou de bourre de soie :		
	6 centimes par broche des moulins et des métiers à retordre.		
	Pour une retorderie de fil de soie, de chanvre, de lin, d'étoupe ou de jute :		
	8 centimes par broche des moulins et des métiers à retordre.		
	Plus **4 francs** par ouvrier employé aux opérations autres que la mise en action des moulins et des métiers à retordre.		
	Le retordeur de fils mélangés payera la taxe afférente à la retorderie passible du droit le plus élevé.		
	Droit proportionnel { sur la maison d'habitation…	...	20c
	Droit proportionnel { sur l'établissement industriel.	...	60c
	Fil de chanvre, de coton, de laine ou de lin (Marchand de). Voir *Coton, Filotier, Laine* et *Lin*.		
	Fil de chanvre (Fabricant de tuyaux en) pour les pompes à incendie et les arrosements. Voir *Tuyaux*.		
	Fil de coton, de laine, de chanvre, de lin, d'étoupe, de déchets ou de bourre de soie pour le tissage (Retordeur de); celui qui convertit le fil simple en fil retors destiné à fabriquer les chaînes pour le tissage :		
	1 centime par broche.		
	Droit proportionnel { sur la maison d'habitation….	...	20c
	Droit proportionnel { sur l'établissement industriel.	...	60c
	Les broches de retordage existant dans les filatures seront imposées d'après le tarif ci-dessus (D. ad.).		
A	**Fil de fer ou de laiton** (Marchand de) en gros…	1re	20c
A	**Fil de fer ou de laiton** (Marchand de) en demi-gros…	2c	20c
A	**Fil de fer ou de laiton** (Marchand de) en détail..	4e	30c
	Fil écru (Blanchisseur de). Voir *Décrueur*.		
A	**Filasse de nerfs** (Fabricant de) pour son compte..	6e	30c
A	**Filasse de nerfs** (Fabricant de) à façon………	8e	50c
	Filature (Constructeur de métiers mécaniques pour la). Voir *Machines*.		
	Filature (Rechargeur de broches pour la). Voir *Broches*.		
	Filature (Tourneur de rouleaux pour la). Voir *Rouleaux*.		
C	**Filature de chanvre, de lin, d'étoupe, de jute ou de ramie :**		
	8 centimes par broche.		
	Ce droit sera réduit de moitié pour les filatures non pourvues de peignerie ou de carderie.		
	Les broches des bancs à broches ne sont pas passibles de la taxe.		
	Droit proportionnel { sur la maison d'habitation…	...	20c
	Droit proportionnel { sur l'établissement industriel.	...	60c
	Les broches de retordage existant dans les filatures seront imposées comme telles. Voir *Fil… pour le tissage* (*Retordeur de*) (D. ad.).		
C	**Filature de coton :**		
	2 centimes par broche.		
	Ce droit sera réduit de moitié pour les filatures non pourvues de peignerie ou de carderie.		
	Les broches des bancs à broches ne sont pas passibles de la taxe.		
	Droit proportionnel { sur la maison d'habitation….	...	20c
	Droit proportionnel { sur l'établissement industriel.	...	60c
	Les broches de retordage existant dans les filatures seront imposées comme telles. Voir *Fil… pour le tissage* (*Retordeur de*) (D. ad.).		
	Filature de déchets ou de bourre de soie :		
	6 centimes par broche.		
	Ce droit sera réduit de moitié pour les filatures non pourvues de peignerie ou de carderie.		
	Les broches des bancs à broches ne sont pas passibles de la taxe.		
	Droit proportionnel { sur la maison d'habitation….	...	20c
	Droit proportionnel { sur l'établissement industriel.	...	60c
	Les broches de retordage existant dans les filatures seront imposées comme telles. Voir *Fil… pour le tissage* (*Retordeur de*) (D. ad.).		
C	**Filature de laine cardée :**		
	4 centimes par broche.		
	Ce droit sera réduit de moitié pour les filatures non pourvues de carderie.		
	Les broches des métiers en gros susceptibles d'être assimilés aux bancs à broches ne sont pas passibles de la taxe.		
	Droit proportionnel { sur la maison d'habitation …	...	20c
	Droit proportionnel { sur l'établissement industriel.	...	60c
	Les broches de retordage existant dans les filatures seront imposées comme telles. Voir *Fil pour le tissage* (*Retordeur de*) (D. ad.).		
C	**Filature de laine peignée :**		
	4 centimes par broche.		
	Ce droit se cumulera avec le droit fixe afférent aux carderies ou peigneries pour les filatures qui renfermeront des machines à peigner ou à carder.		
	Les broches des bancs à broches ne sont pas passibles de la taxe.		
	Droit proportionnel { sur la maison d'habitation…	...	20c
	Droit proportionnel { sur l'établissement industriel..	...	60c
	Les broches de retordage existant dans les filatures seront imposées comme telles. Voir *Fil pour le tissage* (*Retordeur de*) (D. ad.).		
	Filatures (Couvreur, garnisseur ou tourneur de cylindres pour). Voir *Cylindres*.		
	Filature (Fabricant de tubes en papier, en zinc, etc. pour). Voir *Tubes*.		
	Filatures de laine (Laveur de vieilles étoffes pour les). Voir Laveur.		
A	**Filets, gants, mitaines, résilles ou autres ouvrages à mailles** (Marchand ou fabricant de), vendant en gros……	3e	25c
	Le fabricant, travaillant pour le commerce, ne sera imposé d'après les règles du tableau C que dans le cas où il aurait un atelier ou un corps de fabrique dans lequel il occuperait plus de dix ouvriers d'une manière permanente. Dans le cas contraire, il sera considéré comme marchand et imposé comme tel, sans tenir compte des ouvriers disséminés qu'il pourrait occuper.		
A	**Filets, gants, mitaines, résilles ou autres ouvrages à mailles** (Marchand ou fabricant de), vendant en demi-gros……	4e	30c
	Le fabricant, travaillant pour le commerce, ne sera imposé d'après les règles du tableau C que dans le cas où il aurait un atelier ou un corps de fabrique dans lequel il occuperait plus de dix ouvriers d'une manière permanente. Dans le cas contraire, il sera considéré comme marchand et imposé comme tel, sans tenir compte des ouvriers disséminés qu'il pourrait occuper.		
A	**Filets, gants, mitaines, résilles ou autres ouvrages à mailles** (Marchand ou fabricant de), vendant en détail……	7e	50c
A	**Filets, gants mitaines, résilles ou autres ouvrages à mailles** (Fabricant de), à façon……	8e	50c
A	**Filets pour la pêche, la chasse, etc.** (Fabricant de)……	6e	30c
C	**Filets pour la pêche, la chasse, etc.** (Fabricant de), par procédés mécaniques :		
	10 francs par métier à filet.		
	Droit proportionnel { sur la maison d'habitation…	...	20c
	Droit proportionnel { sur l'établissement industriel .	...	60c
	Fileur de cocons. Voir *Cocons*.		
A	**Fileur** (Entrepreneur……	6e	30c

DÉSIGNATION des tableaux	COMMERCES, INDUSTRIES ET PROFESSIONS	CLASSES du tableau A	TAUX du droit proportionnel
	Celui qui fait filer, au fuseau ou au rouet, du chanvre, du lin, de la laine ou de la bourre de soie (D. ad.).		
A	**Filigraniste** .... Celui qui fabrique des ouvrages d'orfèvrerie à jour (D. ad.).	6e	30e
	Filoselle (Cardeur de bourre de). Voir *Cardeur*.		
	Filoselle (Marchand de). Voir *Fleurets*.		
A	**Filotier** .... Celui qui achète dans les marchés du fil propre au tissage des toiles ordinaires et le vend aux fabricants par paquets assortis (D. ad.).	6e	30e
	Fils destinés à servir de chaînes pour les étoffes ou les tissus (Applicateur de couleurs sur les). Voir *Chineur*. — (Apprêteur de). Voir *Mulquinier*.		
	Fils (Blanchisseur de). Voir *Blanchisserie*, *Blanchisseur* et *Décrueur*.		
	Fils (Imprimeur de). Voir *Imprimeur*.		
	Fils (Ourdisseur de). Voir *Ourdisseur*.		
	Fils de dentelles (Plieur de). Voir *Plieur*.		
	Fils de soie (Plieur de). Voir *Plieur*.		
	Fils mélangés (Fabricant ou retordeur de). Voir *Fil*.		
	Filtrage (Fournisseur ou entrepreneur de l'établissement d'appareils pour le) ou la clarification des eaux. Voir *Appareils*.		
	Filtrage des eaux. Voir *Eau filtrée* et *Fontaines*.		
A	**Finisseur en horlogerie**	7e	50e
	Flacons (Ajusteur de bouchons de). Voir *Bouchons*.		
A	**Fleurets et filoselle** (Marchand de) en gros	1re	20e
A	**Fleurets et filoselle** (Marchand de) en demi-gros.	2e	20e
A	**Fleurets et filoselle** (Marchand de) en détail......	4e	30e
	Fleuriste (Grainetier-). Voir *Grainetier*.		
A	**Fleuriste ou feuillagiste à la botte** (Fabricant); celui qui fabrique une ou plusieurs parties constitutives de la fleur, telles que boutons, pétales, feuilles, etc.	7e	50e
	Fleurs (Marchand de) vendant en ambulance dans les rues, dans les lieux de passage et dans les marchés (*Exempt*).		
A	**Fleurs artificielles, feuillages, fruits ou verdures** (Fabricant de) ayant boutique ou magasin...	5e	30e
A	**Fleurs artificielles, feuillages, fruits ou verdures** (Fabricant de) sans boutique ni magasin	7e	50e
A	**Fleurs artificielles, feuillages, fruits ou verdures** (Fabricant de), à façon..................	8e	50e
A	**Fleurs artificielles, feuillages, etc.** (Marchand de tissus spéciaux apprêtés ou d'étoffes pour).......	2e	20e
A	**Fleurs artificielles, feuillages, etc.** (Marchand d'apprêts, autres que les tissus spéciaux et les étoffes, pour)	6e	30e
A	**Fleurs artificielles** (Marchand ou monteur de) vendant en gros	2e	20e
A	**Fleurs artificielles** (Marchand ou monteur de) vendant en demi-gros..........................	4e	30e
A	**Fleurs artificielles** (Marchand ou monteur de) vendant en détail..........................	5e	30e
A	**Fleurs d'oranger** (Marchand de)	6e	30e
A	**Fleurs naturelles et plantes d'ornement** (Marchand de) en gros	4e	30e
A	**Fleurs naturelles et plantes d'ornement** (Marchand de) en boutique..........................	6e	30e
C	**Flottage** (Entrepreneur de)................ **5 fr.** Plus **3 francs** par ouvrier.		
	Droit proportionnel { sur la maison d'habitation seulement..................	...	20e

DÉSIGNATION des tableaux	COMMERCES, INDUSTRIES ET PROFESSIONS	CLASSES du tableau A	TAUX du droit proportionnel
	Fonctionnaire salarié soit par l'État, soit par les administrations départementales et communales. *Exempt*, mais seulement en ce qui concerne l'exercice de ses fonctions.		
C	**Fonderie de cuivre ayant laminoirs ou martinets** (Exploitant de) : **100 francs** par laminoir et **10 francs** par martinet.		
	Droit proportionnel { sur la maison d'habitation...	...	20e
	Droit proportionnel { sur l'établissement industriel.	...	50e
C	**Fonderie de cuivre sans laminoirs ni martinets** (Exploitant de) : **30 francs** par chaufferie, feu, four ou fourneau de fusion.		
	Droit proportionnel { sur la maison d'habitation...	...	20e
	Droit proportionnel { sur l'établissement industriel.	...	50e
C	**Fonderie de cuivre et bronze** (Entrepreneur de) : **Fondant des objets de grande dimension** .... **5 fr.** Plus **7 francs** par ouvrier. **Fondant des objets de petite dimension** .... **5 fr.** Plus **4 francs** par ouvrier.		
	Droit proportionnel { sur la maison d'habitation...	...	20e
	Droit proportionnel { sur l'établissement industriel.	...	50e
C	**Fonderie de fer de seconde fusion** (Entrepreneur de).......................... **5 fr.** Plus **4 francs** par ouvrier.		
	Droit proportionnel { sur la maison d'habitation...	...	20e
	Droit proportionnel { sur l'établissement industriel.	...	50e
C	**Fonderie ou affinage de plomb ou de zinc** (Entrepreneur de) .... **5 fr.** Plus **4 francs** par ouvrier.		
	Droit proportionnel { sur la maison d'habitation...	...	20e
	Droit proportionnel { sur l'établissement industriel.	...	50e
	Fondeur ambulant de cuillers d'étain. Voir *Cuillers*.		
	Fondeur de caractères d'imprimerie. Voir *Caractères*.		
	Fondeur de cendres de métaux précieux. Voir *Cendres*.		
	Fondeur de cloches ou clochettes. Voir *Fondeur de cuivre et bronze*.		
A	**Fondeur d'étain, de plomb ou fonte de chasse**.	6e	30e
	Fondeur de suif. Voir *Suif*.		
	Fondeur d'objets en fonte de première fusion. Voir *Hauts fourneaux*.		
A	**Fondeur d'or et d'argent**..........................	3e	20e
C	**Fondeur stéréotypeur** .... **5 fr.** Plus **4 francs** par ouvrier.		
	Droit proportionnel { sur la maison d'habitation....	...	20e
	Droit proportionnel { sur l'établissement industriel.	...	50e
A	**Fontaines à filtrer** (Fabricant ou marchand de)...	6e	30e
A	**Fontaines en grès, à sable** (Marchand de)......	7e	50e
C	**Fontaines publiques** (Fermier de) : **50 centimes** par 100 francs ou fraction de 100 francs du prix de ferme.		
	Droit proportionnel { sur la maison d'habitation seulement..................	...	20e
C	**Fontainier, sondeur ou foreur de puits artésiens**.......................... **5 fr.** Plus **4 francs** par ouvrier.		
	Droit proportionnel { sur la maison d'habitation..	...	20e
	Droit proportionnel { sur l'établissement industriel.	...	40e
	Fonte (Marchand d'ouvrages en). Voir *Ferronnerie*.		
	Fonte (Poêlier en). Voir *Poêlier*.		

DÉSIGNATION des tableaux	COMMERCES, INDUSTRIES ET PROFESSIONS	CLASSES du tableau A	TAUX du droit proportionnel
	Fonte de chasse (Fabricant ou marchand de). Voir *Plomb.*		
	Fonte de chasse (Fondeur de). Voir *Fondeur d'étain.*		
	Fonte de fer (Marchand de). Voir *Fer.*		
	Fonte de première fusion (Fabricant d'objets moulés en). Voir *Hauts fourneaux.*		
A	**Fonte ouvragée** (Marchand de)......................	4e	30e
A	**Force motrice** (Loueur de); celui qui, possesseur de bâtiments et de moteurs, qu'il n'emploie pas pour son propre compte, les loue à divers industriels auxquels il s'engage à fournir une force motrice déterminée..........................	6e	
	Droit proportionnel { sur la maison d'habitation...	...	30e
	Droit proportionnel { sur les locaux servant à l'exercice de la profession......	...	40e
A	**Forces** (Fabricant de) pour son compte..........	5e	30e
A	**Forces** (Fabricant de) à façon..................	7e	50e
A	**Forets** (Fabricant de)........................	7e	50e
	Foreur de puits artésiens. Voir *Fontainier.*		
	Forge (Fabricant d'acier naturel ou de). Voir *Aciers.*		
A	**Forgeron**; celui qui se borne à faire ou à réparer les instruments et outils aratoires..............	6e	30e
A	**Forgeron de petites pièces** (canons, platines), pour son compte..........................	5e	30e
A	**Forgeron de petites pièces** à façon............	7e	50e
	Forgerons (Fabricant ou marchand de gros soufflets pour les). Voir *Soufflets.*		
C	**Forges** (Maître de) : **40 francs** par feu d'affinerie, par four à puddler et par forge dite *catalane;* **80 francs** par four à réchauffer. Le maître de forges dont l'établissement renferme des usines à fours ou à feux, telles que fonderies, laminoirs, martinets, etc., pour lesquelles il existe au tarif des bases de cotisations spéciales, ne doit néanmoins être imposé pour ces usines que d'après le nombre de leurs feux ou de leurs fours; mais on devra compter dans ce cas, indépendamment des éléments de productions tarifés ci-dessus, les chaufferies et les feux ordinaires, ainsi que les fourneaux de seconde fusion. Les taxes seront de **30 francs** par chaufferie et par feu ordinaire et de **80 francs** par fourneau de seconde fusion. Si les usines dont il s'agit forment des établissements distincts, ou si l'on y traite d'autres métaux que le fer, le maître de forges doit être imposé d'après les bases qui concernent spécialement ces établissements.		
	Droit proportionnel { sur la maison d'habitation...	...	20e
	Droit proportionnel { sur l'établissement industriel.	...	50e
	On doit imposer comme maître de forges les fabricants d'ancres, chaînes, câbles en fer et autres grosses pièces pour la marine (D. ad.).		
	Forgeur de métiers à bas. Voir *Mécanicien.*		
A	**Formaire pour la fabrication du papier**, pour son compte.. Celui qui fait des formes en fil de fer ou de laiton pour la fabrication du papier (D. ad.).	6e	30e
A	**Formaire pour la fabrication du papier**, à façon..	8e	50e
	Forme pour la réparation des navires. Voir *Dock.*		
C	**Formes à sucre** (Fabricant de)........... **5 fr.** Plus **5 francs** par ouvrier.		
	Droit proportionnel { sur la maison d'habitation...	...	20e
	Droit proportionnel { sur l'établissement industriel.	...	50e
C	**Formes pour la chaussure** par procédés mécaniques (Fabrique de)......................... **5 fr.** Plus **3 fr. 50** par ouvrier.		
	Droit proportionnel { sur la maison d'habitation...	...	20e
	Droit proportionnel { sur l'établissement industriel.	...	50e
A	**Formier**.. Celui qui fabrique des formes pour les bottiers, cordonniers, chapeliers, etc. (D. ad.).	7e	50e
	Fosse à rouir le lin ou le chanvre (Exploitant de). Voir *Routoir.*		
A	**Fosses mobiles inodores** (Entrepreneur de).......	4e	30e
	Fouets (Fabricant de manches de). Voir *Bâtonnier.*		
A	**Fouets et cravaches** (Fabricant ou marchand de), pour son compte................................	7e	50e
A	**Fouets et cravaches** (Fabricant de) à façon......	8e	50e
A	**Fouleur de bas et autres articles de bonneterie**	6e	30e
A	**Fouleur de feutre pour les chapeliers**........	6e	30e
C	**Foulonnier** : **3 francs** par pot à fouler ou à laver. **10 francs** par machine à fouler ou à laver.		
	Droit proportionnel { sur la maison d'habitation....	...	20e
	Droit proportionnel { sur l'établissement industriel.	...	50e
A	**Fourbisseur** (Marchand).........................	6e	30e
	Fourches (Fabricant ou marchand de). Voir *Echelles.*		
A	**Fournaliste**...................................... Celui qui fabrique des fourneaux pour les affineurs de métaux (D. ad.).	6e	30e
A	**Fourneaux potagers** (Fabricant ou marchand de).	6e	30e
A	**Fournier ou cuiseur**; celui qui fait cuire le pain, la viande ou autres aliments.....................	7e	50e
C	**Fournisseur de biscuit aux troupes, non fabricant** : **25 centimes** par 100 francs ou fraction de 100 francs du montant des adjudications ou des marchés..	...	20e
C	**Fournisseur de fourrages aux troupes** : **50 centimes** par cheval de l'effectif moyen entretenu dans l'arrondissement de fournitures et indiqué, par l'administration de la guerre, pour servir de base aux adjudications ou aux marchés.		
	Droit proportionnel { sur la maison d'habitation...	...	20e
	Droit proportionnel { sur l'établissement industriel.	...	40e
C	**Fournisseur de fourrages dans les dépôts nationaux d'étalons** : **50 centimes** par cheval de l'effectif moyen entretenu dans le dépôt, et indiqué par l'administration pour servir de base aux adjudications ou aux marchés.		
	Droit proportionnel { sur la maison d'habitation...	...	20e
	Droit proportionnel { sur l'établissement industriel.	...	40e
C	**Fournisseur de la paille pour le couchage des troupes** : **25 centimes** par 100 francs ou fraction de 100 francs du montant des adjudications ou des marchés.		
	Droit proportionnel { sur la maison d'habitation...	...	20e
	Droit proportionnel { sur l'établissement industriel.	...	40e
C	**Fournisseur de pain aux troupes** : **7 centimes** par homme de l'effectif moyen entretenu dans l'arrondissement de fournitures et indiqué, par l'administration de la guerre pour servir de base aux adjudications ou aux marchés..	...	20e
C	**Fournisseur de pain dans les hospices civils ou militaires** : **7 centimes** par individu de la population moyenne entretenue dans les hospices........	...	20e
C	**Fournisseur de viande aux équipages et aux troupes de la marine** :		

DÉSIGNATION des tableaux	COMMERCES, INDUSTRIES ET PROFESSIONS	CLASSES du tableau A	TAUX du droit proportionnel
	7 centimes par homme de l'effectif moyen entretenu dans l'arrondissement de fournitures et obtenu en divisant le poids total indiqué dans l'adjudication ou le marché par le poids de la ration d'un homme pendant un an.....	..	20e
C	**Fournisseur d'objets concernant le grand et le petit équipement, l'habillement, la remonte, le harnachement, le campement, etc.,** des troupes de terre et de mer, lorsqu'il n'est pas fabricant de ces objets : **25 centimes** par 100 francs ou fraction de 100 francs du montant des adjudications ou des marchés..................................	...	20e
C	**Fournisseur général dans les prisons ou dépôts de mendicité** : A forfait et par tête de détenu : **50 centimes** par tête de détenu. Droit proportionnel sur la maison d'habitation seulement.................. Doit être imposé comme tel celui qui s'est rendu adjudicataire de l'entreprise générale des fournitures à faire aux maisons d'arrêt, de justice et de correction, et aux dépôts de sûreté d'un département, alors même qu'il n'aurait pas la fourniture de plusieurs articles restés à la charge de l'État, tels que le chauffage et les objets mobiliers de lingerie et de literie (Arr. C. 22 juin 1858, n. 673).	...	20e
	Fournisseur dans les hospices civils et militaires (*Fournitures autres que le pain*). Doivent être imposés comme les fournisseurs dans les prisons et dépôts de mendicité. Il n'y a pas lieu d'imposer comme fournisseur le marchand qui se borne à fournir les objets de son commerce (D. ad.).		
C	**Fourniture** (Entrepreneur de la), de l'entretien et de l'emmagasinage des approvisionnements de réserve destinés aux places de guerre ou aux ports militaires. **25 centimes** par 100 francs ou fraction de 100 francs du montant des adjudications ou des marchés..................................	...	20e
	Fourniture d'eau (Entrepreneur de). Voir *Eau*.		
	Fournitures d'habillement et d'équipement des troupes (Mandataire agréé pour la présentation des). Voir *Mandataire*.		
	Fournitures de vivres ou subsistances aux troupes, fournitures pour leur chauffage, leur éclairage, etc. Il n'y a pas lieu d'imposer comme fournisseur le marchand qui se borne à fournir aux corps de troupes les objets de son commerce (D. ad.).		
	Fournitures de bureau (Marchand de menues). Voir *Bureau*.		
	Fournitures d'horlogerie (Marchand de). Voir *Horlogerie*.		
	Fournitures pour la chapellerie (Marchand de). Voir *Chapellerie*.		
	Fournitures pour la photographie (Fabricant ou marchand de). Voir *Photographie*. — Pour l'électricité. Voir *Électricité*.		
A	**Fourrages** (Débitant de) à la botte ou en petite partie, au poids................................	6e	30e
	Fourrages (Fournisseur de) aux troupes. Voir *Fournisseur*.		
	Fourrages (Fournisseur de) dans les dépôts nationaux d'étalons. Voir *Fournisseur*.		
A	**Fourrages** (Marchand de) par bateaux, charrettes ou voitures................................ Doivent être imposés en cette qualité, les individus qui achètent des herbes pour les revendre, soit sur pied, soit après les avoir fait couper et sécher (D. ad.).	5e	30e
A	**Fourreaux pour sabres, épées, baïonnettes** (Fabricant de), pour son compte..................	7e	50e
A	**Fourreaux pour sabres, épées, baïonnettes** (Fabricant de), à façon..........................	8e	50e

DÉSIGNATION des tableaux	COMMERCES, INDUSTRIES ET PROFESSIONS	CLASSES du tableau A	TAUX du droit proportionnel
A	**Fourreur**..	4e	30e
A	**Fourreur** à façon..................................	7e	50e
	Fourrures (Lustreur de). Voir *Lustreur*.		
A	**Fourrures** (Marchand de) en gros....................	1re	20e
A	**Fourrures** (Marchand de) en demi-gros..............	2e	20e
A	**Fourrures** (Marchand de) en détail..................	3e	30e
	Franges. Voir *Guimperie, Guimpier, Passementerie* et *Passementier*.		
A	**Frangier** (Marchand)............................	5e	30e
A	**Frangier** pour son compte........................	7e	50e
A	**Frangier** à façon................................	8e	50e
A	**Frappeur de gaze**.................................. Celui qui donne l'apprêt à la gaze, et y fait des dessins à jour au moyen d'un emporte-pièce (D. ad.).	8e	50e
	Fret (Commissionnaire pour l'acquit des droits de). Voir *Commissionnaire*.		
	Fret (Courtier de). Voir *Courtier*.		
A	**Fretin** (Marchand de)............................	7e	50e
A	**Fripier**..	6e	30e
	Friseur de crin. Voir *Crin*.		
A	**Friseur de drap et autres étoffes de laine**......	7e	50e
A	**Friteur ou friturier en boutique**................	7e	50e
	Fromages et autres menus comestibles (Marchand de), vendant en ambulance dans les rues, dans les lieux de passage et dans les marchés (*Exempt*).		
A	**Fromages de pâte grasse** (Marchand ou fabricant de), vendant en gros..............................	1re	20e
A	**Fromages de pâte grasse** (Marchand ou fabricant de), vendant en demi-gros..........................	4e	30e
A	**Fromages de pâte grasse** (Marchand ou fabricant de) vendant en détail............................	6e	30e
C	**Fromages de Roquefort ou autres fromages secs** (Fabrique de)...................... **5 fr.** Plus **2 fr. 50 cent.** par ouvrier et **25 francs** par machine à monter, brosser ou piquer. Droit proportionnel sur la maison d'habitation.... / sur l'établissement industriel.	... / ...	20e / 40e
A	**Fromages secs** (Marchand de) en gros..............	1re	20e
A	**Fromages secs** (Marchand de) en demi-gros........	4e	30e
A	**Fromages secs** (Marchand de) en détail............	6e	30e
A	**Fruitier**..	7e	50e
A	**Fruitier oranger**................................ Celui qui, à la vente habituelle des légumes, joint celle des oranges, citrons et surtout des primeurs (D. ad.).	6e	30e
	Fruits (Marchand de), vendant en ambulance dans les rues, dans les lieux de passage et dans les marchés (*Exempt*).		
	Fruits artificiels (Fabricant de). Voir *Fleurs*.		
	Fruits considérés comme n'étant pas des fruits secs (Marchand de). Voir *Pommes*.		
C	**Fruits, légumes frais, champignons et autres comestibles analogues** (Marchand expéditeur de) .... **60 fr.** Droit proportionnel sur la maison d'habitation seulement................	...	20e
A	**Fruits ou légumes** (Marchand de), vendant par paniers..	6e	30e
A	**Fruits secs** (Marchand de) en gros................ Est imposable en cette qualité le contribuable dont le commerce consiste à acheter aux propriétaires des approvisionnements de pruneaux qu'il revend à d'autres marchands (Arr. C. 9 juin 1876, n. 2802).	1re	20e
A	**Fruits secs** (Marchand de) en demi-gros..........	3e	20e
A	**Fruits secs** (Marchand de) en détail..............	6e	30e

DÉSIGNATION des tableaux	COMMERCES, INDUSTRIES ET PROFESSIONS	CLASSES du tableau A	TAUX du droit proportionnel
A	**Fruits secs pour boisson** (Marchand de)	6e	30e
	Fruits sur bateau. Voir *Marchand forain sur bateau.*		
A	**Fumiste**	6e	30e
A	**Fumiste** (Entrepreneur)	4e	30e
A	**Fuseaux** (Fabricant de)	8e	50e
	G		
A	**Gabare** (Maître de) ou gabarier	7e	50e
	Celui qui transporte les marchandises du port au navire et du navire au port (D. ad.).		
A	**Gainier** (Fabricant) pour son compte	7e	50e
A	**Gainier** (Fabricant) à façon	8e	50e
A	**Galettes, gaufres, brioches et gâteaux** (Marchand de), en boutique	7e	50e
	Galoches (Fabricant de bois de) par procédés mécaniques. Voir *Sabots.*		
	Galoches (Faiseur de bois de). Voir *Bois.*		
	Galoches garnies (Fabricant ou marchand de). Voir *Sabots.*		
A	**Galochier**	7e	50e
A	**Galonnier** (Fabricant) pour son compte	7e	50e
A	**Galonnier** (Fabricant) à façon	8e	50e
A	**Galonnier** (Marchand)	5e	30e
	Galons (Apprêteur de fil pour les). Voir *Guimpier.*		
C	**Galvanisation du fer** (Exploitant une usine pour la) **5 fr.**		
	Plus **4 francs** par ouvrier.		
	Droit proportionnel { sur la maison d'habitation	...	20e
	Droit proportionnel { sur l'établissement industriel	...	50e
C	**Galvanoplastie** (Fabricant de), doreur, argenteur ou applicateur de métaux par les procédés galvaniques **5 fr.**		
	Plus **6 francs** par ouvrier.		
	Droit proportionnel { sur la maison d'habitation	...	20e
	Droit proportionnel { sur l'établissement industriel	...	50e
	Ganses en fil, soie, laine, coton, etc. (Fabricant de). Voir *Cordons.*		
A	**Gantier dresseur;** celui qui examine la couture et la qualité des gants reçus de fabrique, les lustre et leur donne le dernier apprêt	7e	50e
C	**Gants** (Fabricant de) **5 fr.**		
	Plus **2 fr. 50 cent.** par ouvrier et **8 francs** par machine à coudre.		
	Les droits ci-dessus seront réduits de moitié pour les fabricants à façon.		
	Droit proportionnel { sur la maison d'habitation	...	20e
	Droit proportionnel { sur l'établissement industriel	...	50e
A	**Gants** (Marchand de) en gros	3e	20e
A	**Gants** (Marchand de) en détail	5e	30e
	Gants et autres ouvrages à mailles (Fabricant ou marchand de). Voir *Filets.*		
	Garance (Fabricant ou marchand d'alcool ou eau-de-vie de). Voir *Alcool.*		
	Garance (Marchand de). Voir *Teinture.*		
	Garance (Sécheur de). Voir *Sécheur.*		
	Garance (Triturateur de). Voir *Moulin.*		
	Garancine (Fabricant de). Voir *Produits chimiques.*		
	Garde-malade (*Exempte*).		
	Garde-manger (Fabricant de) en tissus métalliques. Voir *Bombagiste.*		
A	**Garde-robes inodores** (Fabricant ou marchand de)	6e	30e

DÉSIGNATION des tableaux	COMMERCES, INDUSTRIES ET PROFESSIONS	CLASSES du tableau A	TAUX du droit proportionnel
C	**Gare d'eau** (Entrepreneur de) :		
	25 centimes par are de la superficie des bassins ainsi que des terrains affectés à l'exploitation de la gare.		
	Droit proportionnel { sur la maison d'habitation seulement	...	20e
	Gare de chemin de fer (Exploitant un buffet dans l'intérieur d'une). Voir *Buffet.*		
A	**Gargotier**	7e	50e
	Celui qui donne à manger à très bas prix (D. ad.).		
	Garnisseur de chapeaux. Voir *Chapeaux.*		
	Garnisseur de cylindres pour filature. Voir *Cylindres.*		
A	**Garnisseur d'étuis pour instruments de musique**	8e	50e
A	**Garnitures de parapluies et cannes,** telles que bouts, anneaux, crosses, manches, etc. (Fabricant de)	8e	50e
A	**Garnitures de parapluies et cannes,** telles que bouts, anneaux, crosses, manches, couvertures taillées, montures ou carcasses, etc. (Marchand de)	5e	30e
	Gâteaux (Marchand de) en boutique. Voir *Galettes.*		
	Gaude (Marchand de). Voir *Teinture (Matières premières pour la).*		
	Gaufres (Marchand de), en boutique. Voir *Galettes.*		
A	**Gaufreur d'étoffes, de rubans, etc.**	7e	50e
A	**Gaules ou perches** (Marchand de)	7e	50e
A	**Gaz** (Entrepreneur ou concessionnaire de l'éclairage au); celui qui se charge de distribuer, pour l'éclairage, du gaz qu'il ne fabrique pas lui-même	1re	20e
	Gaz (Fabricant ou marchand d'appareils et ustensiles pour l'éclairage au). Voir *Appareils.*		
C	**Gaz pour l'éclairage** (Fabrique de) :		
	20 centimes par mètre cube de la capacité brute des gazomètres.		
	Droit proportionnel { sur la maison d'habitation	...	20e
	Droit proportionnel { sur l'établissement industriel	...	50e
	Les tuyaux de conduite ne doivent pas entrer dans la valeur locative (D. ad.).		
	Gaze (Frappeur de). Voir *Frappeur.*		
	Gaze (Marchand de). Voir *Tissus de laine, de fil, de coton, etc.*		
	Gélatine (Fabricant ou marchand de colle de). Voir *Colle.*		
C	**Gélatine** (Fabrique de) **5 fr.**		
	Plus **4 francs** par ouvrier.		
	Droit proportionnel { sur la maison d'habitation	...	20e
	Droit proportionnel { sur l'établissement industriel	...	40e
	Genièvre (Fabricant d'extrait de). Voir *Alcool.*		
	Genièvre (Marchand de baies de). Voir *Baies.*		
	Géographie (Marchand de cartes de). Voir *Cartes.*		
	Géomètre. Voir *Arpenteur.*		
	Géorama (Directeur de). Voir *Diorama.*		
A	**Gibernes** (Fabricant de) pour son compte	6e	30e
A	**Gibernes** (Fabricant de) à façon	8e	50e
	Gibier (Marchand expéditeur ou marchand de). Voir *Œufs.*		
C	**Glace** (Exploitant une usine pour la fabrication artificielle de la) **5 fr.**		
	Plus **5 francs** par ouvrier.		
	On ne comptera pas les ouvriers qui, dans les usines non pourvues de moteurs mécaniques, sont employés à mouvoir à bras les pompes de l'établissement.		
	Droit proportionnel { sur la maison d'habitation	...	20e
	Droit proportionnel { sur l'établissement industriel	...	50e
A	**Glace, eau congelée** (Marchand ou fabricant de)	6e	30e

DÉSIGNATION des tableaux	COMMERCES, INDUSTRIES ET PROFESSIONS	CLASSES du tableau A	TAUX du droit proportionnel
	Glaces (Étameur de). Voir *Étameur.*		
	Glaces (Fabricant d'étain pour). Voir *Étain.*		
C	**Glaces** (Fabrique de) : **70 francs** par creuset et **15 francs** par ouvrier employé à l'étamage.		
	Droit proportionnel { sur la maison d'habitation....	...	20e
	Droit proportionnel { sur l'établissement industriel.	...	50e
A	**Glaces** (Marchand de) en gros	1re	20e
A	**Glaces** (Marchand de) en demi-gros	2e	20e
A	**Glaces** (Marchand de) en détail................	5e	30e
	Glaces (Marchand de cadres pour). Voir *Cadres.*		
A	**Glacier**.. Celui qui fait sur commandes des glaces et sorbets qu'il envoie au domicile des consommateurs (D. ad.).	5e	30e
	Glacier (Crémier-). Voir *Crémier.*		
A	**Glacier-limonadier**............................ Est imposable en cette qualité, le cafetier qui débite habituellement des glaces dont la vente est annoncée par l'enseigne de son établissement, bien qu'il ne fabrique pas lui-même les glaces qu'il vend et qu'il les prenne au fur et à mesure des besoins dans un établissement voisin (Arr. C. 8 févr. 1878, n. 3073). Également imposable en cette qualité le cafetier qui, outre les consommations ordinaires, débite habituellement des glaces, alors même que cette dernière branche de commerce n'est que d'un faible produit (Arr. C. 5 mai 1882, n. 3387).	3e	20e
C	**Glacières** (Maître de) : **5 centimes** par mètre cube de la capacité brute des glacières. Imposable comme tel, et ne peut se prévaloir de l'exemption de patente établie par l'art 17, § 3, de la loi du 15 juill. 1880, un propriétaire qui fait recueillir la glace sur ses étangs, la fait emmagasiner dans des bâtiments aménagés à cet effet et la vend ensuite (Arr. C. 30 déc. 1887, n. 3530).		
	Droit proportionnel { sur la maison d'habitation....	...	20e
	Droit proportionnel { sur l'établissement industriel.	...	40e
	Glaisière ou carrière de terre glaise (Exploitant de). Voir *Carrières.*		
	Glands (Fabricant de café de). Voir *Café.*		
A	**Globes terrestres et célestes** (Fabricant ou marchand de)	6e	30e
C	**Glucose** (Fabrique de).................... 5 fr. Plus **4 francs** par ouvrier.		
	Droit proportionnel { sur la maison d'habitation...	...	20e
	Droit proportionnel { sur l'établissement industriel.	...	40e
	Gobeletterie (Exploitant de). Voir *Verrerie.*		
	Gobeletterie (Marchand de). Voir *Verroterie.*		
	Gomme dextrine (Fabrique de). Voir *Dextrine.*		
	Gomme élastique (Fabricant d'instruments en). Voir *Instruments.*		
	Gommeline (Fabrique de). Voir *Dextrine.*		
A	**Gommeur d'étoffes**..............................	6e	30e
	Goudron (Fabrique d'huile de). Voir *Huile.*		
C	**Goudron** (Fabrique de).................... 5 fr. Plus **2 fr. 50 cent.** par ouvrier.		
	Droit proportionnel { sur la maison d'habitation...	...	20e
	Droit proportionnel { sur l'établissement industriel....	...	40e
	Goudron (Marchand de). Voir *Résine.*		
	Goudron minéral naturel (Fabricant de). Voir *Asphalte.*		
	Gourmet-piqueur de boissons. Voir *Courtier.*		
A	**Graine de moutarde blanche** (Marchand de)	6e	30e
A	**Graine de vers à soie** (Marchand de) en gros.....	1re	20e
A	**Graine de vers à soie** (Marchand de) en demi-gros Imposable sous cette dénomination celui dont l'industrie consiste à acheter aux éleveurs de vers à soie des cocons qui lui servent à obtenir la graine qu'il vend à sa clientèle (Arr. C. 28 nov. 1884, n. 3459).	3e	20e

DÉSIGNATION des tableaux	COMMERCES, INDUSTRIES ET PROFESSIONS	CLASSES du tableau A	TAUX du droit proportionnel
A	**Graine de vers à soie** (Marchand de) en détail ... Doit être exempté de patente comme cultivateur, celui qui élève des vers à soie dans le but de vendre la graine provenant des cocons et qui n'achète pas de la graine pour la revendre (Arr. C. 30 avr. 1875, n. 2777).	6e	30e
	Graines (Marchand de grains et) en détail. Voir *Grains.*		
	Graines (Sécheur de). Voir *Sécheur.*		
A	**Graines fourragères, oléagineuses et autres** (Marchand de) en gros ; celui qui vend principalement par quantités égales ou supérieures à 10 hectolitres..............................	1re	20e
A	**Graines fourragères, oléagineuses et autres** (Marchand de) en demi-gros ; celui qui vend habituellement par sacs ou par balles..............	4e	30e
A	**Graines fourragères, oléagineuses et autres** (Marchand de) en détail..........................	7e	50e
A	**Grainetier-fleuriste** (Marchand) en gros ; celui qui vend aux autres marchands ou fait des envois sur commande..	4e	30e
A	**Grainetier-fleuriste** en détail.................. Est imposable en cette qualité, et non comme grainier ou grainetier, celui qui vend habituellement des graines de fleurs au petit poids et à la petite mesure (Arr. C. 2 juill. 1875, n. 2778).	6e	30e
A	**Grainier ou grainetier**....................... Celui qui vend à la petite mesure ou au petit poids toute espèce de légumes secs (D. ad.).	7e	50e
	Grains (Courtier en). Voir *Courtier.*		
	Grains (Exploitant de machine à nettoyer, trier ou vanner les). Voir *Machine.*		
	Grains (Fabricant ou marchand d'alcool ou eau-de-vie de). Voir *Alcool.*		
A	**Grains** (Marchand de) en gros ; celui qui vend principalement par quantités égales ou supérieures à 100 hectolitres..............................	1re	
	Droit proportionnel { sur la maison d'habitation...	...	20e
	Droit proportionnel { sur les locaux servant à l'exercice de la profession......	...	40e
A	**Grains** (Marchand de) en demi-gros ; celui qui vend habituellement par quantités de 20 à 100 hectolitres..	4e	30e
A	**Grains et graines** (Marchand de) en détail.......	6e	30e
	Grains (Sécheur de). Voir *Sécheur.*		
	Graisse (Fabricant ou marchand de colle de). Voir *Colle.*		
	Gratteur de toile de coton. Voir *Peigneur.*		
A	**Gravatier**.. Celui qui entreprend l'enlèvement des gravats après les démolitions (D. ad.).	7e	50e
	Graveur artiste ne vendant que le produit de son art (*Exempt*).		
A	**Graveur de musique**..........................	8e	50e
A	**Graveur en caractères d'imprimerie**...........	7e	50e
A	**Graveur sur bois**.............................	8e	50e
A	**Graveur sur cylindres**........	4e	30e
A	**Graveur sur métaux** fabriquant les timbres secs et gravant sur bijoux..........................	6e	30e
A	**Graveur sur métaux**, se bornant à graver des cachets ou des planches pour factures et autres objets dits « de ville »...........................	7e	50e
A	**Graveur sur verre** par procédés non mécaniques, pour son compte	7e	50e
A	**Graveur sur verre** par procédés non mécaniques, à façon	8e	50e
	Gravures (Fabricant de bois pour). Voir *Bois.*		
	Gravures (Marchand de). Voir *Estampes.*		

Désignation des tableaux	Commerces, industries et professions	Classes du tableau A	Taux du droit proportionnel
D	**Greffier.** Profession assujettie seulement au droit proportionnel	...	15e ou 12e V.p.170
	Ne sont point imposables : Les greffiers près les conseils de guerre (Arr. C. 27 juill. 1853, n. 19). Les commis-greffiers près les cours et tribunaux (Arr. C. 19 déc. 1855, n. 328).		
	Grelots (Faiseur de). Voir *Bossetier*.		
	Grès (Fabricant de poteries en). Voir *Briques*.		
	Grès (Marchand de). Voir *Pavés*.		
	Grès (Piqueur de). Voir *Piqueur*.		
	Grillageur (Epinglier-). Voir *Epinglier*.		
	Grilleur d'étoffes. Voir *Tondeur*.		
	Grilleur d'oignons. Voir *Oignons*.		
A	**Grue** (Maître de)	6e	30e
	Grueur. Voir *Moulin*.		
	Celui qui convertit en gruau de l'avoine, de l'orge et du froment (D. ad.).		
A	**Guêtrier**	7e	50e
A	**Guillocheur**	7e	50e
C	**Guimperie** (Fabricant de) par procédés mécaniques : **6 centimes** par corde ou bout de corde jusqu'à cent cordes ou bouts de corde ; **12 centimes** par corde ou bout de corde en sus de cent.		
	Droit proportionnel sur la maison d'habitation	...	20e
	Droit proportionnel sur l'établissement industriel	...	50e
A	**Guimpier**	8e	50e
	Celui qui prépare le fil dont on se sert pour faire des galons, des épaulettes, etc. (D. ad.).		
	Guirlandes (Fabricant ou marchand de). Voir *Enjoliveur*.		
	Gutta-percha (Fabricant ou marchand d'objets en). Voir *Caoutchouc*.		
A	**Gymnase** (Maître de)	5e	
	Droit proportionnel sur la maison d'habitation	...	30e
	Droit proportionnel sur les locaux servant à l'exercice de la profession	...	40e
	Est imposable en cette qualité celui qui, ne se bornant pas à enseigner la gymnastique dans les écoles, exploite un établissement de gymnastique ouvert au public (Arr. C. 30 avr. 1875, n. 2779).		
	H		
	Habillement des troupes de terre et de mer (Fabricant ou fournisseur d'objets concernant l'). Voir *Fabricant* et *Fournisseur*.		
	Habits (Brocanteur d'). Voir *Brocanteur*.		
	Halage (Loueur de bêtes de trait pour le). Voir *Loueur*.		
	Halage des bateaux sur les fleuves, rivières, etc. (Entrepreneur du). Voir *Equipage (Maître d')*.		
	Halles de Paris (Facteur aux). Voir *Facteur*.		
C	**Halles, marchés ou emplacements sur les places publiques** (Adjudicataire, concessionnaire ou fermier des droits de) : **50 centimes** par 100 francs ou fraction de 100 francs du prix de ferme ou du montant de l'adjudication. Dans le cas où la perception des droits serait concédée à titre d'indemnité ou de remboursement, le concessionnaire serait annuellement imposé sur la somme représentant l'annuité nécessaire pour assurer, à la fin de la concession, l'indemnité ou le remboursement stipulé.		
	Droit proportionnel sur la maison d'habitation seulement	...	20e

Désignation des tableaux	Commerces, industries et professions	Classes du tableau A	Taux du droit proportionnel
A	**Hameçons** (Fabricant d')	7e	50e
A	**Harmonicas** (Facteur d')	8e	50e
	Harmoniums (Fabricant ou marchand d'). Voir *Orgues*.		
	Harnachement des troupes (Fabricant ou fournisseur d'objets concernant le). Voir *Fabricant* et *Fournisseur*.		
	Harnacheur (Sellier-). Voir *Sellier*.		
	Harnais à l'usage des ouvriers tisseurs (Marchand de). Voir *Outils*.		
	Harpes (Accordeur de). Voir *Accordeur*.		
A	**Harpes** (Facteur ou marchand de), ayant boutique ou magasin	3e	20e
A	**Harpes** (Facteur de) n'ayant ni boutique ni magasin	6e	30e
	Harts pour lier les trains de bois (Marchand de). Voir *Rouettes*.		
C	**Hauts-fourneaux** (Maître de) : **3 francs** par mètre cube de la capacité brute des hauts-fourneaux. Plus **4 francs** par ouvrier employé à la fabrication des objets moulés avec la fonte de première fusion.		
	Droit proportionnel sur la maison d'habitation	...	20e
	Droit proportionnel sur l'établissement industriel	...	50e
	Herbager. Voir *Cultivateur*.		
A	**Herboriste** (Marchand) en gros	4e	30e
A	**Herboriste-droguiste**	6e	30e
	Est imposable en cette qualité, celui qui ne se borne pas à vendre des plantes médicinales fraîches ou sèches, mais qui vend aussi de l'alun, de l'ammoniaque, du bicarbonate de soude, des sirops, des pommades et autres produits analogues dont le débit forme une partie très notable de son commerce (Arr. C. 22 déc. 1876, n. 2948).		
A	**Herboriste** ne vendant que des plantes médicinales, fraîches ou sèches	7e	50e
	Herniaire. Voir *Bandagiste*.		
	Hernies (Fabricant de ressorts de bandages pour les). Voir *Ressorts*.		
A	**Histoire naturelle** (Marchand d'objets d')	6e	30e
	Histoire naturelle (Tenant un cabinet d'). Voir *Cabinet*.		
A	**Hongreur**	7e	50e
	Celui qui châtre les chevaux et autres animaux (D. ad.).		
A	**Hongroyeur ou hongrieur**	4e	30e
	Celui qui prépare les cuirs à la manière de Hongrie (D. ad.).		
A	**Horloger**	3e	20e
A	**Horloger repasseur**	7e	50e
A	**Horloger-rhabilleur** (Marchand)	6e	30e
	On ne doit imposer en cette qualité que les horlogers vendant des objets d'horlogerie rhabillés par eux (Arr. C. 20 sept. 1871, n. 2408).		
A	**Horloger-rhabilleur**, non marchand	7e	50e
A	**Horlogerie** (Fabricant de pièces d') pour son compte	6e	30e
A	**Horlogerie** (Fabricant de pièces d') à façon	7e	50e
C	**Horlogerie** (Fabrique de pièces d') par procédés mécaniques ... **5 fr.** Plus **4 francs** par ouvrier.		
	Droit proportionnel sur la maison d'habitation	...	20e
	Droit proportionnel sur l'établissement industriel	...	50e
	Horlogerie (Finisseur en). Voir *Finisseur*.		
A	**Horlogerie** (Marchand de fournitures d')	4e	30e
A	**Horlogerie** (Marchand en gros de pièces d')	1re	20e
A	**Horloges en bois** (Fabricant ou marchand d')	7e	50e

DÉSIGNATION des tableaux	COMMERCES, INDUSTRIES ET PROFESSIONS	CLASSES du tableau A	TAUX du droit proportionnel
	Hospices (Cantinier dans les). Voir *Cantinier.*		
	Hospices (Fournisseur de pain dans les). Voir *Fournisseur.*		
A	**Hôtel** (Maître d')	3ᵉ	
	Droit proportionnel { sur la maison d'habitation, ainsi que sur les salles à manger et autres locaux destinés à l'usage commun des voyageurs	...	20ᶜ
	{ sur les locaux destinés à l'usage particulier des voyageurs, ainsi que sur les écuries et les remises	...	40ᶜ
	Imposable comme tel celui qui loue habituellement à la journée un certain nombre de chambres de l'hôtel qu'il exploite (Arr. C. 29 juin 1883, n. 3460). Voir *Aubergiste.*		
A	**Hôtel garni** (Maître d'), louant à la semaine, à la quinzaine ou au mois	4ᵉ	
	Droit proportionnel { sur la maison d'habitation et sur les locaux autres que ceux loués en garni	...	30ᶜ
	{ sur les locaux loués en garni	...	40ᶜ
	Les meubles ne doivent pas être compris dans l'évaluation de la valeur locative servant de base au droit proportionnel (D. ad.).		
	Hottes (Remiseur de). Voir *Remiseur.*		
A	**Houblon** (Marchand de) en gros	1ʳᵉ	
	Droit proportionnel { sur la maison d'habitation	...	20ᶜ
	{ sur les locaux servant à l'exercice de la profession	...	40ᶜ
A	**Houblon** (Marchand de) en demi-gros	4ᵉ	30ᶜ
	Houblon (Sécheur de). Voir *Sécheur.*		
	Houille (Marchand de). Voir *Charbon de terre.*		
A	**Housses** et autres articles analogues pour les bourreliers et les selliers (Marchand ou fabricant de)	3ᵉ	20ᶜ
	Huile (Entrepreneur d'éclairage à l'). Voir *Eclairage.*		
	Huile (Fabricant d'). Voir *Moulin.*		
C	**Huile de goudron** (Fabrique d') .... **5 fr.** Plus **5 francs** par ouvrier.		
	Droit proportionnel { sur la maison d'habitation	...	20ᶜ
	{ sur l'établissement industriel	...	50ᶜ
	Huile de vitriol (Fabricant d'). Voir *Produits chimiques.*		
C	**Huiles** (Fabrique d') par procédés chimiques ou d'huiles pyrogénées : **12 centimes** par hectolitre de la capacité brute des récipients extracteurs ; **60 centimes** par hectolitre de la capacité brute des chaudières à distiller.		
	Droit proportionnel { sur la maison d'habitation	...	20ᶜ
	{ sur l'établissement industriel	...	50ᶜ
	Est imposable en cette qualité, celui qui fabrique des huiles, au moyen de procédés chimiques, avec les marcs ou résidus d'olives, de graines, etc., provenant des moulins à huile, etc.) (D. ad.).		
A	**Huiles** (Marchand d') en gros	1ʳᵉ	
	Droit proportionnel { sur la maison d'habitation	...	20ᶜ
	{ sur les locaux servant à l'exercice de la profession	...	40ᶜ
A	**Huiles** (Marchand d') en demi-gros	2ᵉ	20ᶜ
A	**Huiles** (Marchand d') en détail	5ᵉ	30ᶜ
	Huiles parfumées (Fabricant d'). Voir *Distillateur.*		
B	**Huissier.** Profession assujettie seulement au droit proportionnel	...	15ᶜ ou 12ᶜ (V. p. 170)
C	**Huîtres** (Marchand d') vendant à des expéditeurs ou à des marchands faisant des envois sur commande ou expédiant pour son compte.		
	Lorsque les ventes, envois ou expéditions comprennent annuellement : Plus de 800,000 huîtres .... **100 fr.** De 500,000 à 800,000 .... **40 fr.** De 250,000 à 500,000 .... **20 fr.** De 100,000 à 250,000 .... **10 fr.** 100,000 ou moins .... **5 fr.**		
	Droit proportionnel { sur la maison d'habitation	...	20ᶜ
	{ sur l'établissement industriel	...	50ᶜ
A	**Huîtres** (Marchand d') pour la consommation locale, vendant habituellement, par bourriche ou par panier, aux détaillants, aux restaurateurs, aux aubergistes, aux traiteurs, aux cafetiers	5ᵉ	30ᶜ
A	**Huîtres** (Marchand d') pour la consommation locale	7ᵉ	50ᶜ
A	**Hydromel** (Fabricant ou marchand d')	3ᵉ	20ᶜ
	I		
	Ifs à bouteilles (Fabricant d'). Voir *Planches.*		
A	**Images** (Fabricant ou marchand d')	6ᵉ	30ᶜ
	Imitation (Fabricant de tulle ou dentelle d'). Voir *Métiers.*		
	Immeubles (Entrepreneur de location d'). Voir *Location.*		
	Impression (Fabricant d'encre d'). Voir *Encre.*		
	Impressions (Fabricant de bois pour). Voir *Bois.*		
	Imprimerie (Fondeur de caractères d'). Voir *Caractères.*		
	Imprimerie (Graveur en caractères d'). Voir *Caractères.*		
A	**Imprimerie** (Marchand de presses, caractères et ustensiles d')	3ᵉ	20ᶜ
	Imprimés (Entrepreneur d'un bureau de distribution d'). Voir *Bureau.*		
	Imprimeur de broderies. Voir *Broderies.*		
C	**Imprimeur d'étoffes ou de fils :** **4 francs** par table. Dans les machines à imprimer au rouleau, on comptera **100 francs** par rouleau pour les quatre premiers rouleaux, et **25 francs** par chaque rouleau, en sus du nombre de quatre, dont la machine serait pourvue. Dans les machines à imprimer dites *perrotines*, chaque couleur comptera pour 6 tables. Dans les machines à imprimer à la planche plate, chaque planche plate comptera pour 6 tables.		
	Droit proportionnel { sur la maison d'habitation	...	20ᶜ
	{ sur l'établissement industriel	...	60ᶜ
A	**Imprimeur en taille douce**	6ᵉ	30ᶜ
A	**Imprimeur en taille douce ne faisant que les objets dits « de ville »**	7ᵉ	50ᶜ
A	**Imprimeur lithochrome**	6ᵉ	30ᶜ
A	**Imprimeur lithographe éditeur**	4ᵉ	30ᶜ
A	**Imprimeur lithographe non éditeur**	6ᵉ	30ᶜ
A	**Imprimeur par procédés phototypiques**	5ᵉ	30ᶜ
A	**Imprimeur sur porcelaine, faïence, verre, cristal, émail, etc**	7ᵉ	50ᶜ
A	**Imprimeur typographe**	3ᵉ	20ᶜ
	Le droit proportionnel est fixé au quarantième de la valeur locative des locaux servant à l'exercice de la profession *d'imprimeur typographe employant des presses mécaniques.*		
	Est imposable comme employant des presses ordinaires, et non des presses mécaniques, l'imprimeur typographe qui ne fait usage pour le service de son industrie que de presses mues à bras d'homme (Arr. C. 5 nov. 1875, n. 2863).		

Désignation des tableaux	Commerces, industries et professions	Classes du tableau A	Taux du droit proportionnel
A	**Imprimeur typographe pour objets dits « de ville »**	7e	50e
	Incendie (Fabricant de tuyaux en fil de chanvre, en ciment, etc., pour les pompes à) et les arrosements. Voir *Tuyaux*.		
	Incendie (Fabricant de pompes à). Voir *Pompes*.		
	Incendie (Fabricant de seaux à). Voir *Seaux*.		
	Indication pour la vente ou la location des propriétés (Tenant un bureau d'). Voir *Bureau*.		
	Indiennes (Marchand d'). Voir *Tissus de laine, de fil, de coton, etc.*		
	Indigo (Marchand en gros d'). Voir *Teinture*.		
A	**Infirmerie d'animaux** (Tenant une)	6e	30e
D	**Ingénieur civil.** Profession assujettie seulement au droit proportionnel	...	15e ou 12e V.p.170
C	**Inhumations et exhumations** (Adjudicataire ou fermier du service des) ou de l'entretien des tombes dans un cimetière : **50 centimes** par 100 francs ou fraction de 100 francs du prix de ferme ou du montant de l'adjudication.		
	Droit proportionnel { sur la maison d'habitation seulement	...	20e
B	**Inhumations et pompes funèbres** (Entreprise des) : **3 francs** par 1,000 âmes de la population normale totale des différentes communes desservies par l'entreprise.		
	Droit proportionnel { sur la maison d'habitation	...	10e
	Droit proportionnel { sur les locaux servant à l'exercice de la profession	...	40e
	Insertion d'annonces et avis divers (Entrepreneur d'). Voir *Annonces*.		
	Inspecteur des eaux-de-vie. Voir *Agréeur*.		
	Instituteur primaire (*Exempt*). Est imposable lorsqu'il tient une pension (D. ad.). Voir *Chef d'institution*.		
	Institution (Chef d'). Voir *Chef d'institution*.		
	Instruments (Accordeur d'). Voir *Accordeur*.		
	Instruments à l'usage des ouvriers tisseurs (Marchand d'). Voir *Outils*.		
A	**Instruments aratoires** (Fabricant ou marchand d')	6e	30e
A	**Instruments de chirurgie en gomme élastique** (Fabricant d')	6e	30e
A	**Instruments de chirurgie en métal** (Fabricant d') ayant atelier ou magasin	3e	20e
A	**Instruments de chirurgie en métal** (Fabricant d') pour son compte, sans magasin	6e	30e
A	**Instruments de chirurgie en métal** (Marchand d')	5e	30e
C	**Instruments de mathématiques, d'optique, de physique et, en général, de sciences** (Fabricant d') par procédés mécaniques ..... **5 fr.** Plus **5 francs** par ouvrier.		
	Droit proportionnel { sur la maison d'habitation	...	20e
	Droit proportionnel { sur l'établissement industriel	...	50e
	Instruments de musique (Accordeur d'). Voir *Accordeur*.		
	Instruments de musique (Fabricant, marchand ou rhabilleur d'). Voir *Luthier*.		
	Instruments de musique (Fabricant de cordes pour). Voir *Cordes harmoniques*.		
	Instruments de musique (Garnisseur d'étuis pour). Voir *Garnisseur*.		
A	**Instruments de musique** (Marchand d'); celui qui vend à d'autres marchands ou fait des envois sur commande	3e	20e
A	**Instruments de musique à vent, en bois ou en cuivre** (Facteur ou marchand d')	5e	30e

Désignation des tableaux	Commerces, industries et professions	Classes du tableau A	Taux du droit proportionnel
A	**Instruments de musique en cuivre** (Facteur pour son compte ou marchand de pièces d')	6e	30e
A	**Instruments de musique en cuivre** (Facteur de pièces d') à façon	7e	50e
A	**Instruments pour les sciences** (Facteur ou marchand d'), ayant boutique ou magasin	4e	30e
A	**Instruments pour les sciences** (Facteur d') sans boutique ni magasin	6e	30e
A	**Instruments pour les sciences** (Fabricant d') à façon	8e	50e
	Intermédiaire auprès du fabricant pour le tissage des laines. Voir *Tissage des laines*.		
	Iris (Fabricant de pois d'). Voir *Pois*.		
	Issues (Cuiseur ou échaudeur d'abats, abatis et). Voir *Tripier*.		
	Issues (Marchand d'). Voir *Son*.		
	Ivoire (Fabricant de peignes d'). Voir *Peignes*.		
A	**Ivoire** (Fabricant d'objets en), pour son compte	6e	30e
A	**Ivoire** (Fabricant d'objets en) à façon	7e	50e
	Ivoire (Fabricant pour son compte ou marchand d'objets en) pour la sellerie et la carrosserie. Voir *Objets*.		
A	**Ivoire** (Marchand d'objets en)	5e	30e
	Ivoire brut (Marchand d'). Voir *Tabletterie*.		
	J		
A	**Jais ou jaït** (Fabricant ou marchand d'objets en)	6e	30e
	Jambons (Marchand de). Voir *Viandes salées*.		
A	**Jardin public** (Tenant un)	4e	
	Droit proportionnel { sur la maison d'habitation	...	30e
	Droit proportionnel { sur les locaux servant à l'exercice de la profession	...	40e
	Jardinier pépiniériste. Voir *Plants*.		
A	**Jardins** (Dessinateur de parcs et). Voir *Dessinateur*.		
A	**Jardins** (Entrepreneur de la plantation ou de l'entretien des)	6e	30e
	Jarretières (Fabricant d'élastiques pour). Voir *Elastiques*		
	Jarretières (Fabricant ou marchand de). Voir *Bretelles*.		
	Jarretières (Tissage de). Voir *Métiers*.		
C	**Jaugeage, mesurage ou pesage** (Adjudicataire, concessionnaire ou fermier des droits de) : **50 centimes** par 100 francs ou fraction de 100 francs du prix de ferme ou du montant de l'adjudication. Dans le cas où la perception des droits serait concédée à titre d'indemnité ou de remboursement, le concessionnaire serait annuellement imposé sur la somme représentant l'annuité nécessaire pour assurer, à la fin de la concession, l'indemnité ou le remboursement stipulé.		
	Droit proportionnel { sur la maison d'habitation seulement	...	20e
	Jaugeur. Voir *Peseur*.		
A	**Jeu de paume** (Maître de)	5e	
	Droit proportionnel { sur la maison d'habitation	...	30e
	Droit proportionnel { sur les locaux servant à l'exercice de la profession	...	40e
A	**Jeux et amusements publics**, tels que jeux de quilles ou de mail, manège à chevaux de bois, billard anglais, etc. (Maître de)	6e	30e
A	**Joaillier** (Marchand ou fabricant) ayant atelier ou magasin	2e	20e
A	**Joaillier** (Marchand) n'ayant point atelier	3e	20e

DÉSIGNATION des tableaux	COMMERCES, INDUSTRIES ET PROFESSIONS	CLASSES du tableau A	TAUX du droit propor-tionnel
A	**Joaillier** (Fabricant) pour son compte	5e	30e
A	**Joaillier** (Fabricant) à façon	7e	50e
	Jonc (Fendeur de brins de). Voir *Fendeur.*		
	Jouets d'enfants (Fabricant ou marchand de). Voir *Bimbeloterie* et *Bimbelotier.*		
	Journaux (Éditeur de) (*Exempt*).		
	Journaux (Tenant un cabinet de lecture de). Voir *Cabinet.*		
C	**Jus de betteraves** (Fabricant de) : **48 francs** par chaque presse de première ou de seconde pression.		
	Droit proportionnel { sur la maison d'habitation ... sur l'établissement industriel.	... ...	20e 50e
	Jute (Filateur de). Voir *Filature.*		
	Jute (Retordeur ou fabricant de fil de). Voir *Fil.*		
	K		
	Kaolin (Broyeur de). Voir *Pâte à porcelaine.*		
A	**Kaolin, pétunzé, manganèze** (Marchand de)	6e	30e
	L		
	Labourage des terres. Voir *Machine.*		
	Laboureur. Voir *Cultivateur.*		
	Lacets (Ferreur de). Voir *Ferreur.*		
	Lacets en fil, soie, laine, coton, etc. (Fabricant de). Voir *Cordons.*		
C	**Lacets ou tresses en laine, coton ou soie** (Fabrique de) par procédés mécaniques : **2 centimes** par fuseau.		
	Droit proportionnel { sur la maison d'habitation ... sur l'établissement industriel	... ...	20 60e
	Laine (Blanchisseur d'étoffes de). Voir *Blanchisserie.*		
	Laine (Conservateur de couvertures de). Voir *Rentrayeur.*		
	Laine (Déchireur de déchets de). Voir *Déchireur.*		
	Laine (Entrepreneur ou fermier d'une condition pour la). Voir *Condition.*		
	Laine (Fabricant de cordons, lacets, tresses et ganses en). Voir *Cordons* et *Lacets.*		
	Laine (Friseur de drap et autres étoffes de). Voir *Friseur.*		
	Laine (Laveur de vieilles étoffes pour les filatures de). Voir *Laveur.*		
	Laine (Marchand de chaînes de) préparées pour la fabrication des tissus. Voir *Chaînes.*		
	Laine (Marchand de couvertures de). Voir *Couvertures.*		
	Laine (Marchand de déchets de). Voir *Déchets* et *Piquonnier.*		
	Laine (Marchand de tapis de). Voir *Tapis.*		
	Laine (Marchand de tissus de). Voir *Tissus de laine, etc.*		
	Laine (Peigneur de). Voir *Peignerie* et *Peigneur.*		
	Laine (Presseur de draps et autres étoffes de). Voir *Tondeur.*		
	Laine (Retordeur ou fabricant de fil de). Voir *Fil.*		
	Laine (Tissage de). Voir *Métiers.*		
	Laine (Tissage de coton ou de lin mélangé de). Voir *Métiers.*		
A	**Laine brute ou lavée** (Marchand de) en gros	1re	20e
A	**Laine brute ou lavée** (Marchand de) en détail	4e	30e
	Laine cardée (Filateur de). Voir *Filature.*		

DÉSIGNATION des tableaux	COMMERCES, INDUSTRIES ET PROFESSIONS	CLASSES du tableau A	TAUX du droit propor-tionnel
A	**Laine de bois ou fibre de bois** (Marchand de) en gros	3e	20e
A	**Laine de bois ou fibre de bois** (Marchand de) en détail	8e	50e
A	**Laine filée ou peignée** (Marchand de) en gros ...	1re	20e
A	**Laine filée ou peignée** (Marchand de) en demi-gros	2e	20e
A	**Laine filée ou peignée** (Marchand de) en détail...	4e	30e
	Laine peignée (Filateur de). Voir *Filature.*		
	Laines (Batteur de). Voir *Batteur.*		
	Laines (Cardeur de). Voir *Cardeur* et *Peignerie.*		
	Laines (Intermédiaire auprès du fabricant pour le tissage des). Voir *Tissage.*		
	Laines (Laveur de). Voir *Laveur.*		
	Laines (Trieur de). Voir *Trieur.*		
	Laines, duvet et autres objets de literie (Apprêteur de). Voir *Apprêteur.*		
A	**Laineur** .... Celui qui prépare la laine propre à la fabrication des châles et étoffes (D. ad.).	4e	30e
A	**Lait** (Marchand expéditeur de)	1re	20e
A	**Lait** (Marchand de) en gros ; celui qui vend aux crémiers, laitiers, cafetiers, etc.	4e	30e
	Lait (Nourrisseur de vaches, de chèvres ou de brebis pour le commerce du). Voir *Nourrisseur.*		
A	**Lait d'ânesse** (Marchand de)	7e	50e
	Laitier (Marchand de lait). Voir *Crémier.*		
	Laiton (Fabricant de tuyaux en). Voir *Tuyaux.*		
	Laiton (Marchand de fil de). Voir *Fil.*		
	Laiton (Tréfileur en). Voir *Tréfilerie* et *Tréfileur.*		
C	**Lamier-rotier** .... 5 fr. Plus **4 francs** par ouvrier.		
	Droit proportionnel { sur la maison d'habitation... sur l'établissement industriel.	... ...	20e 50e
C	**Laminerie** (Entrepreneur de) : Par cylindre { d'un mètre de longueur et au-dessus .... 60 fr. au-dessous d'un mètre de longueur .... 30 fr.		
	Droit proportionnel { sur la maison d'habitation... sur l'établissement industriel.	... ...	20e 50e
A	**Lamineur,** n'employant que des laminoirs mus à bras d'homme	6e	30e
C	**Lamineur en fin.** Celui qui, au moyen de laminoirs de petites dimensions, transforme en feuilles minces à l'usage des fabricants d'objets d'art et d'ornementation, bijoutiers en faux, estampeurs, lampistes, etc., les plaques de métal provenant des fonderies de cuivre, laiton, zinc, etc. Par cylindre { d'un mètre de longueur et au-dessus .... 30 fr de moins d'un mètre de longueur et de plus de 70 centimètres de longueur.. 15 fr. ayant de 30 à 70 centimètres de longueur .... 5 fr ayant moins de 30 centimètres de longueur .... 2 fr. 50		
	Droit proportionnel { sur la maison d'habitation... sur l'établissement industriel.	... ...	20e 50e
	Laminoirs (Fondeur de cuivre ayant). Voir *Fonderie.*		
	Laminoirs (Fondeur de cuivre sans). Voir *Fonderie.*		
	Lampes (Fabricant de ballons pour). Voir *Ballons.*		
A	**Lampiste**	5e	30e
	Lampiste (Ferblantier-). Voir *Ferblantier.*		

Désignation des tableaux	Commerces, industries et professions	Classes du tableau A	Taux du droit proportionnel
A	**Langueyeur de porcs**	8e	50e
A	**Lanternier**	6e	30e
	Lapidaire. Voir *Metteur en œuvre*, *Pierres fausses* et *Pierres fines*.		
A	**Lapidaire en pierres fausses** (Marchand)	5e	30e
	Lapins (Marchand expéditeur ou marchand de). Voir *Œufs*.		
A	**Lattes** (Marchand de) en gros	3e	20e
A	**Lattes** (Marchand de) en détail	6e	30e
	Lavande (Fabricant ou marchand d'eau de). Voir *Distillateur*, *Essences* et *Parfumeur*.		
	Laveur de cendres. Voir *Cendres*.		
C	**Laveur de laines** par procédés mécaniques ou chimiques ... **5 fr.**		
	Plus **4 francs** par ouvrier.		
	Droit proportionnel { sur la maison d'habitation	...	20e
	Droit proportionnel { sur l'établissement industriel	...	50e
A	**Laveur de laines** par procédés ordinaires	5e	30e
	Laveur de phosphates naturels. Voir *Phosphates*.		
C	**Laveur de vieilles étoffes** pour les filatures de laine ... **5 fr.**		
	Plus **4 francs** par ouvrier.		
	Droit proportionnel { sur la maison d'habitation	...	20e
	Droit proportionnel { sur l'établissement industriel	...	50e
	Lavoir de minerai (Exploitant de). Voir *Patouillet*.		
A	**Lavoir public** (Tenant un)	6e	
	Droit proportionnel { sur la maison d'habitation	...	30e
	Droit proportionnel { sur les locaux servant à l'exercice de la profession	..	40e
	Voir *Bateaux à laver*.		
A	**Layetier** — Celui qui fait des coffres, des caisses, etc., en bois blanc (D. ad.).	6e	30e
A	**Layetier-emballeur**	5e	30e
A	**Layettes d'enfants** (Marchand de)	7e	50e
	Lecture (Tenant un cabinet de). Voir *Cabinet*.		
	Légumes (Marchand de), vendant en ambulance, dans les rues, dans les lieux de passage et dans les marchés (*Exempt*).		
	Légumes (Marchand de), vendant par panier. Voir *Fruits*.		
	Légumes frais, champignons et autres comestibles analogues (Marchand expéditeur de). Voir *Fruits*.		
A	**Légumes frais, champignons et autres comestibles analogues** (Marchand de), en gros	4e	30e
A	**Légumes secs** (Marchand de) en gros	1re	20e
A	**Légumes secs** (Marchand de) en demi-gros	4e	30e
A	**Légumes secs** (Marchand de) en détail	7e	50e
	Léiogomme (Fabrique de). Voir *Dextrine*.		
A	**Levure ou levain** (Marchand de)	6e	30e
A	**Libraire-éditeur**	3e	20e
A	**Libraire non éditeur**	5e	30e
A	**Librairie** (Agent de)	7e	50e
A	**Lie de vin** (Marchand de)	7e	50e
	Liége (Fabricant ou marchand de bouchons de). Voir *Bouchons*.		
	Liége (Fabricant de semelles mobiles de) pour l'intérieur des chaussures. Voir *Semelles*.		
A	**Liége brut** (Marchand de) en gros	1re	20e
A	**Liége brut** (Marchand de) en détail	5e	30e
A	**Liens de paille, d'écorce, etc.** (Fabricant ou marchand de)	7e	50e

Désignation des tableaux	Commerces, industries et professions	Classes du tableau A	Taux du droit proportionnel
	Lignite (Marchand de). Voir *Charbon de terre*.		
A	**Limailles** (Marchand de)	8e	50e
C	**Limes** (Fabrique de) ... **5 fr.**		
	Plus **4 francs** par ouvrier.		
	Droit proportionnel { sur la maison d'habitation	...	20e
	Droit proportionnel { sur l'établissement industriel	...	50e
A	**Limes** (Tailleur de)	8e	50e
	Limonades gazeuses (Fabricant ou marchand de). Voir *Eaux gazeuses*.		
	Limonadier (Glacier-). Voir *Glacier-limonadier*.		
A	**Limonadier non glacier**	4e	30e
	Lin (Exploitant de fosses à rouir le). Voir *Routoir*.		
	Lin (Filateur de). Voir *Filature*.		
	Lin (Marchand de déchets de). Voir *Déchets*.		
	Lin (Peigneur de). Voir *Peigneur*.		
	Lin (Retordeur ou fabricant de fil de). Voir *Fil*.		
	Lin (Tissage de). Voir *Métiers*.		
	Lin (Tissage de rubans de fil de). Voir *Métiers*.		
	Lin mélangé de laine ou de soie (Tissage de). Voir *Métiers*.		
A	**Lin ou chanvre** (Fabricant de); celui qui, après avoir roui et battu le lin ou le chanvre, le vend par bottes	6e	30e
C	**Lin ou chanvre** (Fabrique de) par procédés mécaniques ou chimiques ... **5 fr.**		
	Plus **4 francs** par ouvrier.		
	Droit proportionnel { sur la maison d'habitation	...	20e
	Droit proportionnel { sur l'établissement industriel	...	50e
A	**Lin ou chanvre brut ou filé** (Marchand de) en gros	1re	20e
A	**Lin ou chanvre brut ou filé** (Marchand de) en demi-gros	2e	20e
A	**Lin ou chanvre brut** (Marchand de) en détail	6e	30e
A	**Lin ou chanvre filé** (Marchand de) en détail	4e	30e
	Linge (Blanchisseur de). Voir *Bateaux à laver*, *Blanchisseur*, *Buanderie* et *Lavoir*.		
	Linge (Couturière en), à façon. Voir *Tailleur*.		
	Linge (Exploitant un séchoir à). Voir *Séchoir*.		
	Linge (Marchand de pierres bleues pour le blanchissage du). Voir *Pierres*.		
A	**Linge** (Marchand de vieux)	7e	50e
	Linge (Repasseuse de). Voir *Repasseuse*.		
A	**Linge de table et de ménage, objets d'ameublement ou de literie** (Loueur de)	6e	30e
A	**Linger** (Fournisseur) — Celui qui vend du linge de table, des trousseaux et autres objets de lingerie confectionnés (D. ad.).	2e	20e
A	**Linger** (Marchand ou fabricant) vendant en gros	2e	20e
A	**Linger** (Marchand ou fabricant) vendant en demi-gros	4e	30e
A	**Linger** (Marchand ou fabricant) vendant en détail	6e	30e
	Linons (Marchand de). Voir *Tissus de laine, de fil, de coton, etc.*		
A	**Liqueurs** (Fabricant de)	3e	20e
	Voir *Alcool ou eau-de-vie (Marchand d') en gros* et *Distillateur-liquoriste*.		
	Liqueurs (Fabricant de collé solide ou en poudre pour la clarification des). Voir *Colle*.		
A	**Liqueurs** (Marchand de) en gros	1re	20e
A	**Liqueurs** (Marchand de) en demi-gros	2e	20e
A	**Liqueurs** (Marchand de) en détail	4e	30e
	Liqueurs (Tenant un magasin pour la vente en demi-gros ou en détail de). Voir *Magasin*.		

DÉSIGNATION des tableaux	COMMERCES, INDUSTRIES ET PROFESSIONS	CLASSES du tableau A	TAUX du droit proportionnel
A	**Liqueurs et eaux-de-vie** (Débitant de)	7e	50e
A	**Liquidateur-administrateur près les tribunaux** (s'il exerce cette profession d'une manière habituelle)	4e	30e
	Liquoriste (Distillateur-). Voir *Distillateur*.		
A	**Liseur de dessin**; celui qui fait les dispositions nécessaires pour reproduire, dans les tissus, les dessins donnés par les fabricants	6e	30e
	Lisière (Fabricant de chaussons autres qu'en). Voir *Chaussons*.		
	Lisière (Fabricant ou marchand de chaussons de). Voir *Chaussons*.		
	Lisseur de papier. Voir *Satineur*.		
	Literie (Apprêteur d'objets de). Voir *Apprêteur*.		
	Literie (Loueur d'objets de). Voir *Linge*.		
A	**Literie** (Marchand d'articles ou fournitures de) en détail	3e	20e
	Litharge (Fabricant de). Voir *Produits chimiques*.		
	Lithochrome (Imprimeur). Voir *Imprimeur*.		
A	**Lithochromies** (Marchand de)	6e	30e
	Lithographe (Imprimeur). Voir *Imprimeur*.		
A	**Lithographies** (Marchand de)	6e	30e
A	**Lithophanies** (Fabricant ou marchand de)	6e	30e
C	**Lits militaires** (Entreprise générale des). 1,200 fr. Droit proportionnel { sur la maison d'habitation … / sur l'établissement industriel … }		20e / 50e
	Livres (Loueur de). Voir *Loueur*.		
	Livres (Relieur de). Voir *Relieur*.		
A	**Livrets** (Fabricant de) pour les batteurs d'or ou d'argent	8e	50e
	Locataire louant accidentellement une partie de son habitation personnelle (*Exempt*). Voir *Chambres ou appartements meublés*.		
A	**Location de baraques et baraquements** (Entrepreneur de). Le droit proportionnel ne portera pas sur les baraques et baraquements objets de l'entreprise.	4e	30e
	Location des propriétés (Tenant un bureau d'indication pour la). Voir *Bureau*.		
A	**Location d'immeubles** (Entrepreneur de); celui dont la profession consiste à louer, par spéculation des maisons exclusivement en vue de les sous-louer. Le droit proportionnel ne portera pas sur les immeubles objets de l'entreprise. Imposable en cette qualité, le principal locataire d'une maison qui, dans un but de spéculation, la sous-loue tout entière, à l'exception des locaux affectés à son habitation personnelle (Arr. C. 22 déc. 1882, n. 3390).	4e	30e
	Logement des troupes de passage (Entrepreneur du). Voir *Troupes*.		
A	**Logeur**. Celui qui loge à bas prix, au mois, à la semaine et même à la nuit, les ouvriers et autres gens de peine sans leur fournir à boire ni à manger (D. ad.).	7e	50e
	Logeur (Cabaretier-). Voir *Aubergiste*.		
A	**Logeur de bestiaux, de chevaux et autres bêtes de somme**. Celui qui reçoit habituellement dans son écurie des chevaux auxquels il fait consommer le fourrage provenant de ses propriétés ne doit pas la patente de débitant de fourrage à la botte ; mais il est imposable comme logeur de chevaux (Arr. C. 9 avr. 1886, n. 3489).	7e	50e
	Longes (Fabricant de). Voir *Cordes* et *Cordier*.		
A	**Loueur d'abris sur les marchés**	8e	50e
	Loueur d'alambic. Voir *Alambic*.		

DÉSIGNATION des tableaux	COMMERCES, INDUSTRIES ET PROFESSIONS	CLASSES du tableau A	TAUX du droit proportionnel
	Loueur d'ânes. Voir *Anes*.		
	Loueur d'appartements meublés. Voir *Chambres*.		
A	**Loueur d'échafaudage**	6e	30e
	Loueur d'établissement de buanderie. Voir *Buanderie*.		
	Loueur d'objets d'ameublement. Voir *Linge*.		
	Loueur d'objets de literie. Voir *Linge*.		
	Loueur d'usine à lisser le cuir. Voir *Usine*.		
	Loueur de balances. Voir *Balances*.		
	Loueur de barques. Voir *Barques*.		
	Loueur de bateaux. Voir *Barques*.		
	Loueur de bestiaux. Les individus dont la profession consiste à placer des bœufs et des vaches chez les cultivateurs et à recevoir, lors de la vente de ces animaux, une part de la plus-value qu'ils ont acquise depuis leur entrée dans les métairies, ne sont point passibles de la patente. Ces bailleurs de cheptel font avec les cultivateurs une affaire en participation, pour laquelle on pourrait d'autant moins les imposer que l'associé principal (le cultivateur) est formellement exempté par l'art. 17 de la loi du 15 juill. 1880 (D. ad.).		
A	**Loueur de bêtes de trait pour le halage ou pour le renfort**, aux voituriers sur les routes de terre.	7e	50e
	Loueur de canots. Voir *Canots*.		
	Loueur de carrioles. Voir *Carrioles*.		
	Loueur de chaises. Voir *Chaises*.		
	Loueur de chaises à porteur ou fauteuils roulants. Voir *Chaises*.		
	Loueur de charrettes. Voir *Charrettes*.		
	Loueur de chevaux. Voir *Chevaux*.		
	Loueur de fauteuils roulants. Voir *Chaises à porteur*.		
	Loueur de force motrice. Voir *Force motrice*.		
	Loueur de linge de table et de ménage. Voir *Linge*.		
A	**Loueur de livres**	7e	50e
	Loueur de pianos. Voir *Pianos*.		
	Loueur de pressoir. Voir *Pressoir*.		
	Loueur de sacs de toile. Voir *Sacs*.		
A	**Loueur de tableaux et dessins**	6e	30e
	Loueur de taureaux pour les courses. Voir *Taureaux*.		
	Loueur de tonneaux pour le transport des vins. Voir *Tonneaux*.		
	Loueur de vélocipèdes. Voir *Vélocipèdes*.		
A	**Loueur de voitures suspendues**	5e	30e
	Loueur en garni. Voir *Chambre meublée*, *Chambre ou appartements meublés* et *Hôtel garni* (*Maître d'*).		
A	**Lunetier** (Fabricant)	6e	30e
A	**Lunetier** (Marchand)	5e	30e
	Lunettes (Fabricant de châsses de). Voir *Châsses*.		
A	**Lunettes** (Fabricant de verres de)	7e	50e
	Lunettes (Fabricant de verres de) par procédés mécaniques. Voir *Verres*.		
A	**Lustres** (Fabricant ou marchand de)	4e	30e
	Lustreur de fil. Voir *Apprêteur*.		
A	**Lustreur de fourrures**	6e	30e
	Lustreur de gants. Voir *Gantier-dresseur*.		
A	**Lutherie** (Fabricant ou marchand de pièces de)	5e	30e
	Luthier. Voir *Instruments de musique*.		
A	**Luthier** (Fabricant) pour son compte	3e	20e

DÉSIGNATION des tableaux	COMMERCES, INDUSTRIES ET PROFESSIONS	CLASSES du tableau A	TAUX du droit proportionnel
A	**Luthier** (Fabricant) à façon	7e	50e
A	**Luthier-rhabilleur** (Marchand)	5e	30e
A	**Luthier-rhabilleur** non marchand	7e	50e
	M		
	Macaroni (Fabricant ou marchand de). Voir *Pâtes alimentaires*.		
C	**Machine à faucher** ou à moissonner, à nettoyer, trier ou vanner les grains (Exploitant de).		
	6 francs par machine mue par la vapeur ou par l'eau;		
	3 francs par machine à bras, à manège ou à vent.		
	Les usines dont l'outillage fonctionnera exclusivement à bras ne donneront lieu à aucun droit proportionnel.		
	Droit proportionnel { sur la maison d'habitation	...	20e
	Droit proportionnel { sur l'établissement industriel	...	50e
C	**Machine à labourer et défoncer les terres**, mue par la vapeur (Exploitant de).		
	6 francs par machine.		
	Droit proportionnel { sur la maison d'habitation	...	20e
	Droit proportionnel { sur l'établissement industriel	...	50e
C	**Machines à coudre**, à piquer, à broder, à plisser et autres machines analogues (Constructeur de) . . . . . **5 fr.**		
	Plus **5 francs** par ouvrier.		
	Droit proportionnel { sur la maison d'habitation	...	20e
	Droit proportionnel { sur l'établissement industriel	...	60e
A	**Machines à coudre**, à piquer, à broder, à plisser et autres machines analogues (Marchand de), en gros	2e	20e
A	**Machines à coudre**, à piquer, à broder, à plisser et autres machines analogues (Marchand de, en demi-gros	3e	20e
A	**Machines à coudre**, à piquer, à broder, à plisser et autres machines analogues (Marchand de), en détail	5e	30e
C	**Machines à vapeur**, métiers mécaniques pour la filature et pour le tissage, et autres grandes machines (Constructeur de) . . . . . **5 fr.**		
	Plus **5 francs** par ouvrier.		
	Droit proportionnel { sur la maison d'habitation	...	20e
	Droit proportionnel { sur l'établissement industriel	...	60e
	Est imposable comme constructeur de grandes machines, celui dont l'industrie consiste à fabriquer et à vendre des machines-outils, devant être mues par la vapeur et destinées à travailler le fer, telles que tours parallèles, machines à raboter, à percer, etc. (Arr. C. 14 mars 1879, n. 3135).		

DÉSIGNATION des tableaux	COMMERCES, INDUSTRIES ET PROFESSIONS	CLASSES du tableau A	TAUX du droit proportionnel
A	**Maçon** (Maître). Voir *Baugeur* et *Torcher*.	6e	30e
A	**Maçon** à façon	7e	50e
A	**Maçonnerie** (Entrepreneur de)	4	30e
C	**Madragues** (Fermier de) . . . . . **30 fr.**		
	Droit proportionnel { sur la maison d'habitation seulement	...	20e
B	**Magasin de plusieurs espèces de marchandises** (Tenant un) (1) :		
B	**Magasin pour la vente en demi-gros ou aux particuliers de vêtements confectionnés** (Tenant un) :		
B	**Magasin pour la vente en demi-gros ou en détail de quincaillerie, de ferronnerie et d'articles de ménage** (Tenant un) :		
B	**Magasin pour la vente en demi-gros ou en détail d'épiceries, liqueurs et conserves** (Tenant un) :		
	Lorsqu'il occupe habituellement plus de 10 personnes employées aux écritures, aux caisses, à la surveillance, aux achats et aux ventes intérieures ou extérieures :		
	Le droit fixe comprendra : 1° une ou plusieurs taxes déterminées; 2° une taxe par employé.		

1° TAXE DÉTERMINÉE

Pour tout magasin occupant habituellement aux attributions ci-dessus spécifiées (écritures, caisses, etc.) un personnel total de moins de 201 employés, il ne sera dû qu'une seule taxe déterminée, laquelle sera :

	VILLES de 100,001 âmes et au-dessus	VILLES de 50,001 à 100,000 âmes	VILLES de 50,000 âmes et au-dessous
Pour les établissements :	francs	francs	francs
1° De 11 à 100 employés, de	200	150	100
2° De 101 à 200 employés, de	300	225	150

Au-dessus du nombre de 200 employés, il sera dû une taxe déterminée pour chacune des spécialités commerciales, indiquées au tableau ci-après, que comprendront les ventes opérées dans le magasin. La quotité de cette taxe déterminée sera fixée conformément audit tableau, suivant la nature de la spécialité exercée

(1) Nouveau tarif que la loi du 28 avr. 1893 a assigné aux quatre professions désignées ci-dessus.

NUMÉROS D'ORDRE	DÉSIGNATION DES SPÉCIALITÉS COMMERCIALES	ÉTABLISSEMENTS DE 1,601 employés et plus — Villes			ÉTABLISSEMENTS DE 801 à 1,600 employés — Villes			ÉTABLISSEMENTS DE 401 à 800 employés — Villes			ÉTABLISSEMENTS DE 201 à 400 employés — Villes		
		de 100,001 âmes et au-dessus	de 50,001 à 100,000 âmes	de 50,000 âmes et au-dessous	de 100,001 âmes et au-dessus	de 50,001 à 100,000 âmes	de 50,000 âmes et au-dessous	de 100,001 âmes et au-dessus	de 50,001 à 100,000 âmes	de 50,000 âmes et au-dessous	de 100,001 âmes et au-dessus	de 50,001 à 100,000 âmes	de 50,000 âmes et au-dessous
1	2	3	4	5	6	7	8	9	10	11	12	13	14
		francs	francs	francs	francs	francs	francs	francs	francs	francs	francs	francs	francs
1	Accessoires de la toilette	5.400	4,050	2,700	2.700	2,025	1,350	1,350	1,010	675	675	505	335
2	Alimentation (sauf les boissons)	9.600	7,200	4,800	4.800	3,600	2,400	2,400	1,800	1,200	1,200	900	600
3	Ameublement	5,000	3,750	2,500	2,500	1,875	1,250	1,250	935	625	625	465	310
4	Appareils de chauffage et d'éclairage	1,400	1,050	700	700	525	350	350	260	175	200	150	100
5	Bijouterie, horlogerie, joaillerie, orfèvrerie	3,400	2,550	1,700	1,700	1,275	850	850	635	425	425	315	210
6	Bimbeloterie, articles de fantaisie.	5,000	3,750	2 500	2.500	1,875	1,250	1,250	935	625	625	465	310
7	Carrosserie, sellerie, vélocipèdes, machines à coudre, articles de voyage, ustensiles de chasse et de pêche	1,800	1,350	900	900	675	450	450	335	225	225	165	110
8	Équipements militaires, armes	560	420	280	280	210	140	200	150	100	200	150	100
9	Habillements pour hommes et jeunes garçons	6,800	5,100	3,400	3,400	2,550	1,700	1,700	1,275	850	850	635	425
10	Habillements pour femmes et jeunes filles	6,800	5,100	3,400	3,400	2,550	1,700	1,700	1,275	850	850	635	425
11	Instruction, éducation, arts d'agrément, optique, papeterie	2.000	1.500	1,000	1,000	750	500	500	375	250	250	185	125
12	Articles de ménage et de jardin.	5.200	3.900	2,600	2,600	1,950	1,300	1,300	975	650	650	485	325
13	Objets d'art	1,000	750	500	500	375	250	250	185	125	200	150	100
14	Papiers peints	200	150	100	200	150	100	200	150	100	200	150	100
15	Tissus non ouvrés, linge de table ou de toilette	6,800	5,100	3.400	3,400	2,550	1,700	1,700	1,275	850	850	635	425
16	Vins, liqueurs et boissons	4,600	3,450	2 300	2,300	1,725	1,150	1,150	860	575	575	430	285

DÉSIGNATION des tableaux	COMMERCES, INDUSTRIES ET PROFESSIONS	CLASSES du tableau A	TAUX du droit proportionnel

2° TAXE PAR EMPLOYÉ

Cette taxe sera réglée de la manière suivante, par personne habituellement employée, en sus du nombre de 10, aux attributions ci-dessus spécifiées (écritures, caisses, surveillance, achats et ventes intérieures ou extérieures).

	TAXE PAR PERSONNE employée dans les villes — de 100,001 âmes et au-dessus	de 50,001 à 100,000 âmes	de 50,000 âmes et au-dessous
	francs	francs	francs
Pour chacun des employés de la première centaine, moins les 10 premiers	25	15	10
Pour chacun des employés de la :			
2e centaine	35	25	20
3e —	45	35	30
4e —	55	45	40
5e —	65	55	50
6e —	75	65	60
7e —	85	75	70
8e —	95	85	80
9e —	105	95	90
10e —	115	105	100
11e —	125	115	110
12e —	135	125	120
13e —	145	135	130
14e —	155	145	140
15e —	165	155	150
16e —	175	165	160
17e —	185	175	170
18e —	195	185	180
19e —	205	195	190
20e —	215	205	200
21e —	225	215	210

DÉSIGNATION des tableaux	COMMERCES, INDUSTRIES ET PROFESSIONS	CLASSES du tableau A	TAUX du droit proportionnel

	TAXE PAR PERSONNE employée dans les villes — de 100,001 âmes et au-dessus	de 50,001 à 100,000 âmes	de 50,000 âmes et au-dessous
	francs	francs	francs
22e centaine	235	225	220
23e —	245	235	230
24e —	255	245	240
25e —	265	255	250
26e —	275	265	260
27e —	285	275	270
28e —	295	285	280
29e —	305	295	290
30e —	315	305	300
31e —	325	315	310

Et ainsi de suite, en observant la même progression.

DROIT PROPORTIONNEL

Établissements occupant habituellement			TAUX du droit proportionnel
	plus de 500 personnes (1)		5e
	de 201 à 500	—	7e
	de 101 à 200	—	10e
	de 51 à 100	—	15e
	de 11 à 50	—	20e

(1) « ... employées aux écritures, aux caisses, à la surveillance, aux achats et aux ventes intérieures ou extérieures. »

DÉSIGNATION des tableaux	COMMERCES, INDUSTRIES ET PROFESSIONS	CLASSES du tableau A	TAUX du droit proportionnel
A	**Magasin général** (Exploitant un)................	2e	
	Droit proportionnel { sur la maison d'habitation...	...	20e
	Droit proportionnel { sur les locaux servant à l'exercice de la profession......	..	40e
A	**Magasinier**..	5e	
	Droit proportionnel { sur la maison d'habitation...	...	30e
	Droit proportionnel { sur les locaux servant à l'exercice de la profession	...	40e
	Celui qui sans être commissionnaire en marchandises ou entrepositaire, reçoit en magasin, pour le compte des négociants, des marchandises qu'il n'est chargé ni de vendre ni d'expédier (D. ad.).		
	Magmas (Fabricant de). Voir *Produits chimiques*.		
	Mail (Maître de jeu de). Voir *Jeux*.		
A	**Maillechort et autres compositions métalliques** (Fabricant ou marchand en gros d'objets en).....	4e	30e
A	**Maillechort et autres compositions métalliques** (Fabricant d'objets en), à façon................	8e	50e
A	**Maillechort et autres compositions métalliques** (Marchand d'objets en), en détail..............	6e	30e
	Mailles (Fabricant ou marchand d'ouvrages à). Voir *Filets*.		
	Maïs (Marchand de feuilles de). Voir *Feuilles de blé de Turquie*.		
	Maison d'accouchement (Chef de). Voir *Accouchement*.		
	Maison d'achats. Voir *Achats*.		
A	**Maison de séjour pendant les pèlerinages, retraites, etc.** (Tenant une)....................	3e	20e
C	**Maison particulière de retraite** (Tenant une) .... **5 fr.**		
	Plus **3 francs** par personne attachée au service de l'établissement		
	Droit proportionnel { sur la maison d'habitation..	...	20e
	Droit proportionnel { sur l'établissement industriel..	...	50e
C	**Maison particulière de santé** (Tenant une). **5 fr.**		
	Plus **5 francs** par personne attachée au service de l'établissement.		
	Droit proportionnel { sur la maison d'habitation...	...	20e
	Droit proportionnel { sur l'établissement industriel.	...	50e
	Maître d'apparaux. Voir *Apparaux*.		
	Maître de barques et bateaux. Voir *Barques*.		
	Maître de billard. Voir *Billard*.		
	Maître d'hôtel. Voir *Hôtel*.		
	Maître de jeu de paume. Voir *Jeu de paume*.		
	Maître de jeux et amusements publics. Voir *Jeux*		
	Maître de pension. Voir *Chef d'institution*.		
	Maître de station de voitures de remise. Voir *Voitures*.		
A	**Maître placeur de bestiaux sur les marchés**..	7e	50e
	Malades (Fabricant ou marchand de voitures à bras pour). Voir *Voitures*.		
	Malletier (Coffretier-) en bois ou en cuir. Voir *Coffretier*.		
C	**Malt ou orge germée servant à la fabrication de la bière** (Fabrique de)............ **5 fr.**		
	Plus **4 francs** par ouvrier.		
	Droit proportionnel { sur la maison d'habitation...	...	20e
	Droit proportionnel { sur l'établissement industriel.	...	40e
	Manches de brosses, de fouets, de parapluies, de balais, etc. Voir *Bâtonnier* et *Garnitures*.		
A	**Mandataire agréé par les administrations de la guerre et de la marine** pour la présentation des fournitures d'habillement et d'équipement des troupes..............	4e	30e
D	**Mandataire agréé près les tribunaux de commerce.** Profession assujettie seulement au droit proportionnel..................................	...	15e ou 12e V.p.172
A	**Mandataire salarié pour l'administration des faillites** (s'il en fait sa profession habituelle).....	4e	30e
	Manège à chevaux de bois (Maître de). Voir *Jeux*.		
A	**Manège d'équitation** (Tenant un)................	4e	
	Droit proportionnel { sur la maison d'habitation...	...	30e
	Droit proportionnel { sur les locaux servant à l'exercice de la profession......	...	40e
	Manganèse (Marchand de). Voir *Kaolin*.		
	Manœuvre de navires (Monteur d'agrès et de). Voir *Monteur*.		
A	**Manucure**....................................	7e	50e
	Marabouts (Fabricant ou marchand de). Voir *Cafetières*.		
	Marais salants (Propriétaire ou fermier de) (*Exempt*).		
A	**Marbre** (Marchand de) en gros..................	3e	20e
	Marbre (Sciage du). Voir *Scierie*.		
	Marbre (Tourneur en). Voir *Tourneur*.		
A	**Marbre factice** (Fabricant ou marchand d'objets en)..	6e	30e
A	**Marbreur sur tranches**........................	7e	50e
A	**Marbrier**....................................	6e	30e
A	**Marbrier** à façon.............................	7e	50e
A	**Marc d'olives** (Marchand de) ; celui qui achète des marcs d'olives pour les revendre aux fabricants d'huile de ressence..........................	3e	20e
	Marc d'orge (Marchand de). Voir *Drèche*.		
	Marc de raisin (Fabricant d'eau-de-vie de). Voir *Esprit*.		
	Marcs de raisin (Vins de). Voir *Piquettes*.		
	Marchand à la toilette. Voir *Revendeur*.		
C	**Marchand forain**..............................	...	20e
	Avec voiture : **20 francs** par voiture et **20 francs** par collier. Avec bête de somme : **15 francs** par bête de somme. Avec balle : **8 francs**. Les droits ci-dessus sont réduits de moitié lorsque les marchands forains ne vendent que des balais, de la boissellerie, des bouteilles, des pierres à aiguiser, de la poterie, de la vannerie ou de la fonte ouvragée. Les taxes par voiture et par collier sont réduites de moitié lorsque les marchands forains ne transportent pas habituellement leurs marchandises dans un rayon excédant 20 kilomètres à partir du lieu de leur domicile, ou lorsqu'ils attellent exclusivement leurs voitures avec des ânes. Dans le cas où une voiture sera attelée avec des chevaux et des ânes, la taxe par collier sera réduite de moitié pour chaque âne. Lorsque la patente sera délivrée par application de l'article 34 de la loi du 15 juillet 1880 à un marchand forain non domicilié dans le département, le droit proportionnel sera en même temps fixé, d'une manière uniforme : 1° A **10 francs** en principal pour les marchands forains avec voiture ; 2° A **5 francs** en principal pour les marchands forains avec bête de somme ou avec balle. Toute formule de patente délivrée à un marchand forain, colporteur ou autre patentable exerçant l'une des professions non sédentaires désignées à l'article 29 de la loi du 15 juillet 1880 doit, à sa diligence, être revêtue, par le maire de la commune qu'elle concerne, du visa de ce magistrat et du signalement de l'imposé. Celui-ci ne pourra justifier valablement de son		

DÉSIGNATION des tableaux	COMMERCES, INDUSTRIES ET PROFESSIONS	CLASSES du tableau A	TAUX du droit proportionnel
	imposition à la contribution des patentes que par la production de ladite formule, ainsi régularisée (Art. 6, L. 28 avr. 1893).		
	Les individus trouvés à une époque quelconque de l'année exerçant les professions visées par l'article qui précède seront passibles de la patente à partir du 1er janvier de l'année en cours lorsqu'ils ne pourront justifier, dans les conditions qui viennent d'être spécifiées, de leur imposition régulière à cette contribution (Art. 7, L. 28 avr. 1893).		
	Voir aussi *Déballeur (Marchand).*		
	Est imposable comme marchand forain celui qui transporte des marchandises de commune en commune, alors même qu'il vendrait pour le compte de son père, de son frère ou d'un autre marchand dont il ne serait que le commis (Arr. C. 16 avr. 1856, n. 366; 11 févr. 1857, n. 411 ; 4 juill. 1857, n. 552).		
	Est imposable comme marchand forain avec voiture celui qui se sert des voitures publiques pour le transport de ses marchandises (Arr. C. 31 juill. 1856, n. 438).		
	Le marchand forain ayant des habitations dans plusieurs communes est imposable au droit fixe dans la commune qui est le centre de son commerce de colporteur, et dans laquelle est située la maison affectée tant à son habitation personnelle qu'à l'entrepôt de ses marchandises (Arr. C. 22 avr. et 6 mai 1857, n. 553; 7 avr. 1858, n. 676).		
	Un marchand forain est passible du droit proportionnel pour une écurie ou une grange où il remise la voiture servant à l'exercice de sa profession (Arr. C. 24 juin 1857, n. 504).		
	N'est pas imposable un marchand forain avec balle qui, n'ayant en France ni magasin ni dépôt, se borne à acheter sur le territoire français des marchandises qu'il revend exclusivement à l'étranger (Arr. C. 6 nov. 1880, n. 3259).		
	On ne doit pas imposer comme marchands forains les marchands de bestiaux, les blatiers, les coquetiers, etc. Voir *Bestiaux (Marchand de).*		
C	**Marchand forain sur bateau** :		
	20 francs par bateau........................	...	20c
	Lorsque la patente sera délivrée, par application de l'art. 34, L. 15 juill. 1880, à un marchand forain sur bateau non domicilié dans le département, le droit proportionnel sera en même temps fixé, d'une manière uniforme, à **7 francs** en principal.		
	Toute formule de patente délivrée à un marchand forain, colporteur ou autre patentable exerçant l'une des professions non sédentaires désignées à l'art. 29, L. 15 juill. 1880 doit, à sa diligence, être revêtue, par le maire de la commune qu'elle concerne, du visa de ce magistrat et du signalement de l'imposé. Celui-ci ne pourra justifier valablement de son imposition à la contribution des patentes que par la production de ladite formule, ainsi régularisée (Art. 6, L. 28 avr. 1893).		
	Les individus trouvés à une époque quelconque de l'année exerçant les professions visées par l'article qui précède seront passibles de la patente à partir du 1er janvier de l'année en cours lorsqu'ils ne pourront justifier, dans les conditions qui viennent d'être spécifiées, de leur imposition régulière à cette contribution (Art. 7, L. 28 avr. 1893).		
	Marchandises (Appréciateur de). Voir *Appréciateur.*		
	Marchandises (Commissionnaire en). Voir *Commissionnaire.*		
	Marchandises (Courtier de). Voir *Courtier.*		
	Marchandises (Entrepreneur de bateaux ou paquebots à vapeur pour le transport des). Voir *Armateur, Bateaux* et *Paquebots.*		
	Marchandises (Entrepreneur, maître ou patron de barques et bateaux pour le transport des). Voir *Barques.*		
	Marchandises (Exploitant un emplacement pour dépôt de). Voir *Emplacement.*		
	Marchandises (Facteur de denrées et). Voir *Courtier* et *Facteur.*		
	Marchandises (Intermédiaire pour la vente ou l'achat de). Voir *Commissionnaire, Courtier, Facteur de denrées* et *Représentant de commerce.*		
	Marchandises (Tenant un magasin de plusieurs espèces de). Voir *Magasin.*		
	Marchés (Adjudicataire des droits de). Voir *Halles.*		
	Marchés (Loueur d'abris sur les). Voir *Loueur.*		
	Marchés (Maître placeur de bestiaux sur les). Voir *Maître.*		
	Marchés aux bestiaux destinés à l'approvisionnement de Paris (Facteur aux). Voir *Facteur.*		
A	**Maréchal-expert** : celui qui, ayant ou non un atelier de maréchalerie, soigne, sans être muni du diplôme de vétérinaire, les animaux malades	5e	30e
A	**Maréchal-ferrant**............................	6e	30e
C	**Mareyeur expéditeur**.................. 60 fr.		
	Droit proportionnel { sur la maison d'habitation...	...	20e
	Droit proportionnel { sur l'établissement industriel.	...	50e
	Marine (Fabricant d'ancres, chaînes, câbles en fer et autres grosses pièces pour la).		
	Imposable comme maître de forges (D. ad.).		
	Marine (Fabricant ou marchand de câbles ou cordages pour la). Voir *Câbles* et *Cordier.*		
	Marine (Marchand de bois de). Voir *Bois.*		
	Marne (Extracteur de). Voir *Carrières.*		
	Marne (Marchand de). Voir *Engrais ou amendements.*		
C	**Maroquin** (Fabrique de) avec machine à vapeur ou moteur hydraulique.................... 5 fr.		
	Plus **4 francs** par ouvrier.		
	Droit proportionnel { sur la maison d'habitation...	...	20e
	Droit proportionnel { sur l'établissement industriel.	...	50e
	Maroquinerie (Fabricant ou marchand d'objets de menue). Voir *Portefeuilles.*		
A	**Maroquinerie** (Marchand de) en gros............	1re	20e
A	**Maroquinerie** (Marchand de) en demi-gros......	2e	20e
A	**Maroquinerie** (Marchand de) en détail..........	4e	30e
A	**Maroquinier** pour son compte..................	5e	30e
A	**Maroquinier** à façon..........................	7e	50e
	Marqueterie (Découpeur en). Voir *Découpeur.*		
	Marqueterie (Sciage des bois de). Voir *Scierie.*		
A	**Marrons et châtaignes** (Marchand de) en gros...	5e	30e
A	**Marrons et châtaignes** (Marchand de) en détail...	8e	50e
	Martinets (Fondeur de cuivre ayant). Voir *Fonderie.*		
	Martinets (Fondeur de cuivre sans). Voir *Fonderie.*		
C	**Martinets** (Maître de) : **6 francs** pour chacun des marteaux mis en mouvement par l'arbre de camage.		
	Droit proportionnel { sur la maison d'habitation..	...	20e
	Droit proportionnel { sur l'établissement industriel.	...	50e
A	**Masques** (Fabricant ou marchand de)............	6e	30e
	Mastics et ciments (Fabricant ou marchand de). Voir *Cimentier.*		
	Matelas, plume, duvet et autres objets de literie (Marchand de). Voir *Laine brute ou lavée, Literie* et *Plume.*		
A	**Matelassier**..................................	8e	50e
A	**Matériaux** (Marchand de vieux).................	6e	30e

DÉSIGNATION des tableaux	COMMERCES, INDUSTRIES ET PROFESSIONS	CLASSES du tableau A	TAUX du droit proportionnel
	Mathématiques (Fabricant, facteur ou marchand d'instruments de). Voir *Instruments.*		
A	**Mâts** (Constructeur de)...........................	4e	30e
A	**Mécanicien**..	4e	30e
	Celui qui construit de petites machines (D. ad.). On doit ranger dans la 4e classe du tableau A le mécanicien qui confectionne des moules en fonte et des pièces de rechange pour des machines en réparation (Arr. C. 8 avr. 1863, n. 1408). Est également imposable comme mécanicien celui qui fabrique des appareils d'une construction compliquée pour le triage des blés ou le nettoyage des grains (Arr. C. 19 mai 1868, n. 2112; 28 mars 1879, n. 3167).		
	Mécanicien (Menuisier ou serrurier). Voir *Menuisier* et *Serrurier.*		
A	**Mécanicien** à façon, travaillant pour des maîtres ou pour des particuliers qui lui fournissent la matière..	7e	50e
C	**Mèches pour les mines et les artifices** (Fabrique de).. **5 fr.**		
	Plus **4 francs** par ouvrier.		
	Droit proportionnel { sur la maison d'habitation...	...	20e
	Droit proportionnel { sur l'établissement industriel.	...	40e
A	**Mèches** (Marchand de)...........................	6e	30e
D	**Médecin.** Profession assujettie seulement au droit proportionnel..	...	15e ou 12e V. p. 172
	Le directeur d'un asile d'aliénés, médecin en chef de cet asile, est un fonctionnaire public non imposable à la patente, s'il n'exerce pas la médecine en dehors de l'établissement qu'il dirige (Arr. C. 13 avr. 1853 (n. 20 de la circ. n. 324); 27 déc. 1854, n. 216).		
A	**Mégissier pour son compte**........................	5e	30e
A	**Mégissier à façon**..................................	7e	50e
C	**Mélasse** (Raffinerie de)........................ **5 fr.**		
	Plus **4 francs** par ouvrier.		
	Droit proportionnel { sur la maison d'habitation...	...	20e
	Droit proportionnel { sur l'établissement industriel.	...	50e
	Ménage (Loueur de linge de). Voir *Linge.*		
	Ménage (Marchand de vieux ustensiles de). Voir *Ustensiles.*		
	Ménage (Tenant un bazar d'articles de). Voir *Bazar.*		
	Ménage (Tenant un magasin pour la vente en demi-gros ou en détail d'articles de). Voir *Magasin.*		
	Mendicité (Entrepreneur de fabrication dans les dépôts de). Voir *Fabrication.*		
	Mendicité (Fournisseur général dans les dépôts de). Voir *Fournisseur.*		
	Menuiserie (Sciage des bois de). Voir *Scierie.*		
A	**Menuisier-entrepreneur**..............................	4e	30e
A	**Menuisier-mécanicien**................................	5e	30e
A	**Menuisier**..	6e	30e
A	**Menuisier** à façon, travaillant pour des maîtres ou pour des particuliers qui lui fournissent la matière	7e	50e
	Menuisier-parqueteur. Voir *Parqueteur.*		
	Menuisier-rampiste. Voir *Rampiste.*		
A	**Mercerie** (Marchand de) en gros....................	1re	20e
A	**Mercerie** (Marchand de) en demi-gros..............	2e	20e
	Est imposable comme marchand de mercerie en demi-gros, celui qui, en même temps qu'il vend en détail aux particuliers, fait des fournitures importantes à des fabricants de chaussures, tailleurs, couturières et autres confectionneurs de vêtements (Arr. C. 28 nov. 1877, n. 3078).		
A	**Mercerie** (Marchand de) en détail....................	4e	30e
	Est imposable comme tel, et non comme marchand de menue mercerie, celui qui tient un assortiment complet de gants, cols, cravates, chaussures, rubans, etc. (Arr. C. 26 mars 1863, n. 1471). Imposable comme tel et non comme marchand de nouveautés, celui qui, ne faisant pas le commerce des tissus, se borne à vendre en détail des objets de mercerie et des articles de passementerie (Arr. C. 28 nov. 1863, n. 3464).		
A	**Mercerie** (Marchand de menue)......................	6e	30e
	Est imposable comme tel celui qui se borne à vendre de petits objets de mercerie tels que fils, épingles, bas de laine, coton en pelote, etc. (Arr. C. 26 déc. 1865, n. 1866).		
	Mérinos (Marchand de). Voir *Tissus de laine, de fil, etc.*		
	Merrains (Marchand de bois). Voir *Bois.*		
	Mesurage (Fermier des droits de). Voir *Jaugeage.*		
	Mesureur. Voir *Peseur.*		
A	**Mesures linéaires, règles et équerres** (Fabricant de), pour son compte...........................	7e	50e
A	**Mesures linéaires, règles et équerres** (Fabricant de), à façon..	8e	50e
	Métal (Fabricant de boutons de). Voir *Boutons.*		
	Métal (Fabricant de cordes de). Voir *Cordes métalliques.*		
	Métal (Fabricant de pompes de). Voir *Pompes.*		
	Métal (Fabricant de toiles de). Voir *Toiles métalliques.*		
	Métal (Fabricant ou marchand d'instruments de chirurgie en). Voir *Instruments.*		
	Métal autre que la fonte d'imprimerie (Fabricant de caractères mobiles en). Voir *Caractères.*		
	Métal autre que l'or et l'argent (Fabricant de dés à coudre en). Voir *Dés à coudre.*		
	Métal doré ou argenté (Marchand d'objets en). Voir *Pendules.*		
	Métaux (Acheveur en). Voir *Acheveur.*		
	Métaux (Affineur de). Voir *Affineur.*		
	Métaux (Applicateur de) par les procédés galvaniques. Voir *Galvanoplastie.*		
	Métaux (Fabricant de dorures et argentures sur) n'employant pas les procédés galvaniques. Voir *Dorures* et *Zinc.*		
	Métaux (Fabricant ou marchand de poudre d'or, de bronze et autres). Voir *Poudre.*		
	Métaux (Graveur sur). Voir *Graveur.*		
A	**Métaux** (Marchand en gros de) autres que l'or, l'argent, le platine, le fer en barre ou la fonte......	1re	20e
A	**Métaux** (Marchand en demi-gros de) autres que l'or, l'argent, le platine, le fer en barre ou la fonte...	2e	20e
A	**Métaux** (Marchand en détail de) autres que l'or, l'argent, le platine, le fer en barre ou la fonte..	4e	30e
	Métaux (Planeur en). Voir *Planeur.*		
	Métaux (Tourneur sur). Voir *Tourneur.*		
	Métaux (Vernisseur sur). Voir *Vernisseur.*		
	Métaux autres que l'or et l'argent (Applicateur de). Voir *Doreur.*		
	Métaux autres que l'or et l'argent (Repousseur en). Voir *Estampeur.*		
	Métaux précieux (Fondeur de cendres de). Voir *Cendres.*		
C	**Métiers** (Fabrique à) :		
	Tissage de coton, chanvre ou lin :		
	2 fr. 50 cent. par métier mû mécaniquement ;		
	1 fr. 50 cent. par métier à bras.		
	Tissage de laine ;		
	3 francs par métier mû mécaniquement ;		
	2 francs par métier à bras.		

DÉSIGNATION des tableaux	COMMERCES, INDUSTRIES ET PROFESSIONS	CLASSES du tableau A	TAUX du droit proportionnel
	Tissage de soie : **3 francs** par métier ordinaire mû mécaniquement; **2 francs** par métier ordinaire à bras; **1 fr. 20 cent.** par métier à rubans, dit de *montagne*, ne faisant qu'une seule pièce.		
	Tissage de coton ou de lin, mélangé de laine ou de soie : **3 francs** par métier mû mécaniquement; **2 francs** par métier à bras.		
	Tissage de ruban de fil (chanvre ou lin), de coton, de fil et coton : **8 centimes** par bande des métiers à tisser.		
	Tissage de bretelles, ceintures, jarretières, etc. : *Par bande des métiers à tisser :* **10 centimes** par bande ayant moins de 3 centimètres de largeur; **20 centimes** par bande de 3 à 5 centimètres de largeur inclusivement; **30 centimes** par bande de plus de 5 à 10 centimètres de largeur inclusivement; **40 centimes** par bande ayant plus de 10 centimètres de largeur.		
	Tricots et bonneterie (Fabrique de) : **1 fr. 50 cent.** par métier à bras dit *métier français* ou *anglais;* **3 francs** par métier mécanique rectiligne n'ayant pas plus de deux divisions et **1 franc** par chaque division en sus; **1 franc** par métier circulaire ayant moins de 20 centimètres de diamètre. **3 francs** par métier circulaire ayant de 20 à 50 centimètres de diamètre. **5 francs** par métier circulaire ayant plus de 50 centimètres de diamètre.		
	Tapis et tapisserie (Fabrique de) : **4 francs** par métier mû à bras ou mû mécaniquement; **4 francs** par ouvrier occupé aux métiers de tapisserie à point noué ou point sarrasinois.		
	Passementerie (Fabrique de) : **4 francs** par métier à plusieurs bandes; **1 fr. 20 cent.** par métier à une bande;		
	Tulle ou dentelle d'imitation (Fabrique de) : **3 francs** par métier à chaîne ou à aiguilles; par métier *bobin uni* ayant moins de 3m,50 de longueur, du premier au dernier chariot; par métier à chariots et à rouleaux (*Leavers*) ne pouvant recevoir plus de 40 barres; **6 francs** par métier *bobin uni* ayant 3m,50 de longueur ou plus, du premier au dernier chariot; par métier à chariots et à rouleaux (*Leavers*) pouvant recevoir de 41 à 80 barres; par métier dit *pusher;* **8 francs** par métier *bobin façonné;* par métier à chariots et à rouleaux (*Leavers*) pouvant recevoir de 81 à 120 barres; par métier dit *bobinot;* **10 francs** par métier à chariots et à rouleaux (*Leavers*) pouvant recevoir plus de 120 barres. Le fabricant qui fera compléter à la main les dessins des tulles façonnés payera double droit pour ses métiers; mais il ne sera assujetti à aucun droit fixe en raison des ouvriers qu'il emploiera à ce travail.		
	Pour les tissages autres que ceux spécialement désignés au présent article : **2 fr. 50 cent.** par métier mû mécaniquement; **1 fr. 50 cent.** par métier à bras. Le droit fixe sera réduit de moitié pour le fabricant travaillant exclusivement à façon, lorsque ce droit, calculé conformément au présent tarif, n'excédera pas 50 francs en principal. Sera exempt de patente le fabricant travaillant exclusivement à métier à façon, dont le droit fixe, calculé conformément au tarif légal, n'excédera pas 21 francs en principal. Sont exempts du droit proportionnel les fabricants travaillant exclusivement à métier à façon.		
	Droit proportionnel { sur la maison d'habitation...	...	20e
	Droit proportionnel { sur l'établissement industriel.	...	60e
	Le fabricant à métiers qui fait fouler et apprêter les draps tissés avec les métiers qu'il occupe, est imposable au droit fixe en raison de tous ses moyens de production : métiers, fouleries et ouvriers d'apprêt (Arr. C. 6 août 1857, n. 529). Le fabricant à métiers doit être imposé pour les métiers des fabricants à façon qui travaillent pour lui, alors même que ceux-ci seraient déjà personnellement imposés (D. id.). La loi n'a fait aucune distintion entre les métiers à échantillonner et les métiers servant à la fabrication. En conséquence, c'est d'après le nombre total des métiers employés que le droit fixe doit être établi (Arr. C. 28 mars 1888, n. 3531).		
	Métiers (Monteur de). Voir *Monteur*.		
	Métiers à bras (Forgeur de). Voir *Mécanicien.*		
	Métiers mécaniques pour la filature et le tissage et autres grandes machines (Constructeur de). Voir *Machines.*		
	Mètres (Fabricant de). Voir *Mesures linéaires.*		
A	**Métreur de bâtiments, de bois, de pierres**.....	7e	50e
	Metteur en bronze. Voir *Bronze.*		
A	**Metteur en œuvre** pour son compte.............	6e	30e
	Celui qui monte les pierres fines ou fausses (D. id.).		
A	**Metteur en œuvre** à façon....................	7e	50e
A	**Meubles** (Marchand de).........................	5e	30e
A	**Meubles et outils d'occasion** (Marchand de).....	6e	30e
A	**Meules à aiguiser** (Fabricant ou marchand de).....	5e	30e
A	**Meules de moulin** (Fabricant de)................	4e	30e
A	**Meules de moulin** (Marchand de)................	5e	30e
A	**Miel et cire brute** (Marchand de) en gros.........	1re	20e
A	**Miel et cire brute** (Marchand de) en détail.......	4e	30e
	Millet (Marchand de balais de grand). Voir *Balais.*		
A	**Mine de plomb** (Marchand de) en gros...........	1re	20e
A	**Mine de plomb** (Marchand de) en détail...........	5e	30e
	Minerai (Exploitant de lavoir de). Voir *Patouillet.*		
	Minerai de fer (Extracteur de). Voir *Minières.*		
A	**Minerai de fer** (Marchand de)....................	5e	30e
	Mines (Concessionnaire de). *Exempt;* mais pour le seul fait de l'extraction et de la vente des matières par lui extraites, l'exemption ne pouvant en aucun cas être étendue à la transformation des matières extraites (Loi du 15 juill. 1880, art. 17).		
	Mines (Fabricant de mèches pour les). Voir *Mèches.*		
C	**Minières non concessibles** (Exploitant de) ou extracteur de minerai de fer................ 5 fr. Plus **4 francs** par ouvrier.		
	Droit proportionnel { sur la maison d'habitation seulement..................	...	20e
C	**Miroitier**..	5e	30e
	Miroitiers (Monteur de diamants pour). Voir *Diamants.*		
	Mitaines et autres ouvrages à mailles (Fabricant ou marchand de). Voir *Filets.*		
	Modeleur pour fabrique. Voir *Dessinateur.*		
	Modes (Fabricant de carcasses pour). Voir *Carcasses.*		
	Modes (Fabricant de têtes en carton servant aux marchandes de). Voir *Têtes.*		

DÉSIGNATION des tableaux	COMMERCES, INDUSTRIES ET PROFESSIONS	CLASSES du tableau A	TAUX du droit proportionnel
	Modes (Fabricant ou marchand de sparterie pour). Voir *Sparterie*.		
A	**Modes** (Marchand de)...... Celui qui fait des envois dans les départements et à l'étranger (D. ad.). On doit donc imposer comme marchand de modes celui qui ne se borne pas à confectionner des articles de modes sur commande et à les vendre dans la localité où il réside, mais qui a un magasin où se trouve un assortiment de coiffures, dont la plupart sont achetées à Paris, et qui expédie des articles de modes dans d'autres départements (Arr. C. 22 avr. 1857, n. 539). Imposable comme tel et non comme modiste celui qui, ne faisant qu'accidentellement des articles de modes pour une clientèle de particuliers habitant sa résidence, possède un assortiment complet de modèles de coiffures et confectionne des objets dont la très grande majorité est destinée à être expédiée dans les départements ou à l'étranger (Arr. C. 21 nov. 1879, n. 3267). Imposable en cette qualité et non comme modiste, celui qui ne se borne pas à confectionner des articles de modes sur commande directe pour une clientèle de particuliers, mais qui vend aussi à des modistes et à des commissionnaires (Arr. C. 23 juin 1882, n. 3392).	3e	20e
	Modes (Marchand de rubans pour). Voir *Rubans*.		
A	**Modiste**...... Est imposable comme modiste (5e classe), et non comme modiste à façon (8e classe) celle qui fournit la matière des articles de modes qu'elle confectionne, alors même qu'elle travaillerait seulement sur commande et ne vendrait point d'objets confectionnés à l'avance (Arr. C. 13 mars 1860, n. 1008).	5e	30e
A	**Modiste** à façon......	8e	50e
A	**Moireur d'étoffes** pour son compte......	6e	30e
A	**Moireur d'étoffes** à façon......	8e	50e
	Moissonner (Exploitant de machine à). Voir *Machine*.		
	Monnaies (Changeur de). Voir *Changeur*.		
	Mont-de-piété (Appréciateur au). Voir *Appréciateur*.		
	Mont-de-piété (Commissionnaire au). Voir *Commissionnaire*.		
	Mont-de-piété (Marchand de reconnaissances du). Voir *Reconnaissances*.		
	Monteur (Équipeur). Voir *Équipeur*.		
A	**Monteur d'agrès et de manœuvres de navires**	5e	30e
	Monteur d'aiguilles pour les métiers à faire des bas. Voir *Aiguilles*.		
A	**Monteur de boîtes de montres** pour son compte.	5e	30e
A	**Monteur de boîtes de montres** à façon......	7e	50e
	Monteur de diamants. Voir *Diamants*, *Metteur en œuvre* et *Sertisseur*.		
A	**Monteur de métiers**......	6e	30e
	Monteur de pierres fines ou fausses. Voir *Metteur en œuvre* et *Sertisseur*.		
A	**Monteur en bronze**...... Celui qui assemble et ajuste les différentes pièces dont se composent les ouvrages en bronze, tels que candélabres, pendules, flambeaux, etc. (D. ad.).	7e	50e
	Montres (Fabricant de cadrans de). Voir *Cadrans*.		
	Montres (Fabricant de carrés de). Voir *Carrés*.		
	Montres (Fabricant de clefs et autres petits objets pour). Voir *Aiguilles*.		
	Montres (Fabricant de ressorts de). Voir *Ressorts*.		
	Montres (Fabricant de verres de). Voir *Bombeur* et *Verres*.		
	Montres (Fabricant de). Voir *Horloger*.		
	Montres (Marchand de). Voir *Horloger* et *Pendules*.		
	Montres (Monteur de boîtes de). Voir *Monteur*.		

DÉSIGNATION des tableaux	COMMERCES, INDUSTRIES ET PROFESSIONS	CLASSES du tableau A	TAUX du droit proportionnel
	Montures de parapluies. Voir *Carcasses* et *Garnitures*.		
A	**Monuments funèbres** (Entrepreneur de)......	5e	30e
	Morue (Marchand de rogue ou œufs de). Voir *Rogue*.		
	Morue (Sécheur de). Voir *Sécheur*.		
	Mosaïque (Entrepreneur de dallage en). Voir *Dallage*.		
A	**Mosaïques** (Marchand de)......	6e	30e
A	**Mottes à brûler** (Fabricant ou marchand de)......	8e	50e
A	**Moules de boutons** (Fabricant de)......	8e	50e
A	**Moules en bois pour la passementerie** (Marchand de)......	7e	50e
	Mouleur ou marchand de bustes et figures en plâtre ou en terre. Voir *Bustes*.		
	Moulin (Fabricant ou marchand de meules de). Voir *Meules*.		
C	**Moulin ou autre usine à moudre, battre, triturer, broyer, pulvériser, presser** : **5 francs** par paire de meules; **5 francs** par paire de cylindres d'une longueur de plus de 70 centimètres; **4 francs** par paire de cylindres d'une longueur de 50 à 70 centimètres; **3 francs** par paire de cylindres d'une longueur inférieure à 50 centimètres; **5 francs** par presse; **1 franc** par pilon. Lorsque les meules et les cylindres ne fonctionneront pas par paire, le droit fixe afférent à la paire sera appliqué à la machine ou au jeu de machines qui en tiendra lieu. Dans les moulins à farine où la mouture s'effectuera à l'aide de cylindres, chaque appareil à trois ou quatre cylindres de mouture sera compté pour deux paires de cylindres. Le droit fixe sera réduit de moitié pour les usines à bras, à manège ou à vent. Le droit fixe, tel qu'il résultera des dispositions qui précèdent et après application, s'il y a lieu, de celles de l'art. 11 de la loi du 15 juill. 1880, sera doublé lorsque l'usine fonctionnera habituellement pour le compte d'un exploitant achetant les matières premières pour revendre ensuite les produits de sa fabrication. Les usines dont l'outillage fonctionnera exclusivement à bras ne donneront lieu à aucun droit proportionnel.		
	Droit proportionnel { sur la maison d'habitation...	...	20e
	Droit proportionnel { sur l'établissement industriel.	...	50e
	Les moulins mus par les eaux de la mer ne pouvant fonctionner qu'à la marée descendante, doivent être imposés comme ceux qui, par manque ou par crue d'eau, sont forcés de chômer pendant un temps équivalent au moins à quatre mois (D. ad.). On doit comprendre dans les bases du droit fixe d'exploitant de moulin les cylindres, dits *comprimeurs* qui concourent à la fabrication (Arr. C. 27 juill. 1883, n. 3465).		
C	**Moulinier en soie**, qu'il travaille pour son compte ou à façon : **6 centimes** par tavelle; **20 centimes** par broche dite de filature dans les établissements qui emploient le système *Meynard* ou un procédé analogue; **1 centime** par broche, fuseau, baguette ou axe supportant les bobines, roquets ou roquelles de toute nature. On imposera également à raison de **1 centime** les bobines des flotteurs ou moulins de dévidage, alors même qu'elles ne seraient pas supportées par des axes.		
	Droit proportionnel { sur la maison d'habitation...	...	20e
	Droit proportionnel { sur l'établissement industriel.	...	50e

Désignation des tableaux	Commerces, industries et professions	Classes du tableau A	Taux du droit proportionnel
A	**Moulures** (Fabricant de) pour son compte.........	5e	30e
A	**Moulures** (Fabricant de) à façon..................	7e	50e
A	**Moulures** (Marchand de) en boutique............	5e	30e
	Mousse teinte (Fabricant ou marchand de). Voir *Paille.*		
	Moutarde blanche (Marchand de graine de). Voir *Graine.*		
A	**Moutardier** (Marchand) en gros.............. ..	4e	30e
A	**Moutardier** (Marchand) en détail................	7e	50e
A	**Moutons et agneaux** (Marchand de)............	4e	30e
	Mouture (Courtier de). Voir *Courtier.*		
A	**Muletier**..	7e	50e
A	**Mulets et mules** (Marchand de)................	4e	30e
A	**Mulquinier**; celui qui prépare le fil pour les chaînes servant à la fabrication des tissus..............	6e	30e
	Musique (Accordeur d'instruments de). Voir *Accordeur.*		
	Musique (Fabricant de cordes pour instruments de). Voir *Cordes harmoniques.*		
	Musique (Fabricant de mécaniques pour boîtes et bijoux à). Voir *Boîtes.*		
	Musique (Facteur ou marchand d'instruments de) à vent, en bois ou en cuivre. Voir *Instruments.*		
	Musique (Facteur de pièces d'instruments de) en cuivre. Voir *Instruments.*		
	Musique (Garnisseur d'étuis pour instruments de). Voir *Garnisseur.*		
	Musique (Graveur de). Voir *Graveur.*		
A	**Musique** (Marchand de), éditeur..................	3e	20e
A	**Musique** (Marchand de), non éditeur.............	5e	30e
	N		
	Nacre (Sciage de la). Voir *Scierie.*		
A	**Nacre brute** (Marchand de)....................	3e	20e
A	**Nacre de perle** (Fabricant d'objets en) pour son compte..	5e	30e
A	**Nacre de perle** (Fabricant d'objets en) à façon...	7e	50e
A	**Nacre de perle** (Marchand d'objets en)..........	5e	30e
A	**Natation** (Tenant une école de).................	5e	
	Droit proportionnel { sur la maison d'habitation...	...	30e
	Droit proportionnel { sur les locaux servant à l'exercice de la profession......	...	40e
A	**Nattier**.. Celui qui fait et vend des nattes de roseaux, joncs, pailles, écorces, etc. (D. ad.).	8e	50e
A	**Naturaliste préparateur**......................	7e	50e
A	**Navetier** (Fabricant)............................	7e	50e
	Navigation intérieure (Fabricant ou marchand de câbles et cordages pour la). Voir *Câbles* et *Cordier.*		
	Navigation (Courtier de fret pour la). Voir *Courtier de fret.*		
	Navire (Marchand de vieux cuivre de). Voir *Cuivre.*		
	Navires (Approvisionneur de). Voir *Approvisionneur.*		
	Navires (Arrimage de). Voir *Arrimeur.*		
C	**Navires** (Constructeur de)................ 5 fr Plus 5 francs par ouvrier.		
	Droit proportionnel { sur la maison d'habitation....	...	20e
	Droit proportionnel { sur l'établissement industriel.	...	60e
	Navires (Courtier de). Voir *Courtier.*		

Désignation des tableaux	Commerces, industries et professions	Classes du tableau A	Taux du droit proportionnel
	Navires (Entrepreneur de chargement et déchargement des). Voir *Chargement.*		
	Navires (Expert visiteur de). Voir *Expert.*		
	Navires (Fabricant ou marchand de feutre pour le doublage des). Voir *Feutre.*		
	Navires (Marchand d'étoupes pour le calfatage des). Voir *Etoupes.*		
	Navires (Monteur d'agrès et de manœuvres de). Voir *Monteur.*		
	Navires (Radoubeur de). Voir *Calfat.*		
	Navires (Réparation des). Voir *Dock.*		
A	**Nécessaires** (Fabricant de) pour son compte......	6e	30e
A	**Nécessaires** (Fabricant de) à façon..............	8e	50e
A	**Nécessaires** (Marchand de)......................	4e	30e
B	**Négociant.** Celui qui, dans le même établissement, vend en gros plusieurs espèces de marchandises.........	...	10e

	Taxe déterminée	Taxe par personne employée(1)
	Fr.	Fr.
A Paris........................	500	25
Dans les villes de 100,001 âmes et au-dessus.	400	20
Dans les villes de 50,001 à 100,000 âmes...	300	15
Dans les villes de 30,001 à 50,000 âmes.... 15,001 à 30,000 âmes qui ont un entrepôt réel...	200	10
Dans les villes de 15,001 à 30,000 âmes.... 15,000 âmes et au-dessous qui ont un entrepôt réel.	150	8
Dans toutes les autres communes.	100	5

La taxe par employé est doublée lorsque le nombre des employés dépasse 200, et triplée lorsqu'il dépasse 1,000 (L. 17 juill. 1889, art. 2).

La vente en gros des vins, eaux-de-vie, liqueurs, et vinaigres, est considérée, à cause de l'analogie des matières, comme ne comprenant qu'une sorte de marchandises (Arr. C. 9 et 17 mars 1853, n. 22).

Il en est de même de la vente en gros du café, du savon, des huiles, du sel, attendu que ces marchandises rentrent dans le commerce de l'épicerie (Arr. C. 10 févr. 1858, n. 636).

Est imposable comme négociant :

Celui qui fait le commerce en gros des vins et des farines; des vins, des farines, des fers, des laines et autres marchandises (Arr. C. 23 juill. et 10 déc. 1856, n. 437).

Celui qui fait, en même temps que des opérations d'escompte, le commerce en gros des bois et des peaux (Arr. C. 20 févr. 1869, n. 2212).

Celui qui faisant le commerce des vins en gros et le commerce des farines en détail, se livre en outre, d'une manière habituelle, à des opérations d'escompte (Arr. C. 24 janv. 1879, n. 3169).

Celui qui, faisant le commerce des denrées coloniales en gros, se livre en outre à des opérations de commission effectuées dans les conditions du commerce de gros, pour le compte de maisons étrangères et portant sur différentes sortes de marchandises (Arr. C. 27 juill. 1883, n. 3466).

Désignation des tableaux	Commerces, industries et professions	Classes du tableau A	Taux du droit proportionnel
	Néorama (Directeur de). Voir *Diorama.*		
A	**Nerfs** (Batteur de)..................................... Celui qui réduit les nerfs de bœuf en filasse (D. ad.).	8e	50e
	Nerfs (Fabricant de filasse de). Voir *Filasse.*		
A	**Nettoyage des devantures** (Entrepreneur du)....	6e	30e

(1) « ... employée, en sus du nombre de cinq, aux écritures, aux caisses, à la surveillance, aux achats et aux ventes intérieures ou extérieures. » Voir la note, page 172.

DÉSIGNATION des tableaux	COMMERCES, INDUSTRIES ET PROFESSIONS	CLASSES du tableau A	TAUX du droit proportionnel
	Nettoyage des grains. Voir *Machine.*		
	Nettoyeur de déchets de coton par procédés mécaniques. Voir *Trieur.*		
	Nitrate (Fabricant de). Voir *Produits chimiques.*		
	Nitre (Fabricant de). Voir *Produits chimiques.*		
C	**Noir animal** (Fabrique de)................ **5 fr.** Plus **4 francs** par ouvrier.		
	Droit proportionnel { sur la maison d'habitation ..	...	20e
	Droit proportionnel { sur l'établissement industriel.	...	40e
A	**Noir de fumée ou noir animal** (Marchand de)...	7e	50e
D	**Notaire.** Profession assujettie seulement au droit proportionnel..............................	...	15e ou 12e V. p. 172
A	**Nougat** (Marchand de) en gros	4e	30e
A	**Nourrisseur de vaches, de chèvres ou de brebis** pour le commerce du lait.................... Celui qui entretient pour le commerce du lait, des vaches qu'il ne nourrit pas seulement avec le produit des terrains qu'il exploite, mais encore avec des fourrages par lui achetés, est imposable, non comme laitier, mais comme nourrisseur de vaches pour le commerce du lait (Arr. C. 14 janv. 1858, n. 665; 19 juin 1874, n. 2555).	6e	30e
A	**Nouveautés** (Marchand de), n'occupant pas plus de dix personnes employées aux écritures, aux caisses, à la surveillance, aux achats et aux ventes intérieures ou extérieures........................ Impossible en cette qualité celui qui joint au commerce des tissus proprement dits la vente des châles, couvertures, étoffes pour ameublement, tapis, toiles cirées, fourrures, etc. (Arr. C. 10 nov. 1889, n. 3393).	2e	20e
	Nouveautés (Marchand de), lorsqu'il occupe habituellement plus de dix personnes employées aux écritures, aux caisses, à la surveillance, aux achats ou aux ventes intérieures ou extérieures. Voir *Magasin de plusieurs espèces de marchandises.*		
	O		
	Objets confectionnés en caoutchouc, gutta-percha ou autres matières semblables (Fabricant ou marchand d'). Voir *Caoutchouc.*		
	Objets concernant le grand et le petit équipement, l'habillement, la remonte, etc., des troupes de terre et de mer (Fabricant ou fournisseur d'). Voir *Fabricant* et *Fournisseur.*		
	Objets d'ameublement ou de literie (Loueur d'). Voir *Linge.*		
	Objets d'art (Appréciateur d'). Voir *Appréciateur.*		
	Objets de bonneterie (Apprêteur d'). Voir *Apprêteur.*		
	Objets de consommation dans les cercles et sociétés (Fournisseur d'). Voir *Cercles.*		
	Objets de curiosité (Marchand en boutique d'). Voir *Curiosité.*		
	Objets de literie (Apprêteur d'). Voir *Apprêteur.*		
	Objets de menue maroquinerie (Fabricant ou marchand d'). Voir *Portefeuilles.*		
	Objets d'équipement militaire (Marchand d'). Voir *Équipement.*		
	Objets de serrurerie (Marchand en gros d'). Voir *Serrurerie.*		
	Objets de service de table en argent ou en alliage (Fabricant d'). Voir *Couverts.*		
	Objets d'histoire naturelle (Marchand d'). Voir *Histoire naturelle.*		
	Objets d'histoire naturelle (Tenant un cabinet particulier d'). Voir *Cabinet.*		
	Objets en acier poli (Fabricant d'). Voir *Acier.*		

DÉSIGNATION des tableaux	COMMERCES, INDUSTRIES ET PROFESSIONS	CLASSES du tableau A	TAUX du droit proportionnel
	Objets en albâtre (Fabricant ou marchand d'). Voir *Albâtre.*		
	Objets en bois faits au tour (Marchand d'). Voir *Tour.*		
	Objets en cuir (Fabricant de menus). Voir *Ceinturons.*		
	Objets en cuir bouilli et verni (Fabricant ou marchand d'). Voir *Cuir.*		
A	**Objets en cuivre, plaqué, os, ivoire, ébène, etc.,** pour la sellerie ou la carrosserie (Fabricant pour son compte ou marchand d')....................	5e	30e
	Objets en doublé d'or et d'argent (Fabricant ou marchand d'). Voir *Plaqué.*		
	Objets en fer battu ou étamé (Fabricant ou marchand d'). Voir *Couverts.*		
	Objets en ivoire (Fabricant ou marchand d'). Voir *Ivoire.*		
	Objets en jais ou jaïet (Fabricant ou marchand d'). Voir *Jais.*		
	Objets en maillechort et autres compositions métalliques (Fabricant ou marchand d'). Voir *Maillechort.*		
	Objets en marbre factice (Fabricant ou marchand d'). Voir *Marbre.*		
	Objets en métal doré ou argenté (Marchand d'). Voir *Pendules.*		
	Objets en nacre de perle (Fabricant ou marchand d'). Voir *Nacre.*		
	Objets en or, argent, cuivre, acier, écaille, os, corne, etc. (Polisseur d'). Voir *Planeur en métaux* et *Polisseur.*		
	Objets en os (Fabricant d'). Voir *Os.*		
	Objets en paille (Fabricant d'enveloppes de bouteilles et autres). Voir *Paille.*		
	Objets en pierre artificielle ou factice (Fabricant d'). Voir *Pierre.*		
	Objets en sparterie (Fabricant ou marchand d'). Voir *Sparterie.*		
	Objets en tabletterie (Fabricant d'). Voir *Tabletterie.*		
	Objets en terre cuite pour la construction ou l'ornementation (Fabricant d'). Voir *Briques.*		
	Objets en zinc doré, bronzé ou galvanisé (Fabricant ou marchand d'). Voir *Zinc.*		
	Objets faits au tour (Marchand d') en gros. Voir *Tour.*		
	Occasion (Marchand de meubles et outils d'). Voir *Meubles.*		
C	**Ocre** (Fabricant d')........................ **5 fr.** Plus **2 fr. 50 cent.** par ouvrier ou par série d'ouvriers momentanément employés, équivalent à un ouvrier complètement occupé, et **6 francs** par malaxeur ou autre machine à broyer, à écraser, à mêler, à mouler, à pulvériser, etc. Le droit sera réduit de moitié pour les machines à bras ou à manège.		
	Droit proportionnel { sur la maison d'habitation....	...	20e
	Droit proportionnel { sur l'établissement industriel.	...	50e
C	**Octroi** (Adjudicataire, concessionnaire ou fermier des droits d') : **50 centimes** par 100 francs ou fraction de 100 francs du prix de ferme ou du montant des adjudications. Dans le cas où la perception des droits d'octroi serait concédée à titre d'indemnité ou de remboursement, le concessionnaire serait annuellement imposé sur la somme représentant l'annuité nécessaire pour assurer, à la fin de la		

DÉSIGNATION des tableaux	COMMERCES, INDUSTRIES ET PROFESSIONS	CLASSES du tableau A	TAUX du droit proportionnel
	concession, l'indemnité ou le remboursement stipulé.		
	Droit proportionnel { sur la maison d'habitation seulement	...	20e
A	**Œillets métalliques** (Fabricant d')	8e	50e
	Œufs (Marchand d') vendant en ambulance dans les rues, dans les lieux de passage et dans les marchés (*Exempt*).		
	Œufs de morue (Marchand de rogue ou). Voir *Rogue*.		
A	**Œufs, volailles, lapins ou gibier** (Marchand expéditeur d')	1re	20e
	Imposable comme marchand expéditeur de volailles, un contribuable qui fait, sur les marchés de plusieurs communes, des achats de pigeons qu'il expédie régulièrement à la halle de Paris (Arr. C. 17 févr. 1888. n. 3533).		
A	**Œufs, volailles, lapins ou gibier** (Marchand d') en gros	4e	30e
A	**Œufs, volailles, lapins ou gibier** (Marchand d') en détail	6e	30e
D	**Officier de santé.** Profession assujettie seulement au droit proportionnel	...	15e ou 12e (V. p. 172)
A	**Oignons** (Cuiseur ou grilleur d')	7e	50e
A	**Oiselier**	7e	50e
	Olives (Fabricant d'huile de marc d'). Voir *Huiles (Fabrique d')* et *Moulin*.		
	Olives (Marchand de marc d'). Voir *Marc*.		
	Olives (Saleur d'). Voir *Saleur*.		
	Omnibus (Entrepreneur de bateaux à vapeur). Voir *Bateaux*.		
B	**Omnibus** (Entreprise d') :		
	Par place des voitures en circulation :		
	Dans les villes de { 100,001 âmes et au-dessus **1 fr.**		
	50,001 à 100,000 âmes... **0 75**		
	50,000 âmes et au-dessous **0 50**		
	Le droit sera réduit de moitié pour les places dont le prix est au-dessous de 20 centimes.		
	Droit proportionnel { sur la maison d'habitation	...	10e
	sur les locaux servant à l'exercice de la profession	...	40e
	Opérations de banque, de crédit, d'escompte, de dépôts, de comptes courants, etc. (Sociétés formées pour). Voir *Sociétés*.		
	Opérations sur les valeurs (Tenant comptoir pour). Voir *Caisse*.		
	Opticien. Voir *Lunetier*.		
A	**Opticien** à façon, travaillant pour des maîtres qui lui fournissent la matière	8e	50e
	Optique (Fabricant, facteur ou marchand d'instrument d'). Voir *Instruments*.		
	Optique (Fabricant de tubes en métal de petites dimensions pour l'). Voir *Tubes en métal*.		
	Or (Affineur d'). Voir *Affineur*.		
	Or (Batteur d'). Voir *Batteur*.		
	Or (Brodeur sur étoffes en). Voir *Brodeur*.		
	Or (Estampeur en). Voir *Estampeur*.		
	Or (Fabricant de livrets pour les batteurs d'). Voir *Livrets*.		
	Or (Fabricant ou marchand de poudre d'). Voir *Poudre*.		
	Or (Fabricant ou marchand d'objets en doublé d'). Voir *Plaqué*.		
	Or (Fondeur d'). Voir *Fondeur*.		
	Or (Polisseur d'objets en). Voir *Planeur en métaux* et *Polisseur*.		

DÉSIGNATION des tableaux	COMMERCES, INDUSTRIES ET PROFESSIONS	CLASSES du tableau A	TAUX du droit proportionnel
	Or (Tireur d'). Voir *Tireur*.		
A	**Or, argent ou platine** (Marchand d')	2e	20e
	Or battu (Marchand de feuilles de cuivre imitant l'). Voir *Feuilles*.		
	Oranger (Fruitier). Voir *Fruitier*.		
	Oranger (Marchand de fleurs d'). Voir *Fleurs*.		
A	**Oranges ou citrons** (Marchand d'), en boutique et en détail	6e	30e
A	**Oranges ou citrons** (Marchand d'), en gros	3e	20e
A	**Orfèvre** (Fabricant pour son compte)	5e	30e
A	**Orfèvre** (Fabricant à façon)	7e	50e
A	**Orfèvre** (Marchand fabricant) avec atelier et magasin	2e	20e
A	**Orfèvre** (Marchand) sans atelier	3e	20e
	Orfèvrerie à jour (Fabricant d'ouvrages d'). Voir *Filigraniste*.		
	Orge (Exploitant un moulin à perler l'). Voir *Moulin*.		
	Orge (Marchand de marc d'). Voir *Drèche*.		
	Orge germée servant à la fabrication de la bière (Fabricant de malt ou). Voir *Malt*.		
A	**Orgues d'église** (Fabricant d')	3e	20e
A	**Orgues portatives ou harmoniums** (Fabricant pour son compte ou marchand d')	4e	30e
A	**Orgues portatives ou harmoniums** (Fabricant d'), à façon	7e	50e
A	**Oribus** (Faiseur et marchand d')	8e	50e
	Chandelle de résine (D. ad.).		
A	**Ornemaniste**	4e	30e
	Celui qui exécute et vend toutes sortes d'ornements d'architecture pour la décoration des bâtiments (D. ad.).		
	Ornementation (Fabricant d'objets en terre cuite pour l'). Voir *Briques*.		
	Ornement (Marchand de plantes d'). Voir *Fleurs*.		
	Ornement d'architecture (Marchand d'). Voir *Décors*.		
	Ornements d'église (Fabricant ou marchand d'). Voir *Chasubles*.		
	Ornements en pâte de carton ou carton-pierre (Marchand fabricant d'). Voir *Carton*.		
	Ornements funéraires. Voir *Couronnes*.		
	Orpin ou orpiment (Fabricant d'). Voir *Produits chimiques*.		
	Orseille (Fabricant d'). Voir *Produits chimiques*.		
C	**Orthopédie** (Tenant un établissement d')... **5 fr.** Plus **5 francs** par personne attachée au service de l'établissement.		
	Droit proportionnel { sur la maison d'habitation	...	20e
	sur l'établissement industriel	...	50e
A	**Os** (Fabricant d'objets en) pour son compte	6e	30e
A	**Os** (Fabricant d'objets en) à façon	8e	50e
	Os (Fabricant pour son compte ou marchand d'objets en) pour la sellerie ou la carrosserie. Voir *Objets*.		
A	**Os** (Marchand d') en gros	1re	20e
	Os (Polisseur d'objets en). Voir *Polisseur*.		
	Os (Sciage des). Voir *Scierie*.		
A	**Osier** (Marchand d') vendant par voiture ou par bateau	5e	30e
A	**Osier** (Marchand d') vendant à la botte ou par petites quantités	8e	50e
C	**Ouate** (Fabrique d') par procédés mécaniques : **4 francs** par carde.		
	Droit proportionnel { sur la maison d'habitation	...	20e
	sur l'établissement industriel	...	50e

Désignation des tableaux	Commerces, industries et professions	Classes du tableau A	Taux du droit proportionnel
A	**Ouate** (Marchand ou fabricant d') par procédés non mécaniques	7e	50e
A	**Ourdisseur de fils**	8e	50e
	Celui qui dispose les fils pour le tissage (D. ad.). Voir *Mulquinier*.		
	Outils à l'usage des cordonniers (Fabricant ou marchand d'). Voir *Crépin* et *Crépins*.		
	Outils aratoires (Faiseur ou réparateurs d'). Voir *Forgeron*.		
	Outils d'occasion (Marchand d'). Voir *Meubles*.		
A	**Outils, instruments et harnais à l'usage des ouvriers tisseurs** (Marchand d')	7e	50e
A	**Outres** (Fabricant d') pour son compte	6e	30e
A	**Outres** (Fabricant d') à façon	7e	50e
A	**Outres** (Marchand d')	6e	30e
	Ouvriers Ne sont pas assujettis à la patente : ....les personnes travaillant à gages, à façon et à la journée, dans les maisons, ateliers et boutiques des personnes de leur profession; Les ouvriers travaillant chez eux ou chez les particuliers sans compagnon ni apprenti, soit qu'ils travaillent à façon, soit qu'ils travaillent pour leur compte et avec des matières à eux appartenant, qu'ils aient ou non une enseigne ou une boutique; Les ouvriers travaillant en chambre avec un apprenti âgé de moins de 16 ans; La veuve qui continue, avec l'aide d'un seul ouvrier ou d'un seul apprenti, la profession précédemment exercée par son mari. Ne sont point considérés comme compagnon ou apprentis la femme travaillant avec son mari, ni les enfants non mariés travaillant avec leurs père et mère, ni le simple manœuvre dont le concours est indispensable à l'exercice de la profession (Loi du 15 juill. 1880, art. 17). Dans les établissements à raison desquels le droit fixe est réglé d'après le nombre des ouvriers, les individus au-dessous de 16 ans et au-dessus de 65 ans ne doivent être comptés dans les éléments de cotisation que pour la moitié de leur nombre (Loi du 15 juill. 1880, art. 10).		
A	**Ovaliste**	7e	50e
	Celui qui, au moyen d'un métier ayant la forme ovale, prépare les soies destinées à la fabrication des bas, des tulles et des ouvrages de passementerie (D. ad.).		
	Oxydation (Applicateur d'enduit contre l'). Voir *Enduit*.		
	P		
A	**Pacotilleur**; celui qui expédie par petites quantités dans les colonies ou à l'étranger des marchandises diverses, et qui reçoit en retour, soit de l'argent, soit des marchandises d'une autre nature	3e	20e
	Payements (Tenant comptoir de). Voir *Caisse*.		
A	**Paillassons** (Fabricant de)	8e	50e
	Paille (Apprêteur, blanchisseur, calandreur, fabricant ou marchand de chapeaux de). Voir *Chapeaux*.		
	Paille (Couvreur en). Voir *Couvreur*.		
C	**Paille** (Fabricant d'enveloppes de bouteilles et autres objets en) ... **5 fr.** Plus **3 francs** par ouvrier.		
	Droit proportionnel { sur la maison d'habitation	...	20e
	Droit proportionnel { sur l'établissement industriel	...	50e
	Paille (Fabricant de semelles mobiles de) pour l'intérieur des chaussures). Voir *Semelles*.		
A	**Paille** (Fabricant de tissus pour chapeaux de) pour son compte	6e	30e
A	**Paille** (Fabricant de tissus pour chapeaux de) à façon	7e	50e
A	**Paille** (Fabricant de tresses, cordonnets, etc., en)	7e	50e
	Paille (Fabricant ou marchand de liens de). Voir *Liens*.		
A	**Paille coupée pour chaises** (Marchand de)	7e	50e
A	**Paille ou mousse teinte** (Fabricant ou marchand de)	7e	50e
	Paille pour le couchage des troupes. Voir *Fournisseur*.		
A	**Paillettes et paillons** (Fabricant de) pour son compte	6e	30e
A	**Paillettes et paillons** (Fabricant de) à façon	8e	50e
	Pain (Fournisseur de) aux troupes. Voir *Fournisseur*.		
	Pain (Fournisseur de) dans les hospices. Voir *Fournisseur*.		
A	**Pain** (Revendeur de) en boutique	7e	50e
	Pain bis ou de qualité inférieure (Boulanger ne fabriquant que du). Voir *Boulanger*.		
A	**Pain d'épice** (Marchand ou fabricant de) vendant en gros	4e	30e
A	**Pain d'épice** (Marchand ou fabricant de) vendant en détail et en boutique	6e	30e
A	**Pains à cacheter et à chanter** (Fabricant ou marchand de)	6e	30e
	Panorama (Directeur de). Voir *Diorama*.		
A	**Pantoufles** (Fabricant de) pour son compte	7e	50e
A	**Pantoufles ou sandales** (Fabricant de) à façon	8e	50e
	Pantoufles (Marchand de) en gros. Voir *Chaussons*.		
A	**Pantoufles** (Marchand de) en détail	6e	30e
C	**Papeterie à la cuve :** **18 francs** par cuve.		
	Droit proportionnel { sur la maison d'habitation	...	20e
	Droit proportionnel { sur l'établissement industriel	...	50e
C	**Papeterie à la mécanique :** **60 francs** par machine ne pouvant fabriquer que du papier d'un mètre de largeur et au-dessous, et, lorsque la machine peut fabriquer du papier plus large, **2 francs** en sus pour chaque centimètre de largeur excédant le mètre; Plus **6 francs** par machine à rogner, à lisser ou à satiner. Les droits seront réduits de moitié : 1° Pour les machines ne séchant pas le papier qu'elles fabriquent : 2° Pour les machines ne servant qu'à fabriquer, rogner, lisser, etc., du carton ou des papiers gris ou d'emballage.		
	Droit proportionnel { sur la maison d'habitation	...	20e
	Droit proportionnel { sur l'établissement industriel	...	50e
	Papeterie (Fabricant ou marchand de feutre pour la). Voir *Feutre*.		
	Papeteries (Fabricant ou marchand de colle végétale pour les). Voir *Colle*.		
A	**Papetier** (Marchand) en gros	1re	20e
A	**Papetier** (Marchand) en demi-gros	2e	20e
A	**Papetier** (Marchand) en détail	4e	30e
	N'est pas imposable comme tel, l'instituteur qui se borne à procurer à ses élèves, dans l'intérieur de son école, les fournitures de papeterie qui leur sont nécessaires (Arr. C. 3 mars et 20 juill. 1864, n. 1659).		
	Papier (Déchireur d'écorces pour la fabrication du). Voir *Ecorces*.		
	Papier (Doreur sur). Voir *Doreur*.		
	Papier (Fabricant de pâte à). Voir *Pâte*.		
	Papier (Fabricant de tubes en) pour filatures. Voir *Tubes*.		

DÉSIGNATION des tableaux	COMMERCES, INDUSTRIES ET PROFESSIONS	CLASSES du tableau A	TAUX du droit proportionnel
	Papier (Fabricant ou marchand de sacs de). Voir *Etuis*.		
	Papier (Formaire pour la fabrication du). Voir *Formaire*.		
	Papier (Lisseur de). Voir *Satineur*.		
	Papier (Marchand de rognures de). Voir *Rognure*.		
	Papier (Régleur de). Voir *Régleur*.		
A	**Papiers de fantaisie, papiers déchiquetés, papier végétal** (Fabricant pour son compte ou marchand de)	6e	30c
A	**Papiers de fantaisie, papiers déchiquetés, papier végétal** (Fabricant de), à façon	7e	50c
A	**Papiers imprimés et vieux papiers** (Marchand de)	7e	50c
C	**Papiers ou taffetas pour usages médicinaux** (Fabrique de) **5 fr.**		
	Plus **10 francs** par ouvrier	...	20c
A	**Papiers ou taffetas préparés pour usages médicinaux** (Marchand de)	5e	30c
	Papiers peints (Colleur de). Voir *Colleur*.		
C	**Papiers peints pour tentures** (Fabrique de). **6 francs** par table. Dans les machines à imprimer à bras, chaque rouleau comptera pour une table. Dans les machines à imprimer mues mécaniquement, chaque rouleau comptera pour deux tables. Chaque machine à imprimer au tire-ligne comptera pour deux tables, et chaque machine à estamper pour trois. Lorsque la peinture aura lieu à la brosse, au pinceau, etc., sans le secours des machines précitées, on imposera **4 francs** par ouvrier.		
	Droit proportionnel { sur la maison d'habitation	...	20c
	Droit proportionnel { sur l'établissement industriel	...	50c
A	**Papiers peints pour tentures** (Marchand de)	5e	30c
A	**Papier pour emballage et pour sacs** (Marchand de) en gros	2e	20c
A	**Papiers pour emballage et pour sacs** (Marchand de) en demi-gros	4e	30c
A	**Papiers pour emballage et pour sacs** (Marchand de) en détail	7e	50c
	Papiers pour fleurs artificielles (Marchand d'apprêts et). Voir *Fleurs*.		
A	**Papiers verrés ou émerisés** (Fabricant de)	8e	50c
	Paquebots à vapeur (Entrepreneur de) pour le transport des voyageurs et des marchandises. Voir *Armateur*. *Bateaux à vapeur* et *Paquebots étrangers*.		
B	**Paquebots étrangers** (Tenant une agence de); celui qui se charge d'assurer du fret aux paquebots des compagnies étrangères	...	10c

	TAXE déterminée	TAXE par personne employée(1)
	Fr.	Fr.
A Paris	300	15
Dans les villes de 100,001 âmes et au-dessus	250	12
Dans les villes de 50,001 à 100,000 âmes	200	10
Dans les villes de 30,001 à 50.000 âmes / 15,001 à 30,000 âmes qui ont un entrepôt réel	150	8
Dans les villes de 15,001 à 30,000 âmes / 15.000 âmes et au-dessous qui ont un entrepôt réel	100	5
Dans toutes les autres communes	50	5

La taxe par employé est doublée lorsque le nombre des employés dépasse 200, et triplée lorsqu'il dépasse 1,000 (L. 17 juill. 1889, art. 2).

DÉSIGNATION des tableaux	COMMERCES, INDUSTRIES ET PROFESSIONS	CLASSES du tableau A	TAUX du droit proportionnel
	Paraffine (Fabricant de bougies ou cierges en). Voir *Bougies*.		
	Paraffine (Marchand de bougies de). Voir *Bougies*.		
	Parapluies (Garnitures de). Voir *Garnitures*.		
	Parapluies (Manches de). Voir *Bâtonnier* et *Garnitures*.		
	Parapluies (Fabricant de montures de). Voir *Carcasses*.		
A	**Parapluies** (Fabricant ou marchand de) vendant en gros	3e	20c
A	**Parapluies** (Fabricant ou marchand de) vendant en demi-gros	5e	30c
A	**Parapluies** (Fabricant ou marchand de) vendant en détail	6e	30c
A	**Parapluies** (Marchand de vieux)	8e	50c
A	**Parc aux charrettes** (Tenant un)	5e	
	Droit proportionnel { sur la maison d'habitation	...	30c
	Droit proportionnel { sur les locaux servant à l'exercice de la profession	...	40c
	Parcs et jardins (Dessinateur de). Voir *Dessinateur*.		
A	**Parcheminier** pour son compte	6e	30c
A	**Parcheminier** à façon	8e	50c
C	**Parfumerie** (Fabricant d'articles de) **5 fr.** Plus **2 francs** par hectolitre de la capacité brute de tous les alambics et **5 francs** par ouvrier.		
	Droit proportionnel { sur la maison d'habitation	...	20c
	Droit proportionnel { sur l'établissement industriel	...	50c
	Parfumeur (Distillateur). Voir *Distillateur*.		
A	**Parfumeur** (Marchand) en gros	1re	20c
A	**Parfumeur** (Marchand) en demi-gros	2e	20c
A	**Parfumeur** (Marchand) en détail	5e	30c
A	**Parqueteur** (Menuisier)	6e	30c
C	**Parquets** (Fabricant de) par procédés mécaniques **5 fr.** Plus **4 francs** par ouvrier.		
	Droit proportionnel { sur la maison d'habitation	...	20c
	Droit proportionnel { sur l'établissement industriel	...	50c
	Partage des propriétés (Expert pour le). Voir *Expert*.		
	Passage (Entrepreneur du logement des troupes de). Voir *Troupes*.		
	Passementerie (Apprêteur de soies destinées à la fabrication des ouvrages de). Voir *Ovaliste*.		

(1) « ..... employée, en sus du nombre de cinq, aux écritures, aux caisses, à la surveillance, aux achats et aux ventes intérieures ou extérieures. » Voir la note, page 172.

DÉSIGNATION des tableaux	COMMERCES, INDUSTRIES ET PROFESSIONS	CLASSES du tableau A	TAUX du droit proportionnel
	Passementerie (Moules en bois pour la). Voir *Moules*.		
	Passementeries (Fabricant ou marchand de dorures pour). Voir *Dorures*.		
A	**Passementier** (Fabricant) pour son compte, lorsqu'il fabrique des articles dont la confection n'exige point l'emploi de métiers................. Le passementier qui emploie des métiers est imposable en raison de leur nombre, suivant les règles inscrites au tableau C. Voir *Métiers*.	7e	50e
A	**Passementier** (Fabricant) à façon, lorsqu'il fabrique des articles dont la confection n'exige point l'emploi de métiers................. Le passementier à façon qui emploie des métiers est imposable en raison de leur nombre, d'après les règles du tableau C. Voir *Métiers*.	8e	50e
A	**Passementier** (Marchand) en gros..................	1re	20e
A	**Passementier** (Marchand) en demi-gros..................	2e	20e
A	**Passementier** (Marchand) en détail..................	5e	30e
A	**Pastels** (Marchand de) en gros..................	1re	20e
A	**Pastels** (Marchand de) en détail..................	4e	30e
A	**Pastilleur**; celui qui fabrique des pastilles ou fait en pâte sucrée des petites figures, des fleurs et autres objets..................	7e	50e
A	**Patachier**.................. Celui qui conduit ou fait conduire, pour son compte, une ou plusieurs pataches (D. ad.). Voir *Diligences*.	7e	50e
	Pâte (Fabricant ou marchand de colle de). Voir *Colle*.		
	Pâte (Marchand de carton en). Voir *Carton*.		
C	**Pâte à papier** (Fabricant de).................. **5 fr.** Plus **4 francs** par ouvrier.		
	Droit proportionnel { sur la maison d'habitation...	...	20e
	Droit proportionnel { sur l'établissement industriel...	...	50e
C	**Pâte à porcelaine** (Fabricant de) : **1 fr. 50 cent.** par paire de meules d'un diamètre de 75 centimètres et au-dessous; **4 francs** par paire de meules d'un diamètre supérieur à 75 centimètres.		
	Droit proportionnel { sur la maison d'habitation....	...	20e
	Droit proportionnel { sur l'établissement industriel...	...	50e
	Pâte de carton ou carton-pierre (Fabricant marchand d'ornements en). Voir *Carton*.		
A	**Pâte de rose** (Fabricant de bijoux en)..................	8e	50e
C	**Pâtes alimentaires** (Fabrique de).................. **5 fr.** Plus **5 francs** par ouvrier.		
	Droit proportionnel { sur la maison d'habitation...	...	20e
	Droit proportionnel { sur l'établissement industriel.	...	40e
A	**Pâtes alimentaires** (Marchand de) en gros..................	1re	20e
A	**Pâtes alimentaires** (Marchand de) en demi-gros...	2e	20e
A	**Pâtes alimentaires** (Marchand de) en détail......	6e	30e
	Pâtissier brioleur. Voir *Galettes*.		
A	**Pâtissier** vendant en gros..................	3e	20e
A	**Pâtissier** vendant en détail..................	4e	30e
C	**Patouillet ou lavoir de minerai** (Exploitant de) : **10 francs** pour chaque lavoir ou patouillet; plus, pour chaque pilon ou pour chaque cylindre, les droits dont ils sont passibles d'après le tarif applicable aux moulins ou autres usines à moudre, battre, triturer, broyer, pulvériser, presser.		
	Droit proportionnel { sur la maison d'habitation...	...	20e
	Droit proportionnel { sur l'établissement industriel.	...	50e
	Patron de barques et bateaux. Voir *Barques*.		

DÉSIGNATION des tableaux	COMMERCES, INDUSTRIES ET PROFESSIONS	CLASSES du tableau A	TAUX du droit proportionnel
	Paume (Fabricant de battoirs de). Voir *Battoirs*.		
	Paume (Maître de jeu de). Voir *Jeu de paume*.		
	Pavage des villes (Entrepreneur de). Voir *Travaux publics*.		
A	**Pavés** (Marchand de)..................	5e	30e
A	**Paveur**..................	6e	30e
	Payements (Tenant comptoir de). Voir *Caisse*.		
C	**Péage sur une route** (Adjudicataire, concessionnaire ou fermier des droits de) : **30 centimes** par 100 francs ou fraction de 100 francs du prix de ferme.................. Dans le cas où le péage serait concédé à titre d'indemnité ou de remboursement de frais de construction, de réparation, etc., le concessionnaire serait annuellement imposé d'après le montant de la somme représentant l'annuité nécessaire pour assurer, à la fin de la concession, l'indemnité ou le remboursement dont il s'agit.	...	20e
	Péage sur un pont (Concessionnaire ou fermier des droits de). Voir *Pont*.		
	Peau (Marchand culottier en). Voir *Culottier*.		
	Peau (Fabricant de colle de). Voir *Colle*.		
A	**Peaussier** (Marchand) en gros..................	1re	20e
A	**Peaussier** (Marchand) en demi-gros..................	2e	20e
A	**Peaussier** (Marchand) en détail..................	4e	30e
	Peaux (Apprêteur ou batteur de). Voir *Apprêteur*.		
	Peaux (Marchand de rognures de). Voir *Rognures*.		
A	**Peaux de lièvre et de lapin** (Marchand de), en boutique..................	6e	30e
A	**Peaux en vert ou crues** (Marchand de)..........	4e	30e
	Pêche. Voir *Armateur*.		
C	**Pêche** (Adjudicataire ou fermier de) : **50 centimes** par 100 francs ou fraction de 100 francs du prix de ferme ou du montant de l'adjudication.		
	Droit proportionnel { sur la maison d'habitation seulement.................. N'est point passible de patente s'il ne fait pas du produit de sa pêche l'objet d'un commerce, d'une industrie ou d'une profession (Arr. C. 17 juillet 1861, n. 1256, et 6 décembre 1862, n. 1478).	...	20e
	Pêche (Fabricant de filets pour la). Voir *Filets*.		
	Pêche (Marchand d'ustensiles de). Voir *Ustensiles*.		
	Pêcheur (*Exempt*, même lorsque la barque qu'il monte lui appartient).		
A	**Pédicure**..................	7e	
C	**Peignerie ou carderie de bourre de soie** par procédés mécaniques. **5 francs** par machine à peigner ou carder.		
	Droit proportionnel { sur la maison d'habitation...	...	20e
	Droit proportionnel { sur l'établissement industriel.	...	60e
C	**Peignerie ou carderie de coton** par procédés mécaniques : **3 francs** par machine à peigner ou à carder.		
	Droit proportionnel { sur la maison d'habitation...	...	20e
	Droit proportionnel { sur l'établissement industriel.	...	60e
C	**Peignerie ou carderie de laine** par procédés mécaniques : **5 francs** par carde, si l'établissement ne comporte que des cardes. Si l'établissement comporte des cardes et des peigneuses marchant solidairement : **10 francs** par peigneuse produisant moins de 40 kilogrammes par 12 heures de travail; **15 francs** par peigneuse produisant de 40 à 80 kilogrammes par 12 heures de travail; **25 francs** par peigneuse produisant plus de 80 kilogrammes par 12 heures de travail.		

Désignation des tableaux	Commerces, industries et professions	Classes du tableau A	Taux du droit proportionnel
	Les cardes qui ne seront pas nécessaires pour l'alimentation des peigneuses seront taxées à raison de **5 francs** chacune. Dans aucun cas, le droit fixe ne pourra être inférieur à celui qui résulterait de l'application du droit de **5 francs** par carde, en comptant la peigneuse pour une carde.		
	Droit proportionnel { sur la maison d'habitation ..	..	20e
	{ sur l'établissement industriel	..	60e
C	**Peignes** (Fabricant de) par procédés mécaniques ... **5 fr.** Plus **4 francs** par ouvrier.		
	Droit proportionnel { sur la maison d'habitation ...	...	20e
	{ sur l'établissement industriel	...	50e
A	**Peignes** (Marchand de) en gros ...	1re	20e
A	**Peignes** (Marchand de) en détail ...	6e	30e
A	**Peignes à sérancer** (Fabricant de), pour son compte ...	6e	30e
A	**Peignes à sérancer** (Fabricant de), à façon ...	8e	50e
A	**Peignes d'écaille,** d'ivoire, de corne, de buis, etc. (Fabricant de) pour son compte ...	6e	30e
A	**Peignes d'écaille,** d'ivoire, de corne, de buis, etc. (Fabricant de) à façon ...	8e	50e
A	**Peignes de soie** (Marchand de) ...	5e	30e
	Celui qui fait le commerce des parties de chaînes qui restent attachées aux métiers après la fabrication des étoffes de soie (D. ad.).		
A	**Peignes en canne ou roseau** pour le tissage (Fabricant ou marchand de) ...	8e	50e
A	**Peigneur de chanvre, de lin ou de laine** ...	7e	50e
A	**Peigneur ou gratteur de toiles de coton** ...	7e	50e
	Peintre artiste ne vendant que le produit de son art (*Exempt*).		
A	**Peintre en armoiries,** attributs et décors ...	7e	50e
	Peintre en bâtiments entrepreneur. Voir *Peinture.*		
A	**Peintre en bâtiments** non entrepreneur ...	6e	30e
A	**Peintre ou doreur,** soit sur verre ou cristal, soit sur porcelaine, etc., pour son compte ...	7e	50e
	On doit considérer comme tel et non comme peintre sur verre, cristal, etc., à façon, celui dont l'industrie consiste à peindre ou dorer, avec des matières premières lui appartenant, des porcelaines, verres ou cristaux qu'il reçoit en blanc des marchands, et qui possède à cet effet, un établissement pourvu de divers engins, tels que presses, moufles, séchoirs (Arr. C. 16 nov. 1883, n. 3469).		
A	**Peintre ou doreur,** soit sur verre ou cristal, soit sur porcelaine, etc., à façon ...	8e	50e
A	**Peintre-vernisseur en voitures ou équipages** ..	5e	30e
	Peintres (Marchand de couleurs, vernis et droguerie à l'usage des). Voir *Couleurs.*		
A	**Peinture en bâtiments** (Entrepreneur de) ...	4e	30e
C	**Peinture sur verre** (Exploitant un établissement de) ... **5 fr.** Plus **5 francs** par ouvrier. On ne comptera pas comme ouvriers les artistes qui composent les cartons.		
	Droit proportionnel { sur la maison d'habitation ...	...	20e
	{ sur l'établissement industriel	...	50e
	Pèlerinages (Tenant une maison de séjour pendant les). Voir *Maison.*		
A	**Pelles de bois** (Fabricant ou marchand de) ...	8e	50e
A	**Pelleteries** (Marchand de) en gros, s'il tire habituellement des pelleteries de l'étranger ou s'il en exporte ...	1re	20e

Désignation des tableaux	Commerces, industries et professions	Classes du tableau A	Taux du droit proportionnel
A	**Pelleteries** (Marchand de) en détail ...	4e	30e
	Pendules (Fabricant de boîtes de) en zinc doré. Voir *Zinc.*		
	Pendules (Metteur de) en couleur de bronze. Voir *Bronze.*		
A	**Pendules, bronzes, montres, chronomètres,** objets en métal doré ou argenté (Marchand de) en gros ...	1re	20e
A	**Pendules, bronzes, montres, chronomètres,** objets en métal doré ou argenté (Marchand de) en demi-gros ...	2e	20e
A	**Pendules, bronzes, montres, chronomètres,** objets en métal doré ou argenté (Marchand de) en détail ...	3e	20e
	Pendules (Fabricant de cadrans de). Voir *Cadrans.*		
	Pendules (Fabricant de clefs et autres petits objets pour). Voir *Aiguilles.*		
	Pendules (Fabricant de ressorts de). Voir *Ressorts.*		
	Pension (Maître de). Voir *Chef d'institution.*		
A	**Pension bourgeoise** (Tenant) ...	6e	30e
	Pension de chevaux (Tenant). Voir *Chevaux.*		
A	**Pension particulière de vieillards** (Tenant) ...	6e	30e
	Pépiniériste. Voir *Plants.*		
A	**Perceur de perles** ...	8e	50e
C	**Perceur de pierres fines et diamants** par procédés mécaniques ... **5 fr.** Plus **4 francs** par ouvrier.		
	Droit proportionnel { sur la maison d'habitation ...	...	20e
	{ sur l'établissement industriel	...	50e
	Perches (Marchand de). Voir *Gaules.*		
	Perle (Fabricant ou marchand d'objets en nacre de). Voir *Nacre.*		
	Perles (Perceur de). Voir *Perceur.*		
A	**Perles fausses** (Fabricant de) pour son compte ...	6e	30e
A	**Perles fausses** (Fabricant de) à façon ...	8e	50e
A	**Perles fausses** (Marchand de) ...	5e	30e
A	**Perruquier** ...	7e	50e
	Pertuis (Chefs de ponts et). Voir *Chef.*		
	Pesage (Fermier des droits de). Voir *Jaugeage.*		
A	**Peseur, mesureur ou jaugeur** ...	7e	50e L. 28 avr. 1893
	Les peseurs et mesureurs jurés exerçant dans les villes où il existe une régie du poids public formant un établissement municipal, sont imposables à la patente comme ceux qui exercent dans les autres localités (Arr. C. 20 juin 1854, n. 199). Les mesureurs de sel commissionnés par l'Administration des Douanes doivent être considérés comme des agents de l'Administration ayant droit, comme tels, à l'exemption de la patente; le payement de leur salaire par les vendeurs et les acheteurs n'est pas une circonstance qui leur ôte le caractère d'agents de l'Administration (D. ad.).		
	Petunzé (Marchand de). Voir *Kaolin.*		
	Pharmaceutiques (Spécialités ou préparations). Voir *Spécialités.*		
A	**Pharmacien vendant en gros** ...	1re	20e
A	**Pharmacien vendant en demi-gros** ...	2e	20e
A	**Pharmacien vendant en détail** ...	3e	20e
C	**Phosphates naturels** (Extracteur ou laveur de) ... **5 fr.** Plus **2 fr. 50 cent.** par ouvrier.		
	Droit proportionnel { sur la maison d'habitation seulement ...	...	20e
A	**Photographe** ...	5e	30e

DÉSIGNATION des tableaux	COMMERCES, INDUSTRIES ET PROFESSIONS	CLASSES du tableau A	TAUX du droit proportionnel
A	**Photographe, travaillant seul**.................. Un peintre qui exerce la profession de photographe n'est pas fondé à demander décharge de sa patente, par le motif que la photographie ne serait qu'un auxiliaire de son art (Arr. C. 19 mai 1868, n. 2120).	6e	30e
A	**Photographie** (Fabricant ou marchand d'appareils, ustensiles et fournitures pour la), ayant boutique ou magasin....................................	4e	30e
	Phototypiques (Imprimeur par procédés). Voir *Imprimeur*.		
	Phylloxérées (Entrepreneur du traitement des vignes). Voir *Vignes*.		
	Physique (Fabricant, facteur ou marchand d'instruments de). Voir *Instruments*.		
	Pianos (Accordeur de). Voir *Accordeur*.		
A	**Pianos** (Loueur de)..................................	5e	30e
A	**Pianos et clavecins** (Facteur ou marchand en boutique ou magasin de).......................... Est imposable en cette qualité, et non comme facteur de pianos n'ayant ni boutique ni magasin, celui qui possède une pièce dans laquelle il dépose et met en vente les pianos provenant de sa fabrication (Arr. C. 6 févr. 1874, n. 2479).	3e	20e
A	**Pianos et clavecins** (Fabricant de) n'ayant ni boutique ni magasin..................................	5e	30e
	Piconnier. Voir *Piquonnier*.		
	Pièces (Forgeron de petites). Voir *Forgeron*.		
	Pièces de lutherie (Fabricant ou marchand de). Voir *Lutherie*.		
	Pièces d'horlogerie (Fabricant ou marchand de). Voir *Horlogerie*.		
	Pièces d'instruments de musique en cuivre (Facteur de). Voir *Instruments*.		
	Pièces pour la conduite des eaux (Fabricant de). Voir *Pompes*.		
	Pierre (Tourneur en). Voir *Polisseur* et *Tourneur*.		
A	**Pierre artificielle ou factice** (Marchand d'objets en).	4e	30e
	Pierres (Métreur de). Voir *Métreur*.		
	Pierres (Sciage des). Voir *Scierie*.		
	Pierres (Tailleur de). Voir *Tailleur*.		
A	**Pierres à brunir** (Fabricant ou marchand de).....	6e	30e
C	**Pierres à feu** (Fabrique de).............. **5 fr.** Plus **2 fr. 50 cent.** par ouvrier.		
	Droit proportionnel { sur la maison d'habitation...	...	20e
	Droit proportionnel { sur l'établissement industriel.	...	40e
A	**Pierres à feu** (Marchand de)........................	5e	30e
	Pierres à rasoir (Fabricant ou marchand de). Voir *Cuirs*.		
A	**Pierres bleues** (Marchand de) pour le blanchissage du linge..................................	6e	30e
A	**Pierres brutes ou taillées** (Marchand de).........	6e	30e
A	**Pierres de touche** (Marchand de)..................	7e	50e
A	**Pierres fausses** (Fabricant de)....................	6e	30e
	Pierres fausses (Marchand lapidaire en). Voir *Lapidaire*.		
C	**Pierres fausses** (Tailleur de) pour son compte.... .... **5 fr.** Plus **4 francs** par ouvrier.		
	Droit proportionnel { sur la maison d'habitation...	...	20e
	Droit proportionnel { sur l'établissement industriel.	...	40e
	Pierres fines (Marchand de). Voir *Diamants*.		
	Pierres fines (Perceur de). Voir *Perceur*.		
C	**Pierres fines** (Tailleur de) pour son compte. **5 fr.** Plus **6 francs** par ouvrier.		
	Droit proportionnel { sur la maison d'habitation...	...	20e
	Droit proportionnel { sur l'établissement industriel.	...	40e

DÉSIGNATION des tableaux	COMMERCES, INDUSTRIES ET PROFESSIONS	CLASSES du tableau A	TAUX du droit proportionnel
C	**Pierres fines ou fausses** (Tailleur de) à façon. **5 fr.** Plus **2 fr. 50 cent.** par ouvrier.		
	Droit proportionnel { sur la maison d'habitation...	...	20e
	Droit proportionnel { sur l'établissement industriel.	...	40e
	Pierres fines ou fausses (Monteur de). Voir *Metteur en œuvre* et *Sertisseur*.		
	Pierres lithographiques (Dessinateur ou écrivain sur). Voir *Dessinateur*.		
A	**Pierres lithographiques** (Marchand de)..........	5e	30e
	Pileur de drogues. Voir *Drogues*.		
	Pin (Marchand en gros de pommes de) et d'autres arbres résineux. Voir *Pommes*.		
A	**Pinceaux** (Fabricant de) pour son compte.........	6e	30e
A	**Pinceaux** (Fabricant de) à façon.....................	8e	50e
C	**Pipes de terre** (Fabrique de)............. **5 fr.** Plus **2 fr. 50 cent.** par ouvrier.		
	Droit proportionnel { sur la maison d'habitation...	...	20e
	Droit proportionnel { sur l'établissement industriel.	...	40e
A	**Pipes assorties** (Marchand de)..................	6e	30e
A	**Pipes de terre** (Marchand de) en détail .... Voir *Tabac*.	8e	50e
A	**Piquettes ou vins de marc de raisin** (Fabricant ou marchand de)..............................	3e	20e
	Piqueur de boissons. Voir *Courtier-gourmet*.		
A	**Piqueur de cartes à dentelles**..................	8e	50e
A	**Piqueur de cartons**; celui qui prépare les cartons destinés à reproduire dans les tissus les dessins donnés par les fabricants.........................	6e	30e
A	**Piqueur de grès**....................................... Celui qui entreprend la taille des grès (D. ad.).	8e	50e
A	**Piquonnier**... Celui qui achète aux fabricants de draps et d'autres lainages fins, des laines de rebut, qu'il revend à des fabricants d'étoffes communes (D. ad.).	7e	50e
	Pistolet (Maître de tir au). Voir *Tir*.		
	Placage (Sciage des bois de). Voir *Scierie*.		
	Placement (Tenant un bureau de). Voir *Bureau*.		
	Places publiques (Adjudicataire, concessionnaire ou fermier des droits d'emplacement sur les). Voir *Halles*.		
A	**Plafonneur ou plâtrier** (Entrepreneur)..........	4e	30e
A	**Plafonneur ou plâtrier**............................	6e	30e
A	**Plafonneur ou plâtrier** à façon.................	7e	50e
A	**Planches** (Marchand de) en gros..................	1re	
	Droit proportionnel { sur la maison d'habitation..	...	20e
	Droit proportionnel { sur les locaux servant à l'exercice de la profession.....	...	40e
A	**Planches** (Marchand de) en détail; celui qui ne vend qu'aux menuisiers, ébénistes, charpentiers et particuliers..	5e	30e
A	**Planches ou ifs à bouteilles** (Fabricant de).......	7e	50e
	Planches pour factures et autres objets dits « de ville » (Graveur de). Voir *Graveur*.		
	Planeur par procédés mécaniques. Voir *Polisseur*.		
A	**Planeur en métaux**.................................. Celui qui dresse et polit des ouvrages d'or, d'argent, de cuivre, etc. (D. ad.).	7e	50e
	Plantation des jardins (Entrepreneur de la). Voir *Jardins*.		
	Plantes d'ornement (Marchand de). Voir *Fleurs*.		
	Plantes médicinales, fraîches ou sèches (Herboriste ne vendant que des). Voir *Herboriste*.		
A	**Plants, arbres ou arbustes** (Marchand de) : celui		

DÉSIGNATION des tableaux	COMMERCES, INDUSTRIES ET PROFESSIONS	CLASSES du tableau A	TAUX du droit proportionnel
	qui ne se borne pas à vendre des plants, arbres ou arbustes provenant des terrains par lui cultivés .. Le jardinier pépiniériste qui vend d'autres produits que ceux de sa pépinière est imposable (Arr. C. 20 nov. 1856, n. 481).	6e	30e
	Plaqué (Fabricant pour son compte ou marchand d'objets en) pour la sellerie ou la carrosserie. Voir *Objets*.		
A	**Plaqué ou doublé d'or et d'argent** (Fabricant ou marchand d'objets en)	3e	20e
A	**Plaqueur** pour son compte	5e	30e
A.	**Plaqueur** à façon	7e	50e
	Plateaux vernis (Fabricant ou marchand de feutre pour le doublage des). Voir *Feutre*.		
	Platine (Affineur de). Voir *Affineur*.		
	Platine (Marchand de). Voir *Or*.		
A	**Platine** (Marchand fabricant d'objets en) ayant atelier et magasin	2e	20e
	Platine (Tireur de). Voir *Tireur*.		
	Platines (Forgeron de). Voir *Forgeron*.		
C	**Plâtre** (Fabrique de) au moyen de fours à feu continu : **8 francs** par four. Droit proportionnel { sur la maison d'habitation... sur l'établissement industriel.	... ...	20e 40e
C	**Plâtre** (Fabrique de) par procédés ordinaires : **70 centimes** par mètre cube de la capacité brute des fours. Ce droit sera réduit de moitié pour les fours dans lesquels on fera moins de huit fournées par an. Droit proportionnel { sur la maison d'habitation.... sur l'établissement industriel.	... ...	20e 40e
A	**Plâtre** (Marchand de)	6e	30e
	Plâtre (Mouleur ou marchand de bustes et figures en). Voir *Bustes*.		
	Plâtrier. Voir *Plafonneur*.		
A	**Plieur d'étoffes**	4e	30e
A	**Plieur de fils de soie ou de dentelles**	8e	50e
	Plomb (Affineur de). Voir *Fonderie*.		
	Plomb (Fabricant de tuyaux de). Voir *Tuyaux*.		
	Plomb (Fondeur de). Voir *Fonderie*.		
	Plomb (Marchand de). Voir *Métaux*.		
	Plomb (Marchand de mine de). Voir *Mine*.		
A	**Plomb et fonte de chasse** (Fabricant ou marchand de)	6e	30e
	Plomb ou fonte de chasse (Fondeur de). Voir *Fondeur d'étain*.		
A	**Plombier**	5e	30e
	Plumasserie (Marchand de plumes pour la). Voir *Plumes*.		
A	**Plumassier** (Fabricant ou marchand) ayant boutique ou magasin, vendant en gros	2e	20e
A	**Plumassier** (Fabricant ou marchand) ayant boutique ou magasin, vendant en demi-gros	4e	30e
A	**Plumassier** (Fabricant ou marchand) ayant boutique ou magasin, vendant en détail	5e	30e
A	**Plumassier** (Fabricant) sans boutique ni magasin..	7e	50e
A	**Plumassier** à façon	8e	50e
A	**Plume et duvet** (Marchand de) en gros	1re	20e
A	**Plume et duvet** (Marchand de) en détail	3e	20e
A	**Plumeaux** (Fabricant pour son compte ou marchand de)	7e	50e
A	**Plumeaux** (Fabricant de) à façon	8e	50e

DÉSIGNATION des tableaux	COMMERCES, INDUSTRIES ET PROFESSIONS	CLASSES du tableau A	TAUX du droit proportionnel
A	**Plumes à écrire** (Apprêteur de)	8e	50e
A	**Plumes à écrire** — plumes d'oie, de cygne, de corbeau — (Marchand de), en gros	3e	20e
A	**Plumes à écrire** — plumes d'oie, de cygne, de corbeau (Marchand de), en détail	6e	30e
	Plumes, laines, duvet et autres objets de literie (Apprêteur de). Voir *Apprêteur*.		
	Plumes, laines, duvet pour objets de literie (Marchand de). Voir *Literie*.		
C	**Plumes métalliques** (Fabricant de)........ **5 fr.** Plus **4 francs** par ouvrier. Droit proportionnel { sur la maison d'habitation.. sur l'établissement industriel.	... ...	20e 50e
A	**Plumes métalliques** (Marchand de) en gros	3e	20e
A	**Plumes métalliques** (Marchand de) en détail	6e	30e
A	**Plumes pour la plumasserie** (Marchand de) vendant principalement la plume d'autruche	1re	20e
A	**Plumes pour la plumasserie** (Marchand de) vendant principalement les oiseaux étrangers en peau et la plume étrangère autre que la plume d'autruche	3e	20e
A	**Plumes pour la plumasserie** (Marchand de) vendant principalement les plumes et oiseaux du pays	5e	30e
A	**Poêlier en faïence, fonte**, etc	6e	30e
	Poêlier en tôle. Voir *Tôlier*.		
	Poids et mesures (Fabricant ou marchand de). Voir *Balancier* et *Mesures*.		
	Poils (Coupeur, arracheur ou effilocheur de). Voir *Coupeur*.		
	Poils pour la chapellerie ou autres industries (Souffleur de). Voir *Soufflerie*.		
	Pointes (Fabricant de) par procédés mécaniques. Voir *Clous*.		
C	**Pointes** (Fabrique de) par procédés ordinaires..... **5 fr.** Plus **3 fr. 50 cent.** par ouvrier. Droit proportionnel { sur la maison d'habitation... sur l'établissement industriel.	... ...	20e 40e
	Poiré (Fabricant d'eau-de-vie de). Voir *Esprit*.		
A	**Poires à poudre** (Fabricant de) pour son compte..	7e	50e
A	**Poires à poudre** (Fabricant de) à façon	8e	50e
A	**Pois d'iris** (Fabricant de)..	8e	50e
A	**Poisson** (Marchand de) en détail	7e	50e
	Poisson (Marchand de), vendant en ambulance dans les rues, dans les lieux de passage et dans les marchés (*Exempt*).		
	Poisson de mer (Presseur de). Voir *Presseur*.		
A	**Poisson frais** (Marchand de) en gros	5e	30e
A	**Poisson salé, mariné, sec ou fumé** (Marchand de) en gros	1re	20e
A	**Poisson salé, mariné, sec ou fumé** (Marchand de) en demi-gros	3e	20e
	Poix (Fabricant de). Voir *Bruis*.		
	Poix (Marchand de). Voir *Résines*.		
	Poix minérale (Fabricant de). Voir *Asphalte*.		
A	**Polisseur d'objets en or, argent, cuivre, acier, écaille, os, corne, etc**	6e	30e
C	**Polisseur, tourneur, émouleur ou planeur** par procédés mécaniques.................... **5 fr.** Plus **4 francs** par ouvrier. Pour le polissage au tonneau, le droit fixe serait exclusivement de **1 fr. 50 cent.** par tonneau. Droit proportionnel { sur la maison d'habitation... sur l'établissement industriel.	... ...	20e 50e

DÉSIGNATION des tableaux	COMMERCES, INDUSTRIES ET PROFESSIONS	CLASSES du tableau A	TAUX du droit proportionnel
A	**Polytypage** (Fabricant de) Celui qui fond les vignettes, filets ornés, etc. pour les imprimeurs (D. ad.).	4e	30e
	Pommades (Fabricant de). Voir *Distillateur* et *Parfumerie*.		
	Pommades (Marchand de) au petit détail. Voir *Cosmétiques*.		
A	**Pommes de pin et d'autres arbres résineux** (Marchand de) en gros	4e	30e
	Pommes de terre (Fabricant de sirop de fécules de). Voir *Sirop*.		
A	**Pommes de terre** (Marchand de) en gros; celui qui vend principalement par quantités égales ou supérieures à 20 hectolitres	4e	30e
A	**Pommes et autres fruits** considérés comme n'étant pas des fruits secs (Marchand de) en gros	4e	30e
A	**Pompes à incendie** (Fabricant de)	4e	30e
	Pompes à incendie (Fabricant de tuyaux en fil de chanvre, en ciment, etc., pour les) et les arrosements. Voir *Tuyaux*.		
A	**Pompes de bois et pièces** pour la conduite des eaux (Fabricant de)	7e	50e
A	**Pompes de métal** (Fabricant de)	5e	30e
	Pompes funèbres. Voir *Inhumations* et *Convois mortuaires*.		
	Pompons (Fabricant de). Voir *Crinières*.		
C	**Ponceur de feutres** par procédés mécaniques .... **5 fr.** Plus **4 francs** par ouvrier.		
	Droit proportionnel { sur la maison d'habitation	...	20e
	Droit proportionnel { sur l'établissement industriel	...	50e
B	**Pont** (Concessionnaire ou fermier de péage sur un) : Dans l'intérieur. { de Paris **200 fr.** d'une ville de 50,001 âmes et au-dessus **100 fr.** d'une ville de 20,001 à 50,000 âmes **75 fr.** Dans les autres communes, d'une population de 20,000 âmes et au-dessous, lorsque le pont réunit deux parties : D'une route { nationale **75 fr.** départementale **50 fr.** D'un chemin { vicinal de grande communication **25 fr.** vicinal **15 fr.** Lorsque le pont réunit deux routes ou chemins de classes différentes, le droit fixe est établi d'après la moyenne des taxes afférentes aux deux classes.		
	Droit proportionnel { sur la maison d'habitation seulement	...	20e
A	**Ponton débarcadère** (Exploitant de)	6e	30e
	Ponts et pertuis (Chef de). Voir *Chef*.		
	Porc (Apprêteur ou marchand de soies de). Voir *Soies*.		
	Porcelaine (Fabricant de pâte à). Voir *Pâte*.		
C	**Porcelaine** (Fabrique de) : **1 fr. 20 cent.** par mètre cube de la capacité brute des fours. Le droit sera réduit de moitié pour les fours à la houille dans lesquels on fera moins de 25 fournées par an, et pour les fours au bois dans lesquels on fera moins de 20 fournées par an.		
	Droit proportionnel { sur la maison d'habitation	...	20e
	Droit proportionnel { sur l'établissement industriel	...	50e
	Porcelaine (Imprimeur sur). Voir *Imprimeur*.		
A	**Porcelaine** (Marchand de) en gros	1re	20e
A	**Porcelaine** (Marchand de) en demi-gros	2e	20e

DÉSIGNATION des tableaux	COMMERCES, INDUSTRIES ET PROFESSIONS	CLASSES du tableau A	TAUX du droit proportionnel
A	**Porcelaine** (Marchand de) en détail	5e	30e
	Porcelaine (Peintre ou doreur sur). Voir *Peintre*.		
	Porcs (Langueyeur de). Voir *Langueyeur*.		
	Porcs (Marchand de). Voir *Cochons*.		
A	**Portefeuilles ou autres objets de menue maroquinerie** (Fabricant de), pour son compte	6e	30e
A	**Portefeuilles ou autres objets de menue maroquinerie** (Fabricant de), à façon	8e	50e
A	**Portefeuilles ou autres objets de menue maroquinerie** (Marchand de)	6e	30e
	Porteur d'eau à la bretelle ou avec voiture à bras (*Exempt*).		
A	**Porteur d'eau filtrée ou non filtrée**, avec cheval et voiture	8e	50e
	Porteur (Commissionnaire) pour les fabricants de tissus. Voir *Commissionnaire*.		
	Ports (Entrepreneur de signaux télégraphiques à l'entrée des). Voir *Signaux*.		
	Pose des affiches (Entrepreneur de la). Voir *Affiches*.		
	Potasse (Fabricant de). Voir *Produits chimiques*.		
	Poterie (Fabricant de). Voir *Briques*.		
A	**Poterie de terre** (Marchand de)	7e	50e
A	**Poterie** (Marchand de) en gros	4e	30e
A	**Potier d'étain**	6e	30e
	Poudre (Fabricant de poires à). Voir *Poires*.		
A	**Poudre d'or, de bronze et autres métaux** (Fabricant ou marchand de)	6e	30e
	Poudrette (Fabricant ou marchand de). Voir *Engrais*.		
A	**Poulieur** (Fabricant) Celui qui fait des poulies (D. ad.).	6e	30e
	Préparateur de coraux. Voir *Coraux*.		
	Préparateur (Naturaliste). Voir *Naturaliste*.		
	Préparations pharmaceutiques. Voir *Spécialités*.		
	Presses d'imprimerie (Marchand de). Voir *Imprimerie*.		
	Presses mécaniques (Imprimeur typographe employant des). Voir *Imprimeur*.		
	Presses pour l'imprimerie, métiers mécaniques pour la filature et pour le tissage, et autres grandes machines (Constructeur de). Voir *Machines à vapeur, etc.*		
	Presseur de draps et autres étoffes de laine. Voir *Tondeur*.		
A	**Presseur d'étoffes** pour les teinturiers et les dégraisseurs	7e	50e
A	**Presseur de poisson de mer**	4e	30e
A	**Pressoir** (Loueur de); celui qui loue un pressoir aux propriétaires de raisins ou de pommes pour la fabrication du vin ou du cidre, mais sans procéder lui-même à cette opération	7e	50e
	Pressoir (Maître de). Voir *Moulin*. Le cultivateur qui fait servir son pressoir à l'usage du public n'a pas droit à l'exemption accordée par l'art. 17 de la loi du 15 juill. 1880 ; il est imposable comme exploitant de moulin (Arr. C. 18 mars 1857, n. 515).		
A	**Présurier** Celui qui vend des acides propres à faire cailler le lait (D. ad.).	7e	50e
	Prêts (Tenant comptoir de). Voir *Caisse*.		
	Prisons (Cantinier dans les). Voir *Cantinier*.		
	Prisons (Entrepreneur de fabrication dans les). Voir *Fabrication*.		

DÉSIGNATION des tableaux	COMMERCES, INDUSTRIES ET PROFESSIONS	CLASSES du tableau A	TAUX du droit proportionnel
	Prisons (Fournisseur général dans les). Voir *Fournisseur.*		
A	**Procédés pour queues de billard** (Fabricant de).	6e	30e
	Produits alimentaires ou agricoles (Courtier de). Voir *Courtier.*		
C	**Produits chimiques** (Fabrique de).......... **5 fr.**		
	Plus **5 francs** par ouvrier.		
	Droit proportionnel { sur la maison d'habitation...	...	20e
	Droit proportionnel { sur l'établissement industriel.	...	50e
	Est imposable comme fabricant de produits chimiques et non comme marchand d'huiles en gros celui qui achète des huiles brutes de pétrole pour les soumettre à un traitement industriel à l'aide duquel il en extrait plusieurs espèces de produits destinés à des usages différents (Arr. C. 28 mai 1872, n. 2562). Le fabricant de produits chimiques dont l'industrie consiste à extraire le tanin du bois de châtaignier est imposable au droit fixe pour tous ses ouvriers, y compris ceux occupés à façonner le bois pour le rendre propre à subir les opérations industrielles de l'extraction du tanin (Arr. C. 9 nov. 1883, n. 3467).		
A	**Produits chimiques** (Marchand de) en gros.......	1re	20e
A	**Produits chimiques** (Marchand de) en demi-gros ..	2e	20e
A	**Produits chimiques** (Marchand de) en détail	3e	20e
	Professeur de belles-lettres, sciences et arts d'agrément (*Exempt*).		
	Propriétaire louant accidentellement une partie de son habitation personnelle (*Exempt*). Voir *Chambres ou appartements meublés.*		
	Propriétés (Expert pour le partage et l'estimation des). Voir *Expert.*		
	Pruneaux et prunes sèches (Marchand de). Voir *Fruits.*		
	Publicité. Voir *Affiches*, *Annonces* et *Bureau.*		
A	**Puits** (Maître cureur de).......................	8e	50e
	Puits artésiens (Foreur de). Voir *Fontainier.*		
	Q		
A	**Queues de billard** (Fabricant de) pour son compte	6e	30e
A	**Queues de billard** (Fabricant de) à façon	7e	50e
	Queues de billard (Fabricant de procédés pour). Voir *Procédés.*		
	Quilles (Maître de jeu de). Voir *Jeux.*		
C	**Quincaillerie** (Fabrique de)............... **5 fr.**		
	Plus **3 fr. 50 cent.** par ouvrier.		
	Droit proportionnel { sur la maison d'habitation ...	...	20e
	Droit proportionnel { sur l'établissement industriel..	...	50e
A	**Quincaillerie ou ferronnerie** (Marchand de) en gros..	1re	20e
A	**Quincaillerie ou ferronnerie** (Marchand de) en demi-gros................................	2e	20e
A	**Quincaillerie** (Marchand de) en détail............	4e	30e
	Quincaillerie (Tenant un magasin pour la vente en demi-gros ou en détail de). Voir *Magasin.*		
	R		
	Rabats (Fabricant ou marchand de). Voir *Cols.*		
	Racines de bruyère (Marchand de). Voir *Bruyère.*		
	Racines de buis (Marchand de). Voir *Buis.*		
	Raccommodeur (Carrossier). Voir *Carrossier.*		
	Radoubeur de navires. Voir *Calfat.*		
	Raffineur de blanc de baleine. Voir *Blanc.*		
	Raffineur de mélasse. Voir *Mélasse.*		

DÉSIGNATION des tableaux	COMMERCES, INDUSTRIES ET PROFESSIONS	CLASSES du tableau A	TAUX du droit proportionnel
	Raffineur de sel. Voir *Sel.*		
	Raffineur de soufre. Voir *Produits chimiques.*		
	Raffineur de sucre. Voir *Sucre.*		
A	**Ramonage** (Entrepreneur de)....................	6e	30e
A	**Rampiste** (Menuisier-)............................	6e	30e
	Menuisier qui fait spécialement des rampes d'escalier (D. ad.).		
	Rapporteur (Arbitre-) près les tribunaux de commerce. Voir *Arbitre.*		
	Raquettes (Fabricant de cordes de boyaux pour les). Voir *Boyaudier.*		
A	**Raquettes ou volants** (Fabricant de) pour son compte..	7e	50e
A	**Raquettes ou volants** (Fabricant de) à façon.....	8e	50e
	Raseur d'étoffes. Voir *Tondeur.*		
A	**Raseur de velours**.................................	7e	50e
	Rasoirs (Fabricant ou marchand de pierres à). Voir *Cuirs.*		
	Râteaux et râteliers (Fabricant ou marchand de). Voir *Echelles.*		
	Râteliers artificiels (Fabricant ou marchand de). Voir *Dents.*		
C	**Réassurances** (Compagnie, société ou comptoir de) :		
	Le dixième du droit fixe que paye la société d'assurances avec laquelle ils traitent. Dans le cas où ils traiteront avec plusieurs sociétés différentes, le droit fixe sera égal **au dixième** de celui que payera la compagnie d'assurances la plus imposée..........................	...	10e
	Voir *Assurances.*		
	Recettes (Tenant comptoir de). Voir *Caisse.*		
A	**Receveur de rentes**..............................	4e	30e
	Est imposable en cette qualité celui qui reçoit les loyers de plusieurs maisons, fait exécuter et surveille les travaux d'entretien et de réparation desdites maisons, lorsque cette gestion fait son occupation principale et habituelle (Arr. C. 13 déc. 1854, n. 196). Est également imposable, un ancien notaire qui reçoit, moyennant salaire, les revenus et rentes de plusieurs personnes dont il gère les propriétés, alors même qu'il n'a point de cabinet ouvert au public et qu'il choisit ses clients (Arr. C. 13 janv. 1858, n. 660).		
	Rechargeur de broches pour la filature. Voir *Broches.*		
A	**Reconnaissances du mont-de-piété** (Marchand de)	5e	30e
	Recoupe (Marchand de). Voir *Son.*		
D	**Référendaire au sceau.** Profession assujettie seulement au droit proportionnel..................	...	15e ou 12e V. p. 172
A	**Registres** (Fabricant de) pour son compte.........	4e	30e
A	**Registres** (Fabricant de) à façon	7e	50e
	Règles et équerres (Fabricant de). Voir *Mesures.*		
A	**Régleur de papier**................................	8e	50e
C	**Réglisse** (Fabrique de)........................ **5 fr.**		
	Plus **4 francs** par ouvrier.		
	Droit proportionnel { sur la maison d'habitation...	...	20e
	Droit proportionnel { sur l'établissement industriel.	...	40e
	Regrattier (Epicier). Voir *Epicier.*		
A	**Relais** (Entrepreneur de)........................	5e	30e
A	**Relieur de livres**................................	7e	50e
	Remise (Maître de station de voitures de). Voir *Voitures.*		
A	**Remiseur** de charrettes à bras et de hottes.......	8e	50e
A	**Rémisses** (Fabricant de) par procédés ordinaires, pour son compte............................	7e	50e
A	**Rémisses** (Fabricant de) par procédés ordinaires, à façon	8e	50e

DÉSIGNATION des tableaux	COMMERCES, INDUSTRIES ET PROFESSIONS	CLASSES du tableau A	TAUX du droit proportionnel
	Remonte des troupes (Fabricant ou fournisseur d'objets concernant la). Voir *Fabricant* et *Fournisseur*.		
	Remorqueurs (Entrepreneur de bateaux à vapeur). Voir *Bateaux*.		
	Remoulage (Marchand de). Voir *Son*.		
A	**Rémouleur ou repasseur de couteaux**........	8e	50e
	Rémouleur ambulant (*Exempt*).		
	Rempailleur de chaises. Voir *Chaises*.		
	Renfort (Loueur de bêtes de trait pour le). Voir *Loueur*.		
	Renseignements divers (Tenant un bureau de). Voir *Bureau*.		
	Rentes (Receveur de). Voir *Receveur*.		
A	**Rentrayeur ou conservateur** de tapis, de couvertures de laine et de coton..................	7e	50e
	Repasseur de couteaux. Voir *Rémouleur*.		
	Repasseur (Horloger). Voir *Horloger*.		
A	**Repasseuse de linge**.........................	7e	50e
A	**Reperceur**................................... Celui qui fait des ouvrages à jour pour les bijoutiers, tabletiers, etc. (D. ad.).	8e	50e
	Repousseur en métaux. Voir *Estampeur*.		
	Représentant de commerce (Opérations en gros). Voir *Courtier de marchandises*.		
A	**Représentant de commerce** ; lorsqu'il s'entremet seulement pour la vente aux marchands détaillants et aux consommateurs......................	4e	30e
A	**Repriseuse de châles**.......................	8e	50e
	Résilles et autres ouvrages à mailles (Fabricant de). Voir *Filets*.		
	Résine (Faiseur et marchand de chandelles de). Voir *Oribus*.		
	Résines et autres matières analogues (Fabricant de). Voir *Brais* et *Goudron*.		
A	**Résines et autres matières analogues** (Marchand de) en gros..................................	1re	20e
A	**Résines et autres matières analogues** (Marchand de) en demi-gros..............................	2e	20e
A	**Résines et autres matières analogues** (Marchand de) en détail................................	5e	30e
A	**Ressorts de bandages pour les hernies** (Fabricant de), pour son compte.....................	6e	30e
A	**Ressorts de bandages pour les hernies** (Fabricant de) à façon..............................	7e	30e
A	**Ressorts de montres et de pendules** (Fabricant de) pour son compte........................	6e	30e
A	**Ressorts de montres et de pendules** (Fabricant de) à façon................................	7e	50e
	Restaurant-crèmerie (Tenant un). Voir *Café-crèmerie*.		
	Restaurateur de tableaux. Voir *Tableaux*.		
A	**Restaurateur et traiteur** à la carte ou portant en ville..	3e	20e
A	**Restaurateur et traiteur** à la carte et à prix fixe.	4e	30e
A	**Restaurateur et traiteur** à prix fixe seulement...	5e	30e
C	**Restaurateur sur bateaux à vapeur**...... **5 fr.** Plus **10 francs** par personne employée au service ou à la surveillance.		
	Droit proportionnel { sur la maison d'habitation seulement..................	...	20e
C	**Restaurateur sur wagons**............... **5 fr.** Plus **10 francs** par personne employée au service ou à la surveillance.		

DÉSIGNATION des tableaux	COMMERCES, INDUSTRIES ET PROFESSIONS	CLASSES du tableau A	TAUX du droit proportionnel
	Droit proportionnel { sur la maison d'habitation...	...	20e
	Droit proportionnel { sur l'établissement industriel.	...	50e
	Retordeur de fil de coton, de laine, etc., pour le tissage. Voir *Fil*.		
	Retordeur ou fabricant de fil à coudre, à broder, tricoter, etc. Voir *Fil*.		
	Retraite (Tenant une maison particulière de). Voir *Maison particulière*.		
	Retraites (Tenant une maison de séjour pendant les). Voir *Maison*.		
	Revendeur (Charcutier). Voir *Charcutier*.		
A	**Revendeur à la toilette**.......................	7e	50e
	Revendeur de bonbons et confiserie. Voir *Bonbons*.		
	Revendeur de pain en boutique. Voir *Pain*.		
	Rhabilleur (Chaudronnier). Voir *Chaudronnier*.		
	Rhabilleur (Horloger). Voir *Horloger*.		
	Rhabilleur (Luthier). Voir *Luthier*.		
	Robes (Couturière en). Voir *Tailleur*.		
	Robinets en cuivre (Fabricant de). Voir *Cannelles*.		
A	**Rognures de papier** (Marchand de).............	8e	50e
A	**Rognures de peaux** (Marchand de).............	8e	50e
A	**Rogue ou œufs de morue** (Marchand de) en gros.	1re	20e
A	**Rogue ou œufs de morue** (Marchand de) en détail	5e	30e
	Roquefort (Fabricant de fromages de). Voir *Fromages*.		
	Rose (Fabricant de bijoux en pâte de). Voir *Pâte*.		
A	**Roseaux** (Marchand de)........................	7e	50e
	Roseaux (Marchand de peignes en) pour le tissage. Voir *Peignes*.		
A	**Roseaux** préparés pour le tissage (Marchand de)...	7e	50e
	Rotier (Fabricant de rots à tisser). Voir *Lamier-rotier*.		
A	**Rôtisseur**......................................	5e	30e
	Rouenneries (Marchand de). Voir *Tissus de laine, de fil, etc.*		
A	**Rouettes ou harts** pour lier les trains de bois (Marchand de).................................	7e	50e
	Rouge à polir (Marchand de). Voir *Emeri*.		
A	**Rouge végétal** (Marchand de) en gros...........	1re	20e
A	**Rouge végétal** (Marchand de) en détail..........	5e	30e
B	**Roulage** (Entrepreneur de) : A Paris........................... **150 fr.** Dans les villes de { 100,001 âmes et au-dessus..... **125 fr.** 50,001 à 100,000 âmes......... **100 fr.** 30,001 à 50,000 âmes, et dans celles de 15,001 à 30,000 âmes qui ont un entrepôt réel..... **75 fr.** 15,001 à 30,000 âmes, et dans celles de 8,001 à 15,000 âmes qui ont un entrepôt réel..... **50 fr.** 8,001 à 15,000 âmes, et dans celles de 8,000 âmes et au-dessous qui ont un entrepôt réel **40 fr.** Dans toutes les autres communes..... **25 fr.**		
	Droit proportionnel { sur la maison d'habitation...	...	10e
	Droit proportionnel { sur les locaux servant à l'exercice de la profession......	...	40e
A	**Rouleaux** (Tourneur de) pour la filature..........	8e	50e
	Roulier. Voir *Voiturier*.		
	Route (Adjudicataire des droits de péage sur une). Voir *Péage*.		
	Routes (Entrepreneur de la construction ou de l'entretien des). Voir *Travaux publics*.		

DÉSIGNATION des tableaux	COMMERCES, INDUSTRIES ET PROFESSIONS	CLASSES du tableau A	TAUX du droit proportionnel
A	**Routoir** ou fosse à rouir le lin ou le chanvre (Exploitant de)................................	7e	50c
	Rubans (Gaufreur de). Voir *Gaufreur.*		
	Rubans de soie (Tissage de). Voir *Métiers (Tissage de soie).*		
	Rubans de fil (chanvre ou lin), de coton, de fil et coton (Tissage de). Voir *Métiers (Tissage de rubans).*		
A	**Rubans pour modes** (Marchand de) en gros.......	1re	20c
A	**Rubans pour modes** (Marchand de) en demi-gros.	2e	20c
A	**Rubans pour modes** (Marchand de) en détail	4e	30c
A	**Ruches pour les abeilles** (Fabricant de) pour son compte..	7e	50c
A	**Ruches pour les abeilles** (Fabricant de) à façon..	8e	50c
	S		
	Sable (Extracteur de). Voir *Carrières, Dragues* et *Dragueur.*		
A	**Sable** (Marchand de)..........................	8e	50c
A	**Sabotier** (Fabricant)...........................	8e	50c
A	**Sabots** (Marchand de) en gros...................	4e	30c
A	**Sabots** (Marchand de) en détail	8e	50c
C	**Sabots, bois de galoches ou bois de socques** (Fabricant de) par procédés mécaniques.....: **5 fr.** Plus **3 francs** par ouvrier.		
	Droit proportionnel { sur la maison d'habitation....	...	20c
	Droit proportionnel { sur l'établissement industriel.	...	50c
A	**Sabots ou galoches garnies** (Fabricant ou marchand en détail de); celui qui fabrique ou vend des galoches ou des sabots élégants garnis en cuir verni, en velours, en drap, etc.................	6e	30c
	Sabres (Fabricant de fourreaux pour). Voir *Fourreaux.*		
	Sacs de papier (Fabricant ou marchand de). Voir *Etuis.*		
A	**Sacs de toile** (Fabricant ou marchand de).........	6e	30c
A	**Sacs de toile** (Loueur de)........................	7e	50c
A	**Safran** (Marchand de) en gros..................	1re	20c
A	**Safran** (Marchand de) en demi-gros	4e	30c
	Sage-femme (*Exempte*). La sage-femme qui reçoit des pensionnaires est imposable comme chef de maison d'accouchement (Arr. C. 21 févr. 1855, n. 165). Celle qui se borne à recevoir quelquefois dans sa propre chambre des femmes en couches n'est pas imposable, même comme loueuse en garni (Arr. C. 11 févr. 1857, n. 405).		
	Salaisons (Marchand de). Voir *Poisson* et *Viandes salées.*		
	Saleur d'anchois. Voir *Anchois.*		
A	**Saleur d'olives**..............................	5e	30c
	Saleur de poisson. Voir *Presseur de poisson.*		
A	**Saleur de viandes**............................	3e	20c
	Salines (Exploitant de). *Exempt.* (Loi du 15 juill. 1880, art. 17).		
	Salon de figures en cire (Tenant un). Voir *Cabinet.*		
A	**Salpêtrier**....	6e	30c
	Sandales (Fabricant de) à façon. Voir *Pantoufles.*		
	Sandales (Fabricant ou marchand de). Voir *Chaussons.*		
A	**Sang** (Marchand de), pour usages autres que l'engrais des terres..............................	5e	30c

DÉSIGNATION des tableaux	COMMERCES, INDUSTRIES ET PROFESSIONS	CLASSES du tableau A	TAUX du droit proportionnel
	Sanglier (Apprêteur ou marchand de soies de). Voir *Soies.*		
A	**Sangsues** (Marchand de) en gros................	1re	20c
A	**Sangsues** (Marchand de) en demi-gros..........	4e	30c
A	**Sangsues** (Marchand de) en détail..............	7e	50c
	Santé (Officier de). Voir *Officier.*		
	Santé (Tenant une maison particulière de). Voir *Maison particulière.*		
	Sapin (Fabricant de baquets en). Voir *Seaux.*		
	Sardines (Fabricant de conserves de). Voir *Conserves.*		
	Sardines (Presseur de). Voir *Presseur de poisson.*		
A	**Sarraux ou blouses** (Marchand ou fabricant de) vendant en gros..............................	3e	20c
A	**Sarraux ou blouses** (Marchand ou fabricant de) vendant en détail............................	6e	30c
A	**Satineur ou lisseur de papier**	8e	50c
	Savetier (*Exempt*).		
C	**Savon** (Fabrique de) : **70 centimes** par hectolitre de capacité brute des chaudières.		
	Droit proportionnel { sur la maison d'habitation ...	...	20c
	Droit proportionnel { sur l'établissement industriel.	...	40c
	On devra, dans la fixation du droit des fabricants de savons blancs liquidés, ne pas tenir compte de la capacité additionnelle résultant des hausses mobiles (D. ad.). Les chaudières munies de fourneaux, qu'un fabricant de savon emploie pour traiter à feu nu les lessives caustiques, ne sauraient être assimilées aux simples bassins, bacs ou barquieux, destinés à recevoir les lessives au repos. Ces chaudières doivent, par suite, entrer dans le calcul du droit fixe (Arr. C. 4 nov. 1881, n. 8357).		
A	**Savon** (Marchand de) en gros..................	1re	20c
A	**Savon** (Marchand de) en demi-gros	2e	20c
A	**Savon** (Marchand de) en détail	5e	30c
	Sciage (Marchand de bois de). Voir *Bois.*		
	Sciences (Fabricant, facteur ou marchand d'instruments pour les). Voir *Instruments.*		
C	**Scierie mécanique** (Exploitant de) : **Pour le sciage des bois de construction, menuiserie et tonnellerie :** **3 francs** par lame ; **1 franc** par machine à mortaiser, à raboter, à rainer et autre machine analogue. **Pour le sciage des bois de marqueterie, de placage et de tabletterie, des os et de la nacre :** **3 francs** par couteau à trancher ; **2 francs** par lame circulaire ou à ruban ; **1 fr. 50 cent.** par lame droite ; **1 franc** par machine à polir ou autre machine analogue. **Pour le sciage des pierres et du sucre :** **50 centimes** par lame. **Pour le sciage du marbre :** **50 centimes** par lame ; **6 francs** par machine à planer, rainer ou polir. Le droit fixe, tel qu'il résultera des dispositions qui précèdent et après application, s'il y a lieu, de celles de l'art. 11 de la loi du 15 juill. 1880, sera doublé lorsqu'une usine fonctionnera habituellement pour le compte d'un exploitant achetant les matières premières pour revendre ensuite les produits de sa fabrication.		
	Droit proportionnel { sur la maison d'habitation...	...	20c
	Droit proportionnel { sur l'établissement industriel.	...	50c
	Scies (Denteleur de). Voir *Denteleur.*		

DÉSIGNATION des tableaux	COMMERCES, INDUSTRIES ET PROFESSIONS	CLASSES du tableau A	TAUX du droit proportionnel
C	**Scies** (Fabrique de)........................ **5 fr.**		
	Plus **4 francs** par ouvrier.		
	Droit proportionnel { sur la maison d'habitation...	...	20e
	Droit proportionnel { sur l'établissement industriel.	...	50e
A	**Scieur de long**..................................	7e	50e
A	**Sciure de bois** (Marchand de).....................	8e	50e
	Sculpteur artiste ne vendant que le produit de son art (*Exempt*).		
A	**Sculpteur en bois** pour son compte................ N'a pas droit à l'exemption accordée aux artistes, le sculpteur en bois qui exécute, à l'aide d'ouvriers, des travaux d'ornementation d'après des modèles dont il n'est pas l'auteur (Arr. C. 16 févr. 1866, n. 1883).	6e	30e
A	**Sculpteur en bois** à façon........................	7e	50e
	Sculpteur pour fabrique. Voir *Dessinateur*.		
C	**Sculptures** (Fabrique de) par procédés mécaniques .... **5 fr.**		
	Plus **4 francs** par ouvrier.		
	Droit proportionnel { sur la maison d'habitation...	...	20e
	Droit proportionnel { sur l'établissement industriel.	...	50e
A	**Seaux à incendie** (Fabricant de)..................	5e	30e
A	**Seaux ou baquets en sapin** (Fabricant de) pour son compte..	7e	50e
A	**Seaux ou baquets en sapin** (Fabricant de) à façon.	8e	50e
	Séchage de chaînes et tissus. Voir *Collage*.		
A	**Sécheur de garance**; celui qui fait sécher la garance récoltée par les propriétaires qui n'ont pas les appareils nécessaires pour la faire sécher eux-mêmes..	6e	30e
A	**Sécheur de grains, de graines, de cafés**, etc...	6e	30e
A	**Sécheur de houblon**; celui qui fait sécher, par des procédés artificiels et moyennant rétribution, le houblon récolté par les propriétaires..............	6e	30e
A	**Sécheur de morue**; celui qui se charge de laver et faire sécher en plein air la morue apportée en vert..	4e	30e
A	**Sécheur de morue** sans établissement de sécherie.	7e	50e
A	**Séchoir à linge** (Exploitant un)..................	7e	50e
A	**Sel** (Marchand de) en gros.......................	1re	20e
A	**Sel** (Marchand de) en demi-gros..................	2e	20e
A	**Sel** (Marchand de) en détail.....................	7e	50e
C	**Sel** (Raffinerie de)........................ **5 fr.**		
	Plus **5 francs** par ouvrier.		
	Droit proportionnel { sur la maison d'habitation....	...	20e
	Droit proportionnel { sur l'établissement industriel.	...	40e
	Sel (Voiturier marchand de). Voir *Voiturier*.		
	Sel ammoniac (Fabricant de). Voir *Produits chimiques*.		
	Sellerie (Fabricant pour son compte ou marchand d'objets pour la). Voir *Objets*.		
A	**Sellier-carrossier**.............................. Il y a lieu d'imposer en cette qualité, et non comme sellier harnacheur, celui qui se charge de livrer à ses clients des voitures neuves et de faire aux voitures toutes les réparations nécessaires (Arr. C. 3 août 1877, n. 3087). Voir *Carrossier* (*Fabricant*).	3e	20e
A	**Sellier-harnacheur**..............................	5e	30e
A	**Sellier** à façon..................................	7e	50e
	Selliers (Marchand ou fabricant d'articles pour les). Voir *Housses*.		
A	**Semelles mobiles** de paille, de liège, de feutre, etc., fourrées ou non fourrées, pour l'intérieur des chaussures (Fabricant de), pour son compte......	7e	50e
A	**Semelles mobiles** de paille, de liège, de feutre, etc., fourrées ou non fourrées, pour l'intérieur des chaussures (Fabricant de), à façon..............	8e	50e
	Serrurerie (Fabricant de). Voir *Ferronnerie*.		
A	**Serrurerie** (Marchand en gros d'objets de).......	2e	20e
A	**Serrurier** (Entrepreneur).........................	4e	30e
A	**Serrurier** (Mécanicien)...........................	4e	30e
A	**Serrurier en voitures suspendues**...............	4e	30e
A	**Serrurier non entrepreneur**......................	5e	30e
A	**Serrurier** à façon, travaillant pour des maîtres qui lui fournissent la matière..........................	7e	50e
	Sertisseur ou monteur pour son compte. Voir *Metteur en œuvre*.		
A	**Sertisseur ou monteur** à façon; celui qui monte des pierres fines ou fausses.........................	7e	50e
	Service de table (Fabricant d'objets de) en argent ou en alliage. Voir *Couverts*.		
B	**Signaux télégraphiques à l'entrée des ports** (Entrepreneur de).......................................	...	10e
	Dans les villes de { 50,001 âmes et au-dessus........ **100 fr.**		
	Dans les villes de { 30,001 à 50,000 âmes, et dans celles de 15,001 à 30,000 âmes qui ont un entrepôt réel.............. **75 fr.**		
	Dans les villes de { 15,001 à 30,000 âmes, et dans celles de 15,000 âmes et au-dessous qui ont un entrepôt réel........ **50 fr.**		
	Dans toutes les autres communes.......... **25 fr.**		
	Est imposable en cette qualité, l'individu qui occupe un local dans lequel il a établi des lunettes et un appareil pour signaux télégraphiques, et qui annonce habituellement aux négociants, moyennant rétribution, les navires qui se présentent pour entrer dans le port (Arr. C. 22 mai 1861, n. 1264).		
C	**Sirop de fécules de pommes de terre** (Fabrique de).. **5 fr.**		
	Plus **4 francs** par ouvrier.		
	Droit proportionnel { sur la maison d'habitation...	...	20e
	Droit proportionnel { sur l'établissement industriel.	...	50e
B	**Société française ou étrangère opérant à l'étranger et tenant en France, pour son compte, une caisse pour emprunts ou pour payement des intérêts, dividendes, etc.**......	...	10e

	TAXE déterminée	TAXE par personne employée(1)
	Fr.	Fr.
A Paris..........................	500	25
Dans les villes de { 100,001 âmes et au-dessus.........	400	20
Dans les villes de { 50,001 à 100,000 âmes....	300	15
Dans les villes de { 30,001 à 50,000 âmes.... { 15,001 à 30,000 âmes qui ont un entrepôt réel....	200	10
Dans les villes de { 15,001 à 30,000 âmes..... { 15,000 âmes et au-dessous qui ont un entrepôt réel.....	150	8
Dans toutes les autres communes.	100	5

La taxe par employé est doublée lorsque le nombre des employés dépasse 200, et triplée lorsqu'il dépasse 1,000 (L. 17 juill. 1889, art. 2).

DÉSIGNATION des tableaux	COMMERCES, INDUSTRIES ET PROFESSIONS	CLASSES du tableau A	TAUX du droit proportionnel
	Société de réassurances. Voir *Réassurances*.		
	Société de tontine. Voir *Tontine*.		

(1) « ..... employée, en sus du nombre de cinq, aux écritures, aux caisses, à la surveillance, aux achats et aux ventes intérieures ou extérieures. » Voir la note, page 172.

DÉSIGNATION des tableaux	COMMERCES, INDUSTRIES ET PROFESSIONS	CLASSES du tableau A	TAUX du droit proportionnel
	Sociétés coopératives : Est passible de la patente, alors même qu'elle aurait un but de bienfaisance et qu'elle serait administrée gratuitement, une société coopérative qui a pour objet la vente de la viande et qui offre ses produits à tous les consommateurs moyennant le versement préalable d'une faible somme conférant le titre d'actionnaire (Arr. C. 14 févr. 1873, n. 2563). Ne peut être considérée comme exerçant un commerce passible de patente, une société qui a été constituée dans le but d'acheter et de recevoir en consignation des marchandises et denrées de consommation pour les livrer aux associés, dans ses magasins, de manière à mettre le consommateur en rapport direct avec le producteur ; qui n'admet parmi ses membres, dont le nombre est d'ailleurs illimité, que les personnes ayant acquis, par souscription ou transfert, une action nominative de 50 francs ; qui ne distribue à ses associés, sous forme de bénéfices, proportionnellement aux livraisons faites à chacun d'eux, que les sommes représentant la différence entre le prix d'achat et le prix de vente, déduction faite des frais généraux, et qui, enfin, ne vend pas dans les boutiques établies par elle à des acheteurs autres que les associés (Arr. C. 8 juin 1877, n. 2963).		
C	**Sociétés formées par actions pour opérations de banque, de crédit, d'escompte, de dépôts, comptes courants, etc.** **30 centimes** par 1,000 francs du capital versé ou non versé....................................	...	10e
	Dans le cas où l'ensemble des droits fixe et proportionnel calculés conformément au tableau C serait inférieur au total qui résulterait de l'application du tarif du tableau A ou du tableau B, selon la nature des professions exercées, ce serait le tarif de ces derniers tableaux qu'on devrait appliquer. Une société de banque par actions ayant son siège à l'étranger, qui possède une succursale en France, doit y être imposée en raison de l'intégralité de son capital social, lorsqu'elle s'est bornée à affecter à ladite succursale une partie de ce capital, par une simple délibération du conseil d'administration, qui n'a été qu'un acte de gestion intérieure et qui n'a pu avoir pour effet de constituer la succursale en société distincte. Le capital social est considéré, en ce cas, comme formant, dans son entier, la garantie des opérations de la succursale (Arr. C. 3 févr. 1883, n. 3397).		
	Sociétés littéraires ou cercles (Entrepreneur d'établissement pour les). Voir *Cercles*.		
	Sociétés ou cercles (Fournisseur des objets de consommation dans les). Voir *Cercles*.		
	Socques (Fabricant de bois de) par procédés mécaniques. Voir *Sabots*.		
	Socques (Faiseur de bois de). Voir *Bois*.		
A	**Socques en bois** (Fabricant ou marchand de)......	7e	50e
	Soie (Apprêteur de) pour la fabrication des bas, des tulles et des ouvrages de passementerie. Voir *Ocaliste*.		
	Soie (Cardeur de bourre de), filoselle, etc. Voir *Cardeur* et *Peignerie*.		
	Soie (Courtier en). Voir *Courtier*.		
	Soie (Essayeur de). Voir *Essayeur*.		
	Soie (Fabricant de boutons de). Voir *Boutons*.		
	Soie (Fabricant de chenilles en). Voir *Chenilles*.		
	Soie (Fabricant de cordons, lacets, tresses et ganses en). Voir *Cordons* et *Lacets*.		
	Soie (Fabricant ou marchand d'ouvrages en) pour la coiffure. Voir *Tours*.		
	Soie (Filateur de déchets ou de bourre de). Voir *Filature*.		
	Soie (Fileur de). Voir *Cocons* (*Filerie de*).		
A	**Soie** (Marchand de) en gros........................	1re	20e
A	**Soie** (Marchand de) en demi-gros.................	2e	20e
A	**Soie** (Marchand de) en détail......................	3e	20e
	Soie (Marchand de bourres de). Voir *Bourre*.		
	Soie (Marchand de chapeaux de). Voir *Chapeaux*.		
	Soie (Marchand de couvertures de). Voir *Couvertures*.		
	Soie (Marchand de déchets de). Voir *Bourre*.		
	Soie (Marchand de graine de vers à). Voir *Graine*		
	Soie (Marchand de peignes de). Voir *Peignes*.		
	Soie (Marchand de tissus de). Voir *Tissus de laine, de fil, etc.*		
	Soie (Moulinier en). Voir *Moulinier*.		
	Soie (Plieur de fils de). Voir *Plieur*.		
	Soie (Retordeur ou fabricant de fil de déchets ou de bourre de). Voir *Fil*.		
	Soie (Retordeur de fil de déchets ou de bourre de) pour le tissage. Voir *Fil*.		
	Soie (Tireur de). Voir *Tireur*.		
	Soie (Tissage de). Voir *Métiers*.		
	Soie (Tissage de coton ou de lin mélangé de). Voir *Métiers*.		
	Soie (Tissage de rubans de). Voir *Métiers* (*Tissage de soie*).		
	Soie écrue (Apprêteur de). Voir *Chevilleur*.		
	Soieries (Marchand de). Voir *Tissus de laine, de fil, etc.*		
	Soies (Entrepreneur ou fermier d'une condition pour les). Voir *Condition*.		
A	**Soies de porc ou de sanglier** (Apprêteur de).....	5e	30e
A	**Soies de porc ou de sanglier** (Marchand de) en gros.....................................	1re	20e
A	**Soies de porc ou de sanglier** (Marchand de) en demi-gros..	2e	20e
A	**Soies de porc ou de sanglier** (Marchand de) en détail..	5e	30e
A	**Sommiers élastiques** (Fabricant de) pour son compte sans magasin..	6e	30e
A	**Son, recoupe et remoulage** (Marchand de)......	6e	30e
A	**Sondes** (Fabricant de grandes)....................	4e	30e
	Sondeur ou foreur de puits artésiens. Voir *Fontainier*.		
C	**Sonneries de cloches** (Adjudicataire ou fermier de la). **50 centimes** par 100 francs ou fraction de 100 francs du montant de l'entreprise.		
	Droit proportionnel } sur la maison d'habitation seulement................	...	20e
	Sonneries électriques (Marchand de). Voir *Appareils*.		
	Soude factice (Fabricant de). Voir *Produits chimiques*.		
A	**Soudes végétales indigènes** (Marchand de) en gros.	3e	20e
C	**Souffleries de poils pour la chapellerie et autres industries**, par procédés mécaniques : **6 francs** par assortiment de machines à souffler.		
	Droit proportionnel { sur la maison d'habitation...	...	20e
	Droit proportionnel { sur l'établissement industriel.	...	50e
A	**Soufflets** (Fabricant ou marchand de gros) pour les forgerons, bouchers, etc............................	5e	30e
A	**Soufflets ordinaires** (Fabricant ou marchand de)..	7e	50e
A	**Soufre** (Marchand de) en gros......................	1re	20e
A	**Soufre** (Marchand de) en demi-gros...............	2e	20e
A	**Soufre** (Marchand de) en détail....................	5e	30e
	Soufre (Raffineur de). Voir *Produits chimiques*.		
A	**Souliers** (Marchand de vieux)......................	8e	50e

DÉSIGNATION des tableaux	COMMERCES, INDUSTRIES ET PROFESSIONS	CLASSES du tableau A	TAUX du droit proportionnel
	Souricières (Fabricant ou marchand de). Voir *Cages*.		
A	**Sparterie** (Fabricant ou marchand d'objets en)....	6e	30e
A	**Sparterie pour modes** (Marchand ou fabricant de)	5e	30e
C	**Spécialités ou préparations pharmaceutiques** (Fabrique de)........................ **5 fr.**		
	Plus **10 francs** par ouvrier..................	...	20e
	Le droit proportionnel portera sur la maison d'habitation et sur l'établissement industriel, outillage compris. Lorsque, par application de ce tarif, on obtiendra un ensemble de droits moins élevé que celui qui résultera du tarif du tableau A (fabricant de spécialités ou préparations pharmaceutiques), on devra appliquer ce dernier tarif.		
A	**Spécialités ou préparations pharmaceutiques** (Fabricant ou marchand de) vendant en gros..... Lorsque, pour un fabricant de spécialités ou préparations pharmaceutiques, on obtiendra par l'application du tarif du tableau A un ensemble de droits moins élevé que celui qui résultera du tarif du tableau C (fabrique de spécialités ou préparations pharmaceutiques), on devra appliquer ce dernier tarif.	1re	20e
A	**Spécialités ou préparations pharmaceutiques** (Fabricant ou marchand de) vendant en demi-gros Lorsque, pour un fabricant de spécialités ou préparations pharmaceutiques, on obtiendra par l'application du tarif du tableau A un ensemble de droits moins élevé que celui qui résultera du tarif du tableau C (fabrique de spécialités ou préparations pharmaceutiques), on devra appliquer ce dernier tarif.	2e	20e
A	**Spécialités ou préparations pharmaceutiques** (Fabricant ou marchand de) vendant en détail ... Lorsque, pour un fabricant de spécialités ou préparations pharmaceutiques, on obtiendra par l'application du tarif du tableau A un ensemble de droits moins élevé que celui qui résultera du tarif du tableau C (fabrique de spécialités ou préparations pharmaceutiques) on devra appliquer ce dernier tarif.	3e	20e
C	**Spectacle forain** (Directeur de) : **3/20es** d'une représentation complète.		
	Droit proportionnel { sur la maison d'habitation seulement	...	20e
	Lorsque la patente calculée d'après ce tarif sera dans son ensemble (droits fixe et proportionnel) inférieure à celle qui résulterait du tarif de la 6e classe du tableau A, on devra faire application de ce dernier tarif.		
	Spectacle (Exploitant de café-). Voir *Café*.		
C	**Spectacles** (Directeur de) : 1° **3/10es** d'une représentation complète dans les théâtres où l'on joue tous les jours ; 2° **3/20es**, si l'on ne joue pas tous les jours et si la troupe est sédentaire ; 3° Si la troupe n'est pas sédentaire, c'est-à-dire si elle ne réside pas quatre mois consécutifs dans la même ville.................. **60 fr.**		
	Droit proportionnel { sur la maison d'habitation seulement	...	20e
	Le droit fixe doit être assis sur le produit d'une représentation complète, calculée d'après l'application au nombre total des places du tarif fixé par le cahier des charges et sous la seule déduction du droit des pauvres (Arr. C. 18 févr. 1865, n. 1884), sans qu'il y ait lieu de tenir compte des conventions particulières qui peuvent intervenir entre le directeur et les abonnés (Arr. C. 4 juill. 1884, n. 3474). Un théâtre qui est ouvert au public tous les soirs doit, alors même qu'il ferait relâche pendant la saison d'été, être considéré, pour l'établissement du droit fixe, comme un théâtre où l'on joue tous les jours (Arr. C. 30 juin 1882, n. 3399).		

DÉSIGNATION des tableaux	COMMERCES, INDUSTRIES ET PROFESSIONS	CLASSES du tableau A	TAUX du droit proportionnel
C	**Spectacles, bals, concerts et autres réunions semblables** (Adjudicataire ou fermier des droits à percevoir au profit des pauvres dans les) : **50 centimes** par 100 francs ou par fraction de 100 francs du prix de ferme ou du montant de l'adjudication.		
	Droit proportionnel { sur la maison d'habitation seulement..................	...	20e
	Spectacles. Voir *Agent dramatique*, *Café chantant*, *Concerts publics*.		
A	**Sphères** (Fabricant de)	6e	30e
	Station de voitures de remises (Maître de). Voir *Voitures*.		
	Statues et figures en plâtre (Marchand de), vendant en ambulance dans les rues, dans les lieux de passage et dans les marchés (*Exempt*).		
	Stéarine (Fabricant de bougies ou cierges en). Voir *Bougies*.		
	Stéarine (Marchand de bougies de). Voir *Bougies*.		
	Stéarine (Marchand de cierges en). Voir *Cierges*.		
	Stéréotypeur. Voir *Fondeur*.		
A	**Stores** (Fabricant ou marchand de)...............	6e	30e
	Strass (Fabricant de). Voir *Pierres fausses*.		
A	**Stucateur**....................................	6e	30e
	Subsistances. Voir *Fournisseur*.		
C	**Sucre** (Raffinerie de).................... **5 fr.** Plus **25 francs** par ouvrier. Pour les raffineries occupant moins de cent ouvriers, le droit fixe par ouvrier sera de **10 francs** seulement.		
	Droit proportionnel { sur la maison d'habitation....	...	20e
	{ sur l'établissement industriel.	...	40e
	Sucre (Sciage du). Voir *Scierie*.		
A	**Sucre brut et raffiné** (Marchand de) en gros.....	1re	20e
A	**Sucre brut et raffiné** (Marchand de) en demi-gros	2e	20e
A	**Sucre brut et raffiné** (Marchand de) en détail....	5e	30e
C	**Sucre de betteraves** (Fabrique de) : **3 francs** par hectolitre de la capacité nette, soit des chaudières à défécation, soit des chaudières ou bacs de première carbonatation. La capacité nette se déterminera au moyen d'une déduction, sur la capacité brute, d'un dixième pour les chaudières à défécation et de cinq dixièmes pour les chaudières ou bacs de première carbonatation.		
	Droit proportionnel { sur la maison d'habitation....	...	20e
	{ sur l'établissement industriel.	...	50e
	Sucre (Fabricant de formes à). Voir *Formes*.		
C	**Suif** (Fondeur de)........................ **5 fr.** Plus **5 francs** par ouvrier.		
	Droit proportionnel { sur la maison d'habitation....	...	20e
	{ sur l'établissement industriel.	...	40e
A	**Suif en branches** (Marchand de)................	4e	30e
A	**Suif fondu** (Marchand de) en gros.............	1re	20e
A	**Suif fondu** (Marchand de) en demi-gros..........	2e	20e
A	**Suif fondu** (Marchand de) en détail............	4e	30e
A	**Sumac** (Marchand de)........................	6e	30e
	Syndic de faillite. Voir *Mandataire*.		

T

DÉSIGNATION des tableaux	COMMERCES, INDUSTRIES ET PROFESSIONS	CLASSES du tableau A	TAUX du droit proportionnel
	Tabac (Débitant de) (*Exempt*). Celui qui tient un assortiment de pipes, tabatières et autres objets analogues est imposable comme marchand de ces objets (Arr. C. 22 mars 1854, n. 200).		

DÉSIGNATION des tableaux	COMMERCES, INDUSTRIES ET PROFESSIONS	CLASSES du tableau A	TAUX du droit proportionnel
	N'est pas passible de patente celui qui se borne à vendre des pipes en terre, des allumettes chimiques et autres objets de peu de valeur, si ces objets constituent l'accessoire indispensable du débit de tabac et ne peuvent être considérés comme donnant lieu à un commerce spécial (D. ad.).		
A	**Tabac en feuilles** (Marchand de)................	1re	20e
A	**Tabac ou cigares dans le département de la Corse** (Marchand ou fabricant de), vendant en gros	1re	20e
A	**Tabac ou cigares dans le département de la Corse** (Marchand ou fabricant de), vendant en demi-gros	3e	20e
A	**Tabac ou cigares dans le département de la Corse** (Marchand ou fabricant de), vendant en détail...	6e	30e
A	**Tabac ou cigares étrangers** (Marchand de), vendant en gros................................	1re	20e
A	**Tabac ou cigares étrangers** (Marchand de), vendant en demi-gros................................	3e	20e
A	**Tabac ou cigares étrangers** (Marchand de), vendant en détail................................	6e	30e
	Table (Fabricant d'objets de service de) en argent ou en alliage. Voir *Couverts*.		
	Table (Loueur de linge de). Voir *Linge*.		
A	**Table d'hôte** (Tenant une).......................	6e	30e
	Tableaux (Loueur de). Voir *Loueur*.		
	Tableaux (Marchand de cadres pour). Voir *Cadres*.		
A	**Tableaux** (Restaurateur de)........................	7e	50e
	Tableaux (Tenant un cabinet particulier de). Voir *Cabinet*.		
A	**Tableaux, aquarelles, dessins** (Marchand de)....	5e	30e
A	**Tabletier** (Marchand)..........................	6e	30e
A	**Tabletterie** (Fabricant d'objets en) pour son compte	6e	30e
A	**Tabletterie** (Fabricant d'objets en) à façon.......	7e	50e
A	**Tabletterie** (Marchand de) en gros..............	2e	20e
A	**Tabletterie** (Marchand de matières premières pour la)................................	3e	20e
	Tabletterie (Sciage des bois de). Voir *Scierie*.		
A	**Taffetas gommés ou cirés** (Marchand de)........	5e	30e
	Taffetas préparés pour usages médicaux (Fabricant ou marchand de). Voir *Papiers*.		
A	**Taillandier**...................................	5e	30e
	Taille-douce (Imprimeur en). Voir *Imprimeur*.		
	Tailleur de cristaux. Voir *Cristaux*.		
A	**Tailleur de pierres**...........................	7e	50e
	Tailleur de pierres fausses ou fines. Voir *Pierres*.		
A	**Tailleur ou couturier** sur mesure pour les particuliers ayant assortiment d'étoffes..............	3e	20e
	Il y a lieu d'imposer en cette qualité aux droits de la troisième classe, le tailleur qui a un approvisionnement de pièces d'étoffes qu'il offre à ses clients et qu'il tient à leur disposition, alors même que ces pièces ne lui appartiennent pas (Arr. C. 6 août 1886, n. 3498).		
A	**Tailleur ou couturier** sur mesure pour les particuliers sans assortiment d'étoffes et fournissant sur simples échantillons................................	5e	30e
A	**Tailleur ou couturier** à façon..................	7e	50e
C	**Talons en bois pour chaussures** (Fabricant de) par procédés mécaniques............... **5 fr.** Plus **3 francs** par ouvrier.		
	Droit proportionnel { sur la maison d'habitation...	...	20e
	Droit proportionnel { sur l'établissement industriel.	...	50e
	Tambour (Facteur de caisses de). Voir *Caisses*.		
	Tambourins (Fabricant de). Voir *Tambours*.		
A	**Tambours, grosses caisses, tambourins** (Fabricant de)..................................	6e	30e
A	**Tamisier** (Fabricant ou marchand)...............	6e	30e
	Celui qui fait et vend des tamis (D. ad.).		
	Tan (Fabricant de). Voir *Moulin*.		
A	**Tan** (Marchand de)...............................	6e	30e
	Tan (Marchand d'écorces de bois pour). Voir *Ecorces*.		
C	**Tan carbonisé** (Fabrique de) : **2 francs** par mètre cube de la capacité brute des fours.		
	Droit proportionnel { sur la maison d'habitation...	...	20e
	Droit proportionnel { sur l'établissement industriel.	...	40e
	Tannerie (Marchand de déchets de). Voir *Bourre*.		
C	**Tanneur de cuirs forts ou mous** : **40 centimes** par mètre cube de fosses et de cuves.		
	Droit proportionnel { sur la maison d'habitation...	...	20e
	Droit proportionnel { sur l'établissement industriel.	...	50e
	On doit, pour l'établissement du droit fixe, tenir compte de la capacité de toutes les fosses et cuves employées par les exploitants, même de celles qui ne contiennent que des écorces, attendu que la loi n'a fait aucune distinction entre les fosses qui servent à la préparation première des cuirs et celles qui sont employées au tannage proprement dit (Arr. C. 12 août 1859, n. 852).		
	Tapis (Conservateur de). Voir *Rentrayeur*.		
	Tapis (Tondeur de). Voir *Tondeur*.		
	Tapis cirés ou vernis (Fabricant de). Voir *Toiles*.		
A	**Tapis de laine et tapisseries** (Marchand de).....	3e	20e
	Tapis et tapisseries (Fabricant de). Voir *Métiers*.		
A	**Tapis peints ou vernis** (Marchand de) en gros...	1re	20e
A	**Tapis peints ou vernis** (Marchand de) en demi-gros.	2e	20e
A	**Tapis peints ou vernis** (Marchand de) en détail..	5e	30e
	Tapisseries (Marchand de). Voir *Tapis de laine*.		
A	**Tapisseries à la main** (Fabricant de)............	7e	50e
A	**Tapissier** (Marchand)...........................	4e	30e
A	**Tapissier** à façon................................	6e	30e
A	**Tartrier**..	6e	30e
A	**Taureaux pour les courses** (Loueur de)..........	5e	30e
	Teinture (Fabricant de boules à). Voir *Boules*.		
	Teinture (Marchand de bois de). Voir *Bois*.		
A	**Teinture** (Marchand en gros de matières premières pour la)..	1re	20e
A	**Teinturerie** (Loueur d'établissement de); celui qui loue à tout venant, un établissement de teinturerie muni de ses ustensiles et appareils....	7e	50e
C	**Teinturier** pour les fabricants et les marchands ... . **5 fr.** Plus **4 francs** par ouvrier.		
	Droit proportionnel { sur la maison d'habitation...	...	20e
	Droit proportionnel { sur l'établissement industriel.	...	50e
A	**Teinturier dégraisseur** pour les particuliers, travaillant avec machine à vapeur................	4e	30e
	Celui qui possède dans une commune une boutique où il reçoit des objets à teindre et à dégraisser et qui les expédie ensuite, pour subir ces opérations, dans une autre localité où il exploite un établissement de teinturerie muni d'une machine à vapeur, est imposable dans la première commune en qualité de teinturier dégraisseur pour les particuliers, travaillant avec machine à vapeur (Arr. C. 7 nov. 1884, n. 3499).		
A	**Teinturier dégraisseur** pour les particuliers n'employant pas de machine à vapeur...............	6e	30e
	Teinturiers (Presseur d'étoffes pour les). Voir *Presseur*.		
C	**Télégraphie privée** (Entreprise de)...... **600 fr.**		
	Droit proportionnel { sur la maison d'habitation...	...	20e
	Droit proportionnel { sur l'établissement industriel.	...	50e

DÉSIGNATION des tableaux	COMMERCES, INDUSTRIES ET PROFESSIONS	CLASSES du tableau A	TAUX du droit proportionnel
	Télégraphiques (Entrepreneur de signaux). Voir *Signaux*.		
	Tentes pour abriter les marchandises sur les quais (Fournisseur de). Voir *Voilier-emballeur*.		
	Tentures (Fabricant ou marchand de papiers peints pour). Voir *Papiers*.		
A	**Terrassier** (Maître)	6e	30e
	Terre (Fabricant de poterie de). Voir *Briques*.		
	Terre (Fabricant ou marchand de pipes de). Voir *Pipes*.		
	Terre (Marchand de poterie de). Voir *Poterie*.		
	Terre (Marchand ou mouleur de bustes en). Voir *Bustes*.		
	Terre cuite (Fabricant d'objets en) pour la construction ou l'ornementation. Voir *Briques*.		
	Terre cuite (Fabricant ou marchand de caractères mobiles en). Voir *Caractères*.		
A	**Têtes en carton** servant aux marchandes de modes (Fabricant de)	8e	50e
A	**Thé** (Marchand de) en gros	1re	20e
A	**Thé** (Marchand de) en demi-gros	2e	20e
A	**Thé** (Marchand de) en détail	4e	30e
	Théâtre. Voir *Agent dramatique*, *Billets de théâtre*, *Café-chantant*, *Concerts*, *Spectacle forain* et *Spectacles*.		
	Tiges de botte (Cambreur de). Voir *Cambreur*.		
A	**Tiges, empeignes ou brides de chaussures** (Fabricant ou marchand de), ayant magasin de vente.	4e	30e
A	**Tiges, empeignes ou brides de chaussures** (Fabricant de), travaillant sur commande	6e	30e
A	**Tiges, empeignes ou brides de chaussures** (Fabricant de) à façon	8e	50e
	Timbres secs (Graveur de). Voir *Graveur*.		
A	**Tir au pistolet** (Maître de)	5e	30e
	Tire-bouchons (Fabricant de). Voir *Vis*.		
C	**Tireur de cuivre doré ou argenté** par procédés mécaniques, pour son compte ... **5 fr.** Plus **4 francs** par ouvrier et **3 francs** par bobine de traction.		
	Droit proportionnel { sur la maison d'habitation	...	20e
	Droit proportionnel { sur l'établissement industriel	...	50e
C	**Tireur de cuivre doré ou argenté** par procédés mécaniques, à façon ... **5 fr.** Plus **4 francs** par ouvrier et **2 francs** par bobine. Le droit par bobine sera réduit de moitié lorsque le diamètre des fils fabriqués sera inférieur à un demi-millimètre.		
	Droit proportionnel { sur la maison d'habitation	...	20e
	Droit proportionnel { sur l'établissement industriel	...	50e
C	**Tireur d'or, d'argent ou de platine** par procédés mécaniques ... **5 fr.** Plus **4 francs** par ouvrier et **3 francs** par bobine de traction.		
	Droit proportionnel { sur la maison d'habitation	...	20e
	Droit proportionnel { sur l'établissement industriel	...	50e
A	**Tireur d'or, d'argent, de platine ou de cuivre doré ou argenté** par procédés non mécaniques	6e	30e
A	**Tireur de soie**	8e	50e
	Tissage (Constructeur de métiers mécaniques pour le). Voir *Machines*.		
	Tissage (Marchand de peignes en cannes ou roseaux pour le). Voir *Peignes*.		
	Tissage (Marchand de roseaux préparés pour le). Voir *Roseaux*.		

DÉSIGNATION des tableaux	COMMERCES, INDUSTRIES ET PROFESSIONS	CLASSES du tableau A	TAUX du droit proportionnel
	Tissage de bretelles, ceintures, jarretières, etc. Voir *Métiers*.		
	Tissage de chanvre, coton, lin, laine ou soie; de coton ou de lin, mélangé de laine ou de soie; de rubans de fil (chanvre ou lin), de coton, de fil et coton. Voir *Métiers*.		
A	**Tissage des laines au compte des particuliers** (Intermédiaire auprès du fabricant pour le)	6e	30e
	Tisserand. Profession comprise sous la dénomination générale : *Métiers (Fabrique à)*.		
	Tisseurs (Marchand d'outils à l'usage des ouvriers). Voir *Outils*.		
	Tissus (Apprêteur de fils pour les chaînes servant à la fabrication des). Voir *Mulquinier*.		
	Tissus (Colleur de chaînes pour la fabrication des). Voir *Colleur*.		
	Tissus (Commissionnaire porteur pour les fabricants de). Voir *Commissionnaire*.		
	Tissus (Exploitant un établissement de collage et de séchage de). Voir *Collage*.		
	Tissus (Marchand de chaînes de fil, laine ou coton, préparées pour la fabrication des). Voir *Chaînes*.		
	Tissus (Marchand de) spéciaux apprêtés pour fleurs artificielles, feuillages, etc. Voir *Fleurs*.		
A	**Tissus de laine, de fil, de coton, de soie ou de crin** (Marchand de) en gros	1re	20e
A	**Tissus de laine, de fil, de coton, de soie ou de crin** (Marchand de), en demi-gros	2e	20e
A	**Tissus de laine, de fil, de coton, de soie ou de crin** (Marchand de), en détail	3e	20e
A	**Tissus grossiers et communs** (Marchand de) sans assortiment	6e	30e
	Tissus métalliques (Fabricant de couvre-plats, garde-manger, corbeilles et autres objets en). Voir *Bombagiste*.		
	Tissus pour chapeaux de paille (Fabricant de). Voir *Paille*.		
	Toile (Fabricant, loueur ou marchand de sacs de). Voir *Sacs*.		
	Toiles (Blanchisseur de). Voir *Blanchisserie* et *Blanchisseur*.		
	Toiles (Etablissement pour la conservation des). Voir *Conservation*.		
	Toiles (Marchand de). Voir *Tissus de laine, de fil, de coton, etc.*		
C	**Toiles ou tapis cirés ou vernis** (Fabricant de) ... **5 fr.** Plus **5 francs** par ouvrier.		
	Droit proportionnel { sur la maison d'habitation	...	20e
	Droit proportionnel { sur l'établissement industriel	...	40e
A	**Toiles cirées ou vernies** (Marchand de) en gros	1re	20e
A	**Toiles cirées ou vernies** (Marchand de) en demi-gros	2e	20e
A	**Toiles cirées ou vernies** (Marchand de) en détail	5e	30e
	Toiles de coton (Gratteur de). Voir *Peigneur*.		
A	**Toiles grasses pour emballage** (Fabricant de)	7e	50e
A	**Toiles métalliques** (Fabricant de) pour son compte	5e	30e
A	**Toiles métalliques** (Fabricant de) à façon	7e	50e
	Toilette (Revendeur à la). Voir *Revendeur*.		
	Toiseur. Voir *Métreur*.		
A	**Tôle vernie** (Fabricant d'ouvrages en)	4e	30e
A	**Tôle vernie** (Marchand d'ouvrages en)	5e	30e
A	**Tôlier** pour son compte. Celui qui fait en tôle des poêles, cheminées, fourneaux, etc. (D. ad.).	6e	30e

DÉSIGNATION des tableaux	COMMERCES, INDUSTRIES ET PROFESSIONS	CLASSES du tableau A	TAUX du droit proportionnel
A	**Tôlier** à façon	8e	50c
	Tombes (Adjudicataire ou fermier de l'entretien des). Voir *Inhumations*.		
C	**Tondeur de tapis** par procédés mécaniques : **6 francs** par tondeuse.		
	Droit proportionnel { sur la maison d'habitation	...	20c
	Droit proportionnel { sur l'établissement industriel	...	50c
A	**Tondeur ou presseur de draps** et autres étoffes de laine	7e	50c
C	**Tondeur, raseur ou grilleur d'étoffes** par procédés mécaniques : **6 francs** par machine à tondre, raser ou griller.		
	Droit proportionnel { sur la maison d'habitation	...	20c
	Droit proportionnel { sur l'établissement industriel	...	50c
A	**Tonneaux** (Marchand de)	6e	30c
A	**Tonneaux** (Marchand de vieux)	7e	50c
A	**Tonneaux, barriques**, etc. (Fabricant ou marchand de) pour expéditions maritimes ou commerciales	4e	30c
B	**Tonneaux pour le transport des vins** (Loueur de).		

	TAXE déterminée	TAXE par personne employée(1)
	Fr.	Fr.
A Paris	300	15
Dans les villes de 100,001 âmes et au-dessus	250	12
Dans les villes de 50,001 à 100,000 âmes	200	10
Dans les villes de 30,001 à 50,000 âmes ; 15,001 à 30,000 âmes qui ont un entrepôt réel	150	8
Dans les villes de 15,001 à 30,000 âmes ; 15,000 âmes et au-dessous qui ont un entrepôt réel	100	5
Dans toutes les autres communes	50	5

DÉSIGNATION des tableaux	COMMERCES, INDUSTRIES ET PROFESSIONS	CLASSES du tableau A	TAUX du droit proportionnel
	La taxe par employé est doublée lorsque le nombre des employés dépasse 200, et triplée lorsqu'il dépasse 1,000 (L. 17 juill. 1889, art. 2).		
	Droit proportionnel { sur la maison d'habitation	...	10c
	Droit proportionnel { sur les locaux servant à l'exercice de la profession	...	40c
A	**Tonnelier** (Maître). Est imposable comme tel, et non comme fabricant de tonneaux pour expéditions maritimes et commerciales, celui qui se borne à fournir des foudres et des cuves aux propriétaires qui les lui commandent (Arr. C. 28 mars 1860, n. 1028).	6e	30c
A	**Tonnelier** à façon ; celui qui travaille pour les marchands, les fabricants ou les particuliers qui lui fournissent la matière	7e	50c
	Tonnellerie (Sciage des bois de). Voir *Scierie*.		
C	**Tontine** (Société de) 360 fr.	...	20c
	Toques (Fabricant ou marchand de). Voir *Casquettes*.		
A	**Torcher**. Celui qui fait des murs et autres constructions en torchis (D. ad.).	7e	50c
A	**Tour** (Marchand en gros d'objets faits au)	3e	20c
A	**Tour** (Marchand en détail d'objets en bois faits au)	7e	50c
A	**Tourbe** (Marchand de) en gros	4e	30c
A	**Tourbe** (Marchand de) en détail	8e	50c
C	**Tourbes carbonisées** (Fabrique de) 5 fr. Plus **2 fr. 50 cent.** par ouvrier.		
	Droit proportionnel { sur la maison d'habitation	...	20c
	Droit proportionnel { sur l'établissement industriel	...	40c
C	**Tourbières** (Exploitant de) 5 fr. Plus **2 fr. 50 cent.** par ouvrier.		
	Droit proportionnel { sur la maison d'habitation seulement	...	20c
	Le droit fixe doit être calculé d'après le nombre des ouvriers occupés pendant la saison de l'extraction de la tourbe, sans déduction pour le temps pendant lequel la tourbière n'est point exploitée (Arr. C. 31 juill. 1850, n. 443). Les propriétaires qui exploitent des tourbières sur leur propre fonds n'ont pas droit à l'exemption prononcée par l'art. 17 (§ 3) de la loi du 15 juill. 1880, sauf le cas où l'extraction serait faite exclusivement pour leur propre consommation (D. ad.).		
	Tournettes (Fabricant ou marchand de). Voir *Cages*.		
	Tourneur de cylindres pour filature. Voir *Cylindres*.		
	Tourneur de rouleaux pour la filature. Voir *Rouleaux*.		
A	**Tourneur en bois** (Fabricant) en boutique	7e	50c
A	**Tourneur en bois** (Fabricant) sans boutique	8e	50c
A	**Tourneur en marbre ou en pierre**	6e	30c
	Tourneur par procédés mécaniques. Voir *Polisseur*.		
A	**Tourneur sur métaux**	6e	30c
A	**Tours et autres ouvrages** pour la coiffure, en cheveux, soie, etc. (Fabricant ou marchand de)	6e	30c
A	**Tourteaux** (Marchand de) en gros ; celui qui vend principalement par quantités de 1,000 kilogrammes et au-dessus	3e	20c
A	**Tourteaux** (Marchand de) en détail ; celui qui vend habituellement par quantités inférieures à 1,000 kilogrammes. Le marchand de tourteaux est celui qui vend des gâteaux formés du marc de colza, de pavots ou autres graines dont on a extrait l'huile (D. ad.).	6e	30c
A	**Traçons** (Maître de). Celui qui tire le sel des bosses, dans les marais salants, et qui le transporte, à dos de bête de somme, sur les ports où on l'embarque (D. ad.).	5e	30c
A	**Traducteur juré**	6e	30c (L. 28 avr. 1893)
	Trains de bois (Marchand de harts pour lier les). Voir *Rouettes*.		
	Traitement des vignes phylloxérées. Voir *Vignes*.		
	Traiteur. Voir *Restaurateur*.		
	Traits (Fabricant de). Voir *Cordes* et *Cordier*.		
	Tranches (Doreur sur). Voir *Doreur*.		
	Tranches (Marbreur sur). Voir *Marbreur*.		
C	**Transport des détenus** : Entreprise générale 360 fr. Entreprise pour le transport des détenus du ressort d'une cour d'appel au moins 120 fr. Entreprise pour le transport des détenus d'une circonscription moins étendue que celle d'une cour d'appel 30 fr.		
	Droit proportionnel { sur la maison d'habitation	...	20c
	Droit proportionnel { sur l'établissement industriel	...	50c
	Transport (Entrepreneur de). Voir *Roulage* et *Voiturier*.		
	Transport des marchandises du port aux navires et des navires au port. Voir *Gabare*.		
	Transport des marchandises (Entrepreneur, maître ou patron de barques et bateaux pour le). Voir *Barques*.		

(1) « ..... employée, en sus du nombre de cinq, aux écritures, aux caisses, à la surveillance, aux achats et aux ventes intérieures ou extérieures. » Voir la note, page 172.

Désignation des tableaux	Commerces, industries et professions	Classes du tableau A	Taux du droit proportionnel
	Transport des vins (Loueur de tonneaux pour le). Voir *Tonneaux*.		
	Transport des voyageurs et des marchandises (Entrepreneur de bateaux ou paquebots à vapeur pour le). Voir *Armateur*, *Bateaux à vapeur* et *Paquebots étrangers*.		
	Transport des voyageurs ou des marchandises sur les lignes de chemins de fer. Voir *Wagons*.		
	Transport du bois avec bête de somme. Voir *Baudelier* et *Brioleur*.		
	Transport par terre et par eau (Commissionnaire de). Voir *Commissionnaire*.		
C	**Travaux publics** (Entrepreneur de)........ **5 fr.** Plus **25 centimes** par 100 francs ou fraction de 100 francs du montant annuel des entreprises. Lorsque le prix réel alloué à l'entrepreneur dépassera de plus de 2,000 francs le montant total de travaux imposé pour l'entreprise, un complément de droit fixe pourra être valablement établi dans l'année qui suivra celle du règlement définitif du prix de travaux. Lorsque le prix des entreprises sera de 500 francs et au-dessous, l'entrepreneur sera imposé conformément aux règles du tableau A et en raison de l'objet spécial des entreprises, pourvu toutefois qu'il n'en résulte aucune surcharge comparativement aux taxes que produirait l'application du tarif ci-dessus.		
	Droit proportionnel { sur la maison d'habitation seulement..................	...	20e
	Celui qui s'est rendu adjudicataire de la construction d'un pont moyennant la concession d'un droit de péage, est imposable comme entrepreneur de travaux publics, et non comme concessionnaire, pendant la durée de la construction (Arr. C. 28 nov. 1855, n. 326). Sont imposables comme entrepreneurs de travaux publics les sous-traitants d'une partie d'une entreprise (Arr. C. 10 mars 1862, n. 1272), sans qu'il y ait lieu de diminuer en raison de leur imposition, la patente de l'entrepreneur principal (Arr. C. 17 févr. 1863, n. 1498). Le droit fixe de patente dû par un entrepreneur de travaux publics doit être calculé sur le montant annuel de ses entreprises. Aucune disposition légale ne permet de faire venir en déduction, soit la valeur des objets fournis par l'entrepreneur et fabriqués par lui dans un établissement industriel qu'il exploite, soit la valeur des travaux qu'il a cédés à des sous-traitants (Arr. C. 23 janv. 1882, n. 3402). Imposable comme tel celui qui, par suite d'un marché passé de gré à gré avec une compagnie de chemin de fer, s'est chargé d'exécuter à ses risques et périls une partie des travaux de construction de la voie ferrée. Le droit fixe de patente doit être calculé sur le montant annuel des entreprises, sans qu'il y ait lieu d'en déduire ni la valeur totale des matériaux employés par l'entrepreneur, ni la valeur de ceux qui lui ont été fournis par la compagnie moyennant remboursement ultérieur (Arr. C. 28 mai 1886, n. 3500).		
C	**Tréfilerie en fer ou en laiton** (Exploitant de).. **5 fr.** Plus **4 francs** par ouvrier et **2 francs** par bobine. Le droit par bobine sera réduit de moitié lorsque le diamètre des fils fabriqués sera inférieur à un demi-millimètre.		
	Droit proportionnel { sur la maison d'habitation...	...	20e
	Droit proportionnel { sur l'établissement industriel.	...	50e
	Il n'y a pas lieu de faire porter le droit fixe sur les bobines qui ne sont pas en relation directe avec la force motrice et ne servent qu'à transmettre le fil aux appareils de traction (Arr. C. 2 mai 1879, Bocuze, Rhône).		
A	**Tréfileur** par les procédés ordinaires..................	6e	30e
A	**Treillageur**..	7e	50e
	Tresses en fil, soie, laine, coton, etc. (Fabricant de). Voir *Cordons* et *Lacets*.		
	Tresses en paille (Fabricant de). Voir *Paille*.		
	Triage des grains. Voir *Machine*.		
	Tribunaux (Expert près les). Voir *Expert*.		
	Tribunaux (Liquidateur-administrateur près les). Voir *Liquidateur-administrateur*.		
	Tribunaux de commerce (Arbitre rapporteur près les). Voir *Arbitre*.		
	Tribunaux de commerce (Mandataire agréé près les). Voir *Mandataire*.		
A	**Tricots à l'aiguille** (Fabricant ou marchand de)..	5e	30e
	Tricots et bonneterie (Fabricant de). Voir *Métiers*.		
C	**Trieur de laines** par procédés mécaniques : **12 francs** par machine.		
	Droit proportionnel { sur la maison d'habitation....	...	20e
	Droit proportionnel { sur l'établissement industriel.	...	50e
C	**Trieur de laines** par procédés ordinaires... **5 fr.** Plus **3 francs** par ouvrier.		
	Droit proportionnel { sur la maison d'habitation....	...	20e
	Droit proportionnel { sur l'établissement industriel.	...	50e
C	**Trieur ou nettoyeur de déchets de coton** par procédés mécaniques : **12 francs** par machine.		
	Droit proportionnel { sur la maison d'habitation....	...	20e
	Droit proportionnel { sur l'établissement industriel.	...	50e
A	**Tripier, cuiseur ou échaudeur** d'abats, abatis et issues..............................	7e	50e
	Troupes (Fournisseur de subsistances aux). Voir *Fournisseur*.		
A	**Troupes de passage** (Entrepreneur du logement des)..	6e	
	Droit proportionnel { sur la maison d'habitation...	...	30e
	Droit proportionnel { sur les locaux servant à l'exercice de la profession......	...	40e
	Troupes de terre ou de mer (Fabricant ou fournisseur d'objets concernant l'équipement, l'habillement, etc., des). Voir *Fabricant* et *Fournisseur*.		
A	**Truffes** (Marchand de) en gros..................	3e	20e
	N'est pas fondé à réclamer la réduction des droits à moitié, comme vendant en étalage ou en ambulance, celui qui transporte ses marchandises dans une ville où il les met en vente sur le marché et qui fait la plupart de ses ventes *en gros à d'autres marchands* (Arr. C. 12 mars 1880, n. 3220).		
A	**Truffes** (Marchand de) en demi-gros..............	4e	30e
A	**Truffes** (Marchand de) en détail..................	6e	30e
	On doit imposer comme marchand de truffes celui qui vend des truffes ne provenant pas exclusivement de terrains qui lui appartiennent ou par lui exploités, mais provenant aussi de terrains où il fait des recherches, après en avoir obtenu la permission du propriétaire, à titre gratuit ou onéreux (Arr. C. 22 juin 1858, n. 661, et 7 janv. 1859, n. 755).		
C	**Tubes en métal de petite dimension** pour la bijouterie, l'optique, etc. (Fabricant de), par procédés mécaniques : **8 francs** par banc à étirer.		
	Droit proportionnel { sur la maison d'habitation...	...	20e
	Droit proportionnel { sur l'établissement industriel.	...	50e
A	**Tubes en papier, en zinc, etc.**, pour filatures (Fabricant de), par procédés ordinaires............	7e	50e
C	**Tubes en papier** pour filatures (Fabrique de), par procédés mécaniques : **6 francs** par métier.		
	Droit proportionnel { sur la maison d'habitation....	...	20e
	Droit proportionnel { sur l'établissement industriel.	...	60e
	Tuiles (Fabricant de). Voir *Briques*.		
A	**Tuiles** (Marchand de)..............................	6e	30e
	Tulle ou dentelle d'imitation (Fabricant de). Voir *Métiers*.		

Désignation des tableaux	Commerces, industries et professions	Classes du tableau A	Taux du droit proportionnel
	Tulles (Apprêteur de soie pour la fabrication des). Voir *Ovaliste*.		
	Tulles (Marchand de) en gros ou en demi-gros. Voir *Tissus de laine, de fil, de coton, etc.*		
A	**Tulles** (Marchand de) en détail....................	4e	30e
C	**Tuyaux de plomb** (Fabrique de) par procédés mécaniques : **60 francs** par presse à refouler.		
	Droit proportionnel sur la maison d'habitation....	...	20e
	Droit proportionnel sur l'établissement industriel.	...	50e
A	**Tuyaux en fil de chanvre, en ciment, etc.**, pour les pompes à incendie et les arrosements (Fabricant de)......................................	4e	30e
C	**Tuyaux en laiton** pour la tuyauterie des machines à vapeur ou emplois analogues (Fabricant de) par procédés mécaniques : **60 francs** par banc à étirer.		
	Droit proportionnel sur la maison d'habitation....	...	20e
	Droit proportionnel sur l'établissement industriel.	...	50e
	Tuyaux pour la conduite des eaux (Fabricant de pompes de bois et). Voir *Pompes*.		
	Tuyaux pour le drainage ou la conduite des eaux (Fabricant de). Voir *Briques*.		
	Typographe. Voir *Imprimeur*.		
	U		
C	**Usine à lisser le cuir** (Loueur d') : Celui qui loue aux mégissiers, avec les locaux et la force motrice, des lissoirs mécaniques qu'il n'exploite pas lui-même : **1 fr. 20 cent.** par lissoir.		
	Droit proportionnel sur la maison d'habitation...	...	20e
	Droit proportionnel sur l'établissement industriel.	...	50e
	Ustensiles de bois (Fabricant ou marchand d'). Voir *Vaisselle*.		
	Ustensiles de chasse ou de pêche (Fabricant d'). Voir *Appeaux, Filets, Hameçons* et *Poires à poudre*.		
A	**Ustensiles de chasse ou de pêche** (Marchand d').	5e	30e
	Ustensiles de cuisine (Étameur ambulant d'). Voir *Étameur*.		
A	**Ustensiles de ménage** (Marchand de vieux).......	7e	50e
	Ustensiles d'imprimerie (Marchand d'). Voir *Imprimerie*.		
C	**Ustensiles en fer battu** (Fabrique d') par procédés mécaniques....... .... 5 fr. Plus **5 francs** par ouvrier.		
	Droit proportionnel sur la maison d'habitation ...	...	20e
	Droit proportionnel sur l'établissement industriel.	...	50e
	Ustensiles et fournitures pour la photographie (Fabricant ou marchand d'). Voir *Photographie*. — Pour l'électricité. Voir *Électricité*.		
	Ustensiles pour la fabrication de l'eau-de-vie (Loueur d'). Voir *Alambic*.		
	Ustensiles pour l'éclairage au gaz (Fabricant ou marchand d'). Voir *Appareils*.		
	V		
	Vaches (Nourrisseur de) pour le commerce du lait. Voir *Nourrisseur*.		
A	**Vaches ou veaux** (Marchand de)............. Est imposable en cette qualité, et non comme marchand expéditeur de bestiaux, celui dont la profession consiste à acheter des veaux qu'il fait transporter par le chemin de fer et qu'il va vendre lui-même à Paris (Arr. C. 16 avr. 1870, n. 2358).	4e	30e

Désignation des tableaux	Commerces, industries et professions	Classes du tableau A	Taux du droit proportionnel
A	**Vaisselle ou ustensiles de bois** (Fabricant ou marchand de)....................................	7e	50e
	Valeurs (Tenant caisse ou comptoir pour opérations sur les). Voir *Caisse*.		
	Vannage des grains. Voir *Machine*.		
A	**Vannerie** (Marchand de) en gros..................	1re	20e
A	**Vannerie** (Marchand de) en demi-gros............	4e	30e
A	**Vannerie** (Marchand de) en détail................	6e	30e
	Vannier emballeur pour les vins. Voir *Emballeur*.		
A	**Vannier, fabricant de vannerie commune**......	8e	50e
A	**Vannier, fabricant de vannerie fine**...........	6e	30e
A	**Varech** (Marchand de) en gros....................	3e	20e
A	**Varech** (Marchand de) en détail..................	8e	50e
	Veaux (Marchand de). Voir *Vaches*.		
A	**Veilleuses** (Marchand ou fabricant de)...........	8e	50e
A	**Vélocipèdes** (Loueur de).........................	7e	50e
A	**Vélocipèdes** (Marchand de) en gros..............	2e	20e
A	**Vélocipèdes** (Marchand de) vendant aux particuliers..	4e	30e
	Velours (Marchand de). Voir *Tissus de laine, de fil, etc.*		
	Velours (Raseur de). Voir *Raseur*.		
	Vente des propriétés (Tenant un bureau d'indication pour la). Voir *Bureau*.		
A	**Ventes à l'encan** (Directeur d'un établissement de) Ne peuvent être assujettis à la patente de directeur d'un établissement de ventes à l'encan les commissaires-priseurs, à raison des ventes publiques d'objets mobiliers qu'ils font en vertu de leurs attributions (Arr. C. 31 mai 1855, Dayez, Nord).	1re	20e
	Verdet ou vert-de-gris (Fabricant de). Voir *Produits chimiques*. Les cultivateurs qui fabriquent du verdet avec des marcs provenant exclusivement de leurs récoltes sont exempts (D. ad.).		
	Verdure artificielle (Fabricant de). Voir *Fleurs*.		
A	**Vérificateur de bâtiments**.......................	6e	30e
	Vermicelle (Fabricant ou marchand de). Voir *Pâtes alimentaires*.		
	Vernis (Fabricant de). Voir *Couleurs*.		
	Vernis à l'usage des peintres (Marchand en détail de). Voir *Couleurs*.		
	Vernisseur (Peintre-) en voitures ou équipages. Voir *Peintre*.		
A	**Vernisseur sur cuir, feutre, carton ou métaux**, pour son compte..............................	6e	30e
A	**Vernisseur sur cuir, feutre, carton ou métaux**, à façon..	7e	50e
	Verre (Exploitant un établissement de peinture sur). Voir *Peinture*.		
	Verre (Fabricant de papier de). Voir *Papiers verrés*.		
	Verre (Imprimeur sur). Voir *Imprimeur*.		
	Verre (Marchand de bouteilles de). Voir *Bouteilles*.		
	Verre (Peintre ou doreur sur). Voir *Peintre*.		
A	**Verrerie et cristaux** (Marchand de) en gros......	1re	20e
A	**Verrerie et cristaux** (Marchand de) en demi-gros...	2e	20e
A	**Verrerie et cristaux** (Marchand de) en détail....	5e	30e
C	**Verrerie ou gobeleterie** (Exploitant de)... 5 fr. Plus **2 fr. 50 cent.** par ouvrier employé à la fabrication proprement dite et aux façons		

DÉSIGNATION des tableaux	COMMERCES, INDUSTRIES ET PROFESSIONS	CLASSES du tableau A	TAUX du droit proportionnel
	complémentaires de la taille, de la gravure, etc.		
	Droit proportionnel { sur la maison d'habitation....	...	20e
	Droit proportionnel { sur l'établissement industriel.	...	50e
	Verre (Bombeur de). Voir *Bombeur.*		
	Verres (Dépolisseur de). Voir *Dépolisseur.*		
A	**Verres à vitre** (Marchand de) en gros..........	1re	20e
A	**Verres à vitre** (Marchand de) en demi-gros.......	3e	20e
A	**Verres à vitre** (Marchand de) en détail..........	6e	30e
A	**Verres bombés** (Marchand de)..................	6e	30e
	Verres de lunettes (Fabricant de) par procédés ordinaires. Voir *Lunettes.*		
C	**Verres de montres ou de lunettes** (Fabricant de) par procédés mécaniques.................. **5 fr.**		
	Plus **3 francs** par ouvrier.		
	Droit proportionnel { sur la maison d'habitation...	...	20e
	Droit proportionnel { sur l'établissement industriel.	...	50e
	Verroterie et gobeleterie (Marchand de) en gros. Voir *Verrerie.*		
A	**Verroterie et gobeleterie** (Marchand de) en demi-gros..........	2e	20e
A	**Verroterie et gobeleterie** (Marchand de) en détail	6e	30e
	Vêtements (Marchand de). Voir *Tailleur.*		
A	**Vêtements confectionnés** (Fabricant ou marchand de) vendant en gros..........	2e	20e
A	**Vêtements confectionnés** (Fabricant ou marchand de) vendant en demi-gros, lorsqu'il n'occupe pas habituellement plus de dix personnes employées aux écritures, aux caisses, à la surveillance, aux achats et aux ventes intérieures ou extérieures..	3e	20e
	Vêtements confectionnés (Tenant un magasin pour la vente en demi-gros ou pour la vente aux particuliers de). Voir *Magasin.*		
A	**Vêtements confectionnés** (Fabricant ou marchand de) vendant aux particuliers, lorsqu'il n'occupe pas habituellement plus de dix personnes employées aux écritures, aux caisses, à la surveillance, aux achats et aux ventes intérieures ou extérieures..................	5e	30e
D	**Vétérinaire.** Profession assujettie seulement au droit proportionnel..................	...	15e ou 12e V.p.172
	Le vétérinaire attaché à un dépôt national d'étalons est imposable, s'il exerce son art en dehors de l'établissement (Arr. C. 9 janv. 1855, n. 330).		
	Vétérinaire non pourvu du diplôme. Imposable sous la dénomination de maréchal expert. Voir *Maréchal expert.*		
	Viande (Fournisseur de) aux équipages et aux troupes de la marine. Voir *Fournisseur.*		
A	**Viandes** (Découpeur ou dépeceur de); celui qui se charge de dépecer, de découper ou de parer, au gré des acheteurs, les quartiers de viande vendus en bloc..................	8e	50e
C	**Viandes** (Marchand expéditeur de)........ **60 fr.**		
	Droit proportionnel } sur la maison d'habitation seulement....	...	20e
A	**Viandes salées, fumées ou desséchées** (Marchand de) en gros..................	1re	20e
A	**Viandes salées, fumées ou desséchées** (Marchand de) en demi-gros..................	3e	20e
A	**Viandes salées, fumées ou desséchées** (Marchand de) en détail..................	4e	30e
	Viandes (Saleur de). Voir *Saleur.*		
A	**Vidange** (Entrepreneur de)..................	5e	30e
	Le droit fixe sera réglé d'après la catégorie à laquelle appartiendra celle des communes desservies qui aura la population normale totale la plus élevée, alors même que l'entrepreneur sera établi dans une autre commune.		
	Vidanges. Voir *Fosses mobiles.*		
	Vieillards (Tenant pension particulière de). Voir *Pension.*		
	Vieilles boiseries (Marchand de). Voir *Boiseries.*		
	Vieilles étoffes (Calandreur de). Voir *Calandreur.*		
	Vieilles étoffes (Laveur de) pour les filatures de laine. Voir *Laveur.*		
	Vieux chapeaux (Marchand de). Voir *Chapeaux.*		
	Vieux cordages, vieilles étoffes, etc. (Déchireur de). Voir *Déchireur.*		
	Vieux cuivre (Marchand de). Voir *Cuivre.*		
	Vieux cuivre de navire (Marchand de). Voir *Cuivre.*		
	Vieux fer (Marchand de) en gros. Voir *Fer.*		
	Vieux habits (Marchand de). Voir *Brocanteur.*		
	Vieux linge (Marchand de). Voir *Linge.*		
	Vieux matériaux (Marchand de). Voir *Matériaux.*		
	Vieux papiers (Marchand de). Voir *Papiers imprimés.*		
	Vieux souliers (Marchand de). Voir *Souliers.*		
	Vieux tonneaux (Marchand de). Voir *Tonneaux.*		
	Vieux ustensiles de ménage (Marchand de). Voir *Ustensiles.*		
A	**Vignes phylloxérées** (Entrepreneur du traitement des). S'il occupe un ou plusieurs aides..........	6e	30e
A	**Vignettes et caractères à jour** (Fabricant de) pour son compte..................	6e	30e
A	**Vignettes et caractères à jour** (Fabricant de) à façon..................	8e	50e
A	**Vignettes et caractères à jour** (Marchand en boutique de)..................	6e	30e
	Vignettes et filets ornés pour l'imprimerie (Fabricant de). Voir *Polytypage.*		
C	**Vinaigre** (Fabrique de) :		
	12 centimes par hectolitre de la capacité brute des vaisseaux servant à la fermentation.		
	Pour les vinaigreries où la fabrication s'effectue suivant le procédé dit *procédé ancien orléanais*, ce droit ne sera que de **8 centimes.**		
	Les droits ci-dessus seront réduits de moitié pour les établissements qui fabriquent moins de 100 hectolitres.		
	Droit proportionnel { sur la maison d'habitation...	...	20e
	Droit proportionnel { sur l'établissement industriel.	...	40e
A	**Vinaigre** (Marchand de) en gros..........	1re	20e
A	**Vinaigre** (Marchand de) en demi-gros..........	3e	20e
A	**Vinaigre** (Marchand de) en détail..........	5e	30e
	Le vinaigrier ne vendant que les produits de sa fabrication est imposable comme fabricant, et non comme marchand (Arr. C. 29 janv. 1847, circ. 159).		
	Vin (Fabricant ou marchand d'eau-de-vie de). Voir *Alcool* et *Esprit.*		
	Vin (Marchand de lie de). Voir *Lie.*		
A	**Vin** (Marchand de) en détail, donnant à boire chez lui et tenant billard..................	5e	30e
A	**Vin** (Marchand de) en détail, donnant à boire chez lui et ne tenant pas de billard..................	6e	30e
	Vin (Voiturier marchand de). Voir *Voiturier.*		
A	**Vin, bière, cidre** (Débitant au petit détail de); celui qui vend au pot ou à la bouteille et ne donne pas à boire chez lui..................	7e	50e

DÉSIGNATION des tableaux	COMMERCES, INDUSTRIES ET PROFESSIONS	CLASSES du tableau A	TAUX du droit proportionnel
	Vins (Commissionnaire entrepositaire de). Voir *Commissionnaire entrepositaire*.		
	Vins (Emballeur pour les). Voir *Emballeur*.		
A	**Vins** (Éprouveur de); celui qui détermine le degré et la quantité de l'alcool existant dans les vins	6e	30e
	Vins (Fabricant de colle solide ou en poudre pour la clarification des). Voir *Colle*.		
A	**Vins** (Marchand de) en détail, vendant habituellement, pour être consommés hors de chez lui, des vins au panier ou à la bouteille................	4e	30e
	Vins (Loueur de tonneaux pour le transport des). Voir *Tonneaux*.		
A	**Vins** (Marchand de) en gros, vendant principalement des vins par pièces ou paniers de vins fins, soit aux marchands en détail et aux cabaretiers, soit aux consommateurs	1re	
	Droit proportionnel { sur la maison d'habitation...	...	20e
	Droit proportionnel { sur les locaux servant à l'exercice de la profession......	...	40e
	Est imposable comme marchand de vins en gros celui qui vend par groupes de barils de 25 litres, mais dont le commerce s'exerce, nonobstant le fractionnement des livraisons et le mode particulier de transport, sur des quantités atteignant ou dépassant une pièce (Arr. C. 23 nov. 1877, n. 3098).		
	Vins de marcs de raisins (Fabricant ou marchand de). Voir *Piquettes*.		
C	**Vis** (Fabrique de) par procédés mécaniques : **8 francs** par tour à tarauder ou par machine à tarauder.		
	Droit proportionnel { sur la maison d'habitation...	...	20e
	Droit proportionnel { sur l'établissement industriel.	...	50e
A	**Vis ou tire-bouchons** (Fabricant de) par procédés ordinaires pour son compte	6e	30e
A	**Vis ou tire-bouchons** (Fabricant de) par procédés ordinaires, à façon...........	8e	50e
	Visières (Fabricant de). Voir *Ceinturons*.		
	Visiteur de navires (Expert). Voir *Expert*.		
A	**Vitraux** (Faiseur ou ajusteur de) pour son compte.	6e	30e
A	**Vitraux** (Faiseur ou ajusteur de) à façon.......... Voir *Peinture sur verre*.	7e	50e
	Vitre (Marchand de verres à). Voir *Verres*.		
	Vitrier (Monteur de diamants pour). Voir *Diamants*.		
A	**Vitrier**	6e	30e
	Vivres. Voir *Fournisseur*.		
A	**Voilier-emballeur**; celui qui, au débarquement, ouvre les balles ou sacs de marchandises, les répare ou en confectionne de neufs, ou qui fournit des tentes ou des bâches pour abriter les marchandises déposées sur les quais	5e	30e
A	**Voilier** pour son compte........................	4e	30e
A	**Voilier** à façon..................................	6e	30e
	Voiture (Blatier avec). Voir *Blatier*.		
	Voiture (Coquetier avec). Voir *Coquetier*.		
	Voiture (Marchand forain avec). Voir *Marchand forain*.		
	Voitures (Dépeceur de). Voir *Dépeceur*.		
	Voitures (Peintre-vernisseur en). Voir *Peintre*.		
	Voitures (Tenant bazar de). Voir *Bazar*.		
A	**Voitures à bras** pour enfants ou pour malades (Fabricant ou marchand de)..................	5e	30e
A	**Voitures de chemin de fer** (Entrepreneur de chargement et déchargement des). Voir *Chargement*.		
A	**Voitures de remise** (Maître de station de); celui qui loue des emplacements où, moyennant une rétribution, des voitures de remise peuvent stationner.	7e	50e
	Voitures publiques (Entrepreneur de). Voir *Diligences*.		
	Voitures sous remise ou sur place (Entrepreneur de). Voir *Cabriolets*.		
	Voitures suspendues (Loueur de). Voir *Loueur*.		
	Voitures suspendues (Serrurier en). Voir *Serrurier*.		
	Voiturier (Charbonnier). Voir *Charbonnier*.		
A	**Voiturier marchand de vin, de bière, de cidre, de sel**....................................	[illegible]	30e
	Est imposable comme voiturier marchand de vin et non comme marchand de vin en gros, celui dont le commerce principal consiste à transporter du vin avec une voiture dans les communes voisines de son domicile (Arr. C. 30 août 1861, n. 1275).		
A	**Voiturier ou roulier ayant plusieurs équipages.**	5e	30e
	Est imposable comme tel celui qui, effectuant des transports pour les particuliers, possède un matériel complet de trois voitures et de quatre chevaux, et emploie journellement deux voitures conduites par des domestiques (Arr. C. 29 mars 1878, n. 3100).		
A	**Voiturier ou roulier n'ayant qu'un équipage..**	8e	50e
	On doit considérer comme n'ayant qu'un seul équipage et imposer au droit de 8e classe seulement, le voiturier ou roulier n'ayant qu'un seul train de voitures à un cheval chacune, qu'il conduit lui-même ou qu'il fait conduire par un seul charretier (D. ad. et Arr. C. 22 mars 1878, n. 3099).		
	Est imposable comme voiturier, le cultivateur qui emploie pendant la plus grande partie de l'année, ses chevaux et voitures à faire pour autrui des transports de matériaux et de marchandises (Arr. C. 29 nov. 1854, n. 201).		
	Voituriers (Loueur de bêtes de trait, pour le renfort, aux). Voir *Loueur*.		
	Volailles (Marchand expéditeur ou marchand de). Voir *Œufs*.		
A	**Volailles truffées** (Marchand de)...............	4e	30e
	Volants (Fabricant de). Voir *Raquettes*.		
	Volige (Marchand de bois de). Voir *Bois*.		
	Voyageurs (Entrepreneur de bateaux ou paquebots à vapeur pour le transport des). Voir *Armateur*, *Bateaux à vapeur* et *Paquebots étrangers*.		
	W		
B	**Wagons ou voitures destinés au transport des voyageurs ou des marchandises sur les lignes de chemins de fer** (Exploitant de).		

	TAXE déterminée	TAXE par pers. empl. (1)
	Fr.	Fr.
A Paris......................	300	15
Dans les villes de 100,001 âmes et au-dessus.	250	12
Dans les villes de 50,001 à 100,000 âmes...	200	10
Dans les villes de 30,001 à 50,000 âmes.... ; 15,001 à 30,000 âmes qui ont un entrepôt réel...	150	8
Dans les villes de 15,001 à 30,000 âmes.... ; 8,001 à 15,000 âmes qui ont un entrepôt réel..	100	5
Dans les villes de 8,001 à 15,000 âmes ... ; 8,000 âmes et au-dessous qui ont un entrepôt réel.	50	5
Dans toutes les autres communes.	30	5

DÉSIGNATION des tableaux	COMMERCES, INDUSTRIES ET PROFESSIONS	CLASSES du tableau A	TAUX du droit proportionnel
	La taxe par employé est doublée lorsque le nombre des employés dépasse 200, et triplée lorsqu'il dépasse 1,000 (L. 17 juill. 1889, art. 2).		
	Droit proportionnel { sur la maison d'habitation et sur les bureaux..........	...	10e
	Droit proportionnel { sur les locaux autres que les bureaux, servant à l'exercice de la profession......	...	40e
	Wagons (Restaurateur sur). Voir *Restaurateur*.		
	Y		
A	**Yeux artificiels** (Fabricant d')..................	6e	30e
	Z		
	Zinc (Affineur ou fondeur de). Voir *Fonderie*.		
	Zinc (Fabricant de tubes en) pour filatures. Voir *Tubes*.		
	Zinc (Marchand de). Voir *Métaux*.		
A	**Zinc doré, bronzé ou galvanisé** (Fabricant ou marchand d'objets en)............................	5e	30e

(1) ... « employée, en sus du nombre de cinq, aux écritures, aux caisses, à la surveillance, aux achats et aux ventes intérieures ou extérieures. » Voir la note, p. 172.

INDEX ALPHABÉTIQUE.

TABLE

DES LOIS, DÉCRETS ET INSTRUCTIONS CITÉS DANS L'OUVRAGE.

FIN.

BAR-LE-DUC. — IMPRIMERIE CONTANT-LAGUERRE.

www.ingramcontent.com/pod-product-compliance
Ingram Content Group UK Ltd.
Pitfield, Milton Keynes, MK11 3LW, UK
UKHW020133220726
13923UKWH00001B/138